그리스도인의 합당한 예배

* 아 브라켈은 본 서의 제목을 로마서 12장 1절 말씀에서 가져왔다. 여기서 한글 성경의 '영적 예배'에 해당하는 표현을, 저자가 사용한 네덜란드어 성경 스타턴퍼탈링과 영역자가 사용한 킹제임스 성경은 각각 'redelijke godsdienst(합당한 신앙)'과 'Reasonable Service(합당한 예배)'로 번역한다. 이에 'Redelijke(reasonable, 합당한)'라는 표현에 '영적(spiritual), 참된(true)'이라는 의미가 포함되며, 저자의 의도가 더욱 잘 반영된다고 판단하여, 본 서의 우리말 제목을 "그리스도인의 합당한 예배"로 정하였음을 밝힌다(1권 131쪽 각주1 참고).

Copyright © 1992-1995 by Joel R. Beeke
English edition published as *The Christian's Reasonable Service*
by Reformation Heritage Books, Grand Rapids, MI, USA.
The English translation edition is based on the third edition of the original Dutch work
entitled *Redelijke Godsdienst* by D. Bolle, Rotterdam, The Netherlands.
This Korean edition is translated and used by permission of Reformation Heritage Books
through rMaeng2, Seoul, Republic of Korea.
This Korean Edition © 2019 by Jipyung Publishing Company, Seoul, Republic of Korea.

이 한국어판의 저작권은 알맹2 에이전시를 통하여 Reformation Heritage Books와 독점 계약 한 지평서원에 있습니다.
신 저작권법에 의하여 한국 내에서 보호받는 저작물이므로 무단 전재와 무단 복제를 금합니다.

그리스도인의 합당한 예배

빌헬무스 아 브라켈 지음 | 김효남, 서명수, 장호준 옮김

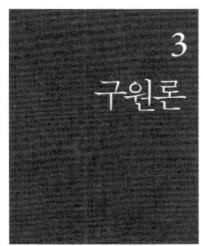

지평서원

1권

신론
1_자연을 통해 알 수 있는 하나님에 대한 지식
2_하나님의 말씀
3_하나님의 본질
4_하나님의 위격
5_하나님의 작정: 개요
6_영원한 예정: 선택과 유기
7_성부와 성자 사이에 맺어진 구속언약, 또는 평화의 협의
8_세상의 창조
9_천사와 마귀들

인간론
10_인간, 특별히 인간의 영혼에 관하여
11_하나님의 섭리
12_행위언약
13_행위언약의 파기
14_원죄와 본죄
15_인간의 자유의지 또는 무능함과 죄에 합당한 형벌

기독론
16_은혜언약
17_보증이신 예수 그리스도께서 이루신 만족의 필요성
18_예수 그리스도의 신성과 성육신과 두 본성의 연합
19_그리스도의 삼중직, 그리고 선지자직에 관하여
20_그리스도의 대제사장직
21_그리스도의 왕직
22_죄에 대한 만족을 이루는 데 필요한 그리스도의 낮아지심(비하)
23_그리스도의 높아지심(승귀)

2 권

교회론

24_교회에 관하여

25_교회에 참여하며 그 안에 거해야 할 성도의 본분

26_그리스도와 신자의 교제, 그리고 성도의 교제

27_교회의 치리 및 목회자의 위임

28_목회자, 장로, 집사의 직분

29_교회의 권위와 천국 열쇠의 사용

구원론

30_외적 부르심과 내적 부르심

31_거듭남

32_믿음에 관하여

33_구원 얻는 믿음의 표지들

34_칭의

35_양자 삼으심

36_영적인 화평

37_신령한 기쁨

38_성령의 인치심과 성례

39_세례

40_성찬

41_성찬의 시행: 준비와 시행, 되새김

42_믿음의 삶

43_경건주의자와 정적주의자,
　　그리고 본성적 신앙으로 어긋난 자들을 향한 경고의 권면

3 권

44_성화와 거룩함
45_하나님의 율법: 일반적 고찰
46_제1계명
47_제2계명
48_제3계명
49_제4계명
50_제5계명
51_제6계명
52_제7계명
53_제8계명
54_제9계명
55_제10계명

56_하나님을 영화롭게 함
57_하나님을 사랑함
58_예수 그리스도를 사랑함
59_하나님을 경외함
60_순종
61_하나님 안에 있는 소망
62_영적 담대함
63_그리스도와 그분의 진리를 고백함
64_만족
65_자기 부인
66_인내
67_정직함

68_기도
69_주님의 기도, 부름과 첫 번째 간구
70_두 번째 간구:
   나라가 임하시오며
71_세 번째 간구:
   뜻이 하늘에서 이루어진 것같이 땅에서도 이루어지이다
72_네 번째 간구:
   오늘 우리에게 일용할 양식을 주시옵고
73_다섯 번째 간구:
   우리가 우리에게 죄 지은 자를 사하여 준 것같이 우리 죄를 사하여 주시옵고
74_여섯 번째 간구:
   우리를 시험에 들게 하지 마시옵고 다만 악에서 구하시옵소서

4 권

75_금식
76_깨어 있음
77_고독
78_경건한 묵상
79_노래
80_맹세
81_경험
82_이웃 사랑

83_겸손
84_온유함
85_화평
86_부지런함
87_불쌍히 여김
88_사려 깊음
89_영적 성장
90_경건한 신자의 영적 퇴보

91_영적 유기(방치됨)
92_무신론으로, 또는 하나님의 존재를 부인하도록 이끄는 유혹
93_하나님 말씀의 진리 됨에 관한 유혹
94_자신의 영적 상태를 불신함
95_사탄의 공격
96_남아 있는 부패의 능력
97_영적 어둠
98_영적 무감각
99_성도의 견인

종말론

100_죽음 및 그 이후 영혼의 상태
101_죽은 자들의 부활
102_최후의 심판과 종말
103_영원한 영광

부록: 신약과 구약에서 은혜언약의 시행

1_아담에서 아브라함까지의 교회
2_아브라함에서 시내산(율법)까지의 교회
3_시내산에서 주어진 의식법과 시내산에서 그리스도까지의 교회
4_구약 시대에 존재한 예수 그리스도의 보증직의 본성
5_구약 신자들의 상태
6_예수 그리스도의 탄생에서 요한계시록까지의 신약 교회

Contents

그리스도인의 합당한 예배 3

구원론

44장 | 성화와 거룩함 • 15

45장 | 하나님의 율법: 일반적 고찰 • 61

46장 | 제1계명 • 133

47장 | 제2계명 • 165

48장 | 제3계명 • 187

49장 | 제4계명 • 221

50장 | 제5계명 • 285

51장 | 제6계명 • 301

52장 | 제7계명 • 317

53장 | 제8계명 • 331

54장 | 제9계명 • 349

55장 | 제10계명 • 363

56장 | 하나님을 영화롭게 함 • 373

57장 | 하나님을 사랑함 • 403

58장 | 예수 그리스도를 사랑함 • 427

59장 | 하나님을 경외함 • 451

60장 | 순종 • 471

61장 | 하나님 안에 있는 소망 • 491

62장 | 영적 담대함 • 513

63장 | 그리스도와 그분의 진리를 고백함 • 539

64장 | 만족 • 587

65장 | 자기 부인 • 613

66장 | 인내 • 639

67장 | 정직함 • 659

68장 | 기도 • 683

69장 | 주님의 기도, 부름과 첫 번째 간구 • 741

70장 | 두 번째 간구: 나라가 임하시오며 • 779

71장 | 세 번째 간구: 뜻이 하늘에서 이루어진 것같이

　　　　땅에서도 이루어지이다 • 803

72장 | 네 번째 간구: 오늘 우리에게 일용할 양식을 주시옵고 • 829

73장 | 다섯 번째 간구: 우리가 우리에게 죄 지은 자를

　　　　사하여 준 것같이 우리 죄를 사하여 주시옵고 • 853

74장 | 여섯 번째 간구: 우리를 시험에 들게 하지 마시옵고

　　　　다만 악에서 구하시옵소서 • 881

■ 주제 및 인명 색인 • 908

구원론

Soteriology: The Doctrine of Salvation
(cont.)

44

성화와 거룩함

앞의 두 권에서는 그리스도께서 어떻게 구원을 이루셨으며, 그 구원이 어떻게 택자들에게 적용되는지를 살펴보았습니다. 이제 남은 두 권에서는 언약의 구체적인 내용과 그것이 역사하는 방식을 살펴보고, 이를 통해 언약에 참되게 참여하는 자들의 삶이 어떤 것인지를 생각해 보겠습니다. 먼저 성화와 거룩함을 살펴봅시다.

칭의와 성화

'거룩하게 하다'와 '정결하게 하다'에 대한 정의

성경에서 '거룩하게 하다' 또는 '정결하게 하다'라는 동사가 쓰이는 경우가 있습니다.

첫째, 거듭남, 칭의, 성화, 영화 등을 포괄하는 총체적인 구원을 가리킬 때 사용됩니다(히 10:10; 벧전 1:2 참고).

둘째, 하나님의 위엄, 하나님의 본질적인 거룩함과 속성을 인정하고 경외하는 것을 가리킬 때 사용됩니다(벧전 3:15 참고).

셋째, 하나님을 섬기기 위해 구별되는 것을 가리킬 때도 사용됩니다. 다음의 예를 들 수 있습니다.

① 때가 구별됩니다. 하나님은 일곱째 날을 구별하셨습니다(출 20:11 참고).

② 종교적인 목적을 위하여 특정한 일이나 사물이 구별됩니다(출 40:13; 민 5:10 참고).

③ 장자를 구별한 것(민 3:13 참고)처럼, 공적인 사역을 위해 세울 사람을 구별합니다. 레위 지파가 이스라엘의 장자들을 대신해 하나님을 섬기는 일을 맡은 것이 이러한 경우입니다(민 3:12,45 참고). 제사장 가문인 아론과 그의 아들들도 마찬가지였습니다(출 40:13 참고).

넷째, 사람이 종교적인 목적을 위해 자신을 구비하고 준비하는 것을 가리킬 때 사용됩니다(출 19:10,11 참고).

다섯째, 세상에서 건짐 받아 하나님의 교회로 옮겨지는 것을 가리키기도 합니다(신 7:6; 고전 7:14 참고).

여섯째, 겉으로 드러나는 모습뿐만 아니라 내면의 성향이 하나님의 형상을 닮는 것을 말할 때에도 사용됩니다(히 12:14; 고후 7:1 참고). 지금 우리가 살펴볼 것은 바로 이 여섯 번째 의미입니다.

칭의와 성화의 구별

칭의와 성화는 언제나 한 신자의 인격에 함께합니다. 하나가 있으면, 반드시 다른 하나도 같이 있습니다. 그 마음에 성화의 원리가 없는 사람은 칭의를 알지 못하는 사람입니다. 의롭다함을 받지 못하고 그리스도를 믿는 믿음으로 의롭다함을 간절히 구하지 않는 사람은, 스스로 성화에 참여했다고 여기지 말아야 합니다. 그러므로 이 둘은 언제나 하나로 결합되어 존재합니다.

"예수는 하나님으로부터 나와서 우리에게 지혜와 의로움과 거룩함과 구원함이 되셨으니"(고전 1:30).

"주 예수 그리스도의 이름과 우리 하나님의 성령 안에서 씻음과 거룩함과 의롭다하심을 받았느니라"(고전 6:11).

그러할지라도 칭의와 성화는 본질적으로 완전히 다릅니다.

① 칭의는 의로운 재판장이신 하나님께서 하시는 일이며, 성화는 새 창조를 이루시는 성령 하나님이 하시는 일입니다.

② 칭의는 하나님께서 사람을 대상으로 행하시는 일이지만, 성화는 그 일의 주체인 사람 안에서 일어나는 일입니다.

③ 칭의는 죄책과 심판을 없앰으로써 사람을 복된 신분이 되게 하며, 성화는 그런 사람에게서 부패를 없애고 하나님의 형상을 회복시킵니다.

④ 칭의는 매번 완전하게 이루어지지만, 성화는 그 주체인 사람이 이 땅에 사는 한 완전하게 이루어지지 않습니다.

⑤ 일반적인 순서를 보면 칭의가 먼저 오고, 그와 더불어 성화가 진행됩니다.

성화: 택자들 안에서 이루어 가시는 하나님의 효과적인 역사

성화는 택함과 부르심을 받고 거듭나 의롭게 된 죄인들을 하나님의 말씀을 통하여 죄의 부패로부터 정결하게 하고 하나님의 형상으로 변모해 가게 하시는 하나님의 효과적인 역사입니다. 거듭난 신자들은 신령한 생명에 자리한 이 내적 원리로 말미암아 십계명의 율법에 드러난 하나님의 뜻을 따라 살아갑니다.

다시 말하지만, 성화는 하나님의 효과적인 역사입니다. 하나님만이 이 역사의 동인이십니다. 사람은 자신의 거듭남과 믿음과 칭의에 어떠한 기여도 할 수 없는 것과 마찬가지로, 성화에도 아무런 기여를 하지 못합니다.

"나를 떠나서는 너희가 아무것도 할 수 없음이라"(요 15:5).

주 예수님은 이미 신자가 된 제자들에게 이렇게 말씀하셨습니다.

"너희 안에서 행하시는 이는 하나님이시니"(빌 2:13).

사도의 기도에도 이런 사실이 드러납니다.

"평강의 하나님이 친히 너희를 온전히 거룩하게 하시고"(살전 5:23).

"내가 이스라엘을 거룩하게 하는 여호와인 줄을 열국이 알리라"(겔 37:28).

이 일은 때때로 성부께 돌려집니다.

"부르심을 받은 자 곧 하나님 아버지 안에서 사랑을……받은 자들에게"(유 1:1).

때로는 성자께 돌려집니다.

"물로 씻어 말씀으로 깨끗하게 하사 거룩하게 하시고"(엡 5:26).

성령께 돌려지기도 합니다.

"성령이 거룩하게 하심으로"(벧전 1:2).

"오직 성령의 열매는 사랑과 희락과 화평과 오래 참음과 자비와 양선과 충성과"(갈 5:22).

그래서 성령을 "성결의 영"(롬 1:4)이라고 합니다.

하나님은 성화를 위해 어떤 도구를 필요로 하시지는 않으나, 자신의 말씀을 방편으로 삼아 성화의 역사를 이루어 가십니다.

"그들을 진리로 거룩하게 하옵소서. 아버지의 말씀은 진리니이다"(요 17:17).

"이는 곧 물로 씻어 말씀으로 깨끗하게 하사 거룩하게 하시고"(엡 5:26).

성경은 죄의 끔찍함을 직시하게 하며, 신령한 삶이 얼마나 바랄 만한 것인지를 보여 줍니다. 성경은 죄를 깨닫게 하고 책망하며, 심판을 경고하고 판결을 내립니다. 한편, 성경은 신자를 격려하고 그리스도를 성화의 원천으로 제시하며, 많은 약속들을 담고 있습니다. 성령께서 이 모든 것들을 신자의 마음에 적용하실 때, 성화가 열매로 맺힙니다. 하나님의 말씀은 그분의 손에 붙들린 도구입니다(하나님의 손에 붙들리지 않는 도구는 아무런 소용이 없습니다).

하나님의 말씀을 선포하고 회개와 성화를 촉구한다는 측면에서 목사 역시 신자의 성화를 위한 도구입니다.

"그런즉 아볼로는 무엇이며 바울은 무엇이냐? 그들은 주께서 각각 주신 대로 너희로 하여금 믿게 한 사역자들이니라……우리는 하나님의 동역자들이요 너희는 하나님의 밭이요 하나님의 집이니라"(고전 3:5,9).

"지혜 있는 자는 궁창의 빛과 같이 빛날 것이요 많은 사람을 옳은 데로 돌아오게 한 자는 별과 같이 영원토록 빛나리라"(단 12:3).

　사람이 어떤 역할을 하는 것은 그가 전적으로 하나님께 의존하여 존재하고 움직이며, 선행하는 하나님의 능력이 그를 돕기 때문입니다. 그런데 각 사람은 본성과 관련된 삶에서 자기 행동의 원인이 됩니다. 이는 영적인 삶에서도 마찬가지입니다. 신자들은 죄를 미워하고 하나님을 사랑합니다. 하나님께 순종하고 선을 행합니다. 그러나 하나님과 상관없이 자신만의 능력으로 그렇게 하지는 않습니다. 오히려 그것은, 거듭날 때 신자에게 신령한 생경을 주고 계속 그 생명을 보존하고 불러일으키며 활동하게 하시고, 그 생명이 가진 신령한 본성에 부합하도록 기능하게 하시는 성령 하나님께서 인간의 지성과 의지와 정서(affections)가 조성된 방식과 질서에 걸맞게 일하도록 역사하신 결과이기도 합니다. 사람은 이렇게 성령 하나님의 영향을 받아 움직이고 거룩하게 삽니다. 자신이 받은 새로운 본성이 바라는 대로 행합니다. 자신의 의무라 믿는 일들에 마음을 기울이며, 또 그런 일을 위해 힘씁니다. 다음 구절들이 그러한 사실을 잘 말해 줍니다.

　"그런즉 사랑하는 자들아, 이 약속을 가진 우리는 하나님을 두려워하는 가운데서 거룩함을 온전히 이루어 육과 영의 온갖 더러운 것에서 자신을 깨끗하게 하자"(고후 7:1).

　"오직 너희를 부르신 거룩한 이처럼 너희도 모든 행실에 거룩한 자가 되라. 기록되었으되 내가 거룩하니 너희도 거룩할지어다 하셨느니라"(벧전 1:15,16).

　하나님께 택함 받은 자들만이 스스로를 거룩하게 합니다.

　"창세전에 그리스도 안에서 우리를 택하사 우리로 사랑 안에서 그 앞에 거룩하고 흠이 없게 하시려고"(엡 1:4).

　"하나님이 미리 아신 자들을 또한 그 아들의 형상을 본받게 하기 위하여 미리 정하셨으니 이는 그로 많은 형제 중에서 맏아들이 되게 하려 하심이니라"(롬 8:29).

　이런 사람들 안에서는 모든 것이 새로워집니다. 지성이 새로워집니다. 지성뿐만 아니라 의지도 새로워집니다. 지성과 의지뿐만 아니라 정서도 새로워집니다. 마찬가지로, 영혼의 평범한(inferior) 기능뿐만 아니라 고상한(superior) 기능들까지도 새로워집니다. 내면의 행위는 물론 외적인 행위도 새로워집니다. 외적인 행위(이것은 인간의 내적인 측면을 인정하지 않는 소시니안이 좋아할 만한 내용입니다)뿐만 아니라 내면의 기능과 지성, 의지, 정서가 모두 새로워집니다.

"마음을 새롭게 함으로 변화를 받아"(롬 12:2).

"그런즉 너희 몸으로 하나님께 영광을 돌리라"(고전 6:20).

"그런즉 누구든지 그리스도 안에 있으면 새로운 피조물이라. 이전 것은 지나갔으니 보라 새것이 되었도다"(고후 5:17).

"평강의 하나님이 친히 너희를 온전히 거룩하게 하시고 또 너희의 온 영과 혼과 몸이 우리 주 예수 그리스도께서 강림하실 때에 흠 없게 보전되기를 원하노라"(살전 5:23).

택함 받은 자들이 모두 거룩해집니다. 모든 일, 모든 측면에서 새로워집니다. 그러나 모두가 동일한 정도로 새로워지는 것은 아닙니다. 믿음과 관련해 어린아이가 있는가 하면, 청년도 있고, 아비도 있습니다(요일 2:13 참고). 하나님의 정원에는 상한 갈대와 꺼져 가는 심지가 있는가 하면, 의의 참나무와 종려나무와 거대한 삼나무도 있습니다. 약한 자가 강해지기도 하고, 강한 자가 약해지기도 합니다. 겉으로 드러나는 측면에서도 그렇고, 영속적인 은혜의 측면에서도 그러합니다. 그러나 이들에게 있는 신령한 생명은 결코 사라지지 않습니다. 때때로 죄에 빠지거나 원수에게 사로잡히기도 하지만, 다시 죄의 지배 아래로 들어가지 않습니다.

"그는 넘어지나 아주 엎드러지지 아니함은 여호와께서 그의 손으로 붙드심이로다"(시 37:24).

성화의 행위 또는 활동은 두 가지에 초점을 둡니다. 죄와 싸우는 것과 거룩함으로 나아가는 것입니다. 성경은 죄와 싸우는 것에 대해 "옛사람을 벗어 버림"(엡 4:22 참고), "땅에 있는 지체를 죽임"(골 3:5 참고), "정욕과 탐심과 더불어 육체를 십자가에 못 박음"(갈 5:24 참고), "죄악된 육의 몸을 벗음"(골 2:11 참고), "육체의 정욕을 제어함"(벧전 2:11 참고), "육과 영의 온갖 더러운 것에서 자신을 깨끗하게 함"(고후 7:1 참고)이라고 말합니다. 그리고 거룩함으로 나아가는 것에 대해서는 "새사람을 입음"(엡 4:24 참고), "마음을 새롭게 함으로 변화를 받음"(롬 12:2 참고), "아들의 형상을 본받음"(롬 8:29 참고), "그리스도의 형상이 우리 안에 이루어지기까지 수고함"(갈

4:19 참고)이라고 말합니다.

신자 안에 있는 두 본성

옛사람이란 부패한 인간 본성을 가리킵니다. 타락한 인간은 가장 혐오스럽고도 끔찍한 상태가 되었습니다. 모든 빛, 진정한 사랑, 의, 거룩함, 화평, 참된 기쁨은 물론 하나님의 형상마저 잃었습니다. 그 속에 마귀의 본성이 자리합니다. 하나님과 이웃을 향해 온갖 악을 행하는 존재가 되어 버렸습니다. 하나님을 기뻐하기는커녕 미워합니다. 하나님과 관련된 모든 것을 싫어합니다. 하나님이 명령하신 것은 무엇이든 싫어합니다. 이스라엘의 거룩한 자가 자신에게서 떠나기만을 바랍니다. 하나님과 상관없이 지내는 것으로 만족합니다. 하나님께 자신을 굴복시키지 않습니다. 그저 죄를 누리고 살기를 바랄 뿐입니다. 영원히 죄를 지으며 살 수만 있다면 천국을 얻지 못해도 상관없습니다. 정욕이 모든 것을 지배합니다. 지성과 의지와 몸의 모든 지체가 정욕에 종노릇합니다. 이처럼 인간에게 있는 것은 모두 잘못되고 뒤틀려 있습니다. 아직 회심하지 않은 사람의 상태가 이러합니다. 성경은 이런 성향을 가리켜 '옛사람'이라고 말합니다.

'사람'이라 부르는 것은 부패가 타락한 인간의 모든 영역에 스며 있기 때문입니다. 죄를 지으면서 만끽하는 육체의 쾌락과 도무지 통제되지 않는 정욕으로 말미암아, 타락한 인간의 지성, 의지, 정서, 몸의 모든 지체와 그 움직임에 부패가 퍼져 있습니다. 그의 정욕이 이런 죄악들을 촉발시키고, 이런 죄를 더할수록 더욱 맹렬하게 타오릅니다. 이처럼 마음과 양심이 모두 죄와 부패로 오염되어 있는 사람은 가증하고, 불순종하며, 어떠한 선한 일도 행하지 못합니다(딛 1:15,16 참고). 악한 나무가 악한 열매를 내듯이, 악인은 그 마음에 자리한 악의 샘에서 모든 악한 것들을 쏟아 냅니다(마 12:33,35 참고).

"마음에서 나오는 것은 악한 생각과 살인과 간음과 음란과 도둑질과 거짓 증언과 비방이니"(마 15:19).

'옛사람'이라 부르는 이유는 그 시작이 아담에게까지 거슬러 올라가고, 거듭나지 않은 모든 사람들이 태어날 때부터 이미 가지고 있기 때문입니다. 그러므로 회심하기 전의 인간은 그야말로 '옛사람'입니다. 부패 덩어리인 것입니다. 성경은 이 옛사람을 "육체의 정욕"(벧전 2:11), "육신"(롬 7:18), "죄의 법"(롬 7:23), "첫 번째 아담의 형상"(창 5:3; 고전 15:49 참고)이라고도 일컫습니다.

지금까지 말한 내용을 반대로 적용해 보면, 새사람이 어떤 존재인지가 분명해집니다. 영혼의 경향성, 신령한 삶, 거룩해진 본성, 참된 지식으로 이루어진 하나님의 형상, 의, 거룩함이라고 할 수 있습니다. 성경은 새사람을 "속사람"(롬 7:22), "마음에 숨은 사람"(벧전 3:4), "그가 만드신 바"(엡 2:10), "새로운 피조물"(고후 5:17), "신성한 성품"(벧후 1:4)이라고 합니다. '사람'이라고 칭하는 것은 위와 마찬가지로 전인에 이런 거룩한 본성이 스며 있고, 지성과 의지와 정서 및 몸의 모든 지체와 행실이 이런 본성에 부합하기 때문입니다. '새사람'이라고 칭하는 것은 옛사람이 거듭나 거룩한 본성을 가진 전혀 다른 새로운 사람으로 존재하기 때문입니다.

거듭남의 역사로 사람이 새로운 본성을 받고 모든 것이 모든 측면에서 새롭게 되었다 하더라도, 다시 말해 그의 지성, 의지, 정서, 몸의 모든 지체가 영향을 받았다 하더라도, 이 땅에 사는 한 가장 높은 수준의 완전함에 이르지는 못합니다. 모든 거룩한 일들은 언제나 부분적으로만 이루어집니다. 옛 본성은 비록 지배권을 행사하지는 못하지만, 여전히 사람 안에 그대로 남아 틈날 때마다 그 가증하고도 추한 고개를 치켜듭니다.

이처럼 구원받은 신자에게 옛 본성이 남아 있는 것은 하나님의 지혜로운 뜻으로 말미암은 것입니다. 이를 통해 하나님의 오래 참으심과 능력이 드러날 뿐만 아니라, 옛 본성이 여전히 남아서 강하게 역사할지라도 새 본성이 사라지거나 삼켜지지 않도록 지키는, 값없이 주어지는 하나님의 은혜가 더욱 찬란하게 빛을 발할 것이기 때문입니다. 이로 말미암아 그리스도의 구속이 항상 새롭고도 소중하게 다가오며, 우리의 칭의와 기쁨의 유일한 원천으로 남습니다. 또한 이를 통해 인간은 교만해지지 않고, 면류관이 약속된 복된 싸움에 끊임없이 힘써야 할 이유를 찾으며,

천국과 완전한 상태를 더욱 갈망하게 됩니다. 이런 사실을 바로 이해해야만, 완전함을 향한 갈망을 키워 가고 분투하기를 쉬지 않게 됩니다. 그리고 한편으로 이런 하나님의 지혜로운 뜻에 순복하고, 언젠가 이 일이 이루어질 것을 소망하며, 칭의를 붙들고 낙심하지 않을 수 있습니다.

물과 불은 한 용기 안에 공존할 수 없을뿐더러, 자신이 그 자리를 온전히 차지하기까지 각각의 본성에 따라 끊임없이 움직이며, 어느 한쪽이 완전히 사라지게 합니다. 옛사람과 새사람도 마찬가지입니다. 이 둘은 거듭난 한 사람 안에 있으면서 서로 대치합니다. 서로 한 번씩 번갈아 가면서 존재하는 것이 아닙니다. 이는 공간적으로도 마찬가지여서, 하나가 지성에 거하고 다른 하나가 의지에 거하거나, 하나가 영혼에 거하고 다른 하나가 육신에 거하는 식으로 사이좋게 따로 존재하는 것도 아닙니다. 황혼 녘에 빛과 어둠이 혼재하고, 미지근한 물에 온기와 냉기가 뒤섞이는 것처럼, 이 둘은 한 자리에서 동시에 치열하게 활동합니다. 그렇게 이들은 서로를 있는 자리에서 내쫓으려고 혈안이 되어 있습니다.

이 싸움은 헌 집을 허물고 새집을 짓는 것과는 달리, 먼저 옛사람이 제거되고 새사람을 위한 자리가 생기는 방식으로 이루어지지 않습니다. 로마 가톨릭 수도원은 헌 건물을 헐고 새 건물을 짓는 방식에 집중하여 훈련하였습니다. 라바디주의자들(Labadists, 이들은 로마 가톨릭의 신비주의적인 글들과 말하는 방식을 모방하는 것을 목적으로 삼았습니다)은 자신들의 경건을 이런 식으로 정의하면서, 많은 사람들로 하여금 올바른 길에서 떠나게 했습니다. 그래서 하나님께서 그들의 모든 의도를 뒤집고, 진노 가운데 그들을 혼란에 빠트려 흩으셨습니다. 그들이 보여 주었던 자의적인 경건은 옛사람의 육체를 어느 정도 제어할 수 있었으나(물론 내면에 있는 옛사람은 전혀 건드리지 못했습니다), 결국 자연적 본성에서 비롯된 종교적 경건에 불과했음이 밝히 드러났습니다. 이는 그들이 온갖 종류의 사람들과 쉽게 다시 섞여 사는 것을 보면 알 수 있습니다. 라바디주의자들과 함께하기 전에 회심한 사람들(이들에게서는 여전히 은혜가 빛을 발합니다)을 제외하고, 그들은 스스로 자기 부인(self-denial)조차 배우지 못했다는 사실을 여실히 드러냅니다(특히 명성이나 돈과 관련해서는 더욱 그러합니다).

거듭난 한 사람 안에 자리한 이 두 본성 때문에 신자에게는 싸움이 끊이지 않습니다. 부지런히 이 싸움에 힘쓰는 신자에게서는 옛 본성이 점점 사그라집니다. 성화를 통해 새롭고도 거룩한 본성이 더해져 갑니다. 이 싸움에 더욱 힘쓰기 위해, 지금부터 이 두 본성이 어떻게 기능하는지를 살펴보겠습니다.

신자 안에서 역사하는 옛 본성

먼저, 옛 본성이 어떻게 역사하는지 살펴봅시다. 옛 본성은 다음 세 가지 측면에서 아주 적극적으로 역사합니다.

- 신자가 죄를 짓게 합니다.
- 신자가 선을 멀리하게 합니다.
- 신자가 하는 선한 일을 막을 수 없다면, 그것을 오염시키려고 합니다.

첫째, 옛 본성은 죄를 짓도록 자극합니다.

① 때때로 격렬하게 공격하여 죄를 짓게 합니다. 정욕이 너무 순식간에 촉발되고 급격하게 일어나는 바람에, 미처 하나님을 두려워할 틈도 없습니다. 설령 하나님을 두려워하는 마음이 일어난다고 해도, 정욕이 너무 강력하고 폭발적으로 일어난 나머지, 어떤 선한 경향성이 일어나더라도 즉시 사그라지고 맙니다. 이처럼 옛 사람은 겨에 부는 바람처럼 마음을 휩쓸고 지나가 다른 생각을 할 겨를도 없이 순식간에 죄로 떨어뜨립니다.

② 옛 본성은 일정한 휴식을 요구하기도 합니다. 깨어서 하나님께 집중하느라 몸과 마음이 피곤해지면, 더는 그렇게 살아갈 수 없을 것처럼 느껴집니다. 그럴 때, 휴식과 기분 전환을 추구하는 옛 본성은 본성적인 것들을 떠올립니다. 그런데 이내 이런 상황을 틈타 육체의 정욕이 일어나기 시작합니다. 자아가 이런 상황을 받아들이면, 본성적인 것들에 대한 생각은 점점 죄악된 방향으로 흘러갑니다. 그러고는 이내 허황된 생각에 빠집니다. 스스로를 무언가가 된 줄로 생각하고, 부자나 존경받을 만한 대단한 사람인 양 여깁니다. 그런 자리에 이를 수도 없고 그런 것들을 얼

지도 못한다는 것을 알면서도, 그렇게 허공에 누각을 짓기 시작하는 것입니다. 그리하여 이제 옛 본성은 쉽게 저지를 수 있는 죄(음란과 재물에 대한 정욕과 자랑)들을 생각하는 데까지 이릅니다. 이런 식으로 이전에 있던 신실한 자리로부터 멀어져 버린 사람은 상황이 허락하는 만큼 쉽게 죄로 떨어집니다. 기회만 되면, 이전에는 감히 꿈도 꾸지 못했던 죄악들도 서슴지 않을 것입니다. 또는 본성을 통해서든 은혜를 통해서든 자신이 이미 벗어났다고 여겨 온 죄로 되돌아갈 것입니다.

③ 경솔함과 부주의함을 틈타 옛 본성이 일어나기도 합니다. 자신이 고질적으로 빠지는 죄의 올무가 될 것임을 경험을 통해 알면서도 그런 상황으로 나아가는 경우가 있습니다. 그 예로, 혼자 있거나 어울리지 말아야 할 사람들과 어울리는 것을 들 수 있습니다. 본인은 이전에 지었던 죄들에 더 이상 빠지지 않으리라고 생각합니다. 그러나 그 죄를 인식하기도 전에 이미 그것을 향해 달려갑니다. 죄는 일단 틈이 보이면 순식간에 그 틈을 향해 돌진합니다. 문 앞에서 웅크리고 기회만 엿보고 있던 죄가 어느새 그 사람을 집어삼킵니다. 손에 기름이 묻으면 그 손이 닿는 데마다 얼룩이 남지 않겠습니까!

④ 때때로 옛 본성은 어떤 일의 죄악된 부분을 감추고 이롭게 여겨지는 부분만을 보게 합니다. 그것을 즐겁고 정직하며 유익한, 도무지 없어서는 안 될 것처럼 보게 합니다. 반드시 필요한 선의의 거짓말이나 정직한 행동처럼 보게 합니다. 사람들과 교양 있게 어울리는 데 꼭 필요한 것으로 여기게 합니다. 자신이 어떤 지위에 오르기만 하면 선한 일을 더 많이 할 수 있을 것처럼 생각하게 합니다. 또는 처음부터 그렇게 생각하지는 않더라도, 기회를 틈타 마음에 그런 생각들이 갑작스레 들이닥치게 합니다. 이렇게 되면, 사람은 좀 더 자유분방하게 생각하고 행동합니다. 아니면 마땅히 싸워야 하는 만큼 죄와 싸우지 않게 됩니다. 이에 따라 옛 본성이 더욱 활개를 치며 죄가 죄를 낳게 합니다.

둘째, 옛 본성은 언제나 신자들로 하여금 선한 일에 힘쓰지 못하게 합니다.

① 기도, 성경 읽기, 찬송, 묵상 등과 같이 경건을 연습할 여지를 주지 않습니다. 그래서 이런 경건의 연습을 아예 못하거나, 하더라도 양심을 다독이는 정도로 대

충 하고 맙니다. 더 자주 시간을 내야 하는데도, 서둘러 해치우는 식으로 합니다.

② 경건의 연습에 힘쓰기로 결심하지만 미루기가 일쑤이고, 경건을 연습한다 하더라도 언제 하는지도 모르게 하는 둥 마는 둥 하며 지나갑니다. 왜냐하면 먼저 해야 할 더 바쁘고 중요한 일들이 있기 때문입니다. 그러는 사이에 시간만 계속 허비하고, 성령이 떠나갑니다. 그리하면 경건의 연습을 전혀 하지 못하게 되며, 하더라도 거기에는 경건함이 완전히 결여되어 있을 뿐입니다.

③ 결국 이런 일들은 너무나 어렵고 불가능한 일들이 되어 버립니다. 부담스러워서 피하고 미룰 뿐입니다. 그러다가 어려운 일이 닥쳐서 견디지 못할 정도가 되면 게으른 사람처럼 마지못해 경건의 자리로 나아갑니다. 그러나 어느새 이 일은 너무 낯설고 버거워지고 맙니다. 이제 그는 경건을 연습하기에 전혀 맞지 않은 상태가 되어 버린 것입니다.

④ 자신이 하는 일이 다 부질없고 하나님도 자신의 기도를 듣지 않기 때문에, 자기가 구하는 것을 얻을 소망이 전혀 없으며, 앞으로도 그럴 것이라고 생각합니다. 목사인 우리의 말도 다른 사람들의 말과 마찬가지로 아무런 영향을 끼치지 못합니다. 오히려 그들은 우리를 욕보이며, 진지하고도 경건하게 살아가려는 우리의 모습을 위선으로 여길 뿐입니다.

⑤ 성경의 진리를 타협하려고 합니다. 천국으로 가는 길이 흔히 말하듯이 그렇게까지 좁지는 않다고 생각합니다. 신앙생활을 엄격히 하지 않는다고 해서 모두가 멸망 받는 것은 아니라고 여깁니다. 결심하고 그대로 행하지는 못해도, 예의 바르고 유쾌하게 사는 것도 경건과 다르지 않다고 생각합니다.

이처럼 옛 본성은 신자가 힘 있게 진보하고 진중하게 그리스도의 발자취를 따르지 못하도록 방해합니다.

셋째, 옛 본성의 이런 방해에 아랑곳하지 않고 신자가 계속 선한 일에 힘쓰려고 하면, 옛 본성은 그 일을 해치려고 온 힘을 기울일 것입니다.

① 생각을 이리저리 분산시켜 집중하지 못하게 합니다.

② 선한 일을 생각하기만 할 뿐 실천하지는 않게 합니다. 아무리 좋은 생각도 제

때에 실천하지 않으면 선한 일에 대한 결심이 약해지고, 결국 아무것도 실행하지 못한 채 생각에 머물고 맙니다.

③ 이면의 숨은 동기들과 우리의 자아를 선한 일에 개입시킵니다. 이로 말미암아 의무를 행하려는 결심과 참된 동기들이 약해지고 사라져 의무를 순전하게 준행하지 못하게 됩니다.

④ 그 결과 그리스도인의 의무를 준행하는 일이 성령과 전혀 상관없는 본성의 일로 전락해 버립니다. 심지어 위선적인 일로 드러나기까지 합니다.

⑤ 무신론적인 마음과 불신앙을 표출시켜 경건한 의무를 더럽힙니다. 그러면 경건한 의무를 준행함으로써 새롭게 되기는커녕, 경악스럽게도 선한 의무를 죄악된 방식으로 행하는 끔찍한 일을 행하게 됩니다. 이처럼 옛 본성은 신자의 내면을 어지럽게 휘저어 놓습니다.

새 본성의 활동 1. 옛사람을 죽임

그러나 새 본성은 옛 본성이 제멋대로 활개 치도록 잠잠히 있지 않습니다. 옛 본성을 대적하면서 직접 죽이는가 하면, 새사람을 강건하게 함으로써 점점 거룩해지게 합니다. 이는 성화에서 핵심적인 일입니다. 먼저 새사람이 어떻게 죄를 죽이는지를 살펴보고, 다음으로 어떻게 새 본성이 강건해지는지를 살펴봅시다.

거듭날 때 신자에게 새 본성을 심으신 성령께서 계속 이 본성을 보존하고 불러일으키고 붙잡아 주면서, 이 본성의 모든 움직임을 이끌어 가십니다.

"너희 안에서 행하시는 이는 하나님이시니 자기의 기쁘신 뜻을 위하여 너희에게 소원을 두고 행하게 하시나니"(빌 2:13).

이렇게 성령께서 붙들고 불러일으키신 새 본성, 이 신령한 생명은 그 능력이 어느 정도로 강한지에 따라 옛 본성을 죽이거나 쫓아내며 대적합니다.

"너희가 육신대로 살면 반드시 죽을 것이로되 영으로써 몸의 행실을 죽이면 살리니"(롬 8:13).

"너희는 성령을 따라 행하라 그리하면 육체의 욕심을 이루지 아니하리라 육체의 소욕은 성령을 거스르고 성령은 육체를 거스르나니 이 둘이 서로 대적함으로 너희가 원하는 것을 하지 못하게 하려 함이니라"(갈 5:16,17).

새 본성은 옛 본성을 대적합니다.

첫째, 그 일은 자신이 죄로 둘러싸이고 죄로 인해 부패하고 가증한 존재가 되었다는 사실을 애통해함으로써 이루어집니다. 죄로 말미암아 하나님과 친밀하고도 달콤한 교제를 누리지 못하고, 계속 하나님의 뜻을 거스르기만 하며, 하나님의 진노를 받아 마땅한 존재가 되어 버린 사실을 슬퍼합니다. 무거운 짐을 진 것처럼 죄로 인해 힘겨워합니다. 죄라는 이 가증한 괴물로부터 자유로워지기를 얼마나 바라는지 모릅니다! 할 수만 있다면 당장이라도 담대하게 죄를 내치겠지만, 이미 죄가 너무나 깊숙이 뿌리박고 있는 탓에 그렇게 할 수도 없습니다. 이런 자신의 모습을 깨닫고 이렇게 탄식합니다.

"오호라 나는 곤고한 사람이로다. 이 사망의 몸에서 누가 나를 건져 내랴?"(롬 7:24)

악행과 자기 안에 있는 죄로 인해 초래될 엄청난 일들로 슬퍼하는 것에 비하면, 그 밖에 다른 일들로 인한 슬픔은 아무것도 아닙니다. 비둘기처럼 슬퍼하고 제비가 지저귀듯 탄식이 끊이지 않습니다. 심지어 죄로 말미암은 탄식과 슬픔 때문에 얼굴이 수척해집니다. 그런데도 이런 슬픔을 외면하거나 회피하지 않고, 그것이 영적으로 승화되기까지 죄로 인한 슬픔이 더욱 커지기를 바랍니다. 죄악된 자신의 모습이 부끄러워서 고개를 들지 못합니다. 그 자리에서 진심으로 자신의 죄를 고백하고 슬퍼하며, 죄의 죄악됨을 절감하고, 죄 사함 받기를 간구합니다. 예수님께로 피하여 그분을 자신의 죄를 대속하신 구속주로 영접하고, 그분이 드린 대속의 희생을 힘입어 성부 하나님께로 나아가 의롭다함을 받고 화평을 맛보기까지 계속 씨름합니다. 이렇게 더욱 올바른 상태로 나아가면서 더욱 죄를 무서워하게 됩니다.

"하나님의 뜻대로 하는 근심은 후회할 것이 없는 구원에 이르게 하는 회개를 이루는 것이요"(고후 7:10).

"슬픔이 웃음보다 나음은 얼굴에 근심하는 것이 마음에 유익하기 때문이니라"(전 7:3).

둘째, 새 본성은 죄를 미워함으로써 옛 본성을 대적합니다.

"여호와를 사랑하는 너희여 악을 미워하라"(시 97:10).

"내가 두마음 품는 자들을 미워하고……모든 거짓 행위를 미워하나이다"(시 119:113, 128).

새 본성이 죄를 향해 품는 증오는 다음과 같은 모습으로 확연히 드러납니다.

① 죄와 죄로 말미암은 부패를 향해 내면에서 증오를 일으킵니다. 하나님의 거룩하심과 그분의 거룩하신 뜻에 비추어, 그것을 거스르는 죄가 얼마나 추한지를 봅니다. 거룩하신 하나님을 거절하고 멸시하는 것이 곧 죄임을 직시합니다. 이런 깨달음이 죄에 대한 증오를 불러옵니다.

"악을 미워하고"(롬 12:9).

죄를 미워할 뿐만 아니라, 그런 죄와 짝했던 자신을 혐오합니다.

"내가 주께 대하여 귀로 듣기만 하였사오나 이제는 눈으로 주를 뵈옵나이다. 그러므로 내가 스스로 거두어들이고 티끌과 재 가운데에서 회개하나이다"(욥 42:5,6).

② 그런데도 이런 죄를 짓는 자신의 모습에 아연실색합니다. 이런 사람이 죄를 지으면, 가슴이 방망이질하고 평화가 떠나가며 불안한 마음에 어쩔 줄 몰라 합니다. 자기 마음에서 일어나는 죄에 보복하려고 합니다.

"그리한 후에 사울의 옷자락 벰으로 말미암아 다윗의 마음이 찔려"(삼상 24:5).

"나의 죄로 말미암아 내 뼈에 평안함이 없나이다"(시 38:3).

"보라, 하나님의 뜻대로 하게 된 이 근심이 너희로 얼마나 간절하게 하며 얼마나 변증하게 하며 얼마나 분하게 하며 얼마나 두렵게 하며 얼마나 사모하게 하며 얼마나 열심 있게 하며 얼마나 벌하게 하였는가. 너희가 그 일에 대하여 일체 너희 자신의 깨끗함을 나타내었느니라"(고후 7:11).

③ 죄를 지독히 멸시하는 까닭에, 죄가 될 만한 것을 보거나 들으려 하지 않습니다. 죄가 될 만한 말을 하지 않을뿐더러, 다른 사람이 죄악된 말을 할 빌미를 제공하지도 않습니다. 죄악된 욕구가 일어나면 옷에 붙은 불을 털어 내듯이 신속하고도 가차없이 버립니다.

"그 육체로 더럽힌 옷까지도 미워하되"(유 1:23).

셋째, 새 본성은 즉시 죄로부터 도망치게 합니다. 새로운 본성이 바르게 활동한다면, 죄에 대해 깨어 있을 수밖에 없습니다. 죄가 자라날 빌미를 주지 않습니다. 자신이 어떤 죄에 유독 약하며 어떤 환경에 있을 때 가장 취약한지를 잘 배워서 압니다. 물론 어떻게 하면 죄가 기회를 틈타 득세하는지도 잘 압니다. 그 기회가 게으를 때나 혼자 있을 때나 특정한 사람들과 어울릴 때라면, 과감하게 그런 환경과 사람으로부터 떠납니다.

"나의 죄악에서 스스로 자신을 지켰나니"(시 18:23).

"악한 자가 너를 꾈지라도 따르지 말라"(잠 1:10).

"사악한 자의 길에 들어가지 말며 악인의 길로 다니지 말지어다"(잠 4:14).

"악을 버리고 선을 행하며 화평을 찾아 따를지어다"(시 34:14).

넷째, 죄가 고개를 들면 매우 담대하게 그것을 대적합니다. 죄를 쫓아내기 위해 애씁니다. 이 일을 무엇보다 자기 마음에서부터 시작합니다. 마음을 깨끗하게 하면 겉은 저절로 깨끗해진다는 것을 알기 때문입니다. 겉으로 죄를 멀리하는 것으로 만족하지 않고, 마음에서부터 죄의 뿌리까지 들어내고자 합니다. 정욕과 탐심과 더불어 육체를 십자가에 못 박아(갈 5:24 참고) 죄를 죽이고(골 3:5 참고), 마음을 성결하게 하고 손을 깨끗하게 합니다(약 4:8 참고). 마음을 굳게 먹고 담대하게 싸움을 준비합니다. 죄에게 결코 지지 않으려고 합니다. 하나님의 사랑을 주목하면서 용기와 힘을 얻습니다. 하나님께서 선언하신 모든 경고와, 경건한 자와 불경건한 자 모두가 직면하게 될 심판을 기억하며, 하나님을 더욱 경외합니다. 특별히 지금 자신이 싸워야 하는 특정한 죄와 관련하여 하나님께 도움을 구하고 그분의 능력을 의지합니다. 그 죄를 이기고자 믿음으로 할 수 있는 모든 일을 합니다.

① 지금 자신의 상태에 적용할 수 있는 하나님의 약속들을 구합니다.

"네 하나님 여호와께서 네 마음과 네 자손의 마음에 할례를 베푸사 너로 마음을 다하며 뜻을 다하여 네 하나님 여호와를 사랑하게 하사 너로 생명을 얻게 하실 것이며"(신 30:6).

"새 영을 너희 속에 두고 새 마음을 너희에게 주되 너희 육신에서 굳은 마음을 제거하고 부드러운 마음을 줄 것이며, 또 내 영을 너희 속에 두어 너희로 내 율례를 행하게 하리니"(겔 36:26,27).

② 이런 약속들에 힘입어 자신의 의로움이 되시는 그리스도께로 나아가며, 이 모든 약속들이 그리스도 안에서 예와 아멘이 된다는 사실을 확인하고 힘을 얻습니다. 그리스도 안에서 스스로를 약속의 상속자로 여기고, 이 약속들이 모두 성취될 것을 믿습니다.

③ 이런 약속들을 계속 붙들고서 죄와 싸워 나갑니다.

④ 하나님께서 말씀하신 모든 방편들을 사용합니다.

⑤ 이런 약속들과 관련된 모든 일에 인내를 발휘합니다. 자신과 관련하여 이 약속들이 다 실현될 것을 쉬지 않고 믿습니다. 때와 방식을 모두 하나님의 뜻에 맡기고, 자신이 할 일을 힘써 행합니다. 물론 언제나 승리를 확인하고 경험하는 것은 아닙니다. 그러나 이렇게 함으로써 죄의 능력은 점점 약해지는 반면, 새로운 본성은 진보하고 힘을 얻습니다.

새 본성의 활동 2. 새사람을 일깨움

다음으로 새 본성은, 스스로를 강하게 하고 거룩함에 진보를 나타내는 역할을 합니다. 이런 사실은 다음 몇 가지를 통해 드러납니다.

- 하나님의 뜻을 사랑합니다.
- 자신의 의무를 준행하기를 바랍니다.
- 의무를 준행할 힘을 얻습니다.

첫째, 새 본성은 죄와 싸우는 것으로 만족하지 않으며, 거룩함으로 나아가기를 원합니다. 죄와 싸우기 위해 많이 수고하며 애쓰는 것처럼, 거룩함을 위해서도 그렇게 행합니다. 새 본성은 거룩함을 추구합니다. 특별히 하나님의 뜻에 부합하기를 갈망함으로써 이러한 추구를 분명히 드러냅니다. 하나님의 뜻을 그리스도 안에서 자신의 아버지가 되신 이의 뜻으로 받으며, 그 뜻에 주목합니다. 하나님께서 거룩하고 홀로 위엄이 넘치는 주권자이심을 압니다(사 55:4 참고). 하나님의 뜻에 드러나는 순전함과 아름다움을 보고, 하나님의 뜻을 자신의 뜻으로 삼는 것을 가장 합당하게 여기며, 그분의 뜻을 사모합니다. 하나님께서 바라시는 것은 무엇이든 힘써 행하기로 결심합니다.

① 하나님께서 몸이나 영혼에 고난을 허락하신다면, 새 본성은 그것을 주님의 뜻으로 받기를 원합니다. 그리고 그것을 기꺼이 끌어안습니다. 그런 고난을 감내한다는 것은 많은 고통을 당하고 슬픔의 눈물을 흘리는 것을 의미하지만, 그것까지도 기꺼이 받아들입니다. 이런 슬픔의 감정 없이 그런 일들을 맞이하려는 것은, 고난을 주시는 하나님의 뜻과 맞지 않기 때문입니다. 새 본성은 겸손히 하나님의 전능하신 팔 아래로 들어갑니다. 그러나 그러할 때에 불평하거나 슬퍼하거나 낙심하지 않습니다. 그런 감정이 일어나면, 새 본성은 다음과 같이 말하면서 마음을 다잡습니다. "잠잠하라. 불평과 슬픔과 낙심으로 이런 일을 맞는 것은 하나님의 뜻이 아니다." 하나님께서 왜 자신에게 이렇게 하시는지를 도무지 알지 못해도 인내하며 하나님께 순복합니다. 그러면서 이렇게 말합니다. "하나님께서 하시는 일의 모든 이유를 내가 알아야 할 필요는 없다. 또한 하나님께서 나 같은 피조물에게 자신이 하시는 일의 이유를 일일이 설명하실 필요도 없다. 벌레 같은 내가 어찌 감히 하나님께 나에게 왜 이렇게 하시느냐고 힐문하겠는가? 그리할 수 없다. 그저 이것이 하나님의 뜻이라는 사실을 아는 것으로 족하다. 모든 것이 합력하여 선을 이룰 것임을 말씀을 통해 배웠다. 어떻게 그 일이 이루어질지는 모르지만 결국 끝이 올 것이며, 그 끝은 분명히 영광스러울 것이다." 새 본성이 이렇게 자신의 뜻을 하나님의 뜻에 순복하고자 훈련할수록 영혼은 더욱 거룩해집니다. 다윗도 곤경에 처했을 때 그와 같았습니다.

"내가 잠잠하고 입을 열지 아니함은 주께서 이를 행하신 까닭이니이다"(시 39:9).

"혼자 앉아서 잠잠할 것은 주께서 그것을 그에게 메우셨음이라……이는 주께서 영원하도록 버리지 아니하실 것임이며, 그가 비록 근심하게 하시나 그의 풍부한 인자하심에 따라 긍휼히 여기실 것임이라"(애 3:28,31,32).

"그들은 잠시 자기의 뜻대로 우리를 징계하였거니와 오직 하나님은 우리의 유익을 위하여 그의 거룩하심에 참여하게 하시느니라"(히 12:10).

② 따라서 새 본성은 자신을 향한 하나님의 뜻(육신과 영혼 모두에 관한 뜻)을 받아들입니다. 성경은 이렇게 말합니다.

"하나님의 뜻은 이것이니 너희의 거룩함이라"(살전 4:3).

새 본성 또한 이것을 원합니다. 섬길 일이 있으면 '기쁜 마음으로 주께 하듯 하고 사람들에게 하듯 하지 않습니다'(엡 6:7 참고). 무엇을 하거나 하지 말아야 할 순간에 새 본성은 즉시 하나님의 뜻으로 눈을 돌립니다. 그리고 어떻게 하는 것이 하나님의 뜻에 부합한지를 먼저 살핍니다.

"마음으로 하나님의 뜻을 행하고"(엡 6:6).

새 본성은 하나님의 뜻을 너무나 사랑하기 때문에 하나님의 계명과 율법도 사랑합니다.

"내가 모든 재물을 즐거워함같이 주의 증거들의 도를 즐거워하였나이다……주의 율례들을 즐거워하며 주의 말씀을 잊지 아니하리이다"(시 119:14,16).

"내가 주의 법을 어찌 그리 사랑하는지요 내가 그것을 종일 작은 소리로 읊조리나이다……주의 말씀의 맛이 내게 어찌 그리 단지요 내 입에 꿀보다 더 다니이다……주의 증거들로 내가 영원히 나의 기업을 삼았사오니 이는 내 마음의 즐거움이 됨이니이다. 내가 주의 율례들을 영원히 행하려고 내 마음을 기울였나이다"(시 119:97,103,111,112).

어떤 상황에서든지 새 본성이 하는 모든 행위는 "하나님의 선하시고 기뻐하시고 온전하신 뜻이 무엇인지 분별"(롬 12:2)하라는 하나님의 뜻에 대한 사랑을 반영합니다. 한마디로 말해, 바로 이것이 새 본성이 전적으로 추구하고 바라는 목적입니다. 새 본성은 사람들의 시선을 개의치 않고 하나님께서 기쁘게 받으실 만한 삶을 살고자 합니다(고후 5:9 참고).

둘째, 새 본성은 성화와 관련하여 여러 일들과 의무를 행합니다.

"주의 이름을 경외하기를 기뻐하는 종들"(느 1:11).

이러한 바람은 다음과 같은 모습으로 나타납니다.

① 하나님을 섬기는 일에 자신을 드립니다.

"말씀하옵소서, 주의 종이 듣겠나이다"(삼상 3:10).

② 하나님께서 우리에게 원하시는 일들을 간구합니다.

"주여, 내가 무엇을 하기 원하시나이까?"(행 9:6, 역자 사역)[1]

③ 하나님의 응답을 청종합니다.

"그가 내게 무엇이라 말씀하실는지 기다리고 바라보며 나의 질문에 대하여 어떻게 대답하실는지 보리라"(합 2:1).

④ 하나님께서 바라시는 일을 위해 기꺼이 헌신합니다.

"주의 권능의 날에 주의 백성이 거룩한 옷을 입고 즐거이 헌신하니"(시 110:3).

"주의 계명들을 지키기에 신속히 하고 지체하지 아니하였나이다"(시 119:60).

⑤ 열심으로 그 일을 행합니다.

"열심을 품고 주를 섬기라"(롬 12:11).

⑥ 한결같이 그렇게 행합니다.

"착하고 좋은 마음으로 말씀을 듣고 지키어 인내로 결실하는 자니라"(눅 8:15).

셋째, 새 본성은 영적인 담대함으로 어떤 것에도 굴하지 않고 모든 장애를 극복합니다. 넘어지면 다시 일어납니다. 상처를 입으면 위대한 의사이신 그리스도께로 가서, 자신을 치료할 길르앗의 향유인 그리스도의 보혈을 받아 누립니다. 역경이 많을수록 더 담대하게 그것들에 맞섬으로써 오히려 힘을 얻습니다. 주님의 발자취를 따릅니다. 주 예수 그리스도로 말미암아 원수가 이미 패하였고, 자신이 오직 그리스도의 죽음을 본받는 데에만 온전히 힘써야 한다는 사실을 알기 때문입니다. 그리고 다시는 원수가 자신을 이기지 못한다는 것을 알기 때문입니다. 자신이 언제나 승리자로 남을 것과 승리자의 관을 쓸 것을 알기 때문입니다. 그러므로 의롭게 살고 원수와 온 힘을 다해 싸우는 것이야말로 새 본성이 즐거워하는 일입니다. 새로운 본성은 이처럼 진보를 나타냅니다.

"사랑은 죽음같이 강하고 질투는 스올같이 잔인하며 불길같이 일어나니 그 기세가 여호와의 불과 같으니라. 많은 물도 이 사랑을 끄지 못하겠고 홍수라도 삼키지 못하나니 사람

---

[1] 역자주 - 한글 개역개정 성경에는 이 부분이 없다.

이 그의 온 가산을 다 주고 사랑과 바꾸려 할지라도 오히려 멸시를 받으리라"(아 8:6,7).

성경은 이처럼 담대한 신자들을 가리켜 '강한 자들' 또는 '용사들'이라고 합니다.[2] 다음 말씀들이 이들의 특징을 잘 보여 줍니다.

"약한 자도 이르기를 나는 강하다 할지어다"(욜 3:10).

"만군의 여호와가 그 무리 곧 유다 족속을 돌보아 그들을 전쟁의 준마와 같게 하리니 ……싸울 때에 용사같이 거리의 진흙 중에 원수를 밟을 것이라. 여호와가 그들과 함께한즉 그들이 싸워 말 탄 자들을 부끄럽게 하리라"(슥 10:3,5).

새 본성은 성화에 온 힘을 쏟습니다. 이처럼 새 본성을 통해 이루어지는 참된 성화는 회심하지 않은 자들이 인위적으로 죄를 억제하는 것과 다릅니다. 은혜가 없는 사람들이 이루는 덕과 은혜로 힘써 분발하는 사람들의 선행은 이토록 차이가 납니다. 훈련된 본성적인 덕을 의지하여 살아가는 모든 사람들이 이런 큰 차이를 깨닫기를 바랍니다!

성화의 열매: 거룩함

성화를 훈련함으로써 거룩함이라는 열매를 맺습니다. 새 본성을 따라 이렇게 성화에 힘쓰는 사람은 누구든지 거룩함을 열매로 맺습니다. 이러한 사람은 더욱 거룩해지며, 거룩함으로 단장된 빛을 발할 수밖에 없습니다.

거룩함은 사람에게서 발견될 수 있는 가장 아름다운 장식이요 찬란하게 빛나는 아름다움입니다.

"거룩함이 주의 집에 합당하니 여호와는 영원무궁하시리이다"(시 93:5).

"주의 권능의 날에 주의 백성이 거룩한 옷을 입고 즐거이 헌신하니"(시 110:3).

"오직 마음에 숨은 사람을 온유하고 안정한 심령의 썩지 아니할 것으로 하라. 이는 하나님 앞에 값진 것이니라"(벧전 3:4).

---

2) 영역주 - 스타턴퍼탈링은 요엘 3장 10절과 스바냐 10장 3,5절에서 held(붙잡다)를 사용한다. 이는 문자적으로 '용사(hero)'를 의미한다. 한편 KJV는 각 구절에서 'strong(강하다)'와 mighty men(능력 있는 자들)'을 사용한다.

거룩함이라는 말은 듣는 사람의 마음에 존경과 경외감을 불러일으킵니다. 하물며 진정 거룩하신 그분은 얼마나 영화롭고 위엄이 넘치겠습니까! 거룩함은 단순히 겉모습의 문제도 아니며, 악을 피하고 선을 행하는 것만도 아닙니다. 오히려 거룩함은 마음에 자리합니다. 성도라면 누구든지 새 본성으로 말미암아 그 마음에 거룩한 성향이 자리하기 때문에 죄를 미워하여 모든 죄를 피하고, 모든 덕을 기뻐하며 즐겁게 행합니다. 그런데 이런 거룩함이 마음의 어떤 성향을 말하는 것인지, 그리고 이런 성향에서 어떻게 거룩한 행위가 흘러나오는지에 대해서는 이런 성향을 가진 사람이 아니면 어느 누구도 바로 이해하지 못합니다. 덕스러운 삶을 사는 본인만이 덕을 제대로 아는 것처럼 말입니다. 거룩함은 하나님의 형상입니다. 그러니 하나님을 알지 못하는 사람이 어찌 거룩함을 알 수 있겠습니까? 하나님께서 택자들에게 그들의 머리요 보증이 되시는 그리스도의 완전함을 주어 그들을 자녀로 삼으실 때, 실제로 자기 형상을 그들에게 덧입히십니다. 이제 이들은 "새사람을 입었으니 이는 자기를 창조하신 이의 형상을 따라 지식에까지 새롭게 하심을 입은 자"(골 3:10)들입니다.

"하나님을 따라 의와 진리의 거룩함으로 지으심을 받은 새사람을 입으라"(엡 4:24).

이처럼 거룩함은 하나님의 순전하심을 드러내 보이는 것이요, 하나님을 닮아 가는 것입니다.

"내가 거룩하니 너희도 거룩할지어다"(벧전 1:16).

구별된 영혼은 최상의 거룩함을 덧입고 그 아름다움을 드러낼 것입니다. 그러므로 자신이 아직 그렇게까지 거룩해지지 못했음을 알게 되더라도, 자기에게 있는 은혜가 미미하고 연약하다고 실망할 필요가 없습니다.

하나님께서 이렇게 구별된 영혼에게 놀라운 빛을 비추시고(벧전 2:9 참고), 총명의 눈을 밝히시고(엡 1:18 참고), 예수 그리스도의 얼굴에 있는 하나님의 영광을 아는 지식의 빛을 비추십니다(고후 4:6 참고). 이 빛을 통해 영혼은 하나님과 그분의 완전함을, 무엇보다도 그분의 위엄과 영광을 봅니다. 하나님께서 스스로 존귀하신 분임을 깨닫습니다. 또한 모든 지각 있는 피조물이 이러한 하나님 안에서 모든 즐거움과 기쁨을 발견하고, 하나님께 모든 사랑을 고백하며, 모든 일 가운데 하나님의 뜻에 기꺼이 순복한다는 것을 깨닫습니다.

이와 동시에 사람과 관련하여 하나님께서 무언가를 뜻하셨을 만큼 그분이 선하심을 깨닫습니다. 이 뜻에 따라 하나님은 고난을 겪게 하시거나 무언가를 명하십니다. 거룩해진 영혼은 다른 무엇 때문이 아니라, 오직 율법이 하나님의 뜻이기 때문에 순종합니다. 다만 그 영혼은 율법이 거룩하고, 계명도 거룩하며 의롭고 선하다는 것을 압니다(롬 8:12 참고). 그렇습니다. 하나님의 율법에는 무한한 지혜가 드리워져 있음을 알기에 그 영혼은 율법을 주목하고 끊임없이 묵상하기를 즐거워합니다. 이 영혼은 율법을 묵상하는 동시에 황홀한 사랑으로 충일해지고, 성품과 행위 모두를 통해 이 율법(하나님의 뜻으로서의)에 부합하는 존재로 드러나기를 간절히 사모합니다. 다윗에게서 이런 모습을 볼 수 있습니다.

"내가 주의 법을 어찌 그리 사랑하는지요"(시 119:97).

"내가 모든 재물을 즐거워함같이 주의 증거들의 도를 즐거워하였나이다……내가 사랑하는 주의 계명들을 스스로 즐거워하며……내가 나그네 된 집에서 주의 율례들이 나의 노래가 되었나이다"(시 119:14,47,54).

이와 같이 거룩해진 영혼은 율법을 이해하며 즐거워하는 것에 만족하지 않고, 자신이 즐거워해 마지않는 하나님의 율법을 준행하기로 결심하는 데까지 마음을 고양시킵니다.

"주의 의로운 규례들을 지키기로 맹세하고 굳게 정하였나이다……내가 주의 율례들을 영원히 행하려고 내 마음을 기울였나이다"(시 119:106,112).

이전까지는 지성과 의지는 아랑곳하지 않은 채 발정한 말처럼 감정에 이끌려 앞으로 내닫기만 했습니다. 그리하면 (감정에 기만당한) 지성과 의지는 감정을 쫓아가느라 여념이 없었습니다. 그러나 이제는 하나님의 뜻에 이끌리고 그것을 기뻐하는 속사람에 따라, 이 모든 기능들이 순종하는 쪽으로 달려갑니다. 그리하여 온몸과 몸의 각 지체들이 하나님의 뜻에 순복하는 의의 병기가 됩니다. 몸의 각 지체들과 기능들은 거룩해진 영혼에게 순복합니다. 그 영혼이 바라는 대로 행할 뿐만 아니라, 언제나 신령한 생명을 살찌울 진미를 찾는 영혼의 눈과 귀가 됩니다. 보십시오. 빛이 비추이자 흑암이 물러가고 사망이 생명에 삼켜집니다. 죄악된 부조리와 추악한 모습이 거룩함과 아름다움에 자리를 내줍니다.

이것이 전부가 아닙니다. 이러한 내면의 성향을 가진 영혼은 행함을 통해 자신이 하나님을 알며 사랑하고 있음을 드러냅니다. 육체와 영혼에 드리운 모든 부패함으로부터 내면을 깨끗하게 하고, 하나님을 경외하며 성화를 이루어 가는 가운데 모든 죄를 대적합니다. 자기 자신뿐만 아니라 이웃에게도 하나님의 계명을 따라 선한 일을 하도록 권면합니다.

"네 이웃을 반드시 견책하라. 그러면 네가 그에 대하여 죄를 담당하지 아니하리라"(레 19:17).

모든 덕을 힘써 행합니다. "사랑과 희락과 화평과 오래 참음과 자비와 양선과 충성과 온유와 절제"(갈 5:22,23)와 같은 성령의 열매를 맺습니다. 자신의 "믿음에 덕을, 덕에 지식을, 지식에 절제를, 절제에 인내를, 인내에 경건을, 경건에 형제 우애를, 형제 우애에 사랑을"(벧후 1:5-7) 더합니다. 거룩해진 영혼은 이처럼 자신이 빛의 자녀임을 드러냅니다. 하나님의 자녀로서 "흠이 없고 순전하여 어그러지고 거스르는 세대 가운데서 하나님의 흠 없는 자녀로 세상에서 그들 가운데 빛들로"(빌 2:15) 나타납니다. 보십시오. 하나님께서 이처럼 자기 자녀들을 안팎으로 온전히 거룩하게 하십니다.

"평강의 하나님이 친히 너희를 온전히 거룩하게 하시고 또 너희의 온 영과 혼과 몸이 우리 주 예수 그리스도께서 강림하실 때에 흠 없게 보전되기를 원하노라"(살전 5:23).

성도가 이 땅을 살아가는 한 이 모든 것들이 부분적이고 여전히 옛사람이 남아 있을지라도, 성화의 주된 요소들은 아주 활력 있고도 가장 탁월한 방식으로 하나님의 자녀를 아름답고도 단정하게 꾸며 줍니다. 부모가 어린 자녀들이 처음 내딛는 걸음마와 그들에게서 드러나는 총명함을 즐거워하고 사랑스러워하듯이, 하나님 또한 거룩해진 성도들에게서 드러나는 모습들을 그렇게 바라보십니다.

거룩함을 통해 드러나는 덕

거룩함은 덕 중 하나가 아닙니다. 거룩함은 많은 덕이 복합적으로 드러나는 하나님의 형상을 발하는 것입니다.

영원 전에 하나님께서 구원하기로 정하시고, 주 예수님께서 사랑하여 그의 피로 모든 죄를 깨끗하게 하셨으며, 자신의 영광과 거룩함을 나누어 주시고, 하나님의 성령으로 거듭나 영적으로 살아 있는(그리하여 거룩함을 추구하는) 영혼, 그런 영혼은 많은 덕을 나타냅니다.

① 이런 영혼은 세상과 구별됩니다. 이런 영혼은 세상에서 발견되는 육체의 정욕, 안목의 정욕, 이생의 자랑을 온전히 낯설게 여깁니다. 이런 것들을 바라거나 구하지 않을뿐더러, 오히려 두려워합니다. 이런 영혼은 모든 세상적인 사람들 또한 낯설게 대합니다. 그는, 자신이 세상적인 무리가 원하는 것에 도움이 되지 않고 그것들을 혐오스러워할 뿐만 아니라, 그들에게 드리운 비참함을 마음 아파하는 사람으로 인식되기를 원합니다. 이런 영혼은 옷차림, 말, 몸짓 등 모든 면에서 세상적인 사람들을 따르지 않습니다.

② 이런 영혼은 자신에 대해 죽고 자기를 부인합니다. 자신이 아름다운 것이라고는 하나도 없는 존재임을 잘 알기에 다른 사람들이 자신을 귀하게 여기고 사랑하고 존경하기를 바라지도 않을뿐더러, 다른 사람들로부터 도움받는 것을 당연하게 생각하지도 않습니다. 사람들로부터 그런 대접을 받지 못해도 슬퍼하거나 속상해하거나 낙담하거나 소외감을 느끼지 않고, 자신의 분수를 잘 압니다. 사람들로부터 그런 대우를 조금이라도 받으면, 그것을 주님께서 베푸시는 은혜로운 선물로 여깁니다. 하나님께서 그것을 기꺼이 자신에게 허락하시는 동안, 다시 그것들을 주님을 기쁘시게 하는 데 사용합니다. 그렇게 받은 것이 많으면, 함께 이 세상을 지나가는 신자들과 나눕니다. 그렇게 받아 누리는 것이 없어도, 오히려 그로 말미암아 짐이 가벼워서 이 세상을 더 가뿐히 지나갑니다. 어찌 되든지 전혀 개의치 않습니다. 주님이 정하신 뜻과 목적을 자신의 목적으로 여기는 이런 영혼은, 하나님의 뜻에 반하지 않는다면 다른 사람이 추구하는 것에 자신의 목적을 맞추어 함께 조화

를 이룰 줄 압니다.

③ 이런 영혼은 하나님을 알고 경외하며 사랑하는 일에서 즐거움을 찾습니다. 하나님을 경외함으로 그분께 순종하고, 자원하여 기쁘게 그분의 뜻을 행하고, 그분을 의지하고, 그분 안에서 평강과 고요와 희락을 누립니다. 하나님께서 그의 모든 것이 되십니다. 그분만이 소중합니다. 모든 일에서 물러나 하나님과 함께 거하고, 자신의 모든 존재와 소유를 하나님께 드립니다.

④ 이런 영혼은 개인적인 삶에서뿐만 아니라 교회에서도 경건합니다. 홀로 있을 때에는 기도와 독서와 노래와 묵상을 쉬지 않습니다. 모든 행실에서 의를 추구합니다. 진실하게 말합니다. 온유하고 다정하며 품위 있고 겸손하며 명랑합니다. 지혜롭게 사람들을 대하고, 자애로운 마음으로 불행에 처한 사람들과 함께 아파하며, 가난한 자들을 현명하게 대하되 인색하지 않습니다. 인내와 순종으로 십자가를 집니다. 온 힘을 다하여 치열하게 죄와 싸웁니다. 그리고 언제나 흔들리지 않고 주의 일에 열심을 냅니다. 잠잠히 가르치고 견책하며, 위로하고 격려합니다. 자신의 부르심에 부지런하고도 신실하게 임합니다. 하나님께서 맡기신 일들을 행하는 데에 그렇습니다. 모든 행실에 주의합니다. 아직 옛사람이 남아 있음을 알기 때문입니다. 믿음과 소망으로 생명의 면류관 받기를 고대합니다. 영적 싸움을 게을리하거나 경계를 늦추지 않습니다. 이처럼 모든 덕스러운 성품과 행위가 경건한 투명함과 순전함으로 빛나는 것이 바로 거룩함입니다.

참된 거룩함을 위해 필요한 세 가지

그러나 반짝인다고 해서 다 금이 아닌 것처럼, 거룩한 모양을 가졌거나 거룩함이라는 이름을 가졌다고 해서 다 참된 거룩함은 아닙니다. 이런 사실은 이미 앞에서 살펴보았습니다. 거룩함을 위해 다음 세 가지가 필요합니다.

- 거룩함은 믿음이라는 좋은 뿌리에서 납니다.
- 거룩함은 율법에 계시된 하나님의 뜻이라는 선한 규칙을 따라 기능합니다.
- 거룩함은 하나님의 영광이라는 선한 목적을 가집니다.

① 거룩함이라 일컫기에 합당한 모든 것들은 반드시 거룩한 원리에서 비롯되어야 합니다. 순차적으로 생각해 볼 때, 믿음은 회심의 가장 주된 요소입니다. 이 믿음이 우리의 생명이신 그리스도와 사람을 연합시킵니다. 믿음으로 말미암은 이 연합을 통해, 신자는 그리스도의 은택에 참여할 뿐만 아니라 무엇보다도 그분의 인격에 참여합니다. 그리스도께서 믿음을 통해 우리 마음에 거하십니다(엡 3:17 참고). 영혼이 있어야 사람이 사는 것처럼, 그리스도는 어떤 면에서 영적 생명입니다. 믿음은 영혼에게 영생에 이르는 권리를 부여하고 영생에 참여하게 할 뿐만 아니라, 실제로 그리스도와 연합하게 합니다. 이 연합을 통해 그리스도의 생명과 능력이 영혼으로 흘러 들어오고, 신자는 이를 힘입어 살아갑니다.

"이제는 내가 사는 것이 아니요 오직 내 안에 그리스도께서 사시는 것이라. 이제 내가 육체 가운데 사는 것은 나를 사랑하사 나를 위하여 자기 자신을 버리신 하나님의 아들을 믿는 믿음 안에서 사는 것이라"(갈 2:20).

영혼은 연합으로부터 오는 이런 은택을 힘입어 살아갑니다. 따라서 그리스도와의 연합에서 믿음은 적극적으로 마음을 정결하게 합니다(행 15:9 참고). 이렇게 정결해진 마음은 옛사람을 대적합니다. 이것을 가리켜 사도는 "몸의 행실을 죽인다"라고 합니다(롬 8:13 참고). 이는 거룩한 행위를 통해 즉시 드러나며(약 2:17,18 참고), "사랑으로써 역사"(갈 5:6)합니다. 나무가 좋으면 열매도 선할 것입니다. 믿음으로 그리스도와 연합(오직 믿음으로만 이루어지는 연합)하지 않은 마음에서 비롯되는 모든 행위는, 아무리 거룩하게 보일지라도 아무런 가치가 없습니다. 아무리 좋은 행실이라도 그 본질을 규정하는 요소가 선하지 않을 수 있습니다. 그러나 믿음으로 말미암아 그리스도와 연합한 결과로서 나타나는 선한 행실들은 전혀 다른 빛을 발합니다. 하나님께서 그 속에서 행하신다는 것이 확연히 드러납니다(요 3:21 참고). 주 예수님께서 분명히 그렇게 말씀하십니다.

"그가 내 안에, 내가 그 안에 거하면 사람이 열매를 많이 맺나니"(요 15:5).

바울도 이렇게 말합니다.

"너희가 그리스도 예수를 주로 받았으니 그 안에서 행하되, 그 안에 뿌리를 박으며 세움을 받아 교훈을 받은 대로 믿음에 굳게 서서"(골 2:6,7).

"오직 의인은 믿음으로 말미암아 살리라"(롬 1:17).

② 거룩함에는 사람의 마음의 성향과 행동이 따라야 할 선한 원리가 있습니다. 십계명의 율법을 통해 제시된 것과 같은 하나님의 뜻 외에 다른 원리는 없습니다. 이성과 교양을 덕과 악을 구별하는 원리로 삼는 사람은, 이성을 자신의 하나님으로 삼는 자입니다. 인간의 제도나 전통, 자신의 욕구를 삶과 신앙의 원리로 삼는 사람도 마찬가지입니다. 하나님의 뜻이 아닌 것들은 모두 사람의 눈에는 아름답게 보일 수 있어도 하나님 앞에서는 하나같이 죄악되고 혐오스러울 뿐입니다. 하나님은 영원하고 위엄이 넘치는 창조주요 인간을 보존하는 분이십니다. 모든 인간은 하나님을 힘입어 움직이며 살아갑니다. 또한 하나님은 유일한 "입법자요 재판관"으로서 "능히 구원하기도 하시며 멸하기도" 하십니다(약 4:12 참고). 이런 주 하나님께서 참된 거룩함을 구성하는 율법을 사람에게 주어 이에 따라 살도록 하셨습니다. 따라서 거룩함은 오직 율법을 통해서만 배울 수 있습니다. 율법도 거룩하고, 계명도 거룩하고 의로우며 선합니다(롬 7:12 참고). 거룩하고자 하는 사람은 이 율법을 너무나 사랑합니다. 이런 사람은 율법을 자기 앞에 원리로 두고, 항상 율법에 나 있는 길을 따라 걷습니다.

"내가 주의 법을 어찌 그리 사랑하는지요. 내가 그것을 종일 작은 소리로 읊조리나이다……주의 법을 사랑하는 자에게는 큰 평안이 있으니 그들에게 장애물이 없으리이다"(시 119:97,165).

"내가 성실한 길을 택하고 주의 규례들을 내 앞에 두었나이다……주께서 내 마음을 넓히시면 내가 주의 계명들의 길로 달려가리이다"(시 119:30,32).

하나님의 법을 원리로 삼는 것만으로는 충분하지 않습니다. 사람은 언제나 하나님의 계명을 구체적으로 지각하고 있어야 합니다. 아무리 선한 생각일지라도 그것이 과연 자기에게 주어진 명령임을 분명히 깨닫지 않는다면, 사람은 그것을 행하지 않거나 막연한 상태로 행할 것입니다. 그러나 이런 식으로 하나님의 계명을 행하거나 행하지 않는 것은 모두 죄입니다. 그것을 행하지 않았다면 당연히 행하지 않아서 죄가 될 것이고, 그것을 행했다 하더라도 하나님의 뜻으로 분명히 믿고 의식하면서 행한 것이 아니면 그것도 죄가 됩니다.

"의심하고 먹는 자는 정죄되었나니 이는 믿음을 따라 하지 아니하였기 때문이라. 믿음을 따라 하지 아니하는 것은 다 죄니라"(롬 14:23).

③ 거룩한 목적이 있어야 합니다. 만일 어떤 사람이 명성을 얻거나 사람들에게서 사랑을 받거나 이익을 얻거나 이웃을 해롭게 하는 등의 악한 목적을 이루고자 한다면, 그것을 이루기 위해 사용하는 것이 거룩할수록 더 악한 죄를 짓는 것입니다. 이는 사람이 완전한 상태에 있느냐, 죄악된 상태에 있느냐, 거듭난 상태에 있느냐에 따라 달라집니다. 완전한 상태에 있는 사람은 하나님을 알되, 자기에게 정해진 완전한 분량만큼 압니다. 그러하기에 그 분량 안에서 하나님의 영광을 위한 동기가 일어나고 하나님의 영광을 위한 일을 합니다. 죄악된 상태에 있는 사람은 하나님을 모르기 때문에 하나님을 사랑할 수도, 범사에 하나님의 영광을 위해 행할 수도 없습니다. 그러므로 라바디주의자들이 주장하는 바, 회심하지 않은 자들이 먼저 자신의 구원을 사랑함으로써(라바디주의자들은 이것을 불순한[impure] 사랑이라고 합니다) 정결하게 되어야 한다는 주장이 얼마나 어리석은지가 분명히 드러납니다. 라바디주의자들은 회심하지 않은 사람이 하나님의 영광을 열망함으로 하나님을 구해야 한다고 주장합니다. 자신이 알지도 못하고 사랑할 수도 없는 하나님을 그렇게 구해야 한다는 것입니다. 회심한 사람은 부분적으로 비추임을 받기 때문에 하나님을 알고 사랑합니다. 그래서 원리적으로는 하나님을 영화롭게 하는 것을 목적으로 살아갑니다.

하나님은 사람이 구원을 사모하기를 원하십니다. 그리고 이 사모함을 통해 사람을 믿음과 회개로 이끄십니다. 이와 관련하여 성경 전체에는 약속과 경고가 가득 담겨 있습니다. 이 약속과 경고들은 그것을 읽는 자들 안에 스스로에 대한 사랑을 불러일으키고, 이런 자기애를 통해 구원이라는 목적에 이르게 하는 모든 방편을 적극적으로 사용하게 합니다. 따라서 성화의 과정을 거치는 동안 사람은 조명하심, 평강, 순전함, 희락, 행복이 더해 가도록 애쓰며, 또 그렇게 해야 합니다. 이런 의미에서 성화는 구원에 이르는 길입니다.

그러나 회심한 사람은 자신을 궁극적인 목적으로 삼아 자신의 유익을 위해 하나님을 구하는 상태에서 만족할 수 없습니다. 또 그리해서도 안 됩니다. 오히려 자신의 구원을 추구하는 가운데 하나님께서 어떠한 분이신지에 점점 더 눈을 떠 갑니다. 비록 처음에는 하나님의 영광이 동기가 되지 않았더라도, 마침내 하나님의 영광을 목적으로 삼게 됩니다. 그리고 하나님으로부터 자신이 받아 누리는 은택들 하나하나에 감사하며 그런 모습을 드러냅니다.

성화가 진전될수록 사람은 자신의 모든 삶에서 더욱 분명하게 하나님의 영광을 목적으로 삼습니다. 그의 결단은 하나님을 향한 사랑, 하나님을 경외함, 주권적이고 지존하신 하나님의 뜻에 순복하기 위한 소원으로부터 촉발됩니다. 다시 말해, 하나님을 영화롭게 하고자 하는 열망으로부터 모든 삶이 비롯되고 유지되는 것입니다. 바로 이것이 하나님의 완전하심을 인정하는 것입니다. 이런 식으로 하나님의 완전하심을 인정하는 것이 드러납니다. 하나님을 영화롭게 하는 사람은 범사에 하나님을 알고, 사랑하고, 경외하는 쪽을 향합니다. 말과 행실로 하나님을 인정합니다. 이를 통해 하나님께서 어떤 분이신지가 드러납니다. 그리고 하나님께서 어떤 분이신지가 그와 정확히 일치하는 거듭난 사람의 성품으로도 드러납니다.

이러한 하나님의 영광스런 성품을 닮아 가는 것이야말로 이 사람이 목적하는 바입니다. 그래서 더 자라 갈수록, 이를 더 분명하게 목적으로 삼게 되고, 이 목적에 더 강하게 이끌립니다. 자신의 행동에서 이 목적이 분명하게 드러나지 않으면 쉬지 못합니다. 그는 근심합니다. 이런 사람은 아무리 흠잡을 데 없이 탁월한 행위라 할지라도, 그것이 자신의 영예와 만족과 이익만을 위해 이루어지면 스스로를 혐오합니다. 하나님 앞에서 겸비하며 하나님께 용서를 구합니다. 순전한 목적으로 시작했고 여전히 그 목적이 주도적이라 할지라도 그 이면에 이기적인 동기가 조금이라도 있다고 여겨지면, 그것 말고는 흠잡을 데 없이 탁월한 행위라 할지라도 그것 때문에 괴로워하면서 어떤 위로도 누리지 못합니다. 이처럼 거룩한 목적과 의도가 없으면, 거룩함도 없습니다. 그래서 사도는 이렇게 명령합니다.

"그런즉 너희가 먹든지 마시든지 무엇을 하든지 다 하나님의 영광을 위하여 하라"(고전 10:31).

"그런즉 너희 몸으로 하나님께 영광을 돌리라"(고전 6:20).

이것이야말로 다윗이 바라고 힘썼던 것입니다.

"주를 찬송함과 주께 영광 돌림이 종일토록 내 입에 가득하리이다"(시 71:8).

"나는 항상 소망을 품고 주를 더욱더욱 찬송하리이다"(시 71:14).

하나님께서 사람들에게 신령한 생명을 주시는 것도 바로 이를 위함입니다.

"이 백성은 내가 나를 위하여 지었나니 나를 찬송하게 하려 함이니라"(사 43:21).

"네 백성이 다 의롭게 되어 영원히 땅을 차지하리니 그들은 내가 심은 가지요 내가 손으로 만든 것으로서 나의 영광을 나타낼 것인즉"(사 60:21).

"이는 너희를 어두운 데서 불러내어 그의 기이한 빛에 들어가게 하신 이의 아름다운 덕을 선포하게 하려 하심이라"(벧전 2:9).

성화를 위한 권면

지금까지 성화에 대해 말한 내용들을 좀 더 자세히 살펴봅시다. 그리하면 여러분의 마음속에 이런 거룩함에 참여하고 이 거룩함의 본을 보인 사도 바울의 발자취를 따르고자 하는 열망이 일어날 것입니다.

"내가 이미 얻었다 함도 아니요 온전히 이루었다 함도 아니라. 오직 내가 그리스도 예수께 잡힌 바 된 그것을 잡으려고 달려가노라. 형제들아 나는 아직 내가 잡은 줄로 여기지 아니하고 오직 한 일 즉 뒤에 있는 것은 잊어버리고 앞에 있는 것을 잡으려고 푯대를 향하여 그리스도 예수 안에서 하나님이 위에서 부르신 부름의 상을 위하여 달려가노라"(빌 3:12-14).

그러므로 하나님을 경외함으로 성화를 이루는 가운데, 마음과 육체의 모든 부패로부터 스스로를 정결하게 보존하기 위해 분투하십시오. 바로 이런 거룩한 일을 위해 여러분을 고무시키고자 합니다. 귀 기울여 다음의 권면들을 마음 깊이 새기십시오.

첫째, 거듭난 여러분은 그렇지 않은 다른 사람들처럼 살지 않을 뿐만 아니라 거듭나기 전과는 다르게 살고 있을 것입니다. 지금 하나님은 여러분에게 또 다른 삶을 요구하십니다.

"내가 너희를 권하노니 너희가 부르심을 받은 일에 합당하게 행하여"(엡 4:1).

"오직 너희는 그리스도의 복음에 합당하게 생활하라"(빌 1:27).

"주께 합당하게 행하여 범사에 기쁘시게 하고 모든 선한 일에 열매를 맺게 하시며 하나님을 아는 것에 자라게 하시고"(골 1:10).

"너희가 마땅히 어떻게 행하며 하나님을 기쁘시게 할 수 있는지를 우리에게 배웠으니 곧 너희가 행하는 바라. 더욱 많이 힘쓰라……하나님의 뜻은 이것이니 너희의 거룩함이라. 곧 음란을 버리고"(살전 4:1,3).

따라서 언약에 참여한 사람들은 역대하 17장 6절의 여호사밧처럼 주의 뜻을 행하는 가운데 마음을 다잡아야 합니다.

"딸이여 듣고 보고 귀를 기울일지어다. 네 백성과 네 아버지의 집을 잊어버릴지어다. 그리하면 왕이 네 아름다움을 사모하실지라. 그는 네 주인이시니 너는 그를 경배할지어다"(시 45:10,11).

"빛의 자녀들처럼 행하라"(엡 5:8).

"내가 거룩하니 너희도 거룩할지어다"(벧전 1:16).

그러므로 하나님 아버지께서 주신 계명과 권고와 호소가 어떤 식으로든 여러분의 마음에 역사하기를 바란다면, 이러한 하나님의 요구에 귀를 기울이고 열심으로 성화를 이루어 가겠다고 다짐해야 합니다.

둘째, 자신의 영적 상태가 어떠한지를 자세히 살피고, 거룩한 행실을 향한 마음을 불러일으키십시오.

① 여러분은 하나님께서 택하신 족속입니까?(벧전 2:9 참고) 하나님이 여러분을 영원 전에 아셨고, 다른 모든 사람들로부터 구별하셨으며, 그분의 소유로 삼고자 많은 사람들 중에서 여러분을 은혜 받을 자로 예정하셨습니다. "하나님이 우리를

세우심은……구원을 받게 하심"(살전 5:9)입니다.

"곧 창세전에 그리스도 안에서 우리를 택하사 우리로 사랑 안에서 그 앞에 거룩하고 흠이 없게 하시려고"(엡 1:4).

하나님께서 우리를 거룩하게 하고자 은택을 베풀어 이토록 은혜롭고도 영광스럽게 구별하셨으니, 우리가 마땅히 구별되어 거룩하게 살아야 하지 않겠습니까?

② 하나님께서 어떻게 다른 사람들을 약속된 언약에 대해 외인이요 세상 속에서 소망도 없고 하나님도 없는 자로 그리스도 바깥에 두셨는지를 생각해 보십시오. 또한 본성적으로는 여러분도 그들과 다를 바 없었지만, "가서 열매를 맺게"(요 15:16) 하려고 여러분을 택하셨다는 사실을 생각해 보십시오. 여러분을 거룩한 부르심으로 부르고 "흑암의 권세에서 건져 내사 그의 사랑의 아들의 나라로"(골 1:13) 옮겨 "성도들과 동일한 시민이요 하나님의 권속"(엡 2:19)이 되게 하신 것을 생각해 보십시오. 그렇다면 우리는 세상에서 나와 따로 거하는 백성이 되어야 하지 않겠습니까? 본성을 따라 사는 자들과는 다르게 살아야 하지 않겠습니까? "왕 같은 제사장들이요 거룩한 나라"(벧전 2:9)로 드러나야 하지 않겠습니까? 그래서 모든 사람들이 우리를 주께서 복을 베푸신 자손으로 알아보아야 하지 않겠습니까?(사 61:9 참고) 하나님의 부르심을 받고 갈대아인의 우르를 떠난 아브라함은 다시 그 땅으로 돌아가려 하지 않았습니다. 심지어 자신이 죽은 후에도 자기 아들이 그곳으로 돌아가지 못하게 했습니다. 하나님은 애굽에서 나온 이스라엘 백성이 애굽으로 다시 내려가는 것을 허락하지 않으셨습니다. 우리도 마찬가지입니다. 우리는 세상을 떠나라고 부름받은 자들이 아닙니까? 그런데 어떻게 세상으로 되돌아갈 생각을 하겠습니까?

셋째, 여기서 한 걸음 더 나아가 여러분이 하나님과 예수 그리스도와 더불어 누리는 고상한 관계를 생각해 보십시오. 이 복된 관계를 위해서라도 모든 것을 부인하고 하나님을 열심히 사랑하며, 이 사랑이 요구하는 일들에 힘써야 합니다.

여러분은 그리스도와 연합한 존재입니다 진실로 그리스도와 한 영을 가졌습니다(고전 6:17 참고). 감람나무 가지로 그리스도께 접붙임을 받았고, 이제 그분의 생명과 본성에 참여한 자가 되었습니다(롬 11:17 참고). 그렇다면 예수님이 가지신 그 생명이 우리 안에서 나타나야 하지 않겠습니까? 그리스도께서 행하신 대로 우리도 행해야 하지 않겠습니까? 진실로 여러분은 주 예수님의 신부입니다. 아가서가 그렇게 부릅니다. 신부 된 우리가 신랑이 흡족하도록 자신을 꾸미고 단장해야 하지 않겠습니까? 주 예수님을 위해 우리가 그리해야 하지 않겠습니까? 바울과 마찬가지로, 우리 또한 "몸으로 있든지 떠나든지 주를 기쁘시게 하는 자가 되기를"(고후 5:9) 힘써야 하지 않겠습니까? 그렇다면 어떻게 하여야 그리스도께서 기뻐하시게끔 단장할 수 있을까요? 바로 거룩함입니다.

"거룩함이 주의 집에 합당하니⋯⋯영원무궁하시리이다"(시 93:5).

이와 관련하여 주 예수님은 말씀하십니다.

"귀한 자의 딸아, 신을 신은 네 발이 어찌 그리 아름다운가"(아 7:1).

그렇다면 여러분이 세상으로부터 멸시를 당하고 있음을 예수님께 보여 드리십시오. 여러분의 겸손과 사랑과 그분을 향한 여러분의 신뢰를 보여 드리십시오. 여러분이 얼마나 큰 기쁨으로 그분을 의지하는지를 보여 드리십시오. 그분이 매우 기뻐하실 것입니다.

여러분은 주 예수님과 사랑에 빠진 처녀입니다.

"처녀들이 너를 사랑하는구나"(아 1:3).

그러므로 사랑에 빠진 처녀와 비둘기처럼 순전한 눈으로 세상의 부정하고도 더러운 것들로부터 자신을 정결하게 지키고, 여러분의 모든 사랑을 예수님께 드리십시오. 그리하면 그분이 여러분 안에서 마음껏 즐거워하실 것입니다.

그분의 이름을 가진 여러분은 진실로 하나님의 자녀입니다.

"어그러지고 거스르는 세대 가운데서 하나님의 흠 없는 자녀로 세상에서 그들 가운데 빛으로 나타내며"(빌 2:15).

그러므로 이 땅에 사는 동안 세상에 속하지 마십시오. 이 땅에서도 하늘에 속한 사람으로 살아가십시오. 구체적으로 말하면, 천국이 우리의 본향이고, 우리는 천국의 자녀들입니다. 자녀가 아버지에게 헌신하고 그의 원수들을 대적해야 하지 않겠습니까? 자녀가 아버지를 경외하고 사랑하며 섬기고, 아버지의 뜻대로 모든 삶을 살고 옷을 입고 사람들과 어울려야 하지 않겠습니까? 그러므로 하나님의 자녀인 여러분은 하나님의 자녀로 행하십시오. 여러분이 살아가는 모습을 본 사람들마다 여러분이 이 땅에서 나그네처럼 살고 있다고, 하늘에 속한 사람이라고, 여러분이 하나님을 아버지로 모신 하나님의 자녀라고 말할 수 있도록 말입니다.

넷째, 세상이 무엇이며 죄가 무엇인지를 생각해 보십시오. 그럴수록 기꺼이 그런 것들로부터 떠나려고 할 것입니다. 죄로 말미암아 하나님으로부터 멀어진 사람은 눈에 보이는 것들을 즐거워하며, 눈에 보이지 않는 하나님에게서 돌아섭니다. 옛 아담의 이런 본성이 거듭난 자들에게도 여전히 남아 있기 때문에 경계를 늦추어서는 안 됩니다. 그렇다면 다시금 하나님을 즐거워하게 된 하나님의 자녀인 여러분이 이 세상과 그 안에 있는 것들과 무슨 상관이 있단 말입니까? 세상이 가장 영광스럽다고 하는 것의 실상을 주목해 보십시오. 솔로몬은 모든 것을 경험하고 나서 하나님의 성령으로 말미암아 이렇게 말합니다.

"헛되고 헛되며 헛되고 헛되니 모든 것이 헛되도다"(전 1:2).

① 너무나 많은 사람들이 세상과 그 속에 있는 것을 조금이라도 더 누려 보겠노라고 애씁니다. 어떤 이는 그렇게 해서 원하는 것을 얻는 반면, 또 어떤 이는 헛되이 그것을 쫓다가 다른 사람이 얻는 것을 쳐다보기만 할 뿐입니다. 이것만 있으면, 아니 저것만 가지면 즐겁게 되리라 여기고서 그런 것들을 바란 적이 얼마나 많습니까? 그렇게 자기를 즐겁게 해 줄 것처럼 보이는 것을 쫓아가 보지만, 결국 그것을 얻지 못하고, 시간과 노력만 허비하는 경우가 얼마나 많습니까!

② 설령 바라던 것을 손에 넣는다고 해도 그전까지는 생각하지도 못했던 가시와 엉겅퀴 때문에 움켜쥔 손을 찔리고 베이는 경우가 얼마나 많습니까? 또는 그것이 썩은 사과와도 같은 탓에 여러분이 부정해지는 경우가 얼마나 많습니까? 그렇게 겨우 얻은 것 때문에 오히려 수치를 당하거나, 손을 폈을 때 한 줌의 재로 흩어져 버리는 경우가 얼마나 많습니까!

③ 더군다나 이 땅에 있는 것들을 바라는 이런 모든 갈망과 욕구를 따르다가 양

심의 자유와 평강을 잃어버리는 바람에, 영혼이 힘겨워하고 불안해한 적이 얼마나 많은지 모릅니다. 이런 것들 때문에 하나님을 바라보는 여러분의 영적 시각과 그분과의 교제를 잃어버린 적은 없습니까? 이런 것들이 덕스러운 삶을 해치는 것은 물론, 간절하고도 친밀한 기도를 방해한 적은 없습니까? 그런데도 이런 여러분의 슬픔과 수치에 아랑곳하지 않고 계속 어리석게 남아 있으렵니까?

④ 정작 우리에게 별다른 소용도 없고 가치도 없는데도, 세상과 그 속에 있는 것들이 아주 매력적으로 다가오는 것을 충분히 경험하지 않았습니까? 이럴 때 우리의 육체는 매우 큰 힘을 발휘하기에, 진지하고도 분명하게 이런 것들을 끊어 내기 위해서는 엄청난 노력이 필요합니다. 자신이 얼마나 쉽게 이런 욕구에 빠져들며, 육체가 즐기는 달콤한 맛을 떨쳐 버리기가 얼마나 어려운지를 이미 충분히 경험하지 않았습니까? 그렇다면 세상이 더는 여러분을 기만하지 않도록 주의해야 하지 않겠습니까?

⑤ 게다가 이는 명백한 우상숭배일뿐더러 하나님을 끔찍하게 모독하는 일입니다. 하나님만으로는 충분하지 않기 때문에 하나님 말고도 피조물에게서 무언가를 더 취해야 한다는 말과도 같기 때문입니다. 하나님께 이 얼마나 큰 모독입니까? 마땅히 하나님께서 자신의 은혜를 거두어 가시지 않겠습니까? 이런 음란한 자녀들을 하나님께서 벌하시지 않겠습니까? 터진 물웅덩이가 얼마나 허망하고 비참한 것인지 그들로 하여금 맛보게 하시지 않겠습니까?

⑥ 이 세상에 있는 것들 중 사람들이 가장 원하는 것은 이득과 인기를 얻고 쾌락을 누리는 것입니다. 그러나 그런 것들의 실체를 파헤쳐 보십시오. 그것들이 다 무엇이란 말입니까?

눈으로 보고, 입으로 맛보고, 코로 냄새 맡는 것들을 즐거워하고, 음란한 충동과 자극에서 만족을 찾는 것도 그 순간뿐입니다. 그것들은 아무리 큰 소리로 외쳐도 실상 아무것도 아닙니다. 도대체 아무것도 아닌 것에 왜 그토록 몰두합니까? 영혼은 계속 공허하게 남아 있습니다. 제 말 아시겠습니까? 공허하다고 하였습니다. 이런 것들을 추구한 영혼은 쉬지 못하며, 세속적으로 오염되어 있습니다. 그리고 이런 모습은 그리스도의 신부로 드러날 처녀들에게는 전혀 어울리지 않습니다.

이 세상의 부가 다 무엇입니까? 재물을 소유했다고 해서 사람이 한 터럭이라도 나아집니까? 조금이라도 매력적으로 바뀝니까? 아니면 스스로 만족하게 됩니까? 설령 정직하게 부를 얻었다 할지라도, 세상의 부는 대개 근심을 가져다주기 마련입니다. 재물을 유지하기 위해 얼마나 신경 쓰고 근심해야 하는지 모릅니다. 게다가 아무리 근심하고 애써도 언젠가 그 재물이 날개 치며 사라져 버릴 때가 옵니다. 근심만 더할 뿐입니다. 부를 소유한 사람들은 대부분 그것을 지키느라 염려하기가 일쑤입니다. 재물은 만족을 주지 않기 때문에 더 욕망하게 하며, 사람을 교만하게 만들어 결국 파멸에 이르게 합니다. 차라리 부자가 아니었더라면 더 나을 뻔한 사람들이 얼마나 많습니까! 커다란 은금 덩어리를 연자 맷돌처럼 목에 매고 영원한 불 못으로 빠져 들어가는 사람들이 너무 많습니다. 무엇보다도 헛된 영광은 언약에 참여한 모든 사람들이 혐오하고 피해야 할 바입니다. 옷에 붙은 불티를 털어 버리듯이 속히 털어 버리십시오.

죄인이여, 여러분의 머리 되신 분의 영예 말고 여러분이 가진 영예가 무엇이란 말입니까? 그리스도의 영예로 옷 입고 그것으로 만족하십시오. 언뜻 그리스도의 영예를 추구하는 것처럼 보일지라도 실상 모든 행위를 통해 은밀하게 자신의 영예와 사람들의 칭찬과 인정과 존경과 사랑을 바란다면, 하나님의 것을 찬탈하여 자신을 신으로 삼는 것입니다. 이런 행위는 여러분의 모든 선행을 오염시키고, 여러분의 영혼을 슬프게 하며, 여러분의 모든 자유를 박탈하고, 하나님이 베푸시는 복을 빼앗아 갑니다. 그렇게 스스로를 추구하여 무엇을 얻습니까? 그렇게 해서 지혜와 지식과 경건이 자라는 것을 보았습니까? 곡물 단이나 나무나 흙덩이나 지옥으로 갈 죄인이 하나님보다 더 중요합니까? 마귀의 종노릇하는 사람이 여러분을 알아주고 여러분에게 머리를 숙이고 여러분을 떠받들고 칭찬하는 것이, 하나님을 섬기고 그분의 복을 누리는 것보다 더 가치 있습니까? 신자가 여러분을 우상시하여 예수님께만 드려야 할 사랑과 그리스도만을 바라야 할 마음을 여러분에게 돌림으로써 자신의 영혼을 더럽혀도 괜찮습니까? 그렇게 여러분이 그리스도의 영광을 도둑질하고 하나님의 자녀들을 죄로 더럽혀서 무슨 유익을 얻는단 말입니까? 빈 자루에 불과한 여러분이 거만함과 허풍으로 가득 차, 하나님과 거룩한 천사들과 지혜로운 신자들의 눈앞에 가증스럽게 드러나는 것이 좋습니까? 이내 여러분은 하나님과 사람들이 보는 앞에서 조롱거리가 되고 수치를 당할 것입니다.

잠시만이라도 지혜롭고 현명하게 판단하여 세상에서 얻는 모든 영광과 즐거움과 이득이 어떤 것인지를 생각해 보면, 그것들이 전혀 여러분을 위하지 않으며 해를 끼칠 뿐임을 깨닫게 될 것입니다. 그러므로 주님의 언약에 참여하십시오. 세상에 속한 것들과 이 세상이 전부인 사람들로부터 떠나십시오. 세상을 지나가는 나그네로서 세상보다 훨씬 탁월하고 눈에 보이지 않는 신령한 것들을 바라며 사십시오. 여러분은 왕의 자녀입니다. 거지들과 시시덕거리고, 세상의 장난감들을 재미로 삼기에는 여러분의 신분이 너무나 고귀합니다. 이런 것 때문에 사람들과 다투지 마십시오. 이런 것 때문에 다른 이를 부러워하지도 마십시오. 이런 것을 얻으려고 누구에게 도움을 구하지도 마십시오. 그리스도만으로 충분합니다. 그분만이 여러분의 영광과 기쁨과 유익이 되십니다.

다섯째, 여러분이 거룩하게 살도록 스스로를 자극하기 위해, 여러분과 언약을 맺으신 여호와 하나님을 바라보십시오. 그리하면 거룩한 삶을 강력히 열망하게 될 것입니다!

"오직 너희를 부르신 거룩한 이처럼 너희도 모든 행실에 거룩한 자가 되라. 기록되었으되 내가 거룩하니 너희도 거룩할지어다 하셨느니라"(벧전 1:15,16).

특히 하나님의 성품과 뜻과 영광을 주목하여 보십시오.

① 하나님의 성품에 주목하십시오. 여러분과 여러분 자신 안에 있는 모든 것들이 그분으로 말미암아 주어졌습니다. 그러므로 마땅히 모든 사랑과 경외함과 확신으로 하나님을 섬기고, 모든 열망을 다해 그분을 목적으로 삼아야 합니다.

"여러 나라와 여러 왕국들의 지혜로운 자들 가운데 주와 같은 이가 없음이니이다"(렘 10:7).

"우리 주 하나님이여, 영광과 존귀와 권능을 받으시는 것이 합당하오니"(계 4:11).

언제까지 하나님의 탁월함, 위엄, 가치, 거룩함과 상관없이 살렵니까? 언제까지 하나님만이 거룩한 삶의 토대와 원동력이 되신다는 사실을 모르는 채 살려고 합니까? 지금까지 충분히 하나님과 상관없이 살았다고 생각되지 않습니까? 하나님의 눈앞에서 살면서도 범사에 하나님을 인정하지 않고 그분과 상관없이 살아오지 않았습니까? 그러나 이제 하나님과의 언약에 들어선 이상, 지금부터는 하나님만을 바라보아야 합니다. 그리하면 여러분의 얼굴빛이 달라질 것입니다. 시내산에서 하나님을 대면하고 온 모세의 얼굴빛이 달라진 것처럼 말입니다. 이에 대해 바울은 다음과 같이 말합니다.

"우리가 다 수건을 벗은 얼굴로 거울을 보는 것같이 주의 영광을 보매 그와 같은 형상으로 변화하여 영광에서 영광에 이르니 곧 주의 영으로 말미암음이니라"(고후 3:18).

② 하나님의 계명에 주목하십시오. 하나님께서 여러분에게 거룩하라고 말씀하십니다. 이는 하나님의 명령입니다.

"주께서 명령하사 주의 법도를 잘 지키게 하셨나이다"(시 119:4).

아직도 여러분이 원하는 대로 살고 있습니까? 피조물이 마땅히 자신의 뜻을 하나님의 뜻에 맞추어야 하며, 그렇게 행하는 것이 그가 누릴 지복이라는 사실을 아직 모른단 말입니까? 하나님과 언약을 맺은 피조물이 하나님께 순복해야 마땅한데도 하나님의 뜻과 계명을 만홀히 여길 뿐만 아니라 그것을 거부하고 하나님 앞에서 방자히 행하는 것이 얼마나 혐오스럽고도 무모하며 뻔뻔한 일인지를 모른단 말입니까? 이제까지 하나님의 율법에 귀와 마음을 닫고, 발정한 망아지처럼 정욕을 따라 제멋대로 살고, 양심을 통해 들리는 하나님의 말씀을 거절하며 살아온 것으로도 부족하단 말입니까? 하나님께서 여러분을 대하시는 모습은 물론 얼마 남지 않은 이 땅에서의 날들이, 이제 무언가 달라지라고 요구합니다. 정신을 차리고 분발하십시오! 하나님의 이름을 경외하고 싶지 않습니까? 속사람을 따라 하나님의 율법을 즐거워하는 마음이 여러분에게 있지 않습니까? 그렇다면 이제 여러분에게 그렇게 행하라고 명하시는 하나님을 바라보십시오. 하나님의 뜻과 계명에 주목하십시오. 자신을 잘 살피십시오. 그리하여 순종하는 자녀로 살아가십시오.

③ 하나님의 존귀하신 이름을 소중히 여기십시오. 언약에 참여한 신자의 거룩한 삶은 하나님께 영광이 됩니다.

"너희 빛이 사람 앞에 비치게 하여 그들로 너희 착한 행실을 보고 하늘에 계신 너희 아버지께 영광을 돌리게 하라"(마 5:16).

"너희가 열매를 많이 맺으면 내 아버지께서 영광을 받으실 것이요"(요 15:8).

가솔들이 예의 바르고 자녀들이 아버지의 덕을 본받으며 사는 가정의 가장은 영광을 받습니다. 하나님의 권속도 마찬가지입니다. 다른 이들은 하나님을 영화롭게 할 수 없습니다. 오직 하나님을 찬송하게 하려고 지음 받은 하나님의 자녀들만이 그분을 영화롭게 합니다(사 43:21 참고).

하나님의 자녀들은 하나님께서 영광을 받으시기 위해 친히 심으신 나무들입니다(사 61:3 참고). 세상 사람들이 보기에 그들은 산 위의 동네요 등경 위의 빛입니다. 모든 신자는 자신을 그와 같이 여겨야 합니다. 따라서 여러분이 거룩하고도 선한 삶을 통해 여러분의 영적 생명의 본질을 나타내는 일에 소홀하거나 오히려 세상을 본받아 산다면, 그리하여 사람들이 여러분 안에서 세상을 뛰어넘는 무언가를 전혀 발견하지 못한다면, 여러분은 하나님의 이름을 욕되게 하는 자입니다. 반대로 여러분이 행위와 진리 안에서 성도로 드러난다면, 즉 인기와 부와 죄악된 즐거움을 경멸하며 오히려 하나님을 경외하고 사랑하는 가운데 거룩하고도 의로우며 치우침 없이 겸손하고 바르게 살면서 성도로 드러난다면, 여러분은 그야말로 하나님을 영화롭게 하는 복된 특권을 누리는 자입니다. 진실로 여러분의 입술이 하나님을 찬양하고, 여러분을 부르신 하나님의 이름을 드높이기를 바랍니다. 하나님을 영화롭게 하고자 하는 여러분의 바람대로, 이 어그러지고 암울하며 패역한 세대에서 빛으로 살아가기를 바랍니다.

여섯째, 언약에 참여한 사람들의 거룩한 삶은 다른 사람들에게도 매우 중요합니다. "규칙은 사람을 교훈하지만, 모범은 사람을 매료시킨다"라는 속담은 옳습니다. 거룩한 삶의 능력은 말로 다 표현할 수 없습니다. 목사가 아무리 달변이고 영향력 있으며 유능하다 할지라도 삶이 거룩하지 않다면, 그의 모든 은사와 재능이 도리어 해악을 끼칠 뿐입니다. 반면 거룩하게 사는 목사의 설교는 가슴을 울립니다. 언약에 참여한 사람들도 모두 마찬가지입니다.

그렇다면 여러분이 지금까지 그저 교양 있고 예의 바른 정도에 불과한 부주의한 삶으로 사람들의 눈을 어둡게 한 것은 아닙니까? 사람들이 그런 여러분의 삶을 거룩함의 기준으로 삼아 그것이 전부인 양 돌이키지 않고도 불편함을 느끼지 않고, 죽음의 잠에 빠진 것은 아닙니까? 신령한 생명, 하나님을 경외함, 빛, 순전함, 사랑, 겸손, 하늘의 것을 생각하고 세상의 것과 자신의 뜻을 버리는 마음이 더는 드러나지 않을뿐더러, 죄인들과 함께 희희낙락하고 죄인들이 모이는 자리에 함께하며 죄인들이 추구하는 헛된 것들을 좇고 죄인들과 마찬가지로 세상의 것을 자랑하는 여러분의 모습으로 말미암아, 찔림을 받아야 할 많은 사람들이 오히려 양심에 헛된 위안과 담력을 얻은 것은 아닌지 모르겠습니다!

만일 여러분이 가식적으로 살지 않고 진실로 경건하게 살았다면, 많은 사람들이 오히려 찔림을 받고 죄를 깨달았을 것입니다. 자신들이 잘못 살고 있음을 알게 되었을 것입니다. 그리고 경건한 삶이 자신들이 생각했던 바와 전혀 다른 것임을 깨달았을 것입니다. 베드로전서 3장 1절에서 사도는 이런 사실을 보여 줍니다.

"말씀을 순종하지 않는 자라도 말로 말미암지 않고 그 아내의 행실로 말미암아 구원을 받게 하려 함이니."

경건한 한 사람이 사람들에게 미치는 영향력은 생각보다 훨씬 큽니다. 위대한 그리스도인으로 여겨지는 사람들이 경건하게 살지 않고 세상을 따르는 행실을 보이면 사람들은 즉시 겁없이 그것을 따라 할 것이고, 결국 경건의 모범은 온데간데없어져 이내 세상 사람들과 똑같은 모습만이 남을 것입니다. 시간이 갈수록 그 정도가 심해지고, 교회는 빛과 영광을 잃어버릴 것입니다. 반면 그 수가 많든 적든 그리스도인들이 천국을 사모하며 세상과 구별되게 살고 말과 행실을 통해 거짓되지 않은 참된 경건을 드러낸다면, 다른 사람들에게 강력하게 죄를 일깨우고 수치를 주며, 그들을 크게 자극할 것입니다. 이런 행동은 사람의 마음을 관통합니다. 이런 모범은 그 사람이 없는 곳에서도 마치 그가 있는 것처럼 영향력을 발휘할 것입니다.

어디를 가든, 어디에 있든 이들의 거룩한 자취가 남아 있을 것입니다. 은혜 안에서는 어린 자가 장성한 자의 선생이고, 장성한 자들은 어린 자들이 본받을 모범입니다. 그리하여 교회는 영광과 칭송과 존경과 사랑을 받습니다. 이런 방식으로 예루살렘은 이 땅에서 칭송을 얻고 그리스도께 영광을 돌립니다. 거룩한 언약에 참여한 자들 모두가 하나같이 이렇게 살아가야 합니다. 한 촛불이 다른 촛불에 불을 붙이듯이, 한 사람을 통해 다른 사람들이 타오르게 될 것입니다.

일곱째, 하나님은 거룩함과 관련해 영광스러운 것들을 약속하십니다. 하나님의 영광이 궁극적인 목적이고 이 목적에서 비롯된 것이 더욱 탁월하고 고상하다 할지라도, 그리스도인은 반드시 이런저런 문제와 관련하여 하나님이 주신 약속들을 통해 마음에 자극을 받아야 합니다. 하나님께서 기꺼이 약속을 주신다는 사실만으로도 우리는 충분히 기뻐할 수 있습니다. 그러므로 우리는 하나님께서 우리를 격려하시는 방식대로 인도함을 받아야 합니다. 이때 우리는 모세와 같이 상급을 바라는 것이 얼마나 달콤하고도 강력한 동기가 되는지를 알고 경험하게 됩니다. 그러나 슬프게도, 하나님께서 정하신 이런 방식에 이끌려 동기가 촉발되는 경우는 적습니다. 하나님은 거룩하게 사는 사람에게 상급을 약속하십니다. 그러나 그것은 아버지가 자녀에게 하는 것처럼 은혜로 베푸시는 약속입니다.

"이것을 지킴으로 상이 크니이다"(시 19:11).

이 상급이 얼마나 크냐고 묻는다면, 저는 이렇게 대답하겠습니다.

"기록된 바 하나님이 자기를 사랑하는 자들을 위하여 예비하신 모든 것은 눈으로 보지 못하고 귀로 듣지 못하고 사람의 마음으로 생각하지도 못하였다 함과 같으니라"(고전 2:9).

이 상급은 내세뿐만 아니라 이생에서도 주어집니다. 하나님은 거룩하게 산 사람들에게 다음과 같은 상급을 베푸십니다.

① 양심의 평화입니다.

"주의 법을 사랑하는 자에게는 큰 평안이 있으니 그들에게 장애물이 없으리이다"(시 119:165).

"시온의 대로"(시 84:5)가 바로 거룩한 삶을 뜻합니다. 거룩하게 사는 사람은 확신 가운데 행하고 마음에 놀라운 평강을 맛봅니다. 하나님의 평강은 모든 지각을 뛰어넘는 평강입니다(빌 4:7 참고).

② 달콤한 기쁨과 즐거움입니다.

"정의를 행하는 것이 의인에게는 즐거움이요"(잠 21:15).

"내가 모든 재물을 즐거워함같이 주의 증거들의 도를 즐거워하였나이다……주의 율례들을 즐거워하며 주의 말씀을 잊지 아니하리이다……내가 나그네 된 집에서 주의 율례들이 나의 노래가 되었나이다……주의 증거들로 내가 영원히 나의 기업을 삼았사오니 이는 내 마음의 즐거움이 됨이니이다"(시 119:14,16,54,111).

죄를 통해서는 슬픔만을 얻지만, 거룩함은 기쁨만을 가져다줍니다. 이처럼 거룩함은 영혼 안에 임한 하나님의 나라요, 미리 맛보는 천국입니다. 그러므로 즐겁고도 활기차게 살고자 한다면, 거룩함을 위해 힘써야 합니다.

③ 하나님은 거룩하게 사는 자들을 친히 만나실 뿐만 아니라, 그들을 가까이하시며, 그들에게 하나님을 나타내겠다고 말씀하셨습니다.

"주께서 기쁘게 공의를 행하는 자와 주의 길에서 주를 기억하는 자를 선대하시거늘"(사 64:5).

하나님이 주신 약속은 너무나 놀랍습니다.

"나의 계명을 지키는 자라야 나를 사랑하는 자니 나를 사랑하는 자는 내 아버지께 사랑을 받을 것이요 나도 그를 사랑하여 그에게 나를 나타내리라"(요 14:21).

이것 외에 신자가 또 무엇을 바란단 말입니까? 보십시오. 하나님의 계명을 준행하는 자들에게 하나님은 다음과 같이 약속하셨습니다.

"마음이 청결한 자는 복이 있나니 그들이 하나님을 볼 것임이요"(마 5:8).

거룩함에 힘쓰지 않는 자들은 너무 어둡다고 불평할 수 없으며, 따라서 하나님을 찾기가 너무나 어렵다고 말할 자격도 없습니다. 거룩한 삶으로 말미암아 즐겁고자 하는 자들은 부지런히 거룩함을 추구해야 합니다. 그들은 이런 약속들이 이루어지는 것을 목도할 것입니다.

④ 성화가 진전되고 자랄 것이라고 약속하십니다.

"무릇 내게 붙어 있어 열매를 맺지 아니하는 가지는 아버지께서 그것을 제거해 버리시고 무릇 열매를 맺는 가지는 더 열매를 맺게 하려 하여 그것을 깨끗하게 하시느니라"(요 15:2).

경건한 사람은 성화가 없이는 살 수 없습니다. 경건한 사람에게 거룩함이 없다는 것은 죽음이 계속된다는 의미입니다. 그러나 외양간의 송아지나 종려나무나 레바논의 백향목처럼 자라는 것은 경건한 영혼의 기쁨이요 즐거움입니다. 경건하게 살아가는 여러분도 그렇지 않습니까? 그러므로 분발하십시오. 상 주실 것을 바라보십시오. 거룩함으로 기뻐하십시오. 그리하면 계속 자랄 것입니다. 그럴 때에 성화를 더더욱 열망하게 될 것입니다. 물론 처음에는 어렵습니다. 그러나 계속 힘쓰다 보면 점점 수월해질 뿐만 아니라 즐거움이 더해질 것입니다.

⑤ 이 땅에서 자신을 부인하고, 세상을 멸시하며, 하나님을 사랑하고 그분께 순종하며, 그리스도를 고백하고 경건하게 살고자 분투하는 사람들에게, 하나님은 영원한 복락을 약속하십니다.

"육체의 연단은 약간의 유익이 있으나 경건은 범사에 유익하니 금생과 내생에 약속이 있느니라"(딤전 4:8).

"내 아버지께 복 받을 자들이여, 나아와 창세로부터 너희를 위하여 예비된 나라를 상속받으라. 내가 주릴 때에 너희가 먹을 것을 주었고 목마를 때에 마시게 하였고 나그네 되었을 때에 영접하였고"(마 25:34,35).

영원한 복락은 최종적으로 받아 누릴 은택입니다. 이런 복락이 영원히 계속되다니요! 이 얼마나 복된 결말입니까! 어둠이 없는 빛, 사망이 없는 생명, 슬픔이 없는 기쁨, 부패가 없는 거룩함을 누리다니요! 하나님께서 이런 궁극적인 결말을 약속하십니다. 자신의 존귀하고도 아름다우며 영광스럽고도 즐거우며 거룩한 길을 통하여 여러분을 그곳으로 이끄실 것입니다.

그렇다면 거기 그렇게 가만히 앉아서 게으름을 피우며 삶을 허비할 이유가 어디 있습니까? 낙담에 빠져 있을 이유가 어디 있습니까? 일어나십시오. 앞으로 나아가십시오. 이전 것은 잊어버리고 앞에 있는 것을 향해 나아가십시오. 그리하여 영생을 부여잡으십시오.

지금까지 여러분에게 경건을 향한 마음을 불러일으키고자 하였습니다. 그러나 우리 안에서 역사하시는 분은 하나님입니다. 다른 사람들 안에서 역사하여 소원을 주시고 행하게 하신 주님께서 여러분에게도 동일한 것을 허락하시기를 바랍니다! 아멘.

45

하나님의 율법
: 일반적 고찰

하나님의 율법은 거룩함을 위한 규칙입니다. 먼저 여기서는, 일반적인 측면에서 율법을 논하겠습니다. 그러고 나서 계명들의 내용을 개별적으로 살펴보겠습니다.

'법'을 뜻하는 히브리어인 תורה(토라)는 '가르치다,' '지도하다'라는 의미를 가진 단어 הורה(호라)에서 파생되었습니다. 따라서 법은 어떤 이가 마땅히 행해야 하는 바를 가르치거나 지시하는 것입니다. '심판' 또는 '판결'을 뜻하는 משפט(미쉬파트)와 '규례'를 뜻하는 חק(호크), '계명(commandment)'을 뜻하는 מצוה(미츠바)도 동일한 의미를 담고 있습니다. 어떤 단어는 도덕법을, 어떤 단어는 의식법을, 또 어떤 단어는 시민법을 뜻한다는 식으로, 이들 히브리어를 의미별로 각각 구분하는 것은 근거가 없습니다(시 119편 참고). 헬라어 νόμος(노모스)도 그러합니다. 이 단어는 헬라어 νέμειν(네메인)에서 파생된 것으로, '지도하다,' '분배하다'라는 뜻을 가집니다. 곧 법이 인간의 삶을 다스리고, 법이 가르치는 바에 따라 상급이나 형벌이 주어지기 때문입니다. 법을 의미하는 라틴어 *lex*(렉스)는 *legere*(레게레)의 파생어로, '읽다'라는 뜻을 가집니다. 이는 법이 복종을 위해 읽히는 것이며, 그렇게 읽도록 펼쳐져 있는 것이기 때문입니다. 한편 *lex*는 '의무를 부과하다'라는 의미의 *legare*(레가레)

의 파생어일 수도 있습니다. 법이 순종의 의무를 부과하기 때문입니다. 우리말에서 '법'은 '알다'라는 동사에서 왔습니다.[1] 하나님의 법을 아는 지식이 사람의 본성에 새겨졌고, 하나님께서 자신의 교회가 그것을 '알도록' 명백하게 알리셨기 때문입니다(시 78:6 참고). 따라서 율법이라는 말의 어원을 통해 볼 때, 율법은 '알려지고 구속력 있는 행동 규범'이라고 할 수 있습니다.

'율법'이라는 말은 다음과 같이 다양한 의미로 사용됩니다.

① 본성에 새겨진 율법(롬 2:14,15 참고)

② 회심하지 않은 자들을 지배하고 회심한 자들에게도 자주 영향을 미치는 인간 본성의 부패(롬 7:23 참고)

③ 하나님의 말씀 전체(시 19:7,8 참고)

④ 모세의 율법책(눅 24:44 참고)

⑤ 복음(롬 3:27; 사 2:3 참고)

⑥ 시민법(요 19:7 참고)

⑦ 의식법(히 10:1 참고)

⑧ 십계명에 포함된 도덕법(마 22:36-38 참고)

이 의미들 가운데 우리는 바로 십계명이 말하는 도덕법을 논해 보겠습니다.

율법은 유일한 율법의 수여자이신 하나님께서 마음의 성향, 생각, 말, 행동을 다스리도록 인간에게 주신 삶의 규칙입니다.

만일 우리가 율법을 행위언약의 조건으로 본다면, 율법에는 범법자들에게 주는 죽음의 위협과 율법을 완전하게 지키는 자들에게 주어지는 생명의 약속이 담겨 있습니다. 그런데 율법이 주어진 배경과 그것이 시내산에서 선포된 목적을 통해 보면, 진실로 이 언약에 참여한 자들은 자신들이 율법을 어길 때 무엇을 당해야 하는지와 그것을 완전히 준수했을 때 무엇이 주어지는지를 압니다. 구원의 보증 되시는 분께서 자신들이 마땅히 받아야 할 형벌을 없애셨다는 것과, 계속 율법을 거스

---

[1] 영역주 - 이는 아마도 네덜란드어에만 해당될 것이다. 아 브라켈은 네덜란드어로 '법'을 뜻하는 'wet'과 '알다'를 뜻하는 'weten'의 관계를 말하는 듯하다.

르는 자신들의 모습을 통해 자기 스스로는 절대로 율법을 온전히 지킬 수 없고 오직 구원의 보증 되시는 예수 그리스도를 통해서만 그렇게 할 수 있다는 것을 압니다. 또한 아버지이신 하나님께서 자신들의 범과를 징계하실 뿐만 아니라 그들의 신실한 노력에 대해 은혜롭게 상을 베푸신다는 것을 압니다.

율법의 수여자

율법을 주신 분은 만물의 창조자요 보존자이며 자신의 기업인 교회의 주인이신 하나님입니다. 법을 제정하려면 다음의 조건들이 필요합니다.

① 위엄과 탁월함이 더욱 뛰어난 존재가 있어야 합니다.

② 법을 주신 분의 권위 아래서 마땅히 그 법을 받아 순종해야 하는 존재가 있어야 합니다.

③ 그렇게 주어진 법에 순종할 의무가 있어야 합니다.

④ 행위와 관련된 법 자체가 있어야 합니다.

하나님만이 그분의 본질로 말미암아 존귀하고 탁월한 분이십니다. 사람에게 생명을 주시고 그들의 존재를 보전하십니다. 하나님은 모든 순종을 받기에 스스로 합당한 분이십니다. 피조물이 없다 할지라도, 하나님은 명령을 발할 권위를 가지십니다. 피조물의 존재는 그분이 피조물을 존재하게 하셨다는 사실을 전제합니다. 그러므로 피조물은 그 존재와 기능으로 말미암아 하나님께 순복해야 합니다. 이처럼 피조물은 자신의 창조자께 전적으로 순종해야 할 의무를 집니다. 지성을 가진 피조물이 명시적인 계명을 받지 않았다 할지라도, 이 땅에 존재한다는 사실 자체가 그의 본성에 새겨진 모든 율법에, 그리고 많은 일들과 관련해 주신 모든 명령과 금지를 따라 율법의 유일한 수여자이신 하나님께 순종해야 할 의무를 제시합니다. 이러한 순종의 의무는 사람의 양심에 확실히 새겨져 있습니다. 그러하기에 사람이라면 누구나 율법의 수여자이신 하나님과 그분의 뜻에 순종해야 할 의무가 있음을 알고 인정하며, 그 의무를 자신에게 부과합니다. 이런 성향을 가진 사람은 하나님의 역사를 통해 율법의 수여자이신 하나님을 알고 이런 관계를 더욱 분명하게 인식하고 경험하기에 합당한 존재입니다. 완전한 상태에 있었을 때, 사람의 본성에는 이런 하나님의 율법이 완벽하게 새겨져 있었습니다. 그리고 타락한 후에도 여전히 사람의 본성에는 하나님이 새기신 율법이 불완전하게나마 남아 있습니다. 이처럼 사람의 본성에 남아 있는 율법을 '자연법(Law of Nature)'이라고 합니다. 자연법에 대해서는 1권 1장에서 이미 다루었습니다.

행위언약이 파기된 후, 하나님은 은혜언약을 세우셨습니다. 하나님께서 자기 백성을 아브라함의 후손으로 제한하고 그들을 다른 민족들과 구별하신 후, 시내산에서 그들의 귀에 들리는 음성으로 율법을 선포하고 두 돌판에 새기셨습니다. 우리는 그것을 '십계명'이라 일컫습니다. 오직 하나님만이 성경의 율법뿐만 아니라 본성의 율법도 세우고 수여하신 분입니다(롬 2:14,15 참고). 시내산에서 율법을 선포하실 때, 하나님은 가장 먼저 "나는……네 하나님 여호와니라"(출 20:2)라고 말씀하셨습니다.

"입법자와 재판관은 오직 한 분이시니 능히 구원하기도 하시며 멸하기도 하시느니라. 너는 누구이기에 이웃을 판단하느냐?"(약 4:12)

은혜언약이 시작될 때부터 하나님의 아들이 교회의 중보자이자 왕으로 하나님과 교회 사이에 섰습니다. 이 관계 때문에 하나님의 아들을 율법의 수여자라고 말합니다.

성경은 그리스도를 '천사' 즉, 사자(the messenger)라고도 말합니다. 이는 성부께서 성자를 중보자로 세우셨고, 그분을 통해 교회와 관련된 모든 일을 행하시기 때문입니다.

"그가 내 앞에서 길을 준비할 것이요 또 너희가 구하는 바 주가 갑자기 그의 성전에 임하시리니 곧 너희가 사모하는 바 언약의 사자가 임하실 것이라"(말 3:1).

그분은 하나님의 품에 있는 여호와 이름하는 사자입니다(출 23:20,21 참고). 아브라함에게 나타났던 여호와 하는 사자도 그분이었습니다(창 18:1 참고). 이 천사는 불타는 떨기나무 가운데서 모세에게도 나타나셨습니다(출 3:2,4,6 참고). 동일한 천사가 왕으로서 율법을 주셨습니다. 다음의 말씀이 그 사실을 분명하게 증언합니다.

"사십 년이 차매 천사가 시내산 광야 가시나무 떨기 불꽃 가운데서 그에게 보이거늘……그들의 말이 누가 너를 관리와 재판장으로 세웠느냐 하며 거절하던 그 모세를 하나님은 가시나무 떨기 가운데서 보이던 천사의 손으로 관리와 속량하는 자로서 보내셨으니……시내산에서 말하던 그 천사와 우리 조상들과 함께 광야 교회에 있었고 또 살아 있는 말씀을 받아 우리에게 주던 자가 이 사람이라"(행 7:30,35,38).

하나님께서 천사들과 모세를 통해 율법을 주셨습니다. 다음 구절들이 그것을 말해 줍니다.

"너희는 천사가 전한 율법을 받고도"(행 7:53).

"율법은 무엇이냐……천사들을 통하여 한 중보자의 손으로 베푸신 것인데"(갈 3:19).

율법을 수여할 때, 천사들은 하나님의 아들의 종으로서 자신들의 머리이신 그분과 함께하며 시내산을 에워쌌습니다(신 33:2 참고). 두 돌판에 율법이 새겨지자, 천사들이 이 돌판을 모세에게 건넸습니다(갈 3:19 참고). 모세는 천사들로부터 받은 돌판을 이스라엘 백성들에게 전했고 법궤에 넣어 보관했습니다(출 34:29; 신 10:5 참고). 이와 유사하게, 모세는 시내산에서 하나님으로부터 받은 의식법을 이스라엘 백성들에게 알려 주었습니다. 그래서 성경은 "율법은 모세로 말미암아 주어진 것"(요 1:17)이라고 합니다.

율법을 주신 방식

율법은 두 가지 방식으로 주어졌습니다. 말로 선포되었고, 돌판에 글로 새겨졌습니다.

먼저, 율법은 말로 선포되는 방식으로 주어졌습니다. 이를 위해 많은 준비가 필요했습니다. 우선 이스라엘 백성들 앞에 그들이 엄숙하게 참여하게 된 은혜언약이 선포되었습니다. 그 후, 백성들은 셋째 날을 위해 이틀 동안 스스로를 정결하게 하고 옷을 빨며 안팎을 준비해야 했습니다(출 19:11 참고). 시내산에 아무도 들어가지 못하도록 경계가 쳐졌고, 이 경계를 넘어서 산에 접근하는 자들에게는 죽음이 선언되었습니다. 하나님이 매우 놀랍고도 특별한 방식으로 산에 임하시자, 사방이 흑암처럼 어두워졌고 시내산 전체가 연기로 자욱하며 불타오르고 기초가 흔들렸습니다(출 19:18, 20:21 참고). 이런 모든 현상에는 천둥 번개와 나팔 소리가 동반되었습니다(출 19:16,18,19 참고). 이 모든 것은 하나님께서 이스라엘 백성들에게 경외심과 숭배를 크게 불러일으키고, 그들로 하여금 율법의 행위로는 전혀 의롭게 될 수 없음을 자각하게 하기 위함이었습니다. 또한 이는 결코 신약과 구약이 다름을 보여 주려는 것이 아니라, 하나님에 대한 큰 두려움을 불러일으켜 율법을 거스를 생각을 하지 못하도록 하기 위함이었습니다. 다시 말해, 당시 교회가 하나님께 나아가는 방식은 지금의 교회와 조금도 다르지 않습니다. 성경 어디에도 다르다는 기록은 없습니다. 언약도 하나요 언약의 중보자도 한 분이시며, 그분은 어제나 오늘이나 동일하십니다. 그들에게 그러했듯이 율법은 오늘날 우리와도 깊이 관련됩니다. 오늘날 우리가 중보자를 통해 하나님께 나아갈 길을 얻는 것처럼, 그때도 마찬가지였습니다.

다음으로, 율법은 두 돌판에 새겨지는 방식으로 주어졌습니다. 하나님께서 친히 두 돌판을 만드시고, 거기에 율법을 새겨 모세에게 주셨습니다.

"그 판은 하나님이 만드신 것이요 글자는 하나님이 쓰셔서 판에 새기신 것이더라"(출 32:16).

그러나 산에서 내려오던 모세는 이스라엘 백성들이 금송아지를 섬기며 (그들에게 막 선포된) 율법을 거스르고 있었음을 알게 되었고, 이에 율법이 새겨진 돌판들을 산 아래로 던져 깨뜨렸습니다(출 32:19 참고). 그러자 하나님께서 모세에게 두 돌판을 만들어 가지고 오도록 하셨습니다. 하나님은 모세가 만든 돌판에 율법을 다시 기록하셨고, 그것을 백성들에게로 가져가 법궤 안에 두도록 명령하셨습니다(신 10:1,4,5 참고).

율법을 양피지나 종이, 금이나 은이 아닌 돌판에 기록하신 이유에 대해서는 만족할 만한 설명을 찾을 수가 없습니다. 오직 하나님만이 돌처럼 단단한 사람의 마음에 율법을 새기실 수 있음을 상기시키기 위함인지도 모릅니다(겔 36:26,27 참고). 여기에서도 구약뿐만 아니라 신약에서도 율법이 폐기되지 않고 영원토록 지속된다는 사실을 숙고해 볼 수 있습니다. 그러나 율법을 돌판에 기록하신 이유에 대해 만족할 만한 설명이 되지는 못합니다. 율법이 마음에 새겨지지 않으면 그것을 외적으로 준행하고 지킨다 하더라도 충분치 않다는 사실을 시사하는 것이리라 짐작해 볼 수도 있습니다(렘 31:33 참고). 두 돌판 모두에 기록되었다는 사실은 모든 행위에 대한 규칙인 율법이 어디에서나 사람의 몸과 영혼의 모든 기능을 주관하는, 가감할 수 없는 규칙이라는 사실을 뒷받침한다고 할 수도 있겠습니다. 또한 율법이 하나의 돌판이 아니라 두 돌판에 새겨진 이유에 대해서는, 마태복음 22장 37,39절에서 주 예수님께서 말씀하신 대로 율법이 가리키는 두 대상인 하나님 및 이웃과 관련된다고 볼 수 있겠습니다.

율법을 주실 당시의 때와 장소를 눈여겨보아야 합니다. 율법을 주신 때는 애굽을 나온 지 오십 일째 되던 날이었습니다. 원수들의 손아귀에서 완전히 벗어나 열국들로부터 완전히 구별된 때였습니다. 여호와께서 자신들의 하나님이 되고 그들이 스스로 그분의 길을 따르겠노라고 약속하며 하나님과의 언약 관계로 들어간 때였습니다. 이 약속을 지키기 위해서는 그들의 모든 행위에 대한 규칙이 필요했으므로 하나님께서 이 규칙을 주신 것입니다. 이 모든 일들이 산에서 이루어졌습니다. 사람의 마음은 이 땅에 속한 저급하고도 비천한 일들로부터 떠나 하나님과 하늘에 속한 일들로 이끌려야 합니다.

"내가 산을 향하여 눈을 들리라 나의 도움이 어디서 올까?"(시 121:1)

"하늘에 계시는 주여, 내가 눈을 들어 주께 향하나이다"(시 123:1).

이 산은 황량한 아라비아 지역에 있었습니다. 그 지역은 먹을 것이나 마실 것이 전혀 없는, 어떠한 매력도, 즐거움도 없는 곳이었습니다. 이스라엘 백성들은 오직 하나님 안에서 즐거움을 추구해야 했고, 하나님께서 공급해 주시는 것으로 살아야 했습니다. 따라서 그들은 하나님이 자신들을 떠나지 않으시게끔 열심을 내 하나님만을 의지하고 순종해야 했습니다.

하나님의 율법, 율법과 은혜언약의 관계

이 율법과 관련하여 많은 것들을 숙고해야 합니다. 그리하면 율법의 본질과 목적이 더욱 명확해질 것입니다. 그보다 먼저 다음 사항들에 주목해야 합니다.

첫째, 율법을 받기 전에 먼저 호렙에서 교회인 이스라엘과 하나님 사이에 언약이 맺어졌습니다. 출애굽기 19장이 이 사실을 기록합니다.

① 5절은 하나님이 요구하시는 바를 말합니다.

"너희가 내 말을 잘 듣고 내 언약을 지키면."

② 그리고 5,6절에서 약속이 주어졌습니다.

"내 소유가 되겠고……내게 대하여 제사장 나라가 되며 거룩한 백성이 되리라."

8절에서 이스라엘은 이 모든 것을 받아들입니다.

"백성이 일제히 응답하여 이르되 여호와께서 명령하신 대로 우리가 다 행하리이다."

둘째, 호렙에서 맺은(또는 이 일이 있기 전에 이미 언약이 맺어졌다면 갱신된) 이 언약은 은혜언약입니다. 다음을 보면 이런 사실이 분명해집니다.

① 하나님과 이스라엘이 호렙에서 맺은 언약은 하나님께서 아브라함과 이삭과 야곱과 맺으신 언약과 동일한 은혜언약입니다.

"너희가 이 모든 법도를 듣고 지켜 행하면 네 하나님 여호와께서 네 조상들에게 맹세하신 언약을 지켜 네게 인애를 베푸실 것이라"(신 7:12).

"너희는 이 언약의 말씀을 지켜 행하라. 그리하면 너희가 하는 모든 일이 형통하리라. 오늘……다 너희의 하나님 여호와 앞에 서 있는 것은, 네 하나님 여호와의 언약에 참여하며 또 네 하나님 여호와께서 오늘 네게 하시는 맹세에 참여하여, 여호와께서 네게 말씀하신 대로 또 네 조상 아브라함과 이삭과 야곱에게 맹세하신 대로 오늘 너를 세워 자기 백성을 삼으시고 그는 친히 네 하나님이 되시려 함이니라"(신 29:9-13).

② 호렙에서 맺어진 언약은 은혜언약의 모든 약속들을 포함합니다.

• 하나님께서 이스라엘 백성에게 나는 너희의 하나님 될 것이고 '너희는 모든 민족 중에서 내 소유가 되리라'고 약속하십니다(출 19:5 참고).

"나는……네 하나님 여호와니라"(출 20:2).

"네가 오늘 여호와를 네 하나님으로 인정하고……여호와께서도 네게 말씀하신 대로 오늘 너를 그의 보배로운 백성이 되게 하시고"(신 26:17,18).

이는 다름 아닌 은혜언약이 약속하는 바입니다(창 17:8; 렘 31:33; 고후 6:16 참고).

- 하나님께서 이스라엘 백성을 제사장 나라로 삼겠노라고 약속하십니다.

"너희가 내게 대하여 제사장 나라가 되며"(출 19:6).

다음 말씀들을 보면, 이것이 바로 은혜언약이 주는 약속임이 분명해집니다.

"너희는 택하신 족속이요 왕 같은 제사장들이요 거룩한 나라요 그의 소유가 된 백성이니"(벧전 2:9).

"그의 아버지 하나님을 위하여 우리를 나라와 제사장으로 삼으신"(계 1:6).

이 두 말씀은 모든 다른 약속들을 포함합니다.

③ 이 약속들은 할례와 제사라는 동일한 성례를 담고 있습니다.

셋째, 이스라엘 나라 전체가 동시에 은혜언약으로 들어갔습니다(출 19:8 참고). 그러나 대다수는 외형적으로만 그렇게 보일 뿐 진실로 언약 안에 들어간 것은 아니었습니다. 다시 말해, 지식과 믿음과 사랑으로 은혜언약에 들어간 것이 아닙니다. 하나님과 백성들 사이에도 이런 외적인 모양으로 말미암는 외적인 관계가 있습니다. 성경은 불경건하게 사는 이들을 가리켜 이 언약에 신실하지 않은 자라고 말합니다(시 78:37 참고).

"그러나 그들의 다수를 하나님이 기뻐하지 아니하셨으므로"(고전 10:5).

넷째, 아무리 외적으로 언약 아래 있다고 할지라도, 회심하지 않은 사람은 결코 은혜언약 안에 있는 것이 아닙니다. 오히려, 이들은 모든 이교도들과 마찬가지로 행위언약 아래 있습니다. 아담 안에서 맺은 언약은 범죄함으로 말미암아 파기되었고, 율법은 육신의 연약함으로 말미암아 사람을 의롭다 하지 못하게 되었습니다. 그러할지라도 사람은 동일한 의무 아래 있기 때문에 죄를 지을 때마다 그만큼 행위언약을 거스르는 것입니다. 간음을 행했다고 하여 남편의 법으로부터 자유로워지는 것이 아닌데도 여인이 계속 간음을 저지르는 것과 마찬가지입니다. 회심하지 않은 사람은 죄를 지을 때마다 자기가 속한 행위언약을 거스르는 것입니다. 외적으로 은혜언약으로 들어갔지만 믿음으로 행하지 않는 사람은, 결국 그리스도를 멸시하고 은혜언약을 통해 주신 것을 거절하는 자입니다.

다섯째, 율법을 받기 전에 호렙에서 맺은 언약(출 19장 참고)과 그 후에 이 언약 안에서 주신 율법(출 20장 참고)을 구별해야 합니다. 십계명은 언약이 아닙니다. 십계명이 주어지기 전에 언약이 맺어졌기 때문입니다. 십계명은 언약에 참여한 자들이 그 법을 따라 살아가도록, 이미 맺어진 언약에 덧붙여 주신 부록입니다. 그러므로 언약과 율법은 서로 분명하게 구별됩니다. 이 구별에 관해서는 나중에 좀 더 충분히 다루겠습니다.

여섯째, 율법을 주신 목적을 율법의 내용 및 실체와 구별해야 합니다. 율법의 내용 또는 실체는 아담이 맺은 행위언약이 동일하게 요구하는 바입니다. 그 근거는 다음과 같습니다.

① 거룩함이 하나라면, 거룩한 원리도 하나이기 때문입니다. 이 율법을 통해 아담이 완전함을 요구받았습니다. 이 완전함은 다름 아닌 십계명의 율법이 요구하는 것이기도 합니다.

② 행위언약의 요구는 인간의 본성에 새겨져 있습니다(롬 2:14,15 참고). 그런데 인간의 본성에 새겨진 율법은, 선명한 정도가 다를 수는 있겠지만 십계명과 동일한 것입니다. 따라서 행위언약의 요구와 십계명은 같은 것입니다.

③ 완전한 순종을 조건으로 아담에게 영생이 약속되었습니다. 십계명을 완전히 준수해도 약속된 영생을 얻습니다.

"율법으로 말미암는 의를 행하는 사람은 그 의로 살리라"(롬 10:5).

그러나 십계명의 율법을 주신 목적은 아담에게 율법을 주신 목적과 완전히 다릅니다. 아담에게 율법을 주신 것은 그것을 준수하여 영생을 얻도록 하기 위함이었습니다. 반면에 십계명은 사람이 영생을 얻도록 주어진 것이 아닙니다. 어느 누구도 십계명을 성취할 수 없기 때문입니다.

하나님은 다음 내용들을 위해 십계명을 주셨습니다.

① 회심하지 않은 자들에게 자신이 죄와 더불어 끊임없이 행위언약을 거스르고 있다는 사실을, 그리고 범죄로 인한 정죄가 얼마나 엄중하고도 큰 저주인지를 깨닫게 하기 위함입니다.

② 은혜언약에 익숙해졌는데도 회심하지 않은 자로 하여금, 생명을 주지 못하는 행위언약을 바라보지 말고 진실로 은혜언약으로 들어가기를 힘쓰며 참된 믿음으로 그리스도를 영접해 의롭다함을 얻도록 촉구하기 위함입니다. 이것이 바로 행위언약의 요구들이 수차례 반복되고, 그토록 끔찍한 두려움을 불러일으키는 가운데 율법을 주신 이유입니다. 이런 점에서 율법은 죄인을 그리스도께로 인도하는 초등 교사요 인도자요 선생이요 이정표입니다(갈 3:24 참고).

③ 은혜언약에 참여한 자들을 위한 분명한 삶의 규칙으로서, 이들에게 순전하게 사는 길이 무엇인지를 보이고, 그 길로 들어서 끝까지 그 길을 가도록 동기를 부여하며 그들을 인도하기 위함입니다.

"청년이 무엇으로 그의 행실을 깨끗하게 하리이까? 주의 말씀만 지킬 따름이니이다"(시 119:9).

그러하기에 율법을 주의 도, 주의 길이라고 일컫습니다(시 119편 참고).

일곱째, 율법이 주어진 목적과 뜻을 회심하지 않은 자가 율법에 관해 가지는 견해와 구별해야 합니다. 회심하지 않은 이스라엘 사람들은 십계명을 생명을 얻기 위해 준수해야 하는 행위언약의 요구라고 여겼습니다. 이들은 의식법 역시 그렇게 보고는 그것을 도덕법과 뒤섞어 버렸습니다. 이들이 도덕법뿐만 아니라 외적 의식법을 준수함으로써 의롭게 되려고 했던 것도, 바로 이런 이유에서입니다(롬 9:31,32, 10:3; 갈 5:3,4 참고).

여덟째, 계명과 그 계명을 준행하도록 격려하기 위해 주신 것을 구별해야 합니다. 2계명, 4계명, 5계명은 계명을 준행한 자들이 받는 유익과 그것을 어기는 자들이 당할 해를 함께 기록합니다. 계명에는 변화가 없지만, 계명을 준행할 동기를 다양한 측면에서 부여합니다. 지금까지 서론적인 사항들을 다루었습니다.

십계명은 행위언약이 아니다

> ▶ 질문
> 십계명은 행위언약이 아닌가?

대답: 다음의 몇몇 이유로 십계명을 행위언약이라 할 수 없습니다.

첫째, 하나님의 의로우심은, 죄인이 하나님과 우정의 언약을 맺도록 허락하기 위해 죄인이 언약을 파기한 데 대한 형벌을 죄인 대신 담당할 보증을 요구합니다. 그런데 이스라엘 백성들은 죄인들이었고, 행위언약에는 보증이 없습니다. 따라서 율법은 행위언약일 수 없습니다.

둘째, 하나님과 행위언약을 맺는 대상은 행위언약의 요구를 충족시키고 그에 따라 생명을 얻을 능력이 있어야 합니다. 하나님의 거룩하심과 의로우심과 진실하심은 사람의 진실하지 못한 약속에 근거하여 진정한 언약을 맺도록 허락하지 않습니다. 또한 하나님의 이러한 속성은 사람이 도무지 행할 능력이 없는 것들을 구원의 조건으로 행하도록 요구하지 않습니다. 인간은 행위언약 안에 있을 때 가졌던 원래의 상태를 따라 율법을 준행할 능력을 상실하였으나, 그러한 인간에게 하나님께서 완전한 순종을 요구하시는 것은 여전히 의로운 일입니다. 그러나 하나님의 이러한 속성은, 무능하게 된 죄인 앞에 완전함이 구원의 조건으로 또다시 제시되는 것을 허락하지 않을 것입니다. 타락 이후 인간은 행위언약의 요구를 완전히 충족시킬 수 없게 되었기 때문에 새로운 행위언약이 그런 인간과 다시 맺어질 수는 없습니다. 따라서 율법은 행위언약으로 주어진 것이 아닙니다.

셋째, 율법이 행위언약이라면, 이스라엘과 신약 시대의 모든 신자들(이들 모두가 율법에 대한 의무 아래 있기 때문입니다)은 서로 상반되는 두 언약 안에 동시에 있는 셈이 됩니다. 그러나 이들은 은혜언약 아래 있습니다. 그렇지 않으면 어느 누구도 구원받지 못했을 것입니다.

"율법의 행위로 그의 앞에 의롭다하심을 얻을 육체가 없나니 율법으로는 죄를 깨달음이니라"(롬 3:20).

만약 율법이 행위언약이라면, 이들 모두는 동시에 행위언약 아래에도 있고 은혜언약 아래에도 있는 것입니다. 그러나 그런 일은 있을 수 없습니다. 이 두 언약은 서로를 부정하고 배제하기 때문입니다. 만약 이들이 행위로 구원에 이르러야 했다면, 은혜언약을 위한 여지는 전혀 없었을 것입니다. 그리고 은혜언약을 통해 구원을 추구해야 한다면, 사도 바울이 로마서 11장 6절에서 분명히 밝히는 대로 행위언약을 위한 여지는 없습니다. 그런데 율법은 약속을 무효화하지 않습니다(갈 3:17,18 참고). 따라서 율법은 행위언약이 아닙니다.

넷째, 만약 율법이 행위언약이라면 사람은 행위로 구원을 얻으려고 했을 것입니다. 왜냐하면 성경이 다음과 같이 말하기 때문입니다.

"모세가 기록하되 율법으로 말미암는 의를 행하는 사람은 그 의로 살리라 하였거니와"(롬 10:5).

그러나 그렇지 않습니다. 구원은 이렇게 해서 얻을 수 있는 것이 아닙니다.

"하나님의 의를 모르고 자기 의를 세우려고 힘써 하나님의 의에 복종하지 아니하였느니라"(롬 10:3).

즉, 이들은 그리스도의 의에 참여하지 않은 자들이므로 구원에도 참여하지 않은 자들이었다는 말입니다. 따라서 율법은 행위언약일 수 없습니다.

다섯째, 행위언약에는 긍휼이 있을 수 없습니다. 그러나 십계명의 율법에는 긍휼이 있습니다.

"나를 사랑하고 내 계명을 지키는 자에게는 천 대까지 은혜를 베푸느니라"(출 20:6).

따라서 율법은 행위언약이 아닙니다.

반론 1

완전한 개인의 순종을 내용으로 하는 율법을 언약이라고 한다.

"내가 이 말들의 뜻대로 너와 이스라엘과 언약을 세웠음이니라"(출 34:27).

"여호와께서 그의 언약을 너희에게 반포하시고 너희에게 지키라 명령하셨으니 곧 십계명이며 두 돌판에 친히 쓰신 것이라"(신 4:13).

그리고 십계명이 새겨진 두 돌판을 언약의 두 돌판이라고 한다(신 9:11 참고).

답변

(1) 언약이라는 말에는 다양한 의미가 있습니다. 그러하기에 이 한 경우만을 가지고서, 언약이 말 그대로 서로 동의함으로써 성립된 계약(covenant)을 가리킨다고 결론 내릴 수는 없습니다. 여기서는 언약이 변하지 않는 약속(창 9:9,10 참고), 변하지 않는 규례(렘 33:30 참고), 하나의 명령을 가리킵니다.

"내가 너희 선조를 애굽 땅 종의 집에서 인도하여 낼 때에 그들과 언약을 맺으며 이르기를……너희는 칠 년 되는 해에 그를 놓아줄 것이니라"(렘 34:13,14).

(2) 호렙에서의 언약은 율법을 주시기 전에 맺어졌습니다. 따라서 율법이 언약 자체일 수는 없습니다.

(3) 여기서 언약이라는 말은 은유로 쓰였습니다. 언약의 부록인 율법은 종종(여기서도 마찬가지입니다) 언약이라고 불리곤 합니다. 은혜언약이 세워졌고, 율법은 이 언약에 참여한 자들의 행위를 위한 규칙으로서 이 언약에 덧붙여진 것입니다.

반론 2

율법은 끊임없이 은혜와 대비된다. 이것을 볼 때, 율법은 행위언약이라고 결론 내릴 수 있다. 다음 말씀들에서도 이를 확인할 수 있다.

"율법은 모세로 말미암아 주어진 것이요 은혜와 진리는 예수 그리스도로 말미암아 온 것이라"(요 1:17).

"만일 그 유업이 율법에서 난 것이면 약속에서 난 것이 아니리라"(갈 3:18; 롬 4:14, 10:5,6 참고).

답변

(1) 율법을 주신 목적을 율법의 본질 또는 내용과 구별해야 합니다. 율법을 주신 것은 삶의 규칙으로 삼도록 하기 위함입니다. 이런 율법은 은혜와 상치되지 않습니다. 오히려 언약에 참여한 자들에게 분명한 삶의 규칙을 주신 것은 은혜입니다.

다만 언약의 요구와 관련해서는 율법 및 아담과 맺어진 행위언약의 내용이 은혜와 대비를 이룹니다. 그런데 율법은 그런 목적을 위해 주신 것이 아니기 때문에 율법이 곧 행위언약이라고 결론 내릴 수는 없습니다.

(2) 유대인들은 도덕법과 의식법을 주신 참된 목적을 곡해했습니다. 이들은 율법을 행위언약의 내용으로 여겼고, 이 행위언약을 통해 자신들의 의를 추구했습니다. 이름뿐인 그리스도인들 또한 여전히 유대인처럼 행합니다. 이미 위의 본문이 이런 오해를 적시하며 이런 태도를 책망합니다.

(3) 성경은 율법이 약속과 상치되지 않는다고 분명히 밝힙니다.

"그리스도는 모든 믿는 자에게 의를 이루기 위하여 율법의 마침이 되시니라"(롬 10:4). "그러면 율법이 하나님의 약속들과 반대되는 것이냐? 결코 그럴 수 없느니라"(갈 3:21).

따라서 어떤 방식으로든, 율법이 언약과 상치되지 않으며 십계명의 율법이 행위언약이 아니라는 사실은 분명합니다.

십계명은 은혜언약이 아니다

> ▶ 질문
> 십계명은 은혜언약인가? 즉, 십계명은 은혜언약을 요약한 것인가?

대답: 율법이 수여되기 전에 호렙에서 맺어진 언약은 분명히 은혜언약입니다. 그러나 십계명의 율법은 은혜언약도, 은혜언약을 요약한 것도 아닙니다. 분명한 사실로 다음과 같은 이유를 들 수 있습니다.

첫째, 십계명의 율법에 포함된 모든 내용은 온전히 아담의 본성에 새겨져 있었습니다. 만일 아담이 타락하지 않았다면, 이 율법은 완전한 형태로 고스란히 그의 후손들에게 전해졌을 것입니다. 타락 이후 율법은 불완전하기는 해도 이교도들의 마음에 새겨졌습니다(롬 1:19,20, 2:14,15 참고). 그런데 만일 십계명의 율법이 은혜언약의 요약이자 은혜언약 자체와 동일한 것이라고 한다면, 십계명은 타락 이전부터 이미 있었을 것이고, 이교도들은 복음 없이도 언약을 알 수 있었을 것입니다. 그러나 이는 말이 되지 않습니다. 마찬가지로, 율법이 은혜언약과 동일한 것이라고 하는 것 또한 말이 안 됩니다.

둘째, 십계명의 율법은 행위언약의 요구이자 조건입니다. 율법에 순종하는 자들에게 생명을 약속합니다.

"이를 행하라 그러면 살리라"(눅 10:28).

무엇이든지 행위언약이 말하는 바와 같은 내용과 요구를 담고 있다면, 그것은 은혜언약과 동일하다고 할 수 없습니다. 율법이 "이를 행하면 살리라"라고 하는 지점에서 은혜언약은 "주 예수를 믿어 구원을 얻으라"라고 합니다. 이 두 언약은 서로 너무나 다릅니다. 한쪽은 반드시 다른 쪽을 부정합니다(롬 10:5,6, 11:6 참고).

셋째, 은혜언약을 묘사할 때 이 언약의 보증이신 그리스도가 반드시 포함되어야 합니다. 이 언약은 그리스도를 아는 지식이 없이는 결코 이해할 수 없습니다. 그런데 율법은 보증에 대해, 그리고 그 보증이신 예수 그리스도를 믿는 믿음에 대해 전혀 언급하지 않습니다. 따라서 율법은 은혜언약과 같지 않습니다.

넷째, 은혜언약은 사람을 거듭나게 하고, 의롭게 하며, 구원하는 효력이 있습니다. 그러나 율법은 그렇지 않습니다.

"그러면 율법이 하나님의 약속들과 반대되는 것이냐? 결코 그럴 수 없느니라. 만일 능히 살게 하는 율법을 주셨더라면 의가 반드시 율법으로 말미암았으리라"(갈 3:21).

"만일 그 유업이 율법에서 난 것이면 약속에서 난 것이 아니리라"(갈 3:18).

"율법이 육신으로 말미암아 연약하여 할 수 없는 그것을 하나님은 하시나니 곧 죄로 말미암아 자기 아들을 죄 있는 육신의 모양으로 보내어 육신에 죄를 정하사"(롬 8:3).

그렇습니다. 율법 아래 있는 자들은 저주 아래 있습니다(갈 3:10 참고). 따라서 율법은 은혜언약과 동일할 수 없습니다.

다섯째, 은혜언약은 약속만을 주며, 마음에 율법을 새깁니다(렘 31:33; 겔 36:26,27 참고). 그러나 율법은 단지 요구하기만 할 뿐, 인간이 도무지 이룰 수 없는 율법을 완전히 지키지 않는다면 아무것도 약속하지 않습니다. 이처럼 율법은 요구하지만 아무런 효력도 약속하지 않습니다. 따라서 율법은 은혜언약과 같지 않습니다.

반론 1

그리스도는 자기 몸인 교회의 중보자요 왕으로서 교회에 십계명의 율법을 주셨다. 그러므로 십계명의 율법은 은혜언약과 같은 것이라 생각할 수 있다.

답변

(1) 우선, 반론의 결론을 부정합니다. 그런데 만일 이 결론이 옳다면, 그리스도께서 교회의 왕이요 중보자로서 자기 백성들에게 삶의 규칙을 주신 것입니다. 그리고 이것이 맞다면, 십계명의 율법은 언약에 참여한 모든 자들이 따라야 하는 삶의 규칙입니다. 언약에 참여한 자들을 위한 삶의 규칙은 언약 자체와는 구별되어야 합니다.

(2) 이스라엘 백성들은 율법을 받기 전에 이미 언약을 맺었습니다. 이러한 사실은 율법이 그리스도께서 언약에 참여한 자들에게 주신 삶의 규칙이라는 것을 보여 줍니다.

반론 2

십계명의 서론에 해당하는 "나는 너희의 하나님이라"라는 말은 율법이 은혜언약과 관련 있다는 사실을 분명하게 보여 준다. 이 표현이 은혜언약의 핵심을 나타내기 때문이다.

답변

이 구절이 언제나 은혜언약을 표현하지는 않습니다. 이사야 28장 26절을 보십시오.

"이는 그의 하나님이 그에게 적당한 방법을 보이사 가르치셨음이며."

이 말은 땅을 기경한다는 뜻입니다. 물론 우리는 십계명의 서문과 계명에 덧붙여진 격려와 자극을 통해 은혜언약이 반드시 존재한다는 것을 인정합니다. 그러나 이것이 율법 자체가 곧 은혜언약이라는 말은 아닙니다. 우리 모두가 아는 대로, "네 하나님 여호와니라"라는 말씀이 은혜언약과 상관없는 경고나 명령과도 자주 함께 쓰이기 때문입니다(레 18:30; 삿 6:10 등 참고). 이 서문은 계명을 주시는 분의 권위와 이 계명에 순종해야 할 백성의 의무(그분이 하나님이고 그들이 하나님의 피조물이기 때문만이 아니라, 그들이 하나님과 맺은 은혜언약 안에 있는 자들이기 때문입니다)를 나타냅니다. 따라서 명령하시는 분과 그 명령이 구별되는 것만큼이나 십계명의 서문과 율법은 분명히 구별되어야 합니다.

반론 3

율법도 긍휼을 이야기한다.

"나는 은혜 베풀 자에게 은혜를 베풀고 긍휼히 여길 자에게 긍휼을 베푸느니라"(출 33:19).

그런데 하나님의 긍휼은 은혜언약이 아니고서는 죄인에게 나타날 수 없다. 그러므로 율법은 은혜언약이나 마찬가지이다.

답변

계명은 그 계명을 지키도록 동기를 부여하고자 주어진 격려와는 구별되어야 합니다. 이런 격려가 은혜언약에서 나왔다고 해서 율법이 곧 은혜언약인 것은 아닙니다. 그 격려가 단지 율법을 준수하도록 하기 위해 주어졌을 뿐이기 때문입니다. 오히려 그 반대입니다. 이런 의무를 은혜언약이라 할 수는 없습니다.

반론 4

율법은 언약이다. 그런데 행위언약은 아니다. 따라서 은혜언약이라고 말할 수 있다.

답변

(1) 앞에서 이미 율법은 행위언약이 아니며, '언약'이라고 불린다고 해서 그것이 곧 '언약' 자체를 말하는 것이 아니라는 사실을 살펴보았습니다. 할례 또한 '언약'이라고 일컬어졌습니다(창 17:10 참고).

(2) 이런 반론을 제기하는 사람들은 행위언약과 은혜언약 외에 또 다른 언약이 있다고 주장합니다. 이들은 그것을 외형적이고도 훈계적인 언약이라고 부릅니다. 이럴 경우, 그들이 주장하는 바 율법은 행위언약이 아니기 때문에 은혜언약일 수밖에 없다는 결론이 부정됩니다. 그렇다면 제3의 언약에 대한 설명이 있어야 합니다.

(3) 율법이 행위언약이 아니라는 사실이 곧 율법이 은혜언약임을 뜻하지는 않습니다. 그러므로 율법은 은혜언약에 참여한 자들을 위해 주어진 규칙이라고 말하는 것으로 충분합니다.

반론 5

무엇이든지 피(그리스도의 피를 상징하는)로 확정된 것은 은혜언약이다. 율법은 그리스도의 피를 상징하는 짐승의 피로 인 쳐졌다.

"모세가 율법대로 모든 계명을 온 백성에게 말한 후에 송아지와 염소의 피 및 물과 붉은 양털과 우슬초를 취하여 그 두루마리와 온 백성에게 뿌리며"(히 9:19).

그러므로 율법은 은혜언약이다.

답변

(1) 이런 전제로 그런 결론을 내린다면, 이스라엘 백성들 역시 언약이라고 말해야 합니다. 그들 또한 피 뿌림을 받았기 때문입니다. 그런데 그렇게 말하는 것은 터무니없습니다. 단지 피가 뿌려졌다고 해서 그것을 은혜언약이라고 하는 것 역시 마찬가지입니다. 물론 은혜언약에 속한 그리스도의 피를 상징하는 피 뿌림을 받았다면, 그렇게 말하는 것이 일리가 있습니다. 한 걸음 더 나아가, 그러하기에 십계명의 율법이 은혜언약에 속한다고 결론 내린다 하더라도, 율법을 언약에 참여한 자들을 위한 삶의 규칙으로 이해하는 것이라면 그런 결론에 반대하지 않겠습니다.

(2) 그러나 성경 어디에도 율법이 새겨진 두 돌판이 피 뿌림을 받았다는 말은 없습니다. 그런 결론이 어떤 식으로든 의미를 가지려면, 이런 사실을 증명해 보여야 합니다.

(3) 모세는 전체 의식법이 담긴 책(그리스도의 모형인)에 피를 뿌렸습니다. 물론 이

책은 은혜언약에 속한 것이 맞습니다.

> **반론 6**

의식법은 십계명의 율법에 포함된다. 다시 말해, 하나님이 명하신 방식으로 하나님을 섬기라고 명하는 두 번째 계명에 속한다. 그런데 의식법이 은혜언약에 속한다는 것 또한 분명한 사실이다. 그러므로 십계명의 율법은 그 자체로 은혜언약이다.

> **답변**

(1) 이런 전제로부터는 이보다 더한 결론, 즉 율법이 은혜언약에 속한다는 결론도 내릴 수 있습니다. 율법이 은혜언약에 참여한 자들을 위한 삶의 규칙이라고 하는 한, 우리도 이런 결론에 동의합니다.

(2) 또한 시민법은 두 번째 판의 율법인 도덕법에 속합니다. 그렇다고 어느 누가 십계명을 정치 언약이나 시민 언약이라고 결론 내리겠습니까? 같은 이유로, 율법을 은혜언약이라고 결론지을 수는 없습니다.

(3) 우리는 십계명의 율법이 의식법을 말한다는 주장을 거부합니다. 의식법은 십계명 어디에도 나와 있지 않습니다. 하나님을 섬기는 모든 예배의 토대(곧 은혜언약과 행위언약, 신약성경과 구약성경에서의 토대)는 두 번째 계명에서 발견됩니다. 하나님이 정하신 방식대로 하나님을 섬겨야 한다는 것입니다. 그러나 그 어디에도 의식법에 대한 언급은 없습니다. 이런 공통된 토대(의식법은 물론 신약 시대와 완전한 상태에서 하나님을 섬기는 것이 여기서 비롯됩니다)로부터 이 계명이 의식적이며, 그러하기에 율법이 은혜언약과 동등하다고 결론 내리는 것은, 그것을 근거로 율법이 행위언약 안에서 사람이 어떻게 하나님을 대하고 섬겨야 할지를 보여 주기 때문에 곧 행위언약이라고 말하는 것만큼이나 타당하지 않습니다.

> **반론 7**

은혜언약은 이 언약에 참여한 모든 사람들에게 율법을 지킬 의무를 부여한다.

그러므로 율법은 은혜언약에 속한 것이다.

답변

(1) 이 주장의 요지도 반론 6과 다르지 않습니다. 행위언약이 모든 사람에게 율법을 지키라고 요구하기 때문에 율법이 행위언약에 속한다는 것입니다. 그러나 이런 결론은 분명히 잘못된 것입니다. 율법을 지킬 의무는 신자들만이 아니라 모든 사람들에게 있기 때문입니다.

(2) 은혜언약에 속하는 모든 것이 그 자체로 은혜언약인 것은 아닙니다. 세례와 성찬은 분명 은혜언약에 속하지만, 그렇다고 그것 자체가 곧 은혜언약은 아닙니다. 율법이 수여된 목적 및 은혜언약에 참여한 모든 사람이 율법을 준수할 의무 아래 있다는 사실과 관련하여, 율법은 은혜언약에 속한 것이 맞습니다. 그렇다고 해서 이런 사실을 근거로 율법이 곧 은혜언약이라고 말할 수는 없습니다.

반론 8

율법은 믿음을 요구한다. 믿음은 은혜언약에 속한다. 그러므로 율법은 은혜언약과 동일한 것이다.

답변

(1) 행위언약도 하나님에 대한 믿음을 요구합니다. 또한 이 반론대로라면, 율법도 행위언약이라고 해야 합니다. 그리고 율법이 행위언약이라면 은혜언약일 수 없습니다.

(2) 그리스도를 믿는 믿음은 은혜언약에 속합니다. 그러나 율법은 그리스도를 믿는 믿음을 필요로 하지 않습니다. 그리스도는 율법에서 계시되지 않습니다.

반론 9

제5계명은 가나안 땅을 약속한다. 가나안은 은혜언약이 가진 모든 약속들에 대한 보증이다. 따라서 율법은 은혜언약의 요약이다.

> 답변

(1) 율법과 율법에 덧붙여진 격려 및 동기 부여를 구별해야 합니다. 이런 격려와 동기 부여가 계명의 본질을 바꾸지 못할뿐더러, 동일한 본질의 계명을 이런 동기 부여의 원천으로 만들 수도 없습니다. 그러나 이런 동기 부여는 때때로 하나님의 본성에서 발견되기도 하고, 하나님의 역사와 그분이 주신 약속에서 비롯되기도 합니다. 이 약속은 은혜언약뿐만 아니라 행위언약에도 주어졌습니다. 그러므로 가나안 땅을 얻으리라는 약속을 근거로 하여 율법이 은혜언약과 마찬가지라고 결론 내려서는 안 됩니다.

(2) 제5계명에는 가나안에 대한 언급이 없습니다. 그러나 이스라엘 자녀들은 논리적으로 이 계명으로부터 가나안에 대한 약속을 떠올릴 수도 있었을 것입니다. 마치 바울이 이 말씀을 하나님께서 신자가 살도록 정하시는 모든 나라들을 가리킨다고 결론 내린 것처럼 말입니다.

"이로써 네가 잘되고 땅에서 장수하리라"(엡 6:3).

(3) 가나안이, 은혜언약이 주는 모든 약속과 천국에 대한 보증이라는 결론을 거부합니다. 어느 누구도 이런 사실을 분명히 밝혀 보일 수 없습니다. 그러므로 이런 결론에 이를 수 없습니다.

호렙에서 맺어진 언약은 행위언약과 은혜언약의 혼합이 아니다

> ▶ 질문
>
> 호렙에서 맺어진 언약은 행위언약과 은혜언약이 혼재하는 언약이 아닌가? 이 언약을 국가언약이라고 부르고, 또 그렇게 여기는 사람들도 있다. 이들이 비록 율법을 완전하게 준수하며 살지는 못하더라도 진심으로 순종하고 경건하게 살려고 애썼다면, 게다가 자신들에게 결여된 것을 성취할 메시아를 믿었다면, 하나님께서 만족하시고 그들에게 복을 주셨을 것이라고 주장하는 사람들도 있다.

대답: 첫째, 국가언약이라는 말이 곧 행위언약과 은혜언약 외에 또 다른 언약이 있다는 것을 뜻하지는 않습니다. 이 말은 단지 하나님께서 아브라함과 이삭과 야곱의 나라와 은혜언약을 맺으셨으며, 메시아가 오시기까지 이 나라에만 한정된다는 것을 가리킬 뿐입니다.

둘째, 그리스도만이 칭의의 근거입니다. 사람의 행위는 칭의에서 아무런 역할을 하지 못합니다. 그러나 하나님은 신자들의 진실한 노력을 기뻐하시고, 그런 행위에 은혜로 상을 베푸십니다.

셋째, 그러나 우리는 호렙에서의 언약이 행위언약이나 은혜언약과는 구별되는 언약으로서, 이 두 언약의 혼합이라는 주장을 거부합니다. 다음 몇 가지 이유를 통해 이 사실이 분명해집니다.

① 지금까지 앞에서 우리가 증명한 내용을 보면 이 사실이 분명해집니다. 즉, 율법을 주신 목적에 관한 한 율법을 곧 행위언약이라 할 수 없습니다. 또한 행위언약은 죄인들과 새롭게 다시 맺어질 성질의 것이 아닙니다. 전체적으로는 말할 것도 없고, 부분적으로도 전혀 그럴 수 없습니다. 이미 앞에서 율법이 곧 은혜언약이 아니라는 사실을 보였습니다. 율법이 행위언약도 아니고 은혜언약도 아니라면, 이 둘로부터 혼합된 언약이 생겨날 수도 없습니다.

② 바울은 로마서 11장 6절에서 반드시 이 두 언약 가운데 하나가 작용하되, 결코 이 둘이 섞일 수 없다는 사실을 보입니다.

"만일 은혜로 된 것이면 행위로 말미암지 않음이니, 그렇지 않으면 은혜가 은혜 되지 못하느니라."

은혜언약의 방식과 행위언약의 방식은 서로를 완전히 배제하므로 결코 서로에게 영향을 주거나 섞일 수 없습니다. 그러므로 이 두 언약으로부터 제3의 언약이 생겨날 수 없습니다.

셋째, 행위와 믿음, 사람의 의와 그리스도의 의가 서로 뒤섞일 수 있다면, 부분적인 행위와 믿음으로 의를 얻을 수 있을 것입니다. 그러나 이런 주장은 로마서 9장 30-32절의 말씀과 정면으로 충돌합니다. 그렇다면 그리스도는 완전한 구원자가 되지 못할 것입니다. 이는 곧 사람이 자신의 칭의를 위해 무언가를 스스로 기여할 수 있다는 말이 됩니다. 그러나 이 사실은 로마서 3장 24,28절과 히브리서 7장 25절의 말씀에 위배됩니다. 그렇다면 사람은 부분적으로는 저주에 굴복하고(갈 3:10 참고), 부분적으로는 그리스도 안에 있는 복(엡 1:3 참고)을 누리는 형국이 될 것이기 때문입니다. 더구나 순종하는 척하는 사람들은 어떻게 되는 것입니까? 그렇다면 그리스도께서 이루신 만족도 무효가 됩니까? 은혜에서 영원히 떨어져 나가게 됩니까? 은혜언약이 주는 약속들이 파기됩니까? 우리가 보는 대로, 이런 전제는 모순으로 가득합니다. 따라서 거부할 수밖에 없습니다.

반론

호렙에서 맺어진 언약은 그 조건으로 거룩함을 요구한다.

"너희가 내 말을 잘 듣고 내 언약을 지키면 너희는 모든 민족 중에서 내 소유가 되겠고"(출 19:5).

"백성이 일제히 응답하여 이르되 여호와께서 명령하신 대로 우리가 다 행하리이다"(출 19:8).

다른 한편으로, 의로운 자들에게는 긍휼을 약속한다.

"나를 사랑하고 내 계명을 지키는 자에게는 천 대까지 은혜를 베푸느니라"(출 20:6).

조건으로서의 순종과 값없이 주시는 은혜로부터 나오는 긍휼이 서로 결합하여 은혜언약과 행위언약이 부분적으로 섞이는 새로운 언약이 생겨난다.

답변

(1) 여기서 말하는 제3의 언약이란, 서로 완전히 별개인 두 언약을 합쳐 놓은 것에 불과합니다. 출애굽기 19장은 은혜언약이 맺어지는 장면을 기술하고, 출애굽기 20장은 이 언약에 참여한 자들을 위한 삶의 규칙과 더불어 동기를 유발하는 긍휼을 기술합니다.

(2) 앞에서 우리가 살펴본 대로, 출애굽기 19장은 은혜언약이 체결되는 엄중한 장면을 묘사합니다. 그러나 이 언약에 순종하고 신실하게 남아 있는 것을 이 언약

의 조건으로 요구하지는 않습니다. 앞에서 본 대로, 하나님은 죄인에게 새 언약의 방식으로 무언가를 요구하거나 그것을 조건으로 삼아 무언가를 약속하실 수 없기 때문입니다. 오히려 이 규칙은 은혜언약의 조건이 아니라 언약의 의무로서, 언약에 참여하고 언약을 따라 살아야 할 자들의 진실함을 시험하고 증명하는 방편으로 주어졌을 뿐입니다. 무엇보다도 하나님께서 이 언약을 통해 그들을 거룩하게 하겠노라고 약속하셨습니다. 그러므로 거룩하고자 하는 열망이 없는 자는 누구도 이 언약에 들어갈 수 없습니다. 거룩함에 참여한 자가 아니라면 어느 누구도 자신이 은혜언약에 속했는지를 확신할 수 없으며, 속한 척할 수도 없습니다.

"행함이 없는 네 믿음을 내게 보이라. 나는 행함으로 내 믿음을 네게 보이리라"(약 2:18).

은혜언약이 요구하는 거룩함은 조건이 아니라, 언약에 참여한 자의 진실함을 엿보게 하는 표지입니다. 여기가 바로 참으로 은혜언약에 참여한 자와 그렇지 않은 자가 갈리는 지점입니다. 거룩하고자 하는 열망이야말로 그 사람이 참으로 어디에 속했는지를 보여 줍니다. 하나님의 언약을 순종하지도, 준행하지도 않는 자들은 언약에 참여한 자도 아니요 하나님께 속한 자도 아닙니다. 하나님께서 제시하시는 것을 받아들이는 사람들 중 대다수가 말로만 그렇게 할 뿐, 성령께 비추임을 받은 자원하고도 진실한 마음으로 그렇게 하지 않습니다. 반면 참된 신자는 하나님께서 요구하시는 바를 기꺼이 자신들의 의무로 받고 기쁨으로 인정합니다. 이들은 자신들의 자원함과 하나님께 순종하고자 하는 진심에서 우러난 경향성뿐만 아니라, 언약에 대한 자신들의 진정성을 드러냅니다. 자신들로 하여금 그런 소원을 품게 하시는 하나님의 능력 없이 자기 힘으로는 이 언약에 진실되게 살아갈 수 없다는 사실을 알기 때문입니다. 하나님과의 언약에 참되게 들어선 모든 자들에게 그렇게 하시겠다는 하나님의 약속을 들은 자들은, 기꺼이 이 언약에 헌신하고 과연 그것이 맞다고 선언합니다.

십계명: 신약의 신자들을 위해 주어진 삶의 영원한 규칙이자 의무

> ▶ **질문**
> 십계명의 율법은 신약 시대의 모든 참된 신자들도 준행해야 하는 삶의 영원한 규칙인가?

대답: 이 질문에 대답하기 전에 먼저 다음의 사항들을 살펴봅시다.

첫째, 이교도들은 시내산에서 선포된 십계명을 받지 못했으므로 이 율법의 의무와는 아무런 상관이 없습니다.

"율법 없이 범죄한 자는 또한 율법 없이 망하고"(롬 2:12).

이교도들에게는 자연법이 주어졌습니다. 반면 도덕법은 하나님의 말씀을 통해 율법을 들어 온, 교회에 속한 모든 자들에게 해당합니다. 교회 안에 있는 자들에게 율법이 주어졌으며, 그들은 율법에서 명령하는 바에 부합하게 살아야 할 의무를 집니다.

둘째, 사람에게 주어진 율법에 대한 의무는 이성이 말하는 옳고 그름에 기초하지 않습니다. 만약 이성이 말하는 옳고 그름이 기초가 된다면, 율법을 하나님의 법이 아니라 합리적인 언명이라고 해야 할 것입니다. 어떤 사람이 이성적으로 선하게 여기는 것을 다른 사람은 같은 이성(사람의 타락한 이성)에 따라 그르다고 여길 수 있습니다. 신자가 율법에 대해 가지는 의무는 하나님의 뜻인 하나님의 명령을 토대로 합니다. 다시 말해, 하나님께서 명하거나 금하시는 바에 따라 달라집니다. 그러므로 율법에 대한 의무는 율법을 주신 분의 권위 및 뜻과 관련 있습니다. 사람은 바로 이 권위와 뜻에 자신을 굴복시킵니다. 그래서 그의 선행은 순종을 이루고, 악행은 불순종을 이룹니다.

셋째, 계명의 본질과 언어와 다루는 의미에 관한 한, 계명 자체는 계명을 지키도록 격려하는 동기들과 구별되어야 합니다.

"나는 너를 애굽 땅, 종 되었던 집에서 인도하여 낸 네 하나님 여호와니라"(출 20:2).

"너는 기억하라 네가 애굽 땅에서 종이 되었더니"(신 5:15).

이러한 동기들은 당시 유대인들이 처한 고유한 상황에 따라 주어졌습니다. 가나안 땅과 관련된 약속 및 그와 비슷한 다른 약속들이 지금 우리가 처한 상황과 직접 관련되지는 않지만, 하나님께서 복을 베푸실 것을 기대하고 순종으로 이끌려야 한다는 점에서는 당시와 지금이 다르지 않습니다. 그러나 하나님께서 계명을 주신 당시 상황에 따라 주어진 동기들이 우리와 직접 관련된 것은 아닐지라도, 계명은 여전히 우리에게 효력이 있으며, 우리는 계명을 지켜야 할 의무를 집니다.

넷째, 처음부터 율법은 은혜 아래 있는 언약 백성들에게 행위언약의 조건으로 주어진 것이 아닙니다. 그러하기에 오늘날 신자들에게도 율법은 구원을 위한 조건과는 상관이 없습니다. 반면에 불신자들은 여전히 행위언약 아래 있기 때문에 율법 아래 있고, 따라서 행위언약이 요구하는 방식대로 율법을 준수해야 할 의무를 집니다. 예나 지금이나 동일하게 율법은 회심하지 않은 자들을 정죄합니다. 그리고 예나 지금이나 율법은 은혜언약에 속한 자들에게 그들을 위한 삶의 규칙으로 주어집니다. 언약에 참여한 자라 할지라도 율법을 거슬러 범죄하면 죄책을 지게 되고 그에 따라 형벌을 받아야 했습니다(비록 그들을 위한 구원의 보증께서 그들의 죄책을 담당하셨다 하더라도). 마찬가지로, 오늘날에도 율법은 언약에 참여한 자들을 위한 삶의 규칙이며, 언약 아래 있는 자라 할지라도 율법을 어기면 죄책을 짊어지고 형벌을 받아야 합니다. 구원의 보증이신 그리스도께서 이미 언약에 참여한 자들의 모든 죄책을 스스로 담당하고 형벌을 받음으로써 죄책을 다 만족시키셨다 하더라도 말입니다. 그리스도께서 그들을 모든 죄책과 그에 따른 형벌에서 해방하셨을지라도, 율법은 율법을 거스르는 각각의 범과마다 그 주체에게 합당한 죄책과 형벌을 선언합니다.

다섯째, 율법은 호렙에서 언약을 체결한 자들이 율법으로 말미암아 의롭게 되도록 주어지지 않았습니다. 이와 마찬가지로, 오늘날에도 율법은 그것을 받는 자들을 의롭게 하려고 주어진 것이 아닙니다. 율법을 통해 의롭게 되기에는 예나 지금이나 육신이 너무나 약합니다(롬 8:3 참고).

여섯째, 율법은 구약 시대와 마찬가지로 오늘날에도 엄격하고 철저합니다. 율법은 율법이고, 정의는 정의입니다. 어느 것 하나도 그냥 넘기지 않습니다. 당시 이스라엘이 그러했듯이, 우리 역시 율법의 엄격함과 철저함으로부터 조금도 자유롭지 못합니다. 하나님은 신약 시대의 경건한 신자들에게서 드러나는 경건에 대해 은혜로 상을 베푸시는 것과 마찬가지로, 구약 시대에도 경건한 자들의 참된 경건을 기쁘게 보셨습니다.

일곱째, 구약의 신자들은 율법을 거스름으로써 유죄를 선고받고, 양심의 고통과 슬픔 가운데 하나님과 멀어지는 경험을 해야 했으며, 하나님께서 다시 화평을 말씀하시기까지 사죄와 화해를 구해야 했습니다. 신약의 신자들 또한 구약의 신자들이 죄를 지었을 때 경험해야 했던 감정적이고도 정서적인 모든 것들로부터 전혀 자유롭지 못합니다.

여덟째, 의무 아래 있다는 말은 율법을 수여하신 하나님의 권위에 순종할 의무를 진다는 것입니다. 이는 곧 율법을 거스른 범과에 따라 반드시 합당한 형벌을 받을 수밖에 없다는 뜻입니다.

아홉째, 다음의 경우 율법에 순종할 의무가 사라집니다.

① 어떤 율법이 특정한 기간을 위해 주어진 경우입니다. 그 기간이 끝나면 율법에 대한 의무가 사라지고, 그 율법이 더는 율법으로 기능하지 않기 때문에 그 강제력도 사라집니다. 그리스도(모든 의식의 실체이신)가 오시기 전까지만 유효했던 의식법이 여기에 해당합니다.

② 의식법처럼 기간이 정해진 율법이 아닐지라도 율법의 수여자가 친히 그것을 폐기하거나 무효화하는 경우입니다.

③ 율법의 수여자가 다른 율법에 정면으로 배치되는 율법을 주심으로써, 이전의 율법이 더는 새로운 율법과 공존하지 못하게 되는 경우입니다.

소시니안은 율법을 완전히 거부하고 자연법을 고수하며, 여기에 그리스도께서 그리스도인들에게 주신 법을 덧붙입니다. 왜냐하면 그리스도께서 주신 법을 시내산에서 수여된 율법과는 다른 새로운 법으로 생각하기 때문입니다. 교황주의자들은 제2계명을 누락시킵니다. 다른 어떤 사람들은 제4계명을 거부합니다. 율법폐기론자들은 율법 전체를 거부합니다. 그리스도인의 자유를 모든 방탕함을 위한 핑계로 삼는 타락한 자들이나 모든 경건을 멸시하는 불신자들도 그러합니다. 경건주의를 옹호하는 자들 또한 그러한데, 이들은 율법이 명령하거나 금하는 바와 배치되는 행동은 합당하지 않으며, 모든 사람이 율법에서 명하는 덕들을 실천해야 할 의무를 진다고 주장합니다.

그러나 이들이 그렇게 주장하는 것은 율법이 그것을 명하거나 금하기 때문이 아닙니다. 그들은 율법이 단지 이스라엘에게만 주어졌을 뿐 신약 시대에는 전혀 구속력이 없다고 믿으며, 이제 사람은 오직 하나님을 사랑하는 마음으로 모든 죄에서 떠나 율법이 말하는 모든 덕을 실천해야 한다고 주장합니다. 신자들에게 구속력을 발휘하는 율법이 없더라도 신자들에게 모든 것을 가르치시고 범사에 그들 안에서 하나님을 기쁘시게 하도록 역사하시는 성령의 기름 부으심을 힘입어 그렇게 할 수 있다고 말합니다. 언뜻 보면 우리가 믿는 바와 본질적으로 다르지 않은 것 같지만, 이런 주장은 불경건한 자들로 하여금 방탕함에 빠지고 열광주의로 치닫도록 길을 열어 줍니다. 오히려 진정한 경건이 사라질 것입니다. 저마다 성령의 기름 부으심을 빙자하여 주관적인 기준을 가지고 옳고 그름을 제각각 판단하게 될 것이기 때문입니다. 게다가 이는, 죄를 무법(ἀνομία [아노미아])이라 일컫고 사랑을 내용으로 하는 율법의 구속력을 통해 덕을 실천하라고 가르치는 하나님의 말씀에도 배치됩니다. 뿐만 아니라 이런 반율법주의자들은 각종 오류로부터 헤어나지 못합니다. 그렇다면 먼저 진리를 확인한 후, 관련된 오류들을 다루겠습니다.

십계명의 율법은 영원하다

십계명의 율법이 영원한 규칙이며, 영원토록 이어진다는 사실은 다음의 근거들을 통해 분명해집니다.

첫째, 자연법은 지금도 역사하며, 모든 인간은 그 의무 아래 있습니다(롬 2:14,15 참고). 그 내용에 관한 한(수여된 방식과는 달리), 십계명의 율법은 자연법과 동일하며, 신약 시대인 지금도 구속력을 가지고 역사합니다.

둘째, 십계명의 율법은 어떤 시간적 제약이나 한계와 상관없이 엄중하게 교회에 주신 법입니다. 이 율법은 결코 폐기된 적이 없습니다. 뿐만 아니라 이 법을 상쇄시킬 만한 다른 법도 주어지지 않았습니다. 따라서 이 율법을 받은 교회가 존속하는 한, 이 율법 또한 지속적으로 역사합니다.

셋째, 주 예수님께서 십계명의 율법이 폐기된 적이 없으며 오히려 언제나 구속력을 가지는 삶의 규칙으로 남아 있다고 말씀하셨습니다.

"내가 율법이나 선지자를 폐하러 온 줄로 생각하지 말라. 폐하러 온 것이 아니요 완전하게 하려 함이라. 진실로 너희에게 이르노니 천지가 없어지기 전에는 율법의 일점일획도 결코 없어지지 아니하고 다 이루리라. 그러므로 누구든지 이 계명 중의 지극히 작은 것 하나라도 버리고 또 그같이 사람을 가르치는 자는 천국에서 지극히 작다 일컬음을 받을 것이요, 누구든지 이를 행하며 가르치는 자는 천국에서 크다 일컬음을 받으리라"(마 5:17-19).

여기서 언급되는 율법은 의식법이 아닙니다. 의식법의 실체이신 그리스도께서 그것을 친히 폐기하셨으며, 사도들 또한 그것이 이미 폐기되었다고 설교합니다. 이렇게 폐기된 의식법을 계속 폐기한다고 해서 가장 작은 자가 되지도 않고, 계속 지킨다고 해서 큰 자가 되지도 않습니다. 지금 여기서 그리스도께서 가리키시는 것은 십계명이 말하는 도덕법입니다. 이 사실은 주변의 문맥을 통해 분명해집니다. 그리스도께서 이 계명 중 몇 가지를 말씀하시며 그 진정한 의미를 설명해 주시고, '옛 사람'의 잘못된 해석을 바로잡아 주십니다. 그리스도께서 이 율법을 성취하셨습니다. 도덕법을 성취하셨다는 말은 그리스도의 적극적인 순종으로 이 법이 폐기되었다거나 불완전한 도덕법을 완전하게 하셨다는 것을 뜻하지 않습니다. 성취하셨다는 것은 곧 그것을 행하셨다는 말입니다.

"누구든지 이를 행하며"(마 5:19).

"남을 사랑하는 자는 율법을 다 이루었느니라"(롬 13:8).

"그리스도의 법을 성취하라"(갈 6:2).

이런 식으로 바울은 '그리스도의 복음을 편만하게' 전하였으며(롬 15:9 참고), 하나님의 말씀을 이루었습니다(골 1:25 참고). 이 율법에 대하여 그리스도는 자신이 그것을 폐하러 온 것이 아니며, 천지가 없어지기 전에는 일점일획도 율법에서 없어지지 않을 것이라고 말씀하십니다. 가장 작은 계명(마태복음 22장 38절의 크고도 첫째 되는 계명과 대비되는)이라도 파기하고 거부하는 자는 천국에서 가장 작은 자로 드러날 것입니다. 천국에 들어가지 못할 것이라는 말입니다(마 20:16; 눅 13:30 참고). 이처럼 십계명의 율법이 신자들의 영원한 삶의 규칙이라는 말은 의문의 여지가 없는 사실입니다.

넷째, 주 예수님께서 선을 행하라고 명하십니다. 율법이 그것을 요구하기 때문입니다. 이처럼 율법은 여전히 구속력이 있습니다.

"그러므로 무엇이든지 남에게 대접을 받고자 하는 대로 너희도 남을 대접하라. 이것이 율법이요 선지자니라"(마 7:12).

다섯째, 신약성경은 모든 곳에서 도덕법을 준행하라고 촉구합니다. 인용할 만한 구절이 매우 많지만, 그중 몇 가지만 살펴보겠습니다.

① "그런즉 우리가 믿음으로 말미암아 율법을 파기하느냐? 그럴 수 없느니라. 도리어 율법을 굳게 세우느니라"(롬 3:31).

로마서 3장 24절과 28절에서 사도 바울은 우리가 그리스도 예수 안에 있는 구속으로 말미암아 그의 은혜 안에서 값없이 의롭다함을 받고, 율법의 행위와 상관없이 믿음으로 의롭게 된다고 증언합니다. 이를 토대로 하여 다음과 같이 반문합니다.

"그런즉 우리가 믿음으로 말미암아 율법을 파기하느냐?"(롬 3:31)

믿음 때문에 율법이 더는 우리와 상관없어졌다는 말입니까? 더 이상 율법을 상관할 필요가 없어졌습니까? 율법이 폐기되었단 말입니까? 여기서 지금 사도가 의식법에 관해 이야기한다는 사실에 어느 누구도 반대하지 않을 것입니다. 로마서 3장 전체는 단 한 번도 의식법에 대해 언급하지 않습니다. 아브라함의 칭의에 관해 말하는 4장도 마찬가지입니다. 게다가 사도는 "그럴 수 없느니라"라고 스스로 대답합니다. 다시 말해, 지금 사도가 말하는 법은 여전히 우리가 준행해야 할 의무가 있는 십계명의 도덕법입니다. 우리는 이미 의식법과는 상관없어졌기 때문입니다.

사도는 이 율법이 율법의 행위와 상관없이 죄인을 의롭다 하는 믿음으로 말미암아 폐기되거나 무의미하게 된 것이 아니라고 선언합니다. 오히려 우리는 율법을 굳게 세웁니다. 다시 말해, 우리는 여전히 율법을 준행할 의무를 진다고 인정하고 선언합니다. 율법을 행하여 의롭게 되려는 것이 아닙니다. 율법이 칭의에 수반되는 성화를 위한 삶의 규칙으로 주어졌기 때문입니다.

② "피차 사랑의 빚 외에는 아무에게든지 아무 빚도 지지 말라. 남을 사랑하는 자는 율법을 다 이루었느니라. 간음하지 말라, 살인하지 말라, 도둑질하지 말라, 탐내지 말라 한 것과 그 외에 다른 계명이 있을지라도 네 이웃을 네 자신과 같이 사랑하라 하신 그 말씀 가운데 다 들었느니라. 사랑은 이웃에게 악을 행하지 아니하나니 그러므로 사랑은 율법의 완성이니라"(롬 13:8-10).

그리스도인에게는 사랑할 의무가 요구됩니다. 그리고 이 사랑은 바로 율법이 요구하는 바입니다. 어떤 율법을 말합니까? 간음, 살인, 도둑질, 거짓 증언, 탐심 등을 금하는 십계명의 율법입니다. 이처럼 그리스도인들은 십계명을 삶의 규칙으로서 준행할 의무 아래 살아갑니다.

③ "너희가 자유를 위하여 부르심을 입었으나 그러나 그 자유로 육체의 기회를 삼지 말고 오직 사랑으로 서로 종노릇하라. 온 율법은 네 이웃 사랑하기를 네 자신같이 하라 하신 한 말씀에서 이루어졌나니"(갈 5:13,14).

여기서도 사랑을 촉구합니다. 율법이 그것을 요구하기 때문입니다. 율법이 우리에게 이웃을 사랑하되 자기 몸처럼 사랑하기를 요구한다는 사실이 여기서도 잘 드러납니다. 마태복음 22장 39절에서 주 예수님은 율법 중 무엇이 가장 위대한 계명인가 하는 질문에 계명을 두 가지로 나누셨습니다. 이를 볼 때, 이 율법이 바로 십계명의 율법이라는 점이 분명해집니다. 여기서 사도는 바로 이 두 번째 계명을 인용합니다.

④ "자녀들아 주 안에서 너희 부모에게 순종하라. 이것이 옳으니라 네 아버지와 어머니를 공경하라. 이것은 약속이 있는 첫 계명이니, 이로써 네가 잘되고 땅에서 장수하리라"(엡 6:1-3).

자녀들이 부모에게 순종해야 하는 것은 제5계명이 그것을 약속 있는 계명으로 요구하기 때문입니다. 이처럼 율법은 여전히 우리 삶의 규칙으로서 구속력을 가집니다.

⑤ "너희가 만일 성경에 기록된 대로 네 이웃 사랑하기를 네 몸과 같이 하라 하신 최고의 법을 지키면 잘하는 것이거니와……누구든지 온 율법을 지키다가 그 하나를 범하면 모두 범한 자가 되나니, 간음하지 말라 하신 이가 또한 살인하지 말라 하셨은즉 네가 비록 간음하지 아니하여도 살인하면 율법을 범한 자가 되느니라"(약 2:8,10,11).

사도는 율법을 준행하는 자들의 행위를 인정하고, 율법을 하나라도 범하는 자는 곧 모든 율법을 범한 자라고 말함으로써 율법이 삶의 규칙임을 증언합니다. 그리고 지금 자신이 간음과 살인 등을 금하는 율법에 대해 말하고 있음을 분명히 합니다. 이는 곧 십계명의 율법을 가리키고, 이 율법이 구약의 성도들에게 그러했듯이 신약의 성도들에게도 삶의 규칙이라는 말입니다.

⑥ 신자들의 범죄는 모두 율법을 거스르는 불법입니다.

"죄를 짓는 자마다 불법을 행하나니 죄는 불법이라"(요일 3:4).

"율법이 없는 곳에는 범법도 없느니라"(롬 4:15).

신약 시대라 할지라도 신자들은 날마다 죄를 범합니다(요일 1:8,10, 2:1; 약 3:2 참고). 그러므로 여전히 율법은 삶의 규칙으로서 구속력을 가집니다.

십계명과 신약 신자의 관계에 대한 반론과 답변들

어떤 사람들은, 신자들이 그리스도의 율법을 거슬러 죄를 짓는 것은 맞지만 그것이 십계명의 율법을 거스르는 죄는 아니라고 말합니다. 그러나 그리스도의 율법은 십계명의 율법과 동일합니다. 그리스도는 또 다른 율법을 주신 것이 아니라, 십계명의 율법을 주셨습니다. 그분이 친히 이 율법에 순종하고 완벽하게 그 율법을 성취하심으로써 본을 남기셨습니다. 그리스도는 그 율법을 따라 사셨습니다. 그분은 살인, 간음, 도둑질 등 십계명의 어느 계명 하나라도 거스를 여지를 남기지 않으셨습니다. 이처럼 그리스도의 율법은 곧 십계명이 말하는 율법입니다.

또 어떤 사람들은 죄를 짓는다는 것이 그리스도의 사랑을 거슬러 자기 자신을 추구하는 것이라고 말합니다. 그러나 그리스도의 사랑이나 하나님의 사랑이나 율법을 거스르는 것은 모두 동일한 죄입니다. 율법이 하나님과 이웃을 사랑하라고 요구하기 때문입니다. 구약의 신자들도 어제나 오늘이나 영원히 동일하신 그리스도와 하나님의 사랑을 거슬러 죄를 범했습니다. 그들의 믿음은 우리의 믿음과 마찬가지로 '사랑으로 역사하는' 믿음이었고, 그들의 죄 또한 거룩함을 요구하는 믿음과 사랑을 거슬러 짓는 죄였습니다. 게다가 사랑은 죄를 짓게 하는 것이 아니라 거룩하게 살도록, 즉 율법에 부합하게 살도록 독려하는 것입니다.

반론 1   그리스도의 율법은 십계명의 율법과 동일함

그리스도의 율법과 십계명의 율법이 동일하다는 사실에는 동의가 이루어져 있다. 왜냐하면 둘 다 성화를 요구하기 때문이다. 그러하기에 어떤 사람이 다른 사람과는 다른 동기로 같은 주장을 하더라도, 그 동기와는 상관없이 서로를 용납해야만 한다.

답변

(1) 예나 지금이나 모든 이단들이 한결같이 이렇게 주장합니다. 그들은 이렇게 말합니다. "이는 옛날부터 이어져 온 문제로, 그 본질인 거룩함에 관해서는 동의가 이루어져 있고, 양쪽 모두 거룩함을 주장하므로 서로 관용해야 한다." 이런 주장은 그럴싸하고 세련되게 들립니다. 온건한 태도를 취해야 한다고 주장하는 사람들은 평화의 사람들로 여겨지는 반면에, 진리로 말미암아 분리적인 태도를 취하는 사람들은 완고한 자들로 치부되기가 일쑤입니다. 이런 그럴듯한 속임수로 그들은 자신의 오류를 더욱 호소력 있게 만듭니다. 그러나 일단 자신들이 우세한 지위를 점하게 되면, 그들은 더 이상 바른 교리에 관대하지 않을 것입니다. 오히려 신실한 목사들을 설교단과 마을에서 쫓아낼 것입니다. 알미니안들이 바로 이와 같이 행했습니다.

(2) 성화가 일어나는 토대와 방식이 성화의 고결함과 본질을 결정합니다. 성화의

토대와 성화가 드러나는 방식이 다르면, 양자 사이에는 그 어떤 공통된 토대도 없습니다. 교황주의자들과 소시니안들은 행위와 거룩함을 자랑하지만, 사람들이 만든 전통과 관례를 따르며 자연적인 방식의 덕을 나타낼 뿐입니다. 다시 말해, 그리스도나 그리스도를 믿는 믿음과 아무런 상관이 없습니다. 그리스도와 상관없는 이런 성화를 선하다고 해야 하겠습니까?

(3) 그리스도를 향한 사랑을 율법으로 보는 것은, 교리와 삶을 혼란스럽게 하는 단초를 제공합니다. 어떤 사람이 그리스도에 대한 사랑으로 말미암아 반드시 해야 한다고 믿는 것에 대해, 다른 사람은 같은 이유로 절제해야 한다고 생각할 것입니다. 그리스도를 향한 사랑이 어떤 사람에게는 어떤 행동을 할 동기를 제공하고, 다른 사람에게는 다른 행동을 할 동기를 제공합니다. 이런 사랑은 불완전합니다. 게다가 개인의 의도가 교묘하게 섞여 들어갈 수 있으므로, 어떤 이들에게서는 이 사랑이 열광주의로 드러납니다. 이런 사실들을 볼 때, 그들이 어떤 교회에 속했는지를 알기 전까지는 그들이 말하는 성화가 기능하는 방식뿐만 아니라 그 성화의 토대가 무엇인지를 잘 확인해야 한다는 점이 분명해집니다. 이는 우리에게도, 다른 사람들에게도 해당하는 바입니다. 만일 어떤 사람이 이 부분에 약하지만 배우려는 열의를 보인다면, 그가 처한 상황을 고려하여 좀 더 너그럽게 대할 수 있으며, 또 그렇게 해야 합니다.

반론 2 도덕법은 신약 시대의 신자들을 위한 삶의 규칙임

성경의 많은 본문들은 신약 시대의 신자들이 율법 아래 있지 않다고 선언한다. 로마서 6장 14절과 7장 6절, 갈라디아서 3장 23-25절과 5장 18,23절, 디모데전서 1장 9절 같은 구절이 대표적이다.

답변

먼저 반론에서 예로 든 성경 본문들 및 그와 유사한 본문들에 대해 포괄적으로 대답하겠습니다. 그리고 나서 각 본문들을 다루겠습니다.

(1) 우리는 바울이, 그림자와 실체를 조화시키지 못하고 자신의 의로움과 칭의를

위해 율법을 행하는 가운데 도덕법과 의식법을 결합시켰던 개인들을 다루어야 했다는 사실에 주목해야 합니다. 신자들이 율법 아래 있지 않다고 선언할 때, 바울은 그리스도께서 이미 오셨으므로 의식법 아래 있지 않다고 말한 것이기도 했고, 행위언약의 조건으로서의 도덕법 아래 있지 않다고 말한 것이기도 했습니다. 바울은 각 사람들이 율법을 바라보는 관점에 따라 내용과 강조를 달리했습니다. 그러하기에 반론이 인용한 본문들을 근거로 하여, 신약의 신자들이 도덕법을 삶의 규칙으로 지킬 의무가 없다고 결론 내릴 수는 없습니다.

(2) 우리는 율법을 율법의 요구와 관련하여, 즉 시내산에서 율법을 주신 목적과 관련하여 생각해야 합니다. 하나님의 형상이 하나인 것처럼, 거룩함도 하나입니다. 그러므로 완전한 거룩함을 요구하는 율법이 요구하는 바는, 아담이 타락하기 전에 완전한 상태에서 행위언약의 조건으로 가지고 있던 율법의 요구와 동일합니다. 그러나 도덕법은 행위언약의 조건으로서가 아니라, 그리스도의 구속을 토대로 의롭다함을 받고 구원을 얻은, 은혜언약에 참여한 자들을 위한 삶의 규칙으로서 주어졌습니다. 그러므로 행위언약의 조건으로서의 율법은 신자들과 아무런 상관이 없지만, 삶의 규칙으로서의 율법은 여전히 신자들에게 유효합니다. 율법은 신자의 특권입니다. 율법과 같이 변하지 않고 달콤한 삶의 규칙을 가지고 있다는 것은 신자의 큰 기쁨입니다. 삶의 규칙으로서의 율법이 여전히 신자들을 위해 주어졌기 때문에, 신자들은 율법에 대한 의무에서 절대로 벗어나려 하지 않습니다. 신자들은 율법을 사랑합니다. 율법은 신자들의 기쁨입니다.

반면 신약 시대라 할지라도 회심하지 않은 자들은(비록 의식법으로부터는 자유롭지만) 모두 여전히 행위언약 아래 있기에, 이 언약의 조건으로서 율법이 요구하는 바에 부응해야 합니다. 율법은 육신으로 말미암아 연약하므로, 회심하지 않은 자들은 모두 그리스도께서 신자들을 건지신 그 율법의 저주 아래 있습니다.

(3) 구약 시대의 신자들은 의식법 아래 있었습니다. 그들에게 의식법이란 죄를 심판하는 것이 아니라, 그들을 그리스도께로 인도하는 애정 어린 안내자요 초등 교사였습니다. 따라서 신자들은 의식법으로 말미암아 하나님께 감사했고, 매우 기

뻐하며 그것을 지켰습니다. 그러나 그들이 행위언약의 조건으로서 율법이 요구하는 것 아래 있지는 않았습니다. 그들도 우리와 마찬가지로 은혜언약 아래 있었기 때문입니다. 그들 또한 어제나 오늘이나 동일하신 그리스도를 자신들의 칭의로 소유하였으며, 우리와 동일한 믿음과 동일한 성령을 가졌고 동일하게 성화되었습니다. 그러하기에 율법은 오늘날 우리뿐만 아니라, 그들에게도 즐거운 삶의 규칙이었습니다. 반론이 제시한 성경 구절들은 구약성경과 신약성경이 서로 충돌한다고 말하지 않고, 오히려 신구약 신자들 모두와 본질적으로 관련되며 공통적으로 적용된다고 분명히 말합니다. 구약의 신자들 역시 율법을 행위언약의 조건으로서의 요구가 아니라 삶의 규칙으로서 따랐던 것입니다.

반론이 언급하는 모든 성경 본문들에 이런 대답을 적용해 본다면, 더할 나위 없이 만족스런 결과를 얻을 것입니다. 지금부터 이 본문들을 하나씩 살펴보겠습니다.

(1) "죄가 너희를 주장하지 못하리니 이는 너희가 법 아래에 있지 아니하고 은혜 아래에 있음이라"(롬 6:14).

① 이 구절은 구약과 신약을 대조하는 것이 아닙니다. 왜냐하면 지금은 불경건한 자들도 구약 체제가 아니라 신약 체제에 속해 있기 때문입니다. 또한 이 구절은 구약의 신자와 신약의 신자를 대조하는 것도 아닙니다. 만일 그렇다면, 본문의 주장에 따라 구약의 신자들은 모두 죄의 지배 아래 있어야만 하기 때문입니다. 그러나 우리는 이 구절을 그렇게 이해하지 않는다고 이미 말했습니다. 신약의 신자들과 마찬가지로 구약의 신자들 역시 죄의 지배 아래 있던 것은 아니기 때문입니다. 따라서 본문이 신구약의 신자들을 서로 대조한다는 주장은 옳지 않습니다. 또한 이 주장은 필연적으로 앞의 주장을 무효로 만들어 버립니다. 이들의 주장이 모두 신약의 신자들이 율법으로부터 자유롭다는 사실에 기초하고 있기 때문입니다. 만약 이들이 모든 시대의 모든 신자들이 은혜 아래 있으므로 율법 아래 있지 않다는 주장에 구약의 신자들도 포함시키기를 바란다면, 구약의 신자들 역시 율법 아래 있지 않았다는 말이 됩니다. 이는 자신들의 전제를 스스로 무너뜨리는 셈입니다. 왜냐하면 이들은 구약의 신자들이 율법 아래 있지 않았음을 받아들이지 않을 것이

기 때문입니다.

② 본문이 말하는 차이란, 신약과 구약의 차이가 아니라 회심한 자와 그렇지 않은 자의 차이입니다. 회심하지 않은 자들은 행위언약의 요구로서의 율법 아래 있습니다. 그러나 신자들은 은혜언약 아래에 있습니다. 이 언약 안에서 신자들은 그리스도 예수 안에 있는 구속으로 말미암아 하나님의 은혜로 값없이 의롭다함을 받습니다. 하나님의 무조건적이고도 값없이 주시는 은혜의 대상인 그들은 죄의 지배, 저주, 포로 됨에서 자유롭습니다. 그리스도께서 율법의 정죄하는 권세로부터 그들을 자유롭게 하셨습니다. 또한 그리스도께서 자신이 의롭다 하신 자를 거룩하게 하십니다. 그리스도께서 그들을 거듭나게 하십니다. 이 생명은 사망을 이깁니다. 그러므로 '율법 아래에 있지 않다'는 것은 행위언약 아래에 있지 않다는 말입니다. 이는 곧 율법의 정죄하는 권세 아래 있지 않고, 구원을 얻는 조건으로서의 율법의 요구 아래에 있지 않다는 말과 같습니다. 그러므로 신자와 행위언약의 요구 사이에는 아무런 연결점도 없습니다. 뿐만 아니라 행위언약 아래에 있지 않은(그러므로 이 언약의 조건으로서의 율법의 요구 아래에 있지 않은) 자들이 거룩한 삶을 위한 규칙으로서의 율법으로부터 자유롭다는 결론으로도 귀결될 수 없습니다.

(2) "이제는 우리가 얽매였던 것에 대하여 죽었으므로 율법에서 벗어났으니 이러므로 우리가 영의 새로운 것으로 섬길 것이요 율법 조문의 묵은 것으로 아니할지니라"(롬 7:6).

로마서 6장 14절을 언급하면서 제시한 것과 똑같은 이유로, 이 본문 또한 신구약 신자들 간의 차이에 대해 아무것도 말하고 있지 않습니다. 행위언약은 신자들이 회심하기 전에 그들을 다스렸던 첫 번째 남편입니다. 그러나 그리스도께서 회심한 자들을 그들의 첫 번째 남편(행위언약)에 대한 의무로부터 건지셨습니다. 또한 그들은 행위언약에서 옮겨졌기에 이전 남편에 대해 죽었습니다. 따라서 더는 첫 번째 남편이 그들에게 권세를 행사하거나 그들을 정죄하지 못합니다. 믿음으로 그리스도를 영접한 그들은 지금 전혀 다른 남편의 권세 아래 있습니다. 이렇게 (새로운 신령한 원리를 따라) 자유로워진 그들은 지금 참된 거룩함 안에서 영의 새로운 것으로 섬깁니다. 즉, 회심하지 않은 사람들이 행위언약 아래에서 정죄에 대한 두려움으로 촉발된 외적인 종교의 원동력에 따라 행하는 것과는 달리 율법 조문의 묵은 것, 옛 방식으로 섬기지 않습니다. 따라서 율법에 대해 죽는 것은 삶의 규칙으로서의 율법에서 자유로워지는 것을 뜻하지 않습니다. 오히려 영의 새로운 것 안에서 율법을 따라 살아야 할 의무를 지는 것입니다.

(3) "믿음이 오기 전에 우리는 율법 아래에 매인 바 되고 계시될 믿음의 때까지 갇혔느니라. 이같이 율법이 우리를 그리스도께로 인도하는 초등 교사가 되어 우리로 하여금 믿음으로 말미암아 의롭다함을 얻게 하려 함이라. 믿음이 온 후로는 우리가 초등 교사 아래에 있지 아니하도다"(갈 3:23-25).

반론은 이 말씀의 의미를, 믿는 자들이 더는 율법을 초등 교사로 모시지 않는다는 것으로 이해합니다.

① 먼저 사도 바울이 '초등 교사'를 도덕법을 가리키는 말로 사용했는지를 분명히 해야 합니다. 그럴 때 반론의 주장이 의미를 가집니다. 우리는 그 주장에 반대합니다. 도덕법 자체만을 생각해 보면, 도덕법은 그리스도를 전혀 언급하지 않습니다. 도덕법 자체는 그리스도를 계시하지도 않고, 사람들을 그리스도께로 이끌지도 않습니다. 도덕법은 "이것을 하라"라고 말합니다. 그러므로 여기서 바울은 특별히 유대인들이 도덕법과 혼합시켜 동일한 성격인 것처럼 보이게 만들어 버린 의식법을 가리키고 있습니다. 유대인들은 의식법을 준수함으로써 의롭다함을 받으려 했습니다. 이제 그리스도께로 돌이키고 그분을 메시아로 인정했는데도, 유대인들은 여전히 의롭다함을 받기 위해 여러 의식들(할례와 절기들)로 돌아가려고 했던 것 같습니다. 바울이 쓴 이 서신 전반에 걸쳐 이러한 사실이 분명히 드러납니다. 사도는 지금 그들의 그런 이해를 바탕으로 의식법을 다루면서, 사람이 율법의 행위로는 의롭게 될 수 없으며 오직 그리스도를 통해서만 의롭다함을 얻는다는 사실을 밝힙니다.

② 이 구절들과 관련하여 사도가 말하고자 하는 바는, 그리스도께서 오시기 전에 유대인들에게 의식법이 있어야 했다는 사실과, 이를 통해 그들을 (의식법의 원형이신) 그리스도께로 이끌어 그분을 믿게끔 했어야 했다는 사실입니다. 그러나 그

리스도께서 오신 지금, 우리에게 더는 의식법이 필요 없습니다. 그림자에 불과한 의식법이 이미 우리 안에서 체화(embodiment)되었기 때문입니다. 그러하기에 사도는 의식법으로 되돌아가려는 갈라디아교인들을 향해 참으로 어리석다고 책망합니다.

"믿음이 오기 전에"라는 말에서 '믿음'은 그리스도를 영접하는 믿음의 행위를 가리키지 않습니다. 구약 시대에도 그리스도를 믿는 믿음이 이미 이스라엘 백성들 가운데 역사하고 있었기 때문입니다. 오히려 이 말은 육신으로 오신 그리스도, 즉 믿음의 대상을 가리킵니다. "우리는 율법 아래에 매인 바 되고 계시될 믿음의 때까지 갇혔느니라"(갈 3:23)라는 말은, 이들이 도망치기 어려운 구덩이나 감옥 같은 열악한 상황에 처해 있었다는 말이 아닙니다. 오히려 잘 훈련된 수비대가 지키는 안전한 자리에서 원수들로부터 보호받았다는 말입니다. '매이다'라는 단어가 다른 구절들에서는 어떻게 사용되는지 잘 보십시오.

"모든 지각에 뛰어난 하나님의 평강이 그리스도 예수 안에서 너희 마음과 생각을 지키시리라"(빌 4:7).

"너희는 말세에 나타내기로 예비하신 구원을 얻기 위하여 믿음으로 말미암아 하나님의 능력으로 보호하심을 받았느니라"(벧전 1:5).

그러므로 '매인 바'라는 말은 복이요 복된 상태로 보전된 것을 말합니다. '믿음의 때까지'라는 말은 그리스도께서 육신으로 오실 때까지를 말합니다. 이때까지는 율법이 '우리를 그리스도께로 인도하는 초등 교사' 노릇을 했습니다. 여기서 말하는 초등 교사는 감옥을 지키는 간수가 아닙니다. 매질을 하고 윽박지르는 것처럼 폭력적인 방법으로 억지로 따라오게 하는 교도관이 아닙니다. 따라서 구약의 신자들이 가장 열악한 믿음의 상태에 있었다고 생각할 필요가 없습니다. 오히려 이것은 기쁨에 찬 말입니다. 초등 교사라는 말은 '어린이'라는 뜻의 $\pi\alpha\tilde{\iota}\varsigma$(파이스), $\pi\alpha\iota\delta\acute{o}\varsigma$(파이도스)와 '인도하다' 또는 '가르치다'라는 뜻의 $\dot{\alpha}\gamma\omega$(아고)에서 비롯되었습니다. 이 단어들로부터 '교육'이라는 뜻을 가진 $\dot{\alpha}\gamma\omega\gamma\acute{\eta}$(아고게), '지도자' 또는 '인도자'라는 뜻을 가진 $\dot{\alpha}\gamma\omega\gamma\acute{o}\varsigma$(아고고스), '어린이의 보호자'나 '선생,' '감독자'라는 뜻을 가진

$\pi\alpha\iota\delta\alpha\gamma\omega\gamma\acute{o}\varsigma$(파이다고고스)가 파생되었습니다. 이런 말들은 하나같이 어린 자녀들을 대하는 아주 친절하고도 자상한 태도를 일컫습니다. 율법은 우리를 그리스도께로 데려가는 초등 교사요 안내자입니다. 다라서 도덕법을 가리키는 말이 아닙니다. 도덕법은 그리스도를 계시하지 않을뿐더러, 어린 자녀들을 이끌듯이 자상하지도 않습니다. 오히려 도덕법은 이렇게 말합니다.

"누구든지 율법책에 기록된 대로 모든 일을 항상 행하지 아니하는 자는 저주 아래에 있는 자라"(갈 3:10).

물론 행위언약 아래에 있는 사람에게 복음이 제시될 때, 복음은 율법 때문에 죄를 깨닫고 두려워하여 도망치는 사람을 사로잡아 그리스도께로 데려갑니다. 그런데 사람을 그리스도께로 데리고 오는 것은 도덕법이 아니라, 그리스도를 가리키는 의식들입니다. 이런 의식들을 통해 죄인들이 그리스도를 믿는 믿음으로 이끌립니다. 그러므로 의식법은 '믿음으로 말미암아 의롭다함을 얻으려는' 사람들을 그리스도께로 인도하는, 하나님의 자녀들을 위한 선생이자 안내자요 감독입니다. 당시에는 이것이 신자들을 이끄는 달콤한 방식이었습니다. 그러나 '믿음이 온 후로는,' 즉 그리스도(의식법이 표상하는)께서 육신으로 오시자, 우리는 더 이상 그리스도께로 인도하는 자상한 인도자인 '초등 교사 아래에 있지 않게' 되었습니다. 의식법이 가리키는 실체를 가진 까닭에 더는 의식이 필요 없어진 것입니다. 따라서 다시 의식법의 지도 아래로 들어가려는 것은 어리석은 행동입니다.

이 부분을 좀 더 자세히 다룬 것은, 이 문제를 통해 우리가 많은 일들에 적용할 만한 통찰력을 얻을 수 있기 때문입니다. 그러므로 '우리가 더 이상 초등 교사 아래에 있지 않다'는 것은 도덕법이 더는 우리 삶을 위한 규칙이 아니라는 뜻이 아니라, 우리가 더는 의식법의 인도를 받을 필요가 없다는 뜻입니다.

(3) "너희가 만일 성령의 인도하시는 바가 되면 율법 아래에 있지 아니하리라……온유와 절제니 이 같은 것을 금지할 법이 없느니라"(갈 5:18,23).

반론은 성령의 인도하심을 받아 사는 사람들이 더 이상 율법 아래에 있지 않다고, 다시 말해 그들이 율법으로부터 자유롭다고 주장합니다.

율법 아래에 있다는 것은 곧 행위언약 아래에 있다는 말입니다. 다시 말해, 율법의 행위로 의롭다함을 받아야 한다는 것입니다. 물론 칭의는 이렇게 해서 얻을 수 있는 것이 아닙니다. 사람은 육신이 연약하므로 율법의 행위로 의롭다함을 받을 수 없습니다. 따라서 율법 아래에 있는 자들은 저주 아래에 있습니다(갈 3:10 참고). 그러므로 구약의 신자들 또한 신약의 신자들과 마찬가지로 율법 아래에 있지 않았습니다. 성령의 인도를 받아 사는 사람들은 그리스도께 참여한 자이며, 따라서 행위언약과 그로 인한 저주에서 자유롭습니다. 율법은 이런 사람을 대적하거나 정죄하지 못합니다.

"그러므로 이제 그리스도 예수 안에 있는 자에게는 결코 정죄함이 없나니"(롬 8:1).

그러므로 "율법 아래에 있지 아니하리라"와 "이 같은 것을 금지할 법이 없느니라"라는 말을 근거로, 더는 율법이 삶의 규칙이 아니며, 그러하기에 율법을 따라 살지 않아도 된다고 말할 수 없습니다. 그런 주장은 커다란 오류입니다. 그렇습니다. 성령의 인도하심을 받는 사람들은 성령으로 말미암아 그 마음에 율법이 새겨진 사람들입니다(고후 3:3; 렘 31:33 참고). 성령께서 그들을 일깨워 율법을 따라 살게 하십니다. 따라서 더 이상 율법을 삶의 규칙으로 삼고 그에 따라 살 필요가 없다는 것은 결코 진리가 아닙니다.

(4) "알 것은 이것이니 율법은 옳은 사람을 위하여 세운 것이 아니요 오직 불법한 자와 복종하지 아니하는 자……를 위함이니"(딤전 1:9,10).

사도는 지금 의인과 불의한 자를 대비시킵니다. 율법이 불법을 행한 자를 위한 것이라는 말은, 율법이 그런 자들을 정죄하고 두렵게 하기 위한 것임을 뜻합니다. 그러나 은혜언약 안에 있는 의인은 정죄하는 율법의 권세와 저주로부터 자유롭습니다. 그러므로 '율법의 저주와 정죄와 상관없는 사람들에게 율법은 더 이상 삶의 규칙이 아니다'라는 결론은 잘못된 것입니다. 율법의 정죄와 저주는 그리스도로 말미암아 사라졌지만, 율법은 여전히 삶의 규칙으로 남아 있습니다.

반론 3 그리스도는 율법을 폐기하지 않고 완성하셨음

그리스도가 율법을 완성했기 때문에 신자는 더 이상 율법을 지킬 의무를 짊어질 필요가 없다.

"그리스도는 모든 믿는 자에게 의를 이루기 위하여 율법의 마침이 되시니라"(롬 10:4).

답변

지금 사도는 유대인들이 율법에 무지할 뿐만 아니라 의롭게 되는 길도 추구하지 않는다고 말합니다. 그들은 자신들의 의를 세우고자 했고, 하나님의 의를 얻으려 하지 않았습니다. 그래서 사도는, 사람이 하나님께서 받으실 만한 의를 얻는 길은 바로 하나님의 의이신 예수 그리스도를 통하는 길뿐이라고 말하고 있습니다. 이는 그리스도의 오심과 더불어 율법이 폐지되고 취소되었다는 말이 아닙니다. 전혀 그렇지 않습니다. 오히려 사도는 그리스도께서 율법의 마침이 되신다고 말합니다. 여기서 마침이란, 성취 또는 완성을 뜻합니다. 율법은 완전한 의를 요구하며, 율법을 거스른 자에게 심판을 내립니다. 그러나 사람은 율법을 온전히 준행하지 못하게 되었으므로 율법을 통해 의롭다함을 받지도 못합니다. 오히려 끝없는 범과로 말미암아 사람에게는 영원한 사망이 드리워져 있습니다. 그런데 그리스도께서 오셔서 율법이 범법자들에게 부과하는 형벌을 담당하고 율법의 요구를 이루셨습니다. 그분은 스스로 율법 아래로 오셔서 적극적인 순종으로 그것을 완전히 이루셨습니다. 그리스도 안에서 율법의 모든 요구가 충족되고 모든 위협이 사라졌습니다. "모든 믿는 자에게 의를 이루기 위하여" 그리스도께서 그들을 대신해 모든 율법을 이루신 것입니다. 디모데전서 1장 5절의 '목적'이라는 말은 완성을 뜻합니다. 그리스도 안에서 율법의 요구가 충족되고 위협이 끝났으므로, 율법이 더는 의롭다함을 받은 자들을 위한 삶의 규칙이 아니라는 말은 옳지 않습니다.

반론 4

"율법은 모세로 말미암아 주어진 것이요 은혜와 진리는 예수 그리스도로 말미암아 온 것이라"(요 1:17).

하나님이 모세를 통해 율법을 주셨기 때문에 율법은 이스라엘 백성들과 관련 있다. 그러나 우리는 그리스도께서 은혜와 진리를 나타내신 일과 관련이 있다. 따라서 우리는 이스라엘 백성들과는 달리 율법과 아무런 상관이 없다.

> 답변

물론 여기서 율법이 의식법을 가리킨다면, 율법이 우리와 상관없는 것이 맞습니다. 의식법은 이스라엘만을 위한 것이었습니다. 그러나 의식법은 그것이 가리키는 실체, 곧 의식법을 통해 예표된 은혜와 진리를 주시는 그리스도를 그들에게 전하지는 않았습니다. 그런데 여기서 율법이 의식법이 아니라 도덕법을 가리킨다면, 모세가 십계명이라는 율법을 이스라엘에게 주었다는 의미가 됩니다. 즉, 율법의 두 돌판이 모세라는 수단을 통하여 이스라엘에게 전해졌다는 말입니다. 그런데 어느 누구도 이 율법을 지켜 의롭다함을 받지 못합니다. 율법은 은혜를 가져다주지 않습니다. 오직 그리스도만이 자신의 능동적인 순종과 수동적인 순종을 통해 은혜로 죄인을 의롭다 하십니다. 그러므로 신약과 구약 사이에는 아무런 모순이 없습니다. 모세의 율법이 결코 줄 수 없었던 모든 것을 그리스도께서 주십니다. 구약의 신자들 또한 우리와 마찬가지로 그리스도로 말미암아 은혜와 진리를 받았기 때문입니다. 따라서 신약성경 어디에도 삶의 규칙으로서의 율법이 폐지되었다는 말이 없음을 분명히 알 수 있습니다.

> **반론 5**

지금은 신자들에게 더 이상 삶의 규칙이 필요 없는 때이다. 성령이 모든 것을 가르치기 때문이다.

"너희는 주께 받은 바 기름 부음이 너희 안에 거하나니 아무도 너희를 가르칠 필요가 없고 오직 그의 기름 부음이 모든 것을 너희에게 가르치며 또 참되고 거짓이 없으니 너희를 가르치신 그대로 주 안에 거하라"(요일 2:27).

> 답변

(1) 성령은 구약의 신자들에게도 역사했고, 그들을 가르치고 이끄셨습니다(고후

4:14; 시 143:10 참고). 그러했을지라도 율법은 하나님의 백성인 그들을 위한 삶의 규칙이었습니다(시 119:98-100 참고). 따라서 성령의 가르침을 받는다는 것이 곧 삶의 규칙을 따라 인도받는 것을 배제하지는 않습니다.

(2) 가르침을 받을 필요가 없다는 사실이 삶의 규칙이 필요하지 않다는 의미는 아닙니다. 적어도 이 말은 어느 누구라도 스스로 이 규칙을 잘 배우고 알 수 있다는 뜻입니다.

(3) 이 말은 또한 신약의 신자들이 더는 가르침을 받을 필요가 없다는 뜻이 아닙니다. 만일 그렇다면, 신자들에게 더는 하나님의 말씀 전체가 필요 없을 것입니다. 그런데 그것이 사실이라면, 요한이 편지에 많은 것들을 기록하여 신자들을 가르칠 이유가 있었겠습니까? 오히려 이 말씀은 신자들이 성령을 기름 부음 받아 거짓과 진리를 분별하고 다른 사람의 견해에 휘둘리지 않게 되었다는 말입니다. 따라서 이 말씀을 율법을 거부할 근거로 삼는 것은 말이 되지 않습니다.

반론 6

"너희 안에서 행하시는 이는 하나님이시니 자기의 기쁘신 뜻을 위하여 너희에게 소원을 두고 행하게 하시나니"(빌 2:13).

"오직 내 안에 그리스도께서 사시는 것이라"(갈 2:20).

이 말씀을 따라 다음과 같이 결론 내릴 수 있다. 하나님께서 우리 안에서 모든 일을 행하셨고 우리 안에 그리스도께서 거하신다면, 우리에게는 더 이상 준행해야 할 삶의 규칙이 필요 없다. 그리고 우리가 행할 필요가 없다면, 우리가 반드시 따라야 할 규칙 또한 필요 없다.

답변

(1) 하나님, 곧 그리스도께서 이 모든 것을 구약의 참된 신자들에게도 행하셨습니다. 그러나 그들에게 율법은 여전히 유효한 삶의 규칙이었습니다. 따라서 신약의 신자들만이 특권을 누리는 것은 아닙니다.

(2) 이런 반론에 따른다면, 이제는 심지어 그리스도의 통치를 받을 필요도 없다

고 해야 맞습니다. 그런데 그리스도께서 우리 안에서 모든 것을 행하셨을지라도 여전히 그리스도의 율법이 필요하다면, 그리스도께서 모든 것을 행하셨기 때문에 더는 삶의 규칙으로서의 율법이 필요 없다는 말도 성립될 수 없습니다.

(3) 지금 사도 바울이 말하는 것은 신자로 하여금 소원을 품고 행할 수 있도록 생명 자체를 부여하는 동인(the operative cause)이지, 신자가 바라고 행하고 살아가야 할 기준으로서의 삶의 규칙이 아닙니다. 삶의 규칙과 그 규칙에 따라 행하게 하는 동인은 서로 정반대되는 것이 아닙니다. 그렇습니다. 하나님께서 우리로 하여금 소원을 가지고 행하게 하시므로, 마땅히 우리가 두렵고 떨림으로 구원을 이루어야 합니다(빌 2:12 참고).

반론 7

"율법 조문은 죽이는 것이요 영은 살리는 것이니라. 돌에 써서 새긴 죽게 하는 율법 조문의 직분도 영광이 있어……모세의 얼굴의 없어질 영광 때문에도 그 얼굴을 주목하지 못하였거든"(고후 3:6,7,11).

지금 사도는 구약과 신약의 차이를 보여 주고 있다. 율법 조문이요 죽이는 것으로서의 구약성경은 이미 우리와 상관이 없어졌다. 그런데 어떻게 성령의 인도를 따라 사는 신약의 신자들이 이미 상관없어졌고 죽이는 것인 율법 조문과 관련이 있단 말인가?

답변

사도는 이 말씀을 통해 구약과 신약을 구별하려 하지 않습니다. 또한 구약 시대에도 성령은 택함 받은 자들을 거듭나게 하시는 복음의 역사를 이루셨습니다. 구약의 신자들 역시 육의 마음판에 율법이 새겨져 있었습니다. 그렇지 않았다면, 그들은 거듭나지도 못하고 거룩함에 참여하지도 못했을 것입니다(시 116편 참고). 오히려 여기서 사도는, 조문으로 기록되고 외적으로 집행되는 표면적 의미에서의 율법(도덕법과 의식법을 모두 포함하는)을, 믿음과 소망과 사랑으로 일어나는 마음속의 신령한 역사 및 그 성향과 대비시키고 있습니다. 지금 사도는, 성령의 역사가 없는 표면적인 율법은 모두 외적이고도 물리적인 행위를 넘어서지 못하며, 그것으로 만족하는 사람들을 모두 죽이는 조문에 불과하다고 주장합니다. 이것은 예나 지금이나 변함없는 사실입니다. 성령이 역사하지 않는 복음 설교, 세례, 성찬이 그 자체로 무슨 소용이 있습니까? 성령의 살리시는 역사가 없다면, 신약 시대의 이런 규례들 또한 죽이는 조문이 아닙니까? 지금 사도는 성령의 역사가 없는 외적인 사역과 성령의 생명의 역사로 효력이 생기는 신령한 사역을 대비시키고 있습니다. 성령은 구약 시대에도 동일하게 역사하여 죄인들을 조명하고 돌이키게 하여 믿음으로 그리스도(구약의 모든 예표의 실체이신)를 받아들이도록 하셨습니다. 오히려 더 자주 역사하셨습니다.

구약의 모든 예표가 가리키는 실체이신 그리스도께서 오시자, 이런 예표들의 역할은 다 끝났습니다. 그러나 신구약성경을 통틀어 그 어디에도, 삶의 규칙으로서의 도덕법 역시 구약의 의식법처럼 그리스도가 오심으로써 예표로서의 역할을 다 했다고 말하는 대목은 없습니다. 삶의 규칙으로서의 도덕법은 여전히 효력 있는 법으로 남아 역사합니다. 지금도 성령께서 이 법을 택함 받은 자들의 마음과 지각에 새기고 계십니다.

반론 8

"주의 영이 계신 곳에는 자유가 있느니라"(고후 3:17).

그러므로 우리는 율법에 매일 의무가 전혀 없다. 아직도 율법의 의무 아래에 있는 사람은 여전히 종노릇하고 있는 것이다. 그리고 그런 사람의 행위는 여전히 강제되고 강요된 것일 수밖에 없다. 그러나 자유로워진 사람은 모든 것을 사랑으로 행한다.

답변

(1) 성령은 구약 시대에도 계셨습니다. 그러므로 그때에도 자유가 있었습니다. 자유는 신약 시대에만 누리는 특권이 아닙니다.

(2) 자유란 멍에가 없이 제멋대로 하는 것이 아닙니다. 그렇다면 그리스도의 율

법으로부터도 자유로워야 할 것입니다. 그런데 그렇게 되면 자유는 곧 자기 멋대로 사는 것을 가리키고, 모든 것을 스스로 하는 것을 의미할 것입니다. 그러나 여기서 말하는 자유란 행위언약, 율법의 저주, 율법의 정죄하는 권세, 종 된 상태로부터 해방되는 것입니다. 이전에는 신자들이 그와 같이 종 된 상태였습니다. 또한 성령이 없는 자들은 여전히 그런 상태입니다. 곧 자유를 가졌다는 말은 의식법으로부터 자유롭게 되었다는 뜻입니다. 어떤 일을 사랑으로 하는 동시에 율법을 따라 하는 것은 결코 반대되지 않습니다. 그리스도의 멍에는 가볍습니다. 그의 짐은 즐거운 짐입니다. 그래서 신자는 그것을 열망합니다. 신자는 사랑을 요구하는 율법을 사랑합니다. 그래서 주야로 그것을 묵상합니다. 심지어 어느 이교도도 이렇게 말합니다. "권세자들과 법에 복종하는 때에라야 참으로 자유롭다." 따라서 자유란, 사랑으로 율법을 준행하고 죄의 지배에서 해방되는 것입니다.

십계명의 율법은 완전하고도 온전한 규칙

> ▶ 질문
> 십계명의 율법은 완전한 규칙인가? 그리스도께서 그것을 개선하고 확장했다는 말은 곧 그것이 불완전했다는 뜻이 아닌가?

대답: 교황주의자들은 그리스도께서 복음적 계명과 지침을 더하심으로써 율법을 개선하셨다고 주장합니다. 게다가 이들은 율법에 자신들의 전통을 덧붙입니다. 소시니안과 재세례파는 좀 더 온건하게 주장하곤 합니다. 그들은 그리스도께서 자기 부인, 십자가를 지는 것, 그리스도를 본받는 것 이 세 가지를 더하심으로써 율법을 개선하고 영적인 것으로 만드셨다고 주장합니다. 그런데 이들은 기본적으로 전체 율법을 부정합니다. 반면에 우리는 율법이 모든 면에서 완전한 규칙이라고 주장합니다.

첫째, 이 사실은 율법이 완전하다고 선언하는 성경 본문들을 볼 때 명백합니다.

"여호와의 율법은 완전하여"(시 19:7).

"내가 보니 모든 완전한 것이 다 끝이 있어도 주의 계명들은 심히 넓으니이다"(시 119:96).

그래서 시편 기자는 이렇게 기도합니다.

"내 눈을 열어서 주의 율법에서 놀라운 것을 보게 하소서"(시 119:18).

성경이 율법을 완전하다고 선언하는데, 어느 누가 감히 "그렇지 않다. 율법은 완전하지 않다. 그래서 계속 개선되고 확대되어 온 것이다. 따라서 율법만으로는 충분하지 않기 때문에 교회의 전통으로 보완하야 한다"라고 말한단 말입니까?

회피주장 '완전하다'라는 말은 반드시 '부정하지 않다(undefiled)'라는 의미로 해석되어야 한다. 게다가 각각의 계명은 독자적으로 존재한다. 시편 19편 7절에도 '율법'이 단수로 표현되었다. 그러므로 십계명으로 충분하다고 말할 수 없다. 또한 '완전하다'는 말은 결여된 것이 많을지라도 그 자체로 '바르다(upright)'는 뜻이지 충분하다는 뜻이 아니다(빌 3:15 참고).

| 답변 |

❶ '완전하다'라는 말의 원어를 직역하면 '부족한 것이 전혀 없다'는 말로 표현할 수 있습니다. 교황주의를 따르는 번역자들도 여기서 이 말을 '완전하다'로 번역했습니다. 시편 19편 7절의 뒷부분에서 이 말이 뜻하는 바가 더욱 분명하게 드러납니다.

"영혼을 소성시키며……우둔한 자를 지혜롭게 하며."

따라서 율법은 완전한 규칙입니다.

❷ 시편 19편 7절에서 율법이라는 단어가 단수로 표현되었다는 사실만으로 이 말을 개별적인 계명에 적용시켜 교회의 전통을 덧붙일 요량으로, 율법이 삶의 규칙이 아니라고 결론 내리는 것은 옳지 않습니다. 여기서 시편 기자는 개별적인 계명을 염두에 두고 말하지 않습니다. 오히려 전체 율법을 하나로 보고 말하기 때문에 단수를 쓴 것입니다. 시편에서 이런 용례를 자주 볼 수 있습니다. 시편 기자는 '율

법'과 '계명'을 복수로도 씁니다.[2]

"여호와의 교훈……여호와의 법"(시 19:8,9).

❸ 때때로 어떤 사람이 여전히 많은 것이 부족하더라도 올곧을 때에 '완전하다'라는 말을 사용하기도 합니다. 그러나 이 말은 올바름의 척도와 관련하여 비교하는 문맥에서만 그렇게 사용될 뿐, 율법과 관련해 그렇게 사용된 적은 단 한 번도 없습니다. 성경은 율법과 관련된 경우 이 말을 말 그대로 완전하다는 의미로 사용합니다.

둘째, 하나님께서 율법에 무언가를 가감하지 말라고 금하시는 것도 율법이 이렇게 완전하기 때문입니다.

"내가 너희에게 명령하는 말을 너희는 가감하지 말고 내가 너희에게 내리는 너희 하나님 여호와의 명령을 지키라"(신 4:2, 12:32 참고).

"누구든지 이 계명 중의 지극히 작은 것 하나라도 버리고 또 그같이 사람을 가르치는 자는 천국에서 지극히 작다 일컬음을 받을 것이요 누구든지 이를 행하며 가르치는 자는 천국에서 크다 일컬음을 받으리라"(마 5:19).

신명기 4장 10-13절에서 모세는 분명히 도덕법을 이야기합니다. 모세는 어떤 식으로든 율법에 무언가를 더하지 말라고 하면서, 하나님의 율법에 어긋나는 전통을 더하는 것은 물론이요, 율법 자체에 무언가를 더하는 것도 금합니다. 사람들이 하나님의 율법으로 여기게 될 무언가를 더하는 것뿐만 아니라 율법 자체에 무언가를 더하는 것을 금하는 것을 볼 때, 하나님의 율법이 완전하다는 사실을 알 수 있습니다. 마태복음 5장 19절에서 그리스도께서 말씀하셨듯이, 율법에 어떤 것도 가감하지 말라는 명령은 유대인들의 교회뿐만 아니라 오늘날 기독교회에도 동일하게 적용됩니다. 이에 대해서는 앞에서 '율법이 신약 시대에도 여전히 효력 있는가'라는 질문에 대답하면서 언급했습니다.

---

[2] 역자주 - 한글 개역개정 성경에서는 복수 표현이 드러나지 않는다.

셋째, 마태복음 22장 36-40절에 이런 사실이 분명히 드러납니다. 여기서 주 예수님은 하나님과 이웃을 온 맘과 뜻과 힘과 정성을 다해 사랑하는 것이 율법이라고 말씀하십니다. 이것이 완전함이 아니라면 무엇이 완전함이란 말입니까? 그렇게 가장 사랑해야 할 대상과 그에 버금가는 대상을 말씀하실 뿐만 아니라, 인간이 이런 대상을 향해 행해야 할 가장 완전한 행위와 노력에 대해 말씀하십니다. 이것이 바로 하나님께서 이런 율법을 명하시는 이유입니다.

넷째, 율법을 준행하는 자들에게 영생이 약속됩니다.

"율법으로 말미암는 의를 행하는 사람은 그 의로 살리라"(롬 10:5).

"내가 무슨 선한 일을 하여야 영생을 얻으리이까……네가 생명에 들어가려면 계명들을 지키라……살인하지 말라, 간음하지 말라, 도둑질하지 말라, 거짓 증언 하지 말라"(마 19:16-18).

"내가 무엇을 하여야 영생을 얻으리이까……율법에 무엇이라 기록되었으며 네가 어떻게 읽느냐……이를 행하라 그러면 살리라"(눅 10:25,26,28).

이 밖에 무엇이 더 필요하단 말입니까? 그러므로 영생을 얻기 위해서는 완전해야 합니다.

다섯째, 두말할 필요 없이 그리스도의 순종은 가장 완전한 순종이었습니다. 그런데 그리스도의 순종은 택함 받은 자들의 보증으로서 율법을 준행하는 것이었으며, 이를 통해 그들이 완전한 의를 얻어 의로운 재판장이신 하나님 앞에 의롭다함을 받습니다. 다음의 말씀들을 통해 이런 사실을 확인할 수 있습니다.

"율법이……할 수 없는 그것을 하나님은 하시나니 곧……자기 아들을 죄 있는 육신의 모양으로 보내어……우리에게 율법의 요구가 이루어지게 하려 하심이니라"(롬 8:3,4).

"하나님이 그 아들을 보내사……율법 아래 나게 하신 것은, 율법 아래에 있는 자들을 속량하시고"(갈 4:4,5).

"내가……폐하러 온 것이 아니요 완전하게 하려 함이라"(마 5:17).

"한 사람이 순종하심으로 많은 사람이 의인이 되리라"(롬 5:19).

이런 모든 말씀들이 율법이 완전한 규칙임을 증언합니다.

반론 1

마태복음 5장에서 그리스도는 십계명의 율법이 명하지 않은 많은 것들을 명하신다. 더구나 "너희가 들었으나 나는 너희에게 이르노니"라고 계속 말씀하시지 않는가?(마 5:21,22 참고).

답변

그리스도는 율법에 기록된 내용 중 어느 것도 부인하지 않으실뿐더러, 율법에 무언가를 더하지도 않으십니다. 율법에 없는 어떤 의미를 새롭게 부여하시는 것이 아닙니다. 오히려 그리스도는 유대인들처럼 율법을 왜곡하는 것을 금하시고, 율법이 정확히 의미하는 바를 밝히 보여 주십니다.

(1) 마태복음 5장 20절에서는 율법으로 말미암지 않은 바리새인들의 의에 대하여 반대하십니다.

(2) 예수님께서 "옛 사람에게 말한 바……를 너희가 들었으나"라고 선언하신 데서도 그 의미가 분명히 드러납니다. 이 말은 하나님께서 율법으로 말씀하지 않으신 것을 사람이 율법으로 말함으로써 정작 하나님의 계명을 왜곡하고 있다는 뜻입니다(마 15:6 참고).

(3) 마태복음 5장 43절에 인용된 "네 원수를 미워하라"라는 말은 율법이 명하지 않을뿐더러 오히려 금하는 바입니다(레 19:8; 출 23:4,5; 잠 25:21,22 참고). 예수님은 율법이 원수를 사랑할 것을 명한다고 분명히 밝히십니다(마 5:44 참고). 율법은 아내를 버리라고 하지 않습니다. 이는 오히려 사람들의 마음이 완악하여 허용된 것입니다. 예수님은 애초에 그렇게 정해진 것이 아니며, 음행한 이유 없이는 결코 이혼해서는 안 된다고 분명히 말씀하십니다(마 5:32 참고).

반론 2

그리스도께서 새 계명을 주셨다.

"새 계명을 너희에게 주노니 서로 사랑하라. 내가 너희를 사랑한 것같이 너희도 서로 사랑하라"(요 13:34).

> **답변**

율법은 사랑을 명합니다(마 22:39 참고). 신약성경 또한 율법이 우리에게 그렇게 명한다고 증언합니다(롬 13:9; 갈 5:14; 약 2:8 참고). 여기서 말하는 '새 계명'이란 이전에 없었던 새로운 계명을 가리키는 것이 아닙니다. 오히려 기존의 계명을 갱신하고 새롭게 제시한다는 말입니다.

반론 3

그리스도는 다음과 같이 율법이 말하지 않은 많은 것들을 명하신다.
- 그리스도를 믿으라.
- 자기를 부인하라.
- 십자가를 지라.
- 그리스도를 본받으라.

한편 율법은 회개를 명하지 않는다.

> **답변**

(1) 율법은 하나님을 자기 하나님으로 모실 것을 요구합니다. 이 명령은 하나님께서 하신 모든 말씀을 믿는 것과 그분이 정하신 방식대로 그분을 신뢰하는 것을 포함합니다. 율법은 믿음의 내용을 명하고, 복음은 그 믿음의 대상을 계시합니다. 우리는 바로 그 대상이신 예수 그리스도를 믿는 것입니다(시 2:12 참고).

(2) 율법은 하나님만을 사랑하며, 하나님께 온전히 순복하고 순종하라고 합니다. 여기에는 반드시 자기 부인이 포함됩니다. 구약성경에서 아브라함이 아들을 드릴 때 자기를 부인해야 했습니다. 죄를 지은 자신의 아비와 형제들을 가차없이 도륙해야 했던 모세와 레위 사람들도 자기를 부인해야 했습니다. 또한 하나님의 뜻에 순종하기 위해 자신의 뜻을 포기했던 다니엘과 그 밖의 다른 사람들도 그러했습니다.

(3) 하나님을 자기 기업으로 받고 순종하기 위해서는 반드시 십자가를 져야 합니다. 구약성경에서도 욥이 인내하면서 십자가를 졌습니다. 다윗 또한 시므이의 저주를 비롯해 다른 많은 고통을 감내해야 했습니다(시 39:9 참고). 하나님의 교회가

그러했으며(애 3:27,28; 미 7:9 참고), 또한 성경이 이것을 명합니다(잠 3:11 참고).

(4) 율법은 거룩함과 안식일을 거룩하게 지키는 가운데 하나님을 따르라고 요구합니다. 그리스도는 친히 율법에 순종하시면서 자신을 닮는 것이 무엇인지 본을 보여 주셨습니다. 그러하기에 율법에 순종하는 것과 거룩함으로 그리스도를 본받는 것은 동일한 일입니다. 우리가 본받아야 할 대상은 복음을 통해 계시되었지만, 구약과 신약 모두가 율법 안에서 동일하게 명령합니다.

"너희는 삼가 그의 목소리를 청종하고"(출 23:21).

(5) 율법은 완전한 사랑과 거룩함을 요구합니다. 범죄하여 거룩한 길에서 떠난 모든 사람들은 당연히 회개해야 합니다.

교황주의자들은 복음적인 훈령을 제공한다는 명분을 내세우며 자신들의 규칙으로 하나님의 율법을 파괴합니다. 이런 요구들을 강요하지는 않더라도 그것들을 받아들이고 적용해야 한다고 주장합니다. 이 지침들을 그대로 따르지 않는다고 해서 범죄가 되는 것은 아니지만, 그것들을 성실하게 준수하면 율법을 준행함으로써 비롯된 거룩함을 능가하는 방식으로 거룩함을 실천하는 것이 됩니다. 다시 말해, 율법이 요구하는 거룩함 이상의 충분한 공로를 여분으로 가지게 된다는 것입니다. 이러한 규칙들로는 독신, 무조건적 복종, 자발적 가난, 수도사로서의 삶 등을 들 수 있습니다.

한편 우리는 이렇게도 할 수 있고 저렇게도 할 수 있는 문제들이 있음을 인정합니다. 그러나 분명한 것은 행하든 행하지 않든, 이렇게 하든 저렇게 하든 율법이 정하고 있는 목적과 방식을 따라야 한다는 사실입니다. 무언가를 행하는지 여부에 따라 더 거룩해지거나 덜 거룩해지지 않습니다. 율법이 명백히 명하거나 금하는 대로 한다고 해서 더 거룩해지지도 않습니다. 그러나 우리는 중립적인 문제가 아니라 도덕적인 문제와 관련하여 더욱 거룩하게 하고 영광을 얻도록 하는, 이른바 '복음적 훈령'이 율법에 더해졌을 것이라는 생각을 단호히 거부합니다. 그런 식의 복음적 훈령들은 존재하지 않습니다. 그 이유는 다음과 같습니다.

첫째, 율법이 없는 곳에는 범죄도 없으므로, 계명이 없으면 덕도 없기 때문입니다. 사람들은 계명이 정하지 않은 일들도 합니다. 그런 것들은 사람이 가르쳐 내려온 것으로서, 성경은 그와 같은 것들에 대해 이렇게 말합니다.

"사람의 계명으로 교훈을 삼아 가르치니 나를 헛되이 경배하는도다"(마 15:9).

둘째, 앞에서 살펴본 대로, 완전한 율법은 순전한 완전함을 요구합니다(마 22:37 참고). 따라서 명하거나 금하는 것이 없으면 덕이나 악도 있을 수 없습니다.

셋째, 계명은 그들이 복음적 훈령이라고 부르는 다음과 같은 것들을 각 사람의 위치와 지위에 걸맞게 분명히 요구합니다.

- 원수를 사랑하라.
- 십자가를 지라.
- 억울한 일을 견디라.
- 순전하라.
- 그리스도를 위해 모든 것을 버리고 그로 말미암는 가난의 고통을 감내하라.
- 서로에게 순종하고 복종하라.

그 밖에도 계명은 교황주의자들이 복음적 훈령이라고 일컫는 다음과 같은 것들을 분명히 금합니다.

① 사람에 대한 맹목적인 순종

주님 안에서 하는 순종이 아니고 계시된 하나님의 뜻에 부합하지 않은 일이라면, 그 누구의 말이라도 따르지 않아야 합니다. 그렇게 따르지 않는 행위 자체가 하나님을 섬기는 것입니다.

"그리스도를 경외함으로 피차 복종하라"(엡 5:21).

"기쁜 마음으로 섬기기를 주께 하듯 하고 사람들에게 하듯 하지 말라"(엡 6:7).

"사람들의 종이 되지 말라"(고전 7:23).

② 독신

하나님은 독신의 은사를 모든 사람에게 주시지 않습니다(마 19:11; 고전 7:36 참고). 이 은사를 받지 못한 사람들은 결혼해야 합니다(고전 7:36 참고). 그리고 결혼하든 독신으로 살든 동일하게 순결해야 합니다(살전 4:4 참고).

③ 자의적인 가난

가진 것을 허비하여 탕진하거나 다른 사람의 구제나 연보에 의지해 살아야만 할 정도로 전부 연보해 버리는 것은, 하나님의 뜻에 어긋납니다. 사도는 각 사람이 구걸하며 살지 않도록, 할 수 있는 한 자기 손으로 일하여 살아가야 한다고 말합니다(살후 3:12 참고). 반면에 그리스도를 고백한다는 것이 자신의 소유를 버릴 수밖에 없다는 의미라면, 그리스도를 위해 모든 것을 버려야 할 것입니다(마 10:37 참고).

지금까지 우리는 교황주의자들이 복음적 훈령이라고 말하는 모든 가르침들이 단순한 지침이 아닌 계명이거나, 아니면 하나님의 율법에 어긋나는 자의적인 예배일 뿐이라는 사실을 살펴보았습니다.

반론 1

물론 율법은 독신을 명하지 않는다. 그저 복음적 훈령이라는 이름으로 권면할 뿐이다.

"처녀에 대하여는 내가 주께 받은 계명이 없으되 주의 자비하심을 받아서 충성스러운 자가 된 내가 의견을 말하노니"(고전 7:25).

답변

고린도전서 7장 7절에서 바울은, 당시와 같은 핍박의 때에는 모든 신자들이 자기와 같기를 바란다고 말합니다. 다시 말해, 신자들이 저마다 처한 상황과 형편에 따라 결혼을 할 수도 있고 독신이라는 은사를 받아 안 할 수도 있게끔, 결혼을 강요 받지 않기를 바란다는 뜻입니다. 바울은 임박한 환난을 그 이유로 제시합니다. 그러한 때에 결혼한다면, 배우자와 자녀들로 말미암아 많은 염려와 유혹을 겪을 수밖에 없습니다. 결혼하지 않은 사람은 이런 문제에서 자유로울 수 있습니다. 그래서 바울은 결혼하지 않고도 살 수 있는 은사를 받은 사람은 독신인 채로 남아 있으라고 권면합니다. 독신으로 사는 것이 결혼해서 사는 것보다 더 거룩해서가 아닙니다. 현세의 압박에 덜 시달릴 수 있기 때문입니다. 특히 고난과 핍박의 때에는 더

더욱 그러합니다.

"내 생각에는 이것이 좋으니 곧 임박한 환난으로 말미암아 사람이 그냥 지내는 것이 좋으니라……육신에 고난이 있으리니"(고전 7:26,28).

사도는 고난과 핍박의 때에 결혼하지 않은 사람이 결혼한 사람보다 더 행복할 수 있다고 생각했던 것입니다. 이러한 생각에 아무도 이의를 제기할 수 없을 것입니다. 주께로부터 받은 계명이 없다는 말은 핍박의 때와 관련하여 결혼을 해야 할지 말아야 할지에 대한 분명한 계명이 없다는 말입니다. 이런 경우에 각 개인은 이 문제를 신중하게 생각해야 하는데, 사도 바울은 그런 때에는 결혼하지 않고 사는 것이 가장 현명하다고 판단한다는 것입니다. 사도는 자신이 성령을 받았고(고전 7:40 참고), 이 성령의 조명하심과 지혜를 따라 이런 경우에 어떻게 하는 것이 가장 합당한지 판단이 섰다고 말합니다. 따라서 이 본문을 근거로 하여 독신을 복음적 훈령으로 요구할 수는 없습니다. 율법은 현명함을 요구합니다.

반론 2

사도들은 독신으로 지냈다.

답변

그래서 어쨌다는 말입니까? 그러니까 모든 사람이 독신으로 남아 있어야 한단 말입니까? 모든 딸들이 결혼도 하지 않고 있어야 합니까? 목사들이 독신으로 살아야 합니까? 결혼한 목사들은 아내와 헤어져야 합니까? 하나님께서 그것을 미워하실 뿐만 아니라(말 2:16 참고), 심지어 결혼한 자들은 아내로부터 놓이기를 구하지 말라고 하시는데도 말입니까?(고전 7:27 참고) 어느 누가 감히 그렇게 요구할 수 있단 말입니까? 게다가 사도라고 다 독신으로 산 것은 아닙니다.

"우리가 다른 사도들과 주의 형제들과 게바와 같이 믿음의 자매 된 아내를 데리고 다닐 권리가 없겠느냐?"(고전 9:5)

예수님께서 베드로의 장모를 고치지 않으셨습니까?(마 8:14 참고)

반론 3

"어머니의 태로부터 된 고자도 있고 사람이 만든 고자도 있고 천국을 위하여 스스로 된 고자도 있도다"(마 19:12).

답변

여기서 예수님은, 절제할 수 있는 은혜를 발휘하여 자신들이 이 은혜 가운데 있는 한 핍박의 때에 하나님을 더 자유롭게 섬기고 덜 제한받고자 결혼하지 않기로 뜻을 정한 사람들에 대해 말씀하고 계십니다. 마태복음 19장 11,12절에 이런 사실이 분명히 드러납니다. 따라서 본문이 어떤 수도원의 맹세를 지지한다는 식의 주장은 어불성설입니다.

반론 4

"여호와께 연합한 이방인은 말하기를 여호와께서 나를 그의 백성 중에서 반드시 갈라내시리라 하지 말며 고자도 말하기를 나는 마른 나무라 하지 말라. 여호와께서 이와 같이 말씀하시기를 나의 안식일을 지키며 내가 기뻐하는 일을 선택하며 나의 언약을 굳게 잡는 고자들에게는 내가 내 집에서, 내 성안에서 아들이나 딸보다 나은 기념물과 이름을 그들에게 주며 영원한 이름을 주어 끊어지지 아니하게 할 것이며"(사 56:3-5).

이 말씀은 고자 된 자들에게 영광스런 약속을 준다. 이런 영광스런 약속을 받으려면 독신으로 남아 있어야 한다.

답변

본문은 자신의 의지와 상관없이 남성성을 상실하여 자녀를 가질 수 없는 사람들에 대해 말합니다. 본문은 고자 된 것 자체가 특별하기 때문에 주어진 말씀이 아닙니다. 그들이 고자이기 때문에 이 복을 선언하시는 것도 아닙니다. 오히려 그들이 하나님을 섬길 때 사람들에게 멸시받는 것처럼 하나님께 멸시받거나, 회중 가운데 들지 못하는 일이 없을 것이라는 말씀입니다(신 23:1 참고).

반론 5

다음 말씀은 자의적인 가난이 높은 수준의 완전함을 이룬다고 증언한다.

"예수께서 이르시되 네가 온전하고자 할진대 가서 네 소유를 팔아 가난한 자들에게 주라. 그리하면 하늘에서 보화가 네게 있으리라. 그리고 와서 나를 따르라 하시니"(마 19: 21).

답변

성경은 그 어디에서도 자의적인 가난이 사람을 완전하게 한다고 말하지 않습니다. 오히려 이것은 스스로를 완전하게 여기는 어느 청년에게 하신 주님의 말씀입니다. 곧 계명을 발하실 권세를 가지신 그리스도께서 그에게 주신 명령입니다. 이 청년은 그리스도께서 메시야요 하나님이심을 알고 순종해야 했습니다. 따라서 이 말씀은 복음적 훈령이 아니라 오히려 명령입니다. 모든 사람에게 적용될 명령이라기보다는, 스스로 완전하다고 믿는 그가 자신의 소유를 우상으로 받들고 있다는 사실을 깨닫게끔 바로 이 사람에게 주어진 명령입니다. 마가복음 10장 21절은 예수님께서 이 청년을 사랑해서 그렇게 말씀하셨다고 진술합니다.

"예수께서 그를 보시고 사랑하사 이르시되 네게 아직도 한 가지 부족한 것이 있으니 가서 네게 있는 것을 다 팔아 가난한 자들에게 주라. 그리하면 하늘에서 보화가 네게 있으리라. 그리고 와서 나를 따르라 하시니."

그가 모든 것을 팔았기 때문이 아닙니다. 그는 그렇게 하지 않았습니다. 예수님께서 그를 사랑하신 것은 그가 자신의 모든 소유를 팔아 자발적인 가난을 실천했기 때문이 아닙니다. 어찌하여야 구원을 받는지에 대해 전혀 알지 못했지만, 그가 구원을 참으로 열망했기 때문입니다. 그래서 "한 가지 부족한 것이 있으니"라고 하신 것입니다. 그 한 가지 부족함 때문에 그가 완전하지 않다는 것이 아닙니다. 오히려 이 청년은 스스로 한 가지만 채우면 완전하게 되어 구원에 이르리라고 여겼습니다. 그래서 모든 것이라 할 수 있는 그리스도를 향한 믿음과 순종이 그에게 아직 부족하다는 사실을 깨닫게 하셔야 했던 것입니다.

율법에 대한 완전한 순종

> ▶ 질문
> 사람이 하나님의 율법에 완전히 순종할 수 있는가?

　　　　대답: 교황주의자들은 그럴 수 있다고 대답합니다. 완전한 순종은 물론이요, 여분의 공로까지도 얻을 수 있다고 합니다. 소시니안 또한 동일하게 대답합니다. 그러나 우리는 그렇게 말하지 않습니다.

첫째, 성경이 그렇게 말하지 않습니다.

"범죄하지 아니하는 사람이 없사오니"(왕상 8:46).

"자기 허물을 능히 깨달을 자 누구리요"(시 19:12).

"주의 눈앞에는 의로운 인생이 하나도 없나이다"(시 143:2).

"내가 내 마음을 정하게 하였다 내 죄를 깨끗하게 하였다 할 자가 누구냐?"(잠 20:9)

"우리가 다 실수가 많으니"(약 3:2).

"만일 우리가 죄가 없다고 말하면 스스로 속이고 또 진리가 우리 속에 있지 아니할 것이요"(요일 1:8).

이 본문들에서 성도라는 말은 하나님의 백성들과 자기 자신을 가리킵니다. 성도라 할지라도 어느 누구도 완전하지 않으며, 날마다 죄를 짓습니다.

　　　　회피주장　앞에서 인용된 본문들은 지극히 겸손해진 사람들이 그리 크게 생각하지 않아도 되는 작고 사소한 죄조차도 대단한 것처럼 이야기하는 전형적인 예이다. 그것이 아니라면 지금 이 성도들은 회심하지 않은 사람들을 상징적으로 언급하는 것이다. 그리고 이들은 사람들의 공통된 운명에 대해 말하고 있다. 그러나 이것이 꼭 사람이 완전해질 수 없다거나, 많은 사람이 완전하지 않다는 말은 아니다.

| 답변 |

이 주장은 사실이 아닙니다. 위의 구절들이 말하는 그대로 받아들여야 합니다. 본문들은 지금 그런 사람들을 책망하고 있습니다. 어느 누구를 막론하고 죄는 죄일 뿐입니다. 죄를 하나라도 범한 사람은 모든 죄책 아래에 있는 것입니다. 성경은 무엇이 되었든지 죄는 핑계할 수 없는 것이라고 말합니다.

둘째, 성도들의 예를 통해서도 이런 사실이 분명히 드러납니다. 만일 이 세상에서 완전함에 이르렀다고 말할 수 있는 사람들이 있다면, 노아, 아브라함, 욥, 다윗, 이사야, 예레미야, 바울, 야고보, 베드로, 요한 같은 사람들일 것입니다. 그러나 그들도 완전하지 않았습니다. 성경은 그들이 어떻게 실패했는지를 보여 줍니다. 어느 누가 그들보다 거룩하다고 감히 자부할 수 있겠습니까? 교황주의자들 가운데 이런 완전함을 찾을 수 있다면, 바로 교황이나 추기경이나 주교들에게서 찾을 수 있을 것입니다. 그러나 그들이 그렇게 완전하다면, 고해성사를 위해 자기들에게로 오는 사람들을 모두 돌려보내고, 그들을 위해 더는 미사를 집전하지 말아야 할 것입니다. 그러나 이 모든 사실들은 그들이 완전하지 않다는 사실을 반증합니다.

셋째, 가장 경건하다고 알려진 사람들조차 육체와 영이 여전히 싸운다는 점에서 이런 사실이 분명히 드러납니다.

"내 지체 속에서 한 다른 법이 내 마음의 법과 싸워 내 지체 속에 있는 죄의 법으로 나를 사로잡는 것을 보는도다. 오호라 나는 곤고한 사람이로다 이 사망의 몸에서 누가 나를 건져내랴?"(롬 7:23,24)

"육체의 소욕은 성령을 거스르고 성령은 육체를 거스르나니 이 둘이 서로 대적함으로 너희가 원하는 것을 하지 못하게 하려 함이니라"(갈 5:17).

싸움이 있는 곳에는 어디든지 싸우는 두 주체가 있는데, 이 싸움에서 두 주체는 영과 육체입니다. 육체가 있다는 말은 곧 완전하지 않다는 뜻입니다.

넷째, 날마다 죄 사함을 위해 기도해야 한다는 사실에서도 분명히 드러납니다.

"우리가 우리에게 죄지은 자를 사하여 준 것같이 우리 죄를 사하여 주시옵고"(마 6:12).

신자는 주님께서 가르쳐 주신 기도를 날마다 드릴 수밖에 없습니다. 똑같은 말로 기도하지는 않더라도, 기도의 내용은 동일합니다. 날마다 우리에게 죄지은 자를 용서해야 하고, 일용할 양식을 구해야 합니다. "우리 죄를 사하여 주시옵고." 날마다 이런 기도를 드려야 한다는 것은, 날마다 죄를 짓는 탓에 그런 기도를 드릴 수밖에 없다는 말입니다. 죄가 없다면, 더 이상 죄를 용서받기 위한 기도를 드릴 필요가 없습니다.

반론 1

성경은 완전한 사람에 대해 많이 언급한다.

"우리가 온전한 자들 중에서는 지혜를 말하노니"(고전 2:6).

"그러므로 누구든지 우리 온전히 이룬 자들은 이렇게 생각할지니"(빌 3:15).

"단단한 음식은 장성한 자의 것이니"(히 5:14).

성경은 노아(창 6:9 참고), 욥(욥 1:1 참고), 다윗(시 119:10 참고), 히스기야(사 38:3 참고), 사가랴와 엘리사벳(눅 1:6 참고) 등을 그 예로 든다.

답변

(1) 성경이 그렇게 언급하는 사람들이 모든 면에서 완전했던 것은 아닙니다. 성경에는 그들의 죄도 함께 기록되어 있지 않습니까? 그러므로 여기서 말하는 완전함이란, 그들이 가진 의라고 생각하는 것이 맞습니다.

(2) 모든 면에서 올곧다고 표현되는 부분적인 완전함이 있습니다. 이런 올곧음은 온전하지 못하거나 위선적인 것과는 반대됩니다. 이런 종류의 완전함이 있다는 것은 우리가 쉽게 받아들일 수 있습니다. 그렇습니다. 신자라면 누구나 이런 종류의 완전함을 가지고 있습니다. 이는 새로운 피조물이요(고후 5:17 참고) 신의 성품이기 때문입니다(벧후 1:4 참고). 그러나 아무리 신자라 할지라도 이 땅에서 완전함에 이르는 사람은 없습니다. 우리는 이미 그런 사실을 밝혔으며, 이는 앞에서 제시한 예들을 통해 분명히 드러납니다.

(3) 아직 성숙하지 못한 사람들과 비교할 때 상대적으로 완전하다고 말할 수 있

습니다. 이를테면, 어린 자녀나 청년들에 비해 아비들은 완전합니다(요일 2:13 참고). 바로 이것이 인용된 본문들에서 사도가 말하는 바입니다.

반론 2

그리스도의 멍에는 쉽고, 그의 계명은 무겁지 않다.

"내 멍에는 쉽고 내 짐은 가벼움이라"(마 11:30).

"그의 계명들은 무거운 것이 아니로다"(요일 5:3).

즉, 사람이 완전함에 이르는 것이 그리 어렵지 않다는 말이다.

답변

(1) 성인에게는 가벼울지라도 어린아이에게는 짊어지는 것조차 불가능할 만큼 무겁습니다. 타락하기 전 아담에게 쉬웠던 것이 타락 이후에는 도무지 불가능한 것이 되었습니다.

(2) 율법은 그 자체로 거룩하고 의로우며 선합니다. 율법의 요구 중에 그 자체로 불가능한 것은 없습니다. 오히려 인간이 무능력한 상태가 되어 버렸기 때문에 율법을 지키지 못하는 것입니다.

(3) 경건한 사람이 율법을 향해 품는 열망과 사랑을 생각하면 율법은 그들에게 쉬운 것입니다. 그들에게 율법은 억지로 지켜야 할 것이 아닙니다. 오히려 그들은 하나님께서 무언가를 명하고 계시며, 율법을 준행함으로써 하나님을 섬길 특권을 가졌다는 사실로 말미암아 크게 기뻐합니다. 율법은 경건한 사람이 기뻐하는 바요, 마음의 즐거움과 노래입니다(시 119편 참고). 완전하게 행할 수는 없을지라도, 무엇이든 기쁨으로 자원하여 행하는 것은 어렵지 않습니다.

(4) 신자들에게 율법은 행위언약의 조건으로 주어지거나 저주의 위협을 동반하지 않습니다. 오히려 그들에게 율법은 사랑의 규칙입니다. 그러므로 율법은 어렵거나 버겁거나 슬픈 것이 아닙니다. 비록 신자들이 모든 면에서 부족하지만, 율법은 쉽고도 즐거운 것입니다.

반론 3

하나님께서 완전함을 명하신다. 이는 완전함을 이루는 것이 가능하다는 말이다. 하나님은 불가능한 것을 명하시지 않는다.

답변

(1) 율법은 모든 사람이 완전히 지켜야 할 것입니다. 그렇다고 회심하지 않은 모든 사람들이 율법을 완전히 지킬 수 있다는 의미는 아닙니다. 그런데 완전함을 이룰 수 있다고 반론을 제기하는 사람들은 이런 사실을 인정하지 않으려고 할 것입니다.

(2) 눈멀고 악하고 무능하여 전적으로 불가능한 상태로 떨어진 사람들이라 할지라도, 하나님께서 인간의 본성을 완전하게 지으셨으므로 그들에게 완전함을 요구하실 수 있습니다.

(3) 모든 사람은 완전해야 합니다. 하나님은 자기 자녀들이 완전함에 이르고자 힘쓰기를 원하십니다. 이 목표에 가능한 한 가장 가까이 이른 사람은 가장 탁월한 상태로 있는 것입니다. 그렇다고 해서 사람이 이 땅에서 지고한 수준에 이를 수 있다는 말은 아닙니다. 경건한 사람은 분명히 자기 앞에 주어진 이런 완전함에 이르겠지만, 이 땅에서가 아니라 이 땅을 지난 후에 그렇게 될 것입니다. 지금은 그저 바울과 같이 말할 수 있을 뿐입니다.

"내가 이미 얻었다 함도 아니요 온전히 이루었다 함도 아니라. 오직 내가 그리스도 예수께 잡힌 바 된 그것을 잡으려고 달려가노라"(빌 3:12).

그리스도께서 완수하신 사역을 공로로 하여 천국을 얻음

▶ 질문
부분적으로든 완전하게든 율법을 준행함으로써 천국에 갈 수 있는가?

대답: 대다수의 교황주의자들은 행위로 천국에 갈 수 있다고 주장합니

다. 선행이 어떤 방식을 통해 공로로서 작용하는지에 대해서는 그들끼리도 의견이 분분합니다. 그들은 두 종류의 공로가 있다고 합니다. 첫째, 재량공로(*meritum congrui*)입니다. 천국을 얻기에 합당한, 또는 타당한 공로를 말합니다. 사람이 하나님의 은혜의 도움 없이 순전히 자유의지와 자기 힘으로 선을 행하는 것은, 하나님으로 하여금 최선을 다한 그 사람에게 은혜를 주입하게끔 한다는 것입니다. 둘째, 적정공로(*meritum condigni*)가 있습니다. 이는 상을 받을 만한 공로를 말합니다. 사람이 하나님의 은혜를 힘입어 자유의지로 선을 행할 때, 그 행위에 내재된 가치에 따라 천국을 얻습니다. 그러므로 그 행위와 주어지는 보상이 비례한다는 것입니다. 어떤 사람들은 선을 행하는 데 대한 보답으로 천국을 주신다는 약속이나 동의가 없었다 할지라도, 선행의 공로로 말미암아 천국을 얻는다고 주장합니다.

한편 어떤 사람들은 공로의 효력을 신적인 은혜를 힘입어 행하는 선행이 가진 본유적 가치와 연관시키지 않고, 하나님께서 선행에 대해 천국을 약속하시는 행위와 연관시킵니다. 또 다른 사람들은 선행으로 천국을 얻는 것이, 선행이 가진 본유적인 공로나 하나님이 천국을 약속하는 행위 둘 중 하나와만 관계 있는 것이 아니라, 이 두 가지가 결합함으로써 이루어진다고 합니다. 이를테면, 하나님께서 선을 행하는 자들에게 하나님의 의를 따라 그들이 한 행위의 본유적인 가치에 합당하게 천국을 얻을 것이라 약속하시면서, 그것을 상으로 보여 주신다는 것입니다.

소시니안들은 수용(acceptation)을 말합니다. 하나님께서 부분을 전체로서 받으신다는 것입니다. 즉, 완전하지 않은 인간의 선행을 완전한 것으로 받고 천국을 주신다는 것입니다.

반면, 우리는 이렇게 말합니다. 선행은 하나님을 기쁘시게 하며, 하나님은 은혜로 그 선행들에 대해 상을 베푸십니다. 사람은 이 두 가지를 모두 염두에 두고 있어야 선행에 대한 동기를 일으킬 수 있습니다. 게다가 하나님은 구원하기로 작정하신 모든 자들을 거룩함과 선행이라는 방식을 통해 구원으로 인도하십니다. 그러므로 거룩하게 살지 않는 사람은 구원에 이르기를 기대하지 말아야 합니다. 또한 우리는 이런 구원을 약속하신 미쁘신 하나님께서 그리스도의 공로로 말미암아 친히 거룩하게 하시는 자들을 마침내 거룩함이 완성되는 천국에 이르게 하신다고 주장합니다. 하나님께서 미쁘시므로 그런 자들에게 구원을 허락하시는 것은 바르고도 의롭습니다. 그러나 선행은 어떤 식으로든 그것의 본유적인 가치 때문에 공로로 작용하지 않습니다. 그 예로 다음과 같은 증거들을 들 수 있습니다.

첫째, 무엇이든지 본유적으로 공로가 될 만한 가치를 가지려면, 다음과 같은 특징들을 필요로 합니다.

① 원하든 원하지 않든, 의무가 아니라 자유의지에서 비롯된 행위여야 합니다. 그리하여 그 행위를 하지 않는다 할지라도, 그것이 죄가 되지 않아야 합니다.

② 순전히 행위자 자신의 행위여야 합니다. 다른 사람의 공로로 살아가는 사람이 자기에게 공로를 베푼 그 사람에게 자신의 공로로 무언가를 주장할 수는 없는 법입니다.

③ 흠 없이 완전해야 합니다.

④ 공로로 행한 일이 그 공로로 받은 상의 가치에 정확히 부합해야 합니다. 만일 공로로 행한 일의 가치를 조금이라도 넘어서는 상을 받는다면, 그것은 더 이상 공로가 아니라 선물이 될 것이기 때문입니다.

그러나 우리가 무엇을 행하든, 결코 스스로 선택해서 하지 않습니다.

① 그러하기에 그것을 행하지 않는 것은 곧 죄를 짓는 것입니다. 의무를 이행한 데 대한 공로로 무언가를 받는 법은 없습니다.

"이와 같이 너희도 명령 받은 것을 다 행한 후에 이르기를 우리는 무익한 종이라 우리의 하여야 할 일을 한 것뿐이라 할지니라"(눅 17:10).

② 우리는 본질상 선한 일을 할 수 없는 존재들입니다. 본성으로는 하나님을 기쁘시게 하지 못하기 때문입니다(롬 8:8 참고). 우리는 본성적으로 죽은 자요(엡 2:1 참고), 눈먼 자요(고전 2:14 참고), 악하여 하나님의 법에 굴복하지 않고(롬 8:7 참고), 무능하며 모든 선한 일을 버리는 자들입니다(딛 1:16 참고). 이렇듯 인간은 본디 스스로, 그리고 자신의 능력으로 어떤 선행도 하지 못합니다. 그러므로 인간이 선을 행하기 위해서는 먼저 그에게 선이 주어져야 합니다.

"네게 있는 것 중에 받지 아니한 것이 무엇이냐? 네가 받았은즉 어찌하여 받지 아니한 것같이 자랑하느냐?"(고전 4:7)

"너희 안에서 행하시는 이는 하나님이시니 자기의 기쁘신 뜻을 위하여 너희에게 소원을 두고 행하게 하시나니"(빌 2:13).

"온갖 좋은 은사와 온전한 선물이 다 위로부터 빛들의 아버지께로부터 내려오나니"(약 1:17).

"우리가 무슨 일이든지 우리에게서 난 것같이 스스로 만족할 것이 아니니 우리의 만족은 오직 하나님으로부터 나느니라"(고후 3:5).

③ 우리의 모든 행위는 완전하지 않습니다. 가장 탁월한 행위라 할지라도 여전히 믿음과 순종과 사랑과 열심에 많은 결함이 있습니다. 그래서 성경은 말합니다.

"우리의 의는 다 더러운 옷 같으며"(사 64:6).

"내 속 곧 내 육신에 선한 것이 거하지 아니하는 줄을 아노니 원함은 내게 있으나 선을 행하는 것은 없노라"(롬 7:18).

게다가 아무리 사소한 일이라도 단 한 부분에서 실패하면 모든 죄를 범한 자가 됩니다(약 2:10 참고).

④ 인간의 행위와 천국 간에는 진정으로 서로 부합하는 내적 관계가 없으며, 있을 수도 없습니다. 무한한 것과 유한한 것, 일시적인 것과 영원한 것 사이에는 서로 비견될 만한 것이 있을 수 없습니다(롬 8:18 참고).

이 모든 사실들을 종합해 보면, 일종의 삼단 논법이 도출됩니다. 무엇이든지 의무로 행하는 것은 공로가 될 수 없습니다. 공로가 되려면 자발적으로, 자력으로 행하는 것이어야 합니다. 또한 상급에 부합하는 완전한 것이어야 합니다. 그런데 선행은 인간의 의무입니다. 그것도 모든 것을 포괄하는 완전한 선행이어야 합니다. 인간은 자력으로 선을 행할 능력이 없을뿐더러 행하는 일마다 불완전하고 죄로 오염되어 있습니다. 그러하기에 우리의 행위와 천국은 전혀 맞닿은 지점이 없습니다. 따라서 우리의 선행은 결코 천국을 얻는 공로가 될 수 없습니다.

둘째, 구원은 공로로 얻는 것이 아니라, 오직 은혜로 받는 선물이요 기업입니다.

다음 말씀에서 이런 사실을 분명히 알 수 있습니다.

"내 아버지께 복 받을 자들이여, 나아와 창세로부터 너희를 위하여 예비된 나라를 상속받으라"(마 25:34).

"이는 기업의 상을 주께 받을 줄 아나니 너희는 주 그리스도를 섬기느니라"(골 3:24).

"죄의 삯은 사망이요 하나님의 은사는 그리스도 예수 우리 주 안에 있는 영생이니라"(롬 6:23).

천국을 공로로 얻을 수 있다면, 죽음이 죄의 삯인 것처럼 천국은 선행의 삯이어야 할 것입니다. 그러나 사도는, 하나는 삯이라고 일컫는 반면 다른 하나는 하나님의 선물이라고 부름으로써 이 둘을 분명히 구별합니다. 결국 사도는 행위에 근거하여 하나님께서 구원을 선물로 주신다고 하는 것이 아닙니다. 구원 자체가 하나님의 선물이라고 말합니다.

셋째, 그리스도는 완전한 구원자이십니다. 자기 백성을 위해 자신의 공로로 구원을 획득하셨습니다.

"내가 그들에게 영생을 주노니"(요 10:28).

"염소와 송아지의 피로 하지 아니하고 오직 자기의 피로 영원한 속죄를 이루사 단번에 성소에 들어가셨느니라……이로 말미암아 그는 새 언약의 중보자시니 이는 첫 언약 때에 범한 죄에서 속량하려고 죽으사 부르심을 입은 자로 하여금 영원한 기업의 약속을 얻게 하려 하심이라"(히 9:12,15).

"다른 이로써는 구원을 받을 수 없나니"(행 4:12).

그리스도께서 자기 백성을 위해 천국을 얻지 못했든지, 아니면 그들의 행위가 천국에 합당하지 않든지 둘 중 하나는 사실일 수밖에 없습니다. 그들의 행위는 어떤 방식으로 공로가 됩니까? 전체가 공로가 되는 것입니까? 아니면 일부가 공로가 되는 것입니까? 전체가 공로가 된다면, 그리스도는 구원자가 아닙니다. 일부가 공로가 된다면, 그리스도는 완전한 구원자가 아닙니다. 그러나 그리스도는 구원자, 그것도 완전한 구원자이십니다. 따라서 우리의 행위는 전체이든 일부이든 구원을 얻는 공로로서 아무런 쓸모가 없습니다.

회피주장 그리스도께서 친히 우리의 행위가 공로가 되도록 하셨다.

| 답변 |

이 주장은 지금까지 우리가 보인 증거에 아무런 영향을 주지 못합니다. 그리스도께서 자신의 공로로 완전하게 천국을 얻으셨다면, 우리의 행위는 절대 공로로 받아들여질 수 없습니다. 이는 그리스도께서 우리의 행위에 공로적인 성격을 주셨다고 해도 마찬가지입니다. 그러나 우리는 그리스도께서 우리의 행위가 공로가 될 수 있도록 하셨다는 주장을 분명히 거부합니다. 말도 안 되는 이야기입니다. 그것은 그리스도의 공로가 다른 구속자와 구원자를 얻도록 했다고 하는 말과 같습니다. 따라서 인간의 행위는 결코 공로가 될 수 없습니다.

이런 사실에 대해 사람들은 흔히 다음과 같이 반론합니다.

- 사람은 행위로 의롭다함을 받는다.
- 하나님은 선행을 기뻐하신다.
- 사람은 각자의 행위에 따라 심판을 받는다.
- 사람이 구원받는 것은 그가 구원받기에 합당하기 때문이다.
- 각 사람은 행한 대로 보응받는다.
- 선행에는 상이 따른다.
- 선행은 유익하다.

이런 반론에 대해서는 칭의를 다루는 부분(2권 34장)에서 답을 하였습니다.

율법에 대한 권고

지금까지 우리가 율법에 관해 살펴본 이유는 단지 지식을 더하기 위함이 아니라, 실제로 그렇게 살기 위함입니다.

첫째, 율법이 우리를 위한 삶의 규칙이 맞다면, 율법의 광대함과 영적인 본질을 알도록 부지런히 살펴야 합니다.

"내 눈을 열어서 주의 율법에서 놀라운 것을 보게 하소서"(시 119:18).

율법을 반복해서 읽고, 하나님의 말씀에서 율법이라고 할 수 있는 모든 것을 찾아 연구하십시오. 의미가 명확히 다가오고 율법을 향해 자연스레 마음이 기울어지도록 끊임없이 율법을 묵상하고 마음에 두십시오. 그리하여 자신의 모든 행위를 이 율법에 맞추어 가며 항상 이 율법의 조명을 받으십시오.

둘째, 항상 율법을 하나님의 뜻으로 알아 그것을 펼쳐 읽고, 그것을 인정하며 사랑하고 순종하며, 이 규칙에 따라 모든 행위를 하십시오. 건축자가 자신의 설계도를 따라 집을 짓듯이, 율법을 그렇게 여기십시오.

셋째, 날마다 이 율법으로 자신을 점검하고, 자신이 어떠한 계명을 거스르고 준행했는지를 분명히 보십시오. 그리하면 겸손해질 수 있을 것입니다. 그리고 장래에는 율법을 따라 더 진중히 행하고, 성령의 인도하심을 바라며 기도할 것입니다. 그리고 예수님을 더 소중히 여기게 될 것입니다.

46

제1계명

십계명의 각 계명을 하나씩 살펴보기 전에, 서론으로서 다음 내용을 주목해 봅시다.

하나님의 선물인 율법: 하나님의 성품의 표현

하나님은 인간 안에 그분의 신성을 아는 지식을 조성하신 것처럼, 인간에게 하나님의 뜻을 아는 내적 지식을 주셨습니다. 그러나 이 두 가지 모두가 인간이 타락함으로 말미암아 너무나 희미하고 불완전해졌습니다. 뿐만 아니라, 인간이 계속 죄악을 범함으로 말미암아 더욱 흐릿해지고 말았습니다. 사람이라면 누구나 악을 피하고 선을 행해야 한다는 것을 압니다. 그런데 선과 악이 무엇인지는, 악이 아니라 선을 통해 가장 분명하게 이해할 수 있습니다. 가장 지적이고 덕스러운 사람이라 하더라도 하나님께서 명하거나 금하신 것 전부를 알 수는 없을뿐더러, 그것을 어떻게 준행해야 하는지도 모릅니다. 바울 자신도 이렇게 말합니다.

"율법으로 말미암지 않고는 내가 죄를 알지 못하였으니 곧 율법이 탐내지 말라 하지 아니하였더라면 내가 탐심을 알지 못하였으리라"(롬 7:7).

　이는 마치 돌판에 새겨진 자연법 가운데 많은 부분이 마모된 탓에 문장과 단어와 문자들을 알아보기가 어려워진 것과도 같습니다. 때때로 이교도들도 어떤 계명에는 아주 익숙한 것을 볼 수 있습니다. 그러나 그들은 그 계명을 행하는 방식을 알지 못하며, 다른 계명들에 대해서는 전혀 알지 못합니다(1권 1장 참고). 하나님께서 교회에 십계명이라는 율법을 완벽하게 계시하셨고, 이 언약에 참여한 자들은 계명에 따라 살 의무를 집니다. 따라서 본성의 희미한 빛으로 우리가 준행할 계명이 무엇인지를 판단해서는 안 됩니다. 또한 단지 본성의 희미한 빛인 이성이 판단하는 기능을 한다고 해서, 그 빛을 우리와 관련된 계명이 무엇인지를 판가름하는 시금석으로 삼고 그것에 매이면 안 됩니다. 오히려 계명은 율법을 수여하신 하나님께서 명하신 것이기 때문에 우리가 마땅히 준행해야 합니다. 우리는 시내산에서 선포된 율법을 따라 무엇이 죄이고 무엇이 덕인지를 판단해야 할 뿐만 아니라, 그 율법을 모든 인간(그리스도인은 물론이요 이교도들도)의 행동을 판단하는 준거로 삼아야 합니다. 사실 인간이 타락하지 않았다면, 인간의 본성과 이성을 통해 능히 그 일이 가능했을 것입니다. 우리가 가진 이성 역시 하나님에게서 온 것입니다. 하나님은 인간이 이성을 통해 하나님의 뜻을 깨닫게 하십니다. 이교도들이 어떤 일이 악한지 여부를 판단할 수 있는 것은, 그들의 이성이 그것을 판단하기 때문이 아니라 하나님께서 그것을 악으로 정하셔서 그들의 이성을 통해, 다시 말해 본성의 빛을 통해 그것을 알 수 있게끔 하시기 때문입니다.

　하나님은 거룩하시기 때문에 인간에게 거룩함을 요구하실 수밖에 없습니다. 하나님은 주권적인 뜻을 따라 인간에게 몇몇 규례들을 정해 주셨습니다. 물론 그분의 뜻에 따라 그 규례들을 주지 않으실 수도 있었습니다. 그러나 하나님께서 인간에게 주신 이런 규례들은 선하며, 사람은 이를 준행할 의무를 집니다. 왜냐하면 주권적인 율법의 수여자께서 그것을 기뻐하시기 때문입니다. 아담에게 선악을 알게 하는 나무의 열매를 먹지 말라고 하신 명령이나 의식법이 바로 여기에 해당합니다.

　그런데 십계명에서 알 수 있듯이, 인간에게는 하나님께 순종할 의무가 있고 따를 계명도 있습니다. 이 사실은 하나님의 본성과 이성적인 피조물에게 합당합니다. 이와 마찬가지로, 사람이 그런 계명을 거룩함의 척도로 삼는 것 역시 하나님의 성품에 부합합니다. 십계명에 드러난 거룩함은 하나님의 형상입니다. 다시 말해, 하나님의 공유적 속성과 조화를 이룹니다. 따라서 자신의 거룩한 본성에 따라 사람을 지으신 하나님께서 그런 본성에 어긋나는 계명이나 선물을 주실 수는 없습니다. 그리고 그런 하나님의 형상을 따라 지음 받은 사람이 하나님을 미워하고 섬기지 않거나, 육체적인(physical) 의미로만 섬길 뿐 모든 일에서 하나님께 부르짖지 않거나 그분을 영화롭게 하지 않는 것은 올바르지 않습니다. 하나님은 자신의 형상을 가지면서도 공공연하게, 또는 은밀하게 이웃의 소유를 탐하고 이웃의 명성에 해를 끼치며 거짓을 일삼고 늘 현세의 만족을 추구하면서 만족하지 못하는 마음을 가진 채, 권위와 부모에게 불순종하고 악하며 비도덕적이고 부정한 피조물을 지으실 수 없습니다. 이 모든 모습은 인간이 그 모습을 따라 지음 받은 하나님의 거룩한 성품과 정면으로 부딪칩니다. 만약 인간이 타락하지 않고 지금까지 계속 완전하다면, 이 사실을 분명히 이해할 것입니다. 다시 말해, 십계명은 하나님께서 그 전체와 계명 하나하나를 법으로 의도하신 것일 뿐만 아니라, 하나님의 거룩하신 성품에서 비롯된 율법입니다.

게다가 거룩하신 하나님께서 자신의 형상을 따라 지은 인간에게 기꺼이 그런 율법을 주신 것은 지극히 의로운 일입니다. 따라서 거룩하신 하나님께서 인간이 그분의 성품과 어긋나게 하나님의 율법에 불순종하도록 내버려 두시거나, 각각의 계명을 거스르는 불순종에 대해 벌하지 않으시는 것은, 하나님 자신과 자신의 거룩함을 부인하는 일입니다. 하물며 인간이 자신이나 다른 이가 가진 계명에 준수할 의무를 부정하는 일에 대해서는 어떠하시겠습니까? 그 어떤 권세나 권위도 자신이 다스리는 사람들을 이 의무에서 벗어나게 할 수 없으며, 그래서도 안 됩니다. 만일 그런 사람이 있다면, 그는 하나님을 정면으로 거스르는 자입니다. 만일 우리가 완전한 빛 가운데 있다면, '이런 계명은 이런 식으로, 또는 저런 식으로 말씀하셨더라면 더 좋았을 것이다'라고 생각하지 않을 것이며, 하나님께서 어느 누구도 계명을 준수할 의무에서 자유롭게 하지 않으신 것을 당연하게 여길 것입니다. 타락한 지성이 인간의 이런 의무와 반대되는 의문이나 반론을 제기하는 것을 조금도 허용하지 말아야 합니다.

율법의 의미를 확인하는 지침

율법은 완전합니다. 반면에 인간은 거듭났다 하더라도 불완전합니다. 적어도 지성과 의지와 관련해서는 그러합니다. 그러므로 인간은 "내 눈을 열어서 주의 율법에서 놀라운 것을 보게 하소서"(시 119:18)라고 기도해야 합니다. 뿐만 아니라 율법을 온전히 알도록 부지런히 힘써야 합니다. 이는 율법이 말하는 거룩함을 더욱 잘 분별하고, 자신의 범과를 분명히 알고 더욱 겸손히 행하며, 이 거룩함에 온전히 부합하게 살면서 율법의 요구를 완전히 만족시키신 그리스도의 인격과 삶을 드높이기 위한 것입니다. 따라서 율법을 문자적으로만 이해하는 데 만족하지 말고, 율법의 간명한 문장 이면에 담긴 뜻을 모두 헤아리기 위해 온 힘을 다하십시오. 다음과 같은 지침을 활용하면 도움이 될 것입니다.

첫째, 율법은 하나님과 이웃을 향한 사랑을 말합니다(마 22:37; 롬 13:8-10 참고). 그러므로 단지 율법을 준수하는 것만으로는 충분하지 않습니다. 이 모든 순종이 사랑에서 비롯되어야 합니다. 하나님과 이웃을 사랑의 대상으로서 동등한 위치에 두어서는 안 됩니다. 하나님은 인간보다 무한히 존귀하십니다. 따라서 하나님을 향한 사랑은 이웃을 향한 사랑보다 무한히 뛰어나야 합니다. 또한 이웃을 향한 사랑은 하나님을 향한 사랑으로부터 흘러나와야 합니다. 만일 하나님을 향한 사랑의 의무와 이웃을 향한 사랑의 의무가 부딪치는 상황이 온다면, 당연히 이웃을 향한 사랑의 의무가 하나님을 향한 사랑의 의무에 길을 내주어야 합니다. 부모를 사랑하고 공경해야 합니다. 그러나 핍박의 때에는 부모를 향한 존경과 사랑이 하나님을 고백하는 일을 가로막을 수 있습니다. 이런 경우, 마땅히 부모를 향한 공경과 사랑이 하나님을 사랑하고 고백하는 데 걸림돌이 되지 않도록 해야 합니다.

둘째, 율법은 영적이며(롬 7:14 참고), "하나님은 영"이십니다(요 4:24 참고). 그러므로 외적이고도 육체적인 행위만으로는 충분하지 않습니다. 우리의 모든 행위에 마음과 뜻과 힘과 정성을 담아야 합니다. 또한 완전하고도 거룩하며 영적인 방식으로 행해야 합니다. 율법을 준행하는 방식과 목적뿐만 아니라 동기가 되는 원리 역시 온전히 영적이어야 하므로, 율법을 준행하는 일에는 몸과 영혼을 포함한 전인이 참여해야 합니다.

"값으로 산 것이 되었으니 그런즉 너희 몸으로 하나님께 영광을 돌리라"(고전 6:20).

셋째, 각각의 계명은 금지를 포함하며, 이런 금지들은 저마다 그 자체로 하나의 계명입니다. 누구를 죽이지 않은 것만으로 제6계명을 준행했다고 할 수는 없습니다. 오히려 할 수 있는 한 이웃의 생명을 보존하며 사랑과 화평 가운데 살아가야 합니다. 도둑질하지 않는 것만으로 제8계명을 지킨 것도 아닙니다. 적극적으로 이웃의 소유를 보존하고, 또 그렇게 할 수 있도록 도와야 합니다. 단순히 이웃에 대해 거짓 증언 하지 않는 것만으로는 제9계명을 지킨 것이 아닙니다. 이웃의 영예를 높여야 합니다.

넷째, 명령형의 계명은 언제나 특정한 대상에게만 구속력을 가지지만, 금지형의 계명은 대상과 관계없이 누구에게나 구속력을 가집니다. 고아에게 공경할 친부모가 없다 하더라도 하나님과 이웃은 항상 있습니다. 따라서 하나님이나 이웃에게 부적절하게 행동해도 되는 경우는 없습니다.

다섯째, 덕을 명하고 악을 금할 때, 본질이 동일한 모든 덕과 악에 대해서도 명령과 금지가 동시에 주어집니다. 어떤 것의 정도가 그것의 본질을 바꾸지는 않습니다. 내면에 있는 것이 외적인 것을 통해 표출됩니다. 덕과 악의 근거가 되는 모든 동기도 마찬가지입니다. 살인에는 증오, 시기, 분노, 원한이 담겨 있습니다. 그러나 계명을 그 반대로도 적용해 볼 수 있습니다. 즉, 사랑과 애정과 화평과 선함을 명령하는 것입니다. 간음에는 모든 부도덕한 성향과 행위가 포함됩니다. 그러나 간음하지 말라는 계명은 오히려 그 반대의 것을 명령하는 것으로 적용할 수 있습니다. 우리 이웃을 더럽히지 않는 것은 물론, 내적으로나 외적으로 모든 면에서 정결하며 흠 없이 살라고 명령하는 것입니다.

율법의 두 돌판

율법은 사랑을 말합니다. 그런 의미에서 전체 율법은 하나라고 할 수 있습니다. 그런데 우리가 율법을 준행할 때 향하는 대상은 하나님과 이웃입니다. 율법은 그 대상에 따라 둘로 나뉘고, 두 돌판에 기록되었습니다(마 22:40 참고). 율법은 열 가지 방식으로 준수되고, 따라서 열 개의 계명으로 주어졌습니다(출 34:28; 신 10:4 참고).

율법이 두 돌판에 기록된 사실에 대해, 이 계명들이 전혀 구분되지 않는다거나 순차적으로 연달아 기록되었다고 여길 수도 있습니다. 즉, 한쪽 돌판에 기록한 후에 남은 계명들을 다른 쪽 돌판에 기록했다는 식으로 말입니다. 제2계명과 제4계명이 유난히 길기 때문에 더욱 그랬을 수 있다는 것입니다. 그러나 그런 견해는 전혀 근거가 없습니다. 그런 이유로 율법이 두 돌판에 기록되었다면, 차라리 하나의 돌판에 열 개의 계명을 다 기록할 수도 있었을 것입니다. 두 돌판에 각각 다섯 개의 계명이 기록되었다는 근거도 성경에서 전혀 찾아볼 수 없습니다. 어쨌든 분명한 것은 두 돌판에 새겨진 계명들 하나하나가 다 독특하고도 고유하다는 점입니다.

하나님과 관련된 처음 네 계명이 첫 번째 돌판에, 이웃과 관련된 나머지 여섯 계명이 두 번째 돌판에 기록되었습니다.

① 주 예수님께서 십계명을 각각 하나님과 이웃과 관련된 계명의 내용에 따라 두 돌판으로 구분하셨습니다. 마태복음 22장 38,39절이 이런 사실을 보여 줍니다.

② 이런 사실은 제5계명을 약속 있는 첫 계명이라 일컫는 에베소서 6장 2절에서도 드러납니다. 그런데 제2계명과 제4계명 역시 약속을 가집니다. 그러하기에 '첫 계명'이라는 말이 모든 계명을 가리킨다고 보기는 어려우며, 두 번째 돌판의 첫 계명을 가리키는 것이라 할 수 있습니다.

③ 마태복음 19장 18,19절에서도 이런 사실이 분명해집니다. 여기서는 두 번째 돌판의 계명들만 나열될 뿐, 첫 번째 돌판의 계명들은 전혀 언급되지 않습니다. 물

론 여기에는 제5계명도 포함됩니다.

교황주의자들은 자신들이 행하는 형상 숭배가 우상숭배적이라는 사실을 사람들이 문제 삼지 못하도록, 제2계명을 제1계명의 일부로 갖다 붙임으로써 십계명에서 계명 하나를 완전히 없애 버립니다. 이들은 첫 번째 돌판이 세 개의 계명을 담고 있다고 주장합니다. 루터파도 이런 견해를 따릅니다. 그래서 이들은 아홉 개가 된 십계명을 다시 열 개로 만들기 위해 제10계명을 두 개로 나누어, 두 번째 돌판에 일곱 개의 계명이 있다고 주장합니다.

그러나 제2계명은 제1계명과 별개의 계명입니다.

첫째, 이 두 계명은 그 내용과 목적이 완전히 다릅니다. 첫 번째 계명은 우리가 누구를 섬기고 영화롭게 해야 하는지에 관해 말하고, 두 번째 계명은 어떤 방식으로 첫 번째 계명을 수행해야 하는지에 관해 말합니다. 그러므로 이 두 계명 중 하나를 거스르면서 다른 하나를 거스르지 않을 수도 있습니다. 하나님을 섬기면서도 하나님께서 싫어하셔서 명하시지 않은 방식으로 섬길 수 있습니다.

둘째, 두 번째 계명은 첫 번째 계명과 뚜렷이 구별되는 독자적인 계명으로 제시됩니다(신 4:23 참고).

셋째, 제10계명은 두 개로 나뉠 수 없으므로, 결국 십계명이 열 개의 계명이 아니라 아홉 개의 계명으로 이루어진 것이 됩니다.

① 탐심을 금하는 계명을 언급하는 데서 알 수 있듯이, 바울은 전체 계명을 하나로 이해했습니다(롬 7:7 참고).

② 출애굽기 20장과 신명기 5장 모두가 이 계명을 기록합니다. 이 계명이 한 곳에서는 이웃의 집을 탐내지 말라는 말씀으로 시작되고, 다른 곳에서는 이웃의 아내를 탐내지 말라는 말씀으로 시작됩니다. 이런 사실은 제10계명이 탐심의 대상이 무엇인지와 상관없이 탐심 자체에 집중하고 있다는 점을 보여 줍니다.

③ 만약 제10계명을 둘로 나눈다면, 어느 대목을 아홉 번째 계명으로 하고 어느 대목을 열 번째 계명으로 할지가 불분명합니다. 게다가 이렇게 나누는 것은 율법을 주신 분께서 자신의 지혜로 분명하게 말씀하신 바에 위배됩니다.

④ 또한 앞의 계명들이 하나같이 마침표로 구분된 반면, 두 개의 계명이라고 하는 제10계명은 마침표로 구분되지 않습니다. 오히려 문장이 아직 끝나지 않았음을 뜻하는 쉼표가 쓰입니다. "탐내지 말라"라는 말이 반복된다는 사실 또한 이 계명을 두 개의 계명으로 볼 수 없는 이유입니다. 신명기 5장에서 '탐내다'라는 뜻을 가진 서로 다른 동사가 사용된다는 사실을 근거로 내세워 제10계명이 두 개의 계명이라고 주장할 수는 없습니다. 뒤에 있는 단어가 앞에 있는 단어의 의미를 확장하고 설명하는 용례는 하나님의 말씀에서 자주 등장합니다. 이를테면, 우리는 제2계명에서 '만들다,' '절하다,' '섬기다'라는 동사를 발견합니다. 여호수아 1장 5,6절에도 "내가 너를 떠나지 아니하며 버리지 아니하리니 강하고 담대하라"라는 말씀이 나옵니다.

율법의 서론

율법의 서론 부분은 아주 독특합니다. 뿐만 아니라 순종에 대한 강력한 동기를 부여합니다. 이 부분에서 율법의 수여자, 율법의 수여자와 율법을 받는 자들의 관계, 순종을 위한 동기라는 세 가지 사항에 주목해야 합니다.

첫째, 율법의 수여자께서 자신의 이름을 선포하시고, 그 이름으로 자신의 권위를 나타내십니다. 이로써 그분은 율법을 받는 자들로 하여금 자신을 주목하게 하시며, 그들 안에 경외함과 순종을 불러일으키십니다. "나는 여호와라. 지금 너희에게 말하는 나는 여호와라. 항상 계시고 영원토록 계실 영존하는 하나님이라. 만물에게 존재와 생명을 주고, 만물을 그 뜻대로 통치하는, 모든 영광과 존귀와 순종을 받기에 합당한, 영원 전부터 영원까지 거하는 하나님이라. 나를 여호와로 알고 섬기고 두려워하는 것은 이성을 가진 모든 피조물에게 가장 큰 복이다. 나 여호와는 구원하기도 하고 멸하기도 하는, 유일한 율법의 수여자이다. 그러므로 '하늘이여 들으라 땅이여 귀를 기울이라 여호와께서 말씀'(사 1:2)하신다."

둘째, 하나님은 "나는 너의 하나님 여호와니라"라는 서론을 통해 그분 자신과 교회가 어떤 관계에 있는지를 알리십니다. "나 하나님(성부, 성자, 성령 하나님)이 친히 너희를 나의 특별한 백성으로 택했다. 내가 성자 안에서 너희와 언약을 맺었고 성령을 통해 너희를 언약의 명에 아래로 이끌었다. 너희는 나에게 손을 내밀어 나와의 언약 관계 속으로 들어왔다. 너희는 나를 너희 하나님으로 정하였다. 그러므로 내가 너희를 인도하기 위해 너희에게 율법을 주었고, 너희는 은혜언약 아래서 나에게 순종할 의무를 진다. 그러므로 '하늘이여 귀를 기울이라 내가 말하리라. 땅은 내 입의 말을 들을지어다'(신 32:1)."

셋째, 하나님께서 이스라엘 백성들에게 베푸신 은택을 다시금 상기시키심으로써 그들이 하나님의 율법에 순종할 동기를 부여하십니다.

"나는 너를 애굽 땅, 종 되었던 집에서 인도하여 낸 네 하나님 여호와니라"(출 20:2).

그분은 이렇게 말씀하십니다. "너희는 애굽에서 나그네와 이방인으로 압제 아래 있었지만, 아무도 너희를 건지지 않았다. 오직 나 하나님이 강한 팔을 펴서 너희를 건져 내었다. 내가 너희 원수들에게 재앙을 내리고 홍해에 그들을 수장시켰다. 그리고 나는 너희로 하여금 마른땅을 걷듯이 홍해를 건너게 하여 해방시키고, 젖과 꿀이 흐르는 땅을 너희에게 유업으로 주었다. 그러므로 너희가 나를 경외하고 나의 음성을 청종하는 것이 마땅하지 않느냐."

"우리가 원수의 손에서 건지심을 받고 종신토록 주 앞에서 성결과 의로 두려움이 없이 섬기게 하시리라 하셨도다"(눅 1:74,75).

제1계명

이제 계명들을 하나씩 자세히 살펴봅시다. 먼저 첫 번째 계명부터 다루겠습니다.

"너는 나 외에는 다른 신들을 네게 두지 말라"(출 20:3).

여호와 하나님 외에는 다른 신이 없습니다.

"비록 하늘에나 땅에나 신이라 불리는 자가 있어 많은 신과 많은 주가 있으나, 그러나 우리에게는 한 하나님 곧 아버지가 계시니"(고전 8:5,6).

천사들을 신이라고도 부릅니다. 이는 천사들이 참된 신이신 하나님의 영광과 능력과 지혜와 같은 성품들을 반영하기 때문입니다(시 8:6 참고). 또한 세상에서 다스리는 권세를 가진 자들을 가리켜 신이라고 부르기도 합니다. 다른 사람을 통치하고 다스린다는 점에서 만유를 다스리시는 하나님의 모습을 닮았기 때문입니다(시 82:6 참고). 게다가 인간은 피조물을 신처럼 떠받듭니다. 심지어 마귀도 이 악한 세상에서 그들이 발휘하는 권세 때문에 이 세상의 신이라 불립니다(고후 4:4 참고). 또한 인간은 육신의 욕망과 욕구를 채우는 데 혈안이 되어 있습니다. 그러하기에 은유적으로 그들의 배를 가리켜 신이라고 일컫습니다(빌 3:19 참고). 제1계명은 이 모든 것들로부터 선한 것을 전혀 기대할 수 없으며, 하나님께만 돌려드릴 존귀와 두려움과 섬김을 이런 것들에 돌려서는 안 된다고 말합니다.

하나님은 제1계명에서 하나님 앞에 다른 신을 두지 말라고 하십니다. 그분은 자기 백성 가운데 거하십니다. 하나님과 그분의 백성은 서로 얼굴을 마주합니다. 그러므로 하나님 앞에서 죄를 짓는 것은 이런 하나님과의 관계를 해치는 일입니다. 하나님의 임재가 더 특별하고도 분명하며 영광스럽게 드러날수록, 그 가운데서 짓는 죄는 더욱 가증스러운 것입니다. 하나님을 모신 백성들이 하나님을 섬기는 자리에서 다른 것으로 하나님을 대신하거나 다른 것을 하나님과 같이 섬기는 것처럼 극악무도한 죄도 없습니다.

모든 계명들은 저마다 명령하고 금하는 내용들을 담고 있습니다. 제1계명도 마찬가지입니다. 그러므로 먼저, 제1계명을 통해 하나님께서 무엇을 금하시는지를 살펴보고 나서, 제1계명이 명령하는 내용을 보겠습니다. 제1계명은 다음과 같은 죄를 금합니다.

제1계명이 금하는 죄

무신론

첫 번째로, 제1계명은 무신론을 금합니다. 무신론은 하나님과 경건을 부정하고 하나님을 멀리하는 죄입니다. 하나님을 알고 인정하는 지식은 지성을 가진 모든 인간에게 본유적으로 주어져 있습니다. 그러나 사람마다 지성의 차이가 있습니다. 어떤 사람은 이성적인 능력을 제대로 발휘하지 못합니다. 또 어떤 사람은 술이나 뇌 손상이나 다른 병 때문에 제정신이 아니거나 이성적인 능력이 전혀 없는 것처럼 행동합니다. 이와 마찬가지로, 하나님을 아는 본성적인 지식 역시 사람마다 차이가 있습니다. 뿐만 아니라 많은 이들이 스스로를 불경건에 내주거나 계속 빛을 거스르는 죄를 범하면서 하나님을 거스르고 대적함으로 말미암아, 그나마 가진 본성적인 지식마저 희미해지고 어두워진 상태에 처해 있습니다. 그런데도 그들의 의지와 달리 하나님을 아는 지식의 불꽃은 그들의 마음에 남아 이따금씩 빛을 발하곤 합니다.

무신론을 따르는 사람들은 하나님을 잊고 살며, 하나님을 알려고 하지도 않습니다. 하나님께 계속해서 마음을 두지 않는다는 말입니다. 설령 하나님이 계신 것을 기억하더라도, 그 마음은 그것에 아무런 영향도 받지 못합니다. 그래서 이런 사람은 죄에서 떠나지도 않고, 하나님의 완전하심이 그에게 요구하는 사랑과 경외함과 순종으로 행할 동기를 발견하지도 못합니다. 한마디로 이런 사람은 그 삶이 길든 짧든 상관없이 하나님이 없는 것처럼 삽니다. 그리고 설령 하나님을 인정한다 할지라도, 성경이 말하는 살아 계신 하나님으로 알고 인정하지는 않습니다(무신론에 관해 논하는 2권 43장을 참고하십시오).

우상숭배

두 번째로, 제1계명은 우상숭배를 금합니다. 우상숭배의 죄는 세 가지로 나눌 수 있습니다. 노골적인 우상숭배와 온건한 우상숭배, 그리고 교묘한 우상숭배입니다.

노골적인 우상숭배는 하나님을 대신하는 어떤 것을 세워 놓고 그것을 마치 하나님인 양 높이고 절하며 섬기는 것입니다. 이런 노골적이고도 현저한 우상숭배는 이교도들에게서도 찾아보기가 힘듭니다. 실제로 이교도들은 부차적인 신들을 우상으로 섬기면서도, 다른 부차적인 신들보다 우월한 어느 신격을 인정하고는 알지 못하는 신이라 이름을 붙여 섬깁니다(행 17:23 참고). 한 이교도는 *Nescio quis Deus*(네스키오 쿠이스 데우스), 곧 '하나님이 천지를 지으신 것은 알지만 그가 누구인지는 모른다'고 고백했습니다. 심지어 우상에게 절하고 섬기는 이교도들조차 그 우상이 곧 하나님은 아니라는 사실을 압니다. 오히려 그런 우상으로 하나님을 형상화하고, 하나님이 그 형상에 가까이 오시고 깃들기를 바라는 것입니다. 또 그렇게 하면 하나님이 기뻐하시리라 생각합니다. 그런데 이교도들뿐만 아니라 실제로 교황주의자들도 미사를 통해 이런 현저한 우상숭배의 죄를 범합니다. 그들은 미사에 사용하는 전병을 하나님으로 여기면서 숭배합니다. 만일 전병이 하나님이 아니라면 자신들이 가장 끔찍한 우상숭배를 범하는 것이라는 사실도 인정합니다. 그러나 이는 만약이 아니라 실제로 그러합니다. 전병은 하나님이 아니기 때문입니다.

이보다 좀 덜한 우상숭배는, 무언가를 하나님과 나란히 놓고 하나님께만 돌릴 영광을 그것에게도 돌리는 것입니다. 이교도들의 우상숭배가 그러합니다(롬 1:25; 갈 4:8; 요일 5:21 참고). 이교도들은 이전에 주피터, 사르투누스, 비너스 및 다른 수많은 것들을 자신들의 신으로 섬겼습니다. 이런 것들은 하나같이 인간이든지, 그들이 신격화하여 꾸며 낸 것이든지 둘 중 하나입니다. 교황주의자들 역시 그와 같이 교황을 거룩하다 선언하면서 성인의 반열에 둘 뿐만 아니라 천사 숭배, 망자 숭배, 형상 숭배 등을 일삼습니다.

> ▶ 질문
> 천사들과 죽은 성도들을 숭배하는 것이 마땅하지 않은가?

대답: 교황주의자들은 이 질문에 그렇다고 대답하며, $\lambda\alpha\tau\rho\epsilon\iota\alpha$(라트레이아), $\delta o\upsilon\lambda\epsilon\iota\alpha$(둘레이아), $\upsilon\pi\epsilon\rho\delta o\upsilon\lambda\epsilon\iota\alpha$(휘페르둘레이아)를 구분합니다. 이들의 구분에 따르면 '라트레이아'는 사람이 하나님께만 드리는 섬김이고, '둘레이아'는 천사들과 죽은 성도들에게 바치는 섬김이며, '휘페르둘레이아'는 둘레이아보다 고상한 차원의 것으로서 그리스도의 인성과 동정녀 마리아에게 바치는 섬김입니다. 이

들은 사람이 둘레이아로써 성인들과 천사들을 공경하고, 휘페르둘레이아로써 그리스도의 인성과 동정녀 마리아를 예배하여 도움과 죄 사함과 성화와 구원을 간구해야 한다고 주장합니다. 실제로 이들은 예배의 대상에 따라 이렇게 구분합니다.

그리스도가 영원한 하나님이 아니라 그저 사람에 불과했다고 믿는 소시니안들은, 하나님께서 그를 신의 경지로 존귀하게 하셨기 때문에 예배한다고 주장합니다. 자신들이 자행하는 우상숭배를 감출 요량으로 그들은 예배(worship)와 기원(invocation)을 구분합니다. 지존하신 하나님으로서 성부를 마땅히 예배해야 하는 한편, 기원은 예배와는 구분되며 그리스도를 향해서만 드려진다고 주장합니다.

이런 교황주의적인 구분은 인위적으로 꾸며 낸 무의미한 것으로, 하나님의 말씀은 물론 헬라의 작가들에게서조차 찾아볼 수 없는 것입니다. 그렇습니다. 어원을 볼 때, 둘레이아가 라트레이아보다 훨씬 고상한 차원의 섬김을 말하기는 합니다. 둘레이아가 종이 주인에게 바치는 섬김이라면, 라트레이아는 고용된 종이 삯을 위해 바치는 섬김이기 때문입니다. 그러나 성경 어디에서도 하나님을 이렇게 구분하여 섬기는 것을 찾아볼 수 없습니다. 하나님은 라트레이아는 물론이요 둘레이아의 섬김을 받기에도 합당하십니다. 다음 구절들을 숙고해 보십시오.

"곧 모든 겸손(으로)······주를 섬긴(δουλεύων [둘류온]) 것과"(행 20:19).

"열심을 품고 주를 섬기라(δουλεύοντες [둘류온테스])"(롬 12:11).

라트레이아라는 말은 하나님을 위한 섬김뿐만 아니라 피조물을 위한 섬김 모두를 표현합니다.

"하나님이 외면하사 그들을 그 하늘의 군대를 섬기는(λατρεύειν [라트류에인]) 일에 버려 두셨으니"(행 7:42).

"피조물을 조물주보다 더 경배하고 섬김이라(ἐλάτρευσαν [엘라트류산])"(롬 1:25).

그렇습니다. 성경은 하나님이 아닌 것을 둘레이아로 섬기는 행위를 우상숭배로 간주합니다.

"하나님을 알지 못하여 본질상 하나님이 아닌 자들에게 종노릇(ἐδουλεύσατε [에둘류사테])하였더니"(갈 4:8).

소시니안들이 만든 구분 역시 근거가 없습니다. 그들은 성경이 예배와 기원 모두를 성부께만 돌린다고 말합니다.

"주 너의 하나님께 경배하고 다만 그를 섬기라 하였느니라"(마 4:10).

"누구든지 주의 이름을 부르는 자는 구원을 받으리라"(행 2:21).

그러나 그리스도 역시 예배와 기원을 받으십니다.

"각처에서 우리의 주 곧 그들과 우리의 주 되신 예수 그리스도의 이름을 부르는 모든 자들에게"(고전 1:2).

"그들이 그에게 경배하고"(눅 24:52).

"하나님의 모든 천사들은 그에게 경배할지어다"(히 1:6).

우리는 천사들을 택자들의 유익을 위해 하나님께서 보내신, 지각 있고 거룩하며 능력 있고 경건한 영들로 여겨야 한다고 주장합니다(히 1:14 참고). 그들은 자신들이 있는 곳에서 공손하고도 적절하게 행하며, 하나님의 자녀들에게 해를 끼치는 것이나 죄를 억제합니다(고전 11:10; 마 18:10 참고). 물론 우리는 성도들의 삶과 행실, 그들의 분투와 승리를 기억하여 마땅히 우리 삶의 모범으로 본받아야 합니다(눅 1:48; 마 26:13; 히 12:1 참고). 그러나 우리는 하나님께만 합당한 종교적 영예를 천사나 성도들에게 돌려야 한다는 생각을 모두 부인해야 마땅합니다. 이런 사실에 대해 다음과 같이 증명해 봅시다.

첫째, 우리는 하나님만을 예배해야 하므로 하나님이 아닌 모든 것을 섬김의 대상에서 배제합니다.

"주 너의 하나님께 경배하고 다만 그를 섬기라 하였느니라"(마 4:10).

이 본문은 '경배하다'와 '섬기다'라는 동사를 언급합니다. 마귀가 자기에게 절하고 자신을 섬기라고 요구했지만, 그리스도는 이를 거절하십니다. 마귀를 경배하지도, 섬기지도 않겠다고 하십니다. 경배와 섬김은 참 하나님께만 드려야 마땅한 행위이기 때문입니다. 여기서 '다만'이라는 부사가 모든 피조물을 배제합니다.

회피주장 '다만'이라는 말은 '섬기다'라는 동사와만 관련될 뿐, '경배하다'라는 말과는 상관이 없다. 게다가 섬기는 것은 둘레이아가 아니라 라트레이아를 통해 표현된다.

| 답변 |

❶ '다만'이라는 부사는 '섬기다'와 '경배하다'를 모두 수식합니다. 우리는 성경뿐만 아니라 일상의 대화에서도 두개의 동사가 '순접'으로 연결되어 있으면 하나의 부사가 두 개의 동사를 모두 수식한다고 이해합니다. 따라서 '나만을 섬기고 경배하라'라는 말은 '나만을 섬기고 나만을 경배하라'라는 뜻입니다. 다음 예를 보십시오.

"오직 강하고 극히 담대하여"(수 1:7).

여기서 '오직'이라는 부사는 '강하고'와 '극히 담대하여'를 모두 수식한다고 보아야 합니다. 마찬가지로 '다만' 역시 '섬기다'와 '경배하다'를 모두 수식한다고 이해해야 합니다. 이 두 동사는 '역접'이 아니라 '순접'으로 연결되므로, 위의 회피주장과는 아무런 상관이 없습니다.

❷ 여기서 사용된 헬라어 $\lambda\alpha\tau\rho\varepsilon\acute{\upsilon}\sigma\iota\varsigma$(라트류시스)는 앞에서 본 대로 큰 의미가 없습니다. 피조물을 둘레이아로 섬기는 것도 우상숭배입니다(갈 4:8 참고). 그러므로 위와 같이 동사를 구분하는 것이 별 의미가 없음은 더욱 분명합니다. 따라서 라트레이아와 둘레이아의 섬김은 모두 하나님께만 드리는 것이 합당합니다.

둘째, 본질상 하나님이 아닌 존재에게 종교적 영광을 돌리는 것 자체가 우상숭배입니다.

"그러나 너희가 그때에는 하나님을 알지 못하여 본질상 하나님이 아닌 자들에게 종노릇하였더니"(갈 4:8).

천사들과 성인들은 본질상 신이 아닙니다. 그러므로 여기서 사용된 둘레이아로도 그들을 섬겨서는 안 됩니다.

회피주장 여기서 바울은 천사와 성인들이 아니라 이교도가 섬기는 우상들을 말하고 있다.

| 답변 |

사도 바울은 이교도의 우상을 섬기는 것과 다른 피조물을 섬기는 것을 구분하지 않습니다. 오히려 우리는 본질상 하나님이 아니라면 그 어떤 것도 섬겨서는 안 된다고 분명히 선을 긋습니다. 이러한 근본 원칙은 모든 경우에 각각 적용되어야 합니다. 어떤 대상을 예배하고 그것에게 종교적인 영광을 돌리기에 앞서, 우리가 경배하고 섬기는 대상이 바로 하나님 그분인지를 잘 살펴야 합니다. 만일 그 대상이 참 하나님이 아니라면 더는 섬기지 말아야 합니다. 그것은 우상숭배이기 때문입니다. 그 대상이 주피터든 베드로든 상관없습니다. 둘 다 본질상 하나님이 아니기 때문입니다. 그러므로 둘 중 어느 대상에게도 종교적인 영광을 돌려서는 안 됩니다. 물론 한쪽은 불경한 우상이요 다른 한쪽은 경건한 사람이라는 차이가 있습니다만, 둘 다 동일하게 경배와 섬김에 합당한 참 하나님이 아닙니다.

셋째, 성경 어디에서도 천사들과 성인들을 숭배하라는 언급이나 모범이나 약속을 찾아볼 수 없습니다. 하나님은 신자들이 행해야 할 모든 신앙 행위들을 말씀을 통해 구체적으로 적시하셨습니다. 그러나 성경은 어디에서도 천사들이나 성인들을 숭배하라고 말하지 않습니다. 경건한 사람들이 어떻게 신앙을 실천했는지에 관한 기록은 많지만, 성인이나 천사를 숭배했다는 말은 단 한 군데도 없습니다. 오히려 그렇게 하고자 한 사람이(아마도 천사를 주 예수님이라 잘못 생각해서 그랬을 것입니다) 책망을 듣고 바로잡도록 가르침을 받은 기록이 있습니다(계 19:10 참고). 하나님은 자신을 예배하는 자들에게 풍성한 약속을 주셨습니다. 그러나 성인들을 숭배하는 자들에게는 아무것도 약속하지 않으셨습니다. 따라서 성인 숭배는 하나님으로부터 온 것이 아니라, 자의적인 우상숭배라 할 수 있습니다.

넷째, 성경은 이런 우상숭배를 명백히 금합니다.

"아무도 꾸며 낸 겸손과 천사 숭배를 이유로 너희를 정죄하지 못하게 하라"(골 2:18).

"나는 너와 및 예수의 증언을 받은 네 형제들과 같이 된 종이니 삼가 그리하지 말고 오직 하나님께 경배하라"(계 19:10).

하나님의 종 역시 우리와 동일한 사람이기에 그들을 숭배해서는 안 됩니다. 천사들과 성도들은 우리와 동일하게 하나님의 종들입니다. 그러므로 하나님께 돌릴 영광을 그들에게 돌리지 마십시오.

다섯째, 천사들과 성도들은 예배를 받기에 합당한 존재가 아닙니다. 이들은 전지하지도 않고, 모든 사람의 필요를 구체적으로 알지도 못합니다. 사람의 마음이 진실한지도 전혀 알지 못하며, 사람들의 청을 다 들어주지도 못합니다.

"아브라함은 우리를 모르고 이스라엘은 우리를 인정하지 아니할지라도"(사 63:16).

그들은 우리를 도울 힘도 없고, 사람들에게서 숭배를 받고자 하는 마음도 전혀 없습니다(계 22:8 참고). 심지어 그들은 우리의 보증도, 중보자도 아닙니다. 오직 주 예수님만이 우리를 도우실 수 있고 숭배를 받으시며, 보증이요 중보자이십니다.

"아버지 앞에서 우리에게 대언자가 있으니"(요일 2:1).

따라서 성인 숭배나 천사 숭배는 순전히 우상숭배에 불과합니다.

반론 1

이 땅에서 우리는 다른 신자들에게 우리를 위해 기도해 달라고 부탁하지 않는가? 하물며 천국에 들어가 영화롭게 된 성도들에게 우리를 위해 기도해 달라고 부탁하는 것이 당연하지 않은가?

답변

교황주의자들이 성인 숭배와 형상 숭배를 정당화하려는 것처럼 어리석은 일도 없습니다. 그들이 성인 숭배와 천사 숭배(이것들은 결국 우상숭배입니다)를 계속 고집하기 위해 내세우는 근거란 옹색하기 짝이 없습니다! 성경에서는 결코 그들의 이런 태도를 지지할 만한 계명을 찾을 수 없습니다. 따라서 천사 숭배와 성인 숭배는 그들이 인위적으로 고안한 것에 불과합니다.

그렇다고 이들이 말하는 것처럼, 성인 숭태가 이 땅에서 신자들에게 기도를 부탁하듯이 영광에 들어간 성도들에게 기도를 부탁하는 정도로 끝납니까? 결코 그렇지 않습니다. 교황주의자들은 성인들에게 영광을 돌리기 위한 축일들을 제정하였습니다. 성인들 앞에 무릎을 꿇고 이 땅 및 죽은 후의 사죄와 거룩함과 구원과 영육의 도움을 구합니다. 성인들을 영화롭게 하고자 제단 위에 그들의 형상을 세웁니다. 그들에게 예물을 바칩니다. 성인 숭배가 죄를 용서받고 벌을 면하게 하는 효과를 지녔으며, 그것들을 위한 공로가 된다고 여깁니다. 하나님을 섬기는 일보다 천사 숭배와 성인 숭배에 열 배나 더 열심을 냅니다. 특정한 일을 위해 신자들에게 기도를 부탁하는 일이 이들이 행하는 이런 성인 숭배와 어떤 점에서 유사하단 말입니까? 이를 통해 하나님께서 감사와 찬양을 받으십니까? 동료 신자들에게 기도를 부탁하는 것과 성인 숭배는 전혀 유사하지 않습니다. 전자는 절대로 서로를 숭배하지 않는 반면, 후자는 그렇지 않습니다. 전자는 하나님이 명하신 것이지만, 후자는 오히려 금하신 것입니다. 전자를 통해서는 신자들이 서로의 필요와 바라는 바를 나눌 수 있지만, 후자를 통해서는 전혀 그렇지 않습니다. 전자는 두 번째 돌판과 관련되지만, 후자는 첫 번째 돌판과 관련됩니다. 이처럼 이 둘 사이에는 공통점이나 유사점이 전혀 없습니다. 따라서 위의 반론에는 어떤 논리적 개연성도 없습니다.

반론 2

"주의 종 아브라함과 이삭과 이스라엘을 기억하소서"(출 32:13).

이 말씀에서 모세가 성도들에게 기대고 있지 않은가?

답변

모세는 지금 성도들에게 기도하는 것이 아니라, 하나님께 기도하는 와중에 하나님께서 그들과 맺으신 언약을 붙들고서 그들을 언급한 것입니다.

반론 3

"거룩한 자 중에 네가 누구에게로 향하겠느냐?"(욥 5:1)

본문은 엘리바스가 성도들에게로 피하라고 욥에게 촉구하는 대목이다. 이처럼 얼마든지 성도들에게 도움을 구할 수 있다.

> **답변**

본문은 엘리바스가 성도들로부터 욥이 아무런 공감도 얻지 못하리라고 외치는 말이지, 천국의 성도들을 가리켜 하는 말이 아닙니다.

반론 4

"만일 일천 천사 가운데 하나가 그 사람의 중보자로 함께 있어서 그의 정당함을 보일진대, 하나님이 그 사람을 불쌍히 여기사 그를 건져서 구덩이에 내려가지 않게 하라 내가 대속물을 얻었다 하시리라"(욥 33:23,24).

여기서는 천사들이 욥을 자애롭게 대하고, 그를 구원하며, 그를 위한 대속물을 발견한 것으로 묘사된다. 천사가 이런 일을 하는 존재라면, 인간이 천사들에게 이런 것들을 기대하고 그것들을 위해 기도하는 것이 맞다.

> **답변**

본문이 말하는 천사는 하늘의 천사, 즉 영적인 존재로서의 천사가 아닙니다. 만약 그랬다면, 엘리후가 '일천 천사 가운데 하나'라고 하지 않았을 것입니다. 가장 미약한 천사라도 그 일을 할 수 있었을 것이기 때문입니다. 오히려 여기서 언급된 천사는 특별한 복음의 사자(사역자들이 종종 사자로 일컬어집니다)를 가리킵니다. 주 예수님 또한 사자로 언급되었습니다. 따라서 '천사'라는 말만으로는 그것이 창조된 영을 가리킨다고 결론지을 수 없습니다. 특정한 사람에게 보냄 받은 특별한 사역자(그래서 그들이 천사 또는 사자라 불립니다)는 도움이 필요한 사람에게 그가 무엇을 해야만 하며, 여호와께서 그를 고통으로 방문하실 때 하나님의 손 아래 어떻게 잠잠히 머리를 숙이고 스스로를 낮추어야 하는지를 선포합니다. 그리하면 하나님(욥기에서 일반적으로 전능자라고 불립니다)은 겸손하고도 기꺼이 배우고자 하는 이들에게 은혜를 베푸십니다. 그리고 하나님께서 이 사자에게 "그를 구원하고, 강하게 하고, 위로하고, 새롭게 하라"라고 하십니다. 구원과 건지심이 자주 사역자들을 통해 주어지는 것처럼 언급되는 것은 바로 이 때문입니다(딤전 4:16; 약 5:20 참고).

이 일을 위해 사역자들에게 화목케 하는 말씀이 주어졌습니다(고후 5:19 참고). 하나님께서 사자들에게 이런 부르심을 주실 수 있는 것은 자기 아들의 피로 이루신 속전이 있고, 새롭게 하는 그 아들의 영으로 말미암아 그들의 연약한 육신 또한 회복될 것이기 때문입니다. 그러나 하늘의 천사들에 대해서는 어디에서도 언급하지 않습니다. 그러므로 복음의 사자인 사역자를 가리키는 본문들을 천사 숭배의 근거로 삼는 것은 전혀 올바르지 않습니다. 게다가 천사들은 하나님과 사람을 화목케 하지 못하며, 지옥과 멸망에서 사람을 건지지도 못합니다. 오직 주 예수 그리스도의 공로만이 그렇게 할 수 있습니다. 하나님과 화목하게 하는 일을 그리스도가 아닌 다른 존재에게로 돌리고 그것을 숭배하는 것은 불경한 일일뿐더러 끔찍한 우상숭배입니다.

반론 5

"나를 모든 환난에서 건지신 여호와의 사자께서 이 아이들에게 복을 주시오며 이들로 내 이름과 내 조부 아브라함과 아버지 이삭의 이름으로 칭하게 하시오며"(창 48:16).

야곱이 자기 자녀들이 자신과 조상들의 이름을 부르기를(יִקָּרֵא[이카레]) 바라는 이 본문은, 분명히 천사 숭배와 성인 숭배를 인정한다.

답변

(1) 본문이 말하는 사자는 피조된 천사가 아니라 여호와라 이름하는 언약의 사자입니다(출 23:21 참고). 곧 아브라함과 이삭과 야곱에게 복을 준 사자입니다. 야곱은 지금 요셉의 두 자녀를 위해 이 사자에게 복을 빌고 있습니다.

(2) 이 말씀 어디에도 야곱이 이 땅에서나 죽은 이후에 이 자녀들의 예배를 받고 싶어했다는 말은 없습니다. '부르다'를 뜻하는 히브리어 קָרָא(카라) 역시 전혀 그런 의미를 띠지 않습니다. 지금 야곱은 요셉의 두 자녀가 자신의 자녀로 여겨지기를 빌고 있습니다. 다시 말해, 그들이 요셉의 자녀가 아니라 야곱의 자녀로 불리기를 바라고 있는데, 이는 야곱의 다른 자녀들과 마찬가지로 각자가 하나의 지파를 이루어 가나안의 기업을 얻게 하려는 것입니다.

천사와 성도들을 숭배하는 것이 우상숭배라면, 그리스도가 달려 죽으신 십자가의 나무(어쨌든 그리스도께서 달리셨던 나무는 지금 존재하지 않습니다), 마리아가 신었던 신발의 밑창이나 그와 비슷한 물건들, 성도들의 죽은 몸과 유물에 어떤 식으로든 종교적 영예를 돌리는 것 역시 어리석기 짝이 없는 우상숭배입니다. 죽은 몸이라고 성도들의 몸을 함부로 대하는 것 또한 옳지 않습니다. 죽은 몸은 무덤에서 쉬도록 내버려 두어야 합니다. 그러나 성경은 그 어디에서도 산 자가 죽은 자에게 무엇을 구하거나(사 8:19 참고) 바리새인들처럼 선지자들의 무덤을 지으라고 명령하지도, 이와 관련하여 약속을 주지도 않습니다(마 23:29 참고). 이적이 일어난 것을 성인 숭배 덕으로 돌리는 것도 우상숭배요 인위적으로 연결한 거짓일 뿐입니다. 엘리사의 무덤에 던져진 시신이 그의 뼈에 닿아 다시 살아난 것은, 이스라엘이 세 번에 걸쳐 아람을 치리라는 엘리사의 예언을 확증하기 위해 하나님께서 허락하신 일일 뿐이며(왕하 13:17-20 참고), 성인 숭배나 성도의 죽은 몸이나 유물 숭배와는 아무런 상관이 없습니다. 그리스도의 옷깃을 만진 여인이 고침을 받은 것, 베드로의 그림자가 드리워진 병자가 고침을 받은 것(행 5:15 참고), 바울의 손수건을 통해 이적이 일어난 것 등은 모두 그들이 살아 있을 때 일어난 일이지, 죽은 후에 일어난 일이 아닙니다. 또한 그 일과 관련된 특정한 물건 자체에 고치는 능력이 있었던 것도 아닙니다. 그것들은 주님께서 친히 사도들의 손을 통해 그들의 가르침을 인 치고자 사용하신 도구일 뿐입니다. 그러나 이런 일들을 근거로 삼아 죽은 성도들의 유물 자체에 능력이 있는 것처럼 유물 숭배를 정당화하는 것은 결코 말씀이 말하는 바가 아니며, 말씀에 정면으로 배치됩니다.

지금까지 노골적인 우상숭배와 그보다 덜 현저한 우상숭배가 얼마나 잘못된 것인지를 살펴보았습니다. 이제 더욱 세련되고도 교묘하게 위장된 우상숭배를 살펴보겠습니다. 이런 우상숭배는 하나님이 아닌 이차적인 원인이나 도구를 의지하고 바라볼 때 시작됩니다. 우리에게 소원을 주심으로써 행하게 하시는 유일한 분이신 하나님을 바라보지 않고, 이차적인 원인과 방편들을 의지하고 바라며 두려워하는 것입니다. 하나님께서 이런 이차적인 원인이나 방편들을 주기도 하고 거두어 가기도 하시며, 그분이 이런 방편들에 복을 베풀어 효과적으로 역사하게 하지 않으시면 그것들이 아무것도 아니라는 사실을 실제로 인정하지 않을 때, 이런 우상숭배가 시작됩니다. 우리를 해롭게 하든 이롭게 하든 상관없이 우리의 바람을 들어줄 수 있는 사람을 기쁘게 하려고 애쓰고, 사람을 기쁘게 하려는 것이 하나님께 죄가 되고 하나님을 기쁘시게 하지 못한다는 사실조차 망각할 정도로 사람의 마음을 얻으려고 애쓰는 것이 바로 우상숭배입니다. 자신의 바람을 이루기 위해 이차적인 원인이나 방편을 사용할 때, 그것들이 하나님께서 사용하시는 도구에 불과하다는 사실을 의식하면서도 온전히 하나님만을 의지하지 않는 것이 우상숭배입니다. 이차적인 원인에 따라 어떤 일이 일어나거나 일어나지 않으리라 여기고 그에 따라 일희일비하는 것이 우상숭배입니다.

대개 사람에 대한 두려움, 사람을 기쁘게 하는 것, 사람에 대한 집착, 자신에 대한 사람들의 평판 같은 것들이 우상숭배의 시작으로 이어지며, 많은 우상숭배적인 행위를 낳습니다. 사람이 무언가를 얻기 위해 또는 자신의 안정과 기쁨과 만족을 위해 의지하는 모든 것, 이를테면 능력, 군대, 선단, 동맹, 돈, 친구, 지식, 능력, 권세, 음식, 술, 외모, 아름다움, 자긍심 같은 것들이 우상입니다. 골리앗은 자신의 힘을 의지했고, 아사는 자신의 의원을 의지했고, 랍사게는 자신의 군대를 의지했고, 삼손은 들릴라를 자신의 기쁨으로 삼았습니다. 하나님을 보지 못하게 하는 것들이 바로 우상입니다. 이를 통해 하나님의 섭리와 통치가 은밀하고도 교묘하게 거부되며, 하나님을 의지하는 대신 이런 것들을 의지하고 몰두하게 됩니다.

마술

세 번째로, 제1계명은 마술과 주술을 금합니다. 이는 마귀의 힘을 빌리거나 마귀와 계약을 맺거나 아무 거리낌 없이 마귀의 역사를 상징하는 것들을 사용하여 사람의 능력을 넘어서는 일들을 하는 것입니다. 저는 스타포런에서 목회할 때 이런 것들을 경험해 보았습니다. 한 교인(그는 올곧은 사람이었습니다)이 자신이 유산으로 받을 집에서 도둑질한 사람을 찾고 싶어서, 마술과 주술에 관심을 보이던 몇몇 지인들과 함께했습니다. 그들은 다른 순박한 사람들에게서 그들이 원하는 장소에 열쇠를 두고 알려 주는 방식대로 하면 범인을 찾을 수 있을 것이라는 말을 들었습니다. 이들은 그 사람들이 제시한 방식대로 했고, 도둑이 누구인지를 알아냈습니다. 도둑을 잡은 것은 물론이요, 도둑이 훔친 물건들을 숨긴 장소도 알게 되었습니다. 이 사람들은 마귀에게 도움을 구할 의도가 조금도 없었으며, 그저 그렇게 하면 범인을 잡을 수 있다는 말에 그대로 했을 뿐이라고 했습니다. 다음 날, 그중 한 사람이 나에게 있는 그대로 말해 주겠다면서 자초지종을 일러 주었습니다. 그는 자신이 얼마나 잘못된 일을 했는지 전혀 알지 못하는 것 같았습니다. 그것이 얼마나 큰 죄인지를 내가 심각하게 책망하자, 그는 그런 반응을 전혀 예상하지 못했다는 듯이 소스라치게 놀라며 다시는 그렇게 하지 않겠노라고 겸손하게 다짐했습니다. 그것이 그토록 악한 일인지 몰랐다고 하면서 말입니다. 이런 사실은 하나님의 말씀이 인도하는 길에서 떠날 의도가 전혀 없는 사람들조차 자신이 바라는 바를 이루기 위해 마귀에게 자신을 내주고, 마귀의 도구를 사용할 수 있다는 것을 보여 줍니다.

성경을 보든 우리의 경험을 보든 무당이나 주술은 분명히 존재합니다. 그런데도 이런 사실을 믿지 않는 사람은 마귀에게 홀려 영적으로 눈멀고 마음이 완고해진 것이 분명합니다. 이런 사람은 자신의 편견과 맹목적인 지식에 무비판적으로 집착합니다. 그래서 모든 마귀와 마술들의 존재를 부인할 뿐만 아니라, 하나님께서 그 사람에게 큰 해를 초래할 심판을 명하시기 전까지는 그것을 믿지 않습니다.

모세가 행한 이적을 흉내 내 자신들의 지팡이를 뱀으로 만들고 그 밖에 다른 기이한 일들을 행했던 애굽의 술사들을 보면, 무당의 존재를 확인할 수 있습니다(출 7:11, 8:18 참고). 사무엘의 영을 불러냈던 엔돌의 여인(삼상 28:11 참고)이나 마술사 시몬(행 8:9,10 참고)이나 마술사 엘루마(행 13:6,3 참고)를 보아도 알 수 있습니다. 신접하는 자와 박수를 죽이라는 하나님의 명령에서도 이런 사실을 확인할 수 있습니다(레 20:27; 신 18:11,12; 계 21:8 참고). 또한 이상하고도 기이한 일을 통해 해를 당한 사람들의 경험을 통해서도 확인됩니다.

그렇다고 해서 이런 사실이 곧 마귀가 초자연적인 이적을 행할 수 있다는 것을 의미하지는 않습니다. 오직 하나님만이 그렇게 하실 수 있기 때문입니다(시 72:18 참고). 오히려 마귀는 이차적인 동인이 어떤 성격을 가지는지, 또 어떻게 하면 그것들을 사용하여 초자연적인 일이 아닌데도 사람들이 할 수 없는 일들을 일으킬 수 있는지를 안다고 하는 것이 맞을 것입니다. 이런 행위들의 원인을 알지 못하기 때문에 사람들의 눈에는 그저 신기하고 기적적으로 보이는 것입니다. 이런 이유로 프리슬란트 사람들은 남자 무당과 여자 무당을 이상하고도 기적적인 일을 행하는 사람을 뜻하는 츄너(tjoener)와 츈스터(tjoenster)로 부릅니다. 이 두 말의 어근인 츄트(tjoed)는 이상하고도 기적적인 것을 뜻합니다.

마술이 우상숭배인 것은, 이를 통해 사람들이 하나님을 떠나고 하나님으로부터 선한 것을 기대하지 않을 뿐만 아니라, 자신이 바라는 악한 일을 위해 하나님의 원수인 마귀를 의지하기 때문입니다. 이는 "하늘을 움직여 내 바람을 이룰 수 없다면, 악마의 도움이라도 구하리라(*Flectere si nequeo superos, Acheronta movebo*)"라는 베르길리우스(Virgil)의 유명한 시의 한 대목과도 일치합니다.

점치는 것

네 번째, 제1계명은 점치는 것을 금합니다. 이는 감추어져 있거나, 현재 진행되고 있거나, 아직 일어나지 않은 불확실한 일들을 마귀의 도움을 빌려 들추어내는 죄입니다. 마귀는 사람들에게는 드러나지 않았지만 진행되고 있는 일들을 잘 압니다. 마귀는 이차적 원인(이에 대해서는 마귀가 사람들보다 더 잘 압니다)이 진행되는 것을 통해 어떤 결과가 나타날지를 짐작합니다. 그렇게 결과를 추측하지 않으면, 틀리고 말 것입니다. 또한 마귀는 하나님께서 말씀을 통해 예언하신 덕분에 많은 것을 알 수 있습니다. 뿐만 아니라 하나님은 인간에 대한 심판으로 다양한 일들을 마귀에게 계시하실 수 있습니다. 그리고 그런 예언이 성취될수록 인간들은 점점 마귀를 믿게 될 것입니다(출 8:12,13 참고).

마귀는 많은 경우 표징을 통해 예언합니다. 작고한 제 부친이 들려준 이야기입니다. 마쿰(제 부친이 목회하던 곳입니다)에 살던 한 젊은이는 누가 자신의 아내가 될지 알고 싶었습니다. 그래서 어떤 사람에게서 배운 의식(이 의식에 관해 자세히 언급할 필요는 없을 듯합니다)을 행하며 샛별을 향해 절했습니다. 그때 관이 보였고, 그는 소스라치게 놀라 침대로 돌아가 누웠습니다. 청년은 날이 밝자 저의 부친에게 자기 집으로 와 달라고 기별했습니다. 부친이 찾아오자, 그는 자신이 마귀에게 약속한 것과 자기가 보고 들은 것을 다 이야기했습니다. 그로부터 하루 이틀이 지난 후, 청년은 숨을 거두었습니다.

하를링언에서 표징과 예언을 일삼던 자들이 저에게 그런 일들이 어떻게 일어나는지를 이야기해 준 적이 있습니다. 그들은 사람의 손금을 읽고 장래 일을 예언하며, 사람이 태어난 해를 가지고 황도 십이궁에 따라 점을 쳐 주기도 하였습니다. 이렇게 개인의 장래를 점치는 것은 사람의 마음을 빼앗아 하나님이 아닌 허탄한 것들에 몰두하게 만드는 어리석은 일입니다. 그러하기에 하나님은 점치는 자들을 반드시 죽이라고 하십니다.

미신

다섯 번째로, 제1계명은 미신을 금합니다. 사물들에 초자연적인 의미나 능력이 깃들었다고 생각하는 자들은 그 사물들을 섬기고 숭배합니다. 또 그렇게 할 때에 편안함이나 섬뜩한 위협을 느낍니다. 이를테면, 나무로 된 형상을 숭배하는 사람은 감히 그것을 부러뜨리거나 태우지 못합니다. 무심코 식탁의 소금병을 엎고 나면, 안 좋은 일이 닥칠까 봐 그 후로 안절부절못하며 지냅니다. 꿈에 몰두하는 사람이 있는가 하면, 새들이 날거나 우는 방식에 신경을 쓰는 사람들도 있습니다. 그중에는 열병, 무당이 복을 점치는 것, 성수, 양초, 십자가상 등을 부정하는 사람들도 있습니다.

"이방 사람들은 하늘의 징조를 두려워하거니와"(렘 10:2).

"술법을 행하지 말며"(레 19:26).

이러한 것들이 바로 제1계명이 특별히 금하는 죄입니다.

제1계명이 명하는 것

제1계명이 주로 명하는 것이 있습니다.

첫째, 제1계명은 가장 먼저 하나님을 바로 알라고 명령합니다. 하나님께서 존재하심을 아는 것(자연으로부터 그런 감동을 받은 추론을 통해 그렇게 결론 내리든)만으로는 충분하지 않습니다. 여기서 하나님을 안다는 것은 하나님의 형상을 따라 새롭게 된 지식을 말합니다.

"새사람을 입었으니 이는 자기를 창조하신 이의 형상을 따라 지식에까지 새롭게 하심을 입은 자니라"(골 3:10).

하나님을 안다는 것은 모든 거룩한 행동의 원천이신 성령께 비추임을 받아 총명해진 눈을 통해 완전하신 하나님을 내적으로 직접 바라보는 것입니다. 이는 모세로 하여금 "보이지 아니하는 자를 보는 것같이 하여"(히 11:27) 인내하게 한 지식입니다. 욥으로 하여금 "이제는 눈으로 주를 뵈옵나이다"(욥 42:5)라고 고백하게 한 지식입니다. 바울로 하여금 "우리가 다 수건을 벗은 얼굴로 거울을 보는 것같이 주의 영광을 보매 그와 같은 형상으로 변화하여 영광에서 영광에 이르니"(고후 3:18)라고 말하게 한 지식입니다. 주의 얼굴빛 안에 다니게 하는 지식입니다. 하나님께서 이 빛을 비추시면, 영혼은 하나님만을 찬양하고, 깊은 경외심으로 그분 앞에 무릎 꿇으며, 기뻐 뛰고 사랑으로 불타오릅니다.

둘째, 제1계명은 하나님을 사랑하라고 명령합니다. 하나님의 충만하심과 하나님 되심 앞에서 아무것도 아닌 것으로 드러날 수밖에 없는 모든 피조물 위에 하나님을 지극히 높이라는 것입니다. 또한 이 사랑은 하나님과 순전한 교제를 누리고, 하나님으로만 만족하며, 기꺼이 그분께 순종하고, 신자를 이끄시는 하나님의 행위와 방식대로 그 뜻을 따르며, 자신의 전 존재로 하나님을 위해 즐겁게 살려는 열망입니다(마 22:37 참고). 다윗이 그러했습니다.

"내가 주를 사랑하나이다"(시 18:1).

모든 성도들에게 다윗은 "여호와를 사랑하라"(시 31:23)라고 촉구했습니다.

셋째, 제1계명은 하나님을 경외하라고 명령합니다. 하나님이 그 위엄과 영광과 거룩함 가운데 거하는 분이심을 깨달은 영혼은 하나님을 경외하며 떨 수밖에 없습니다. 이런 경외함은 깊은 겸손, 하나님께로 나아가는 방식, 하나님과 교제하며 그분의 뜻을 거스르지 않으려고 주의하는 모습으로 나타납니다. 다윗은 이런 경외함에 관해 다음과 같이 말합니다.

"너희 이스라엘 모든 자손이여 그를 경외할지어다"(시 22:23).

"너희 성도들아 여호와를 경외하라"(시 34:9).

"온 땅은 여호와를 두려워하며 세상의 모든 거민들은 그를 경외할지어다"(시 33:8).

넷째, 제1계명은 순종을 명령합니다. 하나님의 통치에 즉시 순복할 뿐만 아니라, 하나님의 엄위하심과 순종 받기에 합당하심을 기꺼이 인정하는 것입니다. 하나님께 기꺼이 순복하고 그것을 즐거워합니다. 하나님께서 기쁘신 뜻을 따라 명하신 것은 무엇이든지 기꺼이 준행합니다. 각각의 모든 상황에서 "주님, 제가 무엇을 하기를 원하십니까?"라고 여쭈며, 하나님의 도우심과 경륜을 구합니다. 하나님께서 맡겨 주신 뜻을 열심으로 온전히 행할 뿐만 아니라, 그분이 바라시는 일을 기꺼이 받아들입니다.

"너희가 내 말을 잘 듣고 내 언약을 지키면"(출 19:5).

"순종이 제사보다 낫고"(삼상 15:22).

"여호와의 모든 말씀을 우리가 준행하리이다"(출 24:7).

다섯째, 제1계명은 여호와의 통치 아래에서 인내하며 순복하라고 명령합니다. 이는 계속해서 하나님을 바라보는 것입니다. 하나님의 주권을 인정하고 받아들이면서 마땅히 모든 사람이 하나님 앞에 절해야 함을 깊이 깨닫는 것입니다. 하나님께서 다음과 같은 분이심을 기쁘게 인정하는 것입니다.

"땅의 모든 사람들을 없는 것같이 여기시며 하늘의 군대에게든지 땅의 사람에게든지 그는 자기 뜻대로 행하시나니 그의 손을 금하든지 혹시 이르기를 네가 무엇을 하느냐고 할 자가 아무도 없도다"(단 4:35).

이처럼 하나님께서 우리를 조성하시든 부스러뜨리시든, 위로하시든 우리로부터 숨으시든, 번영케 하시든 고초를 겪게 하시든, 우리를 영화롭게 하시든 멸시를 받게 하시든 상관없이, 그 기쁘신 뜻대로 우리를 다루시도록 우리 자신을 전적으로 맡겨드리는 것입니다. 하나님께서 우리를 다루시는 방식을 두고 하나님과 다투거나 이유를 따져 묻기보다 하나님의 주권적인 뜻 자체를 자신의 기쁨으로 삼는 것입니다. 우리를 대하시는 하나님의 모든 방식이 전적으로 의롭고 바르며 지혜롭고 신실하며 선하고, 마침내 평강으로 이끄실 것을 알고 온전히 확신하는 것입니다. 욥이 그렇게 확신했습니다.

"주신 이도 여호와시요 거두신 이도 여호와시오니 여호와의 이름이 찬송을 받으실지니이다"(욥 1:21).

다윗도 이 땅에서 그러한 성도로 살아갔습니다.

"내가 잠잠하고 입을 열지 아니함은 주께서 이를 행하신 까닭이니이다"(시 39:9).

베드로도 마찬가지였습니다.

"그러므로 하나님의 능하신 손 아래에서 겸손하라. 때가 되면 너희를 높이시리라"(벧전 5:6).

여섯째, 제1계명은 여호와를 의지하라고 명령합니다. 하나님을 언약의 하나님으로 알고, 하나님의 완전하심을 생각하며, 하나님 말고는 아무것도 의지하지 않고 오직 하나님만을 의지하는 사람으로 돌아서는 것입니다. 해롭게 보이든 유익하게 보이든, 도움으로 여겨지든 방해물로 여겨지든, 만물은 그 자체로 아무런 능력이 없고 하나님의 손안에 있다는 사실을 알기 때문입니다. 만물이 우리를 대적하든 위하든 상관없이 하나님께서 자신의 능력과 경륜으로 만물을 기쁘신 뜻대로 다스리신다는 것을 알기 때문입니다. 하나님은 벗들의 마음도 바꾸어 우리를 미워하게 하시고, 원수의 마음도 바꾸어 우리를 사랑하고 도와주게 하시는 분입니다. 그러하기에 우리 앞에 모든 이차적인 원인들은 사라지고 모든 일을 그 경륜과 작정대로 이루시는 하나님만이 남습니다.

이 사실을 믿고 하나님을 신뢰하는 사람은 모든 일의 결과에 만족합니다. 그분 안에서 안식하며 염려하지 않고 잠잠합니다. 하나님께서 우리를 향한 자신의 선하심과 그 기쁘신 뜻대로 모든 일을 이루신다는 것을 알기 때문입니다. 따라서 우리는 하나님이 주신 방편들을 부지런히 사용하면서도 하나님의 돌보심을 믿고 그분을 의지해야 합니다. 하나님의 방편을 힘써 사용하여 그분의 작정에 따른 결과를 내고 뜻하신 바를 이루도록 온 힘을 다해야 합니다. 그 어떤 피조물도 하나님께서 작정하신 것을 바꿀 수 없습니다. 다윗도 그러했습니다.

"나의 영혼이 잠잠히 하나님만 바람이여 나의 구원이 그에게서 나오는도다. 오직 그만이 나의 반석이시요 나의 구원이시요 나의 요새이시니 내가 크게 흔들리지 아니하리로다"(시 62:1,2).

다윗은 다른 이들에게도 이렇게 권고합니다.

"여호와를 의뢰하고 선을 행하라……네 길을 여호와께 맡기라. 그를 의지하면 그가 이루시고"(시 37:3,5).

"내가 항상 주와 함께하니 주께서 내 오른손을 붙드셨나이다. 주의 교훈으로 나를 인도하시고 후에는 영광으로 나를 영접하시니"(시 73:23,24).

일곱째, 제1계명은 하나님을 영화롭게 하라고 명령합니다. 이 일은 하나님께서 친히 여러 가지 일들을 행하심으로써 영혼에 계시하신 그분의 완전한 성품들을 마음 중심으로 알고 깨달아야 가능합니다. 하나님의 완전하신 성품들을 즐거이 묵상하고 흡족해할 때에야, 비로소 피조물이 가진 모든 영광이 흔적도 없이 사라지고 우리가 하나님을 영화롭게 할 수 있습니다. 모든 찬양과 영광을 받기에 합당하신 하나님의 영광을 인정함으로써 우리 안에 있는 모든 것들이 하나님을 존귀하게 여기고 찬양하며 즐거워할 수 있습니다. 다음의 시편 구절에서 이런 사실을 볼 수 있습니다.

"내가 날마다 주를 송축하며 영원히 주의 이름을 송축하리이다. 여호와는 위대하시니 크게 찬양할 것이라. 그의 위대하심을 측량하지 못하리로다……주의 존귀하고 영광스러운 위엄과 주의 기이한 일들을 나는 작은 소리로 읊조리리이다"(시 145:2,3,5).

"너희 권능 있는 자들아 영광과 능력을 여호와께 돌리고 돌릴지어다. 여호와께 그의 이름에 합당한 영광을 돌리며 거룩한 옷을 입고 여호와께 예배할지어다"(시 29:1,2).

믿음으로 담대하게 하나님의 전능하심을 의지하며, 그분이 약속하신 도우심과 그분의 진리를 의지할 때, 우리는 하나님을 영화롭게 합니다. "믿음으로 견고하여져서 하나님께 영광을"(롬 4:20) 돌린 아브라함이 그러했습니다. 할렐루야!

47

제2계명

제2계명은 하나님을 바르게 예배하라고 명합니다. 주인이라면 누구나 자신이 명한 대로 종들이 자신을 섬기기를 바랍니다. 우리가 하나님을 어떻게 섬기는지가 하나님께 아무래도 상관없는 문제일 수는 없습니다. 또한 하나님은, 자신이 섬김을 받기만 한다면 우리가 어떤 식으로 섬기든지 관심을 두지 않는 분도 아닙니다. 우리가 보기에는 아무리 괜찮은 것 같아도 실상은 그렇지 않습니다. 하나님은 자신이 정하신 방식대로 우리가 하나님을 섬기기를 바라십니다. 그리고 우리에게 그 방식을 알려 주셨습니다. 하나님은 그분을 섬기는 것 자체는 물론이요, 섬기는 방식까지도 주목하십니다. 하나님은 영이시니 하나님을 예배하는 자는 영과 진리로 예배해야 합니다. 여기에서 우리가 오류를 범하지 않도록, 하나님은 제1계명 바로 뒤에 제2계명을 주셔서 그분을 어떻게 섬길지를 정해 주셨습니다.

제2계명의 내용 및 동기

우리는 제2계명이 금하는 것과 명령하는 것, 여기에 덧붙여진 동기에 주목하고

자 합니다.

제2계명의 내용

언약의 문맥이 이 계명의 내용을 잘 말해 줍니다. 여기서 주된 사안은 새긴 형상과 모양으로 하나님을 섬기는 것입니다. 제2계명의 문맥은 하나님을 섬길 때 무엇을 사용하지 말아야 하는지를, 우리가 핑계할 수 없을 정도로 상세히 밝힙니다.

① 하늘에 있는 것의 아무 형상이든지 만들지 말아야 합니다. 그리고 그것들에게 절하거나 그것들을 섬기지도 말아야 합니다. 셋째 하늘에는 하나님과 천사들과 죽은 성도들이 있습니다. 둘째 하늘에는 해와 달과 별들이 있습니다. 그 아래에 있는 하늘에는 구름과 우박과 눈과 새 같은 것들이 있습니다. 이런 것들의 형상을 만들어 섬겨서는 안 됩니다.

② 땅에 있는 것들의 형상도 마찬가지입니다. 온갖 짐승과 사람과 나무와 식물의 형상을 만들어 섬겨서는 안 됩니다.

③ 땅 아래 물속에 있는 것, 각종 기는 동물들과 곤충들과 온갖 물고기들의 형상을 만들어 섬겨서는 안 됩니다. 한마디로 하늘과 땅과 물속에 있는 그 어떤 것의 형상도 만들어 섬기면 안 됩니다.

이런 대상들과 관련하여 우리는 세 가지 형태의 잘못을 범할 수 있습니다. 바로 그것들을 만드는 것, 그것들 앞에 절하는 것, 그것들을 섬기는 것입니다.

① 이런 형상들을 만드는 행위입니다. 새기든 깎든 그리든, 우리가 생각할 수 있는 어떤 방식으로든 그렇게 할 수 있습니다. 이 계명은 첫 번째 돌판에 기록되어 있습니다. 그러므로 종교적 목적으로 이런 형상을 새기거나 만드는 것을 금하는 것이 분명합니다. 그러나 두 번째 돌판과 관련하여, 다시 말해 사회적 목적으로 형상을 만드는 것까지 금하는 것은 아닙니다. 돈에 그런 것들을 새길 수도 있고, 집을 장식할 수도 있고, 다른 목적으로 얼마든지 사용할 수 있습니다(물론 여기에 대해서도 합당한 규례가 주어졌습니다). 주 예수님도 당시 유통되던 동전에 황제의 상이 새겨진 것을 문제 삼지 않으셨습니다(마 22:20,21 참고).

② 이런 형상들 앞에서 경건하고 독실하고 공손한 태도로 머리를 조아리는 행위입니다. 이런 형상들 앞에서 그렇게 독실하고도 경건하게 머리를 조아리면 하나님께서 영광을 받으시리라 생각하는 것입니다.

③ 이런 형상들을 섬기는 행위입니다. 어떤 식으로든 종교적 행위를 행할 뿐만 아니라 그것들을 장식하여 제단 위에 두어 예배하고, 그것들에게 금이나 은이나 다른 무언가를 바치며, 사람들이 그것을 숭배하게끔 그것들을 들고 거리를 행진하면서 전시하는 것을 말합니다.

제2계명을 위한 동기들

다음으로, 제2계명이 우리에게 얼마나 합당한지를 살펴봅시다.

① 제2계명은 우리가 마땅히 해야 할 일을 요구합니다. "나는 여호와이다. 다시 말해 너희가 볼 수 없고 헤아릴 수 없는 영이므로, 눈에 보이고 손으로 만져지는 형상으로 나를 섬기는 것이 합당하지 않다는 말이다. 나는 너의 하나님이다. 곧 나와 언약을 맺고 나를 너희의 하나님으로 택하고 나의 백성이 된 너희가 열국들이 하는 방식을 따라 나를 섬겨서는 안 된다. 그러므로 마땅히 내가 정한 규례를 따라 나를 섬겨야 한다. 나는 형상을 통해 섬김 받을 이유가 없으며, 그런 섬김을 원하지도 않는다. 그러므로 그런 일을 피하라."

② 제2계명을 요구하시는 하나님의 놀라운 위엄이 우리가 제2계명을 준행할 두 번째 동기입니다. "나는 질투하는 하나님이다(출 20:5 참고). 남편은 아내의 행동에 세심하게 주의를 기울인다. 만일 아내가 행실을 단정하게 하지 않는다면, 금세 질투에 사로잡혀 맹렬한 분노로 아내를 몹시 나무라고 책망할 수밖에 없을 것이다. 나도 다르지 않다. 나는 너희의 행실을 눈여겨본다. 내 백성으로서 합당하지 않게 행하는 것을 도무지 참을 수 없다. 그럴 경우 나의 맹렬한 진노를 너희에게 부을 것이며, 우상으로써 나를 모욕한 너희를 벌할 수밖에 없다."

③ 세 번째 동기는 제2계명을 거스를 때 맞닥뜨리게 될 끔찍한 결과입니다. "나는 나를 미워하는 자의 죄를 아버지로부터 아들에게로 삼사 대까지 갚는다(출 20:5

참고). 나는 계명을 거스른 자는 물론 자손 삼사 대까지 벌할 것이다(부모에게 이보다 더 엄중한 심판은 없습니다)." 하나님은 노아 이전까지 범죄한 처음 세상을 그렇게 다루셨습니다. 조상들의 죄로 말미암아 아직 실제로 죄를 짓지 않은 그들의 자녀들까지 홍수로 진멸되었습니다(창 7:21 참고). 엘리의 죄 때문에 그의 모든 후손들이 벌을 받았습니다(삼상 2:31 참고). 여로보암의 죄 때문에 그의 집안 전체가 끊어졌습니다(왕상 14:14 참고).

반론

"범죄하는 그 영혼은 죽을지라. 아들은 아버지의 죄악을 담당하지 아니할 것이요 아버지는 아들의 죄악을 담당하지 아니하리니"(겔 18:20).

답변

(1) 성경의 책들은 결코 서로 모순되지 않습니다. 그리고 이것이 바로 하나님께서 죄인을 벌하시는 방식이라고 분명히 밝힙니다. 하나님은 무엇이든 자신이 원하지 않으시는 일을 결코 하시지 않습니다. 이 경우도 마찬가지입니다.

(2) 비록 자식이 아버지의 불의함 때문에 벌을 받는다 하더라도, 아버지가 지은 죄를 자식이 지은 것처럼 다루지는 않으십니다. 죄는 개인적입니다. 그러나 영원한 심판이 아니라 일시적인 심판은 자녀들에게까지 이어집니다.

(3) 자녀들 또한 죄악되므로 마땅히 모든 형벌을 받아야 합니다. 그러나 하나님은 오래 참으시며, 능히 그러실 수 있습니다. 그러할지라도 아버지들이 죄를 더하여 상황을 악화시킬 경우, 하나님의 진노가 자녀들에게까지 미치기도 합니다.

④ 이 계명과 관련된 네 번째 동기는 이 계명을 준행함으로써 얻는 유익입니다.

"나를 사랑하고 내 계명을 지키는 자에게는 천 대까지 은혜를 베푸느니라"(출 20:6).

타락 이래로 어느 누구도 하나님을 완전히 사랑할 수 없었고, 그분의 계명을 온전히 준행하지 못했습니다. 당연히 율법의 행위로 의롭게 된 사람도 없습니다. 그러나 율법은 칭의를 위해 주어진 것이 아니라, 언약에 참여한 자들을 위한 삶의 규칙으로 주어진 것입니다. 그러하기에 하나님은 불완전하지만 자녀들의 의로운 노력을 기뻐하시고 상을 베푸십니다. 바로 공로에 따른 상이 아니라 은혜와 긍휼에 따른 상입니다. 느헤미야는 큰 열심으로 예루살렘성을 재건하고 성읍 백성들을 돌이키게 함으로써 하나님이 맡겨 주신 일을 가친 후에 이렇게 말했습니다.

"내 하나님이여, 나를 위하여 이 일도 기억하시옵고 주의 크신 은혜대로 나를 아끼시옵소서"(느 13:22).

제2계명이 금하는 죄악들

제1계명을 살펴볼 때와 마찬가지로, 제2계명이 무엇을 금하고 무엇을 명령하는지를 살펴보겠습니다. 제2계명은 다음과 같은 죄를 금합니다.

형상 숭배

이와 관련하여 우리는 먼저 다음 질문을 살펴야 합니다.

> ▶ 질문
> 형상들을 가지고 하나님을 예배하고 성인들을 공경하는 것, 다시 말해 하나님과 성도들을 섬기기 위해 하나님 곧 성부, 성자, 성령 하나님의 형상과 죽은 성인들의 형상을 만드는 것을 허락하지 않는다는 말인가?

대답: 교황주의자들끼리도 형상 숭배의 방식에 대해 서로 다르게 생각합니다. 형상을 숭배해야 한다는 사람들이 있는 반면, 형상에 단지 존경만 표해야 한다는 사람들도 있습니다. 실제 형상 자체를 섬겨야 한다고 주장하는 사람들이 있는가 하면, 형상이 나타내는 인물을 숭배하고 영예를 돌리기 위한 도구로서만 그리해야 한다는 사람들이 있습니다. 그러나 이들은 교회에서 하나님과 성인들에게 영광을 돌리는 것 같은 종교적 목적을 위해 성인들은 물론이요, 하나님의 위격

들도 각각 형상으로 만들 수 있다고 동일하게 주장합니다.

트렌트 공회 25회기에서 형상 숭배를 명했습니다. 또한 제2차 니케아 공의회는 성인 숭배를 하지 않거나 어떤 식으로든 성인 숭배에 대해 머뭇거리는 태도를 보이는 모든 사람들에게 저주를 선언했습니다. 그렇습니다. 그들은 형상에 종교적 경의를 표해야 한다면서, 그것들을 예배하지 않으려는 모든 사람에게 저주를 선언한 것입니다. 그런 교황주의자들이 요즘에는 자신들 가운데 형상 숭배가 이루어지는 것에 난처해하면서 어찌해서든 그것을 감추어 보려고 애씁니다. 그래서 사람들에게 이렇게 말하라고 가르칩니다. "우리는 형상을 숭배하는 것이 아니라, 다만 형상을 사용함으로써 그 형상이 표상하는 사람에게 예를 표할 뿐이다. 형상 자체를 섬기는 것이 아니라, 그 형상이 나타내는 인물을 섬길 뿐이다." 그런데 그들이 보이는 행태는 전혀 그렇지 않습니다. 그들은 종교적 의미를 담아 외적으로 할 수 있는 모든 행위를 다합니다. 저마다 형상 앞에서 모자를 벗고 깊이 숭경하는 마음을 표현합니다. 그 앞에 무릎을 꿇고 두 손을 모은 채 주기도문이나 다른 기도문을 암송합니다. 많은 돈을 들여 온갖 방식으로 형상들을 장식하고 제단 위에 전시합니다. 보지 못하는 형상들 앞에 초를 밝혀 두고, 미사를 거행하고, 온갖 것을 기념합니다. 그것을 거부하는 사람들은 매를 맞거나 심지어 죽임을 당할 수도 있습니다. 이교도들이라도 자신들의 우상을 가지고 이렇게까지 하지는 않을 것입니다.

루터파는, 형상을 만들 수는 있지만 그것들을 섬겨서는 안 된다고 말합니다. 종교적 예식과 행위에 참여하는 사람들을 자극하고 동기를 부여할 요량으로 교회 안에 거룩한 역사를 나타내는 형상을 비치하는 것은 허락하고 있습니다.

반면, 우리는 무엇이든 삼위 하나님을 형상으로 나타내는 것을 금합니다. 천사들이 어떤 영적 본성을 가졌는지, 그리스도와 사도들이 실제로 어떤 모습이었는지 우리는 알 길이 없습니다. 따라서 실제 존재들과 아무런 개연성도 없는 형상을 만들어 놓고 그것을 가리켜 그리스도, 마리아, 베드로 등으로 일컫는 것은 전혀 의미가 없습니다. 설령 그들의 실제 모습이 담긴 그림을 가지고 있다고 할지라도, 그것들에게 예배하거나 경의를 표하거나 종교적인 행위를 위해 그것들을 사용해서는 안 됩니다. 그것은 그리스도나 마리아나 베드로나 다른 성도들을 공경하는 것이 아닙니다.

이 질문은 두 부분으로 나눌 수 있습니다. 지금부터 그것을 차례로 살펴봅시다.

질문의 첫 번째 부분은 다음과 같습니다. '사람은 그 무엇으로도 하나님 곧 성부, 성자, 성령 하나님의 형상을 만들어서는 안 되는가?'

첫째, 다른 성경 말씀들과 더불어 제2계명은 형상 숭배를 철저히 금합니다. 신명기의 다음 말씀만 보더라도 이는 분명합니다.

"여호와께서 불길 중에서 너희에게 말씀하시되 음성뿐이므로 너희가 그 말소리만 듣고 형상은 보지 못하였느니라……여호와께서 호렙산 불길 중에서 너희에게 말씀하시던 날에 너희가 어떤 형상도 보지 못하였은즉 너희는 깊이 삼가라. 그리하여 스스로 부패하여 자기를 위해 어떤 형상대로든지 우상을 새겨 만들지 말라. 남자의 형상이든지, 여자의 형상이든지, 땅 위에 있는 어떤 짐승의 형상이든지, 하늘을 나는 날개 가진 어떤 새의 형상이든지, 땅 위에 기는 어떤 곤충의 형상이든지, 땅 아래 물속에 있는 어떤 어족의 형상이든지 만들지 말라. 또 그리하여 네가 하늘을 향하여 눈을 들어 해와 달과 별들, 하늘 위의 모든 천체 곧 너희의 하나님 여호와께서 천하 만민을 위하여 배정하신 것을 보고 미혹하여 그것에 경배하며 섬기지 말라"(신 4:12,15-19).

하나님의 말씀을 믿는다고 하면서 감히 어느 누가 이 말씀을 정면으로 거슬러 하나님의 형상을 만들고 그것을 섬긴단 말입니까? 그것은 제2계명이 철저히 금하는 죄입니다.

둘째, 하나님은 형상화될 수 없는 분이시기에, 자신을 형상으로 나타내기를 원하지 않으십니다.

"그런즉 너희가 하나님을 누구와 같다 하겠으며 무슨 형상을 그에게 비기겠느냐"(사 40:18).

셋째, 하나님을 형상으로 나타내 그 형상을 숭배하는 것은 하나님을 심히 욕되게 하는 행위입니다.

"썩어지지 아니하는 하나님의 영광을 썩어질 사람과 새와 짐승과 기어다니는 동물 모양의 우상으로 바꾸었느니라"(롬 1:23).

교황주의자들의 행위가 바로 그러합니다. 그들은 성부 하나님을 노인으로, 성자 하나님은 네발 달린 짐승처럼 묘사합니다. 또한 성령 하나님을 비둘기의 형상으로 나타냅니다. 이처럼 교황주의자들은 이교도들과 전혀 다를 바 없이 하나님을 욕되게 합니다.

넷째, 하나님을 형상으로 나타내는 행위는 스스로를 부패하게 합니다.

"여호와께서 호렙산 불길 중에서 너희에게 말씀하시던 날에 너희가 어떤 형상도 보지 못하였은즉 너희는 깊이 삼가라. 그리하여 스스로 부패하여 자기를 위해 어떤 형상대로든지 우상을 새겨 만들지 말라"(신 4:15,16).

이런 우상으로 말미암아 사람들은 영으로 섬겨야 할 영이신 하나님을 육신적으로 생각하게 됩니다.

반론 1

하나님께서 자신을 나타내신 방식대로 하나님을 묘사해야 하지 않는가?

답변

(1) 우리는 그런 식의 결론을 거부합니다. 하나님은 어떤 식으로든 자신을 형상화하는 것을 금하십니다. 따라서 모든 논란은 하나님께서 명백히 금하신 대로 결론 내려져야 합니다.

(2) 그런 모습은 예언적 환상이지 하나님의 실제 형상을 드러낸 것이 아닙니다.

반론 2

하나님과 성인들의 형상을 사용하면 교육 효과가 탁월하다.

답변

(1) 설령 그러할지라도 하나님은 형상을 통해 하나님 섬기는 것을 금하십니다. 이교도들이나 반론처럼 생각할 뿐이며, 실상 형상에는 아무런 유익도 없습니다. 하나님께서 금하시는 일이기 때문입니다.

(2) 하나님은 자기 백성을 생명이 없는 형상이 아니라 자신의 말씀을 통해 가르치십니다.

"주의 증거들은 나의 즐거움이요 나의 충고자니이다……주의 말씀은 내 발에 등이요 내 길에 빛이니이다"(시 119:24,105).

반론 3

하나님께서 친히 놋뱀(민 21:8 참고)이나 성전의 스랍들(출 25:18; 왕상 6:35 참고)과 같은 형상을 만들라고 명하시지 않았는가?

답변

하나님께서 놋뱀을 만들라고 명하신 때는 이스라엘 백성이 불뱀에 물려 죽어 가고 있을 때였습니다. 놋뱀은 하나님의 형상도, 성인들의 형상도 아니었습니다. 따라서 놋뱀을 만들라고 명하신 일을 근거로 삼아 하나님이나 성인의 형상을 만들어 섬기는 것은 말이 안 됩니다. 놋뱀은, 죄를 범하고 옛 뱀인 마귀에게 속아 타락한 모든 자들이 여인의 후손이신 그리스도, 곧 마귀의 머리를 부서뜨리신 분을 의지하고 믿으면 구원을 얻으리라는 것을 예표하는 성례(sacrament)였습니다(요 3:14 참고). 놋뱀에게 영광을 돌리기 위해 그것을 만들라고 명하신 것이 아닙니다. 훗날 사람들이 놋뱀을 섬기려고 하자 그것을 파쇄해 버린 역사적 사실만 보아도 이를 알 수 있습니다(왕하 18:4 참고). 모든 종교 의식이 그러하듯이 성막에 새겨진 종려나무나 스랍의 문양 역시 실체를 나타내는 그림자 역할을 했을 뿐, 그것들은 (반론들이 주장하는 것처럼) 하나님이나 성인들의 형상도 아니었고, 그것들에게 영광을 돌리기 위해 만들어진 것도 아니었습니다. 여느 장엄한 건물들과 마찬가지로 그리스도를 예표하는 성막과 성전을 장식하기 위해 만든 것일 뿐입니다.

질문의 두 번째 부분은 형상 숭배에 관한 것입니다. '형상들에게 어떤 식으로든 종교적 영광을 돌려도 되는가?' 이 물음에 교황주의자들은 그렇다고 대답하지만, 우리는 이렇게 대답합니다.

첫째, 성경에는 형상을 섬기라는 명령이나 형상을 섬긴 예가 없습니다. 그러므로 형상 숭배는 마태복음 15장 9절이 말하는 바 자의적인 숭배가 분명합니다. 그런데 그 본질을 좀 더 파고들면 우상숭배로 귀결됩니다. 하나님이 아닌 것을 종교적으로 섬기기 때문입니다. 천사들과 죽은 성도들을 종교적으로 섬기는 것 자체가 이미 우상숭배이며, 그들의 형상을 만들어 섬기는 것은 이중으로 우상숭배를 하는 것입니다.

둘째, 실제로 성경에서 형상 숭배만큼 분명히 금하는 것도 없습니다. 그런데도 여전히 형상을 숭배하는 것은 우리가 생각할 수 있는 가장 중대한 반역이요 완악한 행위입니다. 형상 숭배를 금하는 말씀이 많지만, 그중 몇 가지만 살펴보겠습니다.

① 제2계명은 형상 만드는 것을 금할 뿐만 아니라 그것들에게 절하고 섬기는 것도 금합니다. 사람들이 핑계할 수 없도록, 성경은 형상이라는 말이 무엇을 가리키는지를 적시합니다.

"위로 하늘에 있는 것이나 아래로 땅에 있는 것이나 땅 아래 물속에 있는 것의 어떤 형상도 만들지 말며"(출 20:4).

형상은 땅과 하늘과 물속에 있는 피조물들의 모습을 가리킵니다. 이런 것들을 형상으로 만들어 섬기지 말하고 명령하십니다.

② 레위기는 이렇게 말합니다.

"너희는 자기를 위하여 우상을 만들지 말지니 조각한 것이나 주상을 세우지 말며 너희 땅에 조각한 석상을 세우고 그에게 경배하지 말라. 나는 너희의 하나님 여호와임이니라"(레 26:1).

형상 숭배를 옹호하는 자들은 우상의 형상과 성인들의 형상이 다르다고 항변합니다. 그러나 성경은 이런 변명의 여지를 남겨 두지 않습니다. 이 말씀은 우상 앞에 절하는 것뿐만 아니라, 새긴 형상(교황주의자들이 제단에 둔 것처럼)과 나무와 돌로 만든 형상을 길거리나 다른 곳에 두어 사람들로 하여금 그 앞에서 절하게 하는 것 역시 금하기 때문입니다.

③ 신명기 27장 15절은 이렇게 말합니다.

"장색의 손으로 조각하였거나 부어 만든 우상은 여호와께 가증하니 그것을 만들어 은밀히 세우는 자는 저주를 받을 것이라 할 것이오 모든 백성은 응답하여 말하되 아멘 할지니라."

그들이 만들어 세우는 형상은 다름 아닌 장색이 새기고 부어 만든 것입니다. 그들은 그 형상을 은밀한 장소에 둘 뿐만 아니라 누구나 볼 수 있는 장소에도 공공연하게 둡니다. 따라서 이런 형상들은 하나님께 가증한 것이고, 여기서 말하는 동일한 저주가 그들에게도 임할 것입니다.

④ 그들은 자신들이 만들어 세운 형상을 섬기고 그것들을 통해 수많은 기적들이 일어났다고 자랑하지만, 이내 수치를 당할 것입니다. 시편 97편 7절을 보십시오.

"조각한 신상을 섬기며 허무한 것으로 자랑하는 자는 다 수치를 당할 것이라."

회피주장 1 제2계명(앞에서 언급한 모든 성경 본문들과 더불어)은 이교도가 자행하는 우상숭배에 관한 것이다. 그들은 존재하지 않는 것을 우상으로 만들어 신으로 섬긴다. 그러나 우리가 만들어 세운 것은 이교도들의 우상과는 다르다. 우리는 실제로 존재했고, 또 계속 존재하는 하나님, 천사들, 그리스도, 마리아, 성인들의 형상을 만들어 세웠다. 또한 우리는 이런 형상을 하나님으로 여기지 않는다. 따라서 이런 본문들을 우리가 만들어 세운 형상에 적용하는 것은 옳지 않다.

| 답변 |

❶ 제2계명과 앞의 말씀들은 그런 구분을 제시하지 않습니다. 본문에 사용된 פסל(페셀)이라는 단어가 이교도의 우상을 가리킨다고 이해할지라도(그러나 이것은 이 단어가 가리키는 바 여러 형상을 새기고 조각하는 것을 뜻하지는 않습니다), 여기에 형상이라는 뜻의 תמונה(테무나)라는 단어가 덧붙여집니다. 하늘에 있는 것이나, 땅에 있는 것이나, 물속에 있는 어떤 것이라도 그것의 형상을 만드는 것이 우상숭배로 금지됩니다. 제2계명은 이런 것들의 형상을 만들어 섬기는 행위를 분명히 금합니다.

❷ 이교도들도 자신들이 섬긴 그 형상을 천지를 만드신 하나님 자신으로 여기지

않았습니다. 그들이 숭배하는 신격화된 성인들에 대해서도 마찬가지입니다. 그런 형상이 그들 자신이나 다른 사람이 만든 것에 불과하다는 사실을 너무나 잘 알고 있었기 때문입니다. 사도행전에 나오는 에베소 사람들은 이미 큰 아르테미스 여신과 제우스에게서 내려온 우상을 구별하고 있습니다(행 19:35 참고).

❸ 이스라엘 백성들은 광야에서 금송아지를 만들었습니다. 그들은 이 금송아지가 그들을 애굽에서 인도해 낸 여호와가 아니라는 것을 알았습니다. 그런데도 그들은 이 금송아지를 통해 여호와 하나님을 섬기기를 바랐습니다. 그래서 그들은 이렇게 말합니다.

"아론이 그들의 손에서 금 고리를 받아 부어서 조각칼로 새겨 송아지 형상을 만드니 그들이 말하되 이스라엘아 이는 너희를 애굽 땅에서 인도하여 낸 너희의 신이로다 하는지라. 아론이 보고 그 앞에 제단을 쌓고 이에 아론이 공포하여 이르되 내일은 여호와의 절일이니라 하니"(출 32:4,5).

이스라엘 백성들은 금송아지를 하나님으로 생각하지 않았습니다. 다만 이 형상을 통해 하나님을 섬기기를 바랐던 것입니다.

❹ 이 송아지 형상은 우상이었습니다. 성경은 그것을 가리켜 분명히 우상이라 부릅니다.

"그때에 그들이 송아지를 만들어 그 우상 앞에 제사하며 자기 손으로 만든 것을 기뻐하더니"(행 7:41).

따라서 형상은 우상이고, 형상을 섬기는 것은 곧 우상숭배입니다.

회피주장 2 형상에게 하나님 한 분만을 섬기는 흠숭(라트레이아)을 표하는 것은 금지되었지만, 사적인 예배에서 공경(둘레이아)을 표할 수는 있다.

| 답변 |

❶ 이미 앞의 답변에서 이런 구분이 무의미하다고 말했습니다. 그런데도 굳이 이렇게 구분해야겠다면, 사적인 예배에서는 공경을 표할 수 있다는 증거를 보여야 할 것입니다.

❷ 히브리어로는 하나님을 섬기는 것과 우상에게 예를 표하는 것이 구분되지 않

습니다. 이 두 행위 모두 한 단어로 표현됩니다.

❸ 심지어 교황주의자들 스스로도 그리스도와 십자가의 형상을 흠숭으로 섬겨야 한다고 주장합니다. 이런 맥락에서 카예타누스(Cajetanus)는 이렇게 말합니다. "그리스도의 형상만큼은 그리스도를 섬기는 것처럼 섬겨야 한다. 다시 말해, 흠숭의 예배를 드려야 한다"(Not et G. Biel. lect. 49. in can. mis.). 십자가에 대해서는 이렇게 말합니다. "십자가는 사도들이 전해 준 유물 중에서도 가장 중심적인 것으로 마땅히 흠숭의 예를 표해야 한다"(in Pontif. Rom. f. 205). 따라서 앞에서 언급한 성경 본문만 보더라도 위의 반론은 전혀 의미가 없습니다.

교황주의자들이 하는 형상 숭배는 하나님의 말씀을 정면으로 거스르는 명백한 우상숭배입니다. 그들은 하나님의 말씀으로는 자신들의 우상숭배를 정당화할 수 없음을 알기에 이런 반론을 제기합니다. "우리가 세운 형상들은 이교도들의 우상과는 다르다. 뿐만 아니라 우리는 그것들을 섬기지 않는다." 우리는 이미 앞에서 이런 반론이 왜 무의미한지를 살폈습니다. 그런데도 교황주의자들은 자신들의 잘못을 인정하지 않고 다음과 같은 성경 본문들을 들어 반론을 제기합니다.

반론 1

"하나님이 이르시되 이리로 가까이 오지 말라 네가 선 곳은 거룩한 땅이니 네 발에서 신을 벗으라. 또 이르시되 나는 네 조상의 하나님이니 아브라함의 하나님, 이삭의 하나님, 야곱의 하나님이니라. 모세가 하나님 뵈옵기를 두려워하여 얼굴을 가리매"(출 3:5,6).

지금 여기서 하나님은 모세에게 떨기나무 앞에서 합당하게 행하라고 명하셨고, 모세는 그에 합당한 큰 숭배를 표했다.

답변

떨기나무는 형상이 아닙니다. 이 일이 있고 나서도 여전히 떨기나무로 남아 있었습니다. 게다가 모세는 떨기나무에 종교적 영광을 돌린 것이 아니며, 하나님께서 그렇게 명하지도 않으셨습니다. 오히려 지금 하나님은 아주 이례적인 방식으로 떨기나무를 통해 모세에게 자신을 계시하시는 상황에 합당하게 행하라고 모세에게 명령하십니다. 모세가 자신의 얼굴을 가린 것은 하나님 때문이지, 떨기나무 때문이 아닙니다. 성경은 "모세가 하나님 뵈옵기를 두려워하여 얼굴을 가리매"라고 증언합니다.

반론 2

"오직 나는 주의 풍성한 사랑을 힘입어 주의 집에 들어가 주를 경외함으로 성전을 향하여 예배하리이다"(시 5:7).

"너희는 여호와 우리 하나님을 높여 그의 발등상 앞에서 경배할지어다. 그는 거룩하시도다"(시 99:5).

여기서 하나님은 성전에 종교적 영광을 돌리라고 명하신다.

답변

성전과 그 안에 있는 것은 모두 그리스도를 예표하는 그림자입니다. 죄인은 그리스도를 통해서만 하나님께로 나아갈 수 있습니다. 그러하기에 성전으로 나아가 그 앞에 절하는 사람은 성전을 예배하는 것도, 성전을 통해 하나님을 예배하는 것도, 성전에 종교적 영광을 돌리는 것도 아닙니다. 그 사람은 성전이라는 그림자를 통해 그것이 예표하는 그리스도를 바라보는 것입니다.

반론 3

"어리석도다 갈라디아 사람들아, 예수 그리스도께서 십자가에 못 박히신 것이 너희 눈앞에 밝히 보이거늘 누가 너희를 꾀더냐"(갈 3:1).

이 말씀은 갈라디아 사람들이 십자가에 못 박힌 그리스도의 형상을 그들 앞에 두었다는 말이다.

답변

그것은 결코 이 말씀이 의미하는 바가 아닙니다. 그리스도께서 십자가에 못 박히신 곳은 갈라디아가 아닌 골고다이기 때문입니다. 본문은 '그리스도께서 너희 눈앞에서 못 박히신 것만큼이나 분명하게 너희에게 그리스도가 선포되었다'는 의미입니다. 따라서 이 본문은 십자가에 못 박힌 그리스도의 형상에 종교적 영광을 돌리는 것을 말하고 있지 않습니다.

지금까지 우리는 제2계명이 첫 번째로 금하는 죄인 형상 숭배에 대해 살펴보았습니다. 앞으로 간략하게 살펴보겠지만, 제2계명은 형상 숭배라는 죄 말고도 더 많은 죄를 금합니다.

마음의 불신앙

제2계명은 마음에 불신앙을 품지 말라고 명령합니다. 하나님을 생각하지 않고, 하나님을 경외하지 않고, 하나님을 사랑하지 않을 때 이런 마음을 품게 됩니다. 불신앙은 하나님의 뜻을 알거나 찾으려 하지도 않고 그 뜻대로 준행하려 하지 않을 때의 마음 상태입니다. 하나님의 말씀이나 그 말씀을 전하는 목사를 귀히 여기지 않는 마음입니다. 하나님의 백성들과 하나 되려 하지도 않고, 주를 그리스도로 고백하지도 않으며, 그분의 영광을 위해 살려는 열망마저도 없습니다. 그래서 자연스럽게 교회와도 멀어지고, 할 일이 없거나 사람들의 눈이 의식될 때에야 겨우 교회를 찾습니다. 성경은 이런 사람에 대해 다음과 같이 묘사합니다.

"어리석은 자는 그의 마음에 이르기를 하나님이 없다 하는도다"(시 14:1).

"그의 백성이 하나님의 사신들을 비웃고 그의 말씀을 멸시하며 그의 선지자를 욕하여 여호와의 진노를 그의 백성에게 미치게 하여 회복할 수 없게 하였으므로"(대하 36:16).

"모이기를 폐하는 어떤 사람들의 습관과 같이 하지 말고 오직 권하여 그날이 가까움을 볼수록 더욱 그리하자"(히 10:25).

자의적 예배

제2계명은 하나님을 자기 마음대로 예배하는 것을 금합니다. 하나님께서 말씀을 통해 정하신 방식을 연구하여 그에 따라 예배하려 하지 않고, 인위적으로 고안한 방식을 따라 하나님을 섬깁니다. 그러고는 선한 의도로 최선을 다해 예배했기 때문에 하나님이 기뻐하시리라 여깁니다. 마태복음 15장 9절에서 예수님은 이런 자의적인 예배를 거부하십니다.

신앙의 의무에 부주의함

제2계명은 신앙의 의무를 부주의하고도 생명력 없게 행하는 것을 금합니다. 이런 일은 특정한 신앙 행위에 참여해야 하는데 장애물이 있는 것처럼 보일 때마다 일어납니다. 이런 사람들은 범죄자가 감옥에 가기 싫어하는 것처럼 신앙의 의무에 참여하기를 꺼립니다. 할 수만 있으면 피하려 하고, 그럴 수 없으면 서둘러 마칩니다. 기도가 끝났음을 알리는 "아멘" 소리가 나기만을 어린아이처럼 기다립니다. 양심도 무뎌져 버렸습니다. 하나님의 말씀을 읽을 시간조차 마련하지 않습니다. 설령 읽는다고 해도 읽고자 하는 열망이나 관심도 없이 의무감으로 서둘러 해치웁니다. 짧은 장이나 짧은 시편만 골라 읽고, 그렇게라도 분량을 채운 것으로 좋아합니다. 공예배에 대한 태도도 이와 다르지 않습니다. 어떻게 해서라도 교회에 가지 않아도 되는 이유를 찾고, 어쩔 수 없이 교회에 가더라도 몸만 교회에 있을 뿐 생각은 전혀 다른 데 가 있습니다. 그러다가 결국 졸아 버리고, 설교가 영적이지 않고 너무 길었다며 설교자를 원망합니다. 들은 설교를 곱씹거나 다른 사람들과 함께 나누는 것은 너무 성가시고 번거로울 뿐만 아니라 익숙하지도 않습니다. 설교는 설교 시간으로 끝입니다.

성경은 이런 사람들에 대해 말합니다.

"만군의 여호와가 이르노라 너희가 또 말하기를 이 일이 얼마나 번거로운고 하며"(말 1:13).

"내가 네 행위를 아노니 네가 차지도 아니하고 뜨겁지도 아니하도다. 네가 차든지 뜨겁든지 하기를 원하노라. 네가 이같이 미지근하여 뜨겁지도 아니하고 차지도 아니하니 내 입에서 너를 토하여 버리리라"(계 3:15,16).

신앙의 의무를 기계적으로 이행하는 것

제2계명은 신앙의 의무를 기계적으로 행하는 것으로 만족하는 것을 금합니다. 아침저녁으로 기도하고, 날마다 성경을 한 장씩 읽고, 주일에는 두 번씩 교회 모임에 참여하고, 성찬을 거른 적이 없고, 헌금도 꼬박꼬박 합니다. 더는 나무랄 것이 없습니다. 이런 자신의 습관을 힘입어 진리의 길이나 신령한 삶에 대해 알지 못해도 하나님이 자신을 천국에 들이시리라 여깁니다. 이런 사람에 대해 하나님은 다음과 같이 말씀하십니다.

"주께서 이르시되 이 백성이 입으로는 나를 가까이하며 입술로는 나를 공경하나 그들의 마음은 내게서 멀리 떠났나니 그들이 나를 경외함은 사람의 계명으로 가르침을 받았을 뿐이라. 그러므로 내가 이 백성 중에 기이한 일 곧 기이하고 가장 기이한 일을 다시 행하리니 그들 중에서 지혜자의 지혜가 없어지고 명철자의 총명이 가려지리라"(사 29:13,14).

위선

제2계명은 위선적인 신앙생활을 금합니다. 사람들의 인정을 바라며 신앙생활을 할 때 이런 위선에 빠집니다. 목사가 탁월한 은사를 발휘하고 성령으로 충만한 기도를 하고 뜨겁게 설교할지라도, 경건하고 학식이 있다는 소리를 듣고 싶어하고 사람들의 칭송과 인정을 은근히 바라면 이런 위선에 떨어지게 됩니다. 얼마나 가증합니까! 경건하다는 소리를 듣기 위해 교회에 빠지지 않고 참여할 뿐만 아니라 설교도 엄숙하고 진지하게 경청합니다. 자신이 곡조를 얼마나 잘 아는지를 사람들에게 알리기 위해 모두가 들을 수 있는 목소리로 힘 있게 찬송을 부릅니다. 다른 사람이 기도할 때 모두가 듣도록 큰 소리로 신음합니다. 예배 중에 사람들이 보고 듣도록 경건히 행하고, 심지어 어리석은 몸짓을 합니다. 설교 시간에 자신이 설교에 얼마나 주목하는지를 사람들이 알아주기를 바라면서 설교를 경청하는 척합니다. 헌금을 하면서도 사람들을 의식합니다. 한마디로, 제2계명은 실제로는 사람들과 자기 자신을 의식하면서 하나님을 섬기는 체하는 위선적인 신앙을 금합니다.

하나님을 물리적 형상으로 나타내는 것

제2계명은 우리의 생각을 따라 하나님을 물리적인 형상으로 나타내는 것을 금합니다. 하나님은 물리적인 모양을 배제하시는 가운데 사람의 영혼에 자신을 영으로 계시하십니다. 그러나 자연인은 하나님을 처음 생각하는 순간부터 하나님께서 계시하신 것을 왜곡하고 영적인 것을 물리적인 것으로 바꾸어 놓습니다. 사람은 마음속으로 하나님을 여러 가지 형상으로 그려 내면서 하나님에 대한 이런 물리적 표현을 고수하거나, 하나님에 대해 신령하게 생각하려는 자신의 의지를 거슬러 하나님을 물리적인 형상으로 생각합니다. 이는 사람들이 하나님에 대해 그렇게 말하는 것을 들었기 때문일 수도 있고, 사탄이 생각에 영향을 주었기 때문일 수도 있습니다. 후자의 경우는, 이 사람의 죄가 아니라 사탄의 죄입니다. 다시 말해, 만일 하나님을 이렇게 형상으로 나타내기를 혐오하고 또 그런 생각을 거부하는데도 피동적으로 그렇게 된 경우에는 본인의 죄가 아니라는 말입니다(요 4:24 참고).

우상숭배적인 종교 행위

제2계명은 우상숭배적인 종교 행위에 참여하는 것을 금합니다. 이를테면, 우상에 대한 호기심으로 미사에 참여하는 것(예배당이든 거리에서든)입니다. 형상을 은밀하게 높이고 숭배하며 그 앞에 머리를 조아리는 것입니다. 재미있다는 이유로 교황주의자들이 지키는 축일들(성 니콜라스 축일, 예수 신현 대축일, 참회 화요일, 만성절 전야제 등)에 덩달아 휩쓸리고 흥청거리는 것입니다. 우리는 다윗과 같이 고백해야 합니다.

"다른 신에게 예물을 드리는 자는 괴로움이 더할 것이라. 나는 그들이 드리는 피의 전제를 드리지 아니하며 내 입술로 그 이름도 부르지 아니하리로다"(시 16:4).

지금까지 제2계명이 금하는 죄악들을 살펴보았습니다.

제2계명이 명하는 덕

첫째, 범사에 우리 자신을 하나님을 섬기는 데 온전히 드리라고 명령합니다.

"그러므로 형제들아 내가 하나님의 모든 자비하심으로 너희를 권하노니 너희 몸을 하나님이 기뻐하시는 거룩한 산 제물로 드리라. 이는 너희가 드릴 영적 예배니라"(롬 12:1).

둘째, 하나님의 뜻을 따라 하나님을 섬기라고 명령합니다. 다시 말해, 우리의 모든 행위가 성경에 계시된 하나님의 뜻에 따라 다스려져야 합니다. 그럴 때 순전한 신앙 행위를 할 수 있습니다.

"눈가림만 하여 사람을 기쁘게 하는 자처럼 하지 말고, 그리스도의 종들처럼 마음으로 하나님의 뜻을 행하고 기쁜 마음으로 섬기기를 주께 하듯 하고 사람들에게 하듯 하지 말라"(엡 6:6,7).

셋째, 영으로 하나님을 섬기라고 명령합니다. 힘과 지성과 의지와 정서를 다하여 전인으로 하나님을 섬기라는 것입니다.

"내 영혼아 여호와를 송축하라, 내 속에 있는 것들아 다 그의 거룩한 이름을 송축하라"(시 103:1).

"밤에 내 영혼이 주를 사모하였사온즉 내 중심이 주를 간절히 구하오리니 이는 주께서 땅에서 심판하시는 때에 세계의 거민이 의를 배움이니이다"(사 26:9).

"하나님은 영이시니 예배하는 자가 영과 진리로 예배할지니라"(요 4:24).

넷째, 전심으로 하나님을 섬기라고 명령합니다. 마음을 하나로 모아 하나님을 섬겨야 합니다. 하나님을 다른 것과 더불어 구하지 말라는 것입니다. 온 영을 하나님을 섬기고 찾는 일에 온전히 드려야 합니다.

"하나님을 알고 온전한 마음과 기쁜 뜻으로 섬길지어다"(대상 28:9).

"온 유다가 이 맹세를 기뻐한지라. 무리가 마음을 다하여 맹세하고 뜻을 다하여 여호와를 찾았으므로"(대하 15:15).

다섯째, 열심을 품고 하나님을 섬기라고 명령합니다. 하나님을 섬기는 것이 결코 부담이 되어서는 안 됩니다. 즐거움이 되어야 합니다. 하나님께서 여전히 우리에게서 섬김 받기를 원하신다는 사실을 즐거워해야 합니다. 하나님을 섬길 수 있다는 것과 하나님이 우리에게 무언가를 명하신다는 사실 자체를 특권으로 여기고, 하나님을 섬기는 일에 열심을 내야 합니다.

"바람을 자기 사신으로 삼으시고 불꽃으로 자기 사역자를 삼으시며"(시 104:4).

"부지런하여 게으르지 말고 열심을 품고 주를 섬기라"(롬 12:11).

"네가 열심을 내라"(계 3:19).

여섯째, 거짓 종교를 반대하고 우상과 형상을 없애라고 명령합니다. 이는 모두가 각자의 자리에서 행해야 할 명령입니다. 정부도 그 명령을 따를 의무를 집니다.

"그들의 제단을 헐며 주상을 깨뜨리며 아세라 목상을 찍으며 조각한 우상들을 불사를 것이니라"(신 7:5).

모세가 금송아지에 대해 그렇게 했습니다(출 32:20 참고). 히스기야가 산당들과 주상들과 놋뱀에 대해 그렇게 했습니다(왕하 18:4 참고). 아사가 자기 모친이 만든 가증한 우상에 대해 그렇게 했을 뿐만 아니라, 그의 모친에게서 태후의 지위를 박탈하였습니다(왕상 15:13 참고).

48

제3계명

제3계명 또한 금하는 계명입니다. 금하는 내용이 먼저 나오고, 이어서 하지 말아야 하는 강력하고도 절박한 동기가 호소력 있게 주어집니다.

제3계명의 초점: 여호와의 이름

첫째, 제3계명이 금하는 내용을 살펴봅시다.

"너는 네 하나님 여호와의 이름을 망령되게 부르지 말라"(출 20:7).

이 문장의 목적어인 여호와의 이름이 제3계명의 중심 내용입니다. 여기서 여호와의 이름은 다음을 가리킵니다.

① 여호와, 엘로힘, 주, 하나님과 같은 말들을 가리킵니다.

② 하나님 자신을 가리킵니다.

"여호와의 이름을 모독하면 그를 반드시 죽일지니"(레 24:16).

③ 하나님의 완전하심을 가리킵니다.

"여호와께서……여호와의 이름을 선포하실사……여호와라 여호와라, 자비롭고 은혜롭고 노하기를 더디 하고 인자와 진실이 많은 하나님이라"(출 34:5,6).

"하나님이여 주의 이름으로 나를 구원하시고"(시 54:1).

"내가 주의 이름을 사모하리이다"(시 52:9).

④ 하나님의 도우심을 가리킵니다.

"우리가 주를 의지하여 우리 대적을 누르고 우리를 치러 일어나는 자를 주의 이름으로 밟으리이다"(시 44:5).

"나는 만군의 여호와의 이름 곧 네가 모욕하는 이스라엘 군대의 하나님의 이름으로 네게 나아가노라"(삼상 17:45).

"여호와의 이름은 견고한 망대라"(잠 18:10).

⑤ 하나님의 영광이 나타난 하나님의 역사를 가리킵니다.

"주의 이름이 온 땅에 어찌 그리 아름다운지요"(시 8:1).

⑥ 하나님의 백성들이 하나님을 높이는 것을 가리킵니다.

"주의 이름을 사랑하는 자들은 주를 즐거워하리이다"(시 5:11).

"주의 크신 이름을 위하여 어떻게 하시려 하나이까?"(수 7:9)

이처럼 여호와의 이름은 하나님께서 자신을 친히 계시하시고 하나님이 칭송받거나 멸시받는 모든 것을 가리킵니다.

"내 이름을 이방인과 임금들과 이스라엘 자손들에게 전하기 위하여 택한 나의 그릇이라"(행 9:15).

제3계명은 여호와의 이름을 망령되게 부르지 말라고 명령합니다. 따라서 이 계명은 하나님을 영화롭게 하지 않으며 그분을 성경에 계시된 대로 인정하지 않는 행위나 말과 관련됩니다. '망령되게'라는 말은 하나님과 관련된 언행을 합당하지 않게, 무심코, 부주의하게, 불경하게, 천박하게, 어리석게, 거룩한 목적 없이 일삼아 하나님께 합당하지 않은 불경한 인상을 남기는 것을 말합니다.

둘째, 이 계명을 거스를 경우 뒤따를 위험을 경고함으로써 이 계명을 준행할 동기를 제시합니다.

"그의 이름을 망령되게 부르는 자를 죄 없다 하지 아니하리라"(출 20:7).

사람들은 이 문제를 대수롭지 않게 생각하지만, 하나님은 매우 중대한 문제로 여기십니다. 사람들이 자신이 그렇게 했는지조차 알아채지 못할 정도로 이 문제를 대수롭지 않게 여기고, 그것이 중대한 죄인지를 알지 못한다 할지라도, 하나님은 자기 이름을 망령되게 일컫은 자를 죄 없다 하지 않으십니다. 뿐만 아니라 그를 형벌 받기에 합당한 자로 여기고, 반드시 벌하실 것입니다. 사람의 이런 행동이 하나님을 사랑하지 않고 있음을 분명히 나타낼뿐더러, 노골적으로 하나님을 모욕하는 심각한 죄이기 때문입니다.

"사악한 자에게는 주의 거스르심을 보이시리니"(시 18:26).

제3계명이 금하는 죄

첫 번째로, 제3계명은 신성모독을 금합니다. 다음의 경우들이 신성모독에 해당합니다.

① 터무니없이 하나님을 탓하거나 말이나 몸짓으로 하나님을 비웃거나 경멸함으로써, 다른 사람들이 말이나 행위로 하나님을 멸시하고 조롱하도록 만드는 경우입니다.

"그 이스라엘 여인의 아들이 여호와의 이름을 모독하며 저주하므로 무리가 끌고 모세에게로 가니라"(레 24:11).

② 하나님의 섭리와 붙드심과 통치를 부정하며 거부하고, 하나님의 진실하심과 능력과 다른 속성을 부인하는 경우입니다.

"그의 마음에 이르기를 하나님이 잊으셨고 그의 얼굴을 가리셨으니 영원히 보지 아니하시리라 하나이다……어찌하여 악인이 하나님을 멸시하여 그의 마음에 이르기를 주는 감찰하지 아니하리라 하나이까?"(시 10:11,13)

"전능자가 누구이기에 우리가 섬기며 우리가 그에게 기도한들 무슨 소용이 있으랴 하는구나"(욥 21:15).

"그때에 내가 예루살렘에서 찌꺼기같이 가라앉아서 마음속에 스스로 이르기를 여호와께서는 복도 내리지 아니하시며 화도 내리지 아니하시리라 하는 자를 등불로 두루 찾아 벌하리니"(습 1:12).

③ 하나님만이 행하실 수 있는 역사와 하나님께만 속한 것들을 다른 피조물에게 돌리는 경우입니다.

"바리새인들은 듣고 이르되 이가 귀신의 왕 바알세불을 힘입지 않고는 귀신을 쫓아내지 못하느니라 하거늘"(마 12:24).

④ 하나님께서 어떤 사람에게 심어 놓으심으로써 그를 통해 나타내신 은혜를 멸시하고 조롱하고 왜곡하고 비방하는 경우입니다. 이를테면, 경건한 사람을 위선자라고 하며 그의 경건을 위선이라고 비방하는 경우입니다.

"그가 하나님을 신뢰하니 하나님이 원하시면 이제 그를 구원하실지라. 그의 말이 나는 하나님의 아들이라 하였도다 하며……거기 섰던 자 중 어떤 이들이 듣고 이르되 이 사람이 엘리야를 부른다 하고"(마 27:43,47).

⑤ 성경이 계시하는 하나님의 진리를 부인하고 조롱하는 경우입니다.

"먼저 이것을 알지니 말세에 조롱하는 자들이 와서 자기의 정욕을 따라 행하며 조롱하여 이르되 주께서 강림하신다는 약속이 어디 있느냐 조상들이 잔 후로부터 만물이 처음 창조될 때와 같이 그냥 있다 하니"(벧후 3:3,4).

⑥ 언약에 참여한 자라 자처하면서도 언약을 따라 살지 않아서 진리와 경건의 가르침을 사람들의 비방거리로 만드는 경우입니다.

"기록된 바와 같이 하나님의 이름이 너희 때문에 이방인 중에서 모독을 받는도다"(롬 2:24).

"여럿이 그들의 호색하는 것을 따르리니 이로 말미암아 진리의 도가 비방을 받을 것이요"(벧후 2:2).

두 번째로, 제3계명은 저주를 금합니다. 저주란 하나님이나 마귀나 벼락 같은 것을 통해 자기 자신이나 다른 사람이 해를 당하기를 바라는 것입니다. 성경에 보면, 하나님의 성령에 감동된 성도들이 하나님의 명령을 따라 특정한 사람들에게 저주가 임하기를 기원하는 대목이 있습니다(시 35:4, 109:6,20; 왕하 2:24 참고). 그러나 이는 모방할 것이 아닙니다. 제3계명이 금하는 저주는 그런 것이 아닙니다. 심사숙고 하지 않고 재미나 장난으로 하는 저주나, 원한과 증오와 보복으로 비는 저주가 여기에 해당합니다. 무언가를 확증하고 사람들을 더 믿게 만들려고 비는 저주도 여기에 해당합니다. 바울을 죽이기 전에는 먹지도, 마시지도 않겠노라고 당을 지어 맹세한 사십 인의 경우가 여기에 해당합니다(행 23:12 참고). 베드로가 겁에 질려서 저지른 죄이기도 합니다(마 26:74 참고). 비통한 나머지 욥이 자신이 태어난 날을 저주한 것도 여기에 해당합니다(욥 3:1 참고). 유사하게, 타인을 저주하는 경우도 여기에 해당합니다.

"그들이 그를 그의 높은 자리에서 떨어뜨리기만 꾀하고 거짓을 즐겨하니 입으로는 축복이요 속으로는 저주로다"(시 62:4).

"또한 사람들이 하는 모든 말에 네 마음을 두지 말라. 그리하면 네 종이 너를 저주하는 것을 듣지 아니하리라"(전 7:21).

다른 사람들이 우리를 저주할 빌미를 제공하지 말아야 합니다. 혹시 누군가가 우리를 저주하더라도 그것 때문에 당혹스러워할 필요도 없습니다. 어느 누구도 하나님과 상관없이 우리가 저주를 당하게 할 수 없기 때문입니다.

"까닭 없는 저주는 참새가 떠도는 것과 제비가 날아가는 것같이 이루어지지 아니하느니라"(잠 26:2).

오히려 하나님께서 우리를 향한 악한 저주를 복으로 바꾸실 것입니다. 시므이의 저주에 대해 다윗이 말한 것처럼 말입니다.

"여호와께서 그에게 명령하신 것이니 그가 저주하게 버려두라. 혹시 여호와께서 나의 원통함을 감찰하시리니 오늘 그 저주 때문에 여호와께서 선으로 내게 갚아 주시리라"(삼하 16:11,12).

성경은 우리가 힘써야 할 일을 분명히 밝힙니다.

"너희 원수를 사랑하며 너희를 박해하는 자를 위하여 기도하라"(마 5:44).

세 번째로, 제3계명은 다른 사람들과 대화할 때 상대방으로 하여금 자신의 말을 믿게 하려고 불필요하게 맹세하는 것을 금합니다. 주 예수님은 이런 행위에 대해 분명하게 경고하십니다.

"오직 너희 말은 옳다 옳다, 아니라 아니라 하라. 이에서 지나는 것은 악으로부터 나느니라……나는 너희에게 이르노니 도무지 맹세하지 말지니 하늘로도 하지 말라 이는 하나님의 보좌임이요"(마 5:37,34).

네 번째로, 제3계명은 거짓 선서를 금합니다. 즉 거짓이라고 알고 있는 사실을, 또는 참인지 아닌지도 제대로 알지 못하는 내용을 하나님의 이름을 들어 참되다고 맹세하는 것입니다. 어떤 일을 할 마음도 없고 자신이 하지 않을 것임을 아는데도 마치 할 것처럼 약속하는 것입니다. 변호사나 피고나 증인들, 또는 직무 선서를 하는 이가 이런 죄를 범하기 쉽습니다.

"만군의 여호와께서 이르시되 내가 이것을 보냈나니 도둑의 집에도 들어가며 내 이름을 가리켜 망령되이 맹세하는 자의 집에도 들어가서 그의 집에 머무르며 그 집을 나무와 돌과 아울러 사르리라 하셨느니라 하니라"(슥 5:4).

"너희는 내 이름으로 거짓 맹세함으로 네 하나님의 이름을 욕되게 하지 말라. 나는 여호와이니라"(레 19:12).

다섯 번째로, 제3계명은 헛된 맹세를 금합니다. 하나님께서 금하시는 일이라면 아무리 그 일을 하기로 맹세했다고 할지라도 하지 말아야 합니다. 그 맹세를 지키지 않는다고 죄가 되지 않습니다. 오히려 하나님이 금하신 일을 하기로 맹세하는 것이 죄입니다. 다윗은 나발의 집안을 없애 버리겠노라고 맹세했지만(삼상 25:22 참고) 그렇게 하지 않았고, 오히려 맹세대로 하지 않은 것 때문에 하나님을 찬송했습니다(삼상 25:32 참고). 그러나 선한 일을 하기로 서원했다면 해롭다 할지라도 지켜야 합니다.

"그의 마음에 서원한 것은 해로울지라도 변하지 아니하며"(시 15:4).

이미 여호수아 때 기브온 사람들에 대해 맹세가 이루어졌는데도 사울은 그들을 죽였습니다. 그로 말미암아 온 이스라엘이 삼 년간 기근을 겪어야 했습니다(삼하 21:1 참고).

"또 옛사람에게 말한 바 헛맹세를 하지 말고 네 맹세한 것을 주께 지키라 하였다는 것을 너희가 들었으나"(마 5:33).

여섯 번째로, 제3계명은 경외함 없이 하나님의 이름을 헛되고도 경박하게 남용하는 것을 금합니다. 이를테면, 놀라거나 아프거나 재채기를 하거나 누구를 위해 건배를 하거나 가난한 사람에게 무언가를 철회하거나 슬픈 일이 있거나 다른 사람을 웃기려고 어리석은 농담을 하거나 다른 어떤 상황에서, 습관적으로 "주여, 하나님, 예수님"과 같이 하나님의 이름을 남발하는 것입니다. 하나님의 이름을 남용하는 책들을 읽는 것도 그 죄에 해당합니다. 극장에서 배우들이 연기하듯이, 대화할 때 아무 의미 없이 하나님의 이름을 사용하는 것도 여기에 포함됩니다. 합당하지 않은 마음과 태도로 하나님의 말씀을 읽는 것도 여기에 해당합니다. 우리가 성경을 읽거나 들을 때, 계속해서 하나님이 우리에게 말씀하시고 그분의 이름이 언급되기 때문입니다. 부주의하게 기도하는 것을 비롯해, 기도를 이어 갈 때 습관적으로 하나님의 이름을 부르는 경우도 마찬가지입니다. 성경 본문으로 우스갯소리를 하거나 농담을 일삼는 것도 이런 경우입니다.

일곱 번째로, 제3계명은 누군가가 하나님의 이름을 망령되게 부르는데도 가만히 듣고만 있는 것을 금합니다.

"만일 누구든지 저주하는 소리를 듣고서도 증인이 되어 그가 본 것이나 알고 있는 것을 (형벌을 집행하도록 세워진 사람들에게) 알리지 아니하면 그는 자기의 죄를 져야 할 것이요 그 허물이 그에게로 돌아갈 것이며"(레 5:1).

"도둑과 짝하는 자는 자기의 영혼을 미워하는 자라. 그는 저주를 들어도 진술하지 아니하느니라"(잠 29:24).

하나님의 이름을 적극적으로 망령되게 부르는 것과 오용하는 것을 구분해야 합니다. 전자에 대해 우리는 우리 위에 권위를 가진 자들에게 이 사실을 알려야 할 책임이 있습니다. 그렇지 않으면 우리가 공범이 되는 것입니다. 후자에 대해서는 그렇게 하는 것이 옳지 않음을 알려 주고, 시간과 상황이 허락된다면 말로 권면해야 합니다. 후자의 경우, 하나님의 이름을 오용한 사람이 모욕감을 느끼지 않도록(여러 사람들 앞에서 공공연히 책망함으로) 지혜롭게 바로잡을 필요가 있습니다. 상황이

여의치 않아 그 자리에서 잘못을 지적하여 바로잡을 수 없다면, 나중에라도 기회를 잡아 매우 겸손하게 훈계해야 합니다. 이때 현학적이거나 고압적인 자세를 취하지 마십시오. 그런 태도는 돌이키게 하기보다는 오히려 모욕감과 비참함만을 느끼게 할 뿐입니다.

여덟 번째로, 제3계명은 함부로 제비를 뽑는 것을 금합니다. 제비뽑기는 우리의 지혜와 기술과 힘만으로는 해결되지 않는 중요한 논점에 대해 하나님께서 뜻을 보여 주시기를 바라면서 행하는, 지극히 특수하고도 임시적인 방편입니다. 해결되지 않으면 국가나 교회나 개인에게 큰 위험이나 손해를 초래할 수밖에 없는 중요한 문제에 대해서만, 그것도 해결될 기미가 전혀 보이지 않을 때에만 제비를 뽑아야 할 것입니다.

제비뽑기와 관련된 명령들을 보면, 제비뽑기 자체를 금하는 것이 아님을 분명히 알 수 있습니다(레 16:8,9; 민 26:55,56 참고). 성도들도 제비를 뽑을 수 있습니다(행 1:26 참고).

제비뽑기 역시 하나님께서 자기 주권 아래에 두시고 자신의 뜻을 따라 사용하시는 방편입니다.

"제비는 사람이 뽑으나 모든 일을 작정하기는 여호와께 있느니라"(잠 16:33).

제비뽑기도 믿음으로 하는 신앙 행위가 될 수 있습니다. 하나님의 뜻을 묻는 중요한 행위이므로 반드시 먼저 기도해야 합니다.

"그들이 기도하여 이르되 뭇 사람의 마음을 아시는 주여, 이 두 사람 중에 누가 주님께 택하신 바 되어 봉사와 및 사도의 직무를 대신할 자인지를 보이시옵소서. 유다는 이 직무를 버리고 제 곳으로 갔나이다 하고 제비 뽑아 맛디아를 얻으니 그가 열한 사도의 수에 들어가니라"(행 1:24-26).

제비를 뽑을 때는 그 결과가 하나님께 영광이 되고 국가와 교회에 평안을 가져오기를 기대해야 합니다.

중요한 논쟁이 있을 때나 사회의 안위가 달린 엄중한 상황에 처했을 때에만 제비뽑기를 행해야 합니다. 또한 제비뽑기가 아니고서는 해결될 기미가 보이지 않는 일, 가나안 땅을 분배하는 일, 두 염소 중 하나를 선택하는 일, 열두 사도를 뽑는 일과 같이 하나님의 손길이 뚜렷하게 드러나야만 하는 문제들에 관해서만 제비뽑기를 행해야 합니다.

"제비 뽑는 것은 다툼을 그치게 하여 강한 자 사이에 해결하게 하느니라"(잠 18:18).

구약성경도 죄책이 있는 쪽을 가리기 위해 제비뽑기를 사용했음을 보여 줍니다. 제비뽑기를 통해 아간이 지명되었습니다(수 7:18 참고). 요나단(삼상 14:40,41 참고)과 요나(요 1:7 참고)도 그러했습니다. 그렇다고 해서 함부로 제비뽑기를 흉내 내서는 안 됩니다. 이를 통해 아간이 지명되었다 할지라도(확실하지는 않습니다), 그것은 하나님의 계시를 통해 이루어진 것이기 때문입니다. 또한 제비를 뽑은 사울의 행동이 규범이 될 수는 없습니다. 그의 행동 가운데는 잘못된 것이 많았습니다. 마지막으로 요나의 경우, 당시 제비를 뽑았던 선원들은 하나님을 모르는 이방인들이었습니다.

제비뽑기는 중요한 논란을 해결하기 위해 행하는 아주 특별한 신앙 행위입니다. 그러므로 호기심을 충족시키거나 비밀을 캐기 위해 오용하거나, 유일한 규칙인 하나님의 말씀을 배제한 채 행하지 않도록 조심해야 합니다. 결혼할 배우자가 누구인지, 이사를 할지 말지 같은 불확실한 문제를 결정하면서 하나님의 뜻을 묻기 위해 제비를 뽑는 것이 후자의 예입니다. 그러나 그런 식의 제비뽑기는 하나님을 시험하는 것이며, 하나님의 진노를 촉발시킬 뿐입니다. 하나님께서 그런 식의 제비뽑기를 통해 응답하시기보다 그렇게 하나님을 시험하는 자에게 파괴적이고도 손해가 되는 결과가 나오도록 하실 수도 있습니다. 하나님의 말씀에 마음을 기울이고, 하나님을 시험하지도 말고, 하나님의 진노를 불러일으키지도 마십시오. 어떠한 일을 결정하기가 어렵고 의심이 든다면, 잠시 결정을 미루십시오. 믿음으로 하지 않는 것이라면, 어떤 행동도 하지 말아야 하기 때문입니다.

도박, 오락, 놀이에서 제비뽑기를 남용하는 것이야말로 하나님의 섭리를 끔찍하게 오용하는 행위입니다. 놀이에는 개인의 재주나 힘으로 하는 놀이나 체스, 바둑, 핸드볼, 펜싱, 셔플보드처럼 다른 사람과 함께하는 놀이가 있습니다. 이런 놀이들은 모두 그 자체로는 아무 문제가 없습니다. 다만 그 놀이를 하는 동기가 거룩해야 합니다. 이를테면, 머리를 식히거나 몸의 건강을 유지하거나 다음에 이어질 일을 준비하는 등의 목적을 가져야 합니다. 또한 너무 자주 하거나 오래 해서도 안 됩니다. 그러다 보면 정작 해야 할 일을 하지 못할 것이 분명하기 때문입니다. 놀이에만 몰두한 나머지 시간을 허비하고 마음이 하나님으로부터 멀어지고 말 것입니다. 노름 가운데 카드놀이나 백개먼(backgammon)처럼 기술과 확률이 모두 동원되는 놀이의 성격을 띤 것도 있습니다. 그러나 이런 노름들도 오로지 확률에만 의존하는 노름과 마찬가지로 불법입니다. 왜냐하면 아무리 기술이 좋아도 확률이 뒷받침되지 않으면 소용없고, 결국 제비뽑기에 의존하는 것과 마찬가지이기 때문입니다. 이 밖에도 주사위를 굴리거나 지푸라기를 뽑는 등 오로지 확률에만 의존하는 노름도 있습니다.

노름은 확률에만 의존하든 기술과 확률을 복합적으로 사용하든 상관없이, 확률에 의존하기에 불법입니다. 그 근거는 다음과 같습니다.

① 성경은 이런 노름을 정당화하는 명령이나 예시나 주장을 전혀 제시하지 않습니다.

회피주장 1 그렇다면 기술이나 힘을 사용하는 다른 놀이에도 이것을 적용할 수 있다.

| 답변 |

그렇지 않습니다. 사람이 먹고 마시고 자고 쉬는 것뿐만 아니라 몸과 영혼을 하나님을 섬기기에 합당한 상태로 지켜 가는 것도 하나님의 말씀에 기초하여 이루어지기 때문입니다.

회피주장 2 운에 맡기는 노름을 통해서도 그런 목적을 이룰 수 있다.

| 답변 |

그렇지 않습니다. 그런 노름은 죄를 짓는 것입니다. 죄에 민감한 영혼이라면 그런 노름을 즐기지 않을뿐더러, 하나님의 말씀에 기초하지 않은 것을 하나님의 말

쏨을 토대로 하는 것과 별 차이가 없는 것처럼 취급하지 않을 것입니다.

② 제비뽑기는 그것을 사용하는 때와 목적이 분명한, 하나님의 말씀의 지배를 받는 신앙 행위입니다. 제비뽑기가 신앙 행위인 것은 그것이 하나님의 인도를 구하는 행위요, 하나님께서 자기 뜻을 나타내 보여 주시기를 구하는 행위이기 때문입니다. 따라서 제비를 뽑기 전에 마땅히 먼저 하나님께 기도해야 합니다(행 1:24-26 참고). 제비뽑기는 하나님의 손길이 특별한 방식으로 필요한 상황에서만 사용해야 합니다. 두 염소 중 하나를 고르고, 가나안 땅을 분배하고, 열두 사도를 채우는 일에만 제비뽑기가 사용되었습니다. 이대 하나님께서 제비뽑기의 모든 과정과 결과를 주장하시고 그분 자신의 뜻을 드러내신다는 믿음을 가지고 행해야 합니다(잠 16:33 참고). 그리고 그 결과를 기꺼이 받아들여야 합니다. 제비뽑기는 분쟁을 해결할 때에도 사용됩니다(잠 18:18 참고). 그러나 노름은 제비뽑기와는 달리 이런 측면이 없으며, 그저 운에 맡기고 행하는 것이므로 불법입니다.

③ 제비뽑기는 엄중한 상황에서 하나님의 뜻을 분별하고자 사용하는 특수한 방편입니다. 그러나 운에 맡기고 행하는 노름에는 이처럼 결정해야 할 중요한 문제도, 해결해야 할 중요한 쟁점도 없습니다. 하나님의 뜻을 알고 그 뜻에 순종하고자 이런 노름에 힘쓰는 사람은 아무도 없습니다. 따라서 운에 맡기는 노름은 하나님을 시험하는 행위요, 해서는 안 될 일입니다.

"예수께서 이르시되 또 기록되었으되 주 너의 하나님을 시험하지 말라 하였느니라 하시니"(마 4:7).

하나님을 시험한다는 것은 하나님께서 우리에게 주신 일상적인 방편을 무시하고 하나님께 특별한 무언가를 바라는 것으로, 하나님의 섭리를 경멸하는 것일뿐더러, 하나님을 우리의 어리석은 의지를 섬기는 종으로 삼는 일입니다.

회피주장 노름을 하는 사람들은 다음과 같이 말할 것이다. "나는 그런 생각을 하지 않는다. 그저 돈을 좀 따고 체면을 지키기를 바랄 뿐이다."

| 답변 |

그런 의도 자체가 죄악된 것입니다. 하나님을 전혀 염두에 두지 않고 아무 생각 없이 그런 노름을 일삼는 것 자체가 죄입니다. 사람은 모든 일을 할 때 하나님을 의식해야 합니다. 하나님을 전혀 생각하지 않고 한 거짓말이라고 해서 죄가 아니라 할 수는 없는 이치입니다.

④ 제비뽑기의 결과(도박을 일삼는 자들은 자신들에게 이로운 결과가 나오기를 바라지만)는 전적으로 사람들의 능력 밖에 있습니다. 그런데도 노름을 일삼는 자들은 헛된 기대를 버리지 않습니다. 그들은 누구에게 기대를 겁니까? 마귀입니까? 아닙니다. 운명(이교도들이 우상처럼 떠받드는)이라는 것이 어떤 결과를 만들어 내기라도 합니까? 아닙니다. 그렇다면 자신들이 움켜쥔 주사위에서 무언가를 기대합니까? 그렇다면 주사위를 하나님으로 섬기는 것입니다. 하나님이 아닌 다른 것으로부터 어떤 행복을 얻고자 기대하는 것 자체가 이미 가증한 일입니다.

회피주장 노름하는 사람들은 다음과 같이 말할 것이다. "나는 어느 누구로부터 그 어떤 것도 기대하지 않는다. 단지 결과가 좋게 나오기만을 바랄 뿐이다."

| 답변 |

무신론자들이 그렇게 말합니다. 그런데 모든 결과는 하나님이 주장하십니다(잠 16:33 참고). 결국 핵심은 하나님께서 특별한 방식으로 자신을 행복하게 해 주시기를 기대한다는 것이고, 이 경우 사람들은 노름을 통해 그것이 이루어지기를 바라는 것입니다. 그러나 이는 다름 아닌 하나님을 시험하고 만홀히 여기는 것일 뿐만 아니라, 하나님을 자신의 정욕을 채우는 종으로 삼는 행위입니다.

⑤ 노름은 운을 기대하는 것이기에 (운 자체 때문은 아니더라도) 그 결과가 본질적으로 해롭습니다. 노름은 사람의 마음을 의롭게 판단하시는 하나님에게서 멀어지

게 하여 미신적인 능력에 몰두하게 합니다. 제비뽑기 결과가 실망스러울 때, 드러내지는 않더라도 마음으로 은근히 하나님을 원망하게 됩니다. 그리고 그런 원망을 노름에서 이긴 사람을 향한 욕설과 불쾌함과 신경질적인 반응으로 쏟아 냅니다. 많든 적든 이런 노름을 통해 누구는 따고 누구는 잃는 것 자체가 부패하고도 오염된 행위입니다.

⑥ 여기에 교회 회의들과 황제의 칙령들은 물론, 모든 세대의 경건한 자들과 학자들이 제시하는 일반적인 증거들을 덧붙일 수 있습니다. 성경을 소중히 여기지 않는 교황주의자나 세속적인 자들이 운을 기대하는 노름이나 도박을 좋아합니다. 간혹 이런 것들을 옹호하는 학자도 있기는 하지만, 이런 일반적인 증거와 여러 칙령에 그들은 입을 다물 수밖에 없습니다. 그리고 이런 학자들은 자신의 명성뿐만 아니라 다른 저작들에 큰 불명예와 오점을 남깁니다.

지금까지 살펴본 바에 따르면, 정부가 가난한 자들과 교회를 지원하고자 만든 복권 같은 제도도 불법입니다.

① 복권은 운에 맡기는 것이므로 노름과 본질이 같습니다. 그러므로 그중 하나가 불법이면, 다른 하나도 불법입니다. 앞에서 운에 모든 것을 맡기는 노름을 불법이라 규정한 이유들을 다시금 생각해 보십시오. 복권에도 그대로 적용할 수 있습니다. 정부가 허락하여 만든 것이라고 해서 달라지는 것은 전혀 없습니다. 본질은 똑같습니다. 정부에는 하나님의 계명을 무시하고 불법을 합법으로 만들 권한이 없습니다. 정부의 허가나 목적에서 적법성이 도출된다고 생각할 수도 있습니다. 그러나 사실상 적법성은 정부의 권한 밖의 사항입니다. 사람보다 하나님께 순종해야 마땅합니다. 따라서 가난한 자들과 교회를 지원한다는 명분이 복권을 정당화하지는 못합니다. 이것은 하나님이 금하신 바를 행한 불순종을 제사라는 명분으로 합리화하려고 했던 사울의 행위와 다를 바가 없습니다. 악으로 선한 목적을 도모할 수는 없습니다. 선한 목적은 반드시 적법하고도 합당한 방식으로 이루어져야 합니다. 복권이 아니더라도 얼마든지 가난한 자들을 지원할 수 있습니다. 자선이나 세금뿐만 아니라 하나님의 말씀이 정하는 다른 많은 방식으로 그것을 할 수 있습니

다. 복권은 가난한 자들에게 도움이 되기는커녕 오히려 해를 끼칩니다. 하루하루 겨우 생계를 이어 갈 정도로 가난한 자들이 복권에 빠지게 되면, 그들 역시 도움을 받아야 하는 지경에 이르게 되기 때문입니다.

회피주장 그런 사람들은 복권 같은 것을 사면 안 된다.

| 답변 |

가난한 사람들은 복권을 즐거워해서가 아니라 자신들의 처지를 조금이라도 개선하고자 어쩔 수 없이 복권을 삽니다. 그러나 작은 것을 제대로 감당하지 못하는데 큰 일을 감당할 수 있을 리가 없습니다. 모든 사람은 하나님께서 맡기신 것을 합당한 방식으로 보존할 의무를 집니다.

② 복권은 한 사람의 재산을 다른 사람에게 가져다주는 방식으로 유지됩니다. 문제는 복권을 사는 사람이 많은 반면, 그것을 사서 득을 보는 사람은 거의 없다는 점입니다. 득을 보더라도 어떠한 수고나 기술이나 타고난 재능이나 다른 훌륭한 방편으로 얻은 것이 아닙니다.

회피주장 그들은 누군가에게 강요를 받아서가 아니라 자발적으로 복권을 사는 데 돈을 지불한다.

| 답변 |

자기 돈이라고 해서 아무렇게나 써도 되는 것은 아닙니다. 그것을 탕진하거나 허비할 이유는 없습니다. 하나님은 이를 금하십니다.

③ 자신의 상황에 감사하지 못하고 부자가 되고자 하는 사람들이 복권을 사는데, 그들은 한결같이 어리석은 탐심과 정욕의 노예로 전락하고 맙니다. 복권을 사는 사람은 저마다 가장 높은 액수로 당첨되기를 바랍니다. 그것도 말씀이 규정하는 바 논란이 되는 중요한 문제에 대해 하나님의 뜻을 묻는 예외적 방편이자 신앙

행위인 제비뽑기를 통해 그것을 추구합니다. 그러나 우리가 알다시피, 복권은 그런 신앙 행위를 목적으로 제비를 뽑는 것이 아닙니다.

회피주장 1 내가 복권을 사는 것은 신앙 행위이다. 여러모로 형편이 어렵고 수입이 그리 많지 않기 때문에 복권을 통해 이런 형편을 조금이나마 타개해 보려는 것이다. 나는 주님께서 선한 결과를 주시리라 기대하고, 또 복 주시기를 기도한다.

| 답변 |

모든 신앙은 하나님의 말씀에 기초합니다. 그러나 복권은 그렇지 않습니다. 복권을 사는 행위는 신앙 행위가 아닙니다. 복권을 위해 기도하는 사람은 믿음으로 기도할 수도 없고, 하나님으로부터 선한 결과를 기대할 수도 없습니다. 복권을 사는 것은 오히려 하나님을 시험하는 행위입니다. 하나님이 정해 주신 일상적인 방편을 저버리고 자기 욕심을 따라 괴상한 방식으로 그것을 구하기 때문입니다.

회피주장 2 나는 신앙적인 목적으로 복권을 산다. 만일 당첨된다면 가난한 사람들을 도울 것이다.

| 답변 |

이런 주장은 설득력이 없습니다. 가난한 사람을 돕는 것은 좋은 일이지만, 그에 대한 대가로 무언가를 바라서는 안 됩니다. 게다가 가난한 사람을 돕는 것은 당신이 받는 당첨금의 아주 적은 부분에 불과할 것입니다. 당신은 자신이 복권을 사는 주된 목적이 결코 가난한 사람을 돕기 위함이 아니라는 사실을 잘 알고 있습니다.

회피주장 3 그러나 만약 당첨금을 일정 액수 이상으로 받으면 가난한 사람들과 나누겠다고 하나님께 약속했다.

| 답변 |

이는 하나님과 거래하는 것입니다. 나에게 이것을 주면 내가 이렇게 하겠다는 것입니다. 더구나 그렇게 가난한 사람들에게 돌아가는 돈이라고 해 봐야 당신이 받은 당첨금에 비하면 푼돈에 불과합니다. 하나님은 불법으로 얻는 당첨금을 통해

서는 아무 일도 행하지 않으십니다. 지금까지 우리가 앞에서 살펴본 여러 이유들과 이런 이유들을 볼 때, 복권을 사는 일은 운을 기대하고 행하는 노름과 마찬가지로 불법입니다.

④ 만약 복권이 정당하다고 생각해 보십시오. 친구들, 이웃들, 지인들 모두가 저마다 복권을 사고, 자신이 당첨되기를 기대하며 조마조마하게 기다리고, 누가 당첨될지 안절부절못할 것입니다. 그러나 경건한 사람들은 이런 모습을 기뻐할 리가 없고, 정부조차도 사람들에게 그런 영향을 미치는 것을 허락하지 않을 것입니다. 그래서 정부는 신앙의 문제인 복권의 적법성을 경건한 자들이 판단할 일이라고 인정합니다. 다시 말해, 정부도 복권이 본질적으로 합당하지 않으며 공공의 안녕에 도움이 되지 않는다는 사실을 인정합니다.

지금까지 제3계명이 어떠한 죄악들을 금하는지를 살펴보았습니다.

제3계명이 명하는 덕

제3계명은 적극적으로 다음과 같은 덕을 명령합니다.

첫째, 하나님과 하나님의 일들에 관해 겸손히 높이고자 하는 마음과 그에 합당한 태도로 말하고, 다른 사람들이 그렇게 말하는 것을 즐겁게 들어야 합니다. 여러분의 말을 통해 하나님께서 얼마나 영광스럽고도 엄위로우신 분인지를 확연히 드러내야 합니다. 여러분의 말을 듣는 사람들이 하나님을 경외하는 것이 얼마나 합당한 것인지를 알 수 있어야 합니다. 따라서 우리의 행위와 몸가짐을 보고 사람들이 하나님에 대해 그런 인상을 가질 수 있어야 합니다. 하나님께 말씀드릴 때 우리 조상 아브라함이 얼마나 겸비했는지를 보십시오!

"아브라함이 대답하여 이르되 나는 티끌이나 재와 같사오나 감히 주께 아뢰나이다"(창 18:27).

심지어 모압 왕 에글론조차도 에훗의 말을 들을 때에 하나님께 큰 존경을 나타냈습니다.

"에훗이 그에게로 들어가니 왕은 서늘한 다락방에 홀로 앉아 있는 중이라. 에훗이 이르되 내가 하나님의 명령을 받들어 왕에게 아뢸 일이 있나이다 하매 왕이 그의 좌석에서 일어나니"(삿 3:20).

사도들은 경외하는 마음으로 하나님과 하나님에 관한 일들을 말하라고 권고합니다.

"교훈에 부패하지 아니함과 단정함과"(딛 2:7)

"누가 말하려면 하나님의 말씀을 하는 것같이 하고"(벧전 4:11).

둘째, 주님을 거룩하고 담대하게 고백하라고 명령합니다. 다시 말해, 성경이 계시하는 대로 하나님을 고백해야 합니다. 우리는 하나님을 경외하고 영화롭게 하며 그분께 충성된 자들임을 고백해야 합니다. 우리는 그분을 신뢰하며 하나님의 진리와 대의에 헌신하는 하나님의 자녀들임을 고백해야 합니다. 우리가 이런 존재로 알려지는 것이 부끄러운 일이 아니라 가장 큰 영광임을 고백해야 합니다.

"누구든지 사람 앞에서 나를 시인하면 나도 하늘에 계신 내 아버지 앞에서 그를 시인할 것이요"(마 10:32).

"내가 복음을 부끄러워하지 아니하노니"(롬 1:16).

셋째, 모든 말과 행실에서 하나님을 영화롭게 하라고 명령합니다. 이것을 우리 삶의 제일가는 목적으로 삼아야 합니다. 뿐만 아니라 하나님의 덕을 선전하도록 우리 스스로를 고양시켜야 합니다.

"그러나 너희는 택하신 족속이요 왕 같은 제사장들이요 거룩한 나라요 그의 소유가 된 백성이니, 이는 너희를 어두운 데서 불러내어 그의 기이한 빛에 들어가게 하신 이의 아름다운 덕을 선포하게 하려 하심이라"(벧전 2:9).

"그런즉 너희가 먹든지 마시든지 무엇을 하든지 다 하나님의 영광을 위하여 하라"(고전 10:31).

"또 무엇을 하든지 말에나 일에나 다 주 예수의 이름으로 하고"(골 3:17).

넷째, 하나님의 이름과 뜻을 향해 열정을 품어야 합니다. 그리스도의 모형인 모세(출 23:19,20 참고)와 엘리야(왕상 19:10 참고)와 다윗이 그렇게 살았습니다.

"주의 집을 위하는 열성이 나를 삼키고 주를 비방하는 비방이 내게 미쳤나이다"(시 69:9).

다섯째, 주님의 이름을 부르라고 명령합니다. 다시 말해, 하나님 앞에 경외함으로 엎드리고, 하나님께 합당한 영광으로 예배하고, 주어진 모든 상황에서 필요한 모든 것을 하나님께 겸손하게 아뢰라는 것입니다. 개인적으로나 교회에서 공개적으로 그리해야 합니다.

"그의 제사장들 중에는 모세와 아론이 있고 그의 이름을 부르는 자들 중에는 사무엘이 있도다. 그들이 여호와께 간구하매 응답하셨도다"(시 99:6).

"내게 구하는 백성들"(습 3:10).

여섯째, 하나님의 이름으로 거룩하게 맹세하라고 명령합니다. 계속해서 이 모든 것들이 무엇을 뜻하며 여기서 말하는 맹세가 무엇인지를 좀 더 살펴볼 것입니다. 그리하여 모두가 맹세와 관련하여 자신을 돌아보고, 우리를 비방하는 자들의 비방을 물리치고 교훈을 얻기를 바랍니다.

맹세

보통 '맹세'라고 하면, 이사야 19장 18절에서처럼 종교적인 행위와 관련된 모든 것을 가리킨다고 이해하지는 않습니다.

"그날에 애굽 땅에 가나안 방언을 말하며 만군의 여호와를 가리켜 맹세하는 다섯 성읍이 있을 것이며."

오히려 우리는 맹세를 좀 더 좁은 의미로, 즉 특정한 상황에서 하나님을 우리의 증인으로 언급하는 행위로 이해합니다. 하이델베르크 요리문답은 맹세에 관해 다음과 같이 말합니다. "합법적인 맹세는 나의 마음을 아시고, 진리를 증언하시며, 내가 잘못 증언할 경우 나의 거짓 증언을 벌하시는 유일한 분으로서 하나님을 부르는 것이다."

맹세한다는 것은 곧 하나님을 증인으로 세우는 일입니다.

"내가 내 목숨을 걸고 하나님을 불러 증언하시게 하노니"(고후 1:23).

"우리가 당신의 하나님 여호와께서 당신을 보내사 우리에게 이르시는 모든 말씀대로 행하리이다. 여호와께서는 우리 가운데에 진실하고 성실한 증인이 되시옵소서"(렘 42:5).

"너희는 이르기를 어찌 됨이니이까 하는도다. 이는 너와 네가 어려서 맞이한 아내 사이에 여호와께서 증인이 되시기 때문이라"(말 2:14).

맹세란 하나님을 복이나 저주를 발하는 분으로 부르는 것입니다.

"내가 내 목숨을 걸고 하나님을 불러 증언하시게 하노니"(고후 1:23).

이런 조건이 표현되기도 하고, 표현되지 않기도 합니다.

"하나님이 내게 벌 위에 벌을 내리심이 마땅하니라"(삼하 3:35).

맹세의 형태는 다양합니다. "여호와께서 살아 계심을 두고"(삼상 20:21)라고 하기도 하며, "하나님께 맹세하건대"라고도 합니다. 맹세하는 모습 또한 다양합니다. 우리는 처음 두 손가락을 치켜세웁니다.[1] 이는 다음과 같이 말하는 것입니다. "진리를 기뻐하고 진리를 찾으시며 모든 어리석음을 미워하시는 전지하고도 전능하며 진실하고 의로우신 하나님, 이 일의 진실과 제 입술의 말과 행위를 아시는 하나님, 저를 내려다보시고 저의 목소리를 들으시고 지금 제가 말하고 약속하는 것의 증인이 되시는 하나님, 제가 조금이라도 아는 대로 진실을 말하지 않으면(저는 진실만을 말하기로 약속했습니다), 다른 사람에게 본보기가 되도록 제 몸과 영혼을 벌하여 주실 것을 기도합니다. 반면 제가 진실을 말하고 약속한 내용에 성실히 임하면, 제 몸과 영혼에 복을 베풀어 주십시오. 그리하여 하나님께서 과연 전지하고도 전능하며 진실하고 의로우신 분임이 분명히 드러나게 하소서." 그러므로 어느 누가 두려움 없이 함부로 맹세할 수 있겠습니까?

합당한 맹세와 관련된 다음 다섯 가지 사항이 있습니다.

- 맹세하는 대상

---

[1] 역자주 - 이것은 당시 네덜란드 사람들의 풍습이었다.

- 맹세하는 주체
- 맹세의 내용
- 맹세의 방식
- 맹세의 목적

맹세하는 대상

우리가 맹세의 증인으로 내세우며 그 앞에서 맹세하는 유일한 대상은 참되신 하나님입니다. 교황주의자들처럼 천사와 성인들의 이름으로 맹세해서는 안 됩니다. 이미 앞에서 보았듯이, 그 이유는 다음과 같습니다.

① 그들은 예배의 대상이 아닙니다.

② 그들은 사람의 마음을 알지 못합니다.

③ 그들에게는 복을 베풀거나 벌할 권세가 없습니다.

④ 하나님은 참되신 하나님이 아닌 다른 피조물의 이름으로 맹세하는 것에 진노하십니다.

"사마리아의 죄 된 우상을 두고 맹세하여 이르기를, 단아 네 신들이 살아 있음을 두고 맹세하노라"(암 8:14).

"또 지붕에서 하늘의 뭇별들에게 경배하는 자들과 경배하며 여호와께 맹세하면서 말감을 가리켜 맹세하는 자들과"(습 1:5).

회피주장 이 말씀들은 천사나 성인이 아니라 이교도들의 우상에 대해 언급한다.

| 답변 |

성인이나 천사들의 이름으로도 맹세하지 말아야 하는 것은 그들이 피조물이기 때문입니다. 이교도의 우상이 아니라 할지라도, 성인이나 천사들 역시 피조물입니다. 피조물의 이름으로 맹세해서는 안 된다는 점에서 전혀 차이가 없습니다.

반론 1

바울은 천사들의 이름으로 맹세하였다.

"하나님과 그리스도 예수와 택하심을 받은 천사들 앞에서 내가 엄히 명하노니 너는 편견이 없이 이것들을 지켜 아무 일도 불공평하게 하지 말며"(딤전 5:21).

답변

이 말씀에는 바울이 지금 맹세를 하고 있다는 언급이 전혀 없습니다. 바울은 지금 택함 받은 천사들 앞에서 디모데에게 확언하고 있습니다. 마찬가지로, 우리도 일상의 대화에서 "여기 있는 모든 사람들 앞에서 분명히 말하는데, 나는 그것을 믿고 고백하며 말한다"라고 합니다.

반론 2

요셉은 바로의 이름으로 맹세했다.

"바로의 생명으로 맹세하노니"(창 42:15).

답변

사람은 규례를 따라 행동해야 합니다. 이 규례가 있어야 모범을 세울 수 있기 때문입니다. 그렇지 않으면, 이 말씀을 가지고서 살아 있는 사람이나 심지어 이교도의 이름으로 맹세해도 된다고 결론 내릴 사람도 있을 것입니다. 게다가 여기서는 하나님을 부르듯이 바로를 부르지도 않습니다. 따라서 이를 두고 맹세라고 할 수는 없습니다.

맹세하는 주체

어린이, 정신 장애가 있는 자, 주정뱅이, 화가 나 있는 자, 거짓말하는 자들은 맹세해서는 안 됩니다. 그들이 맹세할 능력을 가지고 있지 않으며, 하나님과 맹세에 관해 바르게 인식하기가 어려운 처지에 있기 때문입니다. 거듭나 성령의 비추임을 받는 경건한 자라야 경건한 방식으로 바르게 맹세할 수 있습니다. 그러나 우리에게는 사람의 내면을 판단할 능력이 없습니다. 그러므로 맹세할 권리가 모든 시민에게 주어지는 것이 정당합니다. 만약 진실하게 맹세하지 않는다면, 그 책임은 맹세한 그들 자신에게로 돌아갑니다. 그러하기에 우리는 우상을 숭배하는 사람이나 다른 부주의한 사람들이 하는 맹세를 받아들일 수 있습니다. 이는 그들이 하는 맹세의 성격 때문이 아니라 그 맹세에 담긴 조건에 근거합니다. 또한 맹세는 맹세하는 자들로 하여금 신실할 것을 촉구할 뿐만 아니라 분쟁을 해소합니다.

맹세의 내용

맹세의 내용에 관해서는 다음과 같이 말할 수 있습니다.

① 맹세가 아닌 다른 방법으로는 해결될 수 없는 중요한 문제이어야 합니다(출 22:11 참고).

② 맹세는 공적인 증언입니다. 따라서 맹세하는 사람은 그와 관련된 문제에 대해 전혀 의심 없이 확실히 알고 있어야 합니다. 그래야 진실한 맹세가 될 수 있기 때문입니다(렘 4:2 참고).

"정직하게 행하며 공의를 실천하며 그의 마음에 진실을 말하며"(시 15:2).

③ 맹세한 내용은 개인이 그렇게 하겠다고 약속하는 것이므로 본질적으로 선한 일이어야 합니다. 악한 맹세, 즉 악을 행하겠노라고 맹세해서는 안 됩니다(막 6:23, 25,26 참고).

④ 맹세하는 내용은 우리가 행할 수 있고, 잘 알고 있으며, 우리의 능력과 권한 안에 있는 일이어야 합니다. 부주의한 맹세는 우리로 하여금 죄책 아래에 있게 합니다(레 5:4,5 참고). 뿐만 아니라 맹세에는 신실하게 이행되어야 할 구체적인 약속들에 관한 엄숙한 의무가 포함됩니다. 따라서 우리의 능력 밖에 있는 일을 맹세해서는 안 됩니다. 주님께서 은혜와 능력을 주시는 것을 조건으로 하는, 세례와 성찬 때의 약속이 여기에 포함됩니다.

맹세의 방식

맹세의 방식에 대해서는 다음과 같이 말할 수 있습니다.

① 맹세는 진리를 향한 사랑에서 비롯되어야 합니다.

"오직 너희는 진리와 화평을 사랑할지니라"(슥 8:19).

② 맹세할 때에 하나님께서 우리 앞에 계시다는 것을 의식하는 가운데 하나님을 크게 경외해야 합니다. 맹세란 하나님을 증인으로 모시고 하나님께 말씀드리는 것이기 때문입니다.

"오직 나는 주의 풍성한 사랑을 힘입어 주의 집에 들어가 주를 경외함으로 성전을 향하여 예배하리이다"(시 5:7).

③ 신중하게 해야 합니다.

"너는 하나님 앞에서 함부로 입을 열지 말며 급한 마음으로 말을 내지 말라. 하나님은 하늘에 계시고 너는 땅에 있음이니라. 그런즉 마땅히 말을 적게 할 것이라"(전 5:2).

④ 정부가 요구하는 경우나 법정이 아니더라도, 맹세가 필요한 급박한 상황이라면 맹세해야 합니다. 오로지 맹세로써만 분쟁을 해결할 수 있거나 말하는 내용(지극히 중요한 내용일 경우)이 진리임을 믿게끔 신뢰를 불러일으킬 수 있는 경우라면 맹세할 수 있습니다.

"사람들은 자기보다 더 큰 자를 가리켜 맹세하나니 맹세는 그들이 다투는 모든 일의 최후 확정이니라"(히 6:16).

⑤ 맹세할 때에는 말하는 내용을 왜곡하거나 숨기거나 모호하게 하지 않고 분명하고도 확실하게 해야 합니다. 또한 맹세할 때에 맹세하는 사람이 생각하는 것과 그 말을 듣는 사람들이 생각하는 것이 다르지 않도록, 듣는 사람들이 충분히 알아들을 수 있는 말을 사용해야 합니다. 이런 훈련을 일반적으로 '예수회식 농담(Jesuit pranks)'이라고 합니다. 예수회 사람들이 이런 훈련을 장려하고 잘 활용했기 때문입니다. 예컨대, 만일 누군가가 다른 사람에게 "그 사람을 봤습니까?"라고 물은 경우, 그 사람을 보았으면 "아니요"라고 대답해야 합니다. '탑 위에 있는' 그를 보았거나 '공중을 나는' 그를 보았느냐고 묻는 것으로 이해할 수도 있기 때문입니다.

> ▶ 질문
> 맹세할 때나 또 다른 경우에 모호하게 말하면 안 되는 것인가?

대답: 교황주의자들은 모호하게 말해도 된다고 대답합니다. 그러나 우리는 그렇지 않습니다. 물론 우리도 직접 물어 온 것에 대해서는 진실을 말하지만, 물어보지 않은 것에 대해서는 굳이 말할 필요가 없기 때문에 말하지 않기도 합니다. 또 예술적인 표현을 위해서나 듣는 사람들을 훈련하기 위해 일부러 이중적인 의미를 가진 단어나 표현을 사용할 수도 있습니다. 옛사람들은 이런 이중적인 의미의 말로 서로의 지력을 가늠해 보기도 했습니다. 이런 수수께끼를 성경에서도 찾아볼 수 있습니다. 기드온의 아들 요담의 수수께끼를 비롯해 삼손의 수수께끼나 시바 여왕이 솔로몬의 지혜를 확인하기 위해 던진 수수께끼 등이 있습니다. 물론 그 밖에도 많습니다. 그러나 특정한 문제에 관해 구체적으로 질문을 받고 그 문제를 서약과 더불어 확증해야 하는 경우, 질문자의 요구에 따라 분명하고도 구체적으로 답할 수 있어야 합니다. 그래야 듣는 사람이 우리가 의도한 내용과 다르게 이해하여 스스로를 속이거나 우리가 상대방을 오도하는 일을 미연에 막을 수 있습니다. 다음과 같은 이유들이 이런 사실을 분명히 보여 줍니다.

첫째, 모호한 맹세는 거짓말하는 것일 뿐만 아니라, 성경이 거짓말하는 자들을 지옥의 불못에 던지리라고 증언하기 때문입니다.

회피주장 모호한 맹세는 거짓말이 아니다. 그 말이 마음의 의도와 모순되지 않기 때문이다. 사람은 자기가 들은 말을 전해진 방식에 따라 이해한다.

| 답변 |

맹세할 때에는 그 말에 어떤 의도를 숨기지 말아야 합니다. 맹세한 주체의 의도와 그의 말이 뜻하는 바가 일치해야 하고, 질문한 사람의 의도에도 부합해야 합니다. 거짓말이란, 마음의 의도와 다르게 말하는 것뿐만 아니라 질문이 무엇을 뜻하

는지를 잘 알면서도 질문의 내용에 맞지 않게 대답하는 것도 가리킵니다. 그러므로 맹세는 '난해하거나 모호하지 않아야' 합니다. 따라서 여러분이 난해하거나 모호하게 대답하지 않는다면, 거짓말을 하는 것이 아닙니다.

둘째, 이런 방식으로 말하는 것은 속이는 것입니다.
"거짓말하는 자들을 멸망시키시리이다. 여호와께서는 피 흘리기를 즐기는 자와 속이는 자를 싫어하시나이다"(시 5:6).

회피주장 자신의 의도대로 말하는 것은 속이는 것이 아니다.

| 답변 |
이 물음에는 이미 답을 했습니다. 모호한 맹세는 속이고자 하는 의도가 분명히 드러나므로 거짓말입니다. 맹세를 곧이곧대로 받아들이는 사람을 속일 의도로 말하는 것이기 때문입니다.

셋째, 맹세한 말을 그대로 믿을 수 없다면, 맹세해 봐야 아무런 유익이 없습니다. 맹세는 "그들이 다투는 모든 일의 최후 확정"(히 6:16)이기 때문입니다. 이런 맹세는 인간 사회를 혼란스럽게 만듭니다. 그렇게 한 번 속은 사람은 다른 사람을 믿지 못할 것입니다. 무슨 말을 들어도 언제나 속으로 다른 의도가 있으리라고 의심할 수밖에 없습니다. 모든 신뢰가 무너집니다.

넷째, 모호하게 말해도 된다면, 순교자들이 진리를 위해 고난받을 필요가 없었을 것입니다. 모든 오류에 대해 말로는 긍정하고 진리로 인정하면서 마음으로만 그렇게 생각하지 않아도 되었다면, 굳이 진리 때문에 핍박을 받지 않아도 되었을 것입니다.

반론 1

성도들도 모호한 표현을 사용했다. 아브라함은 사라를 자신의 누이라고 말했다.

> 답변

맞습니다. 아무도 사라가 그의 아내인지를 묻지 않았으므로 그 사실을 굳이 말할 필요가 없었던 것입니다.

반론 2

사무엘은 실제로 왕이 될 사람에게 기름을 부으러 가면서도 제사하기 위해 베들레헴으로 가겠노라고 모호하게 말했다.

> 답변

사무엘은 베들레헴에 왕을 세우러 간다고 대답해야 할 이유가 없었으므로 그 사실에 대해 함구했을 뿐입니다. 그러나 베들레헴에 제사하러 간다는 말은 사실이었으며, 실제로 제사를 드렸습니다.

반론 3

그리스도도 실제로는 제자들(엠마오로 가는 제자들)과 함께 남아 있을 것이면서 멀리 갈 것처럼 말씀하셨다.

> 답변

그리스도의 말씀은 전혀 모호하지 않습니다. 멀리 갈 것처럼 말씀하신 것은, 제자들에게 그리스도께 함께 머물러 달라고 요청할 기회를 주시려 한 것입니다. 그리고 주님은 기꺼이 그렇게 하셨습니다. 전혀 다른 것을 의도하신 말씀이 아닙니다.

맹세의 목적

맹세의 목적은 전지전능하고 참되며 의롭고 예배 받기에 합당하며 엄위로우신 하나님께 영광을 돌리는 것입니다. 뿐만 아니라 인간 사회에 진리와 신실함을 증진하고 서로 안전하게 소통해 가고자 하는 것입니다.

지금까지 맹세의 본질과 맹세가 요구되는 상황을 살펴보았습니다.

그리스도인의 맹세

이제 다음과 같은 질문에 답해 봅시다.

> ▶ 질문
> 그리스도인은 앞에서 말한 방식으로 맹세할 수 있는가?

대답: 이 질문에 대해 재세례파는 그렇지 않다고 답합니다. 반면, 우리는 그렇다고 답합니다. 다음과 같은 근거들을 제시할 수 있습니다.

첫째, 맹세는 어느 나라에서나 흔히 사용되는 것으로, 자연법이 인간에게 남긴 흔적임을 알 수 있습니다.

둘째, 성경이 분명하게 맹세를 명령합니다.

"네 하나님 여호와를 경외하며 그를 섬기며 그의 이름으로 맹세할 것이니라"(신 6:13).

이 밖에도 하나님께서 맹세를 사용하라고 명하시는 경우가 많습니다. 그런 명령이 구약 시대에만 있었다고 말하는 것으로는 충분하지 않습니다. 맹세는 제의적 행위가 아니라, 시대를 가리지 않고 준행해야 하는 도덕적 행위이기 때문입니다. 신약 시대에도 맹세는 계속됩니다.

셋째, 신약 시대에는 모든 혀가 맹세할 것이라고 예언되었습니다.

"내게 모든 무릎이 꿇겠고 모든 혀가 맹세하리라 하였노라"(사 45:23).

"땅에서 맹세하는 자는 진리의 하나님으로 맹세하리니"(사 65:16).

회피주장 앞에서 인용된 본문들은 맹세로 서약하는 행위가 아니라 신약의 믿음이 가지는 영적 본질을 말하고 있다.

| 답변 |

❶ 그러하기에 더더욱 맹세를 배제할 수 없습니다. 맹세는 하나님의 이름으로 하는 영적인 예배 행위입니다.

❷ 우리는 특별히 이사야 65장 16절이 믿음이 가지는 영적 측면을 말한다는 견해를 거부합니다. 오히려 본문은 맹세로 서약하는 것이라고 분명히 말합니다. 그리고 신약성경 역시 맹세를 사용함으로써 이런 사실을 확인해 줍니다.

넷째, 하나님도 맹세하셨고(히 6:17 참고), 천사들도 맹세했고(계 10:6 참고), 바울도 맹세했습니다(고후 1:23; 살전 5:27 참고). 따라서 맹세로 서약하는 행위는 거룩하고도 합당한 행위입니다. 게다가 사도들은 맹세로 서약하는 행위를 당연한 것으로 여깁니다.

"사람들은 자기보다 더 큰 자를 가리켜 맹세하나니 맹세는 그들이 다투는 모든 일의 최후 확정이니라"(히 6:16).

다섯째, 맹세는 맹세로만 해결할 수 있는 논쟁이나 분쟁을 위한 것입니다.

"맹세는 그들이 다투는 모든 일의 최후 확정이니라"(히 6:16).

반론 1

사람들은 맹세를 끔찍하게 오용한다.

답변

사람들이 맹세를 오용한다고 해서 맹세하지 말아야 하는 것은 아닙니다.

반론 2

예수님은 도무지 맹세하지 말라고 말씀하신다.

"나는 너희에게 이르노니 도무지 맹세하지 말지니 하늘로도 하지 말라 이는 하나님의 보좌임이요……오직 너희 말은 옳다 옳다, 아니라 아니라 하라. 이에서 지나는 것은 악으로부터 나느니라"(마 5:34,37).

답변

(1) 그리스도께서 바른 맹세까지 금하신 것은 아닙니다. 신약 시대에도 맹세하리라는 선지자들의 예언을 볼 때, 이 말씀을 그리스도께서 맹세 자체를 금하시는 것

으로 이해하기는 어렵습니다.

(2) 지금 그리스도는 유대인들이 남용하는 맹세에 대해 말씀하십니다. 당시 유대인들은 어떤 사물을 걸고 맹세함으로써 비일비재하게 자신을 맹세와 분리시켰습니다.

"화 있을진저 눈먼 인도자여, 너희가 말하되 누구든지 성전으로 맹세하면 아무 일 없거니와 성전의 금으로 맹세하면 지킬지라 하는도다"(마 23:16).

"너희가 또 이르되 누구든지 제단으로 맹세하면 아무 일 없거니와 그 위에 있는 예물로 맹세하면 지킬지라 하는도다"(마 23:18).

그리스도는 이런 식으로 하는 맹세를 완전히 금하셨습니다.

"나는 너희에게 이르노니 도무지 맹세하지 말지니 하늘로도 하지 말라 이는 하나님의 보좌임이요, 땅으로도 하지 말라 이는 하나님의 발등상임이요, 예루살렘으로도 하지 말라 이는 큰 임금의 성임이요, 네 머리로도 말라 이는 네가 한 터럭도 희고 검게 할 수 없음이라"(마 5:34-36).

유대인들은 종교적으로 맹세할 때에는 여호와의 이름으로 맹세했지만, 일상에서는 아무 상황에서나 맹세를 남발했습니다. 이를 두고 그리스도께서 "오직 너희 말은 옳다 옳다, 아니라 아니라 하라"(마 5:37)라고 명령하신 것입니다. 매번 맹세를 남발함으로써 이를 넘어서는 것은 모두 악입니다.

(3) '옳다'와 '아니다' 이상을 말해야 하는 상황이 있습니다. 예수님도 때때로 '아멘'과 '진실로'라는 말을 덧붙이셨습니다. 그러나 '남자로서 말하는데' 같은 말을 통해 자신이 말하는 바를 확증하려고 해서는 안 됩니다. '옳다'와 '아니다' 이상으로 무언가를 더 말하는 것은 합당하지 않습니다. 그러므로 이런 말은 사용하지 말아야 합니다. 야고보서 5장 12절 역시 똑같이 말합니다.

맹세에 대한 권면

맹세와 관련하여 지금까지 말한 바들을 통해 많이 찔림 받을 것입니다.

첫째, 부주의하게 말끝마다 '성경을 걸고'나 '맹세코'라고 덧붙이는 사람들은 더욱 찔림 받아야 합니다. 그 밖에도 하나님의 진노를 촉발하는, 하나님이 금하시는 맹세를 남발하는 말들이 있습니다.

둘째, 자신이 다른 사람에 대해 부주의하거나 거짓되게 증언하는지 여부를 자각해야 합니다. 특히 증인들, 사람을 법정으로 소환하고 증거를 제시하여 유죄를 입증해야 하는 검사들, 진실을 서약한 후에 제시된 증거에 대답해야 하는 피의자들은 더욱 그러합니다. 주님 앞에서 다음 몇 가지 질문에 대답해 보십시오. 자신이 맹세와 더불어 확증해야 할 일이 무엇인지 분명하게 이해했습니까? 그렇지 않다면, 그런 증거들이 가진 바른 의미를 제멋대로 요구했습니까? 자신이 맡은 사건에 대해 숙지했습니까? 모든 과정을 왜곡이나 모호함이나 치우침 없이 바르게 처리했습니까? 사건이 정말 자신이 맹세한 대로였습니까? 하나님을 향한 경외와 진리를 향한 사랑으로 맹세했습니까? 신중하고도 사려 깊게 행동했습니까?

셋째, 지위의 고하를 막론하고 자신이 맡은 일에 대한 직무 선서를 한 사람들은 더욱 그러합니다. 자신이 맹세한 내용을 잘 알고 있습니까? 선서의 항목과 단어 하나하나가 무슨 의미인지를 알고 있습니까? 선서의 각 항목이 무엇을 요구하는지를 알고 있습니까? 직무 선서의 내용이 서술하는 일의 내용을 잘 숙지하고 있으며, 자신이 그 일을 위해 준비된 사람입니까? 각 항목이 말하는 바를 이루리라는 결심이 확고합니까? 그렇게 선서한 이후로 계속 그 내용들이 자신의 행위를 위한 원리가 되었으며, 언제나 자신이 해야 할 일이 분명합니까? 모든 부분에서 자신이 선서한 내용에 성실하게 임했습니까? 스스로 이렇게 질문해 보십시오. 그리고 하나님께서 이 모든 것을 아심을 잊지 마십시오. 자신이 맹세한 서약에 성실하지 못했을 때, 이런저런 핑계를 대려고 하지 마십시오. 이런 일은 그렇게 해서 무마될 수 없습니다.

회피주장 1 직무 선서는 내가 직무를 신실하게 감당하겠다는 일반적인 의도를 나타내는 것이다.

| 답변 |

그것으로는 충분하지 않습니다. 선서가 그 정도의 의미만을 담고 있다면, 자신의 직무를 맡지 말아야 했을 사람이 많습니다. 정부가 그런 일반적인 의도에 만족하려 했다면, 직무 선서의 항목들을 그토록 구체적으로 적시하지 않아도 되었을 것입니다.

회피주장 2 직무에 성실히 임하겠다고 맹세하는 것은 가능한 한 사람들에게 드러나지 않아야 할 은밀한 조건이다.

| 답변 |

직무 선서를 할 때 그런 조건을 표명했다면, 처음부터 당신은 지금의 직무를 맡지도 못했을 것입니다. 그런 조건은 당신이 임의로 세운 것일 뿐, 당신이 선서한 내용과는 아무런 상관이 없습니다. 그런 조건은 결코 정부의 직무 선서가 의도하는 바가 아닙니다. 게다가 자신이 준비되지 않은 일에 대해서는 아예 직무 선서를 할 생각조차 하지 말아야 합니다. 중간에라도 자신이 준비되지 않았음을 깨닫는다면, 즉시 그 직무를 거절하고 준비된 다른 사람이 그 일을 맡도록 해야 합니다.

회피주장 3 직무 선서들 중에는 사람이 도저히 감당할 수 없는 내용을 가진 것들도 있다. 어느 누구도 자신이 선서한 바를 성실히 지킬 수 없다.

| 답변 |

자신이 원하는 만큼 직무 선서를 따르는 일이 불가능하다는 말은 맞습니다. 게다가 그것이 완전히 불가능할 것 같다면 그 직무를 맡으려고 해서도 안 되며, 즉시 그 직무를 내려놓아야 합니다.

회피주장 4 우리는 모두 연약한 사람이기에 모든 일에 죄를 범할 수밖에 없다.

| 답변 |

거짓 맹세를 일상에서 드러나는 우리의 연약함과 혼동하면 안 됩니다. 자신이 할 수 있는 일을 맹세로 서약해야 합니다. 만약 그런 일이 아니라면 서약하지 말아야 합니다. 그것은 고의로 죄를 저지르는 것입니다. 맹세한 것을 거스르는 죄이므

로 그에 따르는 무거운 책임과 하나님의 의로 말미암은 형벌을 당해야만 합니다.

제3계명을 주의 깊게 살펴보십시오.
"여호와는 그의 이름을 망령되게 부르는 자를 죄 없다 하지 아니하리라"(출 20:7).
다음 말씀들이 뭐라고 하는지 잘 보십시오.
"언약을 배반하고야 피하겠느냐?"(겔 17:15)
"만군의 여호와께서 이르시되 내가 이것을 보냈나니 도둑의 집에도 들어가며 내 이름을 가리켜 망령되이 맹세하는 자의 집에도 들어가서 그의 집에 머무르며 그 집을 나무와 돌과 아울러 사르리라 하셨느니라 하니라"(슥 5:4).
여호와께서 이렇게 말씀하십니다.
"내가 심판하러 너희에게 임할 것이라. 점치는 자에게와 간음하는 자에게와 거짓 맹세하는 자에게와 품꾼의 삯에 대하여 억울하게 하며 과부와 고아를 압제하며 나그네를 억울하게 하며 나를 경외하지 아니하는 자들에게 속히 증언하리라. 만군의 여호와가 말하였느니라"(말 3:5).

따라서 맹세하는 일과 관련하여 자신에게 죄가 있음을 발견했다면, 두려워하십시오. 심판이 임하기 전에 서둘러 회개해야 합니다. 그리고 이 시각부터는 맹세할 일이 있을 때마다 신중을 기하십시오. 그리고 자신이 맹세한 대로 하지 못할 것 같으면 그 직무를 그만두십시오. 위증의 죄책 아래에서 풍족하게 사느니 차라리 가난하게 살고 빌어먹는 편이 훨씬 낫습니다. 맹세할 때마다 신중에 신중을 기하십시오. 맹세로 서약할 일이 있을 때는 주저하지 말고 진실을 말하십시오. 그러나 나중에 후회하지 않도록 거룩한 방식으로 맹세하도록 신중을 기하십시오.

49

제4계명

제4계명만큼 해석이 엇갈리고 사람들이 완고하게 공격을 일삼는 계명도 없을 것입니다. 만약 사람들이 임의로 할 수 있었다면, 제4계명은 벌써 오래전에 팽개쳐져 사람들의 기억에서 사라졌을 것입니다. 그러나 다른 계명들이 모두 그러하듯, 제4계명을 못마땅해하는 사람들이 있을지라도 이 계명은 지금까지 매주마다 삶의 규칙으로서 회중에게 읽혀 들려집니다.

제4계명의 기본 내용

제4계명은 명령, 선언, 계명을 준행하도록 돕는 동기를 포함합니다.
무엇보다도 먼저, 이 계명에는 짧은 명령이 담겨 있습니다.
"안식일을 기억하여 거룩하게 지키라"(출 20:8).
우리는 기억하라는 명령으로 시작하는 제4계명을 우리 중심에 깊이 새겨 거스르거나 거부하거나 망각하지 않아야 합니다. 여러분이 안식일에 그 무엇에도 방해받지 않으려면, 안식일이 되기 전에 그날을 기억하고 준비해야 합니다. 따라서 기억하라는 이 첫마디를 큰 경계로 삼아야 합니다.

제4계명은 안식일에 관해 말합니다. 이 말은 쉼을 뜻하는 히브리어 שׁבת(샤바트)에서 비롯되었습니다. '쉬다'라는 말은 무언가를 그친다는 뜻입니다.

"만나가 그쳤으니(וַיִּשְׁבֹּת הַמָּן[바이쉬보트 하만])"(수 5:12).

또한 '쉬다'라는 말은 몰두하던 행위에서 떠나거나, 노동한 후에 새롭게 원기를 회복하는 것을 뜻하기도 합니다. 이 말은 하나님의 행위를 가리키기도 하고, 사람의 행위를 가리키기도 합니다.

"이는 하나님이 그 창조하시며 만드시던 모든 일을 마치시고 그날에 안식하셨음이니라"(창 2:3).

"그러므로 백성이 일곱째 날에 안식하니라"(출 16:30).

이 말은 경작을 멈추고 소출하지 않는 것을 가리킬 때도 사용됩니다.

"너희가 원수의 땅에 살 동안에 너희의 본토가 황무할 것이므로 땅이 안식을 누릴 것이라. 그때에 땅이 안식을 누리니라"(레 26:34).

שׁבת(샤바트)에서 שׁבת(샤바트)와 שׁבתון(샤바톤)이 파생되었는데, 두 단어 모두 쉬는 것을 뜻합니다.

이 말은 또한 독립적으로 사용되어, 쉬는 기간을 뜻하기도 합니다.

"내일은 휴일이니 여호와께 거룩한 안식일이라"(출 16:23).

여기에 날이나 해의 의미가 더해지기도 합니다.

"내가 유다의 모든 귀인들을 꾸짖어 그들에게 이르기를 너희가 어찌 이 악을 행하여 안식일(יוֹם הַשַּׁבָּת[욤 하샤바트])을 범하느냐?"(느 13:17)

이 계명에는 '날'이라는 말만 한 번 더해졌을 뿐, 달이나 해와 같은 기간은 더해지지 않았습니다.

샤바트라는 말은 여러 가지 의미를 가집니다.

① 일곱 날로 이루어졌으며 안식일로 끝나는 한 주를 가리키거나, 일곱 해를 가리키기도 합니다.

"칠 일(한 주)을 채우라"(창 29:27).

② 밭을 갈거나 파종하거나 추수하는 것이 허락되지 않는 안식년을 뜻하기도 합니다(레 25:4,5 참고). 또한 희년을 가리킬 때도 있습니다(레 25:10 참고).

③ 칠 일 동안 계속 이어지는 절기를 가리키기도 합니다. 부활절, 오순절, 장막절이 이에 해당합니다.

또한 안식하는 날들이 있었습니다. 앞서 언급한 세 절기의 첫째 날과 마지막 날입니다.

"너희가 토지 소산 거두기를 마치거든 일곱째 날 열 닷샛날부터 이레 동안 여호와의 절기를 지키되 첫날에도 안식하고 여덟째 날에도 안식할 것이요"(레 23:39).

일곱째 달에서 열흘째 되는 날도 안식일이었습니다(레 23:27,32 참고).

그러나 샤바트는 무엇보다도 창조 때 최초의 일곱째 날에서 비롯된 칠 일째 되는 안식일을 가리킵니다. 세상이 끝날 때까지 계속 이어질 안식일, 곧 제4계명이 가리키는 안식일입니다.

제4계명은 안식일과 관련하여 구별이라는 행위, 즉 거룩하게 구별하여 보내라고 명령합니다(출 13:2 참고). 그러기 위해서는 이날을 준비하고(출 19:11 참고), 거룩하고도 합당하게 보내야 하며(딤전 1:8 참고), 중히 여겨야 합니다(롬 14:6 참고).

안식일 준수

제4계명과 관련하여 두 번째로 주목해야 할 것은, 이 계명에 대한 부연 설명입니다. 그 내용은 안식일의 때, 안식일을 지키는 방식, 안식일을 지키도록 부름받은 대상입니다.

첫째, 안식일은 삼 일째, 사 일째, 십 일째, 이십 일째, 삼십 일째 되는 날이 아니라 (즉, 정부나 교회가 임의로 정한 날이 아니라) 매 칠 일째 되는 날입니다.

"엿새 동안은 힘써 네 모든 일을 행할 것이나, 일곱째 날은 네 하나님 여호와의 안식일인즉 너나 네 아들이나 네 딸이나 네 남종이나 네 여종이나 네 가축이나 네 문안에 머무는 객이라도 아무 일도 하지 말라"(출 20:9,10).

그렇다면 안식일은 일곱 날 중 한 날이며 다른 날과 중복될 수도 없고, 더 빠르거나 늦을 수도 없습니다.

> ▶ 질문
> 일곱 날 중 아무 날 하루을 안식일로 지키면 되는가? 그렇지 않다면 일곱 날 중 어느 날이 안식일인가?

　　　　대답: 제4계명은 안식일을 가리켜 힘써 일하는 엿새가 지난 후 일곱째 날이라고 말합니다.

"엿새 동안은 힘써 네 모든 일을 행할 것이나"(출 20:9).

이 말씀은 일하라는 명령(십계명 두 번째 판에 속하는)이 아니라, 얼마나 일하고 언제 일을 그치며 안식일이 언제 시작되는지를 말해 줍니다.

먼저, 일곱째 날 곧 안식일이 되기 전 엿새 동안 힘써 일하라고 명령합니다.

"네 하나님 여호와의 안식일인즉"(출 20:10).

하나님께서 일곱째 날에 안식하심으로써 우리에게 모범을 보이셨습니다. 거룩한 목적을 위해 이날을 구별하셨고, 사람들이 이날을 구별하여 거룩하게 지킴으로써 하나님의 이름을 영화롭게 하도록 하셨습니다.

다음으로, 이날을 다음과 같이 거룩하게 지키라고 말합니다.

"일곱째 날은……아무 일도 하지 말라"(출 20:10).

제1계명은 하나님을 섬기라고 명령합니다. 몸과 영으로 하는 모든 행위를 통해 그리하라고 명합니다. 밤이든 낮이든 항상 그리하라고 명령합니다. 그런데 제4계명은 수고를 그침으로써 하나님을 섬기라고 합니다.

'일하지 않는다,' 즉 '쉰다'는 말이 아무것도 하지 않은 채 조용하게 가만히 있는 것을 의미한다고 생각하기가 쉽습니다. 일하지 말라는 명령이 움직이지 않는 것을 가리킨다고 생각할 수도 있습니다. 또한 이 말을 아무 일도 하지 않거나, 다른 무언가를 하기 위해 일하지 않는 것으로 생각할 수도 있습니다. 왜냐하면 우리는 두 가지 일을 동시에 할 수 없기 때문입니다. 또는 다른 활동에 참여하는 것과 관련된 쉼을 뜻한다고 생각할 수도 있습니다.

① 아무 일도 하지 않는다는 것이 곧 빈둥거리는 것을 뜻하지는 않습니다. 하나님은 게으른 것을 기뻐하지 않으십니다.

② 성경은 결코 게으르게 빈둥거리는 것을 장려하지 않습니다.

③ 다른 일(뭔가 영적인)을 하기 위해 아무것도 하지 말라는 뜻이 아닙니다. 만일 그렇다면, 아무것도 하지 않고 오로지 하나님을 영적으로 섬기는 일에만 힘쓰라는 말이 될 것입니다. 그렇다면 몸을 움직여 수고하는 것은 영적인 일을 방해한다는 말이고, 결국 일을 그치라는 것으로 볼 수밖에 없습니다.

④ 아무것도 하지 않는 것과 하나님을 섬기는 것이 양립하는 두 행위로 긴밀하게 연결되는 양, 아무 일도 하지 말라는 명령이 안식일 준수의 다른 요소와 결부되어 있다고 여겨서는 안 됩니다. 만일 이 말대로라면, 아무 일도 하지 않은 사람은 이 계명을 부분적으로 지킨 것이요 반대로 하나님을 영적으로 섬긴 사람은 오히려 어떤 일을 행하여 안식일을 어기는 것이 되고 맙니다.

⑤ 오히려 아무 일도 하지 않는 것과 예배가 한 계명으로 서로 긴밀히 연결되었다고 보아야 합니다. 아무 일도 하지 않는다는 것을 영적인 의미로 이해해야 합니다. 제1계명이 명하는 바와 같이, 일반적 의미의 종교와는 달리 신앙 행위에 참여하는 방식을 가리킨다고 보아야 합니다. 따라서 아무 일도 하지 말라는 명령은 그냥 휴식하라는 뜻이 아니라 거룩하게 안식하라는 뜻입니다.

"내일은 휴일이니 여호와께 거룩한 안식일이라"(출 16:23).

"일곱째 날은 큰 안식일이니 여호와께 거룩한 것이라"(출 31:15).

여기서 금하는 일은 흔히 직업이라고 일컬어지는 일을 말합니다. 거래, 경작, 파종, 추수, 사업, 매매 등 사람들이 생계를 위해 수행하는 모든 일을 말합니다. 다음과 같은 일들은 여기에 포함되지 않습니다.

① 목사가 이마에 땀이 맺힐 정도로 열정적으로 설교하는 것과 같이 신앙과 관련된 수고는 여기에 해당하지 않습니다. 제사장들은 안식일에 짐승을 죽였지만, 그것

이 죄가 되지 않았습니다.

② 불을 끈다거나 물에 빠진 사람을 건지는 것과 같이, 절대적으로 필요한 일은 안식일에도 할 수 있습니다. 이처럼 예기치 않게 안식일에 일어나는 일 가운데는 반드시 해야 할 일들이 있습니다.

③ 자비를 베푸는 일은 안식일에도 할 수 있습니다. 아픈 자를 돌보는 일이나 의사, 약사, 간호사, 산파(도움이 필요한 여자나 출산을 돕는 한)와 같은 직업을 가진 사람들이 하는 일이 여기에 해당합니다. 겨울에 가축을 먹이고, 원수들로부터 사람들을 보호하는 일도 마찬가지입니다.

"나는 자비를 원하고 제사를 원하지 아니하노라"(마 12:7).

"또 이르시되 안식일이 사람을 위하여 있는 것이요 사람이 안식일을 위하여 있는 것이 아니니"(막 2:27).

둘째, 누가 안식일을 기억하여 거룩하게 지키는 주체인지를 살펴봅시다.

"일곱째 날은 네 하나님 여호와의 안식일인즉 너나 네 아들이나 네 딸이나 네 남종이나 네 여종이나 네 가축이나 네 문안에 머무는 객이라도 아무 일도 하지 말라"(출 20:10).

이 말씀에 따르면, 어느 누구도 예외 없이 안식일에 일을 하면 안 됩니다. 우리 자신뿐만 아니라, 자녀들과 종들도 쉬어야 합니다. 심지어 자기 집에 함께 머무는 손님들도 쉬도록 해야 합니다. 그들 역시 사람입니다. 따라서 이 계명은 교회 회원들과 집안 식구들은 물론이요, 손님들에게도 적용됩니다. 그렇습니다. 심지어 가축도 쉬어야 합니다. 집에 거하는 모든 사람이 안식일에 일을 하면 안 되므로 가축을 모는 것도 금해야 하기 때문입니다. 이렇게 하나님은 안식일에 온 땅이 완전히 고요하기를 바라십니다.

셋째, 우리는 이 계명에 덧붙여진 동기에 주목해야 합니다. 그 동기들로 다음 세 가지를 이야기할 수 있습니다.

① 하나님의 모범

하나님은 자기 형상을 따라 사람을 창조하셨습니다. 영혼의 거룩한 성향이 사람의 행위를 통해 나타나야 합니다. 그러기 위해 하나님의 모범과 계명에 부합하게 살아야 합니다.

"그러므로 사랑을 받는 자녀같이 너희는 하나님을 본받는 자가 되고"(엡 5:1).

하나님께서 엿새 동안 창조 사역을 마치신 후 일곱째 되는 날에 안식하심으로써 자신의 형상을 따라 지은 사람들을 위해 도범을 세우셨습니다. 사람도 하나님의 이런 모범을 따라야 합니다.

② 우리의 유익

안식일을 기억하여 거룩히 지키는 것이 우리 자신에게 유익합니다.

"하나님이 그 일곱째 날을 복되게 하사 거룩하게 하셨으니"(창 2:3).

이 말은 하나님께서 안식일 자체에 사람에게 유익이 되는 본유적 효력을 주셨다는 뜻이 아닙니다. 오히려 의식적으로 이날을 기억하여 거룩하게 지키는 자들에게 복을 주겠노라고 약속하신 것입니다. 다시 말해, 영혼으로 하여금 위로와 기쁨과 거룩함을 누리게 하고, 엿새 동안 수고하고 노력한 것이 더욱 열매 맺어 그들을 유익하게 하시겠다는 약속입니다. 모든 일은 하나님께서 복을 베푸시는 데 달렸으며, 이 복이 없이는 우리의 모든 수고가 헛되기 때문입니다(시 127:1,2 참고).

③ 하나님의 계명

안식일을 기억하여 거룩하게 지키는 것은 하나님의 계명이고, 이 계명을 준행하는 것은 우리가 마땅히 할 바입니다. 하나님께서 친히 안식일을 거룩하게 하셨습니다. 하나님께서 이날을 거룩하게 구별하신 것은 인간으로 하여금 거룩하게 안식하는 가운데 진중하고도 한결같이 하나님을 섬기고 영화롭게 하도록 하기 위함입니다. 그러므로 어느 누구도 이날을 여느 날과 같이 일하는 데 사용해서는 안 됩니다. 오히려 하나님의 계명을 따라 이날을 거룩하게 구별된 날로 인정하고, 하나님께서 이날을 적시하고 구별하신 뜻에 부합하게 보내야 합니다.

이제 제4계명이 금하는 죄와 적극적으로 명하는 것을 살펴봅시다.

제4계명이 금하는 죄

제4계명이 금하는 죄는 다음과 같습니다.

첫째, 제4계명은 안식일을 다른 날과 구별하지 않는 것과, 하나님께서 스스로 모범을 보이고 명령하신 바 이날을 안식과 회복과 하나님을 영화롭게 하는 날로 구별하셨다는 사실을 기쁘게 인정하지 않는 것을 죄로 간주합니다. 이는 하나님의 계명에 불순종하고 하나님이 주신 특권을 멸시하는 죄입니다.

둘째, 안식일을 평일처럼 보내는 것을 죄로 간주합니다. 자신의 직업과 관련된 일을 하면서 이날을 보내서는 안 됩니다. 예를 들어 양조업자, 제빵사, 요리사, 세탁부, 제단사, 구두수선공 등이 자신의 일상적인 직업을 행하면서 이날을 보내서는 안 된다는 말입니다. 게다가 평일에 다 마치지 못한 일을 끝내겠다고 집에까지 가져와, 안식일을 그런 일로 채워서는 안 됩니다. 이발사, 선박에서 짐을 내리는 사람들, 선착장에서 일하는 사람들, 짐을 운반하는 사람들, 쓰레기를 수거하는 사람들도 마찬가지입니다. 안식일에는 생계를 위한 일과 관련된 모든 수고를 그쳐야 합니다. 여기에는 다음 날을 위한 준비와 안식일까지 미뤄 둔 행동들, 이를테면 무언가를 수리하거나 자녀들을 씻기거나 세탁을 준비하거나 세탁물을 세탁소로 보내거나 장을 보거나 금전 출납부를 정리하는 일 등이 포함됩니다. 하나님은 안식일에는 땅 위에서 이루어지는 모든 활동이 그치기를 바라십니다. 제4계명 자체가 이 사실을 확연히 증언합니다.

셋째, 안식일을 상거래하는 날로 전락시키는 것도 죄입니다. 주일에 거래를 일삼는 상인들이나 점포의 주인들, 과일 장사, 온갖 종류의 식품 장사, 생선 장사 등 사고파는 일들 전부가 여기에 해당합니다(느 13:15,16,19-21 참고).

넷째, 안식일을 세상의 즐거움을 위한 날로 전락시키지 말아야 합니다. 안식일은 기쁨을 누리는 날입니다. 그러나 그 기쁨은 주님 안에서 누리는 기쁨입니다. 그러므로 안식일을 세상에 속한 것들과 육신의 정욕을 만끽하는 날로 오용하는 것은 거룩한 이날을 끔찍하게 더럽히는 죄입니다. 안식일에 뱃놀이, 경마, 낚시, 사냥,

테니스나 공놀이를 하는 것은 죄를 짓는 것입니다. 때와 장소에 따라, 또 누구와 함께 어떤 목적으로 하는지에 따라 아무리 합당한 일이 되더라도, 안식일에는 전혀 합당하지 않습니다. 또한 카드놀이, 주사위 놀이, 도박 등의 행위도 하지 말아야 합니다(사 58:13,14 참고). 반면, 안식일에 하나님의 역사를 묵상하면서 그분을 영화롭게 하고, 심신을 새롭게 하기 위해 뜰이나 정원을 거니는(혼자이든 다른 사람과 함께이든) 일은 합당합니다. 물론 세상 사람들은 이런 일조차 죄악된 방식으로 행합니다. 그러나 세상 사람들이 그렇게 한다는 사실 때문에 신자들이 영적인 방식으로 이 일을 누리는 것을 금할 필요는 없습니다.

다섯째, 온갖 외설적이고도 세상적인 옷이나 장신구들로 치장한 채 교회와 하나님의 면전에까지 나아오는 것은 안식일을 죄를 일삼는 날로 만드는 죄입니다. 술 취한 자들이 허탄한 농담을 던지고 희롱을 일삼는 것, 바이올린을 켜고 북을 두드려대는 술집이나 여관에서 술을 마시는 것도 마찬가지입니다. 집 마당에 많은 음식을 차려 놓고 사람들을 불러 온갖 어리석은 이야기와 험담을 즐겨서도 안 됩니다. 마을마다 젊은 남녀가 흔히 그러하듯이 구애를 해서도 안 됩니다. 한마디로, 어떤 식으로든 안식일에 단정치 못하고 방탕한 일로 시간을 보내서는 안 됩니다. 이런 죄들은 다른 죄보다 곱절로 두드러진 방식으로 하나님의 진노를 불러일으킵니다.

여섯째, 오전 시간을 대부분 잠을 자며 보내는 것과 같이 안식일을 온종일 빈둥거리며 나태하고 게으르게 보내서는 안 됩니다. 아무것도 하지 않으면 그저 잠만 자기가 십상입니다. 그래서 오전에는 잠자느라, 오후에는 밥 먹느라, 저녁에는 이웃집에 놀러 가느라 예배에 참석하지 못합니다. 설령 예배를 한두 번 참석하더라도 내내 졸거나 다른 일을 생각합니다. 그리하면 결국 게으른 당나귀와 마찬가지로 아무런 유익도 얻지 못합니다. 그런데도 스스로는 계명이 말한 대로 아무 일도 하지 않고 교회 예배에 참석했으니 안식일을 잘 보냈다고 여깁니다.

일곱째, 안식일을 거부하고 반대하는 죄를 짓지 말아야 합니다. 우리 자신뿐만 아니라 다른 사람들까지 안식일을 거룩하게 구별하지 못하도록 방해하거나 나쁜 영향을 끼쳐서는 안 됩니다. 하나님의 계명을 따라 의식적으로 안식일을 구별하여 거룩하게 지키는 사람들에게 비아냥대고, 그런 사람들을 무지하고 까탈스런 위선자라고 비방하면서, 자기 자신뿐만 아니라 다른 사람들이 안식일을 지키는 것까지 조롱하고 막으면 안 됩니다.

제4계명이 명하는 덕들

제4계명은 준비하고, 준수하고, 숙고하라는 세 가지 사항을 적극적으로 명령합니다.

제4계명은 안식일을 미리 준비해야 한다고 명시합니다.

"안식일을 기억하여"(출 20:8).

초대 교회도 분명히 그렇게 했습니다.

"이날은 준비일 곧 안식일 전날이므로 저물었을 때에"(막 15:42).

지금도 많은 지역에서 루터교도들은 안식일을 준비합니다. 개혁파 교인들은 루터교도들의 이런 모습에 찔림을 받아야 합니다. 안식일을 준비한다는 것에 대해 다음과 같이 설명할 수 있습니다.

① 안식일을 기억하여 거룩하게 지키는 의무를 알고 준행하는 것입니다. 하나님께서 창조 때에 보이신 모범과 이 계명을 따라, 실제로 안식일을 다른 날과 구별하는 것입니다. 이렇게 함으로써 즐겁고도 유익하며 하나님을 영화롭게 하는 안식일을 누립니다.

② 잠잠히 하나님께 나아가 그분을 즐거워하는 이날을 영적으로 갈망하는 것입니다. 그리하여 부담이 아니라 즐거움으로 안식일을 맞이합니다.

③ 육체가 안식일에 대해 가지고 있는 반감을 염두에 두고서 이날을 거룩하게 구별하는 능력과 힘을 위해 기도함으로써, 신령한 일들을 바랄 수 있도록 하는 것입니다.

④ 영혼과 몸이 충분히 깨어 안식일을 누릴 수 있도록 안식일 전날 적당한 때에 일을 그치고, 안식일을 위해 몸과 영혼을 준비하는 시간을 가져야 합니다.

⑤ 가족들이 먹을 음식을 미리 마련하고 준비하여 안식일에 식사를 위해 무언가를 사러 가지 않도록 해야 합니다.

안식일을 기억하여 거룩하게 지키는 일은 단순히 일을 그치고 쉬는 것만(마치 그것이 안식일을 준수하는 전부인 양)을 의미하지 않습니다. 또한 이는 다른 날보다 영적인 방식으로 하나님을 섬긴다는 말도 아닙니다. 이는 편협하게 특정한 것을 먹지도, 만지지도 않는다거나, "이것이나 저것을 해도 되는가?"라고 묻는 것도 아닙니다. 안식일은 올무가 아니라 즐거움을 누리는 날입니다. 물론 죄악된 즐거움을 말하는 것은 아닙니다. 영적으로 사고하는 사람들은 안식일을 거룩하게 지킨다는 것과 안식일의 정신을 북돋우거나 저해하는 것이 무엇인지를 거의 항상 압니다.

① 안식일을 준수하는 것은 우리가 따라야 할 의무로 우리 앞에 펼쳐진 하나님의 모범과 계명에 주목하는 것입니다. 이는 언제나 계명에 순종하고 하나님이 보여 주신 모범을 사랑하는 것으로 드러나야 합니다.

② 안식일을 기억하여 거룩하게 지킨다는 것은 세상의 일에서 완전히 벗어나 거룩한 쉼을 누리고 거룩한 즐거움으로 하나님을 기대하고 기뻐하는 것입니다.

③ 하나님께서 이 세상에 펼치신 창조와 브존과 통치의 역사를 주목하고, 그리스도로 말미암은 구속의 위대한 역사를 묵상하며, 이 모든 일 가운데 나타나는 하나님의 선하심과 지혜와 능력과 참되심과 전능하심을 인정함으로(무엇보다도 이 모든 역사를 이루신 하나님에 대해 계시된 모든 것들을 묵상합니다) 하나님을 영화롭게 하고 찬양합니다. 안식일에는 우리도 천사들처럼 달콤하고 감미로운 일들을 행해야 합니다!

④ 안식일에는 하나님의 백성들과 더불어 하나님 앞에 공예배로 모여 그분을 노래하고 예배하며, 우리의 귀와 가슴에 울리는 하나님의 말씀을 듣고 축도 받는 것을 기뻐해야 합니다.

⑤ 안식일에는 아픈 자와 궁핍한 자를 돌아보아 그들에게 필요한 것을 나누어 주고, 하나님의 말씀을 읽어 주어야 합니다. 뿐만 아니라 회심하지 않은 자들에게는 죄와 심판을 깨닫게 하고, 그들이 주 예수님을 알도록 해야 합니다. 또한 회심한

자들을 위로하고 그들이 인내하도록 격려해야 합니다.

⑥ 지난 한 주 동안 얻은 수입이나 이윤(또는 자신의 소유)으로 교회의 재정을 돌아보고, 가난한 자들과 도움이 필요한 지인들과 주님께서 만나게 하신 사람들을 긍휼히 여기며 즐거이 도와야 합니다.

안식일의 본질을 지키고 복을 받기 위해서는 반드시 자신이 어떻게 안식일을 지켰는지를 돌아보아야 합니다.

① 공적으로나 사적으로 안식일을 어떻게 보냈는지, 죄(게으름, 나태, 불경건, 이런 것들을 미워하지 못함 등)를 짓지 않았는지 돌아보십시오. 하나님 앞에서 비통한 심정으로 이런 죄악들을 고백하십시오. 그리고 그리스도로 말미암는 용서를 구하십시오.

② 안식일에 우리가 행한 선행과 안식일을 거룩히 지키는 목적과 하나님을 기쁘시게 하려던 노력들을 돌아보십시오. 한 걸음 더 나아가, 하나님의 성령께서 우리에게 베푸신 복과 새롭게 하심과 위로하심과 조명하심과 일깨워 주심을 돌아보십시오. 아무리 미미하더라도 성령께서 자기 안에 이루어 주신 이러한 역사들을 인정하고 기뻐해야 합니다. 비록 우리 영혼의 끝없는 갈망이 흡족하게 채워지지는 않았다 하더라도, 우리가 받아 누리는 선한 것들로 말미암아 하나님을 찬양해야 합니다.

③ 안식일을 허락하심으로써 교회가 거룩한 안식이라는 특권을 누리고 공예배로 모여 하나님을 예배할 수 있도록, 하나님께서 교회를 향해 행하시는 선하신 역사를 인정해야 합니다.

④ 하나님의 백성들이 맞이할 안식을 사모하고 갈망하십시오(히 4:9 참고). 이 소망 가운데 기뻐하면서 이전 것들은 다 잊어버리고, 우리 앞에 놓인 것을 향하여 그리스도 예수 안에 있는 하나님의 존귀한 부르심의 상을 받기 위해 온 힘을 다하십시오. 안식일을 이렇게 시작하고 누리고 마무리하는 신자는 복됩니다.

안식일을 위한 부가적인 동기들

경건한 신자라면 분명 지금까지 언급한 동기들만으로도 안식일을 거룩하게 지키고자 온 힘을 다할 것입니다. 그러나 더욱 크게 격려하고 열심을 고취하기 위해 다음과 같은 동기를 덧붙이고자 합니다. 이는 안식일을 멸시하고 무시하는 사람에게는 그리 달갑지 않겠지만, 의식적으로 안식일을 준행하는 사람에게는 큰 유익을 가져다줄 것입니다.

가장 먼저, 안식일을 외면하고 무시하는 사람들이 당할 해를 살펴봅시다(이들이 당할 형벌은 안식일을 범하는 죄와도 관련됩니다). 안식일을 범하는 것은 끔찍한 죄입니다. 그 이유들은 다음과 같습니다.

① 하나님의 계명을 거스르는 행위이기 때문입니다. 안식일을 거스르는 죄는 하나님께서 친히 보이신 모범을 거절하는 것이기 때문에 더욱 죄악됩니다.

② 외적이고도 보편적인 신앙 자체를 파괴하는 행위이기 때문입니다. 십계명의 첫 번째 돌판에 새겨진 계명들은 모두 제4계명으로 수렴됩니다.

③ 안식일을 선물로 주신 하나님의 선하심과 사랑을 멸시하는 행위이기 때문입니다. 하나님은 자기 백성을 향한 이런 선하심과 사랑을 안식일에 분명히 드러내 보이심으로써 그들로 하여금 그것들을 맛보게 하십니다.

또한, 하나님은 안식일을 범하는 자들을 향해 끔찍한 심판을 선언하십니다.

① 안식일을 범하는 것은, 안식일을 기억하여 거룩히 지키는 사람에게 하나님께서 약속하신 현세적이고도 영적인 복을 거부하는 행위입니다.

② 율법을 범하는 사람에게 선언되는 일반적인 저주들이 안식일을 범하는 자에게도 적용됩니다.

"무릇 율법 행위에 속한 자들은 저주 아래에 있나니 기록된 바 누구든지 율법 책에 기록된 대로 모든 일을 항상 행하지 아니하는 자는 저주 아래에 있는 자라 하였음이라"(갈 3:10).

③ 안식일을 거룩하게 구별하지 않는 사람에게는 온갖 종류의 질병이 선언됩니

다(레 26:2,14-16 등 참고).

④ 다음 말씀들에도 귀 기울이십시오.

"내가 유다의 모든 귀인들을 꾸짖어 그들에게 이르기를 너희가 어찌 이 악을 행하여 안식일을 범하느냐. 너희 조상들이 이같이 행하지 아니하였느냐. 그래서 우리 하나님이 이 모든 재앙을 우리와 이 성읍에 내리신 것이 아니냐. 그럼에도 불구하고 너희가 안식일을 범하여 진노가 이스라엘에게 더욱 심하게 임하도록 하는도다 하고"(느 13:17,18).

"너희가 나를 순종하지 아니하고 안식일을 거룩되게 아니하여 안식일에 짐을 지고 예루살렘 문으로 들어오면 내가 성문에 불을 놓아 예루살렘 궁전을 삼키게 하리니 그 불이 꺼지지 아니하리라"(렘 17:27).

"또 내가 내 손을 들어 광야에서 그들에게 맹세하기를 내가 그들에게 허락한 땅 곧 젖과 꿀이 흐르는 땅이요 모든 땅 중의 아름다운 곳으로 그들을 인도하여 들이지 아니하리라 한 것은 그들이 마음으로 우상을 따라 나의 규례를 업신여기며 나의 율례를 행하지 아니하며 나의 안식일을 더럽혔음이라"(겔 20:15,16).

아모스 8장 5,11,12절도 보십시오. 여기서 하나님은 몇 가지 죄를 언급하시는데, 그중에는 안식일이 자기 일에 방해가 된다고 여기는 죄도 있습니다. 이에 따라 하나님의 말씀을 없애 버리는 심판이 선언되기도 했습니다.

"주 여호와의 말씀이니라. 보라 날이 이를지라. 내가 기근을 땅에 보내리니 양식이 없어 주림이 아니며 물이 없어 갈함이 아니요 여호와의 말씀을 듣지 못한 기갈이라. 사람이 이 바다에서 저 바다까지, 북쪽에서 동쪽까지 비틀거리며 여호와의 말씀을 구하려고 돌아다녀도 얻지 못하리니"(암 8:11,12).

그러므로 본문이 말하는 심판이 두렵다면, 그 심판을 불러오는 죄, 곧 안식일을 만홀히 여기고 더럽히는 일을 당장 그쳐야 합니다.

그다음으로, 안식일을 기억하여 거룩하게 지키는 사람에게 어떠한 은택이 약속되었는지를 알고 그것들을 묵상하십시오. 제4계명은 "하나님이 그 일곱째 날을 복되게 하사"라는 말씀과 더불어 다음의 모든 것들을 포함합니다.

① 다른 약속이 주어지지 않았다 할지라도, 신자는 안식일을 거룩하게 지키기를

기뻐합니다.

"지존자여 십현금과 비파와 수금으로 여호와께 감사하며 주의 이름을 찬양하고 아침마다 주의 인자하심을 알리며 밤마다 주의 성실하심을 베풂이 좋으니이다"(시 92:1-3).

바로 이런 일들이 안식일을 위한 일입니다. 본질적으로 선하고 감미로운 일들이 모두 여기에 속합니다.

② 안식일에 우리는 하나님을 영화롭게 해야 합니다. 하나님을 영화롭게 하는 것이야말로 으뜸가는 지복입니다. 앞에서 언급한 안식일에 관한 시편의 전체 내용이 바로 안식일에 우리가 해야 할 일입니다. 또한 이사야 58장 13절을 보십시오. 존귀하게 여김 받기에 합당하신 하나님을 높이기 위해 "만일……안식일을 일컬어 즐거운 날이라……하면"이라고 말합니다.

③ 그리하면 하나님께서 자기 백성들에게로 나아오시며, 그들을 자기에게로 이끄실 것입니다. 신자들이 누리는 모든 구원과 지복은 하나님과 신자들이 서로에게로 나아가 교제하는 데서 발견됩니다. 그래서 주 예수님은 두 번의 안식일에 연이어 제자들에게 나타나시고, 그들 안에서 자신을 영화롭게 하셨습니다(요 20:1,19,26 참고). 이런 방식으로 주 예수님은 주일에 사도 요한에게도 자신의 영광을 나타내셨으며, 성령으로 감동하여 그를 계시를 받기에 합당한 자로 세우셨습니다(계 1:10 참고).

④ 하나님께서 안식일을 기억하여 거룩하게 지키는 사람에게 영과 육에 많은 복을 주겠노라고 약속하십니다.

"안식일을 지켜 더럽히지 아니하며 그의 손을 금하여 모든 악을 행하지 아니하여야 하나니 이와 같이 하는 사람, 이와 같이 굳게 잡는 사람은 복이 있느니라……여호와께서 이와 같이 말씀하시기를 나의 안식일을 지키며 내가 기뻐하는 일을 선택하며 나의 언약을 굳게 잡는 고자들에게는 내가 내 집에서, 내 성안에서 아들이나 딸보다 나은 기념물과 이름을 그들에게 주며 영원한 이름을 주어 끊어지지 아니하게 할 것이며, 또 여호와와 연합하여 그를 섬기며 여호와의 이름을 사랑하며 그의 종이 되며 안식일을 지켜 더럽히지 아니하며 나의 언약을 굳게 지키는 이방인마다 내가 곧 그들을 나의 성산으로 인도하여 기도하는 내 집에서 그들을 기쁘게 할 것이며 그들의 번제와 희생을 나의 제단에서 기꺼이 받게 되리니 이는 내 집은 만민이 기도하는 집이라 일컬음이 될 것임이라"(사 56:2,4-7).

또한 다음 말씀도 생각해 보십시오.

"만일 안식일에 네 발을 금하여 내 성일에 오락을 행하지 아니하고 안식일을 일컬어 즐거운 날이라, 여호와의 성일을 존귀한 날이라 하여 이를 존귀하게 여기고 네 길로 행하지 아니하며 네 오락을 구하지 아니하며 사사로운 말을 하지 아니하면 네가 여호와 안에서 즐거움을 얻을 것이라. 내가 너를 땅의 높은 곳에 올리고 네 조상 야곱의 기업으로 기르리라. 여호와의 입의 말씀이니라"(사 58:13,14).

그러므로 이 모든 은택을 사모하는 사람은 안식일을 거룩하게 준행해야 합니다. 이 은택들이 모두 안식일을 기억하여 거룩하게 지키는 자들에게 주신 약속이기 때문입니다.

제4계명: 의식법인가 도덕법인가?

이 문제는 여전히 사람들 사이에 큰 논란거리입니다. 굳이 이 문제까지 다루는 이유는 하나님을 더욱 영화롭게 하고, 그분을 거룩하게 섬기고, 안식일을 준행하는 우리의 입장을 좀 더 포괄적이고도 종합적으로 나타내기 위함입니다.

이 문제의 쟁점은 다음과 같습니다. 제4계명은 이스라엘에게만 주어진, 그리스도께서 이미 이루고 폐하신 의식법인가? 아니면 다른 계명들과 마찬가지로 거룩한 삶을 위해 주어진 변치 않는 도덕법이며, 그러하기에 그리스도께서 오시기 전이든 후든 상관없이 모든 세대를 막론하고 누구나 순종해야 하는가?

많은 사람들이 다른 문제에 관해서는 서로 생각을 달리하는데도, 이 문제에 관해서만큼은 한 생각으로 똘똘 뭉쳐 안식일을 부정하고 반대합니다.

첫째, 유대인들(여기에는 초대 교회 당시의 이단들도 포함됩니다)은 안식일이 영원한 규례라고 인정합니다. 다만 창조 이후 일곱째 날(유대인들이 계속 지켜 온 대로)을 안식일로 지켜야 한다고 주장합니다.

둘째, 소시니안이나 재세례파 및 다른 반율법주의자들은 아예 율법 자체에 반대하기 때문에 안식일을 명하는 제4계명 역시 거부합니다.

셋째, 어떤 사람들은 십계명 가운데 다른 아홉 가지 계명은 삶의 영원한 규칙으로 인정하면서도 유독 제4계명만큼은 의식법으로 구분합니다. 그들은 우리에게 주어진 십계명이 더는 십계명이 아니라 구계명이라고 공공연하게 말합니다. 그러나 이는 자신들이 무슨 말을 하는지도, 자신들이 무엇을 확증하고 있는지도 모르는 무지한 생각입니다.

넷째, 또 어떤 사람은 덜 공격적으로 말하지만 실제로는 전체 계명을 거부합니다. 그들은 이 계명에 도덕적인 요소뿐만 아니라 제의적인 요소(그리스도를 예표하는)도 있다고 주장합니다. 특정한 날짜나 시간을 정하지 않고 공예배를 요구하는 것은 도덕적인 요소이며, 일곱째 날을 규정하는 것은 제의적인 요소로 그리스도께서 무덤에 누우신 것을 예표한다고 말합니다. 그러므로 그리스도의 부활과 더불어 일곱째 날을 규정하는 제의적인 요소는 폐기되고 도덕적인 요소만이 남았다고 주장합니다.

다섯째, 어떤 이들은 다음과 같이 주장합니다. 타락 이전에 하나님께서 아담에게 평생토록 일할 의무를 주셨는데, 당시 아담은 타락하지 않은 상태였으므로 그 일이 우리가 느끼는 것처럼 피곤하고 슬픈 부담이나 짐이 아니었다는 것입니다. 그러나 교회 밖에 있는 모든 인간은 아직도 그렇게 일해야 하는 의무 아래 있을 뿐만 아니라, 죄에 대한 형벌로서 슬픔과 고통 가운데 일생을 살 수밖에 없다고 합니다. 이들은 하나님께서 일곱째 날에 메시아가 오시리라 약속하시면서 은혜언약을 세우셨다고 주장합니다. 그리고 함께 언약에 참여한 자들에게 안식하는 한 날을 주셨는데, 그날이 바로 칠 일째 되는 날이라고 합니다. 그리스도의 초림 전에는 이날이 그리스도의 부활을 예표했지만, 그리스도가 오신 후에는 그것을 기념하는 날이 되었다는 것입니다. 동시에 이날은 이 땅에서, 그리고 영원토록 누릴, 그리스도의 부활로 말미암은 은택을 가리킨다고 합니다.

시대를 막론하고 교회는 이런 이해를 거부했습니다. 그러므로 우리도 마땅히 제

4계명이 결코 그리스도를 예표하는 제의적인 계명이 아니며, 다른 아홉 계명과 도덕적 본질이 동일한 계명이라고 주장해야 합니다. 이 계명은 공예배를 명할 뿐만 아니라, 수고하며 일하는 여섯 날들 다음에 오는 일곱째 날을 거룩하게 구별하고, 거룩한 안식을 누리라고 명령합니다.

이 사실을 좀 더 자세히 살피기 위해 우리는, 이 계명과 계명을 준수하도록 돕는 동기를 구별해야 합니다. 신명기 5장 15절에 드러나듯, 때로는 이스라엘에게만 해당하는 동기가 있는 것도 사실입니다.

"너는 기억하라. 네가 애굽 땅에서 종이 되었더니 네 하나님 여호와가 강한 손과 편 팔로 거기서 너를 인도하여 내었나니 그러므로 네 하나님 여호와가 네게 명령하여 안식일을 지키라 하느니라."

이 말씀은 시내산에서 선포된 것도 아니고, 십계명의 돌판에 새겨진 것도 아닙니다. 하나님의 신실한 종인 모세가 이스라엘 백성들에게 율법을 다시금 들려주는 내용입니다. 이스라엘 백성들에게 안식일에 종들도 쉬게 해야 하는 이유를 설명하면서 그렇게 행하도록 촉구하는 대목입니다.

'의식적(ceremonial)'이라는 말이 성경에 나오지는 않습니다. 그러므로 이 말을 두고 논쟁할 필요는 없습니다. 이 말은 보통 교회적인 의무나 외적인 환경, 행동, 행위, 계약을 가리킬 때 쓰입니다. 이런 점에서 신약 시대의 교회에도 설교할 때 머리에 무엇을 쓸 것인가 말 것인가, 세례를 베풀 때 물을 몇 번 뿌려야 하는가, 침례로 할 것인가 물뿌림으로 할 것인가, 성찬은 앉은 채로 할 것인가 서서 할 것인가 하는 문제를 비롯해 의식과 관련된 사안들이 있습니다. 그러나 의식과 관련된 이런 논란들이 문제의 본질을 바꾸지는 않습니다. 신학자들은 일반적으로 의식들의 외형과 그것들이 집행되는 방식을 근거로 하여 그 의식들이 그리스도를 예표한다고 봅니다. 그런데 제4계명에는 그리스도를 예표한다고 볼 만한 것이 하나도 없습니다. 이런 의미에서 우리는 제4계명에는 의식적인 측면이 전혀 없다고 단언합니다.

만일 제4계명의 본질을 유지한 채 변화하는 외부 환경을 의식적인 것으로 여긴다면, 안식일에 의식적인 요소가 있다고 말할 수 있을 것입니다. 구약의 안식일과 지금의 안식일 날짜가 다르기 때문입니다. 구약 시대에 안식일은 창조의 일곱째 날로 여겨지는 한 주의 마지막 날이었습니다. 다시 말하지만, 그렇게 추정될 뿐입니다. 왜냐하면 어느 누구도 아담의 때까지 정확히 날짜를 계산하여 확증할 수는 없기 때문입니다. 게다가 동양 사람과 서양 사람은 이 땅에서 스물네 시간의 절반인 열두 시간의 시차를 두고 살아갑니다. 특별히 모세 이전에는 그들에게 안식일이 없었기 때문에 아무도 그런 날이 있다는 것을 알지 못했다고 주장하면서, 이스라엘이 준수했던 안식일이 정확히 창조 후 칠 일째 되는 날이었다고 단언할 수는 없습니다. 비록 안식일을 거룩하게 지키는 데 매우 소홀해진 때가 있었으리라 짐작하지만, 그렇다 하더라도 우리는 이 사실을 거부합니다. 따라서 안식일의 핵심은 창조 후 정확히 칠 일째 되는 날을 거룩하게 구별하는 데 있지 않았습니다. 시차 때문에 안식일의 절반인 열두 시간을 잃어버릴 수밖에 없는 사람들은 결국 제4계명을 거스른 셈이 되고 맙니다. 그러므로 창조 후 칠 일째 날은 결코 제4계명의 목적과 관련이 없습니다. 제4계명은 엿새 동안 힘써 일한 후 칠 일째 날을 거룩하게 구별하는 데 의의가 있습니다.

 그렇다고 해서 이스라엘 백성들이 매번 칠 일 중 아무 날이나 사정에 맞는 날을 잡아 안식일로 지켰다는 뜻은 아닙니다. 이스라엘은 거룩하게 구별하여 지켜야 할 일곱째 날이 언제인지 잘 알았습니다. 그러나 이는 그리스도께서 오시기 전이었고, 그리스도께서 오신 후에는 안식일이 한 주의 마지막 날에서 첫째 날로 바뀌었습니다. 이는 유대인의 계산에 따른 것입니다. 이 변화는 사람들이 임의로 행한 것이 아니라, 그리스도와 (그리스도의 대사인) 사도들의 가르침에 따라 이루어진 것입니다. 날짜만 바뀌었을 뿐 안식일의 핵심은 그대로 남아 있으며, 안식일은 힘써 일한 엿새가 지난 후 어김없이 돌아옵니다.

 지금까지 우리는 안식일과 관련된 논쟁의 본질을 살폈습니다. 이제 이러한 이해를 확증하고, 안식일에 대한 반론을 논박해 보겠습니다.

【증명 1】안식일은 타락 이전에 제정되었으므로 제의적인 것이 아니다

타락 이전에 안식일이 제정되었다는 사실을, 안식일이 의식법이 아니라는 증거로 들 수 있습니다. 이 사실을 통해 우리는 다음과 같이 결론지을 수 있습니다. 제4계명이 타락 이전에 아담에게 주어졌다면, 안식일을 지키는 것은 도덕법인 다른 계명들과 마찬가지로 거룩함에 관한 변치 않는 규칙에 해당합니다. 따라서 안식일을 준행하라는 제4계명은 그리스도 안에서 성취되고 폐기된 의식법이 아니라, 모든 세대의 모든 인간이 준행해야 할 계명입니다.

첫 번째 명제의 의미와 진실성은 타락하기 이전의 아담이 행위언약 안에서 온 인류를 대표했다는 사실을 통해 더욱 분명해집니다. 아담이 타락하기 전이었으므로 당시에는 그리스도가 필요 없었으며, 그리스도가 알려지지도, 약속되지도 않았습니다. 따라서 복음이나 복음을 예표하는 모형들이 필요 없는 때였습니다. 이는 논란의 여지가 없을 만큼 분명한 사실입니다.

안식일이 타락 이전에 아담에게 주어졌다는 두 번째 명제는 창세기 2장 1-3절에 분명히 나타납니다.

"천지와 만물이 다 이루어지니라. 하나님이 그가 하시던 일을 일곱째 날에 마치시니 그가 하시던 모든 일을 그치고 일곱째 날에 안식하시니라. 하나님이 그 일곱째 날을 복되게 하사 거룩하게 하셨으니 이는 하나님이 그 창조하시며 만드시던 모든 일을 마치시고 그 날에 안식하셨음이니라."

이 주장을 이해하기 위해 다음 사실들에 주목해 보십시오.

첫째, 창조의 역사가 일어난 처음 칠 일 동안의 일들과는 별도로, 각각의 날들 간의 연결성과 역사적 관계를 생각해 보십시오(히브리어 본문에는 장이 구분되지 않았음을 염두에 두고서 1,2장을 한 덩어리로 읽어 보십시오). 하나님께서 각각의 날마다 행하신 창조의 역사와 하나님께서 각 날들에 부여하신 역할과 승인이 동시에 연관되어 있습니다. 일곱째 날이 이르기까지 하루하루가 동일한 형식으로 이어지는 것을 알 수 있습니다. 성경은 여섯째 날에 모든 일이 다 이루어졌다고 증언합니다. 그리고 일곱째 날에는 하나님께서 안식하시면서, 다른 여섯 날들과 마찬가지로 그날에 대해 만족하시고 그날의 기능을 정하셨습니다. 그날을 복되게 하여 거룩하게 하신 것입니다. 제4계명이 적시하는 바와 같이, 자연적인 한 날로서가 아니라 거룩한 일을 위해 구별된 날로서 그리하셨습니다. 성경은 하나님께서 이날을 복되게 하여 거룩하게 하신 것이 하나님께서 이날 안식하셨기 때문이라고 진술합니다. 하나님께서 제칠 일에 안식하라고 명하시고 친히 그 모범을 세우셨을 뿐만 아니라, 그것을 분명한 규례로 정하시고 그날을 복되게 하여 거룩하게 하셨습니다. 하나님께서 한 날을 거룩하게 하셨다는 말은 곧 하나님께서 그날을 거룩한 목적을 위해 구별하셨다는 뜻입니다. 이것 말고 또 어떤 다른 의미가 있을 수 있습니까?

둘째, 안식일 규례가 세워진 때는 아담이 타락하기 이전입니다. 이 사실은 다음과 같은 이유들을 볼 때 분명합니다.

① 여섯째 날과 일곱째 날은 서로 긴밀하게 이어져 있습니다(앞의 엿새 동안의 각 날들처럼). 두 날 사이에 어떤 문제가 있었다는 언급이나 타락에 관한 언급은 전혀 없습니다. 그러므로 고집스럽게 이 두 날 사이에 무언가를 더하려는 것은 참으로 대담하고도 뻔뻔한 시도입니다.

② 성경은 일곱째 날이 지난 후에 타락이 일어났다고 기록합니다. 이 기록은 처음 칠 일간의 창조 기사가 끊기거나 중단되지 않고 완료된 후에 이어지는 창세기 3장에 등장합니다.

③ 모든 것이 이루어진 일곱째 날에 성령께서 여전히 모든 것이 좋았더라고 증언하십니다.

"하나님이 지으신 그 모든 것을 보시니 보시기에 심히 좋았더라 저녁이 되고 아침이 되니 이는 여섯째 날이니라"(창 1:31).

그러므로 이때에는 아직 타락이 일어나지 않았다는 사실을 알 수 있습니다.

④ 하나님께서 일곱째 날에 안식하셨습니다. 다시 말해, 자신이 이루신 모든 일을 보고 즐거워하며 쉬셨습니다.

"나 여호와가 엿새 동안에 천지를 창조하고 일곱째 날에 일을 마치고 쉬었음이니라"(출 31:17).

성경은 하나님께서 인간의 죄를 보시고 "땅 위에 사람 지으셨음을 한탄하사 마음에 근심"(창 6:6)하셨다고 기록합니다. 만일 타락이 여섯째 날에 일어났다면, 하나님께서 기뻐하고 쉬기보다는 슬퍼하고 아파하셨을 것입니다. 또한 인간과 땅에 복을 베풀기보다는 저주를 내리셨을 것입니다. 그러나 그렇지 않습니다. 성경은, 하나님께서 이루신 모든 역사를 보시고 일곱째 날에 즐거워하며 쉬셨다고 증언합니다. 그러므로 이 모든 사실을 볼 때, 인간의 타락은 여섯째 날에 일어나지 않았습니다. 당연히 안식일은 타락이 일어나기 전에 제정되었습니다. 따라서 안식일은 타락 이전부터 있었습니다.

⑤ 이렇게 주장하는 것만으로는 누군가를 확신시키기가 쉽지 않다 하더라도, 이 주장이 다른 주장들과 연계되면 그것이 사실임이 더욱 명확히 드러납니다. 갓 창조되어 이제 막 세상에 눈뜬 인간이 곧바로 죄에 빠져서 하나님과 자신의 거룩하고도 영광스러운 상태를 누릴 시간을 완전히 잃었다고 믿기란 어렵습니다. 그러므로 하나님께서 그들에게 에덴동산에서 선한 것들을 누릴 시간을 주셨으리라 생각하는 것이 맞습니다. 결국 분명히 사람은 타락하기 이전부터 하나님을 어느 정도 알았습니다. 날이 서늘할 때에 그들은 이미 하나님께서 가까이 오시는 것을 알았기 때문입니다(창 3:8 참고).

회피주장 1 안식일을 제정하는 본문은 사건이 실제로 이루어지기 전에 선언하는 대목이 아닌가? 그래서 모세가 자기 때에 이루어진 안식일 준수 명령을 전하면서 그것을 근거로 덧붙이는 것이 아닌가? 이렇게 어떤 일이 실제로 일어나기 전에 미리 그것에 대해 선언하는 사례를 성경에서 더 찾아볼 수 있다.

| 답변 |

❶ 사람은 질문을 통해 자신뿐만 아니라 다른 사람들까지 불안하게 만들고 뒤흔들 수 있습니다. 하와 역시 뱀의 질문에 의심이 생겨 속고 말았습니다. 그러므로 질문하기보다는 증거가 여기에 있으므로 그것이 사실이라고 말해야 합니다. 우리는 회피주장을 받아들이지 않습니다. 증거가 없기 때문입니다.

❷ 인간이 작성한 역사 문서들에서와 마찬가지로, 성경에서도 장래에 일어날 사

건들과 관련된 사실을 예고하는 선언들을 찾아볼 수 있습니다. 그런 경우, 관련된 문제가 그런 선언을 필요로 할 뿐만 아니라 선언하는 목적 또한 뚜렷합니다. 그러나 이 회피주장이 말하는 경우는 둘 다 해당하지 않습니다. 다른 곳에서도 그런 경우가 있으니 이것도 그럴 수 있다는 식의 추론은 삼가야 합니다. 거짓 교사들이 이런 추론을 통해 사람들로 하여금 선입관을 가지게 하고, 진리를 제대로 분별하지 못하게 합니다.

❸ 안식일을 제정하는 이 본문은 실제로 안식일이 제정되기 전에 이루어진 선언이라고 할 수 없습니다. 하나님께서 처음 칠 일 동안 하신 일에 관해서는 말하지만, 그로부터 2,400년이 지난 후에 하신 일에 관해서는 전혀 언급하지 않기 때문입니다. 게다가 하나님은 모세에게 안식일을 언급하실 때, 천지를 지으실 당시 일곱째 날에 제정된 최초의 안식일과 관련하여 말씀하십니다(출 20:11 참고). 2,400년이 지난 후 무언가를 명하시면서, 이미 오래전에 계기되어 그동안 전혀 알려지지 않은 무언가를 근거로 삼아 명하실 가능성은 전혀 없습니다. 또한 안식일이 단지 오실 그리스도를 예표하는 것이라면, 하나님께서 과거 일곱째 날에 안식하셨다는 사실이 안식일의 근거가 될 리 만무합니다.

❹ 안식일을 지키라는 명령이 실제로 안식일을 제정하기 이전에 선언되었다면, 그 선언이 있기 전에 안식일이 지켜지고 있었다고 시사하는 내용이 하나님 말씀에서 발견되지 않을 것입니다. 그러나 성경은 시내산에서 율법을 받기 이전부터 이스라엘 백성들이 이미 안식일을 준수했다고 증언합니다. 광야에서 만나를 거두는 일과 관련해서도 안식일이 언급된다는 점을 볼 때, 이스라엘 백성들이 이미 이 규례를 알고 있었음이 드러납니다. 따라서 안식일은 시내산 율법과 더불어 제정된 규례가 아닙니다.

❺ 안식일 계명이 실제로 안식일이 제정되기 전에 선언되었다면, 안식일은 의식법과 관련된 계명이라고 말해야 할 것입니다. 그러나 안식일 계명과 관련해서는 그렇게 주장하기가 어렵습니다. 왜냐하면 이 계명에서 안식일을 명령하는 근거나 이유가, 앞으로 오실 메시아가 아니라 이미 오래전에 일어난 하나님의 안식으로

거슬러 올라가기 때문입니다.

❻ 이런 주장이 의미를 가지려면, 먼저 모세가 자신의 책 전체(특히 창세기 1,2장)를 출애굽 이후에, 그것도 호렙에서 모든 사건이 일어난 이후에 기록했다는 사실을 확인할 수 있어야 합니다. 그러나 이런 사실을 확인해 주는 증거는 전혀 없습니다. 따라서 이 계명이 어떤 사건이 이루어지기 전에 미리 주어져 그 사건에 대해 선언하는 것이라고 주장하는 것은 타당하지 않습니다.

추가주장. 하나님께서 창조 때에 안식일을 제정하신 것은 2,400년이 지난 후에 그날을 자기 백성에게 주시기 위한 것이지, 아담과 그의 후손들에게 이날을 지키라고 명하시기 위한 것이 아니었다.

| 답변 |

이 주장은 본문과는 반대되는 이야기입니다. 본문은 안식일의 실제적인 제정에 관해 말할 뿐, 그 의도에 관해서는 언급하지 않습니다. 이는 하나님께서 쉬신 것과 비교해 볼 수 있는 규례입니다. 그러나 하나님께서 쉬셨다는 것은 그분이 장래의 어느 때에 쉬겠다고 의도하셨음을 말하는 것이 아니라, 실제로 하나님이 쉬셨음을 뜻합니다. 마찬가지로, 하나님은 자신에게가 아니라 사람에게 알맞게 실제로 이날에 복을 베풀고 거룩하게 하셨습니다. 그러므로 이것은 인간에게 태초부터 주어진 계명입니다.

회피주장 2 타락하기 전의 아담에게 안식일을 적용하기는 어렵다. 왜냐하면 죄를 짓지 않은 아담은 일할 필요도 없었고, 피곤해질 이유도 없었기 때문이다. 게다가 그는 매 순간 하나님을 영화롭게 했다. 그러므로 안식일은 아담에게 주신 것이라 할 수 없다.

| 답변 |

❶ 아담은 타락하기 전부터 일을 했습니다.

"여호와 하나님이 그 사람을 이끌어 에덴동산에 두어 그것을 경작하며 지키게 하시고"(창 2:15).

❷ 안식일은 말 그대로 쉼을 위한 것입니다. 꼭 피곤하지 않더라도 일 자체를 멈

추는 것입니다.

❸ 아담이 매 순간 하나님을 영화롭게 할 수 있었다 하더라도, 하나님은 일곱째 날 모든 일에서 떠나 그날을 거룩하게 구별하기를 원하셨습니다.

❹ 율법은 개인으로서의 아담이 아닌 온 인류의 아비로서의 아담에게 주어졌습니다. 이는 생육하고 번성한 그의 후손들이 하나님 앞에 모여 한마음으로 하나님을 찬양하고 영화롭게 할 의무 아래 있도록 하기 위함입니다.

회피주장 3 출애굽기 16장의 이전 부분은 아담이나 그의 후손인 이스라엘 지파의 족장들이 안식일을 알거나 지켰는지에 관해 말하지 않는다. 따라서 당시에는 안식일이 규례로 주어졌다고 보기 어렵다.

| 답변 |

❶ 하나님은 특별히 아브라함과 그의 후손들에게 일어난 일에 대해 기록하기를 기뻐하셨습니다. 창조 이후 처음 2,000년 동안의 일에 관한 기록은 거의 없습니다. 그러나 기록이 없다는 사실만으로 그들이 무엇을 알고 몰랐는지, 무엇을 행하고 행하지 않았는지를 속단할 수는 없습니다.

❷ 아담과 그에게서 태어난 사람들이 무슨 일을 했는지는 중요하지 않습니다. 중요한 것은 그들이 계명을 따를 의무 아래 있었다는 사실입니다. 할례 또한 광야에서 소홀히 여겨졌을지라도 여전히 계명으로 남아 있었습니다. 안식일도 마찬가지입니다.

❸ 사람들은 모세 이전에도 일곱째 날에 대해 말했습니다.

"이를 위하여 칠 일을 채우라. 우리가 그도 네게 주리니 네가 또 나를 칠 년 동안 섬길지니라. 야곱이 그대로 하여 그 칠 일을 채우매 라반이 딸 라헬도 그에게 아내로 주고"(창 29:27,28).

성경 원문에 שבע(세부아)라는 단어로 기록되었음에 주목하십시오. 이 단어가 제4계명의 '일곱째'라는 말과 관련 있습니다.

❹ 율법을 주실 때, 하나님은 안식일이 이미 존재하고 있으며 사람들이 그것을 알고 있는 것처럼 말씀하십니다. 성경은 (일곱째 날이라 하지 않고) "안식일을 기억

하여"라고 말합니다. 한 걸음 더 나아가, "나 여호와가 안식일을 복되게 하여 그날을 거룩하게 하였느니라(여기서 "복되게 하여," "거룩하게 하였느니라"라는 말은 현재가 아니라 과거 시제로 표현됩니다)"라고까지 말합니다.

"여섯째 날에는 각 사람이 갑절의 식물 곧 하나에 두 오멜씩 거둔지라. 회중의 모든 지도자가 와서 모세에게 알리매 모세가 그들에게 이르되 여호와께서 이같이 말씀하셨느니라. 내일은 휴일이니 여호와께 거룩한 안식일이라. 너희가 구울 것은 굽고 삶을 것은 삶고 그 나머지는 다 너희를 위하여 아침까지 간수하라"(출 16:22,23).

왜 여섯째 날에는 각 사람이 식물을 두 배나 거두었는지 영문을 몰라 하는 백성의 지도자들에게, 모세는 다음 날이 바로 하나님께서 그들이 안식하기를 바라시는 거룩한 안식일이기 때문에 두 배로 주셨음을 상기시킵니다.

❺ 바울은 창세기 2장을 가리키면서 칠 일째 되는 안식일(창조 당시부터 규례로 주어진)을 말합니다.

"이미 믿는 우리들은 저 안식에 들어가는도다. 그가 말씀하신 바와 같으니 내가 노하여 맹세한 바와 같이 그들이 내 안식에 들어오지 못하리라 하셨다 하였으나 세상을 창조할 때부터 그 일이 이루어졌느니라. 제칠 일에 관하여는 어딘가에 이렇게 일렀으되 하나님은 제칠 일에 그의 모든 일을 쉬셨다 하였으며"(히 4:3,4).

이 모든 사실로부터 우리는, 하나님이 율법을 주시기 훨씬 이전인 아담의 때부터 안식일 규례가 있었으며, 사람들이 그것을 알고 있었음을 확인할 수 있습니다.

회피주장 4 창세기 2장이 이미 안식일을 구별할 것을 말하고 있다 할지라도, 그 구별이 모든 사람에게 주어진 것이 아니라 하나님과 관련하여 그날 한 날에만 단회적으로 이루어진 것은 아닌가?

| 답변 |

그렇지 않습니다. 창세기 2장에 나오는 이 언급은 시간 속에서 계속 반복되는 일곱째 날을 거룩하게 구별하는 것을 말합니다. 출애굽기 20장을 볼 때, 이는 분명 사람의 유익을 위한 것입니다. 하나님께서 처음 칠 일째 되는 날에 안식하심(창세기 2장에 따르면)으로써 이날을 복되게 하고 거룩하게 하셨으므로 일곱째 날을 거룩

하게 구별하라고 합니다. 이런 사실을 볼 때, 하나님께서 이날을 사람에게 주신 것이 분명해집니다.

회피주장 5 일곱째 날에도 하나님이 일을 하신 것처럼 보인다. 창세기 2장 1절은 엿새 동안 진행된 창조 역사의 결론인데, 이어지는 2절은 하나님께서 하던 일을 일곱째 날에 마치셨다고 말한다.

"하나님이 그가 하시던 일을 일곱째 날에 마치시니"(창 2:2).

그러므로 하나님께서 사람을 회복시키심으로써 일곱째 날에 구속 역사를 이루셨다고 할 수 있다.

| 답변 |

❶ 이는 그릇된 결론입니다. 성경은 결코 하나님께서 일곱째 날에 일하셨다고 말하지 않습니다. 일곱째 날에는 하나님께서 하신 일이 이미 온전히 이루어졌습니다. 일을 끝냈다는 것은, 일을 하는 것이 아니라 일을 완전히 이루었기 때문에 더는 아무 일도 하지 않는다는 말입니다.

❷ 출애굽기 20장 11절에 따르면, 이런 결론은 전혀 맞지 않습니다. 여기에 보면 엿새 동안 일하신 것과 달리 일곱째 날에는 쉬셨다고 말합니다.

"엿새 동안에 나 여호와가 하늘과 땅과 바다와 그 가운데 모든 것을 만들고 일곱째 날에 쉬었음이라."

❸ 구속 역사가 창조 역사보다 탁월하므로 하나님께서 일곱째 날에 대부분의 역사를 마치셨다고 한다면, 엿새 동안 창조하시고 나서 일곱째 날에 쉬신 하나님의 모범은 사람들이 일곱째 날에 안식해야 하는 이유로 제시될 수 없을 것입니다.

❹ 하나님께서 일곱째 날에 구속 역사를 성취하셨다고 한다면, 먼저 사람이 이미 죄를 지었다는 사실이 언급되어야 합니다. 그러나 성경은 오히려 그 반대의 경우가 맞다는 증거를 제시합니다.

이 모든 사실이, 아담이 타락하기 전부터 안식일이 규례로 주어졌고, 따라서 온 인류에게 규례로 주어졌다는 변치 않는 진리를 입증합니다. 그러므로 제4계명은 의식에 대한 계명이 아니라, 모든 인간을 위한 거룩함에 대한 영원한 규칙으로서 다른 모든 도덕적 계명과 같은 성격을 가집니다.

【증명 2】 안식일 준수는 의식법이 아니라 도덕법을 따르는 것이다

출애굽기 20장이 이를 확증합니다. 이 말씀으로부터 다음과 같은 결론이 나옵니다. 도덕법에 속한 모든 계명은 의식법이 아니요, 모든 사람이 따라야 할 거룩함에 대한 영원한 규칙의 일부입니다. 따라서 도덕법에 속한 제4계명에 대해서도 동일하게 말할 수 있습니다. 처음 명제는 논란의 여지가 없습니다. 전체의 본질은 그 전체에 속한 부분들의 본질이기도 합니다. 전체 율법이 본질적으로 도덕적이라면, 각 계명 또한 본질적으로 도덕적입니다.

두 번째 명제는 다음과 같이 확인될 수 있습니다. 도덕법은 하나님께서 호렙의 불 가운데서 모든 이스라엘이 듣도록 친히 선언하신 율법입니다. 그것은 하나님께서 직접 두 돌판에 새기신 사랑의 율법입니다(마 22장 참고). 그대로 준행하면 복음과 별도로 영생이 따르는(롬 10장 참고) 행위언약의 요구를 포함하는 최고의 법입니다(약 2:8-10 참고). 이것이 바로 십계명이 말하는 율법입니다(출 34:28; 신 4:13 참고). 이 글을 읽는 모든 이들이 이 사실에 동의할 것입니다. 그리고 제4계명은 바로 이 십계명이 천명하는 율법 가운데 하나입니다. 제4계명을 십계명의 다른 계명들과 동일하게 다루는 출애굽기 20장과 신명기 5장을 보면 이 사실을 분명히 알 수 있습니다.

회피주장 십계명이 말하는 율법들이 도덕법이라 하더라도, 제4계명은 다른 계명들과 달리 의식법을 말하므로 그중에서도 제외되어야 한다.

| 답변 |

❶ 성경은 그 어디에서도 제4계명이 의식법이므로 십계명에서 제외되어야 한다고 말하지 않습니다.

❷ 위 주장대로라면, 십계명은 열 개가 아니라 아홉 개의 계명으로만 이루어질

수밖에 없습니다. 그러나 우리는 율법에 무언가를 더하거나 빼지도 말고(신 4:2 참고), 아무리 작은 계명이라도 없애지 말라는 경고에 주목해야 합니다(마 5:19 참고).

❸ 이 계명에는 의식법적인 성격이 전혀 없습니다. 성경 어디를 보아도 일곱째 날인 안식일이 그리스도를 가리킨다는 증거를 찾을 수 없습니다. 어떤 사람은 안식일이 무덤에서 그리스도가 쉬는 것을 가리킨다고 말할 수도 있습니다. 그러나 다음과 같이 반론을 제기할 수 있습니다.

- 그리스도는 무덤에 안식일 하루만이 아니라 사흘간 계셨습니다.
- 게다가 그리스도께서 무덤에 누우신 것은 그분이 낮아지고 죽음에 붙들리시는 과정이었습니다.
- 그런데 즐겁고 행복하며 새롭게 되고 하나님을 영화롭게 하는 안식일이 어떻게 그리스도께서 죽음으로 내려가신, 슬프기만 한 일을 예표한단 말입니까?
- 성경은 결코 그리스도의 죽음에 대해 그렇게 말하지 않습니다.
- 장래에 있을 사건과 관련하여 미리 주신 것이 계명이라는 주장은 사리에 맞지도 않습니다. 계명은 장래에 있을 일에 대한 예언과는 전혀 상관이 없습니다.

❹ 제4계명의 전체 주제가 그것의 도덕적 성격을 잘 드러냅니다. 거룩하며 하나님을 영화롭게 하는 안식이 제4계명의 핵심입니다. 제4계명은 하나님께서 처음부터 안식일을 제정하셨기 때문에 주어졌습니다. 하나님께서 세상을 창조하실 때 보이신 행위는 우리가 안식일의 쉼을 위해 따라야 할 모범입니다. 우리가 아는 한, 안식일 계명처럼 하나님께서 스스로 모범을 보이신 의식법은 하나도 없습니다. 이 모든 사실(이 계명의 본질, 이유, 모범, 이 계명이 속한 율법 등)을 종합해 보면, 제4계명이 명하는 안식일은 의식법이 아니라 본질적으로 도덕법이라는 것이 분명해집니다. 따라서 이 계명은 모든 시대의 모든 사람이 지켜야 할 계명입니다.

【증명 3】도덕법의 영속성과 제4계명의 영속성

"이같이 너희 빛이 사람 앞에 비치게 하여 그들로 너희 착한 행실을 보고 하늘에 계신 너희 아버지께 영광을 돌리게 하라. 내가 율법이나 선지자를 폐하러 온 줄로 생각하지 말

라. 폐하러 온 것이 아니요 완전하게 하려 함이라. 진실로 너희에게 이르노니 천지가 없어지기 전에는 율법의 일점일획도 결코 없어지지 아니하고 다 이루리라. 그러므로 누구든지 이 계명 중의 지극히 작은 것 하나라도 버리고 또 그같이 사람을 가르치는 자는 천국에서 지극히 작다 일컬음을 받을 것이요 누구든지 이를 행하며 가르치는 자는 천국에서 크다 일컬음을 받으리라"(마 5:16-19).

주 예수님께서 이렇게 말씀하신 이유는 자신이 경건을 폐하러 오신 것이 아니라는 사실을 알리시기 위함입니다. 여기서 언급된 도덕법과 관련하여 다음과 같이 말할 수 있습니다.

① 도덕법은 선행과 거룩한 삶을 위한 규칙입니다(마 5:16 참고).

② 그리스도는 도덕법이 아니라 의식법을 폐하기 위해 오셨습니다.

③ 그리스도께서 도덕법을 성취하셨고(마 5:17 참고), 그분의 순종으로 말미암아 우리가 의롭다함을 받습니다(롬 5:19 참고).

④ 이 땅이 계속되는 한 도덕법도 이 땅에서 계속됩니다(마 5:18 참고).

⑤ 그리스도께서 오셨다고 해서 도덕법을 어겨도 되는 것이 아닙니다. 오히려 더욱 그것을 행하고 가르칠 이유가 주어졌습니다(마 5:19 참고).

⑥ 도덕법은 살인과 거짓 증거, 맹세의 남용, 보복과 간음을 금하고, 자애와 진실한 사랑을 명합니다. 이런 사실은 이어지는 본 장의 내용을 통해 확연히 드러날 것입니다. 십계명이 바로 이러한 도덕법입니다. 천지가 계속되는 한 십계명의 일점일획도 사라지지 않을 것입니다. 그러므로 십계명의 일부인 제4계명도 사라지지 않고 다른 계명들과 함께 남을 것입니다. 결론적으로, 제4계명은 다른 계명들과 마찬가지로 의식법이 아니라 삶의 영원한 규칙입니다.

회피주장 1 앞에서 예로 든 본문들이 이 땅이 계속되는 한 도덕법도 영원히 계속되리라 말하는 것은 맞다. 그러나 이런 본문들을 근거로 하여 안식일 역시 그렇게 영원히 지속되리라고 결론 내리기는 어렵다. 안식일은 도덕법이 아니기 때문이다. 단지 십계명의 목록에 속했다는 이유로 의식법이 도덕법이 되지는 않는다.

| 답변 |

이런 주장에 대해서는 두 번째 증거에서 이미 답을 했습니다. 신약성경 전체를 살펴보면, 율법이 의식법 및 복음과 대비되는 곳에서는 어김없이 십계명의 율법이 초점이 됩니다. 만약 누군가가 "그러나 좀 더 정확히 말해 도덕법이 초점이 된다"라고 말한다면, 저는 "어디서 도덕법을 찾아볼 수 있습니까? 십계명이 아닙니까?"라고 물을 것입니다. 만일 "그것은 맞지만, 그중 제4계명만은 예외이다"라고 답한다면, "그런 말이 성경 어디에 있습니까?"라고 다시 물어볼 것입니다. 성경 어디에도 십계명 가운데 유독 제4계명만이 도덕법이 아니라고 말하는 대목은 없습니다. 그러므로 이런 생각은 전혀 근거가 없습니다. 십계명이 말하는 모든 계명은 본질적으로 도덕법입니다.

회피주장 2 제4계명이 영속적인 도덕법이라는 사실을 부인하지는 않는다. 그러나 그것의 도덕적 측면은 공예배와 관련된 것이지, 일곱째 날을 거룩하게 구별하는 의식적인 측면과는 관련이 없다.

| 답변 |

이런 생각은 사람이 임의로 고안해 낸 것이라고 말할 수밖에 없습니다. 성경은 전혀 그렇게 말하지 않습니다. 공예배가 이 계명의 도덕적 내용을 이룬다는 사실을 증명해 보십시오. 성경에는 그런 생각을 뒷받침하는 대목이 단 한 군데도 없습니다. 그러므로 이런 주장이 제기될 때마다 마땅히 그것을 거부해야 합니다. 이 계명이 표현된 어조를 보면, 이 계명의 핵심이 일곱째 날인 안식일을 거룩하게 지키는 데 있음을 알 수 있습니다. 앞에서 충분히 살핀 대로, 이 계명에는 의식법적인 요소가 전혀 없습니다. 이 계명이 영속되는 것이라면, 전체 계명 역시 영속되는 것입니다. 따라서 이 계명을 제의적이고도 도덕적이라는 이중적인 관점으로 이해해서는 안 됩니다. 이 계명의 핵심은 엿새 동안 일한 후에 일곱째 되는 날을 구별하여 거룩하게 지키는 것입니다.

【증명 4】 안식일 준수는 의식법이 폐기된 이후에도 계속된다

"너희가 도망하는 일이 겨울에나 안식일에 되지 않도록 기도하라"(마 24:20).

마태복음 24장은 그리스도의 재림과 세상의 끝에 관해 말하고 있습니다(마 24:3 참고). 당연히 예루살렘의 멸망(그리스도께서 승천하신 지 40년 만에 일어난)에 대해서도 말합니다.

그리스도의 죽음, 부활, 승천과 더불어 구약의 의식들은 즉시 효력을 잃었습니다. 따라서 그 시점부터 유대인의 방식을 따라 이런 의식들을 오실 메시아를 가리키는 예표로 사용하는 것은 죄입니다. 그러나 일반적이고도 종교적인 의미에서 이런 외적인 의식은, 믿음이 약한 자들이 걸려 넘어지지 않고 그것들을 완전히 그칠 수 있을 때까지 배우는 시간을 가지도록 당분간 용인되었습니다.

그런데 예루살렘이 파괴되기 이전부터 기독교회는 오랫동안 유대교회와 분리되어 있었습니다. 기독교회에서 이런 의식들은 거의 죽은 것처럼 되었으며, 의식들을 위해 기도하거나 힘쓰지 못하도록 했습니다.

그런데도 마태복음 24장은 안식일과 겨울을 분명하게 언급합니다. 존재하지도 않는 것을 명령할 수는 없는 법입니다. 이 본문에 안식일을 거룩하게 구별하라는 명령이 있는 것은 아니지만, 안식일에 대한 이런 언급은 여전히 안식일이 존재함을 보여 줍니다. 그러므로 안식일은 그리스도의 승천과 더불어 폐기된 의식 가운데 하나가 아니라 변함없이 지속될 규례입니다.

또한 본 장이 예루살렘성의 파괴뿐만 아니라 신약의 교회들에게 닥칠 끔찍한 박해에 대해서도 말하고 있음에 주목해야 합니다. 이런 박해는 당시뿐만 아니라 지금까지도 종종 일어납니다. 그리스도께서 승천하심으로 말미암아 구약의 의식들이 교회에서 사라진 것은 맞습니다. 그러나 겨울과 마찬가지로 안식일은 지금도 계속됩니다.

회피주장 1 유대인들은 안식일에 도망하면 안 되므로 예수님께서 이런 일들이 안식일에 일어나지 않기를 기도하라고 명령하신 것이 아닌가?

| 답변 |

율법은 안식일에 도망하는 것을 금하지 않습니다. 이 사실은 하나님의 말씀 여러 곳을 통해 확인할 수 있습니다.

회피주장 2 이 명령은 안식일에 도망하는 것을 싫어하는 연약한 그리스도인들을 위한 것이 아닌가?

| 답변 |

당연히 그들은 안식일에 도망할 수 있었습니다. 모든 의식이 폐기되었으므로 더는 이와 관련된 기도를 하지 않아도 됩니다.

회피주장 3 유대인들이 안식일에 도망하는 그리스도인들을 죽이는 것을 금하기 위해 이런 명령을 준 것이 아닌가?

| 답변 |

이에 관한 증거나 주장은 전혀 발견되지 않습니다. 여기서 말하는 도망은 흔히 말하는 도망이 아니라, 그들이 쫓길 때마다 피하는 것을 가리킵니다. 유대인은 그리스도인을 이방인과 똑같이 여겼습니다. 게다가 유대인이든 이방인이든 그리스도인이든 모두 안식일에 도망하는 것은 전혀 잘못된 것이 아닙니다.

회피주장 4 그렇다면 안식일에 도망하는 일이 일어나지 않도록 기도하라고 한 이유는 무엇인가?

| 답변 |

하나님은 이날을 특별한 즐거움과 안식과 회복의 날로 정하셨습니다. 그러하기에 그런 안식일에 도망쳐야 할 상황이 생기면 회중과 함께 하나님을 찬양하고, 경건하고도 거룩하게 그날을 보낼 기회를 놓칠 수밖에 없습니다. 결국 안식일에 도망하는 일이 생기면, 영혼은 이중적인 비참함 아래 놓이게 됩니다. 겨울에 도망함으로 말미암아 육신이 배로 비참해지는 것처럼 말입니다.

【증명 5】그리스도와 사도들과 초대 교회가 모두 안식일을 지켰다

지금까지 안식일 준수는 의식법적인 계명이 아니라 도덕적이고도 지속적인 규례라는 사실을 밝히 보여 주는 여러 증거들을 살펴보았습니다. 이제 그리스도와 사도들과 초대 교회가 어떻게 안식일을 준수했는지를 살펴봅시다. 주 예수님은 부활 후 첫날 제자들에게 나타나 그들과 함께하셨는데, 이날은 한 주의 첫째 날이었습니다(요 20:26 참고). 바울의 전도 여행과 관련하여 사도행전 20장 6,7절은 다음과 같이 진술합니다.

"우리는 무교절 후에 빌립보에서 배로 떠나 닷새 만에 드로아에 있는 그들에게 가서 이레를 머무르니라. 그 주간의 첫날에 우리가 떡을 떼려 하여 모였더니 바울이 이튿날 떠나고자 하여 그들에게 강론할새 말을 밤중까지 계속하매."

여기서 우리는 신약성경 역시 다른 날이 아니라 한 주의 첫날을 반복적으로 언급한다는 사실에 주목해야 합니다. 이 사실은, 회중이 그날에 모였고 바울이 바로 그날 그들에게 설교했으며 다음 날 길을 나섰음을 말합니다. 그러므로 그들이 한 주의 첫날을 안식일로 지켰음을 분명히 알 수 있습니다.

고린도전서 16장 1,2절을 보십시오.

"성도를 위하는 연보에 관하여는 내가 갈라디아교회들에게 명한 것같이 너희도 그렇게 하라. 매주 첫날에 너희 각 사람이 수입에 따라 모아 두어서 내가 갈 때에 연보를 하지 않게 하라."

마찬가지로, 여기서도 한 주의 첫날을 모임과 예배를 위한(개인이 아니라 회중을 위한) 날로 언급합니다. 예루살렘이 훼파된 후 밧모섬으로 유배된 사도 요한의 말을 보면 주일을 거룩하게 지켰음을 알 수 있습니다. 사도 요한은 그날을 우리에게 익숙한 이름인 '주의 날'로 부르고 거룩하게 지킵니다.

"주의 날에 내가 성령에 감동되어 내 뒤에서 나는 나팔 소리와 같은 큰 음성을 들으니"(계 1:10).

제4계명은 안식일에 관해 이렇게 기록합니다.

"일곱째 날은 네 하나님 여호와의 안식일인즉"(출 20:10).

이날은 하나님께서 정하여 거룩하게 하고 복을 베푸신 날입니다.

뿐만 아니라 사도 시대부터 지금까지 그리스도의 교회는 안식일을 거룩하게 구별하여 지킵니다. 사도 시대 직후에 교회에서 활동했던 사역자들의 사례가 이를 증언합니다.

- **이레니우스**(Irenaeus): "하나님께서 친히 십계명의 말씀을 명하셨으므로, 이 계명은 그리스도의 오심으로 축소되거나 사라지지 않고 지금도 우리와 함께 남아 있다"(Adv. Hoeres. Lib. 4. Cap. 31).
- **바실리우스**(Basilius): "주일은 안식일이다"(Epis. ad Caesar. Pater).
- **에피파누스**(Epiphanus): "최초의 안식일은 하나님께서 창조와 더불어 정하신 날로 세상의 창조 안으로 들어온 이래 지금까지 칠 일마다 계속 이어진다"(Hoeres. 51).
- **아타나시우스**(Athanasius): "예로부터 사람들은 안식일을 소중히 여겼고, 주 예수님께서 이 영광스런 날을 주의 날로 바꾸셨다"(de Senin).
- **유세비우스**(Eusebius): "그리스도는 모든 사람이 세상 어디에 살든지 한 주의 한 날에 회중으로 모이도록 정하셨다."
- **어거스틴**(Augustine): "사도들은 유대인들의 안식일 대신 주의 날을 제정했다"(Epist. 3 ad Magn). "경건한 신앙의 조상들은 물론이요, 하나님께서 친히 주의 날을 지키도록 명하셨다. 그러므로 주의 날을 반드시 안식일로 지켜야 한다"(Serm. De Temp. 251).
- **저스틴 마터**(Justin Martyr): "일요일이라 불리는 날에 모든 회중들이 모인다"(Orat. ad. Aut. P.).
- **크리소스톰**(Chrysostum): "하나님께서 세상이 시작될 때부터 우리에게 계시하신 이 교리는 한 주마다 한 날을 온전히 구별해 신령한 일들을 위해 보내야 한다고 가르친다"(Gen. Hem. 10).
- **콘스탄티누스 대제**(Constantinus Magus): "이날은 온 영혼이 하나님을 섬기는 일에 매진해야 한다. 사람들은 시장에서 일하거나 계약을 맺거나 장사하는 일을 그쳐야 한다"(Vita Constantini, lib. 4. 18).

초대 그리스도인들은 안식일을 거룩하게 구별하는 데 매우 주의를 기울였습니다. 구약의 안식일이 하나님께서 유대교회를 거룩하게 하시고 자기 백성으로 구별하신 표지였던 것처럼, 초대 그리스도인들에게도 안식일은 하나님과 자신들의 관계를 나타내는 표지였습니다. 때때로 안식일에 이교도들은 그리스도인들을 붙들고 안식일을 지키는지 물어보곤 했습니다. 그러면 그들은 전혀 거리끼지 않고 자신은 합당한 믿음의 열심으로 주의 날을 구별하여 지키는 그리스도인이며, 모든 사람이 이날을 소중히 여겨야만 한다고 대답했습니다. 보십시오. 초대 교회도 안식일을 준수했다는 분명한 증거들이 있습니다. 그들은 일곱째 날을 하나님의 규례로 기념했습니다.

이 모든 사실들을 종합해 봅시다. 제칠 일은 타락이 일어나기 전에 하나님께서 세우신 규례로, 일점일획도 없앨 수 없는 도덕법의 제4계명이 분명히 명령하는 날입니다. 그리스도 역시 안식일은 자기 때 이후로도 계속 이어지리라고 하셨습니다. 그리스도와 사도들과 초대 교회도 안식일을 준수했습니다. 그렇다면 어느 누가 감히 이런 안식일을 거부할 수 있단 말입니까? 우리 모두가 안식일 규례가 영속적인 것임을 확신해야 하지 않겠습니까? 누구든지 안식일을 신실하게 지키지 못하고 이날을 더럽히는 것을 슬퍼하고 부끄러워해야 하지 않겠습니까? 자원하는 마음으로 기쁘게 안식일을 지키도록 우리 마음을 고양시켜야 하지 않겠습니까?

반론들에 대한 답변

반론 1

안식일은 하나님의 성품에서 비롯된 것이 아니다. 영속적인 도덕적 규칙인 계명들은 모두 하나님의 성품에서 비롯된 것이다. 따라서 이런 계명들은 본유적으로 덕스러우며 어떤 식으로든 하나님의 형상을 반영한다고 할 수 있다. 모든 사람이 본성적으로 알게 되고 지킬 의무를 지는 이런 도덕법은 하나님이 명령하거나 명령하지 않을 수도 있는 규례에서 비롯되지 않는다.

반면, 안식일은 하나님의 성품에서 비롯된 것이 아니기에 본유적으로 덕스러운 것도 아니고, 하나님의 형상을 반영하지도 않는다. 이 계명은 일시적인 성격을 띠며, 사람이 본성적으로 알게 되는 것도 아니고, 그것을 준행해야 할 의무를 지는 것도 아니다. 이 계명은 이스라엘에게만 주어졌고, 이교도들은 전혀 알지 못한다. 따라서 안식일을 준수하지 않는다고 해서 죄가 되지는 않는다. 안식일 계명은 하나님께서 잠정적으로 주신 계명이므로, 하나님의 본성에서 비롯된 다른 도덕법과는 달리 하나님께서 명령하지 않으실 수도 있었다. 따라서 안식일 계명은 영속적인 삶의 규칙이 아니며, 신약 시대를 살아가는 우리와도 상관이 없다.

답변

위 반론이 제시하는 두 가지 명제는 모두 논리에 맞지 않습니다. 게다가 이 주장은 부패하고 어두워진 지성에서 비롯된 사고에 기초합니다.

(1) 첫 번째 명제를 부정하는 것은, 그것이 하나님의 말씀에 기초한 것이 아니라 인간의 상상에서 비롯되었기 때문입니다. 위의 반론이 전제로 삼는 구분과는 달리, 하나님의 성품에서 비롯되었기에 반드시 사람들에게 계명으로 주실 수밖에 없다고 하는 계명이든, 하나님의 주권적이고도 선하신 뜻에서 비롯되었기에 하나님께서 임의로 주거나 주지 않을 수도 있다고 하는 계명이든 상관없이 모든 계명은 인간에게 동일한 의무를 부과합니다.

(2) 하나님께서 자신의 성품에서 비롯되지 않는 계명을 자기 뜻대로 인류 전체를 위한 영원한 도덕 규범으로 발하실 수 없다거나 그렇게 하지 않으려 하신다고 주장하는 것 자체가 하나님의 주권을 심각하게 손상시킵니다. 하나님의 뜻이면 온 피조물에게 충분합니다. 하나님은 율법을 주권적으로 수여하시는 분입니다. 어느 누구도 창조주 하나님의 주권을 시샘할 수는 없습니다.

(3) 사람의 어두워진 본성은 왜 하나님의 율법이 이성적인 피조물이 처한 모든 상황에 합당한지를 이해하지 못합니다. 따라서 율법의 중심과 본질을 꿰뚫어 보지 못하고 보이는 것으로 판단할 수밖에 없는 피조물이 하나님의 율법의 적합성을 운운하는 것 자체가 불가능합니다. 또한 부패한 인간은 하나님의 성품이 어떠한지조

차 제대로 알지 못합니다. 그런 인간이 특정한 상황에 처한 피조물과 관련하여 무엇이 하나님의 성품에서 비롯되어야 하는지를 판단해서는 안 됩니다. 이처럼 무지한 피조물이 감히 자기 앞에 하나님을 소환하여 왜 이런 율법을 주셨는지를 따져 묻고, 자신이 임의로 정한 규칙에 따라 영속되어야 할 규례가 무엇이고 그렇지 못한 규례가 무엇인지를 판단하는 일은 결코 용납될 수 없습니다.

(4) 사람의 부패한 본성은 영원한 도덕법인 모든 계명에 대해서도 제대로 알지 못합니다. 바울은 열 번째 계명에 대해 이렇게 말합니다.

"그런즉 우리가 무슨 말을 하리요. 율법이 죄냐 그럴 수 없느니라. 율법으로 말미암지 않고는 내가 죄를 알지 못하였으니 곧 율법이 탐내지 말라 하지 아니하였더라면 내가 탐심을 알지 못하였으리라"(롬 7:7).

거룩한 본성과 부패한 본성을 구분해야 합니다. 본성이 어두워져 버린 우리는 거룩한 본성이 우리에게 가르치는 바를 알지 못합니다. 사람의 부패한 본성은 결코 이런 것을 판단할 수 없기 때문에 계명을 판단하는 시금석도 될 수 없습니다. 게다가 하나님께서 계명을 통해 사람들에게 의무를 부여하신 것으로 충분합니다. 사람이 부주의하여 그 지식을 잃어버렸든 여전히 그 지식을 가지고 있든 상관없이, 모든 사람은 계명을 준행할 의무를 집니다.

(5) 계명을 준행하면서 그것이 하나님의 뜻이라는 사실에 초점을 맞추어야 합니다. 주권적인 율법의 수여자께서 계명을 명하셨으며 자신이 그 계명에 따라 사는 것을 원하신다는 사실을 인식하는 것만으로도 계명을 준행해야 하는 이유가 분명해집니다.

"마음으로 하나님의 뜻을 행하고"(엡 6:6).

반론의 두 번째 명제는 가증하기까지 합니다. 바로 안식일은 하나님의 성품에서 비롯되지 않았고, 본유적으로 어떤 덕이나 하나님의 형상도 담고 있지 않으며, 본성적으로 알 수 없고, 이스라엘에게만 주어진 계명이자, 하나님께서 명하거나 명하지 않으실 수도 있는 잠정적인 계명이라는 주장 말입니다. 첫 번째 명제가 진리에 부합하지 않으므로, 안식일 계명이 반드시 필요한 계명인지 잠정적인 명령인지도 그다지 중요하지 않은 문제로 치부될 수밖에 없습니다. 그러나 과연 우리가 안식일을 이렇게 치부해도 될지를 잘 분별해야 합니다.

(1) 특별히 안식일이 하나님의 성품에서 비롯된 것이 아니라고 말하기는 쉽습니다. 그러나 말과는 달리, 그것을 증명하기란 그리 쉽지 않습니다. 여기서 우리의 부패한 본성이 재판관이 되어서는 안 됩니다. 안식일 계명이 특정한 시대의 사람들만을 위한 것이라는 주장은 근거도, 효력도 없습니다. 하나님께서 친히 안식하심으로써 우리가 따를 모범이 되신 것처럼, 이 계명은 특정한 날에 거룩한 안식을 누리도록 하기 위한 것입니다. 그렇다면 사람이나 일이라는 환경뿐만 아니라 시간이라는 환경이 본질적으로 도덕적일 수 없는 이유가 무엇이란 말입니까? 안식일이 하나님의 성품에서 비롯되지 않았다면(우리는 이런 전제를 인정하지 않습니다) 어디에서 왔단 말입니까? 그러므로 안식일은 지금도 여전히 계속되며, 본질적으로 도덕적입니다. 안식일을 기억하여 거룩하게 지키는 것은 모든 사람을 향한 하나님의 뜻입니다.

(2) 우리는 안식일 계명에 본유적으로 어떤 덕이나 하나님의 형상이 포함되어 있지 않다는 주장을 거부합니다. 안식일을 거룩하게 지키는 것은 덕스러운 일입니다. 하나님께서 그것을 원하시기 때문입니다. 이 계명에 순종하는 것은 하나님의 형상과 관련 있습니다. 사랑으로 하나님의 뜻에 순복하는 것이기 때문입니다. 그렇습니다. 안식일을 준행하는 것은 하나님의 안식을 흉내 내고 닮아 가는 것입니다. 하나님께서 일곱째 날에 쉬셨고 그 모범을 따르도록 우리에게 주신 날이기 때문입니다(출 20:11 참고). 하나님의 자녀인 우리는 "사랑을 받는 자녀같이……하나님을 본받는 자"(엡 5:1)가 되어야 합니다.

(3) 사람이 안식일을 본성적으로 알 수 없다는 말 역시 의미 없는 주장에 불과합니다.

- 그 말은 안식일의 계명을 도덕법에서 배제할 이유가 될 수 없습니다.
- 사람의 본성이 거룩하다면 안식일에 대해 배우지 않아도 되었을 것이라는 의미가 아닙니다. 오히려 하나님의 모범을 잘 알기 때문에 다른 계명들뿐만 아니라

안식일 계명 역시 준행하도록 가르쳤을 것입니다. 인간의 부패한 본성은 표면적으로 명백하게 드러난 문제들에만 관심을 가질 뿐, 도덕법이 얼마나 신령한 것인지를 거의 알지 못하므로 늘 핑계를 댑니다.

- 이교도들은 이미 많은 날들을 특별하게 기념하고 있으며, 안식일에 대해서도 압니다.

(4) 안식일이 이스라엘에게만 주어졌다는 주장을 거부합니다. 안식일은 교회에게 주신 것입니다. 다만 당시에는 교회가 이스라엘의 후손 가운데 있었을 뿐입니다. 그러나 하나님께서 그보다 훨씬 전에 이미 아담에게 안식일을 규례로 주셨습니다. 따라서 안식일은 사실상 온 인류에게 주어진 것입니다.

회피주장 그러나 이 계명의 배경이 되는 출애굽 사건은 이스라엘과만 관련 있다.

"너는 기억하라. 네가 애굽 땅에서 종이 되었더니 네 하나님 여호와가 강한 손과 편 팔로 거기서 너를 인도하여 내었나니, 그러므로 네 하나님 여호와가 네게 명령하여 안식일을 지키라 하느니라"(신 5:15).

| 답변 |

계명과 그에 따른 부차적인 것들을 구분해야 합니다. 계명은 언제나 동일합니다. 단, 계명의 부차적인 것들은 계속 변합니다. 부차적인 것들이 이스라엘과만 관련된다는 이유로 전체 계명에 대해서마저 그렇게 결론 내린다면, 당연히 이 계명 역시 오늘날 우리와 전혀 상관없는 것이 될 수밖에 없습니다. 위 주장은, 신명기 5장 15절이 이스라엘이 종살이했던 집인 애굽에서 구출된 것만을 언급한다고 말합니다. 그렇다면 제5계명에 대해서도 똑같이 말해야 할 것입니다. 제5계명도 가나안 땅(따라서 이스라엘에 대해서만)에 대해서만 말하므로 우리와 상관없어야 할 것입니다. 그러나 전체 율법과 제5계명은 도덕법입니다(엡 6:2 참고).

반론 2

안식일은 의식법의 일부이다.

"또 내가 그들을 거룩하게 하는 여호와인 줄 알게 하려고 내 안식일을 주어 그들과 나 사이에 표징을 삼았노라"(겔 20:12).

- 하나님께서 사람이 준행하면 생명을 얻을 율례와 규례를 주셨다고 선언하시면서 "이를 위해 내가 너희에게 나의 안식일을 주었다"라고 하시는 것으로 미루어 보아, 안식일은 다른 규례들과 성격이 다르다는 것을 알 수 있다.
- 여기서는 안식일을 표징으로 부른다. 곧 안식일이 그리스도를 예표하는 그림자라는 뜻이며, 따라서 의식법에 속한다고 할 수 있다. 결국 안식일은 지금 우리를 위한 삶의 규칙이 아니다.

답변

이 주장은 이들이 내세우는 명제와 배치됩니다. 규례가 곧 의식법이라는 것이 이들의 명제이기 때문입니다. 만약 '또'라고 표현된 히브리어 םגו(와감)이 안식일에 다른 본질이 있음을 함축하는 말이라면, 안식일은 본질적으로 도덕적 의미를 가졌다는 뜻이 될 것입니다. 어쨌든 우리는 이 부분을 다음과 같이 설명할 수 있습니다.

(1) '또'라고 번역된 이 말씀의 첫 번째 단어인 '와감'은 '또한'이라는 의미를 가진 히브리어로, 앞 문장과의 대조나 역접을 뜻하지 않습니다. 오히려 앞의 문장이나 문맥과 같은 내용으로 연결됨을 나타냅니다. 다음과 같은 말씀에서도 이와 같은 용례가 발견됩니다.

"다 치우쳐 함께 더러운 자가 되고 선을 행하는 자가 없으니 하나도 없도다"(시 14:3).

"너희는 이같이 요셉에게 이르라 네 형들이 네게 악을 행하였을지라도 이제 바라건대 그들의 허물과 죄를 용서하라 하셨나니 당신 아버지의 하나님의 종들인 우리 죄를 이제 용서하소서 하매 요셉이 그들이 그에게 하는 말을 들을 때에 울었더라. 그의 형들이 또 친히 와서 요셉의 앞에 엎드려 이르되 우리는 당신의 종들이니이다"(창 50:17,18).

"이 성읍 주민이 저 성읍에 가서 이르기를 우리가 속히 가서 만군의 여호와를 찾고 여호와께 은혜를 구하자 하면 나도 가겠노라 하겠으며"(슥 8:21).

글을 아는 사람이라면, '또'라는 말 뒤에는 상반되는 내용이 아니라 앞서 말한 내용을 확장해 주는 내용이 따른다는 사실을 쉽게 압니다. 그러므로 '더욱이,' '즉,' '또한'이라는 말은, "내가 내 율례를 주며 내 규례를 알게 하였고, 또한 특별히 내 안식일을 주었다"라고 말씀하시는 의미로 이해할 수 있습니다.

(2) 일곱째 날을 가리키는 안식일 규례는 다른 계명들만큼이나 율법(스데반은 이를 가리켜 살아 있는 말씀이라고 했습니다[행 7:38 참고])에 속한 것입니다. 이사야 선지자는 안식일에 관해 다음과 같이 분명히 증언합니다.

"여호와께서 이와 같이 말씀하시기를 나의 안식일을 지키며 내가 기뻐하는 일을 선택하며 나의 언약을 굳게 잡는 고자들에게는 내가 내 집에서, 내 성안에서 아들이나 딸보다 나은 기념물과 이름을 그들에게 주며 영원한 이름을 주어 끊어지지 아니하게 할 것이며"(사 56:4,5).

뿐만 아니라 이사야 58장 13,14절은 이렇게 말합니다.

"만일 안식일에 네 발을 금하여 내 성일에 오락을 행하지 아니하고 안식일을 일컬어 즐거운 날이라, 여호와의 성일을 존귀한 날이라 하여 이를 존귀하게 여기고 네 길로 행하지 아니하며 네 오락을 구하지 아니하며 사사로운 말을 하지 아니하면 네가 여호와 안에서 즐거움을 얻을 것이라. 내가 너를 땅의 높은 곳에 올리고 네 조상 야곱의 기업으로 기르리라. 여호와의 입의 말씀이니라."

그러므로 율례와 규례(생명을 얻게 함)와 안식일 간에는 본질적인 차이나 대비(안식일을 통해서는 생명을 얻지 못한다는)가 전혀 없음이 분명합니다. 따라서 '안식'이라는 말을 비롯해 그와 관련된 부차적인 내용들을 근거로 안식일 계명과 다른 계명이 본질상 다르다고 말해서는 안 됩니다.

(3) 여기서 말하는 안식일은 분명히 매주 돌아오는 안식일(sabbath)을 가리키지 않습니다. 십계명은 일반적인 의미로 '안식일(sabbath)'이라고 표현합니다. 반면, 의식적인 규례는 '안식일들(sabbaths)'로 쓰입니다. 이 둘이 실제로 같은 명칭으로 불리기는 하지만, 그 본질까지 동일한 것은 아닙니다. 매주 치르는 의식적인 안식

일이 십계명이 말하는 안식일에 포함된다고 주장할 수 있습니다.

이제 안식일이 표징에 불과하다고 주장하는 두 번째 반론에 답하겠습니다.

(1) 성경이 전체 도덕법을 표징으로 언급하기 때문에 그들의 주장은 큰 의미가 없습니다.

"너는 또 그것을 네 손목에 매어 기호를 삼으며 네 미간에 붙여 표로 삼고"(신 6:8).

하나님께서 보내시는 질병도 표징으로 언급됩니다.

"이 모든 저주가 너와 네 자손에게 영원히 있어서 표징과 훈계가 되리라"(신 28:46).

이사야 역시 표징으로 언급됩니다(다른 선지자들도 마찬가지입니다).

"여호와께서 이르시되 나의 종 이사야가 삼 년 동안 벗은 몸과 벗은 발로 다니며 애굽과 구스에 대하여 징조와 예표가 되었느니라"(사 20:3).

주 예수님도 표징으로 언급됩니다.

"시므온이 그들에게 축복하고 그의 어머니 마리아에게 말하여 이르되 보라 이는 이스라엘 중 많은 사람을 패하거나 흥하게 하며 비방을 받는 표적이 되기 위하여 세움을 받았고"(눅 2:34).

성령의 뚜렷한 은사들도 표징으로 언급됩니다.

"믿는 자들에게는 이런 표적이 따르리니 곧 그들이 내 이름으로 귀신을 쫓아내며 새 방언을 말하며"(막 16:17).

그렇다고 해서 표징이 언제나 장래에 있을 것만을 가리키지는 않습니다. 현재와 관련해서도 표징이라는 말이 사용됩니다.

"은총의 표적을 내게 보이소서. 그러면 나를 미워하는 그들이 보고 부끄러워하오리니 여호와여 주는 나를 돕고 위로하시는 이시니이다"(시 86:17).

이런 본문만 보더라도 표징이 항상 의식이나 그리스도를 예표하는 것이 아닐뿐더러, 반드시 장래에 있을 일만을 가리키는 것도 아니라는 점이 분명해집니다. 다음 말씀은 표징이 현재의 일도 가리킨다는 것을 분명히 말합니다.

"내가 그들을 거룩하게 하는 여호와인 줄 알게 하려고"(겔 20:12).

(2) 하나의 사건에 많은 목적이 있을 수 있습니다. 목적을 하나만 이야기한다고

해서 다른 목적이 없다는 말은 아닙니다. 이전에는 표징으로 사용되지 않던 것이 원래의 기능을 유지한 채 다른 무언가를 나타내는 표징으로 기능할 수도 있습니다. 이전부터 존재했던 무지개가 하나님께서 노아와 세우신 언약의 표징이 된 것처럼 말입니다(창 9:12 참고). 아담에게 이미 주신 안식일도 마찬가지입니다. 하나님께서 열국으로부터 자기를 위한 한 백성을 취하셨을 때, 안식일도 그것의 도덕적 성격을 유지하면서 표징으로 기능할 수 있었습니다. 안식일은 그들이 하나님의 백성이라는 표징이었습니다. 그들은 안식일을 준수함으로써 이방 민족들과 달리 하나님의 백성으로 인식되었습니다. 그만큼 안식일을 준수하는 것은 하나님의 백성에게서 두드러지게 나타나는 특징입니다. 모든 신앙 규례들 가운데 안식일 준수는 가장 공적이고도 고유한 것입니다.

반론 3

안식일은 그리스도로 말미암아 폐기되었다.

"인자는 안식일의 주인이니라 하시니라"(마 12:8).

여기서 그리스도는 시장한 제자들이 밀 이삭을 잘라 먹도록 하실 뿐만 아니라, 그런 제자들을 변호하시는 듯 보인다. 안식일의 주인인 그가 친히 이렇게 함으로써 안식일을 폐기하고 있는 것이 아닌가? 그것이 아니라면, 사람이 안식일의 주인으로 지명되어 그날에 자신이 원하는 대로 할 수 있다는 의미라 할 것이다.

답변

(1) 이 본문에는 안식일 폐기를 암시하는 표현이 전혀 등장하지 않습니다. 누군가가 무언가의 주인이라는 사실은 그것을 없앤다는 의미가 아닙니다. 오히려 주인이라는 말은 그것을 보존하고 누리며 다스린다는 의미를 담고 있습니다.

(2) 본문의 쟁점은 안식일을 어기는 것이 아닙니다. 안식일에 밀밭 사이로 걸어가고, 이삭을 따서 비벼 먹는 것은 결코 안식일을 어기는 일이 아닙니다. 그런데도 유대인들은 그들이 가진 미신적인 생각 때문에 그렇게 여겼습니다. 마태복음 12장 3절과 5절을 보면 그 사실이 분명해집니다.

"예수께서 이르시되 다윗이 자기와 그 함께한 자들이 시장할 때에 한 일을 읽지 못하였느냐……또 안식일에 제사장들이 성전 안에서 안식을 범하여도 죄가 없음을 너희가 율법에서 읽지 못하였느냐?"

(3) 안식일이 그리스도께서 무덤에 장사되는 것을 예표하는 모형이라면, 이 예표의 원형에게 일어나야 할 일이 아직 이루어지지 않은 그때에 안식일이 폐기될 수 없었을 것입니다.

(4) 그리스도 자신도 안식일을 지키셨습니다.

"예수께서 그 자라나신 곳 나사렛에 이르사 안식일에 늘 하시던 대로 회당에 들어가사 성경을 읽으려고 서시매"(눅 4:16).

(5) 그리스도는 자신이 죽은 뒤에 안식일에 불미스런 일이 일어나지 않도록 기도하라고 제자들에게 가르치셨습니다(마 24:20 참고).

(6) 안식일의 주인이신 그리스도야말로 안식일의 바른 의미를 알고 계셨으며, 그것을 제자들에게 설명하실 수 있는 분이었습니다.

위 반론의 두 번째 주장에 대해 우리는 다음과 같이 답변할 수 있습니다.

(1) 그리스도는 대부분 자신을 가리켜 '인자(the Son of Man)'라고 일컬으셨습니다. 스스로를 사람의 본성을 가진 자로 부름으로써 자신이 가진 다른 본성을 나타내신 것입니다. 그리스도께서 인자가 됨으로 말미암아 성부께서 '심판하는 권한'을 그에게 주셨습니다(요 5:27 참고). 따라서 '인자'라는 말은 말 그대로 모든 사람을 가리킨다기보다는 그리스도 자신을 지칭하는 것으로 보아야 합니다.

(2) 또한 '인자'라는 호칭은 모든 인류를 가리키는 말로도 쓰였습니다. 따라서 안식일 규례는 말 그대로 모든 사람에게 주신, 모든 사람이 준행해야 할 도덕 계명입니다.

(3) 한 걸음 더 나아가, 만일 여기서 '인자'가 유대인들을 가리킨다면(물론 이런 생각은 성경과 이성 모두에 배치됩니다) 어떻게 되겠습니까? 유대인들은 안식일의 주인으로서 자신들이 바라는 대로 행할 수 있었을 것이고, 안식일을 범한다고 해도 죄가 되지 않았을 것입니다. 물론 그 이전에도 마찬가지였을 것입니다. 한편 이 말을 제

자들이 안식일의 주인이 되어 안식일을 폐기한다는 의미로 이해한다면, 원형 또는 실체가 와서 성취하기도 전에 그것의 모형이 폐하여지는 셈이 되고 말 것입니다.

(4) 물론 제자들처럼 행하는 데에는 합당한 이유가 있어야만 했으며, 제자들에게는 합당한 이유가 있었습니다. 따라서 제자들의 행동은 죄가 아니었습니다. 이는 사람과 안식일이 맞설 때에는 어쩔 수 없이 둘 중 하나를 포기해야 한다는 말입니다. 다른 사람을 구하기 위한 일을 하든지(물론 이 경우와는 상관이 없지만, 그것은 안식일에 합법적으로 할 수 있는 일입니다), 아니면 그냥 상해를 당하도록 내버려 두든지 둘 중 하나입니다. 이런 경우 안식일 규례를 행하는 것보다 사람을 구하는 것이 우선입니다. 사람이 안식일보다 우선하고 자비를 베푸는 것이 제사보다 낫기 때문입니다(마 12:7 참고). 따라서 제자들의 행동은 안식일 계명에 조금도 저촉되지 않았습니다.

반론 4

안식일 계명은 복음을 저해한다.

"어떤 사람은 이날을 저날보다 낫게 여기고 어떤 사람은 모든 날을 같게 여기나니 각각 자기 마음으로 확정할지니라. 날을 중히 여기는 자도 주를 위하여 중히 여기고 먹는 자도 주를 위하여 먹으니 이는 하나님께 감사함이요 먹지 않는 자도 주를 위하여 먹지 아니하며 하나님께 감사하느니라"(롬 14:5,6).

"너희가 날과 달과 절기와 해를 삼가 지키니 내가 너희를 위하여 수고한 것이 헛될까 두려워하노라"(갈 4:10,11).

"그러므로 먹고 마시는 것과 절기나 초하루나 안식일을 이유로 누구든지 너희를 비판하지 못하게 하라. 이것들은 장래 일의 그림자이나 몸은 그리스도의 것이니라"(골 2:16,17).

이런 본문들이 말하는 바는, 이제 날에 대한 구별이 없어졌으므로 이를 두고 다른 사람을 판단해서는 안 된다는 것이다. 게다가 이런 본문들에 따르면, 날이나 절기를 구별하여 지키는 것은 복음에 해로워 보인다. 이처럼 신약 시대에는 더 이상 안식일이 없으므로 안식일을 지키지 않아도 된다.

답변

(1) 누군가가 안식일 계명인 제4계명에 단지 공예배를 위해 특정한 시간을 구별하라는 의무(어느 때에 어느 정도로 구별해야 하는지와는 별개로)가 있을 뿐 여전히 도덕적 요소가 포함되어 있다고 주장한다면, 반론이 제시하는 본문들을 근거로 안식일을 거부하는 주장을 펼 수 없습니다. 이 본문들은 시간을 구별하는 것을 가리킵니다. 설령 스무 날마다 구별하거나, 심지어 반나절이나 고작 몇 시간만 구별해야 한다고 할지라도 말입니다. 따라서 이런 전제에 따르면, 반론이 언급한 본문들은 반론의 요지와는 달리, 제4계명에 포함된 날들이나 시간들을 구별하는 것에 관해 말하지 않습니다. 그러므로 안식일에 반대하는 사람들의 의견을 따른다고 하더라도, 이런 본문들을 그 근거로 제시할 수는 없습니다.

(2) 사도들은 교회가 어디에 자리하든 상관없이 온 교회들에게 주의 날을 준수하라고 명령한 것이 분명합니다. 사도들에게서 안식일이 언제인지와 관련하여 논란이나 다툼을 전혀 찾아볼 수 없습니다. 사도들의 바람과 상반되게 안식일 준수를 강압하거나 도외시하려는 의도도 전혀 보이지 않습니다. 그러므로 앞에 언급한 본문에서 알 수 있는 것처럼, 사도는 주일을 염두에 두고서 교회로 하여금 절기를 준수하도록 강요하는 자들에 반대한 것이 아니었습니다. 뿐만 아니라 초대 교회 회중들은 결코 사도가 안식일을 염두에 두고서 그렇게 말했다고 여기지 않았을 것입니다. 오히려 그들은 모두 사도가 지금 안식일이 아니라 유대교 절기들에 관해 말하고 있다는 것을 잘 알았습니다. 이처럼 이 본문들에서 사도가 주의 날을 말하지 않는다면, 이 본문들을 안식일 준수에 반대하는 근거로 사용해서는 안 됩니다. 그리하면 '주의 날이라 불리는 안식일을 지켜야 하는가?'라는 질문의 요점을 완전히 놓치게 될 것이기 때문입니다.

회피주장 이 본문들은 주의 날을 준수하지 말라고 하는 것이 아니라, 안식일을 하나님의 계명이 아니라 사람의 규례로서 지키는 것일 뿐이라고 말하고 있다.

| 답변 |

사도가 주의 날을 말하는 것이 아니라면, 하나님의 계명이든 인간의 규례이든 안식일을 지킬지 말지에 대해 말하는 것도 아닙니다. 따라서 어떤 명제도 이 본문들을 통해 확증되거나 거부될 수 없습니다. 사도는 지금 유대교 절기에 관해 말합니다. 그러므로 위의 주장을 제기한 사람은 먼저 제칠 일(안식일이든 주의 날이든)이 의식과 예표임을 밝혀야 합니다. 그래야만 이 본문들을 안식일 준수를 부정하는 근거로 사용할 수 있을 것입니다. 그러나 사도가 절기 준수를 금하고 있으며, 따라서 안식일이 의식적이라는 식의 주장은, 개연성 있는 올바른 결론이 아닙니다.

(3) 만일 앞의 본문들이 날들 간의 구별을 금하고 있다면, 사도들은 주의 날을 제정할 수 없었을 것입니다. 그렇다면 교회 또한 주의 날이나 기도의 날이나 감사의 날 같은 것들을 정하거나 기념할 수 없었을 것입니다. 절기를 이렇게 구별하는 것이 복음에 해롭다고 사도가 말하기 때문입니다. 이렇게 절기를 구별하여 지키는 것이 사도들의 명령에 배치되고 마태복음 15장 9절이 정죄하는 자의적인 예배일 것이기 때문입니다. 본문은 음식을 구별하는 행위를 날들을 구별하는 것과 마찬가지로 봅니다. 전자가 적그리스도와 마귀들의 가르침의 표지("어떤 음식물은 먹지 말라고 할 터이나"[딤전 4:3])라면, 날들을 구별하고 지키는 것(사도가 일반적인 의미에서 이것을 정죄하고 있다면) 역시 똑같은 방향으로 사람들을 오도할 것입니다. 따라서 지금 사도는 일반적인 의미에서 절기와 때를 구별하여 지키는 것을 정죄하는 것이 아니라, 유대교 예식과 절기들을 지키는 것에 관해 말하고 있습니다. 결국 안식일 준수(하나님의 명령을 받든)가 유대교적이고도 의식적인 것임을 증명하지 않는 한, 이런 본문들을 안식일에 반대하는 근거로 인용해서는 안 됩니다.

(4) 우리가 안식일을 준수하는 것으로 서로를 판단하지 말아야 한다면, 즉 그런 날을 지키지 않는 자들이 가장 강한 믿음을 가졌고 그렇게 한 날을 구별하여 지키는 것이 정녕 복음에 해가 되는 것이 맞다면, 아무에게도 안식일을 지킬 의무가 없습니다. 주일에도 일하고 싶은 사람은 여느 날처럼 일을 하고, 교회에 가고 싶은 사

람만 알아서 가도록 하는 것이 최선일 것입니다. 그러나 어느 누구도 그렇게 생각하지 않을 것입니다. 따라서 앞의 본문들이 일반적인 날들을 구별하여 지키는 것에 관해서가 아니라, 여전히 유대인 절기를 구별하여 지키는 것에 관해 말한다는 것은 분명한 사실입니다. 그렇다면 이 본문들은 주의 날을 하나님의 계명으로 지킬 것인가 아니면 사람이 정한 규례로 지킬 것인가 하는 문제와는 아무런 상관이 없습니다. 이는 전혀 다른 차원의 문제입니다. 우리는 기꺼이, 그리고 당연히 이 말씀에서 사도가 다시 지킬 필요가 없어진 유대교 절기들을 언급한다고 주장합니다.

이런 본문들이 아담이 타락하기 전에 이미 제정된 안식일(창 2장 참고)에 관한 제4계명을 반대하는 데 무슨 증거를 제공합니까? 본문을 근거로 유대교의 날들이 폐기되어야 하므로 안식일도 폐기되어야 하고 유대교의 날들이 본질상 의식적이므로 안식일도 의식적이라고 결론 내린다면, 어느 누가 그것을 올바른 결론으로 받겠습니까? 안식일을 의식법의 범주에 넣어 폐기하려면, 먼저 안식일이 유대교 의식과 관련된다는 점부터 밝혀야 합니다. 그러나 우리가 살펴본 대로, 이 본문들은 그것에 대해 증언하지 않습니다.

지금부터 각각의 본문들을 하나씩 살펴봅시다.

① 로마서 14장 5,6절

이와 관련하여 제기되는 문제는 '모든 날들을 준수하도록 용납해야 하는가?' 하는 것입니다. 이방인이었다가 신자가 된 이들(초대 교회의 구성원들)은 유대교의 날들에 얽매일 필요가 없으며 음식에 관한 규례도 중지되었다는 것을 너무나 잘 이해하고 있었습니다. 유대인들 가운데 믿음이 약한 신자들 역시 유대교 의식들이 폐기되었음을 이해하고 있었습니다. 그들도 그리스도께서 이미 오셨음을 고백했기 때문입니다. 그런데도 그들은 유대교 절기들을 여전히 지켜야 한다고 생각했고, 그래서 음식도 가릴 수밖에 없었습니다. 이방인 신자들은 유대인 신자들의 이런 태도를 용납할 수 없었습니다. 그러자 바울은 그들과 같이 연약한 유대인 신자들을 어느 정도는 용납하라고 촉구했습니다. 이때 유대교 절기들은 제의적인 의미가 아니라 종교 활동으로 참여하는 것이었습니다. 이처럼 하나님 앞에서 이런 날들을 지키는 유대인 신자들의 행위가 어느 정도는 용납되었습니다. 그러나 동시에 유대인 신자들은 이방인 신자들이 이런 날들을 지키지 않는 것을 용납해야 했습니다. 이와 같이 로마서의 이 본문은 안식일인 주의 날에 적용할 만한 말씀이 아닙니다.

② 갈라디아서 4장 10,11절

여기서 사도는 유대인 신자들 가운데 믿음이 약한 사람들이 유대교 절기를 지키는 것을 용납하기(롬 14장 참고)보다는, 유대인들이 의식적인 예배를 강력하게 옹호하고 고착시키려 하며 다른 사람들에게도 강요하는 것을 용납하지 말기를 촉구합니다(갈 3:1, 4:9 참고). 같은 일이라 해도 연약하고 온화한 사람에게는 용납되나, 자신의 잘못된 행위를 다른 사람에게까지 지나치게 강요하는 사람에게는 용납되지 못하는 경우가 많습니다. 한편 본문은 안식일 계명이 의식법인지 도덕법인지, 폐기되어야 하는지 존속되어야 하는지에 대해서는 단 한 마디도 언급하지 않습니다.

지금까지 일반적인 답변들을 살펴보면서, 이런 본문들이 일반적인 의미로 해석될 수 없으며, 모든 유대교의 날들과 관련된 일반적인 명제로부터 안식일 계명에 배치되는 어떤 결론을 내릴 수는 없다는 것이 드러났습니다.

회피주장 갈라디아서 4장 10,11절은 유대인들이 지켰던 모든 거룩한 날들(안식일을 포함한)을 가리킨다고 보아야 한다. 본문은 해(안식년과 희년)와 유월절, 오순절, 초막절 같은 절기와 달(새로운 달)을 언급한다. 또한 본문은 날을 언급하는데, 이는 일곱째 날 곧 안식일일 수밖에 없다.

| 답변 |

먼저, 사도가 언급한 날들이 과연 그런 절기와 날들을 가리키는지를 알아야 합니다. 둘째, 설령 해와 달과 절기를 언급한다고 인정할지라도 본문에 언급된 때(해, 달, 일곱째 날)와 더불어 다른 날들이 없다면, '날'이라는 것이 꼭 제4계명이 말하는 안식일을 가리킨다고 단정하기는 어렵습니다. 그런데 레위기 23장은 이런 절기와 때와 더불어 기념되는 다른 축일들을 언급합니다. 이런 날들은 다음에 살펴볼 골

로새서 2장을 통해 드러날 것입니다. 이런 다른 축일들 역시 본문이 언급하는 절기, 해, 달과 성격이 같습니다. 따라서 본문이 '날'을 언급한다는 사실만으로 안식일이 이런 날들에 속한다고 결론 내리기에는 무리가 있습니다. 칠 일째 되는 안식일은 이런 날들과 달리 제의적이 아니라 도덕적이고, 복음에 해를 끼치는 것이 아니라 유익이 됩니다. 그러하기에 지금 사도가 말하는 날들에는 분명 안식일이 포함되지 않습니다. 게다가 이 사안에 대해서는 이미 일반적인 질문들을 통해 답을 했습니다.

③ 골로새서 2장 16,17절

이 본문을 이해하려면 유대인에게 다양한 안식일들이 있었음에 주목해야 합니다. 첫째 달 열다섯째 날(레 23:6,7 참고)과 유월절 마지막 날, 그리고 다른 절기(레 23:6,7 참고)가 있습니다. 뿐만 아니라 일곱째 달의 첫날(레 23:24,25 참고), 일곱째 달의 열째 날(레 23:27,28 참고), 초막절의 여덟째 날(레 23:36 참고)이 있습니다. 이 모든 안식일들은 의식적인 성격을 띱니다. 그러나 이 안식일들 말고도 창세 때부터 있어 온 날이 하루 더 있습니다. 바로 도덕법인 제4계명이 명하는 안식일입니다. 이 안식일은 성격이 완전히 다릅니다. 다른 안식일들과 달리 이 안식일은 도덕적인 성격을 띱니다.

본질이 서로 다르더라도 이름은 같을 수 있습니다. 탁월하고도 감동적인 서신을 기록한 유다는 가룟 유다와 이름이 같습니다. 안식일이라고 해서 다 같은 안식일이 아닙니다. 안식일들에도 본질적인 차이가 있습니다. 도덕적 성격을 띤 안식일뿐만 아니라 제의적 성격을 띤 안식일들도 있습니다. 이들은 안식이라는 공통된 주제 때문에 도덕적 성격의 안식일과 같은 이름으로 불립니다.

같은 이름으로 불린다고 해서 모두 똑같은 방식과 내용이 적용되리라고 생각하는 것은 잘못입니다. 언제나 당장 논의되는 주제에 초점을 맞추어야 합니다. 지각 있는 사람이라면 누구나 이것이 무슨 말인지를 알 것입니다. 그러나 아직 이를 경험하지 못한 사람들의 이해를 돕고자 이 본문에 나온 말로 예를 들어 보겠습니다.

본문에서는 '먹는 것'과 '마시는 것'이 안식일이라는 말과 동일하게 특정한 의미로 제한되지 않은 채 사용됩니다. 그러나 여기서 말하는 '먹는 것'과 '마시는 것'이 곧 모든 음식과 음료를 포함하는 것이 아니라는 사실은 누구나 분명히 알 수 있습니다. 이 말은 채소, 빵 등이 아니라 의식법이 금하는 음식들을 가리킵니다. 사도는 지금 그들이 이런 음식들을 자유롭게 먹을 수 있다고 말합니다. 다시금 말하지만, 중요한 것은 이 말씀입니다.

"하나님을 사랑하는 것은 이것이니 우리가 그의 계명들을 지키는 것이라"(요일 5:3).

여기서 계명을 지키라는 명령을 신약 시대에 의식법을 지키라는 말로 이해해서는 안 됩니다. 여기서 지키라고 명령하는 계명은 지금도 효력 있게 역사하는 계명들을 말합니다. 이처럼 성경에는 의미를 제한하는 특별한 언급이 없다 할지라도 문맥에 따라 제한적으로 해석해야 할 본문들이 많습니다. 동일한 이름으로 불린다고 해서 모두가 똑같은 것인 양 무분별하게 적용해서는 안 됩니다. 이 원리를 '안식일들'이라는 말에 적용하면, 이 말이 무엇을 가리키는지를 확인할 수 있습니다. 구약성경에는 많은 안식일들이 나옵니다. 이들은 본질이 서로 다른데도 '안식일'이라는 같은 이름으로 불립니다. 앞의 원리에서 말한 대로, 본질이 다른데도 동일하게 안식일로 불리기 때문에 이것들을 동일하게 여겨서는 안 됩니다. 사도가 구별 없이 '안식일들'이라고 했다는 이유로, 제4계명이 말하는 일곱째 날의 안식일 역시 폐기되었다고 결론 내려서는 안 됩니다. 오히려 여기서 사도가 말하는 바는 먹는 것과 마시는 것과 본질이 동일한 안식일들, 다시 말해 17절이 말하는 의식적이고도 모형적인 안식일이라고 보아야 합니다. 그러므로 사도가 여기서 먹는 것과 마시는 것과 예표로서의 안식일들에 관해 말하는 것을 근거로 하여 칠 일째 되는 안식일까지 그리스도를 가리키는 예표라고 묶어서 생각해서는 안 됩니다.

지금 사도는 모형적인 것과 그렇지 않은 것을 가리는 것이 아니라, 예표적인 성격을 가졌으므로 폐기되어야 할 것이 무엇인지를 말하고 있습니다. 사도가 언급하는 '안식일들'은 그렇게 폐기되어야 하는 것들 중 하나입니다. 그러나 사도는 '모든 안식일들' 또는 '이러저러한 안식일'이라고 구체적으로 말하지 않습니다. 왜냐하면 지금 사도가 가리키는 안식일들에 대해 사도 자신이나 수신자들 모두가 그만큼 분명히 알고 있었기 때문입니다. 다시 말해, 지금 사도가 가리키는 안식일들의 범주에 어떤 안식일이 포함되지 않는지도 분명했습니다. 이 편지가 오고 가던 당시에도 교회는 제4계명이 말하는 일곱째 날로서의 안식일을 지키고 있었기 때문입니다. 이런 사실에 대해서는 의문의 여지가 없습니다. 따라서 이 안식일을 폐기하려는 사람들은, 먼저 그 안식일이 예표라는 사실을 밝혀야 합니다. 그리하면 이 본문 역시 이 안식일을 폐기해야 하는 근거로 인용할 수 있을 것입니다.

본문은 '안식일들(the sabbath days, KJV)'이라고 하지, '안식일'이라고 하지 않습니다. 일반적으로 제4계명이 말하는 안식일은 성경에서 '안식일'이라고 단수형으로 쓰입니다. 간혹 칠 일째 안식일을 가리키는 말로서 '안식일들'이라는 표현이 등장하는 것은, 이날이 칠 일마다 반복되기 때문입니다. 그리고 지금 바울이 그리스도인들과 유대인들을 대비시켜 유대교를 비판하기 위해 교회에 속하지 않은 유대인들에게 말하는 것이 아니라, 교회에 속하여 매주 주의 날을 안식일로 지키는 그리스도인들에게 말하고 있다는 사실에 주목해야 합니다.

반론 5

안식일은 신약 시대를 가리키는 모형이다.

"그러므로 우리는 두려워할지니 그의 안식에 들어갈 약속이 남아 있을지라도 너희 중에는 혹 이르지 못할 자가 있을까 함이라. 그들과 같이 우리도 복음 전함을 받은 자이나 들은 바 그 말씀이 그들에게 유익하지 못한 것은 듣는 자가 믿음과 결부시키지 아니함이라. 이미 믿는 우리들은 저 안식에 들어가는도다. 그가 말씀하신 바와 같으니 내가 노하여 맹세한 바와 같이 그들이 내 안식에 들어오지 못하리라 하셨다 하였으나 세상을 창조할 때부터 그 일이 이루어졌느니라. 제칠 일에 관하여는 어딘가에 이렇게 일렀으되 하나님은 제칠 일에 그의 모든 일을 쉬셨다 하였으며 또다시 거기에 그들이 내 안식에 들어오지 못하리라 하였으니, 그러면 거기에 들어갈 자들이 남아 있거니와 복음 전함을 먼저 받은 자들은 순종하지 아니함으로 말미암아 들어가지 못하였으므로 오랜 후에 다윗의 글에 다시 어느 날을 정하여 오늘이라고 미리 이같이 일렀으되 오늘 너희가 그의 음성을 듣거든 너희 마음을 완고하게 하지 말라 하였나니 만일 여호수아가 그들에게 안식을 주었더라면 그 후에 다른 날을 말씀하지 아니하셨으리라. 그런즉 안식할 때가 하나님의 백성에게 남아 있도다. 이미 그의 안식에 들어간 자는 하나님이 자기의 일을 쉬심과 같이 그도 자기의 일을 쉬느니라. 그러므로 우리가 저 안식에 들어가기를 힘쓸지니 이는 누구든지 저 순종하지 아니하는 본에 빠지지 않게 하려 함이라"(히 4:1-11).

이 주장은 다음과 같은 사실을 분명히 강조한다.

- 남아 있는 안식이란, 의식법으로부터의 자유를 뜻한다고 이해할 수 있다. 따라서 이는 신약 시대를 가리킨다.
- 신약 시대를 뜻하는 이 안식은 제칠 일에 하나님이 안식하신 것과 가나안에서 안식하는 것으로 묘사된다.
- 우리는 지금 신약 시대에 살고 있으므로 일곱째 날인 안식일(더는 존재하지 않는 예표이다)은 완전히 폐기되었다.

답변

(1) 이 본문은 제4계명에 도덕적 측면이 있으며 예배하는 날이 지속되어야 한다고 주장하는 사람들이 근거로 내세울 수 있는 본문이 아닙니다. 본문은 남아 있는 또 다른 안식 외에 일곱째 날과 모든 안식을 절대적으로 부인하기 때문입니다.

(2) 우리는 결코 '남아 있는 안식'이라는 말이 모든 의식들이 폐기된 신약 시대를 가리킨다고 이해하지 않습니다. 반론이 주장하는 내용뿐만 아니라 본문 어디에서도 그런 주장의 근거를 찾아볼 수 없습니다. 오히려 이것이 천국을 가리킨다고 보는 편이 타당합니다.

① 여기서 사도의 말을 듣는 모든 사람들(불신자들을 포함하여)은 더 이상 구약의 의식법과 상관이 없습니다. 그리스도께서 이미 모든 예표들을 폐기하셨습니다. 그렇다면 모든 사람이 이 안식을 누려야 할 것입니다. 그런데 사도는 참신자들과 모든 하나님의 백성들 외에는 어느 누구도 남아 있는 안식에 들어가지 못하리라고 말합니다.

⑵ 사도는 경건한 자들(이미 의식들에서 자유로워진 자들)에게 하나님의 백성을 위해 예비된, 아직 남아 있는 안식에 들어가기를 힘쓰라고 촉구합니다.

⑶ 여기서 사도는 구약 시대를 살았던 자들이라도 믿기만 하면 참여할 수 있었으나, 많은 자들이 불신앙 때문에 잃어버리고 만 안식에 관해 이야기합니다(히 4:2 참고). 그러므로 이 안식은 의식에서 벗어나는 것이 아니라, 의식에 참여하여 얻을 수 있었는데도 불신앙 때문에 얻을 수 없었던 것, 곧 천국에 이르지 못하는 것을 말합니다.

⑷ 동시에 우리는 가나안에서의 안식과 일곱째 날의 안식이 신약 시대를 예표한다는 주장을 거부합니다.

① 하나님의 말씀은 어디에서도 그렇게 말하지 않습니다.

② 하나님께서 제칠 일에 쉬신 것을 신약 시대에 대한 예표이자 구약의 의식들을 폐기할 것이라는 예표로 여기는 것(이 본문을 안식일을 준수하지 않는 근거로 삼으려는 자들이 내세울 수밖에 없는 주장)은 성경 어디에서도 증거를 찾아볼 수 없는, 지나치게 뻔뻔한 주장입니다. 안식일은 아담이 타락하기 전부터 있었으므로, 그리스도 및 신약 시대를 가리키는 예표와 관련된다고 말할 수 없습니다. 따라서 안식일로서의 일곱째 날은 신약 시대의 날들에 대한 묘사가 아닌 것이 분명합니다.

⑸ 여기서 사도는, 가나안은 물론 안식일도 참된 안식이 아니므로 신자들은 이런 것들과는 차원이 다른 안식(아직 그들이 누리지 못하는 안식)을 바라보아야 한다고 말합니다. 믿는 영혼이 이 세상을 떠나자마자 거할 천국에서 누리는 영원한 안식 말입니다.

"또 내가 들으니 하늘에서 음성이 나서 이르되 기록하라 지금 이후로 주 안에서 죽는 자들은 복이 있도다 하시매 성령이 이르시되 그러하다 그들이 수고를 그치고 쉬리니 이는 그들의 행한 일이 따름이라 하시더라"(계 14:13).

이 복된 안식은 복음이 구약 시대의 교회에는 물론이요 오늘날 신약 시대에도 증언하는 바입니다(히 4:2 등 참고).

반론 6

안식일은 엿새 후 칠 일째 되는 날에 지켜야 한다. 제4계명이 도덕법에 속했다면 (그래서 여전히 우리에게 유효하다면), 창조 후 일곱째 날을 기념해야 한다. 그런데 사람들은 안식일을 일곱째 날이 아니라 한 주의 첫째 날에 지킨다.

답변

이 난제를 해결하려면 다음과 같은 내용들에 주목해야 합니다.

(1) 하나의 계명이 다양한 사실들을 담고 있을 수 있습니다. 그렇다 하더라도 계명들은 한 가지 중심 내용을 명령하며, 계명에 내포된 다른 사실들은 그 중심 내용에 종속됩니다. 일례로, 정부가 어떤 개인에게 지정된 날짜까지 특정한 세금을 내라고 명령했다고 생각해 보십시오. 명령은 하나지만, 여기에는 기한과 금액과 수납자라는 세 가지 사항이 담겨 있습니다. 이 세 가지 사항이 모두 집행되어야 하지만, 세금이 중심이라는 사실을 누구나 압니다. 안식일 계명도 마찬가지입니다. 제4계명은 안식일의 날짜와 내용 모두를 말합니다. 다시 말해, 안식일은 일곱째 날이며 거룩하다는 것입니다. 그러나 이 계명에서 중심되는 내용은 거룩한 안식입니다. "안식일(일곱째 날이 아닙니다)을 기억하여 거룩하게 지키라"라는 명령이 먼저 나오고, "일곱째 날은……안식일인즉"이라는 명령이 뒤따릅니다. 물론 이 둘은 분리될 수 없습니다. 그러나 중심 내용은 거룩한 안식입니다.

(2) 하나님께서 창조를 마치고 안식하신 칠 일째 되는 날 자체에 어떤 신비적인 요소가 숨어 있는 것은 아닙니다. 하나님께서 동산에서 인류에게 칠 일째 되는 날을 거룩하게 지키도록 명령하셨지만, 이 땅에 흩어져 사는 모든 사람들이 한날한시에 안식일을 시작하기란 불가능했을 것입니다. 안식일의 시작은 최대 열두 시간 차이가 날 수밖에 없습니다. 따라서 지구의 한 지역이 안식일을 시작하더라도 다른 지역에서는 안식일이 되기까지 여전히 열두 시간을 더 일해야 합니다. 안식일이 끝나서 일을 시작한 지역이 있는가 하면, 동시에 여전히 안식일을 보내고 있는 지역이 있을 수밖에 없습니다. 우리는 모두 여호수아 때에 어느 한 주간이 여느 때보다 열두 시간이나 스물네 시간 정도 더 길었다는 사실을 잘 압니다. 이 주간의 하

루는 다른 주간의 하루보다 길었습니다. 이렇게 안식일을 다른 지역보다 몇 시간 빨리 시작하거나 늦게 끝내는 것은 흩어진 유대인들이 예루살렘의 동쪽에 사는지 서쪽에 사는지에 따라 드러나는 차이일 뿐, 그들에게 아무런 문제가 되지 않았습니다. 열두 시간 차이가 난다고 할지라도 안식일을 기억하여 거룩하게 지키는 중심 문제가 존중되고 여전히 효력을 발휘하는 한, 문제 될 것이 전혀 없었습니다. 시간 자체에 신비한 요소나 효력이 있는 것이 아니라는 말입니다.

(3) 계명을 둘러싼 정황을 계명과 구별해야 합니다. 정황은 변하지만, 내용은 변하지 않습니다.

① 예를 들어, 제2계명은 예배하는 방식을 명령합니다. 구약성경에서 하나님은 사람들이 예표의 역할을 하는 외적인 요소들을 통해 예배하도록 하셨습니다. 그런데 신약성경에서는 이 계명이 여전히 효력을 발휘하는데도 이런 방법 자체를 폐기하시고 눈에 보이지 않는 방식으로, 즉 제의적인 형식이 없는 예배로 구약의 예배를 대체하게 하셨습니다. 이런 변화는 시간이 얼마 더 연장되는 것보다 더 의미심장한 것입니다. 제2계명이 이런 것들을 직접적으로 표현하지는 않지만, 의식법들이 제2계명에 기초하고 있음은 누구나 아는 사실입니다.

② 한 가지 예를 더 들겠습니다. 가나안 땅에서 오래 살리라 약속하는 제5계명은 가나안에 살았던 유대인들에게만 적용되었습니다. 그런데 신약성경에서 하나님은 가나안 땅으로만 제한되었던 것을 모든 사람의 거주지로 대체하여(엡 6:3 참고), 여전히 제5계명이 온전히 효력 있는 계명으로 남아 있도록 하셨습니다. 따라서 제4계명 역시 계명이 명령하는 내용과 그 계명을 둘러싼 정황을 구별해야 합니다. 그러므로 몇 시간 또는 하루가 더 연장된다 하더라도 이 계명의 내용 자체는 보존될 수 있습니다.

(4) 이 계명을 엄격히 준수하기 위해, 사사로운 편견에 따라 무언가를 가감하거나 다른 의미를 부여해서는 안 됩니다. 제4계명을 살펴보면, 계명을 준행하도록 하는 명령과 적용과 논증이 있다는 것을 알게 됩니다. 이 계명은 다음과 같이 명령합니다.

"안식일을 기억하여 거룩하게 지키라. 엿새 동안은 힘써 네 모든 일을 행할 것이나, 일곱째 날은 네 하나님 여호와의 안식일인즉 너나 네 아들이나 네 딸이나 네 남종이나 네 여종이나 네 가축이나 네 문안에 머무는 객이라도 아무 일도 하지 말라"(출 20:8-10).

제4계명은 창조 후 일곱째 날에 관해 단 한 마디도 언급하지 않습니다. 매주 힘써 일하는 엿새가 지난 후에 돌아오는 일곱째 날에 관해서만 언급할 뿐입니다. 그렇다면 일곱째 날이라는 것이 창조 당시의 일곱째 날인지 매주 돌아오는 일곱째 날인지를 어떻게 알 수 있습니까? 둘 중 어느 것이든 상관없지 않습니까? 그렇다면 개인이 임의로 정하여 따를 수 있다는 말입니까? 그렇지 않습니다. 아담 이래로 하나님은 일곱째 날(창조 순서에 따른)을 안식일로 지키기를 바라신다는 것을 사람들에게 나타내셨습니다. 이는 안식일 계명에 덧붙여진 이유에서 분명히 드러납니다. 그러므로 하나님께서 이 계명을 계속해서 효력 있는 계명으로 남기셨다면, 일곱째 날을 구별하여 거룩하게 하는 일에 수반되는 무언가를 바꾸더라도, 즉 안식일이 원래 주신 날보다 몇 시간 앞당겨져 더는 창조의 시간적 순서에 따른 일곱째 날이 아니게 되더라도 이 계명을 주신 핵심 의도는 전혀 변하지 않습니다. 이날과 관련된 정황만이 약간 변했을 뿐입니다. 실제로 하나님께서 기존의 안식일 다음 날을 안식일로 정하셨기에, 안식일은 더 이상 창조의 시간적 순서에 따른 일곱째 날이 아니게 되었습니다. 그러나 여전히 안식일은 엿새 동안의 평일이 지난 일곱째 날로 남아 있습니다.

이 변화는 인간이 임의로 만든 것이 아니라, 그리스도와 사도들에 의해 일어난 것입니다.

① 이 사실은 제자들이 함께 모여 있던 한 주의 첫날에 그리스도께서 제자들에게 나타나셨고 그 후로도 계속해서 나타나셨다는 것에서 분명히 알 수 있습니다. 한 주의 첫날을 안식일로 제정하는 기록이 성경에 명시되어 있지는 않지만, 그리스도께서 부활하신 이래로 믿는 유대인들이 한 주의 첫날을 안식일로 지켰다는 사실에서 이런 정황이 확연히 드러납니다.

② 사도들이 정한 규례를 보십시오. 사도들은 그리스도께서 부활하고 승천하시

기까지 사십 일 동안 그리스도께 배워 이전에는 알지 못하던 것들을 깨닫게 된, 성령의 감동하심을 입은 자들입니다.

또한 사도행전 20장 7절에서처럼, 사도 시대에 교회가 어떻게 안식일을 규정하고 지켜 갔는지를 보십시오.

"그 주간의 첫날에 우리가 떡을 떼려 하여 모였더니 바울이 이튿날 떠나고자 하여 그들에게 강론할새 말을 밤중까지 계속하매."

왜 여기서 굳이 한 주의 첫날을 언급하겠습니까? 왜 하필 이날 교회가 모여 주의 살과 피를 기념했을까요? 바울이 그날 설교한 것을 기록한 이유가 무엇일까요? 그가 다음 날 떠날 것을 덧붙인 이유가 무엇일까요? 이 모든 사실들을 통해 교회가 한 주의 첫날을 안식일로 지켰음을 확인할 수 있습니다.

한 걸음 더 나아가, 고린도전서 16장 1,2절을 보십시오.

"성도를 위하는 연보에 관하여는 내가 갈라디아교회들에게 명한 것같이 너희도 그렇게 하라. 매 주 첫날에 너희 각 사람이 수입에 따라 모아 두어서 내가 갈 때에 연보를 하지 않게 하라."

왜 하필 한 주의 첫날입니까? 왜 그날 연보를 모았겠습니까? 이런 사실이 초대 교회가 한 주의 첫날을 안식일로 지켰다는 것과 안식일에 무슨 일을 해야 하는지를 명시해 주지 않습니까? 말씀으로든 성령을 통해서든 그리스도께서 제자들에게 이날을 안식일로 지키라고 명하시지 않았다면, 사도들과 초대 교회가 이날을 이렇게 지킨 것을 어떻게 설명할 수 있겠습니까? 단일 사람이 임의로 안식일을 정했다면, 사도는 교회를 향해 이렇게까지 안식일을 지키라고 말하지 않았을 것입니다.

덧붙여 요한계시록 1장 10절을 보십시오.

"주의 날에 내가 성령에 감동되어 내 뒤에서 나는 나팔 소리와 같은 큰 음성을 들으니."

이 본문도 주의 날이라고 콕 집어 말합니다. 왜 이날을 '주의 날'이라 칭할까요? 주님께서 이날을 제정하셨기 때문입니다. 하나님이 제정하신 안식일을 '여호와의 안식일'이라 부르고, 주께서 제정하신 성찬을 '주의 식탁'이라 부르는 것과 마찬가지입니다. 이날 그리스도께서 죽음에서 살아나셨기 때문에 주의 날이라 부른다고 주장하는 사람들도 있습니다. 물론 한 주의 첫날에 그리스도께서 살아나신 것은 사실입니다. 그러나 본문은 과연 사도가 그 사실 때문에 주의 날이라고 언급했는 지에 관해서는 증언하지 않습니다. 하나님 말씀의 다른 부분들에 비추어 볼 때, 사도는 주의 날을 안식일 규례로서 언급하는 것이 분명합니다.

③ 그리스도께서 부활하신 후 지금까지 계속해서 주의 날을 안식일로 지켜 오고 있습니다(이에 관해서는 앞에서 언급했습니다). 이 모든 사실들을 볼 때, 안식일이 한 주의 마지막 날에서 첫째 날로 바뀐 것은, 사람이 임의로 한 것이 아니라 분명히 하나님께서 정하신 바입니다. 그래서 지금도 여전히 그렇게 지켜 오고 있습니다. 하나님의 교회들 중 어느 교회도 이런 주일을 바꾸려고 시도한 적이 없습니다.

회피주장 신약에서 어떤 변화가 생겼다면 분명한 계명을 통해 전해져야 하지 않겠는가?

| 답변 |

우리는 하나님께 이래라저래라 명령하는 입장이 아닙니다. 우리가 이 계명을 준수하기를 원하지 않고 눈이 어두워져 이 계명의 의미를 이해하지 못한다고 하여, 그러한 우리의 수준에 맞추어 하나님께서 이 계명을 다시 주셔야 한단 말입니까? 이미 주신 계명으로 충분합니다. 또 그래야 합니다. 안식일을 부활 후 첫날로 지키는 것은 새로운 계명이 아닙니다. 주변적인 것만 약간 달라졌을 뿐입니다. 따라서 안식일을 준수하지 않고 살아가고 있다면, 당신은 제4계명을 거스르고 있는 것입니다. 그리스도와 사도들이 준수하고 교회가 구별해 온 안식일(지난 1,700년간 교회가 거룩하게 구별해 옴으로써 확인된)이 이미 있는데, 굳이 또 다른 날을 바랄 필요가 있겠습니까?

▶ 질문
그렇다면 굳이 이날로 바꾼 이유가 무엇인가?

대답: 주권적인 율법 수여자께서 명하신 것에 대해 이유를 묻는 것 자체가 어리석은 일입니다. 그분의 계명만으로 여러분에게 충분하지 않다면, 여러분은 어떤 이유로도 만족하지 못할 것입니다. 신약성경 전반을 통해 예배 방식 전체가 크게 변화했음을 알 수 있습니다. 세상의 구속자가 한 주의 첫날에 다시 살아나셨습니다. 한 주의 첫날을 거룩하게 구별함으로써, 교회는 유대인, 무슬림, 이교도와 구별됩니다. 이런 구별을 통해 유대인의 전체 종교가 정죄를 받고, 이교도가 자신들의 불경건과 불신앙을 정죄 받습니다. 이런 사실만 보더라도, 한 주의 첫날로 바뀐 이유가 충분합니다.

반론 7

안식일은 영적 예배를 예표하는 의식이다. 하나님을 영적으로 예배하는 신약 시대에 의식법인 제4계명을 들어 안식일을 지켜야 한다고 하는 것 자체가 말이 되지 않는다. 제4계명은 그저 우리가 영적으로 안식해야 하며 공적으로 하나님을 영화롭게 해야 한다는 의무를 말해 주는 것이 아닌가?

답변

이 반론은 모든 면에서 오류와 모순투성이입니다.

(1) 제4계명이 명하기 때문에 안식일을 지켜야 한다고 주장하면서도 자신이 이 계명을 어떤 방식으로 이해하는지에 대해 침묵으로 일관하는 사람은 정직하지 못하며 사람들을 이중적으로 기만하는 자입니다. 겉으로는 정통적으로 보이지만, 실상은 그 반대이기 때문입니다.

(2) 이 반론은 제4계명이 의식법이라는 잘못된 전제에 기초합니다. 제4계명은 전적으로 도덕법이며, 지금까지 우리가 포괄적으로 살펴본 대로 의식적이거나 예표적인 것은 말 그대로 전혀 없습니다. 진리에 반하는 전제를 근거로 하는 주장들 역시 모두 진리에 반합니다.

(3) 구약의 의식들이 신약의 영적 예배를 위한 본보기라는 말 또한 옳지 않습니다. 우리는 의식법으로부터 완전히 자유로우므로 어떤 식으로든, 또는 어떤 부분

에서든 의식법과 관련하여 아무런 의무도 지지 않습니다. 구약의 의식들은 메시아이신 주 예수 그리스도를 예표하는 것이었으며, 그분 안에서 이미 다 성취되고 폐지되었습니다. 물론 구약의 의식들로부터 여전히 하나님과 그리스도와 언약에 참여한 자들의 의무에 관하여 많은 것들을 배우고, 우리 삶에 적용할 많은 교훈들을 얻습니다.

"무엇이든지 전에 기록된 바는 우리의 교훈을 위하여 기록된 것이니 우리로 하여금 인내로 또는 성경의 위로로 소망을 가지게 함이니라"(롬 15:4).

그렇다 할지라도 이런 의식들을 준수해야 할 의무는 없습니다. 의식법이 아닌 도덕법이 우리 삶의 완전한 규칙입니다. 도덕법만이 우리가 행해야 할 신령하고도 영적인 모든 의무를 부여합니다. 이렇게 신령한 도덕법을 따라 사는 우리는 의식법을 따라 살 필요가 없습니다

(4) 제4계명이 의식법이라고 전제하면서 안식일을 지켜야 한다고 주장하는 것은 신약 시대를 사는 우리에게 다시금 의식을 준수하는 의무를 부여하는 것입니다. 그럴 경우, 사람들이 적용을 통해 어떤 결론을 내리든 각각의 의식들은 이러저러한 영적 의무를 부과할 것입니다. 의무는 선할 수 있습니다. 그러나 우리는 의식법이 아니라 도덕법이 그 의무를 명하기 때문에 행합니다. 그렇지 않으면, 우리는 먹지도, 만지지도 말라는 율법의 초보로 되돌아가는 셈입니다.

50

제5계명

전체 율법은 사랑으로 요약됩니다. 이 사랑이 향하는 두 대상은 하나님과 이웃입니다. 그러하기에 율법이 두 개의 돌판에 즈어졌습니다. 앞의 네 장에 걸쳐 우리는 첫 번째 돌판의 내용을 살펴보았습니다. 이제 두 번째 돌판의 내용을 살펴보겠습니다. 두 번째 돌판의 첫 계명인 제5계명은 권위를 가진 자들과 그 권위 아래 있는 자들의 관계를 다룹니다. 여기서 우리는 이 계명 자체와 이 계명을 위해 주어진 동기에 주목해야 합니다. 제5계명은 무엇보다 이 계명을 준행하는 행위의 대상이 되는 부모에 대한 의무를 다룹니다.

'부모'라는 말의 범주

부모라는 말이 가리키는 대상은 가정, 교회, 국가와 같이 영역에 따라 다양하게 정의할 수 있습니다.

부모라는 말은 가정에서 다양한 항렬의 친족 관계를 나타냅니다.

① 자녀를 낳은 친부모를 생각할 수 있습니다. 부모란 아버지와 어머니를 함께

일컫는 말입니다. 부모가 부자이든 가난하든, 잘 배웠든 못 배웠든, 선하든 악하든, 젊든 나이 들었든 상관없습니다.

"너를 낳은 아비에게 청종하고 네 늙은 어미를 경히 여기지 말지니라"(잠 23:22).

때때로 어머니가 아버지보다 먼저 언급되기도 하는데, 이는 어머니가 멸시받지 않도록 하기 위함입니다(일반적으로 어머니가 아버지보다 덜 존중받곤 합니다).

"너희 각 사람은 부모를 경외하고 나의 안식일을 지키라 나는 너희의 하나님 여호와이니라"(레 19:3).

'부모'라는 말은 아버지와 어머니 모두를 가리킵니다.

"자녀들아 주 안에서 너희 부모에게 순종하라. 이것이 옳으니라"(엡 6:1).

② 조부모를 포함한 가정의 어른들을 생각할 수 있습니다(민 2:34 참고).

③ 자녀들을 양육하고 돌보는 양부모를 생각할 수 있습니다. 이런 의미에서 요셉을 주 예수님의 아버지라고 합니다(눅 2:48,51 참고).

④ 시아버지나 장인, 시어머니나 장모를 생각할 수 있습니다. 모세에게 이드로가(출 18:17,24,27 참고), 룻에게 나오미가(룻 3:1 참고) 그러했습니다.

⑤ 남편이 아내에게 그런 존재입니다. 남편은 아내의 머리이기 때문입니다(창 18:12; 시 45:11 참고).

⑥ 부모의 형제들을 생각할 수 있습니다. 특히 세상을 떠난 부모의 자리를 대신하는 부모의 형제들의 경우에는 더더욱 그러합니다. 여기에는 에스더의 사촌인 모르드개(에 2:7 참고) 같은 후견인과 양부모도 포함됩니다.

⑦ 종들에게는 주인이 그런 존재입니다.

교회와 관련해 부모라는 말은 다음과 같은 사람들을 나타냅니다.

① 목사들이 있습니다. 엘리사는 엘리야를 아버지라 불렀습니다(왕하 2:12 참고). 이스라엘 왕은 엘리야를 "내 아버지"라 불렀습니다(왕하 6:21 참고). 바울은 스스로를 일컬어 고린도교인들의 아버지라고 합니다(고전 4:15 참고).

② 장로들은 교회를 지도하고 보호하며 돌보는 자들이므로 마땅히 배나 존경을 받아야 합니다(딤전 5:17 참고).

③ 집사들은 가난한 자들의 아버지로서, 그들을 돕는 데 필요한 것들을 모으고 각자의 필요에 따라 나누어 줍니다.

세속 정부나 사회와 관련해서는 다음과 같은 사람들을 가리킵니다.

① 통치자들이 있습니다. 고위 관료들뿐만 아니라 낮은 직급에 있는 사람도 여기에 해당합니다. '아버지'라는 말을 이들의 이름과 함께 사용하는 것도 이 때문입니다. 아비멜렉을 "내 아비 내 왕"이라고 부른 것처럼 말입니다. 그래서 다윗은 사울을 일컬어 "내 아버지여"(삼상 24:11)라고 했습니다. 드보라는 자기 자신을 가리켜 "이스라엘의 어머니"(삿 5:7)라고 했습니다.

② 아직 어리고 낮은 위치에 있는 사람들이게는 연장자와 탁월한 사람들이 그들의 아비입니다.

"너는 센 머리 앞에서 일어서고 노인의 얼굴을 공경하며 네 하나님을 경외하라. 나는 여호와니라"(레 19:32).

"늙은이를 꾸짖지 말고 권하되 아버지에게 하듯 하며 젊은이에게는 형제에게 하듯 하고 늙은 여자에게는 어머니에게 하듯 하며 젊은 여자에게는 온전히 깨끗함으로 자매에게 하듯 하라"(딤전 5:1,2).

③ 학교의 선생, 숙련된 장인들이나 여인들과 같이, 어떤 관계에서 상급자 위치에 있으며 탁월한 사람들이 여기에 해당합니다. 상급자이든 하급자이든, 연장자이든 연소자이든 누구나 어떤 식으로든 이런 관계를 맺고 있습니다. 지금 그런 관계일 수도 있고, 이전에 그런 관계였을 수도 있습니다. 이 계명과 관련하여 자신이 어떻게 행했는지를 곰곰이 생각해 보십시오. 그리고 지금 자신에게 무엇이 더 필요한지를 생각해 보십시오. 하급자나 연소자는 상급자나 연장자에게 존경과 순종의 태도를 갖춰야 합니다.

이제 이 계명이 각각의 경우들에 어떠한 덕을 명하고 어떠한 악을 금하는지를 살펴보고 서로 대비해 보겠습니다.

권위를 가진 자들에게 요구되는 덕

상급자나 연장자와 같이 권위를 가진 자들은 하급자나 연소자를 향해 다음과 같은 덕을 갖추어야 합니다.

첫째, 하나님께서 두신 각각의 자리를 지키고 거기에 걸맞은 품위와 존경을 유지하도록 가꾸어야 합니다.

"그때에는 내가 나가서 성문에 이르기도 하며 내 자리를 거리에 마련하기도 하였느니라. 나를 보고 젊은이들은 숨으며 노인들은 일어나서 서며"(욥 29:7,8).

둘째, 다스리는 모든 행위에 언제나 자애로움이 배어나 자기 권세 아래 있는 사람들이 모든 일 가운데 그것을 느끼게끔 해야 합니다.

셋째, 권세나 권위를 가진 다른 사람들에게 "내가 그리스도를 본받는 자가 된 것 같이 너희는 나를 본받는 자가 되라"(고전 11:1)라고 할 수 있을 만큼 좋은 모범이 되고, 이를 통해 권위 아래 있는 사람들이 상급자나 권위를 가진 사람들에게 어떻게 행동해야 할지를 배울 수 있어야 합니다.

넷째, 권위를 가진 자들은 자신의 권위가 그 권위 아래 있는 자들을 위해 존재하는 것임을 깨닫고, 그들의 몸과 영혼의 안녕에 관심을 기울여야 합니다. 왕은 신하들과 백성들을 위해 있고, 목사는 회중을 위해 있으며, 선생은 학생들을 위해 있고, 장인은 자기 밑에서 배우는 도제들을 위해 있습니다. 권위 아래 있는 자들 또한 권위를 가진 자들을 위해 있습니다. 그러므로 마땅히 권위를 가진 자들을 존중하고 받들어야 합니다. 그것이 권위 아래 있는 자신들에게 유익합니다.

"누구든지 자기 친족 특히 자기 가족을 돌보지 아니하면 믿음을 배반한 자요 불신자보다 더 악한 자니라"(딤전 5:8).

"어린아이가 부모를 위하여 재물을 저축하는 것이 아니요 부모가 어린아이를 위하여 하느니라"(고후 12:14).

다섯째, 권위 아래 있는 자들은 필요하면 마땅히 가르침과 권면과 지도를 받아야 합니다. 뿐만 아니라 잘못된 것을 바로잡고 스스로를 지키기 위해 벌도 달게 받아야 합니다.

"또 아비들아 너희 자녀를 노엽게 하지 말고 오직 주의 교훈과 훈계로 양육하라"(엡 6:4).

"매를 아끼는 자는 그의 자식을 미워함이라. 자식을 사랑하는 자는 근실히 징계하느니라"(잠 13:24).

여섯째, 권위를 가진 자들은 권위 아래 있는 자들의 연약함을 너그럽게 보아 넘기고 인내로 기다려 주어, 그 연약함 때문에 그들이 낙담하지 않도록 해야 합니다.

"만군의 여호와가 이르노라. 나는 내가 정한 날에 그들을 나의 특별한 소유로 삼을 것이요 또 사람이 자기를 섬기는 아들을 아낌같이 내가 그들을 아끼리니"(말 3:17).

권위 아래 있는 자가 갖추어야 할 덕

권위 아래 있는 자들은 권위를 가진 자들에게 다음과 같은 덕을 보여야 합니다.

첫째, 권위를 가진 자들을 존경해야 합니다. 그들을 존경한다는 것은 다음과 같이 행하는 것을 말합니다.

① 그들이 하나님께서 자기를 위해 두신 자들임을 믿고 합당한 존경을 나타내야 합니다.

"그들의 역사로 말미암아 사랑 안에서 가장 귀히 여기며 너희끼리 화목하라"(살전 5:13).

② 하나님께 복종하듯이 그들에게 복종해야 합니다.

"각 사람은 위에 있는 권세들에게 복종하라. 권세는 하나님으로부터 나지 않음이 없나니 모든 권세는 다 하나님께서 정하신 바라"(롬 13:1).

③ 말과 행위로 존경을 표해야 합니다. 머리를 숙이든, 모자를 벗든, 각 지역의 풍습에 걸맞게 해야 합니다.

둘째, 동료로서는 물론, 서로의 관계에 걸맞은 사랑을 나타내야 합니다. 설령 그 사람이 사랑할 만하지 않고 존경받을 행동을 하지 않는다 하더라도 하나님께서 우리 위에 두셨다는 이유 하나만으로 그렇게 해야 합니다. 이는 하나님을 기쁘시게 하는 일이요 우리 자신에게도 크게 유익한 일입니다.

셋째, 상급자나 권세자와의 관계에서 요구되는 모든 일을 신실하게 행하여 관계를 계속 유지해 가야 합니다.

① 우리는 권세 아래 있는 자로서 그들의 소유를 가능한 한 보존하고, 우리의 부주의로 그들의 소유가 부당하게 허비되지 않도록 애써야 합니다.

② 우리가 속한 관계에서 요구되는 모든 섬김을 제공해야 합니다.

"훔치지 말고 오히려 모든 참된 신실성을 나타내게 하라. 이는 범사에 우리 구주 하나님의 교훈을 빛나게 하려 함이라"(딛 2:10).

③ 우리가 속한 관계에서 요구되거나 우리가 할 수 있는 한, 상급자나 권세자를 격려하고 응원해야 합니다.

"만일 어떤 과부에게 자녀나 손자들이 있거든 그들로 먼저 자기 집에서 효를 행하여 부모에게 보답하기를 배우게 하라. 이것이 하나님 앞에 받으실 만한 것이니라"(딤전 5:4).

다윗이 그러했고(삼상 22:3 참고), 주 예수님도 그렇게 하셨습니다(요 19:26 참고).

④ 우리의 상급자나 권세자의 영예를 증진하고, 그것이 멸시당하는 것을 방관해서는 안 됩니다.

넷째, 권세자들에게 순복해야 합니다. 명령을 준행하고 부지런히 그것들을 행해야 합니다.

"내 아들아 네 아비의 훈계를 들으며 네 어미의 법을 떠나지 말라"(잠 1:8).

"종들아 모든 일에 육신의 상전들에게 순종하되 사람을 기쁘게 하는 자와 같이 눈가림만 하지 말고 오직 주를 두려워하여 성실한 마음으로 하라"(골 3:22).

이는 세속 정부가 온건하고 선할 때(정부는 당연히 그래야 합니다)는 말할 것도 없고, 거칠고 잔인할 때에도 마찬가지입니다. 악한 일을 자행하는 상급자나 권세자에게는 응분의 책임이 따릅니다. 그러나 권세 아래 있는 자들이 할 일은 순복하는 것입니다. 그것이 올바르기 때문입니다. 또한 상급자나 권세자가 그것을 요구하고 권세 아래 있는 자들은 그 명령에 따라야 하기 때문입니다.

"사환들아 범사에 두려워함으로 주인들에게 순종하되 선하고 관용하는 자들에게만 아니라 또한 까다로운 자들에게도 그리하라"(벧전 2:18).

오직 다음과 같은 예외만이 있을 뿐입니다. 만약 그들이 하나님의 율법에 반하는 명령을 한다면, 그것을 따르지 않을 수 있습니다. 그럴 때는 베드로의 가르침이 유효합니다.

"베드로와 요한이 대답하여 이르되 하나님 앞에서 너희의 말을 듣는 것이 하나님의 말씀을 듣는 것보다 옳은가 판단하라"(행 4:19).

다섯째, 권세자의 연약함을 참고 기다릴 줄 알아야 합니다. 그들도 모두 인생일 뿐입니다. 더구나 그들 대부분이 은혜와 상관없이 사는 사람들입니다. 무례하게 행하기도 하고, 불경건하게 살기도 하고, 자신의 권세 아래 있는 자들을 함부로 대하기도 합니다. 이런 그들을 불쌍히 여기며, 오히려 그들을 위해 기도해야 합니다. 하나님을 경외하는 자들을 위해서는 더더욱 그리해야 합니다.

"너를 낳은 아비에게 청종하고 네 늙은 어미를 경히 여기지 말지니라"(잠 23:22).

권세자나 권위자를 비웃는 것은 함의 행동과 같습니다(창 9:22,25 참고).

제5계명이 금하는 죄

제5계명이 금하는 죄는 이 계명이 명하는 덕과 반대되는 바를 정의함으로써 쉽게 추론할 수 있습니다. 여기서는 몇 가지만 간략하게 살펴보겠습니다.

권세를 가진 자들이 쉽게 빠지는 죄들은 다음과 같습니다.

첫째, 악한 방법을 사용하고 포학하게 행하며 의무를 소홀히 하는 불경건한 삶, 다시 말해 자신에게 맡겨진 사람들을 부당하게 부림으로써, 하나님께서 자기를 두신 자리를 비루한 것으로 전락시키는 죄입니다.

둘째, 자기에게 속한 자들을 미워하며 신경질적으로 대하고, 노예처럼 잔인하게 함부로 대하고, 그들이 자신만을 위해 존재하는 것처럼 마구 부리고, 거만하며 교만하게 대하는 죄입니다.

셋째, 자신을 그 자리에 둔 사람들에게 불복하고 그들을 험담하고 멸시함으로써, 자기 아래 있는 사람들에게 악한 본보기를 제공하는 죄입니다. 그리하면 그들 아래 있는 사람들도 그들을 대할 때에 그들의 악한 모습을 따를 것입니다. 자신은 자기 위에 있는 권세자에 대해 의무를 행하지 않으면서 자기 아랫사람들에게는 자신에 대한 의무를 다하라고 강요하는 것은 죄입니다.

넷째, 자기 수하에 있는 사람들의 유익은 아랑곳하지 않은 채 자신의 편안함만을 추구하고, 자기 아래 사람들을 오직 자신의 부와 이익과 명예를 위한 도구처럼 부리며, 기회만 있으면 더 많은 것을 얻으려고 하는 죄입니다.

다섯째, 자기의 권세 아래 있는 사람들의 안녕에 무관심하여 그들이 마땅히 받아야 할 가르침이나 격려나 책망을 주지 않고 제멋대로 자라도록 내버려 두며, 자녀들과 종들의 영적, 육적인 안녕을 살피지 않는 죄입니다.

여섯째, 자기의 권위 아래 있는 자들의 연약함(심지어 가장 사소한 연약함조차도)을 참지 못하고, 가혹하고도 잔인하게 벌하는 죄입니다. 그들은 자기 수하의 유익을 위해서가 아니라 자신의 품위나 명예가 손상되었다고 느끼기 때문에 그와 같이 행합니다. 마치 자신이 하나님이고, 다른 모든 사람들이 자기 앞에 무릎을 꿇어야 하는 것처럼 말입니다. 이런 사람들은 조금이라도 감정이 상하면 그것이 풀릴 때까지 화를 가라앉히지 않습니다.

권위 아래 있는 자들이 상급자나 권위를 가진 자들에게 범하기 쉬운 죄는 다음과 같습니다.

첫째, 마음속으로 권세자들을 존중하지 않고 멸시하며, 기꺼이 순복하지 않으려 하고 무례하게 굴며, 언짢아하고 그들 앞에서 모욕적으로 행동하는 죄입니다.

"어떤 불량배는 이르되 이 사람이 어떻게 우리를 구원하겠느냐 하고 멸시하며 예물을 바치지 아니하였으나 그는 잠잠하였더라"(삼상 10:27).

둘째, 자기 위에 있는 자들을 마음속으로 대적하고 미워하는 죄입니다. 그들이 자기 눈에 하찮아 보이기 때문입니다. 이른바 출세했다는 자녀들이 부모를 부끄러워하고 보지 않으려 하며 멀리 떨어져 살거나 부모가 죽기를 바라는 경우가 있습니다. 또한 자기 위에 있는 자가 거만하거나 인색하거나 술 취하는 등의 죄악되고도 혐오스런 모습을 보였기 때문에, 또는 권위 아래 있는 자들이 다른 사람에게 간섭받기를 싫어하기 때문에 그럴 수 있습니다.

셋째, 자신의 위치와 맡은 일에 충성하지 않는 죄입니다. 자녀가 부모의 소유를 귀하게 여기지 않아 돈이나 옷가지를 어리석게 탕진하고 함부로 사용하는 경우를 들 수 있습니다. 곧 자녀가 부모에게서 은밀하게 즐거움이나 다른 것들을 빼앗아 가는 죄입니다. 마치 다른 사람의 것보다 자유롭게 도둑질할 수 있다는 듯 말입니다. "부모의 물건을 도둑질하고서도 죄가 아니라 하는 자는 멸망받게 하는 자의 동류니라"(잠 28:24).

읽고 쓰고 일을 배우는 데 게으르고 나태하거나, 생계를 유지하고 가정을 꾸려 가기 위해 애쓰는 부모를 돕지 않는 경우도 이에 해당합니다. 또한 이른바 밀매를 통해 부당한 이익을 얻거나, 횡령에 가담하여 정부로 하여금 국가의 보편적 선을 도모하지 못하도록 만드는 것도 여기에 속합니다.

넷째, 하나님께서 자신을 위해 윗사람을 세우셨다는 사실을 인정하지 않으며, 권위를 거부하고 순복하지 않는 죄입니다. 곧 이런 현실을 받아들이지 않고 상전이나 권위를 가진 자의 명령을 따르지 않으며, 오히려 하지 말아야 할 일을 하고, 불평을 일삼고 대꾸하며 언쟁을 일삼고, 순종의 의무를 저버리는 것입니다. 뿐만 아니라 이런 죄는 자기가 바라는 특정한 일만을 시키도록 윗사람을 윽박지르고, 그들을 좌지우지하려는 모습으로도 드러납니다.

다섯째, 윗사람이나 권위자의 연약한 모습을 조롱하거나 비웃고, 그들의 잘못을 참지 못하여 불평하거나 득달같이 달려들어 꼬투리를 잡고, 그들이 지혜롭지 못하며 일을 바르게 처리하지 못한다고 여기면서 다른 방식으로 해야 했다고 생각하는 죄입니다.

이 모든 일들을 염두에 두고서, 여러분의 '부모'라고 할 수 있는 모든 사람들을 떠올려 보십시오. 권위를 가졌든 권위 아래 있든, 자신이 속해 있는 관계에 대해 생각해 보십시오. 더 나아가 권위를 가진 자들과 권위 아래 속한 자들이 서로에게 지는 의무에 대해 생각해 보고, 자신이 과연 그에 합당하게 행하고 있는지를 면밀하게 살펴보십시오. 자신의 죄를 생각하고 스스로를 낮추어 용서를 구하십시오. 그리고 앞으로는 이 계명이 명하는 대로 행하리라 마음을 정하십시오. 그러기 위해서는 이 계명에 덧붙여진 동기들을 확연히 마음에 두고 되새겨야 합니다.

제5계명에 약속된 복

성경은 다음과 같이 격려하며 제5계명을 준행할 동기를 부여합니다.

"네 부모를 공경하라. 그리하면 네 하나님 여호와가 네게 준 땅에서 네 생명이 길리라"(출 20:12).

죄와 더불어 인류에게 사망이 찾아왔습니다. 신자들에게 죽음은 더 이상 죄에 대한 심판이 아니지만, 여전히 피할 수 없는 것입니다. 삶 자체는 복입니다. 따라서 이 땅에서 장수하는 것은 더욱 큰 복입니다. 누구나 생명을 바라지, 죽음을 기뻐하지는 않습니다. 이 땅에서 오래 사는 만큼 삶의 복을 더 오래 누립니다.

"생명을 사모하고 연수를 사랑하여 복 받기를 원하는 사람이 누구뇨"(시 34:12).

반론

이 땅보다 천국에 있는 것이 낫지 않은가? 그렇다면 경건한 자들에게는 빨리 죽는 편이 더 좋은 일이 아닌가? 그런데 어떻게 이 땅에서 장수하는 약속을 더 사모할 만하다고 말하는가?

답변

(1) 여기에서는 삶과 죽음만을 구별할 뿐, 영원한 지복의 삶과 일시적인 삶을 구분하지는 않습니다.

(2) 신자는 이 땅에서 하나님께 영광이 되고 교회와 다른 사람들에게 유익이 되는 일들을 많이 합니다. 그러나 죽은 후에는 그렇게 하지 못합니다. 그래서 성도들은 "사망 중에서는 주를 기억하는 일이 없사오니 스올에서 주께 감사할 자 누구리이까?"(시 6:5)라고 고백하면서 이 땅에서 그렇게 살 수 있기를 바랍니다. 이런 점에서 이 땅에서 장수하는 것은 복입니다.

(3) 이 땅에서 장수하는 복을 개개인에게뿐만 아니라, 각 부족과 나라 가운데 가족의 계보가 이어지는 것에도 확대하여 적용해야 합니다. 하나님의 복을 받은 이스라엘은 가나안 땅에서 그 계보를 계속 이어 갔습니다. 각 나라와 부족들도 자신들이 자리한 땅에서 계보를 이어 갔습니다.

장수하는 것은 약속입니다. 뿐만 아니라 그 약속에 "네 하나님 여호와가 네게 준 땅에서"라는 말이 덧붙어 있습니다. 이는 포로로 잡혀 본토를 등지고 떠나게 되는 것과는 달리, 자신이 사는 곳에서 오래도록 화평을 누리며 사는 것을 뜻합니다. 이스라엘에게 이 땅은 가나안이었습니다. 하나님께서 아브라함과 그 후손들에게 약속하신 비옥하고도 쾌적한 땅이었습니다. 이스라엘은 이 땅을 차지해야 했습니다. 장차 메시아가 그곳에 오실 것이기 때문입니다. 그러나 신자들 개개인에게 이 땅은 저마다 거처로 삼아 살아가는 거주지나 본토를 뜻합니다. 바울이 그렇게 증언합니다.

"이로써 네가 잘되고 땅에서 장수하리라"(엡 6:3).

각자의 자리에서 오래도록 평화롭게 살아가는 것 자체가 큰 복입니다.

"백발은 영화의 면류관이라. 공의로운 길에서 얻으리라"(잠 16:31).

순종을 위한 권면과 격려

그러므로 수하를 거느린 자나 권위자는 이 계명을 힘써 따르며, 행실을 올바로 해야 합니다.

첫째, '아버지'와 '어머니'라는 말이 더더욱 그렇게 할 이유를 제시합니다.

둘째, 자연도 상전들이 자기 수하나 권위 아래 있는 자들의 유익을 위해 자신의 온 인격과 힘을 다해야 한다고 가르칩니다. 동물들만 보아도 이런 사실을 배울 수 있으며, 이교도들에게서는 더 잘 확인할 수 있습니다.

셋째, 바로 이런 목적을 위해 하나님께서 여러분을 권세자로 세워 그에 합당한 영광으로 두르셨습니다.

넷째, 여러분이 어떻게 권세를 행사하고 다스렸는지에 따라 하나님 앞에서 심판을 받을 것입니다. 불성실하게 행하며 아랫사람들에게 욕하고 함부로 대했다면, 심판 날에 하나님께서 그에 대한 책임을 물으실 것입니다.

다섯째, 그러나 하나님께서 두신 자리에서 성실하게 행했다면, 자녀들과 여러분의 권위 아래 있는 자들에게 복이 임할 것입니다. 마지막 날에 "보라 나와 및 여호와께서 내게 주신 자녀들이라"라고 말할 수 있다면 얼마나 행복하겠습니까!

부모의 권위 아래 있는 자녀나 다른 사람의 권위 아래 있는 자는 불순종과 반항으로 부모와 권위를 가진 자들을 슬프게 만들어서는 안 됩니다.

첫째, 그것은 불경건한 시대에 만연하는 가장 끔찍한 죄입니다.

"그들이 네 가운데에서 부모를 업신여겼으며 네 가운데에서 나그네를 학대하였으며 네 가운데에서 고아와 과부를 해하였도다"(겔 22:7).

"아들이 아버지를 멸시하며 딸이 어머니를 대적하며 며느리가 시어머니를 대적하리니 사람의 원수가 곧 자기의 집안 사람이리로다"(미 7:6).

"부모를 거역하는 자요"(롬 1:30; 딤후 3:2 참고).

이는 하나님과 인간 사회를 향한 공격이요, 본성적 질서에도 정면으로 배치되는 것입니다. 본성적으로도 혐오스런 행위일 뿐만 아니라, 모든 가증한 것들 중에 가장 가증한 것입니다.

둘째, 이런 사람은 하나님의 진노를 면하지 못할 것입니다. 이런 자들에게 내려진 하나님의 선고를 들어 보십시오. 그들에게는 율법을 범한 모든 범법자들에게 선언된 저주뿐만 아니라, 이 죄에 대한 특정한 심판이 함께 임할 것입니다.

"자기의 아비나 어미를 저주하는 자는 그의 등불이 흑암 중에 꺼짐을 당하리라"(잠 20:20).

"아비를 조롱하며 어미 순종하기를 싫어하는 자의 눈은 골짜기의 까마귀에게 쪼이고 독수리 새끼에게 먹히리라"(잠 30:17).

이는 장대에 높이 매달릴 것이라는 말입니다.

"그의 부모를 경홀히 여기는 자는 저주를 받을 것이라 할 것이요 모든 백성은 아멘 할지니라"(신 27:16).

이런 자들은 이 땅에서뿐만 아니라 영원토록 저주를 받을 것입니다.

셋째, 성경에 이런 예가 너무나 많습니다. 가나안 족속의 조상인 함과 그의 모든 후손들은 하나님의 저주를 받았습니다(창 9:22,25 참고). 장자의 권리를 거부한 르우벤과 그의 지파는 가장 먼저 멸절당했습니다(창 49:3,4 참고). 엘리의 아들들은 비참하게 스러져 갔습니다(삼상 4:11 참고). 압살롬은 전장에서 끔찍하게 죽임 당하고 수치스럽게 돌무더기 아래 묻혔습니다(삼하 18:14,17 참고). 엘리사를 조롱했던 42명의 소년들은 암곰에게 찢겼습니다(왕하 2:24 참고).

매사를 사려 깊게 판단하여 이런 죄를 피하는 것이 옳지만, 단지 악을 피하는 것으로 만족해서는 안 됩니다. 오히려 온 맘으로 아버지와 어머니를 존경하고 힘써 순종하며, 우리 위에 있는 권세자들에게도 각각의 권위에 합당하게 행해야 합니다. 이를 위해 다음 몇 가지를 생각해 봅시다.

첫째, 제5계명은 엄위롭고 영광스러우며 주권적이고 의로우며 모든 것을 아시는 율법 수여자요, 구원하기도 하시고 멸하기도 하시는 하나님께서 친히 주신 명령입니다. 이 계명을 거스르는 것은 사람에게 불순종하고 죄를 짓는 일일 뿐만 아니라 하나님을 거스르는 일입니다.

둘째, 하나님께서 부모와 모든 상전과 권세자에게 어떤 권위를 주셨는지 보십시오. 그렇습니다. 이런 권위가 다름 아닌 하나님의 위엄을 반영함을 생각하면서, 기쁘고도 기꺼이 윗사람과 권세자를 존경하고 순복할 동기로 삼으십시오.

셋째, 여러분을 둘러싼 모든 일들이 잘되도록 그들이 쏟는 사랑과 관심과 노력을 생각해 보십시오. 여러분이 그들에게 합당하게 돌아가야 할 것들을 돌릴 때 그들이 누릴 즐거움과 기쁨을 생각해 보십시오. 여러분이 그들을 멸시하고 불복할 때 그들이 느낄 슬픔과 어려움을 생각해 보십시오. 따라서 여러분에게 본성적인 사랑이 아직 조금이라도 역사하고 있다면, 이런 사실을 알고도 그들을 합당하게 존경하고 순종하기를 거부하지는 못할 것입니다.

넷째, 하나님께서 순종하는 자녀들에게 어떠한 복을 베푸시는지를 깊이 묵상해 보십시오. 셈과 야벳은 아버지를 존중하여 하나님의 복을 받았습니다. 그들은 교회와 은혜의 방편이 그들의 자녀들 가운데 있으리라는 약속을 받았습니다(창 9:26,27 참고). 아래에 인용한 놀라운 본문은 모든 자녀들이 마음 깊이 새겨야 할 말씀입니다. 부모는 자녀가 아직 어릴 때 이 말씀을 암송하게 해야 합니다.

"예레미야가 레갑 사람의 가문에게 이르되 만군의 여호와 이스라엘의 하나님께서 이와 같이 말씀하시기를 너희가 너희 선조 요나답의 명령을 순종하여 그의 모든 규율을 지키며 그가 너희에게 명령한 것을 행하였도다. 그러므로 만군의 여호와 이스라엘의 하나님께서 이와 같이 말씀하시니라. 레갑의 아들 요나답에게서 내 앞에 설 사람이 영원히 끊어지지 아니하리라 하시니라"(렘 35:18,19).

51

제6계명

제6계명은 사람의 생명과 관련됩니다. 생명이야말로 사람에게 가장 귀중한 것입니다. 하나님께서 사람을 생령으로 지으셨지만, 죄로 말미암아 사망이 세상에 들어왔습니다. 그러나 하나님은 친히 판결을 집행하고자 하셨고, 사람이 임의로 심판하지 못하도록 하셨습니다.

"살인하지 말라"(출 20:13).

살인은 더 이상 영혼이 머물지 못할 정도로 몸을 괴롭히고 훼손시켜 인간의 생명을 없애는 행위입니다. 나무나 풀 같은 식물의 생명이나 동물의 생명은 해당되지 않습니다. 그런 것들은 하나님께서 사람의 유익을 위해 주신 것입니다(그렇다고 할지라도 잔인한 동기로 동물을 죽여서는 안 됩니다). 여기서 금하는 살인은 인간의 생명에 관한 것입니다. 하나님은 그 이유를 다음과 같이 말씀하십니다.

"이는 하나님이 자기 형상대로 사람을 지으셨음이니라"(창 9:6).

비록 사람이 하나님의 형상을 잃어버리기는 했으나, 아직 사람에게는 하나님께서 자기 형상을 따라 지으신 흔적(영혼의 영성, 비가견성, 불멸성)이 남아 있기 때문입니다. 인간은 여전히 지성과 의지 같은 영혼의 기능을 가지고 있습니다. 따라서 하나님은 사람이 다른 사람 죽이는 것을 원하지 않으십니다.

모든 살인을 금하는 것은 아니다

다음의 네 가지 경우는 살인을 금하는 명령에 해당하지 않습니다.

첫째, 정부가 살인자를 사형에 처하는 것입니다. 하나님께서 이를 명하십니다.

"다른 사람의 피를 흘리면 그 사람의 피도 흘릴 것이니 이는 하나님이 자기 형상대로 사람을 지으셨음이니라"(창 9:6).

"그(권위를 가진 세속 정부)는 하나님의 사역자가 되어 네게 선을 베푸는 자니라. 그러나 네가 악을 행하거든 두려워하라. 그가 공연히 칼을 가지지 아니하였으니 곧 하나님의 사역자가 되어 악을 행하는 자에게 진노하심을 따라 보응하는 자니라"(롬 13:4).

살인자를 처벌하지 않는 것은 하나님의 계명을 거스르고 살인자와 공범이 되는 것입니다.

"고의로 살인죄를 범한 살인자는 생명의 속전을 받지 말고 반드시 죽일 것이며……너희는 너희가 거주하는 땅을 더럽히지 말라. 피는 땅을 더럽히나니 피 흘림을 받은 땅은 그 피를 흘리게 한 자의 피가 아니면 속함을 받을 수 없느니라"(민 35:31,33).

그렇습니다. 설령 살인자가 성전의 제단으로 도망쳐 살기를 꾀한다고 할지라도, 성경은 그를 끌어내 죽이라고 명합니다.

"사람이 그의 이웃을 고의로 죽였으면 너는 그를 내 제단에서라도 잡아 내려 죽일지니라"(출 21:14).

교황주의자들은 성경의 이런 가르침을 정면으로 거슬러, 자신들의 교회당과 수도원을 살인자를 위한 중립 지대로 여깁니다.

둘째, 적법한 전쟁에서 적군을 죽이는 행위는 이 계명에서 금하는 살인죄가 아닙니다. 무고한 나라를 침략하여 약탈을 일삼고 사람들을 노예로 잡아가는 원수들과 싸우는 것은 적법한 전쟁입니다. 그러므로 부당하게 침략 당한 나라의 정부가 원수들에 대항하여 무장하고, 무력에 무력으로 저항하며, 그들이 다시는 그러지 못하도록 벌하는 것은 의로운 일입니다. 이를 통해 악한 자들이 심판을 받고, 선한 사람들이 자신의 신앙과 소유와 생명을 보호받습니다. 성경은 이러한 전쟁이 적법함을 분명히 밝힙니다.

① 구약성경에서 하나님은 그런 전쟁을 명령하십니다. 원수들을 넘겨주시리라는 것은 물론이요 그들을 공격하는 시간과 방식까지 말씀하셨습니다.

② 신약성경에서 세례 요한은 군인들에게 세례를 베풀 때, 전쟁을 포기하라고 명령하지 않고 받는 급여로 만족하며 사람들을 강탈하지 말라고 명령합니다(눅 3:14 참고). 백부장은 그가 가진 믿음으로 칭찬을 받았으나, 군대를 떠나라는 명령을 받지는 않았습니다(마 8:10,13 참고). 경건한 사람이었던 백부장 고넬료는 베드로의 방문을 받았을 뿐만 아니라, 베드로의 설교를 들을 때에 성령의 선물을 받았습니다. 그가 군인이라는 이유로 책망을 받거나 무기를 내려놓으라는 명령을 받지 않았습니다(행 10:2,33,34 참고). 바울은, 하나님께서 정부를 세우셨으며, 악인들을 벌하고 선을 보호하기 위해 정부의 손에 칼을 들게 하셨다고 말합니다(롬 13:1-3 참고).

반론

뮌스터에서 힘겨운 일을 경험했던 재세례파는 더 이상 전쟁을 용인하지 않는다. 그들은 마태복음 5장 39,40,44절을 근거로 하여, 전쟁을 벌이는 것이 불법이라고 주장한다.

"나는 너희에게 이르노니 악한 자를 대적하지 말라. 누구든지 네 오른편 뺨을 치거든 왼편도 돌려 대며 또 너를 고발하여 속옷을 가지고자 하는 자에게 겉옷까지도 가지게 하며……나는 너희에게 이르노니 너희 원수를 사랑하며 너희를 박해하는 자를 위하여 기도하라."

답변

이런 본문들은 세속 정부의 일을 가리켜 말하는 것이 아닙니다. 오히려 세속 권세를 향해서는 악인을 벌하고 정의를 집행하라고 명령합니다. 지금 그리스도는 그리스도인 각자가 사사로이 원수를 갚지 말고, 오히려 불의한 일을 서로 담당하며 받으라고 말합니다. 그렇습니다. 그리스도인은 원수에게 선을 베풀고 그들을 위해 기도하는 마음을 가져야 합니다. 이런 맥락에서 예수님은 칼을 뽑아 든 베드로를 책망하시고는, 칼을 가지는 자는 다 칼로 망하리라고 선언하셨습니다. 주 예수님은 악을 행하는 자에게 하나님의 사역자로서 진노를 따라 보응하는 세속 정부의 일이 아니라, 개인들이 사사로이 원수를 갚는 일에 관해 말씀하고 계십니다(롬 13:4 참고).

셋째, 부지중에 저지르는 살인 역시 제6계명에서 금하는 살인의 범주에 포함되지 않습니다. 그 예로, 지붕에 올라간 사람이 실수로 떨어져 죽는다거나, 도끼질을 하다가 도끼가 자루에서 빠지는 바람에 곁에 있거나 지나가던 행인이 죽는 경우를 들 수 있습니다. 다음 구절들에서 그런 상황에 관해 분명히 말합니다.

"만일 사람이 고의적으로 한 것이 아니라 나 하나님이 사람을 그의 손에 넘긴 것이면 내가 그를 위하여 한 곳을 정하리니 그 사람이 그리로 도망할 것이며"(출 21:13).

"살인자가 그리로 도피하여 살 만한 경우는 이러하니 곧 누구든지 본래 원한이 없이 부지중에 그 이웃을 죽인 일, 가령 사람이 그 이웃과 함께 벌목하러 삼림에 들어가서 손에 도끼를 들고 벌목하려고 찍을 때에 도끼가 자루에서 빠져 그의 이웃을 맞춰 그를 죽게 함과 같은 것이라. 이런 사람은 그 성읍 중 하나로 도피하여 생명을 보존할 것이니라"(신 19:4,5).

그러나 이 일들이 살인죄는 아닐지라도 부주의하게 행함으로 말미암은 죄책은 면제되지 않습니다.

넷째, 스스로를 방어하다가 이웃이 죽는 경우도 여기서 금하는 살인에 해당하지 않습니다. 이런 일은 분노에 가득 차거나 정신이 온전하지 않은 사람이 누군가를 죽이려고 공격할 때에 일어납니다. 공격받는 사람은 할 수 있는 한 도망치다가 더는 도망치지 못할 때, 도움을 요청하거나 공격하는 자에게 경고합니다. 그러나 그런 행동이 아무런 소용이 없을 때, 그는 살해당하든지 아니면 자신을 방어하기 위해 공격해 오는 자를 죽이든지 할 수밖에 없습니다. 그런 경우 자신을 공격하는 자를 살해하는 것은 제6계명이 금하는 살인이 아니라, 오히려 정당방위라고 해야 합니다. 사람은 누구나 자신의 생명을 보호하고 보존할 의무를 집니다. 이런 경우에 일어난 살인이 바로 그 의무의 일환이라고 할 수 있습니다. 이런 경우 공격한 자에게 죄가 있지, 공격을 받은 자에게는 죄가 없습니다.

제6계명이 금하는 죄

제6계명이 금하는 살인은 외적 행위의 대상뿐만 아니라 마음에 품은 내적 성향과도 관련하여 생각해 볼 수 있습니다. 그 대상이 자기 자신이 될 수도 있고, 이웃이 될 수도 있습니다.

자살

여기서 금하는 첫 번째 죄는, 자기 자신에게 범하는 살인인 자살입니다. 자살은 정도에 따라 다양합니다.

① 목을 매달거나 날카로운 도구나 독약 같은 것으로 자신의 생명을 의도적으로 저버리는 행위입니다. 이런 사람들은 악한 성향을 가졌거나 신경질적이고 완고하여 자신이 바라는 대로 되지 않아 불편한 상황 자체를 못 견딥니다. 하나님을 부인하고 천국과 지옥도 부인할뿐더러, 자신이 죽으면 지금 처해 있는 불편하고도 힘겨운 상황이 끝나리라 여깁니다. 이처럼 자살은 불경건한 사람들이 시도하는 바 자신을 산 채로 지옥의 영원한 멸망으로 내동댕이치는 행위입니다.

② 방탕하고도 음란한 정욕에 탐닉하느라 체력을 소진하고 건강을 악화시키는 행위도 자살에 해당합니다. 이로 말미암아 병에 걸리는데, 하나님은 그 병을 통해 이런 죄를 보응하십니다. 탐식, 술 취함, 과도한 수면, 불규칙한 식사와 수면 등 몸을 해치는 일들이 이런 행위에 속합니다.

③ 지나치게 위험한 등산이나 다이빙처럼, 호기심을 못 이겨 불필요하게 자기 몸을 위험에 빠뜨리는 기행을 일삼는 것도 여기에 해당합니다.

④ 자신이나 상대방 중 한 사람이 죽을 수밖에 없다는 것을 알면서도 벌이는 결

투도 여기에 속합니다. 이렇게 행하는 사람들은 용감한 것이 아닙니다. 오히려 그들은 잘못된 것을 참지 못하고 감정에 휘둘리는, 불안정한 정서와 만용으로 가득 찬 어리석은 자들입니다. 다윗과 골리앗을 들먹이며 호기에 찬 결투를 정당화해서는 안 됩니다. 다윗과 골리앗은 명백히 전쟁을 하는 중이었습니다. 게다가 다윗의 행동은 하나님과 이스라엘에 대해 불경한 말을 일삼는 골리앗을 벌하고자 여호와의 이름을 의지하여 믿음으로 행한 것이며, 사울 왕의 명령이기도 했습니다.

⑤ 한 걸음 더 나아가, 더는 배를 보호할 수 없게 된 경우 배가 적군의 손에 들어갈 것을 우려해 폭파시키는 경우도 이런 죄에 속합니다. 결국 자신을 죽이게 되기 때문입니다. 이는 불경건한 사울의 행위와 같습니다. 물론 그렇게 하면 배에 함께 타고 있던 사람들도 모두 죽게 되는데, 여기에는 그런 일이 일어날 것을 전혀 알지 못한 사람들과 그렇게 하는 것에 결코 동의하지 않은 사람들도 포함되어 있습니다. 목적이 정당하고 숭고하다는 이유로 그 수단을 정당화할 수는 없습니다. 선한 결과를 얻고자 악을 자행해서는 안 됩니다. 삼손의 행위를 들먹이면서 이런 행위를 정당화할 수는 없습니다. 우리는 규칙에 따라 살아야지, 사례들을 보면서 살아서는 안 됩니다. 성경은 어디에서도 삼손의 행동을 긍정하지 않습니다. 게다가 이것은 삼손의 경우와도 확연히 다릅니다. 더는 자신을 지킬 수 없다면 항복해야 합니다. 힘닿는 데까지 싸우는 것은 용기의 문제이지만, 정복자에게 항복하는 것은 지혜의 문제입니다.

⑥ 고의로 완고하게 죄에 머물거나(죄의 삯은 사망입니다) 은혜의 방편에 반대하여 따르지 않고 소홀히 하며 거부하는 것처럼 영혼을 죽이는 일도 이 계명이 금하는 죄입니다.

"모든 영혼이 다 내게 속한지라……범죄하는 그 영혼은 죽으리라"(겔 18:4).

이렇게 하는 것들이 자살이라는 죄에 속합니다. 그러므로 모든 사람들은 이런 죄에 빠지지 않도록 신중을 기해야 합니다.

이웃을 해치는 행위

두 번째로 주된 살인죄는 이웃을 해치는 행위입니다.

첫째, 날카로운 도구를 사용하거나, 목을 조르거나, 물에 빠트리거나, 독으로 이웃을 해치는 경우를 들 수 있습니다. 더 나아가 먹을 것과 잠자리를 제공하며 도와야 할 의무가 있고 도울 수 있으며 다른 사람들에게 도움을 청할 수 있는데도, 고의로 이웃을 위험한 곳에 내버려 둔 채 수수방관하여 죽음에 이르게 하는 경우입니다.

둘째, 말로도 이웃을 해칠 수 있습니다.

① 독설과 비방하는 말로 상대방이나 사람들의 화를 촉발시켜 가족이나 이웃을 죽음에 이르게 하는 경우입니다. 나발은 어리석은 말과 태도 때문에 그 자신은 물론 온 집안을 몰살시킬 뻔했습니다(삼상 25:10 참고).

② 잘못되고도 거짓된 비난으로 비난의 대상과 다른 사람까지 죽음으로 몰아넣는 행위입니다. 도엑이 제사장 85명을 죽인 것도 이런 경우입니다(삼상 22:18 참고).

③ 말이나 글로 다른 사람을 배신하는 행위가 여기에 속합니다. 이로 말미암아 경건한 우리아가 죽었습니다(삼하 11:15 참고).

④ 사람들을 부추겨 특정인을 미워하고 대적하게 만드는 행위가 여기에 속합니다. 종교 지도자들이 백성을 선동하여 결국 주 예수님께서 십자가에 달리셨습니다(마 27장 참고).

⑤ 참된 신앙으로 초래된 핍박의 시기에 다른 신자들을 배신하여 그들을 죽음의 위험으로 몰아넣거나 죽음에 이르게 하는 행위가 여기에 속합니다.

"그가 우리를 위하여 목숨을 버리셨으니 우리가 이로써 사랑을 알고 우리도 형제들을 위하여 목숨을 버리는 것이 마땅하니라"(요일 3:16).

⑥ 언쟁으로 서로에게 분노를 격발시키는 경우도 여기에 속합니다. 언쟁을 일삼다가 싸움으로 번지고 이내 살인으로 귀결되는 일이 많습니다.

"다툼을 좋아하는 자는 죄과를 좋아하는 자요 자기 문을 높이는 자는 파괴를 구하는 자니라"(잠 17:19).

셋째, 표정으로도 살인을 저지를 수 있습니다. 다른 사람을 분노에 찬 험악한 표정으로 쳐다보고, 비아냥거리거나 머리를 흔들고, 주먹을 쥐어 보이며 위협하거나, 앙심으로 도발적이고도 자극적인 몸짓을 보이는 것입니다. 그 속에 있는 살인하려는 마음이 이런 모양으로 드러나, 결국 다른 사람의 분노를 일으켜 살인하게 만듭니다. 가인, 라반, 이스라엘, 그리스도를 죽음에 이르게 한 유대인들에게서 이런 모습을 볼 수 있습니다.

넷째, 이웃을 영적으로 살인하는 것도 여기에 포함됩니다. 목사가 불경건한 자들에게 경고하지 않는 것이 바로 여기에 해당합니다(겔 13:18,22 참고). 영혼에 파괴적인 결과를 가져오는 오류를 만들어 퍼뜨리고 부추기는 이단들이 이런 죄를 짓습니다. 다른 사람들을 속이거나 시험에 빠트리고, 담대하게 죄를 짓게 하는 악한 전례를 남기고, 말씀과 신앙의 실천으로부터 멀어지게 만들며, 경건한 사람들을 핍박하고 거부하게 만드는 죄입니다.

잔인하고도 살인적인 마음의 성향

세 번째로 주된 죄는, 이성이나 형벌에 대한 두려움이나 하나님의 억제하시는 능력 또는 은혜로 말미암아 억누를 수 있는데도, 여전히 마음에 잔인하고도 살인적인 성향을 버리지 않는 것입니다.

첫째, 심각하게 뒤틀린 시기심과 질투가 여기에 속합니다. 이 죄는 다른 사람이 더 잘되거나 더 많이 인정받고 사랑받을 때 시무룩해하거나 못마땅해하는 마음으로 표출됩니다. 이로 말미암아 자기보다 인정과 사랑을 더 많이 받는 사람과 그 사람을 더 칭송하는 사람들 모두에게 불만을 품습니다. 그리하여 그들을 사랑으로 대하지 못할뿐더러, 그들의 목소리를 듣거나 모습을 보는 것조차 견디지 못합니다.

우리 안에 이런 마음이 있는지, 그런 마음이 있는데도 방치하고 있지는 않은지, 드러내 놓고 그런 마음을 표출하는 것이 어려워서 은밀히 그렇게 하고 있지는 않은지를 잘 살펴야 합니다. 자신이 시기하고 질투하는 사람을 누군가가 미워하거나 험담할 때, 그 사람에게 안 좋은 일이 생길 때, 은근히 기뻐하지는 않는지도 잘 살펴야 합니다. 수많은 이들이 자기 마음에 주의하지 않아서, 이런 독사가 은밀히 또아리를 틀고 있는 것조차 모릅니다. 또는 자기 안에 있는 이런 시기심을 드러낼 이유가 없는 어떤 사람은 시기심의 어미요 누이인 자기애와 인색함과 야심으로 가득차 있습니다. 이런 시기심도 살인에 해당합니다. 시기를 불러일으키는 사람이 없어지기를 바라고, 때로는 급기야 이런 마음이 살인으로까지 이어지기 때문입니다. 가인(창 4장 참고), 요셉의 형제들(행 7:9 참고), 그리스도를 넘겨준 제사장들(마 27:18 참고)은 시기심이 어떤 모습으로까지 표출되는지를 보여 줍니다.

시기심은 그 자체로 지극히 역겨운 죄일 뿐 아니라 모든 인류에 대한 범죄입니다. 그러하기에 사람들은 시기심이 있어도 그것이 드러나는 것을 부끄러워하여, 할 수 있는 한 드러나지 않게 꼭꼭 감추어 둡니다.

① 시기심은 사람에게서 활기와 힘을 소진시키고 그것들을 오염시킵니다.

"평온한 마음은 육신의 생명이나 시기는 뼈를 썩게 하느니라"(잠 14:30).

② 시기심은 사람들 가운데 존재하는 모든 혼란과 파괴의 원인입니다.

"시기와 다툼이 있는 곳에는 혼란과 모든 악한 일이 있음이라"(약 3:16).

③ 시기심은 육체의 일로서, 죄에서 비롯되어 또 다른 죄로 이끌며 결국 사망에 이르게 합니다.

"육체의 일은 분명하니 곧 음행과 더러운 것과 호색과 우상숭배와 주술과 원수 맺는 것과 분쟁과 시기와 분냄과 당 짓는 것과 분열함과 이단과 투기와 술 취함과 방탕함과 또 그와 같은 것들이라"(갈 5:19-21).

④ 시기심은 신자의 마음에 거하시는 성령을 거스르는 일입니다.

"너희는 하나님이 우리 속에 거하게 하신 성령이 시기하기까지 사모한다 하신 말씀을 헛된 줄로 생각하느냐?"(약 4:5)

⑤ 시기심은 모든 것을 악하게 바라보게 만드는 마귀적인 죄입니다. 선하신 하나님께서 긍휼로 말미암아 어떤 사람에게 무언가를 주어 누리게 하신 것에 대해 못마땅해하며, 그분이 불의하고도 부당하다면서 비난하는 것입니다. 시기심은 하나님이 다른 사람보다 자신에게 무언가를 더 주셔야 할 의무라도 가지신 것처럼

생각하는, 다시 말해 하나님의 섭리에 순복하기를 거부할 뿐만 아니라 하나님의 섭리 자체를 거부하는 죄입니다. 시기심은 사실상 자기 자신을 하나님의 자리에 두는 것입니다.

"분은 잔인하고 노는 창수 같거니와 투기 앞에야 누가 서리요"(잠 27:4).

둘째, 증오가 있습니다. 이는 마음 깊이 자리한 분노입니다. 증오는 시기심이나 분노에서 비롯되는데, 속에 억제되고 억눌려 있으면서 표출될 기회만을 엿봅니다. 압살롬은 암논에게 증오를 쏟아붓기까지 2년 동안 줄기차게 기다렸습니다. 그동안 그의 증오는 전혀 사라지지 않고 점점 커져 분출될 날만을 기다리고 있었습니다. 이런 증오를 가진 사람은 자신이 증오하는 사람과 어울리기를 혐오합니다. 그를 보고 그의 말을 들을 때마다 이 증오는 더해만 갑니다. 그렇게 미워하는 사람이 잘될수록 그를 향한 증오가 더 커져 갑니다. 비방과 모욕과 조롱으로 자신이 증오하는 사람을 없애려고 합니다. 그 사람을 없애 자기 눈앞에서 사라지게 할 수만 있다면 무슨 일이든지 마다하지 않을 것입니다.

하나님께서 증오에 대해 뭐라고 말씀하시는지 잘 들어 보십시오.

"그 형제를 미워하는 자마다 살인하는 자니 살인하는 자마다 영생이 그 속에 거하지 아니하는 것을 너희가 아는 바라"(요일 3:15).

"너는 네 형제를 마음으로 미워하지 말며"(레 19:17).

그러나 죄와 죄인들을 향한 증오는 여기에 해당하지 않습니다. 다윗은 모든 허탄한 생각과 하나님을 미워하는 모든 자들을 미워했습니다(시 119:113,118 참고). 에베소교회는 니골라 당의 행위를 미워했습니다(계 2:6 참고).

셋째, 분을 내는 것이 있습니다. 죄와 죄인을 향하여 올바르게 분을 내는 것은 선한 일입니다. 그래서 성경은 주 예수님에 대해 이렇게 말합니다.

"그들의 마음이 완악함을 탄식하사 노하심으로 그들을 둘러 보시고"(막 3:5).

반면 성경은 이웃에게 악의를 품은 성급하고도 경솔한 화와 순간적인 격분 같은 죄악된 분노를 금합니다.

"분은 잔인하고 노는 창수 같거니와 투기 앞에야 누가 서리요"(잠 27:4).

① 하나님은 죄악된 분노를 살인과 똑같이 보십니다. 그리고 이런 분노가 살인으로 이어지기도 합니다.

"나는 너희에게 이르노니 형제에게 노하는 자마다 심판을 받게 되고 형제를 대하여 라가라 하는 자는 공회에 잡혀가게 되고 미련한 놈이라 하는 자는 지옥 불에 들어가게 되리라"(마 5:22).

② 성경은 죄악된 분노가 육체의 일이라고 말합니다(갈 5:20 참고).

③ 분노는 모든 선한 행위를 가로막고 악한 열매만을 맺을 뿐입니다.

"사람이 성내는 것이 하나님의 의를 이루지 못함이라"(약 1:20).

④ 분노는 어리석은 자들의 행위입니다.

"급한 마음으로 노를 발하지 말라. 노는 우매한 자들의 품에 머무름이니라"(전 7:9).

⑤ 분노는 저주받을 죄입니다.

"그 노여움이 혹독하니 저주를 받을 것이요 분기가 맹렬하니 저주를 받을 것이라. 내가 그들을 야곱 중에서 나누며 이스라엘 중에서 흩으리로다"(창 49:7).

넷째, 보복하는 것이 있습니다. 실제로 자신에게 부당하게 행한 사람이나 그렇게 행했다고 여겨지는 사람을 향해 앙심을 품는 것입니다. 그런데 앙심을 품은 사람은 동일한 정도로 보복하는 데 만족하지 않습니다. 그들은 아무리 작은 잘못이라도 죽어 마땅하다고 여깁니다. 라멕이 그러했습니다.

"라멕이 아내들에게 이르되 아다와 씰라여 내 목소리를 들으라. 라멕의 아내들이여 내 말을 들으라. 나의 상처로 말미암아 내가 사람을 죽였고 나의 상함으로 말미암아 소년을 죽였도다. 가인을 위하여는 벌이 칠 배일진대 라멕을 위하여는 벌이 칠십칠 배이리로다 하였더라"(창 4:23,24).

보복은 끔찍한 죄입니다.

① 스스로 하나님의 자리에 앉아, 자기에게 부당하게 행한 사람을 향해 즉시 보응하지 않으시는 하나님을 비난하고 그 뜻을 정면으로 거스르는 행위이기 때문입니다. 그렇습니다. 이런 사람은 설령 하나님께서 보응해 주신다 하더라도 자신이 직접 보복하지 않으면 만족하지 않습니다.

"그들의 실족할 그때에 내가 보복하리라"(신 32:35).

② 자기 마음을 마귀에게 내주어 모든 악을 향해 치닫는 것이기 때문입니다.

"분을 내어도 죄를 짓지 말며 해가 지도록 분을 품지 말고 마귀에게 틈을 주지 말라"(엡 4:26,27).

③ 마음에 앙심을 품고서는 바르게 기도할 수 없기 때문입니다. 설령 기도하더라도, 그런 마음으로 하는 기도는 스스로를 대적하는 것에 지나지 않습니다. 예수님은 제자들에게 기도를 가르쳐 주시면서, 곧바로 다음과 같은 말씀을 덧붙이셨습니다.

"너희가 사람의 잘못을 용서하지 아니하면 너희 아버지께서도 너희 잘못을 용서하지 아니하시리라"(마 6:15).

④ 하나님이 저주를 선언하신 죄이기 때문입니다(창 49:7 참고). 제6계명을 거스르는 주된 죄가 몇 가지 있습니다. 이 계명을 거스르는 사람은 율법을 범한 자에게 선언된 저주를 자초합니다. 스스로를 천국에서 배제시키고, 영원한 정죄에 합당한 사람으로 만드는 것입니다.

"그 형제를 미워하는 자마다 살인하는 자니 살인하는 자마다 영생이 그 속에 거하지 아니하는 것을 너희가 아는 바라"(요일 3:15).

"그러나 두려워하는 자들과 믿지 아니하는 자들과 흉악한 자들과 살인자들과 음행하는 자들과 점술가들과 우상숭배자들과 거짓말하는 모든 자들은 불과 유황으로 타는 못에 던져지리니 이것이 둘째 사망이라"(계 21:8).

제6계명이 명하는 덕

살인하지 말라는 제6계명은 다음과 같은 덕을 명합니다.

첫째, 생명을 사랑해야 합니다. 특히 우리 이웃의 생명을 사랑해야 합니다. 이웃을 향한 시기와 질투를 그치고, 그가 살아 있고 번성하는 것을 기뻐해야 합니다. 힘써 그의 생명을 지키고, 그 일을 위해 수고를 아끼지 말아야 합니다.

"사랑은 이웃에게 악을 행하지 아니하나니 그러므로 사랑은 율법의 완성이니라"(롬 13:10).

"누구든지 자기의 유익을 구하지 말고 남의 유익을 구하라"(고전 10:24).

둘째, 관용해야 합니다. 이웃이 우리에게 무슨 잘못을 저지르더라도 대수롭지 않은 것으로 여기고는 보복하지 말아야 합니다. 잠잠히 평정심을 유지하면서 너그럽게 봐주어야 합니다.

"누가 누구에게 불만이 있거든 서로 용납하여 피차 용서하되 주께서 너희를 용서하신 것같이 너희도 그리하고"(골 3:13).

"모든 겸손과 온유로 하고 오래 참음으로 사랑 가운데서 서로 용납하고"(엡 4:2).

셋째, 화평을 추구하고 지켜 가야 합니다. 누군가에게 못마땅해하는 마음을 조금도 용납하지 말고, 다른 사람이 우리에게 그런 마음을 가지지 않도록 노력해야 합니다. 또한 누군가가 우리에게 잘못된 행동을 하더라도, 그것으로 불쾌해하거나 그 행동 때문에 그 사람을 대하는 태도가 달라져서는 안 됩니다.

"평안의 매는 줄로 성령이 하나 되게 하신 것을 힘써 지키라"(엡 4:3).

"악을 버리고 선을 행하며 화평을 찾아 따를지어다"(시 34:14).

"할 수 있거든 너희로서는 모든 사람과 더불어 화목하라"(롬 12:18).

그러나 화평을 위한답시고 잘못된 것을 무작정 덮어 두거나 진리와 경건을 거슬러서는 안 됩니다.

"오직 너희는 진리와 화평을 사랑할지니라"(슥 8:19).

"인애와 진리가 같이 만나고 의와 화평이 서로 입 맞추었으며"(시 85:10).

넷째, 온유함은 가혹하고 신경질적이며 성마른 것(이런 사람과는 어떤 식으로든 관계를 맺기가 어렵습니다)과 정반대되는 태도입니다. 온유함이란 비단처럼 부드럽고도 상냥한 태도입니다. 이런 사람과 관계를 맺고 어울리는 것은 얼마나 즐거운 일인지 모릅니다. 자신이 당한 부당한 일을 없던 일처럼 용서하고, 악을 견디며 선으로 악을 갚는 가운데 잠잠하며 냉정함을 잃지 않고, 부드러운 성품을 한결같이 유지하는 것입니다. 이 모든 태도를 통해 사람들은 자신의 잘못을 깨닫고, 우리에게 잘못 행하기를 그칩니다. 이처럼 온유한 사람은 사나운 파도도 이내 부서져 미끄러져 나가게 하는 해변의 모래와 같이 부드럽고도 명랑합니다.

① 온유함은 영혼을 아름답게 하는 매우 탁월한 단장입니다.

"너희 단장은 머리를 꾸미고 금을 차고 아름다운 옷을 입는 외모로 하지 말고 오직 마음에 숨은 사람을 온유하고 안정한 심령의 썩지 아니할 것으로 하라. 이는 하나님 앞에 값진 것이니라"(벧전 3:3,4).

② 온유함은 성도가 입는 의복입니다.

"그러므로 너희는 하나님이 택하사 거룩하고 사랑받는 자처럼 긍휼과 자비와 겸손과 온유와 오래 참음을 옷 입고"(골 3:12).

③ 하나님께서 온유한 성품을 기뻐하십니다. 그러하기에 온유한 사람은 하나님을 섬기기에 합당하고, 하나님은 온유한 사람이 하나님을 찾을 수 있게 하십니다.

"여호와의 규례를 지키는 세상의 모든 겸손한 자들아, 너희는 여호와를 찾으며 공의와 겸손을 구하라. 너희가 혹시 여호와의 분노의 날에 숨김을 얻으리라"(습 2:3).

④ 온유함이야말로 다른 많은 성품을 산출하는 근원적인 덕입니다. 온유함의 이러한 특징들로 인해, 주 예수님은 구체적으로 온유함을 언급하면서 본받으라고 하셨습니다.

"나는 마음이 온유하고 겸손하니 나의 멍에를 메고 내게 배우라. 그리하면 너희 마음이 쉼을 얻으리니"(마 11:29).

⑤ 온유한 사람에게는 "땅을 기업으로 받을 것"(마 5:5)이라는 약속이 주어졌습니다. 이는 최후의 심판 이후에 새 하늘과 새 땅을 받을 뿐만 아니라, 지금 이 땅에서 온유한 사람들이 화평한 기업과 소유를 누릴 것이라는 의미입니다. 사람들은 온유한 사람을 함부로 대하지 못하며 오히려 보호해 주려고 합니다. 그리고 설령 사람들이 함부로 대한다고 해도, 온유한 사람은 그것을 이겨 냅니다. 그래서 솔로몬은 이렇게 말했습니다.

"노하기를 더디 하는 자는 용사보다 낫고 자기의 마음을 다스리는 자는 성을 빼앗는 자보다 나으니라"(잠 16:32).

다섯째, 어려움을 겪는 사람에게 연민을 느끼고 긍휼을 베풀어야 합니다. 이런 사람을 보며 마음 아파할 뿐만 아니라, 그 사람이 짊어진 짐을 나누어 져야 합니다. 힘닿는 데까지 그를 도와야 합니다. 음식과 음료와 옷가지와 잠자리를 제공하고, 할 수 있는 한 일자리도 찾아 주어야 합니다. 이는 매우 귀한 성품입니다.

"긍휼히 여기는 자는 복이 있나니 그들이 긍휼히 여김을 받을 것임이요"(마 5:7).

"가난한 자를 보살피는 자에게 복이 있음이여 재앙의 날에 여호와께서 그를 건지시리로다"(시 41:1).

여섯째, 다정하고 친절해야 합니다. 이는 불평하고 험담하는 것처럼 무례하고도 거칠며 거만한 것과 반대되는 성품입니다. 가인이 아벨을, 요셉의 형제들이 요셉을, 라반이 야곱을 대한 것과는 정반대되는 방식입니다. 자애로운 마음이 표정과 행동을 통해 친절함과 다정함으로 드러납니다.

"주의 종은 마땅히 다투지 아니하고 모든 사람에 대하여 온유하며 가르치기를 잘하며 참으며"(딤후 2:24).

52

제7계명

결혼: 하나님이 세우신 규례

천지를 지으시고 그곳을 생물들이 살아갈 환경으로 채우신 후, 하나님은 단번에 많은 짐승들을 만드시고 한 사람, 아담을 지으셨습니다. 그 후 그를 잠들게 하시고는 그의 갈비뼈를 취하여 여자인 하와를 만드셨고, 그의 아내로 그에게 데리고 오셨습니다. 처음에는 하나였다가 둘이 되었고, 하나님께서 정하신 결혼을 통해 다시 하나가 되었습니다.

"그 둘이 한 몸이 될지니라. 이러한즉 이제 둘이 아니요 한 몸이니"(막 10:8).

아담과 하와를 한 몸이 되게 하신 후, 하나님은 이들에게 복을 주시며 다음과 같이 말씀하셨습니다.

"생육하고 번성하여 땅에 충만하라, 땅을 정복하라, 바다의 물고기와 하늘의 새와 땅에 움직이는 모든 생물을 다스리라 하시니라"(창 1:28).

이처럼 하나님께서 결혼을 제정하고 복되게 하셨습니다. 인간이 타락하기 이전뿐만 아니라 타락한 이후에도 이 규례는 계속 이어졌습니다(창 3:16, 9:1 참고).

하나님께서 친히 누가 누구의 아내가 될지를 정하셨고, 때를 따라 모든 남자에게 인도하십니다(창 24:44 참고). 아담에게 하와를 데리고 가신 것처럼 말입니다.

"슬기로운 아내는 여호와께로서 말미암느니라"(잠 19:14).

주 예수님은 혼인 잔치에 참석하여 복되게 하시며 결혼을 인정하셨습니다(요 2:11 참고). 따라서 모든 사람은 결혼을 귀중히 여겨야 합니다(히 13:4 참고). 사역자들도 마찬가지입니다. 바울은 결혼을 금하는 것을 가리켜 마귀의 교훈이라 정죄합니다(딤전 4:1 참고). 더 나아가 이런 가르침은 적그리스도의 표지입니다. 신구약성경을 보면 경건한 사역자들은 대다수가 결혼을 했습니다. 아론도 결혼해 자녀들을 두었습니다(레 1:7 참고). 사무엘도 결혼해 자녀들을 두었습니다(삼상 8:2 참고). 베드로도 아내가 있었습니다(마 8:14 참고). 바울 역시 다른 사도들과 마찬가지로 결혼해 아내를 둘 수 있었습니다(고전 9:5 참고).

하나님은 결혼을 제정하셨을 뿐만 아니라, 사람을 지으실 때 자녀를 바라는 마음과 생산할 능력을 주셨습니다. 이런 성향은 그 자체로 선합니다. 그러나 아담의 타락과 더불어 인간이 가진 모든 것이 부패하고 뒤틀려 버렸습니다. 이 부분도 예외가 아니어서 자녀를 가진다는 목적보다 자녀를 가지게 하는 방편을 더 열망할 때가 많습니다. 그렇습니다. 오히려 자녀를 가지기를 두려워하고, 자녀를 가지는 방편인 성적 즐거움과 쾌락에 더 몰두할 때가 얼마나 많은지 모릅니다. 그 결과, 이 부분과 관련하여 제7계명이 금하는 온갖 죄에 탐닉합니다.

제7계명이 금하는 죄

제7계명을 거스르는 죄가 얼마나 많은지 모릅니다. 이 죄들은 다음과 같이 나눌 수 있습니다.

- 행위, 몸짓, 말
- 생각, 정욕
- 환경들

첫째, 음란한 행위로 다음과 같은 것들을 들 수 있습니다.

① 간음입니다. 간음은 혼인한 남자나 여자가 다른 사람(결혼을 했든 안 했든)과 관계를 맺는 것입니다. 이때 간음을 범하는 두 사람 모두가 혼인을 했다면, 이는 이중으로 간음을 저지르는 것입니다. 혼인한 사람뿐만 아니라 혼인하지 않은 사람도 간음합니다.

② 간음한 연고도 없이 배우자를 저버리는 것입니다.

"이스라엘의 하나님 여호와가 이르노니 나는 이혼하는 것과 옷으로 학대를 가리는 자를 미워하노라"(말 2:16).

"나는 너희에게 이르노니 누구든지 음행한 이유 없이 아내를 버리면 이는 그로 간음하게 함이요 또 누구든지 버림받은 여자에게 장가드는 자도 간음함이니라"(마 5:32).

"그 나머지 사람들에게 내가 말하노니 (이는 주의 명령이 아니라) 만일 어떤 형제에게 믿지 아니하는 아내가 있어 남편과 함께 살기를 좋아하거든 그를 버리지 말며……혹 믿지 아니하는 자가 갈리거든 갈리게 하라. 형제나 자매나 이런 일에 구애될 것이 없느니라 그러나 하나님은 화평 중에서 너희를 부르셨느니라"(고전 7:12,15).

만일 배우자가 간음하면 그 배우자를 떠나 이혼하고 다시 혼인할 수 있습니다. 반면, 간음한 연고로 이혼당한 사람은 다시 혼인할 수 없습니다. 누구든지 이런 사람과 혼인하는 사람 또한 간음하는 것입니다. 배우자가 간음하지 않았는데도 경솔하고 성급하게 이혼하고, 이로 말미암아 이혼당한 배우자가 간음한다면, 이는 이혼을 요구한 자가 간음할 빌미를 제공하는 것입니다. 그런데도 이스라엘에서는 이혼을 요구한 배우자도 결혼했습니다. 그리고 이처럼 죄가 남아 있는 이혼의 경우, 이혼당한 사람에게 이혼 증서를 주라는 조항이 있었습니다(마 19:7 참고). 그러나 이런 조항은 하나님의 계명에 반합니다.

"그런즉 이제 둘이 아니요 한 몸이니 그러므로 하나님이 짝지어 주신 것을 사람이 나누지 못할지니라 하시니"(마 19:6).

이혼당한 사람이 혼인하지 않은 채로 지나야 할 의무는 없습니다. 오히려 다시 혼인하는 것이 허용되었습니다. 그러나 분명한 것은 간음한 연고가 아니면 이혼은 간음이라는 것입니다.

③ 근친상간이 있습니다. 근친상간이란 지나치게 가까운 친족끼리 결혼(물론 이런 것을 결혼이라고 하지 않습니다)하거나 사통하는 식으로 관계를 맺는 것입니다. 자신의 형제자매의 자녀들처럼 사촌보다 더 가까운 혈연관계는 결혼하기에 지나치게 가깝습니다. 사실 성경은 어디에서도 사촌 간의 혼인을 금하지 않습니다. 하나님은 이 부분에 관해서는 사람에게 자유를 주셨습니다. 그러므로 이런 결혼을 했다고 해서 혼자 괴로워할 필요는 없습니다. 여기서 금하는 것은 부모와 그들의 자녀, 또는 조부모와 손자 손녀 간의 관계입니다. 이에 대해서는 어느 세대도 예외가 없습니다. 또한 두 자매나 두 형제와 동시에 혼인하는 것, 다시 말해 부인이나 남편이 죽은 후 그 형제나 자매와 혼인하는 것은 근친상간입니다. 조카와 혼인하는 것 또한 근친상간입니다. 혼인해서는 안 되는 친족이 누구인지에 대해서는 레위기 18장 6-18절과 20장 11,12절을 참고하십시오.

④ 남색과 수간입니다. 남색은 남자가 남자와 또는 여자가 여자와 성적 관계를 가지는 것이고(창 19:5; 레 20:13; 롬 1:26,27 참고), 수간은 사람이 동물과 관계하는 것입니다(레 18:23 참고).

⑤ 음행하는 것입니다. 음행은 혼인하지 않은 두 사람이 서로 관계를 가지는 죄로서, 성경이 모든 곳에서 금합니다(행 15:20; 고전 6:9; 갈 5:19 참고). 발정한 개처럼 한 사람이 여러 사람과 무분별하게 관계를 맺고 방탕한 짓을 일삼는 것입니다. 마찬가지로 자신의 집을 매음굴로 만들어 성매매를 일삼고 사람들을 유혹하여 올무에 걸리게 하는 것도 음행입니다. 이런 죄를 직접 저지르는 사람뿐만 아니라 이런 일을 막을 수 있는데도 막지 않는 사람 또한 가증한 자들입니다!(신 23:17 참고)

⑥ 성경이 "악한 정욕"(골 3:5; 살전 4:5 참고)과 음행과 더러운 것이라고 일컫는 것들로서 은밀히 행하는 자위(오난이 그렇게 했습니다. 창 38:9 참고)와 음란한 행위(갈 5:19 참고)입니다.

⑦ 일부다처제입니다. 이는 여러 여자를 동시에 아내로 거느리는 것입니다. 라멕이 이를 처음 행했으며(창 4:18 참고), 그리스도가 오시기 전과 후에 유대인과 이

방인과 무슬림 사이에 널리 퍼진 문화였습니다. 그러나 일부다처제는 하나님의 계명과 규례를 정면으로 어기는 죄입니다.

"그 둘이 한 몸이 될지니라"(마 19:5).

"음행을 피하기 위하여 남자마다 자기 아내를 두고 여자마다 자기 남편을 두라"(고전 7:2).

따라서 아내를 둘 이상 거느리는 것은 계속 간음하는 일입니다. 많은 사람들이 그렇게 하고 있으며 심지어 경건한 신자들 역시 그렇게 살도록 하나님이 허용하신 적이 있었다는 사실이 이 행위의 죄악됨을 무효화하지는 못합니다.

⑧ 내연 관계나 동거입니다. 혼인하지 않은 두 사람이 남편과 부인으로 함께 사는 것입니다. 이는 음란한 행위를 거듭하는 죄입니다. 사마리아 여인이 이 죄를 고백했습니다(요 4:17,18 참고). 성경은 이렇게 말합니다.

"만일 절제할 수 없거든 결혼하라. 정욕이 불같이 타는 것보다 결혼하는 것이 나으니라"(고전 7:9).

⑨ 약혼한 자들이 혼인하기 전에 관계를 가지는 것입니다. 이는 요셉과 마리아의 경우와 반대될 뿐만 아니라, 다음 말씀을 어기는 것입니다.

"모든 것을 품위 있게 하고 질서 있게 하라"(고전 14:40).

이는 부정한 행위입니다. 만일 남자가 죽으면 이 여인은 창기로, 둘 사이에서 난 자식은 창기의 자식으로 여겨질 것입니다. 또한 이런 결혼 관계는 죄로 시작했기 때문에 결혼의 복과 즐거움을 빼앗깁니다.

둘째, 단정하지 못한 음란한 몸짓들입니다.

① 이런 몸짓들은 가장 먼저 눈에서부터 시작됩니다. 눈으로 본 것을 통해 부정한 정욕이 일어납니다. 이에 대해 예수님께서 이렇게 말씀하십니다.

"나는 너희에게 이르노니 음욕을 품고 여자를 보는 자마다 마음에 이미 간음하였느니라"(마 5:28; 23:14,16 참고).

베드로는 "음심이 가득한 눈"(벧후 2:14 참고)이라고 합니다. 눈빛으로 추파를 던져 다른 사람을 꼬드겨 음란한 짓을 하기도 합니다.

② 손발이나 몸의 다른 부분으로 다른 사람에게 자신의 음란한 의도를 알리는 것입니다.

"네가 높은 대를 모든 길 어귀에 쌓고……모든 지나가는 자에게 다리를 벌려 심히 음행하고"(겔 16:25).

③ 껴안거나 쓰다듬거나 입 맞추는 등의 행위도 있습니다(겔 23:3,8 참고).

"그 여인이 그를 붙잡고 그에게 입 맞추며 부끄러움을 모르는 얼굴로 그에게 말하되"(잠 7:13).

④ 마땅히 가려야 할 부분을 가리지 않을뿐더러, 몸가짐을 단정히 하지 않고 창녀처럼 옷을 입고 다니는 것 또한 여기에 속합니다. 다른 사람을 미혹하거나 꼬드기려는 음란한 마음이 그런 식으로 드러납니다.

⑤ 음담패설을 일삼고 음란한 책들을 읽거나 듣는 것도 포함됩니다. 이 또한 부정한 마음이 드러나는 것입니다.

"선한 사람은 마음에 쌓은 선에서 선을 내고 악한 자는 그 쌓은 악에서 악을 내나니 이는 마음에 가득한 것을 입으로 말함이니라"(눅 6:45).

그러한 것들에 사용되는 말들은 그 말을 읽거나 듣는 사람들에게 부정한 정욕을 불러일으킵니다.

"속지 말라. 악한 동무들은 선한 행실을 더럽히나니"(고전 15:33).

⑥ 갑자기 마음에 일어난 음란한 생각과 정욕을 떨쳐 버리지 않고 그 생각이 계속 마음에 일어나도록 내버려 두는 것 또한 음행입니다. 특별한 계기가 없어도 홀로 상상하고 공상하면서 정욕을 불러일으키거나 지난날에 저질렀던 음란한 행위들을 자꾸 떠올리면서 주어진 상황과 관련해 음란한 일들을 꿈꾸는 것도 마찬가지입니다.

"마음에서 나오는 것은 악한 생각과 살인과 간음과 음란과 도둑질과 거짓 증언과 비방이니"(마 15:19).

"악한 꾀는 여호와께 미워하시나 선한 말은 정결하니라"(잠 15:26).

"오직 각 사람이 시험을 받는 것은 자기 욕심에 끌려 미혹됨이니"(약 1:14).

"그러므로 땅에 있는 지체를 죽이라. 곧 음란과 부정과 사욕과 악한 정욕과 탐심이니 탐심은 우상숭배니라"(골 3:5).

셋째, 음란한 일을 일삼을 환경이 너무나 많습니다. 그런 환경을 예기치 않게 접하기도 하지만, 의도적으로 찾거나 만들기도 합니다.

① 무도장이 있습니다. 춤은 악기 연주를 따라 발을 맞추는 것에 불과하지만, 그렇게 춤추는 것을 보거나 춤추는 것을 통해 음란한 정욕이 일어납니다. 성도들은 항상 춤을 경멸해 왔습니다. 문명화된 사회에서는 이교도들도 똑같이 생각합니다. 또한 춤은 하나님으로부터 온 것도 아니며, 성경 역시 춤을 명령하지 않습니다. 오히려 춤은 열매 없는 어둠의 일일뿐더러(엡 5:11 참고), 세상 사람들에게서 비롯된 육체의 정욕과 안목의 정욕에 속한 것입니다(요일 2:16 참고). 이방 여자의 춤으로 말미암아 세례 요한이 목숨을 잃었고(마 14:6,10 참고), 실로의 딸들이 납치되었으며(삿 21장 참고), 디나가 욕을 보았습니다(창 34:1,2 참고). 생각건대, 춤을 즐기는 사람 가운데 죽기를 바라거나 죽은 뒤 심판대 앞에서까지 춤을 추려는 사람은 없을 것입니다.

② 희극을 즐기거나 거기에 참여하는 것도 음행에 속합니다. 희극에서 하나님의 이름을 망령되이 부르는 것, 이교적인 우상숭배, 마귀, 납치, 강간, 남녀 간의 애정 행각, 어리석은 말 같은 것을 제외하고 역사적인 사건만을 보여 준다면, 희극은 지금과 같은 모습이 아닐 것이고, 이토록 많은 사람들에게 흥미를 불러일으키지도 않을 것입니다. 그러나 방금 예시한 많은 죄악된 요소들이 희극에 재미를 부여하며, 그러하기에 사람들이 지금처럼 희극을 찾는 것입니다. 그러나 이런 희극으로 말미암아 사람들의 마음은 심히 공허해지고 희극의 죄악된 요소들로 가득해진 나머지, 밤낮 그것만 생각하게 됩니다. 스스로 희극에 나오는 배우로 착각하고 사랑에 빠지는 공상에 젖어 듭니다. 이런 생각은 마음에 숨어 있던 음란함을 촉발시킬 뿐만 아니라, 하나님께로 나아가게 하는 대신 허탄한 쾌락을 즐거워하고 추구하는 데로 몰아갑니다. 이런 죄는 반드시 하나님께 심판을 받습니다. 그런데 하나님은 대부분의 경우 이런 사람들이 음란한 마음에 빠져 그 정욕의 종노릇하도록 내버려

두십니다. 이런 사람을 급격한 정신 이상이나 심지어 죽음으로 심판하기도 하십니다. 희극을 보다가 혼자 자지러지게 웃는 사람들을 통해 이런 예를 볼 수 있습니다. 아무도 희극을 하나님께서 주신 것으로 여기지 않습니다. 오히려 그것은 그리스도인이라면 결코 사랑할 수 없고 사랑해서도 안 되는, 세상으로부터 온 것임을 인정할 수밖에 없습니다. 세상을 사랑하는 자는 그 안에 하나님의 사랑이 없으며(요일 2:15 참고), 하나님의 원수로 여겨지기 때문입니다(약 4:4 참고).

③ 게으름과 나태함은 음란한 마음을 불러일으키고, 결국 음란한 행위를 저지르는 데에 엄청난 영향을 줍니다. 다윗이 이것을 처절하게 경험했습니다(삼하 11장 참고). 바울은 쓸데없이 이 집 저 집 다니는 젊은 과부들이 점점 정욕에 빠지게 된다고 말합니다. 어느 이교도는 "게으름을 제거하면 음란함이 사라질 것이다"라고 했습니다.

④ 사도 바울은 음란함에 방탕함과 술 취함을 더합니다.

"낮에와 같이 단정히 행하고 방탕하거나 술 취하지 말며 음란하거나 호색하지 말며 다투거나 시기하지 말고"(롬 13:13).

"포도주는 붉고 잔에서 번쩍이며 순하게 내려가나니 너는 그것을 보지도 말지어다……또 네 눈에는 괴이한 것이 보일 것이요 네 마음은 구부러진 말을 할 것이며"(잠 23:31,33).

⑤ 음란하고 방탕한 자들과 어울리는 것도 포함됩니다. 그릇된 사람들과 어울리면 자연스럽게 그 영향을 받아 그릇된 길을 가기 마련입니다.

"지혜로운 자와 동행하면 지혜를 얻고 미련한 자와 사귀면 해를 받느니라"(잠 13:20).

⑥ 음란한 그림을 보는 것도 마찬가지입니다. 마음은 무엇이든 눈으로 본 것으로부터 영향을 받기 마련입니다. 이스라엘 여인들은 벽에 그려진 갈대아 남자들의 형상을 보고서 거기에 흠뻑 반하여 음란한 길로 나아갔습니다(겔 23:13-16 참고).

⑦ 나이가 너무 많이 차이 나는 사람을 배우자로 맞이하는 결혼 또한 여기에 속할 수 있습니다. 젊은 배우자는 나이 든 배우자에게 쉽사리 싫증을 내고 그 배우자를 싫어하게 될 수 있습니다. 그래서 배우자 중 한쪽이 상대 배우자에게 관심을 두지 않게 되면, 양쪽 모두 행동으로는 아니더라도 음란한 정욕에 이끌리기가 쉽습

니다.

⑧ 가정의 불화 또한 이 계명이 금하는 죄입니다. 부부 간의 다툼은 서로 소원해지는 원인입니다. 그렇게 되면 서로의 사랑이 요구하는 의무를 성실히 할 수 없고, 자연히 이를 빌미로 부패한 본성이 틈타게 됩니다.

제7계명과 관련된 죄의 끔찍한 성격과 하나님의 특별한 심판

지금까지 언급한 죄들이 제7계명이 금하는 중심적인 죄악들입니다. 저마다 이런 죄에 빠지지 않으려면, 이 죄악들의 혐오스런 본질과 이런 죄에 임하는 하나님의 특별한 심판을 강조해야 합니다.

첫째, 간음이라는 죄가 얼마나 혐오스럽고도 끔찍한지를 숙고해야 합니다.

① 이 죄는 모든 죄의 우두머리로 육체의 일들을 열거한 목록 가운데 가장 먼저 언급됩니다.

"육체의 일은 분명하니 곧 음행과 더러운 것과 호색과 우상숭배와 주술과 원수 맺는 것과 분쟁과 시기와 분 냄과 당 짓는 것과 분열함과 이단과 투기와 술 취함과 방탕함과 또 그와 같은 것들이라"(갈 5:19-21).

그렇습니다. 이 죄에 탐닉하는 자는 자기 마음을 빼앗긴 자입니다.

"음행과 묵은 포도주와 새 포도주가 마음을 빼앗느니라"(호 4:11).

이런 사람은 다른 모든 죄에도 취약합니다.

"사랑하는 자들아, 거류민과 나그네 같은 너희를 권하노니 영혼을 거슬러 싸우는 육체의 정욕을 제어하라"(벧전 2:11).

② 신자들을 성전으로 삼아 내주하시는 성령을 정면으로 거스르는 행위입니다. 성령은 신자 안에 거하시면서 그들의 마음을 조명하고 위로하며, 기도하게 하고 기도에 응답하시며 거룩한 길로 이끄십니다. 그러나 이 죄는 성령께서 거하시는 성전을 더럽힙니다.

"너희는 너희가 하나님의 성전인 것과 하나님의 성령이 너희 안에 계시는 것을 알지 못하느냐? 누구든지 하나님의 성전을 더럽히면 하나님이 그 사람을 멸하시리라. 하나님의 성전은 거룩하니 너희도 그러하니라"(고전 3:16,17).

"음행을 피하라. 사람이 범하는 죄마다 몸 밖에 있거니와 음행하는 자는 자기 몸에 죄를 범하느니라. 너희 몸은 너희가 하나님께로부터 받은 바 너희 가운데 계신 성령의 전인 줄을 알지 못하느냐. 너희는 너희 자신의 것이 아니라"(고전 6:18,19).

③ 신자들을 구속하시고 자기 기업으로 삼으신 예수 그리스도의 고난을 정면으로 거스르는 행위입니다.

"너희 몸이 그리스도의 지체인 줄을 알지 못하느냐? 내가 그리스도의 지체를 가지고 창녀의 지체를 만들겠느냐? 결코 그럴 수 없느니라……값으로 산 것이 되었으니 그런즉 너희 몸으로 하나님께 영광을 돌리라"(고전 6:15,20).

④ 신자를 사탄의 나라에서 그리스도의 나라로 옮기는 천국의 부르심을 정면으로 거스르는 행위입니다.

"하나님이 우리를 부르심은 부정하게 하심이 아니요 거룩하게 하심이니"(살전 4:7).

⑤ 하나님을 모욕하는 동시에 그분의 진노를 격발하는 끔찍한 행위입니다. 사람이 그 앞에 있으면(어린아이가 있다 할지라도) 부끄러워서라도 범하지 못할 죄가 아닙니까? 하물며 하나님의 눈앞에서 이런 죄를 범하는 것이 수치스럽지 않단 말입니까? 어떻게 감히 거룩하신 하나님의 눈앞에서 이토록 끔찍한 죄를 범한단 말입니까?

둘째, 하나님께서 간음한 자들에게 내리시는 특별한 심판에 주목하고 그것을 숙고하십시오.

① 하나님은 간음하는 자들을 죄와 자아에 사로잡혀 사는 데 내주어 이런 부정하고도 끔찍한 행위에 빠져 지내도록 내버려 두십니다. 그렇습니다. 심지어 남색이나 수간에까지 이르도록 내버려 두십니다(롬 1:27 참고). 영적 간음과 우상숭배에 빠져 죄 가운데 살다가 죽도록 내버려 두십니다.

"향락을 좋아하는 자는 살았으나 죽었느니라"(딤전 5:6).

② 몸과 영혼에 엄청난 진노를 쏟아부으십니다. 소돔이 당한 일을 곱씹으며, 베

드로가 한 말을 생각해 보십시오.

"주께서 경건한 자는 시험에서 건지실 줄 아시고 불의한 자는 형벌 아래에 두어 심판 날까지 지키시며, 특별히 육체를 따라 더러운 정욕 가운데서 행하며 주관하는 이를 멸시하는 자들에게는 형벌할 줄 아시느니라. 이들은 당돌하고 자긍하며 떨지 않고 영광 있는 자들을 비방하거니와"(벧후 2:9,10).

또한 광야에서 음행한 이스라엘 백성들이 어떻게 되었는지 생각해 보십시오.

"그들 중의 어떤 사람들이 음행하다가 하루에 이만 삼천 명이 죽었나니 우리는 그들과 같이 음행하지 말자"(고전 10:8).

"음행하는 자들과 간음하는 자들을 하나님이 심판하시리라"(히 13:4).

③ 이 죄 때문에 많은 사람들이 영원히 멸망당할 것입니다.

"불의한 자가 하나님의 나라를 유업으로 받지 못할 줄을 알지 못하느냐? 미혹을 받지 말라 음행하는 자나 우상숭배하는 자나 간음하는 자나 탐색하는 자나 남색하는 자나 도적이나 탐욕을 부리는 자나 술 취하는 자나 모욕하는 자나 속여 빼앗는 자들은 하나님의 나라를 유업으로 받지 못하리라"(고전 6:9,10).

"너희도 정녕 이것을 알거니와 음행하는 자나 더러운 자나 탐하는 자 곧 우상숭배자는 다 그리스도와 하나님 나라에서 기업을 얻지 못하나니"(엡 5:5).

"그러나 두려워하는 자들과 믿지 아니하는 자들과 흉악한 자들과 살인자들과 음행하는 자들과 점술가들과 우상숭배자들과 거짓말하는 모든 자들은 불과 유황으로 타는 못에 던져지리니 이것이 둘째 사망이라"(계 21:8).

제7계명이 명하는 덕

첫째, 마음의 부정함과 마음에서 나오는 모든 악한 것들을 미워하고 혐오하며 증오하는 적개심이 있어야 합니다.

"너희는 악을 미워하고"(암 5:15).

"악을 미워하고"(롬 12:9).

"그 육체로 더럽힌 옷까지도 미워하되"(유 1:23).

둘째, 단정함과 순결로 드러나는, 죄를 부끄러워하는 마음을 품어야 합니다.

"임금들과 높은 지위에 있는 모든 사람을 위하여 하라. 이는 우리가 모든 경건과 단정함으로 고요하고 평안한 생활을 하려 함이라"(딤전 2:2).

"그러므로 감독은 책망할 것이 없으며 한 아내의 남편이 되며 절제하며 신중하며······ 여자들도 이와 같이 정숙하고"(딤전 3:2,11).

"마음이 청결하며"(시 24:4).

"또 이와 같이 여자들도 단정하게 옷을 입으며 소박함과 정절로써 자기를 단장하고 땋은 머리와 금이나 진주나 값진 옷으로 하지 말고"(딤전 2:9).

셋째, 모든 행실을 단정히 하며, 특별히 몸가짐을 올바로 해야 합니다.

"내가 너희를 정결한 처녀로 한 남편인 그리스도께 드리려고 중매함이로다"(고후 11:2).

"육과 영의 온갖 더러운 것에서 자신을 깨끗하게 하자"(고후 7:1).

"네 자신을 지켜 정결하게 하라"(딤전 5:22).

마음의 정결함을 위한 권고

사도가 촉구하는 대로 마음을 지키고 각각 자기 아내를 거룩하고 존귀하게 대해야 합니다(살전 4:4 참고).

첫째, 원수는 자기 안에 있음을 기억하십시오. 우리 안에는 이미 부정함의 씨가 자리 잡고 있습니다. 그리고 우리가 깨어 이것을 대적하지 않으면 언젠가는 싹이 나고 움이 돋습니다. 진실로 순결을 지키고자 하는 마음을 가진 자는 복됩니다. 이 죄에 한번 사로잡히면 쉽게 헤어날 수 없기 때문입니다. 그러므로 깨어 있으십시오!

둘째, 음란이라는 죄를 촉발하는 모든 상황을 피하기 위해 주의를 기울이십시오. 이런 죄는 눈과 귀를 통해 촉발되기가 일쑤입니다. 그러므로 이 두 감각기관을 잘 감시하고 살펴야 합니다.

"내가 내 눈과 약속하였나니 어찌 처녀에게 주목하랴"(욥 31:1).

셋째, 마음에 부정한 생각이 일어나면 옷에 붙은 불을 털어 내듯 즉시 털어 버리고 곧바로 다른 생각을 하십시오. 이런 상황을 피하는 것이 상책입니다. 처음 부정한 생각이 들었을 때 그것을 거부하는 대신 내버려 두고 그것을 생각하는 순간, 이미 여러분은 정복당한 것입니다. 여러분이 의지로 그것을 생각할 때 그 부정한 생각이 순식간에 온 마음을 지배하여 엄청난 힘을 발휘할 것이기 때문입니다.

넷째, 언제나 정직하게 행하십시오. 당장 해야 할 일이 없더라도 빈둥거리지 마십시오. 기쁨과 열정으로 자기에게 주어진 일을 온 마음을 다해 힘써 행하고자 스스로를 고양시켜야 합니다. 그런 마음에는 더러운 생각이 틈탈 여지가 없습니다.

다섯째, 먹고 마시고 잠자는 일을 적당히 하십시오. 이런 일들을 절제하지 않으면, 이내 몸은 이 죄에 취약해지고 이 죄를 향한 정욕과 욕망이 쉽게 일어납니다.

여섯째, 음란으로 쉽게 이끌리는 사람들을 피하십시오. 아무렇지도 않게 육체로 이끌리는 사람인지 이런 죄와 싸우는 사람인지를 잘 분변하십시오. 마음이 순전하다 할지라도 말 한 마디나 다른 어떤 것을 통해 너무나 쉽게 이런 죄로 이끌릴 수 있습니다. 더구나 혼자서 이런 죄와 싸우는 사람은 쉽사리 이 죄에 사로잡힙니다.

일곱째, 하나님의 임재와 전지하심을 알고 두려워하십시오. 끊임없이 '하나님, 내 속에 정한 마음을 창조하옵소서'라고 기도해야 합니다. 이 죄에 자주 공격받는다면 금식하십시오. 하나님께서 이 싸움에 임하는 사람을 도우실 것입니다.

여덟째, 항상 이 죄가 초래할 결과를 생각하십시오. 이 죄로 얻는 육체의 즐거움은 잠시일 뿐, 영혼에 쓰라린 상처가 남게 됩니다. 만일 영혼이 이런 죄로 맞닥뜨릴 비참하고도 고통스러운 어려움을 실감한다면, 순간에 불과한 이 저주받은 쾌락을 훨씬 수월하게 거부할 것입니다.

53

제8계명

제8계명은 이웃의 소유와 관련됩니다. 천지는 다 주의 것입니다.

"내가 가령 주려도 네게 이르지 아니할 것은 세계와 거기에 충만한 것이 내 것임이로다"(시 50:12).

"하늘은 여호와의 하늘이라도 땅은 사람에게 주셨도다"(시 115:16).

사실상 모든 사람이 세상에 대해 동등한 권리를 가지면서 세상의 각 부분을 동등하게 누리고 있지는 않습니다. 그러나 하나님은 제비뽑기를 통해 이스라엘에게 가나안 땅을 나누어 주신 것처럼, 이 세상을 살아가는 사람에게 각자의 분깃을 주십니다. 분깃을 많이 가진 사람도 있고, 그렇지 않은 사람도 있습니다. 저마다 더하거나 덜하지 않게 딱 하나님께서 허락하신 분량을 가지게 됩니다.

"나를 가난하게도 마옵시고 부하게도 마옵시고 오직 필요한 양식으로 나를 먹이시옵소서"(잠 30:8).

사람은 자기가 받은 분깃과 분량으로 만족해야 합니다. 그리고 하나님께서 정하신 방편을 통해 이를 받아야 합니다. 그러하기에 하나님은 '도둑질하지 말라'라고 명령하심으로써 불법적인 방편을 통해 자신의 분깃을 취하고 그것을 더해 가려는 욕망을 명백히 금하십니다.

도둑질은 이웃의 소유를 자기 것으로 삼는 행위입니다. 도둑질하는 자는 원 소유자의 뜻을 무시하고 그것에 반하여 고의로 이웃의 소유를 자기 것으로 삼습니다.

제8계명이 금하는 죄

제8계명이 금하는 죄는 다음 주제에 따라 더 자세히 나눌 수 있습니다.
- 도둑질한 대상
- 도둑질에 사용한 방편
- 도둑질한 방식
- 도둑질한 동기

도둑질하는 대상과 관련하여 다음을 생각해 볼 수 있습니다. 바로 교회, 사람, 국가, 가축, 소유, 강도, 절도 공모입니다.

첫째, 교회를 도둑질하는 죄입니다.

① 자신의 유익을 위해 사물이나 지위를 남용하는 것입니다. 즉, 교회를 운영하고 가난한 자들을 구제하기 위해 교회에 맡겨진 것들을 이용하여 자신의 재물을 불리거나 이 목적과 상관없는 다른 사람에게 나누어 주는 것입니다.

"함부로 이 물건은 거룩하다 하여 서원하고 그 후에 살피면 그것이 그 사람에게 덫이 되느니라"(잠 20:25).

"사람이 어찌 하나님의 것을 도둑질하겠느냐? 그러나 너희는 나의 것을 도둑질하고도 말하기를 우리가 어떻게 주의 것을 도둑질하였나이까 하는도다. 이는 곧 십일조와 봉헌물이라. 너희 곧 온 나라가 나의 것을 도둑질하였으므로 너희가 저주를 받았느니라"(말 3:8,9).

세속 정부에도 교회의 재물과 소유를 함부로 사용할 권한이 없습니다. 뿐만 아니라 이런 용도 및 목적과 관련 없는 사람이 그것을 받아서는 안 됩니다. 설령 그렇게 나누어 주는 주체가 정부라고 해도 마찬가지입니다.

② 성직 매매(simony)도 여기에 속합니다. 성직 매매라는 말은 사도들에게 돈을 주고 성령의 선물을 사려 했던 마술사 시몬의 행위에서 유래되었습니다(행 8:18-20 참고). 교회의 세간을 담당하는 사람에게 돈을 주고 그 세간을 사려는 것도 이런 죄에 해당합니다. 교회 직분을 돈 주고 얻으려는 것도 이런 죄입니다. 그런 직분을 세우거나 부정할 권위를 가졌다고 주장하는 사람에게서 사사로이 직분을 받는 것도 마찬가지입니다. 이는 사실상 교회를 도둑질하는 것입니다. 불법으로 권위를 행사하는 사람에게 돈을 주고 직분이나 지위를 얻거나 판다는 점에서 이는 이중으로 도둑질을 하는 것입니다. 사사로운 친분에 따라 교회의 지위나 직분을 주고 그에 따라 보답하는 것이 바로 이런 죄입니다. 이런 사람들은 우리에 난 문이 아니라 다른 경로를 통해 양 무리에게 들어온 도둑이요 강도입니다(요 10:7-10 참고). 장로와 목사들을 세울 권위를 가진 장로들이 사람이나 친구의 호의와 환심을 얻기 위해 사람을 세우는 것 또한 이런 죄입니다.

둘째, 사람을 도둑질하는 죄입니다.

① 이 죄는 노예 무역을 일삼는 나라에서 자행되고 있습니다. 출애굽기 21장 16절은 다음과 같이 말합니다(딤전 1:10 참고).

"사람을 납치한 자가 그 사람을 팔았든지 자기 수하에 두었든지 그를 반드시 죽일지니라."

② 어린이를 유괴하는 행위도 이런 죄입니다. 성적 대상으로 삼거나 구걸을 시켜 사람들의 동정을 유발해 돈을 벌 요량으로 어린이를 유괴하는 것은 어린이를 학대하는 것일 뿐만 아니라 그들을 비참하게 만드는 죄입니다.

③ 수도원에서 하는 도둑질이 있습니다. 많은 유산을 물려받을 부잣집 어린이를 꼬드겨 부모 몰래 수도원으로 데려다가 서약을 시킨 뒤 그곳에서 살게 하는 경우, 또는 부모를 속여 얻은 것을 수도원이나 사제에게 바치게 하려고 수도원에서 살도록 서약을 시키는 경우입니다.

"너희는 이르되 사람이 아버지에게나 어머니에게나 말하기를 내가 드려 유익하게 할 것이 고르반 곧 하나님께 드림이 되었다고 하기만 하면 그만이라 하고……너희가 전한 전통으로 하나님의 말씀을 폐하며 또 이 같은 일을 많이 행하느니라 하시고"(막 7:11,13).

④ 어린 여자아이를 유괴하거나, 이런 아이와 혼인을 약속하고(부모 몰래 하거나 부모의 뜻을 거슬러) 데리고 도망치거나, 성적인 목적으로 어린아이와 약혼하는 경우입니다. 이는 부모가 가장 사랑하는 소중한 것을 도둑질하는 것과 다름없습니다. 하나님은 이런 자들에게 저주를 내리십니다.

"부모의 물건을 도둑질하고서도 죄가 아니라 하는 자는 멸망 받게 하는 자의 동류니라"(잠 28:24).

셋째, 정부나 시민이 국가 재산을 횡령하거나 사취하는 죄입니다. 다음과 같은 공무원의 행위는 나라의 재산을 사취하는 것입니다.

① 세무 항목과 같이 업무와 관련된 정보를 개인의 이득을 위해 유용합니다.

② 이득을 함께 나누기로 하고서 명의를 빌려주거나 위장하는 등 부당한 방법으로 이득을 얻도록 납세자나 다른 사람의 도둑질을 도와줍니다.

③ 공사나 선박을 위한 계약이 성사되도록 부추겨 일정한 금액을 챙기거나, 특정인이나 무리에게 그 계약이 이뤄지도록 뒤에서 조종합니다.

④ 납부금을 더 거두고자 불법으로 위탁 기간을 연장해 줍니다.

⑤ 세금을 정해진 금액 이상으로 부풀려 차액을 착복합니다.

⑥ 친분이 있다는 이유로 자격이 안 되는 사람에게 자리를 팔거나 나누어 줍니다. 사실 그들이 팔거나 나누어 준 자리는 그들의 것이 아닐뿐더러, 제대로 자격을 갖추지 않은 사람이 그 자리에서 일하는 것은 나라에 해를 끼치는 일입니다. 그리고 부당한 방법으로 이런 자리를 차지하는 사람은 대개 부정직하며 자신이 그 자리를 얻는 데 들인 돈을 어떤 방식으로든 그 자리를 통해 다시금 얻어 내려고 혈안이 되어 있습니다.

⑦ 징병관이 돈을 받고 병사의 숫자를 허위로 작성하거나 선장이 뇌물을 받지 않으면 도망친 선원을 수배하거나 단속하지 않고 멋대로 활개 치며 다니도록 내버려 두는 것도 나라의 재산을 사취하는 죄입니다.

다음 성경 말씀들을 생각해 보십시오.

"네 고관들은 패역하여 도둑과 짝하며 다 뇌물을 사랑하며 예물을 구하며 고아를 위하여 신원하지 아니하며 과부의 송사를 수리하지 아니하는도다"(사 1:23).

"그 가운데에 그 고관들은 음식물을 삼키는 이리 같아서 불의한 이익을 얻으려고 피를 흘려 영혼을 멸하거늘"(겔 22:27).

"그들은 부끄러운 일을 좋아하느니라"(호 4:18).

백성이 부패한 공무원과 결탁하여 공사나 하청과 관련해 정당한 금액 이상을 나라에 청구해 서로 나누는 것은 국가의 재산을 훔치는 것입니다. 계약서를 허위로 작성하는 것, 정부가 쓸 물품을 조달하는 공무를 이용하여 밀수하는 것, 관세나 다른 조세를 포탈하는 것 등의 행위도 여기에 해당합니다. 이런 행위들은 다음과 같은 성경 말씀을 정면으로 거스르는 범죄입니다.

"이르되 가이사의 것이니이다. 이에 이르시되 그런즉 가이사의 것은 가이사에게, 하나님의 것은 하나님께 바치라 하시니"(마 22:21).

"모든 자에게 줄 것을 주되 조세를 받을 자에게 조세를 바치고 관세를 받을 자에게 관세를 바치고 두려워할 자를 두려워하며 존경할 자를 존경하라"(롬 13:7).

정부가 세금을 너무 많이 떼어 가서 이윤이 남지 않는다고 주장한다면, 다음 말씀을 기억하고 순종하십시오.

"사환들아 범사에 두려워함으로 주인들에게 순종하되 선하고 관용하는 자들에게만 아니라 또한 까다로운 자들에게도 그리하라"(벧전 2:18).

넷째, 가축을 도둑질하는 죄입니다. 제6계명은 사냥이나 덫을 놓는 등 정부나 권위를 가진 사람들이 금하는 일을 통해 다른 사람의 가축이나 짐승을 포획하거나 고의로 타인의 말, 소, 양, 고니 등을 절취하는 행위를 금합니다. 빌린 땅에 덫을 놓아 토끼를 잡거나 그 땅의 연못이나 강에서 허락되지 않은 그물로 허락되지 않은 시간에 고기를 잡는 것 또한 절도입니다.

"사람이 소나 양을 도둑질하여 잡거나 팔면 그는 소 한 마리에 소 다섯 마리로 갚고 양 한 마리에 양 네 마리로 갚을지니라"(출 22:1).

다섯째, 제6계명은 타인이 소유한 땅에서 은, 금, 보석, 옷, 목초, 옥수수 같은 개인의 사물을 절취하거나 과수원과 정원에서 과일과 채소를 몰래 훔치는 일을 금합니다. 몰래 남의 집에 들어가 훔치는 것은 큰 범죄일뿐더러, 이를 밤중에 행하는 것은 더욱 큰 범죄입니다(출 22:2,3 참고). 다음 말씀들이 이에 대해 말합니다.

"너희 중에 누구든지 살인이나 도둑질이나 악행이나 남의 일을 간섭하는 자로 고난을 받지 말려니와"(벧전 4:15).

"도적이나 탐욕을 부리는……자들은 하나님의 나라를 유업으로 받지 못하리라"(고전 6:10).

여섯째, 바다나 육지에서 자행되는 무장 강도가 있습니다. 해상에서 일어나는 무장 강도는 해적질이라고 불립니다. 적국의 시민이 소유한 상선을 무력으로 제압하고 약탈하는 행위입니다. 이런 강도질은 적국의 상선이나 소유에 해를 입혀 자기 나라를 이롭게 하려는 것도 아니고, 조국에 대한 사랑과 자국 정부에 대한 충성에서 비롯된 것도 아닙니다. 단지 타인의 사업을 탈취하여 자신의 배를 채우려는 지극히 이기적인 탐욕에서 비롯된 것일 뿐입니다. 그래서 이런 강도질을 가리켜 특권층이 자행하는 약탈이라고도 합니다. 육지에서 벌어지는 이런 강도질은 노상 강도라고 불립니다. 강도질은 폭력을 사용하고 은밀하게 저질러진다는 점에서 일반 도둑질과는 구별됩니다. 다음 말씀들이 이런 강도질에 대해 말합니다.

"너는 네 이웃을 억압하지 말며 착취하지 말며 품꾼의 삯을 아침까지 밤새도록 네게 두지 말며"(레 19:13).

"우리가 온갖 보화를 얻으며 빼앗은 것으로 우리 집을 채우리니"(잠 1:13).

"도적이나 탐욕을 부리는 자나 술 취하는 자나 모욕하는 자나 속여 빼앗는 자들은 하나님의 나라를 유업으로 받지 못하리라"(고전 6:10).

일곱째, 절도에 공범으로 가담하지 말라고 합니다. 도둑질한 물건을 같이 나눌 심산으로 은신처를 제공하거나 모르는 척하지 말아야 합니다. 장물인 줄 알거나 그럴 가능성이 있는 줄 알면서도 원래 가격의 반값만 주고도 살 수 있다는 이유로 그것을 구입하는 일을 하지 않아야 합니다. 장물을 구입하는 사람만 없어도 도둑질이 훨씬 줄어들 것입니다. 시가보다 싸다고 장물을 구입하는 행위는 직접 도둑질한 것이나 다름없습니다.

"도둑을 본즉 그와 연합하고 간음하는 자들과 동료가 되며"(시 50:18).

"도둑과 짝하는 자는 자기의 영혼을 미워하는 자라. 그는 저주를 들어도 진술하지 아니하느니라"(잠 29:24).

도둑질하는 방식

도둑질은 다음과 같은 방식으로 자행됩니다.

첫째, 착취입니다. 이는 사회적 지위가 낮은 사람이라고 해서 보수를 지불하지 않거나 그들의 소유를 강압적으로 취하는 방식으로 억압하는 것입니다. 자신에게 물건을 파는 사람이 사회적으로 지위가 낮아 의지할 데가 없고 가난하다고 해서 계속 업신여기고 고소하는 것입니다.

"너희는 도리어 가난한 자를 업신여겼도다. 부자는 너희를 억압하며 법정으로 끌고 가지 아니하느냐"(약 2:6).

나봇의 포도원을 빼앗은 이세벨이 그러했습니다(왕상 21:15 참고). 이런 행위에 대해 사도는 다음과 같이 경고합니다.

"이 일에 분수를 넘어서 형제를 해하지 말라. 이는 우리가 너희에게 미리 말하고 증언한 것과 같이 이 모든 일에 주께서 신원하여 주심이라"(살전 4:6).

둘째, 겉으로는 아닌 척하면서 거짓으로 이웃을 속입니다.

"이 일에 분수를 넘어서 형제를 해하지 말라. 이는 우리가 너희에게 미리 말하고 증언한 것과 같이 이 모든 일에 주께서 신원하여 주심이라"(살전 4:6).

"너는 네 이웃을 억압하지 말며"(레 19:13).

① 물건의 무게를 속입니다. 살 때는 무게를 무겁게 재고, 팔 때는 가볍게 재는 것입니다. 잘못된 저울을 사용하거나 저울을 조작하여 이웃을 속이는 것은 도둑질입니다.

② 눈금을 속입니다. 살 때는 무겁게 달고, 팔 때는 가볍게 다는 것입니다. 또 무

언가를 달아서 계량할 때 교묘하게 덜 달아 줍니다.

③ 양을 속입니다. 살 때는 양을 최대한 늘리고, 팔 때는 양을 최대한 줄입니다. 또는 물건이 가득 찬 것처럼 보이게 하려고 자루를 이리저리 흔들어 평펴짐하게 만듭니다.

"너희는 재판할 때나 길이나 무게나 양을 잴 때 불의를 행하지 말고, 공평한 저울과 공평한 추와 공평한 에바와 공평한 힌을 사용하라. 나는 너희를 인도하여 애굽 땅에서 나오게 한 너희의 하나님 여호와이니라"(레 19:35,36).

"한결같지 않은 저울 추와 한결같지 않은 되는 다 여호와께서 미워하시느니라"(잠 20:10).

"속이는 저울은 여호와께서 미워하시나 공평한 추는 그가 기뻐하시느니라"(잠 11:1).

④ 상품을 속여 팝니다. 진열하는 상품과 배달하는 상품의 질을 달리합니다. 팔기 위해 진열할 때는 좋은 상품을 비치하고 배달할 때는 다른 것을 섞습니다. 밀가루에 겨를 섞어 만든 빵을 좋은 빵이라고 속여 팔고, 물에 불리거나 무거운 재료를 섞어서 실제보다 더 무겁게 만들어 팝니다. 또는 착시 현상을 일으키도록 물건을 진열하거나 조명을 비추어 물건이 실제보다 좋아 보이게 합니다. 사는 사람이 일부러 물건이 안 좋은 것처럼 말해서 파는 사람으로 하여금 상품의 가치보다 낮은 가격에 팔도록 유도하거나, 파는 사람이 물건을 팔기 위해 상품의 원래 상태나 가치보다 더 좋게 이야기하여 팝니다. 그렇게 하면 모르는 사람은 속아서 삽니다.

"물건을 사는 자가 좋지 못하다 좋지 못하다 하다가 돌아간 후에는 자랑하느니라"(잠 20:14).

"속이는 말로 재물을 모으는 것은 죽음을 구하는 것이라. 곧 불려 다니는 안개니라"(잠 21:6).

그렇다면 물건을 원래 요구되는 가격보다 저렴하게 파는 것은 어떠합니까? 그러게 하면 구매자는 시세 가운데 가장 좋은 가격을 요구할 수 있으며, 판매자는 구매자를 속이지 않고도 그런 가격을 받을 수 있습니다. 이윤을 적게 보더라도 가격을 좀 더 합당한 수준으로 낮추고자 한다면, 어느 정도까지는 그렇게 할 수 있습니다.

⑤ 동전의 가치를 속일 수도 있습니다. 동전의 무게가 액면가만큼 나가지 않거나, 불순물이 섞여 있거나, 가짜 동전인 줄 알면서도 진짜 동전인 것처럼 새겨진 가치대로 지불하거나, 진짜 동전들에 섞어서 몰래 통용시키는 것입니다.

⑥ 고리대를 통해 남의 재물을 빼앗을 수도 있습니다. 낮은 가격에 구입하여 가지고 있는 동안 가격이 오른 것을 알고는(50%나 그 이상으로) 오른 시세 그대로 팔아 배 이상으로 부당하게 이익을 보는 것입니다. 가진 기술로 상품의 질을 향상시켜 이윤을 더한 것이라면 상관없습니다. 그리하여 5센트짜리 상품을 50센트의 가치로 팔았더라도 괜찮습니다. 빌려준 돈의 이자를 모아 이익을 취하는 것 역시 괜찮습니다. 단, 시중의 이자율 및 사랑과 의의 법에 부합해야 합니다. 그러나 시중의 이자율을 초과하여 받은 이자로 이익을 보는 것은 불법입니다(이런 것을 흔히 고리대라고 부릅니다). 고리대의 이율이 높을수록 더 많은 것을 도둑질하게 됩니다. 흡혈귀처럼 가난한 자들의 피를 흘리는 이들은 제8계명이 금하는 도둑질에 대한 심판을 면하지 못할 것입니다. 이들은 가난한 자들에게 신용 대부를 해 주고서는 물건은 물건대로 그들에게 시세보다 비싸게 팝니다. 물건의 질이 현저히 떨어지는 것은 말할 것도 없습니다.

> ▶ 질문
>
> 그러나 오랫동안 돈을 빌려줄 때, 빌려준 돈을 돌려받지 못할 수 있기 때문에 그 기간과 위험성을 고려하여 무언가를 받아야만 하지 않는가?

대답: 가난한 자에게 돈을 빌려주기 전에 먼저 물건의 가격이 훨씬 높다는 사실과, 장기 대부로 말미암아 초래될 수 있는 위험에 대해 미리 말해 줌으로써 그가 이런 사실을 알고도 그렇게 높은 이자를 감수하면서까지 돈을 빌릴지를 선택할 수 있게끔 해야 합니다. 게다가 이자는 사랑과 의의 원리에 따라 부과되어야 합니다. 가난한 사람이 고리대금업자에게 가기 전에, 먼저 교회의 집사들에게 그의

사정을 알려 그를 만나 보도록 하는 편이 낫습니다.

또한 가난한 사람이 생계를 이어 가는 데 필요한 옷가지나 장치나 도구들 같은 것들을 담보로 잡아 돈을 빌려주고, 한술 더 떠 짧은 대부 기간에도 터무니없이 높은 이자를 물리는 식으로 전당포를 운영하는 것 또한 고리대에 속합니다.

"네가 만일 이웃의 옷을 전당 잡거든 해가 지기 전에 그에게 돌려보내라. 그것이 유일한 옷이라 그것이 그의 알몸을 가릴 옷인즉 그가 무엇을 입고 자겠느냐? 그가 내게 부르짖으면 내가 들으리니 나는 자비로운 자임이니라"(출 22:26,27).

도둑질이 이루어지는 또 다른 방식들

절도는 매우 다양한 방식으로 이루어지므로 일일이 나열하기가 불가능할 정도입니다. 악인들은 저마다 자신이 관련된 일에서 도둑질을 합니다.

① 기소된 자들에게 억지로 자백을 강요하며 재판을 질질 끌거나, 범법자인 줄 알면서도 변호사가 무죄를 이끌어 내기 위해 변론합니다.

② 부당한 이익을 얻고자 유서, 계약서, 약정서, 영수증을 허위로 작성합니다. 이는 사문서 위조에 해당합니다.

③ 임금을 체불하거나 삭감합니다.

"보라 너희 밭에서 추수한 품꾼에게 주지 아니한 삯이 소리 지르며 그 추수한 자의 우는 소리가 만군의 주의 귀에 들렸느니라"(약 5:4).

④ 갚을 능력이 없는데도 여기저기에서 돈을 빌립니다. 파산했는데도 여기저기에서 돈을 빌리는 것은 도둑질이나 다름없습니다. 자신의 재산 상태로 미루어 채무를 이행할 수 없다는 것을 알면서도 돈을 빌리는 행위나, 파산 신청을 하거나 빚을 갚지 않은 채 도피할 의도로 돈을 빌리는 행위도 마찬가지입니다.

"악인은 꾸고 갚지 아니하나 의인은 은혜를 베풀고 주는도다"(시 37:21).

⑤ 가격을 담합하여 시장을 독점하고 터무니없는 가격을 유지하여 폭리를 취합니다. 곡식이나 음식과 관련된 품목일 때 더욱 그렇게 행합니다.

"곡식을 내놓지 아니하는 자는 백성에게 저주를 받을 것이나 파는 자는 그의 머리에 복이 임하리라"(잠 11:26).

⑥ 이웃의 장사나 사업을 방해하고 약화시키는 것 역시 도둑질입니다. 자신이 살고 싶은 데서 살거나 합법적으로 자신이 하고 싶은 장사를 하는 것은 전혀 문제되지 않습니다. 여기서 말하는 것은 속임수와 비방과 중상으로 다른 사람의 장사나 사업을 방해하고 빼앗으려는 행위입니다.

⑦ 주어진 시간에 최대한 일을 하지 않으려고 빈둥거리며 시간을 허비합니다.

"손을 게으르게 놀리는 자는 가난하게 되고 손이 부지런한 자는 부하게 되느니라"(잠 10:4).

"부지런한 자의 손은 사람을 다스리게 되어도 게으른 자는 부림을 받느니라"(잠 12:24).

⑧ 게으름이 있습니다.

"자기의 일을 게을리하는 자는 패가하는 자의 형제니라"(잠 18:9).

"게으른 자여 네가 어느 때까지 누워 있겠느냐 네가 어느 때에 잠이 깨어 일어나겠느냐……네 빈궁이 강도같이 오며 네 곤핍이 군사같이 이르리라"(잠 6:9,11).

게으름에 대해 성경은 다음과 같이 증언합니다.

- 하나님께서 게으름을 미워하십니다. 나귀의 첫 새끼는 어린양으로 대속하든지 그 목을 꺾든지 해야 했습니다(출 13:13 참고).

- 모든 사람이 게으른 자를 경멸합니다.

"게으른 자는 그 부리는 사람에게 마치 이에 식초 같고 눈에 연기 같으니라"(잠 10:26).

- 게으른 자는 마귀가 가장 좋아하는 도구요, 마귀를 돕는 자입니다(딤전 5:12 참고).

- 게으른 자는 자기 자신에게 짐이요 걸림돌입니다. 그의 길은 가시울타리처럼 힘겹기만 합니다.

- 게으른 자는 가난을 자초합니다(잠 6:11 참고).

- 게으름은 음란과 도둑질을 낳습니다.

⑨ 낭비벽이 있습니다. 이런 사람들은 항상 좋은 것을 먹으려고 찾아다니고 흥청대며 술 취하고 비싼 옷만 골라 입으면서, 자신의 소유를 탕진합니다. 뿐만 아니라 그는 여기저기에서 돈을 빌리다가 결국 빌린 돈을 갚거나 지불할 능력을 잃고 맙니다. 도박도 여기에 속합니다. 설령 도박에서 돈을 딴다고 할지라도 그것은 불의한 돈인 데다가, 돈을 잃을 경우 자신의 재산이나 사랑하는 사람들의 돈을 잃는 것이기 때문입니다.

"망령되이 얻은 재물은 줄어 가고 손으로 모은 것은 늘어 가느니라"(잠 13:11).

"술을 즐겨 하는 자들과 고기를 탐하는 자들과도 더불어 사귀지 말라. 술 취하고 음식을 탐하는 자는 가난하여질 것이요 잠자기를 즐겨 하는 자는 해어진 옷을 입을 것임이라"(잠 23:20,21).

⑩ 몸이 건강한데도 구걸합니다. 이들은 일하기를 싫어하기 때문에 구걸하러 집집마다 다니거나 자비심이 많은 몇몇 특정한 사람들을 찾아다닙니다. 어느 정도 돈을 모으면, 이들은 그 돈을 터무니없이 탕진해 버리고는 다른 사람들이 땀 흘려 얻은 소득에 의지하여 살아갑니다.

"누구든지 일하기 싫어하거든 먹지도 말게 하라 하였더니 우리가 들은즉 너희 가운데 게으르게 행하여 도무지 일하지 아니하고 일을 만들기만 하는 자들이 있다 하니 이런 자들에게 우리가 명하고 주 예수 그리스도 안에서 권하기를 조용히 일하여 자기 양식을 먹으라 하노라"(살후 3:10-12).

⑪ 술 취하는 자들과 도박하는 자들을 위해 술집을 운영하는 것도 여기에 해당합니다. 이는 가정의 자녀들과 아내들로부터 남편들을 빼앗아 가는 것입니다.

⑫ 주운 물건을 주인에게 돌려주려 하지 않고 자신이 취합니다.

"네 형제의 소나 양이 길 잃은 것을 보거든 못 본 체하지 말고 너는 반드시 그것들을 끌어다가 네 형제에게 돌릴 것이요, 네 형제가 네게서 멀거나 또는 네가 그를 알지 못하거든 그 짐승을 네 집으로 끌고 가서 네 형제가 찾기까지 네게 두었다가 그에게 돌려줄지니, 나귀라도 그리하고 의복이라도 그리하고 형제가 잃어버린 어떤 것이든지 네가 얻거든 다 그리하고 못 본 체하지 말 것이며"(신 22:1-3).

⑬ 빌려 온 물건이나 임대한 집을 함부로 사용하여 어떤 식으로든 망가뜨리거나 처음 빌려 올 때의 상태와 다르게 만들어 놓습니다.

⑭ 채무를 갚을 능력이 없는 채무자를 함부로 대합니다.

"부자는 가난한 자를 주관하고 빚진 자는 채주의 종이 되느니라"(잠 22:7).

그가 가진 것이 전혀 없는데도 채무자라는 이유로 무언가를 빼앗아 가려고 합니다. 심지어 채무를 빌미 삼아 나쁜 일을 강요하기까지 합니다.

도둑질을 하는 원인들

도둑질은 기본적으로 탐심에 기인합니다.

① 탐심은 많은 소유와 아름답고 화려하그 보기 좋은 것들을 탐하는 마음의 성향을 드러냅니다. 합당한 방식으로든 부정한 방식으로든 그런 것들을 가지려고 애씁니다.

"탐욕에 연단된 마음을 가진 자들이니 저주의 자식이라"(벧후 2:14).

② 탐심은 탐욕스럽게 이득을 추구하고 그렇게 얻는 것을 즐거워하는 것으로 나타납니다. 그렇습니다. 심지어 합당한 방식으로 이익을 얻는다고 해도 마찬가지입니다. 이런 탐심을 가진 사람이 진실하게 남아 있는 경우는 극히 드뭅니다. 탐심은 바른 것을 보지 못하도록 눈을 가리며, 지혜르운 자를 현혹시킵니다.

"부하려 하는 자들은 시험과 올무와 여러 가지 어리석고 해로운 욕심에 떨어지나니 곧 사람으로 파멸과 멸망에 빠지게 하는 것이라. 돈을 사랑함이 일만 악의 뿌리가 되나니 이것을 탐내는 자들은 미혹을 받아 믿음에서 떠나 많은 근심으로써 자기를 찔렀도다"(딤전 6:9,10).

③ 이런 마음은 인색함을 통해 드러납니다 인색한 사람은 자신의 기본적인 필요는 물론, 자기 몸을 위해 먹는 데에도 궁색합니다. 다른 사람의 절박한 필요도 외면합니다. 남에게 무언가를 주어야 하는 경우, 가능한 한 적게 주려고 하며, 그것도 오래 미적거린 후에 주곤 합니다. 인색한 사람은 베푸는 것을 큰일로 여기기 때문

입니다. 그렇게 주고 나서도 자신이 이러저러한 것을 주었다는 사실만 생각하느라 여념이 없습니다. 게으름과 방탕함, 그리고 앞에서 언급한 다른 죄악들 또한 사람이 도둑질에 이르는 뿌리요 원인이라고 볼 수 있습니다.

제8계명이 명하는 덕

제8계명은 다음과 같은 덕을 명합니다.

첫째, 의를 사랑하라고 명합니다.

"공의와 정의를 행하는 것은 제사 드리는 것보다 여호와께서 기쁘게 여기시느니라"(잠 21:3).

"여호와께서 네게 구하시는 것은 오직 정의를 행하며 인자를 사랑하며 겸손하게 네 하나님과 함께 행하는 것이 아니냐?"(미 6:8)

둘째, 근면하고 부지런하게 행하라고 명합니다.

"이런 자들에게 우리가 명하고 주 예수 그리스도 안에서 권하기를 조용히 일하여 자기 양식을 먹으라 하노라"(살후 3:12).

그 이유는 다음과 같습니다.

① 근면하게 힘쓰는 일들이 열매를 맺기 때문입니다.

② 하나님께서 부지런하라고 명하십니다.

③ 하나님께서 근면한 사람을 복되게 하시며, 사람은 부지런함으로써 존귀함을 얻기 때문입니다(잠 13:24, 22:29 참고).

④ 부지런한 자가 부유해지기 때문입니다(잠 10:4, 13:4 참고).

⑤ 부지런한 자에게 일은 버거운 짐이 아니라 즐거움이기 때문입니다.

셋째, 먹고 마시고 입는 일에 절제하고 아담해야 합니다.

"모든 사람에게 구원을 주시는 하나님의 은혜가 나타나 우리를 양육하시되 경건하지 않은 것과 이 세상 정욕을 다 버리고 신중함과 의로움과 경건함으로 이 세상에 살고"(딛 2:11,12).

넷째, 너그럽게 행하고, 진짜로 가난한 자들의 필요를 채우는 데 우리의 소유를 사용함으로써 그들이 불의한 일에 빠지지 않도록 도와야 합니다.

"오직 선을 행함과 서로 나누어 주기를 잊지 말라. 하나님은 이 같은 제사를 기뻐하시느니라"(히 13:16).

다섯째, 있는 것으로 만족할 줄 알아야 합니다.

"돈을 사랑하지 말고 있는 바를 족한 줄로 알라"(히 13:5).

"그러나 자족하는 마음이 있으면 경건은 큰 이익이 되느니라……우리가 먹을 것과 입을 것이 있은즉 족한 줄로 알 것이니라"(딤전 6:6,8).

여섯째, 주님이 말씀하신 황금률을 따라야 합니다(마 7:12 참고).

자기 성찰

이제 앞에서 언급한 죄악들과 덕들로 스스로를 비추어 보십시오. 여러분은 어떠합니까? 여러분의 은밀한 금고와 벽장을 열어 보십시오. 여러분의 집과 과수원과 논밭뿐만 아니라, 여러분이 가진 돈과 옷가지와 집안을 치장한 것들을 잘 살펴보십시오. 그리고 이 물음에 대답해 보십시오. 이 모든 것들을 어떻게 얻었습니까? 만약 합당하게 얻지 않은 것이 있다면, 원래 주인에게 돌려주어야 합니다. 그러지 않고서는 하나님 앞에서 제대로 기도할 수 없습니다(사 1:16,17; 요일 3:20 참고).

회피주장 1 나는 너무나 많은 것들을 부정한 방법으로 소유하였다. 그러하기에 그렇게 얻은 것을 다 돌려준다면 빈털터리가 될 것이다.

| 답변 |

도둑보다는 거지가 백 배 낫습니다.

회피주장 2 그러나 큰 수치를 당하게 될 것이다.

| 답변 |

꼭 공개적으로 보상할 필요는 없습니다. 은밀하게 보상하여 원래 주인이 출처를

모르더라도 자신의 것을 되찾게 해 주면 됩니다.

회피주장 3 내가 속인 사람들이 누구이며, 어디에 사는지 모른다.

| 답변 |

그렇다면 가난한 사람들에게 주십시오. 단, 이것은 기부가 아니라 당신이 진 빚을 갚는 것입니다. 당신이 끼친 손해를 갚을 여력이 되지 않는다면, 하나님께 나아가 당신의 죄를 고백하십시오. 당신이 훔친 것을 배상하지 못하는 것을 슬퍼하면서 그리스도의 보혈을 힘입어 죄 사함을 구하십시오.

앞으로 다시는 이런 죄를 짓지 않도록 조심하십시오.
① 도둑질은 무신론자들이 하는 행위이자, 하나님의 섭리를 부인하는 일입니다.
② 도둑질은 우상숭배입니다. 소유에서 생명이 나온다고 여겨 자기 소유를 의지하는 자가 도둑질을 합니다.
"탐심은 우상숭배니라"(골 3:5).
③ 도둑질은 당신의 소유를 쓸모없게 만들 것입니다. 하나님께서 도둑질한 물건을 저주하시기 때문입니다.
"만군의 여호와께서 이르시되 내가 이것을 보냈나니 도둑의 집에도 들어가며 내 이름을 가리켜 망령되이 맹세하는 자의 집에도 들어가서 그의 집에 머무르며 그 집을 나무와 돌과 아울러 사르리라 하셨느니라 하니라"(슥 5:4).

도둑질을 하지 않으려면, 모든 것을 감찰하시는 하나님을 경외하기를 배우고 다음 말씀대로 행해야 합니다.
"네 길을 여호와께 맡기라. 그를 의지하면 그가 이루시고"(시 37:5).
"네 짐을 여호와께 맡기라. 그가 너를 붙드시고 의인의 요동함을 영원히 허락하지 아니하시리로다"(시 55:22).
"돈을 사랑하지 말고 있는 바를 족한 줄로 알라"(히 13:5).

000# 54

제9계명

제9계명은 우리 이웃의 명성이나 평판과 관련됩니다.

"많은 재물보다 명예를 택할 것이요 은이나 금보다 은총을 더욱 택할 것이니라"(잠 22:1).

평판이 좋은 사람은 사회에서나 교회에서나 이웃을 유익하게 합니다. 반면, 평판이 나쁜 사람은 유익을 줄 수 없을뿐더러 사람들과 즐거운 관계를 누리지 못합니다. 어느 이교도가 다음과 같이 말했습니다. "모든 것을 다 잃을지언정, 명성은 잃지 말아야 한다. 명성을 잃으면 모든 것을 잃은 것이기 때문이다." 사람은 자신에 대한 평판이나 명성을 소중히 여깁니다. 그래서 사랑을 요구하는 율법 역시 이웃의 명성에 해를 끼치지 말 것은 물론이요, 그것을 자기 명성만큼이나 사랑하고 증진하라고 합니다. 제9계명은 "네 이웃에 대하여 거짓 증거하지 말라"(출 20:16)라고 명합니다.

우리 주변의 사람들은 모두가 절친한 친구요 이웃일 뿐만 아니라, 아담의 자녀들입니다. 주 예수님께서 강도 만난 사람을 비유로 들어 가르치신 것처럼, 모두가 우리의 도움과 우정을 필요로 합니다(물론 우리 또한 그들의 도움이 필요합니다). 레위인도 제사장도 못 본 체하고 그냥 지나친 사람을 이방인인 사마리아 사람이 도

왔듯이 말입니다(눅 10:30-37 참고).

제9계명이 말하는 '증거'란 무엇에 관해 진술하는 것을 말합니다. 이웃이 선악간에 행한 것에 관해 말하는 것입니다. 거짓 증거란 사실대로 말하지 않고 자신이 아는 것과 반대로 진술하는 것입니다. 이웃에게 해를 끼치는 거짓 증거는 더욱 가증합니다. 악한 동기와 악한 방식으로 악한 일을 도모하기 위한 증거 또한 거짓 증거에 속합니다.

제9계명이 금하는 죄

이 계명을 거스르는 죄들을 다음과 같이 분류할 수 있습니다.
- 거짓 증거
- 왜곡
- 험담
- 비방
- 기만적인 수사

첫째, 법정 안에서든 밖에서든 언제나 다른 사람에 대해 잘못 증언할 위험이 존재합니다.

① 판사라 할지라도, 자신이 심리할 사건을 제대로 파악하고자 노력하지 않고, 사람의 눈치를 보며, 편파적으로 누군가를 도우려고 하고, 정의를 무시하거나 왜곡되게 적용함으로써 잘못된 판결을 내릴 수 있습니다.

"재판관들에게 이르되 너희가 재판하는 것이 사람을 위하여 할 것인지 여호와를 위하여 할 것인지를 잘 살피라. 너희가 재판할 때에 여호와께서 너희와 함께하심이니라. 그런즉 너희는 여호와를 두려워하는 마음으로 삼가 행하라. 우리의 하나님 여호와께서는 불의함도 없으시고 치우침도 없으시고 뇌물을 받는 일도 없으시니라"(대하 19:6,7).

"악인을 의롭다 하고 의인을 악하다 하는 이 두 사람은 다 여호와께 미움을 받느니라"(잠 17:15).

다윗이 시바의 비방을 듣고 경솔하게 므비보셋을 속단했을 때 이런 잘못을 범했습니다(삼하 16:4 참고). 반면, 욥은 다른 태도를 보였습니다.

"빈궁한 자의 아버지도 되며 내가 모르는 사람의 송사를 돌보아 주었으며"(욥 29:16).

② 대제사장 아나니아는 바울을 고소하기 위해 변호사 더둘로와 공모했습니다. 이처럼 검사 역시 자신이 맡은 사건에 대해 제대로 알지 못하고 여전히 의심이 남아 있는데도 사건을 마무리하는 데 급급한 나머지 약삭빠른 변호사와 공모하여 무고한 사람을 법정에 세울 위험이 있습니다(행 24:1 참고). 그들은 확인되지 않은 심각한 죄목들로 바울을 고소했습니다(행 25:7 참고).

③ 원고보다 부유한 피고는 자신이 유죄임을 알면서도 유죄 선고를 피하고자 유죄 답변 교섭과 같은 방법을 사용하여 자신의 죄책을 부인합니다. 하나님 앞에 소환된 가인은 아우인 아벨을 자기 손으로 죽였으면서도 그가 어디 있는지 모른다고 시치미를 뗐습니다(창 4:9 참고).

④ 변호사들과 법무사들과 공증인들은 무엇이 악한 일이고 거짓인지를 알면서도 부정하고 추악한 이득을 얻고자 사건의 해결을 미루기가 일쑤입니다.

"악을 선하다 하며 선을 악하다 하며, 흑암으로 광명을 삼으며 광명으로 흑암을 삼으며, 쓴 것으로 단 것을 삼으며 단 것으로 쓴 것을 삼는 자들은 화 있을진저"(사 5:20).

⑤ 증인들은 사건의 정황을 제대로 알지 못하면서 자신이 편애하는 측이 이로운 판결을 받도록 고의로 위증합니다. 모호하게 말하거나 상황을 필요 이상으로 세세하게 말하거나 아는 것을 말하지 않음으로써 진실을 호도합니다. 이세벨이 나봇에 대해 거짓말을 한 경우가 이에 해당합니다(왕상 21:13 참고). 이런 위증에 대해 솔로몬이 뭐라고 말하는지 들어 보십시오.

"여호와께서 미워하시는 것 곧 그의 마음에 싫어하시는 것이 예닐곱 가지이니……거짓을 말하는 망령된 증인과 및 형제 사이를 이간하는 자이니라"(잠 6:16,19).

"거짓 증인은 벌을 면하지 못할 것이요 거짓말을 하는 자도 피하지 못하리라"(잠 19:5). 법정 밖, 다시 말해 일상 대화 속에서도 온갖 방식으로 거짓 증언을 일삼습니다.

둘째, 제9계명은 다른 사람의 말을 왜곡하는 행위를 금합니다. 즉, 다른 사람의 말을 재진술할 때 무언가를 누락시키거나 덧붙임으로써 말의 진의를 변개하는 행위를 죄로 간주합니다(마 26:61 참고). 또는 말 자체는 그대로 빠짐없이 전달하지만 화자의 의도와는 전혀 다르게 말하는 사람들도 있습니다. 사탄이 예수님을 시험하기 위해 그리했던 것처럼 말입니다(마 4:6 참고). 또는 말의 내용은 맞지만, 시간이나 장소 등 정황을 달리하여 말하거나, 표현된 원래 의도를 청자들이 달리 받아들일 만큼 어조나 몸짓을 달리하여 말하는 경우도 있습니다. 이런 행위에 대해 잠언은 이렇게 명령합니다.

"구부러진 말을 네 입에서 버리며 비뚤어진 말을 네 입술에서 멀리하라"(잠 4:24).

셋째, 험담하는 죄를 금합니다. 사악한 뱀이 자행했던 이 죄야말로 평온한 사회생활을 훼방하고 이웃의 품위를 손상시키는, 인간의 삶 전반에 만연한 죄입니다.

우선, 화자가 다음과 같이 말하는 경우는 험담하는 죄에 해당합니다.

① 당사자가 없는 자리에서 사실이 아닌 진술, 즉 거짓말을 합니다. 보디발의 아내가 요셉에 대해(창 39:17 참고), 사울의 종들이 다윗에 대해(삼상 18:22 참고), 압살롬이 자기 아버지에 대해(삼하 15:2 참고) 그렇게 행했습니다.

② 자신도 소문으로만 들어서 진위를 확실히 알지 못하는 일들을 잘 아는 양 늘어놓습니다. "잘은 모르지만 그렇게 들었고, 나에게 그렇게 말한 사람을 알고 있다"라는 식으로 말하는 것도 여기에 해당합니다. 이런 말은 이웃의 영예를 증진하는 데 전혀 도움이 되지 않을뿐더러, 이웃에 대해 나쁜 인상만 심어 줍니다.

"너는 거짓된 풍설을 퍼뜨리지 말며 악인과 연합하여 위증하는 증인이 되지 말며"(출 23:1).

③ 누가 무엇을 했으리라는 짐작을 다른 사람에게 사실인 양 말합니다. 하눈의 신하들이 다윗에 대해 한 행동을 예로 들 수 있습니다(삼하 10:3 참고).

④ 실제로 이웃이 잘못한 일이라고 해도 그 일을 모든 사람에게 폭로하는 것은 죄입니다. 그의 잘못 때문에 자신이 많이 힘들었고 그렇지 않았으면 말을 꺼내지도 않았을 것이라고 변명한다 하더라도, 이는 다른 사람의 잘못을 즐거워하고 잘못한 사람이 더욱 미움을 받게 만드는 행위이기 때문입니다. '그러나'라고 말하며

그가 행한 덕을 덧붙인다 할지라도, 다른 사람의 허물을 가지고 험담하는 것은 평계할 수 없는 죄입니다. 그로 말미암아 사람들은 험담을 아무렇지도 않게 받아들이게 됩니다.

"남의 말 하기를 좋아하는 자의 말은 별식과 같아서 뱃속 깊은 데로 내려가느니라"(잠 26:22).

그러나 회중 가운데 죄를 일삼는 사람이 있어서, 그것을 교회 장로들에게 알리는 것은 험담하는 죄가 아닙니다. 이는 주 예수님의 명령에 따라 사랑으로 하는 것이기 때문입니다(마 18:16 참고). 또한 그의 해로운 행동으로 말미암아 누군가가 피해를 입을 위험이 있기 때문입니다. 누군가가 질문하든 그렇지 않든 이웃이 피해를 입지 않도록 부정직한 사람의 잘못된 행위를 조심하라고 경고하는 행동은 죄가 아닙니다. 오히려 이는 이웃에 대한 진정한 사랑과 염려에서 비롯된 행위입니다.

⑤ "누가 이러저러했다는데 들어 보셨어요?"라고 묻는 것 역시 다른 사람을 험담하는 죄입니다. 어떤 일이나 사람에 대해 사실을 확인하지도 않고, 정작 아무것도 아닌 일을 중요한 일이라도 되는 양 호들갑을 떠는 것입니다. 직접 말하지는 않더라도 몸짓이나 태도를 통해 특정한 사람을 경멸하고 의심하는 것도 마찬가지입니다. 그 자체로 악하지는 않더라도 특정한 결과를 초래할 만한 어떤 생각을 불러일으키기 위해 장광설을 늘어놓는 것 또한 험담하는 죄입니다. 한마디로, 이웃의 품위를 손상시키고 사람들로 하여금 그 이웃에 대해 나쁜 인상을 가지도록 하는 말은 모두 험담에 해당합니다. 고의로 그리하든, 악한 동기로 그리하든, 미워하는 마음으로 그리하든, 시기하여 그리하든, 부주의하게 한담하다가 그리하든, 이웃에 대해 그렇게 말하는 것은 죄입니다. 이 모든 말은 이웃 사랑에서 비롯된 것이 아닐 뿐더러, 마음속에 품었던 이웃에 대한 미움이 드러나는 것이기 때문입니다.

다음으로, 다른 사람에 대한 험담을 듣는 것 역시 죄입니다.

① 이웃을 흉보는 이야기를 들으면서 은근히 그것을 즐기는 것도 죄입니다.

② 험담이라는 것을 알면서도 호기심이 생겨서 그렇게 하도록 내버려 두는 것도 죄입니다.

③ 험담을 듣고도 귀가 솔깃해 고개를 끄덕이고 미소를 지으면서 "그게 무슨 말씀이죠? 그게 가능한 일인가요?" 하고 대꾸할 뿐만 아니라, 맞장구치면서 듣는 것 역시 죄입니다. 특히 험담하는 사람이 영향력 있는 지위에 있을 때 그렇게 하기가 쉽습니다.

④ 험담에 동의하지 않는데도 험담을 말이나 몸짓으로 제지하지 않은 채 듣고만 있는 것도 죄입니다.

"북풍이 비를 일으킴같이 참소하는 혀는 사람의 얼굴에 분을 일으키느라"(잠 25:23).

험담은 사람들 가운데서 가장 흔하게 저질러지는, 가장 끔찍하고도 악한 죄입니다. 따라서 험담하는 죄를 짓지 않으려면 다음 사실들에 주목해야 합니다.

① 누군가가 여러분을 험담하고 다닌다면 어떻겠습니까? 여러분 또한 다른 사람에 대한 험담을 그쳐야 합니다.

"그러므로 무엇이든지 남에게 대접을 받고자 하는 대로 너희도 남을 대접하라. 이것이 율법이요 선지자니라"(마 7:12).

하나님은 행한 대로 갚으십니다. 여러분이 누군가를 험담하고 다닌다면, 다른 사람 역시 여러분을 험담하고 다닐 것입니다.

"비판하지 말라 그리하면 너희가 비판을 받지 않을 것이요, 정죄하지 말라 그리하면 너희가 정죄를 받지 않을 것이요, 용서하라 그리하면 너희가 용서를 받을 것이요"(눅 6:37).

② 여러분의 험담으로 인해 여러분의 이웃은 가장 소중한 것을 잃게 됩니다.

"좋은 이름이 좋은 기름보다 낫고 죽는 날이 출생하는 날보다 나으며"(전 7:1).

③ 지존하신 율법 수여자께서 험담하는 죄를 명백히 금하십니다.

"너는 네 백성 중에 돌아다니며 사람을 비방하지……말라 나는 여호와이니라"(레 19:16).

④ 마귀가 욥을 비방하는 것을 보십시오(욥 1:11). 험담은 특히 마귀가 하는 행동입니다. 마귀는 경건한 자들에 대한 비방을 일삼습니다.

"우리 형제들을 참소하던 자 곧 우리 하나님 앞에서 밤낮 참소하던 자가 쫓겨났고"(계 12:10).

험담은 마귀의 일입니다. 마귀는 험담하는 자의 혀와 그것을 듣는 자의 귀에 자리합니다.

⑤ 험담은 사람들의 행실이 가장 혐오스러운 시대를 특징짓는 죄악들 가운데 하나입니다.

"사람들이……모함하며"(딤후 3:2,3).

⑥ 하나님은 이웃을 험담하고 비방하는 자들을 미워하십니다.

"여호와께서 미워하시는 것 곧 그의 마음에 싫어하시는 것이 예닐곱 가지이니 곧……거짓된 혀와……거짓을 말하는 망령된 증인과 및 형제 사이를 이간하는 자이니라"(잠 6:16,17,19).

⑦ 하나님은 험담하고 중상하는 자들을 천국에 들이지 않으실 것입니다. 이 사실은 이와 반대되는 행위를 독려하시는 말씀에서 확인할 수 있습니다.

"그의 혀로 남을 허물하지 아니하고 그의 이웃에게 악을 행하지 아니하며 그의 이웃을 비방하지 아니하며"(시 15:3).

"거짓 증인은 벌을 면하지 못할 것이요 거짓말을 하는 자도 피하지 못하리라"(잠 19:5).

"앉아서 네 형제를 공박하며 네 어머니의 아들을 비방하는도다. 네가 이 일을 행하여도 내가 잠잠하였더니 네가 나를 너와 같은 줄로 생각하였도다. 그러나 내가 너를 책망하여 네 죄를 네 눈앞에 낱낱이 드러내리라 하시는도다"(시 50:20,21).

넷째, 제9계명은 중상(slander)을 금합니다. 험담은 당사자가 없는 데서 비방하는 것이고, 중상은 당사자의 면전에서 비방하는 것이라 할 수 있습니다. 중상은 험담보다 뻔뻔스럽고 죄질이 나쁜 가증한 죄입니다.

중상은 대부분 극심한 분노 가운데서 행해집니다. 시므이가 다윗에게 한 행동이 이에 해당합니다(삼하 16:7,8 참고). 또한 누군가의 잘못을 두고 놀리거나 비아냥댈 때 이렇게 합니다. 어린아이들이 엘리사에게 한 행동처럼 말입니다(왕하 2:23,24 참고). 우스갯소리처럼 말하지만 빈정대고 경멸하는 말투로 은근히 다른 사람의 허물을 들추어 당사자를 무색하게 만드는 것 또한 중상입니다. 그러면서 재치 있게 말했다고 스스로 만족해하면서 자신이 어떻게 그를 웃음거리로 만들었는지를 다른 사람들에게 자랑합니다. 다윗은 이런 행위를 일컬어 날카로운 삭도같이 혀를 놀린 것으로 묘사합니다. 뱀같이 그 혀를 날카롭게 했다고 표현하며(시 140:3 참고), "장사의 날카로운 화살과 로뎀나무 숯불"과 같이 속이는 혀라고 합니다(시 120:3,4 참고). 또한 유대인들이 예수님께 한 것처럼, 중상은 다른 사람을 향해 인상을 찌푸리고 혀를 내밀며 머리를 흔들어 수치스럽게 하는 것입니다(시 22:7; 마 27:39 참고). 솔로몬은 중상에 대해 이렇게 말합니다.

"심판은 거만한 자를 위하여 예비된 것이요"(잠 19:29).

바울은 중상하는 자가 천국에 들어가지 못하리라고 말하며(고전 6:10 참고), 신자들이 이런 자들과 어울리는 것을 금합니다(고전 5:11 참고).

다섯째, 제9계명은 거짓말을 금합니다. 거짓말이란 고의로 사실과 다르게 말하는 것입니다.

① 악의적인 거짓말이 있습니다. 다른 사람의 명예나 소유에 손해를 끼치려는 의도로 하는 거짓말입니다.

② 사람들을 즐겁게 할 요량으로 말을 꾸며 내는 거짓말이 있습니다.

"그들이 그 악으로 왕을, 그 거짓말로 지도자들을 기쁘게 하도다"(호 7:3).

③ 수치나 손해나 처벌을 피하려고 자기 자신과 이웃에 관해 거짓말하기도 합니다. 사업상 거래나 다른 상황에서 자신이나 다른 사람의 이득을 위해 거짓말하는 경우도 있습니다. 게하시가 그렇게 거짓말을 한 까닭에 문둥병에 걸렸습니다(왕하 5:25 참고). 애굽의 산파들 역시 이런 거짓말을 했습니다. 그런데 그들은 오히려 하나님께 복을 받았습니다. 거짓말을 해서 복을 받은 것이 아닙니다. 이스라엘을 유익하게 하기 위한 행동이었기 때문입니다(출 1:19 참고).

④ 습관적으로 거짓말을 하는 경우가 있습니다. 습관적으로 다른 사람을 거짓으로 험담하거나, 특별한 이유나 아무 생각 없이 거짓말을 하는 사람들이 있습니다. 그들의 마음이 진리에서 멀어져 있기 때문입니다. 이런 자들은 사람들이 자신을 많은 것을 알며 대단한 일을 한 사람으로 인정해 주기를 바랍니다.

이런 거짓말을 피하기 위해 우리는 다음 사실들을 알아야 합니다.

① 하나님께서 거짓말하지 말라고 얼마나 자주 명령하시는지를 보십시오.

"그런즉 거짓을 버리고 각각 그 이웃과 더불어 참된 것을 말하라. 이는 우리가 서로 지체가 됨이라"(엡 4:25).

"너희가 서로 거짓말을 하지 말라"(골 3:9).

② 거짓말은 하나님께서 가증히 여기시는 죄입니다.

"거짓 입술은 여호와께 미움을 받아도 진실하게 행하는 자는 그의 기뻐하심을 받느니라"(잠 12:22).

③ 거짓말은 마귀가 하는 일입니다.

"너희는 너희 아비 마귀에게서 났으니 너희 아비의 욕심대로 너희도 행하고자 하느니라. 그는 처음부터 살인한 자요 진리가 그 속에 없으므로 진리에 서지 못하고 거짓을 말할 때마다 제 것으로 말하나니, 이는 그가 거짓말쟁이요 거짓의 아비가 되었음이라"(요 8:44).

"여호와께서 그에게 이르시되 어떻게 하겠느냐. 이르되 내가 나가서 거짓말하는 영이 되어 그의 모든 선지자들의 입에 있겠나이다. 여호와께서 이르시되 너는 꾀겠고 또 이루리라. 나가서 그리하라 하셨은즉"(왕상 22:22).

④ 거짓말은 결국 드러나게 되어 있으며, 거짓말하는 자들은 모든 사람에게서 경멸을 받습니다.

⑤ 하나님은 거짓말하는 자들을 이생과 내생에서 벌하십니다. 아나니아와 삽비라는 거짓말을 하자마자 벌을 받았습니다(행 5:2,3 참고). 또한 성경은 이렇게 말합니다.

"거짓말하는 자들을 멸망시키시리이다"(시 5:6).

"거짓말하는 모든 자들은 불과 유황으로 타는 못에 던져지리니 이것이 둘째 사망이라"(계 21:8).

여섯째, 제9계명은 기만적인 말과 표정을 일삼는 죄를 금합니다. 이득을 얻기 위해 사람을 속이는 것에 관해서는 제8계명에서 이미 다루었습니다. 이제 우리가 살펴볼 기만적인 행위란 본심을 숨기고 진실과 다르게 말하고 행동하는 것을 의미합니다.

① 위선적인 행동을 가리킵니다. 가인은 아우 아벨을 죽이려는 본심을 숨기고 다정하게 말했습니다(창 4:8 참고). 시므온과 레위는 하몰과 세겜을 속였습니다(창 34:14,26 참고). 압살롬 역시 자기 형제 암논을 위선적으로 대했습니다(삼하 13:26-29 참고).

② 사람을 올무에 걸려 넘어뜨리기 위해 마음에도 없는 말로써 아첨을 일삼는 행위입니다. 바리새인들이 예수님께 이와 같이 행했습니다(마 22:15-17 참고). 시편 12편 2절을 보십시오.

"그들이 이웃에게 각기 거짓을 말함이여, 아첨하는 입술과 두마음으로 말하는도다."

그들은 진심인 양 열정적으로 이야기합니다. 그러나 그들의 행동은 오히려 상대방을 해하려는 의도에서 나옵니다. 상대방에게 더 굴욕감을 안기거나 이웃의 어리석음을 명백히 드러내기 위해 보란 듯이 과도한 칭찬을 늘어놓는 것도 여기에 속합니다.

③ 모호하게 말하는 경우도 여기에 포함됩니다. 그래서 듣는 사람으로 하여금 자신이 은밀히 의도한 바와 다른 방식으로 이해하게 하는 것입니다. 이런 죄에 대해서는 제3계명을 살피면서 이미 다루었습니다.

이런 기만적인 행위는 여러 가지 죄가 복합적으로 작용하므로 하나님과 사람 앞에서 더욱 가증스럽게 드러납니다.

① 하나님께서 이런 기만적이고도 가증한 행위를 엄격히 금하십니다.

"너는 네 이웃을 억압하지 말며 착취하지 말며 품꾼의 삯을 아침까지 밤새도록 네게 두지 말며"(레 19:13).

② 아첨하는 사람들은 결국 큰 수치를 당하게 될 것입니다.

"이른 아침에 큰 소리로 자기 이웃을 축복하면 도리어 저주같이 여기게 되리라"(잠 27:14).

③ 아첨하는 자들은 심판을 면하지 못할 것입니다. 하나님께서 그들을 벌하시도록 성도들이 기도하기 때문입니다.

"여호와께서 모든 아첨하는 입술과 자랑하는 혀를 끊으시리니"(시 12:3).

④ 하나님께서 위선자들에게 화가 있으리라고 경고하십니다. 심지어 마태복음 23장에서는 "화 있을진저 외식하는 서기관들과 바리새인들이여"라고 하시며 일곱 번이나 경고하십니다(마 23:14-20 참고).

제9계명이 명하는 덕

계명이 금하는 죄를 피하는 것만이 능사가 아닙니다. 제9계명은 그런 죄에 반대되는 덕을 적극적으로 명령합니다.

첫째, 이웃이 좋은 평판을 얻도록 온 힘을 다해 노력해야 합니다. 진리에 부합하는 한 이웃에게 합당한 존경과 영예와 좋은 평판이 돌아가게 해야 합니다. 허물이 있으면 그것을 드러내기보다는 덮어 주어야 합니다. 허물이 있는데도 없는 것처럼 하라는 말이 아닙니다. 그것은 오히려 또 다른 거짓이 됩니다. 이는 이웃의 허물에 대해 잠잠하라는 말입니다. 이웃의 허물을 들추어내는 사람은 오히려 험담하는 자가 받는 정죄를 피하지 못할 것입니다. 그렇게 험담하는 자들을 책망한다고 해서 엄연히 있는 허물이 정당해지는 것은 아닙니다. 요나단은 다윗의 선행을 천거함으로써 그의 영예를 드높였습니다(삼상 19:4 참고).

"사랑은 오래 참고 사랑은 온유하며 시기하지 아니하며 사랑은 자랑하지 아니하며 교만하지 아니하며 무례히 행하지 아니하며 자기의 유익을 구하지 아니하며 성내지 아니하며 악한 것을 생각하지 아니하며 불의를 기뻐하지 아니하며 진리와 함께 기뻐하고 모든 것을 참으며 모든 것을 믿으며 모든 것을 바라며 모든 것을 견디느니라"(고전 13:4-7).

둘째, 성경의 진리를 사랑해야 합니다. 마음이 참되고 진리를 사랑하는 사람은 거짓을 말하지 않으며, 자신의 이해득실을 따지지 않고 진실을 말합니다. 자기에게 호의적이든 적대적이든 상관없이 모두에게 진실만을 말합니다.

"만군의 여호와가 이같이 말하노라……오직 너희는 진리와 화평을 사랑할지니라"(슥 8:19).

셋째, 진실만을 말하고, 진실이 밝히 드러나도록 하며, 어떤 경우에도 진리를 증언해야 합니다. 자신에 관해서든 이웃에 관해서든 마찬가지입니다.

"너희는 이웃과 더불어 진리를 말하며 너희 성문에서 진실하고 화평한 재판을 베풀고"(슥 8:16).

"그런즉 거짓을 버리고 각각 그 이웃과 더불어 참된 것을 말하라"(엡 4:25).

"끝으로 형제들아 무엇에든지 참되며 무엇에든지 경건하며 무엇에든지 옳으며 무엇에든지 정결하며 무엇에든지 사랑받을 만하며 무엇에든지 칭찬받을 만하며 무슨 덕이 있든지 무슨 기림이 있든지 이것들을 생각하라"(빌 4:8).

결론

결론으로 말씀드리는 다음 사항들을 기억하십시오.

첫째, 하나님은 진리의 하나님이십니다(사 65:16 참고). 하나님은 중심이 진실하기를 원하십니다(시 51:6 참고). 그러하기에 하나님은 언제나 진리를 찾으십니다(렘 5:3 참고).

둘째, 진리를 사랑하고 진리를 말하는 자들은 모든 사람에게 칭송받습니다. 그들은 교회를 아름답게 드러내고 다른 사람에게 유익을 끼칩니다.

셋째, 이런 사람의 양심은 언제나 잠잠히 평안을 누립니다. 왜곡되게 말하고 험담하며 비방하고 아첨하며 위선적으로 말한 것이 드러날까 봐 안절부절못할 필요가 없습니다. 누군가가 다른 사람에 대해 수군거려도 전혀 영향을 받지 않습니다. 비난이나 질책에도 잠잠합니다. 양심에 거리낌이 없기 때문입니다. 누군가가 자기를 대적해도 사자같이 담대히 자신의 자리를 지킵니다(잠 28:1 참고).

넷째, 하나님께서 이런 사람과 함께하고 도우실 것이며, 그를 정오의 빛같이 밝게 드러내실 것입니다. 하나님의 율법을 따라 믿음으로 말하고 행함으로써 하나님을 영화롭게 하는 사람은 하나님의 교회에 속한 진정한 지체요 구원을 상속받은 자입니다. 이것이야말로 그들이 은혜 가운데 있음을 말해 주는 부인할 수 없는 증거입니다.

"여호와여 주의 장막에 머무를 자 누구오며 주의 성산에 사는 자 누구오니이까? 정직하게 행하며 공의를 실천하며 그의 마음에 진실을 말하며 그의 혀로 남을 허물하지 아니하고 그의 이웃에게 악을 행하지 아니하며 그의 이웃을 비방하지 아니하며"(시 15:1-3).

이렇게 진실한 말과 행실로 이웃을 대하기 위해 다음과 같은 일에 힘을 쏟아야 합니다.

첫째, 항상 세상의 야망과 돈에 대한 탐심을 거부해야 합니다. 그런 마음을 가진다면 제9계명을 거스르게 됩니다.

둘째, 항상 깨어 경계를 늦추지 말아야 합니다. 이미 우리 마음에는 이 계명을 거스르는 죄악의 씨가 도사리고 있기 때문입니다. 하나님께서 모든 것을 아신다는 사실을 기억하며 항상 조심히 말하고 하나님을 경외하는 마음을 견지해 가야 합니다.

"의인의 마음은 대답할 말을 깊이 생각하여도 악인의 입은 악을 쏟느니라"(잠 15:28).

다윗이 이와 같이 행했습니다.

"내가 말하기를 나의 행위를 조심하여 내 혀로 범죄하지 아니하리니 악인이 내 앞에 있을 때에 내가 내 입에 재갈을 먹이리라 하였도다"(시 39:1).

셋째, 쉬지 않고 다윗처럼 기도해야 합니다.

"나의 반석이시요 나의 구속자이신 여호와여, 내 입의 말과 마음의 묵상이 주님 앞에 열납되기를 원하나이다"(시 19:14).

"여호와여 내 입에 파수꾼을 세우시고 내 입술의 문을 지키소서"(시 141:3).

55

제10계명

다윗은 시편 119편 96절에서 이렇게 말합니다.

"내가 보니 모든 완전한 것이 다 끝이 있어도 주의 계명들은 심히 넓으니이다."

하나님의 모든 계명이 심히 광대하지만, 그중에서도 십계명은 다음과 같은 측면에서 더욱 광대합니다.

- 계명이 미치는 대상과 그 섬세함
- 계명을 준행하는 열심과 진실함
- 계명을 준행하는 영적인 방식인 사랑과 경건한 두려움과 순종으로 행함

회심하지 않은 자는 계명의 이런 광대함을 보지 못할뿐더러 겉으로 계명을 준수하는 것만으로 충분하다고 여깁니다.

젊은 부자 관원처럼 어떤 사람들은 자신이 율법이 말하는 바를 모두 지켰다고 믿습니다(마 19:20 참고). 회심한 사람들 중에서도 많은 이들이 자신이 율법을 거의 모르고 있다는 사실을 깨닫기 전까지는 이런 사실에 거의 주의를 기울이지 않습니다. 그러다가 율법의 이런 광대함을 알기 시작하면, 더 많은 빛을 비추어 주시기를 바라며 이렇게 기도합니다.

"내 눈을 열어서 주의 율법에서 놀라운 것을 보게 하소서"(시 119:18).

실제로 많은 사람들이 이 율법을 자기 눈앞에 거울처럼 두고 자신이 어느 부분에서 어그러져 있는지를 살피며 율법을 따라 살기를 간절히 구합니다. 그런데 정작 제10계명에 대해서는 그리 많이 알지 못할 뿐만 아니라, 간과하기가 일쑤입니다. 이 계명은 우리가 일상에서 가장 많이 거스르는 계명들 중 하나입니다. 따라서 우리는 마땅히 다른 계명들과 마찬가지로 이 계명이 뜻하는 바를 올바르게 찾아야 합니다. 이 계명이 명하는 바를 올바로 아는 사람은 자신이 끊임없이 죄를 짓고 있다는 사실을 발견하고는 소스라치게 놀랄 것입니다.

하나님을 갈망하도록 창조된 인간

교황주의자들과 루터파는 제10계명을 둘로 쪼개 놓았습니다(이에 관해 앞에서 우리가 살펴보고 정죄하였습니다). 로마서 7장 7절에서 바울은 이 계명을 탐심(covetousness)이라는 한 단어로 지칭합니다. 이 말이 부정함과 불의와 관련될 때에는 제7계명과 제8계명에 속합니다. 그런데 제10계명이 말하는 탐심은 그런 의미와는 관련이 없습니다. 인간은 스스로 충족할 수 있는 존재가 아닙니다. 인간은 결코 스스로 만족하지 못하며, 아무것도 담기지 않은 텅 빈 그릇 같은 존재입니다. 그러하기에 인간은 외부로부터 무언가를 받지 않고서는 그 어떤 것도 할 수 없습니다. 영혼에 대해서나 육신에 대해서나 인간은 밖에서 만족을 찾아야만 하는 존재입니다. 육체를 보존하려면, 음식과 음료와 공기와 빛을 받아들여야 합니다. 그리고 영혼이 품은 무한한 갈망을 충족시키기 위해 인간은 영적이고도 무한한 무언가를, 바로 하나님을 필요로 합니다.

인간에게는 채워져야 할 본유적인 갈망이 있습니다. 하나님께서 인간을 그렇게 지으셨습니다. 이 갈망은 그 자체로 온전합니다. 인간이 타락하지 않고 완전한 상태에 있었다면, 이 갈망은 올바른 대상을 향해 올바른 방식으로 작용했을 것입니다. 인간이 영혼과 관련해 느끼는 갈망은 오직 하나님만을 향했습니다. 하나님과 교통하고 하나님을 즐거워하는 가운데 끊임없이 만족을 누렸기 때문입니다(육체와 관련해서는 몸이 필요로 하는 것들을 바랐습니다). 하늘 아버지의 뜻을 행하는 것이 그리스도의 영이 먹고 바라는 양식이었습니다(요 4:34 참고). 예수님도 배가 고프고 목이 마르셨기에 이 땅의 양식과 음료로 몸의 필요를 채우셨습니다(마 4:2; 요 19:28 참고).

그러나 인간이 죄를 짓자, 모든 것이 변했습니다. 죄를 지은 후에도 여전히 갈망은 남아 있었지만, 뒤틀리고 더럽혀지고 말았습니다. 갈망하는 대상뿐만 아니라 그것을 채우는 방식도 달라져 버렸습니다. 하나님을 향한 갈망이 사라졌습니다. 영혼의 만족을 위해 더는 하나님을 찾지 않습니다. 세상을 통해 영혼을 만족시키려고 하고 그 자체로 부정한 대상을 불법적인 방식으로 추구함으로써 몸의 필요를 채우려고 합니다. 심지어 이렇게 왜곡된 갈망은 하나님을 바라지 않을뿐더러 하나님께서 금하신 대상을 향해 달음박질칩니다. 이것이 바로 제10계명이 금하는 죄입니다.

탐심이 죄가 아니라는 주장을 논박함

자연인과 교황주의자들은 탐심을 부정하고 불의한 방식으로 채우려고 하지 않는 한, 탐심 자체가 죄는 아니라고 주장합니다. 탐심이 있더라도 그것을 채우고자 하는 의도가 없다면, 이 욕망을 채우기 위한 방편을 고민할 필요도 없기에 이런 욕망을 쫓아가지 않을 것이고, 설령 어떤 일에 대한 욕구가 있어도 그것을 합당한 방편으로 추구하기만 한다면 죄가 아니라는 것입니다.

【증명 1】제10계명은 이들의 이런 주장이 얼마나 잘못되었는지를 보여 줍니다. 그 이유는 다음과 같습니다.

① 이웃의 아내를 향해 부정한 마음을 품는 것과 이웃의 소유를 불법적으로 탐하는 것이 제7계명과 제8계명에 관련되는데도, 율법은 이 계명을 통해 분명히 탐심을 금합니다.

② 무언가를 바라지만 이웃의 아내나 집이나 구체적인 소유물을 향한 바람이 아니거나 아직 불법적으로 그것을 추구하고 있지는 않으므로 탐심에 의지가 휘둘리고 있지 않는다 할지라도, 자신의 소유가 아니라 이웃이 가진 어떤 것을 향한 마음 자체가 죄입니다.

【증명 2】사도 바울은 분명히 탐심이 죄라고 말합니다.

"율법으로 말미암지 않고는 내가 죄를 알지 못하였으니 곧 율법이 탐내지 말라 하지 아니하였더라면 내가 탐심을 알지 못하였으리라"(롬 7:7).

바울은 간음이나 도둑질과 관련된 탐심이 죄악된 것임을 알았습니다. 본성적으로도 그 사실이 너무나 자명하기 때문입니다. 그러나 또한 그는 본성의 이면에 감추어진, 따라서 그가 본성 가운데 있을 때에는 알지 못했던 탐심에 관해 이야기합니다. 지금 그는 아직 의지적으로 추구하지는 않지만 전혀 제한받지 않는 탐심에 관해 말합니다. 이웃의 아내나 소유를 욕망하는 것과 같이, 그가 절대 가져서는 안 되는 탐심입니다. 그 욕망이 단지 '저 여인이 내 여인이라면, 저 집이 내 집이라면 좋을 텐데'라는 것과 같은 단순한 바람이라 할지라도, 그런 탐심 자체를 가져서는 안 된다고, 바울은 말합니다. 이런 바람 자체가 이미 죄이기 때문입니다.

"곧 율법이 탐내지 말라 하지 아니하였더라면 내가 탐심을 알지 못하였으리라"(롬 7:7).

【증명 3】탐심은 반드시 구체적인 죄로 귀결될 수밖에 없습니다.

처음에는 단지 탐심일 뿐이지만, 일단 그런 탐심이 마음속에 일어나면 사람은 그것에 이끌려 한 걸음 더 나아가게 되고, 급기야 구체적으로 죄를 짓는 데까지 이릅니다. 무엇이든 죄를 초래하는 것은 이미 그 자체로 죄입니다. 선한 나무가 악한 열매를 낼 수는 없기 때문입니다. 야고보서 1장 14,15절이 이런 사실을 분명히 밝힙니다.

"오직 각 사람이 시험을 받는 것은 자기 욕심에 끌려 미혹됨이니 욕심이 잉태한즉 죄를 낳고 죄가 장성한즉 사망을 낳느니라."

제10계명이 금하는 죄

제10계명은 다음과 같은 죄를 금합니다.

첫째, 영혼과 육신의 악한 성향을 금합니다. 원죄가 바로 하나님의 형상을 잃어버린 것이요 마귀의 형상을 가진 것이기 때문입니다. 영혼은 참된 빛과 사랑과 생명과 평화와 거룩함을 상실했습니다. 그렇습니다. 하나님을 잃어버린 것입니다. 그 대신 영혼은 어둠과 사망과 불안과 부패함으로 채워졌습니다. 게다가 육신이 가진 성향 자체가 악합니다. 그 결과, 수많은 무절제한 경향성을 띄고 영혼은 온갖 정욕을 추구하게 됩니다. 육신의 악한 성향으로부터 인간의 모든 죄악된 행위가 끊임없이 솟아납니다.

둘째, 다음과 같이 지금 자신이 처한 상황에 만족하지 않는 것을 금합니다.

① 자신이 소유하지 못한 것을 욕심내며 공허하고 헛되게 탐내는 것을 금합니다.

② 구체적으로 특정된 것은 아닐지라도, 자신이 아직 가지지 못한 것 때문에 끊임없이 성급해하고 불안해하는 것을 금합니다.

③ '저런 아내나 남편을 가졌더라면, 저런 집, 저런 정원, 저런 땅, 저런 말, 저런 소를 가졌더라면(비록 그것을 부당한 방식을 통해 실제로 추구하지는 않는다 할지라도) 좋았을 텐데. 또는 다른 직업, 다른 장사, 다른 직책을 가졌더라면, 얼마만 더 있었더라면 좋았을 텐데'라고 생각하면서 자기 마음을 만족시켜 줄 것처럼 보이는 것을 적극적으로 바라고 욕망하는 것을 금합니다. 이런 사람에 대해 성경은 다음과 같이 말합니다.

"악인은 평온함을 얻지 못하고 그 물이 진흙과 더러운 것을 늘 솟구쳐 내는 요동하는 바다와 같으니라"(사 57:20).

셋째, 자신이 처한 상황을 못마땅해하며 신경질을 부리지 말라고 합니다. 이런 태도는 자신이 누리는 모든 선한 것들에 대해 감사하지 못하게 하며, 성령의 역사를 소멸시킵니다(엡 4:30 참고).

넷째, 절제하지 못하는 마음을 금합니다. 다시 말해, 멍에를 메지 않은 야생 짐승이나 벨리알처럼 제멋대로 하려는 마음을 금합니다.

다섯째, 죄를 즐거워하지 말라고 명합니다. 이전에 자신이 저지른 죄뿐만 아니라 다른 사람의 죄를 은근히 그리워하고, 그렇게 하지 못하는 것을 아쉬워하지 말라고 합니다.

여섯째, 허탄한 생각을 일삼고 그것을 즐기는 것을 금합니다. 여기서 말하는 생각은, 실제로 행동에 옮기려는 일을 궁리하는 것이 아니라(이런 생각은 다른 계명들에 저촉됩니다), 공상을 하고 그 생각을 즐기는 것을 가리킵니다. 자신이 시장이나 사업가나 귀족이나 왕자, 또는 왕의 자리에 올랐다고 생각하고 그 자리에서 어떻게 할지를 상상하는 것입니다. 또는 그 반대로 자신이 가난해지거나 쫓겨났다고 공상하면서 이에 따른 모든 것을 허탄하게 생각하는 것입니다. 그렇습니다. 이런 망상에 빠져 수많은 헛된 것들이 생각나기를 바라지 않는다 할지라도, 의지를 거슬러 이런 망상이 일어날 수 있습니다.

마귀가 불러일으킨 까닭에 마음이 담기지 않은 생각이나 암시는 여기에 해당하지 않습니다. 마귀는 우는 사자와 같이 다니며 삼킬 자를 찾습니다. 마귀는 특정한 성향이 촉발되기 쉽도록 준비된 대상과 기회들을 사용하여 사람들을 어그러지게 이끄는 데 탁월합니다. "이렇게 하고 싶지 않나요? 이것을 갖고 싶지 않나요? 얼마나 아름답고 즐거운지 모릅니다"라고 하면서 물건을 사도록 사람들의 마음을 자극시키는 호객꾼과 같습니다. 이런 꼬드김이나 자극에 귀 기울이거나 이끌려 가지 않고 얼굴 앞에서 날아다니는 파리들을 쫓아내듯 거부하는 한, 그것은 마귀의 죄이지 그런 꼬드김을 받는 사람의 죄는 아닙니다. 이런 꼬드김은 마귀가 그 사람에게 말하는 것이지, 그 사람의 생각은 아닙니다. 그러나 마귀의 꼬드김에 마음을 내주고 귀를 기울이기 시작한다면, 그 죄가 마귀에게서 비롯되었다 하더라도 더는 마귀만의 죄가 아닙니다. "마귀에게서 비롯되었다 하더라도"라고 말한 것은 사람의 마음 자체도 끊임없이 물이 솟는 샘과 같이 허탄한 생각과 죄악된 정욕을 온갖 방식으로 쉬지 않고 뿜어내기 때문입니다. 그러하기에 이런 유혹이 마귀에게서 비롯되었는지 자신의 기만적인 마음에서 비롯되었는지를 처음부터 분별해야만 합니다. 이런 미혹에 이끌리는 경향성이 마음에 조금이라도 있다면, 그것은 죄입니다. 물론 이런 사실을 분별하기가 쉽지는 않습니다. 그러나 깨어 자신의 마음을 살피고 경건한 삶에 진보를 이룬 사람이라면 마음에 충동이 일기 시작할 때부터 그것이 자기 마음에서 비롯되었는지, 자기 외부에서 비롯되었는지, 잠시 지나가는 것인지, 자신을 사로잡으려는 것인지를 분별할 수 있습니다.

마귀의 꼬임이나 공격은 인간의 본성과 완전히 상반되므로 쉽게 분간할 수 있습니다. 이를테면, 하나님을 향한 불경스러운 생각 같은 것들입니다. 이런 것들을 생각이라고 하는 것은 그것들이 정말 그 사람이 생각한 것이기 때문이 아니라, 마귀로부터 공격받는 사람들이 마귀가 집어넣어 주는 그런 생각을 자신의 생각으로 오해하기 때문입니다. 일단 이렇게 생각하기 시작하면, 그 사람은 그것에 심각하게 몰두하게 되고 성령을 거슬러 이런 엄청난 죄를 지었다고 결론 내립니다. 그러고는 기도도 제대로 하지 못하고 이제 정죄만이 자신을 기다리고 있다고 생각합니다. 심지어 이런 생각이 지성의 기능에까지 영향을 미치며 몸을 소진시킵니다. 이런 생각은 사람의 마음에서 비롯된 것이 아니라, 마귀가 정죄하는 소리에서 비롯된 것입니다.

① 마귀로부터 오는 생각은 불쾌하고도 거북합니다. 사람은 자기 마음에서 비롯된 생각에 어느 정도 호의적이므로 그런 생각을 따라가거나 자연히 그런 생각을 반영하는 태도를 보일 수밖에 없습니다. 그러나 마귀로부터 오는 생각은 혐오스럽고도 매우 부조리하므로 거부감을 느낄 수밖에 없습니다. 이런 생각은 하나님의 은혜와 하나님을 경외하고 사랑함에 반대됩니다. 뿐만 아니라 본성적인 양심과도 맞지 않습니다.

② 마귀로부터 오는 생각은 그 생각이 사람의 외부로부터 와서 아무리 저항해도 강제로 각인되어 역사한다는 사실을 통해 알 수 있습니다. 이는 마치 다른 사람의 말을 듣지 않으려고 두 손가락으로 귀를 막고 있는데도 그 말이 들리는 것과 같습니다. 가까이에서 큰 소리로 말하기 때문에 듣지 않을 수 없는 상황이나 마찬가지입니다. 이런 경우, 그런 생각을 가지게 되는 것은 듣는 사람의 죄가 아니라 말한

사람의 죄라는 사실을 누구나 인정합니다. 그러므로 마귀가 이렇게 공격해 오는 사람은, 그것을 하나님(마귀가 권세를 가지도록 허락하신)으로부터 오는 시험과 비탄한 시련으로 알지언정 자신의 죄로 여겨서는 안 됩니다. 그리하면 우리는 더 힘을 얻어 마귀의 불화살을 더 잘 막아 낼 수 있을 것입니다. 이럴 때 우리는 마귀의 이런 유혹을 피하기 위해 강도 높은 몇몇 육체 활동을 함으로써 우리의 관심을 다른 데로 돌려야 합니다. 특히 이런 생각을 자신과 연관시켜서는 안 됩니다. 오히려 그것을 마귀의 가증한 것으로 멸시하고, 이렇게 사람들을 미혹함으로 말미암아 마귀가 심판을 받을 수밖에 없다는 사실을 기억해야 합니다. 이런 생각을 쫓아버리지는 못해도 마귀의 불화살에 귀 기울이지 않을 힘을 얻어야 합니다. 그리고 숨 돌릴 여유를 얻으면 하나님께 간절히 기도해야 합니다. 그렇습니다. 마귀가 이렇게 공격해 올 때, 우리는 마음을 다해 하나님께 부르짖어야 합니다. 이런 불경한 생각이 드는 것이 자신의 죄가 아니며, 오히려 이런 생각으로 자신이 괴로움을 당하고 있다는 것을 안다면 더욱 그리할 수 있을 것입니다.

제10계명이 명하는 덕

제10계명은 다음과 같은 덕을 명합니다.

첫째, 하나님의 형상을 덧입어야 합니다. 하나님을 아는 지식과 그분의 순전한 빛이 있어야 합니다. 거룩하고도 의로운 의지와 정서를 가져야 합니다. 흠 없는 이런 신령한 성향이야말로 모든 종류의 신령한 행위와 삶을 낳습니다. 게다가 합당하고도 올바른 행실은 흠 없고도 순전한 마음의 성향과 단정한 몸가짐에서 비롯됩니다.

둘째, 영육이 평안하기 위해 필요하다고 여겨지는 것이 자신에게 없다 할지라도, 하나님의 뜻을 따르고 하나님과의 연합과 교제를 누리는 것으로 만족할 수 있어야 합니다.

"있는 바를 족한 줄로 알라"(히 13:5).

또한 우리가 준행하고 사랑으로 이루어야 할 하나님의 뜻을 기쁘게 받아들여야 합니다. 우리가 바라는 것이 결여되어 있더라도 만족한다는 것은, 하나님의 뜻을 민감하게 준행하거나 우리가 거룩하게 바라는 것을 얻는 방편을 사용하는 것을 배제하지 않습니다. 오히려 감정적으로 요동하거나 괴로워하는 것을 배제하는 동시에 잠잠하고 고요히 만족해하는 것을 의미합니다. 바로 이처럼 행하는 것이 하늘 아버지께서 우리에게 뜻하시는 바이며 우리에게 유익한 것입니다.

셋째, 죄를 미워하고 온 맘으로 선을 사랑하는 것입니다.

"내가 두마음 품는 자들을 미워하고 주의 법을 사랑하나이다"(시 119:113).

넷째, 우리의 마음과 생각과 말과 행실을 통해 하나님의 뜻인 그분의 율법을 우리 삶을 위한 유일한 규칙으로 견지하는 것입니다.

"내가 성실한 길을 택하고 주의 규례들을 내 앞에 두었나이다……주의 증거들로 내가 영원히 나의 기업을 삼았사오니 이는 내 마음의 즐거움이 됨이니이다. 내가 주의 율례들을 영원히 행하려고 내 마음을 기울였나이다"(시 119:30,111,112).

보십시오. 율법은 여러분의 죄를 비추는 거울이요, 삶의 발걸음을 인도하는 규칙입니다. 하나님께서 우리에게 진리와 빛을 비추어 우리를 인도하시기를 바랍니다! 아멘.

56

하나님을 영화롭게 함

하나님의 율법은 삶을 위한 완전한 규칙으로서 모든 덕을 담고 있습니다. 앞의 여러 장들을 통해 각 계명에서 가장 두드러진 측면들을 살펴보았습니다. 이제 그런 측면들 중 몇 가지를 더욱 명시적이고도 심층적으로 다룸으로써 거룩함을 기뻐하는 영혼에 거룩하게 살고자 하는 마음을 불러일으키고자 합니다.

덕: 본질과 목적

덕(virtue)은 사람 안에 있으며, 율법에 드러난 하나님의 뜻과 완전히 조화를 이룹니다.

덕의 경향성이나 그것이 드러나는 모양에 따라 덕을 생각하게 됩니다. 경향성이란 하나님께서 거듭남과 더불어 주입해 주시는 덕스러운 성향으로서, 많은 연습과 훈련을 통해 얻어집니다. 덕이 가진 이런 경향성으로 말미암아 덕스러운 사람은 거룩한 방식으로 다양한 목적을 향해 능동적으로 행합니다.

한 가지 덕을 가진 사람은 모든 덕을 가집니다. 모든 덕이 서로 연결되어 있기 때문일 뿐만 아니라(각각의 덕은 독립적으로 존재하는 것이 아니고, 하나의 덕에 다른 많은 덕들이 함께 녹아 있습니다), 그 마음의 성향이 덕스러우며 대상이 요구하는 바에 부합하게 행하는 능력이 있기 때문입니다. 이런 성향이 더 거룩한 만큼 여기서 비롯되는 행위 또한 거룩합니다. 하나의 덕을 행하면 이 거룩한 성향이 그만큼 자라고 다른 덕들을 더욱 행할 수 있게 됩니다.

이렇게 볼 때 하나의 덕이 다른 덕들보다 더 우월한 것은 아닙니다. 어떤 환경에서도 모든 덕들은 하나님의 뜻을 드러내는 율법과 완벽한 조화를 이루며 역사하기 때문입니다. 율법의 요구에 완벽히 조화를 이루지 못하고 그 요구에 조금이라도 미치지 못하는 것은 죄입니다. 그러나 덕을 발휘하는 목적과 환경이 각각 다르므로 이런 차이와 관련해 어떤 덕이 다른 덕보다 더 고상하게 드러나기도 하는 것입니다. 게다가 인간은 불완전합니다. 그래서 똑같은 덕이라도 덕스러운 성향과 그것을 발휘하는 정도가 사람마다 다릅니다.

덕이 가진 궁극적인 목적과 관련해 말하자면, 덕을 숙고하고 누리는 것이 덕을 발휘하는 것보다 앞섭니다. 덕스러운 것을 더 많이 숙고하고 아는 사람은 더욱 고상한 덕을 추구하는 데 힘씁니다. 초신자는 영원히 정죄 받는 것에 대한 두려움을 크게 느끼기에 구원의 개념에 대해 혼동합니다. 그래서 영원한 정죄를 받지 않고 구원에 이르기를 힘씁니다. 그러나 점점 성령의 조명을 받고 지식이 더해 갈수록 더욱 고상한 일들에 집중하고 그것들을 얻기 위해 애씁니다. 하나님을 영화롭게 한다는 궁극적인 목적을 깨닫고 그것을 즐거워하기까지 이 일을 쉬지 않습니다. 이 목적을 위해 힘써야 할 이유를 알고 또 그렇게 고무된 신자는 가능한 모든 수단을 사용해 이 목적을 추구합니다. 어린 그리스도인들이 성숙한 신자보다는 상대적으로 이를 덜 중요하게 여길지라도 결국 자신들이 받아 누리는 선에 감사하며 하나님의 영광을 추구하게 됩니다. 그러나 성숙한 그리스도인일수록 고상한 일은 물론, 하찮은 일에도 많은 힘을 씁니다. 즉, 하나님의 영광을 사랑한 나머지 이 목적을 위해 모든 일을 힘써 행합니다. 우리는 하나님을 영화롭게 한다는 이 궁극적인 목적을 가장 고상한 덕으로 삼습니다.

자연과 은혜의 역사를 통해 스스로를 영화롭게 하시는 하나님

첫째, 하나님은 피조물에게 자신의 완전하심을 나타내심으로써 스스로를 영화롭게 하십니다.

① 하나님은 창조와 보존 같은 자연의 역사를 통해 스스로를 영화롭게 하십니다. 다음 말씀들을 숙고해 보십시오.

"여호와 우리 주여, 주의 이름이 온 땅에 어찌 그리 아름다운지요. 주의 영광이 하늘을 덮었나이다"(시 8:1).

"주께서 지혜로 그들을 다 지으셨으니"(시 104:24).

"창세로부터 그의 보이지 아니하는 것들 곧 그의 영원하신 능력과 신성이 그가 만드신 만물에 분명히 보여 알려졌나니"(롬 1:20).

"그러나 자기를 증언하지 아니하신 것이 아니니 곧 여러분에게 하늘로부터……만족하게 하셨느니라"(행 14:17).

② 하나님은 자신의 의로움을 나타내시는 은혜의 역사를 통해 스스로를 영화롭게 하십니다.

"이 예수를 하나님이 그의 피로써 믿음으로 말미암는 화목제물로 세우셨으니……자기의 의로우심을 나타내려 하심이니"(롬 3:25).

지혜를 나타내심으로써 스스로를 영화롭게 하십니다.

"이는 이제 교회로 말미암아……하나님의 각종 지혜를 알게 하려 하심이니"(엡 3:10).

긍휼과 은혜를 나타내심으로써 스스로를 영화롭게 하십니다.

"그의 은혜의 영광을 찬송하게 하려는 것이라"(엡 1:6).

자신의 사랑을 나타내심으로써 스스로를 영화롭게 하십니다.

"우리 구주 하나님의 자비와 사람 사랑하심이 나타날 때에"(딛 3:4).

이처럼 "그의 영광이 온 땅에 충만"(사 6:3)합니다.

둘째, 하나님은 자기 아들이신 중보자 예수 그리스도를 영화롭게 하십니다.

"우리 조상의 하나님이 그의 종 예수를 영화롭게 하셨느니라"(행 3:13).

또한 성자도 성부를 영화롭게 하십니다.

"내가……아버지를 이 세상에서 영화롭게 하였사오니"(요 17:4).

셋째, 하나님은 자녀들에게 자기 형상을 입히시고 세상 사람들이 보는 앞에서 그들을 존귀하게 하심으로써 이 땅에서 자기 자녀들을 영화롭게 하십니다.

"네가 내 눈에 보배롭고 존귀하며"(사 43:4).

"네 화려함으로 말미암아 네 명성이 이방인 중에 퍼졌음은 내가 네게 입힌 영화로 네 화려함이 온전함이라. 나 주 여호와의 말이니라"(겔 16:14).

하나님은 그들이 죽은 후에 그들을 영화롭게 하십니다.

"그로 말미암은 이가 많은 아들들을 이끌어 영광에 들어가게 하시는 일"(히 2:10).

"의롭다 하신 그들을 또한 영화롭게 하셨느니라"(롬 8:30).

하나님은 모든 존귀와 영광을 자기 안에 가지시므로 스스로를 영화롭게 하십니다. 이는 하나님을 인정할 피조물이 없다 하더라도 사실입니다. 하나님은 "영광의 하나님"(행 7:2)이요, "영광의 왕"(시 24:8)이요, "영광의 아버지"(엡 1:17)이십니다. 이 영광은 천사들조차 감당하지 못하는 광채를 발합니다. 이 영광 때문에 천사들은 얼굴을 가리고 다음과 같이 외칩니다.

"거룩하다 거룩하다 만군의 여호와여"(사 6:3).

인간은 이 광채에 압도되어 자신을 잊어버리고 이렇게 부르짖습니다.

"화로다 나여, 망하게 되었도다……만군의 여호와이신 왕을 뵈었음이로다"(사 6:5).

하나님의 영광은 피조물이 가감할 수 있는 것이 아닙니다. 사람이 멸시하든 드높이든, 상관없이 하나님의 영광은 언제나 동일합니다. 하나님은 스스로 빛이시며, 빛으로 옷을 삼고 범접할 수 없는 빛 가운데 거하십니다. 그러한 하나님께서 어떤 식으로든 인간에게 자기 영광을 계시하시고, 그들로 하여금 그 영광 가운데서 기뻐하게 하시고, 하나님을 영화롭게 하고 인정하고 존귀하게 하고 드높이게 하고 다른 사람들에게도 이런 하나님의 어떠하심을 알리도록 하신 것은 하나님의 순전한 선하심입니다. 이는 천사들이 하는 일이자 그들이 누리는 지복입니다.

"지극히 높은 곳에서는 하나님께 영광이요"(눅 2:14).

이는 영화롭게 된 영혼들이 하는 일이자 그들이 누리는 지복이기도 합니다.

"우리 주 하나님이여, 영광과 존귀와 권능을 받으시는 것이 합당하오니"(계 4:11).

또한 하나님의 영광의 은혜를 찬미하고 하나님을 찬송하도록 지어진 신자들(사 43:21 참고)이 이 땅에서 하는 일이자 그들이 누리는 지복입니다. 다윗이 그러했듯이 모든 경건한 사람은 그리하기를 기뻐합니다.

"주의 존귀하고 영광스러운 위엄과 주의 기이한 일들을 나는 작은 소리로 읊조리리이다"(시 145:5).

하나님을 영화롭게 함

하나님을 영화롭게 한다는 것은 하나님의 완전하심을 주목하는 사람이 하나님을 시인하고, 그분을 찬양하고, 사랑과 기쁨과 경외함으로 하나님을 다른 사람에게 알리는 것입니다.

하나님을 영화롭게 하는 것은 하나님의 온전하심을 바라는 데서 비롯됩니다. 하나님을 아는 지식은 하나님을 믿거나 하나님의 완전하심을 바라봄으로 말미암은 결과입니다. 고린도후서 5장 7절에서 사도는 이 둘을 구분합니다.

믿음은 하나님께서 말씀을 통해 스스로를 계시하신 대로 하나님을 시인합니다. 하나님의 말씀은 그분의 완전하심에 대해 자연의 역사를 통해 명확하게 드러난 대로 묘사합니다. 특별히 하나님의 완전하심은 예수 그리스도의 얼굴에서, 다시 말해 그분의 구속 역사에서 분명히 빛을 발합니다.

"우리가 다 수건을 벗은 얼굴로 거울을 보는 것같이 주의 영광을 보매 그와 같은 형상으로 변화하여 영광에서 영광에 이르니 곧 주의 영으로 말미암음이니라"(고후 3:18).

믿음은 성경이 하나님에 관해 말하는 모든 진술에 주목합니다. 특별히 하나님께서 모세에게 자신을 나타내신 사실에 주목합니다.

"여호와께서 그의 앞으로 지나시며 선포하시되 여호와라 여호와라 자비롭고 은혜롭고 노하기를 더디 하고 인자와 진실이 많은 하나님이라"(출 34:6).

믿음은 성경의 이런 진술을 진리로 받고 하나님을 그 말씀대로 시인합니다. 이런 믿음을 가진 사람은 성경이 진술하는 대로 하나님을 대하고 그런 하나님께 합당하게 행합니다. 그렇습니다. 믿는 것이 곧 하나님을 영화롭게 하는 것입니다.

"믿음이 없어 하나님의 약속을 의심하지 않고 믿음으로 견고하여져서 하나님께 영광을 돌리며"(롬 4:20).

그리스도 안에서 계시된 하나님을 믿고 또 그 하나님이 그리스도 안에서 자기를 위하시는 분임을 믿는 믿음이 전부이며 그 믿음이 느껴지게 드러나지 않는다 할지라도, 신자는 그 믿음을 근거로 하나님을 기뻐하고 사랑하며, 즐거이 시인하고 드높이며 찬양합니다. 그러나 많은 신자들이 은혜 가운데 있으면서도 믿음의 가치를 제대로 평가하지 않으며, 믿음으로 하나님을 영화롭게 하는 데에도 익숙하지 않습니다.

하나님은 하나님을 직접 대면하는 것을 천국에서 맛보도록 남겨 두셨지만, 자녀들이 하나님의 약속을 따라 이생에서도 어느 정도 하나님의 영광을 맛보도록 하셨습니다.

"나의 계명을 지키는 자라야 나를 사랑하는 자니 나를 사랑하는 자는 내 아버지께 사랑을 받을 것이요 나도 그를 사랑하여 그에게 나를 나타내리라"(요 14:21).

하나님께서 자기 이름을 선언하실 때, 신자라고 해서 누구나 모세처럼 바위틈에서 가리움을 받거나, 예수님과 함께 변화산에 오르거나, 바울처럼 셋째 하늘로 들려 올라가지는 않습니다. 그러나 하나님은 때때로 자녀들에게 믿음으로 하나님의 완전하심을 더욱 분명히 보게 하시고 하나님에 대해 탁월하게 알게 하십니다. 믿음과 하나님에 대한 이런 분명한 이해는 이 땅에서 신자가 하나님을 영화롭게 하는 원천입니다.

하나님에 대한 이런 이해는 하나님의 이름의 영광을 향한 사랑을 낳습니다. 하나님의 완전하심을 목도한 사람은 즉시 하나님을 향한 사랑으로 타오릅니다. 자신이 사랑해 마지않는 하나님과 개인적으로 연합하는 것은 물론이요, 하나님의 모든 속성을 드높이고 찬양하며 사람들에게 그것을 알려서 많은 사람들이 하나님을 영화롭게 하도록 합니다.

"주를 찾는 모든 자들이 주로 말미암아 기뻐하고 즐거워하게 하시며, 주의 구원을 사랑하는 자들이 항상 말하기를 하나님은 위대하시다 하게 하소서"(시 70:4).

하나님에 대한 이런 지식과 사랑은 기쁨을 낳습니다. 하나님이 이토록 영화롭고도 복되신 분임을 알고 즐거워합니다.

"곤고한 자가 이를 보고 기뻐하나니 하나님을 찾는 너희들아 너희 마음을 소생하게 할지어다"(시 69:32).

"의인이여 너희는 여호와로 말미암아 기뻐하며 그의 거룩한 이름에 감사할지어다"(시 97:12).

하나님을 아는 지식과 사랑과 기쁨으로 채워진 사람은 하나님의 영광을 자신이 추구하는 궁극적인 목적으로 삼습니다. 사랑으로 고무되어 이 목적을 위해 할 수 있는 일이라면 무엇이든 행합니다. 하나님의 영광이라는 목적이 이 모든 일에 중심이 되고, 모든 행위가 이 목적으로 수렴됩니다. 많은 시편들이 할렐루야로 시작하고 끝맺습니다.

"이는 만물이 주에게서 나오고 주로 말미암고 주에게로 돌아감이라. 그에게 영광이 세세에 있을지어다 아멘"(롬 11:36).

또한 이렇게 행하는 것은 하나님의 명령입니다.

"그런즉 너희가 먹든지 마시든지 무엇을 하든지 다 하나님의 영광을 위하여 하라"(고전 10:31).

"이는 범사에 예수 그리스도로 말미암아 하나님이 영광을 받으시게 하려 함이니 그에게 영광과 권능이 세세에 무궁하도록 있느니라 아멘"(벧전 4:11).

하나님을 영화롭게 하는 방식

경건한 신자는 모든 일에서 하나님을 영화롭게 한다는 이 목적을 즐거워하며 이 목적을 중심에 두고서 홀로 있을 때나 사람들과 함께 있을 때나 하나님을 영화롭게 하기 위해 온 힘을 다합니다.

첫째, 신자는 마음으로부터 하나님을 영화롭게 합니다.

① 하나님께서 행하신 일을 주목함으로써 그리합니다. 이런 자들은 이런 역사를 통해 드러난 하나님의 완전하심을 깊이 주목합니다.

"지혜 있는 자들은 이러한 일들을 지켜보고 여호와의 인자하심을 깨달으리로다"(시 107:43).

"하나님이여 주의 생각이 내게 어찌 그리 보배로우신지요. 그 수가 어찌 그리 많은지요. 내가 세려고 할지라도 그 수가 모래보다 많도소이다. 내가 깰 때에도 여전히 주와 함께 있나이다"(시 139:17,18).

"나의 기도를 기쁘게 여기시기를 바라나니 나는 여호와로 말미암아 즐거워하리로다"(시 104:34).

② 하나님과 자신의 영혼 사이에서 하나님을 찬송(adoration)할 때, 하나님의 영광에 사로잡혀 자신을 잊어버리고 기꺼이 하나님께 다음과 같이 소리칩니다.

"여호와는 위대하시니 크게 찬양할 것이라. 그의 위대하심을 측량하지 못하리로다"(시 145:3).

"이 지식이 내게 너무 기이하니 높아서 내가 능히 미치지 못하나이다"(시 139:6).

③ 중심의 거룩한 원리(motions)로 하나님을 만물 위에 드높이고 은밀히 그의 이름을 찬양함으로 그리합니다.

"너희 마음에 그리스도를 주로 삼아 거룩하게 하고"(벧전 3:15).

둘째, 입술로 하나님을 영화롭게 합니다. 거룩한 묵상으로 충만해진 마음이 모든 것을 움직입니다. 다윗이 그러했듯이, 홀로 있을 때조차도 하나님의 영광을 향한 마음을 주체하지 못합니다.

"내 영혼아 여호와를 송축하라 내 속에 있는 것들아 다 그의 거룩한 이름을 송축하라"(시 103:1).

"나는 항상 소망을 품고 주를 더욱더욱 찬송하리이다. 내가 측량할 수 없는 주의 공의와 구원을 내 입으로 종일 전하리이다"(시 71:14,15).

하나님의 완전하심을 바라보는 데 사로잡힌 영혼은 기쁨으로 외칩니다. 하나님을 드높이는 찬양이 그 입에서 떠나지 않습니다(시 149:6 참고). 하나님의 완전하심에 대한 이런 묵상이 "자는 자의 입을 움직이게"(아 7:9)하며 "밤에 노래를"(욥 35:10) 부르게 합니다.

"낮에는 여호와께서 그의 인자하심을 베푸시고 밤에는 그의 찬송이 내게 있어 생명의 하나님께 기도하리로다"(시 42:8).

"시와 찬송과 신령한 노래를 부르며 감사하는 마음으로 하나님을 찬양하고"(골 3:16).

셋째, 행실로 하나님을 영화롭게 합니다.

① 하나님께 영광과 존귀를 돌리겠다는 목적을 가지고 하나님 앞에서 스스로를 마땅히 정죄 받아야 할 죄인으로 겸손히 낮추며 하나님의 긍휼로 말미암아 하나님께 영광을 돌릴 때 하나님을 영화롭게 합니다.

② 하나님께서 모든 선한 것들을 주는 원천이심을 시인하고 필요한 모든 것들을 하나님께 간구할 때 하나님을 영화롭게 합니다.

③ 하나님의 탁월한 위엄으로 말미암아 하나님 앞에 겸손히 머리를 숙이고 하나님을 예배할 때 하나님을 영화롭게 합니다.

④ 하나님을 경외하여 죄가 날뛰지 못하도록 억누르고 하나님의 거룩하심과 경이로운 위엄 가운데 하나님을 예배할 때 하나님을 영화롭게 합니다.

⑤ 하나님의 전능하심과 미쁘심을 의지하여 하나님을 찬양하면서 하나님의 보호하심을 바라고 두려움 없이 하나님께 피할 때 하나님을 영화롭게 합니다.

⑥ "주님, 저는 주님의 종입니다"라고 고백하면서 하나님을 섬기고, 그 섬김을 받기에 합당하신 하나님의 주권적 통치를 힘입어 하나님을 예배할 때 하나님을 영화롭게 합니다.

⑦ 하나님의 지혜와 긍휼을 힘입어 온갖 고난 가운데서도 잠잠히 하나님께 순복할 때 하나님을 영화롭게 합니다. 모든 상황과 일들을 통해 그리합니다. 고난과 역경 가운데 밝히 드러난 하나님의 속성과 성품을 힘입어 하나님께 영광을 돌립니다. 여러분이 하는 모든 일을 하나님을 영화롭게 하려는 목적에 결부시킵니다. 자

신의 구원이 여기에 달린 것처럼 온 맘으로 애씁니다. 더욱 고상한 목적들을 위해 힘쓰고 하나님을 생생히 뵙는 것처럼 반응하며 그분을 찬미합니다. 모든 일을 하나님의 영광으로 시작하여 하나님의 영광으로 끝맺습니다.

다른 사람을 대할 때 우리의 말과 행실로 하나님을 영화롭게 합니다. 다른 이들도 하나님의 영광을 깨달아 모든 존귀와 영광을 받기에 합당하신 하나님을 영화롭게 하도록, 그들에게 구원의 길을 가르치며 그들을 다양한 방식으로 주 예수께로 인도하고 훈계하며 책망하여 믿음과 회개에 이르게 합니다.

사람들이 하나님의 모든 역사에서 드러난 하나님의 영광을 알도록 하나님과 그분의 역사를 다른 사람에게 전하는 것은 하나님을 영화롭게 하는 일입니다.

"여호와께 감사하고 그의 이름을 불러 아뢰며 그가 하는 일을 만민 중에 알게 할지어다. 그에게 노래하며 그를 찬양하며 그의 모든 기이한 일들을 말할지어다"(시 105:1,2).

"여호와께 감사하라. 그의 이름을 부르며 그의 행하심을 만국 중에 선포하며 그의 이름이 높다 하라"(사 12:4).

또한 하나님을 영화롭게 하려는 목적으로 우리의 전체 삶과 행실로 사람들 앞에서 하나님의 영광이 밝게 빛나도록 행동할 때 하나님을 영화롭게 합니다. 하나님은 눈에 보이지 않으시므로 자연인은 자연의 역사를 통해서든 은혜의 역사를 통해서든 하나님을 알지도 못하고, 보지도 못합니다. 그러나 하나님의 형상에 참여한 하나님의 자녀가 자신의 행위를 통해 하나님의 형상을 드러내고 마땅히 하나님을 사랑하고 경외하며 섬기고 영화롭게 해야 할 것을 나타내는 모습이, 회심하지 않은 자들의 마음에 하나님이 계신다는 강한 확증으로 다가갈 때가 많습니다. 이를 통해 어떤 사람은 구원의 길을 찾고 회심에 이르기까지 합니다. 거듭난 사람은 다른 사람에게서 하나님의 형상이 밝게 빛나는 것을 보고서 하나님을 사랑하고 경외하는 마음이 일어나기도 합니다. 이를 통해 믿음에서 떨어진 자들이 회개하고 이전의 열심으로 회복되기도 합니다. 또한 우리의 행위가 이런 결과를 가져오지 않는다 하더라도, 그러한 우리의 행위 자체가 하나님을 영화롭게 합니다. 다시 말해, 우리의 행실을 통해 하나님께서 어떤 분이신지를 나타내 보이고자 했다면, 그것 자체가 이미 하나님을 영화롭게 하는 것입니다. 이에 대한 상급으로 당사자는 달콤하고도 선한 양심의 화평을 가지고 천국을 향해 나아갑니다. 주 예수님도 동일하게 명령하십니다.

"이같이 너희 빛이 사람 앞에 비치게 하여 그들로 너희 착한 행실을 보고 하늘에 계신 너희 아버지께 영광을 돌리게 하라"(마 5:16).

"너희가 열매를 많이 맺으면 내 아버지께서 영광을 받으실 것이요 너희는 내 제자가 되리라"(요 15:8).

사도 베드로는 아내들이 다음과 같이 행하여 남편들을 구원에 이르게 하기를 바랍니다.

"아내들아 이와 같이 자기 남편에게 순종하라 이는 혹 말씀을 순종하지 않는 자라도 말로 말미암지 않고 그 아내의 행실로 말미암아 구원을 받게 하려 함이니"(벧전 3:1).

하나님을 영화롭게 하지 않는 인간의 비참한 상태

하나님을 영화롭게 하는 방식에 대해서는 앞에서 이미 살폈습니다. 하나님을 사랑하고 찬미하며 그의 이름을 영화롭게 하는 사람은, 그렇게 살아가지 않는 사람들을 볼 때 크게 슬퍼할 수밖에 없습니다.

첫째, 잠시 눈을 돌려 세상을 보십시오. 하나님께서 자신의 선하심을 여러분에게 어떻게 증언하시는지를 보십시오. 비를 주시고, 추수 때를 주시고, 사람의 마음을 양식과 즐거움으로 채우십니다. 어떻게 하나님께서 자신의 역사를 통해 영원한 능력과 신성을, 영광과 놀라운 위엄을, 오래 참으심과 자비를 나타내시는지를 보십시오. 반면, 사람들은 어떻게 행합니까? 모든 사람(몇몇 예외를 제외하면)의 마음이 하나님으로부터 돌아서 있습니다. 하나님을 잊은 채 살아갑니다. 하나님을 인정하지도, 그분께 감사하지도, 그분을 영화롭게 하지도 않습니다. 마치 하나님께서 계시지 않은 것처럼, 그분이 모든 영광을 받기에 합당하시지 않은 것처럼, 자신들이 받아 누리는 모든 것들이 하나님으로부터 오지 않은 것처럼 살아갑니다. 하나같이 돼지처럼 코를 땅에 박은 채 쥐엄 열매를 모으기에 여념이 없습니다. 어느 누구도 그 열매가 떨어지는 나무를 쳐다보지 않습니다. 누구나 좋은 것을 원하면서도 그것들을 베푸시는 하나님을 바라지는 않습니다. 오히려 그것들을 가지고 하나님을 대적합니다. 하나님의 영예를 사랑하는 사람들은 이런 현실에 가슴 아파합니다. 존귀하고도 영화로우신 하나님께서 그 베푸신 모든 것들로 말미암아 영광을 받으셔야 하지 않겠습니까? 오, 부패하고 타락하고 어그러진 세대여! 하나님의 영광을 소중히 여기는 사람은 이런 인간의 현실에 주목하며, 창조된 뜻에 부응하지 않고 원래 하나님께서 의도하신 지복을 상실하였으며 하나님의 진노의 대상이 되어 버린, 자신을 포함하는 인간의 비참한 상태에 슬픔을 가누지 못합니다.

둘째, 하나님의 영광을 사랑하는 사람이라면 잠시 우리 교회들을 생각해 보십시오. 그들은 하나님을 영화롭게 하기 위해 지어진, 마땅히 하나님께 영광을 돌리고 그리스도의 영광으로 드러나야 할 백성들이 아닙니까? 그런데 교회의 상태는 어떠합니까? 너무나 슬픈 상황이 아닙니까! 하나님의 선하심으로 말미암아 예외적으로 아직도 경건한 성도들이 있기는 합니다. 그러나 많은 교인들이 하나님을 아는 지식도, 경외함도, 사랑도, 하나님께로 나아가려는 갈망도, 경건의 모양도 없고, 하나님께 영광을 돌리고자 노력하지도 않습니다. 대부분의 교인들은 아주 세속적으로 자신의 정욕을 따라 살며 선한 것을 미워하고 선을 행하는 사람들을 못마땅해합니다. 심지어 이교도보다도 못한 사람들이 있습니다. 그들로 말미암아 하나님의 이름이 모독을 당합니다. 잠잠히 이런 상황을 반추해 보십시오. 울면서 그들을 향해 이가봇이라 탄식하십시오.

"신실하던 성읍이 어찌하여 창기가 되었는고. 정의가 거기에 충만하였고 공의가 그 가운데에 거하였더니 이제는 살인자들뿐이로다"(사 1:21).

① 대놓고 세상에 종노릇하며 경건한 자들과 경건을 멸시하는 자들이 있습니다. 술 취한 자들, 도박꾼들, 춤추는 자들, 자랑하는 자들, 험담하는 자들, 거짓말하는 자들, 악독한 자들, 신경질을 부리는 자들 등 온갖 종류의 불경건한 자들이 교회 안에 있습니다. 그들이 교회와 상관없는 자들이라면 아무 문제 되지 않습니다. 그러

나 그들이 교회에 속했기 때문에 이런 그들의 모습은 교회의 영광을 도둑질하고 하나님과 교회의 머리 되신 그리스도를 도독하는 것입니다.

② 공예배에 참석하여 함께 하나님을 찬양하고, 기도 시간에 일어나거나 머리를 조아리고, "하나님께 찬양과 감사를 드립니다"라고 쓰거나 말하기도 하고, 하나님과 성경에 대해 물 흐르듯이 말은 잘합니다. 그러나 정작 그들의 삶은 이 모든 행위가 마음에서 비롯된 것이 아니라 판에 박힌 습관이요 입에 발린 소리라는 사실을 대변합니다. 이런 그들의 모습은 우리가 시편 78편 36,37절에서 보는 위선적인 이스라엘의 모습과 다르지 않습니다.

"그러나 그들이 입으로 그에게 아첨하며 자기 혀로 그에게 거짓을 말하였으니, 이는 하나님께 향하는 그들의 마음이 정함이 없으며 그의 언약에 성실하지 아니하였음이로다"(시 78:36,37).

하나님은 이런 위선을 정죄하십니다.

"주께서 이르시되 이 백성이 입으로는 나를 가까이하며 입술로는 나를 공경하나 그들의 마음은 내게서 멀리 떠났나니 그들이 나를 경외함은 사람의 계명으로 가르침을 받았을 뿐이라. 그러므로 내가 이 백성 중에 기이한 일 곧 기이하고 가장 기이한 일을 다시 행하리니 그들 중에서 지혜자의 지혜가 없어지고 명철자의 총명이 가려지리라"(사 29:13,14).

③ 자연의 아름다움을 즐기고 탄복하는 자신을 보면서 탁월한 방식으로 하나님의 영광을 바라보고 사랑하며 드높이고 있다고 스스로 생각하는 사람들이 있습니다. 실상은 단지 자연을 감상하며 즐거워하는 것일 뿐인데도 말입니다. 하늘의 멋진 광경에 황홀해한다든지(석양을 보거나, 한밤중에, 아침에 해가 뜨는 것을 볼 때), 아름다운 숲이나 초원을 즐기거나 동식물이 태어나고 자라는 과정을 주의 깊게 살피면서 스스로 하나님의 영광을 누리고 있다고 여기고는 다른 사람들에게도 그렇게 강권하곤 합니다. 그러나 이렇게 자연에 대해 말하면서 그들은 하나님을 창조주라고 부르기는 하나, 실제로 그 속에서 하나님을 목도하거나 이런 역사 가운데 드러나는 하나님의 속성을 즐거워하거나 사랑으로 찬양하지는 않습니다. 따라서 이런 행위는 하나님을 영화롭게 하는 것이 아니라, 오히려 피조물을 칭송하는 것입니

다. 이런 경우 그들의 말과는 달리, 그들은 창조주가 아니라 자연에서 그런 사실들을 찾아내며 자연을 보고 하나님의 영광을 칭송하는 자신의 지혜로움을 칭송하는 것입니다. 자연의 역사를 통해 하나님의 영광을 찬미하는 것은 이런 것과 완전히 다르므로 자연인은 절대 설명할 수 없는 일입니다.

④ 여기서 조금 더 진전되었다고는 해도, 여전히 하나님을 영화롭게 하지 않는 사람들이 있습니다. 하나님의 말씀을 연구하고, 말씀에 담긴 신비들을 캐고, 그에 대한 지식을 쌓고, 말씀의 구조와 그 안에 담긴 지혜에 놀랍니다. 다시 말해, 예언의 성취와 아직 일어나지 않은 놀라운 일들과 심지어 천국의 일들에 대해 경탄합니다. 그들은 자신이 거룩한 일을 하고 있으며 하나님을 영화롭게 하고 있다고 여깁니다. 게다가 그 결과 자신들이 이전에 행했으며 지금도 세상 사람들이 자행하는 죄들에 더는 어떠한 영향도 받지 않습니다. 이런 사람들은 성경의 문제들에 대한 지식을 얻는 데 얼마나 열심을 내는지 모릅니다. 그들의 이런 열렬한 노력은 그들의 모든 감정과 시간마저도 집어삼킵니다. 그들은 이제 이런 지식으로 만족하기 때문에 더는 다른 것들로 즐거워할 필요를 느끼지 않습니다. 더구나 외적인 지식을 통해 외적으로 정화됩니다.

"만일 그들이 우리 주 되신 구주 예수 그리스도를 앎으로 세상의 더러움을 피한 후에 다시 그중에 얽매이고 지면 그 나중 형편이 처음보다 더 심하리니"(벧후 2:20).

그러나 이 모든 것들은 그저 외적인 지식에 불과할 뿐, 하나님을 영화롭게 하지는 못합니다. 고린도전서 13장 2절이 이런 지식에 대해 말합니다.

"내가 예언하는 능력이 있어 모든 비밀과 모든 지식을 알고 또 산을 옮길 만한 모든 믿음이 있을지라도 사랑이 없으면 내가 아무것도 아니요."

하나님의 말씀을 기쁨으로 받는 세속적인 신자들(눅 8:13 참고)이 바로 이런 외적인 지식을 가집니다. 이런 지식에 대해 바울은 다음과 같이 말합니다.

"한 번 빛을 받고 하늘의 은사를 맛보고 성령에 참여한 바 되고 하나님의 선한 말씀과 내세의 능력을 맛보고도"(히 6:4,5).

발람은 자신에 대해 이렇게 말합니다.

"예언하여 이르기를 브올의 아들 발람이 말하며 눈을 감았던 자가 말하며 하나님의 말씀을 듣는 자가 말하며 지극히 높으신 자의 지식을 아는 자, 전능자의 환상을 보는 자, 엎드려서 눈을 뜬 자가 말하기를"(민 24:15,16).

그러므로 마지막에 속은 자로 드러나지 않으려면, 이런 외적인 지식으로 만족해서는 안 됩니다. 오히려 모든 일 가운데 그리스도 안에서 하나님을 우리의 하나님으로 보고, 그분을 향한 사랑으로 타오르고, 하나님을 찬양하기 위해 이런 성향과 더불어 힘써야 합니다. 그것이 바로 하나님을 영화롭게 하는 것입니다.

하나님을 영화롭게 하지 않음으로써 초래되는 심각한 결과

그러므로 여러분이 지금 하나님의 이름을 더럽히고 그분을 영화롭게 하지 않고 있다면 조심하십시오. 하나님께서 여러분을 창조하시고 현세적이고도 영적인 복을 이처럼 많이 베푸신 이유와 목적은 하나님을 영화롭게 하기 위함입니다. 여러분은 하나님을 영화롭게 하지 않는 것을 죄로 여기지 않거나 가볍게 여길지 모르지만, 여러분의 생각과는 상관없이 이 죄는 가장 지독한 악으로서 여러분을 하나님의 끔찍한 진노 아래로 끌어갈 것입니다. 지금부터 제가 간략하게 말하는 내용을 주의 깊게 들어 보십시오. 여러분이 그런 죄인이라면 이 말을 듣고 회개할 수 있기를 바랍니다.

첫째, 무엇이든 그것이 존재하는 목적에 부합하지 않으면 아무런 유익이 없다는 것은 모두가 잘 아는 사실입니다. 하나님께서 여러분을 지으신 목적은 창조주인 그분을 영화롭게 하는 것입니다. 하나님께서 여러분에게 베푸시는 모든 복은 바로 이러한 의무를 더욱 크게 합니다. 그러나 여러분은 자신이 지어진 이 숭고한 목적을 모릅니다. 하나님을 영화롭게 하려고 하지도 않고, 그렇게 하는 것을 좋아하지도 않습니다. 오히려 모든 일을 통해 하나님을 모독하고 업신여깁니다. 그러면서 뻔뻔하게도, 하나님의 백성들과 어울리고 주의 성찬에 함께하며 스스로를 하나님의 자녀 가운데 하나라고 고백합니다. 그래서 사람들은 여러분을 신자로 알지만,

실제로 여러분은 불경건하고도 세속적인 삶을 살면서 하나님의 이름을 모독하고 있습니다(롬 2:24 참고). 이처럼 여러분은 자신이 존재하는 목적에 전혀 부합하지 않게 살아가는, 따라서 존재할 가치가 없는 존재로 드러납니다. 다음의 말씀이 여러분의 상태를 말해 줍니다.

"사람이 내 안에 거하지 아니하면 가지처럼 밖에 버려져 마르나니, 사람들이 그것을 모아다가 불에 던져 사르느니라"(요 15:6).

그리스도 안에 거한다는 것은 믿음으로 그리스도와 연합하고, 그로 말미암아 거룩한 열매를 맺는 것을 말합니다. 이를 통해 성부께서 영광을 받으십니다(요 15:8 참고). 그러나 이 말씀은 여러분과 상관이 없으므로 여러분은 던져져 불살라질 것입니다.

둘째, 여러분은 하나님의 자녀인데도 하나님을 영화롭게 하는 행위에 참여하지 못하는 상황을 자초하였습니다. 그리고 여러분이 계속 이런 상태에 머문다면, 이 사실은 변하지 않을 것입니다. 여러분은 이전에도 하나님을 영화롭게 하고자 하지 않았으며, 지금도 그럴 마음이 없습니다. 하나님은 여러분이 그런 방식으로 하나님을 영화롭게 하는 것을 원하지 않으십니다. 시편 50편 15,16절이 이를 잘 말해 줍니다.

"환난 날에 나를 부르라. 내가 너를 건지리니 네가 나를 영화롭게 하리로다. 악인에게는 하나님이 이르시되 네가 어찌하여 내 율례를 전하며 내 언약을 네 입에 두느냐."

셋째, 여러분이 하나님을 영화롭게 하지 않고 멸시하기에 하나님 또한 여러분을 멸시하고 조롱거리가 되게 하실 것입니다. 여러분은 영광과 명예를 원하지만, 하나님께서 여러분을 수치로 덮으실 것입니다.

"나를 존중히 여기는 자를 내가 존중히 여기고, 나를 멸시하는 자를 내가 경멸하리라"(삼상 2:30).

여러분에게는 후자의 일이 일어날 것입니다. 반드시 하나님께서 말씀하신 그대로 행하실 것입니다.

"너희가 내 길을 지키지 아니하고 율법을 행할 때에 사람에게 치우치게 하였으므로 나도 너희로 하여금 모든 백성 앞에서 멸시와 천대를 당하게 하였느니라 하시니라"(말 2:9).

여러분은 죽을 때 썩은 악취를 풍기고, 당나귀처럼 묻히며, "모든 혈육에게 가증함"(사 66:24)이 될 것입니다. 그리고 부활하여 무덤에서 일어날 때에는 "수치를 당하여서 영원히 부끄러움을 당할"(단 12:2) 것입니다. 바로 이것이 이 땅에서 하나님을 영화롭게 하지 않은 자들의 최후가 될 것입니다.

넷째, 하나님은 그분을 영화롭게 하지 않는 여러분이 온갖 죄를 짓도록 내버려 두실 것입니다. 특히 더러운 정욕을 따라 자신의 몸을 더럽히는 죄에 빠지도록 내버려 두실 것입니다.

"하나님을 알되 하나님을 영화롭게도 아니하며 감사하지도 아니하고 오히려 그 생각이 허망하여지며 미련한 마음이 어두워졌나니……그러므로 하나님께서 그들을 마음의 정욕대로 더러움에 내버려 두사 그들의 몸을 서로 욕되게 하게 하셨으니"(롬 1:21,24).

다섯째, 결국 하나님은 자신의 의로우심을 나타내시고 특별한 방식으로 여러분을 벌하심으로써 스스로를 영화롭게 하실 것입니다. 하나님의 진노 아래로 들어가는 것은 얼마나 두려운 일인지 모릅니다! 이를 본 사람들과 천사들이 다음과 같이 말할 것입니다.

"그러하다 주 하나님 곧 전능하신 이시여, 심판하시는 것이 참되시고 의로우시도다"(계 16:7).

나답과 아비후가 하나님을 영화롭게 하지 않자 하나님께서 하늘에서 불을 내려 그들을 사르고는 이렇게 말씀하셨습니다.

"나는 나를 가까이하는 자 중에서 내 거룩함을 나타내겠고 온 백성 앞에서 내 영광을 나타내리라"(레 10:3).

로마서 9장 17절은 바로에 대해 이렇게 말합니다.

"성경이 바로에게 이르시되 내가 이 일을 위하여 너를 세웠으니 곧 너로 말미암아 내 능력을 보이고 내 이름이 온 땅에 전파되게 하려 함이라 하셨으니."

하나님께서 자신을 영화롭게 하지 않은 자들을 벌하여 스스로 영화롭게 하시는 분이라면, 그들이 당하는 심판에 대해 우리가 안타까워하는 것을 허락하지 않으실 것입니다. 오히려 그분은 이렇게 말씀하십니다.

"잠잠하라. 우리가 여호와의 이름을 부르지 못할 것이라"(암 6:10).

반대로 하나님은 그분이 의로운 보응을 행하실 때, 우리가 하나님을 즐거워하고 영광 돌리기를 원하십니다.

"의인이 악인의 보복 당함을 보고 기뻐함이여 그의 발을 악인의 피에 씻으리로다. 그때에 사람의 말이 진실로 의인에게 갚음이 있고 진실로 땅에서 심판하시는 하나님이 계시다 하리로다"(시 58:10,11).

하나님을 멸시하는 자들은 이 말씀을 듣고 두려워해야 합니다. 심판이 가까워지고 있습니다. 회개하고 돌이켜 임박한 진노에서 벗어나십시오.

연약하여 하나님께 영광 돌리지 못하는 하나님의 자녀를 향한 권면

하나님의 영예를 사랑하는 자들이여, 시온의 아름다운 딸들을 생각해 보십시오. 하나님으로 말미암아 마음껏 위로를 누린 경험을 즐거워하고 받은 복락에 감사하며, 하나님을 즐거워하고 하나님을 섬기는 일에 온전히 헌신하기를 자원하는 가운데 그들의 은밀한 갈망과 슬픔과 기다림과 기도를 깨닫고 기뻐하십시오. 그러나 그들은 대부분 어찌나 허약하고 나약한지요? 어찌나 드물게 하나님을 바라보는지요! 다른 사람들 앞에서뿐만 아니라 개인의 은밀한 삶 속에서도 하나님을 영화롭게 하겠노라고 결심하는 일이 얼마나 드뭅니까! 이와 관련된 모습과 간절함과 열심과 인내가 얼마나 미약합니까! 이런 목표가 우리의 생각에서 얼마나 허망하게 사라져 버리는지요! 낙심하고 낙담할 때가 얼마나 많은지요! 그들의 발걸음에서 연약함과 죄악됨이 어찌나 분명히 나타나는지요! 패역하고 어그러진 세대에서 경건한 자들이 빛으로 행하고, 하나님의 사랑이 그들의 마음을 소유하고, 하나님을 경외하는 것이 그들의 눈앞에 있고, 그리스도의 형상으로 덧입을 수 있다면 얼마나 좋을까요! 그리하면 사람들은 그들이 자아에 대해서는 물론, 자신들의 유익과 편리함과 사람에 대한 두려움에 대해서도 죽었음을 발견할 것입니다. 또한 그들이 하나님의 영광을 위해 살 뿐만 아니라 모든 일을 통해 하나님을 영화롭게 하고자 함을 목도할 것입니다.

"슬프다 어찌 그리 금이 빛을 잃고 정금이 변하였으며 성소의 돌이 각 거리 머리에 쏟아졌는고"(애 4:1).

그러므로 하나님께서 자기 자녀들에게서도 이처럼 홀대를 받고 영광을 얻지 못하신다는 사실에 슬퍼하십시오. 당신도 이 사실 때문에 마음이 아파야 합니다.

그러나 여러분은 앞으로 이 땅에 있는 동안 하나님을 영화롭게 해야 합니다. 죄를 미워하여 그것에서 떠나고, 경건하게 살며, 하나님을 영화롭게 하는 경건한 행위에 힘쓰는 것만으로는 충분하지 않습니다. 오히려 하나님의 영광을 모든 행위의 목적으로 삼는 경건에까지 여러분의 마음을 고양시키십시오. 이 목적을 계속 견지하여 이런 삶을 일상적인 경향성으로 만들어야 합니다.

이제 몇 가지 말로 격려함으로써 여러분이 이 목적을 품도록 일깨우고자 합니다. 여러분들 또한 이 목적을 위해 계속 분발할 수 있어야 합니다.

첫째, 하나님의 요구와 끊임없는 격려가 여러분의 마음을 파고들도록 하십시오. 이를 위한 본문들이 많지만, 그중에서도 특히 다음 몇몇 본문들에 주목하십시오.

"값으로 산 것이 되었으니 그런즉 너희 몸으로 하나님께 영광을 돌리라"(고전 6:20).

"그런즉 너희가 먹든지 마시든지 무엇을 하든지 다 하나님의 영광을 위하여 하라"(고전 10:31).

여러분이 모르는 어떤 새로운 진리를 가르치고자 이 말씀들을 언급한 것이 아닙니다. 이 일이 해도 되고 안 해도 되는 주변적인 행위가 아니요 오히려 이 일만이 우리가 해야 할 일인 까닭에, 여러분이 이미 아는 진리를 여러분의 마음에 깊이 새겨 여러분으로 하여금 순종하는 마음으로 이 일에 힘쓰게 하기 위함입니다. 하나님께 순종하기로 마음을 정하지도 않고서 자주 "주여 제가 무엇을 하기를 바라십니까?"라고 묻지는 않습니까? 하나님은 이렇게 대답하십니다. "나를 영화롭게 하라. 그것을 네가 하는 모든 일의 목적으로 삼으라. 그것을 네가 하는 모든 일의 동기와 목적으로 삼고 그 안에서 쉼을 얻으라." 그러므로 지금 당장 하나님의 말씀대로 행하십시오. 바로 지금 시작하십시오. 그리하여 질문만 하는 위선자로 드러나지 않도록 하십시오.

둘째, 이와 관련하여 주 예수 그리스도와 그분의 성도들을 예로 들겠습니다. 예시와 모범은 동기를 부여하는 데 큰 도움이 됩니다. 이런 좋은 모범을 따르기 위해 마음을 완고하게 하지 말고 부드럽게 하여 기꺼이 그들을 본받으십시오. 여러분은 주 예수님을 사랑합니다. 그렇지 않습니까? 그렇다면 힘써 그분을 본받으십시오. 주 예수님은 자신의 발자취를 따르라고 완벽한 모범을 남겨 놓으셨습니다. 여러분은 "주님을 향해 달려가도록 저를 이끌어 주십시오"라고 기도하지 않습니까? 모든 일을 통해 성부를 영화롭게 하는 것이 예수님의 목적이었습니다.

"아버지여 때가 이르렀사오니 아들을 영화롭게 하사 아들로 아버지를 영화롭게 하게 하옵소서……아버지께서 내게 하라고 주신 일을 내가 이루어 아버지를 이 세상에서 영화롭게 하였사오니"(요 17:1,4).

그러므로 예수님의 발자취를 따르십시오. 그분에게서 하나님을 영화롭게 하는 것이 무엇인지를 배우십시오. 그리고 모든 일을 할 때 그분처럼 행하십시오.

성도들이 어떠한 사랑과 열정으로 하나님의 영광을 추구했는지를 안다면, 과연 어느 누가 그들이 그토록 추구한 바 하나님을 영화롭게 하는 일을 갈구하지 않으며, 어느 누가 사람들에게 온 힘을 다해 하나님을 영화롭게 하라고 촉구하지 않겠습니까? 다윗이 보인 모범을 보고 그의 말을 들어 보십시오.

"내 영혼아 여호와를 송축하라. 내 속에 있는 것들아 다 그의 거룩한 이름을 송축하라"(시 103:1).

"내가 평생토록 여호와께 노래하며 내가 살아 있는 동안 내 하나님을 찬양하리로다. 나의 기도를 기쁘게 여기시기를 바라나니 나는 여호와로 말미암아 즐거워하리로다"(시 104:33,34).

"나는 항상 소망을 품고 주를 더욱더욱 찬송하리이다. 내가 측량할 수 없는 주의 공의와 구원을 내 입으로 종일 전하리이다. 내가 주 여호와의 능하신 행적을 가지고 오겠사오며 주의 공의만 전하겠나이다"(시 71:14-16).

다윗은 자기 힘으로는 그토록 고상하고도 영광스러운 일을 하지 못한다는 것을 너무나 잘 알았기에 하나님께 자신이 그렇게 할 수 있도록 도와주시기를 간구했습니다.

"주를 찬송함과 주께 영광 돌림이 종일토록 내 입에 가득하리이다"(시 71:8).

다윗은 한두 번 하나님을 찬양하고 "여호와를 찬양하라"라고 말하는 것으로는 만족할 수 없었습니다. 그러하기에 그는 시편 136편에서 무려 스물두 번이나 "그 인자하심이 영원함이로다"라고 외칩니다. 또한 시편의 여러 시들이 "할렐루야, 여호와를 찬양하라"라는 탄성으로 시작하고 끝납니다. 다윗은 자신이 무한한 하나님의 영광을 목도하고 이런 하나님의 영광을 드높이기에 얼마나 미약하고도 보잘것없는지를 절감한 나머지, 천사들과 사람들과 모든 만물에게 자신을 도와 함께 찬양하자고 요청합니다.

"호흡이 있는 자마다 여호와를 찬양할지어다 할렐루야"(시 150:6).

따라서 다윗과 더불어 하나님을 찬양하며 이렇게 외치십시오.

"보좌에 앉으신 이와 어린양에게 찬송과 존귀와 영광과 권능을 세세토록 돌릴지어다 하니"(계 5:13).

셋째, 여러분의 생명과 호흡, 그리고 여러분이 가진 모든 것들이 누구로부터 오는지를 잠시 생각해 보십시오. 여러분을 비추고 밝히는 해와 달과 별들이 누구로부터 비롯되었는지를 생각해 보십시오. 여러분의 머리를 감싸는 하늘은 누구로부터 왔는지, 여러분이 발을 딛고 있는 땅은 어디서 왔는지, 여러분이 먹고 마시는 양식과 음료는 누가 주는지, 여러분이 부리는 짐승들은 어디로부터 왔는지를 생각해 보십시오. 여러분이 이 모든 것들의 주인입니까? 이 모든 것들을 누리기에 합당한 존재입니까? 모든 것이 하나님의 소유가 아닙니까? 우리는 죄악된 탓에 이 모든 것들을 받아 누리기에 전혀 합당하지 않은데도, 하나님께서 이런 것들을 통해 날마다 자신의 선하심을 보여 주시지 않습니까? 그렇습니다. 하나님의 자녀들이여, 이 하나님께서 귀하신 구주를 여러분에게 보내 주신 분이 아닙니까? 신령한 빛과 생명을 주시고 영원한 영광으로 들어가도록 이 땅에서 여러분을 준비시키시는 분이 아닙니까? 만물이 원래 나왔던 곳으로 돌아갈 것입니다. 따라서 자신의 무가치함을 기억하고 하나님의 선하심과 그분이 베푸시는 복의 측량할 수 없는 가치를 생각하면서, 마음속으로 이 모든 것들을 하나님께로 돌립시다. 그리고 사랑과 앙모함으로 이렇게 외칩시다.

"이는 만물이 주에게서 나오고 주로 말미암고 주에게로 돌아감이라. 그에게 영광이 세세에 있을지어다 아멘"(롬 11:36).

넷째, 하나님께서 여러분을 이 땅에 두신 목적을 생각해 보십시오. 그저 일하고 쉬고 먹고 마시기 위해, 그리고 많은 어려움을 겪으며 살다가 다시금 무(無)로 돌아가기 위함입니까? 말해 보십시오. 여러분은 지금 무엇을 위해 여기에 있습니까? 여러분을 창조하신 이를 알고, 그분께 감사하며, 그분을 영화롭게 하기 위함이 아닙니까? 하나님의 자녀들이여, 하나님께서 여러분을 거듭나게 하고 자신의 교회에 두신 이유가 무엇입니까? 아무런 뜻도 없이 그렇게 하셨다고 생각합니까? 그저 천국으로 인도하기 위함이라고 생각합니까? 그렇지 않습니다. 이 땅에 사는 동안 하나님을 영화롭게 하도록 하기 위함입니다. 다음 말씀들이 이 사실을 분명히 밝힙니다.

"이 백성은 내가 나를 위하여 지었나니 나를 찬송하게 하려 함이니라"(사 43:21).

"그들이 의의 나무 곧 여호와께서 심으신 그 영광을 나타낼 자라 일컬음을 받게 하려 하심이라"(사 61:3).

"그러나 너희는 택하신 족속이요 왕 같은 제사장들이요 거룩한 나라요 그의 소유가 된 백성이니, 이는 너희를 어두운 데서 불러 내어 그의 기이한 빛에 들어가게 하신 이의 아름다운 덕을 선포하게 하려 하심이라"(벧전 2:9).

하나님의 이러한 뜻이 없었다면 여러분은 태어나지도 않았을 것이고, 이렇게 살 수도 없으며, 지금 누리는 것들을 전혀 받아 누리지도 못했을 것입니다. 하나님께서 여러분을 거듭나게 하신 목적이 이러하다면, 하나님을 영화롭게 하는 것 말고 여러분이 할 일이 무엇이란 말입니까? 하나님은 자신의 중요한 관심사와 영예를 여러분의 손에 맡기셨고, 여러분을 자기 이름을 전파하는 자로 세우셨습니다. 그렇다면 여러분이 여러분에게 맡겨진 소중한 선물을 어떻게 보존하고 있는지, 어떠한 방식으로 하나님의 뜻에 부응하며 이런 존귀한 행위들에 제대로 참여하고 있는지에 주의를 기울여야 마땅하지 않습니까? 기뻐하며 일어나 하나님께서 여러분에게 원하시는 이 일에 힘쓰십시오.

다섯째, 하나님은 영광 받기에 합당하신 분이므로 여러분을 비롯해 만물이 마땅히 하나님을 영화롭게 해야 합니다. 이런 행위로 말미암아 구원에 이르는 것은 아니라 할지라도 마찬가지입니다. 설령 우리가 하나님을 영화롭게 하기 위해 지음 받지 않았다고 할지라도 여전히 하나님은 영광 받기에 합당하신 분입니다. 하나님을 영화롭게 할 의무가 없다고 할지라도 우리가 받아 누리는 많은 은택을 생각할 때 마땅히 그리해야 합니다. 하나님의 영광으로부터 나오는 작은 빛만으로도 영혼이 빛을 발하기에 충분하다면, 마땅히 다음과 같이 말해야 합니다. "하나님이 하나님이시고, 하나님만이 만물의 영광을 받기에 합당하시다는 사실로 충분하다. 나는 그분을 영화롭게 하기로 마음먹었다. 이 땅에서, 그리고 영원토록 하나님을 영화롭게 하는 것이 내가 할 유일한 일이기를 바란다." 하나님은 영원히 영광 받으시기에 합당합니다. 하늘과 땅에 생물이 전혀 없다 해도 마찬가지입니다. 피조물은 존재하는 동시에 하나님께서 하나님이시라는 사실 하나만으로 그분을 영화롭게 할 의무를 집니다. 그러나 하나님께서 자신을 계시하여 신성의 능력과 영광을 보고 경험하게 해 주시지 않으면, 인간은 아무리 이유가 분명해도 하나님을 영화롭게 할 마음을 품지 못합니다. 본성의 희미한 빛과 성경의 뚜렷한 증거가 회심하지 않은 사람으로 하여금 자신의 의무를 깨닫게 할 때, 사람은 본성적인 방식으로 무언가를 시작하기는 합니다. 그러나 예수 그리스도의 얼굴빛을 통해 하나님의 영광이 밝히 드러나 믿는 영혼이 그 빛 아래 있을 때에라야 사람은 비로소 하나님께 영광과 존귀를 돌리게 됩니다. 하나님의 거룩하심 앞에 발가벗은 모습으로 드러나고, 하나님의 위엄에 압도되고, 하나님의 영광 앞에서 경외함과 두려움으로 떨고, 측량할 수 없는 하나님의 무한하심을 찬미하고, 하나님의 존귀하심에 어울리는 사랑으로 충만케 되고, 하나님의 선하심을 기뻐하는 등 하나님께서 자신을 계시해 주신 방식을 따르는 모든 모습으로 하나님을 영화롭게 합니다. 천 개의 몸과 영혼을 가졌다 하더라도, 기꺼이 자신의 모든 영혼과 몸을 하나님께 드리고 그분을 영화롭게 하는 데 사용할 것입니다. 오히려 자신처럼 미미한 존재가 하나님을 찬미하고 높일 수 있게 되었다는 사실에 압도되고, 그렇게 할 수 있게 된 것 자체를 복된 상급으로 여길 것입니다. 또한 만물이 하나님 앞에 머리를 조아리며 그분의 말씀에 민첩하게 순응한다는 사실에 기뻐할 것입니다. 이런 사람은 천국의 모든 천사들과 완전하게 의로운 영혼들과 이 땅의 모든 하나님의 자녀들이 하나님으로부터 모든 구원이 오리라 기대하며, 하나님을 사랑하고 그분 안에서 즐거워하며, 그분께 겸손히 절하고, 그분의 엄위로운 영광이 찬양받는 것을 기뻐하며, 하나님을 무한히 높이는 가운데 하나님을 주목하여 바라본다는 사실을 생각하고 매우 즐거워합니다. 그들은 하나님과 관련된 어떤 것을 보거나 말하거나 생각하는 데 전혀 합당하지 않은 피조물인데도 순전히 하나님의 은혜로 그렇게 할 수 있게 되었다고 생각합니다. 그들과 더불어 온 맘을 다해 "여호와여! 권세와 영광을 받으심이 합당하니이다"라고 외쳐야 하지 않겠습니까? 그러므로 하나님께 영광을 돌리십시오. 하나님은 영광을 받기에 합당하신 분입니다.

하나님을 영화롭게 할 때 얻는 영적인 유익

하나님께서 우리가 하나님을 영화롭게 하기를 바라시는 것은, 우리의 유익을 위함이기도 합니다. 따라서 우리는 마땅히 하나님을 영화롭게 해야 합니다. 그렇다면 하나님을 영화롭게 하는 영혼은 어떠한 유익을 누립니까?

첫째, 하나님께서 우리를 통해 영광 받으신다는 것 자체가 우리에게 큰 유익입니다. 하나님을 영화롭게 하는 것이야말로 가장 고상한 일이기 때문입니다. 성경은 이 일이 모세나 아론이나 사무엘 같은 사람들이 한 일이자 그들의 영예라고 말합니다.

"그의 제사장들 중에는 모세와 아론이 있고 그의 이름을 부르는 자들 중에는 사무엘이 있도다"(시 99:6).

하나님을 영화롭게 하는 것은 천사들이 하는 일입니다.

"거룩하다, 거룩하다, 거룩하다, 만군의 여호와여. 그의 영광이 온 땅에 충만하도다"(사 6:3).

천사들은 하나님께서 땅을 조성하셨을 때 기쁘게 소리쳤으며(욥 38:7 참고), 그리스도께서 태어나셨을 때 "지극히 높은 곳에서는 하나님께 영광이요"(눅 2:14)라고 노래했습니다. 하나님을 영화롭게 하는 일은 하늘에 있는 성도들이 하고 있는 일이요, 택정하심을 입은 자들이 영원토록 하는 일입니다(계 4:11 참고).

둘째, 영혼은 하나님을 영화롭게 함으로써 큰 기쁨을 누립니다. 하나님을 영화롭게 하는 일은 부담스럽거나 번거롭거나 우울하거나 고생스러운 일이 아닙니다. 그러하기에 영혼은 하나님을 영화롭게 하는 일에 참여하도록 모든 수단을 강구해야 합니다. 하나님을 영화롭게 하는 것은 사람이 누릴 수 있는 지복입니다. 이는 곧 하나님의 완전하심에서 즐거움과 기쁨을 찾고 그것을 사랑하는 것이요, 이로 말미암아 하나님을 드높이는 것입니다. 아직 이 일이 무엇인지를 모른다면, 자신의 지복을 모르는 것입니다. 다윗이 이 일을 얼마나 기뻐하며 얼마나 기쁜 마음으로 노래하는지 보십시오.

"지존자여……여호와께 감사하며 주의 이름을 찬양하고 아침마다 주의 인자하심을 알리며 밤마다 주의 성실하심을 베풂이 좋으니이다. 여호와여 주께서 행하신 일로 나를 기쁘게 하셨으니 주의 손이 행하신 일로 말미암아 내가 높이 외치리이다. 여호와여 주께서 행하신 일이 어찌 그리 크신지요. 주의 생각이 매우 깊으시니이다"(시 92:1-5).

"할렐루야. 우리 하나님을 찬양하는 일이 선함이여. 찬송하는 일이 아름답고 마땅하도다"(시 147:1).

셋째, 이 일은 하나님을 기쁘시게 합니다. 하나님은 자녀들이 하나님을 기쁘시게 할 뿐만 아니라, 그것을 자신들의 즐거움과 기쁨이자 지복으로 삼고 온 힘을 다하는 것을 기뻐하십니다.

"이스라엘의 찬송 중에 계시는 주여, 주는 거룩하시니이다"(시 22:3).

"내가 노래로 하나님의 이름을 찬송하며 감사함으로 하나님을 위대하시다 하리니, 이것이 소 곧 뿔과 굽이 있는 황소를 드림보다 여호와를 더욱 기쁘시게 함이 될 것이라"(시 69:30,31).

이는 하나님께 드리는 번제와 같습니다.

"곤고한 자가 이를 보고 기뻐하나니"(시 69:32).

넷째, 하나님은 이런 자들에게 후히 갚으십니다.

"나를 존중히 여기는 자를 내가 존중히 여기고"(삼상 2:30).

바울과 실라가 빌립보 감옥에서 하나님을 찬양하자 옥문이 열리고 죄수들에게 채워졌던 차꼬가 풀렸습니다(행 16:25,26 참고). 하나님은 그분의 영광을 귀하게 여기는 사람을 귀하게 여기시며, 그분을 영화롭게 하는 사람이 사람들 중에서 사랑과 존경을 받게 하십니다. 하나님을 위하는 사람을 하나님도 위하십니다.

"하나님이 이르시되 그가 나를 사랑한즉 내가 그를 건지리라. 그가 내 이름을 안즉 내가 그를 높이리라. 그가 내게 간구하리니 내가 그에게 응답하리라. 그들이 환난 당할 때에 내가 그와 함께하여 그를 건지고 영화롭게 하리라. 내가 그를 장수하게 함으로 그를 만족하게 하며 나의 구원을 그에게 보이리라"(시 91:14-16).

다섯째, 모든 일에서 하나님을 영화롭게 하는 것을 우리의 목적으로 삼는다면, 우리의 모든 노력과 수고가 더욱 순전하고도 거룩할 것입니다. 목표가 무엇인지에 따라 사람은 그에 합당한 방편을 통해 더 분발하며, 힘든 일도 대수롭지 않게 여기게 됩니다. 하나님의 영광을 사랑하는 사람은 자신의 영광을 생각하지 않습니다. 하나님을 영화롭게 하는 일을 향해 줄기차게 나아가고, 그것이 자신에게 유익일지 아닐지를 따지지 않습니다. 모든 반대를 이기고 모든 장애를 극복합니다. 그 일에서 비롯되는 수고가 끝나면 안식을 얻습니다. 순전한 목적으로 일했으며, 거기에 사용한 방편이 하나님의 규례에 부합하기 때문입니다. 우리는 빛을 두려워할 필요가 없습니다. 오히려 빛에 자신을 드러내고 그 빛으로 자기를 살펴야 합니다.

"진리를 따르는 자는 빛으로 오나니 이는 그 행위가 하나님 안에서 행한 것임을 나타내려 함이라 하시니라"(요 3:21).

여섯째, 하나님을 영화롭게 함으로써 불신자에게는 회심하도록, 경건한 신자에게는 하나님을 더욱 영화롭게 하도록 자극을 줍니다.

하나님을 영화롭게 하는 이 거룩하고도 영광스러운 일에 얼마나 넓고도 많은 유익이 따르는지를 보십시오. 그러므로 하나님을 영화롭게 하기를 진실로 기뻐하며, 그 일을 즐겁게 행하는 자들을 복되다고 여기는 사람이라면 마땅히 하나님을 영화롭게 하는 이 일에 더욱 힘을 쏟아야 합니다.

"주의 집에 사는 자들은 복이 있나니 그들이 항상 주를 찬송하리이다"(시 84:4).

반론

아무리 신자라 하더라도 이 글을 읽거나 듣는 것을 매우 버겁고도 벅차게 느끼는 사람이 있을 것이다. 또한 어떤 사람들은 이 일이 지극히 영광스럽고도 존귀한 일이지만 그 일을 하기에는 자신이 너무나 부족하다고 느끼며, 그런 까닭에 그런 상태에 이를 수 없다는 것을 절감하여 슬퍼하고 낙담할 것이다. 또는 그렇게 하지 않는 자신의 양심을 달래느라 변명으로 일관하다가 오히려 더욱 비참한 상태에 이르는 사람들도 있을 것이다. 그들이 내세우는 이유는 다음과 같다. 하나님의 영광이 보이지 않을뿐더러, 그것이 전혀 유효하거나 달콤하게 다가오지 않는다. 설령 하나님을 영화롭게 하는 일을 시작한다고 해도, 사랑하는 마음이 아니라 그저 이성을 따르는 것에 불과하다. 나는 너무나 죄악되다. 죄가 나를 짓누르고 사로잡는다. 그러하기에 내가 계속 예수님께 피하여 칭의를 누리고 마음을 새롭게 하여 죄로부터 나를 지킬 수 있다면 너무나 좋을 것이다. 나는 내 영적 상태를 판단할 수가 없다. 내가 거듭난 하나님의 자녀인지 모르겠다. 세상 염려에 사로잡힌 나머지 대개는 마음에 아무런 감동도 없다. 어려움이 계속 이어지는 탓에 항상 우울하고 경건의 시간조차 가지기가 어렵다. 이런 상황 속에서 나는 늘 혼란스럽고 생기가 없으며 낙담해 있다. 이런 내가 어떻게 하나님을 영화롭게 하려는 열망으로 모든 일을 시작할 수 있겠는가? 나 같은 사람이 어떻게 이런 고상한 일을 할 수 있단 말인가?

> 답변

(1) 당신의 그런 상태는 마땅히 책망받아야 하지만, 동시에 불쌍히 여김을 받아야 합니다. 스스로 우쭐하지 않도록 조심하십시오. 하나님을 영화롭게 하는 위대한 일을 소홀히 하는 것은 어떤 이유로도 핑계할 수 없습니다. 하나님께서 당신을 지으신 것도, 당신에게 복을 베푸시는 것도, 당신 안에서 구원의 일을 시작하고 끝까지 이루시는 것도 바로 하나님을 영화롭게 하기 위함입니다.

(2) 하나님의 자녀들은 키도 나이도 성숙도 제각기 다르지만, 모두가 동일한 성령을 모시고 동일하게 신령한 삶을 삽니다. 사람마다 정도의 차이는 있을지언정, 경건한 삶의 모습은 동일합니다. 그들 중 가장 작은 자라 할지라도 하나님을 아는 지식을 가졌습니다. 하나님을 영화롭게 하는 것이 자신의 의무임을 잘 알 뿐만 아니라, 이미 그 안에 이 일을 향한 갈망과 경향성을 가졌습니다. 세상이 그를 자신들의 동류로 여기지 않고 지나치게 믿는 자들 가운데 하나로 본다는 사실만으로도, 그는 이미 하나님을 영화롭게 하고 있는 것입니다. 또한 그리스도의 성령께서 그들 안에 거하시고, 비록 아직 그 정도가 미약할지라도 그들 안에 선한 역사가 시작되었다는 사실이 드러납니다. 또한 어린 자들은 아직 하나님을 영화롭게 한다는 목적으로 무언가를 하거나 그로 말미암아 동기를 부여받지는 못하더라도, 하나님께 받은 것을 감사해합니다. 그리고 잘못 행하여 경건과 신자와 하나님이 모독을 받게 했다면 그것을 슬퍼합니다. 이들은 이러한 모습을 통해 이미 하나님을 영화롭게 한다고 말할 수 있습니다.

(3) 따라서 마음 깊이 자리한 거듭난 경향성을 따라 하나님을 영화롭게 하십시오. 하나님을 영화롭게 하는 일을 당신의 목적으로 삼고, 시간이 갈수록 그 목적을 더욱 키워 가십시오. 장차 더욱 장성한 은혜의 분량에 이르고자 갈망하여 노력하고 있다 하더라도, 현재 자신의 영적 능력에 따라 어린이는 어린이로서, 젊은이는 젊은이로서, 아버지는 아버지로서 자신이 지금 받아 누리는 은혜의 분량에 만족하십시오. 사람들이 종종 장애물이라고 불평하는 것들은 하나님을 영화롭게 하는 일을 소홀히 하는 데서 비롯되는 경우가 많을뿐더러 부지런히 힘쓰면 극복할 수 있

는 것들입니다. 따라서 하나님을 영화롭게 하는 일을 시작하겠다면서 장애물들이 저절로 사라지기를 기다리지 마십시오. 그럴 경우, 아무리 시간이 흘러도 이 일을 시작하지 못할 것입니다. 오히려 원하지 않는 연약함과 악함이 여전히 있더라도 개의치 말고 현재 상태에서 자신이 할 수 있는 대로 그 일을 시작하십시오. 넘어지더라도 포기하지 마십시오. 다시 일어나 하나님을 영화롭게 하는 일에 힘써 진보를 이루십시오. 주께서 도와주실 것입니다. 하나님은 "피곤한 자에게는 능력을 주시며 무능한 자에게는 힘을" 더하시기 때문입니다(사 40:29 참고).

(4) 하나님을 영화롭게 하는 특권을 잃지 않도록 능력을 주시기를 하나님께 끊임없이 간구하십시오. 이 일에 더욱 많이 자란 사람들을 잘 지켜보고 그들과 교제하면서 배우십시오. 언제나 이 목표를 잊지 않도록 눈앞에 두십시오. 이 목적에서 얼마나 멀어졌든지 상관없이 이 일에 자라 가고 있음을 보게 될 것입니다. 그리고 여러분이 이 일에 자라 가면 다른 모든 일에도 성장할 것입니다. 하나님께서 빛과 진리로 여러분을 가르치고 인도해 주시기를 기도합니다. 아멘.

57

하나님을 사랑함

율법은 사랑을 말합니다. 로마서 13장 9,10절은 율법과 사랑을 하나로 말합니다. "간음하지 말라, 살인하지 말라, 도둑질하지 말라, 탐내지 말라 한 것과 그 외에 다른 계명이 있을지라도 네 이웃을 네 자신과 같이 사랑하라 하신 그 말씀 가운데 다 들었느니라. 사랑은 이웃에게 악을 행하지 아니하나니 그러므로 사랑은 율법의 완성이니라."

본질적으로 사랑은 가장 으뜸가고, 가장 소중하며, 가장 만족스럽고, 가장 변하지 않는 존재를 그 대상으로 삼습니다. 하나님이야말로 이 조건에 부합하는 분이십니다. 하나님을 향한 이런 사랑은 하나님께서 원하시는 대로 우리가 무언가를 사랑하게 합니다. 우리가 이웃을 사랑하는 것은 그런 이유에서입니다. 타락하기 전에 아담은 하나님을 직접적으로 알았고 그분의 뜻과 하나가 되었습니다. 하나님 역시 아담에 대해 그러하셨습니다. 그러나 타락한 뒤에 인간은 하나님과 원수가 되었고 더는 하나님을 사랑하지 않게 되었습니다. 하나님께서 자기 자녀들에게 다시금 하나님을 사랑할 수 있는 특권을 허락하시면, 택함 받은 자들은 하나님과 그들 사이의 원수 된 것을 없애시고 그들을 하나님과의 우정으로 회복시키시는 중보자의 중보로 말미암아 다시금 하나님을 사랑할 수 있게 됩니다. 이 우정은 믿음으로 역사하고, 이를 통해 거듭난 사람은 그리스도의 공로를 속전으로 받아 하나님과 화평을 회복하고 그분의 사랑을 누립니다. 그리고 하나님과 교제하는 가운데 하나님을 향한 사랑이 점점 자라 갑니다. 이처럼 믿음은 사랑을 불러일으켜 역사하게 합니다. 그런 의미에서 믿음은 "사랑으로써 역사"(갈 5:6)합니다. 이것이 바로 신자들이 가진 사랑과 아담이 가졌던 사랑을 구별하는 척도입니다. 믿음과 상관없이 이루어지는 사랑은 참된 사랑이 아닙니다. 자연인도 사랑에 대해 말하거나 글을 쓸 수 있습니다. 그러나 자연인이 행하는 사랑의 행위는 눈먼 사람이 하는 일일 뿐입니다. 하나님을 '사랑하는 주님'이라고 부르면서 자신이 하나님을 사랑한다고 생각할지 모르지만, 이들은 스스로를 속이는 것입니다. 실상 이들은 하나님을 사랑하지 않습니다. 하나님을 사랑해야 한다고 이성적으로 판단할 수도 있고, 또 그런 동기로 비슷하게 행할 수도 있습니다. 그러나 하나님에 대한 사랑의 열기가 없기에 매우 냉랭할 뿐입니다.

하나님을 향한 사랑에 관한 정의

사랑은 하나님을 향하는 마음의 감미로운 움직임(성령께서 신자의 마음에 주입하신)입니다. 신자는 하나님의 완전하심을 깨닫고 그분과 연합함으로써 하나님을 즐거워하면서 그분의 뜻을 기꺼이 받아들이고 하나님을 섬기는 일에 자신을 온전히 내드립니다.

① 사랑은 움직임입니다. 사랑은 불꽃에 비유될 수 있습니다. 불꽃이 움직이는 것을 보십시오. 얼마나 민첩한지 모릅니다. 사랑의 움직임도 그러합니다.

"너는 나를 도장같이 마음에 품고 도장같이 팔에 두라. 사랑은 죽음같이 강하고 질투는 스올같이 잔혹하며 불길같이 일어나니 그 기세가 여호와의 불과 같으니라"(아 8:6).

사랑은 감미로운 움직임입니다. 인간의 많은 동작이 마음에서 비롯됩니다. 기쁨으로 말미암은 움직임이 있는가 하면, 슬픔으로 말미암은 움직임도 있습니다. 사랑은 마음을 새롭게 하는 감미로운 움직임입니다. 사랑하는 것이 사랑받는 것보다 더욱 달콤합니다.

"사랑아 네가 어찌 그리 아름다운지, 어찌 그리 화창한지 즐겁게 하는구나"(아 7:6).

② 사랑은 하나님을 대상으로 합니다. 사람은 사랑할 수 있고, 또 사랑하고자 합니다. 그런데 하나님께서 사랑받기에 합당하신 존귀하고도 소중한 분임을 모르는 사람은 물질적인 무언가를 사랑의 대상으로 삼습니다. 그는 물질적인 것들에 놀라 우리만큼 과도하게 이끌립니다. 이처럼 뒤틀린 자연적인 본성 때문에 자기 안에 있는 영광스런 원리를 악용하여 스스로를 더럽힙니다. 그러나 신자가 하나님께서 어떤 분이신지를 깨닫기 시작하면 이전에 즐기던 아름다운 모든 것들이 힘을 잃습니다. 이런 것들에 내주었던 사랑을 다시 거두어들입니다. 그렇습니다. 더는 이런 것들을 사랑할 수 없으며 도리어 미워하게 됩니다. 그것들이 하나님을 사랑하는 것에 맞서기 때문입니다. 대신에 하나님을 자기가 사랑하는 대상으로 둡니다. 하나님을 사랑할 수 있게 된 것을 기뻐합니다. 자신이 이 사랑으로만 온전히 흡족해 하지 못하는 것 때문에 아파하고, 하나님을 더 사랑하지 못하는 것 때문에 크게 슬퍼합니다. 하나님이야말로 자신이 계속 사랑할 만한 가장 탁월한 대상이 되십니다. 그렇습니다. 그는 하나님만을 사랑하며, 하나님 이외에는 다른 어떤 것에도 마음을 주려고 하지 않습니다.

"너희 모든 성도들아, 여호와를 사랑하라"(시 31:23).

"나의 힘이신 여호와여, 내가 주를 사랑하나이다"(시 18:1).

그가 하나님을 사랑하는 데에는 다른 이유가 없습니다. 그분이 하나님이시기 때문이요 하나님 자신이 사랑받기에 합당하신 분이기 때문입니다. 무엇이든 신자의 사랑을 얻기 위해서는 그것이 하나님 안에서 발견되어야 합니다. "하나님은 사랑"(요일 4:8)이십니다. 하나님께서 우리에게 주신 사랑이 우리로 하여금 하나님을 사랑하게 합니다.

"우리가 사랑함은 그가 먼저 우리를 사랑하셨음이라"(요일 4:19).

우리의 사랑은 또한 하나님께 받은 은택으로 말미암아 촉발됩니다.

"여호와께서 내 음성과 내 간구를 들으시므로 내가 그를 사랑하는도다"(시 116:1).

"너희 모든 성도들아, 여호와를 사랑하라. 여호와께서 진실한 자를 보호하시고"(시 31:23).

물론 우리로 하여금 하나님을 사랑하게끔 격려하고 자극하는 다른 요소도 있습니다. 그러나 하나님을 향한 사랑의 토대와 실제 이유는 하나님 자신입니다. 그분이 하나님이고, 사랑이며, 사모할 만한 분이시기 때문입니다. 이 사랑의 목적은 결과물을 얻으려는 것이 아닙니다. 만일 그렇다면, 그 결과물이 하나님보다 더 사랑할 만한 존재라는 말이 되기 때문입니다.

③ 이 사랑은 우리 자신의 능력이나 행위를 통해 생겨나는 것도 아니고, 다른 피조물이 우리에게 주는 것도 아닙니다. 영적인 마음을 가진 경건한 목사가 사랑하는 마음으로 사랑에 관해 설교할 수는 있습니다. 그러나 그 누구의 마음에도 사랑의 불을 지피지는 못합니다. 사랑은 세간처럼 사고파는 것이 아닙니다. 사랑은 오로지 값없이 주어지는 선물입니다. 성령께서 사람의 마음에 이 하늘의 불꽃을 불러일으키십니다.

"소망이 우리를 부끄럽게 하지 아니함은 우리에게 주신 성령으로 말미암아 하나님의 사랑이 우리 마음에 부은 바 됨이니"(롬 5:5).

"주께서 너희 마음을 인도하여 하나님의 사랑과 그리스도의 인내에 들어가게 하시기를 원하노라"(살후 3:5).

"네 하나님 여호와께서 네 마음과 네 자손의 마음에 할례를 베푸사 너로 마음을 다하며 뜻을 다하여 네 하나님 여호와를 사랑하게 하사 너로 생명을 얻게 하실 것이며"(신 30:6).

④ 하나님의 자녀들의 마음에 사랑의 불을 붙이시는 성령은 인간의 본성과 조화롭게 일하십니다. 사람은 알지 못하는 것을 사랑하지 못합니다. 그리고 자신이 아는 만큼만 사랑합니다. 그러하기에 성령께서 그리스도에 대한 지식을 전달하심으로써 이 사랑을 일으키십니다. 하나님께서 자녀들에게 총명을 주어 눈을 밝히십니다. 하나님께서 그들에게 자신을 계시하시면 그들은 하나님의 완전하심을 깨닫고, 이로 말미암아 그들 안에 하나님을 향한 사랑의 불이 지펴집니다.

"사랑하는 자마다 하나님으로부터 나서 하나님을 알고 사랑하지 아니하는 자는 하나님을 알지 못하나니 이는 하나님은 사랑이심이라"(요일 4:7,8).

"네 마음을 다하고 목숨을 다하고 뜻을 다하여 주 너의 하나님을 사랑하라"(마 22:37).

⑤ 죄를 범하는 인간에게 하나님은 소멸하는 불입니다. 인간은 하나님께 가까이 가지 못합니다. 하나님이 가장 사랑스러운 존재인데도 인간은 하나님을 사랑할 수 없습니다. 사랑은 연합을 갈망합니다. 지극히 사랑할 만하며 우리에 대한 권세를 가지신 하나님께서 우리를 미워하고 우리 죄에 대해 보응하신다는 사실을 아는 인간은 하나님에게서 도망칩니다. 그래서 무엇보다 먼저 연합이 굳건히 이루어져야 합니다. 하나님과 죄인의 연합은 중보자 예수 그리스도를 통해 이루어집니다. 그리스도께서 자녀들을 하나님께로 데려가시고(벧전 3:18 참고), 그들은 그리스도 안에서 하나님과 하나가 됩니다.

"그들도 다 하나가 되어 우리 안에 있게 하사……곧 내가 그들 안에 있고 아버지께서 내 안에 계시어 그들로 온전함을 이루어 하나가 되게 하려"(요 17:21,23).

사람은 하나님을 자기 하나님으로 여길 때에라야 사랑할 수 있습니다. 그렇지 않으면 하나님의 임재는 사람으로 하여금 두려움을 느끼고 하나님 앞에서 도망칠 마음만 품게 할 뿐입니다. 경외함과 사랑은 함께 갑니다. 그러나 두려움과 사랑은 함께하지 못합니다.

"사랑 안에 두려움이 없고 온전한 사랑이 두려움을 내쫓나니"(요일 4:18).

인간 편에서 볼 때, 하나님과의 이러한 연합은 믿음을 통해 이루어집니다. 영혼은 믿음으로 하나님께 나아갑니다.

"우리가 그 안에서 그를 믿음으로 말미암아 담대함과 확신을 가지고 하나님께 나아감을 얻느니라"(엡 3:12).

바로 이 연합으로 말미암아 사람은 하나님을 사랑하게 됩니다. 이렇게 시작된 사랑은 하나님과의 연합을 더욱 공고히 유지하게 합니다. 이 사랑은 친구 간의 우정으로, 아버지와 자녀 간의 사랑으로 역사합니다.

"그는 하나님의 벗이라 칭함을 받았나니"(약 2:23)

"너희를 친구라 하였노니 내가 내 아버지께 들은 것을 다 너희에게 알게 하였음이라"(요

15:15).

⑥ 하나님을 사랑하는 것은 택함 받은 자들만의 특권입니다. 다른 사람들과 마찬가지로 그들 역시 진노의 자녀였습니다. 그러나 하나님께서 그들을 죄에서 건져 내시고 생명과 자녀의 본성을 주심으로써 그들이 사랑하는 마음까지 가지도록 하셨습니다. 하나님은 사랑이시며, 택함 받은 자들은 하나님에게서 난 자들입니다. 그러하기에 그들의 본성은 하늘 아버지의 본성을 닮아 하나님을 사랑합니다. 그들의 지성과 의지와 정서가 사랑할 수 있게 되었을 뿐만 아니라, 하나님을 향한 사랑 안에서 움직입니다. 사랑을 내적으로 가지게 된 것으로는 충분하지 않습니다. 혀와 눈을 비롯해 온몸을 통해 그 사랑을 적극적으로 나타냅니다. 그래서 하나님의 자녀들을 일컬어 하나님을 사랑하는 자들이요 "주의 이름을 사랑하는 자"(시 119:132)라고 합니다.

"여호와를 사랑하는 너희여 악을 미워하라"(시 97:10).
"그의 이름을 사랑하는 자가 그중에 살리로다"(시 69:36).

하나님을 향한 사랑의 행위

하나님을 향한 사랑은 여러 가지 행위로 드러납니다. 하나님을 영화롭게 하려는 목적으로 이런 사랑의 행위를 보일 때, 이 사랑의 본성이 더욱 확연히 드러납니다. 이를 통해 회심하지 않은 자들은 자신이 하나님을 사랑하지 않는다는 것을 알게 되고, 은혜 가운데 있는 자들은 자신이 하나님을 사랑한다는 것을 더욱 확증하게 됩니다.

첫째, 하나님을 사랑하는 마음을 가진 사람은 언제나 하나님만을 최고로 칭송하고 가장 탁월하게 높입니다. 이는 무언가를 판단하는 일은 물론이요 전체 의지와 관련해서도 마찬가지입니다. 아무리 영화롭고 사랑스러우며 탁월한 것이라 할지라도 하나님의 영광 앞에서는 빛을 잃습니다. 하나님의 영광을 드높이는 일에서도 온 맘으로 다음과 같이 고백합니다.

"여호와여 위대하심과 권능과 영광과 승리와 위엄이 다 주께 속하였사오니"(대상 29:11).

둘째, 이 사랑에는 기쁨이 있습니다. 하나님과 친밀해진 영혼은 슬퍼할 수 없습니다. 오히려 너무나 기쁜 나머지 슬퍼할 이유가 모두 사라집니다.

"주의 앞에는 충만한 기쁨이 있고 주의 오른쪽에는 영원한 즐거움이 있나이다"(시 16:11).

셋째, 사랑에는 경외함이 있습니다. 하나님을 사랑하는 영혼이 하나님께 이르기까지 높이 고양되면, 감히 눈을 들어 하나님을 볼 엄두도 내지 못할 정도로 하나님께서 그 영혼을 영광으로 밝게 비추실 것입니다. 그리고 그 영혼은 엎드려 절하면서 자신이 하나님을 사랑할 수 있게 된 사실에 소스라치게 놀랄 것입니다. 하나님의 사랑의 빛으로 둘러싸인 영혼은 자신의 무가치함을 절감하고 그 자리에서 녹아내릴 수밖에 없습니다. 그는 다윗이 하나님 앞에서 행했던 것처럼 행할 것입니다.

"주를 경외함으로 성전을 향하여 예배하리이다"(시 5:7).

넷째, 하나님을 향한 사랑은 적극적입니다. 사랑은 교제를 찾아 나서도록 동기를 부여합니다. 하나님의 사랑으로 조명을 받은 영혼은 기꺼이 그렇게 합니다. 하나님께 가까이 나아갈 수 있는 모든 기회를 추구하고, 하나님을 뵙기 위해 하나님의 눈길이 자신에게 닿을 수 있는 자리로 나아갑니다. 하나님의 말씀을 펴고, 기도의 자리에 나아가고, 교회에 가서 성도들의 교제에 참여하는 것도 궁극적으로는 하나님과 교제할 기회를 찾기 위함입니다. 때때로 기진하고 낙담하고 늘어지기도 하지만, 다시금 마음을 추스리고 눈을 들어 계속 하나님을 바라봅니다. 때로는 잠잠히 눈물을 흘리며 탄식하기도 하지만, 이내 분발하여 하나님의 얼굴을 구합니다.

"내가 밤에 침상에서 마음으로 사랑하는 자를 찾았노라"(아 3:1).

"밤에 내 영혼이 주를 사모하였사온즉 내 중심이 주를 간절히 구하오리니"(사 26:9).

이런 영혼에게는 강한 갈망이 있습니다. 중심에서 비롯된 진실하고도 간절한 갈망입니다.

"주께서 어느 때나 내게 임하시겠나이까?"(시 101:2)

"내 영혼이 하나님 곧 살아 계시는 하나님을 갈망하나니 내가 어느 때에 나아가서 하나님의 얼굴을 뵈올까"(시 42:2).

다섯째, 하나님을 사랑하는 사람은 이 사랑을 즐거워하고 기뻐합니다. 하나님을 가까이하고 그분과 사랑을 주고받는 영혼은 다른 무언가가 없이도 살아갈 수 있습니다. 하나님을 가까이하고 그분과 사랑을 주고받는 한 어떠한 부족함도 없기 때문입니다.

"남자들 중에 나의 사랑하는 자는 수풀 가운데 사과나무 같구나. 내가 그 그늘에 앉아서 심히 기뻐하였고 그 열매는 내 입에 달았도다. 그가 나를 인도하여 잔칫집에 들어갔으니 그 사랑은 내 위에 깃발이로구나"(아 2:3,4).

"나의 기도를 기쁘게 여기시기를 바라나니 나는 여호와로 말미암아 즐거워하리로다"(시 104:34).

여섯째, 하나님을 향한 사랑이 있는 곳에는, 하나님께서 계시지 않거나 하나님과 멀어져 있는 상태에 대한 슬픔도 함께 자리합니다. 하나님을 사랑하는 영혼은 자신이 하나님과 가까이 있는지 멀어져 있는지를 금세 알아차립니다. 하나님과 멀어져 있음을 아는 즉시 큰 고통을 토로합니다.

"내 사랑하는 자가 문틈으로 손을 들이밀매 내 마음이 움직여서……그가 말할 때에 내 혼이 나갔구나. 내가 그를 찾아도 못 만났고"(아 5:4-6).

하나님은 영혼의 빛이요, 영혼이 가진 생명의 능력이요, 영혼의 즐거움이십니다. 그러할진대 하나님이 자신을 감추시거나 영혼이 그릇 행하여 하나님과의 관계가 소원해졌을 때, 이런 영혼이 어찌 힘들어하지 않을 수 있겠습니까? 그럴 때 영혼은 다음과 같이 탄식하며 고통스러워합니다.

"여호와여 어느 때까지니이까? 나를 영원히 잊으시나이까? 주의 얼굴을 나에게서 어느 때까지 숨기시겠나이까?"(시 13:1)

"이로 말미암아 내가 우니 내 눈에 눈물이 물같이 흘러내림이여, 나를 위로하여 내 생명을 회복시켜 줄 자가 멀리 떠났음이로다"(애 1:16).

일곱째, 하나님을 향한 사랑에는 자발적인 순종이 따라옵니다. 사랑하는 사람은 절대로 자기가 사랑하는 대상의 뜻을 따라 행하기를 번거로워하거나 힘들어하지 않고 오히려 즐거워합니다. 우리가 하나님을 사랑하면 그분의 뜻을 행하는 데서 기쁨을 찾을 것입니다. 우리는 하나님의 뜻과 하나 되고 "몸으로 있든지 떠나든지 주를 기쁘시게 하는 자가 되기를"(고후 5:9) 바라야 합니다. 이것이 주 예수님께서 말씀하시는 바입니다.

"사람이 나를 사랑하면 내 말을 지키리니"(요 14:23).

"하나님을 사랑하는 것은 이것이니 우리가 그의 계명들을 지키는 것이라"(요일 5:3).

여덟째, 하나님을 사랑하는 사람은 하나님이 사랑하는 것을 사랑하고 하나님이 미워하는 것을 미워합니다. 하나님의 원수는 하나님을 사랑하는 사람에게도 원수입니다. 하나님의 친구는 하나님을 사랑하는 사람에게도 친구입니다.

"여호와여 내가 주를 미워하는 자들을 미워하지……아니하나이까? 내가 그들을 심히 미워하니 그들은 나의 원수들이니이다"(시 139:21,22).

"나는 주를 경외하는 모든 자들과 주의 법도들을 지키는 자들의 친구라"(시 119:63).

아홉째, 하나님을 사랑하는 사람은 하나님을 위해 모든 것을 기꺼이 드립니다. 명예든 소유든 생명이든 하나님과의 사이를 가로막고 하나님의 뜻과 영광을 거스르게 하는 것은 무엇이든 기꺼이 내려놓습니다. 사도 바울은 히브리 신자들에게 이렇게 말합니다.

"너희가 갇힌 자를 동정하고 너희 소유를 빼앗기는 것도 기쁘게 당한 것은 더 낫고 영구한 소유가 있는 줄 앎이라"(히 10:34).

바울은 자신에 대해서도 이렇게 말했습니다.

"나는 주 예수의 이름을 위하여 결박당할 뿐 아니라 예루살렘에서 죽을 것도 각오하였노라"(행 21:13).

열째, 하나님을 사랑하는 사람은 하나님과의 친밀하고도 온전한 연합으로만 만족할 수 있습니다. 그러하기에 천국에서 하나님과 완전한 연합을 누리게 될 것을 아는 이상, 하나님을 이 세상에서 사랑하는 정도로는 만족하지 못합니다. 이 복된 연합 때문에 죽음까지도 반깁니다.

"차라리 세상을 떠나서 그리스도와 함께 있는 것이 훨씬 더 좋은 일이라"(빌 1:23).

하나님을 사랑하지 않는다는 표지

사랑을 경험해 본 사람이라면 누구나 사랑의 속성이 앞에서 우리가 살핀 것과 같다는 사실을 압니다. 이러한 사랑의 본질과 행위를 사랑받기에 가장 합당한 분이신 하나님께 적용해 보십시오. 그렇다면 자신이 과연 하나님을 사랑하는지 아닌지를 거울을 들여다보는 것처럼 분명히 확인할 수 있습니다. 단지 지고의 선에 대한 본성적인 사랑으로 하나님을 사랑하는지(이는 앞에서 말한 바 마음의 달콤한 행위로서가 아니라 하나님께서 인간의 숭배를 받으셔야 하고 인간은 하나님을 섬겨야 한다는 이성적인 판단에 기초하는 것입니다), 아니면 그리스도 안에서 자신의 하나님이요 아버지로서 하나님을 사랑하는지 말입니다. 아직은 불완전하고 미미할지라도 이런 사랑이야말로 진리 안에서 하나님을 사랑하는 것입니다. 이런 측면에서 자신과 자기 마음을 살펴보면 하나님을 사랑하고 있지 않다는 것을 알게 될 사람들이 얼마나 많은지 모릅니다. 이제 자신을 한번 살펴보십시오. 그래서 자기 안에 하나님을 향한 사랑이 없다는 것이 드러난다면, 하나님을 향해 돌이킬 좋은 기회로 삼으십시오. 이제부터 제가 하는 말에 귀를 기울이고 각자의 마음을 찬찬히 살펴보기를 바랍니다.

첫째, 앞에서 말한 것과 같은 하나님을 향한 마음이 없다면, 여러분은 하나님을 사랑하지 않는 것입니다. 앞에서 말한 그런 마음을 추구하고 바라고 동경하며 소중히 여기고 기뻐합니까? 또 그런 마음이 없는 것 때문에 아파하고 슬퍼합니까? 하나님의 말씀에 순종하며 죄를 증오하고 경건함을 사모합니까? 하나님을 위해 자신의 명예와 소유와 생명과 영혼을 기꺼이 드리기를 바랍니까? 하나님과 누리는 지복을 간절히 사모합니까? 거듭나지 않은 자연인이라면 "과연 내 안에 이런 것들이 있는가?"라는 물음에 정직하게 대답해야 할 것입니다. 이런 것들이 자기 안에 없다면, 하나님을 사랑하지 않는 것입니다. 자신이 하나님을 사랑하는지를 제대로 확인하지도 않은 채 스스로 하나님을 사랑하고 있다고 여기면서 하나님을 '사랑하는 하나님'이라고 부르며 스스로를 속이고 있었음을 인정해야 합니다.

둘째, 세상을 사랑하는 사람은 하나님을 사랑하지 않는 것입니다. 세상과 하나님은 양립할 수 없을뿐더러, 서로 대적하기 때문입니다. 서로 반목하는 두 대상 가운데 하나를 사랑하면 다른 하나를 적대시하는 것입니다. 진리이신 그리스도께서 그렇게 말씀하시지 않습니까!

"한 사람이 두 주인을 섬기지 못할 것이니 혹 이를 미워하고 저를 사랑하거나 혹 이를 중히 여기고 저를 경히 여김이라. 너희가 하나님과 재물을 겸하여 섬기지 못하느니라"(마 6:24).

사도 요한도 예수님의 이 말씀을 확증합니다.

"이 세상이나 세상에 있는 것들을 사랑하지 말라. 누구든지 세상을 사랑하면 아버지의 사랑이 그 안에 있지 아니하니"(요일 2:15).

여러분이 "세상이 무엇을 가리키는가?"라고 묻는다면, 저는 이 땅에서 여러분의 마음을 차지하는 것, 곧 눈에 보이는 모든 것이라고 답하겠습니다. 바로 "육신의 정욕과 안목의 정욕과 이생의 자랑"(요일 2:16)입니다. 여러분이 "세상을 사랑한다는 것은 무슨 의미인가?"라고 묻는다면, 저는 다음과 같이 답하겠습니다. 그것은 바로 눈에 보이는 것들, 음식, 옷가지, 재물, 명예, 특권(각자의 상황에서), 사람들의 사랑과 인정, 진미, 환락, 음란 같은 것에 관심을 가지고, 그것들을 바라고 생각하며, 그것들을 얻고자 애쓰는 것입니다. 눈이 그것들에 주목하고, 귀가 그것들을 듣고, 입술이 그것들을 말하고, 손이 그것들을 만지고, 발이 그것들을 향해 달음박질하고, 온 영과 육을 통해 그것들을 얻고, 그것들을 얻고 나서는 그것들을 유지하고 더해 가고자 애쓰는 것입니다. 이런 사람은 자신이 바라는 대로 되는지에 따라 즐거워하거나 슬퍼할 것입니다. 세상에 속한 것만이 그가 바라고 누리는 즐거움의 전부입니다. 설령 "세상 모든 것이 다 허망하며, 구원이 훨씬 낫다"라고 말할 수는 있어도, 실상 마음은 여전히 세상과 그 속에 있는 것들을 향하고, 세상에 있는 것들을 삶의 목적으로 삼고, 모든 행위가 세상에 속한 것들에 집중되어 있습니다. 이런 사람이 이 세상에 속한 가장 세속적인 자입니다. 그에게는 이 세상이 전부입니다. 그러므로 여러분이 이런 모습으로 드러난다면, 여러분 자신이야말로 세상을 사랑하고 하나님을 사랑하지 않는 자라는 사실을 분명히 기억하십시오.

셋째, 여전히 자기애에 사로잡혀 있는 사람은 하나님을 사랑하지 않는 것입니다. 물론 신자라고 해서 자기애가 완전히 사라지는 것은 아니지만, 적어도 지배하지는 않습니다. 자기애는 우리의 원수입니다. 자기애에 대해 슬퍼해야 할 뿐만 아니라 싸워야 합니다. 자기애가 지배하는 곳에 하나님을 위한 자리는 없습니다. 자기를 사랑하고 추구하는 것은 하나님을 향한 사랑과 정면으로 배치됩니다.

"사랑은……자기의 유익을 구하지 아니하며"(고전 13:4,5).

사도 바울은 하나님을 향한 사랑과 쾌락을 서로 대비시킵니다.

"쾌락을 사랑하기를 하나님 사랑하는 것보다 더하며"(딤후 3:4).

자기애로 살아가는 사람은 자신을 모든 행위의 관심과 중심으로 삼습니다. 다시 말해, 그는 자신을 위해 무언가를 얻고 지킵니다. 이렇게 자신을 추구하는 것을 막아서는 사람을 증오하고 질시하며 그를 향해 분노하는 것이야말로 자기애에 함몰되어 있다는 증거요 하나님을 사랑하지 않는다는 증거입니다. 이는 신앙이라는 측면에서 더욱 분명히 드러납니다. 자기애와 함께할 수 있는 것들을 포기하지 못하는 것, 즉 자신의 이익이나 명예가 손상될까 봐 부분적으로나 완전히 신앙을 부정하는 것이야말로 자기애에 이끌려 산다는 증거입니다.

이 세 가지 문제를 숙고함으로써 우리는 다음과 같이 결론 내릴 수 있습니다. 하나님을 향한 사랑의 본성과 행위가 없고, 세상을 사랑하며 자기애로 살아가는 사람은 하나님을 사랑하지 않는 것입니다. 그런데 하나님을 향한 사랑의 본성과 행위가 자신에게 없고 세상을 사랑하고 자기애에 함몰되어 살아가기에, 결국 그는 하나님을 사랑하지 않는 것입니다.

하나님을 사랑하지 않는 것이 무엇이며, 이 사랑이 없는 자들이 어떤 모습으로 사는지를 살폈습니다. 이제 이런 사람들의 상태가 얼마나 비참한지를 보겠습니다. 이는 그들을 회개로 이끌고자 함입니다.

하나님을 사랑하지 않는 자들의 비참한 상태

첫째, 하나님을 사랑하지 않는 자는 적극적으로 하나님을 미워하는 자입니다. 하나님을 미워하는 것은 너무나 끔찍한 일이므로 어느 누구도 자신이 그렇다는 것을 인정하려 하지 않을 것입니다. 그래서 사람들은 "내가 하나님을 사랑하지는 않을지언정 미워하는 것은 아니다"라고 둘러댑니다. 그러나 그 변명은 거짓입니다. 가증한 자기의를 내세우기 위해 스스로를 치켜세우지 마십시오. 이러든 저러든 하나님을 미워하는 자들이 있다는 것은 부정할 수 없는 사실입니다. 다음 말씀들이 이 사실을 증언합니다.

"나를 미워하는 자"(출 20:5).

"주를 미워하는 자들은 주 앞에서 도망하리이다"(시 68:1).

"하나님께서 미워하시는 자요"(롬 1:30).

"지금은 그들이 나와 내 아버지를 보았고 또 미워하였도다"(요 15:24).

반론

하나님을 미워하는 자들이 있지만, 나는 분명히 하나님을 미워하지 않는다.

답변

(1) 당신이 하나님을 사랑하고 있지 않다는 사실은 앞의 논의에서 확인되었습니다. 그렇다면 당신은 하나님을 미워하는 것입니다. 중간 지대는 없기 때문입니다. 사람이나 사물과 관련해서는 사랑하지 않는다는 것이 꼭 미워한다는 의미는 아닙니다. 다시 말해, 친하지 않거나 제대로 알지 못하는 사람들 사이에서는 사랑하지 않는다는 것이 곧 미워한다는 것을 의미하지는 않습니다. 잘 모르는 사람을 사랑할 수는 없는 것이고, 또 그렇게 사랑하지 않는 것을 미워한다고 말하기도 어렵습니다. 그러나 우리가 고용한 직원들이나 끊임없이 얼굴을 맞대고 함께 일하는 동료들처럼 우리가 잘 아는 사람들에 대해서는 중립적일 수 없습니다. 상대방을 향한 호감과 호의가 있든지 아니면 싫어하고 꺼려 하든지 둘 중 하나입니다. 내면의

적대감은 비록 감정을 극도로 달아오르게 하지는 않더라도 증오와 다를 바 없습니다. 꺼려 하거나 반감을 품는 것은 미워하는 것이나 마찬가지입니다.

(2) 게다가 하나님이 스스로를 거룩하고도 의로운 분으로 나타내신 모든 계시(당신의 양심으로 쉬지 못하게 하는)의 내용에 대해 당신이 가진 반감이, 당신이 얼마나 하나님을 증오하는지를 분명히 드러냅니다. 어떤 사람으로 하여금 무언가를 사랑하거나 미워하도록 자극하는 그것이 더욱 사랑을 받거나 미움을 받을 것입니다. 그러나 당신은 참된 경건의 빛을 미워하고, 그것에 반감을 느끼며, 거절합니다. 그 빛이 당신으로 하여금 자신의 정체를 확연히 보게 하며 임박한 진노를 일깨우고 불안하게 만들기 때문입니다. 이런 사실에 대해 하나님께서 이렇게 말씀하십니다.

"악을 행하는 자마다 빛을 미워하여 빛으로 오지 아니하나니 이는 그 행위가 드러날까 함이요"(요 3:20).

"세상이 너희를 미워하면 너희보다 먼저 나를 미워한 줄을 알라……너희는 세상에 속한 자가 아니요 도리어 내가 너희를 세상에서 택하였기 때문에 세상이 너희를 미워하느니라"(요 15:18,19).

(3) 게다가 당신이 계속 하나님을 대적하는 죄를 즐기고 있음을 보십시오. 당신은 하나님을 주님으로 모시기를 거부하고 있지 않습니까? 하나님의 뜻을 따라 살기보다는 스스로 주인이 되어 자신의 뜻대로 살고자 하는 욕망을 그런 식으로 드러내는 것이 아닙니까? 이런 식으로 당신은 하나님을 거부하고 경멸합니다. 멸시와 거부는 증오에서 비롯됩니다. 그러므로 당신이 하나님을 미워한다는 것이 이를 통해 분명해집니다. 이는 순복함을 통해 존경을 나타내고 인정과 순종이 사랑의 증거인 것과 마찬가지 원리입니다.

(4) 한 걸음 더 나아가, 세상과 세상에 속한 사람들을 사랑하는 당신의 모습은 당신이 그 반대편에 있는 것을 미워하고 있음을 보여 줍니다. 따라서 세상을 사랑하는 당신은 하나님을 미워하고 있습니다. 당신은 하나님을 사랑하지 않으므로, 사실상 하나님을 미워하고 있는 것입니다.

둘째, 여러분이 하나님을 사랑하지 않는다면 하나님 역시 여러분을 사랑하지 않으십니다. 여러분이 하나님의 원수이기 때문에 하나님은 여러분을 미워하십니다.

"누구든지 세상과 벗이 되고자 하는 자는 스스로 하나님과 원수 되는 것이니라"(약 4:4).

하나님이 여러분을 어떻게 여기시는지 다시 한번 들어 보십시오.

"주는 모든 행악자를 미워하시며"(시 5:5).

셋째, 하나님의 진노가 여러분에게 드리워져 있으며, 결국 여러분을 멸망시킬 것입니다.

"그런데 그 백성이 그를 미워하여 사자를 뒤르 보내어 이르되 우리는 이 사람이 우리의 왕 됨을 원하지 아니하나이다 하였더라……내가 왕 됨을 원하지 아니하던 저 원수들을 이리로 끌어다가 내 앞에서 죽이라 하였느니라"(눅 19:14,27).

"나를 미워하는 자는 사망을 사랑하느니라"(잠 8:36).

여러분이 도대체 얼마나 대단하기에 하나님을 사랑하지 않는단 말입니까? 여러분은 참으로 비참한 사람입니다. 하나님과 주 예수님과 거룩한 천사들과 경건한 신자들을 미워하는 여러분을 하나님께서 가증스럽게 보십니다. 이런 여러분은 영원히 하나님의 진노 아래로 내려가는 것 말고는 아무것도 기대할 수 없습니다. 가련한 피조물이여! 언제까지 그렇게 살렵니까? 더 늦기 전에 바로 지금 돌이켜야 하지 않겠습니까? 그러니 얼른 일어나 임박한 진노를 피하십시오.

그러나 하나님을 사랑하고 사랑의 행위와 본질에 대해 지금까지 말한 내용을 주의 깊게 읽었다면, 이와 관련하여 자신의 마음을 잘 살피십시오. 여러분의 마음이 이 모든 사실을 긍정하지 않습니까? 하나님의 사랑을 갈망하고 있지 않습니까? 아무리 미약하고 불완전하다 할지라도 여러분이 진실로 하나님을 사랑하고 있음을 중심이 증언하고 있지 않습니까? 그렇다면 여러분이 받은 바 하나님을 사랑한다는 이 가장 귀한 선물로 말미암아 즐거워하십시오. 여러분의 본성이 선하기 때문에 여러분이 하나님을 사랑할 수 있는 것이 아닙니다. 하나님을 향한 사랑은 여러분에게 순전히 은혜로, 그리고 하나님의 사랑으로 말미암아 주어지는 것입니다. 하나님을 사랑한다는 것은 하나님께서 창세전부터 여러분을 아셨음을 말해 주는 부인할 수 없는 증거입니다.

"또 누구든지 하나님을 사랑하면 그 사람은 하나님도 알아 주시느니라"(고전 8:3).

하나님을 사랑하도록 일깨움을 받는 신자들

하나님을 조금이라도 사랑하기 시작했다면, 그것을 자신에게 계속 일깨우고 북돋우십시오. 그리하여 불티가 불꽃이 되어 타오르게 하십시오. 하나님을 향한 사랑이 너무나 미미함을 탄식하며 온 맘으로 하나님을 더욱 사랑하기를 바란다면, 하나님의 사랑에 관해 더 듣고 배우십시오.

첫째, 사랑은 모든 덕 가운데 가장 순전합니다. 어떤 덕도 사랑에 비할 수 없습니다. 그렇습니다. 모든 덕은 사랑이라는 덕에서 비롯됩니다. 사랑에서 비롯되지 않은 열망은 더 이상 덕스러운 것이 아닙니다. 사랑 가운데 거할 때야말로 진정 하나님을 닮은 때입니다. "하나님은 사랑"(요일 4:8)이시기 때문입니다. 사랑하는 자는 신의 성품에 참여한 자입니다. 이런 사람에게는 빛과 순전함과 따뜻함과 거룩함과 희락과 구원으로 말미암은 모든 것들이 있습니다. 여러분은 하나님을 사랑하는 영혼이 가진 열망을 살펴볼 때나 이에 대해 다른 사람들이 말하는 것을 들을 때, 뿐만 아니라 사랑의 행위와 본질에 관해 이야기할 때, 이미 자신의 영혼이 얼마나 사랑받고 있는지를 분명히 보았습니다. 그러므로 지극히 사랑스러운 하나님을 사랑하고 갈망하는 것이 마땅합니다.

둘째, 하나님은 홀로 찬양받기에 합당하신 분입니다. 그분 안에서 찬양할 만한 모든 이유를 발견합니다. 그러므로 아름답고 즐거우며 영화롭고 사랑스러운 것을 칭송하고 높이는 것은 전혀 버거운 일이 아닙니다. 그 일에 저절로 마음이 끌리기 때문입니다. 사람의 마음은 하나님에 대해 무한히 이렇게 느낍니다. 이토록 아름답고 사랑받으실 만한 하나님을 표현하기에 인간의 언어는 너무나 우둔하고 그 열정은 매우 미약합니다. 하나님의 아름다움을 나타내기에는 모든 것이 심히 부족할 따름입니다. 하나님께서 친히 자신을 계시해 주신 사람만이 하나님을 알 수 있습니다. 그리고 하나님 앞에서 발가벗은 것같이 드러나는 사람의 마음은 사랑으로 불타오릅니다. 그분이 하나님, 모든 영광과 사랑을 받기에 합당하신 여호와 하나님이시기 때문입니다.

셋째, 영원한 사랑이고 무한하신 하나님께서 신자 여러분을 사랑하십니다!

"내가 영원한 사랑으로 너를 사랑하기에"(렘 31:3).

"아버지께서 친히 너희를 사랑하심이라"(요 16:27).

"긍휼이 풍성하신 하나님이 우리를 사랑하신 그 큰 사랑을 인하여"(엡 2:4).

햇빛이 거울에 비치면 반사되기 마련입니다. 매끄러운 철 표면은 그 위에 비친 햇빛뿐만 아니라 그것의 열까지 태양으로 다시 돌려보냅니다. 가장 사랑스럽고 흠모할 만하며 다시 사랑받기를 원하시는 하나님께서 베푸시는 사랑을 받고도 동일한 사랑으로 일깨워지지 않고 그 사랑을 거부할 수 있겠습니까? 만일 하나님의 사랑이 그렇게 거부할 수 있는 것이었다면, 여러분이 믿는 하나님께서 여러분에게 비추신 아주 작은 사랑의 빛만으로 여러분의 마음에 이 사랑이 불붙은 것을 어떻게 설명하겠습니까?

"우리가 사랑함은 그가 먼저 우리를 사랑하셨음이라"(요일 4:19).

넷째, 그 밖에도 하나님께서 베푸시고, 베풀고 계시며, 영원히 베푸실 모든 위대한 은택을 묵상해 보십시오. 이 모든 은택은 사랑에서 나오며 하나님의 이런 사랑을 확증합니다. 사람의 마음은 너무나 냉랭하기에 누군가가 모든 은택을 베풀었다 할지라도 그 사람을 사랑할 마음을 품지 못합니다. 이 모든 은택을 받아 누리면서도 여전히 그 은택을 베푼 자에 대해 무정합니다. 그러나 이 은택이 사랑에서 나온 것이라면, 스스로 가장 높임 받으실 만하고 우리가 사랑하는 분께서 베푸시는 것이라면 사람의 마음은 달라질 것입니다. 찬양받기에 가장 합당하신 하나님께서 여러분을 사랑하시며, 여러분이 조금이라도 자기를 사랑하기를 원하십니다. 그 하나님께서 자신의 사랑과 더불어 자기 안에 있는 측량할 수 없이 많은 은택을 사랑의 표시로서 여러분에게 나타내십니다. 여러분을 사랑하시므로 독생자를 여러분의 구원의 보증과 구속자로 내주십니다.

"하나님의 사랑이 우리에게 이렇게 나타난 바 되었으니 하나님이 자기의 독생자를 세상에 보내심은 그로 말미암아 우리를 살리려 하심이라"(요일 4:9).

하나님께서 우리를 사랑하여 우리를 자신에게로 이끄십니다.

"내가 영원한 사랑으로 너를 사랑하기에 인자함으로 너를 이끌었다"(렘 31:3).

사랑으로 자기 백성들을 양자로 삼으십니다.

"보라 아버지께서 어떠한 사랑을 우리에게 베푸사 하나님의 자녀 일컬음을 받게 하셨는가, 우리가 그러하도다"(요일 3:1).

사랑으로 그들을 징계하여 유익을 얻도록 하십니다.

"주께서 그 사랑하시는 자를 징계하시고……그의 거룩하심에 참여하게 하시느니라"(히 12:6,10).

그들이 슬픔에 빠지면 하나님께서 사랑으로 그들을 위로하십니다.

"우리를 사랑하시고 영원한 위로와 좋은 소망을 은혜로 주신 하나님 우리 아버지"(살후 2:16).

이 은택에 아직 참여하지 않았습니까? 이 은택이 어떠한 것인지를 알고도, 더구나 이 모든 은택이 그분의 사랑에서 비롯된 것임을 알고도 하나님을 향한 사랑이 일어나지 않는다면, 그런 여러분의 마음을 어찌해야 할지 정말 모르겠습니다.

다섯째, 우리가 하나님을 사랑하는 것이 얼마나 하나님을 기쁘시게 하는지를 생각해 보십시오. 여러분이 하나님을 사랑할 수 있다는 것은 특권입니다. 여러분이 하나님을 사랑하면 하나님께서 그것을 기뻐하십니다. 그리고 자신을 사랑하는 자들에게 약속하신 대로 그분이 가지신 사랑의 은택과 더불어 사랑으로 상을 베푸십니다. 그분의 선하심이 얼마나 놀랍습니까! 하나님에게서 나온 사랑입니다. 하나님께서 자신의 사랑으로 이들이 하나님을 사랑하도록 하시고, 또 그 사랑에 사랑으로 상을 베푸십니다.

"나를 사랑하는 자는 내 아버지께 사랑을 받을 것이요"(요 14:21).

하나님께서 그들을 주목하여 보시고는 모든 악에서 건지십니다.

"여호와께서 자기를 사랑하는 자들은 다 보호하시고"(시 145:20).

모든 지각을 넘어서는 은택을 그들에게 베푸십니다.

"하나님이 자기를 사랑하는 자들을 위하여 예비하신 모든 것은 눈으로 보지 못하고 귀로 듣지 못하고 사람의 마음으로 생각하지도 못하였다"(고전 2:9).

그렇습니다. 심지어 그들을 해하는 것처럼 보이는 악한 일마저도 하나님을 사랑하는 자들의 유익으로 바뀝니다.

"우리가 알거니와 하나님을 사랑하는……자들에게는 모든 것이 합력하여 선을 이루느니라"(롬 8:28).

하나님을 사랑하는 자는 하나님을 기쁘시게 할 뿐만 아니라, 주 예수님과 거룩한 천사들과 모든 신자들에게서 사랑을 받습니다. 그들이 하나님을 사랑하는 것을 모두가 기쁨과 즐거움으로 바라볼 것입니다.

여섯째, 사랑은 거룩함이기에 거룩함(이는 신자들이 그토록 바라고 갈망하는 것입니다)을 낳습니다. 사랑은 하나님과의 교통을 통해 신자를 보존합니다.

"사랑 안에 거하는 자는 하나님 안에 거하고 하나님도 그의 안에 거하시느니라"(요일 4:16).

사랑은 달콤하고도 감미로울 뿐만 아니라, 거룩하고 정결하게 합니다. 사랑은 의무가 무엇인지를 가르치고, 그 의무를 행하도록 마음을 북돋우며, 그 의무를 행하도록 이끕니다. 사랑 없이는 가장 탁월한 행위조차도 결함이 있는 것입니다(고전 13:2 참고). 모든 것은 사랑에서 비롯되어야 합니다.

"우리로 사랑 안에서 그 앞에 거룩하고 흠이 없게 하시려고"(엡 1:4).

전체 율법은 사랑 안에 포함되어 있습니다(마 22:37 참고).

"이 교훈의 목적은 청결한 마음"(딤전 1:5).

사랑은 거룩한 불이기에 감춰져 있을 수 없습니다. 사랑은 외부를 향해 역사하고, 강한 동기를 불러일으키고, 자극을 줍니다.

"그리스도의 사랑이 우리를 강권하시는도다"(고후 5:14).

그래서 사도는 "사랑의 수고"(살전 1:3)라고 말합니다. 사랑은 모든 수고를 수월하게 감당하도록 하고, 모든 위험을 이기게 하며, 모든 반대를 무릅쓰게 하고, 고난 가운데서도 기뻐하게 합니다.

"다만 이뿐 아니라 우리가 환난 중에도 즐거워하나니 이는 환난은 인내를, 인내는 연단을, 연단은 소망을 이루는 줄 앎이로다. 소망이 우리를 부끄럽게 하지 아니함은 우리에게 주신 성령으로 말미암아 하나님의 사랑이 우리 마음에 부은 바 됨이니"(롬 5:3-5).

그러므로 거룩하고자 하는 사람은 하나님을 향한 사랑을 적극적으로 행사하십시오.

"여호와를 사랑하는 너희여 악을 미워하라"(시 97:10).

일곱째, 성부를 사랑하셨던 주 예수님의 모범을 따르십시오(요 14:31 참고). 경건한 신자들과 함께 생활하십시오. 그들은 하나님을 사랑하는 자들이고, 또 그러한 자들이라고 자주 일컬어졌기 때문입니다(아 1:3; 시 69:36; 사 41:8 참고). 하나님을 향한 사랑이 자라도록 부지런히 힘쓰십시오.

"너희 모든 성도들아 여호와를 사랑하라"(시 31:23).

"우리 주 예수 그리스도의 긍휼을 기다리라"(유 1:21).

하나님을 향한 사랑이 자라기 위한 조언

하나님의 사랑 안에서 살아가고자 하는 신자는 그러지 못하도록 방해하는 것들을 멀리해야 합니다(사 54:3 참고). 신자는 다음과 같은 방해물들을 피해야 합니다.

① 무지

사랑의 대상을 알지 못하면 사랑할 수 없습니다. 하나님의 말씀을 주의 깊게 살피십시오. 그리고 자기 안팎으로 일어나는 하나님의 역사에 귀 기울이십시오. 언제나 하나님을 앞에 모시고 하나님을 친근히 알아 가기 위해 힘쓰십시오.

② 부분적인 사랑

신자들도 세상의 것들을 동경하는 옛 아담의 본성을 여전히 가지고 있습니다. 자기애도 아직 죽지 않았습니다. 하나님을 부분적으로 사랑하도록 자신을 내버려 두면, 자기애는 점점 자라는 반면 하나님을 향한 사랑은 점점 사라질 것입니다. 하나님을 향한 사랑을 더욱 증대시키고 싶다면, 이 사랑이 아닌 다른 사랑을 내버려 두지 마십시오. 거부하고 쫓아내십시오. 둘 사이에서 머뭇거리면 사랑은 자라 갈 수 없습니다.

③ 간헐적인 교제

행동하지 않는 사랑은 이내 차갑게 식어 버립니다. 멀리해야 할 것들을 멀리해야 하나님만이 여러분의 마음을 차지할 것입니다. 끊임없이 기도하고 묵상하며 도우심을 구하고 하나님을 의지하십시오. 특히 개인적인 경건의 시간을 엄수하십시오. 그리하면 지속적으로 하나님을 향해 회복되고 하나님과 더욱 친밀한 교제를 누리게 됩니다.

④ 불신

믿음은 사랑으로 역사합니다. 하나님께서 자신을 사랑하심을 믿지 않는다면 이 사랑으로 분발할 수 없습니다. 그러나 하나님의 사랑을 믿는 사람의 마음은 하나님을 향한 사랑으로 일깨워집니다.

"우리가 사랑함은 그가 먼저 우리를 사랑하셨음이라"(요일 4:19).

⑤ 두려움

하나님의 목적을 이루기 위해 어떤 식으로든 우리가 명예를 잃을 위험에 처할 때나 해를 당하고 수치를 입고 생명을 잃는 것이 두려워질 때, 그로 인해 뒤로 움츠러들고 핑계를 대며 숨는다면 하나님을 향한 사랑은 매우 큰 상처를 입을 것입니다. 그리고 여러분은 하나님을 향한 사랑을 회복하기까지 큰 수고를 들여야 할 것입니다. 그러나 이런 마음들이 일어날 때에 그것들을 극복하고 이긴다면, 하나님을 향한 사랑은 두 배로 강해질 것입니다. 완전한 사랑은 두려움을 내쫓습니다. 그 사랑은 하나님을 피해 달아나게 하는 두려움뿐만 아니라, 하나님의 뜻을 따를 때 초래될 위험에 대한 두려움 역시 몰아냅니다.

하나님을 향한 사랑을 증대시키고 싶다면, 다음과 같이 행하십시오.

① 생명, 명예, 소유와 같이 자신이 가진 것을 모두 하나님께 맡기십시오. 하나님께서 그것들을 돌보시도록 하고 그것들에 대한 염려를 그치십시오. 하나님을 향한

사랑이 그것들을 요구할 때 하나님 나라를 위해 기꺼이 드릴 수 있을 것입니다.

② 여러분 안에 있는 하나님의 형상을 나타내십시오. 그것이 크든 작든 상관없습니다. 하나님과 언약을 맺은 여러분에게 세상이 아는 것과는 다른 본성이 있음을 세상으로 하여금 알게 하십시오.

③ 여러분을 향한 하나님의 사랑을 믿고 그것을 즐거워하십시오.

④ 이 사랑이 더해 가기를 기도하십시오.

⑤ 하나님을 사랑하는 자들과 계속 교제하며 그들의 친구가 되십시오.

⑥ 고의적인 범죄를 그치고 하나님의 뜻을 행하는 데 열심을 내십시오. 죄로 말미암아 넘어졌더라도 그 죄에 계속 머물지 마십시오. 하나님의 사랑을 거스른 죄를 슬퍼하며 겸비하고 다시금 일어나 변함없는 하나님의 사랑과 변개할 수 없는 언약을 붙잡으십시오. 이처럼 하나님을 친근히 아는 동안 더욱 강건해지고 하나님을 향한 사랑이 더욱 풍성해질 것입니다.

"주께서 너희 마음을 인도하여 하나님의 사랑……에 들어가게 하시기를 원하노라"(살후 3:5).

58

예수 그리스도를 사랑함

복음을 통해 계시된 사랑의 대상이신 예수 그리스도

율법은 하나님을 사랑하라고 합니다. 그리고 하나님께서 사랑하라고 명하신 모든 것을 사랑하라고 합니다. 아담이 타락하기 전에는 하나님과 사람('이웃'이라는 단어가 가리키는 대상)만이 사랑의 대상이었습니다. 실제로 이것이 자연법이 가르치는 내용의 전부입니다. 그런데 하나님은 복음을 통해 또 다른 사랑의 대상을 계시하십니다. 바로 하나님과 사람의 중보자이신 주 예수 그리스도입니다. 율법은 사랑할 것을 요구합니다. 그리고 복음은 누구를 사랑해야 할지를 보여 줍니다. 주 예수님은 하나님이실 뿐만 아니라 참 사람이십니다. 예수님을 하나님으로 사랑해야 합니다. 여기서 우리는 예수님을 중보자요 구원자이신 임마누엘(하나님과 사람이 한 인격으로 거하시는)로 생각합니다. 또한 그분은 우리의 사랑을 받기에 합당하신 분입니다. 사랑의 본질에 관해서는 이미 이야기했으므로 다시 말할 필요는 없을 것입니다. 따라서 우리는 주 예수님께 합당한 사랑을 나타내야 합니다.

이 세상에서 주 예수님을 사랑한 사람은 소수에 불과합니다. 물론 하나님께서 원하셨다면, 더 많은 사람이 그리스도를 사랑하게 하셨을 것입니다. 그러나 주님은 그렇게 하지 않으셨습니다. 그러므로 그리스도를 사랑하게 된 자들은 큰 은혜와 특권을 받은 것입니다. 그들은 그리스도를 매우 사랑합니다. 그분을 위해서라면 기꺼이 자기 목숨도 바칠 것입니다. 그들은 죽기까지 그리스도를 사랑하고 영원히 사랑할 것입니다.

그리스도를 알고도 사랑하지 않는 죄

복음을 듣지 못한 이교도들은 그리스도를 알고도 사랑하지 않는 죄를 짓지는 않습니다. 이들은 그리스도를 전해 듣지 못했기 때문에 그리스도를 사랑하라는 명령 또한 알지 못합니다. 유대인들과 이슬람교도들은 예수님을 압니다. 따라서 그들이, 그리고 그리스도의 이름을 따라 그리스도인이라 불리는 자들이 그리스도를 사랑하지 않고 그분을 미워하는 것은 죄입니다. 적그리스도와 그를 따르는 자들은 그리스도의 이름을 들먹이면서도 그리스도와 그분의 교회를 핍박하고 성도들의 피에 취해 있습니다. '그리스도인'이라 불리기를 바라는 이단들 또한 그리스도를 사랑하지 않는 죄에 대해 책임을 면하지 못합니다. 이단들은 그리스도의 진리와 그분의 자녀들에게서 드러나는 그리스도를 미워하며 그들을 핍박하는 데 혈안이 되어 있습니다. 이런 자들은 결국 심판을 면하지 못할 텐데, 그들은 이 심판을 도무지 감당할 수 없을 것입니다.

그리스도를 머리로 모신 교회에 속한 자들은 진실로 그분을 사랑해야 합니다. 그러나 교회 안에서조차 그리스도를 사랑하는 자를 찾아보기가 얼마나 어려운지 모릅니다!

첫째, 많은 사람들이 어떤 모습으로든 그리스도와 관계없이 살아갑니다. 이들은 설교를 통해 그분의 이름과 그분에 대한 묘사를 듣고 그분을 믿으라는 요청을 받으며, 직접 그리스도를 언급하기도 합니다. 그러나 이들은 그분이 누구이며 어떤 일을 하시는지에 대해서는 관심이 없습니다. 이들에게 그리스도는 여전히 낯선 분입니다. 이들은 그리스도를 알고 싶어하지도 않고, 존경하려고 하지도 않습니다. 만일 누군가가 그리스도를 전할라치면 그들은 이렇게 반응합니다. "나를 좀 내버려 두라. 나는 그의 길이 무엇인지에 아무런 관심이 없다." 이들은 예수님의 어떠하심 때문에 오히려 그분을 떠납니다. 또한 이들은 예수님을 알지 못하는 까닭에 그분을 사랑할 수도 없습니다. 사람은 자신이 알지 못하는 대상을 사랑할 수 없습니다. 이들은 그리스도를 잃어버려도 슬퍼하지 않으며, 그리스도를 갈망하지도 않습니다. 그리스도와 하나 된 마음을 찾아볼 수 없고, 자신이 그리스도를 사랑하지 않는 것 때문에 슬퍼하지도 않습니다.

둘째, 극소수의 사람만이 성령의 조명하심을 따라 마음으로 그리스도를 압니다. 대다수의 사람들은 그리스도에 대해 사변적인 지식만을 가질 뿐입니다. 이런 사람들에게 그리스도를 사랑하는 마음이 있을 리가 만무합니다. 이들이 바라는 그리스도는 자신들을 지옥에서 건지고 천국으로 인도할 종입니다. 이들은 그리스도를 그 이상 필요로 하지 않습니다. 그리스도의 언약 안으로 들어가지도 않고, 자신을 그리스도께 드리지도 않으며, 칭의와 거룩함에 이르는 믿음으로 그리스도를 영접하지도 않습니다. 마음의 연합도 없고, 그분과 교제하지도 않습니다. 그리스도가 함께하시든 떠나 계시든 이들에게는 아무런 차이가 없습니다. 그저 바른 교회에 소속되어 출석하고, 성찬에 참여하고, 정직하게 살면 그만입니다. 이들은 자신들이 이미 구원을 받았다고 여깁니다. 예수님께 속하지 않았으면서도 스스로 지어낸 이런 근거 위에서 아무 일 없다는 듯 살아갑니다. 그리스도는 이들의 마음과 생각의 바깥에 계실 뿐입니다.

우리는 누군가를 사랑하는 것이 어떤 것인지를 잘 압니다. 그러하기에 사람보다 훨씬 더 크고도 열렬하게 사랑해야 마땅한 예수님을 자신이 사랑하는지 아닌지를 쉽게 알 수 있습니다. 여러분이 예수님을 사랑한다고 말한다면, 저는 여러분에게 묻겠습니다. "그것을 어떻게 알 수 있습니까? 그리스도를 경외하고 존중합니까? 그리스도를 그리워하고 사모합니까? 그리스도와 직접 연합된 가운데 살려고 애씁니까? 그리스도의 성품을 닮아 가고 있습니까? 그리스도께 순종하고 특별히 그분의 계명을 따릅니까? 가장 경건하게 사는 자들을 존경하고 사랑합니까? 우리가 앞에서 이미 다루어서 잘 아는 바 회심하지 않은 자들을 멀리합니까?" 누군가를 사랑할 때 우리가 어떻게 하는지를 잘 생각해 보고, 그것을 그리스도께 적용해 보십시오. 그리하면 스스로 그리스도를 사랑한다고 여기는 것과 상관없이 자신이 정말 그리스도를 사랑하는지 아닌지를 금방 알 수 있습니다.

셋째, 많은 사람들이 자신이 그리스도를 사랑하지 않음을 공공연하게 드러냅니다. 그리스도인이라고 하면서도 세속적이고도 불경건하게 살아갑니다. 욕설과 도박과 춤과 음주와 과식과 음란을 일삼고, 불의한 일들을 은밀히 행합니다. 경건한 신자들을 못마땅해하며 말과 행실로 괴롭히고, 예수님의 원수들이나 할 법한 온갖 일들을 자행합니다. 이들은 자신들이 세례를 받았고 교회에 출석하니까 구원받으리라고 믿습니다. 그러나 우리는 이런 자들이야말로 그리스도의 원수로 행하는 자들이라고 선언합니다. 이런 자들은 그리스도를 사랑하지 않을 뿐만 아니라 그리스도를 미워합니다. '그리스도인'이라고 불리면서도 자신들에게 붙여진 그 이름을 훼방하는 자들입니다. 차라리 그리스도의 이름을 전혀 들어 보지 못하고 그리스도인이라 불리지 않았더라면 좋았을 것입니다. 사실상 그들의 그러한 삶은 그리스도께 아무런 해도 끼치지 못합니다. 그리스도는 하늘에까지 높아지셨기 때문입니다. 오히려 이들은 스스로에게 가장 해롭게 행동하는 것입니다.

예수님을 사랑하지 않는 자들의 비참한 상태

첫째, 예수님을 사랑하지 않는다면, 자신의 비참한 상태에 잠시 주목하십시오. 여러분은 교회에서 하나님의 말씀을 들어 온 까닭에 믿음이 없이는 구원받을 수 없다는 사실을 너무나 잘 압니다.

"아들을 믿는 자에게는 영생이 있고 아들에게 순종하지 아니하는 자는 영생을 보지 못하고 도리어 하나님의 진노가 그 위에 머물러 있느니라"(요 3:36).

아들에게 불순종하는 것은 곧 아들을 믿지 않는 것입니다. 아들에게 순종하지 않는 것은 아들을 믿는 것과 반대되는 행위입니다.

"믿지 않는 사람은 정죄를 받으리라"(막 16:16).

그리스도에 대해 성경이 말하는 대로 이해하고 모든 신자들의 구원자로 안다고 하더라도, 아들에게 순종하지 않는다면 아들을 믿지 않는 것입니다. 아들을 사랑하지 않기 때문입니다. 사랑이 없으면 믿음도 없습니다.

"사랑으로써 역사하는 믿음뿐이니라"(갈 5:6).

행함이 없는 믿음은 죽은 믿음입니다(약 2:26 참고). 스스로를 속이지 말고 자신이 구원받지 않았음을 인정하십시오.

둘째, 예수님 역시 여러분을 사랑하지 않습니다.

"나를 사랑하는 자들이 나의 사랑을 입으며"(잠 8:17).

예수님께서 자기를 사랑하는 자들만을 사랑하신다면, 예수님을 사랑하지 않는 여러분은 그리스도께 사랑받는 자가 아닙니다. 예수님은 자기가 사랑하는 자들을 위해 죽으셨습니다(엡 5:25 참고). 그리스도의 사랑을 입지 않았다는 것은 곧 그리스도의 구속을 받지 않았다는 말입니다. 주 예수님을 사랑하지 않는 자들은 그분이 증오하고 진노하시는 대상입니다. 사랑과 미움은 함께할 수 없습니다.

"기록된 바 내가 야곱은 사랑하고 에서는 미워하였다 하심과 같으니라"(롬 9:13).

여러분이 예수님을 사랑하지 않는다면, 예수님 또한 여러분을 사랑하지 않으십니다. 그리고 예수님이 여러분을 사랑하지 않으신다는 말은 곧 여러분을 미워하신다는 말입니다.

"왕은 정의를 사랑하고 악을 미워하시니"(시 45:7).

"나는……패역한 입을 미워하느니라"(잠 8:13).

예수님께서 "그들의 마음이 완악함을 탄식하사 노하심으로 그들을 둘러보시는" 모습은 곁에서 그것을 지켜보는 자들에게 참으로 두려운 경험이었을 것입니다(막 3:5 참고). 세상에 하나님의 어린양으로 오셨을 때에도 그러하셨는데, 유다 지파의 사자로 오시는 심판 날에는 어떻겠습니까!(계 5:5 참고) 그 광경을 상상하면서 자신이 마지막 날 그리스도를 사랑하지 않는 자들 가운데 하나로 있다고 생각해 보십시오(지금 실제로 그렇습니다).

"산들과 바위에게 말하되 우리 위에 떨어져 보좌에 앉으신 이의 얼굴에서와 그 어린양의 진노에서 우리를 가리라. 그들의 진노의 큰 날이 이르렀으니 누가 능히 서리요 하더라"(계 6:16,17).

그러니 예수님께 사랑받지 않고 그분이 당하신 고난과 죽음과 아무런 상관이 없는, 예수님을 사랑하지 않는 여러분의 상태는 얼마나 비참합니까? 그리스도께서 여러분을 미워하시며 여러분에게 진노하십니다. 그러므로 떨며 두려워하십시오!

셋째, 예수님을 사랑하지 않는 여러분은 해 아래에서 가장 저주받은 피조물입니다. 두려워할 수밖에 없는 다음 말씀을 자신에게 적용해 보십시오.

"만일 누구든지 주를 사랑하지 아니하면 저주를 받을지어다. 우리 주여 오시옵소서"(고전 16:22).

이는 우리가 상상할 수 있는 가장 두려운 저주일 것입니다. 뿐만 아니라 '모든 혈육에게 가증함'이 되는 자신의 존재 자체가 예수님을 사랑하지 않는 그들 자신에게 큰 저주입니다(사 66:24 참고). 이 땅을 사는 동안 회개하고 돌이키지 않으면 영원히 이 저주 아래 있게 될 것입니다. 누가복음 19장 27절에 나오는 저주를 경험하게 될 것입니다.

"그리고 내가 왕 됨을 원하지 아니하던 저 원수들을 이리로 끌어다가 내 앞에서 죽이라 하였느니라."

이런 하나님의 진노에 대한 두려움 때문에라도 여러분이 예수님을 믿기를 바랍니다!

예수님을 향한 사랑을 확신하지 못하게 하는 방해물들

예수님을 사랑하지 않는 자들이 비참한 만큼, 예수님을 사랑하는 자들은 복됩니다. 예수님을 사랑하지 않는 자들은 당연히 자신이 예수님을 사랑하고 있다고 여깁니다. 반면, 진정으로 예수님을 사랑하는 자들은 자신이 예수님을 사랑하고 있지 않을까 봐 자주 두려워합니다. 그들이 이런 의심을 품는 것은 주로 다음 두 가지 이유에서입니다. 먼저, 어떤 대상을 사랑할 때 반드시 따라오는 감미롭고도 달콤한 마음이 그리스도를 향해 일어나지 않는다고 스스로 생각하기 때문입니다. 더 나아가 자신이 정말 예수님을 사랑한다면 지금보다 더 순종하고 거룩하게 살아야 한다고 생각하기 때문입니다.

첫째, 이런 이유로 자신의 행위에 대해 의심을 품는다면, 그것 자체가 이들이 이미 예수님을 사랑하고 있을 가능성을 보여 줍니다. 이런 의심과 함께 예수님을 더 사랑하고자 하는 갈망이 있으며 그렇게 예수님을 사랑하지 않는 것에 대해 슬퍼한다면, 그리고 이런 의심이 장차 예수님을 사랑하지 않는 자들에게 임할 심판에 대한 두려움과 이 심판에서 구원받고자 하는 갈망뿐만 아니라 예수님을 더 사랑하고자 하는 열망(예수님을 사랑하는 행위 자체를 즐거워하기 때문에)에서 비롯되었다면, 이는 예수님을 사랑하고 있을 가능성이 아니라 예수님을 사랑하고 있다는 증거입니다. 정직하고 바른 영혼들이 공통되게 보이는 특징은 자신에게서 어떤 것을 분명하게 발견하지 못할 때 스스로에 대해 확신하지 못한다는 점입니다. 이는 하나님의 자녀들이 가지는 공통된 성품이기도 합니다.

"하나님이여 나를 살피사 내 마음을 아시며 나를 시험하사 내 뜻을 아옵소서. 내게 무슨 악한 행위가 있나 보시고 나를 영원한 길로 인도하소서"(시 139:23,24).

둘째, 성향과 진정성과 사랑의 감정에 대한 민감성을 구별해야 합니다. 달콤한 감정은 없을지라도 아주 강하고도 참되며 진실한 사랑을 가지고 있을 수 있습니다. 자녀를 쓰다듬거나 안아 주거나 입 맞추거나 그다지 보고 싶어하지 않는다는 이유만으로 그 어머니가 자녀를 사랑하지 않는다고 말할 수 있겠습니까? 설령 어머니가 다른 일에 몰두하고 있더라도 어머니의 마음은 언제나 자녀를 향합니다. 평소에는 사랑이 없는 것처럼 보이더라도 자녀의 모습을 보면 없는 것 같았던 사랑이 어느새 그 모습을 드러냅니다. 자녀를 잃어버리거나 자녀를 향한 사랑에서 비롯된 불안을 느끼면, 이루 말할 수 없는 고통과 괴로움에 빠집니다. 이를 볼 때, 그 속에 얼마나 큰 사랑이 있는지를 충분히 짐작할 수 있습니다. 비록 자녀를 향한 그런 목적을 언제나 의식하지는 못한다 하더라도, 어머니의 모든 행동은 자녀의 안녕을 추구합니다. 여기서도 마찬가지입니다. 그리스도를 향한 사랑이 신자의 마음에 항상 느껴질 만큼 채워지지는 않습니다. 또 모든 순간마다 예수님을 의식적으로 모셔 들이고 그분과 달콤한 교제를 누리는 것도 아닙니다. 그렇다 할지라도 진실로 그의 마음에 자리하고 있는, 예수님을 향한 사랑은 신자의 모든 행위를 통해 드러납니다. 신자들이 일반적으로 예수님의 사랑을 드러내는 여러 표지들을 받아 누릴 때(예수님이 그의 영혼에 입 맞추고 그 영혼을 두 팔로 안아 주실 때), 예수님을 향한 이런 달콤한 마음이 생겨납니다. 이런 일이 항상 일어나지는 않으며, 있다 하더라도 아주 드문 데다가 짧게 일어납니다. 그러나 예수님을 향한 분명한 사랑은 신자의 마음 깊이 드리워져 있으며, 모든 상황 속에서 신자의 행위를 통해 그 모습을 분명히 드러냅니다.

셋째, 성화의 불완전함이 예수님을 향한 우리의 사랑이 불완전함을 말해 주는 것은 맞습니다. 그렇다고 해서 그것이 곧 사랑이 없음을 의미하지는 않습니다. 물론 여전히 사랑이 부족하며, 옛 아담의 본성이 역사합니다. 사랑과 옛 아담의 본성이 서로 싸웁니다. 우리의 부패한 본성이 이 사랑을 표현하지 못하게 가로막는 데다가, 이 본성으로 말미암아 계속 죄를 짓습니다. 이런 죄악과 부패한 본성의 역사를 가로막을 만큼 아직 사랑이 충분히 강하지 못합니다. 부패한 본성과 이로 말미암은 범죄 때문에 사랑의 탄식이 계속됩니다.

"이제는 그것을 행하는 자가 내가 아니요 내 속에 거하는 죄니라"(롬 7:17).

죄를 향한 미움과 적의와 싸움이 있는 곳에는 경건을 향한 사랑과 갈망이 있고, 성화를 위해 성령의 도우심을 구하는 기도가 있으며, 예수님을 기쁘시게 해 드리고 싶은 바람(사랑으로 말미암은)이 있고, 진정한 성화가 이루어지기 마련입니다. 그러므로 신자들이여, 여러분에게서 이런 모습이 발견된다면, 예수님을 사랑하고 있는지에 대해 염려할 이유가 없습니다. 더는 그런 염려로 예수님을 향한 사랑을 표현하는 것을 방해받지 마십시오. 그런 염려와 두려움은 예수님을 향한 사랑을 키워 가고 그것을 표현하지 못하게 가로막는 큰 장애물입니다.

여러분이 예수님을 사랑하고 있음을 더욱 확실히 하기 위해 다음 몇 가지를 잘 살펴보십시오.

예수님을 사랑하는 표지

첫째, 앞에서 살펴본 사랑의 행위와 본질을 제대로 이해하고 있다면 지금까지 우리가 살펴본 것들이 바로 참된 사랑을 가리킨다는 사실을 분명히 알게 될 것입니다. 그렇다면 하나님께서 어디에나 계심을 의식하고, 예수님을 향한 사랑이 신자 스스로 얻은 것이 아니라 하나님께서 은혜로 베푸신 선물임을 확신하면서, 지금까지 우리가 살펴본 참된 사랑의 모습을 통해 자신의 마음을 살펴보십시오. 지금까지 본 장에서 말한 내용으로 자신의 모습을 비추어 보고 나서 "내가 예수님을 진정으로 사랑한다!"라고 외칠 수 있어야 합니다.

둘째, 여러분이 사랑하는 이 땅에 속한 모든 것들을 예수님과 나란히 두고서 실제로 여러분의 마음이 어디로 이끌리는지를 보십시오. 여러분의 마음이 여러분이 사랑하는 세상에 속한 것들 앞에 가 있습니까? 아니면 예수님의 사랑을 기뻐하며 그분 앞에 가 있습니까? 돈과 재물과 아름답고 즐거운 일들을 더 좋아합니까? 아니면 예수님을 더 사랑합니까? 여러분에게 어떤 것이 옳은지 도덕적 판단을 묻는 것이 아닙니다. 여러분의 마음이 실제로 어디를 향하고 있는지를 묻는 것입니다. 이렇게 두 가지를 놓고 비교해 볼 때, 예수님을 사랑하고 있다면 이렇게 말할 수 있어야 합니다. "내게는 예수님이 중요하다. 아니, 예수님만이 중요하다. 예수님이 아니라면 다른 모든 것들은 오히려 나에게 근심의 대상일 뿐이다. 그러나 예수님이 계시면 다른 모든 것이 없어도 오히려 나에게 유익하다. 예수님을 향한 사랑을 누리면서 살 수 있다면 나는 기꺼이 모든 것을 포기하겠다."

셋째, 구원받았다는 확신만으로 여러분이 바라는 것을 모두 가졌다고 말할 수 있습니까? 다른 것이 없을지라도 구원의 확신이 있다면 평화와 기쁨 가운데 살 수 있습니까? "물론 구원의 확신으로 말미암아 기뻐하지만 그것만으로는 만족할 수 없다. 예수님이 필요하다. 예수님과 사랑을 누리며 살아야 한다. 예수님을 떠나 살아야 한다면, 나는 슬픔 속에서 생을 마칠 수밖에 없다. 예수님으로 말미암은 은택을 누리는 것만으로는 부족하다. 예수님 그분을 나에게 달라. 나로 하여금 예수님을 사랑하면서 살게 하라. '예수님만이' 내 마음의 갈망이다. 다른 모든 것이 없어도 예수님만 있으면 된다. 예수님만으로 충분하다." 이렇게 말할 수 있습니까?

넷째, 왜 슬퍼합니까? 여러분은 무엇을 열망하고 사모합니까? 여러분은 언제 편안함을 느낍니까? 많은 이익을 얻고, 사람들에게 사랑받고, 모든 일이 여러분이 바라는 대로 잘되고 있지 않습니까? 이러한 물음들에 다음과 같이 대답할 수 있습니까? "전혀 그렇지 않다. 아무리 모든 일이 잘되고 사람들에게 인정과 칭송을 받는다 하더라도 예수님께서 떠나시면 나는 근심과 슬픔에 빠질 수밖에 없다. 예수님을 사랑하는 사람을 보거나 그런 사람에 대해 들으면 내 마음은 벅차오르고, 어느새 눈에는 눈물이 고인다. 하늘을 향해 '미쁘시고 감미롭고도 사랑스러우신 나의 예수님은 어디에 계신가? 왜 이렇게 더디 오시는가?'라고 탄식한다. 그분은 나의 사랑이시다. 나의 기쁨이요 생명이요 안식이시다. 나의 모든 것이시다. 그분을 떠나서는 절대로 살 수 없다. 예수님께서 나를 찾아와 나에게 입 맞춰 주시고 그분의 사랑으로 나의 사랑을 불타오르게 하신다면 얼마나 좋을까! 그분의 사랑에 압도되고 그분의 사랑에 취한다면 얼마나 좋을까! 그분께서 임하여 나를 새롭게 하시면 이 땅은 나에게 너무나 저급하고도 미미한 것으로 여겨질 것이다. 그리하면 내 영혼은 이 땅을 떠나 하늘에 있기만을 바랄 것이다. 이 땅을 떠나 그리스도와 함께 있고 싶어할 것이다. 나에게는 그 편이 훨씬 낫다. 이 땅에 있는 한 그리스도의 사랑을 온전히 누리기에는 내 몸과 영혼이 너무나 미약하다. 이 땅에서는 예수님을 다시 떠나보내야 한다. 빛이 비추어도 이내 어둠이 다시 찾아온다. 따뜻함도 잠시일 뿐 이내 추워진다. 그러나 영원히 예수님과 함께하는 영생은 얼마나 복된가!"

다섯째, 다음 질문들에 대답해 보십시오. 무슨 이유로 교회에 가고 성경을 읽습니까? 그렇게 자주 혼자 있을 수 있는 곳을 찾는 이유가 무엇입니까? 그곳에서 무엇을 하며 무엇을 구합니까? "내 예수님이 나를 떠나가셨다. 그래서 내 영혼이 그분을 찾는 것이다. 예수님께서 내 맘을 두드리셨을 때 문을 열어 드리지 않은 내 어리석음을 한탄한다. 내 죄 때문에 떠나실 수밖에 없었던 주님 때문에 마음이 아프다. 내 죄로 예수님의 성령을 슬프시게 한 까닭에 가슴이 아프다. 그러하기에 그곳에서 한숨과 탄식 가운데 눈물 흘리며 나의 애통한 마음을 쏟아 놓는다. 예수님의 사랑을 누리면서 사는 다른 사람들을 떠올리면, 예수님께서 그들에게 얼마나 사랑스러운 분인지를 떠올리면, 예수님을 떠나보낸 나의 어리석음에 울 수밖에 없다. 나의 죄로 말미암아 항상 그분은 멀찍이 서 계실 수밖에 없었다. 예수님께서 항상 숨어 계셨기에 나는 그분을 찾을 수가 없었다. 그래서 혹시라도 그분을 뵐 수 있을까 하여 그분의 말씀을 들으러 간다. 동일한 이유로 그분의 말씀을 펼친다. 경건한 신자들과 자주 교제하는 것도 그 와중에 혹시 그리스도를 뵐 수 있을까 기대하기 때문이다. 그분께서 그곳에서 자신을 나타내 주실 수도 있기 때문이다." 이렇게 대답할 수 있다면, 여러분은 틀림없이 예수님을 갈망하는 신자입니다.

여섯째, 어떤 사람들과 가까이 지냅니까? 세상 사람들입니까? 아니면 경건한 신자들입니까? 여러분이 다음과 같이 대답할 수 있기를 바랍니다. "이 물음에는 얼마든지 대답할 수 있다. 세상에 속한 사람들과 거듭나지 않은 자연인들은 사망의 냄새가 진동하는 탓에 함께 있는 것 자체가 너무나 어렵다. 그들은 내 영혼을 해롭게 할 뿐이므로 나는 그들과 마음을 같이할 수 없다. 그들 또한 나를 달가워하지 않는다. 뿐만 아니라 그들이 하는 종교적인 이야기는 듣고 있기가 역겨울 정도이다. 그들은 예수님도 모르고 마음이 진실하지도 않기 때문이다. 참되고도 경건한 신자들을 대적하는 그들을 볼 때마다 나 또한 더는 그들을 견딜 수가 없다. 그러나 주 예수님을 사랑하는 사람을 보면 그들이 너무나 귀하게 여겨진다. 그들을 한 번도 만나지 못했으나, 어느새 내 마음이 그들의 마음과 닿아 있음을 깨닫는다. 예수님을 사랑하는 자들이 너무도 귀하고 영화롭게 여겨진다. 내 마음이 그들을 찾는다. 그들을 사랑하고 내 마음이 온전히 그들과 하나가 된다. 그들과 희노애락을 함께하고 함께 살며 함께 죽기를 바란다. 그들을 만나면 얼마나 즐거운가. 그들 앞에서 내가 아무것도 아니게 여겨질 만큼 그들이 얼마나 귀한지 모른다. 그들과 교제하고 그들의 종으로 섬길 수 있다면, 그것이 내게는 큰 위로와 행복이 될 것이다."

이 모든 것들을 잘 숙고해 보십시오. 자연인들조차도 이런 성품과 행실이 숭고한 사랑에서 비롯되었음을 인정합니다. 여러분 역시 그렇게 인정할 수밖에 없을 것입니다. 특별히 앞 장을 읽었다면 더욱 그러할 것입니다. 누군가가 이렇게 이야기하는 것을 듣는다면, 그를 행복한 사람으로 여기지 않겠습니까? "이 사람은 진실로 예수님을 사랑하는구나"라고 말하지 않겠습니까? 이런 사람을 사랑하지 않을 수 있겠습니까? 여러분의 마음에서도 예수님을 사랑하고자 하는 마음이 함께 일어나지 않겠습니까? 여러분 자신을 바라볼 때, 여러분에게서도 이와 같은 성품과 행위가 발견됨을 확신하게 될 것입니다. 따라서 여러분은 다음과 같이 결론 내릴 것입니다. "나에게 이런 마음과 행위가 있다는 것을 부인할 수 없으며, 부인하고 싶지도 않다. 내 안에 두려움이 아예 없지는 않지만, 내가 예수님을 사랑한다고 말할 수밖에 없다."

이 확신을 절대 빼앗기지 마십시오. 뿐만 아니라, 이런 확신을 가지기에는 자신이 너무 죄악되다고 여기거나, 지금 자신이 거짓된 확신으로 스스로를 속이고 있다고 생각함으로써 이런 확신을 잃어버리지 않도록 하십시오. 이런 생각이 든다면 자신에게 해로운 생각으로 여기고 버리십시오. 이런 생각은 그리스도를 여러분의 것으로, 여러분을 그리스도의 것으로 누리는 달콤한 연합과 교제를 방해합니다. 여러분이 예수님을 사랑하고 있다는 믿음이 더 분명할수록(물론 그렇지 못할 때도 많지만) 예수님을 향한 사랑은 더욱 커져 갈 것입니다. 생명은 생명이고, 진리는 진리입니다. 있다가 없어지고 없다가 갑자기 생기는 것이 아닙니다.

예수님을 사랑하는 자들이 누리는 복

예수님을 사랑하는 자들은 얼마나 복된 자들입니까? 하나님께서 그들을 사랑하시지 않습니까?

"나를 사랑하는 자는 내 아버지께 사랑을 받을 것이요"(요 14:21).

"이는 너희가 나를 사랑하……므로 아버지께서 친히 너희를 사랑하심이라"(요 16:27).

주 예수님께서 여러분을 사랑하십니다.

"나도 그를 사랑하여 그에게 나를 나타내리라"(요 14:21).

여러분이 하나님과 주 예수님께 사랑을 받는 자라면 하나님께서 영원한 사랑에서 비롯된 모든 일들을 여러분에게 이루실 것입니다. 이러한 하나님께서 자신이 사랑하는 자들을 살펴보시지 않겠습니까? 그들을 해치려는 모든 일들로부터 건지시지 않겠습니까? 그들의 모든 필요를 채우시지 않겠습니까?

"하나님이여 주는 하늘 위에 높이 들리시며 주의 영광이 온 땅에서 높임 받으시기를 원하나이다. 주께서 사랑하시는 자를 건지시기 위하여 우리에게 응답하사 오른손으로 구원하소서"(시 108:5,6).

"여호와께서 그의 사랑하시는 자에게는 잠을 주시는도다"(시 127:2).

하나님께서 그분을 사랑하시는 자들에게 주겠노라고 약속하신 것은 얼마나 놀라운 것인지요!

"그에게 나를 나타내리라"(요 14:21).

"우리가 그에게 가서 거처를 그와 함께하리라"(요 14:23).

"이는 나를 사랑하는 자가 재물을 얻어서 그 곳간에 채우게 하려 함이니라"(잠 8:21).

하나님은 자신의 마음을 여러분에게 두고, 여러분을 지켜보고 계십니다. 그분은 여러분을 돌보고 계시며, 필요할 때에는 사랑으로 여러분을 책망하십니다(계 3:19 참고). 여러분에게 일어나는 모든 일이 합력하여 선을 이루도록 하십니다(롬 8:28 참고). 여러분의 구원을 위해 필요하고 여러분을 만족시킬 모든 일들을 예비하고 행하십니다(고전 2:9 참고). 여러분에 대해서도 이렇게 말할 수 있습니다.

"이스라엘이여 너는 행복한 사람이로다. 여호와의 구원을 너같이 얻은 백성이 누구냐. 그는 너를 돕는 방패시요 네 영광의 칼이시로다. 네 대적이 네게 복종하리니 네가 그들의 높은 곳을 밟으리로다"(신 33:29).

하나님을 사랑하는 것, 그것도 영원히 사랑할 수 있는 것 자체(하나님의 사랑을 영원토록 직접 대면하고 성부, 성자, 성령과 더불어 서로 사랑을 주고받는 것)가 바로 여러분이 누리는 지복의 정점입니다.

예수님에 대한 사랑을 더해 감

이 땅에서의 사랑은 아무리 크더라도 불완전합니다. 그러하기에 지속적으로 권면을 들어야 합니다. 주 예수님을 더욱 사랑하기를 바란다면, 다음 몇 가지 권면들을 잘 생각해 보십시오.

첫째, 예수님이 얼마나 소중한 분이신지를 생각해 보십시오. 술람미 여인은 신랑의 머리부터 발끝에 대한 묘사를 이렇게 마무리합니다.

"입은 심히 달콤하니 그 전체가 사랑스럽구나. 예루살렘 딸들아, 이는 내 사랑하는 자요 나의 친구로다"(아 5:16).

신성으로서 예수님은 성부의 영광의 광채요 온전한 하나님의 형상입니다. 예수님은 신성의 모든 완전함을 무한히 지니십니다. 인성으로서 예수님은 완전히 거룩하십니다. 따라서 거룩함을 즐거워하는 사람은 예수님 안에서 무한한 기쁨을 누립니다. 중보자로서 예수님은 존귀와 영광으로 관을 쓰셨습니다. 가장 복되고도 다정하며 긍휼과 사랑이 많으신 분입니다. 은혜와 사랑이 그분의 입술에 부어졌습니다. 그분은 은혜와 진리와 의로움과 자비가 충만한 동시에 위엄과 사랑이 넘쳐 나는 분입니다. 그러므로 여러분 안에 사랑을 불러일으킬 만한 존재가 있다면, 그것은 바로 주 예수님입니다. 다시 말해, 예수님께서 자신을 나타내신다면 여러분은 아름다움으로 옷 입으신 왕을 뵙는 것입니다.

둘째, 사랑은 사랑을 낳습니다. 예수님은 상상할 수 있는 가장 큰 사랑으로 여러분을 사랑하십니다. 그분은 사랑이시기에, 사랑스럽지 않은 자들을 능히 사랑하실 수 있고, 자신의 그런 사랑을 입은 자들에게 복을 베풀기를 기뻐하실 수 있습니다. 여러분을 향한 예수님의 사랑은 시작도 끝도 없는 영원한 사랑입니다. 가장 친밀하고도 열렬한 사랑입니다. 잠시 모든 것을 멈추고 그분께서 여러분에게 보여 주신 그 사랑을 잠잠히 묵상해 보십시오.

① 여러분을 위해 그리스도께서 세상에 오셨습니다. 여러분과 같은 본성을 입으셨고, 죄를 제외한 모든 것에서 여러분과 같이 되셨습니다. 심지어 종의 형상을 입으셨습니다. 이처럼 여러분의 자리에서 여러분을 위한 보증이 되어 마치 자신이 죄를 지은 것처럼 여러분의 모든 죄를 친히 담당하시고, 이 죄로 인한 모든 형벌을 다 당하셨습니다.

"그리스도께서 교회를 사랑하시고 그 교회를 위하여 자신을 주심같이"(엡 5:25).

② 그분이 어떤 멸시를 당하고 어떤 질고를 겪으셨는지를 생각해 보십시오! 그분은 우리 죄를 대신 지심으로 말미암아 천하 만물에게 외면당하셨습니다. 그분이 담당한 여러분의 죄로 말미암아 하나님께서 그분에게 진노하셨고, 의로운 진노를 쏟아부으셨습니다. 구유에서부터 갈보리 십자가에 이르기까지, 그분의 행적을 따라가 보십시오. 거기서 그분이 얼마나 극심한 슬픔과 고통을 당하며 괴로워하셨는지를 잘 보십시오. 감당할 수 없는 격통 가운데에서 다음과 같이 말씀하시는 것을 상상해 보십시오. "내가 사랑하는 택한 자야, 내 모습을 보아라. 너를 향한 사랑으로 내가 여기까지 올 수 있었다. 내가 너를 얼마나 사랑하는지……네가 영원한 멸망과 고통을 당하느니 차라리 내가 그보다 수천수만 배의 고통과 두려움을 당할 것이다." 그분은 사랑으로 여러분의 죄에 대한 모든 대가를 치르시고 여러분을 위한 영원한 구속을 이루셨습니다. 여러분과 하나님을 화목하게 하시고 둘 사이에 영원한 화평을 이루셨습니다. 그리고 이제 여러분을 화목하게 된 성부께로 이끄십니다.

③ 그분은 여전히 여러분을 그분의 마음 중심에 두고 계십니다. 여러분을 위한 보증으로서 끊임없이 여러분을 생각하며 하나님께 기도하십니다. 그분은 여러분을 지키기 위해 여러분에게서 눈을 떼지 않으십니다.

④ 그리스도께서 여러분을 얼마나 애정 어린 방식으로 자신에게로 이끄셨는지를 보십시오. 그분은 여러분이 태어난 곳에 복음을 전파하셨습니다. 그리고 때가 되자 여러분의 마음 문을 두드리고 여러분을 부르셨습니다. 여러분이 그분을 원수처럼 미워하고 불순종할 때에는 오래 참으며 여러분을 기다리셨습니다. 그리고 마

침내 여러분을 거듭나게 하고 조명하고 그분을 사랑하는 마음을 주어 여러분이 그분을 찾도록 하셨습니다.

⑤ 예수님이 얼마나 자주 여러분의 마음에 말씀하시는지요! 얼마나 자주 사랑으로 입 맞추어 주셨습니까! 슬퍼하는 여러분을 얼마나 자주 위로하고 곤란에서 건지며, 낙담에 빠진 여러분을 권고하셨습니까! 얼마나 오랫동안 여러분의 연약함을 참고 기다리셨습니까! 마치 전혀 죄를 짓지 않은 사람을 대하시듯 그분은 자신의 선하심을 여러분에게 계속해서 새롭게 보여 주셨습니다.

⑥ 그리고 예수님은 마침내 여러분을 천국으로 옮겨 여러분과 영원히 함께하실 것입니다. 그곳에서 여러분을 영화롭게 하실 것입니다. 여러분이 영원한 즐거움 가운데 거하도록 사랑으로 완전하게 하실 것입니다. 자신의 완전한 사랑으로 여러분을 영원히 흡족하게 하실 것입니다. 이런 사실을 묵상하고, 믿으십시오. 이 사실마저도 여러분을 그분의 사랑으로 돌이키게 하지 못한다면, 여러분은 예수님을 사랑하지 않는 것이 분명합니다. 만약 그렇다면 예수님을 향한 사랑을 불러일으켜야 합니다.

셋째, 사랑은 즐거운 것입니다. 사람의 마음은 즐거움을 추구합니다. 세상은 여러분을 즐겁게 하지 못합니다. 세상과 그 속에 있는 것들이 아무리 즐거운 것이라 해도, 예수님께서 떠나시면 슬픔의 이유가 될 것입니다. 오월을 노래하는 다음 시에 여러분도 공감하리라 믿습니다.

> 꽃들과 새들이 노래하는 이 달콤한 계절을
> 짐승과 사람 모두가 기뻐합니다.
> 그러나 아무리 감미로운 때조차도
> 예수님을 향한 사랑이 없다면
> 그마저도 슬픔의 이유가 될 수밖에 없습니다.
> 그런데 그분이 내 영혼에……
> "너는 내 것이요 나는 영원히 네 것이라"라고 하시면

나의 모든 죄악된 삶은 이내 눈 녹듯 자취를 감추고
명랑하게 노래하는 꽃들이 만개합니다.

예수님의 사랑의 그늘 아래에서 쉬면서 예수님을 향한 감미로운 사랑을 나타낼 때, 영혼은 천상의 기쁨으로 충만하며 최고의 안식을 누립니다. 아가서의 신부처럼 그 순간이 방해받지 않기만을 바랍니다.

"예루살렘 딸들아, 내가 노루와 들사슴을 두고 너희에게 부탁한다. 내 사랑이 원하기 전에는 흔들지 말고 깨우지 말지니라"(아 2:7).

예수님은 여러분에게 크나큰 즐거움이고 그 사랑을 나타내기를 매우 기뻐하십니다.

"신랑이 신부를 기뻐함같이 네 하나님이 너를 기뻐하시리라"(사 62:5).

마찬가지로 예수님을 사랑하는 영혼 또한 자신의 사랑을 나타내고, 예수님의 사랑을 누리기를 즐거워합니다.

"왕이 나를 그의 방으로 이끌어 들이시니……우리가 너로 말미암아 기뻐하며 즐거워하니……너를 사랑함이 마땅하니라"(아 1:4).

넷째, 예수님께서 어떻게 성부와 천사들고 신자들에게 사랑의 대상이 되시는지를 주목하십시오.

① 성부의 사랑이 예수님께로 흘러갑니다. 하나님께서 예수님을 사랑하시기 때문입니다.

"아버지께서 아들을 사랑하사"(요 5:20).

"이는 내 사랑하는 아들이요 내 기뻐하는 자ㄴ"(마 17:5).

② 거룩한 천사들이 예수님을 사랑합니다. 예수님의 탄생과 고난과 부활을 통해 볼 수 있듯이, 천사들은 예수님을 뵙기를 즐거워하고, 그분께 경배하며(히 1:6 참고), 그분을 즐거이 섬깁니다(마 4:11 참고). 예수님께서 심판주로 다시 오실 때 천사들도 사랑과 기쁨으로 기꺼이 그분을 섬길 것입니다.

③ 이 땅의 신자들이 예수님을 사랑합니다. 그들의 마음은 예수님을 향해 달려

갑니다. 예수님이야말로 신자들의 모든 사랑과 열정을 쏟아부을 대상이십니다.

"처녀들이 너를 사랑하는구나"(아 1:3).

예수님을 말하는 신부는 그 입술에 언제나 '사랑하는'이라는 말을 달고 있습니다. 예수님이 계시지 않을 때 신자들이 얼마나 크게 슬퍼하는지를 생각하십시오. 그들은 예수님이 자기들에게 오시기를 간절히 바랍니다. 예수님과 달콤한 교제를 누릴 때, 그들은 너무나 행복해합니다. 예수님이야말로 그들이 바라고 부르짖고 슬퍼하는 모든 이유입니다. 예수님만이 그들을 만족시키십니다. 신자들이 예수님을 묵상하면서 쏟아 내는 표현들은 어찌나 아름다운지요! "온 세상 위에 군림하는 것보다 예수님을 위해 죽는 것이 훨씬 낫습니다. 제가 사랑하는 분이 십자가에 달리시다니요. 제 마음을 천 갈래 만 갈래로 찢어 놓아 보십시오. 찢어진 조각마다 예수님의 이름이 금으로 선명하게 새겨져 있을 것입니다. 주 예수님, 제가 가진 그 무엇보다, 제가 사랑하는 그 누구보다, 심지어 제 자신보다 주님을 사랑합니다. 재물은 사라집니다. 예수님과 교제하기보다 자신의 소유를 더 사랑한 자들도 모두 자신들의 사랑과 더불어 사라질 것입니다."

신자들의 마음마다 예수님을 향한 사랑이 불타오르지 않습니까? 그렇다면 마땅히 여러분의 마음에도 이 불꽃이 타올라야 하지 않겠습니까? 이리 와서 예수님을 사랑하는 모든 사람들과 더불어 '예수님, 사랑하는 예수님'이라고 고백하십시오. 예수님이야말로 내가 기뻐할 만한 최고의 존재입니다. 예수님께서 나를 소유하고자 하신다면, 나 역시 주님을 가질 것입니다. 아니, 주님만 가질 것입니다. 내 사랑을 요구하는 모든 피조물에 대해 나는 두 번 생각할 필요도 없이 "아니오"라고 답합니다. 예수님께서 여러분에게 "네가 나를 사랑하느냐?"라고 물으시면 "그렇습니다. 주님께서 제 마음을 아십니다"라고 응답해야 하지 않겠습니까? 이런 예수님의 사랑을 견고히 붙잡고 계속 이 사랑에 빠져 들어가십시오. 이 사랑을 날개 삼아 여러분이 마땅히 가야 할 사랑의 길로 기쁨 가운데 신속히 나아가십시오. 이 땅에서 예수님을 영화롭게 하면서 영원히 그분과 함께 있을 곳으로 부름 받는 그날을 인내하며 기다릴 수 있도록, 예수님을 기쁘시게 해 드리는 삶을 통해 그분의 사랑에 사로잡히십시오.

예수님을 향한 사랑을 불러일으키기 위한 권고

그러므로 이 사랑을 지켜 가고 더해 가며, 자주 불러일으키십시오. 그러기 위해 몇 가지 일들을 끊임없이 경계하며 멸시하고 무시해야 합니다.

첫째, 무지하지 않도록 깨어 조심하십시오. 지식이 사랑을 낳습니다. 그러므로 예수님을 향한 사랑이 자라기 위해서는 예수님을 아는 지식이 자라야 합니다. 예수님을 제대로 알지 못한다면, 예수님을 사랑하는 일도 불안정하고 소홀히 할 수밖에 없습니다. 주님께서 특별한 방식으로 그들을 찾아가시면 감사한 일이지만, 만약 그렇지 않다면 그들의 사랑은 이내 희미하게 사그라들고 말 것입니다. 그러나 하나님의 말씀을 통해 예수님을 더욱 친근히 아는 자들은 그분을 더 가까이에서 뵙고 사랑하게 될 것입니다. 그들의 사랑이 더 견고해져 갑니다. 예수님과의 달콤한 교제를 그다지 분명하게 느끼지 못할 때조차도 마찬가지입니다.

둘째, 사랑이 나뉘지 않도록 조심하십시오. 세상과 그 속에 있는 것들이 아직도 눈과 마음을 끌고, 여전히 자신의 뜻과 명예와 기쁨을 따라 살면서 예수님을 향한 사랑이 미지근해지지 않도록 하십시오. 예수님은 여러분의 중심을 원하십니다. 그 자리를 원수에게 내준다면, 예수님은 여러분에게서 떠나실 것입니다. 그리고 예수님이 떠나시면 여러분의 사랑도 사그라들 것입니다. 예수님과 다른 것들 사이에서 머뭇거리지 마십시오. 세상을 사랑하고 세상에게 인정받기를 바라는 마음에는 이미 세상으로 가득 차 있으므로 예수님께서 계실 자리가 없습니다. 예수님을 사랑하기를 바라고 예수님께 사랑받기를 바란다면, 예수님만을 사랑하십시오. 그리고 세상으로 하여금 여러분을 떠나게 하고 더는 세상에 관심을 두지 마십시오.

셋째, 예수님과 관계가 소원해지지 않도록 조심하십시오. 사랑의 불꽃으로부터 멀어져서는 안 됩니다. 불에서 멀리 있으면 냉랭해지기 마련입니다. 사귐이 없으면 아무리 가까운 사이라도 멀어지기 마련입니다. 예수님과의 사귐도 마찬가지입니다. 예수님은 우리가 예수님을 가까이하기를 바라십니다. 예수님과의 사귐을 가장 소중하게 여기고 누리기를 바라십니다. 우리가 예수님을 섬기고 서로 깊은 사랑을 주고받는 시간을 가지기를 바라십니다. 그러므로 자주 그분께 나아가 말씀드리고 그분의 말씀을 들으려고 노력해야 합니다. 예수님을 향한 여러분의 바람과 또 그런 바람만큼 충분히 사랑하지 못하는 자신에 대한 슬픔에 관해서도 친밀하게 말씀드려야 합니다. 그리하면 여러분의 마음에 사랑의 불꽃이 피어날 것입니다.

넷째, 불신앙에 빠지지 않도록 조심하십시오. 예수님 안에서 우리가 받은 분깃을 의심하고 예수님의 사랑을 확신하지 못하고 우리를 향한 예수님의 사랑을 증언하는 것들을 모두 고의로 부인한다면, 또한 예수님이 여러분을 사랑하지 않고 여러분도 예수님을 사랑하지 않는다고 말하는 반대 주장들을 최종 결론처럼 여기며 그것에 귀 기울인다면, 예수님을 사랑할 마음이 사라질뿐더러 예수님의 사랑을 기대할 엄두도 내지 못할 것입니다. 그러므로 예수님의 사랑을 의심하고 그 사랑과 다투지 말아야 하며, 예수님의 사랑을 분명히 증언하는 은혜들을 부인(이는 노골적으로 예수님께서 떠나시게 만드는 일입니다)하지 않도록 깨어 조심해야 합니다.

다섯째, 고의로 죄를 범하지 않도록 조심하십시오. 예수님은 거룩하신 분이기에 거룩함을 기뻐하고 불경건함은 미워하십니다. 그러나 그분은 우리의 연약함과 부족함을 불쌍히 여기시며, 그런 이유로 자기 백성을 향한 사랑을 거두시지 않습니다. 그러나 고의적인 죄는 예수님의 이런 사랑을 정면으로 거스르는 바 성령을 슬프시게 하는 죄입니다. 또한 예수님도 그들에게서 사랑을 거두실 것입니다. 예수님께서 사랑을 거두시면 여러분 또한 예수님을 사랑할 수 없습니다. 이처럼 고의로 죄를 범하면 예수님을 사랑할 수 없습니다. 양심의 가책으로 자유를 잃을 것이며, 기도의 자리로 나아가는 것은 꿈꿀 수조차 없게 됩니다. 많은 것이 무너지고 큰 분리가 일어나게 됩니다. 다시금 사랑하는 마음이 회복되기까지 매우 많이 노력하고 수고할 수밖에 없습니다.

여섯째, 두려움에 사로잡히지 않도록 조심하십시오. 즉, 어떤 식으로든 하나님을 고백하는 것을 부끄러워해서는 안 됩니다. 하나님을 은밀하게 사랑하기를 바라는 것은 다른 사람들이 알기를 원하지 않기 때문입니다. 어려움과 수치를 당할까 봐 하나님을 고백하기를 꺼려 합니다. 예수님을 향한 사랑과 그분의 영광과 뜻이 나타나야 할 상황을 회피하면서 감히 "예수님은 나의 친구이며, 나는 예수님을 사랑한다"라고 말할 수 없습니다. 예수님은 이런 상황에 대해 너무나 잘 아십니다. 그리고 신자가 이런 식으로 뒤로 물러나는 것을 기뻐하시지 않습니다. 예수님을 사랑하지 않는 이런 증거로 인해 예수님은 스스로를 숨기실 것입니다. 이런 행위로 말미암아 사랑이 현저하게 소멸됩니다.

무엇이 예수님을 향한 사랑을 불러일으키고 그 사랑을 불러일으키기 위해 무엇을 해야 할지를 살펴보았으므로, 이제 다음과 같이 권고하겠습니다.

첫째, 예수님이 여러분을 사랑하신다는 사실을 믿고, 예수님께서 여러분을 향해 보이시는 바 예수님의 사랑을 증언하는 모든 참된 은혜를 인정하십시오.

둘째, 지속적으로 자신을 모든 것으로부터 분리시키고, 오직 예수님을 사랑하는 데서 즐거움과 만족을 얻으십시오.

셋째, 여러분의 모든 것을 예수님께 드리십시오. 여러분 자신과 여러분이 가진 모든 것을 예수님께 드리십시오. 그리스도를 위해서라면 기꺼이 그리하겠노라고 선언하십시오.

넷째, 다른 사람들도 예수님을 사랑할 수 있도록, 예수님께서 여러분에게 얼마나 귀하고도 아름다운 분이신지를 사람들 앞에서 선포하십시오. 그리하면 더욱 많은 사람들이 예수님을 사랑하게 될 것입니다.

다섯째, 여러분이 예수님을 여러분의 주님으로 모시며 살고 있음을 모든 사람들이 알기를 바라면서 그리스도로 옷 입기를 즐거워하십시오. 더 나아가, 예수님의 이름을 모독하는 것은 예수님의 원수로 행하는 것일 뿐만 아니라 그분을 사랑하는 우리도 원수로 삼는 것입니다. 따라서 우리가 가진 모든 것으로 그리스도의 영예를 지키기 위해 힘쓰십시오.

여섯째, 예수님을 슬프시게 하는 것으로부터 자신을 지키기 위해 주의를 기울이십시오. 뿐만 아니라 그분을 기쁘시게 해 드리고, 온 힘을 다해 그분을 본받고 닮아

가십시오.

 일곱째, 예수님과 사랑을 나누는 시간을 따로 떼어 놓으십시오. 조금이라도 소원해지고 어두워지는 기색이 있다면, 다시금 친밀해지기 위해 모든 노력을 다하십시오.

 여덟째, 시시때때로 예수님을 향한 사랑과 이 사랑에 대한 열망(이 세상을 떠나 그분과 함께하고자 하는)을 계속 새롭게 불러일으키십시오. 이를 위해 천국에서 항상 주님과 함께 사는 것이 얼마나 달콤하고도 감미로울지를 계속 묵상하십시오.

59

하나님을 경외함

하나님을 향한 사랑(이에 관해서는 앞에서 논의했습니다)이 그분을 경외하도록 합니다. 본 장에서는 이에 관해 살펴보겠습니다. 신명기 10장 12절은 사랑과 경외함을 결합시킵니다.

"이스라엘아 네 하나님 여호와께서 네게 요구하시는 것이 무엇이냐? 곧 네 하나님 여호와를 경외하여 그 모든 도를 행하고 그를 사랑하며 마음을 다하고 뜻을 다하여 네 하나님 여호와를 섬기고."

경외함이란

경외함이란 두려움과 숭배의 표현입니다. 히브리어 מגור(마고르)나 פחד(파하드), 헬라어 φόβος(포보스)는 두려움으로서의 경외함을 가리키는 데 쓰입니다. 히브리어 יראה(이라), 헬라어 εὐλαβεία(율라베이아)는 숭배로서의 경외함을 표현할 때 쓰입니다. 그러나 이 말들은 경외함을 표현하는 데 서로 구별되지 않고 쓰이기도 합니다.

두려움은 사랑, 곧 우리 자신이나 하나님을 사랑하는 데서 비롯됩니다. 선한 것을 잃어버릴 것 같거나 우리에게 악한 일이 일어날 것 같을 때, 자기애는 두려움을 자아냅니다. 우리는 악 자체는 물론이요 자신이 소중하게 여기는 것을 빼앗기는 상황을 무서워합니다. 자기애는 자기 자신을 위해 사용하도록 하나님께서 사람에게 주신 것입니다. 율법은 이웃을 자기 몸과 같이 사랑하라고 명령합니다(마 22:39 참고). 따라서 무언가를 빼앗기거나 악하고 해로운 일을 두려워하는 것 자체는 죄가 아닙니다. 심지어 이런 두려움은 타락하기 전의 아담의 본성에도 있었습니다. 물론 타락이 있기 전까지는 이런 빼앗김이나 악에서 비롯되는 두려운 감정이 일어날 일도 없었습니다. 주 예수님도 이런 두려움을 가지셨습니다(마 26:37; 히 5:7 참고). 죽음이나 다른 불편을 겪는 것을 끔찍이 무서워할 수도 있고, 야생 짐승이나 악인들을 무서워할 수도 있습니다. 그러나 이런 두려움 때문에 악한 방편을 사용한다면, 이런 두려움 또한 악이 됩니다. 선한 것을 얻거나 보존하고 악을 피하려는 노력의 일환일지라도, 악한 방편을 통해 그렇게 하는 것은 또 다른 악입니다. 하나님보다 사람을 더 두려워하는 것 또한 악한 일입니다. 마찬가지로 하나님을 경외하고 그분의 계명을 순종하기를 뒤로한 채, 죄악된 방식으로 사람을 자기편으로 만들려는 시도도 악한 일입니다. 사람들이 자신을 괴롭히지 않고 잘 대하게 하려고, 하나님을 슬프시게 하고 있는데도 아랑곳하지 않고 사람들을 기쁘게 하려는 것 또한 악한 일입니다.

"몸은 죽여도 영혼은 능히 죽이지 못하는 자들을 두려워하지 말고 오직 몸과 영혼을 능히 지옥에 멸하실 수 있는 이를 두려워하라"(마 10:28).

사람은 누구나 본성적으로 이런 자기애를 가지므로 자신의 안녕을 위협하는 일에 대해 두려워하기 마련입니다. 그러므로 자기 안녕과 보존을 위한 두려움이 육신보다도 영혼과 관련하여 일어나야 합니다. 영혼의 안녕과 재앙은 하나님께 달렸습니다. 그러므로 우리는 자신의 구원을 방해하는 일들을 두려워해야 합니다. 하나님의 진노와 심판을 두려워해야 합니다.

"내 육체가 주를 두려워함으로 떨며 내가 또 주의 심판을 두려워하나이다"(시 119:120).

회심하지 않은 자라면 하나님의 영원한 진노를 두려워하여 믿음에 이르도록 해야 합니다(고후 5:11 참고). 회심한 자는 영적인 해로움을 당하지 않기 위해 더욱 열심을 내도록 스스로를 채찍질해야 합니다.

"그러므로 우리는 두려워할지니 그의 안식에 들어갈 약속이 남아 있을지라도 너희 중에는 혹 이르지 못할 자가 있을까 함이라"(히 4:1).

두 가지 두려움

이런 두려움은 두 가지가 있습니다. 종이 주인에게 가지는 두려움과 자녀가 아버지에게 가지는 두려움입니다. 종은 주인에게 매 맞을 것을 두려워하기에 주인의 뜻을 따릅니다. 이런 두려움이 바로 종의 두려움입니다. 물론 이런 두려움을 품는 것이 하나님과 그분의 심판을 멸시하는 완고함보다는 낫습니다. 이런 두려움 때문에 죄에서 돌이켜 회개한다면, 그것도 좋은 일입니다(마 3:7; 암 4:12 참고). 하나님을 향한 사랑보다 이와 같이 정죄가 두려워서 그리스도께로 나아간 것 때문에 자신이 참되게 회심했는지를 의심할 필요는 없습니다. 앞에서 말한 대로 우리는 자신의 안녕을 소중히 여기고 자신이 해를 당할까 봐 두려워할 줄 알아야 하기 때문입니다. 자기 안녕에 대한 이런 관심이 우리를 회개로 이끕니다. 그러나 이로 말미암아 하나님께로 돌이키는 것이 아니라 오히려 그분에게서 도망친다면, 종으로서의 두려움은 악한 것입니다. 거듭 말하지만, 사람은 구원을 열망하고 하나님의 정죄를 무서워함으로 말미암아 하나님을 두려워하고 회개하며 순종하는 데로 이끌려 가야 합니다.

그러나 이런 본성적인 자기애로는 자녀로서의 두려움을 자아내지 못합니다. 하나님의 진노를 촉발할까 봐 두려워하는 것은 그분이 죄인을 벌할 권세를 가지시기 때문입니다. 순종하는 것도 자신이 순종할 때 하나님께서 자신에게 더 많은 호의를 베풀어 주시리라고 믿기 때문입니다. 이런 두려움 자체는 선하며 하나님의 백성들에게도 그런 두려움이 발견되기는 합니다. 그러나 그것은 하나님에 대해 자녀로서 가지는 두려움과는 다릅니다. 하나님에 대해 자녀로서 가지는 두려움은 자기애가 아니라, 그분이 하나님이시라는 사실 및 그분의 위엄과 영광을 목도하는 데서 나오는 바 하나님을 향한 사랑에서 비롯되기 때문입니다. 이런 두려움을 가진 사람은 하나님의 위엄과 영광으로 말미암아 자신에게 초래될 결과에 따라 영향을 받거나 달라지지 않습니다.

경외함의 정의와 본질

경외함은 하나님께서 자녀들의 마음에 불러일으키시는 거룩한 성향입니다. 이를 통해 하나님의 자녀들은 하나님께서 슬퍼하시지 않게 할 뿐만 아니라, 모든 일에서 그분을 기쁘시게 해 드리려고 애씁니다.

경외함이란 하나님의 자녀들이 가진 마음의 움직임입니다. 감정을 가진 이런 존귀한 영혼들은 대상에 따라 기쁨이나 슬픔, 사랑이나 미움을 느낄 뿐만 아니라 두려워하거나 용감해지기도 합니다. 그러나 인간은 하나님을 경외함과 관련해 무감각하고 완고하며 아무런 감정도 느끼지 못합니다.

"그들의 눈앞에 하나님을 두려워함이 없느니라"(롬 3:18).

그러나 거듭남을 통해 돌같이 굳은 마음이 제거되며 기꺼이 하나님을 바라보고, 하나님께서 자신을 영혼에게 나타내시는 분량에 따라 어린아이의 살같이 부드럽고 순응하는 마음을 받습니다. 우리가 하나님이 얼마나 존귀하고도 엄위로우신 분인지를 알자마자 하나님을 경외하는 이런 마음이 중심에서부터 일어날 것입니다. 이는 우리가 피조물로서 하나님을 향해 마땅히 가져야 하는 마음입니다.

경외함은 마음의 거룩한 움직임입니다. 회심하지 않은 사람은 본성 자체가 죄로 어그러져 있는 까닭에 거기서 나오는 것들도 모두 어그러져 있습니다. 잘못된 대상을 두려워할 뿐 아니라, 그 두려움이 무질서한 방식으로 표출됩니다. 그러나 마음에 거룩한 원리를 가진 신자들은 내면의 움직임 또한 거룩합니다. 마땅히 두려워해야 할 대상을 두려워할 뿐만 아니라, 그 두려움이 합당한 방식인 사랑과 믿음으로 드러납니다. 그래서 그들은 경건하며 하나님을 경외합니다(행 10:2 참고).

마음의 이런 거룩한 움직임은 하나님께서 불러일으키십니다. 본질상 인간은 어떤 선한 일도 할 수 없습니다. 하나님을 즐거워하지 않으며, 경외하려는 열망도 없습니다. 하나님을 두려워하지만, 바르게 경외하지는 못합니다. 그러나 하나님은 자기 백성으로 하여금 자신을 경외할 수 있도록 하십니다.

"나를 경외함을 그들의 마음에 두어 나를 떠나지 않게 하고"(렘 32:40).

그래서 성령이 "지식과 여호와를 경외하는 영"(사 11:2)이라고 불립니다.

자녀로서 하나님을 두려워하는 이런 경외함은 하나님의 자녀들의 마음에서만 발견됩니다. 마음은 선악 간의 모든 움직임과 행위가 자리하는 곳입니다. 하나님께서 경외함이라는 소중한 선물을 자녀들의 마음에 심으셨습니다. 그러하기에 경외함과 관련된 모든 행위가 마음에서 나옵니다. 악을 멀리하고 선을 행하는 신자가 가지는 경외함은, 경외하는 듯한 말이나 모습이 아니라 진실함에 있습니다. 여기에는 마음, 지성, 의지, 정서가 다 포함되며, 그 마음은 하나님을 경외함을 보여 주는 다양한 행위로 드러납니다. 오직 하나님의 자녀들만이 하나님을 경외합니다. 그러므로 경외함이라는 덕을 가진 자들을 일컬어 하나님을 경외하는 백성이라고 합니다.

"예루살렘에 시므온이라 하는 사람이 있으니 이 사람은 의롭고 경건하여"(눅 2:25).

"경건한 유대인들"(행 2:5).

"경건한 사람들이 스데반을 장사하고 위하여 크게 울더라"(행 8:2).

자녀로서의 두려움은 하나님을 숭배하는 데서 비롯됩니다. 하나님이야말로 이런 두려움의 대상입니다.

"너희 성도들아 여호와를 경외하라"(시 34:9).

하나님은 피조물을 필요로 하지 않는, 자존하고 영화로우며 스스로 위엄을 가지시는 분입니다.

"여호와여 위대하심과 권능과 영광과 승리와 위엄이 다 주께 속하였사오니"(대상 29:11).

하나님은 두려워할 수밖에 없는 장엄하신 분입니다. 이성적인 피조물은 하나님의 영광의 위대함을 지각하기에 무한하고도 엄위로우신 하나님을 두려워할 수밖에 없습니다. 자연인은 하나님을 모르는 탓에 하나님의 심판을 재앙으로 여겨 두려워하고 무서워하며, 때때로 하나님을 끔찍한 분으로 인정할 뿐(그러나 대부분은 여기까지 이르지 못합니다), 경외하는 데까지 이르지는 못합니다. 하나님을 경외하는 것은 신자들만이 누리는 특권이자 복입니다. 죄의 지배 아래 있는 인간은 하나님의 위엄을 견디지 못하며 두려움으로 말미암아 하나님 앞에서 도망칠 뿐입니다. 이런 죄인에게 하나님은 소멸하는 불이시기 때문입니다. 그러나 하나님은 그리스도 안에서 자기 자녀들과 화해하셨습니다. 그 결과 자녀들은 하나님을 두려워할 뿐만 아니라, 사랑하기까지 합니다.

"여호와를 경외함으로 섬기고 떨며 즐거워할지어다"(시 2:11).

① 하나님을 경외할 수 있으려면 하나님의 위엄을 깨닫고 목도해야만 합니다.

"우리는 그의 크신 위엄을 친히 본 자라"(벧후 1:16).

② 하나님께서 이토록 위엄 있는 분임을 온 맘으로 인정하고 기뻐해야 합니다.

"이방 사람들의 왕이시여, 주를 경외하지 아니할 자가 누구리이까?"(렘 10:7)

③ 여호와 하나님 앞에 두려움으로 엎드려 그분을 예배해야 합니다.

"주를 경외함으로 성전을 향하여 예배하리이다"(시 5:7).

"오라 우리가 굽혀 경배하며 우리를 지으신 여호와 앞에 무릎을 꿇자"(시 95:6).

④ 하나님의 영광의 광채를 감히 보지 못할 것이므로 얼굴을 가려야 합니다. 천사들이 그렇게 했으며(사 6:2 참고), 모세도 하나님 뵙기를 두려워하여 얼굴을 가렸습니다(출 3:6 참고).

⑤ 하나님의 위엄을 감당할 수 없기에 떨 수밖에 없습니다.

"여호와의 말씀이니라. 너희가 나를 두려워하지 아니하느냐, 내 앞에서 떨지 아니하겠느냐?"(렘 5:22)

"그가 내게 이 말을 한 후에 내가 떨며 일어서니"(단 10:11).

⑥ 하나님을 경외하는 하나님의 자녀들은 불순종과 범죄로 말미암아 하나님께

서 슬퍼하시지 않도록 깨어 조심합니다. 뿐만 아니라 모든 일을 통해 하나님께서 기뻐하시도록 더욱 적극적으로 애씁니다. 솔로몬은 잠언에서 이러한 경외함을 자주 언급합니다.

"여호와를 경외하며 악을 떠날지어다"(잠 3:7).

"여호와를 경외하는 것은 악을 미워하는 것이라"(잠 8:13).

"여호와를 경외함으로 말미암아 악에서 떠나게 되느니라"(잠 16:6).

예레미야 32장 40절 또한 이렇게 말합니다.

"나를 경외함을 그들의 마음에 두어 나를 떠나지 않게 하고."

잠언에서 이런 말씀을 더 찾아볼 수 있습니다.

"여호와를 경외하는 것이 지식의 근본이거늘"(잠 1:7).

"여호와를 경외하는 것은 생명의 샘이니 사망의 그물에서 벗어나게 하느니라"(잠 14:27).

이것이 바로 하나님을 경외함의 본질입니다.

하나님을 경외하지 않는 자들에 대한 책망과 권고

덕의 본질을 알아도 행하지 않으면 무슨 소용입니까? 덕을 살아 내는 사람만이 그 덕의 아름다움을 제대로 압니다. 하나님은 그분을 경외하라고 모든 사람들에게 요구하시는데, 특별히 하나님의 자녀들에게 더욱 강하게 요구하십니다. 하나님의 말씀을 마음에 새기십시오.

"네 하나님 여호와를 경외하며"(신 6:13).

"일의 결국을 다 들었으니 하나님을 경외하고 그의 명령들을 지킬지어다. 이것이 모든 사람의 본분이니라"(전 12:13).

하나님을 사랑하고 그분의 영예를 소중히 여기는 자는 다윗과 더불어 이렇게 부르짖습니다.

"온 땅은 여호와를 두려워하며 세상의 모든 거민들은 그를 경외할지어다"(시 33:8).

세상이 그리하지 않는다고 해도, 교회와 하나님의 자녀들은 반드시 그렇게 해야 합니다.

"너희 이스라엘 모든 자손이여 그를 경외할지어다"(시 22:23).

"너희 성도들아 여호와를 경외하라"(시 34:9).

그래서 하나님의 백성은 여호와를 경외하는 자들이라고도 불립니다.

세상을 둘러보십시오. 사람들 안에 하나님을 경외하는 마음이 없습니다. 우리도 그랄 땅에 이른 아브라함처럼 세상을 바라볼 수 있어야 합니다.

"아브라함이 이르되 이곳에서는 하나님을 두려워함이 없으니"(창 20:11).

교회 역시 상황이 크게 다르지 않습니다. 대부분의 교인들은 하나님의 위엄을 목도하지 못하고 마음으로 하나님을 경외하지도 않습니다. 여러분은 어떻습니까? 스스로를 살펴보십시오. "하나님을 경외합니까?"라는 물음에 뭐라고 대답하겠습니까? 날마다 하나님을 주목하며 살아갑니까? 하나님을 생각하고, 그분에 대해 이야기하거나 그 이야기를 들을 때 하나님의 위엄을 경외하는 마음이 생겨납니까? 경외하는 마음으로 하나님 앞에 엎드리고 떨며 그분을 예배합니까? 죄악된 생각과 감정이 일어날 때 하나님을 경외하는 마음이 그것을 억제하도록 합니까? 하나님을 경외함으로 사람들과의 모든 죄악된 사귐, 음란, 불의, 거짓, 험담, 욕설, 분노 등 많은 죄악들을 멀리합니까? 하나님을 경외함으로 경건에 더욱 힘쓰고 하나님께서 자신의 기쁨을 위해 명하신 모든 것들을 힘써 행합니까? 아니면 마음이 세상과 그 속에 있는 것들을 향해 달려갑니까? 세상에 속한 것들을 얻고 그것들을 보존하고 늘리는 데 마음이 가 있습니까? 사람들이 여러분에게 무언가를 주거나 거두어 가기라도 하는 것처럼 여기며 그들을 의지합니까? 사람들의 환심을 사는 것이 하나님께서 미워하시는 일인 줄 알면서도 그들의 마음에 들지 않으면 불안해서 견디지 못합니까? 오직 그들만을 두려워합니까? 잠시 멈추어 서서 이전에 여러분이 어떻게 살았는지를 생각해 보고, 지금 여러분의 행실이 어떤 성향에 지배당하는지를 생각해 보십시오. 만약 이 부분에서 지금이 이전과 별로 다르지 않다면, 여러분은 하나님을 진리 가운데서 섬기지 않은 것입니다. 지금, 그리고 장래에 처하게 될 여러분의 비참한 상태를 생각해 보십시오. 이를 통해 하나님을 두려워하는 마음이 생기고 믿음이 얼마나 절실한지를 알 수도 있지 않겠습니까! 제 말을 잘 들으십시오. 여러분은 지금 하나님을 주목하고 경외하지도 않을뿐더러, 그분과 그분의 이름과 그분의 거룩한 것들을 멸시하고 있습니다(말 1:6; 겔 22:8 참고). 잘 들으십시오. 여러분은 지금 오만불손하게도 여호와 하나님을 대적하고 있습니다. 이런 여러분에 대해 다윗이 이렇게 말합니다.

"교만하여 저주를 받으며 주의 계명들에서 떠나는 자들을 주께서 꾸짖으셨나이다"(시 119:21).

여러분이 하나님을 경외하지 않는다면 다음과 같은 상황에 처할 것입니다.

① 여러분이 하나님을 경외하지 않는다면, 하나님께서 여러분에게 두려워하고 떨리는 마음을 주셔서 언제 어디서나 불안하고 쉼을 얻지 못하도록 하실 것입니다. 이로 말미암아 여러분의 마음과 양심은 끊임없는 고통 속에서 신음할 것입니다. 다윗이 청원한 것이 여러분에게 이루어질 것입니다.

"여호와여 그들을 두렵게 하시며"(시 9:20).

하나님께서 성경에서 경고하시는 저주가 바로 여러분에게 임하리라는 사실을 명심하십시오.

"여호와께서 거기에서 네 마음을 떨게 하고 눈을 쇠하게 하고 정신을 산란하게 하시리니, 네 생명이 위험에 처하고 주야로 두려워하며 네 생명을 확신할 수 없을 것이라. 네 마음의 두려움과 눈이 보는 것으로 말미암아 아침에는 이르기를 아하 저녁이 되었으면 좋겠다 할 것이요 저녁에는 이르기를 아하 아침이 되었으면 좋겠다 하리라"(신 28:65-67).

"너희 남은 자에게는 그 원수들의 땅에서 내가 그들의 마음을 약하게 하리니 그들은 바람에 불린 잎사귀 소리에도 놀라 도망하기를 칼을 피하여 도망하듯 할 것이요 쫓는 자가 없어도 엎드러질 것이라"(레 26:36).

"사람들이 암혈과 토굴로 들어가서 여호와께서 땅을 진동시키려고 일어나실 때에 그의 위엄과 그 광대하심의 영광을 피할 것이라"(사 2:19).

② 하나님을 두려워하지 않은 채로 계속 살아간다면, 설령 순탄하게 살다 죽더라

도 마침내 가공할 만한 두려움 속에서 하나님의 심판을 대면할 것임을 기억하십시오. 여러분이 붙잡고 있던 모든 것들로부터 죽음에 넘겨질 바로 그때, 여호와께서 두려움과 공포로 여러분을 찾아오실 것입니다. 얼마나 많은 사람들이 경악하고 두려워하는 가운데 마지막 숨을 거두는지요! 다음과 같은 상태로 세상을 떠난 벨사살을 기억하십시오. 그의 경험이 곧 여러분의 경험이 될 수 있음을 잊지 마십시오.

"이에 왕의 즐기던 얼굴 빛이 변하고 그 생각이 번민하여 넓적다리 마디가 녹는 듯하고 그의 무릎이 서로 부딪친지라"(단 5:6).

③ 설령 죽는 순간에는 그렇게 경악스러운 두려움과 공포를 대면하지 않는다 하더라도, 죽은 후에는 사방에서 엄습하는 두려움에 압도되고 말 것입니다. 그때에는 하나님의 진노와 화, 경악과 괴로움이 영원토록 여러분에게 임할 것입니다. 하나님의 진노의 손에 떨어지는 것이 무엇인지를 온몸으로 확인하게 될 것입니다.

"살아 계신 하나님의 손에 빠져 들어가는 것이 무서울진저"(히 10:31).

시편 76편 7절의 말씀도 잘 들어 보십시오.

"주께서는 경외 받을 이시니 주께서 한 번 노하실 때에 누가 주의 목전에 서리이까?"(시 76:7)

이사야 선지자가 이런 두려움에 관해 묘사합니다.

"시온의 죄인들이 두려워하며 경건하지 아니한 자들이 떨며 이르기를 우리 중에 누가 삼키는 불과 함께 거하겠으며 우리 중에 누가 영영히 타는 것과 함께 거하리오 하도다"(사 33:14).

여러분을 기다리는 이런 실체를 잠잠히 숙고하고 자신에게 적용하여, 하나님을 두려워하지 않는 자들이 맞닥뜨릴 실체를 믿도록 하십시오.

신자들이 품는 경외함

이제 신자들이 품는 경외함을 살펴봅시다. 모든 신자는 자신에게 하나님을 경외하는 모습이 부족함을 절감합니다. 그러나 신자라면 누구나 하나님께서 자기 마음에 하나님을 경외하는 마음을 심으셨음을 알 수 있습니다.

① 우리가 앞에서 살펴본 하나님을 경외하는 성품이 여러분에게 있지 않습니까? 여러분은 하나님을 경외하는 것이 합당하고 선함을 인정하고 받아들입니다. 뿐만 아니라 하나님을 경외하는 마음이 너무나 부족하다고 여기므로 슬퍼하고 하나님을 경외하는 일에 자라기를 사모합니다. 이 사실이야말로 여러분이 이미 하나님을 경외하는 사람임을 보여 줍니다. 성경은 하나님의 종들을 일컬어 "주의 이름을 경외하기를 기뻐하는 종들"(느 1:11)이라고 합니다.

② 마음속으로부터 하나님을 경외하는 삶을 살고자 하는 열망을 느끼지 않습니까? 하나님을 경외하는 마음이 있을 때에라야 죄를 억제하고 선을 행하는 일이 즐겁지 않겠습니까? 여러분은 사랑하는 일을 할 때에도 사랑과 능력이 충분하지 못함을 알기에 하나님을 경외하는 마음을 충만케 하겠노라는 하나님의 약속을 붙들고 그분께 간구하지 않습니까? 이를 볼 때, 여러분은 분명히 하나님을 경외하는 마음을 가지고 있는 것입니다. 다윗은 이렇게 기도합니다.

"일심으로 주의 이름을 경외하게 하소서"(시 86:11).

③ 하나님을 경외하고자 하는 여러분의 열망이 너무나 무기력하고 이를 위한 기도가 전혀 열매 맺지 못하는 것 같습니까? 아니면 여러분은 하나님을 경외하는 이 원리를 중심에 두고 행동합니까? 하나님께서 위엄 가운데 여러분에게 자신을 나타내시지 않습니까? 하나님께서 여러분의 섬김을 받으시기에 합당하다고 여러분의 중심이 외치고 있지 않습니까? 때때로 숭경함으로 하나님 앞에 엎드리지 않습니까? 하나님의 위엄을 절감하고 하늘을 향해 눈조차 들지 못하고 눈을 감은 채 두 손으로 얼굴을 가릴 때가 있지 않습니까? 때때로 하나님의 위엄과 영광에 대해 거룩한 두려움을 느끼지 않습니까? 이런 느낌이 더욱 분명해질수록 더 큰 즐거움이 있지 않습니까? 그렇습니다. 다시금 그런 일들이 일어나기를 바라면서 이런 순간들을 회상하는 것이 즐겁지 않습니까? 또 항상 그런 마음과 느낌을 가지고 살기를 바라지 않습니까? 하나님을 경외하는 마음이 없었다면 얼마나 많은 죄를 저질렀겠습니까? 또 얼마나 많은 선한 일들을 행하지 않고 그냥 지나쳤겠습니까? 하나님

을 경외하는 마음이 죄의 싹을 얼마나 많이 잘라 버렸습니까? 또 계속 그렇게 할 동기를 부여하지 않았습니까? 만약 이런 일들이 여러분에게 사실이라면, 아무리 부족하고 미미하더라도 하나님을 경외하는 마음이 여러분에게 분명히 있는 것입니다. 욥의 고백이 곧 여러분의 고백이기도 함을 알게 될 것입니다.

"나는 하나님의 재앙을 심히 두려워하고 그의 위엄으로 말미암아 그런 일을 할 수 없느니라"(욥 31:23).

느헤미야도 그러했습니다.

"나는 하나님을 경외하므로 이같이 행하지 아니하고"(느 5:15).

그러므로 이런 은혜를 받아 누리고 있음을 인정하십시오. 그리하면 다음의 책망과 권고가 큰 유익이 될 것입니다.

자기 안에 하나님을 경외하는 원리가 있음을 더 분명히 확신할수록 하나님을 경외하는 마음을 거슬러 죄를 짓고 이 마음이 자기 안에 부족한 것 때문에 슬퍼할 수밖에 없습니다. 하나님의 임재의 계시에 반하는 죄악된 생각이나 말이나 행동을 할 때마다, 사람을 더 두려워하여 하나님 경외함을 저버릴 때마다 마음에 이런 슬픔이 차오릅니다.

① 하나님이 얼마나 위엄 있는 분인지를 알고, 이토록 위엄 있는 분과 겸손히 동행하는 것이 얼마나 좋은지를 맛보고, 의로운 길을 걷는 것이 삶을 얼마나 활기차게 하는지를 알면서도 하나님을 주목하여 바라보고 끊임없이 하나님을 경외하기를 소홀히 한다는 것은 마땅히 엄하게 책망받아야 할 일입니다. 이로 말미암아 온갖 죄에 취약해집니다. 마음의 문지기가 깨어 있어 마음을 잘 살피며 지키지 않고 문을 활짝 열어 놓은 채 잠이 든다면, 온갖 정욕이 아무런 방해도 받지 않고 제멋대로 드나들 것입니다. 설령 이런 사실을 안다 해도 그것을 막을 능력도, 의지도 없을 것이며, 이런 사실을 깨닫기도 전에 이미 정욕에 압도되고 말 것입니다. 그때에는 삼손과 마찬가지로 아무리 저항하려고 발버둥 쳐 보아도 소용이 없습니다.

② 일단 이런 상태가 되면 마음은 더 악한 성향을 띠게 되는데, 이렇게 일어나는 정욕들을 충족시키는 일을 서슴지 않습니다. 우리의 양심은 그러는 것이 얼마나

악한지를 가르치면서 그런 일은 아예 시작하지도 말라고 말합니다. 혹시 이미 정욕을 따라 움직이기 시작했다면 이제라도 그렇게 하기를 그치고 오히려 정욕을 억제하며, 악한 대화가 오갈 때는 아예 입을 봉하고, 죄를 짓고 있을 때는 더 이상 죄를 짓지 말라고 조언합니다. 그와 동시에 우리의 양심은 하나님과 그분의 위엄을 생각나게 합니다. 양심이 이렇게 소리칠 때조차도 귀를 틀어막고 계속 죄를 향해 치닫습니다. 특별히 하나님께서 친히 영혼에게 자신을 나타내시고, 더는 정욕을 따라 죄를 짓지 말 것을 그 영혼이 느낄 수 있게끔 권고하시고, 손가락을 저으시며 "내가 바로 여기서 너의 모든 행위를 보고 있다. 멈추어라. 그러지 않으면 내가 이 일을 얼마나 미워하는지를 네가 느끼도록 하겠다"라고 경고하십니다. 그런데도 계속 정욕을 따라가겠다고 고집하는 것은 참으로 가증하고도 역겨운 모습입니다. 죄에 미혹되어 계속 죄를 짓는 방향으로 나아가고, 기어코 죄를 실행하기 위해 하나님의 임재를 회피하며 결국 죄를 행하는 것은 하나님을 만홀히 여기고, 성령을 슬프시게 하며, 영혼에 치명적인 해를 가하는 행위입니다. 만약 하나님께서 매우 오래 참고 불변하는 분이 아니었더라면 이런 오만하고도 뻔뻔한 영혼들을 이미 내치셨을 것입니다.

③ 사람을 더 무서워하는 것도 하나님을 경외하는 마음을 거스르는 죄입니다. 경건한 신자라도 여전히 연약한 죄인입니다. 명예나 사랑, 이득이나 쾌락 같은 것에 대하여 자신을 완전히 부인하지 못하거나 사람의 인정이 무가치함을 제대로 알지 못하고, 모든 일을 그 뜻대로 주장하시는 하나님의 손길을 보고 인정하는 데에 아직 익숙하지 않다면(다시 말해, 하나님께서 모든 일을 행하시며 모든 인간은 하나님의 손에 붙들려 우리에게 징계나 선을 베푸시는 데에 사용되는 도구에 불과하다는 사실을 알지 못한다면), 사람을 바라보고 사람의 영향 아래에 있을 수밖에 없습니다. 전쟁이 나면, 우리는 먼저 병사의 능력과 수효를 생각하고 우리 손에 들린 칼을 믿습니다(겔 33:26 참고).

"너희가 말하기를 누가 내려와서 우리를 치리요 누가 우리의 거처에 들어오리요 하거니와"(렘 21:13).

그러나 적군의 힘이 우리를 압도할 때, 우리의 마음은 겁에 질려 "숲이 바람에 흔들림같이" 흔들리고 맙니다(사 7:2 참고). 병들거나, 재판을 받거나, 사업을 하거나, 사람들을 통해서만 이루어지는 일을 바라고 추구할 때 우리는 사람을 두려워합니다. 사람을 바라보고 사람들에 대한 생각으로 온통 가득합니다. 마치 이 모든 것들이 그들에게서 오고, 그들의 결정에 따라 결정되는 것처럼 말입니다. 중요하다고 여겨지는 사람들의 환심을 사려고 애씁니다. 자신이 중요하게 생각하는 사람들의 눈 밖에 날까 봐 노심초사합니다. 사람들과의 관계에서 우리는 첫째로는 자기보다 훨씬 지혜롭다고 여겨지는 사람을, 둘째로는 지위가 높고 훌륭한 사람들을, 셋째로는 악한 자들과 자신이 잃어버리지 않기를 바라는 여러 가지 도움을 베풀어 주는 사람들을 두려워합니다. 그런 사람들이 경건을 열망하지 않고 여러분이 하나님의 형상을 드러내고 그분이 원하시는 의무를 하는 것 때문에 기분 상하고 못마땅해한다고 해서 그런 사람에 대한 두려움 때문에 뒤로 물러나고, 그들이 죄를 지어도 아무 문제 없는 것처럼 그들을 대한다면, 이는 하나님을 경외하는 마음이 이런 사람들을 두려워하는 마음만 못하다는 뜻입니다. 한편에는 하나님이 계시고 다른 한편에는 사람이 자리합니다. 그러나 만일 사람을 두려워한 나머지 하나님을 두려워하는 것과 배치되는 일을 한다면, 이는 사람을 두려워하는 것 때문에 하나님 경외하기를 거부하는 것이나 다름없습니다. 이는 매우 끔찍한 죄입니다.

① 하나님께서 이 죄를 분명히 금하십니다.

"몸은 죽여도 영혼은 능히 죽이지 못하는 자들을 두려워하지 말고"(마 10:28).

"너는 어떠한 자이기에 죽을 사람을 두려워하며 풀같이 될 사람의 아들을 두려워하느냐?"(사 51:12)

② 하나님보다 사람을 택하고 더 두려워하는 것은 하나님을 심히 모독하는 것입니다. 이는 우상숭배요 이교도들이 짓는 죄입니다.

"이는 그들이……피조물을 조물주보다 더 경배하고 섬김이라"(롬 1:25).

③ 하나님께서 다스리시지 않는 것처럼 여기며 하나님의 섭리를 부정하는 일입니다. 하나님과 상관없이 피조물이 살아갈 수 있다는 듯 여기는 모습입니다.

④ 이 죄는 끊임없이 여러분을 괴롭히고 악한 영향을 줄 것입니다.

⑤ 사람을 두려워하여 연달아 죄를 짓게 될 것이며, 이로 말미암아 결국 사람을 두려워한 것을 후회하고 슬퍼하게 될 것입니다. 하나님의 말씀에 귀 기울이고 경계를 삼으십시오.

"너희는 인생을 의지하지 말라. 그의 호흡은 코에 있나니 셈할 가치가 어디 있느냐?"(사 2:22)

다윗의 고결한 용기를 본받으십시오.

"여호와는 내 편이시라. 내가 두려워하지 아니하리니 사람이 내게 어찌할까?"(시 118:6)

하나님을 경외해야 할 이유

하나님을 경외하는 것에 반하는 죄를 범하지 않기 위해 깨어 조심하는 것만으로는 충분하지 않습니다. 오히려 하나님을 경외함으로써 이 모든 죄를 이기는 것이 우리에게 주어진 커다란 의무입니다. 하나님을 경외하는 마음이 활발히 역사할수록 죄를 더욱 억제할 수 있습니다. 그러므로 앞으로는 여호와 하나님을 경외하는 데 자신을 온전히 드리십시오. 하나님께서 여러분을 지키시고 생각과 말과 행동을 주관하실 것입니다. 여호와를 더 힘 있게 경외할 수 있도록 제가 여러분을 위해 무엇이라도 할 수 있으면 좋겠습니다! 우리가 하나님을 경외해야 할 다음의 동기들에 더욱 주의를 기울여 보십시오.

첫째, 하나님은 우리 안에 경외함을 불러일으키고도 남을 만큼 모든 일에 스스로 완전하신 분이지 않습니까? 하나님은 위엄이 가득하고, 영화로우며, 전능하고, 거룩하며, 선하고, 외경심을 불러일으키시는 분입니다. 그분의 본성이 그러합니다. 그러한데 어느 누가 두려움과 외경심 없이 그분 앞에 설 수 있단 말입니까? 하나님의 말씀을 들어 보십시오.

"여호와여 신 중에 주와 같은 자가 누구니이까? 주와 같이 거룩함으로 영광스러우며 찬송할 만한 위엄이 있으며 기이한 일을 행하는 자가 누구니이까?"(출 15:11)

"네 하나님 여호와라 하는 영화롭고 두려운 이름"(신 28:58).

"여호와는 위대하시니 극진히 찬양할 것이요 모든 신보다 경외할 것임이여"(대상 16:25).

"하늘의 하나님 여호와 크고 두려우신 하나님이여"(느 1:5).

죄인을 향한 하나님의 진노야말로 가장 끔찍한 것입니다.

"누가 주의 노여움의 능력을 알며 누가 주의 진노의 두려움을 알리이까?"(시 90:11)

하나님의 선하심은 우리로 하여금 하나님을 사랑하는 가운데 두려워할 수 있도록 경외함을 불러일으킵니다.

"그러나 사유하심이 주께 있음은 주를 경외하게 하심이니이다"(시 130:4).

하나님께서 지으신 바 되고 은혜를 받아 누리는 여러분이, 이토록 위엄이 많으신 하나님을 경외하고 그분 앞에서 두려워 떠는 것이 참으로 합당하고도 마땅하지 않습니까?

둘째, 문제는 여러분 자신입니다. 여러분은 하나님을 경외하기를 갈망하는데도 하나님을 경외하는 것에 대해 듣지 못하였습니다. 여러분의 갈망은 점점 커져 불일 듯 일어납니다. 이런 기막힌 갈망을 억누를 이유가 어디 있습니까? 생명의 원리를 가진 자들은 모두 더욱 온전해지고 자라 가고 싶어합니다. 이는 여러분에게도 해당됩니다. 종이 주인을, 자녀가 아비를 두려워하는 것은 당연합니다. 여러분은 여호와 하나님을 자신의 하나님으로 모셔 들였습니다. 하나님께서 여러분에게 양자의 영을 주시고 여러분을 자녀로 세우시지 않았습니까? 하나님께서 여러분의 하나님이 되시고 여러분은 그분의 모든 은택을 받아 누리는 언약을 하나님과 맺지 않았습니까? 이런 사실은 마땅히 더욱 하나님을 자기 아버지로 경외하도록 여러분을 자극해야 합니다.

"내가 아버지일진대 나를 공경함이 어디 있느냐? 내가 주인일진대 나를 두려워함이 어디 있느냐?"(말 1:6)

하나님을 아버지로 모셔 들인 관계를 인정하십시오. 자녀로서 아버지 하나님에 대한 두려움을 품게 될 것입니다.

셋째, 하나님을 경외하는 것은 여러분을 기쁘게 하는 모든 거룩함의 원천입니다. 죄악된 정욕은 무력해질 것입니다. 고개를 쳐들던 육신의 부패함이 억제되어 죄를 짓다가도 멈추고 모든 종류의 덕을 실천하는 쪽으로 향하는 자신을 발견하게 될 것입니다.

"여호와를 경외하는 것이 지혜의 근본이요"(잠 9:10).

"여호와를 경외하는 것은 지혜의 훈계라"(잠 15:33).

"여호와를 경외하는 도는 정결하여"(시 19:9).

"여호와를 경외하는 것은 사람으로 생명에 이르게 하는 것이라"(잠 19:23).

"하나님을 두려워하는 가운데서 거룩함을 온전히 이루어"(고후 7:1).

넷째, 하나님께서 자기를 경외하는 자들을 기뻐하십니다. 하나님께서 우리를 즐거워하시는 것은 매우 소중한 일입니다. 하나님께서 기뻐하시기를 간절히 바라며 이 일을 위해 온 힘을 다해야 합니다. 그런데 하나님은 자기를 경외하는 자들을 기뻐하십니다. 하나님의 완전하심을 인정하고 그분을 영화롭게 하는 것을 하나 되게 하는 일이 바로 하나님을 경외하는 것입니다.

"여호와는 자기를 경외하는……자들을 기뻐하시는도다"(시 147:11).

사람이 하나님으로 말미암아 즐거워하고 하나님께서 사람을 기뻐하시는 그림이 너무나 아름답지 않습니까!

다섯째, 자신의 안녕을 바라는 것이 하나님을 경외하는 일의 토대는 아니더라도 우리의 마음은 진정한 자기 안녕을 향한 열망으로써 자극받아야 합니다. 경건한 자들에게 약속된 풍성한 복과 은택에 주목하십시오. 경건한 자들이 이 땅에서 누리는 은택을 생각해 보십시오.

① 만족이 있습니다.

"가산이 적어도 여호와를 경외하는 것이 크게 부하고 번뇌하는 것보다 나으니라"(잠 15:16).

② 날마다 필요한 것들을 넉넉히 공급받습니다.

"그를 경외하는 자에게는 부족함이 없도다"(시 34:9).

"여호와는 그를 경외하는 자 곧 그의 인자하심을 바라는 자를 살피사 그들의 영혼을 사망에서 건지시며 그들이 굶주릴 때에 그들을 살리시는도다"(시 33:18,19).

"여호와께서 자기를 경외하는 자들에게 양식을 주시며"(시 111:5).

③ 거룩한 천사들에게 보호받습니다.

"여호와의 천사가 주를 경외하는 자를 둘러 진 치고"(시 34:7).

④ 풍성함이 있습니다.

"겸손과 여호와를 경외함의 보상은 재물과 영광과 생명이니라"(잠 22:4).

⑤ 온전한 구원이 있습니다.

"진실로 그의 구원이 그를 경외하는 자에게 가까우니"(시 85:9).

또한 경건한 영혼들에게 약속된 것들을 보십시오.

① 천국의 신비를 알게 됩니다.

"여호와를 경외하는 자 누구냐? 그가 택할 길을 그에게 가르치시리로다……여호와의 친밀하심이 그를 경외하는 자들에게 있음이여, 그의 언약을 그들에게 보이시리로다"(시 25:12,14).

② 하나님께서 불쌍히 여기십니다.

"아버지가 자식을 긍휼히 여김같이 여호와께서는 자기를 경외하는 자를 불쌍히 여기시나니……여호와의 인자하심은 자기를 경외하는 자에게 영원부터 영원까지 이르며"(시 103:13,17).

③ 기도를 응답 받습니다.

"그는 자기를 경외하는 자들의 소원을 이루시며 또 그들의 부르짖음을 들으사 구원하시리로다"(시 145:19).

④ 최종적으로 이 모든 것들을 종합해 볼 때, 하나님을 경외함으로 얻는 많은 은택과 약속들을 통해 여러분 안에 하나님을 경외하려는 마음이 일어나는 것을 하나님께서 기뻐하신다면, 여러분 역시 그렇게 하기를 기뻐해야 합니다. 하나님께서 주신 약속들을 간절히 바라고 기대한다면, 그 일들이 하나님께서 약속하신 대로 이루어지도록 추구해야 마땅합니다. 하나님을 경외하는 것은 그 자체로 지극히 당

연히 우리가 바랄 만한 일이기 때문입니다.

"여호와를 경외……하는 자는 복이 있도다"(시 112:1).

"또한 내가 아노니 하나님을 경외하여 그를 경외하는 자들은 잘될 것이요"(전 8:12).

"주를 두려워하는 자를 위하여 쌓아 두신……은혜가 어찌 그리 큰지요"(시 31:19).

그러므로 하나님을 경외하기로 결심하고 이 일에 매진하십시오. 우리가 너무나 부패하였으므로 "일심으로 주의 이름을 경외하게 하소서"(시 86:11)라고 기도하고 주께로 돌아서십시오. 하나님의 말씀을 잘 알아야 합니다. 오직 말씀이라는 방편을 통해서만 하나님을 경외하는 것이 무엇인지를 배울 수 있기 때문입니다.

"평생에 자기 옆에 두고 읽어 그의 하나님 여호와 경외하기를 배우며"(신 17:19).

하나님께서 이 말씀들로 복 주시기를 바랍니다.

"하나님을 두려워하며 그에게 영광을 돌리라"(계 14:7).

아멘.

60

순종

순종이라는 말은 '듣다'라는 동사에서 파생되었습니다. 히브리어와 헬라어도 마찬가지입니다. '듣다'라는 동사가 '순종하다,' '목소리를 청종하다,' '계명을 기뻐하고 준행하다'라는 의미를 가질 때가 많습니다.

순종이란, 하나님의 자녀가 하나님의 명령에 따르기 위해 그리스도 안에서 주요 아버지이신 하나님께 복종하는 것입니다.

순종의 대상과 주체

신자는 하나님께 순종합니다. 우리로 하여금 순종할 의무를 지게 하고 순종할 마음을 일으키는 모든 것이 하나님께 있습니다. 무엇보다, 하나님은 홀로 위엄이 많고 영화로우며 거룩하신 분입니다. 하나님은 사람을 짓고 살아 움직이게 하는 창조주이십니다. 우리가 순종하기에 합당하신 분입니다. 홀로 구원하기도 하고 멸하기도 하는 율법의 수여자이십니다. 모든 개개인은 거룩하고도 완전하신 하나님께 순종할 의무를 지고 살아갑니다. 이는 인간이라면 누구나 인정하는 사실입니다.

심지어 이교도들조차 이 사실을 인정합니다. 성경에 보면, 하나님은 자기 백성에게 순종을 요구하십니다. 이는 하나님께서 사람의 섬김을 필요로 하시기 때문이 아닙니다. 하나님은 마땅히 모든 인간의 순종을 받으셔야 하는 분이기 때문입니다. 또한 인간의 본성이 순종을 명합니다. 인간은 하나님께 순종함으로써 안녕과 복을 누립니다. 하나님께서 인간에게 무언가를 원하시고, 계명을 선포하시며, 하나님께 무언가를 하기를 바라신다는 것 자체가 하나님의 선하심을 극명히 보여 줍니다.

또한 하나님께서 스스로를 인간에게 나타내고 자신의 완전함을 보이시면, 인간은 하나님을 기쁨으로 섬길 수밖에 없습니다. 인간이 하나님을 섬기는 데 하나님이 하나님이시라는 사실 말고는 다른 이유나 동기가 필요 없습니다. 하나님은 그리스도 안에서 주님이요 아버지로 드러나시기 때문입니다. 하나님은 타락하기 이전의 아담이 모든 것의 주인이자 가장 탁월한 분으로서 순종해야 할 대상이었습니다. 그러나 아담이 타락한 후에 하나님은 자신을 자기 백성의 주님으로만(어제나 오늘이나 영원토록 계시는 여호와)이 아니라, 그리스도 안에서 그들의 아버지로 드러내셨습니다. 그리하여 여호와 하나님에 대한 숭경과 아버지에 대한 사랑이 하나님께 언제나 함께 드려지도록 하셨습니다.

"너희 하나님 여호와의 목소리를 청종하라"(렘 26:13).

하나님께 순종해야 할 주체는 하나님의 자녀들입니다. 은혜언약의 모든 것은 그리스도와 관련됩니다. 따라서 은혜언약 안에서 행하는 모든 것은 그리스도를 믿는 믿음을 따라 이루어져야 합니다. 하나님은 원수에게 섬김 받기를 원하시지 않습니다. 그러므로 하나님을 섬기려면 먼저 하나님과 화목하게 되어야 합니다. 이 화목은 그리스도를 통해서만 이루어지고, 오직 믿음이라는 방편을 통해서만 적용됩니다. 하나님을 사랑하되 화목하게 된 아버지로 사랑하기 위해서는, 믿음이 능동적으로 역사해야 합니다. 하나님의 자녀들에게 율법은 번거롭고도 무거운 짐이 아니라 즐거움이요 기쁨입니다. 율법은 행위언약의 조건이 아니라 자녀들이 오류와 잘못에 빠지지 않도록 주신 사랑의 규칙입니다. 이 언약에 참여한 자들은 더 이상 매

맞을까 봐 두려워서 순종하는 종이 아니라 아버지에게 순종하기를 즐거워하는 자녀들로 여겨집니다. 회심하지 않은 자들은 결코 하나님을 이런 분으로 알지 못합니다. 하나님께서 명하시는 바를 행할 때도 있지만 겉으로 그렇게 보일 뿐, 하나님께 합당한 방식으로 순종하지는 못합니다. 게다가 회심하지 않은 자들은 하나님께 순종하고자 하는 열망이 없고, 순종을 원하지도 않으며 순종하려는 발걸음을 떼지도 않습니다. 그러나 하나님은 자녀들에게 스스로를 순종하기에 합당한 분으로 나타내셨습니다. 자녀가 아버지에게 나아오는 것처럼 자기 백성들이 그리스도를 통해 자기에게 나아오도록 믿음을 주셨습니다. 그들이 하나님을 두려워할 뿐만 아니라 아버지로서 사랑하게 하셨습니다. 이는 그들만이 하나님께 합당한 순종을 할 수 있도록 하기 위함입니다. 그래서 이런 순종을 믿음의 순종이라고 하며(롬 1:15 참고), 신자들을 순종의 자녀들이라고 합니다(벧전 1:14 참고).

순종의 본질, 목적, 방식

순종의 본질은 하나님께 복종하는 것입니다. 사람은 본질상 하나님께 순종하도록 지어졌습니다. 아담도 기쁨으로 이 사실을 인정했고 하나님께 순종하기를 즐거워하였습니다. 그러나 타락하면서 인간의 본성은 하나님을 거역하고 반역하게 되었습니다.

"육신의 생각은 하나님과 원수가 되나니 이는 하나님의 법에 굴복하지 아니할 뿐 아니라 할 수도 없음이라"(롬 8:7).

그러나 새로운 본성으로 거듭난 사람은 본성적으로 자신이 하나님께 순종해야 함을 알 뿐만 아니라, 기꺼이 그리하고 싶어합니다. 그리고 하나님을 섬기는 일에 자신을 드리면서 다윗과 같이 고백합니다.

"여호와여 나는 진실로 주의 종이요 주의 여종의 아들 곧 주의 종이라"(시 116:16).

온 맘으로 하나님께 엎드립니다.

"하나님께 감사하리로다. 너희가 본래 죄의 종이더니 너희에게 전하여 준 바 교훈의 본을 마음으로 순종하여"(롬 6:17).

이러한 순종은 다음과 같은 것들로 이루어져 있습니다.

① 순종에 합당한 하나님의 위엄과 하나님께 있는 다른 완전하심을 실제로 알며, 그 지식에 따라 하나님 앞에서 행합니다. 순종하는 사람은 언제나 하나님의 위엄과 완전함을 아는 이런 지식을 새롭게 되새기고 묵상합니다. 그리하여 하나님이야말로 온 피조물의 순종을 받기에 합당하신 분임을 새롭게 확인합니다.

② 하나님께서 모든 섬김과 순종을 받기에 합당하신 분이라는 사실에 매우 즐거워합니다. 이런 하나님을 아무리 즐거워하고 순종하더라도, 마땅히 순종해야 하는 만큼 순종하지 못함을 너무나 잘 압니다.

③ 하나님만이 창조주이시며, 모든 인간은 그 존재부터 삶 전체에 이르기까지 철저히 하나님을 의존하고 있음을 압니다. 신자들이 하나님에 대해 가지는 지식은 다음의 측면들과 관련됩니다. 먼저, 창조주이신 하나님에 대해 피조물로서 가지는 의무들을 알고 인정합니다. 또한 그리스도 안에서 아버지와 자녀의 관계를 누리고 있음을 압니다. 따라서 신자는 이렇게 엄위롭고도 선하신 아버지께 순종하는 것이 마땅함을 알 뿐만 아니라, 그것을 즐거워하고 그렇게 행하기를 간절히 바랍니다.

④ 하나님을 섬기는 데 자신을 기꺼이, 그리고 온전히 드립니다. 이 일은 한 번으로 끝나지 않고 시간이 갈수록 모든 일을 통해 새로운 행위의 모습으로 나타납니다. 이처럼 신자는 순복하는 경향성을 자신이 하는 모든 행위의 원천으로 "그 행위가 하나님 안에서 행한 것임을 나타내려"(요 3:21) 합니다.

순종의 목적은 하나님의 계명을 준행하는 것입니다. 주권자이시며 그리스도 안에서 아버지가 되신 하나님께서 자녀들을 책망하십니다. 그런데 책망을 당하는 그들은 이를 본성적으로 달가워하지 못하므로 고난당하기를 싫어합니다. 그러나 하나님의 자녀라면 하나님의 이런 징계와 훈련을 못마땅해하며 거부해서는 안 됩니다. 슬퍼하거나 불평하거나 완고하게 반항하거나 마음을 굳게 해서는 안 됩니다. 마땅히 져야 할 십자가를 회피해서도 안 되고, 죄를 따라 곁길로 가서도 안 됩니다. 오히려 순종하는 마음으로 더욱 순복하고 다음과 같이 고백해야 합니다.

"내가 여호와께 범죄하였으니 그의 진노를 당하려니와"(미 7:9).

이 부분은 뒤에서 인내라는 주제와 함께 다루겠습니다. 여기서는 하나님의 뜻을 준행하며 순복하는 데 초점을 맞추겠습니다.

또한 하나님은 왕이요 율법의 수여자이십니다. 십계명으로 요약되는 자신의 뜻과 규례를 자녀들에게 알리고 가르치십니다. 하나님은 자기 자녀들이 계명 가운데 어느 것 하나도 가감하지 않고 이 규칙에 따라 살기를 바라십니다. 이런 계명은 적극적으로 행해야 할 것과 하지 말아야 할 것들을 비롯해 무엇을 위해 어떤 방식으로 해야 할지를 포괄합니다. 인간이 자의로 무언가를 덧붙이거나 개선할 여지가 전혀 없습니다. 순종하는 사람은 이 계명이 명령하는 대로 행하고자 애씁니다. 그렇게 하기를 마음으로만 바라면서 계명을 사랑하는 것으로는 만족하지 못합니다. 하나님이 명령하신 계명들을 기꺼이 행하기를 바랍니다. 다른 이유가 없습니다. 그것들이 다름 아닌 하나님의 계명이기 때문입니다.

"내 길을 굳게 정하사 주의 율례를 지키게 하소서……내가 주께 범죄하지 아니하려 하여 주의 말씀을 내 마음에 두었나이다……주의 율례들을 내게 가르치소서……주의 증거들로 내가 영원히 나의 기업을 삼았사오니 이는 내 마음의 즐거움이 됨이니이다. 내가 주의 율례들을 영원히 행하려고 내 마음을 기울였나이다"(시 119:5,11,26,111,112,).

자원하는 것이 바로 순종하는 방식입니다. 순종은 기꺼이 복종하는 것입니다. 그러하기에 하나님께 순종하는 사람이 계명을 지키는 것은 본성이라는 측면에서도 전혀 부담스럽거나 우울한 일이 아닙니다. 만약 하나님께 순종할지 말지를 자유롭게 선택할 수 있다면, 하나님께 사랑으로 순종하고 모든 일을 할 때 자신을 온전히 드려 하나님께 순종하였을 것입니다. 그러므로 기꺼이, 그리고 자원하는 마음으로 하나님께 순복하고 또 그리하기로 결심합니다.

"너희가 즐겨 순종하면 땅의 아름다운 소산을 먹을 것이요"(사 1:19).

신자의 자원하는 마음은 다음 열두 가지로 이루어집니다.

① 중심으로 자원함

"하나님이여 내 마음이 확정되었고 내 마음이 확정되었사오니"(시 57:7).

"그러므로 나는 할 수 있는 대로 로마에 있는 너희에게도 복음 전하기를 원하노라"(롬 1:15).

② 순종하는 데 헌신함

"그다음은 시그리의 아들 아마시야니 그는 자기를 여호와께 즐거이 드린 자라"(대하 17:16).

"내가 여기 있나이다. 나를 보내소서"(사 6:8).

③ 필요할 때마다 자문을 구함

"주님, 제가 무엇을 하기 원하십니까?"(행 9:6, 역자 사역)[1]

④ 경청함

"하나님의 선하시고 기뻐하시고 온전하신 뜻이 무엇인지 분별하도록 하라"(롬 12:2).

"내가 하나님 여호와께서 하실 말씀을 들으리니"(시 85:8).

⑤ 하나님께서 기뻐하고 바라시는 것이라면 무엇이든지 행하고자 갈망함

"그런즉 우리는 몸으로 있든지 떠나든지 주를 기쁘시게 하는 자가 되기를 힘쓰노라"(고후 5:9).

⑥ 하나님께서 명하시는 바를 즉시 행함

"주의 계명들을 지키기에 신속히 하고 지체하지 아니하였나이다"(시 119:60).

⑦ 순종의 의무를 사랑하고 기뻐함

"나로 하여금 주의 계명들의 길로 행하게 하소서. 내가 이를 즐거워함이니이다"(시 119:35).

"할렐루야, 여호와를 경외하며 그 계명을 크게 즐거워하는 자는 복이 있도다"(시 112:1).

⑧ 즐거이 순종함

"내가 모든 재물을 즐거워함같이 주의 증거들의 도를 즐거워하였나이다……주의 율례들이 나의 노래가 되었나이다……이는 내 마음의 즐거움이 됨이니이다"(시 119:14,54,111).

⑨ 열심와 열정으로 의무를 행함

---

1) 역자주 - 한글 개역개정 성경에는 이 부분이 없다.

"바람을 자기 사신으로 삼으시고 불꽃으로 자기 사역자를 삼으시며"(시 104:4).

"부지런하여 게으르지 말고 열심을 품고 주를 섬기라"(롬 12:11).

⑩ 거침없이 순종하며, 명예나 소유나 친척이나 생명을 잃는 것조차 두려워하지 않음

"형제 중 다수가……겁 없이 하나님의 말씀을 더욱 담대히 전하게 되었느니라"(빌 1:14).

"나는 주 예수의 이름을 위하여 결박 당할 뿐 아니라 예루살렘에서 죽을 것도 각오하였노라 하니"(행 21:13).

⑪ 용감하고도 담대하게 순종함

"만군의 여호와가 그 무리 곧 유다 족속을 돌보아 그들을 전쟁의 준마와 같게 하리니……싸울 때에 용사같이 거리의 진흙 중에 원수를 밟을 것이라. 여호와가 그들과 함께 한즉 그들이 싸워 말 탄 자들을 부끄럽게 하리라"(슥 10:3,5).

⑫ 굳건하고도 결연하게 헌신적으로 순종함

"그러므로 내 사랑하는 형제들아 견실하며 흔들리지 말고 항상 주의 일에 더욱 힘쓰는 자들이 되라"(고전 15:58).

하나님께 순종하고 있는가

지금까지 우리는 순종의 본질을 몇 가지로 살펴보았습니다. 순종의 본질을 알면 여러분이 하나님께 순종하고 있는지를 명확히 알 수 있습니다. 순종이 여러분의 의무라는 사실을 증명할 필요도 없습니다. 사람의 본성이 이를 충분히 증언합니다. 이교도들을 보아도, 성경을 보아도 하나님께서 순종을 요구하신다는 사실을 알 수 있습니다.

"세계가 다 내게 속하였나니 너희가 내 말을 잘 듣고 내 언약을 지키면 너희는 모든 민족 중에서 내 소유가 되겠고"(출 19:5).

"다만 여호와를 거역하지는 말라"(민 14:9).

"그런즉 네 하나님 여호와의 말씀을 청종하여 내가 오늘 네게 명령하는 그 명령과 규례

를 행할지니라"(신 27:10).

그러므로 순종이라는 의무를 행하기로 마음을 정하고 "하나님께 순종하는 것이 내 의무이다"라고 말하십시오. 그리고 나서 "순종하고 있는가?"라고 자문해 보십시오. 지금까지 순종의 본질을 살펴보았으므로 이 물음에 스스로 대답할 수 있을 것입니다.

회심하지 않은 자는 하나님께 순종하지 않습니다. 아니, 하나님을 모르기 때문에 순종할 수가 없습니다. 그들은 믿음으로 하나님께로 나아오지 않을뿐더러, 그들의 행위들 역시 하나님께 순종하겠다는 마음에서 비롯된 것이 아닙니다. 여러분의 순종을 받기에 합당하신 하나님의 위엄을 잘 압니까? 그리스도께서 구원의 보증이요 중보자로서 맺으신 언약(transactions)을 깊이 알며, 그분의 고난과 죽음으로 말미암아 하나님과 화목하게 되었습니까? 또한 자녀로서 하나님을 아버지로 경외합니까? 모든 일을 할 때 하나님을 섬기기 위해 자신을 드립니까? 중심으로 자원함으로써 이를 행합니까? 하나님에 대한 의무를 어떻게 행하고 있습니까? 열심을 내 진지하고도 한결같이 순종합니까? 이 모든 것들이 자명하게 드러납니까? 자기 자신을 바르게 평가하고자 하는 사람은 자신이 하나님께 진실로 순종하는지 아닌지를 알게 될 것입니다.

순종하지 않는 자들을 향한 책망

순종하지 않는 자들이여, 제 말에 귀를 기울이십시오. 여러분을 향한 하나님의 말씀을 선포하려 합니다. 이 일을 더욱 효과적으로 하기 위해 먼저 어떤 자들이 불순종하는 자들인지를 보이겠습니다. 온갖 부류의 불순종하는 사람들이 있기 때문입니다.

첫째, 앞에서 살펴본 순종의 본질이 삶 가운데 배어나지 않는 사람들은 그들의 행실이 아무리 좋은 평판을 받는다 하더라도 단지 소돔의 사과나 고모라의 포도와 다를 바 없습니다. 그들의 행실은 겉으로만 근사해 보이는 죄에 불과합니다.

둘째, 하나님의 말씀을 듣기 싫어합니다.

"그러할지라도 그들은 하나님께 말하기를 우리를 떠나소서 우리가 주의 도리 알기를 바라지 아니하나이다 전능자가 누구이기에 우리가 섬기며 우리가 그에게 기도한들 무슨 소용이 있으랴 하는구나"(욥 21:14,15).

셋째, 하나님의 말씀을 듣기만 하고 순종하지 않으려 합니다.

"백성이 모이는 것같이 네게 나아오며 내 백성처럼 네 앞에 앉아서 네 말을 들으나 그대로 행하지 아니하니 이는 그 입으로는 사랑을 나타내어도 마음으로는 이익을 따름이라"(겔 33:31).

넷째, 하나님의 말씀대로 행하기로 마음먹고 약속하지만, 실천하지는 않습니다.

"한 서기관이 나아와 예수께 아뢰되 선생님이여 어디로 가시든지 저는 따르리이다"(마 8:19).

"대답하여 이르되 아버지 가겠나이다 하더니 가지 아니하고"(마 21:29).

다섯째, 자기에게 도움이 되리라 생각될 때에만 하나님의 말씀을 따라 행합니다.

"헤롯이 요한……의 말을 들을 때에 크게 번민을 하면서도 달갑게 들음이러라"(막 6:20).

사울은 사무엘에게 "내가 여호와의 명령을 행하였나이다"(삼상 15:13)라고 말했지만, 실상은 좋아 보이는 것들을 자기 몫으로 남겨 두고서 하나님께 드리기 위해 그랬다고 둘러대며 하나님의 명령을 어겼습니다.

여섯째, 겉으로만 순종하는 척할 뿐, 그리스도를 믿는 믿음을 따라 중심으로 순종하지는 않습니다. 이런 사람들은 마음의 온갖 더러운 것들을 그대로 둔 채 겉으로만 하나님의 율법을 따르려고 했던 바리새인들처럼, 마치 자신의 외적 행실로써 천국에 이를 것처럼 살아갑니다(마 23:25 참고). 그들은, 겉모습은 번드르하지만 속에 죽은 송장의 악취로 가득한 무덤과 같습니다(마 23:27 참고).

일곱째, 공개적으로든 은밀하게든 순종하기를 거부하고 계속 죄를 지으면서 하나님께 반역합니다.

"우리가 그들의 맨 것을 끊고 그의 결박을 벗어 버리자 하도다"(시 2:3).

"내가 너희를 알던 날부터 너희가 항상 여호와를 거역하여 왔느니라"(신 9:24).

"이는 그의 손을 들어 하나님을 대적하며 교만하여 전능자에게 힘을 과시하였음이니라. 그는 목을 세우고 방패를 들고 하나님께 달려드니"(욥 15:25,26).

여덟째, 마귀와 세상과 자신의 정욕을 좇아 삽니다. 그들은 마귀가 원하는 것이라면 무엇이든지 기꺼이 따라 합니다.

"그들로 깨어 마귀의 올무에서 벗어나 하나님께 사로잡힌 바 되어 그 뜻을 따르게 하실까 함이라"(딤후 2:26).

그들은 세상이 규정하고 요구하는 것을 바랍니다. 세상의 유행과 풍조에 따라 자신의 욕구와 바람을 바꿉니다. 세상 사람들이 아무렇지도 않게 여긴다는 이유만으로 아무 거리낌 없이 허탄한 말과 춤과 도박을 일삼습니다. 세상의 음란한 풍조를 따라 삽니다. 자신이 대단하게 여기는 누군가의 신망을 얻기 위해서라면 범죄도 마다하지 않습니다. 이런 자들은 무엇보다 세상 사람들에게 인정받지 못할까 봐 두려워합니다. 세상 사람들에게 소외되고 멸시받는 것을 죽기보다 싫어합니다. 융통성 없는 꽉 막힌 사람이라는 소리를 듣지 않으려고 합니다.

"그런즉 누구든지 세상과 벗이 되고자 하는 자는 스스로 하나님과 원수 되는 것이니라"(약 4:4).

무엇이든 마음에서 일어나는 정욕을 따라 행하는 것이 더 편하고 즐겁습니다. 그래서 이런 자들을 죄의 종이라 부릅니다(롬 6:17 참고).

"진리를 따르지 아니하고 불의를 따르는 자"(롬 2:8).

이런 자들에 대해 하나님께서 뭐라고 말씀하시는지, 또한 그들에게 임할 심판이 얼마나 가공할 만한지, 지금 그들의 상태가 얼마나 가증하고도 비참한지를 살펴보겠습니다.

첫째, 이런 상태는 인간이 처할 수 있는 가장 가증한 상태라 할 수 있습니다. 그들은 하나님을 무시하고, 하나님에게서 스스로 갈라져 떠납니다. 지렁이 같은 피조물이, 생명의 원천이요 창조자인 살아 계신 하나님께 전적으로 의존되어 있는 자들이 이토록 엄위하고도 온전히 영화로우며 순종 받기에 가장 합당하신 하나님을 떠난단 말입니까? 스스로 하나님을 거부하고 절연한단 말입니까? 그렇습니다. 불순종은 반역과 배반이요, 하나님을 대적하고 다투는 악한 행위입니다.

"거역하는 것은 점치는 죄와 같고 완고한 것은 사신 우상에게 절하는 죄와 같음이라"(삼상 15:23).

하나님을 대적하고 거부하는 것은 부모에게 불순종하고 권세자들을 대적하는 일과 같이, 한순간 행하게 되는 죄악된 행위 정도의 문제가 아닙니다. 이는 오히려 불순종하는 마음의 성향에 관한 문제입니다. 이런 불순종이 본래 어떤 것인지를 원색적으로 대면한다면, 그들은 소스라치게 놀랄 것입니다. 성경은 이런 마음을 악한 마음이라고 일컬으며, 이런 마음을 가진 자들을 가리켜 모든 선한 일을 버리는 가증한 자라고 말합니다.

"형제들아. 너희는 삼가 혹 너희 중에 누가 믿지 아니하는 악한 마음을 품고 살아 계신 하나님에게서 떨어질까 조심할 것이요"(히 3:12).

"가증한 자요 복종하지 아니하는 자요 모든 선한 일을 버리는 자니라"(딛 1:16).

여러분이 이런 사실을 중심으로 받아들일 수 있기를 바랍니다.

둘째, 이런 상태에 있는 사람은 어떤 신앙 행위를 한다 하더라도 결코 하나님께 받아들여지지 않으므로, 신앙의 의무를 전혀 행할 수 없는 비참한 처지입니다.

"사람이 귀를 돌려 율법을 듣지 아니하면 그의 기도도 가증하니라"(잠 28:9).

"슬프다 범죄한 나라요 허물 진 백성이요 행악의 종자요 행위가 부패한 자식이로다. 그들이 여호와를 버리며 이스라엘의 거룩하신 이를 만홀히 여겨 멀리하고 물러갔도다……너희가 내 앞에 보이러 오니 이것을 누가 너희에게 요구하였느냐? 내 마당만 밟을 뿐이니라……내 마음이 너희의 월삭과 정한 절기를 싫어하나니 그것이 내게 무거운 짐이라. 내가 지기에 곤비하였느니라. 너희가 손을 펼 때에 내가 내 눈을 너희에게서 가리고 너희가 많이 기도할지라도 내가 듣지 아니하리니 이는 너희의 손에 피가 가득함이라"(사 1:4,12,14,15).

기도가 궁핍하고 가난한 자의 피난처이긴 하지만, 고의로 하나님께 반역하는 여러분의 기도는 하나님 앞에 그저 가증스런 행위일 뿐입니다. 이런 사람의 상태는 얼마나 비참한지요!

셋째, 하나님께 불순종하고 반역하며 그분을 떠난 자에게서 하나님도 떠나셨습니다. 이제 여러분은 마귀에게 속한 하나님의 원수입니다.

"너희가 만일 그를 버리면 그도 너희를 버리시리라"(대하 15:2).

"사악한 자에게는 주의 거스르심을 보이시리니"(시 18:26).

"곧 지금 불순종의 아들들 가운데서 역사하는 영이라"(엡 2:2).

그렇습니다. 지금 여러분은 여러분의 불순종으로 인해 불순종이라는 감옥에 갇혀 있습니다. 여러분은 이제 거기서 나올 수 없습니다. 그러니 여러분이 할 수 있는 일이라고는 불순종밖에 없습니다.

"하나님이 모든 사람을 순종하지 아니하는 가운데 가두어 두심은"(롬 11:32).

그리스도는 여러분을 구원할 수 있는 유일한 존재이지만, 여러분은 그분에게 걸려 넘어질 뿐입니다.

"믿지 아니하는 자에게는 건축자들이 버린 그 돌이 모퉁이의 머릿돌이 되고, 또한 부딪치는 돌과 걸려 넘어지게 하는 바위가 되었다"(벧전 2:7,8).

넷째, 여러분에게 임박한 하나님의 진노를 기억하십시오. 하나님의 진노가 어떤 것인지를 조금이라도 안다면, 금세 두려움과 공포로 머리가 쭈뼛 설 것입니다. 여러분이 불순종하는 이 하나님은 전능하신 분입니다. 이 능력이 순종하는 자들에게는 선으로, 불순종하는 자들에게는 증오와 진노로 역사할 것입니다. 하나님의 진노가 임할 때, 어디로 피하렵니까?

"자기를 거스르는 자에게 여호와는 보복하시며 자기를 대적하는 자에게 진노를 품으시며……여호와의 길은 회오리바람과 광풍에 있고"(나 1:2,3).

"내가 어찌 너를 용서하겠느냐? 네 자녀가 나를 버리고 신이 아닌 것들로 맹세하였으며……여호와의 말씀이니라. 내가 어찌 이 일들에 대하여 벌하지 아니하겠으며 내 마음이 이런 나라에 보복하지 않겠느냐?"(렘 5:7,9).

여러분이 마음으로 불순종을 고집하는 한, 하나님의 은혜나 구원은 기대하지 말아야 합니다. 그런 여러분을 위한 은혜나 구원은 존재하지 않습니다. 하나님의 진노와 저주와 정죄만이 여러분을 기다릴 뿐입니다. 여러분을 향한 선언을 듣고 두려워 떨어야 합니다.

"진리를 따르지 아니하고 불의를 따르는 자에게는 진노와 분노로 하시리라"(롬 2:8).

"누구든지 헛된 말로 너희를 속이지 못하게 하라. 이로 말미암아 하나님의 진노가 불순종의 아들들에게 임하나니"(엡 5:6).

"이 언약의 말을 따르지 않는 자는 저주를 받을 것이니라"(렘 11:3).

불순종하는 자들을 기다리는 것은 심판뿐입니다. 처음 세상에서 불순종하던 자들의 마지막이 그러했습니다. 지금 불순종하는 자들의 마지막도 그와 다르지 않을 것입니다(벧전 3:20 참고). 따라서 여러분이 여호와 하나님을 저버리는 것은 비참하고도 악한 일입니다. 우리의 순종을 받기에 합당하신 하나님의 성품과 위엄의 영광으로 말미암아 순종할 마음이 생기지 않는다면, 결국 자신이 받게 될 하나님의 진노와 심판이 두려워서라도 순종해야 합니다.

하나님의 자녀들을 향한 책망

이제 하나님께 순종하는 마음을 받은 하나님의 자녀들에게 말하고자 합니다. 하나님의 자녀라도 여전히 옛 본성을 가지고 있는 까닭에 불순종의 원리가 그 마음에 남아 있습니다. 이 원리는 부주의하고도 태만한 많은 행위들을 통해 그 모습이 자주 강하게 드러납니다. 하나님의 자녀들이 주님이신 하나님을 주목하지 않으며 하나님께서 주신 계명을 소홀히 하며, 하나님의 말씀을 흘려듣고 금세 잊어버립니다. 그래서 죄를 범하면서도 죄인지 모를 때가 많습니다. 이는 부주의함을 통해 나타납니다. 원수들이 자신을 둘러싸고 있는 것도 아랑곳하지 않습니다. 그것을 알기 전에 이미 올무에 사로잡혀 있습니다. 순종하는 삶을 살았더라면 이렇게까지 부주의하거나 경솔해지지는 않았을 것입니다.

또한 순종을 거부하는 모습으로 드러납니다. 때때로 불순종이 더욱 강력하고도 죄악된 방식으로 고개를 쳐듭니다. 심지어 순종하는 마음이 발휘될 때에도 죄를 짓고자 하는 욕망에 너무나 강하게 이끌려 죄가 뚫고 들어옵니다. 이런 죄로 말미암아 신음하고 탄식하지만, 연약한 탓에 마땅히 싸워야 할 만큼 죄를 대적하지 못합니다. 오랫동안 죄를 지으면서도 불편한 줄 모르고, 죄와 영원히 결별하겠노라고 분명하고도 결연하며 절박하게 결심하지도 못하는 지경에 이르기도 합니다. 심지어 이런 상태가 너무나 오래 지속되어 죄악된 의지에 지배당하고 있는 것처럼 보이기까지 합니다. 마치 이런 결심 자체를 거부하는 것 같습니다. 기도할 때 양심이 "이제 하나님 앞에서 분명하게 순종하기로 결심해야 한다"라고 도전하지만, 의지는 미동조차 하지 않습니다. 심지어 어떤 사람은 이 죄와 싸우고자 결심하고 힘을 얻기 위해 기도하는 것조차 꺼릴 만큼 죄악된 의지에게 휘둘리기도 합니다. 이는 정욕에 강하게 영향을 받고 신령한 삶에 대한 열망이 거의 죽은 것과 같이 되었기 때문입니다. 설령 힘을 얻기 위해 완전히 새로운 마음으로 기도하는 가운데 다시금 의지를 다잡고 새롭게 결심했다 하더라도, 그만큼 죄가 능력을 발휘하고 있는 까닭에 여전히 불안정한 상태에 있을 수밖에 없습니다. 그리하여 그렇게 마음을 새롭게 다지면서 굳게 결심했는데도 오래 지나지 않아 동일한 죄에 빠지고 맙니다.

이 얼마나 참담한 상태인지요. 이런 사실을 통해 우리는 아직도 우리 안에 남은 옛 본성이 순종하지 못하게 역사하고 있음을 알 수 있습니다. 이런 일이 있을 때마다 신자들은 언제든지 자신의 불순종을 인정하고 슬퍼하며, 그것을 죄로 고백하고 그리스도를 믿는 믿음 안에서 자신을 회복해야 합니다. 다른 한편으로는 자신도 불순종의 상태에 있는 다른 사람들과 같이 불신앙으로 말미암아 자신의 상태를 부인하지 않도록 경계를 늦추지 말아야 합니다. 앞에서 언급한 많은 사실들에 기초하여 자신이 진리 안에 있고 순종하는 마음을 가졌다는 사실을 알 수 있기 때문입니다. 이런 사실은 마음이 움직인 결과로 드러나는 수많은 행위들과 순종하는 행위들을 통해 드러납니다. 특히, 거듭난 사람은 불순종하는 육체를 미워하여 속에서 불순종하는 육체의 원리와 싸우고, 그런 원리 때문에 슬퍼하며 그것을 제거하기 위해 기도합니다. 이러한 사실이 당신에게 순종하는 마음이 있음을 분명히 확인해 줍니다.

그러므로 온 힘을 다해 불순종의 원리와 싸우십시오.

① 하나님의 성품(divine nature)에 참여하고 값으로 따질 수 없는 소중한 영혼을 선물로 받아 새로워진 여러분이 마귀와 세상과 육체에 종노릇하여 온갖 부정하고도 가증하며 천박한 일에 참여하는 것은 이루 말할 수 없이 비루한 일이기 때문입니다.

② 육체의 정욕과 불순종의 원리는 잔인하고도 혹독한 주인들이기 때문입니다. 그것들은 "그 정도면 충분하다"라는 법이 없으며 언제나 더 많은 것을 요구할 뿐입니다. 여러분은 계속 불순종하는 것을 즐거워하지 않고 따분해하거나 지겨워할 수도 있습니다. 그러나 기회가 주어지면 언제든지 그 자리로 돌아갑니다. 불순종의 원리는 차분히 쉴 기회를 주지 않습니다. 모든 일에서 하나님과 그분을 섬기고 순종하는 것이 얼마나 달콤한지를 찬찬히 생각해 볼 여지를 주지 않습니다. 오히려 저 혹독한 주인들은 여러분의 온 맘과 모든 지체와 모든 시간을 요구합니다. 그러나 그때에도 그 주인들은 만족하지 않습니다.

③ 육신의 정욕을 따라 종노릇하는 것은 얼마나 해로운 일인지요! 이를 통해서는 불안한 마음, 양심의 가책, 포로 됨, 공포, 두려움 같은 것들을 얻을 뿐입니다. 삶은 염려와 두려움이요 죽음의 순간은 공포로 가득 채워질 뿐입니다.

"너희가 그때에 무슨 열매를 얻었느냐? 이제는 너희가 그 일을 부끄러워하나니"(롬 6:21).

"너희는 열매 없는 어둠의 일에 참여하지 말고"(엡 5:11).

여호와 하나님께 순종하기를 기뻐하십시오. 순종이 모든 면에서 얼마나 탁월하고도 귀한지를 생각함으로써 스스로 순종할 동기를 부여하고 자극하십시오.

첫째, 주님을 바라보십시오. 그분은 하나님이시므로 모든 순종을 받기에 지극히 합당하십니다. 여러분은 자주 이 사실을 기뻐하며 하늘과 땅의 모든 만물이 이런 하나님 앞에 순종하고 복종하기를 바라고, 사람들이 하나님께 순종하지 않는 것을 보고는 마음 아파합니다. 그렇다면 "보소서. 제가 여기 있나이다. 제가 무엇을 하기를 바라십니까?"라고 여쭈면서 이 위대하신 하나님께 순종하는 것이 마땅하지 않습니까? 더구나 성경이 다음과 같이 말하지 않습니까?

"그는 네 아버지시요 너를 지으신 이가 아니시냐. 그가 너를 만드시고 너를 세우셨도다"(신 32:6).

여러분이 이 땅에 존재하지도 않았을 때 이미 하나님은 여러분을 사람으로 조성하셨습니다. 지금까지 여러분에게 먹을 것과 입을 것을 주시고, 여러분이 호흡하게 하며 돌보지 않으셨습니까? 여러분을 위해 독생자를 내주시고, 인애로써 여러분을 자신에게로 이끌어 자녀들 가운데 두고 자신의 후사로 삼으셨습니다. 그렇다면 마땅히 "저는 주님의 종입니다. 진정 주님만의 종입니다"라고 고백하면서, 하나님을 주님이요 아버지로 받들고 순종해야 하지 않겠습니까?

둘째, 순종은 너무나 달콤한 일입니다. 하나님은 자녀들에게 고된 일을 맡기지 않으실뿐더러, 무자비하게 섬김을 요구하지도 않으십니다.

"그의 계명들은 무거운 것이 아니로다"(요일 5:3).

"이는 내 멍에는 쉽고 내 짐은 가벼움이라"(마 11:30).

"이로 보건대 율법은 거룩하고 계명도 거룩하고 의로우며 선하도다"(롬 7:12).

"주께 힘을 얻고 그 마음에 시온의 대로가 있는 자는 복이 있나이다"(시 84:5).

하나님을 섬기는 것은 유쾌하고도 즐거운 일입니다.

"주의 법을 사랑하는 자에게는 큰 평안이 있으니 그들에게 장애물이 없으리이다"(시 119:165).

"정의를 행하는 것이 의인에게는 즐거움이요"(잠 21:15).

여러분의 마음이 자원하여 이 길을 택하고 그것을 즐거워합니다. 여러분도 바울처럼 자신에 대해 다음과 같이 말할 수 있습니다.

"내 속사람으로는 하나님의 법을 즐거워하되"(롬 7:22).

그러므로 주님을 섬기는 데로 마음을 북돋우고, 하나님의 뜻을 환영하며 순종의 길로 나아가십시오. 왜냐하면 "그 길은 즐거운 길이요 그의 지름길은 다 평강"이기 때문입니다(잠 3:17 참고).

"네가 네 길을 평안히 행하겠고 네 발이 거치지 아니하겠으며"(잠 3:23).

셋째, 무엇보다도 순종하는 마음과 이 다음에서 나오는 행위가 하나님을 가장 기쁘시게 합니다. 그 마음과 행위가 불완전하더라도 하나님은 그리스도 안에서 이런 부족함을 간과하십니다. 다윗이 하나님의 마음에 합한 사람이었던 것도 그가 순종하는 마음을 가졌기 때문입니다. 다윗 역시 여러 번 넘어졌으며, 극심한 죄에 빠지기도 했습니다. 그러나 하나님은 다윗에 대해 이렇게 말씀하십니다.

"이는 다윗이 헷 사람 우리아의 일 외에는 평생에 여호와 보시기에 정직하게 행하고 자기에게 명령하신 모든 일을 어기지 아니하였음이라"(왕상 15:5).

그러나 그 어떤 일도(아무리 그 자체로 거룩한 행위라 할지라도) 순종하는 마음에서 비롯되지 않았다면 하나님을 기쁘시게 하지 못합니다. 하나님은 마음을 원하시기 때문입니다. 심지어 우리 같은 인간도 종들이 마음을 다해 자신을 섬기기를 바라지 않습니까? 그럴 때에야 우리 마음이 기쁘지 않습니까? 순종하는 마음으로 하는 일이라면 하나님께서 그것을 기쁘게 받으실 것입니다.

"순종이 제사보다 낫고"(삼상 15:22).

하나님은 제사를 기뻐하십니다. 이는 노아의 제사를 받으시는 하나님의 모습을 통해 알 수 있습니다.

"여호와께서 그 향기를 받으시고"(창 8:21).

그러나 순종과 제사를 나란히 놓고 비교해 볼 때, 하나님은 순종을 더 기뻐하십니다. 의로운 자녀는 자기 아버지를 기쁘게 하기를 즐거워합니다. 여러분도 마찬가지입니다. 하나님께서 기뻐하시도록 섬기고 있다면, 다시 말해 순종하는 마음으로 하나님을 섬기고 있다면, 기뻐하십시오. 하나님께서 여러분의 마음에 있는 소원을 이루실 것입니다(시 145:19 참고). 그때에 여러분이 그분의 바람을 이루지 않겠습니까?

넷째, 게다가 하나님을 섬기는 것은 결코 헛되지 않습니다. 세상에서 얻는 복을 바라며 중심이 아니라 겉으로만 하나님을 섬기는 불경건한 자들은 하나님을 섬겨도 부질없다고 생각할 것입니다. 자신들이 바라던 것을 얻지 못하면 모두 소용없다고 속상해하면서 하나님 섬기기를 그만둡니다. 그러나 의로운 자들은 하나님께서 자신의 신실한 종들에게 풍성한 상을 베푸시는 선하고도 은혜로운 분이심을 잘 압니다.

"나는……야곱 자손에게 너희가 나를 혼돈 중에서 찾으라고 이르지 아니하였노라"(사 45:19).

"너희가 내 제단 위에 헛되이 불사르지 못하게 하기 위하여 너희 중에 성전 문을 닫을 자가 있었으면 좋겠도다"(말 1:10).

하나님은 순종하는 자들에게 온갖 종류의 세속적인 복도 약속하십니다.

"너희가 즐겨 순종하면 땅의 아름다운 소산을 먹을 것이요"(사 1:19).

그렇습니다. 순종은 그리스도 안에서 구원을 약속합니다.

"온전하게 되셨은즉 자기에게 순종하는 모든 자에게 영원한 구원의 근원이 되시고"(히 5:9).

이런 복을 받으려고 순종하는 것은 아닐지라도, 이런 복을 통해 신자들이 힘을 얻는 것도 사실입니다. 모세는 상 주심을 바라보았습니다(히 11:26 참고).

다섯째, 다른 이들의 모범을 통해 순종하고자 하는 자극을 받고 힘을 얻을 때가 많습니다. 그러므로 순종하는 자들의 모범을 예의 주시하십시오. 주 예수님은 가장 완전한 순종의 모범이십니다. 우리로 하여금 자신의 발자취를 따르도록 온전한 모범을 남기셨습니다. 그분은 하나님의 종으로서 자기를 낮추고 십자가에 죽기까지 순종하셨습니다(빌 2:8 참고). 거룩한 천사들은 하나님께 순종하는 종들입니다.

"능력이 있어 여호와의 말씀을 행하며 그의 말씀의 소리를 듣는 여호와의 천사들이여, 여호와를 송축하라"(시 103:20).

이 땅을 살아가는 성도들 또한 우리의 모범입니다. 순종하는 삶은 그들의 즐거움입니다. 노아는 모든 일에서 하나님께 순종했습니다. 방주를 지을 때 노아는 온 세상의 조롱을 받았지만, 오직 주님의 계명에만 관심을 두었습니다. 모든 신자들이 따라야 할 믿음의 조상 아브라함이 얼마나 하나님께 순종했는지를 보십시오! 하나님의 말씀대로 모든 것을 행했고, 어디로 보내시든 그대로 청종했습니다. 하나님의 말씀을 따라 모든 것을 뒤로하고 길을 떠났습니다. 심지어 어디로 가야 할지도 알지 못하는 채로 하나님의 계명을 따라 나섰으며, 자기 외아들 이삭까지도 아끼지 않고 하나님께 드렸습니다. 또한 모세는 하나님의 종이라고 불립니다.

"내 종 모세와는 그렇지 아니하니 그는 내 온 집에 충성함이라"(민 12:7).

사무엘서와 시편은 다윗이 순종하는 하나님의 백성이었음을 그의 삶을 통해 잘 보여 줍니다. 특히, 시편 119편에 이런 다윗의 마음이 잘 나타나 있습니다. 성경의 다른 곳에서도 경건한 자에 관해 말할 때 많은 경우 다윗을 언급합니다. 이처럼 경건한 자들이 어떻게 하나님 앞에서 순종하며 살았는지를 주목하십시오. 이를 통해 여러분도 그들을 따라 경건의 길을 걷고 여러분이 사는 날 동안 하나님을 영화롭게 하고 하나님께서 여러분을 영화롭게 해 주시기를(이 땅에서, 그리고 영원히) 사모하십시오. 여러분이 자원하는 영으로 하나님을 섬기도록 하나님께서 여러분의 중심을 하나님의 규례로 이끌어 주시기를 바랍니다. 다윗이 자기 아들 솔로몬에게 권면한 내용으로 본 장을 마치겠습니다.

"내 아들 솔로몬아, 너는 네 아버지의 하나님을 알고 온전한 마음과 기쁜 뜻으로 섬길지어다"(대상 28:9).

61

하나님 안에 있는 소망

하나님은 자녀들에게 위대하고도 영광스런 약속들을 주십니다. 그러나 그 약속이 언제나 곧바로 이루어지는 것은 아닙니다. 때때로 하나님께서 약속을 더디 이루시기도 하며, 자녀들의 믿음을 시험하기 위해 먼저 많은 어려움을 허락하시기도 합니다. 그러나 담대하게 신자로 살기 위해서는 소망이 필요합니다. 본 장에서 우리는 바로 이 소망에 관해 살펴볼 것입니다.

히브리어로 소망을 나타내는 말들은 다음과 같습니다. '기대'를 나타내는 말들로는 תקוה(티크바), תוחלת(토헬레트), שבר(세베르)가 있습니다. 또한 어리석은 확신을 가리키는 כסלה(키슬라)나 כסל(케셀)이 있습니다. 이는 어리석은 세상 사람들이 근거 없는 소망을 가지고 신자들의 소망을 조롱할 때 쓰입니다. 뿐만 아니라 두려움 없는 신뢰를 뜻하는 בטחון(비타존)도 있습니다. 소망을 가리키는 헬라어 ἐλπίς(엘피스)는 '믿음 위에 건축하다,' '염려를 벗어 버리다,' '확신을 가지고 기다리다'라는 의미를 가집니다. 바라는 대상을 가리킬 때도 있지만, 여기서는 마음의 움직임을 가리킵니다.

소망은 하나님께서 말씀을 통해 신자들의 마음에 불어넣으시는 경향성입니다.

이를 통해 신자들은 적극적으로 인내하면서 확신을 가지고 은택이 약속된 장래를 바랍니다.

소망은 경향성입니다. 일반적으로 경향성은 획득된 것과 주입된 것으로 구분됩니다. 획득된 경향성은 지성이나 의지나 행위 같은 것을 보완하여 기술이 필요한 (artistic) 행위에 참여하도록 합니다. 이런 기술은 노력과 연습을 통해 획득됩니다. 반면에 믿음, 소망, 사랑 같은 것들은 주입된 경향성입니다. 눈멀고, 성향이 악하며, 구원과 선행에 대해 무능력한 인간은 아무리 연습하고 노력하더라도 이런 경향성을 획득할 수 없습니다. 이렇게 주입된 경향성은 성령의 도우심과 본인의 많은 노력을 통해 증진됩니다. 그러나 이런 경향성이 신자가 행동할 때마다 반복적으로 주입되는 것은 아닙니다. 다시 말해, 이는 주입된 경향성이 결여될 때가 있을 수밖에 없음을 뜻합니다. 그러나 영혼을 거듭나게 하실 때, 하나님은 신령한 행위를 할 수 있도록 덕스러운 경향성과 능력을 주십니다. 거듭난 영혼은 바로 이 능력으로 말미암아 성령의 역사와 더불어 여러 가지 덕스러운 성품을 나타냅니다. 물론 이를 위해 성령께서 끊임없이 역사하셔야 합니다. 소망이라는 덕도 마찬가지입니다. 영혼이 소망을 가진다는 것은 단회적이고도 일시적인 행위라기보다는 경향성, 다시 말해 하나님이 주신 신령한 능력으로 말미암은 바 덕스러운 행위를 산출하는 성향을 가리킵니다.

소망의 본질

소망의 본질은 확실한 기대입니다. 소망은 소유와는 다릅니다. 이미 가진 것을 바라는 사람은 없습니다.

"보이는 소망이 소망이 아니니 보는 것을 누가 바라리요"(롬 8:24).

소망은 아직 눈에 보이지 않고 손에 잡히지 않지만, 장차 도래할 것을 기대하는 것입니다.

"만일 우리가 보지 못하는 것을 바라면 참음으로 기다릴지니라"(롬 8:25).

그러하기에 사도는 기대와 소망을 연결시킵니다. 이때 소망이 기대를 설명해 줍니다.

"나의 간절한 기대와 소망을 따라"(빌 1:20).

소망은 확실한 기대입니다. 발람이 "나는 의인의 죽음을 죽기 원하며 나의 종말이 그와 같기를 바라노라"(민 23:10)라고 말한 것처럼, 막연히 "이러저러한 것이 있으면 좋겠다"라고 바라는 것을 소망이라 부르지 않습니다. 회심하지 않은 자들은 이런 막연한 바람을 소망이라 일컫습니다. 그들은 구원의 약속에 참여하지도 않고 구원과 아무런 상관이 없으면서도 "구원받기를 바란다"라고 말합니다. 이처럼 회심하지 않은 자들이 품는 소망은 실체가 없고 부질없는 바람일 뿐입니다.

"악인은 죽을 때에 그 소망이 끊어지나니 불의의 소망이 없어지느니라"(잠 11:7).

바라는 것을 얻을 가능성이 있을 때, 소망과 두려움 사이에서 의심하고 불안해하며 기다리는 것을 소망이라고 말하지 않습니다. 이렇게 우유부단하고 망설이게 만드는 것을 소망이라 말하지 않습니다. 소망에는 확실함이 있습니다. 다시금 말하지만, 소망에는 확실함이 있습니다. 그러나 소망을 가진 주체들에게는 그런 확실함이 없습니다. 신자들에게 있는 그 어떤 것도 완전하지 않습니다. 사람에게 둔 소망은 온전하지도, 확실하지도 않습니다. 사람은 진실하지 못하고, 쉽게 변하며, 무능력하기 때문입니다. 반면에 하나님께 둔 소망은 그렇지 않습니다. 하나님은 진실하고 불변하며 전능하시기 때문입니다. 하나님께서 주신 확실한 약속은 결코 사람에게 좌우되거나 영향을 받지 않습니다. 하나님께서 주신 이런 약속에 대한 소망은 전혀 의심할 여지가 없습니다. 그러나 신자가 가진 믿음과 관련해 말하자면, 소망을 가진 주체인 신자는 모든 부분에서 지극히 약합니다. 그러므로 엠마오로 향하던 제자들에게서 볼 수 있듯이, 신자들이 가진 소망 역시 불완전하고도 약할 수밖에 없습니다.

"우리는 이 사람이 이스라엘을 속량할 자라고 바랐노라. 이뿐 아니라 이 일이 일어난 지가 사흘째요"(눅 24:21).

그렇다고 해서 신자들의 소망에 자리한 확실함이 사라지는 것은 아닙니다. 뿐만 아니라 신자는 이 소망을 분명히 확신하기 위해 온 힘을 다해야 합니다.

"우리가 이 소망을 가지고 있는 것은 영혼의 닻 같아서 튼튼하고 견고하여"(히 6:19).

"참마음과 온전한 믿음으로 하나님께 나아가자"(히 10:22).

"예수 그리스도께서 나타나실 때에 너희에게 가져다주실 은혜를 온전히 바랄지어다"(벧전 1:13).

소망은 하나님이 약속하신 것 또는 장래에 받아 누릴 은택을 바라봅니다. 하나님 자신이 바로 완전한 선이요 사람이 누릴 완전한 지복입니다. 하나님께서 언약을 통해 신자들에게 자신을 약속하시므로, 신자는 하나님 그분을 소망의 대상으로 삼습니다. 게다가 하나님께서 약속을 주시며 자녀들에게 모든 구원을 베푸시는 분이라는 사실을 볼 때, 과연 하나님은 신자가 가진 소망의 대상이십니다. 하나님의 약속에 대한 소망을 가진 자마다 하나님을 바라보고, 그분을 기대합니다. 선하고 미쁘며 불변하고 전능하신 하나님 안에서 안심합니다.

"너는 하나님께 소망을 두라"(시 42:5).

"하나님께 향한 소망을 나도 가졌으니"(행 24:15).

그래서 하나님을 "이스라엘의 소망"(렘 14:8)이라고 합니다.

"주 여호와여 주는 나의 소망이시요"(시 71:5).

소망은 하나님께서 주실 '은택'을 기대합니다. 이 땅에서 받을 일시적이면서 영적인 은택뿐만 아니라 영원한 은택을 바랍니다. 소망은 영원한 은택뿐만 아니라 이 땅에서 일시적으로 누리는 은택과 관련해서도 발휘됩니다. 하나님께서 이 땅에서의 은택도 약속하시기 때문입니다. 일시적인 은택은 이 세상에 사는 동안 하나님의 목적에 따라 하나님을 섬기기 위해 필요한 모든 것들을 의미합니다.

"내가 결코 너희를 버리지 아니하고 너희를 떠나지 아니하리라"(히 13:5).

"오직 하나님은 미쁘사 너희가 감당하지 못할 시험 당함을 허락하지 아니하시고 시험 당할 즈음에 또한 피할 길을 내사 너희로 능히 감당하게 하시느니라"(고전 10:13).

신자는 이 약속을 붙들어 모든 두려움을 내쫓고 소망이 약속하는 바가 이루어질 것을 확신해야 합니다.

> ▶ 질문
>
> 많은 경우 사람들은 결과에 따라 행복해하거나 불행해한다. 그래서 어떤 일이 잘못된 결과를 초래할까 봐 두려워하는 동시에 자신이 목표한 대로 일을 성공적으로 마치기를 원한다. 그렇다면 소망과 관련해 사람은 어떻게 행동해야 하는가?

대답: 그런 욕구와 두려움이 생기는 것은 당연합니다. 그러므로 이런 마음을 억누르기보다는 거룩함이 더욱 자라도록 하는 도구로 선용해야 합니다. 하나님께서 자녀들을 돌보고 돕겠다고 하신 약속을 잠잠히 바라고, 견고하게 이 약속을 의지하며, 이 약속이 분명히 이루어질 것을 기대해야 합니다. 하나님께서 기뻐하시는 일을 그분의 명대로 하려는 사람이라면 선한 결과를 얻을 수 있도록 기도하여 하나님의 도우심을 간구할 수 있습니다. 하나님이 정하신 은혜의 방편을 사용하면서 구체적으로 하나님을 의지하고, 그하고 바라는 대로 결과가 이루어질 것을 기대해야 합니다. 이 일을 위해 믿음으로 간절히 기도할 수 있는 특별한 자유를 누리고 있다면(믿음으로 하나님의 임재를 누리는 가운데 하나님의 능력을 힘입어 하나님이 허락하신 방편들을 사용할 수 있다면), 더욱 그리해야 합니다.

하나님께서 특별한 방식으로 자신을 나타내시고, 그가 바라는 결과를 이루실 것이라는 강한 확신을 주시는 경우도 마찬가지입니다. 다시금 말하지만, 사람이 인위적으로 그렇게 믿는 것이 아니라 하나님께서 그런 확신과 자유를 허락하시는 경우 그러하다는 말입니다. 즉, 바라는 대로 이루어지리라고 예상되는 결과를 통해서나 당사자로 하여금 기도하고 하나님을 의지하도록 하는 은혜를 통해 격려를 얻는 것을 말합니다. 물론 그런 경우라도 일이 바라는 대로 되지 않을 수 있습니다. 우리가 특정한 상황에 대한 구체적인 약속들을 특별한 계시를 통해 받은 것이 아닙니다. 그러하기에 하나님께서 특별한 방식으로 밝히 드러내 주시는 경우가 아니라면 어떤 일에 대해 우리가 바라는 특정한 결과를 얻으리라 기대할 수는 없습니다. 그러나 이것만큼은 분명히 확신할 수 있습니다. 드러나는 결과가 어떠하든, 우리에게 복되고 유익하리라는 사실입니다. 만약 우리가 바라고 구한 일이 이루어진다면 그로 말미암아 복이 될 것입니다. 설령 바라던 결과가 아니라 하더라도 오히려 이를 통해 우리가 바라는 대로 이루어지는 것보다 더 큰 유익과 복을 얻게 될 것입니다. 하나님의 자녀들에게는 모든 일이 합력하여 선을 이룰 것이기 때문입니다(롬 8:28 참고).

우리가 바라고 기대하는 대로 이루어지지 않으면 안 될 것처럼 우리 방식을 고집하지 않도록 주의해야 합니다. 자신의 바람을 부인하고 하나님의 선하심과 지혜에 순응해야 합니다. 그 구체적인 결과가 바라던 바가 아니라 하더라도 하나님께서 일반적으로 주시는 약속(하나님의 돌보심, 모든 일이 유익이 되게 하심, 자기 자녀를 결코 저버리지 않으심)을 기뻐하고 그것으로 만족해야 합니다. 만약 하나님께서 우리의 바람대로 역사하신다면 기쁨으로 감사하면 됩니다. 그러나 우리가 바라는 결과가 나오지 않았다고 하더라도 하나님의 뜻으로 만족하고 세상에 속한 것들을 무가치하게 여기며, 하나님께서 행하시는 일을 겸손히 받아 누리는 법을 배워야 합니다. 그러므로 믿음이 없이 불안해하지 마십시오. 가난이나 핍박을 비롯하여 모든 환경에서 이런 믿음과 태도로 행할 수 있어야 합니다.

또한 소망을 가지는 것에는 영적인 유익이 있습니다. 때때로 신자도 영적으로 침체되어 어둡고도 괴로운 시간을 만나거나 부패한 본성에 사로잡힙니다. 반면에 특별한 위로와 성화(일반적인 의미나 특별한 덕과 관련하여)를 통해 자신의 구원을 강하게 확신하는 때도 있습니다. 이럴 때 신자는 이 땅의 환경과 상황을 다룰 때처럼(바로 앞에서 살펴본 것처럼) 행동해야 합니다. 이러한 때에도 하나님께서 자녀들에게 주신 일반적인 약속들을 적용해 볼 수 있습니다.

"여호와의 집에 심겼음이여 우리 하나님의 뜰 안에서 번성하리로다"(시 92:13).

"너희 안에서 착한 일을 시작하신 이가 그리스도 예수의 날까지 이루실 줄을 우리는 확신하노라"(빌 1:6).

"내 이름으로 무엇이든지 내게 구하면 내가 행하리라"(요 14:14).

이런 일반적인 약속에 대해 신자는 하나님께서 자신의 모든 자녀에게 주신 일반적인 소망을 누리고, 이 소망이 이루어지리라 분명히 믿고 기대해야 합니다. 그런데 하나님은 이 소망이 이루어지는 시기, 정도, 방식에 대해서는 구체적으로 약속하신 적이 없으므로 신자는 이와 관련하여 특별하고도 구체적인 것을 기대할 수 없습니다. 이런 일반적인 약속만으로도 신자의 갈망을 북돋우고, 신자를 기도의 자리로 이끌고, 이 약속을 위해 힘쓰도록 하기에(하나님께서 기도를 듣고 응답하시리라는 분명한 기대와 소망을 가지고) 충분합니다. 또한 하나님께서 그의 믿음을 지키시고, 거룩하게 하시며, 하나님의 규례로 인도하실 것입니다. 다만 하나님께서 주신 약속이 어느 정도로 성취될지에 대해 신자는 자신을 부인해야 합니다.

소망의 대상

영원한 지복은 소망이 바라는 대상들 중 하나입니다. 소망은 "구원의 소망"(살전 5:8)이요, "하늘에 쌓아 둔 소망"(골 1:5)입니다. 하나님의 영광을 바라는 소망(롬 5:2 참고)이며, 영생의 소망(딛 1:2 참고)입니다. 이러한 세상의 모든 것은 잠시 있다가 사라지며, 무가치합니다. 그러나 영원한 것은 모든 것입니다. 영원의 무게가 마음을 짓누르고 자신이 세상을 떠나 영광으로, 아니면 끔찍하고도 영원한 고통의 자리로 들어가야 한다는 것을 생각하는 사람은 크게 동요하고 떨 수밖에 없습니다. 자신의 영원한 지복을 확신하지 못하면 사람은 평안을 누릴 수 없습니다. 하나님께서 이 지복을 약속하셨습니다. 신자들은 이 복을 자신이 다다를 목적으로 삼고 이것을 얻기 위해 분투해야 합니다. 하나님께서 구원을 약속하시는 분이므로 신자들은 확신을 가지고 그것을 소망하고 바라며 기대해야 합니다. 이를 통해 신자들은 위로를 얻고 경건을 위해 힘쓰게 됩니다.

소망은 하나님이 약속하신 은택에 주목합니다. 약속이 없으면, 소망도 없습니다. 그러나 약속이 있더라도 우리에게 주어진 것이 아니라면 소망도 있을 수 없습니다. 오직 신자들만이 약속의 후사이므로 소망을 가질 수 있습니다. 그러하기에 성경은 소망을 이야기하는 동시에 약속도 이야기합니다. 그리고 이 소망을 약속의 소망이라고 합니다(행 26:6 참고).

"영생의 소망을 위함이라. 이 영생은 거짓이 없으신 하나님이 영원 전부터 약속하신 것인데"(딛 1:2).

그러므로 이교도들에게는 소망이 없습니다. 그들은 "약속의 언약들에 대하여는 외인"(엡 2:12)이기 때문입니다.

소망은 장래에 누릴 은택을 주목하여 바라봅니다. 믿음과 소망은 모두 바라는 것의 실체를 확신합니다. 믿음 역시 소망과 마찬가지로 장래의 은택을 바라봅니다. 그러나 믿음은 장래에 누릴 은택을 지금 존재하는 것처럼 나타낸다는 점에서 소망과 다릅니다.

"믿음은 바라는 것들의 실상이요 보이지 않는 것들의 증거니"(히 11:1).

그러나 소망은 그 바라는 것을 장래에 이루어질 일로 생각합니다.

"내가 이미 얻었다 함도 아니요 온전히 이루었다 함도 아니라. 오직 내가 그리스도 예수께 잡힌 바 된 그것을 잡으려고 달려가노라……푯대를 향하여 그리스도 예수 안에서 하나님이 위에서 부르신 부름의 상을 위하여 달려가노라"(빌 3:12,14).

소망을 붙드는 사람은 "그렇게 될 가능성이 높다"라고 하지 않고 "내가 바라는 것을 아직 가지지는 못했지만, 언젠가 반드시 그렇게 될 것이다"라고 말합니다. 아니, 오히려 "내가 바라는 것은 너무나 분명하기에 반드시 이루어질 수밖에 없다. 잘못될 수가 없다. 나는 이미 그것을 받아 누리는 것처럼 분명하게 그것을 향해 매진할 것이다. 그리고 이 소망을 따라 내 삶에 질서를 세워 갈 것이다. 나는 소망하는 바를 의지하고 그것을 의지하며 산다"라고 합니다. 성경이 말하는 소망을 가진 자는 이처럼 자신이 바라는 바를 분명하게 붙들고 살아갑니다.

소망의 대상에 관한 고찰은 자연스럽게 그 대상을 소망하는 주체(하나님의 자녀들)로 이어집니다. 회심하지 않은 자는 소망을 가질 근거가 없습니다. 회심하지 않은 자들에게는 그 무엇도 소망으로 주어지지 않았습니다. 게다가 그들은 죽은 자들이므로 생명의 행위를 할 수가 없습니다. 소망을 가진다는 것은 하나님의 자녀들만이 누리는 특권입니다. 하나님의 자녀들은 거듭남을 통해 생명과 더불어 하나님이 약속하신 것을 바랄 능력을 받습니다.

"그의 많으신 긍휼대로……우리를 거듭나게 하사 산 소망이 있게 하시며"(벧전 1:3).

하나님의 자녀들만이 약속을 받기 때문에 소망의 근거를 가집니다.

"하나님은 약속을 기업으로 받는 자들에게 그 뜻이 변하지 아니함을 충분히 나타내시려고 그 일을 맹세로 보증하셨나니……앞에 있는 소망을 얻으려고"(히 6:17,18).

그래서 소망을 일컬어 "의인의 소망"(잠 10:28; 갈 5:5 참고)이라고도 합니다. 그들만이 소망을 품고, 그들에게만 소망을 촉구합니다.

"나 곧 내 영혼은 여호와를 기다리며 나는 주의 말씀을 바라는도다……이스라엘아 여호와를 바랄지어다"(시 130:5,7).

소망을 가질 수 있으며, 마땅히 소망을 가져야 할 신자들이 소망 없이 살아가는 모습을 자주 봅니다. 매우 가슴 아픈 일입니다.

소망의 근거와 방편

소망의 근거는 오직 하나님뿐입니다. 하나님께서 소망의 일들을 약속하십니다.

"그가 우리에게 약속하신 것은 이것이니 곧 영원한 생명이니라"(요일 2:25).

하나님께서 신자가 바라는 약속들을 주시고, 그것을 이루십니다.

"이제 후로는 나를 위하여 의의 면류관이 예비되었으므로 주 곧 의로우신 재판장이 그 날에 내게 주실 것이며 내게만 아니라 주의 나타나심을 사모하는 모든 자에게도니라"(딤후 4:8).

하나님께서 신자들에게 소망할 능력을 불어넣으시고, 실제로 소망을 품게끔 하십니다.

"소망의 하나님이 모든 기쁨과 평강을 믿음 안에서 너희에게 충만하게 하사 성령의 능력으로 소망이 넘치게 하시기를 원하노라"(롬 15:13)

"영원한 위로와 좋은 소망을 은혜로 주신 하나님 우리 아버지께서"(살후 2:16).

소망의 방편은 하나님의 말씀입니다. 하나님은 말씀을 통해 소망의 내용이 얼마나 아름다우며 소중한지를 알려 주십니다. 말씀을 통해 하나님께서 약속하신 것들을 위한 공로를 얻으신 중보자를 나타내십니다. 말씀을 통해 구주를 믿도록 역사하십니다. 그 믿음으로 우리 안에 소망이 새겨집니다.

이런 약속들이 말하는 모든 복은 자신의 피로써 하나님과 인간 사이의 벽을 허물고 자신의 공로로써 택함 받은 자들의 구원을 획득하신 그리스도를 토대로 할 뿐만 아니라, 그분 안에서 확정되었습니다.

"하나님의 약속은 얼마든지 그리스도 안에서 예가 되니"(고후 1:20).

약속을 믿고 바라는 신자는 주 예수님을 바라봅니다. 그리스도를 통해서만 이 약속이 이루어지기 때문입니다. 그래서 주 예수님을 '우리의 소망'이라고 부릅니다.

"너희 안에 계신 그리스도시니 곧 영광의 소망이니라"(골 1:27).

하나님께서 그리스도를 우리가 소망하는 대상으로 주십니다.

"우리 주 예수 그리스도에 대한 소망의 인내를……기억함이니"(살전 1:3).

"우리의 소망이신 그리스도 예수"(딤전 1:1).

믿음이 없이는 어느 누구도 그리스도께 참여할 수 없으며, 언약의 은택을 누리지 못합니다. 그리스도를 받고 자신의 기업으로 주장하는 믿음은 언약이 약속하는 은택을 자신의 것으로 받습니다. 이처럼 소망은 약속된 은택을 자신의 것으로 기대하는 믿음에서 나옵니다. 이렇게 약속으로 주어졌고 신자가 믿음으로 바라는 은택은 때를 따라 그에게 이루어집니다. 이런 면에서 믿음은 소망의 토대가 됩니다.

"믿음은 바라는 것들의 실상이요 보이지 않는 것들의 증거니"(히 11:1).

"소망의 하나님이 모든 기쁨과 평강을 믿음 안에서 너희에게 충만하게 하사 성령의 능력으로 소망이 넘치게 하시기를 원하노라"(롬 15:13).

그리스도를 계시하는 하나님의 말씀은 믿음에 이르는 방편이고 신자에게 약속된 모든 영광스런 은택을 알려 줍니다. 그러므로 말씀은 소망에 이르는 방편이며, 소망은 "복음의 소망"(골 1:23)이라 불립니다. 시편 119편 49절과 81절도 그렇게 말합니다.

"주의 종에게 하신 말씀을 기억하소서 주꺼서 내게 소망을 가지게 하셨나이다……나는 주의 말씀을 바라나이다."

소망의 산물: 인내, 거룩한 열심

소망은 인내를 낳습니다. 약속을 받는 것과 약속된 것을 받는 것 사이에는 오랜 시간과 많은 고난과 깊은 분투가 자리합니다. 소망을 통해 신자는 약속된 은택의 영광과 그 은택을 분명히 누릴 것이라는 사실을 바라봅니다. 그다음에 인내가 뒤따르는데, 인내는 소망을 가진 자마다 환난에 굴하지 않도록 오래 붙들어 줍니다. 하나님은 인내를 통해 신자가 약속된 것에 참여하도록 이끄십니다. 인내가 아니고서는 약속된 은택에 참여할 수 없습니다. 불신앙으로 약속된 은택을 저버리든지, 약속된 것을 바라보고 믿음으로 인내의 길을 가든지 둘 중 하나입니다. 그러기에 소망은 인내하며 기대하는 것입니다. 신자는 인내로 믿음의 길을 가기를 바라는데, 불안한 마음으로 마지못해 그리하는 것이 아니라, 약속된 은택의 영광과 확신에서 비롯된 평온한 마음으로 그렇게 합니다. 주 예수님께서 그렇게 이 땅을 지나가셨습니다.

"그는 그 앞에 있는 기쁨을 위하여 십자가를 참으사 부끄러움을 개의치 아니하시더니"(히 12:2).

따라서 우리도 "인내로써 우리 앞에 당한 경주를"(히 12:1) 해야 합니다. 그래서 사도 바울은 로마서 8장 25절에서 "만일 우리가 보지 못하는 것을 바라면 참음으로 기다릴지니라"라고 말하며 "소망의 인내"(살전 1:3)에 관해 말합니다.

소망은 거룩한 열심을 낳습니다. 소망을 가진 사람은 게으르고 피동적이거나 다른 일들에 마음을 빼앗기는 것을 용납하지 않습니다. 오히려 소망하는 바를 얻기 위해 올바른 방식으로 거룩하게 노력합니다. 소망하는 바를 기억하고 하나님께서 허락하신 방편을 힘써 사용합니다. 하나님은 소망하는 바를 이루어 주겠노라고 약속하시며 자기 자녀들이 거룩한 부지런함이라는 방편을 통해 소망하는 바를 얻도록 이끄십니다. 그리하여 세상을 버리고 천국을 바라보게끔 하십니다. 신자들이 너무 쉽게 사로잡히는 죄와 모든 무거운 짐을 내려놓게 해 주십니다. 이를 통해 신자들은 소망의 실체를 향해 나아가지 못하게 가로막는 모든 장애를 담대하게 극복합니다. 하나님은 그들로 하여금 그분의 계명을 따라 살고 선행에 힘쓰게 함으로써 하나님의 영광과 영생을 구하며 살도록 하십니다. 그래서 성경은 신자들을 이렇게 격려합니다.

"좁은 문으로 들어가기를 힘쓰라"(눅 13:24).

"그런즉 사랑하는 자들아, 이 약속을 가진 우리는 하나님을 두려워하는 가운데서 거룩함을 온전히 이루어 육과 영의 온갖 더러운 것에서 자신을 깨끗하게 하자"(고후 7:1).

진지한 자기 성찰

지금까지 소망의 본질을 살펴보았습니다. 이제 자신에게로 눈을 돌려, 이 소망이 과연 자신 안에 있는지를 확인해야 합니다. 자신이 소망 안에서 살고 있는지를 살피려면, 스스로를 진리의 거울에 비추어 보아야 합니다. 그리하면 구원받을 모든 소망으로부터 단절된 사람이야말로 가장 비참한 존재라는 사실에 여러분도 동의하게 될 것입니다.

회피주장 1 나는 아직 구원받을 소망이 있기 때문에 그렇게 비참한 상태는 아니다.

| 답변 |

실제로 회심하지 않은 사람이라도, 심지어 가장 불경건한 자조차도 여전히 구원받을 소망을 가질 수 있습니다. 그러나 이는 그런 삶을 고수하더라도 구원을 기대할 수 있기 때문이 아닙니다. 아직 그에게 복음이 전해지고 있으며, 하나님께서 그를 어느 특정한 때에 회심시키실지 그 자신도 알지 못하기 때문입니다. 그러나 지금 우리가 논의하려는 것은 이런 문제가 아니라, '자기 자신에 대해 뭐라고 말하는

가?' 하는 것입니다. '무엇에 근거하여 하나님의 구원을 기대하며, 그런 소망이 실제로 있는가?' 하는 것입니다. 회심하지 않았더라도 "나에게도 영생의 소망이 있음을 안다"라고 말할 수 있을 것입니다. 그렇다면 묻겠습니다. "당신이 가졌다는 소망은 바른 소망입니까? 그렇게 소망하는 근거가 있습니까? 진리 안에서 그런 소망을 가지고 있습니까? 혼자만의 착각은 아닙니까? 발람이 가진 소망에 불과한 것은 아닙니까?" 결국 수치를 안겨 줄, 기만적인 거짓 소망이 있습니다. 그렇다면 당신이 가졌다는 소망이 구원을 가져올 참된 소망인지, 아니면 그저 자기기만에 불과한지를 주의 깊게 살펴 아는 것은 너무나 중요한 문제가 아니겠습니까?

회피주장 2 나는 지금 가진 소망에 만족한다. 그러니 나를 내버려 두라. 어느 누구도 내가 가진 소망을 빼앗지 못하게 할 것이다.

| 답변 |

순도 높은 금은 검사를 잘 통과하고, 선행은 빛 가운데 드러나는 것을 마다하지 않습니다. 만일 자신의 상태가 다른 사람에게 드러나기를 원하지 않으면서도 자신이 어떤 상태인지를 알고 싶다면, 지금부터 말하는 내용을 조용한 곳에서 잘 읽어 보십시오. 당신이 가진 소망이 바른 것이라면 그것을 망치고 싶은 마음은 전혀 없습니다. 그러나 그 소망이 당신을 기만하는 것이라면, 아직 돌이킬 기회가 있는 지금이야말로 그런 거짓 소망에서 벗어나야 할 때입니다. 다음 물음에 정직하게 대답해 보십시오.

❶ 그리스도를 믿는 믿음을, 이 믿음으로 말미암은 하나님과의 화해를, 이 세상과 그것에 속한 것들을 멸시하기를, 자신의 정욕을 부인하기를, 하나님과 거룩한 삶을, 이 땅을 다 지난 후에 누릴 천국의 지복을 사모하고 있습니까? 그리고 당신은 그것들을 소중히 여깁니까? 그것들을 더욱 간절히 바랍니까? 이런 일들이 더욱 자라나기를 원합니까? 하나님의 말씀에서 하나님이 주시는 약속들을 발견할 때, 당신이 바로 그 약속을 받은 자라고 말해 주는 자질들을 자신에게서 발견합니까? 이런 자질과 성품을 가지고 참되고 전능하신 하나님께 나아가며, 이런 약속의 하나님 안에서 안식을 누립니까? 하나님이 약속하시는 은택을 받아 누리기를 기대

하고 그것을 바라봅니까? 그것들을 얻기 위해 온 힘을 쏟습니까? 이 은택을 받아 누리기 위해 모든 것을 견딥니까? 그리고 그것이 무엇인지를 알기 위해 애씁니까? 하나님이 약속하신 은택을 이렇게 바라고 구함으로써 거룩하게 자라 가고 있습니까? 어떠한 마음 자세로 하나님의 약속을 대하고 있습니까? 위에서 말한 모습이 없다면, 당신은 이 소망을 가진 것이 아닙니다. 그런데도 이 소망을 가졌다고 주장하는 것은 자신을 속이는 것입니다. 당신이 이런 상태로 생을 마감한다면, 결국 자신이 속았음을 알게 될 것입니다.

❷ 한번 더 대답해 보십시오. 사람에게 무언가를 바라고, 사람에게 기대를 걸고, 사람 때문에 안심하는 것은 아닙니까? 어떤 유력한 사람이나 당신을 잘 아는 친구가 도와줄 것이기에 모든 것이 잘되어 가리라고 생각합니까? 유력하고 능력 있는 사람을 잘 알고 그의 도움을 믿기 때문에 안심하는 것은 아닙니까? 그런 사람들이 있을 때 힘을 내고 두려워하지 않는 것도 이런 사람들이 도와주리라 믿기 때문이 아닙니까? 자신의 숙달된 기술과 능력을 믿는 것은 아닙니까? 다른 도움이나 안정을 찾을 곳이 없을 때에는 분명한 소망과 믿음을 가지고 인내하는 것이 아니라, 그것 말고는 다른 방법이 없기에 시간이 가고 상황이 바뀌면 잘 해결되리라고 막연히 믿고 기다리는 것은 아닙니까? 이런 물음에 여러분의 마음이 그렇다고 대답하고 자신의 모습이 바로 그렇다고 인정할 수밖에 없다면, 당신은 하나님이 약속하신 일에 대한 소망과 구원이 없다고 보아야 합니다. 이러한 삶의 모습은 하나님 안에서 품는 소망과 절대 양립할 수 없으며 하나님께서 주신 구원에 정면으로 배치되기 때문입니다.

❸ 스스로 구원에 대한 소망이 있다고 여긴다면 다시 한번 대답해 보십시오. 무슨 근거로 그렇게 소망합니까? 이 세상을 떠나면 천국에 가고 싶기 때문이 아닙니까? 그렇게 바라는 것도 단지 지옥보다는 천국이 더 낫기 때문이 아닙니까? 결국에는 구원받으리라는 생각으로 막연히 안심하고 있는 것은 아닙니까? 아니면 세례도 받고, 교회에도 꾸준히 출석하고, 성찬에도 참여하고, 하나님께 기도도 하고, 헌금도 하고, 별로 나무랄 데 없이 살고 있기 때문입니까? 만약 이런 질문에 그렇다고 대답

한다면, 당신이 소망의 근거로 여기는 것들은 효력이 없습니다. 당신은 하나님의 약속과는 상관이 없습니다. 당신이 가졌다는 소망도 아무런 의미가 없는 것입니다.

위의 세 가지 질문들을 통해 자신이 진정한 소망을 가지지 않았음을 깨달았다면 자신이 얼마나 비참한 상태에 있는지를 생각해야 합니다. 성경의 약속들이 당신과 상관없기 때문입니다. 당신이 위안을 삼을 만한 그 어떤 약속도 없습니다. 오히려 당신에게는 말씀에 기록된 모든 저주와 보응만이 해당될 뿐입니다. 이것이야말로 회개하지 않은 당신이 맞닥뜨릴 수밖에 없는 실체입니다. 당신이 가졌다는 소망에 대해 하나님께서 뭐라고 말씀하시는지 들어 보십시오.

"저속한 자의 희망은 무너지리니, 그가 믿는 것이 끊어지고 그 의지하는 것이 거미줄 같은즉"(욥 8:13,14).

당신이 믿고 의지하는 소망이라는 것은 거미줄처럼 허약하기 그지없습니다. 환경이 아주 조금만 변해도 허망하게 사라져 버립니다.

"그러나 악한 자들은 눈이 어두워서 도망할 곳을 찾지 못하리니 그들의 희망은 숨을 거두는 것이니라"(욥 11:20).

결국 하나님이 주신 약속에 대한 소망과 전혀 상관없는 자로 드러난다면, 자의적인 소망으로 스스로를 기만하는 것이 무슨 소용이 있겠습니까?

신자에게 주는 책망과 격려

소망을 굳건하게 하지 않는 신자들 역시 마땅히 책망받아야 합니다. 신자는 소망의 이유가 분명하고 소망의 원리(앞의 질문들에 확신을 가지고 대답하게 하는)를 가진 자들이기 때문입니다. "나의 힘과 여호와께 대한 내 소망이 끊어졌다"(애 3:18)라고 말할 수밖에 없다고 여기며, 신자가 자기에게 주어진 소망을 불러일으키지 않고 도리어 그것을 거스르는 것은 너무나 큰 잘못입니다. 모든 약속이 여러분에게 주어졌습니다. 왜 이 사실을 인정하지 않습니까? 하나님께서 그렇게 말씀하시지 않습니까? 성경이 말하는 약속의 후사들이 어떻게 이토록 약속과 상관없는 것처럼 살 수 있단 말입니까? 약속을 통해 주어진 것들을 즐거움으로 고대하고, 그것을 얻기 위해 힘을 다하는 신자들의 모습이 어찌 이토록 드물단 말입니까?

다음의 것들이 신자들을 방해합니다.

① 약속의 내용이 모호해져서 그것이 얼마나 아름답고도 영광스러운지를 제대로 알지 못합니다. 이로 말미암아 하나님이 약속으로 주신 것들을 믿고 추구하는 열심 또한 부정적인 영향을 받습니다. 대개 이런 일은 약속으로 주신 것들을 묵상하고 계속 주목하기를 게을리하는 탓에 일어납니다.

② 고의로 죄를 지음으로써 자신의 영적 상태에 의심을 품고 그리스도와 그로 말미암아 받는 모든 은택에 참여하지 못할까 봐 두려워합니다.

③ 고난이 오랫동안 계속되고, 이로 말미암은 슬픔에 압도됨으로써 영혼이 낙심합니다(시 42:6 참고).

④ 약속의 내용들을 확신 있게 붙들고 주장하지 못할 정도로 역사적인 믿음(historical faith)이 공격을 받아 약해집니다.

이런 원인들로 신자들은 소망을 굳건히 붙들지 못하게 됩니다. 그러나 이런 것들에 소망의 자리를 내주지 마십시오. 그렇게 되면 은혜 없이 싸워야 하고 자의적인 판단에 굴복할 수밖에 없기 때문입니다. 소망을 굳게 붙들지 않으면 소망에 대해 더욱 혼란스러워하고, 소망을 굳게 붙들 힘을 소진하여 점점 무기력해지고 낙담에 빠지며 의욕을 잃습니다. 선하고도 진실하며 미쁘고 전능하신 하나님을 영화롭게 하지 않고 마귀에게 흔들릴 여지를 만듭니다. 그러고는 소망의 약속을 붙들고 살아간다는 것이 쉽지 않다고 믿으며, 더는 그렇게 살지 않습니다. 분투하지 않으면 승리할 수 없습니다. 소망을 더 굳게 붙들수록 더 간절히 노력하게 됩니다. 그러므로 여러분 마음에 신령한 은택을 얻기를 소망하지도, 소망의 약속을 붙드는 것을 전혀 즐거워하지도 않는 것처럼 낙담과 실의에 빠지지 마십시오. 그리고 여러분의 믿지 않는 마음이 격렬하게 이 소망을 거스르지 못하게 하십시오. 자신이 하나님의 약속에 참여하였음을 자각하고 계속 상기하십시오. 그리하면 하나님의 약속에 대한 소망이 다시금 살아날 것입니다.

그러하니 무기력한 영혼이여, 다시금 마음을 일깨우십시오. 하나님께서 약속하신 지복은 이 땅에서 누릴 것이 아닙니다.

"공의와 힘은 여호와께만 있나니 사람들이 그에게로 나아갈 것이라"(사 45:24).

하나님께서 영적인 일들뿐만 아니라 이 땅의 모든 일들도 도우신다는 사실을 기억하십시오. 여러분의 구원이 견고하고 확실함을 분명히 하십시오. 구원을 약속하신 분은 미쁘십니다. 그러므로 "반드시 하나님은 그분의 경륜을 따라 나를 인도하고 영광으로 이끌어 들이실 것이다"라고 말하십시오. 여러분에게 약속된 구원의 위대함과 여러분이 참으로 복 받은 자임을 알고 기뻐하십시오. 이 약속을 의지하고 그 실체를 향해 난 길을 가십시오. 모든 일을 감내하고 어떤 것에도 굴하지 마십시오. 모든 일이 합력하여 선을 이룰 것입니다. 하나님께서 약속하신 지복을 기대하고 온전히 바라십시오. 용감하고도 결연하게 모든 장애를 극복하십시오. 모든 것들이 여러분에게 굴복하고 결코 실패로 드러나지 않을 것입니다. 그렇게 승리한 여러분은 생명의 면류관을 얻으며 믿고 바라던 바의 실체를 마주하게 될 것입니다. 그 이유는 다음과 같습니다.

첫째, 여러분이 가진 소망의 대상인 구원의 은택은 그것을 주목하여 바라보고 묵상하는 사람이라면 누구나 갈망하게 될 만큼 너무나 귀하고도 매력적이기 때문입니다. 이 땅을 살면서 하나님의 돌보심을 받고 당면한 일이 어떻게 끝맺을지를 염려하지 않고 사는 것처럼 영광스럽고 매력적인 삶도 없습니다. 이런 삶을 사는 우리는 모든 일을 할 때 하나님을 의지하고 그 일의 결과가 가장 선하고도 유익할 (어떤 모습으로 결과가 드러나든) 것임을 압니다. 그렇습니다. 금생에서 은혜와 빛과 위로와 성화를, 내생에서 하나님과의 복된 교제를 기대합니다. 이 일들은 하나님께서 약속하셨고, 여러분이 참여할 일들입니다. 과연 여러분이 갈망하고, 소망 가운데 고대하고, 매진할 만한 가치가 충분한 일들이 아닙니까? 이 소망에 맞추어 삶의 질서를 잡아도 전혀 아쉽지 않을 만큼 가치 있고 소중한 것들이 아닙니까?

둘째, 이런 일들에 대한 약속들이 확실하기 때문입니다. 하나님께서 약속을 변개치 않으실 뿐만 아니라, 어떤 피조물도 이 약속들의 실체를 빼앗지 못합니다.

① 이 약속들이 하나님의 진실하심과 미쁘심과 전능하심에 토대를 두기 때문입니다.

"또 약속하신 이는 미쁘시니"(히 10:23).

"주께서 심지가 견고한 자를 평강하고 평강하도록 지키시리니 이는 그가 주를 신뢰함이니이다"(사 26:3).

"나의 화평의 언약은 흔들리지 아니하리라"(사 54:10).

② 이 약속이 흔들리지 않을 견고한 모퉁잇돌이신 그리스도를 토대로 하기 때문입니다.

"보라 내가 택한 보배로운 모퉁잇돌을 시온에 두노니 그를 믿는 자는 부끄러움을 당하지 아니하리라 하였으니"(벧전 2:6).

그리스도께서 공로로 얻으신 것이 잘못될 수 있겠습니까?

③ 이 약속이 주 예수님께서 하신 말씀에 근거하기 때문입니다.

"아버지의 말씀은 진리니이다"(요 17:17).

"하나님의 약속은 얼마든지 그리스도 안에서 예가 되니, 그런즉 그로 말미암아 우리가 아멘 하여 하나님께 영광을 돌리게 되느니라"(고후 1:20).

④ 중보자의 죽음으로 인 쳐진 영원하고도 불변하는 언약이기 때문입니다(히 9:15-17 참고).

"내 아버지께서 나라를 내게 맡기신 것같이 나도 너희에게 맡겨"(눅 22:29).

⑤ 영원한 사랑 때문입니다.

"내가 영원한 사랑으로 너를 사랑하기에"(렘 31:3).

하나님께서 미리 아시고, 미리 정하시고, 부르시고, 의롭다 하신 그들을 또한 영화롭게 하실 것입니다(롬 8:29,30 참고).

⑥ 하나님께서 맹세로 보증하신 것이기 때문입니다.

"하나님은 약속을 기업으로 받는 자들에게 그 뜻이 변하지 아니함을 충분히 나타내시려고 그 일을 맹세로 보증하셨나니……우리에게 큰 안위를 받게 하려 하심이라"(히 6:17, 18).

⑦ 우리가 기업의 보증으로 받은 분이 우리에게 약속된 것과는 비교할 수조차 없이 무한하게 존귀하신 분이기 때문입니다.

"그 안에서 또한 믿어 약속의 성령으로 인치심을 받았으니 이는 우리 기업의 보증이 되사 그 얻으신 것을 속량하시고"(엡 1:13,14).

⑧ 우리가 그리스도와 누리는 연합과 교제 때문입니다. 우리의 머리이신 그리스도는 이미 하늘에 계십니다. 그분의 지체인 우리가 머리이신 그분과 당연히 함께 있게 될 것입니다.

"또……그리스도 예수 안에서 함께 하늘에 앉히시니"(엡 2:6).

그래서 사도 바울은 말합니다.

"우리가 소망으로 구원을 얻었으매"(롬 8:24).

어느 누가 이런 분명한 구원의 보증을 의지하지 않는다는 말입니까?

셋째, 소망은 신자가 금생에서 십자가를 지고 가며 모든 고난을 받을 때에도 강력한 위로를 제공하기 때문입니다. 모든 고난과 어려움 속에서도 소망으로 말미암아 신자는 약속된 은택에 시선을 고정시킵니다.

"그리하여 우리가 항상 주와 함께 있으리라. 그러므로 이러한 말로 서로 위로하라"(살전 4:17,18).

하나님의 약속을 믿고 소망하는 사람은 바울과 같이 고백합니다.

"생각하건대 현재의 고난은 장차 우리에게 나타날 영광과 비교할 수 없도다"(롬 8:18).

소망을 가진 사람은 고난의 유익은 물론, 고난 이후에 찾아올 영광을 압니다.

"우리가 잠시 받는 환난의 경한 것이 지극히 크고 영원한 영광의 중한 것을 우리에게 이루게 함이니"(고후 4:17).

넷째, 소망을 가진 신자는 승리를 확신하며 더 용감히 싸우기 때문입니다.

"그러므로 나는 달음질하기를 향방 없는 것같이 아니하고 싸우기를 허공을 치는 것같이 아니하며"(고전 9:26).

"곧 이것을 우리에게 이루게 하시고……그러므로 우리가 항상 담대하여"(고후 5:5,6).

다섯째, 소망이 마음을 기쁘게 하기 때문입니다. 사람은 행복 없이 살 수 없습니다. 경건한 신자들은 금생에서 많은 고난을 지나가야 합니다. 따라서 소망이 없다면 그 많은 고난을 감당하지 못하여 쓰러지고 말 것입니다. 모든 사람은 자신의 행복과 관련된 일에 매진합니다. 즐거운 마음이 몸과 영혼에 활력을 불어넣기 때문입니다. 그러나 소망은 신자로 하여금 "환난 중에도 즐거워"(롬 5:3)하게 합니다. "소망 중에 즐거워"(롬 12:12)하는 것입니다.

여섯째, 소망이 영혼을 거룩하게 하기 때문입니다. 상상과 바람만으로는 아무 일도 이룰 수 없습니다. 그러나 분명한 소망은 행동하게 합니다. 소망하는 일들이 영적이고 거룩하므로, 이런 일들을 분명히 믿고 소망하는 사람들은 소망하는 일들을 향해 걸어갈수록 거룩해질 수밖에 없습니다. 하나님께서 자녀들을 영광으로 이끄시는 길 자체가 거룩한 길이기 때문입니다. 이런 사실에 대해 요한일서 3장 3절이 분명히 말합니다.

"주를 향하여 이 소망을 가진 자마다 그의 깨끗하심과 같이 자기를 깨끗하게 하느니라."

소망은 그 자체로도 소중하지만, 용기와 기쁨과 거룩함을 낳기 때문에 더욱 소중합니다.

일곱째, 이 모든 것과 더불어 소망이 하나님과 주 예수님을 영화롭게 하기 때문입니다. 소망은 죄인을 용납하거나 내버려 두시는 하나님의 주권을 인정합니다. 죄가 많을지라도 값없이 베푸시는, 사람을 구원하는 하나님의 은혜를 인정합니다. 하나님께서 식언하지 않고 약속을 이루시는 분임을 인정합니다. 하나님께서 신자들에게 구원을 허락하시는 것은 물론이요, 원수들의 온갖 방해에도 그들에게 베푼 구원을 보존하시는 전능한 분임을 인정합니다. 하나님의 사랑과 구원의 보증으로 자신을 내주시고 대속의 공로로 자기 백성들을 위한 구원을 획득하신 주 예수님의 사랑을 인정합니다.

그러므로 하나님을 영화롭게 하기를 열망하는 모든 신자는 소망의 끈을 놓지 않습니다. 하나님의 말씀에 온갖 방식으로 주어진 하나님의 약속들을 샅샅이 찾아 살펴 자신에게 적용하고 의지합니다. 소망을 잃지 않도록 도와주시기를 하나님께 쉬지 않고 간구합니다. 다른 사람들 안에 소망을 불러일으킬 뿐만 아니라, 다른 사람들이 자기에게 주는 격려를 마음으로 받습니다. 그리하면 여러분이 붙드는 소망이 자신을 부끄럽게 하지 않음을 경험할 것입니다. 그리고 하나님이 주신 약속이 이루어지기를 인내하며 기다리는 가운데, 하나님이 정하신 때에 이러한 복에 참여하는 자로 드러나게 될 것입니다.

62

영적 담대함

약속을 받는 것과 그 약속의 실체를 받는 것 사이의 틈은 오래 참는 소망으로 채워져야 합니다. 그런데 이 기간에는 반드시 원수들의 많은 공격과 반발이 따릅니다. 따라서 하나님의 약속을 소망하는 신자는 그 기간에 일어날 모든 일을 견디고 모든 장애를 넘어설 수 있도록 강건해야 합니다. 그러므로 소망을 가진 신자는 강건해야 합니다.

영적 담대함이란

영적 담대함이란, 하나님께서 자기 자녀에게 무엇을 허락하시든 굴하지 않고 소망 가운데 기다리는 확고부동한 마음입니다. 이를 통해 신자는 하나님이 약속하신 은택을 받아 누릴 것을 소망할 때 예상되는 모든 위험과 반대에 대한 두려움을 극복하고, 불굴의 태도로 싸움에 임하며, 담대하게 하나님께 순종하며 살아갑니다.

귀한 것일수록 얻기 어렵다는 속담은 참됩니다. 자연적인 것들에서나 영적인 것들에서나 이는 동일합니다. 신자가 얻어야 할 영적인 것들은 가장 탁월한 것입니다. 그러나 이것이 무엇인지 모르고 익숙하지 않은 사람은 그것을 얻지 못한다고 힘들어하지도 않을뿐더러, 그것을 얻기 위해 감내해야 하는 일들을 대수롭지 않게 여깁니다. 반면 소망의 실체를 아는 신자들은 그것을 얻기 위해 모든 것을 감수하고 소망으로 마음을 굳건하게 다집니다. 이런 굳건함(비록 세상은 이것을 완고한 고집이라고 폄훼하지만)은 가장 탁월한 덕입니다. 이 덕은 그리스도인을 아름답게 하는 장신구로서 하나님을 기쁘시게 하고, 세상을 두렵게 하며, 개인적으로 큰 유익이 됩니다. 하나님께서 이 덕을 요구하시며, 이 덕을 위해 신자들에게 자주 '강건하라'라고 격려하십니다.

영적 담대함은 신자의 영혼과 지성과 의지와 정서에 자리합니다. 신자가 가진 이 모든 기능들은 소망이 바라는 목적을 위해 발휘됩니다. 이는 물리적인 행위가 아니라(물론 이런 강건함과 능력이 물리적 행위를 통해서도 드러납니다) 영적인 행위입니다. 이 행위를 할 때 이 덕의 아름다움을 관찰하는 지성을 비롯해 신자의 모든 기능이 발휘됩니다. 이 기능은 가끔 발휘되는 것이 아닙니다. 이는 처음에 하나님께서 영혼에 주입하시고, 성령의 역사로 발휘되며, 많은 노력과 실천을 통해 증진되고 더 강해지는 경향성이요 습관적인 기울어짐과 능력입니다.

"여호와를 의뢰하고 그의 마음을 굳게 정하였도다. 그의 마음이 견고하여 두려워하지 아니할 것이라"(시 112:7,8).

회심하지 않은 자의 마음은 이런 강건함을 발휘하는 주체가 될 수 없습니다. 이들은 모든 선한 일을 거부하고 반역할 뿐이기 때문입니다(딛 1:16 참고). 이들에게는 어떠한 약속도, 믿음도, 소망도 없을뿐더러 내면의 신령한 생명조차 없습니다. 이런 자들이 무슨 영적인 강건함과 용기를 얻는단 말입니까? 오직 거듭난 자만이 용감한 자입니다. 우리가 지금까지 말한 것들(회심하지 않은 자들은 가질 수 없는)을 가진 자입니다.

"의인은 사자같이 담대하니라"(잠 28:1).

성도라 불리는 자들에게 사도 바울은 이렇게 말합니다.

"깨어 믿음에 굳게 서서 남자답게 강건하라"(고전 16:13).

영적인 강건함을 발휘할 대상과 목적이 여기서 분명히 드러납니다. 영적인 강건함은 신자가 얻어야 할 선 및 신자가 이겨야 할 악과 관련됩니다. 하나님은 자기 백성들에게 영과 육에 많은 은택을 베풀겠노라고 약속하시면서 자신이 직접 정하고 명하신 방편을 따라 그런 은택을 받게 되리라고 말씀하십니다. 영적으로 강건한 사람은 이런 은택을 잘 알고 사모하며, 하나님이 주신 은택의 약속을 믿고 소망 가운데 그것을 기대합니다. 이런 기대와 더불어 노력하면서, 그 기대를 따르고 더욱 이해하기를 추구합니다. 이때 많은 저항에 직면하고, 명예와 소유는 물론 목숨까지도 잃습니다. 수치와 조롱을 당하고 미움을 삽니다. 가난과 질병뿐만 아니라 온갖 종류의 역경에서 비롯되는 저항과 반대에 직면합니다. 이 모든 저항과 반대는 두려움을 낳을 수 있는데, 이런 두려움은 소망을 붙들고 가는 신자의 노력을 전부 또는 일부 상쇄시킵니다. 그러나 영적 담대함을 가진 신자는 이런 역경과 반대에 직면한다고 해서 포기하지 않을뿐더러, 오히려 더욱 열심을 내 결연하게 이 역경을 헤쳐 나갑니다. 이런 열심과 결연함은 그 무엇에도 흔들리지 않습니다. 심지어 목숨을 위협당할지라도 이런 결연함은 누그러지지 않습니다(행 20:24 참고). 물론 이렇게 담대한 신자라도 영적 침체와 갈등을 겪을 수 있습니다. 믿음이 공격받고 소망이 요동침으로 말미암아 내면에 큰 소용돌이가 일 수도 있습니다. 그러나 마치 아무것도 보이지 않는 것처럼, 담대한 신자는 안팎의 이런 상황에 아랑곳하지 않으며 용기를 잃지 않습니다. 그리고 위대한 영웅처럼 스스로를 지킬 뿐만 아니라 계속 싸워 가며 원수에게 일격을 가합니다.

그러나 이것으로 끝나지 않습니다. 그렇게 힘써 싸우는 용감한 신자의 앞길을 또 다른 악이 막아섭니다. 이 악은 이전까지 싸우던 악과는 차원이 다릅니다. 한층 더 깊이 영향을 미치는 악으로서, 바로 옛 아담이라고 하는 타락한 본성입니다. 이 옛 본성은 그럴듯한 말로 아첨하며 신자를 꼬드겨 잘못된 길로 인도합니다. 이로 말미암아 신자는 넘어지고 자빠져서 영혼에 다시금 치명상을 입습니다. 선을 간과하고, 악을 행합니다. 영적 군사인 자신의 상태를 믿지 못하여 소망이 없는 사람처럼 느끼고 낙담합니다. 그러나 영적인 강건함은 이런 방해조차도 넘어섭니다. 옛 본성의 짐을 지고서 행군하기 어려울 때에는 기어서라도 나아갑니다. 혹시 그것에 넘어져 굴복했다 할지라도 마음을 새롭게 하고 다시금 용기를 얻어 싸움에 임합니다. 싸움에 진전이 보이지 않을 때조차도 주 예수님을 의지하고 믿습니다. 아무리 큰 대가를 치르게 된다 할지라도 결과를 그분께 맡기고 끝까지 견디며 포기하지 않겠다고 결심합니다. 주눅 들 만큼 원수가 강하게 느껴진다 하더라도 온 힘을 다하며 포기하지 않습니다. 가장 처참한 지경에 이르러도 싸우기를 멈추지 않습니다. 이처럼 하나님의 약속을 소망하는 자들에게는 선한 일뿐만 아니라 악한 일조차도 영적인 강건함을 발휘할 좋은 기회가 됩니다.

영적 담대함의 증거

영적 담대함에서 가장 중요한 핵심은 용감하고도 견고한 마음입니다.

첫째, 이런 마음은 하나님께서 주신 약속에 대한 소망으로 고동칩니다. 소망의 실체이신 하나님이 주시는 구원의 은택은 모든 불편함과 어려움도 기꺼이 감내하게 할 만큼 매력적이고 사모할 만합니다. 구원을 약속하시는 하나님의 미쁘심과 진실하심을 믿고 여기에 소망을 두는 사람은 의심하거나 요동하지 않고 하나님께서 약속하시는 것을 받아 누립니다. 구원의 은택을 약속하시는 하나님의 미쁘심과 진실하심에 더 견고히 설수록 신자는 더 큰 용기와 담력을 발휘합니다.

둘째, 이런 마음은 두려움을 이깁니다. 본성적인 마음은 고통당할 때 움츠러들기 마련이고, 그것을 피하려고 합니다. 그러나 용감한 사람은 두려움을 이깁니다. 자신이 그토록 바라던 은택을 다른 길을 통해서는 얻을 수 없다는 사실을 너무나 잘 알기 때문입니다. 또한 그런 자신을 막아서는 모든 것들이 결코 자기를 이길 권세가 없으며, 따라서 전능자의 도우심을 입어 소망의 길을 가는 자신을 결코 막아설 수 없음을 알기 때문입니다. 이런 신자 앞에서 두려움은 자취를 감출 수밖에 없습니다.

"여호와는 나의 빛이요 나의 구원이시니 내가 누구를 두려워하리요 여호와는 내 생명의 능력이시니 내가 누구를 무서워하리요"(시 27:1).

"내가 사망의 음침한 골짜기로 다닐지라도 해를 두려워하지 않을 것은 주께서 나와 함께하심이라"(시 23:4).

셋째, 영적으로 강건한 마음은 신자로서의 의무를 멈추지 않고 행합니다. 이는 자신이 맞닥뜨릴 것들을 알고 예상하면서 자신이 전심으로 바라는 바 하나님이 약속하신 은택으로 난 길로 담대히 가는 것을 말합니다. 이런 마음을 가진 신자는 하나님과 그리스도를 의지하고 성령이 도우실 것을 믿으며 자기에게 약속된 은택으로 향하는 길을 걷습니다.

이 세 가지가 바로 담대하고도 견고한 마음, 다시 말해 영적 담대함을 이룹니다. 다음 말씀들을 통해 성경이 이런 성품에 대해 뭐라고 말하는지를 보십시오.

"누가 우리를 그리스도의 사랑에서 끊으리요. 환난이나 곤고나 박해나 기근이나 적신이나 위험이나 칼이랴……그러나 이 모든 일에 우리를 사랑하시는 이로 말미암아 우리가 넉넉히 이기느니라. 내가 확신하노니 사망이나 생명이나 천사들이나 권세자들이나 현재 일이나 장래 일이나 능력이나 높음이나 깊음이나 다른 어떤 피조물이라도 우리를 우리 주 그리스도 예수 안에 있는 하나님의 사랑에서 끊을 수 없으리라"(롬 8:35,37-39).

"그러므로 내 사랑하는 형제들아 견실하며 흔들리지 말며 항상 주의 일에 더욱 힘쓰는 자들이 되라. 이는 너희 수고가 주 안에서 헛되지 않은 줄 앎이라"(고전 15:58).

영적 담대함의 원천

여호와 하나님이 이런 담대함의 원천이십니다.

"여호와를 바라는 너희들아 강하고 담대하라"(시 31:24).

"피곤한 자에게는 능력을 주시며 무능한 자에게는 힘을 더하시나니"(사 40:29).

하나님께서 어떻게 이런 면으로 역사하시는지, 어떻게 다양한 방편(이차적 원인들)을 통해 사람들로 하여금 이런 강건함을 발휘하게 하시는지를 면밀하게 살펴보아야 합니다.

첫째, 하나님은 자신이 약속하신 바 신자들이 마침내 얻게 될 영광, 즉 그들이 받은 구원으로 말미암은 은택을 신자들에게 분명히 보이십니다. 신자들이 약속된 영광에 이르는 것을 너무나 확고하고도 분명한 사실로 인지하게끔 그들 앞에 펼쳐 놓으십니다. 신자들은 하나님께서 약속하신 궁극적인 은택의 영광을 분명하게 지각할수록 그것을 마음으로 더욱 분명히 확신합니다. 그럴수록 신자들은 영적으로 더 강건해지며 그것이 나타나는 때를 더 열렬히 추구합니다. 주 예수님께서 그렇게 하셨습니다.

"그는 그 앞에 있는 기쁨을 위하여 십자가를 참으사 부끄러움을 개의치 아니하시더니"(히 12:2).

모세 또한 그러했습니다.

"그리스도를 위하여 받는 수모를 애굽의 모든 보화보다 더 큰 재물로 여겼으니 이는 상 주심을 바라봄이라"(히 11:26).

둘째, 영혼으로 하여금 하나님의 도우심과 붙드심을 확신하게 하시고, 그 마음에 이와 관련된 약속을 인 치십니다.

"두려워하지 말라, 내가 너와 함께함이라. 놀라지 말라, 나는 네 하나님이 됨이라. 내가 너를 굳세게 하리라. 참으로 너를 도와주리라. 참으로 나의 의로운 오른손으로 너를 붙들리라"(사 41:10).

신자는 믿음으로 이런 약속을 받고 스스로를 강건하게 합니다. 폭풍이 몰아치는 현장에서 자신의 연약함을 너무나 잘 아는 사람은 폭풍에도 흔들리지 않을 듯한 가까운 기둥이나 나무를 부여잡고 끝까지 버팁니다. 이와 마찬가지로 용감한 사람 역시 여호와의 능력을 붙잡고 강하고도 담대하게 남아 있습니다.

"내 힘을 의지하고"(사 27:5).

다윗이 그러했습니다.

"다윗이 크게 다급하였으나 그의 하나님 여호와를 힘입고 용기를 얻었더라"(삼상 30:6).

셋째, 하나님은 신자들이 행진하지 못하게 가로막는 모든 장애물의 한계와 무능력함과 무가치함을 보여 주십니다. 사람의 명예와 사랑, 이 세상과 그 속에 있는 훌

룡하고 아름답게 보이는 것들이 실제로는 아무것도 아니라는 사실과 신자는 이런 것들 없이도 즐거울 수 있다는 사실을 보여 주십니다(합 3:17,18 참고). 하나님은 자신이 신자가 흡족해할 만한 기업이시며(애 3:24 참고), 이 세상에 있는 것이 아무리 아름답게 보인다 할지라도 이 기업에 비추어 보면 배설물에 불과하다고 말씀하십니다(빌 3:8 참고). 사람들의 증오와 그들이 가하는 핍박과 어려움이 바람 빠진 주머니처럼 아무것도 아니라고 하십니다. 신자들을 향한 하나님의 뜻에 아무런 영향을 미치지 못하기 때문입니다. 그리고 가난이나 역경 같은 것은 잠시 있다가 사라질 환난의 가벼운 것이라고 하십니다(고후 4:17 참고). 이런 사실로부터 영혼은 위로와 힘을 얻고 바울과 같이 "도리어 크게 기뻐함으로 여러 약한 것들에 대하여 자랑하리니"(고후 12:9)라고 고백합니다. 신자들은 약할 때 곧 강하기 때문입니다. 이처럼 신자들은 능욕과 궁핍과 박해와 곤고가 닥치면 기뻐합니다. 그럴 때 그리스도의 능력이 그들과 함께하기 때문입니다(고후 12:9,10 참고).

넷째, 하나님께서 지금 신자들이 약속을 따라 걷는 길이 얼마나 선하고 의로운지를 그들에게 보여 주십니다. 하나님께서 친히 그들에게 명하셨으며, 그 명령이 신자들이 아니라 하나님을 위한 것임을 알게 하심으로써 그 길을 걷게 하십니다. 이를 통해 신자들은 소망의 길을 가면서 맞닥뜨리는 싸움에서 힘을 냅니다. 예수님을 위하여 원수들과 싸울 수 있게 되었고, 또 이런 싸움에서 부상을 입는 것을 영광으로 여깁니다. 바로 이로 말미암아 사도들은 공회 앞에서 전혀 굴하지 않고 담대하게 증언할 수 있었으며(행 4:13 참고), 매질을 당하면서도 "그 이름을 위하여 능욕 받는 일에 합당한 자로 여기심을 기뻐하면서" 떠날 수 있었습니다(행 5:41 참고).

다섯째, 하나님께서 신자들을 핍박하는 자들이 얼마나 불경건하고 불의한지를 알게 하십니다. 여호와 하나님이 의로운 재판장이심을 인정함으로써 신자들은 자신들을 핍박하는 자들과 그들이 핍박하는 이유와 목적을 하나님께서 미워하신다는 사실을 확인합니다. 그러므로 의로우신 하나님께서 그들을 대적해 싸우고 보응하실 것을 확신하고, 핍박 가운데서도 기뻐하고 더 큰 용기를 얻으며 이렇게 고백합니다.

"여호와는 내 편이시라. 내가 두려워하지 아니하리니 사람이 내게 어찌할까……뭇 나라가 나를 에워쌌으나 내가 여호와의 이름으로 그들을 끊으리로다"(시 118:6,10).

다윗이 골리앗과 싸울 때 담력을 얻을 수 있었던 것도 골리앗이 하나님을 모욕함으로써 하나님을 대적하고 있었음을 알았기 때문입니다(삼상 17:45 참고).

여섯째, 하나님께서 이전에 신자들의 몸과 영혼을 위해 베푸셨던 것과 동일하게 그들을 도우십니다. 마치 하나님께서 다음과 같이 질문하시는 것 같습니다. "모든 것을 다 잃어버리고, 사형을 선고받은 것처럼 이미 죽었다고 생각될 때, 불의한 일들에 절망하고, 소망이 다 사라졌다고 느껴질 때, 영적 생명이 다한 것 같고 네 스스로 '이제 모든 것이 끝났고 나와의 관계를 다시는 회복하지 못할 것'이라 생각할 때, 내가 얼마나 자주 너를 구원해 주었느냐?" 신자는 이런 경험을 통해 매우 큰 힘을 얻습니다.

"여호와께서 나를 사자의 발톱과 곰의 발톱에서 건져 내셨은즉 나를 이 블레셋 사람의 손에서도 건져 내시리이다"(삼상 17:37).

"그가 이같이 큰 사망에서 우리를 건지셨고 또 건지실 것이며 이후에도 건지시기를 그에게 바라노라"(고후 1:10).

일곱째, 하나님께서 믿음의 싸움을 싸우는 영혼에게 자신의 은혜를 확신시키심으로써 위로하십니다. 하나님께서 다음과 같이 말씀하시며 위로를 주십니다. "내 은혜가 네게 족하다. 내가 너의 하나님이고, 너의 모든 죄를 용서하고, 너를 사랑한다. 내 모든 능력으로 너를 보존하고 영원히 너를 영화롭게 할 것이다. 그런데 무엇을 걱정하겠느냐? 모든 일이 잘될 것이다. 내가 지금 너를 위해 일하고 있으며, 앞으로도 그럴 것이다. 너를 떠나지도 않고, 버리지도 않을 것이다. 그러니, 용기를 내라. 내가 너와 함께할 것이다. 네가 두려워하는 악한 자는 결코 너를 해치지 못할 것이다. 설령 그런 일이 있다고 할지라도 넉넉히 감당할 수 있도록 내가 네게 힘을 줄 것이다. 뿐만 아니라 이 모든 것으로 최고의 유익이 되도록 할 것이다. '네가 물 가운데로 지날 때에 내가 너와 함께할 것이라. 강을 건널 때에 물이 너를 침몰하지 못할 것이며 네가 불 가운데로 지날 때에 타지도 아니할 것이요 불꽃이 너를 사르지도 못하리니'(사 43:2). 내가 너를 떠나지 않을 것이니 용기를 내어 힘껏 싸워라." 이런 위로를 경험한 영혼은 창공으로 날아오르는 독수리의 두 날개를 받은 것처럼 걸어도 피곤하지 않고 달음박질쳐도 곤비하지 않습니다.

여덟째, 때때로 경험하는 좌절을 통해서도 힘을 얻습니다. 이것이야말로 놀라운 사실입니다. 두려움 때문에 뒤로 움츠러들 수밖에 없습니까? 모든 일을 포기했습니까? 시련에 굴복하고 좌절하여 지금 최악의 상태에 있습니까? 모든 일에 세상 사람들과 똑같이 살아가고 있습니까? 핍박을 당하여 자신을 감추며 신자가 아닌 것처럼 행동하고, 진리를 부정했습니까? 자신의 정욕을 따라 살고 있으며 이미 그런 정욕의 노예가 되어 버린 것처럼 보입니까? 그렇다면 보십시오. 여러분 안에 감추인 하나님의 생명이 모습을 드러낼 것이고, 자신의 그런 약함을 통해 힘을 얻을 것입니다. "연약한 가운데서 강하게 되기도 하며 전쟁에 용감하게 되어 이방 사람들의 진을 물리치기도"(히 11:34) 할 것입니다. 찬 공기나 다른 것에 갇힌 화염이 오히려 더 강력하게 뿜어져 나오듯이, 사방으로 욱여싸인 신자들의 생명 또한 그럴 것입니다. 양심이 일깨워지고, 믿음이 살아나고, 두려움이 사라질 것입니다. 그런 상태에서는 더 잃어버릴 것도, 더 나빠질 것도 없기 때문입니다. 다시 앞으로 나아가 자신이 누구인지를 나타낼 것입니다. 그 어느 때보다도 강건해질 것입니다. 그토록 연약하던 신자가 "나는 강하다"(욜 3:10)라고 말할 것입니다. 한때 진리를 부정하다가 회복된 자들이 계속 진리를 견지해 온 자들보다 더 용감하게 고난의 화염에 맞서고 견디는 모습을 종종 봅니다.

영적 담대함의 결과

영적 담대함을 가진 신자는 용감하게 믿음의 싸움을 싸우고 끝까지 하나님께 순종합니다. 아무리 능력이 있으며 하고자 하는 마음이 있다고 할지라도, 그것들이 실제 행위로 드러나지 않으면 아무런 소용이 없습니다. 하나님께서 자녀들에게 은혜를 베푸시는 것도 그런 마음이 행위까지 이어져 드러나도록 하기 위함입니다.

하나님이 자녀들에게 주시는 은혜는 결코 내면만을 지향하지 않습니다. 그러하기에 신자의 마음속에만 머물러 있지 않고, 신자의 바람과 함께 역사하고 수고하여 그 모습을 나타냅니다. 특별히 담대한 용기는 그것을 발휘할 기회가 있는데도 그냥 신자의 내면에 머무는 것으로 만족하지 않습니다. 그리고 신자의 삶에서 이런 용기가 드러날 기회는 얼마든지 있으며, 있을 수밖에 없습니다. 원수들은 호시탐탐 기회를 노리며 신자에게 있는 이 은혜를 없애거나 이 은혜가 발휘되는 것을 막으려고 싸움을 걸어 옵니다. 신자들의 삶은 언제나 무엇을 행하거나 행하지 말라는 하나님의 명령으로 가득합니다. 그러하기에 신자에게는 언제나 영적 담대함을 발휘할 기회가 있습니다.

첫째, 신자는 믿음의 싸움을 끝까지 싸웁니다. 하나님의 교회의 용사로서 그리스도인은 이 땅에서의 믿음의 여정이 끝나기 전에는 전신갑주를 벗어서는 안 됩니다. 원수들과 마귀가, 세상과 육체가 쉴 새 없이 역사하며 끊임없이 영혼을 공격합니다. 그러므로 신자 또한 쉬지 않고 이런 공격과 궤계를 물리쳐야 합니다. 그리스도께서 이렇게 명령하십니다.

"좁은 문으로 들어가기를 힘쓰라"(눅 13:24).

"성도에게 단번에 주신 믿음의 도를 위하여 힘써 싸우라"(유 1:3).

"믿음의 선한 싸움을 싸우라. 영생을 취하라"(딤전 6:12).

① 신자는 매우 소중한 것을 위해 이 싸움을 수행합니다. 이 땅에서는 신령한 생명이요 이 땅을 떠나서는 천국의 지복이 이 싸움에 달려 있습니다. 원수들은 신자들이 이런 복과 생명을 누리거나 나타내지 못하게 하려고 끊임없이 공격합니다.

② 신자는 원수를 압니다. 원수가 누구이며 무엇을 이루고자 하는지를 압니다. 신자들은 마귀와 세상과 자신들의 육체에 대해서도 잘 압니다. 원수들도 신자들을 잘 압니다.

③ 신자의 마음에는 큰 싸움이 있습니다. 완전히 상반되는 두 본성이 서로를 몰아내고자 끊임없이 싸웁니다. 이 둘은 상대가 기뻐하는 것을 얻어 누리는 것을 결코 용납하지 못할 뿐만 아니라, 그런 원수와 함께 존재하는 것 자체를 견디지 못합

니다.

④ 원수들은 우리 마음에서 유리한 입장을 선점하려고 교묘하게 행합니다. 모든 기회를 틈타 간교한 방식으로 유리한 고지를 차지하려고 합니다. 그러므로 그리스도인은 비둘기처럼 순결할 뿐만 아니라 뱀처럼 지혜로워야 합니다.

⑤ 무력을 사용합니다. 원수들은 영과 육을 가리지 않고 신자의 모든 존재에 큰 능력을 발휘하는 반면, 신자 자신은 너무나 미약할 따름입니다. 그러나 신자는 전능하신 하나님의 도우심을 입어 모든 일에서 이런 원수의 궤계에 맞서고 결코 굴복하지 않습니다.

⑥ 이 싸움에는 궁극적인 결과가 있습니다. 싸우는 동안에는 이쪽이 이기거나 저쪽이 이깁니다. 그러나 이 싸움은 결국 신자가 이기는, 그것도 넉넉히 이기는 싸움입니다.

이런 원수들과 싸워야 하므로 그리스도인들은 담력과 힘을 가져야 합니다. 두려움을 이긴 그리스도인은 신령한 무기로 원수들을 공격하고 용감하게 적진을 뚫고 들어가 그들을 발아래 굴복시켜야 합니다.

둘째, 용감한 사람은 원수들을 격퇴하는 것으로 만족하지 않고 용감하게 하나님께 순종하며 살아갑니다. 여호사밧이 그러했듯이 온 맘으로 여호와의 도를 행합니다(대하 17:6 참고). 이런 신자는 하나님께서 자신에게 바라시는 일들을 하나님과 자신 사이의 일로서 은밀하게 준행할 뿐만 아니라, 자신이 그리스도인임을 행위를 통해 외적으로도 증언합니다. 자신이 해야 할 바를 행하고 말해야 할 바를 말합니다. 개들이 짖어 대는 소리에 연연하지 않고 그들로 하여금 자신이 그리스도인임을 알게 합니다. 용감하게 그리스도인으로서 자신이 해야 할 일을 하고 다윗처럼 선언합니다.

"너희 행악자들이여 나를 떠날지어다. 나는 내 하나님의 계명들을 지키리로다"(시 119:115).

이런 것이 바로 영적 담대함의 본질입니다.

회심하지 않은 자들은 영적 담대함과 용기가 없음

지금까지 살펴본 영적 담대함과 용기의 본질이라는 거울에 비추어 볼 때, 회심하지 않은 자들은 자기에게 이런 덕이 없음을, 경건한 신자들은 자신에게 이런 덕이 부족함을 깨닫게 될 것입니다.

첫째, 회심하지 않은 자들은 은혜언약이 약속하는 바 신령하고도 영원한 은택에 참여할 수 없을뿐더러, 그것을 바라지도 않습니다. 약속도 소망도 없을 뿐만 아니라, 그것들을 얻을 마음도 없습니다. 그러하기에 그들에게서 이런 것들을 빼앗아 갈 원수도 없습니다. 이런 면에서 그들은 마귀와 세상과 육체와 싸울 필요가 없으며, 화평만이 있을 뿐입니다. 혹시 그들이 어려움을 겪는다면, 그 어려움은 이 세상과 그 속에 있는 것들을 얻고 보존하려고 하다가 겪는 것입니다. 죄를 짓지 않으려고 하다가 겪는 어려움은, 죄를 지으려는 의지와 그것을 꺼려 하는 양심 간의 싸움일 뿐입니다. 그들이 구원에 대해 고민하는 것조차도, 회개하지 않는 그들의 마음에 하나님께서 내리신 정죄의 선고와 관련된 것일 뿐입니다. 물론 하나님의 정죄가 이미 시작되었기 때문에 그러는 경우도 종종 있습니다. 어찌되었든 회심하지 않은 자들에게는 주 예수님께 받은 능력에서 비롯된 영적 담대함 같은 것이 전혀 없습니다.

둘째, 설령 외적인 종교 행위에 참여한다 하더라도 하나같이 열의가 없고 내키지 않는 마음으로 하는, 불편한 양심을 달래거나 외적인 무언가를 얻을 요량으로 마지못해 하는 것들일 뿐입니다. 이런 외적인 종교 행위를 하지 않아도 양심의 평화를 얻을 수 있다면, 그들은 그마저도 하지 않을 것입니다. 심지어 양심을 달래거나 외적인 무언가를 획득할 요량으로 하는 종교 행위조차도 그들은 번거롭고 무거운 짐으로 여길 따름입니다. 그래서 그들이 종교 행위에 참여하여 행하는 것을 보면, 노새나 거북이의 움직임이 생각날 뿐입니다.

셋째, 다른 사람들보다 좀 더 많은 빛을 받았을 뿐만 아니라, 어느 정도 회개도 하고 경건하게 살며 복음을 진리로 고백하고자 하는 자들이 있습니다. 그러나 이런 자들은 조금이라도 자신에게 불명예스럽거나 해로울 수 있는 일이 벌어지려고 하면, 또는 핍박의 때가 되어 감옥에 갇히거나 화형에 처해지거나 장대에 매달리거나 목이 베이거나 노예로 팔려 갈 것처럼 보이면, 자신을 엄습하는 두려움을 이기지 못할뿐더러 더는 약속의 소망을 붙들지 못하고 "그만, 이제 견딜 만큼 견뎠다"라고 말하며 신자가 아닌 척 시치미를 떼고 맙니다. 이들에게는 하나님을 향한 사랑과 신령한 은택을 향한 소망으로 말미암아 두려움을 이기는 담대함의 증거를 전혀 찾아볼 수 없습니다.

넷째, 어떤 이들은 죽고 나서 천국에서 발견되기를 바라면서도 정죄 받을까 봐 두려워합니다. 이들 역시 어느 길로 가야 천국에 이르는지를 알지만, 어떻게 이 길을 갈 수 있을지를 모르기 때문에 절박한 상황이 닥치거나 낙심에 빠지면 믿음의 길을 포기하고 맙니다. 그래서 오로지 두려워하고 염려할 뿐입니다. 또는 이런 두려움과 염려에서 벗어나기 위해 자신의 죄악된 정욕을 따라가면서 점점 양심이 마비됩니다. 또는 스스로 목숨을 끊어서 자신이 그토록 두려워하던 지옥으로 뛰어들기도 합니다.

다섯째, 영적 담대함과 어느 정도 비슷한 모습을 보이는 사람들도 있습니다. 그러나 이런 담대함은 진리를 아는 데서 비롯된 담대함이 아닙니다. 이들도 신자들과 사귀고, 그들의 사랑을 누리고 인정받는 데서 즐거움을 찾습니다. 그러나 거만하게 말하고 다른 사람들을 책망하거나 논쟁을 일삼고 자신의 주장을 굽히지 않습니다. 이들도 해로움이나 수치 당하는 것을 두려워하지 않습니다. 그러나 그들은 신령한 은택을 사모하거나, 확신에 찬 소망을 가지거나, 그리스도의 능력을 힘입고 그것을 의지하거나, 하나님께 순종하기 때문에 담대한 것이 아닙니다. 그들의 담대함은 위험을 무서워할 줄 모르는 어리석고도 무모한 열정에 지나지 않습니다. 그것이 얼마나 위험한지를 모르거나 자신은 해당되지 않는다고 여기기 때문입니다. 이는 "내가 하나님을 향해 얼마나 큰 열심이 있는지를 보라"고 으스대는 것처럼 자기 영광을 추구하는 행위이거나, 무모하고도 거침 없는 기질에서 촉발된 행위일 수 있습니다. 영적 담대함을 통제하는 그리스도인의 신중함이나 그리스도와의 연합과 그분의 능력 안에서 행하는 것과는 상관없는, 진리에서 비롯된 합당한 목적도 없이 무턱대고 저지르는 행위입니다. 따라서 그들의 모습은 영적 담대함과는 거리가 멀며, 죄악된 어리석음이요 거짓된 열심이자 무모함일 따름입니다.

지금까지 살펴본 내용들을 통해 여러분은 자신이 신령한 생명도 믿음도 소망도 없을뿐더러, 영적 담대함도 없는 자임을 분명히 깨달았을 것입니다. 그러할진대 어떻게 구원을 받을 수 있단 말입니까?

첫째, 침노하는 자가 천국을 빼앗을 수 있습니다(마 11:12 참고). 또한 믿음의 선한 싸움을 끝까지 싸워 이긴 자라야 생명의 면류관을 받고, 믿음의 경주를 한 자라야 상을 얻습니다(고전 9:24 참고). 그런데 게으르고 두려워하며 성마르고 어리석으며 부주의하고 무모한 여러분은 어떻게 되겠습니까?

둘째, 다음 말씀을 여러분의 가슴 깊이 새기십시오.

"이 무익한 종을 바깥 어두운 데로 내쫓으라. 거기서 슬피 울며 이를 갈리라 하느니라"(마 25:30).

또한 다음 말씀이 여러분을 향한 선고가 되지 않도록 하십시오.

"네가 이같이 미지근하여 뜨겁지도 아니하고 차지도 아니하니 내 입에서 너를 토하여 버리리라"(계 3:16).

"그러나 두려워하는……자들은 불과 유황으로 타는 못에 던져지리니 이것이 둘째 사망이라"(계 21:8).

신자들을 향한 책망과 권면

저는 신자들을 위로하는 말을 하고 싶습니다. 그러나 신자들에게 있는 죄를 두고 볼 수 없기에 신자들이 그런 죄를 짓지 않고 더 온전해지도록 부득이하게 책망하는 말을 할 수밖에 없습니다. 영적 담대함이 무엇인지 그 성격을 살펴보면서 여러분은 자신에게 그런 담대함이 얼마나 부족한지를 보았을 것입니다. 신자에게 영적 담대함이 결여된 것이 얼마나 부당한 죄악인지를 깨달아 여러분이 경각심을 가지고 이런 부족함을 채우는 데 힘쓰기를 바랍니다. 그러하기에 지금부터 이 부분을 좀 더 살펴보겠습니다.

첫째, 많은 이들이 신자라고 하면서도 하나님께서 약속하신 구원의 은택을 묵상하지 않습니다. 하나님께서 신자들로 하여금 구원의 은택을 얻기 위해 용감하게 분투하도록 그 은택들을 확연하게 드러내 보여 주셨는데도 그들은 그렇게 하지 않습니다. 신자들은 하나님이 약속하신 구원의 은택이 바랄 만하고 즐거우며 기쁘고 사랑스러운 이 땅의 모든 것들을 월등히 능가하는 것으로 다가올 때까지 마땅히 그것의 영원한 영광을 묵상하며 살아야 합니다. 그리하면 그 은택을 우리가 받아 누릴 유일한 구원으로서 열망하는 마음이 불타오를 것입니다. 이 땅에서 사랑과 경외함과 순종으로 하나님과 동행하고, 또 그렇게 함으로써 우리 마음이 눈에 보이는 것들을 초월할 정도로 고양되어 육신의 눈으로 볼 수 없는 것들을 바라보게 된다면 얼마나 즐거울까요! 그러나 우리는 하나님이 주시는 구원의 은택이 가진 영원한 영광을 묵상하는 데 너무나 게으르고 무심합니다. 그래서 그 은택들을 얻고자 하는 갈망은 점점 사그라드는 반면, 육신의 눈에 보이는 것들을 향한 본성적 욕구는 점점 커져 갑니다. 그 결과 구원의 은택을 향한 열망이 우리가 사는 모습을 변화시키지 못합니다. 그만큼 우리의 열정은 희미하고도 미약합니다. 마음이 너무 많은 것들에 분산되어 있는 탓에 정작 주목하고 집중해야 할 것에는 필요한 만큼 마음을 주지 못하고, 잠시 있다가 사라질 이 세상 것들에서 비로소 만족을 느낍니다. 바로 이 때문에 신자라고 하면서도 영적 담대함 없이 항상 불안하고도 허약한 모습을 보일 수밖에 없습니다.

둘째, 원수들에 대해 너무나 무지할 뿐만 아니라, 마귀가 우는 사자와 같이 삼킬 자를 찾으며 우리 주변을 어슬렁대는 것을 의식하지도 않습니다. 세상이 때로는 유혹하고 때로는 위협하며 우리의 마음을 훔치려고, 그리하여 도무지 헤어날 수 없는 올무에 빠트리려고 호시탐탐 기회를 노리고 있다는 것을 알지 못합니다. 우리 안에 자리한 부패한 본성이 끊임없이 우리를 미혹하여 죄짓게 하는 것은 물론 선한 일을 하지 못하도록 가로막고 있다는 것을 알지 못합니다. 그리하여 우리는 자신이 가진 것을 보존하고 거듭난 본성이 가지고 싶어하는 것을 얻을 수 있는 한, 이와 관련하여 점점 더 부주의하게 살아갑니다. 두려워해야 할 것을 두려워하지 않는 까닭에 마땅히 해야 할 일들에도 두 손을 놓은 채 무기력하게 지냅니다.

셋째, 우리의 궁극적인 목적에서 점점 눈을 돌리고 이 세상 것들에 마음을 빼앗기기 시작한다면, 이내 두려움이 마음을 사로잡을 것입니다. 두려워하지 않아도 될 것을 두려워합니다. 해를 입고, 수치를 당하고, 사람들에게서 온갖 거짓된 비난을 듣고, 가난과 핍박과 죽음 등 무엇이든 본성에 반하는 것이 우리 안에 두려움을 불러일으킬 만큼 큰 위력을 발하게 되어, 하나님께서 주시는 바 이와 반대되는 모든 격려에도 힘을 얻지 못합니다.

"몸은 죽여도 영혼은 능히 죽이지 못하는 자들을 두려워하지 말고"(마 10:28).

"적은 무리여 무서워 말라"(눅 12:32).

"어찌하여 무서워하느냐"(마 8:26).

"아무것도 염려하지 말고"(빌 4:6).

이러한 진리의 말씀이 주어져도 지금 일어나는 일들을 두려워하며 떨기가 일쑤입니다. 장래에 대한 염려와 두려움에 사로잡히는 것은 물론이요, 이런 두려움 때문에 용기를 잃고 자신의 의무를 소홀히 하며 자신에게 전혀 어울리지 않은 일들로 이끌립니다. 영적으로 담대한 사람이 두려움을 이기는 곳에서 마땅히 용감해야 하는데도 오히려 우리는 두려움에 사로잡힙니다. 원수들이 자신을 학대하도록 방치하고, 용사들이 전쟁에서 스러져 갑니다. 용감함과 충성스러움은 다 어디로 갔단 말입니까?

넷째, 모든 신령한 행위를 하는 데 우리는 너무나 연약합니다. 다시 말해, 기도하고 원수들(특별히 우리 안의 고질적인 부패)과 싸우고 덕을 실천하는 데 너무나 연약합니다. 우리는 언제나 이런 영적 행위를 해야만 하는 상황에 처해 있는데도 말입니다. 물론 신령한 생명이 있기 때문에 영적 행위를 어느 정도는 합니다. 그러나 하는 일마다 굼뜨고 무기력할 뿐입니다. 그래서 신령한 일들이 버겁기만 합니다. 간헐적으로 진보를 보이기도 하지만 처음 가졌던 열심과 열정은 이내 냉랭하게 식어

버립니다. 하나님을 향해 용감하고 씩씩하게 끝까지 순종하지 못합니다. 잠시 당하는 고난에 쉬이 낙담합니다. 우리가 바라는 대로 일이 진행되지 않으면 우리의 영적 상태에 대한 믿음이 금세 약해집니다. 하나님의 사랑을 의심합니다. 하나님께서 우리의 기도를 들으실지 의심합니다. 하나님의 섭리를 믿지 못합니다. 모든 것이 혼란스럽습니다. 자다가 일어난 사람이나 이제라도 금방 쓰러질 사람처럼 비틀거립니다.

"네가 만일 환난 날에 낙담하면 네 힘이 미약함을 보임이니라"(잠 24:10).

물론 하나님은 자녀들에게서 무익하고 미지근하며 두려워하는 모습이 보일 때 회심하지 않은 자들을 벌하시는 것과 동일하게 심판하지 않으십니다. 그러나 신자들은 이런 죄를 멀리할 줄 알아야 합니다.

"이로 말미암아 하나님의 진노가 불순종의 아들들에게 임하나니"(엡 5:6).

게다가 영적 담대함이 없는 신자들은 언제나 불안해하고 영적인 염려에 사로잡혀 있으며, 이로 인해 점점 온갖 죄에 빠져듭니다. 그리고 원수들이 더욱 힘을 얻어 오랫동안 그들을 포로로 사로잡습니다. 간절함과 열렬함이 없으면 이런 상태를 벗어날 수 없습니다.

"부지런하여 게으르지 말고 열심을 품고 주를 섬기라"(롬 12:11).

"네가 열심을 내라 회개하라"(계 3:19).

그러므로 하나님이 두렵고, 자신이 원수의 올무 아래 있음을 알았는데도, 그것을 거부할 힘이 남아 있지 않을뿐더러 어쩔 수 없이 이런 상황을 받아들이면서 살아가고 있다면, 지금의 상황을 떨치고 일어날 마음을 고취시킬 수 있도록 용기 내어 원수들과 싸우라고 촉구하고 격려하는 제 말에 귀를 기울이십시오.

첫째, 하나님의 말씀에 귀 기울이고 이 말씀에 대한 마음을 불러일으키십시오. 죽은 나사로가 예수님께서 부르시는 음성을 듣고 무덤에서 나온 것처럼, 여러분도 하나님께서 부르시는 음성을 듣고 미지근한 게으름과 나태함의 무덤에서 일어나 존귀한 담대함으로 나와야 합니다. 하나님께서 여러분에게 이렇게 말씀하십니다.

"너희는 강하고 담대하라. 두려워하지 말라. 그들 앞에서 떨지 말라"(신 31:6).

"깨어 믿음에 굳게 서서 남자답게 강건하라"(고전 16:13).

"겁내는 자들에게 이르기를 굳세어라. 두려워하지 말라"(사 35:4).

"그러므로 피곤한 손과 연약한 무릎을 일으켜 세우고"(히 12:12).

둘째, 용감하게 싸워야 하지 않겠습니까? 담대히 싸우는 것 말고는 천국에 이르는 다른 방법이 없습니다. 하나님께서 친히 그렇게 정하셨습니다.

"내가……원수가 되게 하고"(창 3:15).

여러분이 그리스도의 나라로 들어가 그분의 깃발 아래에서 산다는 것은 곧 이런 싸움에 임한다는 의미입니다. 달리 말해, 이 깃발을 저버리고 스스로 언약에서 끊어져 하나님과 천국과 그 밖의 모든 좋은 것들을 거절하든지, 용감하게 싸워 죄와 그에 따른 모든 정욕과 마귀와 그를 따르는 무리와 세상과 그 속에 있는 것들을 이기든지 둘 중 하나입니다. 이 싸움에서 승리한 후에 쓰게 될 영광의 면류관은 여러분에게 지극히 크고도 가치 있는 것입니다. 신령한 생명과 하나님과의 교제를 가져다줄 만큼 소중한 것입니다. 하나님의 뜻 안에서 이런 즐거움을 발견해야 합니다. 그래야 사는 날 동안 용감하게 믿음의 선한 싸움을 싸우게 될 것이기 때문입니다. 결코 이 싸움에 마음이 짓눌려서는 안 됩니다. '일생을 무장한 채 싸우면서 보내야 한단 말인가? 평생을 그런 데 힘써야 한단 말인가? 이것은 정말 내가 싫어하는 일이다. 어떻게 일생을 그렇게만 살 수 있단 말인가?'라고 생각하면서 천국에 이르기 위한 수고를 부담스러워하지 마십시오.

그렇습니다. 천국은 이런 모든 수고조차 당연하게 느껴질 만큼 여러분에게 소중한 것이어야 합니다. 그렇지 않으면 중도에 포기할 수밖에 없습니다. 그러나 천국에 이르기 위한 싸움은 여러분의 생각과 달리 그리 버거운 일이 아닙니다. 싸울 때마다 압도당하거나 이기지 못하는 싸움에 임하는 사람은 싸움의 결말에 대해 의심할 수밖에 없으며, 결코 싸움을 즐거워할 수 없습니다. 그러나 싸울 때마다 성읍을 하나씩 정복해 가고 원수를 굴복시켜 간다면, 이런 신자에게 천국을 향해 가는 싸움은 즐거운 일일 수밖에 없습니다. 자녀로서든, 젊은이로서든, 또는 성인으로서든 매번 온 힘을 다해 담대하게 믿음의 싸움을 싸우고 있다면, 여러분이 바로 이런 싸움을 싸우는 사람입니다. 용감하게 앞으로 나아가지 않기 때문에 싸움이 그토록 무서운 것입니다. 오히려 여러분이 부주의하고 게으르며 진중하지 못한 탓에 원수들이 틈탈 기회를 얻습니다. 원수들은 더욱 노골적으로 공격하고 여러분은 점점 약해집니다. 그러므로 하나님의 뜻을 행하는 가운데 자신의 마음을 가다듬고 용감하게 믿음의 싸움을 행하십시오. 마귀를 대적하십시오. 여러분을 피해 도망갈 것입니다.

셋째, 자신의 영적 상태를 깊이 숙고함으로써 용기를 북돋울 수 있습니다. 하나님은 아브라함을 갈대아인의 우르에서, 이스라엘을 애굽에서 이끌어 내신 것처럼 여러분을 구원으로 택하여 원수들의 권세에서 이끌어 내셨습니다. 여러분을 자기 아들의 나라에 있는 하나님의 자녀들 중 하나로 불러 그들 가운데 두셨습니다. 하나님에게서 난 여러분은 하나님의 후사요, 왕의 자녀요(시 45:9,13 참고), 왕입니다(계 5:10 참고). 자유롭고도 존귀한 심령(시 51:12 참고)과 사자같이 담대한 심장(잠 28:1 참고)을 가졌습니다. 하나님께서 여러분을 "전쟁의 준마"(슥 10:3)와 같이 만드셨습니다. 여러분에 대해 이렇게 말씀하십니다.

"싸울 때에 용사같이 거리의 진흙 중에 원수를 밟을 것이라"(슥 10:5).

여러분이 행진하는 모든 발걸음마다 원수들이 엎드러지고 쓰러질 것입니다.

"여호와가 그들과 함께한즉 그들이 싸워 말 탄 자들을 부끄럽게 하리라"(슥 10:5).

이 말씀은 보병이 기마병들을 쓰러뜨리는 그림을 연상시킵니다. 이러할진대 마귀와 저급한 세상 사람들과 악한 부패에 굴복하도록 자신을 내버려 두렵니까? 존귀한 왕이 일개 병사에게 사로잡히는 것은 말이 되지 않습니다. 그러므로 여러분의 영적 지위에 걸맞은 기품과 담력을 가지십시오. 여러분은 그런 존재이므로 하찮은 원수에게 굴복할 이유가 없습니다. 여러분의 영적 신분과 위치를 잊어버림으로써 믿음의 조상들을 부끄럽게 하면 안 됩니다.

넷째, 원수들의 본성과 능력을 주의하여 보십시오. 더 큰 용기와 담력을 얻을 수 있습니다. 그들은 너무도 악하기에 작은 선이나 아주 사소한 경건의 모양이라도 드러나는 것을 견디지 못합니다. 여러분이 원수들에게 굴복할수록 그들은 여러분에게 더 많이 요구하고 더 큰 힘을 얻을 것입니다. 그들은 사람의 영혼과 육신 모두를 지옥의 불로 끌어당기기 전에는 결코 멈추지 않으며 피곤한 줄도 모릅니다. 여러분이 사랑하는 주 예수님뿐만 아니라 위엄이 크고 거룩한 하나님조차 정면으로 대적하고 거스르는 자들입니다. 선한 양심을 가졌는데 이런 사실을 알고도 어떻게 가만히 있을 수 있단 말입니까? 더구나 그들은 심히 비루하고도 사악하며 가증스럽고 혐오스러운 자들입니다. 그들을 생각할 때 어느 누가 분개하지 않을 수 있겠습니까? 그런데도 여러분은 지금 그들의 발아래 굴복하겠단 말입니까? 이미 예수 그리스도께서 그들을 이기셨습니다. 그리스도께서 마귀의 머리를 밟고(창 3:15; 히 2:14 참고) 세상을 이기고(요 16:33 참고) 죄의 지배를 종식(롬 6:2,14 참고)시키지 않으셨습니까? 그러므로 원수들은 여러분에게 해를 주지 못합니다. 여러분의 머리카락 하나도 임의로 땅에 떨어지게 하지 못합니다. 거의 죽어 가면서 몸부림치는 원수들을 무서워하다니 얼마나 겁이 많고 나약한 모습입니까? 그러므로 이런 악하고도 비루하며 무력한 원수가 여러분을 이기도록 내버려 둘 이유가 없습니다. 오히려 용감하게 싸워 발아래 진흙과 같이 짓이겨야 합니다. 요나단의 무기 맡은 자가 요나단의 뒤를 따르며 요나단의 칼에 스러진 원수들을 도륙한 것처럼 용감하게 행하십시오. 이처럼 예수 그리스도를 따르십시오. 예수님께서 여러분을 앞서가시며 원수들을 거꾸러뜨리십니다. 여러분은 그저 예수님의 발아래 쓰러진 원수들을 차례로 도륙하면 되는 것입니다. 그러므로 담대하게 싸우십시오. 여러분이 이런 원수들에게 승리할 것은 너무나 자명한 사실입니다.

다섯째, 모두가 여러분을 지켜보고 있습니다. 여러분이 어떻게 이 싸움을 싸우는지를 예의 주시합니다. 여러분은 지금 검투장에서 숨죽이고 지켜보는 수많은 관중들에 둘러싸여 원수와 싸우고 있습니다. 한쪽에는 여러분의 왕께서 수많은 신자들 및 거룩한 천사들과 함께 자리하십니다. 여러분과 한마음으로 지켜보고 계실 뿐만 아니라 여러분이 승리자로 드러나기를 고대하고 계십니다. 그리스도의 대의가 여러분의 것이고, 여러분의 대의가 곧 그리스도와 그들의 것입니다. 여러분이 이기고 있으면 그들도 함께 기뻐하고 자랑스러워합니다. 다른 한편에는 마귀와 세상 사람들이 자리합니다. 그들은 이를 갈면서 여러분을 이겨 그리스도의 대의를 손상시키기만을 바라고 있습니다. 그런데 허약하고 나약한 마음으로 이런 싸움에 임할 수 있겠습니까? 이토록 많은 사람들이 보는 앞에서 말도 안 되는 패배를 당하렵니까? 여러분을 격려하고 여러분의 용맹함과 담대함을 보이기 위해 많은 이들을 곁으로 불러 함께 이 싸움을 지켜보시는 그리스도께 수치를 드리렵니까? 경건한 신자들과 천사들로 하여금 수치를 당하게 하렵니까? 원수가 의기양양하게 승전가를 부르게 하렵니까? 그렇다면 여러분의 임금을 무슨 낯으로 뵐 수 있겠습니까? 결코 그럴 수 없습니다. 그래서도 안 됩니다. 용사같이 용감하고 담대하십시오. 하나님께서 욥의 신실함을 자랑하신 것처럼 그리스도께서 여러분을 자랑하실 수 있도록 말입니다(욥 1,2장 참고).

여섯째, 자신의 능력이 무엇인지를 아십시오. 그리고 자신을 돕는 이들과 형제들과 힘을 합치십시오. 맞습니다. 본성적으로 아무런 능력도 없을 뿐만 아니라, 거듭났다 하더라도 여러분 자신의 힘이라고 할 수 있는 것은 미미할 뿐입니다(계 3:8 참고). 그러나 그리스도의 능력을 받은 순간부터 그 능력이 곧 여러분의 능력입니다. 이제 여러분은 여러분을 강하게 하시는 그리스도로 말미암아 모든 것을 할 수 있습니다(빌 4:13 참고). 그러므로 이 능력을 누리십시오. 그리스도와 더불어 적군을 향해 내달리십시오. 그분과 더불어 높은 담을 뛰어넘고 원수들을 사로잡으십시오(시 18:29 참고). 그리스도께서 능력으로 여러분을 붙드시고 여러분의 손으로 싸우는 법을 가르쳐 주실 것입니다(시 18:32,34 참고). 그러므로 기뻐하십시오.

"여호와께서 내 편이 되사 나를 돕는 자들 중에 계시니 그러므로 나를 미워하는 자들에게 보응하시는 것을 내가 보리로다"(시 118:7).

일곱째, 여러분보다 앞서 이런 싸움을 싸운 신자들을 떠올리고 그들이 얼마나 복된 결말을 맞았는지를 생각해 보십시오. 지금 그들은 승리자로서 히브리서 11장을 가득 채운 믿음의 영웅들과 더불어 면류관을 받았습니다.

"형제들아 주의 이름으로 말한 선지자들을 고난과 오래 참음의 본으로 삼으라……너희가 욥의 인내를 들었고 주께서 주신 결말을 보았거니와"(약 5:10,11).

선한 싸움을 싸우고 자신의 경주를 다한 사도 바울을 생각해 보십시오.

"나는 선한 싸움을 싸우고 나의 달려갈 길을 마치고 믿음을 지켰으니 이제 후로는 나를 위하여 의의 면류관이 예비되었으므로"(딤후 4:7,8).

지금 여러분과 함께 살아가는 다른 신자들과 그들이 저마다 어떻게 믿음의 선한 싸움을 싸우는지를 생각해 보십시오. 용기를 북돋우기에 충분하지 않습니까? 그러므로 이런 임금을 뵙고, 그분의 장엄한 군대에 속하여 주 예수 그리스도를 위해 담대하게 목숨을 드리기로 결심한 수많은 영웅들에 둘러싸인 신자라면 마땅히 저마다 용감하게 믿음의 싸움을 싸워야 하지 않겠습니까?

여덟째, 하나님께서 담대한 용사들에게 주신 약속들을 마음 깊이 새기십시오. 여러분이 믿음의 싸움을 싸우는 동안 하나님께서 여러분을 붙드실 것입니다.

"강하고 담대하며 여호와를 기다릴지어다"(시 27:14).

① 하나님께서 신자들로 하여금 약속으로 받은 은택이 얼마나 소중한지를 분명히 깨닫고 그것들을 향해 더 생생한 소망을 품게 하십시오.

② 신자들의 싸움을 막아서는 모든 것들의 한계와 약함을 보게 하심으로써 신자들로 하여금 그것들 너머를 바라보고 자신들을 이미 승리한 자들로 볼 수 있게 하십시오.

③ 이전에 그들을 어떻게 도우셨는지를 보게 하십시오.

④ 그들을 위로하고 격려하십시오.

⑤ 모든 방해물과 적대 세력들에 대한 두려움을 없애 주십시오.

⑥ 능력을 부어 주시고 그들을 강한 팔로 붙잡아 주십시오. 그리하여 가장 연약한 신자라도 "나는 강하다"라고 고백할 수 있게 하십시오.

하나님께서 담대한 믿음의 용사들에게 영광의 면류관을 약속하십니다. 요한계시록 2,3장에 기록된 약속들을 보십시오.

"이기는 그에게는 내가 하나님의 낙원에 있는 생명나무의 열매를 주어 먹게 하리라……이기는 자는 둘째 사망의 해를 받지 아니하리라……이기는 그에게는 내가 감추었던 만나를 주고 또 흰 돌을 줄 터인데……이기는 자와 끝까지 내 일을 지키는 그에게 만국을 다스리는 권세를 주리니……내가 또 그에게 새벽 별을 주리라"(계 2:7,11,17,26,28).

"이기는 자는 이와 같이 흰옷을 입을 것이요 내가 그 이름을 생명책에서 결코 지우지 아니하고 그 이름을 내 아버지 앞과 그의 천사들 앞에서 시인하리라……이기는 자는 내 하나님 성전에 기둥이 되게 하리니……내가 하나님의……이름을 그이 위에 기록하리라……이기는 그에게는 내가 내 보좌에 함께 앉게……하리라"(계 3:5,12,21).

이 모든 영광스러운 일들을 사모하는 사람은 믿음의 싸움을 끝까지 용감하게 싸움으로써 그가 바라는 바를 얻을 것이며, 또 얻을 수밖에 없습니다. 그러므로 스스로 강하고 담대하게 하십시오!

하나님께서 주신 법을 따라 믿음의 싸움을 싸워야 합니다.

"경기하는 자가 법대로 경기하지 아니하면 승리자의 관을 얻지 못할 것이며"(딤후 2:5).

첫째, 그러므로 머리부터 발끝까지 전신 갑주를 입으십시오. 사도 바울은 우리가 어떤 무기들을 취해야 하는지를 보여 줍니다.

"그러므로 하나님의 전신 갑주를 취하라. 이는 악한 날에 너희가 능히 대적하고 모든 일을 행한 후에 서기 위함이라. 그런즉 서서 진리로 너희 허리띠를 띠고, 의의 호심경을 붙이고, 평안의 복음이 준비한 것으로 신을 신고, 모든 것 위에 믿음의 방패를 가지고 이로써 능히 악한 자의 모든 불화살을 소멸하고, 구원의 투구와 성령의 검 곧 하나님의 말씀을 가지라. 모든 기도와 간구를 하되 항상 성령 안에서 기도하고 이를 위하여 깨어 구하기를 항상 힘쓰며 여러 성도를 위하여 구하라"(엡 6:13-18).

둘째, 이 싸움을 위해 다음의 것들을 부지런히 경계하십시오.

① 부주의함

여러분의 마음가짐이 좋다고 해서 싸움이 다 끝났다고 착각해서는 안 됩니다. 아무리 마음가짐이 좋다고 해도 쉽사리 열정을 잃어버릴 수 있습니다. 원수들이 다 사라졌다고 착각해서도 안 됩니다. 항상 숨어서 기회를 엿보는 것이 원수들의 계략입니다. 따라서 근신하고 깨어 있어야 합니다(벧전 5:8 참고).

② 낙담

원수들이 너무 강하고, 싸움이 버겁고, 하나님은 멀리 계신 것처럼 느껴지더라도 용기를 잃지 마십시오. 이는 마치 전장에서 스스로 무장을 해제하여 원수(아무런 은혜도 기대할 수 없는 존재인)에게 맨손을 보여 주는 행위나 마찬가지입니다. 그러므로 하나님의 능력과 바꿀 수 없는 그분의 약속을 의지하여 마음을 강하고 담대히 하십시오(수 1:6 참고).

③ 교만

교만은 자신의 능력을 믿고 은근히 다른 사람보다 스스로를 더 낫게 여기는 것입니다. 다음과 같이 말한 베드로를 보십시오.

"모두 주를 버릴지라도 나는 결코 버리지 않겠나이다"(마 26:33).

"내가 주와 함께 죽을지언정 주를 부인하지 않겠나이다"(마 26:35).

이런 사람에게는 패배와 실패가 문 앞에 이르렀습니다. 그러므로 "높은 마음을 품지 말고 도리어 두려워"(롬 11:20)하십시오.

셋째, 이 싸움을 할 때 다음의 것들에 힘쓰십시오.

① 언제나 신중을 기하고 주제넘게 부르심의 한계를 넘어서면 안 됩니다. 자신의 능력과 권한 밖의 일들에 신경 써서는 안 됩니다. 충동적으로 성급하게 임해서는 안 됩니다. 스스로를 지혜롭게 여기지 마십시오. 오히려 항상 하나님의 지혜와 도우심을 구하십시오. 아무리 문제가 사소하더라도, 환경이 대수롭지 않더라도 그리해야 합니다. 여종의 말 한 마디에 베드로는 주님을 부인하고 말았습니다. 특별한 상황이라면 경건한 신자의 조언을 구하십시오.

"미련한 자는 자기 행위를 바른 줄로 여기나 지혜로운 자는 권고를 듣느니라"(잠 12:15).

"그런즉 너희가 어떻게 행할지를 자세히 주의하여 지혜 없는 자같이 말고 오직 지혜 있는 자같이 하여"(엡 5:15).

② 피할 수 있는 기회가 주어졌다면 피하는 것이 좋습니다. 특히 자신이 자주 넘어졌던 상황이라면 더욱 그러합니다. 죄를 짓지 않기 위해 죄에 빠지기 쉬운 상황을 피하고, 행하도록 요구받은 것에 특별한 노력을 기울이는 사람은 이미 이 부분에 선한 진보를 이루어 가고 있는 것입니다.

③ 자신이 본성적으로 가장 취약한 죄를 대적하기 위해 특별히 노력해야 합니

다. 그러한 노력은 여러분의 부르심과도 관련 있습니다. 그런 죄의 기미가 보일 때부터 깨어 주의해야 합니다. 그리하면 아무리 취약한 죄라 할지라도 쉽게 물리칠 수 있습니다. 이 죄가 아직 요람에 있어 걷기 시작하여 활개 치며 다니기 전에 질식시켜 죽여야 합니다. 포도원에 있는 작은 여우를 잡아야 합니다. 죽은 파리라 해도 악취를 낼 수 있으므로 그대로 내버려 두어서는 안 됩니다.

④ 항상 그리스도께로 피하십시오. 그리스도는 해요 방패이십니다(시 84:11 참고). 그분을 떠나 제멋대로 다니다가는 곧바로 원수가 쏘는 화살의 표적이 되기가 십상입니다. 다윗을 본받으십시오.

"여호와여 나를 내 원수들에게서 건지소서. 내가 주께 피하여 숨었나이다"(시 143:9).

⑤ 쉬지 말고 항상 기도하십시오. 하나님께 모든 능력을 얻어야 하기 때문입니다. 하나님은 자기 백성들이 어떤 일을 하기 전에 먼저 그 일을 위해 하나님께 기도하기를 바라십니다.

"시험에 들지 않게 깨어 기도하라. 마음에는 원이로되 육신이 약하도다 하시고"(마 26:41).

63

그리스도와
그분의 진리를 고백함

영적 담대함은 특정한 상황들을 통해 구체적으로 발휘됩니다. 말과 행실을 통해, 그리고 그리스도를 믿고 그분을 사랑하며 그분 안에서 소망을 가지는 것처럼 우리 안에 있는 은혜가 나타남을 통해 그 모습을 드러냅니다. 원수들은 이런 빛이 드러나는 것을 견디지 못하므로 이 빛을 거부하고 이 빛을 발하는 자들을 공격합니다. 그러나 용감한 신자는 원수들의 이런 책동에 굴하지 않습니다. 담대하고도 굳건하게 고백하고 증언함으로써 훨씬 더 큰 자유를 누립니다. '고백'(또는 선언)이라는 말은 '알리다,' '드러내다,' '인정하다,' '공개적으로 선언하다,' '약속하다,' '감사하다'라는 의미를 가지는데, 이 모든 뜻이 적용될 수 있을 것입니다. 고백이란, 특정한 문제에 관하여 우리 마음이 어떠한지를 나타내 보이는 것이기 때문입니다. 이는 하나님이나 사람에게 범한 죄를 고백하는 경우와 관련해 쓰이기도 합니다.

"내 허물을 여호와께 자복하리라"(시 32:5; 마 3:6 참고).

"그러므로 너희 죄를 서로 고백하며"(약 5:16).

그러나 지금 우리가 논하는 고백이란, 죄를 자백하는 것이 아니라 다음과 같은 내용을 선언하는 것을 말합니다.

① 하나님에 대한 선언

"모든 혀가 하나님께 자백하리라"(롬 14:11).

② 그리스도에 대한 고백

"모든 입으로 예수 그리스도를 주라 시인하여"(빌 2:11).

③ 참된 거룩함과 경건에 대한 고백

"하나님을 경외한다 하는 자들"(딤전 2:10).

④ 참된 교리에 대한 고백(딛 1:9 참고).

진리를 고백한다는 것은, 우리에게 계시된 바 우리가 인정하고 믿는 하나님의 진리(주 예수 그리스도를 통해 사람을 구원에 이르게 하는 진리)를 말과 행실을 통해 확고부동하게 증언하는 것을 말합니다. 이런 고백은 하나님을 영화롭게 하고 이웃에게 구원을 가져다주는 통로가 됩니다.

고백은 증언입니다. 하나님은 자신의 진리와 누군가에게 베푸신 은혜가 감추어진 채로 있기를 원하지 않으십니다. 하나님은 오히려 흑암에서 빛을 불러 비치게 하십니다. 게다가 하나님은 그 마음에 빛을 비추신 자들과 주 안에서 빛인 자들이 사람들 앞에서 빛을 비추게 하십니다(마 5:16 참고). 바로 그리스도를 증언하는 것입니다.

"너희가……내 증인이 되리라"(행 1:8).

"내 충성된 증인 안디바"(계 2:13).

"그가 증언하러 왔으니 곧 빛에 대하여 증언하고 모든 사람이 자기로 말미암아 믿게 하려 함이라"(요 1:7).

증언이란, 계시된 하나님의 진리 곧 하나님께서 성경을 통해 주신 것을 모든 사람들에게 전하는 것입니다. 특별히 하나님은 이 방식을 통해 선택한 자들을 구원으로 이끄십니다.

진리는 아무런 수식어 없이 단독으로 사용되기도 합니다.

"진리를 알지니 진리가 너희를 자유롭게 하리라"(요 8:32).

"네가 진리 안에서 행한다 하니"(요삼 1:3).

한편 "진리의 도"(벧후 2:2), "진리의 말씀"(약 1:18), "복음의 진리"(갈 2:5), "그리스도의 진리"(고후 11:10)와 같이 수식어와 함께 사용되기도 합니다. 신자들은 모든 오류를 거부하는 가운데 이 진리를 의지하고, 이 진리를 증언합니다.

그리스도는 이 진리의 정수이자 요체이십니다. 이 진리가 그리스도를 그분의 인격 안에서 드러냅니다. 그리스도께서 신성과 인성이 하나로 계시고, 왕과 제사장과 선지자의 직분을 가지신 분임을 계시합니다. 죽기까지 낮아지시고(다시 말해, 고난과 죽음을 당하시고 그 효력으로 택자들과 하나님의 화해와 택자들을 위한 구원의 공로를 획득하신) 승귀하신 분임을 계시합니다. 부활하고 승천하고 하나님의 보좌 우편에 좌정하고 심판주로서 다시 오실 분임을 계시합니다. 성경이 이렇게 계시하는 주 예수님이 바로 신자가 고백하는 내용입니다.

"누구든지 사람 앞에서 나를 시인하면"(마 10:32).

"네가 만일 네 입으로 예수를 주로 시인하며"(롬 10:9).

주 예수님은 영원한 구원의 길입니다.

"다른 이로써는 구원을 받을 수 없나니"(행 4:12).

"예수께서 이르시되 내가 곧 길이요 진리요 생명이니 나로 말미암지 않고는 아버지께로 올 자가 없느니라"(요 14:6).

그래서 주 예수님을 "구원의 창시자"(히 2:10)라고 합니다. 진리를 고백하는 신자는 성경에 계시된 대로 예수님을 증언합니다. 그리스도 밖에 있는 사람들은 모두 멸망당하지만, 그리스도를 믿는 사람들은 모두 그분으로 말미암아 구원받는다고 선언합니다.

이 진리를 증언하려면 이 진리를 잘 알고 믿어야 합니다. 이처럼 고백은 신자가 인정하고 믿는 진리를 증언하는 것입니다. 잘 알지 못하는 것을 고백하는 것은 어리석은 행위에 불과합니다. "교회가 믿는 것을 내가 믿는다"라는 교황주의자들의 고백이 바로 그러합니다. 믿지도 않는 것을 고백하는 것은 순전히 위선입니다. 그래서 성경은 "지식과 진리"(롬 2:20), "하나님의 비밀인 그리스도를 깨닫게"(골 2:2), "하나님을 아는 것"(골 1:10), "우리 주 곧 구주 예수 그리스도……를 아는 지식"(벧후 3:18), "구원을 알게"(눅 1:77)라고 말합니다. 진리를 알 뿐만 아니라, 그 진리를 믿어야 합니다. 앎과 믿음은 함께 갑니다.

"우리가 주는 하나님의 거룩하신 자이신 줄 믿고 알았사옵나이다"(요 6:69).

"너희 믿음에 덕을, 덕에 지식을"(벧후 1:5).

진리에 대한 고백은 그리스도만이 유일한 구원의 길이라는 진리를 증언하는 것을 요구할 뿐만 아니라, 그분을 믿는 우리의 믿음과 그분으로 말미암은 우리의 소망을 선포하는 것입니다.

"아그립바 왕이여 선지자를 믿으시나이까?"(행 26:27)

그래서 이 고백을 "우리가 믿는 도리"(히 10:23)라고 합니다. 사도 베드로가 이 사실을 확인해 줍니다.

"너희 속에 있는 소망에 관한 이유를 묻는 자에게는 대답할 것을 항상 준비하되 온유와 두려움으로 하고"(벧전 3:15).

말과 행실로 진리를 고백함

고백은 말과 행실을 통해 이루어집니다. 하나님의 진리를 모르는 자들을 세워 강건하게 할 때, 이 진리에 반대하고 이 진리 때문에 우리를 핍박하는 자들을 깨우칠 때, 진리를 모르는 자들을 가르치기 위해 다른 사람들에게 하나님의 진리를 말로 선포할 때, 그 말을 통해 고백이 이루어집니다. 다음 말씀들에서 이런 사실을 알 수 있습니다.

"입으로 시인하여 구원에 이르느니라"(롬 10:10).

"모든 입으로 예수 그리스도를 주라 시인하여"(빌 2:11).

행실을 통해 진리를 고백하는 경우는 다음과 같습니다.

① 공적으로 참된 교회에 속하고 이 교회를 통해 진리를 증언함으로써 그리스도의 대의에 참여하는 것, 다음과 같은 말씀들에서 드러나는 진리를 인정하는 하나님과 그리스도의 백성들과 계속 교제하는 경우입니다.

"이 백성은 내가 나를 위하여 지었나니 나를 찬송하게 하려 함이니라"(사 43:21).

"그러나 너희는 택하신 족속이요……그의 소유가 된 백성이니 이는 너희를 어두운 데서 불러내어 그의 기이한 빛에 들어가게 하신 이의 아름다운 덕을 선포하게 하려 하심이라"(벧전 2:9).

② 거룩하게 살아감으로써 주 예수님의 형상을 나타내는 경우입니다. 이 일은 우리가 그리스도를 따라 빚어져 가고(갈 4:19 참고) 하늘에 속한 이의 형상을 입기(고전 15:49 참고) 때문에 가능합니다. 거룩함의 광채를 통해 모든 사람들이 우리가 예수님과 사귀고 있음을 압니다.

"너희가 서로 사랑하면 이로써 모든 사람이 너희가 내 제자인 줄 알리라"(요 13:35).

유대인의 공회가 베드로와 요한이 예수님의 제자인 줄 알았던 것도 그들이 예수님과 함께했기 때문이었습니다(행 4:13 참고). 핍박자들은 참된 그리스도인들이 거짓말이나 도박 같은 나쁜 행실을 하지 않는 사람들이라고 규정했습니다. 이에 근거하여 그리스도인들이 잡혀갔습니다.

③ 그리스도의 진리로 말미암아 당하는 모든 고난을 기꺼이 받습니다. 하나님은 그리스도와 뱀 사이에, 자기 백성과 뱀의 후손들 사이에 적개심을 두셨습니다. 회심하지 않고 육체를 따라 사는 자들은 성령을 따라 사는 자들을 언제나 핍박합니다. 본성과 목적과 삶의 방식이 상반되기 때문입니다. 누군가가 그리스도의 본성에 참여하고 자신을 그리스도의 깃발 아래 두고 그리스도를 위하여 살기 시작하자마자, 모든 것이 그를 대적하기 시작합니다. 죽은 자의 부활을 부인하는 자들에게서 핍박받는 경우를 제외하면, 구원의 소망 자체 때문에 핍박받지는 않을 것입니다. 오히려 구원을 추구하는 방식이 문제가 됩니다. 유대인들과 무슬림들은 그리스도의 이름을 너무나 미워한 나머지 그리스도를 따르는 자들을 죽이기까지 합니다. 그리스도인이라고 불리는 사람들 가운데서도 누군가가 그리스도 안에 있는 일반적인 구원의 소망을 가진 것 때문에 핍박하지 않습니다. 그러나 누군가가 진리 안에서 그리스도를 알고, 진리에 계시된 대로 그리스도를 구주로 고백하고 믿는다면, 거짓 그리스도인들은 그 사람을 미워하고 대적할 것입니다. 그리스도인이라

자처하는 소시니안들이 그렇게 행했고, 알미니안들도 마찬가지였습니다(지난 세기 초에 그들은 이렇게 행했으며, 지금도 힘이 있다면 똑같이 행할 것입니다). 교회 밖에 있는 사람들은 물론이요 교회 안에 있지만 회심하지 않은 자들이 모두 그렇게 합니다. 특히 자기 뜻대로 되지 않는 성도들의 피에 취한 적그리스도가 그렇게 합니다. 참된 그리스도인으로 드러나는 사람은 모든 사람의 반대와 미움에 직면합니다. 이런 마음을 가진 사람은 힘닿는 데까지 마음과 행위로 참된 그리스도인을 핍박하며, 그들이 자기 눈앞에서 사라지기까지 쉬지 못합니다. 이런 상황에서 자신의 고백에 신실하게 살아가고 그리스도를 고백하며, 이렇게 증언한 까닭에 죽임 당한 신자가 순교자입니다. 순교자를 가리키는 헬라어 $μάρτυρ$(마르튀르)가 증언한다는 뜻입니다.

진리에 대한 신실한 고백의 특징

이런 고백은 흔들림 없이 확고한 증언입니다. 이런 정의를 통해 우리는 증언이 가지는 하나의 고유한 특징을 다음 몇 가지로 적용해 말할 수 있습니다.

첫째, 이 고백은 주 예수님과 그분이 계시하신 진리를 사랑하는 데서 비롯되어야 합니다. 진리를 기뻐하지 않는 사람이라도 단지 자신의 명예를 위해 주 예수님을 고백하면서 죽어 갈 수 있습니다. 양심의 짓눌림만으로 그리할 수도 있습니다. 이 고백의 내용이 진리임을 알기 때문입니다. 또는 자신이 구원받으리라는 생각에 그리할 수도 있습니다. 이런 기대를 가지고 무슬림과 이교도들에게 자기 목숨을 내놓은 교황주의자들도 있습니다. 이교도들 역시 구원받을 것을 기대하며 자기 목숨을 내놓기도 합니다. 그러나 고난 자체가 사람을 순교자로 만들지는 않습니다. 오히려 고난을 감내하도록 하는 대의가 있으며, 그 대의를 사랑하는 사람이 그로 말미암은 고난을 감당합니다. 누군가가 진리를 위해, 진리 때문에 죽는다면, 그의 죽음이야말로 하나의 고백인 것입니다. 그러나 그 죽음이 진리에 대한 사랑으로 말미암지 않는다면 그 진리를 위해 죽는다 해도 정작 본인에게는 아무런 유익이 없습니다.

"내 몸을 불사르게 내줄지라도 사랑이 없으면 내게 아무 유익이 없느니라"(고전 13:3).

신부가 "내 사랑하는 자요 나의 친구로다"(아 5:16)라고 말할 수 있는 것은 신랑을 사랑하기 때문입니다.

"그리스도의 사랑이 우리를 강권하시는도다"(고후 5:14).

둘째, 자발적인 고백입니다. 인간은 본성적으로 고통을 두려워합니다. 그러나 이런 두려움이 곧 자원하여 고통받는 것과 대비되지는 않습니다. 그리스도를 고백하는 것이 죽음과 맞설 때, 신실하게 진리를 고백하는 신자는 살기 위해 진리를 부정하느니 차라리 진리를 고백하고 죽기를 택합니다. 두려워하며 어쩔 수 없이 하는 것이 아니라 온 맘으로 그렇게 합니다. 고통과 죽음 때문에 두려워할 뿐만 아니라 이런 두려움을 없애지 못하더라도 이 두려움을 넘어섭니다. 죽을 때까지 이어지는 이런 두려움에 굴복하여 말로 진리를 부정하지 않습니다. 무슨 일을 만날지라도 여느 때와 같이 예수님을 그리스도로 고백합니다. 온 마음으로 그것을 바라고 "내가 여기 있나이다"라고 하면서 자원하여 자신을 주님께 드립니다.

"주의 권능의 날에 주의 백성이 거룩한 옷을 입고 즐거이 헌신하니"(시 110:3).

슬픔과 자원함이 제자들에게서 어떻게 어우러지는지를 보십시오(눅 22:45 참고). 주 예수님은 제자들에게 "마음에는 원이로되 육신이 약하도다"(마 26:41)라고 말씀하셨습니다.

셋째, 담대한 고백입니다. 물론 여전히 두려움이 남아 있습니다. 이런 두려움 자체는 죄가 아닙니다. 그러나 담대함이 두려움을 이기고 끝까지 견디게 합니다. 예수님과 그분의 진리와 대의를 너무나 소중하게 여기기에, 신자는 이 고백을 위해 모든 것을 감수합니다. 그들은 이런 고백이 예수님과 자신에게 얼마나 큰 영광이 되는지를, 그리고 다른 사람들에게 얼마나 큰 유익을 안겨 주는지를 알기 때문에 목숨조차 아까워하지 않습니다. 담대한 신자는 예수님의 대의를 자기 것으로 품고 모든 조롱과 슬픔을 대수롭지 않게 여깁니다. 이런 신자는 고백의 기회 앞에서 결코 비굴한 모습을 드러내지 않습니다. 진리를 고백함으로 고난당하는 것을 수치로 여기지 않으며 두려워하지도 않습니다. 자신의 의지에 반하여 억지로 증언하는 것이 아니므로 원수들에게 자비를 구걸하며 스스로를 비참하게 만들지 않습니다. 원수들은 불쌍히 여길 줄 모릅니다. 악인들의 긍휼이라는 것은 잔인하기 이를 데 없습니다. 자신들은 모르지만 원수들은 단지 하나님께서 정하신 일을 할 뿐입니다. 그 이상도 이하도 아닙니다. 자비를 구걸하는 신자의 비굴한 모습이 원수들에게는 굴복하는 것으로 비칠 뿐입니다. 그러하기에 원수들은 '이제 기선을 잡았다. 좀 더 밀어붙이자'라고 생각하며 더 기고만장하고 담대해집니다. 오히려 우리의 말과 표정 모두가 원수와 싸우기 위해 검투장으로 들어가는 담대한 승리자처럼 드러나야 합니다. 베드로와 요한이 그러했습니다.

"그들이 베드로와 요한이 담대하게 말함을 보고 그들을 본래 학문 없는 범인으로 알았다가 이상히 여기며"(행 4:13).

이런 담대함으로 스데반이 공회 앞에 섰고, 거기에 있던 자들은 모두 그의 얼굴이 천사의 얼굴처럼 되는 장면을 목도했습니다(행 6:15 참고). 진리로 말미암아 생명이 위협당할 때, 신자인 우리는 자유로운 때와 마찬가지로 담대해야 합니다.

넷째, 신중한 고백입니다. 진리를 고백하지 않는 자들은 신중이라는 말을 자신의 태도를 정당화하는 미사여구로 끊임없이 사용합니다. 그러나 이런 자들이 말하는 신중이란 신자로서의 의무를 태만히 하는 것입니다. 이런 자들은 그리스도의 대의에 미온적인 태도를 보이는 것이 평화를 사랑하고 지혜로운 것이라고 여깁니다. 이런 자들은 그리스도의 대의를 위해 용감하게 힘쓰는 자들을 지혜롭지 못하고 무식하며 편협하고 신중하지 못한 자들로 생각합니다. 그리고 이로 말미암아 그들이 불편함과 어려움을 겪으면 자업자득이라고 여깁니다. 게다가 자신들만 불편한 것이 아니라 다른 사람들에게까지 피해를 준다고 생각합니다. 이런 마귀적인 신중론자들을 조심하고 멀리하십시오. 이런 태도를 가진 자들을 경계하십시오. 교회를 배반하고, 다른 사람들이 진리를 고백하는 것까지 막아서는 자들입니다. 물론 우리는 진리를 신중하게 증언해야 합니다. 진리를 증언할 때, 우리의 부르심의 한계와 상황을 무시해서는 안 되며 주제넘고 무분별해서도 안 됩니다. 진주를 돼지에게 던지지 말아야 합니다. 돼지에 비견되는 악한 자들은 복음으로 회개에 이르게 하려는 노력을 통해 오히려 더 악하고 완고해집니다. 그리스도의 대의를 변호하고 증언하면서 우월감을 가지고 교만한 태도로 자신의 영예를 추구하지 말아야 할 뿐만 아니라, 말을 너무 많이 하거나 적게 해서도 안 됩니다. 진리를 고백하면서 빠지기 쉬운 오류와 악한 태도를 예상하고 이런 올무에 빠지지 않도록 해야 합니다. 제자들을 보내 복음을 증언하게 하실 때, 예수님은 다음과 같이 당부하셨습니다.

"그러므로 너희는 뱀같이 지혜롭고 비둘기같이 순결하라"(마 10:16).

다섯째, 올바른 고백이어야 합니다. 진리를 고백하는 데 위선과 모호함이 들어설 자리는 없습니다. 위선적이고도 모호한 태도는 바로 베드로가 예수님을 부인하며 지은 죄였습니다. 처음에 자신이 예수님의 제자임을 숨기려 했던 것이나 이후 두 번째와 세 번째에 예수님을 부인한 것이나 똑같은 죄입니다(마 26:34,70 참고). 우리는 진리를 증언할 때 복음 진리를 온전히 알고 또 그대로 증언해야 합니다. 복음을 누그러뜨리거나 감추지 않고 명확하고도 분명하게 말해야 합니다. 복음 진리를 증언할 때, 두려움 때문에 너무 적게 말하기보다는 차라리 우리가 믿는 복음 진리를 명확하게 표현하기 위해 많이 말하는 것이 마음을 더 평안하게 합니다.

"교훈에 부패하지 아니함과 단정함과"(딛 2:7).

우리가 미리 알아야 할 사실이 있습니다. 핍박의 때에는 적그리스도가 우리에게 자신의 의도를 감추고 많은 부분에서 양보하면서, 마치 우리가 진리와 신앙과 관련하여 완전히 자유로운 것처럼 보이게 하리라는 사실입니다. 그렇습니다. 교황주의가 많이 달라져서 개혁파 교회들과 거의 같은 믿음을 가진 것처럼 보입니다. 개혁파 교회와 교황주의의 차이점이 이제는 간과해도 될 만큼 그다지 중요한 문제가 아닌 것처럼 보일 정도입니다. 더구나 그리하면 죽음과 그 밖의 많은 우려를 불식시킬 수 있을뿐더러 보상도 후하게 받습니다. 가까운 예로, 로마 교회가 진리라고 믿는 모든 것을 믿고 받아들임을 확인하도록 요구하는 것을 들 수 있습니다. 교황주의도 개혁파 교회가 믿는 많은 진리를 믿고 있기 때문이라는 것입니다. 다만 한 가지, 칼빈이나 개혁파 교회 지도자들의 오류만 버리면 된다고 합니다. 그들은 이렇게 말합니다. "칼빈이 뭐가 그리 대단한가? 그도 인간이다. 게다가 종교개혁자들마저도 여기저기서 칼빈의 오류를 지적하지 않는가? 개혁파 교회 안에서도 저마다 주장하는 것과 부정하는 것이 다르다 보니 다툼이 많다. 그러니 칼빈을 비롯해 개혁파 교회에 속한 여러 사람들의 오류를 거부하고 로마 교회의 진리를 받아들인다고 해서 양심의 가책을 받을 필요가 없다. 이것은 사느냐 죽느냐에 관한 문제이다. 그에 비하면, 로마 교회와 개혁파 교회 사이의 긴장은 사소한 문제일 뿐이다."

그러나 중요한 사실은 이것이 사소한 문제가 아니라는 점입니다. 사람들이 이 일을 사소한 것처럼 말할 수도 있습니다. 그러나 모든 것이 여기에 달렸다 해도 과언이 아닙니다. 그리고 그들 말처럼 둘 중 어느 하나를 따르는 것이 사소한 문제라면 그들이 자신들을 따르지 않는 사람을 죽이는 것을 어떻게 이해해야 합니까? 사소한 문제로 사람들을 그렇게 죽인단 말입니까? 이는 곧 그들이 하는 말과는 달리 이 차이가 사소한 문제가 아니라는 뜻입니다. 참된 교회와 교회의 머리 되신 그리스도를 저버리고 부인하는 일이 과연 사소한 일입니까? 개혁교회의 토대와 기둥이 되는 진리를 저버리고서, 참된 교회를 핍박하고 성도들의 피를 흘리며 그리스도를 대적하는 적그리스도 무리와 군대로 들어가는 것이 어떻게 사소한 일이란 말입니까? 앞에 나온 교황주의자의 주장대로라면, 유대교나 이슬람교를 따라도 될 것입니다. 이런 종교에도 비슷한 부분이 조금은 있기 때문입니다.

맞습니다. 우리는 칼빈을 믿는 것이 아닙니다. 칼빈도 그저 사람일 뿐입니다. 어느 누구도 칼빈에게 오류가 없다고 믿지 않습니다. 개혁파 교회 역시 완전하지 않습니다. 개혁파 교회에 속한 개개인이 저지르는 오류를 변호하고 싶은 생각은 추호도 없습니다. 그들의 오류가 중대하고도 심각한 것이라면 그들을 옹호하는 사람들도 다 쫓겨나야 합니다. 그러나 진리를 고백하고 증언하는 일을 이래도 되고 저래도 되는 것으로 이야기하는 것은 올바른 사람들을 걸려 넘어지게 하는 올무일 뿐입니다. 그러므로 우리는 모세가 그러했듯이 진리와 관련된 모든 일에는 한 치도 물러서지 않고 단호하고도 확고한 태도를 취해야 합니다. 이것이 바로 주 예수님께서 요구하시는 끝까지 견디는 믿음입니다.

"끝까지 견디는 자는 구원을 얻으리라"(마 10:22).

진리를 고백하는 목적

우리가 믿는 하나님을 영화롭게 하고 이웃을 구원하는 것이 바로 우리가 성경의 진리를 고백하는 목적입니다. 순교자를 순고자로 만드는 것은 그들이 당한 고통 자체가 아니라 그들로 하여금 고통마저도 감내하게 한 이유입니다. 그러나 그 이유만으로 그들이 순교자가 되는 것은 아닙니다. 그들이 순교하는 목적이 그들을 선한 순교자로 만듭니다. 순교는 거룩한 목적을 위하여 사랑으로 고백하는 증언이어야 합니다.

첫째, 진리를 고백함은 하나님을 영화롭게 하기 위한 것입니다. 그리스도를 통해 드러나는 하나님의 완전하심(인간의 구원에서 가장 두드러지게 나타나는 그분의 선하심, 의로우심, 진리 등)을 말과 행실로써 알리는 것이요 거룩한 삶으로써 나타내는 것입니다. 주 예수님께서 다음과 같이 말씀하셨습니다.

"너희가 열매를 많이 맺으면 내 아버지께서 영광을 받으실 것이요 너희는 내 제자가 되리라"(요 15:8).

진리로 말미암아 초래되는 모든 일들을 인내로 견딜 때 하나님께 영광이 됩니다. 누군가가 진리 때문에 고난을 당할 때에라야 비로소 진리가 사람들에게 더 분명하고도 확연히 드러나기 때문입니다.

"이 말씀을 하심은 베드로가 어떠한 죽음으로 하나님께 영광을 돌릴 것을 가리키심이러라"(요 21:19).

우리의 말과 행실과 고난이 하나님을 영화롭게 하기 위한 것이라면 하나님의 은혜입니다. 이런 목적을 바라보고 고난을 환영함으로써 하나님과 천사들과 사람들에게 기쁨이 되는 순교자가 됩니다.

둘째, 진리를 고백함은 우리의 이웃을 구원하기 위한 것입니다. 그리스도인은 자신이 구원받는 것뿐만 아니라 이웃을 사랑하기를 원합니다. 이웃들이 진리를 아는 지식과 회개와 구원에 이르기를 열망합니다. 그리스도인은 주 예수님을 고백하고 증언하는 것이야말로 이 일을 풍성히 이루는 방편임을 깨달았으므로, 박해의 때만이 아니라 평안한 때에도 쉬지 않고 그리스도를 증언합니다. 이런 기회가 있을 때마다 매우 기뻐합니다. 순교자의 피는 교회의 씨요, 자신이 이 진리를 증언하고 경험하지 않으면 이웃이 이 진리를 알 수 없다는 사실도 잘 압니다. 사도가 가르치는 바 신자의 목적은 오직 덕을 세우는 데 필요한 대로 선한 말을 하여 듣는 자들에게 은혜를 끼치는 것입니다(엡 4:29 참고). 게다가 사도는 진리를 위해 고난을 받음으로써 이런 열매를 맺는다는 것을 잘 보여 줍니다.

"나의 매임과 복음을 변명함과 확정함에 너희가 다 나와 함께 은혜에 참여한 자가 됨이라"(빌 1:7).

하나님을 영화롭게 하고 이웃을 구원하는 목적을 즐거워하여 이를 위해 진리를 증언하는 것은, 영화롭고도 거룩한 노력이 아닐 수 없습니다.

진리의 고백

지금까지 우리는 진리를 고백하는 것의 특징과 본질을 살펴보았습니다. 누구든지 구원받기를 바란다면 반드시 진리를 고백해야 합니다. 진리를 고백하는지 여부에 따라 구원과 정죄가 갈립니다. 다음 말씀을 마음 깊이 새기십시오.

"누구든지 사람 앞에서 나를 시인하면 나도 하늘에 계신 내 아버지 앞에서 그를 시인할 것이요 누구든지 사람 앞에서 나를 부인하면 나도 하늘에 계신 내 아버지 앞에서 그를 부인하리라"(마 10:32,33).

로마서 10장 9,10절도 보십시오.

"네가 만일 네 입으로 예수를 주로 시인하며 또 하나님께서 그를 죽은 자 가운데서 살리신 것을 네 마음에 믿으면 구원을 받으리라. 사람이 마음으로 믿어 의에 이르고 입으로 시인하여 구원에 이르느니라"(롬 10:9,10).

핍박의 때에는 스스로를 달래기 위해 다음과 같은 말로 자신을 기만하는 자들이 있기 마련입니다. "겉으로 드러내지 않을지라도 마음으로 믿기만 하면 구원받을 수 있다. 입술로 고백하지 않더라도, 심지어 겉으로는 적그리스도의 교회에 다닌다 할지라도, 이런 것들은 외적인 의식일 뿐 실제로 구원의 유익을 얻거나 잃는 것과는 아무런 상관이 없다. 그러므로 자기 소유와 생명까지 잃을지도 모르는 상황에서 무모하게 자기 신앙을 떠벌리고 다닐 필요가 없다. 게다가 미사에 참여하는 것을 두고 뭐라고 해서는 안 된다." 그러나 사도는 이런 자기기만적인 주장을 정면으로 부정합니다.

"내가 믿었으므로 말하였다 한 것같이 우리가 같은 믿음의 마음을 가졌으니 우리도 믿었으므로 또한 말하노라"(고후 4:13).

"누구든지 예수를 하나님의 아들이라 시인하면 하나님이 그의 안에 거하시고 그도 하나님 안에 거하느니라"(요일 4:15).

할 수 있는 대로 변명을 만들어 보십시오. 하나같이 영원한 정죄에 이르는 자기기만일 뿐입니다. 구원과 정죄가 이 고백에 달렸기 때문입니다.

핍박이 없고 교회가 흥왕하는 때에는 온갖 부류의 사람들이 교회로 들어옵니다. 그러나 그들 모두가 합당하게 예수님을 고백하지는 않습니다.

① 어떤 이들은 구원에 이르는 하나님의 길에 대해 무지합니다. 자기가 가진 믿음을 설명할 줄도 모르는 자들이 무엇을 고백한단 말입니까? 말씀을 경험해 보지도 못한 자들입니다. 진리는 그들에게 감추어져 있습니다. 화평의 길을 모르는 자들입니다.

② 어떤 이들은 그리스도를 믿지 않습니다 그들은 그리스도에 대해 사변적으로는 알지만, 그리스도를 영접하고 그분과 교제 하지는 않습니다. 믿음으로 그리스도를 자기 안에 모시고 자기도 그 안에 거하는, 그리스도 안에서 자라 가는 자들이 아닙니다.

③ 어떤 이들은 하나님도, 진리도, 교회를 세워 가는 것도 사랑하지 않습니다. 이런 자들에게 구원은 그리 바랄 만한 것이 아니요 영광스러운 것도 아닙니다. 그들

은 이 세상의 삶과 그 안에 있는 것들을 더 좋아하고, 그것들을 더 달콤하게 여기며 죄와 더불어 잠시 누리는 쾌락을 더 기뻐합니다.

④ 어떤 이들은 날마다 눈에 보이는 것을 위하면서 그런 것들로 말미암아 살아갑니다. 이런 자들은 형식적이고도 습관적인 신앙생활로 만족하고, 이생의 자랑은 물론 안목의 정욕과 육신의 정욕을 탐닉하며 세상을 닮아 갑니다. 이런 자들은 주 예수님의 이름을 고백하지 않을뿐더러, 평화로운 때에도 주님의 이름을 부인하며 살아갑니다. 디도서 1장 16절이 이런 자들에 대해 잘 말해 줍니다.

"그들이 하나님을 시인하나 행위로는 부인하니 가증한 자요 복종하지 아니하는 자요 모든 선한 일을 버리는 자니라."

하나님의 말씀으로 인한 핍박이 몰아치면 이런 자들은 썩은 과일처럼 금세 떨어져 나가고 맙니다. 이런 자들은 세상 명예와 돈과 안락함을 예수님과 그분의 모든 충만하심보다 훨씬 좋아합니다. 예수님을 사랑하여 겪는 수치와 어려움을 견디지 못할뿐더러, 그것을 원하지도 않습니다. 그렇습니다. 오히려 그들이 참된 신자들을 핍박하는 자들로 돌변합니다. 벌써부터 그들이 얼마나 많이 핍박하고 있는지 모릅니다. 여러분이 이런 자라면 주목하십시오. 그리스도께서 이 땅에 계시는 동안 이미 여러분이 무엇과 같은 자인지를 분명히 하셨습니다.

"돌밭에 뿌려졌다는 것은 말씀을 듣고 즉시 기쁨으로 받되, 그 속에 뿌리가 없어 잠시 견디다가 말씀으로 말미암아 환난이나 박해가 일어날 때에는 곧 넘어지는 자요"(마 13: 20,21).

"말씀을 들을 때에 기쁨으로 받으나 뿌리가 없어 잠깐 믿다가 시련을 당할 때에 배반하는 자요"(눅 8:13).

이런 여러분의 결국이 어떠하겠습니까? 바울이 잘 말해 줍니다.

"그들의 마침은 멸망이요 그들의 신은 배요 그 영광은 그들의 부끄러움에 있고 땅의 일을 생각하는 자라"(빌 3:19).

심판 날에 그리스도께서 성부와 천사들과 사람들 앞에서 여러분을 부인하실 것입니다.

"그때에 내가 그들에게 밝히 말하되 내가 너희를 도무지 알지 못하니 불법을 행하는 자들아 내게서 떠나가라 하리라"(마 7:23).

진리의 고백에 관한 권면

이제 참된 신자들이 주 예수님을 용감하게 고백하도록 격려하고자 합니다. 자신의 믿음 때문에 시험이 닥칠 것을 준비하십시오. 흔들리지 않는 믿음을 고백할 수 있도록 스스로 강하게 하십시오. 이제 곧 우리 차례가 올 것이기 때문입니다. 하나님은 자기 교회를 언제나 이런 방식으로 다루셨습니다. 나라와 나라를 두루 다니시며 교회에 핍박을 가져다주셨습니다. 지금은 프랑스에 있는 교회들이 이런 때를 지나고 있습니다. 그다음은 우리 차례일 수 있습니다. 네덜란드에 있는 교회들이 그동안 많은 평화를 누려 왔기 때문입니다. 네덜란드 교회는 도덕적으로는 물론 교리적으로도 완전히 타락했습니다. 온갖 새로운 교리들이 난무합니다. 무지가 팽배한 곳은 어디든 오류들이 판을 치기 마련입니다. 이는 안에서든 바깥(바른 교리를 견디지 못하고 거룩한 삶을 혐오하는 자들을 통해)에서든 네덜란드 교회에 핍박이 가까워 왔음을 보여 주는 분명한 징조입니다. 바울의 예언처럼, 생명의 진리와 신실한 소수만이 믿고 따르는 교리가 빛을 발하게 하는 경건한 신자들을 위한 시험의 때가 임박했습니다.

"무릇 그리스도 예수 안에서 경건하게 살고자 하는 자는 박해를 받으리라"(딤후 3:12).

그러므로 준비하십시오. 핍박이 오면 기다렸다는 듯 담대하고도 분명하게 예수 그리스도를 고백하고, 순교자의 면류관을 얻을 것입니다.

이와 관련하여 여러분의 마음을 격려하기 위해 이전에 박해와 압제 아래 있던 형제들에게 보낸 편지를 첨부하겠습니다.

격려의 편지

박해와 순교의 때에 흔들리지 않고 주 예수 그리스도와 그분의 진리를 고백해야 합니다.

주 예수 그리스도의 증인이 되고 그분의 대의를 위해 고난받으며 적그리스도를 대적하기에 합당한 자들로 여김 받은, 주 예수 그리스도 안에서 사랑하는 나의 형제들이여, 모든 은혜와 위로의 하나님께서 여러분에게 은혜와 평강을 더해 주시기를 기도합니다!

여러분의 고난과 신실함을 알게 되었을 때, "너희도 함께 갇힌 것같이 갇힌 자를 생각하고 너희도 몸을 가졌은즉 학대받는 자를 생각하라"(히 13:3)라는 사도의 말이 떠올랐습니다. 마지막 심판 때 주 예수님께서 선포하실 말씀 또한 생각하지 않을 수 없었습니다.

"헐벗었을 때에 옷을 입혔고 병들었을 때에 돌보았고 옥에 갇혔을 때에 와서 보았느니라"(마 25:36).

제가 직접 여러분을 찾아볼 처지가 되지 못하여 서신으로 문안합니다. 전능하고도 선하신 하나님께서 이 편지를 통해 여러분의 영혼을 강건하게 하고 위로하시기를 기도합니다.

여러분은 하나님께 속한 승리자들입니다. 그러니 담대하십시오. 싸움을 포기하지 마십시오.

"깨어 믿음에 굳게 서서 남자답게 강건하라"(고전 16:13).

안팎으로 오는 박해에 너무 사로잡히지 마십시오. 신령한 빛이 비추고 영혼의 구름이 걷히고 나면, 마음은 은혜로 강건해지고 내면에서 가해지는 공격은 힘을 잃고 뒤로 물러날 것입니다. 그때에는 '전장의 준마'와 같이 천하 사람들이 알도록 주님을 고백하고 증언할 수 있을 것입니다.

안에서부터 가해지는 공격에 우리 마음은 쉽사리 이리저리 요동합니다. 설령 우리가 잘 견딘다 할지라도, 고난을 견디다가 그로 말미암아 용기와 기쁨을 잃을 수 있습니다. 가장 흔한 공격들은 다음과 같습니다.

"① 내가 속으로 어떤 고통을 당하는지 아무도 모른다. 사형대에서 공개적으로 고통을 당했더라면 주 예수님께서 영광을 받고, 복음이 증언되고, 신자들이 더 강해지고, 그것을 본 다른 사람들이 자신의 죄를 깨달았을 것이다. 그러나 이런 고통은 고통받는 당사자 외에는 아무도 알 수 없기 때문에 아무 소용도 없고 열매도 기대할 수 없다.

② 나는 지금 진리 때문에 고난받는 것이 아니라 내 죄 때문에 고통당하는 것이다. 이전에 내가 저지른 잘못된 행위들 때문에 하나님께서 나를 벌하시는 것이다. 그러므로 너무나 고통스러운 이때조차 하나님으로부터 오는 위로를 기대할 수 없다. 나에게는 오직 고통만이 남아 있다.

③ 나에 대한 악평 때문에 괴롭다. 사람들은 나를 범죄자라고 한다. 주 예수님을 위한 순교자가 아니라 칼빈을 위한 순교자라고 말하며 비웃는다.

④ 내가 지금 고통당하는 것은 예수님과 그분의 진리에서 비롯된 것이 아니다. 거짓으로 알고 있는 것을 믿지도 못하고, 진리라고 알고 있는 것을 부인할 수도 없는 양심의 가책을 완화시키려는 노력의 일환일 뿐이다. 명목상으로는 예수님과 그분의 진리 때문에 고난받는 것 같지만, 실제로는 죽고 나서 진리를 부인한 자로 정죄 받는 것에 대한 두려움 때문이다.

⑤ 너무나 오랫동안 이런 고통을 당하고 있고, 여기서 건짐 받을 소망을 전혀 가질 수 없는 탓에 낙심되고 괴롭다.

⑥ 사실 교황주의와 개혁파 신앙은 크게 다르지 않다. 단지 형식과 전통이 다를 뿐이다. 나는 어쩔 수 없이 몸으로는 로마 교회에 참여하며 거기서 행하는 많은 의식들을 따라 하지만, 여전히 믿음을 가지고 있다.

⑦ 다른 경건한 신자들은 믿음으로 말미암는 고난 없이 잘 지낸다. 그런데 왜 나만 이처럼 비참한 고통 가운데 있어야 한단 말인가?

⑧ 나는 항상 두려움에 사로잡혀 있다. 죽음도 무섭고, 극심한 고난이 오래 지속될까 봐 겁이 나며, 사람들에게서 보이는 사악함과 교활함이 두렵다. 내가 겪는 어려움은 바로 이런 두려움으로 말미암는 것일 뿐, 믿음으로 기꺼이 자원하는 데 오는 어려움이 아니다. 이런 고통이 너무 버겁다. 이제 더는 감당할 수 없다. 또한 이 믿음을 거부해 온 내 사랑하는 가족들이 걱정된다. 무

엇보다 수도원으로 보내져 어려서부터 우상숭배에 길들여진 내 자녀들이 깊이 염려된다."

먼저 이런 염려들을 다루고 나서 여러분의 영혼이 견고하고도 담대하게 인내하도록 격려하고자 합니다.

첫째, 마귀는 신자를 공개적으로 박해하고 처형할 때 더 많은 신자들이 생겨나는 것을 경험으로 알기 때문에 많은 신자들을 은밀하게 죽입니다. 반면, 공개적인 핍박과 죽음만이 예수님을 더욱 영화롭게 한다고 잘못 이해하는 신자들은 공개적인 고난과 죽음을 통해 예수님을 더욱 영화롭게 하기를 바랍니다. 그러나 기억하십시오. 주 예수님과 거룩한 천사들은 공개적으로 당하는 고난과 똑같이 은밀하게 당하는 고난도 관심을 가지고 지켜보십니다. 뿐만 아니라 하나님은 여러분이 은밀하게 고난당하고 있다는 사실을 교회로 하여금 알게 하시고, 온 세상의 교회들에게 말씀하십니다. 공개적인 핍박은 자아를 드러내는 자리가 되기가 십상입니다. 그렇게 되면 영혼은 자신이 단호하고 흔들리지 않는 것이, 좋은 신자라는 영예를 얻기 위함은 아닌지, 진리를 부정한 사람들이 느낄 수밖에 없는 수치를 당하지 않기 위함은 아닌지, 또는 다른 이유에서 그런 것은 아닌지 스스로 괴롭게 갈등하며 고민에 휩싸입니다. 그리하여 영혼은 혼란에 빠지고, 은밀히 고난당할 때 경험하는 순전함과 위로와 용기를 누리지 못하게 됩니다.

그러므로 크든 작든, 고난당하는 방식을 스스로 선택하려고 하지 마십시오. 측량할 수 없는 지혜와 한없는 사랑으로 모든 신실한 순교자들에게 합당한 고난을 허락하시는 주권적인 하나님께서 지금 여러분이 감당하는 방식의 고난을 허락하기를 기뻐하십니다. 여러분이 이렇게 고난당하는 것은 원수의 영악함과 사악함 때문도, 우리의 선택이나 용의주도함이나 부주의함 때문도 아닙니다. 오히려 모든 일은 우리 주님이 작정하신 대로 이루어집니다. 하나님께서 여러분을 통해 이런 방식으로 영광 받으시고 여러분을 영화롭게 하기로 정하셨기 때문입니다. 신자들이 오랫동안 은밀한 고난을 겪는 이유는,

공개적으로 고난받는 것이 그들에게 맞지 않기 때문일 경우가 많습니다. 폭력적으로 잔인하게 죽임 당할 것을 두려워하여 믿음과 소망과 사랑에 관해 차분하게 생각하지 못할 사람들이 많습니다. 오히려 이런 사람들은 더욱 오랫동안 은밀하게 고난을 당할 때, 믿음과 소망과 사랑에 관해 풍성하게 생각하고 누립니다. 은밀하게 당하는 고난이라고 항상 숨겨져 있지는 않습니다. 심판 날에는 모든 것이 확연히 드러날 것이고, 모든 사람들이 여러분을 신실한 증인으로 인정할 것입니다. 그러므로 "하나님께서 뜻하신 일을 이루십시오. 주님이 원하시는 대로 저를 사용해 주십시오. 다만 그 모든 것을 감당할 힘을 주십시오"라고 간구하면서 주님의 뜻에 순복하십시오.

둘째, 영혼을 크게 괴롭히는 영적 공격이 있습니다. 지금 당하는 고난이 그리스도 때문이 아니라 이전에 그리스도를 브인한 것과 지금까지 저지른 죄악들에 대한 심판이라는 생각입니다. 이런 공격이 고난을 대면할 용기를 앗아 가는 것은 사실이지만, 영혼에는 아주 유익합니다. 이로 말미암아 영혼이 자신을 살피고 그리스도께로 더 가까이 나아가기 때문입니다. 모든 것이 엉망으로 변하고, 이전에 지은 죄악들과 죄악된 삶이 생생하게 떠오릅니다. 자신이 정말 은혜를 받았는지, 회심한 사람이 맞는지, 모든 것이 과연 조명된 이해로부터 비롯되었는지에 대해 의심하기 시작합니다. 죽음이 무섭고, 정죄 받을까 봐 두렵습니다. 그렇다 하더라도 이런 생각을 회피하지 말아야 합니다. 오히려 정면으로 응시하고, 이런 염려가 더 강력하게 영향을 미치도록 하십시오. 그리할 때 어지럽게 뒤엉켜 불안하게 하는 싸움이 그치게 될 것입니다. 이런 경건한 슬픔으로 말미암아 회개하여 후회할 것이 없는 구원에 이르게 될 것입니다. 이제까지 한 번도 그렇게 회개해 본 적이 없는 것처럼 새롭게 시작하게 될 것입니다. 그분의 피에 참여하고, 자신의 죄 사함을 위한 속전으로 받기 위해 예수 그리스도를 더 갈망하게 될 것입니다. 우리 구원의 보증으로 그리스도를 갈망할 뿐만 아니라, 울면서 나아가 기도하며 그분을 기다릴 것입니다. 그리스도를 택하고 영접하여 어떠한 주저함이나 후회도 없이 자신을 그분께 드리며 믿음으로 마음에 모셔 들일 것입니다.

그런데 또 다른 염려가 찾아듭니다. 과연 내가 선택받았는가? 돌이키기에는 너무 늦은 것이 아닌가? 은혜의 때가 이미 지나 버린 것은 아닌가? 모든 것이 막연하고 모호합니다. 예수님께서 자신을 감추십니다. 하나님께서 영혼을 버리신 것만 같습니다. 영원토록 이르는 은혜 같은 것은 없어 보입니다. 그럴 때 그리스도를 부인하고픈 마음이 듭니다. 아무리 생각해도 자신이 그리스도께 참여한 자가 아닌 것같이 느껴지기 때문입니다. 이런 싸움 역시 회피하려고 해서는 안 됩니다. 싸움이 맹렬할 때 하나님의 은혜가 임할 것이기 때문입니다. 복음서를 통해 그리스도께서 자신을 희생 제물로 드리신 것을 알고 더욱 평안한 마음으로 예수님을 향해 나아가게 될 것입니다. 은혜언약을 받고, 더 큰 확신으로 예수님을 의지하며, 우리 영혼을 그분의 손에 맡기고, 두려움 없이 그분을 의탁할 것입니다. 이를 통해 그리스도의 피로 말미암아 죄를 용서받고 구원받았음을 자각할 것입니다. 이런 자각으로 말미암아 양심이 화평을 얻고, 신령한 기쁨과 그리스도를 향한 뜨거운 사랑이 일고, 그분의 이름을 위해 기꺼이 고난받고 죽고자 하는 담대한 소원이 생깁니다.

보십시오. 진리 때문이 아니라 자신의 죄 때문에 당하는 시험과 고난을 통해서조차 신자의 영혼은 이처럼 소중한 경향성과 성품을 얻습니다. 그리하면 신자는 자신이 염려하고 두려워하던 것과 정반대되는 일이 일어나는 것을 발견합니다. 하나님께서 만족하시고, 죄를 용서하시며, 우리에게 친히 고난을 주시고, 하나님의 이름을 고백하고 그분을 영화롭게 하도록 우리를 부르십니다. 이런 방식으로 하나님께서 우리에게 영광스런 순교자의 면류관을 씌우시는 것을 알게 됩니다. 그때에는 영원한 것이 영화롭게 될 것입니다. 그리고 이 기쁨이 쓰디쓴 모든 것들을 달콤하게 바꿉니다. 우리의 연약함과 이전에 진리를 부정하던 모습에서 오히려 힘을 얻고 자라 갑니다. 더는 자신을 의지하지 않고 하나님의 능력을 의지하여 진보를 이루어 갑니다. 하나님께서 우리를 합당하게 여겨 은혜로 부르신 모든 것들을 받고 즐거워하며 담대하게 감당합니다.

셋째, 여러분은 정부에 불복하고, 공공연하게 악을 일삼으며, 완고하고, 칼빈과 그의 오류를 위한 순교자일 뿐이라는 추문 때문에 괴로움을 당하기도 합니다. 여러분은 이런 시험을 능숙하게 다룰 줄 알아야 합니다. 여러분이 실제로 이런 악행을 저지른 것이 아니므로 그들에게는 이렇게 악한 소문을 퍼뜨려 여러분을 괴롭게 할 만한 근거가 없습니다. 그런데도 그들의 이런 악한 행동은 그들이 여러분으로 하여금 성경의 진리를 거부하게 하려고 억지로 이야기를 꾸며 내는 것에 불과합니다. 그들은 칼빈을 들먹이지만 여러분은 칼빈이 문제가 아님을 잘 압니다. 여러분은 다른 신실한 목사들보다 특별히 칼빈을 더 높게 평가하지도 않습니다. 여러분은 칼빈의 말이 아니라 하나님의 말씀을 의지합니다. 하나님도, 천사들도, 신자들도 이 사실을 다 압니다. 심지어 원수들조차 이를 인정합니다. 그들은 이런 비방과 악평으로 여러분의 마음을 움츠러들게 하는 반면, 자신들의 마음을 더 완고하게 합니다. 유대인들이 주 예수님께 이렇게 행했습니다. 그들은 예수님께 이렇게 말했습니다.

"선한 일로 말미암아 우리가 너를 돌로 치려는 것이 아니라 신성모독으로 인함이니"(요 10:33).

"거기 섰던 자 중 어떤 이들이 듣고 이르되 이 사람이 엘리야를 부른다 하고……그 남은 사람들이 이르되 가만 두라 엘리야가 와서 그를 구원하나 보자 하더라"(마 27:47,49).

원수들은 예수님을 이와 같이 대했던 유대인들과 본성이 같습니다. 따라서 그들이 신자들에게 유대인들과 동일하게 말하고 행동하는 것은 전혀 이상한 일이 아닙니다. 심판 날에 주님께서 여러분이 이렇게 고난당하는 이유를 알려 주실 것입니다. 천국에서 여러분의 영광은 사그라지지 않고 더해 가기만 할 것입니다. 그러므로 끝까지 신실하게 남아 있어야 합니다.

넷째, 다음과 같은 생각은 괴로움을 더욱 키울 뿐입니다. '나는 지금 진리가 아니라 내 양심 때문에 고난당하고 있다. 나를 몰아가는 것은 그리스도에 대한 사랑이 아니라 그리스도를 부인함으로 받게 될 정죄에 대한 두려움이다. 나의 영적 상태를 말해 주는 나의 믿음은 약하기가 그지없다. 과연 내가 거듭났는지, 그리스도가 나의 구주인지, 내가 구원받을지 의심이 든다. 설령 내가 진리를 위해 고난당하고 죽는다 할지라도 이런 의심을 떨칠 수가 없다. 회심하지 않은 사람도 진리에 대한 확신과 양심에 이끌려 고난당하고 죽을 수 있기 때문이다.' 구원과 정죄가 진리를 고백하느냐 거부하느냐에 달린 것은 사실입니다. 다음의 말씀들을 마음 깊이 간직하십시오.

"사람이 마음으로 믿어 의에 이르고 입으로 시인하여 구원에 이르느니라"(롬 10:10).
"누구든지 사람 앞에서 나를 시인하면 나도 하늘에 계신 내 아버지 앞에서 그를 시인할 것이요 누구든지 사람 앞에서 나를 부인하면 나도 하늘에 계신 내 아버지 앞에서 그를 부인하리라"(마 10:32,33).

그러므로 그리스도를 부인하고 양심을 괴롭게 하기보다는 여러분의 신앙고백에 신실하게 남아 있는 것(비록 많이 부족하고 양심의 찔림 때문에 어쩔 수 없이 그리한다고 해도)이 더 나음을 알 수 있습니다. 게다가 양심의 찔림 때문에 억지로 남아 있는 경우가 대부분이라 하더라도, 그것이 예수님과 그분의 진리에 대한 사랑과 전혀 상관없다고 주장하지는 마십시오. 예수님을 향한 사랑은 너무나 분명히 드러나므로 여러분도 그것을 자각할 수 있습니다. 그래서 만약 여러분이 자신을 잘 살피고 조금만 예수님께 집중하면, 예수님을 부인하지 못할 정도로 그분을 사랑하고 있다는 사실을 경험하게 될 것입니다. 그리하여 이렇게 말할 것입니다. "사랑하는 예수님, 주님을 부인하고 싶지 않습니다." 사랑은 분명히 달콤한 감정입니다. 그러나 본질적으로 사랑은 지성이 개입한 의지로 이루어집니다. 그러므로 의식적으로 의지가 예수님을 귀하게 여기고 그분을 택하고 그분을 고백하도록 동기를 불러일으키면 사랑으로 예수님을 고백할 수 있습니다. 그러므로 앞에서 말한 생각들로 여러분의 영혼을 혼란스럽게 하고 낙담시키지 마십시오. 오히려 여러분의 양심이 교훈과 생기를 얻었음을 기뻐하고, 여러분이 그리스도를 신실하게 고백하는 것이 단지 양심의 가책 때문만은 아님을 인정하십시오. 양심이 잠잠하다 할지라도(그렇습니다. 양심이 지각 있는 의지보다 더 잠잠할 때) 사랑은 더욱 분명히 그 모습을 드러냅니다. 해가 지고 나면 별들이 더 잘 보이듯이 말입니다. 사실 낮에도 별들은 하늘에 그대로 떠 있습니다. 다만 찬란한 햇빛에 가려 우리 눈에 전혀 띄지 않을 뿐입니다. 사랑도 그와 마찬가지입니다.

이전에 지은 죄들과 여전히 죄악된 자기 마음을 혐오하며 슬픔과 부끄러움을 느낀다면, 그리스도를 구원의 보증으로 영접하고 의지한다면(확신을 누리지 못하고 여전히 어둠과 분투 가운데 있다 할지라도), 조심스럽게 자기 마음을 살피는 것이 이런 상태에서 죄를 억제하는 데까지 이르렀다면, 그리스도를 온전히 신실하게 붙들고 그 이름을 위해 고난받고 죽고자 하는 마음이 일어난다면(하나님께서 지금 당장 많은 빛과 위로를 주기를 뜻하지 않으셨다 할지라도), 여러분은 진리 안에 있으며 생명과 믿음을 가진 것입니다. 이 경우에는 하나님이 주신 약속들을 의지하십시오. 하나님께서 참으로 모든 위로와 은혜를 여러분에게 보여 주실 것입니다. 그것이 설령 생의 마지막 순간이 된다 할지라도 말입니다. 내면에 싸움이 계속된다 할지라도 어둠을 지나면서도 예수님께 신실하게 남아 있는 것이야말로 많은 달콤한 환경 속에서 성령의 위로를 누리면서 그리하는 것보다 더욱 용기 있는 행위입니다. 열심으로 마음을 지키고, 겸손한 마음으로 눈물 흘리며 그리스도께로 피하는 것은 얼마나 위대한 은혜인지요. 이런 영적 훈련을 통해 진정한 은혜를 누리고 가장 강건한 그리스도인으로 드러나기 때문입니다. 그러므로 용기를 내십시오.

다섯째, 다른 여러 시험들과 관련된 또 다른 시험이 있을 것입니다. 이 모든 시험들이 서로 상승 작용을 일으켜 예수님을 부인하는 지경에까지 우리를 이끌어 갑니다. 이 시험의 요지는 다음과 같습니다.

"관점이 아주 사소하게 다를 뿐이다. 그들은 단지 우리가 칼빈의 오류들을 거부하기를 바랄 뿐이고, 우리 또한 기꺼이 그렇게 할 수 있다. 칼빈이라 할지라도 내가 옹호하기를 원하지 않는 오류들을 가지고 있으며, 나도 칼빈을 위해 고난당할 필요가 없기 때문이다. 또한 그들은 내가 믿음을 지켜 가는 것을 막지 않는다. 그리고 겉으로 그들처럼 행동하고, 미사에 참여하고, 떡과 형상들 앞에서 머리를 숙인다면, 마음으로 믿음을 지켜 가는 것 때문에 나를 괴롭히지는 않을 것이다. 결국 이런 외적인 행위들은 의식에 불과할 뿐, 구원은 우리가 믿음을 마음으로 지켜 가는 데 달렸다. 그리스도를 부인하라고 요구하면서 이교도들이 기독교 신앙에 가하는 핍박과는 완전히 다르다. 그들 역시 지금은 그리스도가 구주라고 고백한다."

많은 사람들이 이런 걸림돌에 걸려 넘어져 진리를 부정하게 됩니다. 그러므로 이런 주장들에 감춰진 간교한 속임수를 더욱 주의 깊게 살펴야 합니다. 실제로 이런 작은 차이에 따라 모든 것이 달라집니다. 그 차이가 아무리 미미해도 마찬가지입니다. 이런 주장에 동조하는 것은 곧 적그리스도의 교회로 옮겨 가는 것과 다름없습니다. 주 예수 그리스도의 교회를 핍박하고 수많은 성도들의 피를 물같이 흘린 자들의 모임에 함께하는 것입니다. 여러분의 손으로 성도들을 직접 핍박한 것처럼 성도들이 흘린 모든 피 값을 자기 머리 위로 돌리는 일입니다. 성도들이 흘린 피로 인한 하나님의 진노를 피하지 못할 것입니다.

그렇습니다. 그들은 여러분이 개혁교회를 떠나 스스로를 로마 교회의 회원이라 자처하는 모습만으로도 만족해하며 여러분에게 그것을 공개적으로 선언하도록 요구하지는 않을 수도 있습니다. 그러나 그들의 미사에 참여하고, 형상들에 예를 표하는 것 자체가 이미 그리스도와 그분의 진리와 그분의 교회를 부인하는 것이고, 성도들의 피 흘리기를 기뻐하는 적그리스도의 제국으로 옮겨 간 것입니다. 여전히 입술로는 그리스도의 이름을 고백하지만, 실제로는 그리스도를 부인합니다. 그렇지 않다면 그들이 말과 행실로 그리스도를 고백하는 자들을 왜 핍박하겠습니까? 그들은 날마다 사죄를 위한 제사를 드리고, 신자들이 세례를 받은 이후에도 범하는 실제적인 죄악들에 대한 죄책 역시 그리스도께서 다 치르셨음을 부인하면서 그리스도께서 단번에 드리신 완전한 희생 제사를 부정합니다. 그들은 마치 빵 조각이 영화롭게 된 예수님인 양 그것을 숭배합니다. 그러나 이와 같이 행하는 것은 이교도들의 핍박 때문에 그리스도를 완전히 부인하는 것과 다를 바가 없습니다.

그러므로 조심하십시오. 만일 여기서 그치지 않고 한 걸음 더 나아가 미사에 참여하여 떡과 형상들 앞에 머리를 조아린다면, 몸으로만 하였을 뿐 마음으로는 하지 않았다고 핑계해 봐야 아무런 소용이 없을 것입니다. 하나님은 마음뿐만 아니라 몸도 원하시기 때문입니다(고전 6:20 참고). 하나님은 진리를 고백할 것을 요구하십니다. 그러나 이렇게 행하는 것은 사람들 앞에서 그리스도를 고백하는 것이 아니라, 오히려 부인하는 것입니다. 게다가 마음과 행실이 서로 다르다면 위선을 행하는 것입니다. 미사를 그저 의식에 불과하다고 생각하지 마십시오. 미사는 성경이 명백히 금하는 바 실제로 우상을 숭배하는 행위입니다.

"그것들에게 절하지 말며 그것들을 섬기지 말라"(출 20:5).

하나님께서 이스라엘에 남겨 두신 신실한 칠천 명의 공통된 특징이 무엇입니까? 그들은 모두 바알에게 무릎을 꿇지 않은 자들이었습니다(롬 11:4 참고). 입술의 고백이 마음으로 믿는 바와 다르면 마음의 고백은 아무런 소용이 없습니다. 참된 믿음과 입술의 고백은 언제나 함께 갑니다.

"네가 만일 네 입으로 예수를 주로 시인하며⋯⋯ 네 마음에 믿으면 구원을 받으리라"(롬 10:9).

"내가 믿었으므로 말하였다"(고후 4:13).

강압에 못 이겨 그리할 수밖에 없었다고 말한다 하더라도, 하나님 앞에서 여러분의 죄를 없애지 못합니다. 그리스도를 향한 사랑의 능력이 그런 강압조차 넘어서게 하며 예수님을 위해 모든 괴로움을 기꺼이 견디도록 하기 때문입니다. 그러므로 용기를 내십시오. 우리는 이미 당한 고난 다음에 또 어떤 고난이 다가올지를 알지 못하기 때문입니다. 현재 여러분이 당하는 고난만이 실제이며, 이 또한 시간이 지나면 속히 사라질 것입니다. 그저 오늘이라는 한 날을 사려 깊고도 신중하게 힘써 살아가십시오. 내일은 무슨 일이 어떻게 될지 모르기 때문입니다.

"한 날의 괴로움은 그날로 족하니라"(마 6:34).

여섯째, 영혼을 괴롭히는 또 다른 유혹이 있습니다. 수많은 경건한 신자들이 별 어려움 없이 비교적 수월하게 세상을 지나간다는 사실입니다. 각자의 포도나무와 무화과나무 아래서 안식을 누리고, 자신의 소유를 누리다가 믿음으로 죽음을 맞이합니다. 그런데 유독 자신만이 살아가는 내내 하루도 편할 날이 없는 것 같습니다. 다른 신자들은 다 괜찮은 것 같은데, 왜 유독 나만 이러합니까? 이 의문에 저는 이렇게 대답하겠습니다. "하나님께서 주권자이시지 않습니까? 토기장이가 자신이 만든 질그릇을 임의로 사용하지 않겠습니까? 지옥 불로 떨어지지 않고 이토록 오래 살고 있는 것이 은혜가 아닙니까?" 이런 사실을 기억하며 하나님의 주권을 사랑으로 받아들이고, 불평하거나 다투지 않고 그것에 순복해야 마땅합니다. 게다가 우리는 모든 일이 합력하여 선을 이룬다는 사실을 잘 알지 않습니까?(롬 8:28 참고) 우리에게 일어나는 일들은 모두 하나님께서 모든 사랑과 선하심으로 미리 아심과 작정하심을 따라 우리에게 주시는 것입니다.

"그런즉 내게 작정하신 것을 이루실 것이라"(욥 23:14).

그러므로 다른 사람의 행복을 시기하지 마십시오. 하나님이 주셨다면, 거두어 가시는 것도 하나님이 하실 일이 아닙니까? 하나님께서 자기 것으로 그 뜻에 따라 임의로 나누어 주시는 것이 마땅하지 않습니까? 하나님의 선하심을 여러분의 악한 눈으로 판단할 수 있다고 생각합니까? 오히려 하나님의 선하심을 여러분에게 보여 주신 것을 기뻐해야 마땅합니다. 그러나 무엇보다도 하나님은 일생을 육신을 따라 편안하게 보낸 모든 자들보다 여러분에게 더 큰 선을 보여 주십니다. 성령의 조명, 주 예수님의 입맞춤, 달콤한 위로, 순복하는 성품, 순교자의 마음 같은 것을 언급하지는 않겠습니다. 하나님께서 때를 따라 이 모든 것들을 가지고 여러분을 찾아오실 것입니다.

육신적으로는 번성하고 부요할지라도 일생 동안 영적으로 많은 죄를 지으며, 약한 믿음과 어둠 가운데 보내는 자들이 있습니다. 몸이 영혼보다 더 중합니까? 몸의 안락함이 영혼의 번성보다 더 중합니까? 하나님은 육신적으로만 번성한 자들과는 달리, 여러분에게 피조물이 이 땅에서 누릴 수 있는 가장 큰 호의를 베푸십니다. 예수님을 증언하게 하시고, 예수님을 향한 사랑이 모든 것을 이기고, 그 무엇도 이 사랑을 식힐 수 없다는 사실을 드러내게 하시며, 이긴 자로서 적그리스도와 싸우게 하시고, 순교자의 면류관을 기대하게 하십니다. 하나님께서 사람을 지으신 목적은 하나님을 영화롭게 하는 것입니다. 이 목적에 부응할수록 사람은 더 큰 행복을 누릴 것입니다. 수많은 다른 신자들보다도 여러분 같은 신자 한 명 한 명이 예수님을 더욱 영화롭게 합니다. 그러므로 자신이 받은 복으로 크게 만족하고 기뻐하십시오. 여러분을 순교자의 반열에 들게 하신 하나님께 감사하십시오.

일곱째, 다음과 같은 생각을 마지막 시험으로 언급하고자 합니다. '이 고난이 너무 힘들고 오래가는 탓에 더 이상 감당하지 못하겠다. 결국 진리를 부정할 수밖에 없을 것 같다. 게다가 사랑하는 이들마저 다 나를 떠나 마음이 너무 어렵다. 그들은 신앙을 부인했고, 자녀들은 다 수도원으로 보내져 우상을 섬기며 자라고 있다. 너무나 비참하다. 이런 내가 어디로 피하며 무엇을 한단 말인가? 이제 더는 견디지 못하겠다.' 만약 여러분이 이런 생각에 사로잡혀 있다면, 지금 자기에게 닥친 고난을 너무나 버겁고 오래갈 것처럼 여기고 있음을 알아야 합니다. 아직 당하지도 않은 고난 때문에 두려움에 사로잡히는 것이 고난 자체보다 더 가혹하다는 사실을 알아야 합니다. 하나님께서 우리를 순교자로 부르시고, 우리가 순순히 고난받으면 당연히 순교자의 마음을 주십니다. 때로는 극심한 고난으로 낙담하기드 하겠지만, 하나님께서 다시금 용기를 주시고 내면의 은혜로 은밀히 위로하십니다. 은혜로 충만한 영혼에게 고난은 더 이상 고난이 아닙니다. 예수님을 바라보고, 그분의 사랑이 영혼에 예수님을 향한 사랑을 지핀다면, 태산 같은 고난도 동산을 오르듯 감당합니다.

하나님은 여러분이 고난을 얼마나 감당할 수 있을지를 다 아십니다. 여러분이 감당할 만한 시험 이상을 주지 않으십니다. 여러분이 감당할 수 있는 만큼 고난을 허락하시고, 여러분에게 허락된 십자가를 질 수 있도록 힘을 더하십니다. 하나님은 시험과 더불어 피할 길도 내십니다. 하나님의 뜻에 만족하게 하심으로써 그리하십니다. 그리하여 하나님의 은혜가 족하고 자신이 약할 때가 하나님을 영화롭게 하는 가장 강한 때임을 알고 "그리스도를 위하여 약한 것들과 능욕과 궁핍과 박해와 곤고를 기뻐"할 수 있게 하십니다(고후 12:10 참고). 또한 여러분이 지고 가는 십자가를 가볍게 하시고 숨을 고를 만한 여유를 주심으로써 그리하십니다. 사람들을 통해 고난당하는 것은 맞지만, 실상 그들은 도구일 뿐입니다. 여러분으로 하여금 고난당하게 하시는 주체는 여러분의 머리털까지 세시는 하나님이십니다. 하나님은 여러분을 영화롭게 하고자 사랑으로 고난을 주시는 분입니다. 그러하기에 여러분이 당하는 고난을 경감시키실 수도 있을 뿐만 아니라 고난에서 완전히 벗어나 자유롭게 하실 수도 있습니다. 하나님은 모든 일을 하실 수 있습니다. "잘하였도다 착하고 충성된 종아, 네가 적은 일에 충성하였으매 내가 많은 것을 네게 맡기리니 네 주인의 즐거움에 참여할지어다"(마 25:21)라고 하시며 여러분을 즉시 영광으로 들이실 수도 있습니다. 물론 사랑하는 자들이 신앙을 부인하고 여러분을 떠나가는 것이 어찌 힘들지 않겠습니까? 그 일들은 분명 여러분의 괴로움을 가중시킵니다. 그러나 사랑하는 이들이 떠나는 것조차 감내할 만큼 예수님은 여러분에게 소중한 분이어야 합니다. 그래야 다음과 같은 일도 감당할 수 있습니다.

"아버지나 어머니를 나보다 더 사랑하는 자는 내게 합당하지 아니하고 아들이나 딸을 나보다 더 사랑하는 자도 내게 합당하지 아니하며"(마 10:37).

이 세상에 여러분이 그토록 사랑하는 사람들이 있다는 것이 얼마나 감사한지요. 그들이 여러분을 저버리고 떠나는 것도 감수할 만큼 예수님을 향한 사랑의 탁월함이 증언되니 말입니다. 수많은 사람들이 핍박 때문에 신앙을 저버립니다. 분명한 사실은 예수님을 부인하는 자들이야말로 비참한 자들이라는 것입니다. 그러나 종교개혁만큼은 아니더라도, 고난이 두려워서 개신교 신앙고백을 부인하는 일로 말미암아 적그리스도가 크게 타격을 입은 경우도 있습니다. 수많은 이들이 마음으로는 교황주의를 싫어하지만 교황주의자들과 뒤섞였고, 그들로 말미암아 진리의 빛이 교황주의에 전보다 더욱 많이 비치고 있기 때문입니다. 이들은 상황이 변하면 언제라도 교황주의를 버리고 개혁파 진영으로 되돌아올 수 있는 자들입니다. 그럴 날도 머지않았습니다. 수도원이라는 우상숭배적인 환경 속에서 자라는 자녀들에 대해 말하자면, 언약을 반드시 지키시는 하나님께서 그들을 돌보실 것입니다.

"내가 내 언약을 나와 너 및 네 대대 후손 사이에 세워서 영원한 언약을 삼고 너와 네 후손의 하나님이 되리라"(창 17:7).

하나님께서 그들을 붙드시고 멸망에 이르게 할 모든 허탄한 것들로부터 그들을 보존하실 것입니다. 하나님은 그들을 진리 가운데 보존하실 수 있습니다. 만일 그들이 아직 진리를 알지 못한다면, 그들에게 진리를 계시하실 것입니다. 하루하루 하나님께서 그들로 하여금 진리를 인정하고 고백하며 경험하게 하실 것입니다. 그러니 자녀들을 위해 많이 기도함으로써 미쁘신 하나님의 손에 그들을 맡겨야 합니다. 그러므로 아무것도 염려하지 말고, 승리자로서 모든 일들을 감당하십시오. 이런 것들에 영향받지 말고, 자신의 생명을 조금도 귀한 것으로 여기지 말아야 합니다(행 20:24 참고).

"네가 죽도록 충성하라. 그리하면 내가 생명의 관을 네게 주리라"(계 2:10).

"믿음의 선한 싸움을 싸우라. 영생을 취하라. 이를 위하여 네가 부르심을 받았고 많은 증인 앞에서 선한 증언을 하였도다"(딤전 6:12).

영광의 빛을 발하는 내 사랑하는 형제들이여, 제가 감히 권합니다. 용감하고도 견고하게 서십시오. 이런 격려가 필요 없을 만큼 지금까지 여러분이 성령의 충만함 가운데 잘 견디고 싸워 왔다 할지라도, 저는 마땅히 주께서 제게 주신 것으로 여러분과 함께 나눠야 하며, 또한 그렇게 하기를 원합니다. 그러니 심판 날에 다음과 같이 칭찬을 들을 수 있도록 주 안에서 제가 여러분을 향해 품고 있는 사랑의 마음을 나타내게 해 주십시오.

"헐벗었을 때에 옷을 입혔고 병들었을 때에 돌보았고 옥에 갇혔을 때에 와서 보았느니라"(마 25:36).

첫째, 용감하게 싸우다가 지금은 승리자로 영광의 면류관을 받고 천국에 거하는 수많은 순교자들이 보인 모범을 생각해 보십시오. 하나님은 누군가를 불러 피로써 증언하게 하는 방식으로, 모든 세대를 통해 주 예수님이 영화롭게 되고, 세상이 정죄 받고, 교회가 굳건하게 서도록 일해 오셨습니다. 제가 요한계시록을 조금이라도 제대로 이해하고 있다면, 지금은 네 번째 대접이 부어진 때입니다. 이제 곧 멸망할 짐승(로마 교회)의 왕좌에 부어지고 적그리스도의 제국이 약해질 것입니다. 이 일이 있은 지 얼마 되지 않아 짐승이 제거되고 교회가 영화롭게 되는 때가 올 것입니다. 그래서 저에게는 여러분이 저마다 예수님을 위해 순교하는 특권을 가진 마지막 때의 신자들 가운데 한 사람처럼 보입니다. 다른 나라의 교회들뿐만 아니라 이 나라의 교회 역시 핍박을 피할 수 없기 때문입니다. 그러나 그 기간이 그리 길지는 않을 것입니다. 그러므로 끝까지 견뎌야 합니다. 여러분보다 앞서 예수님 때문에 순교를 당한 모든 신자들(예수님의 이름을 위해 유대인과 이교도와 적그리스도로부터 핍박과 고문을 받고 죽임 당한)을 고난과 충성을 위한 모범으로 삼으십시오. 그들은 이 모든 일에도 끝까지 싸워 이겼고, 믿음을 지켰으며, 예수님을 주로 고백했습니다. 그들이 보여 준 모든 영광스런 증거들, 처절하고도 몸서리나는 고난, 용기와 충성은 다 헤아리기가 어려울 정도입니다. 그래서 이 모든 증거를 대신해 히브리서 11장 35-39절의 기록만을 언급하겠습니다.

"어떤 이들은 더 좋은 부활을 얻고자 하여 심한 고문을 받되 구차히 풀려나기를 원하지 아니하였으며, 또 어떤 이들은 조롱과 채찍질뿐 아니라 결박과 옥에 갇히는 시련도 받았으며, 돌로 치는 것과 톱으로 켜는 것과 시험과 칼로 죽임을 당하고 양과 염소의 가죽을 입고 유리하여 궁핍과 환난과 학대를 받았으니(이런 사람은 세상이 감당하지 못하느니라) 그들이 광야와 산과 동굴과 토굴에 유리하였느니라. 이 사람들은 다 믿음으로 말미암아 증거를 받았으나"(히 11:35-39).

보십시오. 이 순교자들이 굳건한 충성을 보여 준 예가 있습니다. 순교를 열망한 나머지 거침없이 자신을 순교의 자리에 바친 사람들이 얼마나 많은지 모릅니다. 그들은 순교자들에게 불에 삼켜지라고 격려하기를 주저하지 않았으며, "나도 그리스도인이요"라고 외치면서 순교에 뛰어들기도 했습니다. 여인들은 원수들이 그리스도인들을 도륙하러 행군해 오고 있다는 소리를 듣고서 서둘러 신자들이 모인 곳으로 발걸음을 재촉했습니다. 오히려 늦게 도착해서 순교자가 되지 못할까 봐 우려할 정도였습니다. 어린 자녀들이 순교자가 되는 특권을 얻도록 함께 데리고 가는 경우도 허다했습니다. 그런데 순교의 부르심이 있을 때 그것을 거부해야 하겠습니까? 이들의 담대한 모습이 예수님의 이름을 위해 결연하게 모든 것을 견디도록 우리를 격려하지 않습니까? 고난이 클수록 영광도 클 것입니다. 우상에게 절하라는 느부갓네살의 명령에 다음과 같이 대답하며 굴하지 않은 다니엘의 친구들처럼 행하십시오.

"느부갓네살이여, 우리가 이 일에 대하여 왕에게 대답할 필요가 없나이다. 왕이여 우리가 섬기는 하나님이 계시다면 우리를 맹렬히 타는 풀무불 가운데에서 능히 건져 내시겠고 왕의 손에서도 건져 내시리이다. 그렇게 하지 아니하실지라도, 왕이여 우리가 왕의 신들을 섬기지도 아니하고 왕이 세우신 금 신상에게 절하지도 아니할 줄을 아옵소서"(단 3:16-18).

둘째, 여러분이 잠시 당하는 고난을 영원히 누릴 영광과 비교해 보십시오. 이 고난을 통해 여러분이 잃을 것은 무엇입니까? "명예, 소유, 부모, 자녀들, 안락함, 심지어 생명을 잃을 수 있다"라고 대답할 것입니다. 이 고난을 통해 여러분이 겪을 수밖에 없는 것은 무엇입니까? "굶주림, 추위, 헐벗음, 더럽고 냄새나며 온갖 끔찍한 해충이 득실대는 감옥, 무거운 사슬, 피눈물 나는 노역, 잔혹한 매질, 수면 부족과 같은 것을 겪고, 더 나아가 결국 장대에 달려 온갖 욕설과 저주 가운데 불살라지고 개들의 먹잇감이 되는 것이다"라고 말할 것입니다. 그러나 이 모든 것들은 이내 사라질 환난의 가벼운 것일 뿐임을 기억하십시오. 고린도후서 4장 17절에서 바울이 그렇게 말하고 있습니다. 신앙을 부인한다고 해서 사모할 만한 모든 것들을 다시 얻어 누릴 수 있겠습니까? 신앙을 부인한다고 해서 이 모든 비참함을 피해 달아날 수 있겠습니까? 그렇지 않다는 것을 여러분이 잘 압니다. 설령 신앙을 부인함으로써 여러분이 바라는 것들을 잃지 않고 지킨다고 해도 감당할 수 없이 괴로워하며 밤이든 낮이든 양심이 쉼을 얻지 못할 것입니다. 또한 하나님의 진노가 여러분의 영혼을 끔찍한 두려움과 염려로 채울 것이며, 차라리 죽는 길을 찾아 나서는 편이 더 낫게 여겨질 만큼 여러분의 육신은 결석과 통풍과 염증으로 말미암는 불편함과 고통으로 만신창이가 될 것입니다.

신앙을 부인한 후 며칠 동안은 신앙을 부인한 대가로 얻은 모든 안락함과 자유 덕분에 지옥과 같은 고통과 고뇌를 맛보지 않을 수도 있습니다. 그러나 그것을 통해 여러분이 얻는 것이 무엇입니까? 분명히 아십시오. 신앙을 부인하자마자 여러분은 그것을 후회하고 차라리 신앙 때문에 고난받는 자리로 돌아가고 싶어할 것입니다. 이 땅의 소유를 보전하고자 예수님을 부인한 자들의 내면이 어떠한지를 죽은 것같이 창백한 얼굴과 낙담한 모습을 통해 짐작할 수 있습니다. 이런 자들은 이 땅의 소유와 명예를 보전함으로써 순교자들과는 비교할 수 없는 안락함을 누리지만, 정작 가장 소중한 것을, 그것도 다시는 회복할 수 없는 것을 잃어버렸습니다. 모든 것을 다시 얻는다 해도 하나님의 진노가 여러분을 추격할 것입니다. 눈앞에 있는 아내와 자식들의 모습은 오히려 여러분의 영혼에 신앙을 부인한 괴로움을 가중시킵니다. 물을 피하겠다고 불에 뛰어든 격입니다. 정죄를 받아 결국에는 모든 것을 잃고 맙니다. 다음 사실을 분명히 기억하십시오. 여러분이 신앙을 부인해도 원수들은 결코 그것을 믿지 않습니다(경험이 이 사실을 가르쳐 줍니다). 여러분의 생명을 노리는 원수들은 계속 여러분을 미워할 것입니다. 신앙을 부인해서 얻는 것이 고작 이런 것이라면 계속 예수님을 고백하는 편이 더 낫지 않았겠습니까? 예수님을 부인하여 온 세상을 얻는다 한들, 여러분의 영혼을 무엇으로 대속하렵니까?

"누구든지 제 목숨을 구원하고자 하면 잃을 것이요 누구든지 나를 위하여 제 목숨을 잃으면 찾으리라"(마 16:25).

여러분이 당하는 모든 환난과 세상에서 누리는 즐거움보다 영원한 영광을 더 존귀하게 여기십시오. 그리하면 바울과 같은 결론에 이르게 될 것입니다.

"생각하건대 현재의 고난은 장차 우리에게 나타날 영광과 비교할 수 없도다"(롬 8:18).

여러분이 어떤 죽음을 맞이하든 상관없이 거룩한 천사들의 영접을 받고 천국으로 들어간다면, 이 얼마나 달콤하고도 영광스러운 일이겠습니까! 믿음의 싸움을 이긴 신자가 승리의 개가를 부르며 천국으로 들어오는 모습에 천국에 거하는 자들이 모두 일어나 함께 기뻐하며 맞이하는 모습을 상상해 보십시오! 주 예수님께서 이 영혼을 얼마나 기뻐하며 다정하게 맞으실지를 생각해 보십시오! 여러분의 승리로 천국에서 할렐루야가 얼마나 기쁘게 울려 퍼질지 생각해 보십시오! 이 땅에 사는 우리는 도무지 이해할 수 없습니다. 이 기쁨을 온전히 노래하기에는 우리의 혀가 너무나 약합니다. 하나님께서 자신의 사랑을 입은 자들을 위해 마련하신 것은 어느 누구도 본 적도, 들은 적도 없습니다. 사람의 마음은 그것을 도무지 짐작조차 할 수 없습니다. 특히 죽기까지 충성하며 하나님의 아들을 피로써 증언한 자들을 위해 마련하신 것에 대해서는 더욱 그렇습니다. 하나님의 사랑으로 영접받는 것, 하나님의 전능하심에 둘러싸이는 것, 하나님의 모든 충만하심으로 흡족해하는 것, 하나님의 얼굴 빛으로 비추임 받는 것, 하나님의 선하심으로 채워지는 것, 순전한 거룩함으로 밝게 빛나는 것, 사랑으로 불타오르는 것, 천사들과 완전히 의롭게 된 영혼들과 더불어 하나님을 즐거워하는 것, 헤아릴 수 없는 기쁨을 누리며 영광 중에 있는 성도들의 유업을 얻는 것, 하나님을 대면하며 하나님과 직접 교제하는 것, 하나님의 직접적인 임재 안에서 그분의 완전하심을 바라보고 경험하며 그 완전함을 드높이고 노래하는 것, 이러한 것들이야말로 이 땅에서 믿음의 싸움을 싸운 신자들을 기다리는 지복이요 영광입니다. 영화롭게 된 자신의 몸과 다시금 하나 되고 그리스도의 영화롭게 된 몸처럼 변화되는 것, 온 세상 앞에서, 특히 신자들을 괴롭히고 죽인 자들이 보는 앞에서 왕이신 예수님의 보좌 우편에 서고 승리자로서 면류관을 쓰며 영화롭게 되는 것, 주 예수님의 영접을 받아 천국으로 들어가고 그곳에서 두려움이나 끝없이 영원토록 쇠하지 않는 충만한 즐거움을 누리는 것, 이 모든 일들은 하나님께서 자신을 경외하고 신뢰한 모든 자들을 위해 인생들 앞에 친히 예비하고 활짝 펼쳐 놓으신 위대한 은택입니다. 다음 말씀을 주의 깊게 살펴보십시오.

"이 일 후에 내가 보니 각 나라와 족속과 백성과 방언에서 아무도 능히 셀 수 없는 큰 무리가 나와 흰옷을 입고 손에 종려 가지를 들고 보좌 앞과 어린양 앞에 서서……장로 중 하나가 응답하여 나에게 이르되 이 흰옷 입은 자들이 누구며 또 어디서 왔느냐. 내가 말하기를 내 주여 당신이 아시나이다 하니 그가 나에게 이르되 이는 큰 환난에서 나오는 자들인데 어린양의 피에 그 옷을 씻어 희게 하였느니라. 그러므로 그들이 하나님의 보좌 앞에 있고 또 그의 성전에서 밤낮 하나님을 섬기매 보좌에 앉으신 이가 그들 위에 장막을 치시리니, 그들이 다시는 주리지도 아니하며 목마르지도 아니하고 해나 아무 뜨거운 기운에 상하지도 아니하리니 이는 보좌 가운데에 계신 어린양이 그들의 목자가 되사 생명수 샘으로 인도하시고 하나님께서 그들의 눈에서 모든 눈물을 씻어 주실 것임이라"(계 7:9,13-17).

여러분이 당하는 모든 환난과 이 땅에서 사람들이 누리는 모든 영광스럽고도 즐거운 것들을 이 영원하고도 황홀한 영광과 비교해 보십시오. 이 둘의 차이가 너무나 크기에 감히 비교할 엄두조차 나지 않을 것입니다. 그렇다면 환난의 가벼운 것으로 말미암아 마땅히 기뻐해야 하지 않겠습니까? 하나님의 능력으로 말미암아 승리와 면류관이 확실한 이 싸움에 더욱 담대하게 임해야 하지 않겠습니까?

셋째, 주 예수님을 모든 측면에서 바라보십시오. 주 예수님은 지극히 탁월하게 영광스러우신 분입니다. 그분을 우리의 하나님이요 왕으로 고백하는 것은 우리가 누리는 크나큰 영광입니다. 그러하기에 우리는 주님을 고백하기를 부끄러워하지 말아야 합니다. 성부 하나님께서 "이는 내 사랑하는 아들이요 내 기뻐하는 자라"라고 하늘에서 외치심으로써 예수님이 하나님이심을 친히 증언하셨습니다. 예수님께서 죽으셨을 때와 부활하셨을 때 천사들이 그분을 증언했습니다. 모든 순교자들이 얼마나 용감하게 즐거움으로 그분을 하나님으로 고백하고 죽음으로 자신의 고백을 인 쳤는지를 보십시오! 그런데 이런 주님을 부끄러워하렵니까? 이런 분을 위한 고난이라면 달게 받아야 하지 않겠습니까? 아무리 고난을 당한다고 할지라도 몇 번이고 고백해야 할 이름 아닙니까?

그분이 여러분을 위해 행하신 수많은 선한 일들을 생각해 보십시오! 여러분을 사랑하셨기 때문에 영광을 떠나 여러분과 같은 본성을 입되, 종의 형체를 입기까지 낮아지시고, 머리 둘 곳 하나 없으실 만큼 가난해지셨고, 여러분이 치러야 할 모든 죗값을 구원의 보증으로 여러분의 자리에서 치르셨습니다. 여러분을 영원한 정죄에서 건지고 하나님과 화목하게 하며 영원으로 이끄는 일이 얼마나 어렵고도 힘든 일이었을지를 생각해 보십시오! 죄를 향한 하나님의 진노를 대신 담당하기 위해 십자가에서 자신의 피로 뒤범벅된 채 괴로움으로 말미암아 벌레처럼 꿈틀대셔야 했습니다. 그 영혼이 지옥의 고뇌를 견디다 못해 온 땀구멍에서 피가 송글송글 맺혀 나지 않았습니까! 악인에게 배반당하여 결박된 후 이리저리 짐승처럼 끌려다니셔야 했습니다. 교회 지도자들은 하나님을 모독했다는 죄명으로 그분에게 사형을 선고했고, 군사들은 그 복된 얼굴에 주먹질하고 침을 뱉었습니다. 그분은 가장 수치스러운 조롱과 경멸을 당하고 홍포를 입은 채 이방인에게 넘겨져 온 예루살렘 거리 곳곳을 밤새도록 끌려다니셨습니다. 그러다가 마침내 사람들 중 가장 악한 두 강도들 사이에 매달리셔야 했습니다. 그들과 동류인 양 말입니다. 예수님은 가장 악랄한 방식으로 매질을 당하셨습니다. 온 머리를 찌르는 가시로 만든 관을 쓰셔야 했습니다. 십자가를 지고 성문 밖으로 끌려 나가 십자가에 달린 채 인간의 영혼이 당할 수 있는 가장 극심한 격통 가운데 죽어 가셔야 했습니다. 여러분을 사랑하셨기 때문에, 여러분을 죄와 정죄에서 구원하기 위해 이 모든 수치와 고통을 마다하지 않으신 것입니다.

주님은 이렇게 자신에 대해 선한 증언을 하셨습니다. 그분은 왕이요 구주이십니다. 이 고백은 예수 그리스도께서 그분의 생명을 값으로 치르며 하신 것입니다! 그런데 이런 주님을 부끄러워하고 부인하렵니까? 이토록 사랑스럽고 사랑받기에 합당하신 예수님을 위해 고난받기를 마다하렵니까? 고난을 통해 예수님이 여러분에게 얼마나 귀하고도 소중한지를 증언하지 않으렵니까? 그리스도께서 감당하신 고난으로 말미암아 성부께서 "모든 입으로 예수 그리스도를 주라 시인하여 하나님 아버지께 영광을 돌리게" 하셨습니다(빌 2:11 참고). 그런데 이런 그리스도께 영광을 돌릴 기회를 회피하렵니까? 죽기까지 여러분을 영화롭게 하기를 기뻐하신 그분의 사랑과 선하심 앞에서 여러분이 하는 일이 고작 그분을 부끄러워하고 부인하며 모독하는 것입니까? 어느 누구도 그래서는 안 됩니다. 그리스도를 향한 사랑에 사로잡히십시오. 그리스도를 담대히 고백하고 증언하여 영화롭게 하기 위해서는 그 무엇도 아깝게 여기지 않을 만큼 그리스도를 소중하게 모실 줄 알아야 합니다. 여러분에게 아직 예수 그리스도를 사랑하고 존귀하게 여긴다는 것을 증언할 수 있는 몸과 생명이 있음을 기뻐하십시오. 환난이 계속되는 만큼 예수님을 계속해서 고백하고 증언할 수 있다는 사실에 기뻐하십시오. 이 땅에서 오래 머문다는 것 때문에도 하나님께 영광을 돌려야 합니다. 그만큼 예수 그리스도를 증언할 수 있기 때문입니다.

넷째, 하나님께서 여러분에게 베푸신 은혜를 인정하십시오. 하나님께서 어떤 사람들은 죄에 사로잡혀 멸망의 길을 가도록 내버려 두신 반면, 여러분에게만큼은 그 은혜의 풍성함을 보여 주셨습니다. 하나님께서 얼마나 놀랍게 여러분을 자신에게로 이끄셨는지를 보십시오. 여러분이 어릴 때부터 하나님께서 여러분을 이끌어 오신 방식을 곰곰이 돌아보십시오. 여러분이 하나님을 떠났을 때에도 하나님은 여러분을 주시하고 계셨습니다. 여러분이 완고함으로 일관할 때에도 하나님은 오래 참으셨습니다. 여러분이 하나님을 부인하고 거부할 때조차 하나님은 계속 자신의 손을 내미셨습니다. 사랑으로 여러분을 이끄시고, 여러분이 얼마나 비참한 상태에 있는지를 깨닫게 하고자 하셨습니다. 여러분에게 독생자를 계시하시고, 믿음을 주어 예수님을 구주로 영접하게 하시고, 여러분을 새로운 피조물로 만드시고, 새 마음을 주어 하나님의 거룩한 길을 가게 하셨습니다. 하나님께서 얼마나 자주 여러분을 위로하시고 여러분 마음에 말씀하시는지를 생각해 보십시오! 하나님께서 여러분을 고난으로 부르실 때 신실하게 남아 있도록 여기까지 여러분을 도우셨습니다. 믿음을 버리지 않도록 하나님의 능력으로 여러분을 지키셨습니다. 자신의 성령을 주어 용감하고 담대하게 하시고, 하나님의 권능의 날에 드러날 거룩한 아름다움의 길을 열망하도록 하십니다. 때때로 면류관을 보여 주시고 하나님을 가까이하는 것이 얼마나 좋은지를 맛보게 하십니다. 그리스도의 책망을 세상의 모든 보화보다 더 값진 것으로 알게 하고 이사야 43장 2절과 같이 말씀하십니다.

"네가 물 가운데로 지날 때에 내가 너와 함께할 것이라. 강을 건널 때에 물이 너를 침몰하지 못할 것이며 네가 불 가운데로 지날 때에 타지도 아니할 것이요 불꽃이 너를 사르지도 못하리니."

하나님의 이런 모든 은택 때문에라도 하나님을 향한 사랑이 불붙어야 하지 않겠습니까? 그래서 이렇게 말할 수 있어야 하지 않겠습니까? "나는 주님을 따르리라. 나의 기업이신 그분께 소망을 둘 것이다. 내 몸과 영혼을 그분께 드린다. 주님이 내 몸과 영혼을 그분이 기뻐하시는 뜻대로 대하시기를 바란다. 그분의 이름을 위해 고난당하는 지금 하나님께서 나로 하여금 신실하게 하시고, 장차 닥칠 일들을 용감하고도 담대하게 맞이하게 하시기를 바란다.

하나님의 뜻에서 비롯되지 않았다면, 그 어떤 일도 나에게 일어날 수 없기 때문이다. 나는 내 원수 너머에 계시는 하나님을 주목한다. 하나님께서 원수들에게 '다윗을 저주하고, 이러저러한 해를 가하라'라고 명하셨기 때문이다. 원수들이 나에게 해를 가한다 할지라도, 그것은 모두 하나님께서 명하신 것일 뿐이다. 그들은 하나님이 명하시지 않는 한, 어떤 것도 할 수 없다." 그러므로 하나님의 승리자로서 용감하고 강하십시오. 하나님께서 여러분의 마음을 강건하게 하실 것입니다.

다섯째, 그리스도와 그분의 진리를 신실하게 고백하는 것은 개인은 물론 교회에도 이루 말할 수 없이 큰 유익을 가져다줍니다. 교회를 괴롭히고 순교자들을 죽여도 교회는 사라지지 않습니다. 오히려 교회는 이를 통해 든든히 세워져 갑니다. 하나님의 말씀으로 말미암아 박해가 일어난 때마다 교회는 정결하게 되었습니다. 박해의 광풍에 가라지와 겨는 온데간데없이 사라져 알곡만 남고, 그 열기에 금은 찌꺼기가 녹아내려 정금이 됩니다. 교회가 더 밝은 빛을 발하고, 세상 사람들에게 두려움을 불러일으킵니다. 교회는 커다랗고 온갖 사람들이 뒤섞여 있을 때보다 작고 순전할 때 더 영광스럽게 드러납니다. 어떤 지역의 교회가 철저히 타락하여 사라질 때 그곳에 진실로 경건한 신자가 매우 적고 실제로 거의 아무것도 남지 않았을지라도, 교회는 전혀 다른 곳에서 더욱 영광스럽게 자라납니다. 아직 경건한 신자들이 많이 남아 있는 경우, 그들은 곳곳으로 흩어져 다른 지역들에서 빛을 발할 기회를 얻습니다. 신자들 개개인이 사역자처럼 되어 각자의 지역에서 작은 교회를 세웁니다. 신자들이 핍박으로 흩어진 상황을 묘사하는 사도행전 8장 4절이 바로 이것을 말합니다. 장래를 기대할 수도 없고, 심지어 더욱 암담해질 수도 있습니다. 다른 교회들 역시 박해로 정화되리라 믿습니다. 그러나 저는 적그리스도가 더는 이전과 같은 지배력을 행사할 수 없으리라고 주님의 말씀에 기초하여 믿습니다. 하나님께서 자기를 위해 용기를 잃지 않고 끝까지 싸워 이길 무리를 보존하실 것입니다. 오히려 부지중에 주님이 다시 오셔서 적그리스도를 심판하고 교회를 영화롭게 하실 때가 이르기까지 그들은 승리자로 우뚝 서서 하나님의 말씀을 증언함으로써 적그리스도와 싸울 것입니다.

형제들이여, 여러분은 교회의 기둥입니다. 여러분이 발하는 소리를 통해 주 예수님의 영광이 선포되고 온 세상에 증언이 울려 퍼질 것입니다. 그러므로 강건하십시오. 모두가 여러분을 지켜보고 있습니다. 여러분이 그리한다면 원수들은 결코 기뻐할 수 없으며, 경건한 신자들은 부끄러움을 당하거나 슬퍼하지 않아도 될 것입니다. 여러분의 분명한 태도로 말미암아 많은 사람들이 정신을 차리고 복음 진리를 추구하기 시작합니다. 여러분을 통해 얼마나 많은 자녀들이 새롭게 잉태될지 아무도 모릅니다! 강건하고 담대히 서 있는 여러분을 보고, 넘어졌던 자들이 다시금 힘을 얻고, 처음 박해가 일어났을 때 두려운 나머지 굴복하고 진리를 저버렸던 자들이 진리를 부정했던 것을 용감하게 철회하고서 기꺼이 고난을 각오하며 다시금 새롭게 진리를 위해 싸울 것입니다. 여러분의 신실함으로 말미암아 원수들은 처음 자신들이 생각했던 것보다 훨씬 더 많이 고생해야 할 것입니다.

수많은 새로운 순교자들을 불러일으키시는 하나님께서 원수들이 후회할 만큼 여러분의 교회로 하여금 재를 털고 일어나게 하실 수도 있습니다. 이루 헤아릴 수 없이 많은 사람들이 강건하게 회복됨으로써 놀라운 일이 일어나기를 진정으로 바랍니다. 가두어진 불은 더욱 맹렬히 타오르기 마련입니다. 교인들이 진리를 부인하고 자신들과 함께하는 것에 만족하여 원수들이 그들을 내버려 두었다면, 인간적으로 말해 아마도 그 지역에 있는 교회는 이미 자취를 감추었을 것입니다. 그러나 아직 소망이 있습니다. 그러므로 주님께서 여러분에게 얼마나 중요한 일을 맡기셨는지를 보십시오! 여러분이 다시금 겁을 내고 진리를 부정한다면, 여러분의 신실함에 용기를 얻었던 자들 역시 다시금 두려워하는 길로 빠질 것입니다. 그러므로 남자답게 용기를 내십시오. 여러분은 여러분의 증언으로 이길 것입니다.

여섯째, 개인적으로 볼 때도 여러분의 고난이 여러분에게 많은 유익을 가져다 주지 않았습니까? 고난을 당하기 전까지는 많은 죄 가운데 살았거나 많은 죄에 빠졌습니다. 그러나 지금은 그런 죄들이 여러분에게 아무런 영향도 미치지 못합니다. 우리 중에는 자유를 누릴 때는 회심하지 않았지만, 고난과 더불어 회심한 자들도 있습니다. 두려움 때문에 진리를 부인하였지만, 지금은 용감하게 모든 것을 감내하는 자들도 있습니다. 박해를 통해 하나님의 진리를 아는 지식이 더욱 자라고 신령하게 되지 않았습니까? 여러분의 마음이 더욱 거룩해지지 않았습니까? 기도가 더욱 간절해지지 않았습니까? 하나님과 더욱 친밀하게 교제를 나누지 않습니까? 하나님이 더욱 자애롭고 친절하게 느껴지지 않습니까? 더 많은 위로를 누리고 있지 않습니까? 영광의 소망으로 더욱 기뻐하게 되지 않았습니까? 이 땅에 속한 것들이 그 가치와 매력을 점점 더 잃어 가지 않습니까? 어둠과 약한 믿음과 분투의 날이 다시 온다고 해도 여러분의 싸움은 더욱 치열해지고 하나님께서 때를 따라 여러분의 영혼을 강건하게 하시지 않습니까? 이러한 여러분의 상황을 불경건한 자들이 누리는 모든 안락함이나 세상 왕의 권력과 바꾸겠습니까? 그러므로 하나님께서 여러분에게 베푸신 은혜를 잘 살펴보고 감사한 마음으로 인정하십시오. 전 세계에 흩어져 있는 모든 경건한 신자들에게 이런 여러분의 모습이 얼마나 소중하게 다가가겠습니까! 이런 여러분을 복되다 하지 않는 성경 구절이 어디 있습니까! 여러분이 기억하도록 그런 말씀을 몇 구절만 인용해 보겠습니다.

"너희가 그리스도의 이름으로 치욕을 당하면 복 있는 자로다. 영광의 영 곧 하나님의 영이 너희 위에 계심이라"(벧전 4:14).

"나로 말미암아 너희를 욕하고 박해하고 거짓으로 너희를 거슬러 모든 악한 말을 할 때에는 너희에게 복이 있나니 기뻐하고 즐거워하라. 하늘에서 너희의 상이 큼이라. 너희 전에 있던 선지자들도 이같이 박해하였느니라"(마 5:11,12).

순교자로 생을 마감하기 직전에 바울이 외친 승리의 선언을 생각하십시오.

"나는 선한 싸움을 싸우고 나의 달려갈 길을 마치고 믿음을 지켰으니, 이제 후로는 나를 위하여 의의 면류관이 예비되었으므로 주 곧 의로우신 재판장이 그날에 내게 주실 것이며, 내게만 아니라 주의 나타나심을 사모하는 모든 자에게도니라"(딤후 4:7,8).

고개를 드십시오. 바울의 말을 믿음으로 자신의 말로 삼고 바울을 따라 이렇게 고백하십시오.

"누가 능히 하나님께서 택하신 자들을 고발하리요. 의롭다 하신 이는 하나님이시니 누가 정죄하리요. 죽으실 뿐 아니라 다시 살아나신 이는 그리스도 예수시니 그는 하나님 우편에 계신 자요 우리를 위하여 간구하시는 자시니라. 누가 우리를 그리스도의 사랑에서 끊으리요. 환난이나 곤고나 박해나 기근이나 적신이나 위험이나 칼이랴. 기록된 바 우리가 종일 주를 위하여 죽임을 당하게 되며 도살당할 양같이 여김을 받았나이다 함과 같으니라. 그러나 이 모든 일에 우리를 사랑하시는 이로 말미암아 우리가 넉넉히 이기느니라. 내가 확신하노니 사망이나 생명이나 천사들이나 권세자들이나 현재 일이나 장래 일이나 능력이나 높음이나 깊음이나 다른 어떤 피조물이라도 우리를 우리 주 그리스도 예수 안에 있는 하나님의 사랑에서 끊을 수 없으리라"(롬 8:33-39).

그러므로 사랑하는 형제들이여, 용감하게 힘써 싸우십시오. 뒤로 물러나지 마십시오. 단 한 발짝도 물러서지 마십시오. 여러분이 비굴하게 굴수록 원수는 여러분을 더욱 비참하게 만들 것입니다. 그들은 만족을 모릅니다. 어떤 문제가 있을 때 견고히 서서 담대하게 그것을 대면하는 것이 가장 안전한 길입니다. 그러는 가운데 여러분이 어떠한 상황에서는 자유롭게 행동할 수도 있겠지만, 견고히 서는 것 때문에 무례하고 건방지다는 소리를 들을 수도 있습니다. 그러나 뒤로 물러서지 않고 흔들림 없이 서는 편이 그렇게 하지 않다가 너무 많이 잃어버리는 것보다 나으며, 많은 올무를 피할 수 있는 더욱 안전한 길입니다. 여러분의 양심 또한 열 배나 더 평강을 누리게 될 것입니다. 여러분이 용기를 내는 만큼 원수는 용기를 잃을 것이나, 여러분은 더욱 힘을 얻을 것입니다. 그리고 그렇게 얻은 승리는 더욱 영광스러울 것입니다. 여러분의 몸을 원수들 멋대로 해 보라고 하십시오. 정확히 말해, 하나님께서 그들을 통해 뜻하신 대로 해 보라고 하십시오. 여러분은 다윗처럼 여러분의 여호와 하나님 안에서 스스로를 강하게 하면 됩니다.

인내로 자기 영혼을 잘 다스리는 일이 참으로 중요합니다. 경계를 늦추어 앙갚음하고자 하는 마음이 조금이라도 일어나게 해서는 안 됩니다. 그렇습니다. 설령 직접 보복할 수 있다 할지라도 그래서는 안 됩니다. 오히려 털 깎는 자 앞에서 잠잠한 양처럼 삼가십시오. 여러분을 핍박하는 자들을 위해 기도하십시오. 그들에게 선으로 악을 갚으십시오. 끊임없이 주 예수님을 모범으로 모시고 그분의 발자취를 따르십시오. 싸움을 위한 우리의 무기는 혈과 육에 관한 것이 아니라, 하나님을 향한 믿음입니다. 그러므로 에베소서 6장에서 사도 바울이 말하는 하나님의 전신 갑주를 입으십시오. 강한 사람보다 온유한 사람이 되기를 더 사모해야 합니다. 인내는 고난을 경감시킬 뿐만 아니라, 오래 참는 사람을 더욱 빛나게 하여 원수들로 하여금 오히려 자기 죄를 깨닫게 합니다. 인내는 원수를 이기게 합니다. 시간은 짧고 여러분이 당하는 고난은 잠시라는 사실을 기억하십시오. 더구나 모든 고난은 하나님께서 친히 주시는 것이며 예수님께 영광을 돌리게 합니다. 그러므로 인내가 그 역사를 이루도록 해야 합니다. 다시 말해, 고난당하는 내내 잠잠히 인내함으로써 모든 일을 감당하십시오. 승리와 면류관이 그 뒤를 따를 것입니다.

"그러므로 내 사랑하는 형제들아, 견실하며 흔들리지 말고 항상 주의 일에 더욱 힘쓰는 자들이 되라. 이는 너희 수고가 주 안에서 헛되지 않은 줄 앎이라"(고전 15:58). 죽기까지 신실하십시오. 하나님께서 세상을 이기는 자들에게 약속하신 모든 복을 주실 것입니다.

"이기는 그에게는 내가 하나님의 낙원에 있는 생명나무의 열매를 주어 먹게 하리라……내가 생명의 관을 네게 주리라……이기는 자는 둘째 사망의 해를 받지 아니하리라……이기는 그에게는 내가 감추었던 만나를 주고 또 흰 돌을 줄 터인데 그 돌 위에 새 이름을 기록한 것이 있나니 받는 자밖에는 그 이름을 알 사람이 없느니라……이기는 자와 끝까지 내 일을 지키는 그에게 만국을 다스리는 권세를 주리니 그가 철장을 가지고 그들을 다스려 질그릇 깨뜨리는 것과 같이 하리라. 나도 내 아버지께 받은 것이 그러하니라……이기는 자는 이와 같이 흰 옷을 입을 것이요 내가 그 이름을 생명책에서 결코 지우지 아니하고 그 이름을 내 아버지 앞과 그의 천사들 앞에서 시인하리라……이기는 자는 내 하나님 성전에 기둥이 되게 하리니 그가 결코 다시 나가지 아니하리라. 내가 하나님의 이름과 하나님의 성 곧 하늘에서 내 하나님께로부터 내려오는 새 예루살렘의 이름과 나의 새 이름을 그이 위에 기록하리라……이기는 그에게는 내가 내 보좌에 함께 앉게 하여 주기를 내가 이기고 아버지 보좌에 함께 앉은 것과 같이 하리라"(계 2,3장).

보십시오. 이 말씀은 작은 고난이라도 견디고 끝까지 신실하게 남아 있는 자들에게 하나님께서 주시는 소중한 약속들입니다. 그러므로 죽기까지 충성하십시오. 사도 베드로의 축원(benediction)으로 이만 편지를 마치겠습니다.

"모든 은혜의 하나님 곧 그리스도 안에서 너희를 부르사 자기의 영원한 영광에 들어가게 하신 이가 잠깐 고난을 당한 너희를 친히 온전하게 하시며 굳건하게 하시며 강하게 하시며 터를 견고하게 하시리라 권능이 세세무궁하도록 그에게 있을지어다 아멘"(벧전 5:10,11).

그리스도 안에서 사랑하는 한 형제 된 자가 영광스러운 하나님의 빛으로 단장한 사랑하는 형제들에게 이 편지를 보냅니다.

신자들을 위한 격려

다시 네덜란드 국민들에게 관심을 돌리고자 합니다. 만약 이 논의를 통해 마음이 주 예수님을 향해 움직이고 다시금 그분에 대한 신앙을 고백하기를 원한다면, 즉시 그렇게 하십시오. 여러분은 지금 하나님을 알지 못하고, 구원의 길도 모르고, 경건을 열망하지도 않는 패역하고도 어그러진 세대를 살고 있습니다. 경건한 삶으로 예수님을 고백하고자 한다면, 거기에서 나와 여러분에게 있는 자기 부인과 겸손과 온유함과 사랑과 선한 성품으로 말미암아 모든 사람이 여러분의 경건한 성품을 목도하고 자신의 죄를 깨달을 수 있도록 하십시오. 그리스도와 그분이 고난당하셔야 했던 이유와 그 고난의 효력에 대해, 믿음과 거듭남의 본질에 대해 말하십시오.

경건한 자들과 한 지체를 이루십시오. 이를 통해 여러분이 그들과 함께 그리스도를 위하고 세상을 반대한다는 것을 세상 사람들에게 분명히 드러내 보이십시오. 참된 교회를 떠나지 말고 공예배와 성찬에 부지런히 참여하며, 이런 기회들을 통해 주 예수님을 고백하십시오. 교회와 떨어져 혼자 있으려는 태도는 암묵적으로 그리스도와 그분의 대의를 부정하는 것입니다. 그리스도를 고백함으로 수치나 해를 당하면 기뻐하십시오. 이는 순교의 작은 시작이기 때문입니다.

하나님께서 세상으로 하여금 교회를 박해하게 하시는 때에 교회가 완고하게 오류에 매달리고 진리와 경건을 추구하는 목사들과 다른 교인들을 핍박한다면, 그런 교회를 반대하고 하나님을 경외하는 자들과 함께하며 하나님을 고백하십시오. 핍박자들이 여러분을 쫓아내고, 강제로 자신들 편에 서게 하고, 그러기를 거부한다는 이유로 소유를 빼앗고 여러분을 범죄자 취급한다면(그렇습니다. 칼과 사형틀과 고문과 심지어 죽음으로 위협한다면), 잠시 마음을 가다듬고 하나님께서 여러분을 순교로 부르셨다고 생각해 보십시오. 교회 안으로부터 오는 핍박이나 교회 밖의 적그리스도로부터 오는 핍박이나 마찬가지입니다. 여러분의 고백도 동일하고, 여러분의 신실함도 동일하고, 여러분의 상급도 동일합니다. 모호한 소리와 비난으로 여러분을 괴롭힌다고 힘들어하지 마십시오. 이는 어제오늘 일어나는 일이 아닙니다. 주 예수님 또한 핍박을 받고 악한 고소와 비난으로 말미암아 죽임 당하셨습니다. 그들은 예수님께 "너의 선한 행위 때문이 아니라 이러저러한 이유로 너를 비난한다"라고 말했기 때문입니다. 핍박자들은 예로부터 다음과 같은 명분을 내세웁니다. "너는 정부에 불순종하고, 국가에 저항하고, 반역을 부추기고, 교회의 분열을 조장하고, 영혼을 정죄에 이르게 하는 오류와 이단 사설을 주장하고 그것들을 전파한다. 지금까지 초래한 혼란만으로도 충분하다. 너는 없어져야 한다." 다시 말하지만, 이런 사실들 때문에 힘들어하지 마십시오. 진리를 말과 행실과 고난으로 증언할 뿐만 아니라 견고하게 진리를 떠나지 마십시오.

적그리스도로부터 오는 핍박이라면 할 수 있는 한 멀리 피하여 더 좋은 증언의 때가 오기를 기다리십시오. 그렇다고 해서 안전하게 살아갈 수 있을 것 같은 곳으로 피하지 말고, 어디든 교회가 있거나 교회를 세울 가능성이 있는 곳이나 신자가 있는 곳으로 피하십시오. 자신을 위험에 빠뜨릴 만큼 세상의 소유를 중요하게 여기지는 마십시오.

적그리스도의 핍박을 피해 달아나도 됩니다. 그러나 이미 적그리스도가 제거되고 쫓겨난 교회 안에서 일어나는 핍박에는 그렇게 반응하지 마십시오. 교회 안에서 일어나는 핍박을 피해 달아나서는 안 됩니다. 핍박하는 자들에게 증언할 수 있도록 교회 안에 머물러야 합니다. 그리고 가능하다면 마땅히 죽음으로써 진리를 증언하고 인 쳐야 합니다. 새로운 박해는 새로운 순교자를 필요로 합니다. 그러나 적그리스도의 박해를 피할 수 없는 경우라면 하나님께서 자신을 증언하고 견고히 서도록 우리를 부르신 줄로 알아야 합니다. 도망치라는 말은 목사나 장로들에게 하는 말이 아닙니다. 목사나 장로들은 도망치는 회중이 함께 가서 계속 자신들의 목사와 장로로 섬겨 달라고 부탁하는 경우가 아니라면, 자신의 회중들이 그 지역에 머무는 한 그들과 함께 머물며 그들을 섬겨야 합니다. 그것이 심지어 회중들이 보는 앞에서 죽음으로 진리를 인 치는 것을 의미한다고 해도 그렇게 해야 합니다.

다가올 핍박을(핍박의 성격이 어떠하든지 간에) 준비하기 위해서는 다음과 같이 하십시오.

① 하나님의 말씀을 자주 읽으십시오. 이는 믿음을 강하게 하기 위함일 뿐만 아니라, 하나님의 말씀이 진리임을 확증하고 하나님의 말씀을 위해 기꺼이 고난당하고 싸우기 위함입니다. 하나님의 말씀이야말로 영적 싸움을 행하는 군사의 검입니다.

② 순교자들에 관한 책을 자주 읽으십시오. 옛날에 나온 책이나 지금 나온 책이나 상관없습니다. 이를 통해 순교자들의 정신과 용기를 어제 일처럼 생생하게 접할 수 있습니다. 뿐만 아니라 마음이 살아나고 순교를 열망하게 됩니다. 이처럼 여

러분이 널리 알려진 모범들을 잘 안다면, 자기 차례가 왔을 때 더욱 강하고 담대하게 그 일들을 맞이할 수 있게 됩니다. 또한 그들이 범한 오류를 알고 그것으로 경계를 삼을 수 있습니다.

③ 화평한 때이든 핍박의 때이든 경건한 신자들과 함께 믿음을 증언하는 것에 대해 이야기하고 서로를 격려하는 사귐을 많이 가져야 합니다.

④ 담대한 마음을 주시도록 하나님께 끊임없이 기도하십시오. 하나님께서 손을 거두시면 여러분은 굳건하게 설 수 없을뿐더러, 아주 작은 두려움에도 신앙을 부인할 수밖에 없기 때문입니다. 아무리 진리를 강하게 확신한다 할지라도 자신이 얼마나 약한지를 알고 스스로를 신뢰하지 마십시오. 하나님을 가까이하여 유혹이 왔을 때 신실하게 설 수 있도록 하십시오.

⑤ 그리스도께 참여한 자임을 확신하려면, 그리스도를 믿는 믿음을 자주 훈련하고 주님을 가까이하는 것이 얼마나 좋은지를 경험을 통해 알아야 합니다. 그렇게 할 때 믿음이 더 강해지며, 사방에서 믿음을 공격해 와도 감정에 휘둘리지 않을 수 있습니다.

⑥ 하나님과 사람 앞에 양심의 거리낌이나 책망받을 것이 없도록 성화에 부지런히 힘써야 합니다. "악인은 쫓아오는 자가 없어도 도망하나 의인은 사자같이 담대" (잠 28:1)하기 때문입니다.

64

만족

진리를 고백하거나 증언하다가 해를 당하는 경우가 많습니다. 그리하여 많은 사람들이 신앙을 담대하게 고백하지 못합니다. 이런 손해와 상실을 감당하기 위해서는, 진리를 증언할 때 닥치는 여러 해로움과 불편한 상황들을 하나님의 뜻 안에서 만족함으로 받아들여야 합니다. 지금부터 이런 만족에 대해 다루어 보겠습니다.

'만족'이라는 말은 히브리어로 די(다이)입니다. 이 단어는 가득함, 풍성함, 충분함을 뜻하며, 하나님을 가리킬 때 자주 쓰이곤 합니다. 하나님은 자신을 일컬어 אל שדי(엘 샤다이)라고 하십니다. 이는 그분이 모든 것을 가지셨으며 자신의 충만함에서 모든 것을 불러오실 수 있는 분이라는 말입니다. 이 말은 일반적으로 '전능자'로 번역됩니다. 만족에 대한 헬라어는 '충만한'과 '스스로'가 합해진 $αὐτάρκεια$(아우타르케이아)로서, '스스로 충분한,' '스스로 만족한'이라는 뜻입니다. 충분히 가지지 않으면 어느 누구도 만족할 수 없습니다. 더는 아무것도 바라지 않을 때 우리는 충분하다고 합니다. 그러므로 만족이라는 말은 많은 소유를 가졌음을 말하는 것이 아니라, 바람이 충족되었음을 뜻합니다. 욕구가 크면 그것을 채우기 위해 그만큼 많은 것이 필요합니다. 욕구가 작으면 작은 것으로도 채워질 수 있습니다. 작은 병은 조금만 가져도 채울 수 있지만, 거대한 통을 채우려면 그만큼 많은 내용물이 있어야 합니다. 하나님을 섬기며 사는 데에는 많은 것이 필요하지 않습니다. 또한 사람의 바람이 그가 필요로 하는 것과 부합하다면, 그의 바람을 채우는 데 그리 많은 것이 필요하지 않습니다.

만족은 하나님의 자녀로서 품는 갈망과 그들이 현재 처한 상태가 부합할 때 누리는 그리스도인의 덕입니다. 왜냐하면 그리스도인 개개인이 현재 처한 상황이 그리스도 안에서 그들이 믿는 하나님의 뜻이고, 하나님의 주권적인 결정에 따라 이루어지기 때문입니다. 이런 믿음을 가진 하나님의 자녀는 하나님께서 자신의 현재와 장래를 자신에게 유익하게 하실 것을 신뢰하고 잠잠히 확신하면서 기쁨과 감사로 현재 상황을 받아들이고 쉼을 얻습니다. 이런 신뢰와 만족으로 말미암아 그리스도인은 지금의 상황을 자신의 경건에 진보를 이루고 하나님께 영광을 돌리는 좋은 기회로 삼습니다.

만족은 하나님의 자녀들만이 누리는 그리스도인의 덕입니다. 회심하지 않은 사람들은 아무리 선한 일을 많이 한다고 해도 여전히 정죄 아래 있으므로 이 덕의 본질을 알 수가 없습니다. 그들은 하나님의 자녀들이 만족을 누리는 것을 보면서도 그것이 얼마나 귀한 덕인 줄 알지 못합니다. 그러하기에 그것을 저급하고도 순진한 망상이자 금욕적인 무감각으로 여기고 멸시하면서, 하나님의 자녀들을 고상한 일에 전혀 어울리지 않은 자들로 취급합니다. 만족은 회심하지 않은 자들에게는 감추어진 보화입니다. 그러나 하나님의 자녀들은 이제 새로운 본성의 원리로 이 덕을 소유합니다. 그들은 이 덕의 아름다움을 알기에 이 덕을 많이 소유하고 누리기 위해 수고를 아끼지 않습니다. 그리스도인의 만족은 마음에 자리합니다. 만족은 말이나 충동과 관련된 문제가 아닙니다. 만족은 이 세상의 좋은 것들을 추구하는 마음을 억누름으로써 누리는 것도 아니요, 스스로 만족하겠노라고 이성적으로 결심해서 이루어지는 것도 아닙니다. 그리스도인이 누리는 만족은 거듭난 영혼이 가진 경향성이자 성품입니다. 지성, 의지, 정서 모두가 만족합니다. 이런 성품과 경향성이 그에 부합하는 행위를 낳습니다. 이런 경향성은 오직 하나님의 자녀들에게서만 발견됩니다. 만족은 오직 신자들만이 누리는 덕입니다.

"그러나 자족하는 마음이 있으면 경건은 큰 이익이 되느니라"(딤전 6:6).

만족의 대상

그리스도인의 만족은 자신이 현재 처한 상황과 관련됩니다. 은혜 가운데 거하는 신자들은 영혼과 몸의 상태에 따라 많은 일들을 맞닥뜨립니다. 영혼과 몸의 상태가 그들의 갈망과 대체로 부합하는 때가 있는가 하면, 현저하게 어긋나는 때도 있습니다. 하나님께서 마음의 소원을 허락하시면 만족하기가 쉽습니다. 그러나 자신이 처한 상황이 자신이 바라는 바와 부합하지 않을 경우, 우리의 바람과 상황을 조화시키기란 여간 어려운 일이 아닙니다. 이 부분에서 그리스도인들이 힘겨워합니다. 소유가 만족을 낳지 않습니다. 만족의 여부는 사람의 빈부와 상관없습니다. 부유하든 가난하든 자기 상황에 만족하려면 똑같이 노력해야 합니다. 부유하다고 덜 노력하고 가난하다고 더 노력해야 하는 것이 아니며, 그 반대도 아닙니다. 상황이 지금과 다르다면, 더 나으리라고 생각하면서 상황을 바꾸려고 노력하기보다는, 지금 자신이 처한 상황에서 합당하게 행하기를 힘써야 합니다. 가난한 사람은 '수입이 보통 사람들과 같기만 해도 좋겠다'고 생각합니다. 수입이 일반적인 사람은 '내가 부자라면 좋겠다'고 생각합니다. 또 부자는 '지금보다 재산이 조금만 더 있다면 좋겠다'며 아쉬워합니다. 아직 미혼인 사람은 '결혼만 했으면 좋겠다'고 생각하나, 결혼한 사람은 '계속 독신으로 살았더라면 좋았겠다'고 생각합니다. 선원은 '뭍에서 일하는 직업을 가지고 싶다'고 생각합니다. 기술자는 '내가 사업가라면 좋겠다'고 생각합니다. 모두 어리석은 생각들입니다. 만족은 이런 데서 오지 않습니다. 만족은 지금 자신이 처한 상황을 최선이라 여기며 최선을 다할 때 오는 것입니다. 그래서 성경은 이렇게 권면합니다.

"돈을 사랑하지 말고 있는 바를 족한 줄로 알라"(히 13:5).

만족의 본질

그리스도인의 만족이라는 덕의 본질은 자신의 바람과 현재 자신이 처한 상황이 조화를 이루는 데 있습니다. 사람은 본질상 스스로 충족할 수 없는, 무언가를 채워야 하는 빈 그릇입니다. 이 그릇을 채우기 위해 사람은 자신을 채워 주리라고 여겨지는 것들을 향해 손을 뻗칩니다. 아담이 타락한 이래로 사람의 욕구는 뒤틀리고 말았습니다. 그리하여 사람은 채우지 못할 것을 바랄뿐더러 합당하지 못한 방식으로 그 욕구를 채우려고 합니다. 그것도 아주 열렬하고도 열정적으로 말입니다. 이런 악은 거듭난 하나님의 자녀들에게도 여전히 남아 있는지라 많은 슬픔을 초래합니다. 이성적으로는 이런 악을 부정하고 거부하지만, 많은 경우 그들 역시 이런 악을 추구합니다. 그런 욕구를 따라가면서 모든 것이 잘되기를 바랍니다. 그러나 그들의 욕망은 이 땅의 것들로는 채워질 수 없을뿐더러, 크든 작든 지금 자신이 가진 것과 처한 상황에 맞게 조정되어야 합니다.

욕망하지 않는 것 자체가 참된 만족을 가져오기라도 하는 것처럼 모든 욕구를 억제하거나 없앨 필요는 없습니다. 이는 사람을 사람답지 않게 만드는 것이며, 짐승만도 못한 존재로 전락시키는 것입니다. 우리가 욕망하는 것은 악한 것과 정반대되는 것이어야 합니다. 악한 것을 힘들어하고 슬퍼해야 합니다. 악한 영향력을 고통스러워할 뿐만 아니라 그것에서 벗어나기를 갈망해야 합니다. 선한 것을 욕망해야 합니다. 우리가 욕망하는 것들과 관련해서는 하나같이 선한 것들을 즐거워하는 데 초점을 맞추어야 합니다. 또한 선한 것들을 욕망할 때에는 합당한 방편으로 그것들을 추구하고 즐거워해야 합니다. 따라서 만족이란 무언가를 욕망하는 것을 배제하지 않을뿐더러, 욕망을 바른 방편을 통해 추구하는 것 또한 배제하지 않습니다. 오히려 만족은 악한 일들을 향한 모든 욕망을 배제합니다. 우리의 필요를 넘어서서 욕망하는 것 자체가 악이요, 또 그러한 욕망들이 바로 악한 일들을 욕망하는 것입니다. 일상적이고도 합법적으로 추구할 수 있는 무언가를 지나치게 열렬히 추구하는 모든 일이 죄악입니다. 일이 생각하고 뜻한 대로 되지 않는다고 괴로워하고 두통을 호소하고 뾰루퉁하게 있는 것 역시 죄입니다. 자신의 바람을 이루기 위해 모든 악한 방법에 호소하며, 이로써 합당한 방편을 무시하고 하나님을 시험하는 것 역시 죄입니다.

그러나 이 모든 것들로도 만족을 얻지는 못합니다. 만족이라는 덕은 우리의 바람과 우리가 현재 처한 상황이 서로 부합하여 다른 상황을 아쉬워하지 않는 것이 아니라, 자신이 처한 상황을 기꺼이 맞이하고 그 안에서 최선을 다하고자 할 때에야 누릴 수 있습니다. 이런 상황에 처하기 전에 우리가 꼭 필요하다고 여기는 것을 바랄 수는 있습니다. 그러나 그것조차도 촌되고도 의로운 판단을 따른 것이어야 합니다. 또한 어려운 상황에 처했을 때, 그런 상황에서 벗어나 더 나은 상황으로 옮겨지기를 바랄 수 있습니다. 그런 마음을 품는 것이 만족과 상치되는 것은 아닙니다. 그럴지라도 선하든 악하든 지금 자신이 처한 상황에 만족하고 자신의 바람을 자신의 상황에 따라 조절해야 합니다. 당위적 운명(*fatum stoicum*)에 집착하는 자연인들조차도 스스로 잠잠하기를 바라면서 "사람이 자신이 바라는 바를 할 수 없다면 그 바람을 능력에 맞게 조절해야 한다"라고 합니다. 이처럼 자연인들조차도 만족이 인간의 욕구와 현재 처한 상황이 일치하는 데서 비롯된다는 것을 압니다. 그렇다면 경건한 신자들은 더더욱 자신의 욕망을 현재 자신이 처한 상황에 맞추어 조절하고 자신의 의지 또한 이에 부합시켜야 합니다. 그것이 하나님의 뜻입니다. 이 원리는 육적으로뿐만 아니라 영적으로도 적용할 수 있습니다. 우리가 바라는 대로 일이 풀리지 않을 때 만족하기란 육적으로나 영적으로나 쉬운 일이 아닙니다. 영적인 영역에서 그렇게 하기란 더더욱 어렵습니다. 만약 우리가 영적인 어두움 가운데 있고, 영적으로 침체하여 괴로워하고, 영적인 공격 아래 있고, 부패한 권세에 굴복하고 있다면, 우리는 마땅히 자기 상황에 만족하고 그 환경에 따라 자신이 바라는 바를 조절해야 합니다. 우리가 그 상황을 바람직하게 여기거나 그 상황이 언젠가는 우리의 바람대로 될 것이기 때문이 아닙니다. 또한 그 상황을 벗어나려고 해서는 안 되기 때문도 아닙니다. 바로 지금 자신이 가진 은혜보다 더 많은 은혜를 주지 않으시는 것도 하나님의 뜻이기 대문입니다. 이런 상황을 통해 하나님께서 우리를 구원으로 이끄시고 그분의 이름을 영화롭게 하기를 원하시기 때문입니다.

만족의 토대와 결과

자신이 지금 처한 상황이 자리하는 토대와 그런 상황으로 만족해야 하는 이유는, 바로 그것이 그리스도 예수 안에서 우리를 향한 하나님의 뜻이고, 하나님께서 친히 우리의 상황을 그렇게 주장하셨기 때문입니다. 이런 상황이 사랑스럽고 바랄 만하다는 말이 아닙니다. 사람은 슬프고 비참한 것을 사랑할 수도, 바랄 수도 없습니다. 신자들이 악하고 슬픈 자신의 현재 상황을 받아들여야 하는 이유는 그 상황이 사랑스럽고 바랄 만해서가 아닙니다. 그것을 받아들이는 것이 하나님을 기쁘시게 하기 때문입니다. 하나님의 뜻(거스를 수 없는)에 따라 지금과 같은 상황을 맞이했으며 누구든 하나님의 능력과 역사에 순복해야 한다고 생각하면서 자신을 달래는 것과, 하나님의 뜻을 그 자체로 가장 탁월한 것으로 여기고 하나님의 뜻을 사모함으로 받고 환영하는 것은 전혀 다른 이야기입니다. 전자는 지금 자신이 처한 상황을 사모함으로 받는 것이 아니라 어쩔 수 없이 순응하는 것으로, 이교도의 운명 개념과 크게 다르지 않습니다. 그러나 후자는 그렇지 않습니다. 자연인들의 운명 개념과는 판이하게 다릅니다. 하나님의 뜻을 우리가 만족하는 것으로 승화시키기 위해서는 하나님을 우리의 하나님으로 받아야 합니다. 다시 말해, 그리스도 예수 안에서 화목하게 된 하나님으로 받아야 한다는 말입니다. 여기서 믿음을 발휘하는 것이 아주 중요합니다. 예수님을 화목 제물로 자신을 드리신 분으로 분명하게 영접하는 동시에 하나님께로 나아오는 데서 믿음이 재귀적으로 역사합니다. 즉, 그리스도로 말미암아 우리 자신이 은혜의 상태에 있다는 확신으로 역사합니다. 신자가 스스로 확신을 새롭게 하는 것과 상관없이 믿음의 속성만을 힘입어 화목하게 된 자로 여길 때, 그리고 예수님께 참여하기 위해 예수님을 붙들고서 그분으로 말미암아 하나님께로 나아갈 때 믿음을 이렇게 발휘하는 것이 아주 중요합니다. 믿음이 강할수록 하나님의 뜻으로만 더 크게 만족할 수 있습니다. 이런 믿음의 경향성은 하나님을 향한 사랑을 낳고, 사랑은 하나님의 위엄과 그런 하나님께 순종하는 것이 지극히 합당함을 인정합니다. 하나님을 사랑하는 사람은 그분의 뜻을 즐거이 따릅니다. 하나님의 뜻을 향한 사랑은 자기애를 압도하고 넘어섭니다. 반면에 악을 슬퍼합니다. 악으로 인한 이런 슬픔은 계속되고 또 계속될 수밖에 없습니다. 그러나 하나님의 선하신 기쁨을 향한 사랑이 힘을 얻을수록 신자의 바람들은 점점 자신이 처한 상황에 부합해 갑니다. 비록 눈물을 많이 흘릴 수밖에 없더라도 신자 자신이 그것을 바라게 됩니다. 하나님께서 그렇게 되기를 바라시기 때문입니다. 하나님의 이런 뜻은 신자에게 그 무엇보다도 소중합니다. 그래서 쓰디쓴 것들이 모두 달콤한 것으로 바뀌고 무거운 것들은 가벼워집니다. 주 예수님이야말로 이런 변화가 어떤 것인지를 가장 완벽하게 보여 주는 모범이십니다.

"내가 하늘에서 내려온 것은 내 뜻을 행하려 함이 아니요"(요 6:38).

"그러나 나의 원대로 마시옵고 아버지의 원대로 하옵소서"(마 26:39).

만족의 결과 또는 열매는 다음과 같습니다.

① 주어진 상황에서 기뻐합니다. 그것이 하나님의 뜻임을 알기 때문입니다.

"그러므로 내가 그리스도를 위하여 약한 것들과 능욕과 궁핍과 박해와 곤고를 기뻐하노니 이는 내가 약한 그때에 강함이라"(고후 12:10).

② 확신 가운데 잠잠히 거합니다. 이는 무관심이나 부주의함과는 다릅니다. 하나님의 뜻을 적극적으로 환영하고 받아들이므로 신자는 어떤 상황에서도 잠잠할 수 있습니다. 어쩔 수 없거나 좌절해서가 아니라 믿음으로 순복하는 것입니다.

"내가 잠잠하고 입을 열지 아니함은 주께서 이를 행하신 까닭이니이다"(시 39:9).

③ 기뻐하고 즐거워합니다. 이는 고난이나 괴로움 자체를 즐거워하는 것이 아닙니다.

"무릇 징계가 당시에는 즐거워 보이지 않고 슬퍼 보이나 후에 그로 말미암아 연단 받은 자들은 의와 평강의 열매를 맺느니라"(히 12:11).

그것이 하나님의 뜻이라는 사실이 쓰디쓴 것을 다디단 것으로 만듭니다. 그래서 사도는 이렇게 말합니다.

"우리가 환난 중에도 즐거워하나니"(롬 5:3).

"내 형제들아 너희가 여러 가지 시험을 만나거든 온전히 기쁘게 여기라"(약 1:2).

④ 감사합니다. 그리스도인은 하나님의 손길을 자애로운 아버지의 손길로 여깁니다. 경험을 통해 신자는 고난받는 것이 자신에게 유익하며, 하나님께서 미쁘심으로 훈계하시는 것임을 압니다. 그래서 신자는 범사에 하나님께 감사를 드리고(살전 5:18 참고), 욥처럼 고백합니다.

"주신 이도 여호와시요 거두신 이도 여호와시오니 여호와의 이름이 찬송을 받으실지니이다"(욥 1:21).

⑤ 하나님의 섭리를 신뢰하면서 안심합니다. 만족하는 신자는 하나님의 뜻에서 이런 즐거움을 찾습니다. 하나님께서 자신의 아버지이심을 알고 모든 일(그런 하나님께서 자기에게 주시는 일이라면 무엇이든)이 합력하여 선을 이룰 것을 알기 때문입니다. 그러므로 신자는 확신하면서 만족합니다.

"지존자의 은밀한 곳에 거주하며 전능자의 그늘 아래에 사는 자여, 나는 여호와를 향하여 말하기를 그는 나의 피난처요 나의 요새요 내가 의뢰하는 하나님이라 하리니"(시 91:1,2)

⑥ 영적으로 자라 갑니다. 하나님의 뜻에 만족함으로 신자는 경건하게 살지 못하게 하는 많은 장애물들을 벗어납니다. 불만족은 많은 죄를 낳고, 우리로 하여금 죄악된 상태에 머물게 하거나 신자로서 마땅히 행해야 할 많은 덕을 행하지 못하게 합니다. 하나님의 뜻에 만족하는 신자는 "모든 무거운 것과 얽매이기 쉬운 죄를 벗어 버리고 인내로써 우리 앞에 당한 경주를"(히 12:1) 합니다. 만족함으로 자기 십자가를 지고 갈 때에야 그 십자가가 우리의 유익이 되고, 그로 말미암아 우리가 거룩해집니다(히 12:10 참고). 환난 가운데 즐거워하면 오히려 이 "환난은 인내를, 인내는 연단을, 연단은 소망을"(롬 5:3,4) 이룹니다. 그럴 때에야 비로소 십자가가 그리스도의 학교가 됩니다.

"여호와여 주로부터 징벌을 받으며 주의 법으로 교훈하심을 받는 자가 복이 있나니"(시 94:12).

⑦ 이를 통해 하나님께서 영광을 받으십니다. 하나님은 자신의 뜻에 만족하는 신자를 통해 만물을 그 뜻대로 다스리는 주권자임을 나타내십니다. 또한 하나님께서 스스로 충족하신 분이며, 이런 하나님을 모신 우리가 아무것도 잃지 않음을 증언합니다. 또한 하나님의 선하심과 미쁘심과 참되심과 지혜로우심과 전능하심이 증언됩니다.

"너희 믿음의 확실함은 불로 연단하여도 없어질 금보다 더 귀하여 예수 그리스도께서 나타나실 때에 칭찬과 영광과 존귀를 얻게 할 것이니라"(벧전 1:7).

"만일 그리스도인으로 고난을 받으면 부끄러워하지 말고 도리어 그 이름으로 하나님께 영광을 돌리라"(벧전 4:16).

지금 우리가 말하는 이 진리는 회심하지 않은 자들로 하여금 자신들의 비참한 상태를, 경건한 신자들로 하여금 자신들의 부족함과 죄를 깨닫게 합니다.

불만족

회심하지 않은 자들은 만족을 모릅니다.

① 그들은 항상 무언가가 잘못되어 있다고 느낍니다. 자녀가 없으면 없어서 불만이고, 있으면 있어서 불만입니다. 다시 말해, 회심하지 않은 자들은 어떤 상황에서도 만족할 수도 없고, 그럴 이유도 없는 자들입니다. 자신의 자리에서 만족하지 못하고 항상 직업을 잘못 택한 것처럼 생각합니다. 그러고는 다음과 같이 불평합니다. "나에게 가게만 하나 있다면, 내가 장사를 알았더라면, 이런저런 기술을 가졌더라면 지금보다 훨씬 더 나았을 것이다. 어떻게 나는 하는 일마다 이렇게 어려운가. 이런 상황이 언제 끝날까? 어떤 이는 가게에 손님이 많이 몰리고 사랑과 존경을 받는데, 사람들은 다 나를 외면한다. 모두가 나를 싫어한다. 모두가 나를 속이고, 나와 내 가족들을 함부로 대한다. 사람들은 나를 욕하고 비방하고 잡아먹지 못해서 안달이다." 이런 사람들은 언제나 곰들에게 둘러싸인 것처럼 안팎의 불만족과 불안으로 말미암아 안식을 누리지 못합니다.

② 어떤 이는 게으르고 무기력하며 무감각합니다.

③ 어떤 이는 기질적으로 부드럽고 친절하며 인내하면서 모든 일을 행합니다.

④ 모든 일을 자기 이성에 따라서만 이해하고 판단하면서, 그렇지 않은 다른 길은 없다고 생각합니다. 그러하기에 지금 자신의 상황이 잘못되어 있음을 의식하지 못합니다. 또는 자신이 생각하기에 모든 것이 잘되겠다 싶은 방식으로 문제를 해결하고자 애씁니다.

⑤ 물에 빠져 뭍에 다다를 소망이 사라진 사람처럼 떠다니는 지푸라기라도 붙잡고 뭐라도 하려고 합니다.

⑥ 고통을 이기지 못하고 완전히 낙담한 나머지 자살 충동을 느낍니다.

⑦ 설령 지금 자신의 상황을 마음대로 할 수 있다고 할지라도 장래에 대한 염려로 불안해합니다. 좋지 않은 소식이 들릴 때마다 장래에 대한 두려움에 안절부절 못하느라 현재를 누리지 못합니다.

⑧ 음식, 돈, 위신, 자신의 죄악된 정욕을 채우는 데서 만족을 찾습니다.

⑨ 자기 손으로 이룬 일에서 만족을 찾고 그것에서 만족을 얻기 위해 땅속의 두더지같이 부지런히 일합니다. 또는 사람들의 환심을 얻는 데서 이런 만족을 찾느라 그들을 섬기면서 비굴하게 아첨하고 비위를 맞춥니다. 회심하지 않은 자들은 예외 없이 이런 방식으로 안식을 추구하지만, 그것에 이르지 못합니다. 이런 자들이 누리는 만족이란 단지 근심과 불안일 뿐입니다.

⑩ 회심하지 않은 다른 이들보다 상대적으로 약간 더 나은 사람도 있을 것입니다. 이런 자들은 하나님을 찾아본 적도 없고 하나님과 화목한 것도 아니기 때문에 결코 하나님의 도우심이나 은혜를 기대할 수 없습니다. 그런데도 그들은 하나님의 뜻으로 만족한다고 말합니다.

지금까지 말한 것과 같은 성향을 가진 사람들은 다음의 사실을 알아야 합니다.

① 여러분은 하나님도, 그리스도도 없는 사람입니다. 하나님께서 여러분의 편이 아니실뿐더러, 오히려 여러분을 대적하십니다. 하나님께서 막으시면 누가 감히 그것을 해결할 수 있단 말입니까? 그분이 여러분을 버리시면 누가 여러분을 돕겠습

니까? 안팎으로 온통 두려워할 것들뿐입니다.

② 여러분의 모든 수고와 고민, 여러분의 모든 만족과 불만족은 그저 죄와 누더기일 뿐입니다. 돼지가 진창에서 뒹구는 것처럼 여러분 역시 이런 것들 속에서 허우적대고 있습니다. 그럴수록 여러분은 하나님께서 보시기에 더욱 가증하며, 참된 신자들 앞에 악취를 풍길 뿐입니다. 현실의 상황에 여러분이 만족하든 그렇지 않든, 여러분이 추구하고 수고한 모든 일들의 결과는 악하고 해롭게 드러날 뿐이며 불만족과 슬픔과 두려움과 염려와 걱정만을 자아낼 뿐입니다. 영원한 정죄를 받기까지 여러분의 삶은 이런 것들에서 헤어나지 못할 것입니다. 그리고 그때에는 하나님의 진노와 지옥의 화염이 영원히 여러분을 집어삼킬 것입니다. 그러므로 하나님께로 돌이켜 그리스도 안에서 하나님과 화목케 되십시오. 그리하면 하나님이 여러분의 만족이 되시고, 여러분들 역시 하나님 안에서 만족하게 될 뿐만 아니라, 모든 일이 합력하여 선을 이룰 것입니다.

이제 신자들에 대해 알아보겠습니다. 신자는 하나님을 자신의 유일하고도 부요한 분깃(하나님이 아닌 모든 것을 거부하면서)으로 택하고 하나님과 화목하게 된 사람들입니다. 그런데도 그들이 이 세상에서 본성이 원하는 대로 가지지 못하고 대접받지 못하는 것 때문에 그토록 불만족하며 살아가는 모습을 보노라면 서글픈 마음을 금할 길이 없습니다.

① 그들의 눈과 마음이 세상의 것들에 너무나 많이 쏠려 있습니다. 음식과 음료와 의복은 물론, 사람들의 인정과 칭송과 겉모습에 필요 이상으로 신경 씁니다. 마치 어떤 식으로든 이런 것들이 만족을 주기라도 하는 것처럼 말입니다.

② 진리의 말씀을 따르지 않고 자기 방식대로 살아가려고 합니다. 만약 뜻대로 되지 않고 사람들이 그것을 인정해 주지 않으면 낙담하고 슬퍼하며 화를 냅니다.

③ 음식을 먹어도 자신이 원하는 양과 기대했던 맛이 아니라는 이유로 만족하지도 않고 감사할 줄도 모릅니다.

④ 장래에 대한 두려움과 염려로 가득합니다. 그래서 그들은 "지금부터는 무엇을 먹고 입을까?"라며 푸념을 늘어놓습니다.

⑤ 염려에서 비롯된 불안한 마음을 떨쳐 버리지 못합니다. 이생의 즐거움을 잃을까 봐 노심초사합니다.

⑥ 하나님의 섭리에 대해 막연하고도 불확실한 태도를 보입니다.

⑦ 일이 뜻대로 되지 않으면 하나님이 자신에게 화를 내시는 것이라고 너무 쉽게 판단해 버립니다.

⑧ 자신들의 영적 상태를 애써 외면하고 거부합니다.

⑨ 자신들을 쉽게 넘어트리는 마귀의 공격에 속수무책으로 당하고 이리저리 휘둘립니다.

⑩ 영적인 삶에 생명력이 없습니다. 하나님께서 불변하고 미쁘신 분이 아닌 것처럼 몸과 영혼을 방임함으로써 세상에서 겪는 환난에 지나치게 큰 해를 입습니다. 자기 연민에 빠져 위로받기를 바라지만, 그마저도 자신이 바라는 것을 손에 넣어야 위로로 여깁니다. 슬픔이 먼저 사라지고, 바라는 것을 손에 넣고, 자신들이 살아갈 재물과 재화를 먼저 보고 그것을 소유해야 위로를 얻습니다. 그렇게 이른바 위로라는 것을 얻고 나서야 근심 없이 자유롭게 살면서 하나님을 섬길 수 있을 것 같습니다.

제가 무슨 말을 하겠습니까? 여러분을 연민의 눈으로 바라보고 동정해 주기를 바랍니까? 물론 그리할 것입니다. 그러나 여러분에게 해를 끼치거나 계속 자신의 죄에 머물도록 부추기는 방식으로는 아닙니다. 오히려 아무 쓸모없는 많은 걱정과 악한 불만족과 여러분을 의기소침하게 하는 염려들을 이기도록 여러분을 고무시킴으로써 격려하고자 합니다.

첫째, 우리가 살펴본 바에 따르면 여러분은 여전히 아주 육신적이고 중요하지 않은 일들에 몰두하고 있음을 발견할 수 있습니다. 이 세상이 전부인 사람들과 마찬가지로 여러분도 여전히 이 땅에 속한 자입니까? 세상에 속한 것으로 만족이 됩니까? 은혜언약으로 들어가면서, 육신에 무슨 일이 어떻게 일어나든 만족하겠노라고 하지 않았습니까? 아니면, 생각이 달라졌습니까? 그래서 은혜언약을 맺을 때 규정한 것들을 모두 없던 일로 했습니까? 무슨 이유로 여러분의 영혼보다 여러분의 육신에 더 몰두해야 한단 말입니까? 영혼의 결핍보다 육신의 결핍에 더 영향받고 슬퍼해야 하는 이유가 무엇입니까? 여러분이 아직도 이처럼 육신적이라는 사실을 깨닫고 하나님과 사람 앞에서 부끄러워할 줄 알아야 합니다.

둘째, 이런 육신적인 삶이 우상숭배라는 사실을 모릅니까? 은밀하게 하나님을 떠나는 것입니다. 하나님을 의지하지 않는 것입니다. 하나님의 섭리를 은밀하게 부인하는 것입니다. 겉으로는 그렇게 하지 못하지만, 속으로 하나님을 잔인하고 여러분을 돌보지 않으며, 변덕이 심하고, 약속을 바꾸는 분으로 은연중에 비난합니다. 필요 때문에 어떤 것에 관심을 두는 것 같지만, 실상은 이 세상의 것들을 의지하고 떡으로만 살고자 하는 것입니다. 세상 것들을 노골적으로 의지하지는 않는다 할지라도, 어느 정도는 그렇게 하고 있는 것입니다. 하나님과 세상의 것들 모두가 여러분에게 만족을 주어야 합니다. 아니면, 이 세상의 것들을 받아 누리기 위해 하나님을 섬기는 것입니까? 이 얼마나 악한 모습입니까! 아삽의 모습과 얼마나 상반됩니까!

"하늘에서는 주 외에 누가 내게 있으리요 땅에서는 주밖에 내가 사모할 이 없나이다. 내 육체와 마음은 쇠약하나 하나님은 내 마음의 반석이시요 영원한 분깃이시라"(시 73:25,26).

그러므로 하나님께로 나아갈 때, 자신의 죄악된 성향을 부끄러워해야 합니다.

셋째, 사람을 불안하게 하여 안절부절못하게 하는 이런 걱정과 염려는 하나님과 사람에 대한 교만한 마음에서 비롯됩니다. 이런 사람들이 하나님 앞에서 교만한 마음을 가졌다고 말하는 근거는, 자신이 원하는 것을 받아 누리기에 합당하다고 여기고 하나님께 자신이 바라는 것을 들어줄 책임이 있는 것처럼 생각하기 때문입니다. 자신의 죄악됨과 죄책을 의식하고, 이 사실을 깊이 생각하는 사람은 낮은 자리를 찾아 내려갈 것입니다. 다른 사람들보다 자신이 더 통탄할 만한 죄를 지었고 심지어 자신이 더 죄악되다고 여기면서, 하나님께서 아직도 자신을 참으실 뿐만 아니라 자신에게 자신보다 더 나은 사람들보다 더 많은 것들을 베푸시는 것을 보며 놀라움을 금치 못합니다.

교만한 마음은 이웃에 대해서도 나타납니다. 우리는 보통 자기보다 위에 있는 사람들을 보면서 '내가 저 사람만 못할 이유가 무엇인가?'라고 생각합니다. 이런 불만이 현재의 결핍에서 비롯되는 경우는 거의 없습니다. 현재의 필요는 그리 많은 것을 요구하지 않기 때문입니다. 오히려 이런 불만은 대부분 자기도 다른 사람만큼 가져야 하며 더 가지고 싶어하는 우리의 정욕 때문에 터져 나오는 것입니다. 가난 때문에, 교회나 다른 사람을 의지하는 것 때문에 무시받지 않아야 품위가 유지된다고 생각하기 때문입니다. 물론 이런 문제는 그 자체로 우리가 무관심할 수 있는 문제는 아닙니다. 하나님은 우리가 자신의 안녕을 바라고 세상을 지나가는 우리의 여정이 품위 있기를 바라십니다. 단, 하나님께서 우리를 겸손하게 낮추기를 바라신다면 이야기가 달라집니다. 그것이 하나님의 뜻이라면 아무리 자연스런 바람이라 할지라도 그것을 극복하고 부인해야 합니다. 현실의 필요와 품위와 하나님을 섬기기 위함이라는 명분 아래 교만이 감추어져 있습니다. 하나님은 세상에서 우리가 높은 지위에 있을 때뿐만 아니라 낮은 자리에 있을 때에도 하나님을 섬기기를 바라십니다. 우리는 어떤 상황에 있든 상관없이 하나님의 뜻을 우리의 즐거움으로 삼아야 합니다. 낮은 자리에 있다고 낙담하는 것이 바로 교만입니다. 그러므로 겸손하십시오. 많은 무익한 염려를 털어 버릴 수 있을 것입니다.

넷째, 모든 염려는 무익합니다. 여러분이 염려하더라도 아무것도 얻지 못합니다. 하나님은 영원 전부터 여러분이 얼마나 소유하게 될지를 정하셨습니다. 하나님은 모든 사람 하나하나를 위한 소유를 필요한 만큼 정하셨고, 그것을 하나님의 때를 따라 나누어 주십니다(잠 30:8 참고). 하나님이 여러분을 위해 정하신 것은 어느 누구도 빼앗지 못할뿐더러 사라지지도 않습니다. 여러분이 아무리 염려하고 걱정한다고 해서 하나님이 정하신 소유에 단 한 푼도 더하지 못할뿐더러, 하나님이 정하신 경륜을 바꾸지 못합니다. 이스라엘 가운데 어떤 이들이 만나를 하나님이 정하신 것보다 더 많이 거두고자 했으나, 결국 하나님께서 각자에게 정해 주신 분량만큼만 얻을 수밖에 없었습니다. 힘이 모자라거나 만나가 많이 내리지 않은 곳에 자리한 탓에 만나를 적게 거둔 자들도 있었지만, 집으로 돌아온 후에는 그들 역시 부족함이 없었습니다. 많이 거둔 자도 남지 않았고, 적게 거둔 자도 모자라지 않았습니다(고후 8:15 참고).

"그러므로 내가 너희에게 이르노니 목숨을 의하여 무엇을 먹을까 무엇을 마실까 몸을 위하여 무엇을 입을까 염려하지 말라. 목숨이 음식보다 중하지 아니하며 몸이 의복보다 중하지 아니하냐……너희 중에 누가 염려함으로 그 키를 한 자라도 더할 수 있겠느냐……이는 다 이방인들이 구하는 것이라. 너희 하늘 아버지께서 이 모든 것이 너희에게 있어야 할 줄을 아시느니라"(마 6:25,27,32).

다섯째, 불평하고 염려하는 것은 하나님을 모독하고 자신을 괴롭히는 것입니다. 여러분이 필요하다고 생각하는 만큼 이 세상의 것들을 가지지 못했다고 불평하고 염려하는 것이 하나님을 기업으로 가지는 것으로도 충분하지 않고 만족스럽지 못하다고 스스로 인정하는 것이기 때문입니다. 부자인 아버지가 자녀가 궁핍하여 울부짖고 간청하는데도 고통받도록 내버려 둔다면, 오히려 아버지에게 부끄러움이 되지 않겠습니까? 여러분의 불만족과 무익한 염려 때문에 사람들이 하나님을 사랑도 자비도 연민도 없는, 자녀를 돌보지 않는 분으로 여기지 않겠습니까? 반대로 여러분이 현재 상황으로 만족해하고, 하나님 그분에게서 만족과 즐거움을 찾는다면 하나님의 이름이 영화로워지지 않겠습니까? 여러분 자신과 관련해 말하겠습니다. 여러분은 불만과 염려로 끊임없이 불안해하고 염려하며 두려움과 걱정을 불러일으킵니다. 그래서 하나님을 즐거워하고 기뻐하지 못하게 되며, 자신의 성장을 가로막습니다. 여러분의 그런 성품은 하나님을 기쁘시게 하지 못할뿐더러 영적 성장을 위한 방편들을 제대로 사용하지 못하게 만듭니다. 염려 때문에 하나님의 말씀과 내면의 선한 움직임들이 질식하고 아무런 열매도 내지 못합니다(마 13:22 참고). 불신앙은 드러나기 마련입니다. 염려하는 영혼은 불신앙에 휘둘릴 수밖에 없습니다. 믿음의 행위들을 향한 열망이 사그라지고 하나님께로 자유롭게 나아가는 길이 막힙니다. 하나님의 진노로 이런 어려움이 닥칠 것이라고 생각하여 영혼은 두려움에서 헤어나지 못합니다. 이런 영혼이 잠잠히 하나님을 의지하고, 어린아이처럼 하나님을 신뢰하고, 하나님과 동행할 리 만무합니다. 많든 적든 육신의 양식을 얻고자 이 모든 은혜를 저버리렵니까? 여러분의 뜻대로 살고 세상의 영광을 추구하며 어찌될지도 모르는 자신의 장래를 위한답시고, 이런 귀한 은혜들을 잃어버리렵니까? 그런 것들은 여러분의 영혼의 안녕을 저버리면서까지 추구할 만한 것들이 아닙니다.

여섯째, 하나님께서 여러분을 이런 불안함과 염려에서 건져 주실지라도(하나님의 때가 되면 반드시 그리하실 것입니다), 이전의 불만족과 불평으로 인해 하나님께 진실로 감사하기가 어려울 것입니다. 뿐만 아니라 이전에 보인 불신앙에 대한 수치심에서 비롯된 또 다른 슬픔을 맞닥뜨려야 할지도 모릅니다. 그럴 때면 낙담하면서 이전에 그렇게 행한 것에 대해 아쉬워하고 후회하기 마련입니다. 그러므로 여러분이 번영하는 때에는 배울 수 없는 많은 것들을 배울 수 있는 학교에 있는 지금, 이 문제를 바로잡고 삶의 태도를 바르게 하십시오. 정욕을 따라 살면서 불평하고 불만하는 자가 되지 않도록 주의하고 잠시라도 경계를 늦추지 마십시오(유 1:16 참고). 오히려 영혼이 지금의 상황에 만족하고 잠잠하게 하십시오. 그리하면 어려울 때나 번영할 때나 하나님을 섬기는 데 아무런 부족함이 없을 것입니다.

만족을 위한 권면

그러므로 하나님의 자녀들이여, 여러분이 부자이든 중산층이든 가난하고 보잘 것없어서 이리저리 사람들에게 치이며 압제받는 처지에 있든 상관없습니다. 여러분의 처지와 형편이 어떠하든지 간에 상황과 형편 자체는 거의 만족을 주지 않습니다. 여러분의 욕망을 지금 여러분이 처한 상황에(그것이 어떤 상황이든지 간에) 맞추어 조정하십시오. 여러분의 상황을 여러분의 욕망에 맞추려고 해서는 안 됩니다. 그러다가는 끝도 없을 것입니다. 불만과 염려를 여러분의 신령한 삶을 저해하는 역병으로 여기고 저 멀리 던져 버리십시오. 그리고 영혼으로 하여금 잠잠히 만족하게 하십시오.

이를 위해서는 먼저 성경이 이에 관하여 강력하게 권고하는 말씀들을 묵상해야 합니다. 하나님의 입술에서 나오는 말씀으로 믿고 귀 기울여 보십시오.

"네 길을 여호와께 맡기라. 그를 의지하면 그가 이루시고"(시 37:5).

"네 짐을 여호와께 맡기라. 그가 너를 붙드시고 의인의 요동함을 영원히 허락하지 아니하시리로다"(시 55:22).

"돈을 사랑하지 말고 있는 바를 족한 줄로 알라. 그가 친히 말씀하시기를 내가 결코 너희를 버리지 아니하고 너희를 떠나지 아니하리라 하셨느니라"(히 13:5).

"그러므로 염려하여 이르기를 무엇을 먹을까 무엇을 마실까 무엇을 입을까 하지 말라. 이는 다 이방인들이 구하는 것이라. 너희 하늘 아버지께서 이 모든 것이 너희에게 있어야 할 줄을 아시느니라"(마 6:31,32).

"그는 높은 곳에 거하리니 견고한 바위가 그의 요새가 되며 그의 양식은 공급되고 그의 물은 끊어지지 아니하리라"(사 33:16).

"너희 염려를 다 주께 맡기라. 이는 그가 너희를 돌보심이라"(벧전 5:7).

이런 말씀들을 그냥 읽어 나가지 말고 한 마디씩 주의를 기울여 묵상하십시오. 그렇습니다. 한 마디 한 마디를 깊이 묵상해 보십시오. 이 말씀들을 하늘의 하나님께서 여러분에게 친히 하시는 말씀으로 여기고 주목하십시오. 하나님께서 염려하지 말라고 명령하실 뿐만 아니라, 만족하라고 명령하십니다. 하나님께서 이렇게 명령하셨으니 즉시 이 말씀에 순종하면 되지 않습니까? 하나님의 이런 권고로는 충분하지 않습니까? 이런 권고와 함께 전능하고 선하며 참되신 하나님께서 주신 약속들에 귀 기울이십시오.

"그를 의지하면 그가 이루시고"(시 37:5).

"네 짐을 여호와께 맡기라. 그가 너를 붙드시고"(시 55:22).

"내가 결코 너희를 버리지 아니하고"(히 13:5).

"하늘 아버지께서 이 모든 것이 너희에게 있어야 할 줄을 아시느니라"(마 6:32).

하나님의 약속이면 충분하지 않습니까? 하나님이 약속하신 것을 어기는 분입니까? 그러므로 만족하고 즐거워하며, 하나님의 약속으로 말미암아 기뻐하십시오. 그 약속은 반드시 이루어질 것이기 때문입니다. 물론 하나님의 약속이 언제나 우리가 바라는 때에 우리가 바라는 방식으로 이루어지지는 않습니다. 그러나 하나님은 때가 되면 반드시 이루십니다. 그러므로 우리는 하나님의 약속을 우리가 임의로 바라는 때를 위한 것으로 받아서는 안 됩니다. 우리는 먼저 하나님의 약속을 누리는 법을 배워야 합니다. 약속하신 것은 우리가 생각한 때에 이루어지기도 하지만, 하나님의 지혜와 선하심을 따라 미루어지기도 합니다. 그러나 틀림없는 사실은 약속이 이루어진다는 것입니다. 하나님은 무언가를 주실 때, 여러분이 바라는 특정한 양을 주시지는 않더라도, 여러분에게 필요한 만큼 주십니다. 그것이면 여러분에게 충분합니다.

"비록 더딜지라도 기다리라. 지체되지 않고 반드시 응하리라"(합 2:3).

약속하신 것이 이루어질 기미가 보이지 않는다 하더라도 불안해하지 마십시오. 약속의 주인이신 하나님은 전능하십니다. 하나님은 방편이 없어도 약속을 이루십니다. 음식이 없어도 여러분과 자녀들을 보존하십니다. 아니면 약속을 이룰 방편을 주십니다. 성경의 기록들을 보십시오. 심지어 까마귀가 떡을 물어다 주게 하셨습니다. 떡을 비처럼 내리셨습니다. 밀가루와 기름이 몇 배로 불어나게 하셨습니다. 사자의 입을 닫으셨고, 풀무불이 아무 힘도 발하지 못하게 만드셨습니다. 그러므로 잠잠히 서서 하나님이 이루시는 구원을 바라보십시오.

둘째, 여러분의 아버지이신 하나님께서 주권자가 아니십니까? 하나님이 주권자가 아니었다면 차라리 나았겠습니까? 이런 물음에 여러분은 아마 이렇게 대답할 것입니다. "아닙니다. 하나님이 주권자이신 것이 기쁩니다. 뿐만 아니라 하나님의 주권을 판단하고자 하는 마음은 추호도 없습니다. 하나님의 주권을 인정합니다. 설령 나를 죽이신다 할지라도 나는 하나님의 주권적인 위엄을 높여 찬양할 것입니다." 그러나 하나님의 뜻과 여러분의 뜻이 맞설 때, 여러분은 "이것이 있으면 좋겠다"라고 말하지만 하나님은 "네가 그것을 가지지 않기를 바란다. 이만큼이 너를 위한 것이다"라고 하십니다. 누구의 뜻을 따라야 하겠습니까? 하나님의 뜻입니까? 아니면 여러분의 뜻입니까? 여러분은 하나님의 뜻을 거스르지 못한다는 사실을 잘 압니다. 그렇다고 해서 어린 자녀들이 부모에게 하듯 때때로 하나님께 투정하고 불평하렵니까? 그것은 하나님과 다투는 것입니다. 그러나 하나님께서 주권자이시므로 그분의 뜻은 절대적입니다. 여러분은 자신의 뜻을 하나님의 뜻에 굴복시키며 하나님의 뜻을 기쁘게 자신의 뜻으로 받아야 합니다. 여러분이 처한 환경 속에서 하나님의 뜻을 기뻐하십시오. 그것이 바로 여러분을 향한 하나님의 뜻이기 때문입니다. 특별히 하나님께서 여러분의 아버지이시기에 날마다 "하나님의 뜻이 이루어지이다"라고 기도합니다. 기도로 하나님의 뜻에 순복한다면, 하나님께서 여러분을 다루시는 것과 관련해서도 하나님의 뜻(비록 그것이 여러분이 바라는 방식이 아니더라도)에 순복해야 하지 않겠습니까? 그러므로 하나님께 순복하고 또 그렇게 행함으로써 하나님께 영광을 돌리십시오.

셋째, 하나님께서 "나는 너의 하나님이라"라고 하심으로 친히 여러분의 기업이 되시고, 이를 통해 여러분으로 하여금 하나님 안에서 모든 행복을 누리게 하지 않으십니까? 여러분이 구원을 통해 온전히 충만하신 그분을 누리는 데 여전히 무언가가 부족하단 말입니까? 하나님이 수천 개의 세상보다, 돈과 떡보다 더 낫지 않으십니까? 그렇다면 여러분도 경건한 신자가 말하고 행한 바를 따르십시오.

"내 심령에 이르기를 여호와는 나의 기업이시니 그러므로 내가 그를 바라리라 하도다"(애 3:24).

유일하게 복되시고 온전하게 구원하시는 하나님을 여러분의 분깃으로 여긴다면, 힘들 때마다 그분께로 나아가고 그분께로 피하며 믿음으로 그분을 즐거워하십시오. 하나님께서 여러분이 바라는 만큼 그분을 즐거워하도록 행하지 않으셨다 할지라도 말입니다. 이 기쁨은 여러분의 영원을 위해 마련된 것입니다. 하나님을 여러분의 분깃으로 가졌음을 기뻐하십시오. 이런 사실로 만족하고 여러분이 바라는 세상의 것들을 멸시하십시오. 하박국 선지자가 보인 모범을 따르십시오.

"비록 무화과나무가 무성하지 못하며 포도나무에 열매가 없으며 감람나무에 소출이 없으며 밭에 먹을 것이 없으며 우리에 양이 없으며 외양간에 소가 없을지라도 나는 여호와로 말미암아 즐거워하며 나의 구원의 하나님으로 말미암아 기뻐하리로다"(합 3:17,18).

넷째, 하나님은 여러분을 이전의 비참한 상태에서 건져 영원한 영광(여러분을 위해 기업으로 마련하신)으로 옮기시고자 가장 소중한 것, 바로 독생자 예수 그리스도를 여러분을 위해 내주셨습니다. 이러한 하나님께서 여러분의 몸의 필요를 채우시지 않겠습니까?

"자기 아들을 아끼지 아니하시고 우리 모든 사람을 위하여 내주신 이가 어찌 그 아들과 함께 모든 것을 우리에게 주시지 아니하겠느냐?"(롬 8:32)

보십시오. 하나님께서 그리스도를 여러분의 구주로 주셨습니다. 구원은 여러분이 받은 영원한 기업입니다. 무엇이 더 부족하단 말입니까? 여기에 돈과 떡이 좀 더해져야 만족하겠습니까? 그렇다면 부끄러워하십시오. 여러분이 바라는 것보다 훨씬 더 고상하고 뛰어난 것을 주신 분이 여러분의 몸의 필요를 채우시지 않겠습니까? 여러분에게 생명과 육신을 주신 분이 음식과 의복을 주시지 않겠습니까?

"목숨이 음식보다 중하지 아니하며 몸이 의복보다 중하지 아니하냐?"(마 6:25)

어떻게 그와 같이 생각할 수 있겠습니까? 그러므로 여러분이 현재 처한 상황에 만족하십시오. 지금 여러분에게 주어진 것으로 충분합니다. 여러분의 욕망을 지금 자신이 처한 환경에 맞게 조정하십시오.

다섯째, 여러분에게 세상이란 무엇입니까? 여러분은 무엇을 가장 바라며, 무엇에 대해 가장 염려합니까? 하나같이 잠시 있다 사라질 것들이 아닙니까? 지금 세상에 존재하는 것들은 물론, 여러분도 이 땅에 영원히 머물지 못합니다. 모든 것이 잠시 있다가 사라질 뿐입니다. 그렇다면 어째서 이런 것들을 추구하느라 그렇게 소진된단 말입니까? 죽음이 오면 모두가 동일하게 죽음을 맞이할 뿐입니다. 이 땅에서 적게 누렸다고 해서 죽음이 더 슬퍼지거나 많이 누린 덕분에 죽음을 더 기쁘게 맞는 것이 아닙니다. 하루하루를 마지막 날로 생각하고 살아간다면, 자신이 날마다 죽어 간다는 사실을 생각하고 살아간다면, 이 생을 살면서 무엇을 더 누렸고 못 누렸느냐 하는 문제로 그렇게 불안해하지는 않을 것입니다. 그러므로 여러분이 얼마나 잠시 있다가 가는 존재인지를 깊이 생각하십시오. 하나님께서 은택을 더하여 여러분에게 필요한 대로 세상의 것들을 베풀어 주시고 여러분을 돌보아 주실 것입니다. 그리하면 비로소 만족을 배우게 될 것입니다.

여섯째, 경건한 신자들에게 정녕 부족한 것이 하나라도 있었습니까? 성경을 통틀어 그런 예는 단 하나도 없습니다. 여러분의 경우를 생각해 보십시오. 여러분이 어렸을 때에도 하나님께서 여러분을 돌보셨습니다. 여러분의 안락함을 위해 의복을 주셨고, 젖을 빨게 하셨고, 여러분이 안길 가슴을 주셨습니다. 여러분이 먹고 자랄 음식과 입을 의복을 주셨습니다. 여러분이 이 땅에 존재하는 순간부터 지금까지 하나님께서 여러분을 먹이고 입히십니다. 난감하고 어려운 상황에 처했을 때 하나님께서 얼마나 자주 여러분을 구해 주셨습니까? 그런 하나님이 왜 하필 지금은 그렇게 일하시지 않는 것처럼 말합니까? 하나님은 우는 까마귀 새끼에게도 먹을 것을 주시며 공중을 나는 새들에게도 먹을 것을 주십니다. 모든 사람들의 삶을 신실하게 붙드십니다. 불신자들에게도 음식과 기쁨을 허락하십니다. 이런 하나님이 여러분을 잊으시겠습니까? 여러분에게 필요한 것을 베풀기를 거부하시겠습니까? 그러므로 만족하십시오. 그분을 의지하십시오. 그분의 경륜으로 만족하십시오. 여러분이 바라는 분량만큼 받아 누리지 못한다고 해도, 틀림없이 여러분에게 꼭 필요한 만큼 공급해 주실 것입니다. 그것이면 충분합니다. 여러분 역시 그렇게 생각해야 합니다.

일곱째, 만족은 많은 선한 일들을 낳습니다.

"우리가 알거니와 하나님을 사랑하는 자 곧 그의 뜻대로 부르심을 입은 자들에게는 모든 것이 합력하여 선을 이루느니라"(롬 8:28).

① 하나님 앞에서 값진 안정한 심령을 누릴 것입니다(벧전 3:4 참고). 내면에 큰 기쁨이 있을 것입니다. 하나님의 뜻으로 만족하는 사람은 세상에 속한 모든 것을 멸시합니다. 눈에 보이는 것을 따라 살지 않으므로 원수의 불화살이 미치지 못합니다.

② 세상과 분리될 것입니다. 사람은 본질상 육신과 육신의 필요를 채우기 위한 많은 것들에 사로잡혀 있습니다. 거듭난 사람이라 할지라도 여전히 이런 요소가 많이 남아 있습니다. 그러나 하나님의 뜻으로 만족하는 사람은 세상과 자신을 분리하기 시작합니다. 세상과 그 속에 있는 것들에서 만족을 찾지 않고, 나그네로 세상을 살아갑니다.

③ 기도하며 하나님과 교제합니다. 하나님께서 신자의 기업이시므로 하나님의 뜻으로 만족하는 신자는 이런 사실에 기뻐하고 모든 일이 합력하여 선을 이루리라 믿습니다. 이를 통해 자신이 맞닥뜨리는 모든 일에서 하나님의 손길을 목도합니다. 필요한 것이 있으면 믿음으로 하나님께 기도하고 하나님께서 자신의 필요를 채우시리라 믿고 기대합니다.

④ 하나님의 도우심을 자주 경험합니다. 하나님께서 자신을 살펴보시고 기도를 들으시며 위험에서 건지신다는 사실을 누리는 것은 신자에게 매우 소중한 경험입니다. 극심하게 가난하다가 엄청난 부자가 되었을 때 맛보는 것과는 비교할 수도 없는 기쁨을 누립니다. 이런 경험은 장래에도 하나님께서 그렇게 때를 따라 자신을 구원하실 것을 굳게 믿게 합니다. 다윗이 곰과 사자의 입에서 자신을 구하신 여호와께서 이 블레셋 사람에게서도 건지시리라고 믿은 것처럼, 이런 경험을 가진 신자는 여섯 번의 어려움에서도 건지신 하나님이 일곱 번째 어려움에서도 자신을 버리지 않으실 것을 믿습니다.

⑤ 감사가 있습니다. 모든 것이 부족하고 빠져나갈 길이 보이지 않는 암담한 때에도 하나님께서 우리를 도우십니다. 이럴 때는 한 조각의 떡이 번영을 구가할 때 누리는 모든 진미보다 더 달콤합니다. 비바람이 몰아치는 가운데 발견한 피난처가 이전에 머물던 궁궐보다 더 아늑하게 느껴지는 법입니다. 이럴 때 영혼은 전심으로 하나님을 향하고 하나님께서 이 모든 것을 베푸시는 분임을 고백합니다. 이럴 때 영혼은 하나님을 즐거워하고, 지금 누리고 있는 하나님의 한 조각 긍휼조차도 자신에게 합당하지 않음을 고백합니다. 그는 시편 기자와 같이 고백할 것입니다.

"내 영혼아 여호와를 송축하며 그의 모든 은택을 잊지 말지어다……네 생명을 파멸에서 속량하시고 인자와 긍휼로 관을 씌우시며"(시 103:2,4).

⑥ 영광의 상태에 들어가기를 사모합니다. 신자는 이 영광을 오직 하늘에서만 발견할 수 있음을 잘 압니다. 그러하기에 이곳을 떠나 그리스도와 함께 있기를 사모할 것입니다. 하늘에서 누릴 영광에 대한 기대로 말미암아 힘과 위로를 얻은 신자는 기꺼이 모든 환난을 감당하고자 합니다. 하늘의 안식이 자신을 기다리고 있

으며 자신이 속히 이 안식으로 들어갈 것을 알고 기뻐합니다.

⑦ 거룩하게 살아갑니다. 세상의 염려는 좋은 씨를 질식시키는 가시덤불과 같습니다. 마찬가지로, 하나님의 뜻으로 만족하는 신자는 자신을 부인하고, 겸비하며, 하나님을 의지하고, 하나님을 자신의 분깃으로서 기뻐하며, 하나님의 대의에 기꺼이 헌신하고, 하나님께 모든 충만함이 있음을 나타냅니다. 이것이 바로 모든 경건의 원천입니다.

반론 1

이렇게 말하는 사람도 있을 것이다. "내가 하나님의 자녀임을 알 수 있고, 하나님이 나를 친근히 대하고, 나로 하여금 그분의 선하심을 느끼게 한다면 나도 정말 하나님의 뜻만으로 만족하겠다."

답변

그런 말은 마치 "내가 천국에 있다면 나도 만족할 수 있을 것이다"라고 말하는 것이나 마찬가지입니다. 그러나 그렇지 않습니다. 우리는 바로 여기 이 땅에서 믿음으로 하나님의 뜻에 만족해야 합니다. 당신이 지금 처한 상황과 관련해 나타내는 불신앙은 불만족에서 비롯된 것이지 무언가가 결핍되어 생겨난 것이 아닙니다. 당신이 욕망하는 바가 채워져야 비로소 만족한다면, 당신의 영적 상태와 관련하여 당신은 이리저리 휩쓸릴 수밖에 없을 것이고, 당신의 영혼은 "바람에 밀려 요동하는 바다 물결"(약 1:6) 같을 것입니다. 믿음을 경험하려면 현재 자신의 상황에 만족해야 합니다. 그리고 현재 자신의 상황에 만족하려면 믿음을 발휘해야 합니다. 이 두 가지는 언제나 함께합니다. 하나님께서 당신에게 믿음과 만족 이 두 가지를 모두 주시기를 바랍니다!

반론 2

어떤 사람들은 이렇게 말한다. "하나님은 내 기도를 듣지 않으신다. 나는 여전히 어려움에 갇혀 있고, 시간이 갈수록 상황은 나빠진다. 이런 처지에 있는 내가 어떻게 만족할 수 있단 말인가?"

> 답변

　자신이 원하고 바라는 것을 얻어야만 사람이 만족할 수 있다는 말입니까? 그렇지 않습니다. 하나님의 구원이 임하리라고 믿는 사람은 아직 건짐 받지 못했다 할지라도 하나님의 뜻으로 만족합니다. 이것이 바로 참된 만족입니다. 하나님께서 당신이 바라는 것을 주시지 않음은 그것이 아직 당신에게 필요하지 않기 때문입니다. 하나님은 당신이 하나님만으로 만족하는 법을 배우기를 원하십니다. 선한 것을 합당하게 사용하도록 당신을 가르치기를 원하십니다. 하나님은 당신이 하나님께 어리석게 요구하는 것과는 다른 방식으로 당신을 위로하고 돕고 싶어하십니다.

　만족하기를 배우고 싶다면 다음 사항들을 힘써 연습하십시오.
　① 여러분이 마땅히 치러야 할 죗값이 어떤 것인지를 항상 생각하십시오. 그리하면 아직 지옥에 있지 않다는 사실만으로도 행복할 것입니다.
　② 다른 사람들을 보십시오. 다른 사람들의 상황과 여러분의 처지를 바꾸고 싶어하지 않게 될 것입니다. 어떤 사람은 육신적으로 여러분보다 더 궁핍하며 비참한 처지에 있는데도, 여러분에게 만족하는 모습에 관한 좋은 모범이 됩니다. 그런가 하면 은혜와 상관없이 사는 사람도 있을 텐데, 당연히 여러분은 이런 사람과 자신의 처지를 바꾸고 싶지는 않을 것입니다.
　③ 오늘이라는 날을 하루하루 살아가십시오. 이틀, 열흘, 백 일의 어려움을 한꺼번에 짊어지려고 하지 마십시오. 그것은 도무지 감당할 수 없는 짐입니다. 한 날의 괴로움은 그날로 족합니다.
　④ 여러분이 당하는 어려움은 지금 여러분이 느끼는 만큼 큰 일이 아닐 수도 있습니다. 여러분의 욕망이 너무 큰 탓에 초래된 어려움일 수도 있다는 말입니다. 그러므로 상황을 여러분이 바라는 바에 맞게 만드는 것이 아니라 여러분이 바라는 바를 지금 여러분이 처한 상황에 맞게 조정하는 데(그것이 하나님의 뜻임을 생각하고) 힘써야 합니다.

⑤ 양심의 가책을 받지 않도록, 여러분에게 주어진 방편들을 근면하고도 신실하게 사용하십시오. 그리고 결과는 하나님께 맡기십시오. 하나님의 약속을 의지하면 하나님께서 이루실 것입니다.

⑥ 계속 천국을 주목하십시오. 그리고 천국에 비추어 볼 때, 이 땅에 있는 것들이 얼마나 미미한지를 생각해야 합니다. 여러분이 하나님께로 가까이 갈수록 이 땅의 것들로부터는 멀어질 것입니다. 세상의 모든 것은 사라지나, 하나님의 뜻을 행하는 사람은 영원토록 있을 것입니다.

65

자기 부인

하나님의 뜻을 사랑하고 그것으로 만족하는 사람만이 자기를 부인합니다. 헬라어로 자기 부인은 $ἀπαρνέομαι$(아파르네오마이)인데, 이는 $ἀρνέομαι$(아르네오마이)에서 파생된 말입니다. 이 말은 자기가 가진 재화와 명예를 전적으로, 그리고 급진적으로 거부하는 것을 뜻합니다. 어떤 것을 자기 것으로 인정하기를 거부하고 부인하며, 그것에 대한 권리를 포기하는 것입니다. 그것을 완전히 버리고 떠나는 것을 말합니다(히 11:24 참고). 이 말은 이 땅에 있는 지체를 죽이는 것(골 3:5 참고), 옛사람을 벗어 버리는 것(엡 4:22 참고), 육체와 그 정욕을 십자가에 못 박는 것(갈 5:24 참고)으로도 표현됩니다.

자기 부인이란

자기 부인은 하나님께서 자기 자녀들에게 주신 그리스도인의 덕목입니다. 하나님의 자녀들은 하나님의 뜻을 사랑하기에 하나님의 뜻에 반하는 것에는 절대로 귀를 기울이지도, 자신들의 지성과 의지와 성향을 내주지도 않으며, 오히려 그것들을 반대하고 억제합니다. 하나님께서 원하시면 기꺼이 자신의 본성적인 안녕과 관련된 모든 것을 버립니다. 이러한 자기 부인은 하나님을 영화롭게 하며, 이웃들에게도 유익이 됩니다.

첫째, 자기 부인은 무엇보다도 그리스도인의 덕입니다. 이교도들은 정욕 때문에 내면의 평화가 방해를 받습니다. 그래서 어떤 사람들은 이성으로 정욕을 죽이려고 하며 어떤 것들에 대해서는 자기 부인을 실천합니다. 그러나 이런 자기 부인은 하나님의 뜻을 향한 사랑이라는 바른 동기에서 비롯된 것이 아닙니다. 따라서 올바른 목적으로 자신을 부인하는 것이 아니며, 이것마저도 자기를 추구하는 행위(또 다른 방식으로)에 불과합니다. 마음을 편하게 하고 사람들에게서 존경을 얻기 위한 것입니다. 그리스도인이 아닌 사람들이 행하는 자기 부인은 이처럼 행동을 수반하지 않는, 정욕을 그럴듯하게 감추려는 위선적인 죄입니다.

그러나 지금 우리가 말하는 자기 부인이란, 그리스도인이 모든 부당한 자기애(그리고 거기서 비롯되는 자기 의지)와 자기 추구를 배제하는 것입니다. 이렇듯 자기 부인은 하나님의 뜻을 향한 사랑에서 비롯되고 하나님을 영화롭게 하는 것으로 절정에 이릅니다.

둘째, 신자로 하여금 자신을 부인하게 하는 동인은 신자 자신이 아니라 하나님입니다. 사람은 자신을 배제하는 것이 불가능할 정도로 자기애에 깊이 함몰되어 있습니다. 심지어 이런 자기애에서 떠날 수 있게 되었다 하더라도, 자기애와 정반대되는 덕스러운 성품을 스스로 가지지는 못합니다. 사용된 표현과는 달리, 자기 부인은 부정이 아니라 하나의 경향성입니다. 자녀들에게 이 은혜를 주시는 분은 하나님입니다. 하나님께서 자녀들에게 거듭남과 더불어 신령한 생명을 주시기 때문입니다(엡 2:1; 약 1:18 참고). 이런 덕스러운 성품을 통해 하나님은 자녀들이 적극적으로 하나님의 뜻을 소원하고 행하도록 하십니다(빌 2:13 참고). 특별히 하나님은 이 은혜를 통해 신자가 죄를 죽이도록 역사하십니다.

"너희가 육신대로 살면 반드시 죽을 것이로되 영으로써 몸의 행실을 죽이면 살리니"(롬 8:13).

영혼을 살리신 하나님께서 막고 도우시는 능력으로 이 생명을 일으켜 적극적으로 이 은혜를 발휘하도록 하십니다. 믿음으로 그리스도와 연합하고 그리스도로 말미암아 하나님과 연합한 신자는 하나님의 능력을 자신의 것으로 붙들고, 이렇게 받은 능력을 힘입어 자기 안에 있는 죄를 죽입니다. 이처럼 자기 부인의 최초의 동인은 하나님입니다. 하나님의 능력을 힘입은 인간은 자기애와 대비되는 덕으로 자신을 정화시키고 장식할 뿐만 아니라, 죄악된 자기애와 거기에서 비롯된 영향들을 내쫓습니다.

"자신을 깨끗하게 하자"(고후 7:1).

"두렵고 떨림으로 너희 구원을 이루라. 너희 안에서 행하시는 이는 하나님이시니 자기의 기쁘신 뜻을 위하여 너희에게 소원을 두고 행하게 하시나니"(빌 2:12,13).

셋째, 자기 부인의 주체는 하나님의 자녀들입니다. 회심하지 않은 자들은 그 속에 신령한 생명이 없으므로 생명의 작용이나 움직임을 기대할 수 없습니다. 오히려 자기 부인은 지금 회심하고 믿음으로 살아가는 하나님의 자녀들에게 하나님께서 베푸시는 선물입니다. 그들은 그리스도의 제자요 그리스도를 따르는 자들입니다(마 16:24 참고). 자기 부인은 간헐적인 행위가 아니라, 마음의 성품이요 경향성입니다. 아직은 불완전하지만 신자의 마음은 자기를 사랑하고 추구하는 데서 돌아섰습니다. 이 부분과 관련하여 신자 개개인이 나타내는 진보도 저마다 다릅니다. 자기를 부인하는 성향이 강할수록 그에 따른 행위 역시 더 분명하고도 순전하게 나타납니다. 다른 모든 덕들에 적용되는 진리가 자기 부인이라는 덕에도 동일하게 적용됩니다. 일단 이 덕이 영혼 깊이 뿌리내리면, 자기 부인을 연습하는 사람은 내면의 평강을 더 깊이 맛봅니다. '그렇게 행동할지라도 마음의 동기는 그렇지 않다'라는 식으로 자신의 잘못된 행실을 무마하려고 하지 않을뿐더러, 자기애와 자기추구로 말미암아 무분별하게 나타나는 시기, 신경질, 잘못된 언어를 사용하는 죄에 쉽게 빠지지 않습니다. 불행한 소식이나 해로움뿐만 아니라 자기에게 외적으로 영향을 미치는 그 어떠한 것도 전혀 두려워하지 않습니다. 오히려 잠잠하고 진중하면서도 담대하게 자신의 의무를 행하는 데 힘쓸 뿐입니다. 어떤 것에도 쉽사리 흔들리지 않을 뿐만 아니라, 그의 모든 말과 행동 때문에 사람들이 그를 좋아합니다. 그는 하나님과 사람에게 사랑을 받습니다.

넷째, 자기 부인의 대상은 자기 자신입니다. 하나님은 사람을 자신을 사랑할 줄 아는 존재로 지으셨습니다. 그리고 자기 몸을 사랑하듯 이웃을 사랑하라는 계명을 주심으로써 두 번째 판의 율법들을 준행하는 가운데 자기애를 발휘하도록 명령하셨습니다(마 22:39 참고). 그러나 아담이 타락함으로 사랑이 완전히 뒤틀리고 말았고, 이로 말미암아 사람은 이제 하나님을 대적하고 자신을 하나님으로 삼습니다. 모든 것이 자신을 향해 수렴하기를 바랍니다. 타락한 모든 인간에게서 이런 자기중심적인 욕구가 지배적인 행동 원리로 작용합니다. 사람은 모두 이 원리를 따라 모든 일에서 자신이 중심이 되고자 합니다.

자기 부인이 아닌 것

사람은 신령한 자아, 곧 바울이 로마서 7장 20절에서 "나"라고 표현한 거듭난 자아를 부인해서는 안 됩니다. 참된 신자이면서도 연약한 그리스도인들이 이 죄를 많이 범합니다. 죄에 빠지거나 죄악된 생각이 일어나거나 마귀가 공격해 올 때, 이런 신자들은 곧바로 자신의 영적 정체성을 거부하고 다음과 같이 생각합니다. '나는 은혜가 없는 자이다. 스스로 신자라고 여기면서 자신을 기만하고 있다.' 이것은 받은 은택을 부정하며 성령을 슬프시게 하는 죄라 할 수 있습니다. 교만은 이런 식으로 드러납니다. 이런 태도가 이전의 선한 영적 성품과 활동과 행실을 다름 아닌 자기 능력으로 이루었다는 생각과 자신이 다른 사람들보다 본성적으로 좀 더 나은 사람이라는 생각에서 비롯되기 때문입니다. 그러므로 여러분의 영적 정체성을 포기하지 마십시오. 여러분이 가진 것을 잘 간직하여 하나님께 영광을 돌리십시오.

또한 본성적 자아를 부인하지 말아야 합니다. 자신의 몸이나 건강을 증진하려는 성향을 부인하지 말라는 뜻입니다. 음식과 의복 등을 향한 경향성을 부정하지 말라는 말입니다.

"누구든지 언제나 자기 육체를 미워하지 않고 오직 양육하여 보호하기를 그리스도께서 교회에게 함과 같이 하나니"(엡 5:29).

그러나 이런 경향성이 그리스도와 그분의 대의를 가로막을 때에는 이 모든 욕구를 부인할 뿐만 아니라 배설물로 여겨야 합니다.

지옥을 두려워하고, 믿음과 소망과 사랑을 바라고, 하나님과의 교제와 지복을 열망하는, 우리 영혼의 안녕을 향한 갈망을 부인하지 말아야 합니다. 라바디주의자들이 이와 반대되는 그릇된 주장을 합니다. 그러나 주님은 그들의 이런 주장과 행위들을 부인하십니다. 그들은 이 모든 것들이 우리를 행복하게 하며, 따라서 그것들을 향한 사랑이 하나님 앞에서 부정하고 혐오스런 것이므로 거부해야 한다고 주장합니다. 이런 것들을 사랑하는 자들은 그리스도께 참여하고자 그분께로 나아와서는 안 되며, 그리스도께로 나아가기 전에 먼저 이런 사랑에 대해 죽고 그것을 부인해야 한다고 주장합니다. 그러지 않으면 그리스도를 죄와 죄인의 종으로 전락시킬 것이라고 합니다. 아니면 하나님 자신으로 말미암아 하나님을 영화롭게 하고자 하는 사랑 때문에, 또 이런 견해를 가져야 그리스도께로 올 수 있다고 합니다. 라바디주의자들은 이런 식으로 우선 영적인 은택과 자신의 구원을 위한 사랑을 부인하고, 하나님 그분으로 말미암아 사람들이 이런 신령한 은택을 사모하고 하나님을 영화롭게 하려는 열망을 일으켜야 한다고 가르치며, 오직 그럴 때에만 영혼들을 그리스도께로 나아가도록 합니다. 이처럼 그들은 불쌍한 영혼들이 그리스도께로 나아오지 못하도록 막았습니다. 그들은 이런 식으로 갈급한 영혼들을 오도하고, 그 결과 그들 가운데 회심하지 못하고 죽은 자들의 영혼이 정죄에 이르게 한 죄책을 피할 수 없게 되었습니다. 이와 같이 그들은 두려움 때문이든 구원에 대한 열망 때문이든 상관없이 그리스도께로 달려나와 그분을 믿으라는 하나님의 말씀을 대적했습니다. 라바디주의자들에 대해 좀 더 포괄적으로 다루는 내용을 알고 싶다면, 본 서의 라바디주의자들의 가르침과 생활(Doctrine and Life of the Labbadists) 부분을 참고하십시오.

자기 부인의 특징

사람은 죄악된 자아를 부인해야 합니다. 옛 아담을 그의 모든 정욕 및 행실과 더불어 부인해야 합니다. 어떤 본성이든, 몸과 영혼의 어떤 기능이든 상관없이 옛사람에게 속하여 계명을 거스르게 하는 것은 무엇이든 부인해야 합니다.

첫째, 본성적이고도 어두워진 총명을 부정해야 합니다. 다시 말해, 어두워진 총명을 교리와 삶의 원리로 삼기를 거부해야 합니다. 우리가 "X'라는 계명은 이것을 뜻한다. 이런 의미 말고 다른 방식으로는 이 계명을 이해할 수 없다. 그래서 나는 이것을 하지 않고, 저것을 한다. 따라서 내가 이렇게 하는 것은 죄가 아니다"라고 말할 때, 이미 우리는 벌써 그런 육신적 주장을 의지하는 것입니다. 그러나 자연인은 하나님의 성령의 일을 받지 않습니다(고전 2:14 참고). 우리는 반드시 이런 부패한 지성을 거부하고 그것들을 따르거나 관심을 두지 말아야 합니다.

"하나님 아는 것을 대적하여 높아진 것을 다 무너뜨리고 모든 생각을 사로잡아 그리스도에게 복종하게 하니"(고후 10:5).

둘째, 자의적인 뜻을 부인해야 합니다. 사람들은 자기 뜻대로 살아가려고 하면서도, 그로 말미암아 어떤 대가를 치르게 될지는 개의치 않습니다. 부정한 정욕이 일어나도 그것을 만족시켜야 합니다. 탐식이 일어나면 그것을 채워야 성이 찹니다. 무엇이든 자기가 원하는 대로 하려고 합니다. 그러면서 "누가 나를 이래라저래라 한단 말인가?"라고 합니다. 자신이 바라는 대로 해야 직성이 풀리는 자들이 있습니다. 자신이 왕인 양 법을 정하려 들고, 마치 신이나 되는 것처럼 모든 일들이 자신을 중심으로 이루어지기를 바랍니다. 만약 그렇게 되지 않으면 못마땅해하고 질시하며 화를 내고 앙심을 품습니다. 그러나 이렇게 자신을 추구하는 사람은 하나님과 사람 앞에 가증한 자입니다. 주 예수님은 "내 원대로 마시고"(마 26:39 참고)라고 기도하셨습니다. 그리고 우리에게도 하나님의 뜻이 이루어지기를 기도하라고 명하셨습니다(마 6:10 참고).

셋째, 자신의 본성적인 욕구를 부인해야 합니다. 자연인은 공허한 까닭에 언제나 그 공허함을 채우려고 합니다. 하나님이 모든 것에 부족함이 없는 분이심을 알지 못하므로 그분을 찾지도 않습니다. 그러하기에 그의 정욕은 언제나 피조물을 향합니다. 누구든지 자기를 즐겁게 할 만한 사람에게는 '나를 만족시키는 자'라고 칭송을 늘어놓습니다. 자신이 원하는 바를 얻기까지는 쉬지 않고 그것을 욕망합니다. 만일 자기가 바라는 대로 얻지 못하면 불안해하고 신경질을 부립니다. 우리는 이런 본성적인 욕구에 굴복하지 말아야 합니다.

"영혼을 거슬러 싸우는 육체의 정욕을 제어하라"(벧전 2:11).

넷째, 자신의 영광을 구하지 말아야 합니다. 사람들에게 인정받고 칭찬받고 싶어하는 것만큼 사람들의 마음속에 만연하고도 깊이 뿌리박힌 죄도 없습니다. 아무리 성품이 천박하고 가증한 행위를 일삼는 자라 할지라도 할 수만 있으면 칭찬과 높임을 받고 싶어합니다. 자신이 하는 모든 일을 통해 칭찬받기를 원하고, 스스로를 가치 있게 여기는 것처럼 다른 사람들도 자신을 그렇게 생각하고 대해 주기를 바라며 기대합니다. 누군가가 자신이 바라는 대로 자기를 대하지 않고 조금이라도 모독하는 것처럼 보인다면, 그는 신경질을 내며 토라질 것입니다. 무엇을 하든 이런 욕구와 목적을 배제해야 합니다.

"헛된 영광을 구하여 서로 노엽게 하거나 서로 투기하지 말지니라"(갈 5:26).

"아무 일에든지 다툼이나 허영으로 하지 말고"(빌 2:3).

다섯째, 소유욕을 부정해야 합니다. 사람의 부패한 본성은 물질적인 것에 집착합니다. 더 많이 가지고 싶어하고, 그것을 의지하며, 소유를 자기 삶의 원천으로 삼습니다. 그러하기에 이런 것들이 부족하면 금세 낙담합니다. 열심히 추구하고 목적하는 바가 하나같이 소유에 집중됩니다. 그래서 바라는 대로 소유하면 힘을 얻고 안심합니다. 그러나 자기를 부인하는 사람은 필요를 채우는 것으로 만족하고 더 가지려는 욕망을 버립니다. 소유가 많지 않아도 있는 것으로 만족합니다. 부요해졌어도 자신의 소유에 마음을 두지 않습니다. 소유와 관련하여 디모데전서 6장 8,9절은 다음과 같이 말합니다.

"우리가 먹을 것과 입을 것이 있은즉 족한 줄로 알 것이니라. 부하려 하는 자들은 시험과 올무와 여러 가지 어리석고 해로운 욕심에 떨어지나니 곧 사람으로 파멸과 멸망에 빠지게 하는 것이라"(딤전 6:8,9).

이런 사람은 그리스도를 위한 일에 자신의 재물이 필요할 때, 자기를 부인하고 가진 것을 모두 기꺼이 내놓습니다. 심지어 기본적인 필요조차도 아낌없이 포기합니다. 바울과 마찬가지로, 그는 그리스도를 위해 모든 것을 배설물로 여깁니다(빌 3:8 참고).

여섯째, 필요하다면 자신의 벗들도 부인해야 합니다. 사람은 자신을 기쁘게 하고 사랑해 주는 사람과 기꺼이 한편이 됩니다. 아버지, 어머니, 자녀들, 남편, 아내 등이 모두 마음으로 사랑하는 대상입니다. 하나님은 율법의 두 번째 돌판에서 합당한 사랑을 명하십니다. 그러나 우리는 쉽사리 우리가 사랑하는 대상을 우상시하고, 집착하며, 의지하고, 신뢰합니다. 자기를 부인하는 사람은 이런 합당하지 않은 집착을 버립니다. 특히 이런 관계가 참된 신앙을 실천하고 주 예수님을 고백하는 데 부정적인 영향을 끼치는 경우라면 더더욱 그리합니다. 그럴 때에는 아버지도 자녀도 친구도 괘념치 않습니다.

"아버지나 어머니를 나보다 더 사랑하는 자는 내게 합당하지 아니하고 아들이나 딸을 나보다 더 사랑하는 자도 내게 합당하지 아니하며"(마 10:37).

"무릇 내게 오는 자가 자기 부모와 처자와 형제와 자매와 더욱이 자기 목숨까지 미워하지 아니하면 능히 내 제자가 되지 못하고"(눅 14:26).

일곱째, 우리 생명을 부인해야 합니다. 자기 생명을 보존하는 것은 그리스도인의 의무입니다. 그러나 생명이 마치 구원과 복 자체인 것처럼 여겨서 죽음을 생각할 때마다 두려워 떨 정도로 그것에 집착해서는 안 됩니다. 자신의 생명에 대한 이런 잘못된 태도는 영원한 영광에 무지하거나, 그리스도인이 이 영광에 참여한 자라는 사실을 믿지 않거나, 정죄 받은 양심 때문에 지금 그 상태로 죽으면 영원한 정죄로 떨어지리라고 생각하는 데서 비롯되는 경우가 많습니다. 그러므로 그리스도인은 자기 생명에 집착하지 않고 믿음으로 생명을 성부의 손에 의탁하고 안심할 수 있어야 합니다. 그리스도의 대의가 위험에 처할 때 우리가 취할 수 있는 태도는 둘 중 하나입니다. 그리스도와 그의 나라를 위해 자기 생명을 조금도 아까워하지 않고 드리거나, 자기 생명을 위해 그리스도를 부인하는 것입니다. 평소에 그리스도를 위해 자기를 부인하는 사람은, 자기에게도 그리스도를 위해 드릴 소중한 것이 있다는 사실을 기뻐하면서 기꺼이 자기 생명도 부인할 것입니다.

"무릇 내게 오는 자가 자기 부모와 처자와 형제와 자매와 더욱이 자기 목숨까지 미워하지 아니하면 능히 내 제자가 되지 못하고"(눅 14:26).

"내가 달려갈 길과 주 예수께 받은 사명 곧 하나님의 은혜의 복음을 증언하는 일을 마치려 함에는 나의 생명조차 조금도 귀한 것으로 여기지 아니하노라"(행 20:24).

자기 부인의 동기와 목적

자기 부인의 핵심은, 그것이 하나님의 뜻을 사랑하는 데서 나오는 행위라는 점입니다. 앞에서 언급한 관계들과 문제들이 하나님의 뜻을 가로막을 때 신자는 그것들에 마음을 주거나 바라지 않을뿐더러, 오히려 그것들을 반대하고 버립니다.

첫째, 신자는 하나님의 뜻을 사랑하는 까닭에 자기를 부인합니다. 사람은 자신이 사랑하는 것보다 더 탁월한 가치가 있어서 더 사랑할 만한 것이 아니라면, 기존에 사랑하던 것을 결코 버리지 않습니다. 그러므로 존재하는 모든 것보다 하나님을 사랑하는(자기보다 훨씬 사랑하는) 사람이 자기를 부인합니다. 그 무엇보다 하나님을 사랑하기에 하나님의 뜻도 동일하게 사랑합니다. 자신의 뜻보다 하나님의 뜻을 더 사랑합니다. 하나님은 거룩함을 사랑하고, 죄를 미워하십니다. 그분은 하나는 사랑하고, 다른 하나는 금하십니다. 그러하기에 하나님의 뜻을 사랑하는 신자 역시 하나님을 따라 하나는 미워하고, 다른 하나는 사랑합니다.

둘째, 이처럼 하나님의 뜻을 사랑하는 까닭에 신자는 자신의 정욕을 좇지 않습니다. 정욕의 속삭임에 귀 기울이지 않을뿐더러, 그것을 따를지 말지 고민조차 하지 않습니다.

셋째, 정욕에 굴복하지 않습니다. 육체나 자신의 상상력을 따라 행동하지 않습니다. 신자는 자신의 정념과 욕심에 종노릇하지도 않고, 그것들에 무릎 꿇지도 않습니다.

넷째, 오히려 정욕이 고개를 쳐들 때에는 그것에 저항합니다. 옷에 불이 옮겨붙었을 때 조금도 지체하지 않고 불을 털어 버리듯이 정욕을 억누르고 던져 버립니다.

다섯째, 신자는 정욕의 뿌리를 뽑아 버립니다. 자신의 악한 마음에 정욕이 계속 도사리는 것을 견디지 못합니다. 정욕이 고개를 쳐들 때마다 그것을 거부하는 것으로는 성이 차지 않습니다. 심지어 정욕이 고개도 들지 못하기를 원합니다. 그래서 신자는 더욱 순전한 동기를 추구합니다. 신자는 자신의 마음이 더 거룩한 성품을 가지도록 믿음으로 자기 마음을 정결케 하고, 하나님과 교제하기를 힘쓰고, 하나님을 경외하고 사랑하기 위해 애씁니다. 신자의 이런 갈망은 더욱 거룩하고 죄를 추구하지 않는 마음에서 나옵니다. 그리고 거듭난 신자는 이를 통해 육체의 정욕을 부인할 능력을 더 크게 가지게 됩니다.

여섯째, 그리스도와 그분의 나라를 위해서라면 신자는 자신이 마땅히 누리도록 허락된 것들조차 기꺼이 포기합니다. 그리스도와 그분의 나라를 위해 모든 것을 드리는 것이 하나님의 뜻이기 때문입니다. 자기를 부인하는 사람은 소유하는 것이 하나님의 뜻에 부합한지 아닌지를 이런 방식을 통해 압니다.

자기를 부인하는 목적은 하나님을 영화롭게 하고 이웃의 안녕을 도모하는 것입니다.

첫째, 신자가 자기를 부인하는 목적은, 인간이 가진 모든 욕구를 박멸하여 악을 두려워하지 않고 선한 것을 열망하지 않는 상태가 되는 것이 아닙니다. 그것은 인간을 인간답지 못하게 하는 것입니다. 하나님의 뜻을 따라 하나님을 섬기지 못하게 하고 이웃에게 유익이 되지 못하게 하는 것입니다.

둘째, 신자가 자기를 부인하는 목적은, 사람들에게서 인정받거나 성인으로 추앙받는 것도 아닙니다. 이런 목적으로 자기를 부인하는 것은 결국 위선입니다.

셋째, 하나님 앞에서 공로를 얻으려고 자기를 부인하는 것은 더더욱 아닙니다. 눈이 가려진 교황주의자들 중에는 이렇게 뒤틀린 목적을 가지고 잘못된 방편을 사용하여 자기를 부인하는 자들이 있습니다. 이런 자들은 합당한 음식도 멀리하고, 털이 많은 따뜻한 옷도 입지 않으며, 침대에서 자는 것도 거부하고, 자기 몸을 괴롭게 합니다. 이를 통해 육체를 따르는 것을 금하는 데는 조금도 유익이 없는 자의적인 예배의 전형을 보여 줍니다(골 2:23 참고).

넷째, 구원의 공로를 얻으려고 자기를 부인하는 것도 아닙니다. 이는 이교도의 행위입니다.

오히려 신자는 다음과 같은 목적을 위해 자기를 부인합니다.

첫째, 거룩하고 순종받기에 합당하며 유일한 율법 수여자이신 하나님을 영화롭게 하기 위함입니다. 이는 신자들뿐만 아니라 신자가 아닌 자들에게도 동일하게 적용되어야 할 자명한 진리입니다. 율법은 하나님께서 모든 순종을 받기에 합당하신 분이라고 증언합니다. 그리스도의 대의를 위해 필요하다면 아무리 사랑스럽고 귀한 것이라 할지라도 그것을 부인함으로써(이런 상황이 아니라면 합법적으로 누리고 바랄 수 있는 것이라 할지라도) 하나님께 영광을 돌려야 합니다. 왜냐하면 하나님께서 주권자이시며, 우리에게 주신 것을 다시금 요구할 권한을 가지셨기 때문입니다. 이런 자기 부인을 통해 우리는 우리에게 가장 소중한 것조차도 하나님을 위해 부인할 정도로 하나님께서 존귀하신 분임을 증언합니다.

둘째, 신자가 자기를 부인하는 것은 이웃을 이롭게 하기 위함입니다. 경건으로 옷 입음으로써 불신자로 하여금 죄를 깨닫고 회심하게 하며, 다른 신자로 하여금 죄악된 자아를 부인하고 그리스도를 위해 기꺼이 모든 것을 부인하도록 격려하기 위함입니다.

회심한 자와 그렇지 않은 자의 구분

지금까지 우리는 자기 부인의 본질과 자기 부인에 따르는 환경이 무엇인지를 살펴보았습니다. 이런 사실을 통해 우리 자신을 살펴볼 수 있습니다. 회심하지 않은 자는 자신이 죄악된 자아를 부인하지 않고, 세상과 짝하며, 세상과 자기 정욕을 위해 살고 있음을 깨달을 것입니다. 회심한 사람 또한 이런 사실을 통해 자신의 허물을 깨닫고, 옛사람이 얼마나 집요하게 자기 안에서 역사하고 있으며, 자신이 얼마나 쉽게 죄악된 자아를 쫓아가려 하는지를 알 수 있습니다. 이런 사실을 더욱 분명히 하기 위해 자기를 부인하지 않는 사람과 자기를 부인하는 사람을 서로 비교해 보겠습니다.

자기를 부인하지 않는 사람은 다음과 같이 살아갑니다.

① 정욕의 노예로 살고, 세상과 그 속에 있는 것들을 자신의 분깃으로 삼으며, 무슨 대가를 치르더라도 기어이 정욕을 만족시키려고 합니다. 죽거나 잡힐 것을 모르고서 우리에 미끼로 놓인 고깃덩이를 보고 돌진하는 박쥐처럼, 회심하지 않은 자는 세상에 속한 것들에 완고하게 집착합니다. 재물이나 명예나 오락이나 부정함을 향한 욕구이든지, 회심하지 않은 자의 마음에 정욕을 불러일으키는 음식과 술을 향한 욕구입니다. 정욕이 욕망하는 것이 자신의 판단과 맞지 않으며 심지어 자신이 죄짓기를 지겨워하는데도 그 욕망을 취하고 이루어야만 직성이 풀립니다.

② 스스로를 대단한 사람으로 여기기를 즐깁니다. 자신이 아름답고 매력적이라고 생각하는 사람들이 있습니다. 자신을 지혜롭게 여기는 사람들이 있는가 하면, 스스로를 고상하고 품위 있다고 여기는 자들도 있습니다. 스스로 부요하게 여기는 사람이 있는가 하면, 학자로 여기는 사람도 있습니다. 이처럼 모든 사람은 실상은 전혀 그렇지 않은데도 저마다 어떤 식으로든 자신에 대한 환상을 가집니다. 사람들은 바람이 가득 찬 풍선처럼 각자가 욕망하는 대상들로 자신을 가득 채우고 살아갑니다.

③ 마음이 교만으로 가득 차 있기에 사람들에게서 인정받고 존경받는 것을 당연하게 여깁니다. 심지어 상상하고 바라는 데까지 자신이 미치지 못함을 알고 있는데도, 여전히 인정과 존경과 사랑을 받고 싶어합니다.

④ 사람들 앞에서 자신이 어떻게 드러날지를 생각합니다. 사람들 앞에서 정직히 행하는 것보다는 사람들에게서 존경받고 인정받는 데 더 신경 씁니다. 이런 사람은 옷을 입을 때나 색상이나 모양새를 선택할 때에도 다른 사람의 눈을 의식합니

다. 누구와 어울릴지를 선택하는 문제나 어떻게 행동하고 말할지, 또는 침묵할지 말지를 결정하는 문제도 자기 자신을 추구하는 것에 따라 좌우됩니다. 일단 자신이 그다지 드러나지 않아 인정받을 일이 없거나 그런 것을 신경 쓰지 않아도 될 사람들 앞에서는 자아가 동하지 않으므로 게으르고 지저분하기 짝이 없습니다. 거지보다도 더 신경을 쓰지 않고, 물고기보다 더 미련하며, 어리석은 자보다 더 떠벌립니다. 이런 사람들을 돛단배에 비유한다면, 이들의 자아는 이 배를 움직여 항해하게 하는 바람과 같습니다. 이들은 자아가 인정받고 돋보일 일이 있어야 비로소 움직입니다.

⑤ 사람들이 자기에 대해 뭐라고 이야기하는지에 신경이 쏠려 있습니다. 사람들에게서 인정받고 칭찬받으면(설령 자기 면전이라 할지라도) 매우 기뻐합니다. 자신에 대해 그렇게 말하도록 은근히 부추기고 그것을 즐깁니다. 그리고 스스로 우쭐해합니다.

⑥ 자기가 바라는 만큼 인정해 주지 않거나 기대하는 말을 해 주지 않으면, 즉시 그것을 못마땅하게 여깁니다. 또 자신을 그렇게 대하는 사람을 싫어하고 더는 가까이하려 하지 않습니다. 심지어 화를 내거나, 말이나 행위를 통해 할 수 있는 만큼 앙갚음하려고 합니다.

⑦ 자기보다 더 인정받고 사랑받는 사람들을 질시합니다. 다른 이가 자기보다 더 성공하는 것을 견디지 못합니다. 누가 보아도 그가 그런 칭찬과 인정과 대접을 받을 만한데도, 자신이 그 사람보다 못하지 않다고 여기면서 그런 대접을 받지 못하는 것을 부당하고 억울하게 생각합니다. 본인 스스로가 그 사람만 못하다는 것을 아는데도 동일하게 인정받고 대접받기를 바랄뿐더러, 그 사람보다 더 인정받고 칭찬받기를 바랍니다. 그리고 다른 사람을 자기보다 더 대단하게 이야기하거나 인정하는 사람과는 척집니다.

⑧ 다른 사람들이 자신이 원하는 대로 해 주지 않으면 슬퍼하고 낙담합니다. 이런 사람이 하는 일은 지지부진하여 거의 진전되지 않으며, 심지어 이전보다 더 못하기도 합니다. 사람들의 인정도 사랑도 받지 못하는 까닭에 자아의 돛에 더는 바

람이 닿지 않습니다. 이처럼 자기를 부인하지 않는 사람은 모든 일이 자신에게로 귀결되지 않으면 만족하지 못합니다. 모든 행동을 할 때 자신을 의식하고 모든 것을 자신에게로 귀결시킵니다. 그리고 다른 사람들도 자신을 이렇게 대해 주기를 바랍니다.

⑨ 자신이 인정과 사랑을 받고 얻을 것이 있는 한, 그는 열심 있는 그리스도인으로 남아 있을 것입니다. 심지어 누구보다도 정통 신앙인인 것처럼 드러납니다. 그러나 사람들이 자신을 그렇게 인정하더라도 그것이 구체적으로 드러나지 않거나 오히려 사람들이 자신의 생각과 다르게 반응하면, 그가 가졌다는 신앙 역시 그것으로 끝납니다. 사람들의 인정이나 자신의 지위나 소유를 잃을까 봐 그리스도와 그분의 나라를 포기하고 맙니다. 일단 그렇게 그리스도를 부인하고 나면, 배교하기로 한 자신의 결정을 더욱 인정받기 위해서라도 가장 잔혹한 핍박자로 돌변합니다. 자기를 부인하지 않는 사람은 결국 이렇게 그리스도와 그분의 나라를 대적하는 데까지 이릅니다.

반면, 자기를 부인하는 사람이 있습니다. 이는 경건한 신자들의 주된 특징이기도 합니다. 이제 자기를 부인하는 사람의 특징을 살펴보겠습니다. 이를 통해 어떻게 하는 것이 자기 부인인지를 알고, 자기를 부인하는 자리로 기꺼이 나아갈 뿐만 아니라, 자기를 부인하는 일에 더욱 자라 가도록 힘쓸 수 있기를 바랍니다.

① 자기를 부인하는 사람은 사람들의 칭송을 바라지 않습니다. 경건을 방해하고 죄가 될 만한 야비하고도 부정직한 일은 사람들이 뭐라고 하든 상관없이 결코 하려고 하지 않습니다. 혹여나 사람들의 칭찬과 사랑을 받을 것 같으면, 자신이 그런 칭찬과 높임에 전혀 합당하지 않음을 기꺼이 인정하며 더욱 겸손해집니다. 사람들이 자신을 칭송하는 데서 끝나지 않고 자신을 통해 하나님께서 영광을 받으시기를 바랍니다. 그래서 이런 사람은 자신이 높아지기를 바라지도 않을뿐더러, 모든 일의 원인과 영광을 하나님께로 돌립니다. 그렇습니다. 이를테면, 누구에게도 속하지 않은 영예가 길에 떨어져 있다고 할 때, 냉큼 그것을 집어 자기 것으로 삼지 않습니다. 자기에게 있는 끔찍한 죄성을 너무나 잘 알기 때문에, 누가 그것을 가지든

적어도 자신에게는 그런 영예가 전혀 합당하지 않다고 확신합니다. 사람들에게서 높임이나 칭송을 받기를 전혀 원하지 않으므로 그것이 다른 사람에게 돌아간다 하더라도 전혀 문제 되지 않으며, 그것을 질시하지도 않습니다. 그런 영광을 바라지도 않으며, 자신과는 전혀 상관없는 것으로 여기기 때문입니다. 그렇습니다. 사람들이 자신을 주목하기를 원하지 않을 뿐만 아니라, 그것이 하나님을 바라보는 일로 이어지기를 원합니다. 오히려 그렇게 되지 않은 것을 견디지 못하고 슬퍼합니다. 모든 일을 할 때 사람들의 인정이나 칭송을 염두에 두지 않습니다. 자신의 업적을 사람들이 알아 주지 않더라도 서운해하거나 신경질을 내지 않습니다. 모든 것을 하나님으로 말미암아, 하나님을 힘입어 하나님의 영광을 위해 행합니다. 그렇게 하나님을 섬기는 것으로 만족해하고, 즉시 모든 영광을 주 예수님께 돌립니다.

② 자기를 부인하는 사람은 사람들에게서 사랑받기를 구하지 않습니다. 사랑받고자 하는 욕구는, 영광을 얻고 칭찬받고자 하는 욕구보다 더 뿌리가 깊습니다. 자기를 부인하지 않는 사람은 다른 사람의 마음을 얻으려고 하지만, 자기를 부인하는 사람은 다른 사람의 마음을 바라거나 구하지 않습니다. 자신을 바로 알기 때문에 미움과 경멸을 받아도 마땅하다고 여깁니다. 자신이 하는 일마다 온전하지 못하고 결함이 있다는 것을 잘 압니다. 칭찬과 칭송보다는 오히려 거절당하고 반감을 사는 것이 당연하다는 것도 잘 압니다. 그러하기에 이런 일을 해 놓고 사람들의 사랑을 바라는 것은 비합리적이며 말도 안 되는 일이라고 여깁니다. 다른 사람을 사랑하는 데서 즐거움을 얻기 때문에 전심으로 사랑하기를 추구합니다. 사람들이 서로 사랑하고, 사랑의 덕을 발휘하는 것을 즐거워합니다. 사람들이 사랑의 덕을 발휘하는 결과로 자신이 사랑받는다면, 비록 그 사랑이 자신에게 너무나 과분하다고 여기면서도 사람들의 그런 모습 때문에 즐거워합니다. 혹시 사람에게 사랑을 받으면 자신을 사랑하는 사람에게 유익을 줄 수 있는 좋은 기회로 삼습니다.

그러나 자기를 부인하는 사람들은 다른 사람의 사랑을 구하지 않으며, 그것을 염두에 두고서 다른 사람을 대하지도 않습니다. 자신의 어떠함 때문에 사람들이 자신을 사랑하는 것을 즐거워하지 않습니다. 사람들의 사랑을 받지 못한다고 해서 기분 나빠하거나 슬퍼하지도 않습니다. 사람들이 다른 사람을 더 사랑해도 그것을 질시하지 않습니다. 자신이 사랑받아 마땅한 존재가 아님을 스스로 잘 알기 때문입니다. 기뻐할 만한 예수님의 형상의 어떤 부분이 자신을 통해 드러날 때면 사람들이 그 형상을 기뻐하기를 바랍니다. 그러나 그 형상이 자기 안에 거하시는 예수님에게서 비롯된 것이기에 사람들이 그 영광을 자신에게 돌리기를 원하지 않습니다. 어떤 개인에게 합당하지 않은 방식으로 집착하기를 원치 않으며, 자신 또한 다른 사람에게 그런 대상이 되기를 바라지 않습니다. 자신을 그렇게 사랑해 주는 사람이 하나님께로 돌아가야 할 영광과 기쁨을 자기에게로 돌리고, 그로 말미암아 하나님께 마땅히 돌아가야 할 사랑이 자신에게로 향하지 않도록 항상 깨어 조심합니다. 하나님께 돌아가야 할 합당한 사랑이 어떤 식으로든 자신 같은 피조물에게 돌아가지 않도록 합니다. 그래야 만족합니다. 그리고 자신이 하나님의 사랑을 받고 있다는 사실에 항상 놀라워합니다.

③ 자기를 부인하는 사람은 사람들의 존경을 구하지 않습니다. 반면, 자기를 부인하지 않는 사람은 사람들의 존경을 바랍니다. 자신이 사람들의 사랑과 존경을 받을 만하다고 생각하기 때문입니다. 스스로 사람들의 외경심을 불러일으키는 자질을 가졌다고 생각합니다. 자신의 재산, 환경, 지위로 말미암아 다른 사람들을 자기보다 낮게 여깁니다. 그러니까 사람들이 자기를 존경할 수밖에 없으며, 자신이 사람들에게 외경심을 불러일으키는 존재라고 생각합니다. 자신이 나타나거나 말하면 그 자리에 있는 사람들은 두려워 떨 수밖에 없다는 것입니다. 우리는 비천한 구더기 같은 존재가 아닙니까! 그런데 자기를 부인하는 사람은 자신을 그렇게 생각하지 않습니다. 오히려 경멸받아 마땅한 죄악된 특징들이 가득한 존재로 생각합니다. 그래서 사람들에게 존경받는 것을 감히 바라지도 않고 꿈도 꾸지 않습니다. 물질적인 부요함과 특권이 단지 겉에 걸친 옷에 불과하다는 것을 잘 압니다. 옷을 잘 입는다고 인격이 달라지는 것이 아님도 너무나 잘 압니다. 그래서 외적으로 자신이 가진 무언가 때문에 누군가가 자신을 다르게 대하려고 할라치면 그것을 어리석은 행위로 치부합니다. 정부 기관이나 가정에서 지도자 위치에 있을 때에는 그

런 자신의 위치를 책임감 있게 유지하고 사람들에게 그 위치에 합당한 인정과 존경을 요구합니다. 이는 자신의 인격이 그럴 만해서가 아니라 하나님께서 그렇게 명령하셨기 때문입니다. 이처럼 자기를 부인하는 사람은 높은 자리에 있어도 겸손합니다. 자신의 직책에 따른 합당한 권위를 주장하는 동시에, 개인으로서 사람들이 그렇게 존경해 주기를 바라지는 않습니다.

④ 또한 자기를 부인하는 사람은 사람들의 섬김도 원하지 않습니다. 자기를 부인하지 않는 사람은 자신이 모든 것에 대한 권리를 가졌으며, 모두가 자신의 말을 존중하고 따라야 한다고 생각합니다. 그의 말을 듣는 사람들이 아무리 잘해도 만족할 줄을 모릅니다. 조금이라도 자기 말을 따르지 않는 것 같으면 바로 화를 냅니다. 그러나 자기를 부인하는 사람은 언제나 다른 사람을 섬기고 돕고자 합니다. 이것이 그의 즐거움입니다. 사람들이 자기를 섬기느라 수고하고 자신의 말을 기다리는 것을 보니, 차라리 자신이 다른 사람을 섬기는 것을 더 편하게 여깁니다. 자신은 그런 섬김을 받기에 합당하지 않다고 여기기 때문입니다. 아랫사람에게 무언가를 시킬 때에도 자신의 사사로운 유익이나 필요를 따르지 않습니다. 하나님께서 그런 질서를 주셨으므로 그리하는 것입니다. 누군가가 자기를 섬기면 매우 고맙게 여기고 그 과정에 생긴 허물들은 간과합니다. 집의 종들이라 할지라도 일을 과도하게 시키지 않을뿐더러, 그들을 자상하게 돌봅니다. 심지어 집의 가축들에게도 그리합니다.

⑤ 자기를 부인하는 사람은 재물을 추구하지 않습니다. 하나님을 자신의 분깃으로 택했기에 이 땅에 속한 모든 소유를 부정합니다. 자기 몸을 돌보는 것조차 하나님께 맡깁니다. 자신이 떡 한 조각 천 쪼가리 하나에도 합당하지 않은 자임을 잘 압니다. 자기가 관심을 가지고 염려해야 할 만큼 세상의 물건들이 중요하거나 안정된 것이 아니라는 사실을 잘 압니다. 먹고 사는 데 필요한 만큼의 음식과 옷가지로 만족합니다. 자신이 하나님의 돌보심으로 살아가고 있음을 알기에 다른 사람의 소유를 질시하거나 그들이 이득을 많이 얻었다고 해서 불편해하지도 않습니다. 누군가가 자기 소유를 자랑하고 더 높은 지위를 얻는 것도 전혀 중요하지 않습니다. 자

신은 가장 낮은 자리가 제일 잘 어울린다고 여깁니다. 소유가 없거나 소유를 잃는다 해도 낙심하지 않습니다. 어느 것 하나 자신의 분깃이 아니기 때문입니다. 생계를 위해 부지런히 살 수 있는 것으로 만족합니다. 잘 살게 된다 할지라도 자신이 가진 것에 집착하지 않습니다. 야곱처럼 낭비하지 않고 겸손하고도 검소하게 살아갑니다. 가난한 사람에게 더 후하게 베풉니다. 그리스도를 위해서라면 기꺼이 모든 것을 포기합니다. 그리스도를 증언할 수만 있다면 자신의 소유를 빼앗기는 것조차도 기뻐합니다. 이것이 바로 자기를 부인하는 사람이 세상을 살아가는 방식입니다. 그는 오직 하나님과 연합하고, 다른 모든 것과는 절연합니다.

자기 부인을 위한 권면

지금까지 살펴본 특징들에 자신을 비추어 보고 샅샅이 살피십시오. 회심하지 않은 사람도 자신을 전혀 부인하지 않고 살아가는 사람을 알아봅니다. 그러할지라도 그는 여전히 죄의 종으로서 자신의 정욕을 따라 모든 일을 통해 자신을 추구하고 모든 인정과 존경과 칭찬을 바라며 살아갑니다. 자기를 부인하지 않는 사람은 자신이 어떤 형편과 처지에 있는지를 알아야 합니다!

첫째, 자기를 부인하지 않는 사람은 아직 거듭나지 않은 자이기에 천국에 들어가지 못합니다(요 3:5 참고).

둘째, 그들은 그리스도와 그분의 공로에 참여하지 않았습니다(눅 14:26 참고).

셋째, 세속적인 생각을 가지고 살아가는 사람에게는 이 세상이 기업입니다(시 17:14 참고).

넷째, 세상에 속한 것들을 추구하든, 그것을 얻든 잃어버리든, 자기를 부인하지 않는 사람은 오직 슬픔과 근심을 경험할 뿐입니다. 그리고 죽음과 더불어 영원한 멸망을 맞이할 것입니다.

"너희가 육신대로 살면 반드시 죽을 것이로되"(롬 8:13).

경건한 신자들 또한 자기를 부인하는 일에 자신이 얼마나 부족한지를 깨달아야 합니다. 자기 마음이 명예와 사람들의 사랑과 존경과 섬김과 세상의 소유를 얼마나 원하는지를 알아야 합니다. 그런 내면의 동기들이 가장 탁월한 일들까지도 오염시키고, 많은 근심을 불러오고, 일하는 즐거움을 모두 앗아 갈 때가 얼마나 많은지 모릅니다. 이로 말미암아 공공연하게든 암묵적으로든 낙담이 찾아오고, 자유가 사라지며, 서로 소원해지고, 분이 일어나며, 다투고, 자랑하며, 상대방의 일을 판단합니다. 경건한 신자들이여, 자신을 자세히 살펴 아십시오. 자기 마음이 어디를 향하고 있으며 무엇에 붙들려 있는지를, 아직도 자기중심적이고 자아를 추구하는 가증한 일들을 생각하고 있는지를 깨달으십시오. 신자 안에 있는 자기 추구는 죽은 파리와도 같아서 귀한 향유를 아무짝에도 쓸모없는 악취 나는 것으로 만듭니다. 이는 하나님 앞에 가증하며, 사람들에게 혐오감을 불러일으킵니다. 회심한 자들은 물론이요 회심하지 않은 자들이라 할지라도 자기를 추구하는 것이 무엇인지 압니다. 자기를 추구함으로 말미암아 자신은 물론 다른 사람에게도 아무런 유익을 주지 못하는 사람이 된다는 것을 잊지 마십시오. 그러므로 자기 추구를 미워하고 거부하며, 자기를 추구하려는 욕망과 맞서 싸우십시오. 화평의 때에도 자기를 부인하지 않는데, 하물며 핍박의 때에는 어떠하겠습니까?

그러므로 우리는 죄악된 자아에 대항해 용감하게 싸우고, 모든 상황에서 자신을 부인할 뿐만 아니라 자기 부인이라는 내면의 성품과 경향성을 자라 가게 하는 일을 부지런히 행해야 합니다. 다음 몇 가지 지침들을 마음에 새기십시오.

첫째, 자신의 상태를 숙고하십시오. 자신이 과연 스스로를 위해 무언가를 추구하고 자랑할 가치가 있는 존재라고 생각합니까? 하나님은 "너는 흙이니 흙으로 돌아갈 것이니라"(창 3:19)라고 말씀하십니다. 수아 사람 빌닷의 말을 들어 보십시오.

"하물며 구더기 같은 사람, 벌레 같은 인생이랴"(욥 25:6).

욥은 우리가 "낙엽"이요 "마른 검불"과 같은 존재라고 말합니다(욥 13:25 참고). 이런 말이 너무 지나친 것 같다면, 다윗의 말을 들어 보십시오.

"사람은 헛것 같고"(시 144:4).

이마저도 지나치게 들린다면, 다윗의 다른 말도 들어 보십시오.

"사람은 입김이며 인생도 속임수이니 저울에 달면 그들은 입김보다 가벼우리로다"(시 62:9).

이 말들은 바로 여러분을 가리킵니다. 그런데도 자신이 영예와 사랑과 칭찬을 받기에 합당하다고 생각합니까? 그런 여러분이 감히 자신의 공으로 돌릴 무언가를 추구한단 말입니까?

둘째, 여러분은 무엇을 추구하고 집착합니까? 그것 역시 여러분과 마찬가지로 추구할 가치가 없는 것입니다. 성경은 모든 사람이 죽은 개와 같다고 말합니다. 죽은 개(모든 사람이 그렇습니다)가 여러분에게 경의와 사랑과 우정을 나타내는 것이 숯덩이나 나뭇조각이 여러분에게 절하는 것과 다를 바가 무엇입니까? 여러분이 바라고 가지려는 것이, 아이들이 모아서 애지중지하는 조개나 사금파리와 무엇이 다르단 말입니까? 진정 아무것도 아닌 것들에 눈과 마음을 빼앗기는 자신의 모습을 부끄러워해야 합니다. 이런 하찮은 것들을 추구함으로써 자신의 영혼을 부정하게 할 이유가 어디 있단 말입니까? 그러므로 이런 것들로부터 떠나십시오.

셋째, 신자들이여, 하나님께서 여러분을 위해 좋은 것들을 주시지 않았습니까? 하나님을 즐거워하고, 그리스도와 교제하고, 화평과 기쁨과 영원한 영광을 누리는 변함없고도 영원한 유익을 주셨습니다. 이런 놀라운 유익의 실체를 여러분에게 주셨고, 장차 그 완성을 누리게 하실 것입니다. 그러하기에 하나님께서 이렇게 말씀하십니다. "내가 이것을 네게 주며 이러저러한 것들을 더해 주겠다. 내가 주는 것들을 항상 바라보고 구하며 그것들로만 즐거워하라. 세상에 속한 모든 것들로부터 돌아서라. 세상에 속한 것들을 추구하지도 말고, 그것들에 마음을 빼앗기지도 말라. 그것들로부터 돌아서라. 이것들을 구하려는 마음이 들거든 네 자신을 부인하라. 혹시 내가 이것들을 네게 허락하더라도 네가 은혜 안에서 자라 가고 나를 영화롭게 하는 데 사용하라." 그러므로 하나님 나라를 위해 그것들을 사용해야 한다 할지라도 위에 있는 영원한 것들로 만족하고 이 땅에 속한 찌꺼들을 거부하십시오.

넷째, 세상에 속한 것들에 대해 자신을 부인하는 것은 의로운 일입니다. 모든 영광과 존경과 섬김과 소유는 여러분을 위한 것이 아니라 하나님을 위한 것입니다.

인간이 하나님의 것을 도둑질한단 말입니까? 하나님께 속한 것은 하나님께 드려야 합니다. 여러분이 아무것도 아니라는 사실을 생각해 보십시오. 그런 여러분이 높임 받기를 바라고 아주 대단한 사람인 것처럼 드러나기를 바라는 것은 불의한 일입니다. 가증한 존재가 사랑받기를 바란단 말입니까? 스스로를 종이라고 하면서도 존경받기를 바란단 말입니까? 실상은 자신이 대단한 존재라고 여기면서도 겉으로는 그렇게 생각하지 않는 것처럼 보임으로써 사람들에게서 존경과 인정과 높임을 받으려는 것은 위선이요 불의한 일입니다. 그러므로 자기를 추구하는 이런 혐오스런 죄를 인식하고 그것을 미워하며 그것으로부터 피하십시오.

다섯째, 자기를 부인함으로써 놀라운 평강을 누립니다. 여러분이 겪는 모든 불안은 자기를 추구할 때 찾아옵니다. 그리할 대 양심이 여러분을 정죄하고, 자신이 추구하는 바를 얻지 못하며, 다른 사람이 그것을 가로막고, 사람들이 말과 행실로 여러분을 반대하며, 오히려 여러분이 추구하는 것과는 상반되는 것을 얻기 때문입니다. 항상 무언가가 잘못되어 가고 어디를 가든 가시가 여러분을 찌릅니다. 여러분이 신경 쓰고 지켜 가야 할 것들이 너무나 많습니다. 남는 것이라고는 불안과 근심뿐입니다. 그러나 자기를 부인하는 사람은 늘 평안 가운데 삽니다. 예수님으로 말미암은 만족입니다. 이런 마음은 이 땅을 넘어 세상과 그 안에서 발견될 수 있는 그 어떤 것도 미치지 못할 만큼 고양됩니다. 지존자의 은밀한 곳에 거하고 전능자의 그늘 아래를 거닙니다. 그러므로 괴롭고 무거운 짐을 벗어 버리듯 자아를 버리며 다음과 같이 선포하십시오. "죄야, 물러가라. 교만아, 물러가라. 자기애야, 물러가라. 그동안 나는 너희들에게 오랫동안 시달렸다. 나는 더 이상 너희를 알지 못한다. 더는 너희를 원하지도 않는다. 나는 내 하나님과 화평하는 가운데 살고 싶다. 내게 주어진 일을 자유롭게 하고 내 갈 길을 기쁨으로 달려갈 것이다."

여섯째, 자기를 부인하는 사람은 잃을 것이 없으므로 자유롭습니다. 수치를 당하고, 증오를 사고, 손해를 입을까 봐 두려워하지 않습니다. 이 모든 것들을 이미 부인했기 때문입니다. 하나님이 다시 원하시면 무엇이든 기꺼이 돌려드립니다. 하나님께 그 모든 것을 받아 누리기 때문입니다. 그러므로 이런 사람은 자기가 꼭 해야 할 말만을 합니다. 하나님께서 침묵을 명하시면 침묵합니다. 이 사람의 그런 모습을 싫어하고, 이를 통해 그로 하여금 근심하게 하려는 모든 사람들에게도 그는 빛으로 드러납니다. 사람에게 아무것도 빚지지 않은 까닭에 모든 것으로부터 자유롭습니다. 자기를 부인하는 사람은 이런 방식으로 자기를 나타냅니다. 그가 가는 길은 밝게 빛납니다. 정오의 빛으로 충만해지기까지 빛과 능력이 계속 더해 갑니다. 흔들림 없이 자기 길을 가고 점점 더 강건해집니다. 그러므로 용기를 내 계속해서 자기를 부인해 가십시오.

일곱째, 예수 그리스도와 그분의 모든 성도들이 앞서가며 여러분에게 보인 모범을 굳게 붙드십시오. 주 예수님은 여러분을 위해 자기를 부인하셨습니다. 이제 여러분이 그분을 위해 자기를 부인할 차례가 아닙니까? 부요하신 분이 가난해지셨습니다. 하나님의 본체이신 분이 종의 형상을 입으셨습니다. 영광의 하나님이 조롱과 멸시를 받으셨습니다. 사랑이신 분이 미움을 받았습니다. 모든 사람에게 마땅히 섬김을 받으셔야 할 분이 섬기러 오셨습니다. 생명의 임금께서 여러분을 위해 십자가에서 죽으셨습니다. 그렇다면 그분의 이름을 위해 무엇을 내려놓지 못하겠습니까? 아브라함과 이삭과 야곱은 고향과 모든 것을 뒤로하고 길을 나섰습니다. 선지자들은 하나님을 부인하지 않기 위해 모든 것을 거부했습니다. 사도들은 모든 것을 버리고 예수님을 따랐습니다. 경건한 순교자들은 주 예수님을 위해 죽음으로써 즐거이 자신들의 소유를 멸시했습니다. 여러분도 이와 같이 하십시오. 더는 자신의 유익을 구하지 마십시오.

여덟째, 우리가 가진 모든 것이 우리 것이 아니고, 육신에 속한 모든 것에 주목할 만한 가치가 없다 할지라도, 하나님은 사랑으로 순종하라고 명하신 자신의 계명을 따라 그분의 이름과 대의를 위해 자기를 부인한 우리의 모든 순종에 대해 풍성하게 상 베풀기를 원하십니다. 만일 우리가 영예 얻기를 거부하면, 그분이 우리에게 은혜와 영광을 베푸실 것입니다(시 84:12 참고). 세상의 사랑을 거부하면, 하나님께서 우리를 사랑하실 것입니다(요 16:27 참고). 소유를 거부하면, 하나님께서 친히 우리의 풍성한 은과 금이 되실 것입니다. 하나님을 섬긴 행위는 어느 것 하나도 상을 받지 않고 그냥 지나치지 않습니다. 하나님은 그분과 그분의 이름을 사랑하여 자기를 부인한 행위에 대해 어느 것 하나도 상을 베풀지 않고 그냥 지나가시지 않습니다. 다음 말씀들을 보십시오.

"나를 위하여 자기 목숨을 잃는 자는 얻으리라"(마 10:39).

"또 내 이름을 위하여 집이나 형제나 자매나 부모나 자식이나 전토를 버린 자마다 여러 배를 받고 또 영생을 상속하리라"(마 19:29).

"현세에 있어 집과 형제와 자매와 어머니와 자식과 전토를 백 배나 받되 박해를 겸하여 받고 내세에 영생을 받지 못할 자가 없느니라"(막 10:30).

죄악된 것을 버리고, 하나님을 섬기지 못하도록 방해하는 것들을 제거하고, 하나님께 받은 것을 다시 돌려드림으로써 이 땅에서부터 진정한 유익을 많이 얻을 뿐만 아니라 내생에서도 매우 위대하고도 영광스러운 상을 얻습니다. 우리는 이러한 사실을 알고 있으므로 자신을 부인하는 데 더욱 힘써야 합니다. 하나님께서 기꺼이 이 모든 것을 약속하신다면, 마땅히 더욱 기쁨으로 이 일에 힘써야 합니다.

이런 거룩한 자유를 누리는 가운데 하나님께서 우리가 부인하고 거부하기를 바라시는 모든 것들로부터 떠나기를 원한다면, 다음과 같이 행하십시오.

첫째, 자기를 부인하기로 단호히 결심하십시오. 일반적인 측면에서 그리할 뿐만 아니라, 여러분이 가장 사로잡혀 있는 것, 여러분을 가장 방해하는 것, 여러분의 삶을 가장 더럽히는 구체적인 것들과 관련하여 그리하십시오.

둘째, 그와 같이 열망하고 굳게 다짐하며 애쓴다고 해서 모든 일이 그대로 이루어지리라 섣불리 기대하지는 마십시오. 여러분의 '자아'는 여러분이 생각하는 것 이상으로 강합니다. 여러분이 거부한다고 호락호락 여러분을 떠나가지 않습니다. 자기를 부인하기란 그리 쉽지 않습니다. 그러므로 먼저 옛사람이 얼마나 강한지, 그에 반해 새사람은 얼마나 약한지를 알아야 합니다. 그리고 하나님께 힘과 도움을 간구해야 합니다.

셋째, 자신의 행위에 자아를 구하는 동기가 개입되지 않도록 경계를 늦추지 마십시오. 여러분의 모든 행동 하나하나에 여러분의 자아가 얼마나 끈질기게 도사리고 있는지를 곧 알게 될 것이고, 이로 말미암아 치열하게 싸워야 할 것입니다.

넷째, 용기를 내십시오. 여러분이 그렇게 결심하고 힘쓸수록 여러분은 이 일에 계속해서 자랄 것이고 결국 자아는 제거될 수밖에 없습니다. 그리하면 이 싸움이 점점 수월해질 것입니다.

다섯째, 자아가 처음 고개를 치켜들 때, 그 즉시 자아를 죽여야 합니다.

여섯째, 자아를 추구하는 욕구를 근절하는 일이 그리 쉽지 않더라도 이런 수고를 게을리하지 말고 자기를 부인하는 덕을 계속 실천해 가십시오. 그러다 보면 자기를 부인하는 데까지 자라 가고 있는 자신을 발견할 것입니다.

ed
66

인내

만족과 자기 부인은 인내로 이어집니다. 인내는 헬라어로 ὑπομονή(휘포모네)입니다. 이 말은 전치사 ὑπο(휘포)와 '남다' 또는 '머물다'를 뜻하는 동사 μένω(메노)의 합성어입니다. '견고하게 남아 있다' 또는 '견디다'라는 뜻의 헬라어 ὑπομένω(휘포메노)도 이 두 단어의 합성어입니다. 이런 측면에서, 인내라는 말은 '고통을 이기다,' '고난에 굴하지 않다,' '고난을 넘어서다,' '견고하게 남아 있다'라는 뜻입니다. 인내라는 명사는 '끈기 있는'이라는 형용사에서 파생되었습니다. 그런데 이 형용사는 '고난당하다'라는 뜻의 라틴어 동사 파티(*pati*)에서 파생된 말입니다. 따라서 인내는 고난을 견디는 능력입니다.

인내란

인내는 신자가 하나님을 믿음으로써 발휘하는 영적인 능력입니다. 장차 맞이할 승리와 영광을 소망하는 신자는, 바로 이 인내를 통해 신자로서의 의무를 행하면서 인생을 살아갈 때 겪는 모든 변화와 고초에 흔들리지 않고 기쁨과 자원함으로 지나갑니다.

인내는 하나님 안에서 강건하게 서는 것입니다. 우리가 본 서 62장에서 살펴본 신령한 용기 또는 담대함은 다음 몇 가지로 이루어져 있습니다.

- 하나님의 도우심을 신뢰함: 이를 통해 신자는 담대하게 자신의 의무를 행합니다.
- 견고함: 이를 통해 신자는 계속 자신의 의무를 행합니다.
- 인내함: 이를 통해 신자는 자신의 의무를 행하지 못하게 가로막는 모든 것들을 몰아냅니다.

그러하기에 인내는 힘과 용기의 표상입니다. 용기는 용감한 성품입니다. 신자는 용기를 가지고 자신을 가로막는 인생의 모든 변화를 대면합니다. 그런 난관을 극복해야 하며, 이를 통해 하나님께 영광을 돌려야 함을 압니다. 신자는 그리스도 안에서 이긴 자로서 이런 환경을 극복합니다. 인내하는 사람은 하나님께 힘을 얻습니다. 신령한 생명은 아직 가냘프고, 몸(body)은 유약하여 쉽게 고통당하며, 육체(flesh)는 악하고 불편하며 힘겨운 상황에 쉽게 굴복합니다. 그러나 인내하는 사람은 하나님의 능력을 힘입어 계속 전진합니다.

"주께 힘을 얻고 그 마음에 시온의 대로가 있는 자는 복이 있나이다"(시 84:5).

"우리가 하나님을 의지하고 용감하게 행하리니"(시 60:12).

인내를 발휘하고 오래 참는 것은 엄청난 일입니다. 하나님의 능력을 부여잡고 고난을 견디며 이 능력을 힘입어 고난에 참여하는 것은 용기 있는 일입니다. 이런 인내로 말미암아 고난마저도 하나님을 영화롭게 하는 도구로 쓰입니다.

인내라는 덕은 인내의 주체인 신자의 영혼에 자리합니다. 회심하지 않은 사람은 결코 인내할 수 없습니다. 물론 그들도 고통을 견딥니다. 그렇습니다. 극심한 어려움을 대면하기도 합니다. 자신의 영광이나 피치 못할 상황 때문에 어쩔 수 없이 그런 어려움을 마주하며, 고통이나 두려움이나 염려 없이 맞서기도 합니다. 그러나 그들은 인내하지 못합니다. 하나님을 향한 의무를 알지 못하기에 그 의무를 받들어 잘 행하려고 하지도 않습니다. 그들은 그리스도로 말미암은 하나님의 도우심을 얻지 못합니다. 마지막에 선한 결과가 따르리라는 소망도 없습니다. 그들에게는 아무런 약속도 주어지지 않았기 때문입니다. 그러므로 아무리 어려움을 잘 견딘다고 하더라도, 그것은 인내가 아닙니다. 인내는 오직 그리스도인들만이 가진 보화입니다. 신자는 자신이 하나님과 화목하게 된 것을 알기 때문에 모든 고난과 어려움이 하나님께서 자신의 유익을 위해 주시는 것임을 잘 압니다. 이 고난을 통해 영광에 이르리라는 약속을 받았습니다. 그러하기에 이런 신자들만이 진정한 인내를 발휘할 수 있습니다.

"성도들의 인내가 여기 있나니 그들은 하나님의 계명과 예수에 대한 믿음을 지키는 자니라"(계 14:12).

신자들만이 인내를 발휘할 수 있다는 사실을 나타내기 위해 성경은 믿음과 인내를 종종 함께 쓰곤 합니다(딛 2:2; 딤후 3:10; 살후 1:4 참고). 특별히 인내는 신자의 영혼에 자리합니다. 이 덕은 말로 자랑하거나 몸의 행실을 억눌러서 가질 수 있는 것이 아닙니다. 이것은 내적인 본성으로서 결국 겉으로 드러나게 됩니다. 인내는 어려움을 많이 당한다고 해서 저절로 생기는 것이 아닙니다. 이 덕을 가지기 위해 끊임없이 스스로 연습할 때에야 비로소 인내라는 성품과 경향성이 자라납니다. 그럴 때에야 영혼은 비로소 인내하기 시작합니다.

"너희의 인내로 너희 영혼을 얻으리라"(눅 21:19).

인내하지 못하는 사람은 자기 마음을 지키지 못합니다. 그러나 인내하는 사람은 고난당할 때 합당하지 않은 생각과 행동이 마음에 영향을 미치지 못하게 막음으로써 자기 마음을 지킵니다. 그리고 이렇게 지킨 마음으로 인내를 발휘합니다.

인내는 삶의 모든 변화에 대해 발휘됩니다. 다시 말해, 삶의 모든 변화와 이로 말미암은 어려움이 인내의 대상입니다. 의인의 영육은 이루 말할 수 없이 많은 고난을 당합니다. 그 고난들 중에는 사람을 통해 오는 고난이 있는가 하면, 사람과 상관없이 오는 고난도 있습니다. 박해의 때에 말씀 때문에 고난이 오는가 하면, 평화의 때에 교회를 통해 고난이 오기도 합니다. 가벼운 고난이 있는가 하면, 극심한 고난도 있습니다. 이루 말할 수 없을 만큼 혹독한 고난을 당하기도 하고, 급기야 끔찍한 죽음에 이르기도 합니다. 이러하든 저러하든 고난은 모두 믿음을 공격하고 이리저리 믿음을 흔들어 대므로 힘들고 서글픈 것입니다. 신자가 믿음과 소망과 다른 덕을 발휘하지 못하도록 할 뿐만 아니라, 할 수만 있다면 그런 덕을 아예 신자에게서 앗아 가려고 합니다. 인내는 이런 고난에 맞서는 것입니다. 그래서 신자는 고난을 회피하기 위해서가 아니라(이런 바람은 헛됩니다), 고난을 성공적으로 감당하기 위해 인내를 발휘합니다. 인내하는 신자는 자신이 가진 고상하고도 덕스러운 의도를 저버리지 않고 거룩함과 담대함을 따라 그 의도가 드러나게 합니다. 이런 방식으로 영혼은 고난을 이기고 계속 마주해 나갑니다. 그렇습니다. 신자의 영혼은 더욱 치열하게 고난을 맞닥뜨리고 자신의 약함에서 힘을 얻습니다. 그래서 인내를 "같은 고난을 견디는"(고후 1:6) 것이라고 말하기도 합니다. 이는 고난을 즐기라는 것도, 고난에서 건짐 받기 위해 기도하지 말아야 한다는 것도 아닙니다. 오히려 신자는 하나님의 뜻에 순복하는 가운데 고난을 감당해야 합니다.

인내의 본질

인내의 본질 또는 핵심은 기쁨과 변함없는 믿음으로 기꺼이, 그리고 차분하게 고난을 견디는 것입니다.

첫째, 예수님께서 십자가를 지셨던 것처럼 자기 십자가를 지고 예수님을 따르면서, 이웃에 대한 의무뿐만 아니라 하나님에 대한 우리 영혼의 의무를 다하는 것입니다. 십자가를 지고 죽음으로 난 길(설령 그것이 예루살렘 도성에서 골고다로 난 길이라 할지라도)을 갑니다. 그 십자가가 나무로 되었든, 쇠로 되었든, 납덩이로 되었든 개의치 않습니다. 신자들은 자신에게 주어진 십자가를 다른 것으로 바꿀 마음이 없습니다. 오히려 자신에게 주어진 그것을 지고자 합니다. 그것이 자신에게 가장 합당한 십자가임을 알기 때문입니다. 그렇게 십자가를 지고 천국으로 난 길을 갑니다.

둘째, 기꺼이 고난을 감당합니다. 분명 고난은 본성적인 바람과는 상반되며 몸과 영혼을 짓눌러 주체하지 못할 정도로 눈물을 흘리게 만듭니다. 그러나 이런 인내는 강제된 것이 아닙니다. 신자는 고난을 억지로 감당하지 않습니다. 오히려, 인내로 이 고난을 끌어안고 기꺼이 지고 가고자 합니다. 그것이 하나님의 뜻이기 때문입니다. 하나님의 뜻이 곧 신자의 영혼이 바라는 바입니다. 다볼산이든 골고다이든 달라질 것은 없습니다. 하나님의 뜻은 하나님이 바라는 바입니다. 신자는 하나님의 뜻이라면 무엇이든 환영하고 기쁨으로 받습니다.

"마음에는 원이로되"(마 26:41).

"아버지께서 주신 잔을 내가 마시지 아니하겠느냐"(요 18:11).

셋째, 차분하고도 잠잠하게 고난을 감당합니다. 인내는 불평과 낙심을 배제합니다. 사람이 주는 고난이라면 분노와 원한을 배제합니다. 신자는 고난을 만날 때 폭풍에 바다가 뒤집어지는 것처럼 반응하지 않습니다. 고난을 맞이하는 신자의 영혼은 오히려 파도가 쳐도 잠잠한 해변과도 같습니다. 고난의 파도가 밀려와도 해변의 바위처럼 꿈쩍하지 않고, 그 자리에 서서 온몸으로 고난의 파도를 맞이합니다. 다윗이 이런 방식으로 온갖 고난을 맞이했습니다.

"나의 영혼이 잠잠히 하나님만 바람이여 나의 구원이 그에게서 나오는도다"(시 62:1).

교회는 이렇게 고난을 맞이해야 합니다.

"사람은 젊었을 때에 멍에를 메는 것이 좋으니, 혼자 앉아서 잠잠할 것은 주께서 그것을 그에게 메우셨음이라. 그대의 입을 땅의 티끌에 댈지어다. 혹시 소망이 있을지로다"(애 3:27-29).

넷째, 인내하는 영혼은 고난을 맞아도 평정심을 유지할 뿐만 아니라, 고난 가운데서 기뻐하기까지 합니다. 고난으로 말미암아 맺어지는 열매가 언제나 즐겁고, 하나님께서 주신 많은 위로를 은밀하게 누리며, 경건과 하나님의 이름을 위해 고난을 받기 때문입니다. 이것이 바로 사도 바울이 골로새교인들에게 이루어지기를 바랐던 모습입니다.

"그의 영광의 힘을 따라 모든 능력으로 능하게 하시며 기쁨으로 모든 견딤과 오래 참음에 이르게 하시고"(골 1:11).

바울은 데살로니가교인들에게 이렇게 말했습니다.

"또 너희는 많은 환난 가운데서 성령의 기쁨으로 말씀을 받아 우리와 주를 본받은 자가 되었으니"(살전 1:6).

그리고 자신에 대해 이렇게 말합니다.

"내가 우리의 모든 환난 가운데서도 위로가 가득하고 기쁨이 넘치는도다"(고후 7:4).

다섯째, 견고한 믿음으로 고난을 견딥니다. 고난이 오기 전까지는 큰 용기를 가지고 고난을 맞이할 수 있다고 생각합니다. 그러나 고난의 실체를 경험하고 나면 이야기가 달라집니다. 고난이 너무도 길게만 느껴집니다. 할 수만 있으면 피하고 싶고 빨리 벗어나고 싶습니다. 고난을 피할 수만 있다면 죄를 짓는 것도 감수할 것 같습니다. 그렇게라도 고난에서 벗어나지 못한다면, 모든 것이 엉망이 되어 버릴 것만 같은지라 견딜 수 없을 만큼 마음이 조급하고 초조해집니다. 그러나 인내는 고난을 마무리하는 시기와 방식과 같은 문제를 모두 하나님께 맡깁니다. 인내하는 신자는 하나님의 선하심과 그분의 지혜를 믿습니다. 어쩌면 지금 당하는 고난이 마지막 날까지 계속될 수도 있다고 생각합니다. 그만큼 신자에게는 구원이 소중합니다. 고난이 예상보다 일찍 끝나도 기쁘겠지만, 그렇지 않더라도 하나님의 뜻이기에 괜찮습니다. 이처럼 신자는 고난이 끝날 때까지 인내로 고난을 감당합니다.

"인내를 온전히 이루라. 이는 너희로 온전하고 구비하여 조금도 부족함이 없게 하려 함이라"(약 1:4).

그렇다고 해서 신자의 인내가 그 자체로 완전하다거나, 신자를 완전하게 해 준다는 말이 아닙니다. 이는 어떤 일이나 작업을 더욱 잘할 수 있는 사람이 있는지와는 상관없이, 누구라도 마지막 손질이 끝난 일이나 작품을 가리켜 끝났다거나 완성되었다고 말하는 것과 마찬가지입니다. 인내는 우리가 당하는 고난에 더해지는 마지막 손질입니다. 고난이 계속되는 한 인내도 계속됩니다. 고난이 다하기 전에는 인내도 다함이 없습니다. 신자에게 인내와 고난은 항상 같이 나타납니다. 바로 이것이 주님께서 서머나교회에게 "네가 죽도록 충성하라"(계 2:10)라고 하신 말씀의 의미입니다.

여섯째, 인내는 선한 결과를 소망하면서 고난을 견딥니다. 그런 의미에서 소망이 고난 중에 위로를 가져다준다는 격언은 진리입니다. 소망이 없이는 인내도 있을 수 없습니다. 소망이 없으면 인내도 더 이상 발휘되기가 어렵습니다. 소망이 없는 지옥에는 인내도 없습니다. 소망이 인내를 떠받칩니다.

"만일 우리가 보지 못하는 것을 바라면 참음으로 기다릴지니라"(롬 8:25).

고난이 끝났으면 하는 특정한 때나 환경과 같이 우리가 자의적으로 바라는 결과만을 선한 결과라고 소망해서는 안 됩니다. 이런 잘못된 기대가 잘못된 것으로 드러날 때가 많습니다. 하나님의 길은 우리의 길과 다르기 때문입니다. 그러므로 인내하는 사람은 하나님의 약속을 소망하지만 어떤 제한도 두지 않습니다. 다시 말해, 하나님은 우리가 감당하지 못할 시험을 허락하지 않으십니다. 그리고 시험과 더불어 피할 길을 내 어떤 시험이라도 감당할 수 있게 하십니다(고전 10:13 참고). 고난은 의와 평강의 열매를 맺습니다(히 12:11 참고). 고난은 우리에게 유익합니다. 하나님은 고난받는 우리를 그분의 거룩함에 참여하게 하십니다(히 12:10 참고). 시험을 어떻게 감당하느냐에 따라 생명의 관을 상으로 베푸십니다(계 2:10 참고). 많은 고난 후에 큰 영광이 따라옵니다(계 7:14 참고). 인내하는 신자는 이런 약속들에서 소망을 가지고 이 약속이 이루어지기만을 손꼽아 기다립니다. 예수님이야말로 이런 소망의 인내를 보여 주는 탁월한 모범입니다.

"그는 그 앞에 있는 기쁨을 위하여 십자가를 참으사 부끄러움을 개의치 아니하시더니 하나님 보좌 우편에 앉으셨느니라"(히 12:2).

그래서 사도 바울은 인내를 일컬어 "소망의 인내"(살전 1:3)라고 합니다.

인간 자신에게는 인내의 동인이 없습니다. 자연인은 이를 악물고, 모든 감정을 억눌러 자신을 억제하며, 이성을 따라 스스로를 통제할 수도 있습니다. 자연인이 이렇게 하는 것도 그리함으로써 얻게 될 것을 바라기 때문입니다. 그렇더라도 그것이 곧 인내는 아닙니다. 경건한 신자라 할지라도 자신의 능력을 따라 이런 인내를 발휘할 수 있는 것은 아닙니다. 하나님께서 그 안에서 일하셔야 합니다. 그래서 하나님을 인내의 하나님이라고 말합니다(롬 15:5 참고). 하나님께서 경건한 신자에게 믿음을 주십니다. 하나님께서 자애로운 아버지의 손길로 그들에게 고난을 주시는 것을 밝히 보이십니다. 그들의 속사람을 강건하게 하심으로 그들을 은밀히 붙드십니다. 신자들이 고난받을 때, 하나님께서 그들의 영혼을 크게 위로하시고 자신의 은혜를 맛보게 하십니다. 장차 받아 누릴 영광에 비해 고난이 얼마나 가볍고 일시적이며 유익한지를 보여 주십니다. 이 고난을 통해 얻어 누릴 결과가 얼마나 유익하고도 영광스러운지를 알게 하십니다. 이런 위로와 은혜로 신자는 용기를 얻고 잠잠히 고난을 감당할 수 있습니다. 이제 신자는 기꺼이 고난을 향해 나아갑니다. 신자는 고난을 통해 인내를 경험하고, 자신이 부끄러움을 당하지 않게 할 소망과 인내를 발휘합니다.

인내의 목적과 결과는 신자들이 자신의 의무를 잘 행하는 것입니다. 고난 가운데 인내하는 신자는 자신이 당하는 고난이나, 자기에게 있는 합당한 성품이나, 자신이 고난을 잘 감당하는 것이나, 인내하는 성품이 드러나는 것에 시선을 두지 않고 더 고상한 것을 바라봅니다. 신자가 인내로 자기 영혼을 지키는 것은 자신의 의무를 행하는 데 방해를 받지 않기 위함일 뿐만 아니라, 더 나아가 자기에게 맡겨진 일을 더 잘 수행하기 위함입니다. 이를 위해 개인의 경건을 훈련하고, 빛으로 밝히 드러나며, 사람들 중에서 경건하게 살아가고, 다른 사람들에게 본이 되며, 사람들을 그리스도께로 인도하고, 담대하게 그리스도를 고백합니다. 이는 바로 그가 추구하는 목적이기도 합니다. 자칫 잘못하면 고난으로 말미암아 이런 일들이 방해받을 수 있음을 잘 압니다. 반대로 인내로 고난을 잘 견디면, 오히려 고난이 이런 목적을 추구하는 데 큰 유익과 보탬이 된다는 것도 잘 압니다. 그래서 고난 중에 더욱 큰 인내를 발휘합니다. 결과적으로 십자가를 지는 것과 그리스도를 따르는 것은 함께 갑니다.

"누구든지 나를 따라오려거든 자기를 부인하고 자기 십자가를 지고 나를 따를 것이니라"(마 16:24).

인내로 달음박질하는 것도 마찬가지입니다.

"인내로써 우리 앞에 당한 경주를 하며"(히 12:1).

인내와 그리스도인의 다른 덕들 역시 함께 갑니다.

"주께서 너희 마음을 인도하여 하나님의 사랑과 그리스도의 인내에 들어가게 하시기를 원하노라"(살후 3:5).

"그러므로 너희가 더욱 힘써 너희 믿음에 덕을, 덕에 지식을, 지식에 절제를, 절제에 인내를, 인내에 경건을, 경건에 형제 우애를, 형제 우애에 사랑을 더하라"(벧후 1:5-7).

회심하지 않은 자들을 향한 책망

우리가 살펴본 사실들만으로도 회심하지 않은 자로 하여금 자신에게 이 덕이 없음을 깨닫게 하기에 충분합니다. 원래 둔감하거나, 기질적으로 부드러운 성향을 가졌거나, 아픈 것을 잘 견디거나, 어차피 벗어날 수 없는 고통임을 알기 때문에 자포자기하거나, 자신이 강하다고 자부하는 까닭에 인내하기도 합니다. 그러나 이런 것들이 동기가 된 인내는 신자의 인내와는 아무런 상관이 없습니다. 지금까지 살펴본 내용을 통해 이들 역시 자신들의 인내가 그리스도 안에서 자기 하나님이 되신 분에게서 오는 신령한 능력에서 비롯된 것도 아니고, 그리스도를 믿는 믿음이나 그리스도와의 연합에서 나오는 것도 아님을 분명히 알 것입니다. 자신들의 인내가, 잠잠한 가운데 기꺼이 즐거워하며 선한 결과를 소망하고 그들 자신이 더욱 거룩해지고 지복으로 인도받기 위한 것이 아니라는 사실을 알게 될 것입니다. 이렇게 말하는 것은 하나님이 주신 약속들 중 어느 것 하나도 자신들을 위한 것으로 받을 근거가 그들에게 전혀 없기 때문입니다. 자신이 모든 종류의 덕을 더욱 바르게 실천하기 위해 필요한 인내를 바라지 않는다는 것을 알게 될 것입니다.

인내를 발휘하는 것처럼 보이는 사람들이 있기는 하지만, 그렇게 보이는 사람들 역시 대개 신경질적이고 성마르게 지내기는 마찬가지입니다. 더욱 악하고 불경하게 지냅니다. 하나님에 대한 분노를 이기지 못합니다. 광야에서 하나님께 화를 내고 불평한 이스라엘처럼 말입니다. 그들은 떡이 없다고, 고기가 없다고, 물이 없다고 불평했습니다. 애굽에서 종노릇하던 자신들을 구원하신 하나님을 저버리고 다시 애굽으로 돌아가고자 했습니다. 하나님을 더욱 모독한 것입니다. 하나님의 징계가 임하자, 그들은 더더욱 패역하게 되었습니다(사 1:5 참고). 또한 그들은 하나님이 도우시지 않으면 "이 재앙이 여호와께로부터 나왔으니 어찌 더 여호와를 기다리리요"(왕하 6:33)라고 합니다. 무슨 수를 써서라도 자신들이 당하는 괴로움에서 벗어나려고 합니다. 괴로움에서 벗어나는 것이 그들에게는 가장 중요한 일입니다. 그래서 하나님이 자기를 돕지 않으면 마귀에게라도 도움을 청하겠다고 합니다. 이처럼 믿지 않는 불경건한 자들은 더 이상 인내가 존재하지 않는 지옥에 이르기까지 계속 악을 더해 갈 뿐입니다.

경건한 자들을 향한 권면

앞에서 말한 인내의 본질을 잘 살펴보면, 경건한 신자들은 자신에게 이 덕의 원리가 심겨 있음을 발견할 것입니다. 그러면서 동시에 여전히 자기 안에 믿음으로 기다리지 못하고 안절부절못하는 조바심이 자리하는 것도 발견합니다. 영적 시련이 찾아오고, 하나님께서 흑암을 드리워 얼굴을 감추시고, 그분의 위로가 느껴지지 않고, 자신의 기도가 바라는 대로 즉각 응답되지 않으면 곧바로 낙담하고 믿지 못하며 조바심을 냅니다. 온갖 육신의 고난이 찾아오고, 그것이 생각보다 힘들고 길어질 때 여러분에게서 인내를 찾아볼 수 있습니까?

그때 요나처럼 투정을 부립니다(욘 4:8 참고). 이스라엘처럼 "여호와께서 나를 버리시며 주께서 나를 잊으셨다"(사 49:14)라며 낙담합니다. 곧바로 절망하며, 소망을 품고 인내하라는 말을 "헛된 말"(렘 2:25)이라고 하면서 "나의 힘과 여호와께 대한 내 소망이 끊어졌다"(애 3:18)라고 말합니다. 고난이 더해지기만 하고 그칠 기미가 보이지 않으면, 믿음이 흔들리고 이 모든 것들이 하나님의 진노에서 비롯되었다고 생각합니다. 그리고 시편 기자와 같이 말하며, 불평하고 불안해합니다.

"주께서 영원히 버리실까, 다시는 은혜를 베풀지 아니하실까, 그의 인자하심은 영원히 끝났는가, 그의 약속하심도 영구히 폐하였는가, 하나님이 그가 베푸실 은혜를 잊으셨는가, 노하심으로 그가 베푸실 긍휼을 그치셨는가"(시 77:7-9).

하나님의 섭리를 믿지 못하고(잠 30:9 참고) 하나님께서 "내게 잔혹하게 하시고 힘 있는 손으로 나를 대적"하신다며 그분을 비난합니다(욥 30:21 참고). 하나님께서 자신을 제대로 돌보고 계시는가 의심합니다. 왜 자신을 그렇게 대하시는지 하나님께 힐문하며 전능자와 다툽니다(욥 40:2 참고). 때때로 너무 낙심한 나머지 차라리 죽는 편이 낫다고 여깁니다(욥 7:15 참고).

"나의 간구를 누가 들어줄 것이며 나의 소원을 하나님이 허락하시랴. 이는 곧 나를 멸하시기를 기뻐하사 하나님이 그의 손을 들어 나를 끊어 버리실 것이라……내가 무슨 기력이 있기에 기다리겠느냐. 내 마지막이 어떠하기에 그저 참겠느냐?"(욥 6:8,9,11)

악인이 번성하는 것을 보고 하나님께 반감을 품습니다. 그래서 이렇게 말합니다. "볼지어다 이들은 악인들이라도 항상 평안하고 재물은 더욱 불어나도다. 내가 내 마음을 깨끗하게 하며 내 손을 씻어 무죄하다 한 것이 실로 헛되도다. 나는 종일 재난을 당하며 아침마다 징벌을 받았도다"(시 73:12-14).

세상에서 번성하는 다른 경건한 신자들을 시기하면서 '어째서 나만 이렇게 힘들어야 하는가?'라고 생각합니다. 특정한 사람 때문에 어려움을 당하게 되면 분개하면서 자신에게 던져진 돌을 무는 개와 같이 악의와 원한을 품습니다.

하나님의 자녀들조차도 이런 조바심과 불신앙에 빠져들기도 합니다. 정말 부끄럽고도 슬픈 일이 아닐 수 없습니다.

① 하나님을 믿으면서 인내하지 못하고 안달하는 동안 많은 죄들을 한꺼번에 짓기 때문입니다. 믿지 못하고 조바심을 내는 사람의 인격은 영혼을 심각하게 오염시키는 온갖 부패가 자라는 온상입니다. 하나님의 약속들과 사랑하심을 믿지 못하는 불신앙의 죄를 범합니다. 하나님의 뜻에 대해 완고해지고 교만해지며(자신이 하나님보다 더 지혜로운 양) 이웃을 향해 적개심을 품게 됩니다. 그리고 이 세상에 속한 것들을 동경하게 됩니다.

② 하나님을 섬기지 못하고 이웃에게 유익을 끼치지 못하게 되기 때문입니다. 인내하지 못하는 신자들은 약한 자들을 함부로 대하여 세상에게 경건을 조롱할 빌

미를 제공합니다.

③ 무거운 심판을 자초하기 때문입니다. 하나님께서 심판하실 때 그분이 옳으셨음이 분명히 드러날 것입니다. 고난이 길어지고 심해지는 것은, 그 고난을 통해 고난받는 영혼은 물론 주변 사람들에게 유익을 가져다줄 수 있기 때문입니다.

④ 아무리 발버둥 쳐 봐야 계속 죄를 지을 뿐 고난을 벗어나는 데 아무런 도움이 되지 않음을 알고서 더욱 불안에 떨며 안절부절못할 것이기 때문입니다.

"그는 마음이 지혜로우시고 힘이 강하시니 그를 거슬러 스스로 완악하게 행하고도 형통할 자가 누구이랴"(욥 9:4).

그러므로 인내하지 못하는 조바심에 굴복하지 말고, 오히려 다음 말씀을 따르십시오.

"하나님의 능하신 손 아래에서 겸손하라. 때가 되면 너희를 높이시리라"(벧전 5:6).

"내 아들아 여호와의 징계를 경히 여기지 말라 그 꾸지람을 싫어하지 말라"(잠 3:11).

신자들이여, 그러므로 인내로 영혼을 붙드십시오. 이 일을 위해 다음과 같은 동기들에 주목해야 합니다.

첫째, 하나님께 순종하는 것은 여러분들이 바라는 바가 아닙니까? "주님, 제가 무엇을 하기를 바랍니까?"라고 하면서 하나님께 자신을 드리지 않은 적이 얼마나 많습니까? 그러나 하나님께서 인내하라고 명하십니다. 그러므로 하나님께서 친히 하시는 이 말씀에 귀 기울이십시오. 주 예수님께서 여러분에게 "너희의 인내로 너희 영혼을 얻으리라"(눅 21:19)라고 말씀하십니다. 사도들 역시 이렇게 말합니다.

"소망 중에 즐거워하며 환난 중에 참으며 기도에 항상 힘쓰며"(롬 12:12).

"인내로써 우리 앞에 당한 경주를 하며"(히 12:1).

"인내를 온전히 이루라"(약 1:4).

둘째, 인내는 신자가 반드시 가져야 하는 덕입니다.

"너희에게 인내가 필요함은 너희가 하나님의 뜻을 행한 후에 약속하신 것을 받기 위함이라"(히 10:36).

오직 인내만이 환난을 지나 천국에 이르는 길입니다. 환난은 회피하거나 비켜

갈 수 있는 것이 아닙니다. 주님을 보는 데 꼭 필요한 성화를 이루어 가기 위해서는 많은 일을 해야 합니다. 인내가 아니고서야 어떻게 끝까지 견디고 이기겠습니까? 천국에 이르기까지 잘 이기고 승리하는 것이야말로 여러분이 바라고 소원하는 바가 아닙니까? 환난과 고난은 천국으로 난 신자의 앞길을 막는 장애물이 될 수 없습니다. 오히려 신자로서의 의무를 행하고 천국에 합당한 자로 구비시키는 도구로 사용되어야 합니다. 그러므로 천국에 이르는 데 반드시 필요한 덕인 인내를 발휘하고 더욱 키워 가야 합니다. 이런 인내가 여러분이 일상적으로 발휘하는 덕이 되도록 계속 힘써 인내하십시오.

셋째, 여러분이 당하는 고난이 어디에서 오는지를 생각하십시오. 물론 여러분 자신이 고난의 근원은 아닙니다. 자신을 사랑하는 여러분이 고난을 자초할 리가 없습니다. 사람 때문에 고난이 오는 것도 아닙니다. 하나님의 뜻이 아니라면 사람은 고난을 줄 수 없습니다. 사람에게는 그럴 능력이 없습니다. 하나님의 뜻이 아니라면 사람은 여러분의 머리카락 하나도 건드리지 못합니다. 여러분에게 이 고난을 보내신 분은 하나님입니다. 어느 누구도 그분의 빼앗으시는 손을 막을 수 없으며, 그분께 "무엇을 하시나이까?"라고 물을 수 없습니다(욥 9:12 참고). 그리스도 안에서 여러분과 화목하게 되신 아버지께서 그 지혜와 선하심과 사랑으로 여러분의 유익을 위해 고난을 주시는 것입니다.

"주께서 그 사랑하시는 자를 징계하시고 그가 받아들이시는 아들마다 채찍질하심이라"(히 12:6).

그렇다면 하나님의 길을 막아서렵니까? 여러분은 그렇게 하기를 원하지 않을뿐더러, 그렇게 할 수도 없습니다.

"또 우리 육신의 아버지가 우리를 징계하여도 공경하였거든 하물며 모든 영의 아버지께 더욱 복종하며 살려 하지 않겠느냐?"(히 12:9)

오히려 다음과 같이 말해야 합니다.

"그의 진노를 당하려니와"(미 7:9).

"내가 잠잠하고 입을 열지 아니함은 주께서 이를 행하신 까닭이니이다"(시 39:9).

이는 하나님을 기쁘시게 하는 일입니다.

넷째, 하나님께서 고난을 주심은 신자로 하여금 인내하지 못하여 죄에 빠지게 만들려는 것이 아닙니다. 그것은 신자에게 주시는 고난의 본질이 아닙니다.

① 신자의 고난은 가볍습니다. 고난에 대한 두려움이 고난 자체보다 열 배나 더 무겁게 다가옵니다. 그런 두려움을 겪어 본 자들은 이를 한목소리로 고백합니다. 여러분도 이러한 사실을 인정할 것입니다. 바울은 우리와 비교할 수조차 없을 정도로 극심한 고난을 당했으면서도, 자신이 당한 고난을 일컬어 "환난의 경한 것"이라고 했습니다(고후 4:17 참고). 고난이 그토록 버겁고 힘든 것은 하나님이 보내신 고난을 거부하고 그것을 받아들이지 않기 때문입니다. 사도 바울이 자신이 당한 이루 말할 수 없는 고난에 대해 그렇게 말했다면, 지금 우리가 겪는 고난에 대해 우리는 뭐라고 말해야 하겠습니까? 어떻게 우리의 고난을 혹독하다고 말할 수 있겠습니까? 육신으로 당하는 고난은 말 그대로 우리 몸에만 영향을 주지 않습니까? 그렇다면 흙으로 만들어졌고 죽으면 티끌로 돌아갈 여러분의 육신 때문에 걱정해서야 되겠습니까? 게다가 결국에는 영화롭게 될 몸이 아닙니까? 그러므로 지푸라기 정도밖에 되지 않는 고난을 가지고 무거운 것처럼 행동하지 마십시오.

② 지금 여러분이 당하는 고난은 잠시 후면 사라질 것입니다. 정말 금방 사라집니다. 지나간 것은 지나간 것이고, 장래는 아직 오지 않았습니다. 그리고 앞으로 어떤 일이 있을지 모릅니다. 여러분에게는 오직 현재만 있습니다. 그마저도 금방 지나갑니다. 같은 고난이 일평생 계속된다고 해도 긴 것이 아닙니다. 여러분의 일생 자체가 길지 않으며, 영원에 비하면 안개와 같이 속히 지나가기 때문입니다. 그러하기에 세상에서 당하는 고난에 대해서도 똑같이 말할 수 있습니다. 바울은 이런 고난을 가리켜 "우리가 잠시 받는 환난의 경한 것"이라고 말합니다(고후 4:17 참고). 베드로는 "그러므로 너희가 이제 여러 가지 시험으로 말미암아 잠깐 근심하게" 되었다고 말합니다(벧전 1:6 참고). 사실이 이러한데도 이처럼 속히 지나가는 고난을 견디지 못하겠습니까?

③ 고난의 정도는 이미 정해졌습니다. 고난받는 기간도 그리 길지 않습니다. 하

나님께서 정하신 기간보다 길지도, 짧지도 않습니다. 고난이 얼마나 혹독할지도 하나님께서 이미 정하신 대로입니다. 마귀는 욥을 치는 것과 어느 정도로 칠지에 대해 하나님께 허락을 받아야 했습니다. 하나님이 정해 주신 대로 하는 것 외에 다른 길은 없습니다. 욥은 이렇게 말합니다.

"그런즉 내게 작정하신 것을 이루실 것이라"(욥 23:14).

고난 때문에 여러분이 신경질을 내든, 낙심하든, 도망치고 싶든, 빨리 털어 버리고 싶든 상관없이, 이 고난은 마지막까지 여러분을 따라갈 것입니다. 그렇다면 인내로 고난을 감당하고 견디는 편이 낫지 않겠습니까?

다섯째, 고난에는 큰 유익이 있습니다. 고난은 영혼의 묘약입니다.

① 고난받는 영혼은 자신이 저지른 죄를 생각함으로써 겸비해집니다.

"내가 탈취하여 갈지라도 건져 낼 자가 없으리라. 그들이 그 죄를 뉘우치고 내 얼굴을 구하기까지 내가 내 곳으로 돌아가리라. 그들이 고난받을 때에 나를 간절히 구하리라"(호 5:14,15).

고난받는 영혼은 젖 뗀 아이처럼 됩니다.

"실로 내가 내 영혼으로 고요하고 평온하게 하기를 젖 뗀 아이가 그의 어머니 품에 있음 같게 하였나니 내 영혼이 젖 뗀 아이와 같도다"(시 131:2).

고난받는 영혼은 하나님의 징계를 달게 받습니다.

"나도 그들에게 대항하여 내가 그들을 그들의 원수들의 땅으로 끌어 갔음을 깨닫고 그 할례 받지 아니한 그들의 마음이 낮아져서 그 죄악의 형벌을 기쁘게 받으면"(레 26:41).

"그러므로 하나님의 능하신 손 아래에서 겸손하라 때가 되면 너희를 높이시리라"(벧전 5:6).

고난받는 영혼은 부끄러움을 압니다.

"주께서 나를 징벌하시매……내가 징벌을 받았나이다. 주는 나의 하나님 여호와이시니 나를 이끌어 돌이키소서. 그리하시면 내가 돌아오겠나이다. 내가 돌이킨 후에 뉘우쳤고 내가 교훈을 받은 후에 내 볼기를 쳤사오니 이는 어렸을 때의 치욕을 지므로 부끄럽고 욕됨이니이다"(렘 31:18,19).

고난받는 영혼은 모든 것과 절연하고 홀로 하나님을 기다립니다.

"내가 밤을 새우니 지붕 위의 외로운 참새 같으니이다"(시 102:7).

② 고난받는 영혼은 또다시 죄에 걸려 넘어질까 봐 조심하고 거룩해지기 위해 힘씁니다.

"내 영혼의 고통으로 말미암아 내가 종신토록 방황하리이다"(사 38:15).

이것이 바로 하나님께서 자녀를 징계하시는 목적입니다.

"그들은 잠시 자기의 뜻대로 우리를 징계하였거니와 오직 하나님은 우리의 유익을 위하여 그의 거룩하심에 참여하게 하시느니라"(히 12:10).

이는 다윗이 경험한 것이기도 합니다.

"고난당한 것이 내게 유익이라. 이로 말미암아 내가 주의 율례들을 배우게 되었나이다"(시 119:71).

이사야 선지자도 다음과 같이 증언합니다.

"주께서 땅에서 심판하시는 때에 세계의 거민이 의를 배움이니이다"(사 26:9).

고난으로 인해 신자가 가진 은혜들이 놀랍게 살아나며 민첩하게 움직입니다.

"여호와여 그들이 환난 중에 주를 앙모하였사오며 주의 징벌이 그들에게 임할 때에 그들이 간절히 주께 기도하였나이다"(사 26:16).

어떻게 기도할지를 배웁니다. 어떻게 기도해야 할지를 모르는 사람은 선원이 되거나 결혼을 해 보면 기도하는 법을 배우게 될 것입니다. 믿음이 다시 살아납니다. 아브라함은 하나님의 부르심을 좇아 엄청난 고난과 시련을 지나면서 "바랄 수 없는 중에 바라고" 믿었습니다(롬 4:18 참고). 다윗은 자신에 대해 이렇게 말합니다.

"내가 산 자들의 땅에서 여호와의 선하심을 보게 될 줄 확실히 믿었도다"(시 27:13).

소망을 더 굳게 붙잡습니다.

"내 영혼아 네가 어찌하여 낙심하며 어찌하여 내 속에서 불안해 하는가? 너는 하나님께 소망을 두라. 그가 나타나 도우심으로 말미암아 내가 여전히 찬송하리로다"(시 42:5).

사랑이 되살아납니다.

"많은 물도 이 사랑을 끄지 못하겠고 홍수라도 삼키지 못하나니"(아 8:7).

해가 져야 달과 별이 가장 잘 보입니다. 사랑도 마찬가지입니다. 고난당하는 신자는 하나님을 잃어버리는 것이야말로 가장 괴로운 일이며, 하나님이 가까이 계시면 고난이 더는 괴로운 것이 아님을 깊이 깨닫습니다. 그러므로 고난 없이 하나님을 떠나 사는 것보다 하나님과 함께 고난을 지나가는 것이 훨씬 낫습니다. 아니, 하나님이 계시면 고난 가운데 있더라도 부족함이 없습니다. 신자들이여, 이 모든 사실이 진정 여러분의 즐거움이요 여러분이 중심으로 바라는 것이라면, 이 모든 사실을 여러분에게 실체로 만들어 줄 고난의 길을 찾아야 하지 않겠습니까? 그러므로 고난으로 말미암는 이런 유익 때문에 고난받기를 사모한다면, 비록 쓸지라도 영혼을 온전하게 하는 묘약으로서 고난을 능히 인내하며 감당하게 될 것입니다.

여섯째, 인내는 신자를 아름답게 하는 값진 장식이요 그를 크게 이롭게 하는 성향입니다. 인내하는 영혼은 어린아이처럼 순전하게 자원하여 행하고, 잠잠하며 온유하고, 자기를 부인하며 하나님을 믿고 바라며 사랑합니다. 그러므로 인내하는 신자는 하나님께 소중히 여김 받고 기쁨을 드립니다. 하나님의 긍휼을 덧입기에 합당합니다. 또한 하나님은 자비와 사랑과 위르와 도우심으로 그를 고난에서 건지심으로써 자신이 이런 신자를 얼마나 기뻐하는지를 나타내고 증언하십니다.

"그러나 낙심한 자들을 위로하시는 하나님이 디도가 옴으로 우리를 위로하셨으니"(고후 7:6).

"우리의 모든 환난 중에서 우리를 위로하사"(고후 1:4).

"오직 마음에 숨은 사람을 온유하고 안정한 심령의 썩지 아니할 것으로 하라. 이는 하나님 앞에 값진 것이니라"(벧전 3:4).

인내는 인내하는 신자들이 능히 자기 십자가를 지고 갈 수 있도록 십자가를 가볍게 만들어 줍니다. 자기 영혼을 다스려 합당하지 않은 욕구를 재갈 물립니다. 지성과 의지를 사로잡아 하나님의 뜻을 받게 합니다. 이런 방식으로, 인내하는 신자는 앞에서 우리가 살펴본 바 고난을 통해 오는 모든 유익을 얻습니다. 고난 자체가 이런 유익을 가져오는 것은 아니지만, 인내로 고난을 지나갈 때 우리는 이런 유익을 얻습니다. 그리하여 하나님께서 우리를 통해 영광 받으시고, 이웃들이 그런 우리를 보면서 경건의 능력을 목도하며, 다른 경건한 신자들이 자신의 고난을 인내로 감당할 용기를 얻습니다. 이처럼 고난과 징계는 신자의 인내를 통해 신자에게 합당한 영향을 미칩니다.

"무릇 징계가 당시에는 즐거워 보이지 않고 슬퍼 보이나 후에 그로 말미암아 연단 받은 자들은 의와 평강의 열매를 맺느니라"(히 12:11).

그러다가 하나님께서 고난을 거두어 가시면, 그로 말미암아 즐거워하며 하나님께 감사를 드립니다.

"여호와여 내가 알거니와 주의 심판은 의로우시고 주께서 나를 괴롭게 하심은 성실하심 때문이니이다"(시 119:75).

"그날에 네가 말하기를 여호와여 주께서 전에는 내게 노하셨사오나 이제는 주의 진노가 돌아섰고 또 주께서 나를 안위하시오니 내가 주께 감사하겠나이다 할 것이니라"(사 12:1).

일곱째, 주 예수님과 앞서간 성도들의 모범을 여러분 앞에 두고 그들이 고난 중에 보인 인내의 모범을 따라 용기를 얻으십시오. 주 예수 그리스도는 신자의 삶을 위한 영광스런 모범이자, 신자가 발휘해야 할 인내의 모범이십니다.

"그가 곤욕을 당하여 괴로울 때에도 그의 입을 열지 아니하였음이여 마치 도수장으로 끌려가는 어린양과 털 깎는 자 앞에 잠잠한 양같이 그의 입을 열지 아니하였도다"(사 53:7).

"그러나 선을 행함으로 고난을 받고 참으면 이는 하나님 앞에 아름다우니라 이를 위하여 너희가 부르심을 받았으니 그리스도도 너희를 위하여 고난을 받으사 너희에게 본을 끼쳐 그 자취를 따라오게 하려 하셨느니라"(벧전 2:20,21).

앞서간 모든 성도들의 모범을 여기에 더하십시오.

"형제들아, 주의 이름으로 말한 선지자들을 고난과 오래 참음의 본으로 삼으라 보라 인내하는 자를 우리가 복되다 하나니 너희가 욥의 인내를 들었고 주께서 주신 결말을 보았거니와 주는 가장 자비하시고 긍휼히 여기시는 이시니라"(약 5:10,11).

지금 영광의 면류관을 쓰고 있는 모든 신자들은 하나같이 이 땅에서 십자가를 진 자들이었습니다. 그들과 함께 영광의 면류관을 얻기를 바란다면, 여러분 역시 그들을 본받아 먼저 자기 십자가를 인내로 감당해야 합니다.

① 마음이 굳어지지 않게 조심하여 자기 십자가에 민감하게 반응하십시오.

② 멸망 받을 이 세상에서 발견되는 것들을 가지고 인정과 높임을 받으려는 모든 노력을 멈추십시오.

③ 천국으로 들어가는 길은 인내 없이 갈 수 없는 고난의 길임을 기억하십시오.

④ 언제나 고난을 지날 때 하나님의 약속을 믿음으로 붙잡고, 반드시 이 약속의 열매를 맛보게 되리라는 소망을 품으십시오.

⑤ 신자에게 인내를 가르치고 위로하기 위해 기록된 하나님의 말씀을 부지런히 읽으십시오.

⑥ 인내할 수 있도록 쉬지 않고 기도하십시오(롬 15:5 참고). 여러분이 맞닥뜨리는 모든 일을 인내로 감당할수록 더 큰 인내를 발휘할 수 있을 것입니다.

"주께서 너희 마음을 인도하여 하나님의 사랑과 그리스도의 인내에 들어가게 하시기를 원하노라"(살후 3:5).

67

정직함

'정직함(uprightness)'이라는 말은 몇 개의 히브리어로 표현됩니다. '바르다,' '바르게 하다,' '다스리다,' '부드럽게 하다'라는 의미를 가지는 ישר(야샤르)가 있습니다. 이런 의미에서 정직함이라는 말은, 길을 나선 사람으로 하여금 목적한 곳에 곧바로 이르게 하는, 굽지 않은 반듯하고도 평평한 길을 말합니다. 이런 의미에서 보면, 우리말의 '올바름, 바른 길을 감, 합당하게 행함'과 크게 다르지 않습니다. 또한 '완전한,' '허물할 것이 없는,' '만족시키다'라는 뜻의 תמם(타맘)에서 파생된 תם(톰)이라는 말이 있습니다. 이처럼 모든 것을 완벽하게 하는 것을 뜻하는 정직함이라는 말은 모든 덕을 완전하게 하는 가장 중요한 요소를 가리킵니다. 이것이 없다면, 모든 덕이 불완전하고 쓸모가 없습니다. 그리고 נכה(나카)에서 파생된, '바르다,' '올곧다,' '흔들리지 않다'라는 뜻의 נכא(나코아)가 있습니다. 이처럼 정직함이라는 말은 주어진 목표를 향해 좌로나 우로나 치우치지 않고 바르게 나아감을 의미합니다. אמת(에메트)라는 말도 있습니다. 히브리 사람들은 정직함을 말할 때 "이 말은 참(באמת[베에메트])이다"라고 합니다. 다시 말해, 아멘 또는 진실이라는 뜻입니다. 이 모든 말들은 의미가 서로 연결되어 있습니다. 정직함에 해당하는 헬라어 τό γνή σιον(토 그네시온)은 합법적인 관계의 소생인 적자로 태어난다는 말입니다. 그리고 ἀφθαρσία(앞싸르시아)는 부정해지지 않음을 뜻하는 말로서, 부정하게 만드는 원리가 없어서 언제나 변함없이 동일하게 남아 있는 올곧음과 순전함을 가리킵니다. 또한 εἰλικρίνερα(에일리크리네이아)는 햇빛에 의해 분간될 수 있음을 묘사하는 말로서, 정직함은 빛을 견뎌 낼 수 있으며 햇빛 아래에서 드러난다는 사실을 가리킵니다.

"진리를 따르는 자는 빛으로 오나니, 이는 그 행위가 하나님 안에서 행한 것임을 나타내려 함이라 하시니라"(요 3:21).

정직함이란

정직함은 하나님께서 말씀을 통해 신자들의 마음에 심으신 그리스도인의 덕입니다. 신자들은 이를 통해 정직하게 하나님의 뜻을 행합니다.

정직함을 덕이라고 했습니다. 그런데 이는 특정한 상황에만 적용되는 것이 아니라, 오히려 모든 덕을 아우르며 모든 덕이 덕 되게 하는 보편적인 덕입니다. 따라서 정직함이 없으면 어떠한 덕스러운 행위도 덕이라 할 수 없습니다. 완전함은 모든 덕을 갖춘 것을 말합니다. 덕들 중 한 가지라도 결여되었다면, 완전한 것이 아닙니다. 반면, 정직함은 덕을 행사하는 방식을 가리킵니다. 따라서 덕을 완전하게 행사하지 못한다 할지라도 정직할 수는 있습니다.

정직함은 그리스도인의 덕입니다. 회심하지 않았다 해도 자연적인 정직함이 있을 수 있습니다. 회심하지 않은 사람들의 행동이라고 해서 다 위선적인 것은 아닙니다. 사람을 대할 때나 일상생활 속에서도 진심으로 행하는 일들이 많습니다. 그들의 종교 행위도 마찬가지입니다. 그러나 정작 중요한 것이 빠져 있습니다. 그들이 정직한 행위라고 하는 것들은 그저 외적인 것에 불과합니다. 거듭나지도 않고 신령하지도 않은 그들의 마음에는 정직함이라는 경향성이 없기 때문입니다. 그들은 정직함을 위해 마땅히 가져야 할 신령한 목적을 가지지 못합니다. 그들에게는 영적인 정직함이 없기에 아무리 정직하게 행한다고 해도 그저 본성적이고 자연적인 행위일 뿐, 영적 행위가 될 수 없습니다. 그러하기에 자연인은 자신이 그리 달가워하지 않는 일을 주 예수님께서 시키실 때 젊은 부자 관원처럼 근심하며 떠날 뿐입니다(마 19:16-22 참고). 그리스도인의 정직함은 이런 자연인의 정직함과는 완전히 다릅니다. 그 목적이, 발현되는 마음이, 그 대상이, 이루어지는 방식이 다릅니다. 그리스도인의 정직함은 그리스도와의 연합에서 비롯됩니다. 그러므로 그리스도를 닮은 정직함입니다. 이 때문에 이 덕을 일컬어 그리스도인의 정직함이라고 하는 것입니다.

  이 정직함의 주체는 신자의 마음입니다. 거듭나기 전에는 하나님의 자녀도 다른 사람들과 똑같이 눈멀고 악하며 무능력하고 완고하며 죄와 허물로 죽은 자들이었습니다. 그러나 하나님께서 그들을 조명하시고 거듭나게 하시며 그리스도와 연합함으로 살아나게 하시는 성령을 주사 그리스도께서 그들 안에, 그들이 그리스도 안에 살게 하십니다. 그러므로 모든 상황에서 그리스도인들은 이전과 전혀 다른 원리와 방식으로 일합니다. 정직함은 표정이나 옷차림, 말이나 행위가 아니라 바로 마음에 자리합니다. 신자의 지성은 놀라운 빛의 조명을 받고, 그들의 의지는 이 빛을 통해 밝히 드러난 영적인 일들을 받아들입니다. 영적인 일들을 누리고 하나님이 기뻐하시는 방식으로 그 일들을 행하는 데 열심을 냅니다. 그들이 가진 이런 내면의 경향성이 그들의 낯빛과 옷차림과 언행을 통해 드러납니다.

  신자들은 정직합니다.

  "처녀들이 너를 사랑함이 마땅하니라"(아 1:4).

  "온전한 사람을 살피고 정직한 자를 볼지어다"(시 37:37).

  신자들은 마음이 정직합니다.

  "나의 방패는 마음이 정직한 자를 구원하시는 하나님께 있도다"(시 7:10).

  "의인을 위하여 빛을 뿌리고 마음이 정직한 자를 위하여 기쁨을 뿌리시는도다"(시 97:11).

  신자들은 행실이 정직합니다.

"공의는 행실이 정직한 자를 보호하고 악은 죄인을 패망하게 하느니라"(잠 13:6).

"행위가 온전하여 여호와의 율법을 따라 행하는 자들은 복이 있음이여"(시 119:1).

정직함의 대상은 하나님의 뜻입니다. 하나님은 자신이 무엇을 명하고 금하시는지를 율법을 통해 교회에 보여 주셨습니다. 정직한 자는 이것을 즐거워하며 기꺼이 하나님의 뜻으로 받습니다. 내용, 방식, 시간, 장소 등 하나님께서 율법을 통해 명하고 금하시는 것은 하나도 빠뜨리지 않습니다. 신자의 지성은 언제나 하나님께서 명하시는 규칙에 주목합니다. 신자의 의지는 그것을 사랑합니다. 신자의 감정은 그것을 추구합니다. 진실한 신자가 주목하고 추구하는 유일한 대상은, 하나님의 뜻입니다. 하나님의 뜻이기에 추구합니다. 그리고 그 뜻을 이루기까지 쉬지 않습니다.

"내 마음으로 주의 율례들에 완전하게 하사"(시 119:80).

"내가 완전한 길을 주목하오리니……내가 완전한 마음으로 내 집안에서 행하리이다"(시 101:2).

정직함이 드러나는 모습

모든 일을 진리 가운데 행하는 것이 정직함의 모습(pattern)입니다. 빌라도가 "진리가 무엇이냐?"라고 물었을 때, 그는 정말 대답을 듣고자 한 것이 아닙니다. 그러나 여러분은 진리가 무엇인지 그 대답을 듣습니다. 우선, 하나님이 진리입니다(신 32:4 참고). 하나님은 진리와 본질과 생명과 영원과 거룩함과 영광 그 자체입니다. 하나님은 하나님 바깥에 존재하는 모든 진리의 원천입니다. 하나님의 역사가 진리요 그분의 말씀이 진리입니다. 그리고 주 예수님이 진리입니다(요 14:6 참고). 그분이 모든 모형과 그림자의 원형이요 실체이기 때문입니다. 또한 하나님의 말씀이 진리입니다(요 17:17 참고). 하나님의 말씀은 믿고 순종해야 할 대상이자 규칙입니다. 끝으로 사람 안에서도 진리를 발견할 수 있습니다.

"주께서는 중심이 진실함을 원하시오니"(시 51:6).

그렇다면 여기서 중심이 진실하다는 말은 무슨 의미입니까? 다음과 같이 몇 가지로 이야기해 볼 수 있습니다.

① 지성이 진실한 것입니다. 성령의 조명을 받은 지성은 하나님이 계시하신 영적인 사실들(그리스도로 말미암은 구원의 길과 관련된)을 그것의 본질에 부합하게 분별하고 이해합니다. 그들이 이해한 내용과 그들에게 계시된 영적인 사실들이 서로 조화를 이룹니다.

"하나님이 택하신 자들의 믿음과 경건함에 속한 진리의 지식과"(딛 1:1).

이는 또한 "그리스도의 마음(mind)"을 가지는 것입니다(고전 2:16 참고).

"진리가 예수 안에 있는 것같이 너희가 참으로 그에게서 듣고 또한 그 안에서 가르침을 받았을진대"(엡 4:21).

"그리스도의 진리가 내 속에 있으니"(고후 11:10).

② 마음이 진실한 것입니다. 의지로 하나님의 진리를 믿고 순종하는 것입니다. 의지는 마음과 결합되었기에 사랑과 갈망을 가지고 그 바라는 바를 믿고 행합니다. 그래서 하나님의 말씀이 진리라고 선언하는 것을 신자의 마음 역시 진리로 받고 추구합니다.

"내가 주의 법을 어찌 그리 사랑하는지요"(시 119:97).

"내 속사람으로는 하나님의 법을 즐거워하되"(롬 7:22).

③ 말이 진실한 것입니다. 말이 마음(앞에서 말한 것처럼 성령의 조명을 받고 진리를 사랑하는 마음입니다)과 조화를 이룹니다. 그래서 말할 때마다 하나님이 계시하신 영적인 것들을 말하고, 진리를 고백합니다. 그리고 사람들과 교제할 때에는 마음에 있는 그대로 영적인 것들과 진리를 말합니다.

"내 입은 진리를 말하며"(잠 8:7).

"이를 위하여 내가 전파하는 자와 사도로 세움을 입은 것은 참말이요 거짓말이 아니니"(딤전 2:7).

"그런즉 거짓을 버리고 각각 그 이웃과 더불어 참된 것을 말하라"(엡 4:25).

④ 행위가 진실한 것입니다. 우리의 표정과 대화가 하나님의 말씀에 계시된 하

나님의 뜻을 알고 사랑하는 마음과 전혀 다르지 않습니다.

"내가 주의 법을 어찌 그리 사랑하는지요 내가 그것을 종일 묵상하나이다"(시 119:97).

"너희는 말씀을 행하는 자가 되고 듣기만 하여 자신을 속이는 자가 되지 말라"(약 1:22).

"너의 자녀들 중에 우리가 아버지께 받은 계명대로 진리를 행하는 자를 내가 보니 심히 기쁘도다"(요이 1:4).

우리의 마음, 입술, 행실뿐만 아니라 우리가 목적하는 바가 하나님의 뜻과 조화를 이룰 때에는 우리가 바라는 목적 또한 진실합니다. 진실하기 위해서는 특별히 우리가 목적하는 바와 말하는 내용이 조화를 이루어야 합니다. 그렇지 않으면 모든 것이 부정합니다. 악한 목적은 선한 방편들을 오염시키고, 악한 방편은 선한 목적을 오염시킵니다.

"내가 나의 마음에 죄악을 품었더라면 주께서 듣지 아니하시리라"(시 66:18).

"눈은 몸의 등불이니 그러므로 네 눈이 성하면 온몸이 밝을 것이요 눈이 나쁘면 온몸이 어두울 것이니"(마 6:22,23).

이 모든 것을 종합하여 생각해 볼 때, 모든 것들이 서로 조화를 이루어야 합니다. 그러할 때 거기에 진실함이 있습니다. 이 진실함이 정직함의 참된 본질을 이룹니다. 이런 진실함이 결여된 곳에서는 정직함이 제대로 활동하지 못할 것입니다.

정직함의 원천

하나님은 정직함의 원천이십니다. 하나님께서 진리를 아는 빛을 주시고, 진리를 향한 사랑을 주시고, 마음에 진리를 주십니다. 그러므로 영적으로 살아난 마음에서 비롯되는 모든 행위에는 정직함이 있습니다. 이사야 61장 18절에서 하나님은 그들의 행사를 진리로 인도하겠다고 하십니다. 다윗도 이 일이 하나님으로부터 와야 한다는 사실을 인식하고 이렇게 부르짖습니다.

"내 마음으로 주의 율례들에 완전하게 하사 내가 수치를 당하지 아니하게 하소서"(시 119:80).

하나님은 직접 마음을 만지고 변화시키실 수 있다 하더라도 말씀을 방편으로 사용하십니다.

"그들을 진리로 거룩하게 하옵소서 아버지의 말씀은 진리니이다"(요 17:17).

앞에서 말한 대로 정직함이라는 덕은 본디 누구나 예외 없이 그것을 행해야 하는 것입니다. 하나님께서 이것을 아브라함에게 요구하셨으며, 믿음으로 하나님의 자녀 된 사람들 모두에게도 요구하십니다.

"너는 내 앞에서 행하여 완전하라"(창 17:1).

"너는 네 하나님 여호와 앞에서 완전하라"(신 18:13).

"그러므로 너희는 뱀같이 지혜롭고 비둘기같이 순결하라"(마 10:16).

계시된 하나님의 뜻이 요구하는 바와 거기에 순종하는 것이 정당하다는 사실을 우리의 마음이 확신합니다. 그렇다면 지금까지 우리가 살펴본 내용으로 자신을 살피고 비추어 볼 때, 여러분은 어떻게 행하고 있습니까? 여러분은 정직하게 살고 있습니까? 그렇지 않은 사람들에게는 그들의 상태가 얼마나 비참한지를 보여 줌으로써 자신들의 죄를 깨닫게 해야 합니다. 이때 여러분이 정직하게 사는 모습이 그들을 회심에 이르게 하는 방편으로 사용될 수도 있습니다. 설령 정직하게 살고 있다 할지라도 자신이 얼마나 부족한지를 절감해야 합니다.

위선

위선은 회심하지 않은 자들이 짓는 죄입니다

첫째, 아직 회심하지 않았다면 여러분은 여전히 위선자들 중 하나일 뿐입니다. 여러분의 마음이 예수 그리스도의 얼굴에 있는 하나님을 알지 못하는데, 어떻게 하나님 앞에 올바를 수 있습니까? 구원에 이르는 의로운 길을 모르고, 그리스도를 힘입어 하나님께로 나아가고 거룩하게 살고자 하는 마음도 없으며, 여전히 어두운 총명과 돌같이 굳은 마음을 가지고 이 세상에 속한 채로 사는 여러분이 어떻게 정직할 수 있단 말입니까? 속에 온갖 부패한 것이 가득하고 하나님과 그분의 뜻을 대적하는 여러분이 어떻게 정직할 수 있단 말입니까? 심지어 여러분이 고상한 목적을 가졌다 하더라도 그 마음이 바르지 않으므로 행동 또한 정직하지 않습니다. 마음 자체가 바르지 않기 때문에 이런 마음에서 나오는 행위 또한 바를 수 없습니다. 여러분이 위선자가 아니라고 해서 하나님 앞에서 정직한 사람인 것은 아닙니다.

둘째, 행하는 일마다 자아를 추구하고 있다면 여러분은 철저한 위선자입니다. 여러분이 하는 모든 일이 명예와 인정과 유익과 사랑을 받기 위한 것이라면, 자신의 그런 목적을 위해 철저하게 위선적으로 행동하는 것입니다. 자신을 거의 돌아보지 않고 이중적인 삶에 너무나 익숙해진 탓에 아무 거리낌 없이 위선적으로 행합니다. 그러므로 지금 자신이 사는 모습을 살펴보고 신앙생활과 사회생활의 측면에서 자신이 어떤 사람인지를 알아야 합니다.

① 사회에서 여러분은 가인에게 배운 대로 위선을 행합니다. 가인은 달콤한 말로 이웃을 꼬드겨 죽음에 이르게 했습니다. 여러분은 사울에게서 다른 사람들 가운데서 행동하는 법과, 사람을 높여 주고 많은 호의를 베푸는 등 속임수를 써서 그를 함정에 빠뜨리는 법을 배웠습니다.

"스스로 이르되 내가 딸을 그에게 주어서 그에게 올무가 되게 하고"(삼상 18:21).

여러분은 요압에게서 기쁘게 안부를 묻는 척하다가 가슴에 비수를 꽂는 법을 배웠습니다. 압살롬에게서 암논을 죽이기 위해 어떻게 음식을 준비했는지를 배웠습니다. 유다에게서 어떻게 입맞춤으로 사람을 배반하는지를 배웠습니다. 다윗은 이런 자들에 관해 다음과 같이 일컫습니다.

"악인과 악을 행하는 자들……은 그 이웃에게 화평을 말하나 그들의 마음에는 악독이 있나이다"(시 28:3).

"그들이 그를 그의 높은 자리에서 떨어뜨리기만 꾀하고 거짓을 즐겨 하니 입으로는 축복이요 속으로는 저주로다"(시 62:4).

"그 입은 우유 기름보다 미끄러우나 그 마음은 전쟁이요 그의 말은 기름보다 유하나 실상은 뽑힌 칼이로다"(시 55:21).

② 신앙에 관해 말하자면, 경건이 존경과 칭찬을 받는 시기에 오히려 교회에 위

선자들이 넘쳐 납니다. 위선자가 강단에서 사라지고, 성경을 열심히 연구하는 위선자들이 보이지 않으면 얼마나 좋을까요! 그러나 그렇지 않습니다. 학위를 얻기 위해 성경을 열심히 연구하는 사람이 있습니다. 물론 실제로 이런 사람은 학자가 아닙니다. 그는 자신의 잘못된 동기를 지적하는 양심의 소리를 무마하기 위해 학위가 있으면 사람들에게 성경을 더 잘 가르칠 수 있다는 명분을 댑니다. 유식하고 박식하다는 소리를 듣고 싶어서 그렇게 하는 사람도 있습니다. 사람들이 눈물을 흘리고 황홀경에 빠질 정도로 남다른 목소리와 은사로 사람들의 선망을 받고자 그렇게 하는가 하면, 기도할 때 마치 천국으로 이끌려 들어가는 것처럼 보이는 사람이 있습니다. 그러나 이 모든 것들은 자신의 영광과 평판을 추구하고 사람들의 인정을 받으려는 모습입니다. 이런 사람들은 강단에서 설교를 마치고 자리로 돌아가면서 자신이 사람들을 얼마나 즐겁게 했는지에만 관심을 둡니다. 이런 영혼은 많은 사람들이 자기 설교를 듣기 위해 참여하고, 회중이 감정적으로 이끌리며, "정말 탁월한 설교자다"라고 칭찬 듣기를 바라고 그 말을 즐거워합니다. 그들은 자신이 인정받고 사람들이 자신을 우상처럼 섬기는 곳에 있고 싶어합니다. 마귀는 자신을 광명의 천사로 둔갑시킬 수 있습니다. 또한 마귀의 종들은 거짓을 말하기 위해 엘리야의 털옷과 세례 요한의 옷을 입습니다(슥 13:4 참고). 위선자는 이런 옷들을 다른 사람들보다 더 잘 입습니다. 위선자인 동시에 목사로 살아가는 것은 해 아래 가장 끔찍하고도 혐오스런 일입니다.

이제 교회의 회원들을 살펴봅시다. 위선자는 경건한 사람들이 어떻게 행동하는지를 잘 관찰합니다. 그러고는 자신도 그들처럼 존경받기 위해 경건한 이들의 행동을 따라 합니다. 그러하기에 이 위선자들의 겉모습에서 악을 발견하기란 어렵습니다. 물론 경건하게 살아가는 사람들이 다 위선자인 것처럼 경건하게 드러나는 것 자체가 잘못은 아닙니다. 만약 경건하게 사는 사람들이 모두 위선자라면, 위선자들은 경건한 삶을 흉내 내려고 하지 않을 것입니다. 위선자들은 자신이 위선자가 아니라 경건한 자로 알려지기를 바라기 때문입니다. 따라서 경건한 자들을 위선자라 비방하는 위선자들은, 실상 경건한 자로 인정받고 싶어하는 자신을 비난하는 것입니다. 사람이 경건하게 살아야 한다는 것을 각 사람의 양심이 분명히 증언하기 때문입니다. 더 정확히 말해, 위선자들이 경건한 신자를 흉내 내는 것은 경건한 자처럼 보이기 위함입니다. 그러나 경건하게 보일 뿐만 아니라 경건의 본질을 가져야만 참으로 경건한 사람입니다.

그런데 위선자의 사악함은 그의 마음과 그가 추구하는 목적을 통해 드러납니다. 자신이 사람들에게 드러나는 존재가 되려고 애쓰지 않습니다. 그냥 사람들에게 그렇게 알려지는 것으로 만족해합니다. 게다가 일단 그런 명성을 얻으면 흡족하고, 그 명성을 이용해 자신의 사욕을 채우려고 합니다. 이런 평판을 듣기 위해 예배당에 자주 갑니다. 상황이 어찌되든지 간에, 자신이 바라는 대로 사람들에게 드러나고 인정받아야 합니다. 그들은 경건한 신자들이 선호하는 목사가 설교하는 교회당으로 갑니다. 그리고 자신이 이렇게 품격 높은 예배에 온 것을 알리려고 모든 사람이 볼 수 있는 곳에 자리를 잡습니다. 찬송가를 부를 때에는 보란 듯이 찬송가를 펴 두 손으로 받치고 거의 얼굴 높이까지 듭니다. 마치 눈이 좋지 않아 그 책에 있는 가사가 보이지 않는 사람처럼 말입니다. 또한 목소리를 높입니다. 자기 자신과 다른 사람들이 하나님을 힘 있게 찬양하도록 고무시키기 위함이 아닙니다. 자신의 목소리가 얼마나 아름다운지, 또는 자기가 얼마나 곡조를 잘 아는지를 다른 사람들이 듣고 알기를 바라는 것입니다. 그래서 이런 위선자는 앞에서 찬양을 인도하는 사람보다 한 박자 먼저 시작하고 곡이 끝날 때도 악보보다 더 길게 소리를 냅니다.

위선자들은 기도할 때도 지나치게 고개를 숙이며 기도하거나 서서 기도합니다. 기도하는 내내 얼마나 자주 무겁게 한숨을 내쉬듯이 신음 소리를 내는지 모릅니다. 기도가 끝나면 마치 울면서 기도한 것처럼 눈물을 훔칩니다. 설교를 들을 때도 자신이 설교에 얼마나 집중하는지를 보여 주려고 하며 간간이 자리에서 일어나기까지 합니다. 목사에게서 눈을 떼지 않습니다. 마치 목사의 입에서 말이 떨어지기가 무섭게 받아먹는 것 같습니다. 때때로 관련 본문을 나중에 더 살펴보려는 것처럼 자기 성경의 귀퉁이를 접어 표시를 합니다. 그러나 실상은 설교자가 말하는 본문과는 전혀 상관없는 부분인 경우가 많습니다. 자신이 그렇게 설교에 열중하는 것을 누가 보나 흘끔흘끔 곁눈질합니다. 생각은 이미 설교가 아닌 다른 데 가 있습니다. 설교자를 주목하는 것처럼 보이지만, 속으로는 설교자 뒤에 있는 판유리 숫자나 파이프 오르간의 파이프 숫자를 세고 있을지도 모릅니다. 아니면, 설교자가 서 있는 강단에 새겨진 문양을 눈으로 따라가고 있는지도 모릅니다. 집사가 헌금 바구니를 가지고 회중을 돌 때면 바로 옆에 올 때까지 그것을 알아채지 못할 만큼 집중하고 있다가 깜짝 놀란 사람처럼 행동합니다. 동전을 헌금하면서도 은화처럼 들리도록 가능한 한 가장 얇은 동전만 골라 넣습니다. 혹여 헌금을 평소보다 많이 할라치면 돈 넣는 소리가 온 예배당에 울려 모든 교인이 그 소리를 듣고 자신이 헌금을 많이 하는 것을 알기를 바랍니다. 예배가 끝나면 위선자는 겨드랑이에 성경책을 끼고서 이 사람 저 사람 만나고 다니면서, 자신이 교회에서 오는 길이라는 사실을 떠벌립니다. 예배 시간에 들은 설교를 극찬하면서 아주 도전이 되었다고 말합니다. 실제로는 설교 내용을 하나도 제대로 이야기할 수 없으면서도 애꿎은 기억력만 탓합니다.

위선자는 기도하거나 성경을 읽을 때 다른 사람들이 들을 수 있도록 큰 소리로 말할 수밖에 없습니다. 그곳이 길거리라도 상관없습니다. 목사의 심방을 받을 때에는 성경을 읽고 있었던 것처럼 펴 놓을 뿐만 아니라 다른 책들도 두세 권 함께 놓아둡니다. 그러고는 목사가 들어올 때에 맞추어 열심히 책을 읽습니다. 심지어 목사가 방에 들어오는 것도 모르는 것처럼 계속 책을 읽다가 화들짝 놀라는 척하기도 합니다. 경건한 신자들과 친해지려고 합니다. 이것 역시 다른 사람들에게 자신이 다른 경건한 사람들과 이렇게 친하다는 것을 자랑하기 위함입니다. 경건한 신자와 말할 때에는 특이한 자세를 취한 채로 그의 말을 듣습니다. 마치 자신이 경건한 신자의 말에 얼마나 귀 기울이는지를 보여 주려는 것처럼 말입니다. 심지어 신자들이 부지중에 가지게 된 안 좋은 버릇까지도 그대로 따라 하곤 합니다. 이렇게 해도 성에 차지 않는지, 별로 중요하지 않은 일들조차 양심에 거리끼는 일인 양 말하고 다닙니다. 겉으로 드러나는 일에는 어찌나 열심을 내는지 모릅니다. 우월감을 가지고 고압적으로 다른 사람을 책망합니다. 교회의 부패와 허물에 대한 불평을 입에 달고 다닙니다. 목사들이 무엇을 어떻게 설교할지에 대해 자신이 가르칠 수 있는 것처럼 행동합니다. 모든 목사와 모든 설교에 대해 할 말이 있는 것 같습니다. 특히 자기가 경건한 신자라고 여기는 사람들이 잘 들으려 하지 않는 설교를 하는 목사들에 대해 더욱 이런 태도를 취합니다.

위선자들은 걸인들처럼 행합니다. 걸인들은 사람들의 연민을 자아내 동정을 얻기 위해 불쌍하게 보이려고 애씁니다. 걸인마다 구걸하는 방법이 다른데, 저마다 자신의 동냥 기술을 가장 훌륭하게 여깁니다. 위선자들도 마찬가지입니다. 저마다 사람들 앞에서 위선적으로 행동하는 영역과 방식이 다릅니다. 누구나 알아볼 만큼 노골적인 위선자가 있는가 하면, 가장 경건한 신자조차도 분간하지 못하고 속을 만큼 교묘한 위선자가 있습니다. 어떤 위선자는 너무나 간교하여 자신이 위선과 가식으로 살아가고 있다는 사실을 자각하지 못합니다. 그들은 자기 마음을 살피는 데 실패한 나머지 오히려 자신이 진실하다고 여깁니다. 그들은 할 수만 있으면 하나님마저도 속이려고 할 것입니다. 위선자여, 부끄러운 줄 아십시오! 달갑지는 않지만, 할 수만 있으면 여러분이 회개할 수 있도록, 여러분의 모습을 제대로 보여 주고자 애썼습니다.

위선적인 삶에서 돌이키기 위해 다음 몇 가지를 숙고해 보십시오.

① 자신이 얼마나 혐오스럽고 가증한 괴물이 되어 있는지를 보십시오. 인간이라는 말이 어울리지 않을 정도로 기괴하게 뒤틀려 버린 여러분의 영혼을 보십시오. 여러분 주변에 있는 것들은 무엇 하나 성하지 않습니다. 모든 것이 뒤얽혀 있으며 가증하고 악합니다. 마귀를 닮아 가는 자신의 모습이 두렵지도 않습니까?

② 사회적인 측면뿐만 아니라 신앙적인 측면에서도 정직한 사람들에게 여러분의 모습은 얼마나 가증하고 혐오스러운지요! 여러분의 위선이 발가벗겨지지 않으리라 착각하지 마십시오! 얼마 동안은 사회적으로나 신앙적으로 바른 사람이라는 인상을 줄 수 있을지도 모릅니다. 그러나 머지않아 사람들은 여러분이 어떤 사람인지를 알게 되고, 그리하면 여러분은 세상에서 가장 멸시받는 사람으로 드러날 것입니다. 설령 그렇게 여러분의 실체가 계속 드러나지 않는다 할지라도, 그런 가

식과 위선으로 여러분이 가질 수 있는 것이라고는 가식으로 살아가는 여러분 주변에 꼬이는 한 줌의 파리들 말고 무엇이 있겠습니까?

③ 여러분은 이제 곧 여러분이 대면해야 할 하나님과 아무런 상관이 없습니다. 하나님은 여러분을 완전히 알고 계시며 여러분의 악한 목적과 모든 위선과 기만을 지켜보십니다. 그런 하나님께서 여러분을 얼마나 가증스러워하시겠습니까! 여러분 같은 자들에 대해 다윗이 뭐라고 하는지 들어 보십시오.

"거짓말하는 자들을 멸망시키시리이다. 여호와께서는 피 흘리기를 즐기는 자와 속이는 자를 싫어하시나이다"(시 5:6).

④ 욥은 이렇게 묻습니다.

"불경건한 자가 이익을 얻었으나 하나님이 그의 영혼을 거두실 때에는 무슨 희망이 있으랴"(욥 27:8).

다음은 이에 대한 답변입니다.

"하나님을 잊어버리는 자의 길은 다 이와 같고 저속한 자의 희망은 무너지리니"(욥 8:13).

"시온의 죄인들이 두려워하며 경건하지 아니한 자들이 떨며"(사 33:14).

마태복음 23장에서 예수님은 위선자들에게 일곱 번이나 화를 선언하십니다. 위선자는 구원을 얻지 못합니다. 지옥에서 말할 수 없는 고통을 당할 것입니다. 그다음 24장에서 불경건한 자들은 외식하는 자가 지옥에서 받는 벌에 처해질 것이라고 말하기 때문입니다.

"엄히 때리고 외식하는 자가 받는 벌에 처하리니 거기서 슬피 울며 이를 갈리라"(마 24:51).

정직하지 못하고 위선자인 여러분은 이런 말씀을 마음에 새기고 더 늦기 전에 돌이켜야 합니다.

"죄인들아 손을 깨끗이 하라. 두마음을 품은 자들아 마음을 성결하게 하라"(약 4:8).

참된 신자들의 정직함

참된 신자는 근본적으로 정직합니다.

① 신자들은 영적인 빛과 생명을 가진, 신의 성품에 참여한 사람들이고, 그들 안에 예수님이 거하시기(Jesus has been formed within them) 때문입니다.

② 신자들은 자신의 잘못된 행위를 알고, 그것 때문에 슬퍼하며, 그 행위를 고백하고, 그리스도의 피를 믿는 믿음으로 사죄를 구하며, 그것들과 싸웁니다.

③ 신자들은 거짓과 위선을 심각하게 생각합니다. 자신의 마음이 얼마나 부패했는지를 알고, 이로 말미암아 일어나는 부정한 충동들에 예민하게 반응합니다. 그래서 신자들은 하나님 앞에 자기 마음을 펴놓고 이렇게 기도합니다.

"하나님이여 나를 살피사 내 마음을 아시며 나를 시험하사 나의 뜻을 아옵소서. 내게 무슨 악한 행위가 있나 보시고 나를 영원한 길로 인도하소서"(시 139:23,24).

④ 정직이라는 말의 일반적이고도 보편적인 의미에서 어떠한 일이나 시간이나 장소에서나 참으로 신자들은 예외를 두지 않습니다. 특정한 죄에 더 깊이 빠져 있는지 아닌지와 상관없이, 죄는 신자의 의도와 마음의 바람을 거스릅니다. 그래서 죄는 신자들을 슬프게 합니다. 그렇습니다. 신자들은 사람들 앞에 드러날 때보다 은밀히 있을 때 더 정직합니다. 신자들의 마음은 겉으로 드러나는 모습보다 근본적으로 더 올바릅니다. 그러하기에 신자들은 감히 하나님께 이렇게 말할 수 있습니다.

"내가 전심으로 주를 찾았사오니 주의 계명에서 떠나지 말게 하소서……그러므로 내가 범사에 모든 주의 법도들을 바르게 여기고 모든 거짓 행위를 미워하나이다"(시 119:10, 128).

이 모든 것들이 신자들의 정직함을 말해 주는 참된 증거입니다. 이런 증거들을 통해 신자들은 자신의 부족함을 절감하고, 이런 부족함 때문에 과연 자신이 정직한지 의심스러울 때조차도 위로와 힘을 얻습니다. 그러할지라도 신자들은 자신의 부족함과 범죄함으로 말미암아 스스로 겸비해야 합니다. 이를 위해 신자들은 자신의 허물을 기억해야 합니다.

① 앞에서 위선자들에 대해 말한 내용을 잘 생각하고, 그 말이 자신을 정죄하는 것이 되지 않도록 스스로를 돌아보아야 합니다.

② 양심을 거스르는 충동이 갑자기 일어날 때, 자신이 끌려가는 것은 아닌지 생각해 보아야 합니다. 그러지 않는다면, 그런 위험한 의향이 있다고 해서 그것이 다 악한 것은 아니라는 말도 안 되는 논리로 양심을 다독이게 될 것입니다. 그런 목적은 순전하지 않으며, 자기 추구와 단단히 결합되어 있는지라 마음과 표정과 말과 행실이 서로 일치하지도 않습니다.

③ 여러분의 부패한 본성이 계속 불순한 동기를 불러일으키는지를 예의 주시해야 합니다. 예컨대, 합당한 목적을 힘 있게 견지해 가는지를 살펴야 합니다. 만약 그렇지 않다면, 자기 안에 있는 부패한 본성을 충분히 죽이고 억제하지 못하고 있는 것입니다. 마음에 주의를 기울이지 않은 채 부주의하게 살고 있지는 않은지를 살펴야 합니다. 마귀의 시험에 이끌릴 여지가 있는 환경을 방치하고 살아가고 있는지, 또는 마귀의 시험에 들지 않도록 기도하며 시험이 찾아왔을 때 힘써 싸우고 있는지를 잘 살펴야 합니다. 우리 안에 있는 부패가 이런 것들을 통해 힘을 얻어 자기를 추구할 동기를 불러일으킵니다. 자신을 추구하게 하는 마귀의 시험이 아무런 해도 끼치지 않고 그냥 사라지는 경우가 있는가 하면, 자아를 추구하다가 선한 행위에까지 이르지 못하고 괴로워하는 경우도 있습니다. 때때로 마귀가 우리를 시험하여 자아를 추구하게 하지만, 해로운 영향 없이 사라지기도 합니다. 간사한 속임수로 우리를 고소함으로써 우리 자신에게 몰입하게 만들어 선한 일을 하지 못하게 방해하고 많은 어려움에 빠뜨립니다. 이런 마귀의 궤계에 익숙하지 못한 신자는 스스로를 너무 의식한다는 자책에 빠져, 모든 일마다 이에 영향을 받으며 어려움을 겪습니다. 이런 신자는 계속 "이것이 지금 너가 이 일을 하는 이유이다"라고 하고, 또 다른 때에는 "나는 지금 이러저러한 이유로 이 일을 한다"라고 스스로 말합니다. 그러나 마귀가 이와 같이 공격한다는 것을 안다면, 신자는 더 이상 그것 때문에 방해를 받거나 괴로워하지 않고 맡은 일에 더욱 힘써 전념할 수 있습니다. 마치

우박 속에서도 꿋꿋이 자기 갈 길을 가는 나그네처럼 말입니다. 그러나 그 와중에도 부패한 본성과 이면의 은밀한 동기들이 고개를 쳐드는 것 역시 사실입니다.

④ 어떤 일을 부분적으로만 하는 것은 정직한 모습이 아닙니다. 이는 아무리 탁월하더라도 사람이 한 일이기에 필연적으로 따를 수밖에 없는 한계와 불충분함을 말하는 것이 아닙니다. 도리어 주어진 일을 온 맘으로 하지 않고 하는 둥 마는 둥 생기 없게 하는 것을 가리킵니다. 일을 하기는 하지만 거룩한 목적 없이 온 지성과 뜻과 힘과 정성을 다하지 않는 것을 말합니다. 이런 행위에는 자신의 지성과 의지와 행위와 자기를 추구하는 것이 뒤섞여 있기 때문에 일을 하더라도 온 맘을 쏟지 않습니다. 이런 죄책 아래 있지 마십시오. 그러기 위해서는 다음 사실을 알아야 합니다.

- 그리스도 안에 있는 것을 진정으로 기뻐한다 할지라도 하나님은 그 행실이 진실하지 않은 사람을 기뻐하지 않으십니다.
- 진실하지 않으면 결국 사람들 앞에 그 사실이 드러나기 마련입니다. 특히 경건한 신자들은 그것을 금방 압니다. 경건한 신자들은 그런 여러분의 모습을 슬퍼하며, 그 모습에 대한 반감으로 말미암아 여러분을 가까이하지 못할 것입니다.
- 신자라고 하면서도 이렇게 살아가는 여러분의 모습으로 말미암아 세상 사람들이 경건에 대해 의심하면서 다른 신자들 또한 비난할 것입니다. "봐라, 신자라고 해도 다르지 않다. 믿는다는 사람들은 다 위선자이다"라고 비아냥댈 것입니다.
- 여러분의 양심이 괴로워하며 무슨 일을 하든지 자유를 누리지 못할 것입니다.

그러므로 하나님 앞에서 겸비하고, 자신의 이런 모습을 슬퍼하십시오. 여러분의 마음과 행실이 이처럼 악함을 보며 자신을 미워하고, 정직하지 못한 자신의 죄를 두려워할 줄 알아야 합니다. 이것이 여러분으로 하여금 더욱 진실되고 정직하고자 분투하게 할 것입니다.

정직해야 할 필요성

정직하기로 결심하고 그렇게 행하십시오. 그 이유는 다음과 같습니다.

첫째, 정직함은 그리스도인이 지녀야 할 핵심적인 성품입니다. 그리스도인은 누구나 정직해야 합니다.

"처녀들이 너를 사랑함이 마땅하니라"(아 1:4).

성경은 욥과 다윗과 히스기야와 노아에 대해 이렇게 말합니다.

"우스 땅에 욥이라 불리는 사람이 있었는데, 그 사람은 온전하고 정직하여 하나님을 경외하며 악에서 떠난 자더라"(욥 1:1).

"또한 나는 그의 앞에 완전하여 나의 죄악에서 스스로 자신을 지켰나니"(시 18:23).

"내가 주 앞에서 진실과 전심으로 행하며 주의 목전에서 선하게 행한 것을 기억하옵소서"(사 38:3).

"의인이요 당대에 완전한 자"(창 6:9).

정직함은 다른 모든 덕들과 분리될 수 없으며, 기도할 때에 반드시 필요한 속성입니다.

"하나님은 영이시니 예배하는 자가 영과 진리로 예배할지니라"(요 4:24).

믿음에도 정직함이 드러납니다.

"이 교훈의 목적은 청결한 마음과 선한 양심과 거짓이 없는 믿음에서 나오는 사랑이거늘"(딤전 1:5).

사랑에도 동일하게 나타납니다.

"사랑에는 거짓이 없나니 악을 미워하고 선에 속하라"(롬 12:9).

마음의 모든 성향이 그러해야 합니다.

"평강의 하나님이 친히 너희를 온전히 거룩하게 하시고 너희의 온 영과 혼과 몸이……흠 없게 보전되기를 원하노라"(살전 5:23).

모든 대화를 할 때에도 마찬가지입니다.

"이러므로 우리가 명절을 지키되……누룩이 없이 오직 순전함과 진실함의 떡으로 하자"(고전 5:8).

정직함은 그리스도인에게 없어서는 안 될 핵심적인 성품으로, 그리스도인의 모든 행실에서 드러나야 합니다. 그러하기에 그리스도인이 정직하지 않게 말하고 행동하는 것은 상상할 수조차 없습니다.

둘째, 정직함은 그리스도인이라면 마땅히 바라는, 그리스도인에게 합당한 성품입니다. 이는 우리가 교제하는 하나님이 순전한 빛이시고, 우리의 마음을 감찰하시므로 속일 수 없는 분이시기 때문입니다. 뿐만 아니라 아주 사소한 어긋남까지도 전부 아시고, 중심이 진실하기를 원하시며, 항상 성실함을 돌아보시고(렘 5:3 참고), 온전한 길로 행하는 자들을 기뻐하시는 분이기 때문입니다(잠 11:20 참고). 이런 하나님과 교제하는데 마땅히 정직해야 하지 않겠습니까? 우리가 의지하고 우리 자신을 맡겨 드린 주 예수님은 완전히 의롭고 입에 거짓이 없으시며(요 14:17 참고), 자녀들을 진리로 인도하십니다(요 16:13 참고). 여러분이 어그러진 길로 행하고 불의한 길로 떠나면 크게 슬퍼하십니다. 여러분을 거듭나게 하고, 여러분의 생명의 양식이자 삶의 규칙인 하나님의 말씀은 "진리"요, "진리의 말씀"입니다(요 17:17; 시 119:43 참고). 이런 사실 때문에라도 여러분의 모든 행위가 진실하고 거짓이 없어야 하지 않겠습니까? 여러분 안에 있는 신령한 생명과 여러분 안에서 이루어지는 하나님의 형상은 "의와 진리의 거룩함"으로 지어졌습니다(엡 4:24 참고). 그러므로 이런 신령한 생명이 가진 정직함의 원리를 추구하고, 성령의 인도하심을 따르고, 모든 것을 감찰하시는 하나님의 눈앞에서 모든 것을 단정하고 의롭게 행하십시오. 그리스도로 말미암아 여러분에게 주어진 이름에 합당하게 행하십시오.

셋째, 정직함은 너무나 고귀한 장식입니다. 위선은 그나마 가질 수 있는 모든 덕을 비루하게 만들어 버리지만, 정직함은 다른 모든 덕이 영광스럽게 드러나게 하고, 경건에 대한 열망을 더하며, 의로운 자가 자연인과 신자들뿐만 아니라 하나님께도 사랑받게 합니다.

① 정직함으로 단장한 신자들은 자연인에게 사랑받습니다. 자연인은 신자들을 조롱하는 만큼이나 의로운 자를 인정하고 높입니다. 그들은 이렇게 말합니다. "신자라고 하는 자들은 다 위선자들이다. 그러나 이 사람만큼은 참으로 의롭고도 올바른 진짜 신자이다. 죽을 때까지 이런 사람들과 함께 살면 좋겠다." 물론 이 말은 속고 속이는 세상에서 자신만큼은 속지 않기를 바라는 이기적인 자기애에서 나온

말입니다. 그렇다 해도 정직한 신자들의 말은 그들의 마음을 얻습니다. 물론 굳이 말을 하지 않아도 사람들의 마음을 얻습니다. 만일 모든 신자들에게서 이런 정직함이 밝게 드러날 수만 있다면, 세상에서 경건이 얼마나 아름답게 빛을 발하겠습니까?

② 정직하게 살아가는 사람들의 모습은 신자들에게 매우 소중합니다. 신자들은 이중적인 사람들과 교제하기를 원하지 않습니다(시 26:4 참고). 오히려 그들은 언제나 정직한 사람들을 바라봅니다(시 101:6 참고). 본질적으로 거듭난 사람이라 할지라도 그가 발휘하는 정직함이 자기를 추구하는 것으로 오염되어 있다면, 신자는 그런 사람과 교제를 지속할 수가 없습니다. 둘론 그들을 사랑하고 싶고 더 달콤한 교제를 나누고 싶고 함께 이야기하고 싶어하나, 이 둘 사이에는 본질적인 내면의 반감이 자리합니다. 그러므로 신자들은 수고와 고생과 슬픔이 기다리는 것을 알기 때문에 이런 사람들과 마음을 같이하지 못합니다. 그러나 정직한 사람과는 순식간에 마음이 하나가 됩니다. 그들과 함께하기를 즐거워하고 이를 통해 큰 영적인 유익을 얻습니다. 루디아가 바울에게 한 말에서 이런 이해와 태도가 드러납니다.

"그와 그 집이 다 세례를 받고 우리에게 청하여 이르되 만일 나를 주 믿는 자로 알거든 내 집에 들어와 유하라 하고 강권하여 머물게 하니라"(행 16:15).

③ 무엇보다도 신자들은 하나님께서 이런 정직한 신자들을 기뻐하신다는 사실에 가장 큰 영향을 받습니다.

"마음이 굽은 자는 여호와께 미움을 받아도 행위가 온전한 자는 그의 기뻐하심을 받느니라"(잠 11:20).

성경은 우리가 사랑하는 자들을 지켜보기를 즐거워하듯이, 하나님도 그러하시다고 기록합니다.

"여호와는 의로우사 의로운 일을 좋아하시나니 정직한 자는 그의 얼굴을 뵈오리로다"(시 11:7).

정직한 자는 다른 이를 해치지 않으며 자신을 위해 악한 방편을 사용하지 않습니다. 오히려 하나님께서 마음이 정직한 자를 구원하십니다(시 7:10 참고). 하나님은 정직한 자를 친구로 삼으시고, 그들로 하여금 자신의 선하심을 특별히 누리게 하십니다.

"여호와여 주의 장막에 머무를 자 누구오며 주의 성산에 사는 자 누구오니이까? 정직하게 행하며 공의를 실천하며 그의 마음에 진실을 말하며"(시 15:1,2).

하나님께서 정직한 자의 마음을 기쁘게 하십니다.

"의인을 위하여 빛을 뿌리고 마음이 정직한 자를 위하여 기쁨을 뿌리시도다"(시 97:11).

하나님께서 이토록 정직한 자를 기뻐하신다는 사실만으로 우리 마음에 정직하고자 하는 열망이 일어나야 합니다. 그러므로 정직하십시오. 정직한 사람은 모두에게 사랑받습니다. 그러나 위선자는 모두가 싫어합니다.

넷째, 하나님께서 자녀들을 정직한지에 따라 판단하십니다. 하나님은 자녀들이 이 땅에서 완전해지도록 정하지 않으셨습니다. 이 땅에서는 모든 것이 불완전합니다. 하나님의 자녀라 할지라도 날마다 많은 일에 넘어집니다. 그러할지라도 신자들은 정직한 자라고 불립니다. 그들에게 내적으로 주어진 의로움 때문입니다. 이 의로움을 힘입어 신자들의 모든 약함이 가려집니다. 그리스도 안에서 그렇게 되는 것입니다. 다윗은 끔찍한 죄들을 저질렀습니다. 한 번은 이런 죄로, 또 한 번은 저런 죄로 넘어졌습니다. 그러나 성경은 그가 가진 의로움 때문에 그를 일컬어 이렇게 말합니다.

"이는 다윗이 헷 사람 우리아의 일 외에는 평생에 여호와 보시기에 정직하게 행하고 자기에게 명령하신 모든 일을 어기지 아니하였음이라"(왕상 15:5).

여기서 언급하는 헷 사람 우리아 사건과 관련해 다윗은 위선적으로 행동했습니다. 아사가 지은 죄악들도 마찬가지입니다.

"그러나 아사의 마음이 일평생 여호와 앞에 온전하였으며"(왕상 15:14).

여호사밧 왕은 이런 책망을 받았습니다.

"그러나 왕에게 선한 일도 있으니 이는 왕이 아세라 목상들을 이 땅에서 없애고 마음을 기울여 하나님을 찾음이니이다"(대하 19:3).

히스기야는 다음과 같이 기도하였습니다.

"선하신 여호와여 사하옵소서. 결심하고 하나님 곧 그의 조상들의 하나님 여호와를 구하는 사람은 누구든지 비록 성소의 결례대로 스스로 깨끗하게 못하였을지라도 사하옵소서"(대하 30:18,19).

만약 여러분이 하나님의 목전에서 참으로 올바른 마음으로 정직히 행한다면, 하나님은 그리스도로 말미암아 여러분의 허물을 간과하십니다. 그러므로 마음을 바르게 하고 정직하게 행하십시오.

다섯째, 정직함은 우리가 더욱 자유롭게 의무를 행하도록 합니다. 위선자들은 빛을 두려워하여 흑암을 찾아 숨습니다. 반대가 예상되는 일이라면 무엇이든 하기를 두려워합니다. 하나님께서 역병을 세상에 보내실 때마다 두려워 떱니다. 그러나 정직하게 행하는 사람은 두려워하지 않습니다. 하나님의 이름을 위해 담대히 일어납니다. 젊은 사자처럼 자신을 드러내고 마땅히 해야 할 일을 행합니다. 모든 비방과 위험을 마주하고 견고히 섭니다. 안으로는 내면의 자유를 누리고, 밖으로는 하나님의 도우심을 고대합니다.

"나는 결코 너희를 옳다 하지 아니하겠고 내가 죽기 전에는 나의 온전함을 버리지 아니할 것이라. 내가 내 공의를 굳게 잡고 놓지 아니하리니 내 마음이 나의 생애를 비웃지 아니하리라"(욥 27:5,6).

"내가 언제 다른 사람처럼 내 악행을 숨긴 일이 있거나 나의 죄악을 나의 품에 감추었으며……누구든지 나의 변명을 들어 다오. 나의 서명이 여기 있으니 전능자가 내게 대답하시기를 바라노라. 나를 고발하는 자가 있다면 그에게 고소장을 쓰게 하라. 내가 그것을 어깨에 메기도 하고 왕관처럼 머리에 쓰기도 하리라. 내 걸음의 수효를 그에게 알리고 왕족처럼 그를 가까이하였으리라"(욥 31:33,35-37).

정직함은 사람을 담대하게 합니다. 극심한 반대를 맞닥뜨려도 두려워하지 않습니다. 하나님께서 약속하신 대로 정직한 자를 도우실 것이기 때문입니다.

"여호와의 눈은 온 땅을 두루 감찰하사 전심으로 자기에게 향하는 자들을 위하여 능력을 베푸시나니"(대하 16:9).

정직한 사람은 다른 무기가 필요 없습니다. 자신의 정직함으로 충분합니다.

여섯째, 정직한 자는 평안 가운데 살고 위로 가운데 죽습니다. 위선자는 자신의 본색이 드러날까 봐 언제나 불안해하고 초조해합니다. 하나의 위선을 덮기 위해 또 다른 위선을 행해야 하므로 많은 것을 계산해야 합니다. 그러나 정직한 사람은 거리낌 없는 양심으로 확신과 든든함 가운데 살아갑니다.

"우리가 세상에서 특별히 너희에 대하여 하나님의 거룩함과 진실함으로 행하되 육체의 지혜로 하지 아니하고 하나님의 은혜로 행함은 우리 양심이 증언하는 바니, 이것이 우리의 자랑이라"(고후 1:12).

죽음을 앞두고 지난날 지은 죄악들이 떠오르더라도 우리 마음이 하나님 앞에서 정직하다는 사실에 위로를 얻을 것입니다.

"이르되 여호와여 구하오니 내가 주 앞에서 진실과 전심으로 행하며 주의 목전에서 선하게 행한 것을 기억하옵소서 하고 히스기야가 심히 통곡하니"(사 38:3).

정직함에 이르는 방편

그러므로 우리는 정직함이라는 경향성을 얻는 데 열심을 내며 전적으로 정직한 성향을 가지도록 계속 이 성품을 훈련하고 연습해야 합니다. 그리하면 여러분의 모든 행동에 이런 복된 성품이 저절로 배어날 것입니다.

① 하나님 앞에서 여러분의 마음과 그 마음에서 나오는 것들이 부패하였음을 인정하십시오. 동시에 여러분이 이것들을 얼마나 혐오하고 미워하며, 정직함을 얼마나 간절히 바라는지 하나님께 보여 드리십시오.

② 자신이 무능함을 인정하십시오. 여러분 스스로는 이런 정직한 성향을 자아내고 유지할 수 없음을 인정하십시오. 그러나 동시에 하나님께서 이 복된 성품을 주실 능력을 가지셨을 뿐만 아니라 기꺼이 그것을 주실 선하신 분임을 인정하십시오. 그러므로 이 복된 성품에 대한 자신의 절박한 필요와 무능력과 더불어 갈망을 가지고 하나님 앞으로 나아가십시오. 이를 위해 기도하십시오. 겸손한 마음으로 간절하고도 끈질기게 다음과 같이 기도하십시오.

"내 마음으로 주의 율례들에 완전하게 하사 내가 수치를 당하지 아니하게 하소서(시 119:80).

이렇게 기도하는 가운데 여러분을 위해 성령과 생명을 얻고 나누어 주시는 주 예수님을 바라보십시오. 성실히 언약을 지키시는 하나님께서 친히 하신 약속을 붙들고 기도하며, 하나님께로 나아가십시오(사 61:8 참고).

③ 위선으로 기울어져 있는 자신의 마음을 예의 주시하십시오. 위선이 드러나는 즉시, 그것을 거부하십시오. 아무리 많은 수치와 손해를 입게 된다 할지라도 정직함을 굳건히 지키십시오.

④ 위선적인 일을 행했다면, 잠시 그것을 깊이 생각하며 크게 슬퍼하고, 다시는 그런 일이 없도록 더욱 주의를 기울이십시오.

⑤ 하나님 앞을 떠나 숨지 마십시오. 언제나 하나님 앞에서 행하십시오. 하나님의 임재와 그분의 눈앞에 있음을 의식하고 살아가는 것은 정직하게 행하는 데 큰 도움이 됩니다. 그래서 정직하게 행하는 것과 하나님 앞에서 행하는 것은 항상 함께합니다.

"너는 내 앞에서 행하여 완전하라"(창 17:1).

⑥ 정직하게 살아가며 계속 진리의 말씀에 주목하십시오. 이 말씀에 담긴 신령한 의미를 깨닫기 위해 열심히 연구하십시오. 그리하면 이 진리가 여러분을 자유롭게 할 것입니다. 더욱 진리 가운데 행하게 될 것이며, 그렇게 살다가 천국으로 들어갈 것입니다.

"행위가 온전하여 여호와의 율법을 따라 행하는 자들은 복이 있음이여"(시 119:1).

68

기도

기도는 하나님의 완전하심을 인정하고 하나님을 향한 모든 덕스러운 행위를 하나로 묶는 신령한 행위입니다. 기도는 그리스도인에게 유익하고, 거룩하며 그리스도인을 성결하게 하는 의무입니다. 그래서 성경은 하나님께 기도하고 그분의 이름을 부르는 것으로 인간의 신앙 행위를 총체적으로 표현합니다.

"그때에 사람들이 비로소 여호와의 이름을 불렀더라"(창 4:26).

기도가 영혼의 다채로운 몸짓에서 나오므로 기도를 일컫는 말 또한 다양합니다. 히브리어로는, 기도를 뜻하는 תְּפִלָּה(테필라, 시 4:2 참고), 간구를 뜻하는 תְּחִנָּה(테히나), 불평하는 것을 뜻하는 שִׂיחַ(시아흐, 시 64:1 참고), 부르짖거나 울부짖는 것을 뜻하는 צְעָקָה(쩨아카, 시 9:13 참고) 등이 있습니다. 헬라어로는, 기도나 간청을 뜻하는 δέησις(데에시스, 약 5:16; 딤전 2:1 참고), 간구를 뜻하는 ἱκετηρία(히케테리아, 히 5:7 참고)가 있습니다. ἔντευξις(엔튜크시스, 딤전 4:5 참고), ευχή(유케, 약 5:16 참고), προσευχή(프로슈케, 골 4:2 참고) 역시 기도를 뜻하는 말입니다. 한편, προσκυνεῖν(프로스퀴네인, 마 4:10 참고)은 예배로 해석됩니다.

성경에 나오는 기도의 다양한 방식, 내용, 대와 기도의 여러 측면들을 고려하여

기도를 다양한 형태로 구분할 수 있습니다.

성경이 말하는 기도의 다양한 형태

첫째, 송영으로서의 기도입니다. 하나님의 완전하심을 목도하고 인정할 때 우리는 하나님 앞에 머리를 조아리고 그분께 영광과 존귀를 돌려드립니다. 말을 통해서나 말 없이 내면의 생각으로 하나님을 높일 수 있습니다.

"주의 존귀하고 영광스러운 위엄과 주의 기이한 일들을 나는 작은 소리로 읊조리리이다"(시 145:5).

천사들도 그리스도께 이렇게 합니다.

"하나님의 모든 천사들은 그에게 경배할지어다"(히 1:6).

둘째, 간구로서의 기도입니다. 임박한 재앙이나 압제나 곤경으로부터 건져 주시기를 기원하고, 몸과 영혼에 필요한 것을 하나님께 요청하는 것입니다.

"환난 날에 나를 부르라. 내가 너를 건지리니 네가 나를 영화롭게 하리로다"(시 50:15).

"그가 내게 간구하리니 내가 그에게 응답하리라. 그들이 환난 당할 때에 내가 그와 함께하여 그를 건지고 영화롭게 하리라. 내가 그를 장수하게 함으로 그를 만족하게 하며 나의 구원을 그에게 보이리라"(시 91:15,16).

셋째, 탄원으로서의 기도입니다. 하나님 앞에 지극히 겸비한 모습으로 끈질기게 기도하는 것입니다.

"내가 주께 부르짖을 때에 주께서 나의 간구하는 소리를 들으셨나이다"(시 31:22).

"천사와 겨루어 이기고 울며 그에게 간구하였으며"(호 12:4).

넷째, 탄식으로서의 기도입니다. 마음의 갈망이나 형언할 수 없을 정도로 지극히 존귀하고 고상한 일들을 위해서는 이렇게 기도할 수밖에 없습니다. 바울과 시편 기자는 이렇게 말합니다.

"우리는 마땅히 기도할 바를 알지 못하나 오직 성령이 말할 수 없는 탄식으로 우리를 위하여 친히 간구하시느니라"(롬 8:26).

"주여 나의 모든 소원이 주 앞에 있사오며 나의 탄식이 주 앞에 감추이지 아니하나이다"(시 38:9).

다섯째, 회중 기도 또는 공동 기도입니다. 가정집에서든 공중 모임에서든 그 자리에 있는 사람 모두가 합심하여 기도하는 것입니다.

"이에 베드로는 옥에 갇혔고 교회는 그를 위하여 간절히 하나님께 기도하더라"(행 12:5).

이렇게 모인 사람들이 합심하여 드리는 기도를 공동 기도라고 합니다.

"진실로 다시 너희에게 이르노니 너희 중의 두 사람이 땅에서 합심하여 무엇이든지 구하면 하늘에 계신 내 아버지께서 그들을 위하여 이루게 하시리라. 두세 사람이 내 이름으로 모인 곳에는 나도 그들 중에 있느니라"(마 18:19,20).

여섯째, 개인 기도에도 여러 형태가 있습니다. 개인 기도는 개인이 저마다 특정한 필요와 갈망을 하나님께 은밀히 아뢰는 것입니다.

① 묵도(ejaculatory prayer)가 있습니다. 일하거나 걷거나 사람들과 대화하다가 순간순간 속으로 하나님께 드리는 기도입니다. 아닥사스다 왕을 대면하며 느헤미야가 이렇게 기도했습니다(느 2:4 참고). 이스라엘 백성과 더불어 홍해 앞에 선 모세도 마찬가지입니다(출 14:13 참고).

② 시간을 정해 드리는 정기 기도(seasonal prayer)가 있습니다. 특별한 일을 당한 신자가 특별히 시간을 정해 혼자 은밀히 드리는 기도나 아침, 점심, 저녁 등 하루 중 특정한 시간을 정해 정기적으로 드리는 기도를 말합니다. 묵도나 정기 기도 모두 마음으로 기도하거나 소리를 내 기도하는 것입니다.

- 하나님 앞에서 자신이 바라는 바를 묵상하고 숙고함으로써 하나님께 알려 드리는 기도입니다. 앞에서 언급한 느헤미야와 모세가 이렇게 기도하였습니다.
- 하나님 앞에서 자신이 바라는 바를 말하는 기도입니다. 그러나 소리를 내지는 않습니다. 한나가 이렇게 기도하였습니다.

"한나가 속으로 말하매 입술만 움직이고 음성은 들리지 아니하므로"(삼상 1:13).

물론 큰 소리든 나지막한 소리든 목소리를 내 아뢸 수도 있습니다. 소리의 크기는 주변에 사람들이 얼마나 가까이에 있느냐에 따라 달라질 수 있습니다.

"여호와여 아침에 주께서 나의 소리를 들으시리니"(시 5:3).

교황주의자들은 소리 내는 기도보다 속으로 하는 기도가 더 고상하다고 여깁니다. 그들에게 소리 내는 기도란, 기도책이나 주기도문(Pater Noster)이나 마리아에게 하는 기도(Ave-Marias)와 같이 일정한 기도를 정해진 대로 되뇌는 것을 의미하기 때문입니다.

일곱째, 중보 기도가 있습니다. 다른 사람들을 위해 하나님께 기도하는 것입니다. 교회를 위한 기도가 있습니다.

"하나님이여 이스라엘을 그 모든 환난에서 속량하소서"(시 25:22).

"주의 은택으로 시온에 선을 행하시고 예루살렘 성을 쌓으소서"(시 51:18).

"예루살렘을 위하여 평안을 구하라"(시 122:6).

개인을 위해 기도할 수도 있습니다.

"그들은 주의 이름으로 기름을 바르며 그를 위하여 기도할지니라"(약 5:14).

"형제들아 우리를 위하여 기도하라"(살전 5:25).

"서로 기도하라"(약 5:16).

"나는 너희에게 이르노니 너희 원수를 사랑하며 너희를 박해하는 자를 위하여 기도하라"(마 5:44).

"모든 사람을 위하여 간구와 기도와 도고와 감사를 하되 임금들과 높은 지위에 있는 모든 사람을 위하여 하라"(딤전 2:1,2).

오늘날 많은 사람들이 중보 기도를 작별 인사처럼 사용합니다. "나를 위해 기도해 달라," "나를 위한 기도도 잊지 말라," "너의 중보 기도가 필요하다" 등 그 표현도 아주 다양합니다. 그러나 이는 그저 인사말일 뿐입니다. 우리에게 이렇게 부탁해오는 사람들을 모두 일일이 기억할 수도 없을뿐더러, 대부분의 경우 도대체 무엇을 위해 기도해 달라는 것인지도 모릅니다. 기도를 부탁할 때에는 부탁하는 상대방에게 자신이 기도가 필요한 어떤 특별한 상황에 처했는지를 말해 주어야 합니다. 그럴 때에라야 그 부탁이 의미 있으며, 기도하는 사람도 의미 있는 기도를 할 수 있습니다. 기도를 부탁받은 사람들도 기도를 부탁하는 많은 사람들이 하나님께 감사를 돌릴 수 있도록 마땅히 그 사람을 위해 기도해야 합니다. 그러나 이렇게 기도를 부탁하는 것이 습관적인 인사말이 되어서는 안 됩니다. 그러다 보면, 주 예수님께서 하시는 중보 기도마저도 별것 아닌 것처럼 여겨질 수 있습니다.

죽은 자를 위해서는 기도할 필요가 없습니다. 그들은 이미 각자가 영원히 머물 처소로 들어갔으므로 아무것도 달라지지 않습니다. 연옥은 지옥 그 자체입니다. 성령을 거스르는 죄를 지은 자를 위한 중보 기도는 있을 수 없습니다.

"누구든지 형제가 사망에 이르지 아니하는 죄 범하는 것을 보거든 구하라……사망에 이르는 죄가 있으니 이에 관하여 나는 구하라 하지 않노라"(요일 5:16).

여덟째, 저주를 구하는 기도가 있습니다. 제자들은 예수님과 자신들을 환영하지 않는 사마리아 사람들에게 하늘에서 불이 내리기를 바랐으나(눅 9:54 참고), 이렇게 자기 감정에 따라 함부로 기도해서는 안 됩니다. 어떤 사람이 영원히 정죄 받기를 기도해서도 안 되고, 원수라 할지라도 그가 죽기를 구해서도 안 됩니다. 설령 그들이 하나님의 교회를 해치는 자들이라 할지라도 말입니다. 그러나 하나님께서 교회를 박해하고 압제하는 자들을 대항하여 아주 특별한 방식으로 기도하게 하신다면, 하나님께서 그들을 돌이키시거나 그들이 더는 교회를 압제하지 못하도록 벌하여 주시기를 기도할 수는 있습니다. 그러므로 하나님께서 교회로 하여금 피 흘리게 하는 자들에게 보응하시고 이를 통해 영광 받으시는 것은 분명합니다.

"여호와여 그들의 얼굴에 수치가 가득하게 하사 그들이 주의 이름을 찾게 하소서. 그들로 수치를 당하여 영원히 놀라게 하시며 낭패와 멸망을 당하게 하사, 여호와라 이름하신 주만 온 세계의 지존자로 알게 하소서"(시 83:16-18).

아홉째, 감사하는 기도가 있습니다. 지금까지 우리에게 베푸신 바 세상에 속한 모든 복과 신령한 모든 복을 통해 드러난 하나님의 선하심을 마음 깊이 인정하고 기뻐할 때 이런 기도를 드릴 수 있습니다. 특히, 구체적인 상황을 통해 경험한 특별한 복에 대해서는 더욱 감사하며 기도할 수 있습니다. 이런 감사로 말미암아 지금 우리가 바라고 소원하는 것에 대해 더 힘 있게 기도할 동기를 얻습니다. 시편 75편 2-5절에서 교회가 그리하였고, 창세기 32장 9-12절에서 야곱이 바로 그렇게 기도

하였습니다. 이런 이유에서 감사와 기도가 함께 드려지는 경우가 많습니다.

"아무것도 염려하지 말고 다만 모든 일에 기도와 간구로, 너희 구할 것을 감사함으로 하나님께 아뢰라"(빌 4:6).

"그러므로 내가 첫째로 권하노니 모든 사람을 위하여 간구와 기도와 도고와 감사를 하되"(딤전 2:1).

기도의 본질

먼저 기도의 본질을 살펴보고 나서, 어떻게 하면 기도에 더 힘쓸 수 있는지 알아봅시다. 기도의 참된 본질을 알기 위해 다음의 내용들을 숙고해 보겠습니다.
- 기도의 정의
- 기도의 성격
- 기도에 수반되는 일들
- 준비와 실천과 묵상으로 이루어지는 기도의 훈련

기도는 오직 거듭난 신자의 마음에서 성령의 역사로 말미암아 그리스도의 이름으로 하나님을 향해 거룩한 갈망을 표출하고, 이런 갈망의 성취를 간구하는 일입니다. 이 정의를 구성하는 단어 하나하나가 매우 중요한 의미를 담고 있으므로, 지금부터 이 단어들을 하나씩 살펴보겠습니다.

신자의 갈망

기도는 신자가 가진 갈망의 표현입니다. 여기서 우리는 기도를 통해 이루어지는 영혼의 행위가 무엇인지를 보겠습니다. 이 행위를 이루는 데 신자의 모든 기관과 기능(지성, 의지, 정서, 눈, 입, 손, 무릎, 온 영혼과 몸)이 동원됩니다.

① 기도하는 사람은 자신에게 주목합니다. 자신의 부족함을 알고 보며 절감합니다. 이 영혼은 굶주림과 갈망으로 사그라져 갑니다. 자신의 무능을 절감합니다. 이런 필요와 갈망을 채우는 데 자신이 아무것도 할 수 없음을 절실히 깨닫습니다. 어

떤 피조물도 이런 자신을 도울 수 없다는 것을 알며, 피조물로부터 그런 도움을 받고자 하는 마음도 없습니다. 하나님만이 자신의 필요와 바람을 채우실 수 있습니다. 그러나 그러기에는 자신이 하나님 앞에 완전히 무가치하고 가증한 존재임을 알고 슬퍼하며 두려워합니다. 거룩하신 하나님은 그런 자신을 도우실 이유도, 그리하실 마음도 전혀 없다고 여깁니다. 오히려 자신은 하나님의 진노만 불러일으키는 존재일 뿐입니다. 심지어 하나님께 무언가를 말씀드리기에 전혀 합당하지 않은 존재임을 절감합니다. 왜냐하면 하나님께서 죄로 가득하고 부정하며 절대적으로 부족한 기도를 듣지 않으실뿐더러, 그런 기도에 전혀 감동을 받지 않으시기 때문입니다. 또한 비참함으로 찌든 자신의 모습에 좌절한 나머지 기도의 주체는 자신에게서 아무런 소망도 발견하지 못합니다.

② 기도하는 사람은 하나님께 주목합니다. 그리스도 안에서 은혜롭고 자비로울 뿐만 아니라, 엄위롭고 전능하며 영화롭고 온 우주에 거하는 거룩하신 하나님을 자기 앞에 모십니다. 이런 하나님을 향한 존경과 경외심으로 떨며 겸비하게 엎드립니다. 그리스도 안에서, 그리스도로 말미암아 자신의 갈망을 하나님께 말씀드립니다. 하나님께서 회개하는 죄인의 기도를 들으시고 곤경에 빠진 그들을 돕기를 기쁘게 도우시는 분임을 알기 때문입니다.

③ 기도하는 사람은 자신이 바라고 간구하는 일들에 주목합니다. 하나님께서 자신을 위협하고 짓누르는 고난으로부터 건져 주시기를 바라고, 영혼이나 육신에 필요한 복을 베푸시기를 간구합니다. 자신이 처한 곤경에서 건짐 받거나 자신이 필요로 하는 복을 얻는 것이 자신에게 얼마나 좋고 유익한지를 너무나 잘 압니다. 자신이 무엇을 바라는지를 잘 압니다. 그리고 하나님 앞에 그것을 분명히 말씀드립니다. 자신이 그것을 얼마나 동경하고 사모하는지를 보입니다. 심지어 그것 때문에 숨을 헐떡입니다.

기도하는 사람은 이 세 가지를 동시에 주목합니다. 자기 자신과 하나님, 그리고 자신이 하나님 앞에 들고 나아간 문제를 주목하는 일을 동시에 행합니다. 하나님 앞에 이런 모습으로 드러날 뿐만 아니라, 그렇게 자신의 갈망을 하나님 앞에 간절히 표현합니다. 성경에 이런 예가 많습니다. 성경의 이런 예들을 통해, 우리는 우리가 하나님 앞에 가져가야 할 기도의 내용뿐만 아니라 어떤 자세와 마음으로 기도해야 할지를 배웁니다. 게다가 성경은 우리도 그렇게 기도하도록 우리 안에 있는 그런 성향을 불러일으킵니다. 우리가 갈망의 '표현'이라고 한 것을 성경은 이렇게 묘사합니다.

① 쏟아 놓음

"여호와 앞에 내 심정을 통한 것뿐이오니"(삼상 1:15).

② 토로함

"여호와여, 내 기도를 들으시고 나의 부르짖음을 주께 상달하게 하소서"(시 102:1).

③ 외침

"내가 나의 행위를 아뢰매 주께서 내게 응답하셨사오니 주의 율례들을 내게 가르치소서"(시 119:26).

④ 우러러봄

"여호와여 나의 영혼이 주를 우러러보나이다"(시 25:1).

⑤ 바람

"여호와여, 아침에 주께서 나의 소리를 들으시리니 아침에 내가 주께 기도하고 바라리이다"(시 5:3).

⑥ 말함

"너희는 내 얼굴을 찾으라 하실 때에 내가 마음으로 주께 말하되, 여호와여 내가 주의 얼굴을 찾으리이다 하였나이다"(시 27:8).

⑦ 헐떡임

"그들이 주께 부르짖어 구원을 얻고"(시 22:5).

"하나님이여 사슴이 시냇물을 찾기에 갈급함같이 내 영혼이 주를 찾기에 갈급하니이다"(시 42:1).

⑧ 전심으로 찾음

"마음을 다하여 맹세하고 뜻을 다하여 여호와를 찾았으므로 여호와께서도 그들을 만나 주시고"(대하 15:15).

이 모든 표현들은 기도라는 신령한 행위에 영혼이 얼마나 깊이 참여하는지를 보여 줍니다. 기도하려고 할 때, 신자의 영혼이 기도할 말을 찾지 못하는 경우가 많습니다. 그렇습니다. 영혼에 드리운 깊고도 강렬한 바람과 경향성은 말로 다 담아낼 수 없습니다. 그러하기에 영혼은 다음과 같이 행합니다.

① 말로 기도하는 대신, 그저 자기 마음에서 꿈틀대는 새로운 경향성을 그대로 드러내 보여 드리는 수밖에 없습니다.

② 때로는 말보다 탄식으로 자신의 깊은 갈망을 표출합니다.

③ 영혼이 크게 고양될 때, 기존의 말로는 영혼의 바람을 다 담아내지 못하므로 말을 만들어 표현할 수밖에 없습니다. 이런 경우 마음으로 그렇게 하거나, 소리 없이 조용히 입술만 움직이거나, 부드럽게 속삭이듯이 소리를 낼 뿐입니다.

④ 때로는 영혼의 바람이 더 강렬해지는 동시에 목소리도 계속 커집니다. 그래서 주변에 자기 말고는 아무도 없어서 더 이상 누가 자기 기도를 들을까 신경 쓰지 않아도 되면, 더 큰 소리로 부르짖습니다.

⑤ 마음이 격해지면 눈물을 흘리기도 합니다. 특히 소망과 사랑이 더 강해질 때 그러합니다. 여간해서는 쉽게 눈물을 보이지 않고 부끄러워서라도 다른 사람 앞에서는 울지 않는 남성이 하나님의 사랑에 녹아 어린아이처럼 눈물을 주체하지 못하는 모습은 얼마나 경이로운지요! 그렇게 목 놓아 울 정도로 여리고 부드러워지는 때만큼 영혼이 본래의 모습으로 돌아가는 때도 없습니다. 여간해서는 그렇게 감정에 휘둘리지 않는 욥이 하나님께 부르짖게 되지 않았습니까?

"내가 주께 부르짖으나"(욥 30:20).

사자의 심장을 가진 용맹한 영웅 다윗도 하나님 앞에서 어린아이처럼 울지 않습니까?

"내가……밤마다 눈물로 내 침상을 띄우며 내 요를 적시나이다"(시 6:6).

"내가 눈물 흘릴 때에 잠잠하지 마옵소서"(시 39:12).

그 담대하고 훌륭한 바울도 눈물로 기도할 때가 많았습니다.

"곧 모든 겸손과 눈물이며"(행 20:19).

거룩한 갈망의 표출

우리는 기도를 신자의 영혼이 가진 갈망을 표출하는 것(내용을 표현하는 것이 아니라)이라고 했습니다. 회심하지 않았다 할지라도 영적인 일들을 도덕적으로 이해하고 있을 뿐만 아니라, 표현력이 풍부하고 말이 유창하고 자기 감정을 조절할 줄 아는 사람은 영적인 일들의 아름다움과 필요를 인식할 수 있고(물론 더 자연적인 방식으로 마치 자연적인 일들을 다루는 것처럼 그렇게 하는 것일지라도), 기도를 통해 그것들을 아주 감동적이고도 애처롭게 표현할 수 있습니다. 심지어 자신의 감정을 불러일으켜 눈물을 흘리며 이런 일들에 대해 말할 수도 있습니다. 특히 사람들이 자신의 말을 듣고 있다는 것을 알거나, 그렇게 말할 때 사람들이 자기 말을 듣는다는 것을 알게 되면 더더욱 그리합니다. 또는 사람들 앞에 괜찮은 사람으로 드러날 수 있는 모임에서 그런 표현과 감정으로 기도를 인도하고, 이를 통해 거룩한 열정에 사로잡혀 하나님과 가까이 동행하는 아주 영적인 사람으로 드러난다면 더더욱 그리합니다. 그러나 이 역시 본성의 일에 불과합니다. 그래서 기도를 내용의 표현이 아니라, 갈망의 표출이라고 한 것입니다.

사람은 밖으로부터 채움을 받아야 하는 빈 그릇입니다. 사람이라는 빈 그릇은 인간 자신이 아니라 인간 외부에 자리하는 원천에서 비롯되는 것으로만 채워질 수 있습니다. 하나님은 이런 공허함을 채울 수 있는 원천을 찾도록 갈망을 주셨고, 그 갈망을 표출할 수 있도록 하셨습니다. 사람이 갈망하는 능력의 정도는 자신의 부족함과, 자신을 만족시키리라 판단되는 내용의 크기 및 합당함과, 그것을 얻을 가능성을 지각하는 정도에 비례합니다. 그 갈망을 표출하는 데 딱 필요한 만큼만 노력합니다. 그렇다고 해서 이런 갈망이 반드시 거룩하다는 말은 아닙니다. 그러하기에 갈망을 표출한다고 해서 모두 기도인 것은 아닙니다.

기도는 거룩한 갈망의 표출입니다. 물론 영적인 의미에서 이 세상에 속한 것들을 원할 수 있습니다. 반면, 육신적인 의미에서 영적인 것들을 추구할 수도 있습니다. 죄와 관련된 갈망은 육신적인 것입니다. 선한 것을 갈망한다 하더라도, 그것이 사람들의 인정과 호의와 사사로운 이익과 쾌락을 위한 죄악된 동기에서 비롯되었다면 육신적인 일이라는 말입니다. 이 땅에 속한 것이라 할지라도 그것들을 합법적으로 바라고 기쁨과 열정으로 하나님을 더 잘 섬기기 위해 추구하는 것은 영적인 의미를 띱니다. 다시 말해, 이런 것들을 앞에서 다룬 바 합당한 방식으로 바라고, 그것들을 통해 즐거움으로 하나님의 은혜와 선하심과 도우심과 능력을 목도하고 인정하며 찬양합니다.

하나님을 향해

기도는 하나님을 향한 거룩한 갈망의 표출이라고 했습니다. 우리는 이런 갈망을 채우는 데 피조물이 아무런 도움도 될 수 없다는 것을 압니다. 그러므로 우리가 기도하는 대상은 선하거나 악한 모든 피조물을 초월한 분이어야 합니다. 설령 피조물이 어떤 도움을 줄 수 있다고 할지라도 그것들에게 기도하고자 해서는 안 됩니다. 하나님만이 우리를 도우실 수 있습니다. 하나님은 우리가 하나님을 사랑하고 하나님께 돌아가야 할 영광을 다른 존재에게 돌리기를 원하지 않으십니다.

① 본질상 신이 아닌 존재를 섬기는 것은 우상숭배입니다(갈 4:8 참고).

② 하나님은 우리가 하나님께만 기도하기를 원하십니다.

"나를 부르라"(시 50:15).

"주 너의 하나님께 경배하고 다만 그를 섬기라 하였느니라"(마 4:10).

③ 오직 이런 기도만이 하나님의 약속이 있는 기도입니다.

"누구든지 주의 이름을 부르는 자는 구원을 받으리라"(행 2:21).

④ 하나님만이 예배 받는 자에게 요구되는 완전함을 가지십니다. 올바르게 기도하는 사람은 자신의 기도를 통해 홀로 예배 받기에 합당하신 하나님을 영화롭게 하기를 바랍니다. 하나님은 전지하시므로 영혼의 마음과 생각을 아십니다. 하나님은 그 무엇에도 놀라실 필요가 없으며, 전능하신 분이기에 그 무엇도 하나님을 놀라게 할 수 없습니다. 인애를 기뻐하시는 하나님은 선하고 긍휼이 많으며 은혜로

우신 분입니다. 은혜를 베푸시기 위해 죄인이 자기에게 나아오기를 바라시는 분입니다. 뿐만 아니라 기도할 말을 주시고 기도를 듣겠노라고 약속하신 참되신 분입니다. 그러므로 기도하는 사람은 하나님을 바라고, 그 앞에 겸손함과 경외함으로 엎드려, 자신의 필요를 아뢰고, 자기의 갈망을 채우시기를 간구하고, 또 그렇게 하나님을 섬겨야 합니다. 기도하는 사람은 하나님을 예배하기를 즐거워합니다.

예수 그리스도의 이름으로

예수 그리스도의 이름으로 기도해야 합니다.

"주의 오른손으로 심으신 줄기요 주를 위하여 힘 있게 하신 가지니이다"(시 80:15).

"주를 위하여"(단 9:17).

"내 이름으로 무엇이든지 내게 구하면 내가 행하리라"(요 14:14).

"내 이름으로 아버지께 무엇을 구하든지 다 받게 하려 함이라"(요 15:16).

① '누구의 이름으로'라는 말은 '그 사람을 사랑하기 때문에'라는 의미로 사용됩니다.

"또 누구든지 내 이름으로 이런 어린아이 하나를 영접하면 곧 나를 영접함이니"(마 18:5).

그러므로 그리스도의 이름으로 기도한다는 것은 하나님께 다음과 같이 말하는 것입니다. "하나님, 하나님은 독생자를 사랑하십니다. 그의 희생을 기뻐하십니다. 그리고 그 아들이 저를 사랑하고, 저도 그분을 사랑합니다. 이제 아들을 향한 하나님의 사랑을 힘입어 기도하오니, 제 기도를 들으시고 제 소원을 이루어 주십시오."

② '누구의 이름으로'라는 말은 '그 사람의 명령을 따르라'라는 의미로도 사용됩니다.

"형제들아 우리 주 예수 그리스도의 이름으로 너희를 명하노니"(살후 3:6).

그렇다면 그리스도의 이름으로 기도한다는 것은 곧 다음과 같이 말하는 것입니다. "하나님이 받으신 우리의 대언자이신 아들께서 저의 모든 필요와 간구를 아뢰라고 저를 하나님께 보내셨습니다. 그래서 이렇게 담대하게 하나님께 아룁니다."

③ 이 말은 '그리스도로 말미암아,' '그리스도의 대속의 고난과 죽음을 힘입어'라는 뜻으로 가장 자주 쓰입니다.

"그 이름을 믿으므로 그 이름이 너희가 보고 아는 이 사람을 성하게 하였나니"(행 3:16).

"다른 이로써는 구원을 받을 수 없나니"(행 4:12).

"그러므로 자기를 힘입어 하나님께 나아가는 자들을 온전히 구원하실 수 있으니"(히 7:25).

사람은 자기 죄로 말미암아 하나님과 원수 된 까닭에 하나님께 직접 나갈 수 없습니다. 죄인에게 하나님은 소멸하는 불입니다. 이상한 불을 가지고 하나님께 가까이 나가다가 그 불에 삼켜진 나답과 아비후처럼 죽임을 당할 것입니다. 그러나 하나님께서 예수님을 보내 그분의 고난과 죽음으로 우리를 하나님과 화목하게 하고 서로를 막던 담을 허무는 중보자요 대언자가 되게 하셨습니다. 그분의 죽음으로 성전의 휘장이 둘로 갈라졌으며, 어떠한 제약이나 장애도 없이 지성소를 들여다보고, 또 들어갈 수 있게 되었습니다. 이처럼 신자들은 "우리를 위하여 휘장 가운데로 열어 놓으신 새로운 살 길"(히 10:20)을 통해 하나님께로 담대히 나아갑니다. 그리스도는 사람이 성부께로 나아갈 수 있는, 또한 나아가도록 마련된 유일한 길입니다(요 14:6 참고). 따라서 그리스도의 이름으로 기도하는 것은 곧 그리스도의 공로를 힘입어 기도하는 것입니다. 기도하는 사람은 자기를 위해 희생으로 드려지신 그리스도를 영접하고 그리스도와 그분이 획득한 모든 공로에 참여하게 됩니다. 이 공로를 가지고 하나님께로 나아가 그것을 펼쳐 놓고 자신이 갈망하는 모든 것을 하나님께 간청합니다.

기도하는 자들이 언제나 동일한 상태에 있지는 않습니다. 어떤 이들은 자신이 그리스도께 참여했는지를 확신하지 못합니다. 그들은 세상의 복과 신령한 복을 모두 갈망하기에 하나님께로 피합니다. 그러나 직접적으로 그렇게 하지 않고 그리스도와 그분이 이루신 대속의 만족을 바라봄으로써 기도하고, 그리스도와 그분의 공로로 말미암아 자신들에게 은혜와 복 베푸시기를 기도합니다. 이것이 바로 그리스도의 이름으로 기도하는 것입니다. 믿음이 약할지라도 그렇게 하는 것입니다. 어떤 이들은 자신이 그리스도 안에서 분깃을 받았음을 원리적으로는 확신하면서도 하나님과 소원하게 살아갑니다. 이런 사람들은 기도할 때 먼저 의식적으로 회개하는 동시에 그리스도를 받아들이고 그로 말미암아 받는 공로를 분명하고도 깊이 숙고해야 합니다. 그리함으로써 성부께 그리스도의 공로를 보여 드리고, 그 공로에 근거하여 하나님께서 자신의 기도를 들어주시기를 간구해야 합니다. 하나님과 친밀하게 교제하며 살아가는 사람들은 그리스도께서 이루신 만족과 그분의 공로뿐만 아니라 은혜언약에 초점을 맞추어야 합니다. 앞의 경우와 달리, 이런 사람들은 하나님께 그리스도의 공로와 그분이 하신 일에 근거하여 자신의 기도를 들어주시기를 호소하고자 기도할 때마다 그리스도께서 하신 일과 그로 인해 받는 공로를 숙고할 필요는 없습니다. 오히려 은혜언약에 참여한 자요, 하나님의 자녀요, 그리스도와 한몸 된 자로서의 마음을 견지하고 그 마음으로 하나님께 나아가면 됩니다. 명시적으로 언급하지는 않는다 하더라도, 이들 역시 은혜언약과 그리스도의 속죄를 힘입어 하나님께 기도합니다. 그러나 기도할 때 그리스도로 말미암은 화해와 그분의 공로를 명시적으로 숙고하지 않거나 언급하지 않고 기도하는 일이 너무 오래 지속되어서는 안 됩니다. 기도할 때 그리스도의 공로와 그분으로 말미암은 하나님과의 화해를 자주 묵상하고 기도할수록, 우리는 계속 그리스도를 바라보면서 더욱 겸손하고 합당하게 하나님 앞에 나아갈 수 있기 때문입니다.

성령의 역사로 말미암아

참된 기도는 성령으로부터 비롯됩니다. 사람은 본질상 영적으로 죽었습니다. 마음에 선한 성향도, 선한 갈망도 없습니다. 눈멀었으며, 무엇이 진정으로 자신에게 행복과 만족을 주는지도 모릅니다. 그러나 사람은 자신의 육신적인 부족함을 깨닫고 악한 일을 두려워할 줄은 압니다. 또한 피조물에게서 더는 도움을 기대할 수 없을 때 하나님께로 피하기까지 합니다. 그러나 그 마음의 성향이나 그가 하는 기도는 전혀 하나님을 기쁘시게 하지 못합니다. 누구든지 바르게 기도하기 위해서는 성령으로부터 그런 마음의 성향과 갈망을 얻고, 또 그렇게 표현할 말들을 얻어야 합니다.

"내가 다윗의 집과 예루살렘 주민에게 은총과 간구하는 심령을 부어 주리니"(슥 12:10).

"너희가 아들이므로 하나님이 그 아들의 영을 우리 마음 가운데 보내사 아빠 아버지라 부르게 하셨느니라"(갈 4:6).

"이와 같이 성령도 우리의 연약함을 도우시나니"(롬 8:26).

이는 곧 하나님께서 그런 성향과 갈망을 주시고 그 입술의 말까지 주신다는 말입니다. 성령께서 기도에 앞서시며, 기도하는 신자는 그저 성령을 따라가면 된다는 말입니다. 성령께서 어떻게 역사하시느냐에 따라 기도는 무기력하거나 허약할 수도 있고 진액을 짜내는 강력한 기도가 될 수 있습니다. 열렬하게 기도를 시작했다가도 시간이 지나면서 기도가 점점 어눌하고 무기력해지는 경우가 있는가 하면, 처음에는 모호하고 무기력하게 기도하다가 힘써 기도하는 가운데 점점 생명력 있게 기도하게 되는 때도 있습니다. 일어나 기도 자리를 떠날 수밖에 없을 만큼 마음이 완전히 닫혀 버린 탓에 기도는커녕 탄식하지도 못하고 눈물조차 흘리지 못하는 경우가 있는가 하면, 자신의 모든 갈망과 바람과 표현과 눈물이 어디서 오는지 모를 만큼 성령으로 충만한 경우가 있습니다. 이런 때에는 기도 시간을 채울 바람과 갈망이 부족한 것이 아니라, 기도할 시간이 부족하게 느껴집니다.

> ▶ 질문
> 성령이 아니고서는 바르게 기도할 수 없다면, 왜 성령을 위해 기도하라고 하는가?

대답: 인간은 지각을 가지기에 본성적으로 자신의 부족함을 압니다. 본성적으로 자신이 기도해야 한다는 것도 압니다. 은혜의 방편들을 통해 신자는 성령께서 기도의 저자이시라는 사실을 배웁니다. 하나님의 말씀을 통해 하나님께 성령을 구해야 한다는 것을 배웁니다. 성령은 이런 본성적인 확신과 행위를 통해 역사하심으로써 택함 받은 자들 안에 기도하고자 하는 경향성을 주십니다. 그리고

그들에게 기도하고자 하는 바른 성향과 갈망이 없을 뿐만 아니라, 그들이 그것을 합당하게 표출할 줄도 모른다는 사실을 알게 하십니다. 또한 성령은 택함 받은 자들 안에서 그분 자신이 이런 것들로 역사하셔야 하며, 따라서 그들이 성령을 구해야 한다는 것을 가르치십니다. 성령을 구하게 하는 성향이 은밀히 그 마음에 새겨진 신자들은 이미 성령으로 말미암아 성령을 구하는 기도를 하고 있습니다. 자기 안에 성령의 이런 역사가 시작되었음을 깨달은 신자들은 이런 역사가 더해지기를 간구합니다.

거듭난 마음

성령으로 말미암아 그 영혼에 기도하고자 하는 성향이 새겨지고 불러일으켜진 사람은 거듭난 마음으로 자신의 갈망을 표현합니다. 그러므로 거듭난 마음은 거듭난 사람의 행위를 낳는 형상인(the formal cause)입니다. 물론 자연인에게도 기도하고자 하는 성향이 있기는 합니다. 그러나 거듭난 사람은 거듭난 성향에 따라 기도하고자 하는 열망이 훨씬 더 직접적으로 많이 일어납니다. 거듭난 사람이라고 다 그런 것은 아니지만, 거듭난 사람은 예외 없이 자신의 마음이 얼마나 죄악된지를 절감합니다. 여전히 자기 안에 남아 있는 죄악된 성향에서 온갖 종류의 죄악된 생각과 언행이 나오기 때문에, 신자는 그런 자신이 과연 기도해도 되는지 의심을 품습니다. 그래서 때때로 신자는 감히 기도할 마음을 가지지 못하기도 합니다. 그런 마음과 언행을 가진 자신이 기도한다는 것이 하나님을 만홀히 여기는 것처럼 느껴지기 때문입니다. 그래서 신자들은 기도할 때면, 한결같이 죄를 짓지 않기를 바랍니다. 그런데도 항상 동일한 죄에 넘어집니다. 그럴 때마다 다음과 같은 말씀을 떠올립니다.

"악인의 제사는 여호와께서 미워하셔도 정직한 자의 기도는 그가 기뻐하시느니라"(잠 15:8).

"사람이 귀를 돌려 율법을 듣지 아니하면 그의 기도도 가증하니라"(잠 28:9).

"하나님이 죄인의 말을 듣지 아니하시고"(요 9:31).

① 믿지 않는 모든 자들은 마땅히 회개하고 기도해야 합니다. 회심하지 않은 자들이 기도하는 것은 가증한 것이 아닙니다. 이 땅을 살아가는 데 필요한 것들을 위해 기도하면서도 회개하지 않을뿐더러, 의지적이고도 의식적으로 계속 죄를 짓는 모습이 가증한 것입니다. 하나님과의 화해를 구하지도 않고 마음과 행실의 변화를 구하지도 않습니다. 회심하지 않았는데도 정기적으로 기도하는 것은, 아침저녁으로 기도하는 것을 배우며 자랐으므로 그렇게 하지 않으면 불안하기 때문입니다. 또는 계속 세속적으로 살면서도 사람들에게 경건한 그리스도인이라고 인정받고 싶은 까닭에 위선적으로 하는 것입니다.

② 어떤 이는 하나님 앞에서 정직한 마음으로 사죄와 화해를 구하고, 죄로부터 건짐 받으며, 하나님의 뜻에 따라 그분을 사랑하고 경외하면서 살고자 합니다. 하나님은 그렇게 기도하는 자들의 기도를 가증스럽게 여기지 않으시고 오히려 기뻐하십니다. 하나님께서 상한 갈대와 꺼져 가는 심지와 같이 기도하는 자들을 찾으신다는 사실이 신자를 자유롭게 합니다. 비록 의도와 다르게 죄에 빠지기도 하고 그로 말미암아 슬퍼하기도 합니다. 그러나 이는 의도적으로 죄를 짓는 것이 아니라, 연약한 데서 비롯되는 결과입니다. 육체의 소욕이 영의 소욕보다 더 강해졌기 때문입니다.

자신이 사망에서 신령한 생명으로 옮겨졌음을 알거나 자기 안에서 이 사실을 확신할 증거를 발견하는 사람도, 때로는 평소보다 훨씬 더 죄악된 상태에 빠지기도 합니다. 또한 지금 자신이 빠진 죄를 벗어던지고 그것과 싸우기로 기꺼이, 그리고 용감하게 다짐하지 못할 정도로 죄에 사로잡혀 있을 수도 있습니다. 또는 대체로는 선하게 살지만, 때때로 예상치 못하고 고질^죄인 죄를 범하기도 합니다. 이처럼 고질적으로 죄를 지으면서 여느 때와 다름없이 기도하려는 것, 즉 먼저 하나님 앞에서 자신의 상태를 바르게 회복하지도 않은 채로 회개하기로 결심함으로써 자기 의도는 순수하고 원래 자기 마음은 그렇지 않다고 스스로 위로하며 자의적으로 확신하려고 하는 것은, 불경한 일일뿐더러 하나님께서 미워하시는 일입니다. 이런 사람은 기도할 수는 있겠지만, 개인적으로 거룩한 마음으로 기도하는 자유를 누리지는 못합니다. 기도하는 동안에도 계속 마음이 자기를 정죄할 것이기 때문입니다. 이런 상태에 있다면, 먼저 자신의 상태를 하나님 앞에서 회복해야 합니다. 그래야 이 죄를 대항하여 바른 마음으로 싸울 수 있고, 하나님과의 화해와 이 죄와 싸우기 위한 힘을 간구할 수 있습니다. 그럴 때에야 비로소 자유를 누립니다. 더는 마음의 정죄를 받지 않아도 되기 때문입니다(요일 3:20,21 참고).

거듭난 사람이라 할지라도 때때로 기도하고자 하는 열망을 완전히 잃어버릴 수 있습니다. 물론 본질적으로가 아니라 실제로 기도하는 행위에 관하여 그럴 수 있다는 것입니다. 그럴 때에는 기도하려고 해도 무엇을 기도해야 할지를 모릅니다. 무엇을 위해서든 기도하고자 하는 열망 자체를 잃어버렸기 때문입니다. 이런 때는 영적인 어둠에 빠져 있는 때입니다. 그러하기에 자신이 바라야 할 일들의 가치가 제대로 와닿지 않는 까닭에 기도에 대한 마음이 완전히 닫혀 버립니다. 이런 때에는 어떻게 해야 하겠습니까? 이런 때에는 어떻게 기도해야 하겠습니까? 이런 때에는 기도할 수 없습니다. 그리고 이런 일들이 반복되면 기도를 소홀히 하게 되고, 급기야 기도를 완전히 그치고 맙니다. 그러나 그럴 수 없습니다. 거듭난 본성이 기도를 완전히 그치는 일을 허락하지 않고 계속 기도하도록 고양시키기 때문입니다. 문제는 상태가 상태인 만큼 기도를 향한 열망이 그리 크지 않다는 것입니다. 그러하기에 기도하고자 하는 열망이 아무리 미미하다 할지라도 그 열망을 거부하고 저항해서는 안 됩니다. 오히려 자신을 어린아이라 여기고 다시금 시작해야 합니다. 또는 내내 의식이 없다가 이제 막 깨어나 기력이 없고 모든 것이 어눌한 사람처럼 자기 안에 미약하게나마 존재하는 기도를 향한 성향을 따라 하나님 앞으로 몸과 마음을 이끌고 나아가야 합니다. 그러지 않으면 뒤로 더 미끄러질 수밖에 없습니다. 그러나 아무리 미약할지라도 그렇게 기도를 향한 성향을 따라 기도의 자리로 나가는 사람은 다음 말씀을 경험할 것입니다.

"여호와께서 빈궁한 자의 기도를 돌아보시며 그들의 기도를 멸시하지 아니하셨도다" (시 102:17).

갈망의 성취를 간구함

하나님 앞에 자신의 거룩한 갈망을 표출하는 이유는, 하나님께서 그것을 허락해 주시기를 구함으로써 그 갈망을 이루기 위함입니다. 기도하는 사람은 요청합니다. 다른 사람에게 무언가를 요청하는 사람은 자신의 요청을 뒷받침하기 위해 여러 가지를 주장합니다. 기도로 하나님께 요청하는 일도 마찬가지입니다. 기도하는 사람은 단순히 다음과 같이 말하는 것으로 그치지 않습니다. "하나님, 저를 구원하시고, 제 안에 새 마음을 창조해 주십시오. 제 영혼에 '내가 너의 구원이다'라고 말씀해 주십시오. 저를 가르치고 인도해 주십시오." 하나님께서 자기의 청을 들어주시도록 여러 가지 주장을 덧붙입니다. 그리스도도 그렇게 하셨습니다. 다윗과 다른 성도들 또한 그렇게 하였습니다. 이렇게 함으로써 기도하는 주체는 다음과 같은 모습을 보입니다.

① 더욱 겸손해집니다. 그렇게 기도를 더해 갈수록 하나님을 더욱 주목하게 되며, 그럴수록 자신을 더욱 분명히 보게 될 것이기 때문입니다. 그래서 이렇게 생각합니다. '어떻게 나 같은 자가 감히 하나님 앞에 이렇게 나아갈 수 있단 말인가? 이렇게 죄악되고 가증하며 자격 없는 자가 어떻게 그럴 수 있단 말인가?' 이런 사실에 마음이 녹고, 자신 같은 자가 하나님 같은 분 앞에 나아가 이야기하며 하나님께서 그런 자신의 이야기를 들으시는 것이 도무지 헤아리기 어려운 은혜라는 사실을 기꺼이 인정합니다.

② 더 적극적이고 열정적으로 기도하게 됩니다. 자신이 기도를 통해 구하는 바가 더욱 확실해지고, 그 사실을 스스로 더욱 잘 인식하게 되기 때문입니다. 기도를 통해 추구하는 바가 분명해질수록, 그것을 더욱 자유롭게 추구하게 됩니다.

③ 더 거룩해집니다. 그가 가진 목적이 더욱 순전해지고, 그가 그 순전한 목적을 더욱 분명히 알아 갈 것이기 때문입니다. 바라는 것에 대한 그의 목적이 순전해질수록, 그는 그 바라던 것을 더 자유롭게 소유할 것입니다.

④ 더 끈질기게 기도합니다. 자기가 구하는 바를 모든 측면에서 바라볼 수 있게 되기 때문입니다. 하나의 갈망이 또 다른 갈망을 낳고, 이런 갈망들이 계속 또 다른

갈망들을 낳습니다. 이렇게 끈질기게 기도함으로써 영혼은 하나님 앞에 더 오래 머물게 되고, 그럴수록 더욱 거룩한 성품으로 남아 있게 됩니다. 이미 복을 받은 것입니다.

그렇다고 해서 기도에 따르는 주장들을 인위적으로 꾸며 내서는 안 됩니다. 그런 주장은 간절한 마음에서 자연스럽게 나오는 것이기 때문입니다. 그리고 이를 위해 하나님께서 우리가 기도하는 것들을 더욱 명확히 바라볼 수 있게 해 주셔야 하기 때문입니다. 그렇다면 우리는 하나님을 영화롭게 할 수 있기를 힘써 구해야 합니다. 우리의 기도를 들으시고 우리가 기도한 바를 허락하실 때 하나님의 권능이 나타나기 때문입니다. 하나님께서 우리가 구하는 바를 허락하심으로 말미암아 하나님의 교회가 거룩해지고 다른 사람에게도 유익이 되리라 주장하며, 자신이 구하는 바가 정당함을 하나님께 말씀드릴 수 있습니다. 그러고 나서 우리는 하나님의 변치 않는 진리를 더욱 역동적으로 붙들고, 우리가 구하는 바가 곧 우리가 얻을 분깃임을 더 분명히 확신할 수 있을 때까지 하나님의 약속들에 다시금 초점을 맞추어야 합니다. 하나님께서 우리의 기도를 듣겠노라고 약속하셨기 때문입니다. 또한 신자들은 하나님의 자녀로서 하나님 앞에 나아가야 합니다. 자녀들이 하나님을 향해 목마르고 굶주리는 것과 그들의 목마름과 굶주림을 채워 주어 그들을 만족시키기를 하나님께서 기뻐하시는 것을 알기 때문입니다. 이는 육신의 아버지가 자녀의 필요에 민감하고 자녀가 바라는 바를 채워 줌으로써 그들이 기뻐하는 모습을 보고 싶어하는 것과 같습니다. 그러고 나서 다시금 신속히 주 예수 그리스도의 공로를 하나님 앞에 펼쳐 놓습니다. 창세기 32장 9-12절에서 야곱이 그리한 것처럼, 그리고 시편 85편 1-5절에서 교회가 그리한 것처럼 신자들은 하나님께서 이전에 자기들에게 베풀어 주셨던 긍휼을 하나님 앞에 다시금 떠올리고 고백합니다. 그렇게 함으로써 그 속에서 믿음과 사랑이 다시금 촉발되고, 더 깊은 친밀함 가운데 하나님의 뜻에 묵묵히 순복하는 기도를 드릴 수 있게 됩니다.

참된 기도의 특징

참된 기도란 겸손하게 신령과 진리로 드리며, 믿음으로 열정적이고도 간절하게 쉬지 않고 드리는 기도입니다.

첫째, 참된 기도에는 겸손이 자리합니다. 하나님의 위엄, 자신의 죄악됨과 무가치함, 자신의 부족함을 채울 능력이 없음과 하나님이 그 부족함을 채우셨다는 사실을 아는 데서 오는 겸손함이 자리합니다. 범사에 사람은 하나님 앞에서 겸손할 수밖에 없습니다.

"사람아 주께서 선한 것이 무엇임을 네게 보이셨나니 여호와께서 네게 구하시는 것은 오직 정의를 행하며 인자를 사랑하며 겸손하게 네 하나님과 함께 행하는 것이 아니냐?"(미 6:8)

기도할 때에는 특히 더욱 그러합니다.

① 기도는 피조물이 창조주께로 나아가는 것이기 때문입니다. 비천한 자가 엄위롭고 지극히 존귀하신 분 앞으로 나아가는 것이기 때문입니다. 죄인이 거룩하신 분께 나아가는 것이기 때문입니다. 멸시받아 마땅한 자가 영화로운 분께 나아가는 것이기 때문입니다. 정죄 받기에 합당한 자가 삶과 죽음에 대한 권세를 가지신 하늘과 땅의 재판장 앞으로 나아가는 것이기 때문입니다. 모세가 불이 붙었으나 타지 않는 떨기나무를 보려고 가까이 나아가자, 하나님께서 이렇게 외치셨습니다.

"이리로 가까이 오지 말라. 네가 선 곳은 거룩한 땅이니 네 발에서 신을 벗으라"(출 3:5).

이럴 때 다음과 같이 생각할 수 있어야 합니다.

"내가 무엇을 가지고 여호와 앞에 나아가며 높으신 하나님……앞에 나아갈까?"(미 6:6)

아브라함은 하나님 앞으로 나아가며 이렇게 말했습니다.

"나는 티끌이나 재와 같사오나 감히 주께 아뢰나이다"(창 18:27).

세리가 하나님 앞에서 어떻게 기도했는지를 보십시오.

"세리는 멀리 서서 감히 눈을 들어 하늘을 쳐다보지도 못하고 다만 가슴을 치며 이르되 하나님이여 불쌍히 여기소서 나는 죄인이로소이다 하였느니라"(눅 18:13).

② 하나님께서 겸손한 기도를 기뻐하시기 때문입니다.

"하나님께서 구하시는 제사는 상한 심령이라. 하나님이여 상하고 통회하는 마음을 주께서 멸시하지 아니하시리이다"(시 51:17).

"이는 고아가 주로 말미암아 긍휼을 얻음이니이다"(호 14:3).

③ 하나님께서 겸손한 자의 기도를 들으시기 때문입니다.

"지극히 존귀하며 영원히 거하시며 거룩하다 이름하는 이가 이와 같이 말씀하시되 내가 높고 거룩한 곳에 있으며 또한 통회하고 마음이 겸손한 자와 함께 있나니 이는 겸손한 자의 영을 소생시키며 통회하는 자의 마음을 소생시키려 함이라"(사 57:15).

④ 경건한 기도자는 겸손을 기뻐하기 때문입니다. 그는 겸손을 큰 은혜요 자신이 드린 기도에 하나님께서 응답하신 것으로 여깁니다. 이처럼 겸손하고 경외하는 성품을 가졌기에, 하나님의 위엄과 영광을 볼 수만 있다면 기도한 것이 이루어지지 않아도 오히려 만족해하고 기뻐합니다. 그리고 하나님께서 자신의 기도를 들으셨고 하나님의 뜻에 따라 응답하시리라는 즉각적인 확신을 얻습니다. 하나님께서 "겸손한 자들에게는 은혜를"(벧전 5:5) 베푸시는 분이기 때문입니다.

둘째, 참된 기도는 영과 진리로 하는 기도입니다. 자기가 무엇을 기도하는 줄도 모르고 그저 암기한 기도문을 되뇌는 것(설령 한 마디 한 마디에 주의를 기울이고, 또 그렇게 되뇌는 내용이 자신이 일반적으로 하나님께 기도하고 바라는 것이라 할지라도)은 하나님을 만홀히 여기는 것입니다. 설령 그 내용을 안다고 할지라도 그것을 바라지 않는다면, 이 또한 마찬가지입니다. 그 바라는 것을 얻으려고 주기도문을 아침저녁으로 암송하고 주문처럼 되뇌는 것은 어리석은 행위입니다.

영과 진리로 하는 기도는 다음과 같습니다.

① 앎이 함께하는 기도입니다. 다시 말해, 기도하는 자는 자신의 기도를 들으시는 하나님을 압니다. 또 그렇게 하나님께 나아가는 데 중보자가 되시는 그리스도를 압니다. 자신이 곤경에 처해 있으며 무가치함을 압니다. 자신이 무엇을, 왜 바라고 기도하는지를 압니다. 이를 일상적으로(habitually) 인식할 뿐만 아니라(그래야 우리가 이런 사실에 주목해야 할 때 그것들을 의식할 수 있습니다), 실제로도 분명히 알

아야 합니다. 그래야 기도하는 순간에도 자신이 무엇을 말하고 있는지를 분명히 알며, 더 간절하고도 열렬히 기도할 수 있습니다.

"그러면 어떻게 할까 내가 영으로 기도하고 또 마음으로 기도하며 내가 영으로 찬송하고 또 마음으로 찬송하리라"(고전 14:15).

② 의지로 하는 기도입니다. 진리 안에서 자신이 기도하는 내용을 강하게 원합니다. 우리가 기도하는 내용을 그토록 열망한다는 것을 하나님 앞에서 우리 양심이 증언해야 합니다. 기도하는 내용을 생각할 때뿐만 아니라, 기도하고 바라는 것을 방해하고 막아서는 모든 것을 기꺼이 거부하는 모습을 통해 드러나야 합니다. 회심하지 않은 사람은 거룩함이 얼마나 바랄 만한 것인지를 들을 때, "그러하다. 나도 거룩해지기를 바라고 정말로 거룩함을 원한다"라고 말할 것입니다. 그러나 죄를 정직한 것으로 여기며 즐기고 기뻐하고 유익으로 구하는 사람이 거룩함의 빛으로 죄를 비추어 본다면, 죄는 마땅히 거부해야 할 것인데도 자신은 전혀 거룩함을 원하고 있지 않을뿐더러 도리어 죄를 원하고 있음을 적나라하게 보게 될 것입니다. 알렉산더 대왕은 자신이 알렉산더가 아니라면 디오게네스가 되기를 바랐습니다. 젊은 부자 관원은 구원을 바랐고 하나님의 계명도 지켰지만, 자신이 선하게 여기는 것들과 결별해야 함을 깨닫자 슬퍼하며 떠났습니다. 바로 구원을 떠나간 것입니다(마 19:21,22 참고).

③ 신중하고도 세심하게 드리는 기도입니다. 기도할 때 감정이 지각과 의지를 앞서지 않도록 경계해야 합니다. 오히려 지각과 의지가 감정보다 앞에 서서, 우리의 열정을 불러일으키고 통제하도록 해야 합니다. 만약 이런 순서와 방식으로 기도한다면, 기도하는 내내 합당한 성향으로 마음을 지킬 수 있을 것입니다.

"너는 하나님의 집에 들어갈 때에 네 발을 삼갈지어다. 가까이하여 말씀을 듣는 것이 우매한 자들이 제물 드리는 것보다 나으니 그들은 악을 행하면서도 깨닫지 못함이니라. 너는 하나님 앞에서 함부로 입을 열지 말며 급한 마음으로 말을 내지 말라. 하나님은 하늘에 계시고 너는 땅에 있음이니라. 그런즉 마땅히 말을 적게 할 것이라"(전 5:1,2).

- 성령과 진리는 기도에 절대적으로 필요합니다.

"하나님은 영이시니 예배하는 자가 영과 진리로 예배할지니라"(요 4:24).

- 하나님은 마음을 원하십니다.

"내 아들아 네 마음을 내게 주며"(잠 23:26).

- 하나님은 성령의 마음과 생각을 아십니다.

"주는 계신 곳 하늘에서 들으시고 사하시며 각 사람의 마음을 아시오니……주만 홀로 사람의 마음을 다 아심이니이다"(왕상 8:39).

- 하나님은 중심이 진실하기를 원하십니다(시 51:6 참고).
- 하나님은 진실한 자를 찾으십니다.

"여호와여 주의 눈이 진리를 찾지 아니하시나이까?"(렘 5:3)

"아버지께서는 자기에게 이렇게 예배하는 자들을 찾으시느니라"(요 4:23).

- 하나님은 마음은 하나님에게서 멀리 두고 육신만 하나님께로 나아오는 자들을 미워하고 벌하십니다.

"주께서 이르시되 이 백성이 입으로는 나를 가까이하며 입술로는 나를 공경하나 그들의 마음은 내게서 멀리 떠났나니 그들이 나를 경외함은 사람의 계명으로 가르침을 받았을 뿐이라……그들 중에서 지혜자의 지혜가 없어지고 명철자의 총명이 가려지리라"(사 29:13, 14).

셋째, 열렬하고도 간절한 기도여야 합니다. 크게 소리 내 기도하라는 말이 아닙니다. 물론 청산유수로 길게 기도하거나, 논리 정연하면서도 열정적으로 울먹이며 기도하라는 말도 아닙니다. 자연인도 그렇게 기도할 수 있습니다. 열렬함이란 지각과 신중함 가운데 표현되고, 그것을 강하게 열망하는 데서 비롯된 중심의 격렬한 활동을 가리킵니다. 몸과 영혼의 에너지가 전부 발휘되는 것입니다. 반대되는 모든 생각을 꿰뚫어 보고, 생각이 이리저리 헤매는 것을 억제합니다. 육신의 굼뜬 태도와 불신앙적인 생각('모두 부질없다, 하나님이 듣지 않으실 거야, 기도해 봐야 응답도 없을 것이다'와 같은 생각들)과 사탄의 교묘한 속임수와 비웃음도 물리칩니다. 신자는 쉽게 포기하지 않습니다. 그러기에는 그 안에 있는 열망이 너무나 강합니다. 야곱이 "당신이 내게 축복하지 아니하면 가게 하지 아니하겠나이다"(창 32:26)라고 말한 것처럼 신자는 끝내 이깁니다. 가나안 여인이 마침내 주님의 도우심을 얻은 것처럼, 신자도 기도와 간구로 그렇게 주님을 바랍니다(마 15:22 참고). 그렇다고 해서 그 열렬함이 영혼의 잠잠하고 차분한 성향이나 하나님을 향한 경외심을 없애는 것은 아닙니다. 기도할 때 잠잠함과 열렬함은 함께합니다. 이른바 기도의 자리에 나아갈 수 없다는 사람들은 물론, 기도하기를 마다하는 자들은 부끄러워해야 합니다. 경건의 시간이 방해를 받아 기도할 수 없게 될 때, 그들은 기도하지 못한 것 때문에 슬퍼하지도 않습니다. 뿐만 아니라 자기 잘못으로 그렇게 된 것이 아니라는 이유로 기도하지 않고 그냥 지나갈 수 있게 된 것에 만족스러워합니다. 어떤 이는 바라고 갈망하는 것을 얻기 위해서가 아니라, 기도의 의무를 행함으로써 양심을 잠재우기 위해 기도합니다. 이런 사람은 하나님께서 자기 기도를 듣지 않으실 수도 있다는 불신앙적인 생각에 쉽게 방해를 받습니다. 그가 기도하는 내용을 살펴보면, 어떤 한 문제에 깊이 집중하여 기도하는 것이 아니라 이 문제 저 문제, 이 생각 저 생각을 나열할 뿐입니다. 얼마나 가증한 모습입니까! 바라는 것이 없으면 그냥 돌아가십시오. 하나님 앞에서 무언가를 바라지도 않으면서 하나님의 뜻이라는 이유로 억지로 기도의 자리로 나올 필요는 없습니다. 하나님은 그런 미지근함과 무성의함과 나태한 섬김을 원하지 않으십니다.

구약에서 제물과 향을 사르기 위해 불이 있어야 했던 것처럼, 우리의 기도는 열정으로 타올라야 합니다. 그 이유는 다음과 같습니다.

① 하나님은 간절한 기도를 기뻐하십니다.

"내게 구하는 백성들……이 구스 강 건너편에서부터 예물을 가지고 와서 내게 바칠지라"(습 3:10).

② 하나님은 간절한 기도에 역사하십니다.

"의인의 간구는 역사하는 힘이 크니라"(약 5:16).

③ 신자는 자신이 하는 모든 일에 성실과 열정으로 임해야 합니다.

"열심을 품고 주를 섬기라"(롬 12:11).

"그러므로 네가 열심을 내라"(계 3:19).

④ 성도들의 모범을 따라 우리 역시 간절히 기도해야 합니다. 성도들의 삶은 기도하는 삶이었습니다. 다윗은 심지어 한밤중에 깨어 기도했으며, 새벽이 오기 전부터 기도의 자리로 나아갔습니다. 그는 쉼 없이 하나님을 부르고, 하나님께 부르짖었습니다. 우리 역시 그렇게 해야 합니다. 그래서 하나님의 은혜만이 우리를 도울 수 있고, 하나님께서 후히 주고 꾸짖지 않으시는 분임을 알고 인정하는 것이 우리의 바람임을 하나님이 아시도록 말입니다.

넷째, 참된 기도는 쉬지 않고 드리는 기도입니다.

"쉬지 말고 기도하라"(살전 5:17).

① 쉬지 않고 기도한다는 것은, 기도를 게을리하여 기도가 낯설어지지 않도록 우리를 훈련하면서 날마다 기도에 힘쓰는 것을 말합니다. 그리스도인은 기도하는 사람입니다. 기도는 기독교 신앙의 핵심입니다(창 4:26 참고).

② 성도의 인내와 견인은 항상 기도하는 성향을 통해 이루어집니다. 기도할 때 기도의 형태를 명확히 갖추지는 못할지라도, 마음만큼은 언제나 하나님을 친근히 하고, 하나님을 주목하여 바라보고, 하나님과 동행해야 합니다. 이런 성향을 가져야만 매 순간 계속(혼자 있든, 여행 중이든, 일을 하든, 사람들과 함께 있든 상관없이) 하나님께 기도할 수 있습니다. 느헤미야는 왕을 알현하는 와중에도 하나님께 기도했습니다(느 2:3,4 참고).

③ 믿음, 소망, 사랑, 경건한 삶, 죄와 싸우는 힘, 성화와 같이 하나님께서 한 번에 허락하지 않으시고 점진적으로 조금씩 허락하시는 것들이 있습니다. 그러하기에 우리는 일생 동안 이런 것들을 위해 기도해야 합니다.

④ 때때로 성령의 인도하심과 하나님의 도우심이 특별히 필요한 매우 특수한 환경에 처합니다. 출타하거나 다시 돌아올 때, 특별한 일을 감당할 때, 사람들과 어울릴 때, 누군가를 특별히 찾아볼 때, 우리로 하여금 걸려 넘어지게 하려는 올무가 놓인 상황으로 들어갈 때, 둘 중 어느 하나를 선택해야 할 때, 종을 고용할 때, 무언가를 사고팔 때, 예기치 못한 상황을 맞이할 때가 그러합니다. 각각의 상황 속에서 우리는 하나님께 기도해야 합니다.

⑤ 이례적으로 힘들고 위협이 되는 일들을 당하기도 합니다. 또는 어떤 일의 결과가 즉각 드러나기를 바라는 때가 있습니다. 현세적인 일을 통해서든 영적인 일을 통해서든 예기치 못한 시험을 당할 때가 바로 그런 경우입니다. 특히 죄의 유혹을 강하게 받을 수 있습니다. 하나님께서 영혼에게 알려 주시는 일반적인 계시 이상의 것을 알고 싶어하는 강력한 욕구가 생길 수 있습니다. 그리스도와 구원에 참여한 자가 되었다는 확신이나, 천국을 미리 맛보고자 하는 욕구가 필요 이상으로 일어날 수 있습니다. 이런 경우, 기도하는 사람이 어떤 것을 응답으로 받기 전까지 이런 욕구를 피할 수 없다면 다음과 같이 함으로써 그런 유혹을 이겨 갈 수 있을 것입니다.

- 기도를 통해 이런 사실을 하나님께 말씀드립니다.
- 일상에서 홀로 가지는 경건의 시간은 물론, 혼자 있을 수 있는 기회가 주어지거나 이런 욕구가 강하게 일어나는 때에 그런 기도를 반복해서 드립니다.

문제가 해결될 때(하나님께서 응답하시거나 영혼으로 하여금 하나님의 뜻으로 만족하게 하셔서 더는 이런 것을 강하게 욕구하지 않게 하실 때)까지 우리는 이런 방식으로 주를 바라보며 이겨 갈 수 있습니다(시 34:5 참고). 하나님께서 모든 것을 선하게 이루어 가실 것을 잠잠히 믿어야 합니다.

⑥ 타인의 안녕을 위한 욕구가 강하게 일어날 때가 있습니다. 이는 전체 교회의 안녕을 위한 바람일 수도 있고, 특별하고도 절박한 필요에 처한 개인을 위한 바람일 수도 있습니다. 또한 목사나 장로들이나 집사들을 선택하기 위한 바람일 수도 있습니다. 아니면 특정한 개인이나 가정이 영육 간에 안녕하기를 강하게 바랄 수 있습니다. 회심한 사람에 대한 것일 수도 있고 회심하지 않은 사람에 대한 것일 수도 있습니다. 남편이나 아내, 자녀나 부모가 마음을 무겁게 짓누를 수도 있습니다. 그들의 회심을 너무나 열망한 나머지 그들을 위해 기도할 수밖에 없는 까닭에 하나님께 많이 간구합니다. 설령 기도한 본인은 응답을 보지 못한다 할지라도, 하나님께서 그들을 위한 우리의 기도를 들으셨고, 또한 그렇게 일하실 것을 잠잠히 확신하게 하실 때까지 계속 기도하는 것이 마땅합니다. 하나님께서 자신을 숨기기

시작하셔서 우리가 더는 감히 이 문제로 하나님께 간구하지 못하게 되거나, 자녀들이 헛되이 기도하지 않도록 하나님께서 우리의 기도에서 기도의 대상을 배제시키시는 때일 수도 있습니다. 그럴 때에라도 낙심하거나 실망 때문에 기도하는 것 자체를 게을리해서는 안 됩니다. 오히려 우리가 간구한다는 그 자체가 하나님을 기쁘시게 했다는 사실을 깨달아 다시금 새 힘을 얻기까지 기도하기를 게을리하지 말아야 합니다. 이처럼 우리는 이 문제를 하나님의 손에 맡겨 드려야 합니다. 그리하면 우리가 드린 기도가 다시금 우리 품으로 돌아오고(시 35:13 참고), 그들을 위해 간구했던 그 평안이 우리에게로 돌아올 것입니다(마 10:13 참고).

끈질기게 기도하고픈 마음을 불러일으키기 위해 다음 몇 가지를 생각해 보겠습니다.

① 성경은 특별히 우리가 끈질기게 기도해야 한다고 모든 곳에서 권면하고 명령합니다.

"기도에 항상 힘쓰며"(롬 12:12).

"모든 기도와 간구를 하되 항상 성령 안에서 기도하고 이를 위하여 깨어 구하기를 항상 힘쓰며"(엡 6:18).

"기도를 계속하고 기도에 감사함으로 깨어 있으라"(골 4:2).

"예수께서 그들에게 항상 기도하고 낙심하지 말아야 할 것을 비유로 말씀하여"(눅 18:1).

② 포기하지 않고 끈질기게 기도함으로써 영혼은 선한 성품을 가지게 됩니다. 우리는 기도함으로써 하나님께서 우리를 선대하실 의무가 전혀 없으신데도 후히 베푸시는 분으로 알고 인정합니다. 하나님께서는 우리에게 무언가를 베풀어 주셔야 할 의무가 없습니다. 그런 하나님께서 우리에게 무언가를 베푸신다면, 그것은 전적으로 그분의 은혜와 선하심에서 비롯된 것입니다. 그리고 끈질긴 기도는 기도하는 사람을 더욱 겸손하게 합니다. 자신이 모든 은혜와 복을 누리기에 전혀 합당하지 않은 사람임을 알게 하기 때문입니다.

"가난한 자는 간절한 말로 구하여도"(잠 18:23).

하나님께서 기도를 들어주시더라도 그토록 많이 간구하여 받은 응답이므로 그것을 더 소중히 여기고 이로 말미암아 더 큰 기쁨을 누립니다.

③ 끈질기게 기도함으로써 우리는 마침내 기도하던 바를 얻습니다. 밤새도록 길게 씨름한 야곱이 복을 받았습니다(창 32장 참고). 끈질기게 주님께 구하던 가나안 여인은 마침내 주님의 도우심을 얻었습니다(마 15장 참고). 비를 내려 주시기를 반복하여 기도하던 엘리야에게 마침내 하나님께서 비를 보내셨습니다(왕상 18장 참고). 초대 교회의 끈질긴 기도로 말미암아 베드로는 놀랍게도 감옥에서 풀려났습니다(행 12장 참고). 합심하여 끈질기게 기도하며 간구하는 가운데 오순절 성령께서 임하셨습니다(행 1,2장 참고). 기도하는 사람은 많지만 끈질기게 기도하는 사람은 드뭅니다. 그래서 많은 사람들이 자신이 기도하는 것을 얻지 못합니다. 그러므로 끈질기게 기도하지 못하도록 방해하는 모든 것들, 나태함, 게으름, 기도한 바를 얻지 못하리라는 불신앙, 두 마음(부분적으로는 신령한 것들에, 부분적으로는 세상의 것들에 주목하는), 우유부단한 바람을 멀리해야 합니다. 이러한 것들로 말미암아 신자들은 기도하기를 포기하고 계속 성실하게 기도하지 못하게 됩니다. 그러므로 간구하는 바를 얻지 못하더라도 쉬지 말고 기도하십시오. 늘어뜨렸던 두 팔을 다시금 높이 들고 연약한 무릎을 다시금 강하게 하십시오.

다섯째, 참된 기도는 믿음으로 드리는 것입니다. 기도를 위해서는 특별한 의미의 믿음이 필요합니다.

"너희가 기도할 때에 무엇이든지 믿고 구하는 것은 다 받으리라 하시니라"(마 21:22).

"그러므로 내가 너희에게 말하노니 무엇이든지 기도하고 구하는 것은 받은 줄로 믿으라. 그리하면 너희에게 그대로 되리라"(막 11:24).

"오직 믿음으로 구하고 조금도 의심하지 말라"(약 1:6).

① 기도하는 자는 참되게 회심한 신자여야 합니다(약 5:16 참고).

"하물며 하나님께서 그 밤낮 부르짖는 택하신 자들의 원한을 풀어 주지 아니하시겠느냐? 그들에게 오래 참으시겠느냐?"(눅 18:7)

하나님은 우는 까마귀 새끼도 돌보시는 분이므로 회심하지 않은 자의 기도도 들으시고 그들에게 어느 정도 복을 베풀기도 하십니다. 그러나 이는 하나님의 약속에서 비롯된 것이 아니라, 하나님의 일반적인 선하심으로 말미암아 회심한 자나 그렇지 않은 자에게 공통으로 보여 주시는 일시적인 성격의 복입니다. 반면에 하나님의 자녀들은 하나님이 주신 약속의 후사이며, 회심하지 않은 자들과는 달리 기도의 영을 통해 기도합니다.

"여호와의 눈은 의인을 향하시고 그의 귀는 그들의 부르짖음에 기울이시는도다"(시 34:15).

"그는 자기를 경외하는 자들의 소원을 이루시며 또 그들의 부르짖음을 들으사 구원하시리로다"(시 145:19).

② 기도하는 자는 하나님의 말씀에 기록된 모든 약속을 자기에게 주어진 것으로 받고 자신을 약속의 후사로 여겨야 합니다(히 6:17 참고). 한 걸음 더 나아가, 성경의 모든 약속이 그리스도 안에서 예와 아멘이 될 뿐만 아니라(고후 1:20 참고), 자신에게 주시는 틀림없는 진실한 약속으로 받아야 합니다. 특히 기도를 들으신다는 약속에 대해서는 더욱 그리해야 합니다.

③ 기도하는 자는 믿는 마음으로 다음의 사실들을 기억해야 합니다.

• 하나님은, 사람이 자신의 모든 필요를 기도라는 방편을 통해 하나님께 아뢰도록 하셨습니다.

• 전지하신 하나님은 모든 사람의 마음을 아실 뿐만 아니라, 기도하는 사람에게 주목하사 그 갈망이 표출되는 것을 지켜보시며 그에게 귀 기울이십니다(시 34편 참고).

• 전능하신 하나님은 기도하는 신자의 소원을 들어주십니다. 그것이 가능하며 그것을 이루는 방편이 있는지 여부와 상관없이 소원을 들어주십니다. 심지어 모든 것이 그 소원을 막아선다 할지라도 말입니다.

"우리 가운데서 역사하시는 능력대로 우리가 구하거나 생각하는 모든 것에 더 넘치도록 능히 하실 이에게"(엡 3:20).

"대저 하나님의 모든 말씀은 능하지 못하심이 없느니라"(눅 1:37).

• 선하신 하나님은 간구하는 신자의 소원을 이루어 주기를 바라십니다. 그들을

기꺼이 용서하시고(시 86:5 참고), 즐거이 사랑하시고(호 14:4 참고), 은혜를 베풀려고 기다리시고(사 30:18 참고), 기쁨으로 자기 백성을 선대하십니다(렘 32:41 참고). 기도하는 신자는 하나님을 이런 분으로 인정해야 합니다.

- 미쁘신 하나님은 기도하는 신자에게 주신 모든 약속을 이루십니다.

"네 입을 크게 열라 내가 채우리라"(시 81:10).

④ 기도하는 자는 마음을 고양하고 다음의 사실들을 믿어야 합니다.

- 하나님은 그리스도를 통해 하나님께로 나아오는 모든 사람을 그리스도 안에서 기뻐하십니다(단 9:23; 행 10:30,33 참고).
- 하나님은 자녀들의 열망과 그들이 눈물 흘리며 탄식하고 부르짖는 소리를 기뻐하십니다.

"바위틈 낭떠러지 은밀한 곳에 있는 나의 비둘기야, 내가 네 얼굴을 보게 하라 네 소리를 듣게 하라. 네 소리는 부드럽고 네 얼굴은 아름답구나"(아 2:14).

- 하나님은 그리스도 안에서 기도하는 신자들의 얼굴을 보시고, 그들의 기도를 들으시고, 자신의 뜻을 따라 그들의 기도에 응답하십니다.

"그들이 부르기 전에 내가 응답하겠고 그들이 말을 마치기 전에 내가 들을 것이며"(사 65:24).

기도하는 사람은 여기서 언급하는 사실들이 분명하고도 확실하다고 여겨야 합니다. 이 사실들이 진리에 기초하기 때문입니다. 이런 사실을 더 소중히 여기면서 받을수록 신자는 믿음으로 더 기도하게 됩니다. 그리고 하나님께서 그의 기도를 더 기뻐하시고, 기도하고 바란 것을 얻게 되리라는 사실을 더욱 확신하게 됩니다.

그러나 너무나 많은 하나님의 자녀들이 이런 사실을 필요한 만큼 소중히 여기고 기쁨으로 받지 않습니다. 이런 내용과 성향을 적극적으로 추구하지 않고, 그저 각자가 바라는 것을 이따금씩 표현할 뿐입니다. 믿음이 약한 자들도 많습니다. 특히 이들은 하나님께서 자기 기도를 듣고 소원을 이루신다는 사실을 분명히 믿지 못하고, 오히려 이렇게 생각합니다. '나 같은 죄인이 어떻게 그런 사실을 믿을 수 있겠는가? 더구나 지금까지 응답되지 않은 기도가 너무나 많다.' 이런 사람들은 다음과 같은 사실을 주목하고 교훈을 얻어야 합니다.

① 하나님이 우리의 기도를 들으시는 것은 우리의 의로움 때문이 아니라, 그리스도의 공로 때문입니다. 그러므로 그리스도 안에 있는 자(기도가 응답되는 데 빛과 생명이라는 은혜의 크기는 관련이 없습니다)에게 기도의 응답이 가로막히는 것은, 그가 부주의하여 믿음으로 기도하지 않기 때문입니다.

② 하나님께서 여러분의 기도에 응답하지 않으셨다거나, 여러분이 기도한 것을 주지 않으셨다고 말할 수 없습니다. 때때로 하나님은 여러분의 눈물과 탄식을 기뻐하시고, 여러분의 기도에 복을 베푸십니다. 그러나 여러분은 이 복에 주목하지도 않고, 그분이 베푸신 복들이 이전에 드린 기도와 어떻게 연관되는지도 알지 못합니다.

③ 하나님은 여러분이 하나님 앞에 가지고 간 문제들에 개별적으로 응답하셨습니다. 그러나 응답하는 때와 방식과 정도는 약속하지 않으셨습니다. 우리는 무엇이 가장 좋은 응답인지를 알지 못합니다. 만약 하나님께서 우리가 기도한 대로 많은 것들을 응답하셨다면, 차라리 응답받지 않았으면 좋을 뻔했다고 말할 때가 많을 것입니다. 그러므로 기도하는 사람은 하나님께서 진실로 자신의 기도를 기뻐하시며 그 기도에 응답하신다는 사실을 믿어야 합니다. 하나님의 뜻에 만족하고 순복해야 합니다. 이때 불신앙으로 불평하거나 초조해하지 마십시오. 또한 '하나님은 나를 사랑하지 않고 내 기도를 듣지 않는다'라고 생각하지 마십시오. 이런 태도는 하나님께서 기뻐하지 않으실 뿐만 아니라, 기도하는 사람 자신에게도 아무런 유익이 없습니다.

④ 우리가 절박하게 바라지 않기에 기도하지 않는 문제들이 있습니다. 그렇다면 기도하는 사람은 기도에 대해 권리가 없는 것이며, 따라서 그렇게 기도하지 않은 것들을 받지 못한 것을 이상하게 여길 필요가 없습니다. 우리가 기도하려고 하지도 않는 특정한 문제에 대해 하나님께서 응답해 주시기를 바라는 것은 너무나 어리석은 일입니다. 그러므로 하나님의 뜻을 따라 자신이 바라는 바를 제어하고, 이 세상에 속한 것들을 바라는 일에 너무 마음을 빼앗기지 마십시오. 하나님의 지혜

와 선하심과 뜻을 여러분의 즐거움으로 삼으십시오. 그리하면 믿음으로 기도하고 하나님의 뜻에 순복하는 가운데 여러분의 기도가 응답되기를 잠잠히 기다릴 수 있을 것입니다.

"하나님께 나아가는 자는 반드시 그가 계신 것과 또한 그가 자기를 찾는 자들에게 상 주시는 이심을 믿어야 할지니라"(히 11:6).

기도의 외적 측면

기도의 외적인 측면으로 시간, 장소, 동작, 목소리를 생각해 볼 수 있습니다.

기도하는 시간

① 일반적으로 기도는 날마다, 기도할 기회가 있을 때마다 합니다. 모임이 공적이든 사적이든 상관없습니다. 모든 그리스도인이 마땅히 지켜야 할 가정 예배와 같이 특정한 시간에 기도할 수도 있습니다. 모든 가정이 저마다 아침저녁으로 가정 예배를 위해 모여야 합니다. 점심 때도 할 수 있으면 좋습니다. 이 시간에는 가장인 아버지가(아버지가 없거나 출타 중이면 어머니가) 성경을 한 장 읽고서 그것에 대해 이야기하고, 자녀들과 종들을 가르치며, 시편을 함께 부르고, 머리 숙여 기도합니다. 이 모든 것들이 하나님께서 우리 각자에게 주신 능력과 비례합니다. 여호수아는 자신의 온 집이 하나님을 섬기기를 바랐습니다(수 24:15 참고). 고넬료는 온 집안과 더불어 하나님을 경외했습니다(행 10:2 참고). 각 가정의 가장은 자기 집을 작은 교회로 일구어 가야 합니다. 하나님께서 가정에 복을 베푸실 것입니다. 자녀들과 종들은 하나님 경외하기를 배우고 구원을 경험할 것입니다. 이런 역사는 죄를 억제하는 가운데 가족 구성원이 서로를 사랑하고 존경하게 만들며, 서로를 경건의 모범으로 따르게 할 것입니다. 기도할 때에든 다른 사람의 모범을 따를 때에든, 우리는 모든 기회를 잘 숙고하고 활용해야 합니다.

② 가족 구성원은 저마다 은밀한 기도의 시간을 가져야 합니다. 특별한 상황이

든 일상적인 상황이든 상관없이 모든 상황 속에서 그리해야 합니다. 언제 그런 시간을 가질지에 대해 성경이 명시하지는 않지만, 성도들에게서 우리가 따라야 할 좋은 모범을 발견합니다. 그들은 아침과 점심과 저녁 때 기도하였습니다. 다음 말씀들을 보십시오.

"하루 세 번씩 무릎을 꿇고 기도하며 그의 하나님께 감사하였더라"(단 6:10).

"저녁과 아침과 정오에 내가 근심하여 탄식하리니 여호와께서 내 소리를 들으시리로다"(시 55:17).

우리가 이런 모범들을 따라야 하는 이유는, 그런 시간에 기도할 때 특별히 하나님이 더 기뻐한다거나 그때 하는 기도가 더 효과적이어서가 아닙니다. 그렇게 함으로써 하나님과의 교제 가운데 들어가고, 그 교제를 계속 이어 갈 수 있기 때문입니다. 이러한 개인 경건의 시간을 소홀히 여기면, 하나님과의 교제가 사그라질 것입니다. 처음에는 거의 깨닫지 못합니다. 하루에도 많은 기도를 하나님께 순간마다 활처럼 쏘아 올리기 때문입니다. 그러나 이런 기도조차도 점점 줄어들 것입니다. 만일 경건의 시간을 규칙적으로 충실히 지키기로 마음먹는다면, 그동안 자신이 하나님과의 교제에서 얼마나 많이 미끄러졌는지를 확인하게 될 것입니다. 그리고 하나님과 친밀하게 교제하는 데 이보다 더 견고한 기초가 없으며, 경건의 신비와 관련된 특별한 비추임이나 만남 같은 것은 없다는 사실을 깨닫게 될 것입니다. 그렇습니다. 또한 우리는 기도의 영께서 우리를 떠나셨으며 우리 스스로는 하나님과의 교제를 이어 갈 수 없다는 것도 발견할 것입니다. 그러므로 확신 가운데 하나님과 계속 친밀하게 교제하고 높은 차원의 비추임과 경험을 얻으며 하나님을 한결같이 경외하기 위해서는, 저마다 개인 경건의 시간을 철저하게 기억하여 지키고, 그 시간을 소홀히 해서는 안 됩니다. 마귀는 신자가 홀로 경건의 시간을 가지지 못하도록 만드는 데 혈안이 되어 있기 때문입니다.

특별한 일을 당할 때에만 기도할 뿐 평소에는 이따금 기도의 말을 속으로 읊조리는 데 만족하는 사람들보다, 경건의 시간을 철저하게 지키는 사람들이 실제로 더 많이 공격당하고 더 깊은 어둠과 믿음의 연약함과 예기치 못한 싸움을 맞닥뜨리게 됩니다. 이는 당연합니다. 그들은 자신에 대해 더욱 깊이 이해하고 하나님과 더욱 고상하게 교제하는 데 힘쓰기 때문입니다. 개인 경건의 시간을 엄수하지 않는 사람들은 그런 싸움을 하려야 할 수 없습니다. 게다가 개인 경건에 힘쓰지 않는 사람들이 자라 가지 않는 반면, 개인 경건에 힘쓰는 사람은 이런 힘겨운 싸움을 통해 은혜에 더 자라고 그리스도 안에서 성숙해져 갑니다.

어떤 이는 다음과 같이 생각합니다. '나는 시간을 내서 기도할 때보다 일상에서 순간순간 속으로 기도할 때 더 경건하다. 기도하려고 시간을 내어 자리에 앉으면 무기력하고 힘들 뿐만 아니라, 기도 자체가 잘되지 않는다. 그래서 나는 시간을 정해 놓고 기도하기보다는 성령께서 나를 감동시키는 순간마다 기도하는 편이 더 낫다고 생각한다.' 이런 사람들은 다음의 몇 가지 사실들에 주목해야 합니다.

① 기도하기 위해 시간을 정해 자리에 앉을 때마다 느낀다는 무기력함과 어두운 마음은 다름 아닌 게으름에서 비롯되는 경우가 많습니다. 사람들은 기도할 때 씨름하고 싶어하지 않습니다. 기도를 시작하자마자 하나님께서 마음을 움직이심을 경험하는 간절한 기도를 하고 싶어합니다. 그러나 하나님은 대개 기도가 막바지에 다다라야 그런 간절한 기도를 허락하곤 하십니다. 이들은 스스로 걷기보다 누군가가 자기를 옮겨다 주기를 바라는 사람입니다. 성경은 "구하라, 그리하면 찾아낼 것이요"라고 하지, "찾으면 구할 것이다"라고 하지 않습니다.

② 게으름 때문이 아니라면, 개인 기도를 할 때마다 특별한 비추임과 한껏 고양되고 크게 분발하는 마음을 즉시로 느껴야 한다고 생각하기 때문입니다. 그렇지 않을 경우 기도를 멈춥니다. 그러나 우리는 개인 경건의 시간이 우리 자신을 하나님께 드리는 시간임을 알아야 합니다. 아침저녁으로 산 제사를 드리는 마음으로 이 시간을 맞이해야 합니다. 올바른 목적을 가지고 이 시간을 확보하고 누리기 위해 힘쓸수록 하나님 앞에 있는 시간을 즐거워할 수 있습니다. 하나님께서 우리를 빛과 은혜로 고양시키시는지 여부에 따라 그 시간의 의미와 즐거움이 달라지는 것이 아닙니다. 그럴 경우, 영적으로 더 높이 고양되는 것은 자신이 하기 나름이라고 여기므로 하나님께서 우리에게 주신 날개로 날아오를 수 있는 것보다 더 높이 날

아오르려고 합니다. 또는 하나님을 구하기 위해 구별한 시간에는 우리가 수고하지 않더라도 그리할 수 있도록 하나님께서 도와주시리라 생각합니다. 이런 생각을 가진 사람은 하나님께서 당연히 그렇게 해 주시리라 믿는 까닭에 그 손이 약해집니다. 그러고는 '하나님은 기도 시간에 내가 그렇게 무기력하게 있는 모습을 기뻐하시지 않을 것이다. 그러니 차라리 기도를 그만두는 편이 낫겠다'라고 생각합니다. 이처럼 우리가 처음부터 너무 높이 날아오르려고 하기 때문에 '땅으로 곤두박질칠 수밖에 없으며,' 처음부터 빛을 보고자 하는 너무 강한 열망을 가지고 시작하기 때문에 어둡게 느껴지는 것이 당연합니다.

그러나 이런 무기력함을 호소할 수밖에 없는 원인은 대개 성실하게 이 시간을 지키지 않는 사람 자신에게 있습니다. 그래서 이런 사람들은 지금까지는 나름대로 잘해 오고 경건에 진보를 이루어 왔다고 생각해 왔더라도, 자신보다 많은 빛을 누리고 하나님과 더 친밀하게 교제하는 경건한 신자들을 보면 곧바로 자신이 얼마나 희미한 빛 가운데 무력하게 살아가고 있는지를 깨닫습니다. 그리고 자신의 이러한 상태를 성령이 떠나신 무력한 상태로 여깁니다. 그러나 큰일을 감당해야 할 때나 자신의 영적 능력을 넘어서는 어떤 일을 할 때 이들이 맥없이 포기할 수밖에 없는 것은 성령이 떠났다는 무기력함 때문이 아니라, 이들의 연약한 성품 때문입니다. 그러므로 크든 작든 자신이 가진 경건과 영성의 분량에 따라 규칙적으로 경건의 시간을 지키고자 힘써야 합니다.

기도의 자리

장소는 기도에 대해 생각해야 할 두 번째 환경입니다. 물론 기도하는 장소가 기도의 가치와 효력을 결정하지는 않습니다. 그러나 기도를 위한 장소는 한 가지 조건을 갖추어야 합니다. 바로 다른 사람의 시선을 의식하지 않아도 되는 혼자만의 자리여야 합니다.

① 주 예수님께서 그렇게 명령하십니다.

"너는 기도할 때에 네 골방에 들어가 문을 닫고 은밀한 중에 계신 네 아버지께 기도하라"(마 6:6).

② 성도들이 그렇게 기도했습니다. 이삭은 혼자 들에 나가 묵상했습니다(창 24:63 참고). 야곱 역시 기도하기 위해 얍복강 저편에 혼자 남았습니다(창 32:24 참고). 다니엘 역시 자기 방에서 기도했습니다(단 6:11 참고). 베드로는 혼자 기도하기 위해 지붕으로 갔습니다(행 10:9 참고).

③ 우리 영혼의 성향과 우리가 하나님께 말씀드리고자 하는 일들이 홀로 있을 수 있는 자리를 필요로 합니다. 하나님께 말씀드리는 개인적인 일들을 사람들 앞에서 공개적으로 떠벌리려는 사람은 거의 없습니다.

④ 사람들이 곁에 있으면 기도에 집중하기가 어려우며, 우리의 열심 또한 사라져 버립니다. 누군가가 곁에서 자기 기도를 듣고 있다고 생각하면 기도에 몰입할 수 없습니다.

기도할 때의 자세

기도할 때 취하는 자세가 있습니다. 기도하는 동작이나 몸짓 그 자체가 기도에 가치나 담대함을 더해 주지는 않습니다. 신자는 다양한 자세로 기도합니다. 기도할 때 엎드리거나 앉거나 서서 기도할 수도 있지만, 보통은 무릎을 꿇고 기도하는 것이 가장 겸손한 자세라 할 수 있습니다.

① 다윗이 그렇게 하도록 권면합니다.

"오라 우리가 굽혀 경배하며 우리를 지으신 여호와 앞에 무릎을 꿇자"(시 95:6).

② 성도들 역시 무릎을 꿇고 기도했습니다. 솔로몬도 무릎을 꿇고 기도했습니다(왕상 8:54 참고). 다니엘도 하루에 세 차례 무릎을 꿇고 기도했습니다(단 6:11 참고). 주 예수님도 무릎을 꿇고 기도하셨습니다(눅 22:41 참고). 스데반도 그러했고(행 7:60 참고), 바울 역시 회중과 함께 무릎을 꿇고 기도했습니다(행 20:36 참고). 그렇다면 우리가 기도할 때, 우리의 영혼뿐만 아니라 우리의 몸으로 하나님을 영화롭게 하기 위해 이런 겸손한 자세 외에 다른 어떠한 자세를 취할 수 있겠습니까?

목소리

기도할 때의 네 번째 환경은 기도하는 사람의 목소리입니다. 꼭 소리를 내 기도해야 하는 것은 아닙니다. 목소리를 내지 않고 속으로 기도할 수도 있습니다. 하나님께서 우리를 그렇게 할 수 있도록 지으셨습니다. 물론 하나님은 목소리로 우리의 생각을 표현할 수 있도록 하셨습니다. 게다가 우리의 됨됨이에 맞게 하나님을 대하도록 하셨습니다. 그런 하나님께서 자기를 부르라고(시 50:15 참고), 입을 열라고(시 81:10 참고), 하나님께 말하라고(눅 11:2 참고) 명하십니다. 때때로 영혼의 간절함과 움직임이 너무 강렬한 나머지 동시에 입을 통해 표출되기도 합니다. 그러므로 이리저리 헤매는 생각에 휘둘려서는 안 됩니다. 오히려 소리를 내 표현할 때 더욱 잘 기도하는 경우도 있습니다. 여기서 우리는 기도하는 장소를 고려해야 합니다. 사람들이 보거나 들을 수 없는 자리라면, 우리 마음이 움직이는 대로 목소리를 높여 기도할 수 있습니다. 그러나 사람들이 곁에 있으면 기도하는 본인만 들을 정도로 목소리를 낮추어 기도해야 합니다. 주변에 사람이 있든 말든 소리를 높여 기도하는 것은 회심하지 않은 자들에게 무례한 행동일 뿐더러 신자들에게도 피해를 줄 수 있습니다. 골방에 들어가 기도한다는 것은 사람들의 눈에 띄지 않는 것만을 뜻하지 않습니다. 기도하는 소리도 다른 사람에게 들리지 않는 것을 말합니다. 길 가는 사람이 들을 정도로 크게 기도하는 것은 길바닥에 드러눕거나 서서 기도하는 것과 마찬가지입니다.

기도를 위한 권면

첫째, 기도하십시오. 기도는 하나님을 영화롭게 합니다.

"감사로 제사를 드리는 자가 나를 영화롭게 하나니"(시 50:23).

신자는 하나님을 영화롭게 하려는 열망으로 가득합니다. 따라서 신자는 필요한 것이 없을 때에도 하나님을 예배하고자 합니다. 그리하여 하나님께 합당한 영광을 돌리려는 것입니다. 신자는 하나님만이 홀로 예배 받기에 합당하신 분임을 인정하고 싶어합니다. 우리는 기도를 통해 그리스도 안에 계시된 하나님의 모든 속성들을 인정하고 고백합니다. 하나님의 의로우심과 거룩하심을 고백합니다. 우리는 그리스도가 아니면 하나님께 나아갈 수 없는 존재이기 때문입니다. 또한 하나님의 선하심을 고백합니다. 기도라는 방편을 통해 하나님께서 그리스도 안에서 우리를 자기에게로 이끄셨고, 우리의 기도를 듣기를 원하시며, 우리의 소원을 허락하기를 기뻐하시기 때문입니다. 또한 하나님의 위엄을 고백합니다. 이 위엄 앞에 우리는 기쁨과 경외함으로 머리를 숙입니다. 하나님의 전지하심을 고백합니다. 하나님께서 사람의 마음과 그가 원하는 것을 다 감찰하시기 때문입니다. 하나님의 전능하심을 고백합니다. 하나님께는 능치 못할 일이 없습니다. 하나님의 미쁘심을 고백합니다. 하나님은 친히 하신 약속을 변개치 않고 이루십니다. 기도하는 사람은 하나님의 이런 완전하심을 보고 즐거워합니다. 이런 완전하심을 인정하고 고백할 때에 하나님으로부터 다른 많은 복을 받을 때보다 더 기쁨을 맛봅니다. 그런데 어떻게 기도하지 않을 수 있겠습니까? 이런 사실을 아는 사람이 어떻게 기도하기를 열망하지 않을 수 있겠습니까?

둘째, 하나님은 의인의 간구를 기뻐하십니다. 아무리 어눌한 기도라 할지라도 하나님은 의인의 기도를 기뻐하십니다. 의인의 기도는 하나님 앞에 향기로 드려집니다(시 141:2 참고). 하나님께서 그것이 얼마나 향기로운지를 증언하십니다(아 2:14 참고). 하나님을 기쁘시게 해 드리고 하나님이 기뻐하시는 일을 하기를 원합니까? 그렇다면 다른 길은 없습니다. 오직 기도만이 그렇게 할 수 있는 가장 탁월한 길입니다.

셋째, 하나님은 기도를 들으십니다. 그분은 신자가 기도의 자리에 이르기 전부터 이미 자신을 만나러 오는 것을 아시고, 그를 만나기 위해 그 자리로 가십니다(눅 15:20 참고). 그리고 그가 기도할 때, 하나님은 기도를 들으시고 신자가 자기 마음을 쏟아 놓도록 하십니다.

"여호와의 눈은 의인을 향하시고 그의 귀는 그들의 부르짖음에 기울이시는도다"(시 34:15).

넷째, 기도는 영광스러운 일입니다. 천지의 주재요 만왕의 왕이신 하나님이 계시는 궁정에 들어가게 합니다. 그렇습니다. 기도를 통해 우리는 천국 그 자체로 들어가 은혜의 보좌 바로 앞으로 나아갑니다. 기도는 달콤하고도 감미로운 의무입니다. 기도하는 사람은 하나님 앞에서 울도록, 그 마음을 부드럽게 하도록 허락받은 사람입니다. 자기의 소원을 하나님 앞에 쏟아 놓을 수 있게 된 사람입니다. 하나님 앞에 간청하는 특권을 누리는 사람입니다. 울부짖으며 하나님께로 피할 수 있게 된 사람입니다. 이 모든 사실을 자주 떠올리는 신자는 그 마음에 늘 기쁨이 자리합니다. 만약 이 일을 위해 특별히 구별한 장소가 있다면 그리로 나아갈 때마다, 또는 그 사실을 생각하기만 해도 마음이 새로워질 것입니다.

기도는 기도하는 자를 거룩하게 하는 의무입니다. 모세가 시내산에서 하나님과 함께 머물자 그 얼굴이 하나님의 영광으로 빛났습니다. 주 예수님이 기도하실 때, 거룩한 빛이 그분을 에워쌌습니다(마 17:2 참고). 우리가 많은 시간을 기도하며 보낸다면, 지금도 이런 일을 계속 경험할 것입니다. 기도한 것들을 받지 못한다 할지라도 거룩하고도 빛나는 영혼으로 기도의 자리에서 일어날 것입니다. 이 사실을 묵상함으로써 여러분의 영혼이 하늘로 날아오르고 더 기도하기를 원할 것입니다.

다섯째, 기도는 하나님께서 신자의 소원을 이루시는 방편입니다. 기도하지 않으면 받지 못합니다. 하나님께서 신자를 불러일으켜 어떤 일을 위해 기도하게 하지 않으신다면, 이는 대개 하나님께서 그것을 주실 의도가 없다는 뜻입니다.

"너희가 얻지 못함은 구하지 아니하기 때문이요"(약 4:2).

그러나 하나님께서 자녀들에게 어떤 것을 주고자 하시는 경우에는 대개 그들로 하여금 먼저 그것을 위해 기도하도록 하십니다. 하나님은 기도하는 자들을 위해 약속을 주셨습니다. 새 마음을 주시고, 그들로 하여금 그분의 길로 행하게 하셨습니다. 이 땅에 속한 온갖 종류의 복과 신령한 복을 주겠노라고 약속하면서 다른 복도 언급하십니다.

"그래도 이스라엘 족속이 이같이 자기들에게 이루어 주기를 내게 구하여야 할지라. 내가 그들의 수효를 양 떼같이 많아지게 하되"(겔 36:37).

기도를 이루시겠다는 약속들이 얼마나 많은지 모릅니다.

"환난 날에 나를 부르라 내가 너를 건지리니 너가 나를 영화롭게 하리로다"(시 50:15).

"네 입을 크게 열라 내가 채우리라"(시 81:10).

"구하라 그리하면 너희에게 주실 것이요 찾으라 그리하면 찾아낼 것이요 문을 두드리라 그리하면 너희에게 열릴 것이니, 구하는 이마다 받을 것이요 찾는 이는 찾아낼 것이요 두드리는 이에게는 열릴 것이니라"(마 7:7,8).

기도라는 방편을 통해 성도들이 이미 얼마나 많은 것들을 받아 누렸는지를 보십시오! 모세는 기도를 통해 아말렉을 물리쳤습니다(출 17:11,12 참고). 여호수아가 기도하자 해와 달이 멈추어 섰습니다(수 10:12 참고). 임신하지 못하던 한나가 기도하여 사무엘이라는 아들을 얻었습니다(삼상 1:12 참고). 기도함으로써 아사는 구스 사람 세라와 수천 배에 이르는 그의 군대를 물리쳤고(대하 14:9-12 참고), 여호사밧은 모압 자손과 그의 동맹군들을 물리쳤습니다(대하 20장 참고). 엘리야가 기도하자 하늘이 열려 삼 년 반 만의 가뭄이 끝났습니다(왕상 18:42-45 참고). 엘리사는 기도로 죽은 사람을 살렸습니다(왕하 4:35 등 참고). 히스기야는 기도로 생명을 십오 년 더 받았습니다(사 38:5 참고). 보십시오! 신자들이 기도함으로써 얼마나 놀라운 일들이 일어났습니까? 하나님은 지금도 동일하십니다. 기도에 대해 주신 약속은 지금도 동일합니다. 그들은 우리와 성정이 같은 사람들이었습니다. 그러므로 신자들이여, 무언가를 필요로 하거나 바란다면 하나님 앞에 나아가 기도하십시오.

여섯째, 더욱이 하나님께서 여러분이 바라던 것을 여러분의 기도를 따라 허락하시면 그것을 기도하지 않고 받을 때보다 훨씬 더 큰 기쁨을 누릴 것입니다. 동시에 여러분은 기도라는 방편을 통해 거룩한 성품을 받고 하나님의 직접적인 임재 앞에서 하나님께 말씀드리는 특권까지 받았습니다. 이를 통해 하나님께서 여러분을 그리스도 안에서 자녀로 받으셨음을 알게 될 것입니다. 하나님께서 여러분의 기도를 들으시고 여러분을 선대하심이 분명히 드러날 것입니다. 하나님의 완전하심을 목도하고, 기도하여 받은 것이 여러분에게 복으로 드러날 것입니다. 그러므로 기도하는 습관을 들이십시오.

이 책을 읽는 신자여, 여러분은 기도를 게을리할 뿐만 아니라 그나마 하는 기도조차도 나태하고 생기 없이 금방 끝낼 뿐입니다. 그런데도 자신이 영적으로 얼마나 부족하며 육신적으로 얼마나 어려운지를 불평한단 말입니까? 바라는 것이 있다면 기도하십시오. 흔히 기도를 게을리하는 자들이 아무짝에도 쓸모없는 핑계들을 대곤 하지 않습니까? 당신이 기도에 힘쓰고자 한다면 그런 변명을 그치십시오. 그리고 기도를 방해받지 않도록 이런 문제들을 해결할 방법을 찾으십시오. 우리의 기도를 방해하는 몇몇 잘못된 생각들을 살펴봅시다.

기도를 방해하는 생각들

방해 1

이미 하나님은 내가 무엇을 필요로 하고 염려하며 바라는지를 다 아신다. 그런데도 내가 그것을 새삼스럽게 기도로 다시 말씀드려야 하는가?

답변

기도는 하나님께서 모르시는 무언가를 알려 드리는 것이 아닙니다. 오히려 기도를 통해 하나님만이 당신을 도우시는 분임을 고백하고, 당신 또한 그것이 필요함을 잘 알고 있다고 말씀드리는 것입니다.

방해 2

이미 하나님은 내가 무엇을 가지고 가지지 못할지를 정하셨다. 내가 기도한다고 그것이 달라지지는 않는다.

답변

드러나지 않은 것은 하나님께 속하고, 드러난 것은 우리에게 속합니다. 하나님은 우리에게 방편을 주셨습니다. 그리고 이 사실에 따라 우리가 의식적으로 방편을 사용하는 자들에게 주신 약속들을 믿고 의지하기를 바라십시오. 하나님께서 당신이 가질 것과 가지지 못할 것뿐만 아니라 당신이 얼마나 살지도 정하셨습니다.

그렇다고 먹고 마시는 일을 하지 않으렵니까?

방해 3

많은 이들이 기도하지 않고도 모든 것을 풍족히 받아 누린다.

답변

그런 일시적인 것들은 당신을 결코 만족시키지 못합니다. 그들이 누리는 이 땅의 것들은 그들에게 복이 아닙니다. 뿐만 아니라 그들은 자기 죄로 말미암아 하나님께서 복으로 베푸신 모든 것들을 자신의 멸망을 위해 사용합니다. 믿지 않는 자들에게 번영은 사망으로 드러날 것입니다. 불경건한 자들이 누리는 풍족함보다 의인이 기도로 받아 누리는 작은 것이 낫습니다. 의인은 그것을 복으로 받고, 이를 통해 하나님께로 더 가까이 나아갑니다. 게다가 영적인 것들이 당신의 주된 관심이므로, 당신이 이를 위해 기도할 때 하나님께서 틀림없이 그것들을 허락하실 것입니다. 더 많이 기도하면 더 많이 받을 수도 있습니다.

방해 4

나는 많은 일들을 두고 기도하는데, 하나님께서 내 기도를 듣지 않으시는 것 같다. 아직도 나는 기도한 것들에 대해 응답을 받지 못하고 있다.

답변

어린 사무엘이 그러했듯이, 당신도 아직 하나님께서 응답하시는 소리를 잘 알아듣지 못하고 있는지도 모릅니다. 하나님께서 당신의 기도에 응답하여 무언가를 주셨는데도, 당신이 주의를 기울이지 않은 탓에 모를 수도 있습니다. 아니면 믿음 없이 기도한 까닭에, 당신이 이미 기도 응답으로 받은 것을 당신의 기도와 연결시키지 못한 것일 수도 있습니다. 또는 자기 의지가 너무 강한 탓에, 당신의 잘못된 정욕이 바라는 대로 모든 것을 받지 않으면 받은 것으로 인정하지 않기 때문일 수도 있습니다. 이는 하나님께서 당신의 기도를 듣고 은혜를 베푸시는 방식마저도 자기 뜻대로 하려 드는 것입니다. 이 모든 사실을 잘 살펴본다면, 하나님께서 기도를 들지 않으신다거나 기도에 응답하시는 것을 본 적이 없다고 차마 말하지 못할 것입니다.

방해 5

이 글에 나오는 기도에 관한 모든 내용들이 나에게는 해당되지 않는 것 같다. 나도 기도하고 싶지만, 막상 기도를 시작하려고 하면 마음이 닫혀 버린다.

답변

당신은 지금 기도와 관련하여 자신의 분량 이상의 경건을 기대하고 있습니다. 또 그런 사람처럼 기도하기를 원하는 까닭에, 당신이 바라는 그런 기도가 아니면 기도라고 생각하지 않는 것 같습니다. 아직 어린아이라면 어린아이처럼 기도하십시오. 성인이 성인답게 기도하는 것입니다. 하나님은 비둘기가 구슬피 우는 소리도 들으시지만, 제비들이 재잘거리는 소리도 들으십니다. 심지어 탄식과 한숨도 하나님께는 감추어질 수 없습니다. 하나님께서 기도했기 때문에 무언가를 주시는 것은 아니지만, 기도에 대해 응답을 주십니다. 기도가 아주 영적이고 유창할 수도 있지만, 어눌하고 미약할 수도 있습니다. 이러하든 저러하든 하나님은 자신의 갈망을 진솔하게 표출하는 진실한 기도를 들으십니다. 하나님은 궁핍한 자의 기도라고 멸시하시는 분이 아닙니다.

방해 6

이따금씩 나는 죄에 빠진다. 그러하기에 감히 하나님을 조롱하는 것만 같아서 하나님께 나아가 기도하기가 어렵다.

답변

당신이 하나님께서 가장 받으실 만한 기도를 할 때에나 당신의 기도에 응답하실 때에도, 하나님은 당신이 장래에 지을 모든 죄를 마치 지금 하나님 앞에서 짓는 것처럼 보고 계십니다. 이웃의 죄를 하루에 일곱 번씩 일흔 번이라도 용서하라는 것이 우리를 향한 하나님의 뜻입니다. 그러나 하나님은 사람보다 무한히 오래 참고 은택을 베푸십니다. 그리스도 안에서 이미 화해가 이루어졌으며, 당신은 자신의 의로움의 조건으로 매 순간 이것을 받아들이며 삽니다. 당신 스스로는 죄를 멀리할 수 없습니다. 그러하기에는 당신의 옛사람이 너무나 강하고도 악합니다. 하나님은 당신이 언제나 겸손한 성향을 유지하고 날마다 그리스도를 누리도록 하기 위해, 당신 안에 죄가 남아 있는 것을 허용하셨습니다. 죄를 대적하여 싸울 힘을 얻고 죄를 용서받기 위해 기도한다고 하면서 더는 죄를 짓지 않고자 하는 참된 갈망이 지속되지 않는다면, 이는 하나님을 조롱하는 것입니다. 당신이 그런 경우라면 계속 죄를 짓는다는 사실 때문에 기도가 방해받지 않도록 하십시오. 오히려 그러하기에 더욱 기도의 자리로 나아가야 합니다. 당신이야말로 죄를 사함 받고 죄와 싸울 능력을 얻어야 합니다. 그리하여 하나님의 은혜가 더욱 영광을 받고 현저히 드러나게 하십시오.

방해 7

나는 내가 거듭나지 않았을까 봐 두렵다. 하나님은 회심하지 않은 자의 기도를 기뻐하지 않으신다는데, 그게 사실이라면 거듭나지 않은 내가 기도해 봐야 무슨 소용인가?

답변

필요가 있으니 기도하는 것입니다. 또한 당신이 바라는 그 일이 이루어지지 않으면 계속 살아갈 수 없기 때문에 기도하는 것입니다. 설령 당신의 그런 기도가 덕스러운 것으로 기록되지 않는다 할지라도 말입니다. 하나님은 어린 까마귀 새끼가 우는 소리까지도 귀 기울이십니다. 덤불 사이에 누워 사막의 더위와 목마름으로 죽어 가던 이스마엘의 울음소리도 하나님께서 듣지 않으셨습니까? 당신은 회심하고, 그리스도께 참여하며, 거룩해지고, 모든 신령한 은택을 누리고 싶지 않습니까? 이런 것들을 더 바라고 사모할수록 그런 것들을 더욱 좋아하게 됩니다. 이런 바람과 움직임은 진실로 거듭남과 생명의 시작입니다. 성령만이 당신이 바라는 일들을 당신에게 새기시고, 그것들을 위해 기도하도록 당신을 불러일으키실 수 있습니다.

그러므로 성령의 인도하심을 따르십시오. 하나님께서 당신의 기도를 기뻐하시는 것을 경험할 것입니다. 당신의 영육에 필요한 모든 것을 채우시는 하나님을 경험할 것입니다.

여러분이 우려하는 모든 어려움에 대해 충분히 이야기한 듯합니다. 그러니 이제 마음 놓고 기도하십시오. 그러나 이런 것들을 기도에 게으른 자신을 다독이며 게으름을 더하는 변명거리로 사용하지 마십시오.

기도하기를 원하는 자들에게 주는 지침

기도하기를 원하는 사람들이 실제로 기도하기 위해 어떻게 자신을 준비하고, 어떻게 기도하고, 무엇을 생각하며 기도해야 하는지를 살펴봅시다.

지금 자신의 상태에 걸맞게 준비해야 합니다. 하나님과 바른 관계에 있고 기도할 준비가 된 사람이라면, 다음과 같이 행하십시오.

① 마치 자신이 모든 일을 그치고 세상에 혼자 있어서 오직 하나님과 동행하는 일만 남은 것처럼 생각하고, 또 그렇게 준비해야 합니다.

② 영혼을 하나님께 올려 드리는 동안 하나님을 예배 받기에 합당하신 분이요 모든 선한 은사의 원천이며 전능하고도 전지하신 분으로 주목해야 합니다. 다시 말해, 기도로 여러분의 마음을 하나님께 올려 드릴 때에는 모든 방법을 동원하여 하나님을 의식하고 지각해야 합니다.

③ 하나님을 경외하는 겸손한 마음으로 하나님께 나아가도록 노력해야 합니다.

④ 기도의 영과 하나님의 도우심과 기도에 복 주시기를 갈망하며, 탄식하는 마음을 하나님께 올려 드려야 합니다.

죄에 빠져 있거나 악한 생각이 들어왔거나, 허탄한 말들을 내뱉었거나, 죄를 지었거나, 세상 염려로 하나님과 소원해졌거나, 다른 어떤 것에 여러분의 자유를 빼앗겨 혼란스럽고 불안해하고 있다면, 마음을 본래 상태로 회복하기로 결심하고 마음의 성향을 온순하고도 겸손하게 만들기 위해 애써야 합니다. 이런 성향을 통해 진실한 마음을 회복하고, 이런 죄악들을 경계하기 위해 깨어 있기로 굳게 결심해야 합니다. 뿐만 아니라 앞으로는 이런 죄들에 굴복하지 않고 힘써 싸우기로 결심해야 합니다. 그리하면 여러분의 마음이 더는 여러분을 정죄하지 않을 것이며, 오히려 선하고도 깨끗한 양심으로 하나님께 담대히 나아갈 수 있을 것입니다. 이전에 성향과 관련하여 우리가 살펴본 내용을 여기에 더한다면, 개인적으로 하나님께로 나아가기에 합당하게 준비될 것이고, 하나님이 기뻐하실 것입니다.

그렇다고 해서 실제로 기도의 자리로 나아가기를 준비하는 데 몰두하다가 너무 지체해서는 안 됩니다. 그러다가는 자칫 다시 어둠으로 떨어져 혼란을 겪으며, 오히려 기도에 합당하지 않게 될 것입니다.

실제로 기도할 때에는 획일적으로 정해진 틀에 스스로를 제한하기보다, 그때그때 자신의 영혼이 처한 상태에 맞게 조절해 가야 합니다. 좀 굼뜨고 무딘 상태라면, 바로 기도로 들어가기보다는 하나님의 말씀을 읽거나 시편 찬송을 불러 마음을 진리를 향해 불러일으킨 후에 기도로 들어가는 편이 낫습니다. 반대로 하나님을 찬양하고 예배하고 싶은 마음으로 가득하다면, 그런 기회를 놓치지 말고 바로 기도를 시작하는 편이 나을 것입니다. 구체적으로 도움이 될 만한 몇 가지 지침을 제시하겠습니다.

① 기도를 시작하면서 기계적이고도 습관적으로 동일한 말을 하지 않도록 하십시오. 차라리 그때그때 영혼의 상태에 어울리게, 바로 그 시간에 하나님께서 자신을 여러분에게 계시하신 내용으로, 또는 여러분이 하나님에 대해 주목하고 싶거나 스스로를 겸손하게 하여 하나님을 높이고 여러분의 믿음을 강하게 할 방식으로 기도를 시작하십시오. 그러나 이에 관해 지나치게 고민하지는 말고, 그 순간 여러분의 바람에 부합한 방식으로 기도를 시작하십시오. 그러지 않으면 기도하고자 하는 열망을 금새 잃어버리고 말 것입니다.

② 잘난 척하는 표현을 쓰거나 성경 구절만 계속 나열하는 기도로는 기도하는 당사자나 기도를 듣는 사람들의 마음을 불러일으키지 못합니다. 이런 기도는 똑같

이 말씀을 인용하는 기도라 할지라도, 하나님께서 하신 약속을 이루어 달라고 급박하게 요청하거나 우리 안에 순종하는 마음을 불러일으키기 위해 성경 구절을 사용하는 것과는 다소 다릅니다.

③ 자신이 얼마나 기도를 잘하는지를 드러내려고 기도해서는 안 됩니다. 기도하다가 중간에 멈추는 것이 잘못은 아닙니다. 기도하는 영혼이 필요하다면 그럴 수도 있습니다. 마음과 몸을 가다듬고 다시 새롭게 기도하면 됩니다. 처음이나 나중에 뭐라고 말할지 신경 쓰지 않아도 됩니다. 할 말을 정하는 데에는 마음보다 생각이 필요하기 때문입니다. 부주의함에서 비롯된 것이 아니라면, 기도한 문제를 또 기도하고 말을 되풀이하는 것 때문에 너무 신경 쓸 필요는 없습니다. 다만 기도하는 중에 '주님' 또는 '아버지' 같은 말을 감탄사처럼 남발하지 않도록 신경 쓰십시오.

④ 기도에 들어갈 때 갑자기 기도할 말이 잘 생각나지 않아 기도가 어눌해질 때가 있습니다. 그렇다고 해서 기도를 그치고 그 자리를 떠나서는 안 됩니다. 오히려 끈질기게 그 자리에서 기도할 수 있기를 구해야 합니다. 깊은 어둠 후에 밝은 빛이 비출 수 있습니다. 쇠약한 영혼이 생기를 얻기도 합니다. 힘써 기도하고 싶어도 그리되지 않을 때는 기도하는 마음으로 시편을 읽는 것이 도움이 될 때가 많습니다. 그래서 영혼이 다시금 힘을 얻으면, 읽는 것을 내려놓고 즉시 기도라는 영적 행위로 들어가야 합니다. 그리고 이런 영혼의 움직임이 끝나면, 다시금 기도하는 마음으로 시편을 읽습니다.

⑤ 많은 빛과 생명력으로 기도를 시작했다가도 갑자기 어두워지는 때가 있습니다. 우리 자신이 그 원인일 수 있습니다. 이미 마음이 너무 높아져서 하나님 앞에서 겸손함과 하나님 경외하기를 잊어버린 탓일 수도 있습니다. 그렇다면 기꺼이 우리 자신의 무가치함을 깨닫고 스스로 겸비해져 한 걸음씩 걸음마를 떼는 어린아이처럼 행동해야 합니다. 기도하다가 갑자기 마음속에 사업에 관한 문제나 세상 염려나 정욕이 떠오르면 하나님께 용서를 구하고, 이처럼 죄악된 인간이 하나님께 기도로 나아갈 수 있는 것이 은혜임을 인정하면서 자신을 깊이 낮추며 하나님께 드려야 합니다. 갑자기 불신앙적인 생각이 들면, 하나님께서 중보자를 통해 확언하

신 약속들을 주장함으로써 그런 생각과 싸워야 합니다. 특정한 문제, 특히 육신의 문제와 관련해 불신앙이 불쑥 고개를 쳐들 때에는 모든 결과를 하나님의 뜻에 온전히 맡기려고 애써야 합니다. 이처럼 자기의지와 완고함으로부터 건짐 받고 자유로워진 영혼이라 할지라도, 기도하는 가운데 다시금 자유와 생명력을 받아 누리며 이전보다 더 많은 자유와 생명력으로 회복되기도 합니다. 마귀가 갑자기 방해하더라도 전혀 귀 기울이지 말고 그것을 거부하십시오. 이로 말미암아 영혼이 상처를 입을 수도 있지만, 자신의 상태를 뛰어넘어 우리 마음을 하나님께로 올려 드려야 합니다. 그리하면 마귀도 이전만큼 방해를 일삼지는 못하게 되며, 여러분은 하나님의 보호하심을 입을 것입니다. 그리고 하나님께서 때로는 이전보다 훨씬 더 큰 위로를 누리게 하십니다. 그렇지 않다 할지라도, 원수들을 그와 같이 거부하고 싸우는 우리 모습을 하나님께서 기뻐하신다는 것을 알게 하실 것입니다. 그러나 만약 기도 중에 찾아오는 이런 어둠이 하나님의 성령이 떠나가신 데서 비롯된 것이며, 우리가 아무리 저항하고 애써도 계속 우리 기도에 영향을 미친다면, 하나님의 주권적인 뜻에 순복하는 마음으로 평소보다 기도를 짧게 마치는 것도 한 방법입니다. 그러나 기도를 짧게 끝낼 수 있게 되었다고 은근히 좋아하면서 다시금 기도에 나태해져서는 안 됩니다.

⑥ 기도하는 내내 하나님께서 다윗의 기도를 항상 들으신 것처럼 우리의 기도도 들으시기를 기도해야 합니다. 그렇습니다. 그렇게 기도할 뿐만 아니라, 우리와 우리가 드리는 기도 모두를 하나님이 기뻐하시고, 하나님이 우리 기도를 듣고 응답하며 무엇보다 우리가 간구한 것들을 반드시 주시리라고 분명히 확신하도록 힘써야 합니다. 이는 우리가 경건해서도 아니고, 기도하는 능력이 탁월해서도 아닙니다. 하나님의 말씀이 그렇게 약속하며, 우리가 예수 그리스도의 공로를 믿기 때문입니다. 무엇보다 기도를 통해 하나님께 요청한 신령한 갈망들이, 바로 성령 하나님께서 우리 마음에 역사하여 주신 것이기 때문입니다. 이렇게 확신하는 사람은 자유롭게, 그리고 간절하게 기도할 수 있습니다. 그리고 마침내 하나님께서 기도를 들으시고 그 선하신 뜻을 따라 우리가 간구한 것들을 분명히 주시리라고 확신할 수

있습니다. 뿐만 아니라 하나님께 그렇게 기도(그것이 단지 영혼의 탄식이라 할지라도) 할 수 있는 특권을 감사하면서, 말 그대로 확신에 찬 "아멘"을 외치며 기도를 마무리할 수 있습니다.

자신이 드린 기도를 반영하는 삶은 특별히 다음 두 가지 일로써 이루어집니다. 우선 기도할 때 가졌던 바 하나님을 경외하는 경건한 성향을 보존하고 이어 가는 것입니다. 이를 통해 시내산에서 하나님과 함께 있었던 모세의 얼굴이 빛났던 것처럼, 우리가 기도할 때 하나님과 함께 있었음을 가리키는 생명력이 우리 얼굴빛으로 드러날 수 있도록 해야 합니다. 기도를 통해 하나님께 고백하며 다시는 죄를 짓지 않겠다고 했던 거룩한 결심을 어기지 않도록 경계를 늦추지 말아야 합니다. 그리고 하나님께서 우리가 드린 기도에 어떻게 응답하시는지에 주의를 기울이는 것입니다.

첫째, 믿음으로 간절히 구하는 기도에 하나님이 응답하신다는 사실은 무엇보다 하나님의 약속을 통해 분명히 알 수 있습니다.

"그가 네 부르짖는 소리로 말미암아 네게 은혜를 베푸시되 그가 들으실 때에 네게 응답하시리라"(사 30:19).

"네가 부를 때에는 나 여호와가 응답하겠고 네가 부르짖을 때에는 내가 여기 있다 하리라"(사 58:9).

"너는 내게 부르짖으라 내가 네게 응답하겠고 네가 알지 못하는 크고 은밀한 일을 네게 보이리라"(렘 33:3).

둘째, 하나님께서 응답해 주시기를 간구하는 성도들의 기도를 통해서도 드러납니다.

"여호와여 내가 소리내어 부르짖을 때에 들으시고 또한 나를 긍휼히 여기사 응답하소서"(시 27:7).

셋째, 하나님께서 기도에 응답하셨다는 선언들을 통해 알 수 있습니다.

"내가 여호와께 간구하매 내게 응답하시고 내 모든 두려움에서 나를 건지셨도다"(시 34:4).

"내가 받는 고난으로 말미암아 여호와께 불러 아뢰었더니 주께서 내게 대답하셨고 내가 스올의 뱃속에서 부르짖었더니 주께서 내 음성을 들으셨나이다"(욘 2:2).

엘리에셀(창 24:15 참고), 엘리야(약 5:17,18 참고), 다윗(삼상 30:8 참고), 다니엘(단 9:23 참고)과 같은 성도들뿐만 아니라 특별한 시험에서 기도의 응답을 받은 다른 성도들의 외침에서도 이 사실을 분명히 확인할 수 있습니다. 성경은 이런 내용을 통해 하나님께서 자녀들의 기도에 응답하시고, 또 그런 하나님이시기에 우리의 기도에도 응답하시리라는 사실을 우리에게 알려 줍니다.

넷째, 이런 사실은 하나님께 응답을 얻지 못한 성도들의 하소연을 통해서도 분명해집니다.

"내가 주께 부르짖으나 주께서 대답하지 아니하시오며 내가 섰사오나 주께서 나를 돌아보지 아니 하시나이다"(욥 30:20).

"내 하나님이여 내가 낮에도 부르짖고 밤에도 잠잠하지 아니하오나 응답하지 아니하시나이다"(시 22:2).

하나님은 기도에 응답하시는 분입니다. 따라서 하나님께 기도하였다면, 하나님께서 우리의 기도에 응답하시는지, 또 어떤 방식으로 응답하시는지를 주의깊게 살펴야 합니다. 기도의 결과를 하나님께 맡기고, 기도했으니 모든 것이 잘되리라고 믿는 것으로는 충분하지 않습니다. 기도한 사람들은 일의 결과가 어떻게 되는지를 지켜보고 자신이 드린 기도와 어떻게 연관되는지, 하나님께서 어떻게 응답하셨는지를 잘 깨달아야 합니다.

① 이를 통해, 하나님께서 여러분의 소리를 들으셨다는 사실로 말미암아 크게 놀라고 감사하게 될 것이기 때문입니다.

"내게 주신 모든 은혜를 내가 여호와께 무엇으로 보답할까?"(시 116:12)

다윗이 이렇게 탄복하는 이유는 다음과 같습니다.

"여호와께서 내 음성과 내 간구를 들으시므로"(시 116:1).

이는 곧 다음의 고백으로 이어집니다.

"이는 여호와께서 행하신 것이요 우리 눈에 기이한 바로다"(시 118:23).

"주 여호와여 나는 누구이오며 내 집은 무엇이기에 나를 여기까지 이르게 하셨나이까?" (삼하 7:18)

② 이런 경험을 통해 기도에 응답하시는 하나님을 사랑하게 됩니다.

"여호와께서 내 음성과 내 간구를 들으시므로 내가 그를 사랑하는도다"(시 116:1).

③ 기도를 열망하게 되고 더욱 열정적으로 기도하게 됩니다.

"그의 귀를 내게 기울이셨으므로 내가 평생에 기도하리로다"(시 116:2).

"내가 이르기를 내 허물을 여호와께 자복하리라 하고 주께 내 죄를 아뢰고 내 죄악을 숨기지 아니하였더니 곧 주께서 내 죄악을 사하셨나이다. 이로 말미암아 모든 경건한 자는 주를 만날 기회를 얻어서 주께 기도할지라. 진실로 홍수가 범람할지라도 그에게 미치지 못하리이다"(시 32:5,6).

④ 자신이 구한 것을 받은 것보다 이런 경험 자체가 더 큰 기쁨을 자아냅니다. 하나님께서 주시는 그 어떤 것보다도 그 모든 것을 주시는 하나님께서 자신을 사랑하신다는 사실이 기쁘기 때문입니다.

⑤ 하나님의 율법을 준행하며 거룩하게 살도록 우리를 크게 자극합니다. 우리가 사랑하는 이가 우리를 얼마나 사랑하는지를 깨닫는 것만큼, 그를 향한 우리의 사랑을 불러일으키는 것도 없습니다. 우리를 향한 하나님의 사랑과 우리를 위해 역사하는 하나님의 선하심을 안다면, 기꺼이 우리의 모든 것을 하나님께 드리고자 할 것입니다.

"여호와께서 내 음성과 내 간구를 들으시므로 내가 그를 사랑하는도다……내가 생명이 있는 땅에서 여호와 앞에 행하리로다"(시 116:1,9).

"주께서 내게 말씀하시고 또 친히 이루셨사오니 내가 무슨 말씀을 하오리이까?"(사 38:15)

자신이 드린 기도에 하나님께서 응답하시는 것들을 주목하여 보는 사람은, 이런 영광스런 성향과 그에 합당한 열매를 맺습니다. 하나님께서 기도에 응답하신다는 이런 사랑의 확신 외에 다른 응답을 받지 못한다고 할지라도, 그 자체가 놀라운 응답이 아닙니까? 그러나 기도하고 순복하는 마음으로 결과를 하나님께 맡기는 사람에게 하나님께서 응답하시지 않겠습니까? 반면, 기도했으면서도 하나님이 어떻게 응답하시는지는 아랑곳하지 않은 채 하나님이 주신 은혜의 선물들을 기도 응답으로 연결 짓지 못하는 사람은 스스로 이런 놀라운 열매들을 저버리는 것입니다.

하나님의 응답

많은 사람들이 하나님이 말씀하시는 것을 알아채지 못했던 어린 사무엘과 같은 상태에 머물러 있습니다. 그래서 이렇게 묻습니다. "하나님께서 내 기도를 언제 들어주실까? 하나님이 응답하시는 것을 내가 어떻게 알 수 있을까?" 이런 사람들은 하나님께서 기도를 시작할 때 응답하시고, 기도가 진행될 때 응답하시고, 기도가 끝난 후에 응답하신다는 것을 알아야 합니다.

첫째, 하나님은 우리가 기도를 시작할 때 이미 응답하십니다.

"그들이 부르기 전에 내가 응답하겠고 그들이 말을 마치기 전에 내가 들을 것이며"(사 65:24).

"곧 네가 기도를 시작할 즈음에 명령이 내렸으므로 이제 네게 알리러 왔느니라"(단 9:23).

하나님은 성령께서 영혼을 계속 불러일으켜 사람을 감동하여 특별한 방식으로 기도하게 하실 때 응답하기를 원하신다는 것과, 그 영혼이 자유롭게 하나님께 나아와 기도하기까지 결코 그 영혼을 쉬게 하지 않으신다는 것을 보여 주십니다. 이런 영혼은 너무나 친밀하고 사랑스럽게 기도합니다. 자신이 단지 사람이요 죄인에 불과하다는 사실을 깨닫고 깊은 겸비함을 견지하기 위해서는 약간의 노력이 필요할 정도입니다. 하나님께서 이렇게까지 말씀하시기 때문입니다. "내가 너를 안다. 너는 내게 은혜를 입은 자이다. 너를 사랑한다. 내가 항상 너를 들여다본다. 내 경륜으로 너를 인도하며 이후에 너를 내 영광으로 들이겠다." 기도하는 사람은 이런 사실을 깨닫고 감격하여 아무 말도 잇지 못한 채 "아빠, 아버지!"라고 탄성을 내지를 수밖에 없습니다.

둘째, 하나님은 기도 중에 응답하십니다.

① 어둠과 괴로움과 씨름의 순간이 지나면, 우리는 하나님께서 영혼에 들려주시는 음성으로 말미암아 깊은 즐거움에 잠겨 잠잠하게 됩니다. "너는 내 것이다. 내가 너의 구원이다. 네 죄가 용서받았고 네 기도 때문에 내가 얼마나 기쁜지 모른다." 이런 응답을 통해 이 영혼은 온 맘으로 하나님을 섬겨 하나님을 영화롭게 하고자 하는 거룩한 열망에 젖어 듭니다. 탄식으로 시작했다가 점점 기쁨과 즐거움으로 나아가고, 마침내 감사로 끝맺는 다윗의 많은 시편들에서 이런 예를 찾아볼 수 있습니다.

② 특별한 문제(고통에서 벗어나거나 사모할 만한 것을 간절히 구하는 등)를 붙들고 끈질기게 기도하면, 하나님께서 그를 사랑으로 안아 주시며 자애로운 얼굴을 그에게 나타내 보여 주십니다.

"곧 네가 기도를 시작할 즈음에 명령이 내렸으므로 이제 네게 알리러 왔느니라. 너는 크게 은총을 입은 자라"(단 9:23).

"내 은혜가 네게 족하도다"(고후 12:9).

하나님께서 이런 응답을 주시면, 기도하는 사람은 하나님이 말씀하신 것보다 더 나아가 기존의 불행한 일이 자신에게 닥치지 않을 것이며 자기가 바라는 바를 분명히 얻을 것이라는 약속으로 쉽사리 여기곤 합니다. 그러다가 자신이 생각한 대로 일이 진행되지 않으면 하나님의 약속이 실제와는 맞지 않는다고 여기며 실망하고 슬퍼합니다. 하나님께서 자기 앞에 나아와 기도하는 사람을 기뻐하시며 그가 당하는 일들이 그에게 유익이 되도록 하겠다고만 하셨지, 그 일들을 언제 어떻게 이룰지에 대해서는 전혀 말씀하지 않으셨는데도 말입니다. 하나님께서 말씀하신 대로 응답을 이해하고 받아들였다면, 이를 통해 더욱 성결한 성향을 가지게 되었을 것입니다. 하나님의 뜻으로 만족하고 하나님의 사랑이 나타난 것으로 기뻐했을 것입니다. 마치 자신이 바라는 대로 모든 것을 받은 것처럼 말입니다.

③ 믿음을 강하게 하시고 기도가 응답될 것이라 확신하게 합니다. 어떤 식으로 응답하실지에 대해 아무런 암시도 주지 않으시지만, 성도의 기도에 응답하겠노라

는 약속의 말씀들을 적용하시거나 신자의 마음에 직접 역사하여 신자로 하여금 이런 믿음과 확신을 품게 하십니다. 기도를 응답하시는 때와 방법을 하나님께 맡긴 신자는 이런 응답만으로도 매우 기뻐합니다.

그러나 어떤 특별한 문제를 위해 기도할 때, 가능하면 하나님께서 자기가 기도하는 것을 이루어 주실 것이고 불가능하면 이루어 주지 않으실 것이라고 임의로 결정하고서 그대로 믿는다면, 잘못된 길로 갈 수밖에 없습니다. 이렇게 자의적인 확신을 따라가는 사람은 그것이 무엇이든 실패할 수밖에 없으며, 그 일을 위해 끝까지 기도할 수 없습니다.

물론 저는 예언이나 계시의 영이(장래에 있을 일과 관련해) 교회를 완전히 떠나지는 않았다고 믿습니다. 그러나 오늘날 하나님께서 장래에 일어날 일들을 직접 누군가에게 계시하시는 일은 극히 드뭅니다. 만일 그런 역사가 있다면, 그렇게 계시를 받은 본인이 하나님께서 자신에게 그렇게 해 주셨음을 분명히 알 것입니다. 절친한 친구가 자신에게 이런저런 이야기를 했을 때 그것을 모를 수 없듯이 말입니다. 하나님께서 개인에게 무엇을 알려 주시든, 그것을 다른 사람에게도 똑같이 적용할 수는 없습니다. 어느 누구도 어떤 문제에 대해 하나님께서 그 결과를 자신에게 알려 주시기를 바라서는 안 됩니다. 그렇게 하다가는 하나님을 시험하게 되며, 그런 강한 바람을 가지고 있는 자신에게 쉽사리 속고 맙니다.

하나님께서 기도를 들으셨다는 확신을 얻은 사람은 그 확신을 기도에 대한 응답으로 여겨야 합니다. 하나님께서 그처럼 확신하게 하신 것에 기뻐하고 감사해야 합니다. 모든 일(그 일의 실행까지도)을 하나님의 손에 맡겨야 합니다. 그리고 하나님께서 기도를 들으신다는 약속을 성취하시는 방식을 미리 단정 짓지 말고 오로지 하나님께서 이루신 결과를 통해서만 결론 내려야 합니다. 그리하면 내면의 평강이 더욱 굳건해질 것입니다.

셋째, 하나님은 기도가 끝난 후에 신자가 기도한 것을 주심으로써 신자의 기도에 응답하십니다. 그러하기에 기도한 사람은 항상 깨어 하나님께서 기도에 어떻게 응답하시는지를 예의 주시해야 합니다.

① 우리는 하나님께서 한 번에 바로 허락하시지 않고 조금씩 순차적으로 이루실 문제들(이를테면, 은혜 안에서 자라 가는 것)이 있다는 것을 압니다. 이런 일들을 위해 우리가 간절히 기도해 왔고 하나님께서 그런 부분과 관련해 자라 가게 하셨다면, 우리는 특정한 죄와 싸우고 경건한 성향을 더욱 분명하게 지켜 가며 우리의 영적 상태에 믿음을 더욱 강하게 하고 특정한 덕을 발휘하며 더욱 기뻐하고 실제적으로 영원한 복락을 기대하는 일 등과 같은 것들을 지금까지 이를 위해 드린 기도들(특히 주어진 문제와 관련하여 드린 분명한 기도들)에 대한 응답으로 여겨야 합니다.

② 하나님께서 곧바로 응답하시는 문제들(위급한 상황에서 벗어나는 것 등)이 있습니다. 이는 우리가 특별히 바라는 무언가를 두고 기도한 것에 대해서도 마찬가지입니다. 기도를 드린 지 얼마 되지 않아 분명한 결과로 드러나기도 하고, 언제 이루어졌는지를 전혀 알지 못하게 이루어지기도 합니다. 하나님의 응답을 주목하여 살펴보는 사람은 기도한 것을 하나님께서 즉시 허락하실 때, 자기 기도에 응답하셨음을 금세 알아차립니다. 하나님께서 엘리에셀에게 그렇게 응답하셨습니다(창 24:13-21 참고). 하나님은 오랜 시간이 지나서야 응답하시기도 합니다. 자신이 기도한 것을 잊지 않고 계속 생각하며 그것이 응답되기를 기다린 사람은 아무리 시간이 오래 걸렸더라도 그 응답이 자신의 기도에 대한 것임을 알며 뛸 듯이 기뻐합니다. 사가랴의 기도에 하나님께서 그렇게 응답하셨습니다(눅 1:13 참고). 또한 하나님은 우리가 기도하고 바라는 일을 이루어 주시는 대신에, 그와 관련된 다른 것으로 응답하시기도 합니다. 그러할지라도 그렇게 하나님이 응답해 주신 것은 그 자체로든, 특정한 상황과 관련해서든, 아니면 결과와 관련해서든 언제나 우리에게 더 유익하고도 바람직한 것으로 드러납니다. 예컨대, 아브라함이 후손을 주신다는 하나님의 약속이 이스마엘을 통해서라도 이루어지기를 기도했지만, 하나님께서 아브라함에게 이삭을 주심으로써 그 기도를 응답하신 경우를 들 수 있습니다.

③ 교회, 특정한 신자, 가족이나 친지의 회심이나 건강과 같이 다른 사람과 관련된 일들이 있습니다. 하나님께서 이런 기도에 응답하시면 우리는 그것이 우리의 기도에 대한 응답임을 금세 알아차리고 매우 기뻐합니다. 그렇지 않더라도 하나님

께서 우리의 기도를 들으셨음을 믿어야 합니다. 하나님께서 모든 참된 기도를 들으시고, 지금 당장이 아니라 나중에(심지어 우리가 죽고 난 후에)라도 역사하시는 때가 있으며, 우리의 생각과는 다르게 역사하실 것이기 때문입니다.

그러므로 어떤 것을 응답으로 받았을 때, 그것을 하나님의 일반적인 섭리로 돌리지 않도록 조심하십시오. 더욱이 그것을 우연으로 치부하거나 하나님이 아닌 이차적인 동인에 초점을 맞추는 일(우리의 부패한 본성은 그러기가 너무나 쉽습니다)이 없어야 합니다. 욥마저도 그런 잘못을 저질렀습니다.

"가령 내가 그를 부르므로 그가 내게 대답하셨을지라도 내 음성을 들으셨다고는 내가 믿지 아니하리라"(욥 9:16).

그러므로 가장 작은 일에서부터 큰 일에 이르기까지, 가장 일상적인 일에서부터 가장 특별한 일에 이르기까지 여러분이 받아 누리는 모든 선한 일을 하나님께로 돌리십시오.

선한 것을 받고도 그것을 위해 전심으로 기도했던 기억이 없다면, 여러분이 하나님을 생각하지 않을 때에도 하나님은 여러분을 생각하셨고 여러분이 간구한 것 이상으로 여러분에게 허락하신 사실에 더욱 놀라워해야 합니다. 그리고 하갈처럼 고백해야 합니다.

"나를 살피시는 하나님이라"(창 16:13).

만일 하나님에게서 어떤 것을 받고서 지나간 시간들을 곰곰이 반추하는 가운데 오래전(어릴 때에라도)에 그것을 위해 기도했음을 알게 될 수도 있습니다. 그럴 때는 하나님께서 여러분의 기도에 응답하신 것으로 알면 됩니다. 자신의 죄악됨이나 연약함, 또는 자신이 충분히 기도하지 못했다는 사실 때문에 하나님께서 응답하셨다고 고백하기를 꺼려 하지 마십시오. 오히려 하나님께서 신자 안에서 이루어지는 성령의 미세한 탄식에도 귀 기울이심을 인정하십시오. 그럴 때 하나님께 감사하며 하나님을 향한 사랑을 고백할 수 있습니다.

"너는 하나님과 화목하고 평안하라. 그리하면 복이 네게 임하리라"(욥 22:21).

69

주님의 기도, 부름과 첫 번째 간구

앞 장에서 우리는 기도의 본질, 기도에 요구되는 내적 자질과 외적 요소들, 기도의 필요성, 기도의 유익 등 기도에 관한 전반적인 내용을 다루었습니다. 지금부터 우리가 기도해야 할 내용과 순서에 관해 살펴보겠습니다. 일반적으로 주기도문이라 불리는, 제자들의 요청에 따라 주 예수님이 가르쳐 주신 기도가 우리가 해야 할 기도의 내용과 순서를 잘 보여 줍니다(마 6:9-13; 눅 11:2-4 참고). 마태는 이 기도의 결론부를 기록한 반면, 누가는 기록하지 않았습니다. 이런 차이는 이 결론부가 주 예수님이 원래 가르쳐 주신 기도에 없다는 의미가 아닙니다. 오히려 이런 차이를 통해, 우리는 주님께서 주기도를 가르쳐 주신 목적이, 우리가 무엇을 어떻게 기도해야 할지를 알려 주기 위함임을 알 수 있습니다. 동일한 이유로, 같은 사건을 이야기하면서도 어떤 복음서는 자세히 기록하는 반면, 다른 복음서는 단순하게 서술합니다. 모든 복음서들이 동일한 내용을 담고 있지는 않습니다. 한 복음서에 기록되어 있는 내용이 다른 복음서에는 기록되어 있지 않기도 합니다. 예수님께서 무언가를 말씀하시거나 어떤 일을 행하실 때 그들이 도두 같은 자리에 있던 것은 아니기 때문입니다. 게다가 성경은 주 예수님의 말씀과 행적이 다 기록할 수 없을 만큼 많다고 증언합니다.

"예수께서 행하신 일이 이 외에도 많으니 만일 낱낱이 기록된다면 이 세상이라도 이 기록된 책을 두기에 부족할 줄 아노라"(요 21:25).

그러나 성경에 기록된 것만으로도 충분합니다.

"오직 이것을 기록함은 너희로 예수께서 하나님의 아들 그리스도이심을 믿게 하려 함이요 또 너희로 믿고 그 이름을 힘입어 생명을 얻게 하려 함이니라"(요 20:31).

교황주의자들은 이 기도문을 결론 부분이 없는 누가복음에서 인용하는 반면, 우리는 결론 부분이 있는 마태복음의 기도문을 사용합니다.

기도의 원리와 모범

주 예수님은 기도의 원리와 모범으로 이 기도를 가르쳐 주셨습니다. 기도의 내용과 순서에 관한 한, 우리는 이 기도를 우리가 하는 기도의 원리와 모범으로 삼아야 합니다. 다시 말해, 우리가 하는 모든 기도의 우선순위뿐만 아니라 우리가 갈망하는 정도 역시 주기도문의 순서를 따라 재정립되어야 합니다. 그렇다고 해서 기도할 때 이 주기도문을 문자 그대로 반복하라는 말은 아닙니다. 성경에 기록된 사도들의 기도를 볼 때, 사도들은 이 기도를 문자적으로 반복하지 않았습니다. 물론 공적이거나 사적인 기도 시간에 이 기도를 그대로 따라 할 수도 있지만, 반드시 그래야 하는 것은 아닙니다. 이 기도를 문자 그대로 반복하는 기도가 각자의 말로 하는 기도보다 더 거룩한 것도 아닙니다. 주기도문은 그 자체로 완벽한 기도이지만, 완벽한 기도를 그대로 읊는다고 해서, 우리의 기도가 완전해지는 것은 아닙니다. 이 기도가 담고 있는 각각의 간구(그렇습니다. 이 기도에 담긴 각각의 말을 뜻합니다)를 제대로 이해하지 않는다면, 아무리 주기도문을 읊조린다고 해도 각각의 간구에 대해 거룩하고도 의식적인 갈망을 가질 수 없으며, 결국 하나님의 이름을 헛되이 부르는 것이 됩니다. 아무리 하나님께 기도한다는 마음으로 그리한다고 해도, 이는 결국 하나님께서 의미도 모르는 채 합당한 갈망이 담기지도 않은 내용을 기계적으로 읊조리는 행위로 섬김 받는 분이신 양 그분을 조롱하는 일입니다. 하나님은 마음을 원하십니다. 기도는 하나님께 거룩한 갈망을 표출하는 일입니다. 그러므로 기도는 영과 진리로 드려져야 합니다.

"그러면 어떻게 할까, 내가 영으로 기도하고 또 마음으로 기도하며 내가 영으로 찬송하고 또 마음으로 찬송하리라"(고전 14:15).

주님의 기도를 잘 이해하려면 먼저 기도의 각 부분을 잘 구분해야 합니다. 어떤 자들은 이 기도를 제멋대로 구분하여, 각 부분이 저마다 고유하게 가리키는 시대가 있는 것처럼 주장합니다. 그래서 주기도문에서 오직 한 가지 간구만 현재에 해당할 뿐, 어떤 간구는 과거에 속하므로 더는 기도해서는 안 되고, 다른 간구는 미래에 속하므로 아직 기도해서는 안 된다고 말합니다. 문제는 어느 부분이 현재의 간구에 해당하는지를 모른다는 점입니다. 더구나 그렇게 되면 이 기도가 개개인의 영적 필요를 위해 아무런 도움도 제공하지 못하고 맙니다. 주기도문을 이런 식으로 해석하는 것은 주제넘게 하나님의 말씀을 왜곡하고 이 기도가 가진 의미를 짓밟는 행위입니다. 주기도문은 그렇게 요란하거나 복잡하지 않습니다. 어느 누구나 이 기도가 크게 부름과 간구와 결론 세 부분으로 구성되어 있음을 쉽게 알 수 있습니다. 또한 간구 부분은 다음과 같이 나눌 수 있습니다.

① 모든 바람의 목적이 되는 가장 탁월한 간구(첫 번째 간구)와 그 간구를 이루는 방편들(이어지는 다섯 가지 간구들)

② 하나님과 관련된 세 가지 간구들, 그리고 우리 자신 및 이웃과 관련된 세 가지 간구들

부름

"하늘에 계신 우리 아버지여"

기도하기 위해 우리는 기도하고자 하는 바를 가지고 탄원하고 싶은 존재에게로 향해야 합니다. 기도를 통해 우리는 하나님만이 들어주실 수 있는 내용들을 탄원

합니다. 그러하기에 기도하는 사람은 모든 선하고도 완전한 은사를 내려 주시는 분이요 빛들의 아버지이신 하나님께로 나아가야 합니다. 우리는 하나님께서 예배 받기에 합당하신 유일한 분이심을 인정하고, 그분 앞에 온 맘으로 자원하며 깊은 겸비함으로 머리를 숙입니다. 그래서 우리는 탄원할 것이 없더라도 하나님께 영광과 존귀를 돌리며 경외함으로 예배합니다. 그러나 우리는 언제나 무언가를 필요로 하는 존재입니다. 그러하기에 우리의 모든 존재와 우리가 받은 모든 것과 우리가 바라는 모든 것의 원천이신 하나님께로 나아갑니다. 하나님 외에 다른 존재에게 무언가를 청하지 말아야 합니다. 정녕 그래서는 안 됩니다. 사람에게 무언가를 구할 때에는 하나님께 구하는 동시에 하나님의 손에 있는 방편으로서 그에게 구합니다. 사람은 하나님의 권위 아래에 있는 존재이기 때문입니다. 기도하는 사람은 하나님을 우리가 필요로 하고 바라는 모든 것을 아시고 간절한 기도를 들으시는 전지하신 분으로 자기 앞에 모십니다. 하나님께서 전능하시므로 우리가 바라는 것을 방편에 의존하지 않고 능히 주실 수 있음을 압니다. 그렇습니다. 하나님은 순전히 그분의 뜻만으로 우리가 간구한 것보다 넘치게 베푸실 수 있는 분입니다. 기도하는 사람은 하나님을 선하신 분으로 압니다. 하나님께서 모든 사람의 마음을 음식과 기쁨으로 채우심으로 선을 베푸실 뿐만 아니라, 그리스도 안에 있는 자기 자녀들에게 한없이 자애롭고도 선하신 분임을 압니다.

"여호와께서는 모든 것을 선대하시며 그 지으신 모든 것에 긍휼을 베푸시는도다"(시 145:9).

하나님은 자녀들을 선대하기를 기뻐하시고, 자비 베풀기를 즐거워하시며 자녀들에게 다음과 같이 말씀하십니다. "힘겨운 때에 나를 부르라. 내가 응답할 것이다. 네 입을 크게 열라. 내가 채우겠다. 나로 네 소리를 듣게 하라. 얼마나 감미로운 소리인가." 기도하는 사람은 하나님이 미쁘신 분임을 압니다. 다시 말해, 약속의 후사인 자기 자녀들에게 하신 모든 약속을 그대로 이루시는 분임을 압니다.

"너희가 내 이름으로 무엇을 구하든지 내가 행하리니"(요 14:13).

"그러므로 내가 너희에게 말하노니 무엇이든지 기도하고 구하는 것은 받은 줄로 믿으

라. 그리하면 너희에게 그대로 되리라"(막 11:24).

이것이 바로 하나님의 어떠하심이요, 하나님께서 자녀들을 대하시는 모습입니다. 그러므로 기도하는 사람이 하나님을 기쁘시게 하고 자유롭게 기도하기를 원한다면, 먼저 하나님이 그러한 분이심을 알고 인정해야 합니다. 기도는 우리가 하나님을 그렇게 인정하고 있음을 나타내는 행위입니다. 그렇지 않으면 우리가 하나님께로 갈 리가 없습니다. 그러나 생명력 있는 지식과 고백은 생명력 있는 기도를 낳습니다.

기도하는 사람은 이런 하나님께로 나아가야 할 뿐만 아니라, 믿음과 경외함을 가지고 하나님을 대하는 영혼의 성향과 자신이 가진 현재의 필요와 갈망에 합당하게 하나님을 불러야 합니다. 성도들이 하나님을 부르는 호칭은 '주님,' '나의 구원의 하나님,' '능력의 주님,' '나의 하나님,' '마음을 감찰하시는 주님,' '천지를 지으신 하나님,' '거룩하고 신실하신 주님'처럼 다양합니다. 주 예수님은 대개 기도할 때 "아버지, 나의 아버지"라고 하셨고, 우리도 하나님을 아버지라 부르도록 하셨습니다. 하나님을 다르게 불러서는 안 된다는 말이 아닙니다. 신약과 구약의 성도들은 하나님을 다양한 이름으로 불렀습니다. 그러나 아버지라는 이름이야말로 경외함과 신뢰를 가장 크게 불러일으키는, 가장 친근하고도 적합하며 영혼에 와닿는 사랑스러운 호칭입니다. 하나님을 이렇게 부르는 것은 주 예수님께서 신자들에게만 주신 특권입니다. 엄위롭고도 살아 계신 하나님을 아버지라고 부르게 된 것입니다.

아버지 되시는 하나님

하나님은 여러 측면에서 아버지가 되십니다.

① 영원 전에 아들을 낳으신 성자의 아버지이십니다.

"너는 내 아들이라. 오늘 내가 너를 낳았도다"(시 2:7).

② 천지 만물을 창조하고 보존하시는 천사와 인간의 아버지입니다. 이교도들도 하나님을 그렇게 부릅니다. 이런 측면에서 아담도 하나님의 아들입니다(눅 3:38 참고). 천사들도 하나님의 자녀들이라 불립니다(욥 38:7 참고). 다음의 말씀들도 이런

사실을 보여 줍니다.

"우리는 한 아버지를 가지지 아니하였느냐, 한 하나님께서 지으신 바가 아니냐"(말 2:10).

"그의 거룩한 처소에 계신 하나님은 고아의 아버지시며 과부의 재판장이시라"(시 68:5).

그러나 죄를 짓고 하나님을 떠난 인간과 천사들에게, 하나님은 위로가 아니라 진노하고 보응하며 심판하는 두려운 하나님이십니다.

③ 하나님은 택하신 자들을 양자 삼은, 신자들의 아버지이십니다. 영원 전부터 하나님은 택한 자들을 양자 삼기로 하셨습니다.

"그 기쁘신 뜻대로 우리를 예정하사 예수 그리스도로 말미암아 자기의 아들들이 되게 하셨으니"(엡 1:5).

이를 위해 하나님은 그들을 거듭나게 하시고 신령한 생명을 주심으로써 하나님의 자녀로 삼으십니다.

"이는……오직 하나님께로부터 난 자들이니라"(요 1:13).

"그가……자기의 뜻을 따라 진리의 말씀으로 우리를 낳으셨느니라"(약 1:18).

하나님은 그들을 자기 아들인 예수 그리스도께로 이끄십니다. 그들에게 믿음을 허락하심으로써 그들이 예수 그리스도를 자신의 속전과 의로 받고 그리스도와의 영적인 혼인 언약으로 들어가게 하십니다. 이로 말미암아 그들은 신앙의 아버지이신 하나님과도 연합하며, 하나님께서 그들의 아버지가 되십니다.

"영접하는 자 곧 그 이름을 믿는 자들에게는 하나님의 자녀가 되는 권세를 주셨으니"(요 1:12).

"너희가 다 믿음으로 말미암아 그리스도 예수 안에서 하나님의 아들이 되었으니"(갈 3:26).

그러하기에 예수님은 승천하시기 전에 다음과 같이 말씀하십니다.

"너는 내 형제들에게 가서 이르되 내가 내 아버지 곧 너희 아버지, 내 하나님 곧 너희 하나님께로 올라간다 하라"(요 20:17).

하나님은 곧 그리스도와 신자들의 아버지이십니다. 그러나 그 측면은 다릅니다.

신자들은 양자의 영을 받아 하나님을 "아빠, 아버지"라 부를 수 있는 하나님의 자녀가 되었기 때문입니다(롬 8:15; 갈 4:6 참고). 이 이름은 신자들 안에 사랑과 자유와 위로와 확신을 불러일으킵니다.

구약의 신자들은 명시적으로 하나님을 아버지라 부르지는 않았습니다. 그렇다고 해서 그들이 하나님에 관해 그분을 아버지로 부른 신약의 신자들과 상반되게 이해한 것은 아니었습니다. 그들 역시 하나님으로부터 나서, 그리스도를 믿는 믿음을 가졌고, 그리스도의 성령을 가졌고(시 51:11 참고), 성령의 인도하심을 따라 살았기 때문입니다(시 143:10 참고). 하나님은 구약 시대에도 신자들의 아버지였습니다(말 1:6 참고).

"그는 네 아버지시요 너를 지으신 이가 아니시냐?"(신 32:6)

그들 역시 하나님의 자녀였습니다.

"내가 자식을 양육하였거늘"(사 1:2).

"너희는 너희 하나님 여호와의 자녀이니"(신 14:1).

그들도 하나님을 아버지라 불렀습니다.

"네가 이제부터는 내게 부르짖기를 나의 아버지여 아버지는 나의 청년 시절의 보호자이시오니"(렘 3:4).

"주는 우리 아버지시라……주는 우리의 아버지시라"(사 63:16).

"그러나 여호와여, 이제 주는 우리 아버지시니이다……우리는 다 주의 손으로 지으신 것이니이다"(사 64:8).

그러므로 하나님을 아버지라 부르는 것은 신약의 신자들에게만 국한되지 않는, 은혜언약에 속한 바 모든 믿는 지체들이 누리는 특권입니다. 주 예수님이 제자들에게 하나님을 아버지라 부르도록 가르치신 때는 여전히 율법의 의식법과 구약의 경륜이 지배하던 때였습니다. '아버지'라는 말은 때때로 하나님의 하나님 되심의 핵심을 일컫는 말로 쓰입니다. 즉, 삼위 하나님을 가리키기도 합니다.

"빛들의 아버지"(약 1:17).

"우리는 한 아버지를 가지지 아니하였느냐"(말 2:10).

위격과 관련하여, 하나님의 본체 가운데 첫 번째 위격을 가리키는 데 사용되기도 합니다. 즉, 삼위 가운데 제1위로 존재하시는 하나님을 '아버지'라 일컫습니다. 삼위 하나님의 본체에서 하나의 신격만을 독립적으로 따로 분리시킬 수는 없지만, 본체와 위격을 구별할 수는 있습니다. 다음 구절들이 이런 방식으로 '아버지'라고 부릅니다.

"이러므로 내가 하늘과 땅에 있는 각 족속에게 이름을 주신 아버지 앞에 무릎을 꿇고 비노니"(엡 3:14,15).

"내 아버지는 농부라"(요 15:1).

▶ 질문 1
기도할 때 사용하는 '아버지'라는 호칭을 어떻게 이해해야 하는가?

대답: 여기서 아버지라는 호칭은 창조와 보존과 영원한 출생이 아니라 양자 됨을 통해 이루어진 관계를 염두에 두고 이해해야 합니다. 기도의 자리로 나아오는 신자는 자녀의 심성으로 하나님께 나아오기 때문입니다.

▶ 질문 2
'아버지'라는 말을 본질적이나 위격에 관한 것으로 이해해야 하는가?

대답: 성령(말할 수 없는 탄식으로 중보하는 기도의 영)께서 불러일으키심으로 말미암아 기도의 자리로 나아오고 그분의 인도를 따라 기도하는 신자는, 아들을 통해 성부께로 나아가야 합니다. 따라서 기도하는 자는 성자와 성령이 아니라 삼위 가운데 제1위로 거하시는 하나님께 나아가는 것입니다. 그러므로 우리는 하나님의 불가해함을 다 이해하려 하거나 신격들과 신성을 지나치게 구분하려는 시도를 삼가야 합니다. 믿은 지 얼마 되지 않은 사람들에게는 이 말이 신자들이 삼위 가운데 다른 위격들보다 특정한 한 위격에게 더 많이 기도한다는 식으로 혼란스럽

게 다가올 수도 있습니다. 그러나 우리는 단순하게 중보자이신 아들을 통해 성령으로 말미암아 성부께로 나아가 한 분이요 영원하신 하나님을 예배하고 기도해야 합니다.

우리 아버지 하나님

주 예수님은 하나님을 '아버지'라 부르도록 가르치셨습니다. 뿐만 아니라 여기에 소유격 복수 대명사인 '우리'라는 말을 더하여 '우리 아버지'라고 부르셨습니다. '아버지'라는 말은 믿음으로 은혜 가운데 이루어지는 양자 됨, 거듭남, 혼인, 하나님의 아들이신 주 예수님과의 연합과 관련됩니다. 따라서 '우리'라는 말은 모든 사람을 가리키지 않으며, 거듭나서 믿는 하나님의 자녀들만을 가리킨다고 이해해야 합니다.

회심하지 않은 자는 하나님의 자녀가 아니므로 하나님을 '아버지'라 부를 수 없습니다. 거듭나지 않아도 여전히 하나님의 피조물이기에 창조라는 측면에서 아버지라 부를 수는 있을 것입니다. 그러나 믿지 않는 자들은 하나님을 아버지라고 부른다고 하더라도 위로를 얻거나, 하나님께 나아갈 자유를 누리지는 못합니다. 이들은 죄로 말미암아 하나님과 하나님의 은혜로부터 완전히 분리되었으며, 하나님의 진노 아래 있기 때문입니다. 회심하지 않은 자들에게 하나님은 소멸하는 불과 두려움일 뿐입니다. 그리스도로 말미암지 않고는 하나님께로 나아갈 길이 없습니다. 회심하지 않은 자들은 그리스도와 아무 상관이 없으므로 하나님께로 나아갈 수도, 하나님을 '아버지'라 부를 수도 없습니다.

믿는 신자가 하나님을 '우리' 아버지라고 할 때, 이 말은 기도하는 본인뿐만 아니라 모든 참된 신자를 포함합니다. 신자는 하나님을 아버지로 모신 하나님의 교회를 이루는 지체입니다.

"너희에게 아버지가 되고 너희는 내게 자녀가 되리라. 전능하신 주의 말씀이니라"(고후 6:18).

그러므로 하나님이 자신의 분깃이며, 자신의 아버지이신 하나님께 말씀드릴 수 있게 되었고, 하나님의 가족의 일원이 되었으며, 모든 성도들과 교통한다는 믿음을 가지고 기도하는 신자가 고백하는 '우리 아버지'라는 말에는 하나님의 온 교회가 포함되며, 하나님의 권속인 모든 자녀들에 대한 사랑이 담겨 있습니다.

> ▶ 질문 1
> 혼자 기도할 때에는 '우리 아버지'라고 하지 않고, '나의 아버지'라고 해도 되지 않는가?

대답: 주 예수님께서 주기도를 가르쳐 주신 것은 이 기도를 앵무새처럼 그대로 읊조리라는 의미가 아닙니다. 혼자 기도할 때에는 자신을 위해 기도할 때도 많으므로 엘리후처럼 하나님을 '나의 아버지'라고 부를 수 있습니다.

"나는 욥이 끝까지 시험 받기를 원하노니"(욥 34:36).

> ▶ 질문 2
> 아직 하나님을 자기 아버지로 확신하지 못하는 연약한 신자들은 어떻게 해야 하는가? '우리 아버지'라는 말을 빼고 기도해도 되는가? 하나님을 창조라는 측면에서 아버지로 불러야 하는가? "오, 하나님이 나의 아버지이기를 바랍니다"라는 마음으로 기도해도 되는가?

대답: 신자는 혼자 기도할 때에 기도의 단어 하나하나에 제한될 필요가 없습니다. 가능한 한 자신의 말로 하나님께 기도하면 됩니다. 하나님은 믿음으로 드리는 기도만을 즐거이 듣고 기뻐하십니다. 그러나 확신이 믿음의 본질은 아닙니다. 믿음의 본질은 자기 영혼의 속전과 의로움이신 예수님께 자신을 의탁하는 것입니다. 기도하는 신자는 그리스도로 말미암지 않고는 하나님께로 나아가는 다른 길이 없다는 사실을 잘 압니다. 그 길을 인정할 뿐만 아니라 다른 길을 원하지도 않고 오직 그 길만을 택합니다. 그리고 그렇게 하나님께로 나아갈 때에 항상 그리스

도를 바라봅니다. 매 순간 습관적으로, 그리고 적극적인 의미에서 그렇게 합니다. 그리스도를 바라고, 그리스도께 기도하고, 그리스도를 영접하고, 그리스도께 자신을 드립니다. 이렇게 함으로써 자신이 죄를 혐오하고, 죄 때문에 아파하고, 죄를 버거워한다는 사실을 자각합니다. 뿐만 아니라 모든 단순함과 사랑과 경외함으로 하나님께 순종하기를 바라고 갈망하며, 그것이 자신의 한결같은 목표임을 깨닫습니다. 다른 사람이 이렇게 살아가는 것을 보면 그 사람을 참된 신자요 하나님을 '아버지'라 부를 만한 사람이라고 평합니다. 그러나 자신에게 있는 어둠과 게으름과 고질적인 죄를 알기에, 자신이 참된 신자라고 인정한 다른 사람처럼 살아가고 있으면서도 감히 하나님을 아버지라 부르지 못합니다. 이런 사람은 자기 안에 있는 불신앙을 벗어 버리고 진리를 붙들어야 합니다. 하나님께서 아버지로서 자기에게 이런 성향과 열매들을 주셨다는 사실을 소중히 받아들여야 합니다. 기도하면서 하나님을 '아버지'라 부르는 것은 확신에서 비롯된다기보다는 자신에 대한 판단과 중심의 갈망으로부터 비롯됩니다. 그렇습니다 이런 우려와 씨름은 생명과 믿음을 가지고 있다는 증거입니다. 이런 사람은 주 예수님을 사랑할 뿐만 아니라 예수님의 모든 지체들과 그분의 교회를 사랑하므로 항상 그들을 위해 기도하기를 잊지 않습니다. 그래서 하나님을 '아버지'나 '나의 아버지'라고 부를 뿐만 아니라 '우리 아버지'라고 부르기도 합니다.

'하늘에 계신'

주 예수님은 '하늘에 계신'이라는 수식어를 붙이도록 가르치셨습니다. 이때 여기서 말하는 하늘은 세 번째 간구에 나오는 하늘이 아닙니다.

첫째, '하늘'이라는 말은 장소를 가리키지 않습니다. 하나님은 무한하신 분이므로 천지를 채우실 뿐만 아니라, 그것을 무한히 초월하십니다.

"하늘과 하늘들의 하늘이라도 주를 용납하지 못하겠거든"(왕상 8:27).

둘째, 이 '하늘'은 거룩한 천사들과 영화롭게 될 성도들이 거하는 하나님의 낙원, 성부의 집, 하나님의 보좌, 하나님의 영광을 볼 수 있는 삼층천을 말하는 것도 아닙니다. 이런 하늘은 세 번째 간구에 나오는 하늘이긴 하지만, 여기서는 아닙니다. 여기서 말하는 '하늘'은 모든 하늘을 포함합니다. 그러므로 주기도문으로 기도하는 사람은 '하늘'이라는 말을 삼층천이라는 공간적 개념으로 제한할 필요가 없습니다. 오히려 이 말은 기도자를 하늘과 땅의 표면으로부터 들어 올립니다. 기도하는 신자의 눈과 마음에는 이런 것들조차 중요하지 않습니다. 하나님을 무한하신 분으로 인식하기 때문입니다. 그분이 가장 엄위롭고, 영화로우며, 전능하고, 눈에 보이지 않으며, 가까이할 수 없는 빛에 거하고, 빛을 옷으로 입은 분이심을 알기 때문입니다. 자연과 성도들의 성향이 우리 마음과 눈을 들어, 보이지 않으나 모든 것을 보시는 분께로 향하게 하면서(공간이나 지역에 대해 생각하지 않고) 하나님이 그러한 분이심을 보도록, 우리가 기도하는 가운데 그 내용들을 가르칩니다.

그런 면에서 신약 시대나 구약 시대나 기도하는 성도들 간에는 아무런 차이(예루살렘, 성전, 지성소와 삼층천 간에도 차이가 없기는 마찬가지입니다)가 없습니다. 구약 시대 성도들은 "예루살렘에 거하시고 스랍들 사이에 자리하시는 하나님"께 기도하고, 신약 시대를 사는 우리는 '하늘에 계신 우리 아버지'께 기도하는 것이 아닙니다. 구약의 신자들 역시 기도하면서 하늘에 계시는 하나님을 향해 눈과 마음을 우러렀습니다.

"내 눈이 쇠하도록 앙망하나이다"(사 38:14).

"우리의 마음과 손을 아울러 하늘에 계신 하나님께 들자"(애 3:41).

"하늘에 계시는 주여 내가 눈을 들어 주께 향하나이다"(시 123:1).

또한 그들은 하나님께서 하늘에서 자신들을 내려다보시기를 기도했습니다.

"주여 하늘에서 굽어 살피시며 주의 거룩하고 영화로운 처소에서 보옵소서"(사 63:15).

그리고 하나님은 그들의 기도를 하늘에서 들으셨습니다.

"여호와께서……그의 거룩한 하늘에서 그에게 응답하시리로다"(시 20:6).

이처럼 구약의 신자들도 신약의 신자들과 동일한 토대에서 하나님을 바랐습니다. 그러므로 이 대목에서는 구약과 신약의 신자들이 구분된다는 생각이 들어설 여지가 전혀 없습니다. "이스라엘의 목자여……그룹 사이에 좌정하신 이여, 빛을 비추소서"(시 80:1)라는 말씀에 나타나듯이, 구약의 신자들이 간절히 예루살렘을 바랐다는 사실은 그들이 기도하면서 메시아를 통해 하나님께로 나아갔다는 것을 말해 줍니다. 그들 역시 그리스도의 이름으로 기도했습니다. 그룹들의 날개가 덮고 있는 시은좌가 바로 그리스도를 가리킵니다. 마찬가지로, 신약 시대를 살아가는 우리 역시 그리스도의 이름으로 기도합니다. 오직 그리스도의 이름으로만 하나님께로 나아갑니다. 구약의 신자들과 신약의 신자들 모두 대제사장이신 예수 그리스도(구약 당시에는 오셔야 할 메시아였고, 지금은 이미 오신 메시아입니다)의 희생을 힘입어 아들의 희생으로 만족해하시는 하나님께 나아갑니다.

"이는 내 사랑하는 아들이요 내 기뻐하는 자니 너희는 그의 말을 들으라"(마 17:5).

자유와 경외함을 불러일으키는 아버지께로 나아감

주 예수님은 하나님의 지혜로써 이 두 가지 내용을 하나님을 부르는 하나의 호칭으로 엮으셨습니다. '하늘(네덜란드어로는 '하늘들')에 계신 우리 아버지'나 '아버지'라는 말은, 우리가 하나님 앞에 친밀한 방식으로 우리의 필요와 갈망을 펼쳐 놓고 그것을 이루어 주시기를 자유롭게 기도할 수 있게 합니다. 또한 그런 친밀함 속에서도 하나님을 향한 경외심과 놀라움을 잃지 않기 위해 반드시 '하늘에 계신'이라는 놀라운 수식어를 넣어야 합니다. 그러나 두려움 때문에 하나님께로 나아가는 것 자체를 두려워하지 않도록 하나님을 '아버지'라고 부릅니다. 우리는 자녀로서 자유와 경외심을 함께 가져야 합니다. 마지막으로, '우리'라는 수식어를 통해 하나님의 자녀들에 대한 우리의 사랑을 고백합니다.

그래서 주 예수님은 우리가 기도할 때 하나님을 합당하게 불러야 한다고 가르치십니다. 습관을 따라 무의식적으로 하나님을 특정한 이름으로 부르는 것(우리의 처지와 우리 자신과 하나님을 의식적으로 인식하지 않고서)은 기도하는 자로서 우리가 경건하지 못함을 방증합니다. 그렇게 기도를 시작하는 것은 죄악된 일이기 때문입니다. 또한 우리는 단 한 순간도 하나님을 어떻게 부를까 하는 고민에 사로잡혀서는 안 됩니다. 그리하면 기도에 합당한 마음이 사그라듭니다. 기도할 때에는 모든 것을 끊어 내고 하나님을 향해야 합니다. 기도에 합당한 이런 마음이야말로 하나님을 합당하게 부르기 위해 꼭 필요합니다. 자신의 필요나 두려움이나 염려 같은 것들로 마음이 분산되지 않아야 하고, 하나님의 선하심, 전능하심, 긍휼, 미쁘심, 거룩하심, 영광, 위엄 등을 생각해야 합니다. 그러할 때에라야 하나님을 합당하게 부를 수 있고, 우리 영혼이 기도에 합당하게 준비됩니다. 그렇게 하는데도 하나님을 부를 합당한 호칭이 생각나지 않으면, 주 예수님의 명령에 따라 그저 "하늘에 계신 우리 아버지"라고 하십시오.

마음이 깨어서 기도에 합당하게 준비된 사람은 대개 한숨을 내쉬고 "오!"라고 탄식하며 기도를 시작합니다. 그러나 사람들과 함께 기도할 때에는 그런 탄식과 한숨이 다른 사람에게 들리지 않도록 자제해야 합니다. 그 소리를 듣는 사람들이 기도에 방해를 받을 수 있기 때문입니다. 일부러 그런 탄식을 해서는 안 됩니다. 그것은 위선입니다. 몸의 상태 때문에 그래서도 안 됩니다. 몸 상태는 기도와 아무런 상관이 없기 때문입니다. 기도만 하면 으레 그런 소리를 낼 정도로 이런 한숨이 습관이 되어서도 안 됩니다. 그런 탄식이나 한숨은 성령으로부터 비롯된 분명한 의식과 이유를 가져야 합니다.

"오직 성령이 말할 수 없는 탄식으로 우리를 위하여 친히 간구하시느니라"(롬 8:26).

① 영혼이 물리적 슬픔이나 영혼의 슬픔에 압도되어 아무 말도 하지 못하기도 합니다. 그럴 때 모든 것을 아시는 전능자 앞에 자기 마음을 쏟아 놓고 산비둘기 소리와 같은 깊은 탄식을 내뱉습니다. 하나님은 이런 영혼의 탄식을 기뻐하시며, 성령의 생각을 아시기에 이렇게 말씀하십니다.

"나의 비둘기야 내가 네 얼굴을 보게 하라, 네 소리를 듣게 하라. 네 소리는 부드럽고 네 얼굴은 아름답구나"(아 2:14).

② 영혼이 공허함을 느낍니다. 긴박한 상황에서 기도하기를 간절히 바라지만, 아무것도 생각나지 않기도 합니다. 하나님께 기도하려고 마음먹었던 일들도 전혀 영혼을 일으키지 못합니다. 이제 어떻게 해야 하겠습니까? 기도 자리를 박차고 일어나야 하겠습니까? 그럴 수 없습니다. 자신이 얼마나 공허하고도 가난한지를 알

기 때문입니다. 모든 것이 결여되어 있음을 너무나 잘 알기 때문입니다. 그렇듯 아무 말도 못 하고 채움 받기를 기다리는 텅 빈 마음에서 나올 것은 한숨뿐입니다. 그러나 하나님은 그 한숨에 담긴 부르짖음을 너무나 잘 이해하십니다.

③ 영혼이 자신이 바라는 경건한 일에 대해 깊이 깨달으며 거기에 깊이 몰입하기도 합니다. 그 바람이 너무 강한 나머지 도무지 형용할 수 없는 그 일들과 그것들에 대한 바람을 말로 표현할 수 없을 정도입니다. 이는 말을 많이 한다고 표출될 성질의 것들이 아닙니다. 이럴 때에도 탄식만 흘러나올 뿐입니다.

④ 영혼이 죄악된 상태에 있을 수도 있습니다. 이럴 때는 하나님께로 나아가고 싶어도 부끄럽고 수치스러워서 감히 나아가지 못하고 숨으려고 합니다. 하나님께 나아가 말씀드릴 용기가 없는 까닭에 은혜의 보좌 앞으로 겨우 기어 나갈 뿐입니다. 이따금 눈물 섞인 한숨과 탄식만 내쉴 뿐입니다. 하나님은 회개하는 영혼의 이러한 모습을 기뻐하십니다.

기도할 때 하나님을 다양하게 부를 수 있지만, '아버지,' '나의 아버지,' '우리 아버지'라는 호칭이야말로 영혼을 불러일으키는 감미롭고도 유익한 호칭입니다. 기도자가 믿음으로 '아버지'라는 말을 하나님의 입장에서, 그리고 자신의 입장에서, 이 말과 관련된 모든 것들을 묵상할 때, 그 영혼은 황홀함으로 하나님을 송축하는 데 빠지고 맙니다.

기도자는 자신을 벌레로 여깁니다. 더 나아가, 아무도 자신을 돌아보지 않으려 할 만큼 자신이 안팎으로 죄에 찌들어 너무나 가증하고도 경멸스러우며 정죄 받아 마땅한 존재로 봅니다. 자신이 그런 존재임을 알기에, 오직 하나님께서 오래 참으시는 까닭에 아직도 자신이 영원한 지옥에 내동댕이쳐지지 않은 것이라고 말할 수밖에 없습니다. 자기보다 나은 수많은 사람들이 이미 지옥으로 내려갔을 뿐만 아니라, 자신 같은 자가 지옥에서 건짐 받았다는 사실에 아연실색합니다! 거기서 그치지 않고 하나님의 후사, 곧 영원한 영광 가운데 그리스도와 함께한 후사로서 양자 된 사실, 사람과 천사들의 모든 이해를 넘어서는 그 놀라운 사실을 생각합니다. 그래서 지금 하나님을 '아버지,' '내 아버지'라고 부르고 있음을 생각합니다!

기도자는 자신이 아버지로 부를 수 있게 된 하나님을 주목하고, 그분이 위엄과 영광과 거룩하심과 완전한 충만 가운데 계심을 숙고합니다. 더 나아가, 하나님께서 자기를 충만케 하고 만족시키시며 복되신 하나님 안에서만 즐거워하도록 그분 자신의 모든 충만으로 거기 계신다는 사실을 생각합니다. 마지막으로 자신이 하나님의 모든 지복에 참여하게 되었다는 사실을 생각합니다. 그러나 실제로 이것들이 영원토록 생각하고 궁리해도 결코 헤아릴 수 없는 복된 내용임을 절감하고, 현재의 몸과 영혼으로는 도무지 감당할 수 없는 하나님의 놀라운 선하심에 놀라워합니다. 그러한 영혼은 놀랍고 기쁜 나머지 어찌할 바를 모릅니다.

하나님과 자신이 누리는 관계를 묵상하고는 시편 기자처럼 외칩니다.

"이는 여호와께서 행하신 것이요 우리 눈에 기이한 바로다"(시 118:23).

하나님께서 그의 아버지라면, 그분이 영원 전부터 아버지의 사랑으로 자기를 사랑해 오신 것이 틀림없기 때문입니다. 그렇다면 하나님께서 전능하고 미쁘며 자애로운 시선으로 언제나 자신을 바라보시며, 모든 악으로부터 자신을 보호하시고, 영육의 모든 필요를 채우시며, 모든 일이 합력하여 선을 이루도록 하시는 것이 분명하기 때문입니다. 마찬가지로, 그가 궁핍과 비참함과 사망에 처했을 때 하나님의 자애로운 친절하심과 자비가 그를 돌봅니다. 이처럼 하나님께서 신자를 은혜언약의 모든 은택을 받아 누리는 후사로 삼으십니다. 따라서 그가 부르짖을 때 아버지로서 그의 간구를 들으십니다.

"너희가 악한 자라도 좋은 것으로 자식에게 줄 줄 알거든 하물며 하늘에 계신 너희 아버지께서 구하는 자에게 좋은 것으로 주시지 않겠느냐?"(마 7:11)

하나님은 그가 바라는 것을 곧바로 주시지는 않더라도, 가장 좋다고 여기시는 때에 주실 것이고, 그것이 반드시 유익이 되게 하실 것입니다. 주시는 것도 아버지의 사랑에서 비롯되고 거두어 가시는 것도 아버지의 사랑에서 비롯됩니다. 그것을 안다면, 여러분은 어떠한 두려움이나 염려도 없이 모든 것을 여러분의 아버지께 온전히 맡깁니다. 자녀로서 하나님 아버지를 영화롭게 하십시오. 그분을 경외하고 사랑하십시오. 자원하는 마음으로 그분을 섬기고 순종하십시오.

이 모든 것, 우리가 말로 표현할 수 있는 것보다 훨씬 더 많은 것들이 이 복된 호칭에 담겨 있습니다. 그러므로 믿음을 가지고 진심으로 하나님을 부르면서, 다음의 여섯 가지 간구가 말하는 바 여러분이 드리고자 하는 기도로 나아가십시오.

첫 번째 간구

"이름이 거룩히 여김을 받으시오며"

일의 목적에 따라 그 일을 위한 일꾼이 세워지고, 일의 방편이 결정되고, 힘든 방편이라 할지라도 기꺼이 감당하게 됩니다. 이성이 없는 동물들은 목적이 무엇인지를 알지는 못해도 본능을 통해 하나님이 정녕 주신 목적을 향해 치닫고, 그 목적을 위해 무엇을 사용해야 할지를 압니다. 그러나 이성을 가진 인간은 무언가를 행하기 전에 그것을 통해 자신이 이룰 것에 대해 먼저 생각합니다. 이것이 바로 그 일의 목적이 됩니다. 그 목적을 이루는 것이 얼마나 필요하고 유익한지에 따라, 또 그것을 바라는 만큼 그 일을 위한 방편을 사용하는 강도도 달라집니다. 이는 영적인 영역에서도 마찬가지입니다. 신령한 일을 알고 사랑하는 만큼 그 일에 열심을 내기도 하고 굼뜨게 움직이기도 합니다. 그것이 비례하여 세상을 끊어 내지 못하거나, 예수님을 자신의 생명과 기쁨으로 삼으며 의롭다함과 성화를 얻기 위해 주 예수님을 추구하는 일에만 전념하고자 세상을 저버리기로 쉽게 결심합니다.

우리가 무언가를 고려할 때에는 언제나 가장 먼저 궁극적인 목적을 세우고 그것에 따라 계획을 실행해 갑니다. 사람은 먼저 어떤 일을 주목하고, 그다음에 그것을 추구합니다. 그것에 초점을 맞추고 오직 그것만을 생각합니다. 어떤 일을 성취하기 위해 사용하는 방편들 자체는 사람이 추구하는 다양한 목적들과는 관계가 없습니다. 방편을 사용하는 것이 그 일의 목적이 아니며, 오히려 자신이 얻은 방편 말고 다른 것을 얻기 위해 그 방편을 사용합니다. 또 그렇게 얻은 것을 방편 삼아 또 다른 것을 추구합니다. 그렇게 사람은 자신이 원래 염두에 둔 것을 얻을 때까지 그러기를 계속합니다. 결국 궁극적인 목적에 따라 그 방편들을 사용하는 이유와 방식이 결정되며, 자신의 목적을 얼마나 진지하게 추구하는지도 결정됩니다.

이 간구의 목적

이 기도에서 예수님은 우리가 무엇을 궁극적인 목적으로 추구하고 갈망하며 하나님 앞에 간구해야 할지를 가르쳐 주십니다.

> ▶ **질문**
>
> 우리의 궁극적인 목적이 우리가 제일로 추구하는 대상임은 분명하다. 그리고 첫 번째 간구에서 주 예수님께서 하나님의 이름을 영화롭게 하는 것이 우리가 다른 것들을 구하는 궁극적인 목적임을 분명히 하신 것은 틀림없다. 그런데 우리의 구원(하나님의 이름을 영화롭게 하고자 하는 열망에서 촉발된 것이 아닐뿐더러, 그것만을 목적으로 하지 않는 회심과 믿음과 거룩함의 추구)을 바라는 것은 죄악된 자기애가 아닌가? 그러하기에 우리가 먼저 하나님을 영화롭게 하고자 하는 열망을 가지기 전까지는 개인의 구원에 관심을 가져서는 안 되지 않는가? 하나님의 이름이 영화롭게 되기를 바라는 이 목적만이 우리로 하여금 자신의 구원을 추구하게 하는 동기가 되어야 하는 것이 아닌가?

대답: ① 어떤 사람이 영원한 구원을 목적(그 이상의 궁극적인 목적 없이)으로 삼고, 그것을 얻기 위해 진심으로 힘써 기도하고 간구하며, 믿음을 발휘하여 죄와 싸우고 경건을 연습하는 등 다양한 방편을 통해 칭의와 성화를 얻도록 주 예수님을 추구한다면, 그의 이런 행위들은 앞에서 언급한 기본 원칙에 따라 이루어지는 것입니다. 이 사람은 구원을 주된 목표로 추구하고, 이 구원을 얻기 위해 방편을 사용합니다. 즉, 구원이 이 사람의 궁극적인 목적입니다.

② 내용과 순서로 볼 때, 주기도는 완벽한 기도입니다. 이런 완벽한 기도는 완전한 사람만이 할 수 있습니다. 그러나 세상에 완전한 사람은 없습니다. 그러므로 완전하게 기도할 수 있는 사람도 없습니다. 그렇다면 어떻게 해야 합니까? 기도가 부

족하고 죄로 오염되어 있으니 죄를 짓지 않기 위해 기도를 하지 말아야 합니까? 결코 그렇지 않습니다. 그렇다면 모든 경건이 불가능할 것입니다. 물론 사람의 기도와 행위는 완전한 덕들로 인정될 수 없습니다. 그러하기에 사람은 하나님께로 나아갈 수도, 그 앞에 설 수도 없습니다. 뿐만 아니라 하나님께서 그런 기도를 들으실 이유도 없습니다. 그러나 하나님은 사람이 추구하는 목적인 의로움과 이 궁극적인 목적을 추구하는 데서 비롯된 행위를 기뻐하십니다. 그가 그리스도를 바라보면서 이 목적을 추구하기 때문입니다. 게다가 그의 이런 행위는 영적이며, 영적인 생명력이 있습니다. 비록 부족한 기도라 할지라도 하나님은 이런 기도를 들으실 것입니다. 그 행위가 덕스러워서가 아니라 그리스도의 대속에 뿌리박은 하나님의 자애로우신 선하심과 약속 때문입니다.

③ 하나님의 이름을 영화롭게 하는 것이 궁극적인 목적임을 아직 알지 못한 까닭에 이 목적에 대한 사랑이 아니라 단지 자신의 구원과 영원한 안전만을 최고의 목적으로 생각하는 사람은, 하나님께서 명하시는 바를 염두에 두어야 합니다.

"두렵고 떨림으로 너희 구원을 이루라"(빌 2:12).

"내가 어떻게 하여야 구원을 받으리이까?"(행 16:30)

빌립보 감옥의 간수의 목적은 구원을 받는 것이었고, 사도 바울은 그를 구원을 얻을 수 있는 방편으로 인도했습니다.

"이르되 주 예수를 믿으라. 그리하면 너와 네 집이 구원을 받으리라"(행 16:31).

이처럼 구원받기를 바라며 이 구원을 얻기 위해 회개하고 주 예수님을 믿는 사람은 온전하고 바른 의미에서 적극적인 것은 아닙니다. 그렇다고 해서 그의 이런 행위와 노력이 잘못되었다고 할 수는 없습니다. 하나님은 사람이 구원받기 위해 애쓰고 그리스도를 믿는 믿음의 길을 가는 것을 원하시기 때문입니다. 하나님은 이렇게 행하는 것을 기뻐하시며, 이런 사람들에게 구원을 약속하십니다.

④ 하나님은 자녀들이 가장 먼저 하나님의 이름을 영화롭게 하기를 원하고 오로지 이 목적만을 위해 회개와 믿음에 이르는 구원을 추구하게 하는 방식으로 자녀들을 이끄시지 않습니다. 다시금 말하지만, 하나님은 자녀들을 결코 그런 식으로

인도하시지 않습니다. 사도들이나 선지자들 역시 자기에게 배우는 제자들을 그런 방향으로 이끌지 않았습니다. 다른 사람들을 그렇게 가르치고 그런 방식으로 이끌려는 사람은 아직 자신이 본성 가운데 거하고 구원의 길이 무엇인지를 모른다는 사실을 드러내는 것입니다. 눈먼 자는 자신에게 맡겨진 영혼들을 결코 구원에 이르는 길로 이끌 수 없습니다. 누구든지 가장 낮은 단계에서 시작하지 않는 자는 결코 가장 높은 수준의 거룩함에 이르지 못합니다. 우리는 가장 높은 단계에서 시작하여 저급한 단계로 낮아지지 않습니다. 오히려 가장 낮은 단계에서 시작하여 가장 높은 단계에까지 이릅니다.

⑤ 경건하고 지혜로운 아버지가 자녀에게 읽고 쓰는 법을 가르치려 할 때, 자녀가 글을 읽는 법을 배우게끔 동기를 얻고 자극을 받게 하려고 먼저 자녀로 하여금 하나님의 이름을 영화롭게 하는 것이 무엇인지 알고 거기에서 즐거움을 찾게 하려고 애쓰지는 않을 것입니다. 어린아이의 지성이 감당하기에는 버거운 일임을 알기 때문입니다. 마찬가지로 하나님도 자녀들이 이해하는 정도에 맞게 자녀들을 인도합니다. 먼저 사다리의 가장 아래 발판부터 시작하여 한 계단씩 올라가게 합니다. 은혜 안에서 믿음을 가지기 시작한 초신자는 하나님의 이름을 영화롭게 하고자 하는 열망에 자극받지 않을 수 있습니다. 그렇다 하더라도, 그것이 자녀를 인도하시는 하나님의 방식과 배치되지는 않습니다. 오히려 하나님은 그분을 영화롭게 한다는 궁극적인 목적에 관해 그가 배우고 이해하는 정도를 고려하여 그렇게 행하는 것을 인정하십니다. 그렇습니다. 자신이 즐거워하는 것으로 말미암아 그때마다 몇 번이고 하나님께 감사를 돌림으로써 이미 하나님의 이름을 영화롭게 하는 것입니다.

"하나님의 이름이 거룩히 여김을 받으시오며"라고 기도할 때 우리가 하나님을 위한 무언가에 기여하기라도 하는 것처럼, 하나님의 이름을 영화롭게 할수록 하나님의 영광이 더해지기라도 하는 것처럼 하나님을 위해 기도한다고 생각해서는 안 됩니다. 그것은 하나님을 모욕하는 것입니다. 하나님은 완전하며 스스로 충족적인 분이시기 때문입니다.

"또 무엇이 부족한 것처럼 사람의 손으로 섬김을 받으시는 것이 아니니"(행 17:25).

"주밖에는 나의 복이 없다 하였나이다"(시 16:2).

"네가 의로운들 전능자에게 무슨 기쁨이 있겠으며 네 행위가 온전한들 그에게 무슨 이익이 되겠느냐?"(욥 22:3)

하나님을 알고 사랑하며 섬기고 찬양하는 것은, 하나님이 아니라 우리 자신을 위한 것입니다. 하나님의 은혜가 없으면, 우리는 그조차도 하지 못합니다. 그렇게 할 수 있고 또 실제로 그렇게 하고 있다면, 그것이야말로 일생의 가장 지고한 목표요 최대의 행복입니다. 첫 번째 간구에서 우리는 목적에 해당하는 '하나님의 이름'과 바라는 행위에 해당하는 '그 이름이 영화롭게 되는 것에 주목해야 합니다.

이 간구의 대상

영화롭게 할 대상은 '하나님의 이름'입니다. 우리가 이름을 부를 때, 이름은 그 이름을 가진 사람과 다른 사람들을 구별합니다. 저마다 각자의 이름이 있습니다. 때때로 '이름'은 인격을 가리킵니다.

"모인 무리(ὀνομάτων [오노마톤])의 수가 약 백이십 명이나 되더라"(행 1:15).

사람은 저마다 자신만의 이름을 가집니다. 따라서 이름은 사람의 수만큼 존재합니다. 그러므로 하나님의 이름은 하나님 자신을 가리킵니다.

"그 이스라엘 여인의 아들이 여호와의 이름을 모독하며 저주하므로"(레 24:11).

"그의 이름이 무엇인지, 그의 아들의 이름이 무엇인지 너는 아느냐?"(잠 30:4)

하나님의 이름은 하나님의 본질을 가리킵니다. 하나님의 존재는 여러분이 이해할 수도 없고, 표현할 수도 없습니다. 행동하고(시 20:1 참고), 사람들이 의지하며(사 50:10 참고), 예배하고(습 3:9 참고), 두려워하는(말 4:2 참고) 대상으로 하나님의 이름을 표현하는 말씀들이 이런 사실을 분명히 드러냅니다. 때때로 하나님의 이름은 하나님께서 자신을 가리키거나 사람들로 하여금 자신을 부르도록 하실 때(이를테면, 여호와) 쓰입니다.

"나는 여호와이니 이는 내 이름이라"(사 42:8).

또한 하나님의 이름은 하나님의 명성을 가리키는 말로 이해됩니다. 이는 우리가 평판이 좋은 사람을 가리킬 때 그의 이름을 쓰는 것과도 비슷합니다.

"주의 크신 이름을 위하여 어떻게 하시려 하나이까?"(수 7:9)

이처럼 하나님의 이름은 하나님 자신이나 하나님의 본질, 완전함, 명성 등을 가리킵니다.

요구되는 행위

이 기도는 하나님의 이름을 거룩히 여기라고 요구합니다. '거룩하게 여기다'라는 동사는 많은 행위들을 담고 있습니다. 그러하기에 사실상 하나님의 이름을 거룩히 여기는 것이 무엇인지를 잘 모르는 사람들은 많이 혼란스러워합니다. 이 동사를 더 분명히 이해하려면, 먼저 이 말이 사람이나 사물이 목적어일 때와 하나님이 목적어일 때 의미하는 바가 각각 다르다는 사실을 알아야 합니다.

사람이나 사물이 목적어일 때, 이 말은 다음과 같은 의미를 가집니다.

① 다른 모든 사람이나 사물과 분리되어 홀로 있음

② 하나님께 헌신함, 하나님께 돌림, 하나님의 통치에 굴복하고 하나님을 섬김

③ 하나님을 섬기기에 합당하게 준비함, 조명함, 거듭나게 함, 하나님의 형상을 회복함, 거룩하고 덕스럽게 됨, 거룩함으로 빛남, 영화롭게 됨

④ 하나님이 명하신 일을 통해 거룩하게 하나님을 섬김(이 의미는 하나님께 적용되며, 때때로 사람에게도 적용됩니다)

하나님이 목적어일 때, 이 동사는 다음과 같은 뜻을 가집니다.

① 정죄하기 위해 백성이나 개인을 분리함

"죽일 날을 위하여 그들을 구별하옵소서"(렘 12:3).

② 누군가에 대한 심판을 수행할 나라들을 예비함

"내가 너를 파멸할 자를 준비하리니"(렘 22:7).

③ 하나님을 위해 어떠한 사물이나 날을 구별함

"나는 네가 건축한 이 성전을 거룩하게 구별하여"(왕상 9:3).

"나 여호와가 안식일을 복되게 하여 그날을 거룩하게 하였느니라"(출 20:11).

④ 하나님의 소유가 되고 그분을 섬기도록 개인이나 나라를 구별함

"이스라엘의 처음 태어난 자는 사람이나 짐승을 다 거룩하게 구별하였음이니 그들은 내 것이 될 것임이니라"(민 3:13).

"나는 너희를 거룩하게 하는 여호와이니라"(레 20:8).

즉, 하나님을 섬기기에 합당하게 변화시키고 성결하게 하는 것입니다.

"그들을 진리로 거룩하게 하옵소서"(요 17:17).

"평강의 하나님이 친히 너희를 온전히 거룩하게 하시고"(살전 5:23).

하나님은 이러한 방식으로 주 예수님께 성령을 기름 붓듯 하시고, 그 안에서 두 본성이 연합하게 하여 중보자요 대속자로 구별하셨습니다.

"아버지께서 거룩하게 하사 세상에 보내신 자"(요 10:36).

"많은 아들들을 이끌어 영광에 들어가게 하시는 일에 그들의 구원의 창시자를 고난을 통하여 온전하게 하심이 합당하도다"(히 2:10).

사람들과 관련하여 쓰일 때, '거룩하게 하다'라는 말은 다음과 같은 의미를 가집니다.

① 하나님의 명령에 따라 하나님을 섬기는 일을 위해 어떤 날이나 사물이나 사람을 구별함

"안식일을 기억하여 거룩하게 지키라"(출 20:8).

"또 팔 일 동안 여호와의 전을 성결케 하여"(대하 29:17).

"태에서 처음 난 모든 것은 다 거룩히 구별하여 내게 돌리라"(출 13:2).

② 우리 자신을 하나님께 구별하여 드림

"너희는 내일을 위하여 스스로 거룩하게 하라"(수 7:13).

"하나님을 두려워하는 가운데서 거룩함을 온전히 이루어 육과 영의 온갖 더러운 것에서 자신을 깨끗하게 하자"(고후 7:1).

'거룩하게 하다'라는 동사가 가지는 이 모든 의미를 이 간구와 관련하여 적용할 수는 없습니다. 그러나 이미 지적했듯이, 이 말에 대한 혼란을 막고 그 의미를 더

잘 이해하려면 이런 의미들을 알아야 합니다. 앞에서 말한 대로 이 동사는 때로는 하나님을, 때로는 사람을 목적어로 사용하는데, 이 간구에서 대상은 사람이나 사물이 아니라 하나님입니다.

하나님은 스스로를 거룩하게 하심

하나님은 스스로를 거룩하게 하십니다.

"나의 큰 이름을 내가 거룩하게 할지라"(겔 36:23).

자신이 어떤 분이신지를 사람들에게 나타내는 은혜와 자연의 역사를 통해 하나님은 스스로를 거룩하게 하십니다.

첫째, 자연의 역사를 통해 그렇게 하십니다.

① 자신이 한 분 하나님이심을 계시하심으로써 스스로를 거룩하게 하십니다.

"네 구속자요 모태에서 너를 지은 나 여호와가 이같이 말하노라. 나는 만물을 지은 여호와라. 홀로 하늘을 폈으며 나와 함께한 자 없이 땅을 펼쳤고……나는 처음이요 나는 마지막이라. 나 외에 다른 신이 없느니라"(사 44:24,6).

사람은 자연의 역사를 통해 이 사실을 깨닫습니다.

"창세로부터 그의 보이지 아니하는 것들 곧 그의 영원하신 능력과 신성이 그가 만드신 만물에 분명히 보여 알려졌나니"(롬 1:20).

② 이 땅에 복을 베풀어 자신의 선하심을 드러내심으로써 스스로를 거룩하게 하십니다.

"그러나 자기를 증언하지 아니하신 것이 아니니 곧 여러분에게 하늘로부터 비를 내리시며 결실기를 주시는 선한 일을 하사 음식과 기쁨으로 여러분의 마음에 만족하게 하셨느니라"(행 14:17).

"주께서 지으신 것들이 땅에 가득하니이다"(시 104:24).

③ 죄인을 벌하여 자신의 의로움을 나타내심으로써 스스로를 거룩하게 하십니다. 이교도들도 이런 사실을 깨닫습니다. 어느 이교도는 다음과 같이 말합니다. "하나님이 모든 것을 다스리는지, 아니면 모든 일이 그저 우연히 일어나는지에 대해

오랫동안 생각해 왔다. 그러나 마침내 루피누스(Rufinus)가 벌을 받는 것을 보고 더는 그런 생각을 하지 않게 되었다. 하나님이 모든 일을 다스리는 것이 맞다. 불경건한 자들이 세상에서 때때로 높아지는 것은 나중에 그들의 멸망이 더 비참해지기 위함이다." 이는 성경에서 자주 듣는 말이 아니니까?

"너는 이르기를 주 여호와께서 이같이 말씀하시되 시돈아 내가 너를 대적하나니 네 가운데에서 내 영광이 나타나리라 하셨다 하라. 내가 그 가운데에서 심판을 행하여 내 거룩함을 나타낼 때에 무리가 나를 여호와인 줄을 알지라"(겔 28:22).

"내가 바로와 그의 병거와 마병으로 말미암아 영광을 얻을 때에야 애굽 사람들이 나를 여호와인 줄 알리라 하시더니"(출 14:18).

④ 하나님께서 전능하심을 나타내심으로써 스스로를 거룩하게 하십니다.

"내가 너를 세웠음은 나의 능력을 네게 보이고 내 이름이 온 천하에 전파되게 하려 하였음이니라"(출 9:16).

다니엘 4장 34,35절도 보십시오.

"그 기한이 차매 나 느부갓네살이 하늘을 우러러보았더니 내 총명이 다시 내게로 돌아온지라. 이에 내가 지극히 높으신 이에게 감사하며 영생하시는 이를 찬양하고 경배하였나니 그 권세는 영원한 권세요 그 나라는 대대에 이르리로다. 땅의 모든 사람들을 없는 것같이 여기시며 하늘의 군대에게든지 땅의 사람에게든지 그는 자기 뜻대로 행하시나니 그의 손을 금하든지 혹시 이르기를 네가 무엇을 하느냐고 할 자가 아무도 없도다"(단 4:34,35).

둘째, 이 모든 자연의 역사뿐만 아니라, 하나님은 은혜의 역사를 통해 다음과 같이 자신을 계시하심으로써 특별하게 스스로를 거룩하게 하십니다.

① 의로우심

하나님은 죄를 벌하고 죗값을 온전히 치르지 않고서는 결코 죄인과 화해하지 않으십니다.

"이 예수를 하나님이 그의 피로써 믿음으로 말미암는 화목 제물로 세우셨으니……자기의 의로우심을 나타내려 하심이니"(롬 3:25).

② 선하심

"우리 구주 하나님의 자비와 사람 사랑하심이 나타날 때에 우리를 구원……하셨나니"(딛 3:4,5).

③ 지혜로우심

"이는 이제 교회로 말미암아 하늘에 있는 통치자들과 권세들에게 하나님의 각종 지혜를 알게 하려 하심이니"(엡 3:10).

④ 미쁘심

"하나님의 약속은 얼마든지 그리스도 안에서 예가 되니 그런즉 그로 말미암아 우리가 아멘 하여 하나님께 영광을 돌리게 되느니라"(고후 1:20).

⑤ 참되심

"하나님은 미쁘시니라. 우리가 너희에게 한 말은 예 하고 아니라 함이 없노라"(고후 1:18).

⑥ 변치 않으심

"하나님은 약속을 기업으로 받는 자들에게 그 뜻이 변하지 아니함을 충분히 나타내시려고 그 일을 맹세로 보증하셨나니"(히 6:17).

그래서 하나님은 이렇게 말씀합니다.

"나의 자비는 네게서 떠나지 아니하며 나의 화평의 언약은 흔들리지 아니하리라"(사 54:10).

사람이 자신을 거룩하게 하는 방식

사람도 자신과 타인과 사물들을 거룩하게 합니다. 이것이 뜻하는 바는 다음과 같습니다.

① 종교적인 목적을 위해 일상적인 것들로부터 구별함

"태에서 처음 난 모든 것은 다 거룩히 구별하여 내게 돌리라"(출 13:2).

"내가 불러 시키는 일을 위하여 바나바와 사울을 따로 세우라"(행 13:2).

② 하나님께 자신을 헌신하고 드림, 하나님을 섬기는 일에 자신을 희생함

"또 그들을 위하여 내가 나를 거룩하게 하오니 이는 그들도 진리로 거룩함을 얻게 하려

함이니이다"(요 17:19).

"그들이 먼저 자신을 주께 드리고"(고후 8:5).

"또 다른 사람은 자기가 여호와께 속하였음을 그의 손으로 기록하고 이스라엘의 이름으로 존귀히 여김을 받으리라"(사 44:5).

③ 하나님을 섬기는 일을 준비함

"스스로 성결하게 하고 와서 나와 함께 제사하자 하고"(삼상 16:5).

④ 하나님의 역사에 거룩하게 참여함(우리의 모든 삶과 행실을 거룩하고 경건하게 하는 것도 여기에 속합니다)

"안식일을 기억하여 거룩하게 지키라"(출 20:8).

"나는 여호와 너희의 하나님이라. 내가 거룩하니 너희도 몸을 구별하여 거룩하게 하고"(레 11:44).

하나님을 거룩하게 한다고 말하기도 합니다. 그런데 이 말은 우리가 지금까지 말해 온 것과는 다소 의미가 다릅니다. 하나님은 완전하시므로 아무것도 그분께 더하거나 뺄 수 없기 때문입니다.

첫째, 앞에서 말한 대로 하나님의 이름을 영화롭게 한다는 것은 하나님께서 자연의 역사와 그분의 은혜의 역사를 통해 자기 이름을 거룩하게 하시는 자리와 그렇게 하시는 방식을 주목하여 아는 것으로 이루어집니다. 그러므로 하나님의 이름을 거룩하게 여기려면, 하나님께서 자신을 계시하시는 자리와 그 안에서 하나님의 완전하심이 어떻게 드러나는지를 주목하여 알아야 합니다.

"와서 여호와의 행적을 볼지어다. 그가 땅을 황무지로 만드셨도다"(시 46:8).

"지혜 있는 자들은 이러한 일들을 지켜보고 여호와의 인자하심을 깨달으리로다"(시 107:43).

둘째, 하나님께서 그러한 분이시라는 사실을 기쁨으로 받고 인정해야 합니다.

"그러하다 주 하나님 곧 전능하신 이시여, 심판하시는 것이 참되시고 의로우시도다"(계 16:7).

셋째, 그러므로 하나님의 이름을 드높이고 찬양하며 영화롭게 해야 합니다.

"너희 모든 나라들아 여호와를 찬양하며 너희 모든 백성들아 그를 찬송할지어다. 우리에게 향하신 여호와의 인자하심이 크시고 여호와의 진실하심이 영원함이로다. 할렐루야"(시 117:1,2).

① 마음으로 하나님을 거룩하게 합니다.

"내 영혼아 여호와를 송축하라. 내 속에 있는 것들아 다 그의 거룩한 이름을 송축하라"(시 103:1).

"너희 마음에 그리스도를 주로 삼아 거룩하게 하고"(벧전 3:15).

② 입술로 하나님을 거룩하게 합니다.

"주의 존귀하고 영광스러운 위엄과 주의 기이한 일들을 나는 작은 소리로 읊조리리이다"(시 145:5).

③ 삶과 행실로 하나님을 거룩하게 합니다.

"너희가 열매를 많이 맺으면 내 아버지께서 영광을 받으실 것이요"(요 15:8).

넷째, 우리의 하나님께서 얼마나 영광스러운 분인지를 사람들에게 나타내야 합니다. 성경으로부터, 그분의 역사하심으로부터, 일반적인 섭리와 특별한 섭리로부터 하나님의 완전하심이 어떻게 그 상황에서 드러났는지를 사람들에게 전하여 하나님을 아는 지식과 하나님을 향한 사랑과 하나님을 인정하고 영화롭게 하는 데까지 그들을 이끌어야 합니다. 시편 모든 곳에서 다윗은 모두가 그리할 것을 촉구합니다. 시편 148편에서는 천사들, 군대, 세상 왕들, 방백들, 청년들, 처녀, 노인, 아이들에게 하나님의 이름을 찬양하라고 합니다. 창조와 섭리와 통치와 자기 백성을 구속하시는 하나님의 모든 역사에서 하나님의 영광을 보라고 합니다. 다윗은 이 시편을 다음과 같은 말로 마무리합니다.

"여호와의 이름을 찬양할지어다. 그의 이름이 홀로 높으시며 그의 영광이 땅과 하늘 위에 뛰어나심이로다. 그가 그의 백성의 뿔을 높이셨으니 그는 모든 성도 곧 그를 가까이하는 백성 이스라엘 자손의 찬양받을 이시로다. 할렐루야"(시 148:13,14).

"이름이 거룩히 여김을 받으시오며"라는 간구의 의미

지금까지 우리는 하나님의 이름이 거룩히 여김을 받는 이유와 그 방식을 살펴보았습니다. 이제 "이름이 거룩히 여김을 받으시오며"라는 기도가 무엇을 의미하는지를 보겠습니다.

첫째, 이 간구는 하나님의 이름이 영화롭게 되고 찬양 받기를 바라는 강한 열망의 표현입니다.

"주의 구원을 사랑하는 자들이 항상 말하기를 하나님은 위대하시다 하게 하소서"(시 70:4).

둘째, 우리를 비롯해 어느 누구도 하나님께서 스스로를 아주 조금 드러내 주시기조차도 합당하지 않음을 인정합니다. 그러나 하나님께서 기꺼이 자신을 계시하신 사실을 기뻐하고 입술로 하나님을 찬양합니다. 거룩한 천사들도 하나님께 영광을 돌릴 때마다 "거룩하다"라고 외치면서 자신들의 얼굴을 가렸습니다(사 6장 참고). 아브라함은 "나는 티끌이나 재와 같사오나 감히 주께 아뢰나이다"(창 18:27)라고 했습니다. 그러므로 하나님께서 자신의 헤아릴 수 없는 은혜와 선하심으로 말미암아 하나님을 영화롭게 하도록 하고, 또 그렇게 할 수 있도록 하셨음을 고백합니다.

셋째, 하나님의 이름을 거룩하게 하기에는 우리가 너무나 무능하다는 것을 고백합니다. 하나님의 이름을 영화롭게 하려는 마음과는 달리, 모든 부분에서 자신이 무능력하고 한계가 있음을 발견하여 매우 당혹스러워합니다. 지성은 어둡고, 의지는 굼뜨며, 감정은 무정하기가 이를 데 없습니다. 이 영광스러운 일을 시작하지도 못할 뿐만 아니라, 설령 시작한다고 해도 지속해 나갈 수가 없습니다. 하나님의 이름을 영화롭게 하는 어떤 일을 한다고 해도 마음에서부터가 아니라 머릿속에서 끝나기가 일쑤이고, 그래서 단념하고 싶은 마음이 굴뚝 같습니다. 결국 하나님의 이름을 영화롭게 하는 일조차 은혜로만 할 수 있음을 깨닫고, 다윗과 같이 이렇게 고백합니다.

"주여 내 입술을 열어 주소서. 내 입이 주를 찬송하여 전파하리이다"(시 51:15).

넷째, 이런 간구는 하나님께서 자기 이름이 거룩히 여김을 받도록 하실 수 있고, 그렇게 하기를 기뻐하시며, 그 일을 이루신다는 믿음의 표현입니다.

"이 백성은 내가 나를 위하여 지었나니 나를 찬송하게 하려 함이니라"(사 43:21).

"무릇 시온에서 슬퍼하는 자에게 화관을 주어……그들이 의의 나무 곧 여호와께서 심으신 그 영광을 나타낼 자라 일컬음을 받게 하려 하심이라"(사 61:3).

성부 하나님께서 이렇게 기도하는 자들에게 응답하시지 않는다면, 주 예수님께서 이런 기도를 우리에게 가르치셨을 리가 없습니다.

다섯째, 이 간구는 진심 어린 탄원으로 이루어집니다.

① 하나님의 어떠하심을 나타내 주시기를 탄원합니다. 온 우주의 가장 미미한 일에서 가장 큰 일에 이르기까지, 모든 것을 다스리고 인생들에게 심판과 복을 내리며 전쟁에서 승리와 패배를 주시는 분이라는 사실을 세상에 나타내 달라고 간구합니다.

"이스라엘의 목자여……빛을 비추소서. 에브라임과 베냐민과 므낫세 앞에서 주의 능력을 나타내사 우리를 구원하러 오소서. 하나님이여 우리를 돌이키시고 주의 얼굴빛을 비추사 우리가 구원을 얻게 하소서"(시 80:1-3).

"여호와여 복수하시는 하나님이여……빛을 비추어 주소서"(시 94:1).

② 기도하는 자와 다른 사람들 모두가 하나님께서 말씀과 성령으로 말미암은 역사를 통해 자신을 계시하신 대로 하나님을 보고 인정하기를 바라며 기도합니다. 그리고 진정 하나님께서 그것을 기뻐하십니다.

"악인은……여호와의 위엄을 돌아보지 아니하는도다"(사 26:10).

"의인이 악인의 보복 당함을 보고 기뻐함이여……그때에 사람의 말이 진실로 의인에게 갚음이 있고 진실로 땅에서 심판하시는 하나님이 계시다 하리로다"(시 58:10,11).

"나 여호와가 이 일을 말하고 이룬 줄을 너희가 알리라"(겔 37:14).

③ 기도하는 자들과 다른 사람들 모두가(하나님이 이처럼 엄위롭고, 거룩하고, 영화롭고, 선하고, 전능한 주님이심을 앎으로) 하나님이 하시는 모든 일을 바라보며 하나님을 사랑하고 경외하며 순종하고 찬양하기를 간구합니다. 그리고 이런 성향과 갈망

을 가지고 모든 일을 시작하고 힘쓰며 그 안에서 모든 일을 마치고 이렇게 선포하기를 간구합니다.

"이는 만물이 주에게서 나오고 주로 말미암고 주에게로 돌아감이라. 그에게 영광이 세세에 있을지어다. 아멘"(롬 11:36).

이 모든 기도가 "이름이 거룩히 여김을 받으시오며"라는 간구에 담겨 있습니다.

하나님께서 사람들 가운데서 영화롭게 되시기를 열망하고 있더라도, 자신에게는 그럴 자격과 능력이 없음을 잘 아는 기도자는 그리스도 안에서 자기 아버지이신 하나님께 나아가며 어린아이같이 믿음으로 스스로를 하나님께 보입니다. 그리고 다음과 같이 기도합니다.

"주께서 행하신 일을 주의 종들에게 나타내시며 주의 영광을 그들의 자손에게 나타내소서"(시 90:16).

"주를 찬송함과 주께 영광 돌림이 종일토록 내 입에 가득하리이다"(시 71:8).

이 간구를 오용하는 것에 대한 책망

그러나 이 간구와 관련하여 사람들이 이와 얼마나 동떨어지게 행하는지요! 불신자들은 하나님을 알지도 못하고 알기를 바라지도 않습니다. 하나님을 영화롭게 하기는커녕 하나님과 상관없이 살아갑니다. 그리스도인들은 하나님을 영화롭게 하며 살아야 하지만, 실제로 많은 측면에서 오히려 불신자만도 못합니다. 하나님을 영화롭게 하는 대신 하나님을 욕되게 합니다. 도무지 용납될 수 없는 삶으로 하나님을 만홀히 여깁니다. "그리스도인들이 어떻게 하나님을 만홀히 여길 수 있단 말인가?"라고 물을 수도 있습니다. 날마다 그런 식으로 살아가면서도 입으로는 "이름이 거룩히 여김을 받으시오며"라고 말합니다. 날마다 이렇게 읊조리지 않으면 큰 죄를 짓는다고 생각하기에 항상 주기도문으로 모든 것을 마칩니다. 그러나 "이름이 거룩히 여김을 받으시오며"라는 간구가 무엇을 뜻하는지는 전혀 알지 못합니다. 이 간구의 내용을 바라지도 않고, 주기도문을 외우더라도 그것이 구하는 바에는 전혀 관심이 없습니다. 그냥 후다닥 해치우고 말 뿐입니다. 이것이 하나님을 조롱하는 것이 아니고 무엇이란 말입니까? 왕이나 귀족에게 이런 식으로 말합니까? 존경하는 마음도 없이 떠벌리는 식으로 하는 요구를 그들이 들어주겠습니까? 하물며 하나님 앞에서 이처럼 행하는 것은 얼마나 가증하고도 혐오스런 죄입니까? 그래 놓고는 하나님께 기도했다고 생각합니다. 이런 사람들은 하나님의 이름이 거룩히 여김을 받도록 하는 방편에도 전혀 관심이 없습니다. 하나님의 이름이 거룩하게 여김 받을 하나님 나라가 도래하기를 간구하지도 않습니다. 이 말은 하나님의 이름이 영화롭게 되는 데 전혀 관심이 없다는 뜻입니다. 그러면서도 마음에도 없는 무지한 기도를 날마다 주문처럼 불경하게 읊조립니다. 이것이 하나님을 만홀히 여기는 죄가 아니라면 무엇이란 말입니까? 하나님의 면전에서 그런 식으로 기도를 주절거리느니 차라리 입을 다물고 아무 기도도 하지 않는 편이 훨씬 나을 것입니다.

그러므로 하나님도 알지 못하고, 이 간구가 무엇을 말하는지도 모르고, 이 간구가 말하는 바에 전혀 관심 없는 무지한 사람들은 귀 기울이십시오. 정기적으로 기도한다고 하면서 후다닥 해치우듯 기도함으로 하나님을 만홀히 여기고, 하나님의 율법을 갈기갈기 찢어 짓밟고, 하나님의 거룩한 이름을 남용하고, 불경건한 삶으로 하나님의 이름을 욕되게 하는 사람들은 잘 들으십시오. 지금부터 말하는 내용들을 잘 새겨들으십시오.

첫째, 여러분이 아무리 하나님을 만홀히 여겨도 하나님은 만홀히 여김을 받지 않으십니다.

"스스로 속이지 말라. 하나님은 업신여김을 받지 아니하시나니"(갈 6:7).

"진실로 그는 거만한 자를 비웃으시며 겸손한 자에게 은혜를 베푸시나니"(잠 3:34).

하나님이 비웃으시는 자들이 처한 상태는 얼마나 끔찍합니까!

둘째, 여러분이 이렇게 살고 있다면, 하나님은 여러분의 예배를 받고 싶어하지 않으실 것입니다.

"너희가 내 앞에 보이러 오니 이것을 누가 너희에게 요구하였느냐. 내 마당만 밟을 뿐이니라……너희가 많이 기도할지라도 내가 듣지 아니하리니"(사 1:12,15).

하나님은 이런 천박한 행위를 신앙생활이라고 여기며 살아가는 자의 기도 또한 듣지 않으실 것입니다. 그렇습니다. 하나님은 그런 사람의 종교 생활을 가증히 여기십니다!

"악인의 제사는 여호와께서 미워하셔도 정직한 자의 기도는 그가 기뻐하시느니라"(잠 15:8).

심지어 하나님은 그들이 하나님에 대해 말하는 것조차 허락하지 않으십니다.

"악인에게는 하나님이 이르시되 네가 어찌하여 내 율례를 전하며 내 언약을 네 입에 두느냐"(시 50:16).

하나님은 거룩하시므로, 거룩한 길이 아니고서는 결코 그분 앞으로 나아가지 못합니다.

셋째, 하나님의 이름을 영화롭게 하지 않으면서 기도할 때에만 "이름이 거룩히 여김을 받으시오며"라고 읊조린다면, 그리고 자신이 무슨 기도를 하고 있는지도 모르거나 이런 기도가 구하는 바가 이루어지기를 진심으로 바라지도 않으면서 그렇게 한다면, 하나님께서 그 사람을 벌하심으로써 자기 이름을 거룩하게 하실 것입니다. 그 모습을 보고 사람들이 하나님을 심히 두려워하게 되며, 그분 앞에 나아갈 때 큰 경외심을 품어야 함을 깨달을 것이기 때문입니다. 나답과 아비후가 이상한 불을 가지고 하나님 앞으로 나아가자, 여호와 앞에서 불이 나와 그들을 삼켰습니다(레 10:2 참고). 이 일을 당한 모세는 하나님께서 다음과 같이 말씀하셨다고 증언합니다.

"나는 나를 가까이하는 자 중에서 내 거룩함을 나타내겠고 온 백성 앞에서 내 영광을 나타내리라"(레 10:3).

비록 하나님께서 언제나 이렇게 즉시로 심판하시는 것은 아니더라도, 하나님의 때에 하나님의 방식으로 심판하십니다. 그리하면 그들은 이사야의 예언에 나오는 이 위협이 성취되고 있다는 것을 알 것입니다.

"이 백성이 입으로는 나를 가까이하며 입술로는 나를 공경하나 그들의 마음은 내게서 멀리 떠났나니……그러므로 내가 이 백성 중에 기이한 일 곧 기이하고 가장 기이한 일을 다시 행하리니"(사 29:13,14).

그러므로 자신이 어떻게 기도하는지를 잘 돌아보고 살펴야 합니다. 자신이 하나님 앞에서 공표하는 것을 잘 알고, 그것을 갈망해야 합니다.

"너는 하나님 앞에서 함부로 입을 열지 말며 급한 마음으로 말을 내지 말라"(전 5:2).

지금까지 잘못된 방식으로 악하게 기도하는 사람들을 향해 말하였습니다.

또한 신자들도 주기도문의 이 기도를 전혀 합당하지 않게 간구하곤 합니다. 이런 경우는 마땅히 책망받아야 합니다. 너무나 많은 신자들이 자신에게만 몰두하며, 죄를 용서받았다는 주관적인 느낌과 자기 상태에 대한 확신과 자신의 죄악들에 대한 승리와 거룩함과 덕스러움에만 필요 이상으로 몰두합니다. 물론 후자와 같은 것을 추구하는 일은 바람직합니다. 그러나 그것만으로는 충분하지 않습니다. 모든 일을 할 때에 가장 고상한 목적, 다시 말해 하나님의 이름을 영화롭게 하는 일이 어떠한 것인지를 알고, 그것을 갈망하며, 거기에 초점을 맞추는 데 더욱 힘써야 합니다. "나는 하나님을 영화롭게 할 수 없다. 나는 너무 무지해서 어떻게 시작해야 할지도 모른다. 나는 너무 죄악된 사람이다. 내 안에 있는 부패한 권세가 내 영혼을 괴롭힌다. 내가 당하는 고난이 나를 짓누르고 주변에는 온통 슬픔뿐이다. 이런 상태에서 하나님을 나의 하나님으로 믿기란 그리 쉽지 않다. 그런데 어떻게 하나님의 이름을 영화롭게까지 하라는 말인가? 만약 이 일까지 떠맡아야 한다면, 아마도 나는 포기하고 말 것이다. 기도는 나에게 그다지 큰 의미가 없다. 그저 생각으로만 기도할 뿐, 기도에서 즐거움을 누리지 못한다." 이렇게 말하면서 실망하고 체념하는 것이 아니라, 이 고상하고도 궁극적인 목적을 위해 전심으로 기도해야 합니다.

여러분이 주기도문의 이 간구를 궁극적인 목적으로 추구하지 않는다면, 마땅히 책망받아야 합니다. 하나님의 이름을 영화롭게 하는 것을 궁극적인 목적으로 추구하지 않고 자신의 상황과 형편에 갇혀 머뭇거리고만 있다면, 영적으로 자랄 수가 없습니다. 하나님의 영광에 감격할 뿐만 아니라 즉시로 하나님의 영광을 경험하기를 바랍니다. 그런데 먼저 영혼이 겸비해져야 합니다. 하나님께서 모든 피조물에게서 영광 받기에 합당하신 분임을 절감하고 하나님을 영화롭게 하는 것을 자신의 궁극적인 목적으로 삼아야 합니다. 뿐만 아니라 간절한 열망과 사랑으로 하나님께 이런 영광을 돌리는 피조물이 얼마나 복된지를 숙고해야 합니다. 또 그렇게 되기 위해 끊임없이 이 목적을 상기하고, 이 목적을 따라 모든 일을 행하도록 훈련해 가야 합니다. 이렇게 행하는 가운데, 하나님의 이름을 영화롭게 하고자 하는 성향이 여러분 안에서 자라 갑니다.

그러므로 하나님의 이름을 영화롭게 하도록 계속해서 영혼을 불러일으키고, 이 일을 위해 쉬지 말고 기도하십시오.

① 하나님은 영광을 받기에 합당하시며(계 4:11 참고), 이렇게 할수록 하나님께서 여러분을 존귀하게 하십니다(사 42:21 참고).

② 하나님께서 그 일을 기뻐하십니다(시 22:4 참고). 그리고 이 일은 여러분에게도 큰 기쁨을 가져다줄 것입니다(시 71:8 참고).

③ 공중의 새와 하늘과(시 19:1 참고) 천사들과(사 6:3 참고) 이 땅의 성도들이(시 92:2,15; 69:31 참고) 지극히 기뻐하는 일입니다. 그렇다면 여러분도 이 일을 기뻐해야 하지 않겠습니까?

④ 그리하면 여러분의 행위가 더욱 참된 것이 되고(요 3:21 참고), 하나님께서 여러분에게 주시는 위대한 특권으로 드러날 것입니다(시 99:3,6 참고). 하나님은 자신을 영화롭게 하는 자들을 영화롭게 하십니다(삼상 2:30 참고). 그리고 이 일은 너무나 감미로운 일입니다(시 147:1 참고). 그렇습니다. 이 일이야말로 이 땅에서 성도가 누리는 지복 자체요, 성도들이 영원한 영광 가운데 할 일인 것입니다(계 5:9-12 참고). 그러므로 하나님을 영화롭게 하기를 즐거워하십시오. 힘써 이 일을 행하십시오. 하나님께서 어떻게 자기의 완전하심을 계시하시는지를 보고 하나님께 영광을 돌리십시오. 모든 것을 행하고 마칠 때 이 일을 목적으로 삼으십시오.

"호흡이 있는 자마다 여호와를 찬양할지어다 할렐루야"(시 150:6).

이미 앞선 56장에서 하나님을 경외하는 것에 대해 말하면서 이 일에 관해 더욱 자세히 다루고, 또 그렇게 할 것을 격려했습니다. 본 장은 56장의 부록이라 할 수 있습니다. 거기서 깊이 다루지 못한 내용들을 좀 더 다루어야 할 필요가 있기 때문입니다. 그러나 56장에서 본 주제에 관련된 것들을 거의 다루었으므로, 여기서는 이 주제를 보다 짧게 다루었습니다.

70

두 번째 간구
: 나라가 임하시오며

하나님은 자기 이름이 거룩히 여김을 받는다는 궁극적인 목적에 이르는 방편을 주셨습니다. 하나님은 목적을 주실 뿐만 아니라, 그 목적을 이루는 방편도 정하십니다. 그러므로 하나님이 정하신 방편이 아니고서는 하나님이 주신 목적에 이르지 못합니다. 따라서 어떤 목적과 그 목적에 이르는 방편은 하나입니다. 때로는 방편(힘겨운 수고나 위험한 상황과 같은)이 그다지 달갑지 않을 수 있습니다. 그리고 그러한 방편들을 통해 우리가 바라는 바를 얻을 수 없다면, 우리는 그 방편들을 사용하지 않으려 할 것입니다. 진귀한 음식이나 달콤한 음료와 같이 어떤 방편들은 그 자체로 매력적입니다. 우리는 그 방편들을 사용할 때, 어떠한 목적들을 염두에 두지 않을 수도 있습니다.

그런데 영적인 영역에서는 목적뿐만 아니라 거기에 이르는 방편마저 달콤하고도 감미롭습니다(물론 여기서 고난은 예외입니다). 영적인 방편들의 경우, 그것을 통해 이루게 될 궁극적인 목적 자체도 감미롭고 달콤하지만, 그 방편들 자체가 가진 매력과 아름다움 또한 그 목적에 못지않습니다. 하나님의 이름이 거룩하게 여김을 받는다는, 모든 목적들의 궁극적인 목적이 되는 이 목적이 얼마나 사랑스럽고 추구할 만한지에 대해서는 주기도문의 처음 간구를 다루는 앞 장에서 이미 살폈습니다. 이어지는 다섯 가지 간구는 바로 이 궁극적인 목적에 이르는 방편입니다. 그러나 진실로 경건한 사람은 각각의 간구를 그 자체로 매우 소중하고 즐거워할 만한 것으로 여깁니다. 하나님의 나라가 임하는 것이야말로 하나님의 이름을 영화롭게 하는 이 목적을 가장 효과적이고도 탁월하게 도모하는 방편입니다. 지금부터는 하나님 나라의 도래의 본질과 그 영광, 여기에서 비롯되는 유익 등을 살펴봄으로써 이 일이 얼마나 바람직하고 우리가 사모할 만한 일인지를 살펴보겠습니다.

주기도문의 두 번째 간구에는 '나라'라는 말이 나옵니다. 그리고 이 나라가 임하기를 기도합니다.

나라: 하나님의 나라

이제 '나라'라는 말을 함께 생각해 봅시다. 나라는 한 통치자의 통치 아래 살아가는 백성들로 이루어집니다. 세상에는 많은 나라들이 있어 왔고, 지금도 여전히 많은 나라들이 있습니다. 지금까지 세상에는 바벨론, 메대와 바사, 그리스, 로마라는 네 개의 제국이 존재했습니다. 다시 말해, 온 세상이 한 임금의 통치를 받던 때가 있었습니다. 그러나 기존의 제국과는 본질적으로 다른 다섯 번째 제국이 있습니다. 지금 우리가 말하는 주 예수님의 나라입니다. 달리 말해, 하나님과 그리스도의 백성들의 모임입니다. 성경에 나오지 않은 다른 말로 하면 바로 교회입니다.[1]

한 걸음 더 나아가 '하나님의'라는 말을 살펴봅시다. 이 기도는 성부 하나님께 드리는 기도입니다. 성부의 나라가 임하기를 구하는 기도입니다. 천하 만물이 하나님으로부터 나오고, 하나님으로 말미암습니다. 성부께서 성자 예수 그리스도를 통해 백성들을 모으고, 다스리며, 보존하십니다. 요한계시록의 다음 구절이 이 사실을 증언합니다.

---

1) 영역주 　이 진술은 네덜란드어 성경인 스타턴퍼탈링에만 해당된다.

"이제 우리 하나님의 구원과 능력과 나라와 또 그의 그리스도의 권세가 나타났으니"(계 12:10).

하나님은 스스로 왕이시며 만물을 있게 한 최초의 원인이십니다. 하나님은 본유적으로 탁월하고 지극히 높으며 모든 위엄과 영광을 가지고 영원 전부터 모든 권세를 가지고 통치하십니다. 피조물이 있기 전부터 그러하셨고, 피조물이 있는 지금도 마찬가지입니다. 하나님의 이런 본유적인 속성으로 말미암아 모든 만물이 하나님께 순복합니다.

"여호와여 위대하심과 권능과 영광과 승리와 위엄이 다 주께 속하였사오니 천지에 있는 것이 다 주의 것이로소이다. 여호와여 주권도 주께 속하였사오니 주는 높으사 만물의 머리이심이니이다"(대상 29:11).

하나님은 위대하십니다. 그렇습니다. 그분은 왕이십니다.

"나는 큰 임금이요 내 이름은 이방 민족 중에서 두려워하는 것이 됨이니라"(말 1:14).

하나님의 나라는 권능의 나라, 영광의 나라, 은혜의 나라로 구분됩니다.

모든 피조물이 하나님 나라의 통치를 받습니다. 선한 천사는 물론 악한 천사들, 선인과 악인들, 하늘과 땅의 모든 생물들과 무생물들이 하나님의 온전한 통치 아래에서 움직입니다. 하나님이 없다면 모두가 미동조차 할 수 없습니다. 게다가 만물은 하나님의 명령을 따라 어김없이 그대로 움직이고 하나님의 뜻을 수행합니다. 그래서 성경은 보통 하나님을 만군의 여호와라고 합니다. 다윗은 이렇게 고백합니다.

"천지가 주의 규례들대로 오늘까지 있음은 만물이 주의 종이 된 까닭이니이다"(시 119:91).

"여호와께서 그의 보좌를 하늘에 세우시고 그의 왕권으로 만유를 다스리시도다"(시 103:19).

느부갓네살 왕도 이러한 하나님의 통치를 인정했습니다.

"그 권세는 영원한 권세요 그 나라는 대대에 이르리로다. 땅의 모든 사람들을 없는 것같이 여기시며 하늘의 군대에게든지 땅의 사람에게든지 그는 자기 뜻대로 행하시나니 그의 손을 금하든지 혹시 이르기를 네가 무엇을 하느냐고 할 자가 아무도 없도다"(단 4:34,35).

하나님의 영광의 나라는 셋째 하늘에 거하는 거룩한 천사들과 영화롭게 된 하나님의 택자들로 이루어집니다. 그곳은 성부께 속한 낙원과 천국입니다.

"내 아버지께 복 받을 자들이여, 나아와 창세로부터 너희를 위하여 예비된 나라를 상속받으라"(마 25:34).

"너희를 부르사 자기 나라와 영광에 이르게 하시는 하나님"(살전 2:12).

바로 영광스런 하나님의 나라입니다.

하나님의 은혜의 나라는 '하나님의 교회'라고도 불립니다.

첫째, 이 나라의 모든 백성들은 모든 참된 신자들과 회심한 자들입니다.

"어린양은 만주의 주시요 만왕의 왕이시므로 그들을 이기실 터이요 또 그와 함께 있는 자들 곧 부르심을 받고 택하심을 받은 진실한 자들도 이기리로다"(계 17:14).

둘째, 하나님은 자기 백성들을 세상과 열국들과 모든 나라들에서 불러내 홀로 거하게 하십니다.

"이 백성은 홀로 살 것이라. 그를 여러 민족 중의 하나로 여기지 않으리로다"(민 23:9).

"그러므로 너희는 그들 중에서 나와서 따로 있고 부정한 것을 만지지 말라. 내가 너희를 영접하여"(고후 6:17).

셋째, 그들은 서로 한 몸을 이룰 정도로 아주 친밀한 관계를 맺으며, 매우 깊은 영적인 연대를 누립니다.

"믿는 무리가 한마음과 한뜻이 되어"(행 4:32).

이런 연합은 다음과 같습니다.

① 참된 가르침을 함께 받아 누리는 결과입니다.

"너희는 사도들과 선지자들의 터 위에 세우심을 입은 자라. 그리스도 예수께서 친히 모퉁잇돌이 되셨느니라"(엡 2:20).

"주도 한 분이시요 믿음도 하나요"(엡 4:5).

그래서 사도 요한은 이렇게 말합니다.

"누구든지 이 교훈을 가지지 않고 너희에게 나아가거든 그를 집에 들이지도 말고 인사도 하지 말라"(요이 1:10).

② 믿는 모든 신자 안에 거하여 그들을 인도하시는 한 성령으로 말미암아 이루어집니다.

"무릇 하나님의 영으로 인도함을 받는 사람은 곧 하나님의 아들이라"(롬 8:14).

"이는 그로 말미암아 우리 둘이 한 성령 안에서 아버지께 나아감을 얻게 하려 하심이라"(엡 2:18).

③ '사랑 안에서' 이루어지는 연합입니다.

"그들로 마음에 위안을 받고 사랑 안에서 연합하여"(골 2:2).

"너희가 서로 사랑하면 이로써 모든 사람이 너희가 내 제자인 줄 알리라"(요 13:35).

④ 이런 동일한 믿음을 통해 신자들은 그리스도와 연합하고, 그리스도 안에서 서로 연합합니다.

"아버지여, 아버지께서 내 안에, 내가 아버지 안에 있는 것같이 그들도 다 하나가 되어 우리 안에 있게 하사"(요 17:21).

넷째, 예수님께서 이 나라의 왕이십니다.

"내가 나의 왕을 내 거룩한 산 시온에 세웠다"(시 2:6).

주 예수님과 영적인 연합을 누리고, 또 그 안에서 서로 영적인 연합을 누리며 참되게 교회를 구성하는 신자들, 곧 참된 신자들만이 이 나라의 백성입니다. 그러나 주 예수님은 회심하지 않은 자들도 구성원으로 속해 있는, 세상에 존재하는 온 교회의 왕이시기도 합니다. 이 땅을 다스리는 임금의 통치력이 자기 왕국에 있는 거주자와 이방인, 심지어 숨은 반역자와 배신자에게까지 미치듯이, 그리스도의 통치는 교회에 있는 회심하지 않은 자들에게까지 미칩니다. 비록 새로워지지 않은 마음으로 하는 겉치레라 할지라도, 그들은 엄연히 그리스도를 자신들의 왕으로 인정하고 순종하며 충성하기로 다짐했습니다.

다섯째, 하나님께서 이 나라에 온갖 선하심과 복을 베푸십니다.

① 하나님께서 이 나라에 은혜로 거하십니다

"하나님이 그 성중에 계시매"(시 46:5).

"그의 장막은 살렘에 있음이여 그의 처소는 시온에 있도다"(시 76:2).

예수님은 그들의 왕으로서 "오른손에 있는 일곱 별을 붙잡고 일곱 금 촛대 사이를 거니시는"(계 2:1) 분입니다.

② 이 나라는 안전합니다.

"나 여호와는 포도원지기가 됨이여. 때때로 물을 주며 밤낮으로 간수하여 아무든지 이를 해치지 못하게 하리로다"(사 27:3).

"여호와의 말씀에 내가 불로 둘러싼 성곽이 되며 그 가운데에서 영광이 되리라"(슥 2:5).

그러므로 하나님을 아는 자들은 모두 그리로 피합니다.

"여호와께서 시온을 세우셨으니 그의 백성의 곤고한 자들이 그 안에서 피난하리라"(사 14:32).

③ 빛의 나라입니다.

"일어나라 빛을 발하라. 이는 네 빛이 이르렀고 여호와의 영광이 네 위에 임하였음이니라……오직 여호와께서 네 위에 임하실 것이며 그의 영광이 네 위에 나타나리니 나라들은 네 빛으로, 왕들은 비치는 네 광명으로 나아오리라"(사 60:1-3).

④ 경건과 생명과 거룩함이 있습니다.

"그러나 너희는……거룩한 나라요"(벧전 2:9).

⑤ 화평과 희락이 있는 나라입니다.

"하나님의 나라는……오직 성령 안에 있는 의와 평강과 희락이라"(롬 14:17).

⑥ 곤고한 영혼이 위로와 새롭게 됨을 얻는 나라입니다.

"나의 모든 근원이 네게 있다"(시 87:7).

⑦ 하나님께 택함 받은 자들이 돌이켜 함께 모이는 곳입니다.

"시온에 대하여 말하기를 이 사람, 저 사람이 거기서 났다고 말하리니"(시 87:5).

"주께서 구원받는 사람을 날마다 더하게 하시니라"(행 2:47).

하나님의 도성이요 그리스도의 나라야말로 이런 영광스런 일들로 가득한 나라입니다.

하나님 나라의 기원과 성격

이 나라는 에덴동산에서 아담에게 처음 복음이 선포될 때 시작되었으며, 세상이 끝날 때까지 계속될 것입니다. 아담으로부터 아브라함에 이르기까지 이 나라는 많은 열방들에서 온 사람들로 이루어졌는데, 특별히 거룩한 후손이 중심이 되었습니다. 물론 여전히 많은 개인들이 여러 곳으로부터 이 나라로 들어왔지만, 아브라함으로부터 그리스도에 이르기까지 이 나라는 주로 아브라함의 후손들로 이루어졌습니다.

"그가 그의 말씀을 야곱에게 보이시며 그의 율례와 규례를 이스라엘에게 보이시는도다. 그는 어느 민족에게도 이같이 행하지 아니하셨나니"(시 147:19,20).

그리스도가 오신 이후, 열방들 간에 구분이 사라졌습니다. 어느 민족이든 족속이든 상관없이, 하나님은 자신을 믿고 경외하는 자라면 누구나 기쁘게 받으십니다.

"각 족속과 방언과 백성과 나라 가운데에서 사람들을 피로 사서 하나님께 드리시고"(계 5:9).

이 나라는 이 땅의 모든 나라와 뚜렷하게 대비되는, 하늘에 속한 나라입니다.

"내 나라는 이 세상에 속한 것이 아니니라"(요 18:36).

하늘에서 시작되었고, 하늘의 본질을 가지고, 하늘의 방식을 따라 기능하고, 마침내 하늘에서 완성될 나라입니다. 그래서 이 나라를 '천국'이라고도 합니다. 처음 아담에게 계시된 때부터 그리스도에 이르기까지 이 나라는 한결같이 동일한 나라였습니다. 그러나 모형과 그림자로서 구약 시대에 등장하는 모든 외적인 것이 성취된 신약 시대 교회는 더더욱 그런 천국으로 불릴 만합니다. 이제 교회는 더 이상 외적으로 드러나는 나라가 아닙니다. 구약 시대에도 그랬지만, 신약 시대의 교회는 왕들이나 영주들이 물리적인 무기를 가지고 지키고 다스리는 나라가 더더욱 아닙니다. 이 나라는 이 땅에 속한 모든 외적인 것들이 완전히 제거되어 오직 천국의 본질만을 가지고 있으며, 외적으로도 그런 나라로 드러납니다. 이런 의미에서 신약의 교회는 특별한 의미의 천국입니다. 세례 요한의 외침이 이를 잘 대변합니다.

"회개하라 천국이 가까이 왔느니라"(마 3:2).

복음서를 보면, 주 예수님께서 이 나라를 대부분 그렇게 지칭하셨고 사도들에게도 그렇게 명령하셨습니다.

"가면서 전파하여 말하되 천국이 가까이 왔다 하고"(마 10:7).

이 나라는 예수님을 왕으로 모십니다. 왕이신 예수님께서 자기 백성들을 모으고, 보호하며, 다스리십니다. 우리가 이 나라를 천국이라 부르는 이유는 다음과 같습니다.

① 이 나라가 하늘에서 시작되었기 때문입니다. 그래서 이 나라를 '하나님 나라'라고 부릅니다. 하나님은 복음을 통해 중보자를 계시하시고 구원의 길을 알리십니다. 하나님은 기뻐하시는 뜻대로 작정된 자들을 불러 돌이키시고 교회로 더하십니다. 목사들을 땅 끝까지 보내 이 복음을 전하게 하십니다. 그래서 복음을 통한 부르심을 '하늘의 부르심'이라고 합니다.

"그러므로 함께 하늘의 부르심을 받은 거룩한 형제들아"(히 3:1).

② 이 나라의 백성들이 하늘의 본성을 가지기 때문입니다. "하나님께로부터 난 자들"(요 1:13)이요 "신성한 성품에 참여하는 자"(벧후 1:4)이자 "하나님의 영으로 인도함을 받는"(롬 8:14) "신령한"(갈 6:1) 자들입니다.

③ 이 나라에서 누리는 은택 역시 하늘로부터 오기 때문입니다. 하나님 자신이 하나님 나라 백성들의 분깃입니다(애 3:24 참고). 주 예수님께서 이들의 "지혜와 의로움과 거룩함과 구원함"(고전 1:30)이 되십니다. 은혜언약이 약속하는 모든 은택 또한 이들의 것입니다. 이들은 "약속을 기업으로 받는 자들"(히 6:17)입니다.

④ 기도하고 믿고 사랑하며 덕스럽게 생활하는 이 나라 백성들의 삶이 하늘의 본성을 띠기 때문입니다.

⑤ 하나님 나라 백성은 육신적인 무기를 신뢰하지 않고 살아가기 때문입니다. 온 세상이 자신들을 적대시해도 마찬가지입니다. 그들의 싸움은 영적인 것이므로 그들이 사용하는 무기 역시 영적입니다. 사도 바울은 에베소서 6장 13-18절에서 머리부터 발끝에 이르는 영적인 무기를 묘사합니다.

"우리의 싸우는 무기는 육신에 속한 것이 아니오 오직 어떤 견고한 진도 무너뜨리는 하나님의 능력이라"(고후 10:4).

⑥ 하늘에서 완성되는 나라이기 때문입니다.

"믿음의 결국 곧 영혼의 구원을 받음이라"(벧전 1:9).

"그리하면 목자장이 나타나실 때에 시들지 아니하는 영광의 관을 얻으리라"(벧전 5:4).

그래서 이 나라를 천국이라고 합니다.

하나님 나라는 하나님의 이름을 영화롭게 하기 위해 존재합니다. 세상에서 하나님이 자기 백성들 가운데, 또 그들을 위해 행하시는 역사를 통해, 그리고 교회가 하나님을 위해 하는 일들을 통해 하나님의 이름이 거룩히 여김을 받습니다.

① 하나님의 백성들을 교회로 불러 모으고, 오직 하나님의 말씀을 통해 영혼들을 돌이키며, 신자들을 그리스도와 연합시키고, 그리스도의 대속과 의로움을 통해 그들을 의롭다 하고 거룩하게 하며 인도하고 위로하시는 역사를 통해 하나님의 지혜와 선하심과 전능하심과 미쁘심 같은 그분의 완전한 속성들이 밝게 드러납니다. 이런 일들을 통해 하나님은 "그의 성도들에게서 영광을 받으시고 모든 믿는 자들에게서 놀랍게 여김을" 받으십니다(살후 1:10 참고).

② 뿐만 아니라 하나님은 교회를 위해 하시는 일을 통해서도 영광을 받으십니다. 교회가 지은 죄에 대해 징계하고 자녀들의 죄에 대해서조차 징계의 매를 드실 만큼 죄를 미워하고 참지 못하시는 모습을 통해, 하나님의 거룩하심이 분명히 드러납니다. 이리들 가운데서도 자기 교회를 보호하시고, 원수들의 온갖 공격에도 교회가 든든히 서게 하심으로써 영광을 받으십니다. 그렇게 아주 힘겨운 상황을 지난 후에 오히려 교회가 더 영화롭게 드러나게 하심으로써 영광을 나타내십니다. 이 모든 상황 속에서 교회가 자기 백성이라는 것과 교회를 해하는 자들에게 반드시 보응하실 것을 분명히 하심으로써 하나님의 전능하심과 미쁘심을 나타내십니다(살후 1:6,7 참고).

③ 또한 하나님은 교회가 삶과 행실을 통해 "어두운 데서 불러내어 그의 기이한 빛에 들어가게 하신 이의 아름다운 덕을 선포하게" 하심으로써 영광을 받으십니

다(벧전 2:9 참고).

"이 백성은 내가 나를 위하여 지었나니 나를 찬송하게 하려 함이니라"(사 43:21).

이처럼 하나님 나라는 하나님의 이름이 거룩하게 여김을 받는 탁월한 방편입니다. 그래서 주 예수님께서 우리로 하여금 하나님의 "나라가 임하시오며"라고 기도하게 하신 것입니다.

하나님의 나라를 간구해야 함

하나님의 나라가 임하기를 바라는 간구는 그분의 나라와 밀접하게 관련됩니다.

> ▶ 질문
> 언제 이 나라가 임하는가? 신약성경에 따르면, 예수님이 이 기도를 가르쳐 주실 때 천국은 아직 임하지 않았다. 당시는 아직 예수님이 속전으로 드려지지도, 영광을 받지도 않으셨기 때문이다. 물론 임박하기는 했지만 아직 성령이 특별한 방식으로 부어지지도 않았고 이방인들에게 복음이 전해지지도 않았다. 이 나라가 오도록 기도해야 했다는 말은 이 나라가 가까이 이르기는 했지만 아직 도래하지 않았다는 말이다. 지금 우리는 이 모든 일들이 이미 이루어져 하나님 나라가 임한 때에 사는데, 여전히 이 기도를 해야 하는가?

대답: 물론 성령이 부어지고 복음이 이방인에게 전파되는 엄청난 변화가 오래전에 일어났으며, 지금도 날마다 계속됩니다. 이 일은 주 예수님께서 심판하시기 위해 다시 오시는 날까지 멈추지 않고 계속될 것입니다. 그러므로 우리는 지금도 "하나님의 나라가 임하시오며"라고 기도해야 합니다. 특별히 지금 우리가 하는 이 기도는 이 나라가 개개인에게 임하는 것뿐만 아니라, 현재 교회가 일반적으로 처해 있는 상황과도 관련 있습니다.

첫째, 지금 우리가 드리는 이 간구는 개개인과 관련이 있습니다. 어떠한 나라가 돌 위에 돌을 연이어 쌓아 집을 만들고 백성들이 더해져 확장되듯이, 하나님 나라는 개개인이 사탄의 권세에서 그리스도의 나라로 옮겨 옴으로써 확장됩니다. 하나님께서 이 나라의 말씀으로 그들의 총명을 일깨우실 때 이런 일이 일어납니다. 이렇게 깨어난 자들은 자신의 죄악됨과 비참한 상태를 보게 되고, 구원의 길과 구원받은 자들이 얼마나 복된 자들인지도 알게 됩니다. 하나님께서 돌 같은 마음을 제거하시고 어린아이의 살 같은 마음을 주실 때 이 나라가 임합니다. 순복하고 청종하는 마음을 주실 때 이 나라가 임합니다. 그리스도를 자신의 의로움과 속전으로 받아들이는 믿음을 주실 때 이 나라가 임합니다. 개개인을 거듭나게 하시고, 영적 생명을 주심으로써 신령한 건축물을 이루는 산 돌들이 되게 하시며, 거룩한 나라를 이루는 충성된 백성이 되게 하실 때 이 나라가 임합니다. 그렇게 하나님의 거룩한 집을 이루는 산 돌들이 빛과 거룩함으로 자라 갈수록 그들 안에서 하나님의 나라가 더욱 확장됩니다.

둘째, 이 나라가 임하는 것은 교회의 상태와 관련됩니다.

① 교회가 순전하고도 거룩한 빛을 비출 때, 이 나라가 임합니다. 교회가 오류와 이단의 악취를 제할 때 이 나라가 임합니다. 교회가 거룩함에 탁월하여 "아침 빛같이 뚜렷하고 달같이 아름답고 해같이 맑고 깃발을 세운 군대같이 당당한 여자"(아 6:10)로 드러날 때 이 나라가 임합니다. 교회가 거룩한 옷으로 빛나고(시 110:3 참고) "거룩함이 주의 집에 합당"(시 93:5)하게 되어, "세상에서 찬송"(사 62:7)을 받고, "여호와의 손의 아름다운 관……하나님의 손의 왕관"(사 62:3)이 될 때 이 나라가 임합니다. 사람들이 두려워서 감히 교회에 참여하지는 못하지만 교회를 칭송할 수밖에 없을 만큼 교회가 영광스럽게 드러날 때 이 나라가 임합니다(행 5:13 참고).

② 교회들이 더해 가고 그렇게 자리한 교회들에 구원받는 사람들이 더해질 때 이 나라가 임합니다. 그리스도께서 약속하신 대로 복음이 다른 지역, 족속들, 나라들에 전파될 때, 또 그렇게 전해진 복음이 사람들에게 받아들여질 때 이 나라가 임합니다.

"이 천국 복음이 모든 민족에게 증언되기 위하여 온 세상에 전파되리니 그제야 끝이 오리라"(마 24:14).

③ 광야로 도망칠 수밖에 없을 정도로 극한 핍박에서 교회를 구원해 주실 때, 그리고 그런 교회가 더 영광스런 모습으로 다시금 나타나게 하실 때 이 나라가 임합니다. 하나님께서 콘스탄티누스 대제를 사용하여 이방인 황제들의 극심한 박해로부터 교회를 건지셨을 때, 종교개혁 당시 적그리스도의 박해로부터 교회를 건지셨을 때가 바로 그런 때였습니다. 하나님께서 짐승의 권좌인 로마를 훼파하고 로마의 교황을 없애실 때가 옵니다. 적그리스도가 약해지는 만큼 그리스도의 교회가 자라 갑니다.

④ 유대인들이 메시아이신 예수 그리스도께 나아올 때 이 나라가 임합니다. 유대인들이 예수님을 그리스도로 인정하고 믿고 돌이켜 이방인 신자들과 하나 되고 함께 교회를 이룰 때 이 나라가 임합니다. 이는 다름 아닌 로마서 11장 25,26절이 약속하는 바입니다.

"형제들아 너희가 스스로 지혜 있다 하면서 이 신비를 너희가 모르기를 내가 원하지 아니하노니 이 신비는 이방인의 충만한 수가 들어오기까지 이스라엘의 더러는 우둔하게 된 것이라. 그리하여 온 이스라엘이 구원을 받으리라 기록된 바 구원자가 시온에서 오사 야곱에게서 경건하지 않은 것들을 돌이키시겠고"(롬 11:25,26).

"그 받아들이는 것이 죽은 자 가운데서 살아나는 것이 아니면 무엇이리요"(롬 11:15).

⑤ 요한계시록 20장 2,4절에 기록된 일이 일어날 때 이 나라가 임합니다.

"용을 잡으니 곧 옛 뱀이요 마귀요 사탄이라. 잡아서 천 년 동안 결박하여……또 내가 보좌들을 보니……그리스도와 더불어 천 년 동안 왕 노릇 하니"(계 20:2,4).

천년왕국 시대에 교회의 영광은 교회의 주된 두 원수인 적그리스도와 이슬람교도들을 없애는 것과, 사탄이 결박되고 지옥에 던져지는 것과, 유대인들의 회심과, 이방인들과 온 열방에서 복음에 대한 열심이 크게 일어나고, 그들 가운데 하나님의 특별한 임재와 평강과 거룩함과 탁월한 빛이 드러나는 것과, 주 예수 그리스도가 물리적인 왕이 아니라 영적인 왕으로 놀랍게 드러나시는 것입니다. 그리하면 하나님께서 온 땅이 놀랍게 열매 맺도록 하실 것입니다. 이 얼마나 영광스러운 광경이겠습니까! 이 모든 것들이 하나님 나라의 도래와 더불어 일어납니다.

주 예수님은 하나님 나라의 도래를 위해 기도해야 한다고 말씀하셨습니다. 구약의 성도들이 그렇게 했습니다.

"사람들이 그를 위하여 항상 기도하고 종일 찬송하리로다"(시 72:15).

이 기도는 메시아가 왕인 나라, 다시 말해 그리스도의 영적인 몸인 교회와 관련된 기도입니다.

"만물을 충만하게 하시는 이의 충만함이니라"(엡 1:23).

이 왕의 영예는 백성의 수효를 통해 드러납니다. 어떠한 곤경에 처했든지 간에 다윗의 마음에는 언제나 교회가 있었습니다. 그의 모든 기도에는 시온을 향한 탄식이 묻어납니다.

"주의 은택으로 시온에 선을 행하시고 예루살렘 성을 쌓으소서"(시 51:18).

"하나님이여 이스라엘을 그 모든 환난에서 속량하소서"(시 25:22).

또한 다윗은 모든 사람이 이와 같이 하도록 촉구합니다.

"예루살렘을 위하여 평안을 구하라. 예루살렘을 사랑하는 자는 형통하리로다"(시 122:6).

그러므로 신자들은 하나님의 나라가 임하도록 기도해야 합니다. 하나님의 교회가 빛이 되고 거룩함의 빛을 발하도록 기도해야 합니다. 하나님의 교회가 온 열방에까지 이르도록 기도해야 합니다. 하나님께서 교회를 박해와 고난 가운데서 건져 주시기를 기도해야 합니다. 하나님께서 적그리스도와 교회의 모든 원수들을 멸하여 주시기를 기도해야 합니다. 유대인들의 회심을 위해 기도해야 합니다. 교회가 성경이 약속하는 영화로운 상태가 되도록 기도해야 합니다.

뿐만 아니라 교회가 확장되고 자라 가는 데 필요한 모든 방편들을 위해 기도해야 합니다.

① 진리를 분명히 증언하는 신실하고도 열정적이며 가르침에 능한 종들을 보내 주시기를 기도해야 합니다.

"그러므로 추수하는 주인에게 청하여 추수할 일꾼들을 보내 주소서 하라 하시니라"(마

9:38).

이는 하나님이 친히 약속하신 일입니다.

"내가……화평을 세워 관원으로 삼으며 공의를 세워 감독으로 삼으리니"(사 60:17).

② 하나님께서 복을 베풀어 말씀과 설교가 열매를 많이 맺기를 기도해야 합니다.

"형제들아 너희는 우리를 위하여 기도하기를 주의 말씀이 너희 가운데서와 같이 퍼져 나가 영광스럽게 되고"(살후 3:1).

"또한 우리를 위하여 기도하되 하나님이 전도할 문을 우리에게 열어 주사 그리스도의 비밀을 말하게 하시기를 구하라"(골 4:3).

③ 신학생들뿐만 아니라 교회에 속한 자녀들을 가르치는 기관들에 복을 베풀어 주시기를 기도해야 합니다. 진리로 자녀들을 잘 양육하여 각 가정이 작은 교회로서 갈 수 있기를 기도해야 합니다.

"또 아비들아 너희 자녀를 노엽게 하지 말고 오직 주의 교훈과 훈계로 양육하라"(엡 6:4).

④ 하나님께서 약속하신 대로 교회의 평안을 위해 선한 정부를 허락해 주시기를 기도해야 합니다.

"왕들은 네 양부가 되며 왕비들은 네 유모가 될 것이며"(사 49:23).

하나님의 나라가 임하기를 올바르게 기도하려면 다음의 것들이 필요합니다.

① 이 나라의 영광스런 장래를 위해 무엇이 필요한지를 알아야 합니다. 이 간구가 첫 번째 간구와는 어떻게 연결되는지, 그리고 이미 앞에서 다루었듯이 하나님의 나라가 도래하면 어떻게 하나님의 이름이 거룩히 여김을 받는지를 알아야 합니다.

② 교회의 평안과 화평을 사모해야 합니다.

③ 교회가 스스로 사람들을 불러 모을 수도, 온전할 수도, 교리와 성화의 순수성을 유지할 수도, 자라 갈 수도, 고난을 이길 수도 없음을, 그리고 개개인 역시 스스로 회개하고, 교회의 지체가 되고, 또 그렇게 살아갈 수 없음을 인정하고 고백해야 합니다.

④ 하나님만이 이 일을 이루실 수 있다는 것, 기꺼이 그렇게 하기를 원하시고 지금까지 그렇게 해 오셨으며 지금도 그렇게 하고 계시다는 것, 하나님 나라를 구하

는 자녀들의 기도를 들겠노라고 약속하신 것, "음부의 권세가 이기지 못하리라"(마 16:18)라고 약속하신 대로 그리하실 것을 믿는 믿음을 구해야 합니다. 이 모든 것들이 바로 우리가 이 간구에서 기도해야 할 내용입니다.

헛되고도 불경한 간구

진실로 이렇게 간구하는 사람들이 얼마나 적은지요! 너무나 많은 사람들이 아무 생각 없이 이 간구를 해치웁니다! 주기도문으로 기도하지 않고 하루를 보내는 것을 불경건하게 여기면서, 자신이 과연 올바르게 간구하고 있는지에 대해서는 별 관심이 없습니다.

첫째, 이런 자들은 하나님 나라가 얼마나 신령하고도 영광스러우며 유익한지를 알지 못할뿐더러, 이런 측면에서 이 나라를 사모하지도 않고 이 나라의 임금을 경외하거나 두려워하지 않는 사람들입니다. 그러면서도 정작 그들은 기도할 때 "나라가 임하시오며"라고 읊조립니다.

둘째, 자신이 하나님 나라의 참된 백성이라는 사실이 나타나지도 않을뿐더러, 오히려 세속적이고도 불경하게 살아가며 사탄의 나라의 백성으로 드러나는 자들이 있습니다. 이들은 교회를 더럽히고 수치스럽게 하는 자들인데도 "나라가 임하시오며"라고 기도합니다.

셋째, 교회가 얼마나 무지하고도 죄악된 상태에 있는지에 대해서는 관심도 없이 사람이 많이 모이고 태평하면 교회가 복을 받았다고 여기는 자들이 있습니다. 그러한 목사들, 장로들, 집사들, 일반 교인들, 권위자들은 교회를 세워 가기 위해 힘쓰지 않으며 교회가 건강한지 아픈지에 대해서도 그다지 신경 쓰지도 않을 것입니다. 교회의 상황에 개의치 않으면서도 천연덕스럽게 "나라가 임하시오며"라고 기도합니다.

넷째, 빛을 받고 경건하게 살아가는 하나님 나라의 신실한 백성들을 미워하고 억압하며 핍박하는 자들이 있습니다. 오류와 불경건에 맞서고 성도들을 억압하는 데 반대하며 예루살렘의 유익을 구하려는 사람은, 모든 일과 관련해 이런 사람들에게서 신랄한 비난과 미움을 살 것을 각오해야 합니다. 그런데도 그들은 뻔뻔하게 "나라가 임하시오며"라고 기도합니다.

① 이런 기도는 하나님을 조롱하는 것입니다. 이 기도를 읊조리며 하나님께서 그 일을 이루시기를 기도하고 그렇게 하시기를 간구한다고 외칩니다. 그러나 그들은 지금 자신이 무슨 기도를 하고 있는지 모릅니다. 그들은 실제로는 원하지도 않는, 행실로 부인하는 그 일을 요청하고 있습니다. 하나님께서 이런 조롱거리가 되실 분이라 생각하는 것입니까?

② 교회를 미워하고 교회와 다투며 교회를 반대하고 억압하는 것은 곧 교회의 왕이신 주 예수님과 싸우는 것입니다.

"사울아 사울아 네가 어찌하여 나를 박해하느냐……나는 네가 박해하는 예수라"(행 9: 4,5).

③ 이런 자들은 교회가 누릴 천국의 모든 은택에 참여하지 못하여 교회와 함께 영화롭게 될 수 없을 뿐만 아니라, 온갖 끔찍한 심판을 맞게 됩니다.

"내가 왕 됨을 원하지 아니하던 저 원수들을 이리로 끌어다가 내 앞에서 죽이라"(눅 19: 27).

"너희를 범하는 자는 그의 눈동자를 범하는 것이라"(슥 2:8).

교회를 압제하는 자들에게는 다음과 같은 심판이 선언됩니다.

"만일 누구든지 그들을 해하고자 하면 그들의 입에서 불이 나와서 그들의 원수를 삼켜 버릴 것이요, 누구든지 그들을 해하고자 하면 반드시 그와 같이 죽임을 당하리라"(계 11:5).

이 기도를 습관처럼 급히 해치우는 자들은 심판 때에 그리스도의 우편에서 영광 가운데 선 교회를 볼 것입니다. 이렇게 하나님을 조롱하는 자들은 교회를 더럽히는 자들입니다. 이들은 자신들의 행실로써 교회가 비방을 받게 하므로, 사실상 교회를 억압하는 자들입니다. 이들은 교회의 왕이신 주 예수님을 진노하시는 심판자로 대면할 것입니다. 아, 얼마나 두렵고 떨리겠습니까! 그때 만일 그리스도를 섬길 길이 주어진다면, 기꺼이 그리하고자 하지 않겠습니까! 그러나 그런 기회는 없을 것이며, 지옥 불만이 그들을 기다리고 있을 것입니다.

이 간구에 포함된 의무

주 예수와 그의 나라를 조금이라도 동경하는 사람이라면, 마땅히 해야 할 일이 있습니다.

첫째, 이 나라의 왕이신 예수님의 깃발 아래로 들어와야 합니다. 이 나라를 위해 싸우고 이 나라의 원수들을 대적하는 승리자들 가운데 하나로 서야 합니다. 이 나라 밖은 원수들의 땅입니다. 원수들의 영역을 떠돌아다니고 싶습니까? 온 우주에는 두 나라밖에 없습니다. 바로 주 예수님의 나라와 마귀의 나라입니다. 제3의 나라는 없습니다. 마귀에게 속한 불순종의 자식들처럼 마귀의 나라에 속하여 마귀의 다스림을 받으려는 것은, 상상할 수 있는 일들 중 가장 야비하고도 가증한 일입니다(엡 2:2 참고). 마귀의 나라는 주 예수님을 증오하며 하나님 나라와 전쟁을 벌입니다. 마귀의 나라에 속하는 것은 가장 비참한 노예로 전락하는 것입니다. 마귀의 나라에 속하는 것은 곧 죄에게 종노릇하는 것이기 때문입니다. 이야말로 가장 끔찍한 일입니다. 영원한 정죄로 귀결될 것이기 때문입니다. 그러므로 신속히 그곳을 떠나 전능하고 신실하며 선하고 복된 임금이신 예수님의 나라로 들어가십시오. 그곳에서 안전과 평화와 하나님과의 화목과 빛과 거룩함과 위로를 발견할 것입니다. 영원한 영광의 나라로 들어갈 것입니다. 그러므로 그곳을 떠나 그리스도께 영광을 돌리고 하나님의 이름을 영화롭게 하는 일에 참여하십시오.

둘째, 하나님 나라를 귀히 여기고 이 나라를 향한 사랑을 계속 불러일으키십시오. "주는 나의 주님이시오니 주밖에는 나의 복이 없다"(시 16:2)라고 마음을 다해 아뢰십시오. 이 말은 곧, "제가 하나님께 드릴 수 있는 것은 없지만, 땅에 있는 성도들은 존귀한 자들이니 나의 모든 즐거움이 그들에게 있습니다(시 16:3 참고)"라고 말하는 것과 같습니다. 다윗이 교회를 향해 가졌던 마음을 품으십시오.

"예루살렘을 위하여 평안을 구하라. 예루살렘을 사랑하는 자는 형통하리로다……내가 내 형제와 친구를 위하여 이제 말하리니 네 가운데에 평안이 있을지어다. 여호와 우리 하나님의 집을 위하여 내가 너를 위하여 복을 구하리로다"(시 122:6,8,9).

이 나라에 대한 사랑에 겨워 이스라엘과 더불어 이렇게 말하십시오.

"예루살렘아 내가 너를 잊을진대 내 오른손이 그의 재주를 잊을지로다. 내가 예루살렘을 기억하지 아니하거나 내가 가장 즐거워하는 것보다 더 즐거워하지 아니할진대 내 혀가 내 입천장에 붙을지로다"(시 137:5,6).

여러분의 마음에 사랑할 수 있는 능력이 있다면, 교회를 향한 사랑을 발휘해야 합니다. 하나님께서 교회를 사랑하시기 때문입니다.

"여호와께서 다만 너희를 사랑하심으로 말미암아"(신 7:8).

"오직 너를 헵시바라 하며……여호와께서 너를 기뻐하실 것이며"(사 62:4).

주 예수님 역시 자신을 내주기까지 교회를 사랑하십니다.

"그리스도께서 교회를 사랑하시고 그 교회를 위하여 자신을 주심같이 하라"(엡 5:25).

천사들이 교회를 사랑합니다. 온 신자들이 교회를 사랑합니다. 교회는 모든 면에서 가장 마음을 사로잡는 존재입니다. 하나님께서 택하신 자들이 교회요, 하나님의 자녀들이 교회요, 성도들이 교회요, 가장 탁월한 것이 교회이기 때문입니다. 교회는 "아름다운 관"(사 62:3)이요, "세상에서 찬송"(사 62:7)이요, "온전히 아름다운"(시 50:2) 것입니다. 이러할진대 교회를 마땅히 사랑해야 하지 않습니까!

셋째, 교회의 평안과 퇴보가 여러분에게 아주 중요한 관심사가 되어야 합니다. 세상에서 교회가 어떻게 취급받는지를 주의 깊게 살펴야 합니다. 교회가 핍박받는다는 소식이나, 잘못된 가르침이 교회에 횡행하고 만연하다는 소식이나, 사랑이 식고 세속적인 태도가 드러나기 시작했다는 소식을 듣거든, 교회가 그렇게 되었다는 사실에 슬퍼해야 합니다. "요셉의 환난"(암 6:6)에 가슴 아파해야 합니다. 느헤미야가 그러했듯이 말입니다.

"내 조상들의 묘실이 있는 성읍이 이제까지 황폐하고 성문이 불탔사오니 내가 어찌 얼굴에 수심이 없사오리이까?"(느 2:3)

예레미야애가는 억압받는 교회 때문에 예레미야가 시온을 사랑한 모든 자들과 더불어 얼마나 가슴 아파했는지를 잘 보여 줍니다.

"지나가는 모든 사람들이여, 너희에게는 관계가 없는가 나의 고통과 같은 고통이 있는가. 볼지어다, 여호와께서 그의 진노하신 날에 나를 괴롭게 하신 것이로다"(애 1:12).

뿐만 아니라 주님께서 여기저기에 흩어진 자기 교회들의 고개를 들게 하시고 자기 백성에게 복을 베푸셨다는 소식을 듣거든, 그들과 함께 기뻐하고 하나님께 감사를 드리십시오. 이전에 교회가 그러했듯이 말입니다.

"여호와께서 시온의 포로를 돌려보내실 때에 우리는 꿈꾸는 것 같았도다. 그때에 우리 입에는 웃음이 가득하고 우리 혀에는 찬양이 찼었도다. 그때에 뭇 나라 가운데에서 말하기를 여호와께서 그들을 위하여 큰 일을 행하셨다 하였도다"(시 126:1,2).

"그날에 네가 말하기를 여호와여 주께서 전에는 내게 노하셨사오나 이제는 주의 진노가 돌아섰고 또 주께서 나를 안위하시오니 내가 주께 감사하겠나이다 할 것이니라"(사 12:1).

"사람들이 우리 머리를 타고 가게 하셨나이다. 우리가 불과 물을 통과하였더니 주께서 우리를 끌어내사 풍부한 곳에 들이셨나이다"(시 66:12).

넷째, 하나님 나라를 위해 기도하고 힘써 일하십시오. 사람의 힘으로 이 나라를 확장하고 보존하며 거룩하게 하는 것은 아니지만, 하나님께서 우리로 하여금 사랑으로 힘써 이 나라의 안녕을 증진시키고 하나님께 이 일을 간구하게 하셨습니다.

"여호와여 주의 백성을 불쌍히 여기소서. 주의 기업을 욕되게 하여 나라들로 그들을 관할하지 못하게 하옵소서"(욜 2:17).

"주의 빛과 주의 진리를 보내시어"(시 43:3).

"주의 은택으로 시온에 선을 행하시고 예루살렘 성을 쌓으소서"(시 51:18).

온 맘으로 기도에 힘쓰는 자는 적극적으로 교회의 안녕을 증진할 것이며, 또한 그리해야 합니다. 각자의 능력에 따라 합당한 자리에서 하나님의 손에 붙들려 사용되고자 힘써야 합니다.

첫째, 목사들은 집을 짓는 자들로서 성령의 능력을 힘입어 회중들의 마음에 와 닿도록 복음을 설교해야 합니다. 그리고 그 설교가 불신자들, 신자들, 연약한 신자들, 장성한 신자들 모두에게 개별적으로 명료하게 적용되게끔 해야 합니다. 각 가정을 통해서든 공개적으로든, 개개인이 처한 상황에 맞게 죄를 확신시키고 경고하며 책망하고 위로하며 증언해야 합니다.

"너는 말씀을 전파하라. 때를 얻든지 못 얻든지 항상 힘쓰라. 범사에 오래 참음과 가르침으로 경책하며 경계하며 권하라"(딤후 4:2).

"네가 네 자신과 가르침을 살펴 이 일을 계속하라. 이것을 행함으로 네 자신과 네게 듣는 자를 구원하리라"(딤전 4:16).

둘째, 장로들은 "나라가 임하시오며"라고 기도할 뿐만 아니라, 이 기도가 이루어지도록 사랑으로 힘써야 합니다. 회중이 어떤 역할을 하는지를 세심히 살피고, 질서를 어그러뜨리는 자들을 책망하며, 무지한 자들을 가르치고, 병든 자들을 돌보아야 합니다. 뿐만 아니라 장로들은 목사가 수행하는 모든 책무를 개인의 영역에서 자신들의 의무로 감당해야 합니다. 이와 마찬가지로 집사들 역시 자신들의 영역에서 힘써야 합니다.

셋째, 교회의 모든 지체들은 교회의 안녕을 위해 끊임없이 간구할 뿐만 아니라, 각자의 자리에서 이 일을 위해 힘써야 합니다. 교회가 영광스럽게 드러나도록 교회 밖의 사람들과 확연히 구별되게 살아야 합니다.

"그러므로 너희는 그들 중에서 나와서 따로 있고 부정한 것을 만지지 말라"(고후 6:17).

저마다 다른 사람들에게 덕이 되도록 살아야 합니다. 각각의 지체들이 바울이 디모데에게 가르친 의무를 자기 것으로 삼아야 합니다.

"오직 말과 행실과 사랑과 믿음과 정절에 있어서 믿는 자에게 본이 되어"(딤전 4:12).

진리와 경건을 어그러뜨리는 일이 아닌 한, 서로 화목하고 "선을 행하고 화평을 찾아"(시 34:14) 따라야 합니다. 교회 안팎에 있는 모든 사람들에게 사랑하는 마음을 나타내되 교회에 속한 지체에게는 기쁨의 사랑으로, 교회 밖의 사람에게는 영혼을 긍휼히 여기는 사랑으로 대해야 합니다.

"경건에 형제 우애를, 형제 우애에 사랑을 더하라"(벧후 1:7).

교훈과 권면과 각 상황에 맞는 위로로 서로를 붙들어 주어 한 명도 뒤로 물러나거나 타락하지 않고 한마음으로 정진하도록 서로 힘을 보태야 합니다.

"게으른 자들을 권계하며 마음이 약한 자들을 격려하고 힘이 없는 자들을 붙들어 주며 모든 사람에게 오래 참으라"(살전 5:14).

교회에 속한 사람들이 저마다 이렇게 살아가야만 교회가 거룩함의 아름다움을 드러내고 그리스도를 영화롭게 할 수 있습니다!

이런 일은 그 자체로 충분히 보람되고 가치가 있습니다. 하나님과 그분의 교회를 위해 무언가를 하는 것은 더없이 영광스럽고도 달콤한 일입니다. 그런데 다음의 몇 가지 이유를 통해 우리 마음을 이 일로 더욱 불러일으킬 수 있습니다.

첫째, 하나님께서 이 일을 몹시 기뻐하십니다.

"나를 존중히 여기는 자를 내가 존중히 여기고"(삼상 2:30).

둘째, 하나님께서 이런 사람들을 악한 날에 지키십니다.

"가난한 자를 보살피는 자에게 복이 있음이여, 재앙의 날에 여호와께서 그를 건지시리로다"(시 41:1).

"너는 예루살렘 성읍 중에 순행하여 그 가운데에서 행하는 모든 가증한 일로 말미암아 탄식하며 우는 자의 이마에 표를 그리라"(겔 9:4).

셋째, 이런 사람들은 자신이 은사와 은혜 안에서 현저히 자라는 것을 경험할 것입니다.

"무릇 열매를 맺는 가지는 더 열매를 맺게 하려 하여 그것을 깨끗하게 하시느니라"(요 15:2).

"무릇 있는 자는 받아 넉넉하게 되되"(마 13:12).

넷째, 이런 회중은 풍성한 복을 누립니다.

"헐몬의 이슬이 시온의 산들에 내림 같도다. 거기서 여호와께서 복을 명령하셨나니 곧 영생이로다"(시 133:3).

다섯째, 하나님께서 이런 신실한 자들에게 후한 상을 베푸십니다.

"너희가 내 제단 위에 헛되이 불사르지 못하게 하기 위하여 너희 중에 성전 문을 닫을 자가 있었으면 좋겠도다"(말 1:10).

"주인이 올 때에 그 종이 이렇게 하는 것을 보면 그 종이 복이 있으리로다"(마 24:46).

"보십시오. 제가 여기 있습니다. 그리고 주님께서 제게 주신 자들입니다"라고 말할 수 있으면 얼마나 좋겠습니까! 이런 사람들에게 주님께서 이렇게 말씀하실 것입니다.

"잘하였도다 착하고 충성된 종아. 네가 적은 일에 충성하였으매 내가 많은 것을 네게 맡기리니 네 주인의 즐거움에 참여할지어다"(마 25:21).

이런 사람들은 복이 있습니다.

71

세 번째 간구
: 뜻이 하늘에서 이루어진 것같이 땅에서도 이루어지이다

지복의 주인이며 영원하신 하나님은 자신의 주권적인 선하심으로 천지와 그 안의 모든 만물을 창조하셨습니다. 뿐만 아니라 전능하고 전지하며 효과적인 모든 것에 미치는 자신의 능력으로 온 피조물을 그 본질과 움직임대로 보존하십니다.

"그의 능력의 말씀으로 만물을 붙드시며"(히 1:3).

"만물이 그 안에 함께 섰느니라"(골 1:17).

게다가 하나님은 이성을 가진 피조물인 사람에게 율법을 주셨습니다.

"대저 여호와는 우리 재판장이시요 여호와는 우리에게 율법을 세우신 이요"(사 33:22).

이 땅에 거하는 모든 피조물 가운데 오직 사람만이 하나님을 창조주와 보존자요 통치자이자 율법의 수여자로 압니다. 사람이 아직 타락하지 않았을 때에는 하나님의 엄위하심과 탁월하심 및 다른 완전하신 속성들을 기쁨으로 고백하고 누렸습니다. 하나님께서 온 피조물 및 그 속에서 행하시는 일과 사람의 영혼에 직접 주시는 계시로 말미암아 사람은 하나님의 이런 완전한 속성들을 목도하고 누릴 수 있었습니다. 자신이 전적으로 하나님께 의존하는 존재인지를 알고, 율법을 수여하신 하나님께 순복하며, 하나님이 요구하시는 것은 무엇이든 자원하는 마음과 즐거움으로 행했습니다. 당시에 사람은 하나님의 뜻 외에 다른 뜻을 알지 못했습니다. 하나님의 율법이 그들의 본성에 새겨져 있었기 때문입니다. 하나님의 율법은 규칙일 뿐만 아니라 사람의 됨됨이 자체였습니다. 하나님의 율법이 자신이었고, 자신이 곧 하나님의 율법이었습니다.

그러나 타락으로 말미암아 사람 안의 모든 것이 뒤집히고 부패하였습니다. 하나님을 향한 의무가 무엇인지를 알고 있으면서도 그들은 하나님과 단절하고, 하나님의 율법을 거절하며, 자신이 세운 규칙을 따라 살고, 정욕을 따라 움직이며, 스스로를 자신의 주인으로 내세웁니다. 그러면서 다음과 같이 말합니다.

"여호와가 누구이기에 내가 그의 목소리를 듣고……나는 여호와를 알지 못하니"(출 5:2).

"우리를 주관할 자 누구리요"(시 12:4).

그러나 하나님의 뜻에 반하는 자의적인 뜻은 하나님께서 회심케 하신 사람을 가장 슬프게 하는 버거운 짐일 뿐입니다. 회심한 사람은 자의적인 뜻을 미워하고 대적하며, 할 수 있는 한 그것을 뿌리째 뽑으려고 합니다. 하나님의 뜻을 사랑하며, 그 뜻을 행하기를 가장 크게 바라고 즐거워합니다. 자신은 물론이요 모든 사람이 하나님의 위엄과 주권적인 통치를 인정하고, 하나님을 두려워하며 영광을 돌리고, 하나님께 순종하기를 바랍니다. 그만큼 하나님을 사랑합니다. 자신을 포함한 모든 사람이 스스로 이렇게 할 자격도, 능력도 없으며 이런 순종이 하나님께서 은혜로 주시는 선물임을 압니다. 그러하기에 주 예수님께서 가르쳐 주신 기도의 세 번째 간구를 따라 그 의도와 목적에 걸맞게 하나님의 "뜻이……이루어지이다"라고 겸손하게 부르짖습니다.

주기도문의 세 번째 간구는 두 부분으로 이루어집니다. 첫 번째 부분인 "뜻이……이루어지이다"는 간구하는 내용에 관해 말합니다. 그리고 "하늘에서 이루어진 것같이 땅에서도"라는 두 번째 부분은 하나님의 뜻이 이루어지는 방식에 관해 말합니다.

이 간구의 주제와 내용

주기도문의 세 번째 간구에서 주제는 하나님의 뜻이고, 실제로 구하는 내용은 이 뜻이 이루어지는 것입니다.

세 번째 간구의 주제

'우리 아버지'라는 부름은 모든 간구에 적용됩니다. 기도하는 사람은 어린아이와 같은 단순한 마음으로 그리스도 안에서 담대하게 자기 아버지 되신 하나님께 자신의 소원을 아뢰고 그것을 이루어 주시기를 간구합니다. 이때 깊은 겸손으로 가장 낮은 자리에서 하나님의 탁월하고도 놀라운 위엄에 대해 깊이 숭경합니다. 그러나 그런 자신의 기도가 하나님께 아무것도 더해 드리지 않는다는 것을 즉시 압니다. 오히려 그렇게 우리의 순종을 받기에 합당하신 하나님의 위엄을 보고 즐거워하는 것 자체가 은혜로 받은 선물임과, 하나님이 기뻐하시는 뜻을 따라 열심과 신실함으로 하나님의 계명을 지키는 것 자체가 특권임을 깨닫고 온 맘으로 이 기도를 드립니다.

사람의 영혼의 기능 중에 지성은 어떤 일이나 사물이 바람직한지 아닌지를 판단합니다. 그리고 의지는 지성의 판단에 따라 그 대상을 사랑하거나 미워하기를, 기뻐하거나 싫어하기를 선택하게 합니다. 그러나 하나님의 뜻에 대해서는 이렇게 말할 수 없습니다. 비록 하나님의 뜻에 대해 이야기할 때 인간의 용어를 사용할 수밖에 없지만, 보잘것없는 인간인 우리가 그것을 이해할 때에는 신적인 의미로 이해해야 합니다. 우리가 익히 알고 있는 문제일지라도 '어떻게' 그리되는지를 아는 것은 우리의 이해를 뛰어넘기 때문에 눈을 감을 수밖에 없습니다. 이러한 하나님의 뜻은 하나님 자신이 원하시는 것입니다. 그러나 우리가 이 간구를 통해 기도하는 바는 이런 의미에서의 하나님의 뜻이 아닙니다

우리가 주기도문에서 말하는 하나님의 뜻은 피조물과 관련된 것입니다. 성경에서 하나님을 기쁘시게 한다는 의미의 하나님의 기쁘신 뜻이 바로 이런 의미에서의

하나님의 뜻을 말합니다.

"그 기쁘신 뜻대로"(엡 1:5).

하나님께서 친히 그것을 이루십니다.

"오직 우리 하나님은 하늘에 계셔서 원하시는 모든 것을 행하셨나이다"(시 115:3).

또는 사람들이 그 기뻐하시는 일을 수행하도록 하십니다.

"마음으로 하나님의 뜻을 행하고"(엡 6:6).

하나님은 영원한 경륜 가운데 작정하신 일들과 사람들에게 미리 알리시지 않은 일들이 이루어지기를 원하십니다. 이것을 하나님께서 작정하신 바 '하나님의 비밀한 뜻'이라고 합니다. 다음 구절이 하나님의 이러한 뜻에 대해 말합니다.

"나의 뜻이 설 것이니 내가 나의 모든 기뻐하는 것을 이루리라"(사 46:10).

"감추어진 일은 우리 하나님 여호와께 속하였거니와"(신 29:29).

비록 우리가 다루는 이 간구와 실제적으로 관련된 주제는 아니지만, 이런 하나님의 비밀한 뜻과 경륜에는 사람도 포함되어 있습니다.

여기서 우리가 말하는 것은 하나님께서 우리에게 계시하신 일들로서, 하나님께서 기뻐하시는 일들에만 국한되지 않습니다. 다음 말씀들이 이에 대해 말합니다.

"하나님의 뜻은 이것이니 너희의 거룩함이라"(살전 4:3).

"나는 이 일을 기뻐하노라 여호와의 말씀이니라"(렘 9:24).

특별히 하나님의 뜻이기 때문에 사람들이 참여하는 행위들을 가리킵니다.

"보시옵소서……하나님의 뜻을 행하러 왔나이다"(히 10:7).

"하나님의 뜻을 행하고"(엡 6:6).

이 뜻을 '하나님의 계시된 뜻,' 또는 '하나님이 명령하신 뜻'이라고 말합니다.

"나타난 일은 영원히 우리와 우리 자손에게 속하였나니 이는 우리에게 이 율법의 모든 말씀을 행하게 하심이니라"(신 29:29).

하나님의 계시된 뜻이란, 예언들과 요한계시록과 같이 하나님께서 미리 알리셨으나 아직 이루어지지는 않은 일을 말합니다. 또는 하나님께서 사람들에게 요구하시는 그분의 계명들, 곧 도덕법을 가리킵니다.

"사람아 주께서 선한 것이 무엇임을 네게 보이셨나니 여호와께서 네게 구하시는 것은 오직 정의를 행하며 인자를 사랑하며 겸손하게 네 하나님과 함께 행하는 것이 아니냐?"(미 6:8)

"다만 하늘에 계신 내 아버지의 뜻대로 행하는 자라야"(마 7:21).

지금까지 우리는 이 간구의 주제를 살펴보았습니다.

세 번째 간구의 내용

우리가 주기도문에서 하나님의 뜻을 구하는 것은 바로 이러한 것들이 이루어지기를 구하는 것입니다. 다시 말해, 하나님께서 그렇게 하시기를 구하는 것입니다. 여기서 우리는 이 기도가 하나님께서 계시하신 뜻에 사람의 지성과 의지와 언행이 조화됨으로써 이루어지는 사람의 행복이나 거룩함에서 비롯되는 지복보다는, 하나님의 위엄으로 말미암아 하나님을 영화롭게 하는 일에 더 초점을 맞추고 있음을 봅니다. 사람이 하나님께 순종하고 하나님의 뜻을 따라 살아갈 때 이 일이 이루어집니다. 사람들이 하나님의 어떠하심 그대로, 또한 하나님께서 자연과 은혜의 역사를 통해 자신을 나타내신 그대로 하나님을 영화롭게 하기를 갈망하며 이 기도를 드립니다. 사람은 본질상 이런 사실을 깨닫지 못하므로 절대 하나님을 찬송하고 영화롭게 하기를 생각하지 않으며, 그렇게 할 수도 없습니다. 신자는 이 사실을 잘 알기에 하나님께서 사람들을 돌이켜 흑암에서 하나님의 놀라운 빛으로 부르시고, 사랑하는 아들의 나라로 옮겨 마침내 하나님의 뜻을 행할 뿐만 아니라 모든 행위를 통해 그것을 더 갈망하게 하시기를 기도합니다.

하나님은 어느 누구도 거부할 수 없는 비밀한 뜻을 작정하셨습니다. 그러하기에 이 뜻의 성취는 우리가 기도하는지 여부에 달려 있지 않습니다.

"만군의 여호와께서 경영하셨은즉 누가 능히 그것을 폐하며 그의 손을 펴셨은즉 누가 능히 그것을 돌이키랴?"(사 14:27)

그러나 기도자는 하나님의 이런 주권을 인정하고, 이에 걸맞게 하나님을 드높이고 영광을 돌립니다. 느부갓네살이 그리했듯이 같입니다.

"땅의 모든 사람들을 없는 것같이 여기시며 하늘의 군대에게든지, 땅의 사람에게든지 그는 자기 뜻대로 행하시나니 그의 손을 금하든지 혹시 이르기를 네가 무엇을 하느냐고 할 자가 아무도 없도다"(단 4:35).

이 뜻이 이루어지기를 기도하지 않더라도, 우리는 다음과 같이 고백하면서 이 뜻을 인정하고, 이 뜻에 순응하며 온전히 순복합니다. "하나님의 기쁘신 뜻대로 되기를 바랍니다. 하나님이 기뻐하시는 대로 제게 행하십시오. 저의 호불호에 따라 하나님의 주권적인 통치가 제한되기를 원하지 않습니다. 저는 그저 진흙에 불과하니 하나님의 선하신 뜻을 따라 저를 부수고 다시금 빚어 주십시오. 욥이 이렇게 말하지 않습니까?

"그는 뜻이 일정하시니 누가 능히 돌이키랴, 그의 마음에 하고자 하시는 것이면 그것을 행하시나니 그런즉 내게 작정하신 것을 이루실 것이라"(욥 23:13,14).

하나님의 주권을 따라 하나님의 뜻을 이루십시오!

우리는 이 간구를 통해 계시된 하나님의 뜻, 곧 모든 상황과 측면에서 우리가 행해야 할 방식을 규정하는 바 하나님의 계명에 드러난 하나님의 뜻을 기도해야 합니다. 하나님 자신과 관련하여 명령하신 뜻이 아니라, 사람과 관련하여 명령하신 뜻입니다. 이 간구는 하나님께서 명령하시는 대로 행하기를 구하는 것입니다. 이는 바로 하나님께서 그렇게 할 것을 명하셨으며 사람들이 그렇게 하는 것을 기뻐하시기 때문입니다. 또한 하나님이 명하신 바를 사람들이 거스르는 것을 날마다 보고 있기 때문입니다. 신자가 이렇게 기도하는 것은, 하나님께서 그분의 규례와 판단을 따라 살도록 총명을 일깨우고 마음을 새롭게 해 주시지 않으면 어느 누구도 하나님의 계명을 따라 살려고(이렇게 하나님의 통치와 위엄을 인정하려고) 하지 않을뿐더러 할 수도 없다는 사실을 알기 때문이며, 사람의 악함과 자신의 무능함을 알기 때문입니다. 하나님께서 다음 말씀대로 하겠노라고 약속하십니다.

"또 새 영을 너희 속에 두고 새 마음을 너희에게 주되 너희 육신에서 굳은 마음을 제거하고 부드러운 마음을 줄 것이며, 또 내 영을 너희 속에 두어 너희로 내 율례를 행하게 하리니 너희가 내 규례를 지켜 행할지라"(겔 36:26,27).

"내가 나의 법을 그들의 속에 두며 그들의 마음에 기록하여 나는 그들의 하나님이 되고 그들은 내 백성이 될 것이라"(렘 31:33).

그래서 신자는 하나님께서 기도자와 다른 사람들에게 하나님을 알고 사랑하며 두려워하고 순종하는 마음을 주심으로써, 그들로 하여금 하나님만이 여호와이시며 모든 피조물이 마땅히 순종해야 할 통치자이시요 모든 율법을 주시는 분임을 깨닫고 하나님의 전능하심과 선하심을 보게 하여 주시기를 기도합니다. 다윗이 하나님께 드린 기도들이 바로 우리가 드릴 기도의 모범입니다.

"주의 율례들을 내게 가르치소서"(시 119:26).
"나에게 주의 법도들의 길을 깨닫게 하여 주소서"(시 119:27).
"내 마음을 주의 증거들에게 향하게 하시고"(시 119:36).
"나로 하여금 주의 계명들의 길로 행하게 하소서"(시 119:35).

우리도 다윗처럼 기도함으로써 하나님의 뜻을 행하고, 어리석고 사악한 탓에 자신이 무능함을 인정하면서 하나님의 이름을 영화롭게 할 수 있기를 바라는 우리의 갈망을 나타내야 합니다. 게다가 이런 기도를 통해 우리에게 이 일을 기꺼이 이루시려는 하나님의 선하심과, 또 능히 그리하실 수 있는 하나님의 능력과, 신자에게 주신 약속을 이루실 하나님의 미쁘심을 고백해야 합니다. 지금까지 이 간구를 통해 무슨 내용을 기도하는지를 살펴보았습니다.

하나님의 뜻이 성취되는 방식

이 간구의 두 번째 부분인 "하늘에서 이루어진 것같이 땅에서도"는 하나님의 뜻이 우리를 통해 어떤 방식으로 성취되어야 할지를 말합니다.

여기서 하늘과 땅이 대비되는 것은 하늘과 땅을 상반되게 만들거나 그 내용 자체에 대해 말하려는 것이 아닙니다. 오히려, 이는 하늘과 땅이 하나임을 말합니다. 그러므로 이 간구를 다음과 같이 말할 수 있습니다. "하늘에서 천사들과 완전하게 된 성도들이 하나님의 뜻을 행함으로써 하나님을 영화롭게 하는 것처럼, 이 땅에서 사람들을 통해서도 그렇게 되어야 합니다. 이처럼 하나님의 이름은 이 땅에서뿐만 아니라 하늘에서도 영광을 받아야 하고, 하늘에서뿐만 아니라 땅에서도 영화롭게 되어야 합니다. 이 땅에 있는 마귀와 불신자들은 그렇게 할 수 없습니다. 그들 스스로 그렇게 할 수도 없고 그것을 바랄 수도 없을뿐더러, 하나님께서 그들을 그렇게 할 만한 자들로 여기시지도 않습니다. 그러나 하나님은 하나님을 위한 한 백성을 만들어 그들로 하여금 하나님의 영광을 찬송하게 하셨습니다. 실제로 하늘에서 그들이 그렇게 하고 있으며, 이 땅의 신자들은 하늘에 있는 택자들이 그렇게 하는 것을 즐거워합니다. 그러므로 하나님께 택함 받은 자들로 하여금 그렇게 하도록 해 주십시오. 불완전한 가운데서도 하나님의 교회들이 땅에서 그분을 영화롭게 하며, 이 일을 위해서는 성령의 한량없는 은혜가 있어야 합니다. 그들이 하나님의 뜻을 행할 수 있도록 구비되어 하나님의 이름을 영화롭게 하고, 또 하나님의 뜻이 하늘에서 이루어진 것처럼 이 땅에서도 이루어지도록 이 땅에 있는 하나님의 택자들을 더 일깨우시고 거룩하게 해 주십시오." 이처럼 택함 받은 자들은 하나님의 기쁘신 뜻을 행함으로써 하나님을 영화롭게 하는 일에 함께 참여하는 한 회중입니다. 하늘의 거민들과 이 땅의 모든 회중들이 이루는 연합과 일치에 주목하십시오.

"그러나 너희가 이른 곳은 시온산과 살아 계신 하나님의 도성인 하늘의 예루살렘과 천만 천사와 하늘에 기록된 장자들의 모임과 교회와 만민의 심판자이신 하나님과 및 온전하게 된 의인의 영들과 새 언약의 중보자이신 예수와 및 아벨의 피보다 더 나은 것을 말하는 뿌린 피니라"(히 12:22-24).

그들은 한 백성으로서 서로가 하는 일들을 기뻐합니다. 하늘과 땅에서 함께 한 목소리로 하나님을 영화롭게 합니다.

그런데 이 간구에서 하나님을 영화롭게 하는 것과 관련해 하늘과 땅이 대비되는 것을 통해, 우리는 성도들이 하나님의 뜻을 이 땅에서 어떤 방식으로 이루어 가야 할지를 알 수 있습니다. 하늘에서 천사들과 완전하게 된 성도들의 영이 그리하듯이, 이 땅의 신자들 역시 즐거움과 기쁨과 간절함과 열렬함을 가지고 하나님의 뜻에 계속해서 순종해 가야 합니다. 이는 완전한 순종을 말하는 것이 아닙니다. 물론 신자는 완전한 순종을 추구하고 그것을 위해 힘쓰며, 완전한 순종에 이르기까지 결코 쉬지 않을 것입니다. 그러나 이스라엘의 거룩한 자를 제한하기를 원하지는 않습니다. 하나님의 뜻을 행할 수 있게 되고 그 특권을 누리는 것 자체가 은혜로 받는 선물이므로 이 일을 더 잘하기 위해 더 큰 은혜를 사모하는 것이 사실이지만, 작은 분량의 은혜라 할지라도 오직 감사할 따름입니다. 하나님께서 자녀들을 이 땅에서 완전하게 하기를 뜻하지 않으셨음을 알기 때문에 그들은 감히 하나님이 정하신 은혜의 분량에 대해 왈가왈부하지 않습니다. 오히려 하나님께서 뜻하신 바는 자녀들이 날마다 칭의와 성화를 주시는 중보자를 믿는 믿음을 통해 지복과 완전함에 이르는 것입니다. 그래서 이 땅에서 완전함을 이루어야 할 것처럼 기도하지 않습니다. 오히려 같은 하늘 백성으로서 그들의 열심과 갈망과 사랑을 본받고자 하므로 이 일을 위해 성령과 은혜를 받아 누리기를 기도합니다.

① 하늘에 거하는 성도들은 헤아릴 수 없이 큰 자원함으로 하나님의 뜻을 행합니다.

"능력이 있어 여호와의 말씀을 행하며 그의 말씀의 소리를 듣는 여호와의 천사들이여, 여호와를 송축하라"(시 103:20).

참된 예배자들 또한 동일한 것을 바랍니다. 그러하기에 그들 역시 그렇게 하나님을 섬기고 그분의 뜻을 준행합니다.

"주의 권능의 날에 주의 백성이 거룩한 옷을 입고 즐거이 헌신하니"(시 110:3).

② 천국 백성들은 하나님 앞에서 가장 거룩한 경외함과 깊은 겸손함을 가지고 살아갑니다. 천사들은 자신들의 얼굴과 발을 가린 채로 하나님의 거룩하심과 영광을 외칩니다(사 6:2 참고). 하늘 보좌 앞에서 이십사 장로들이 보좌에 앉으신 분께 자신들의 관을 드리며 경배합니다(계 4:10 참고). 마찬가지로 모든 신자들은 저마다 온유하고 겸손하게 하나님의 뜻을 준행하려는 갈망으로 가득합니다. 이는 곧 하나님께서 자기 백성들에게 바라시는 바입니다.

"사람아 주께서 선한 것이 무엇임을 네게 보이셨나니 여호와께서 네게 구하시는 것은 ……겸손하게 네 하나님과 함께 행하는 것이 아니냐?"(미 6:8)

다윗이 그렇게 행했습니다.

"주의 집에 들어가 주를 경외함으로 성전을 향하여 예배하리이다"(시 5:7).

③ 천국에 거하는 백성들은 열심을 내 부지런히 하나님의 뜻을 행합니다.

"바람을 자기 사신으로 삼으시고 불꽃을 자기 사역자를 삼으시며"(시 104:4).

하나님은 땅 위에 거하는 자기 백성들도 그렇게 하나님의 뜻을 행하기를 바라십니다.

"부지런하여 게으르지 말고 열심을 품고 주를 섬기라"(롬 12:11).

④ 천국에는 기쁨만이 있습니다. 그러하기에 천국에 거하는 백성들이 하는 일마다 이루 말할 수 없는 기쁨이 넘칩니다. 하나님은 이 땅에 사는 자녀들 역시 그러한 기쁨으로 그분의 뜻을 행하기를 바라십니다.

"기쁨으로 여호와를 섬기며 노래하면서 그의 앞에 나아갈지어다"(시 100:2).

그들 또한 그렇게 하고자 합니다(잠 21:15 참고).

⑤ 천국 백성들은 지치고 곤비해지는 일이 없이 한결같은 힘과 능력으로 하나님의 뜻을 행합니다.

"그러므로 그들이 하나님의 보좌 앞에 있고 또 그의 성전에서 밤낮 하나님을 섬기매"(계 7:15).

마찬가지로 하나님은 이 땅에 있는 백성들 역시 하나님의 뜻을 이루는 일에 흔들리지 않고 정진하기를 바라십니다.

"그러므로 내 사랑하는 형제들아 견실하며 흔들리지 말고 항상 주의 일에 더욱 힘쓰는 자들이 되라"(고전 15:58).

그러므로 이 땅에 거하는 이상 천국에 거하는 성도들이 누리는 것과 같은 완전함에 이르지는 못하겠지만, 우리는 이렇게 간구함으로써 그들과 같은 영광에 이르기 전까지 그들처럼 자원하여, 겸손하고도 부지런히, 열심을 품고 기쁨으로 한결같이 하나님의 뜻에 힘쓸 수 있기를 기도합니다.

지금까지 살펴본 이 간구의 내용에 비추어 보면, 자신이 과연 이 간구를 제대로 하고 있는지를 누구나 확인할 수 있습니다.

이 간구를 헛되이 읊조림

많은 사람들이 날마다 이 기도를 암송합니다. 그러나 이는 기계적으로 읊조리는 것일 뿐, 기도라고 할 수 없습니다.

첫째, 이는 모든 사람에게 마땅히 순종할 의무를 부여하는, 순종받기에 합당하신 하나님의 위엄을 알지 못한 채 기도하는 사람들에게 해당하는 사실입니다. 이런 사람들은 하나님의 뜻을 인정하지도, 사랑하지도 않습니다. 그러하기에 하나님께 굴복하지도 않고, 그분을 섬기지도 않으며, 기꺼이 그분의 뜻을 준행하지도 않습니다. 그는 하나님의 이름을 영화롭게 하고, 그분을 유일한 하나님으로 고백하고 그분을 높이고 찬양하기를 달가워하지 않습니다. 만일 여러분의 마음이 그러하다면, 무슨 근거로 여러분이 하나님께 "뜻이……이루어지이다"라는 간구로 기도할 수 있단 말입니까? 진실하지도 않고, 그것을 바라지도 않으며, 그것을 따라 살기를 거부하고 있지 않습니까? 그러므로 여러분은 이렇게 간구할 때, 엄위롭고도 거룩하며 모든 것을 아시는 하나님 앞에서 헛되이 읊조리는 것에 불과합니다. 어떻게 감히 그럴 수 있단 말입니까! 단번에 지옥에 떨어질 수 있다는 사실을 모른단 말입니까?

둘째, 이는 하나님을 무시하고 떠나 자기 뜻대로 살면서 그렇게 기도하는 자들에게 해당하는 사실입니다.

"육체의 욕심을 따라 지내며 육체와 마음의 원하는 것을 하여"(엡 2:3).

"죄가 너희 죽을 몸을 지배하지 못하게 하여 몸의 사욕에 순종하지 말고"(롬 6:12).

"여러 가지 정욕과 행락에 종노릇한 자요"(딛 3:3).

그들은 "나는 이렇게 하겠다. 그렇게 하기는 싫다. 내가 싫으면 싫은 것이다! 누가 감히 나에게 이래라저래라 한단 말인가! 내 행동에 책임질 이유가 없다. 내 마음이 내키는 대로 사는 것이 좋다"라고 하면서, 자신의 의지를 율법과 자기 행위의 동기로 삼습니다. 하나님의 계명이 뭐라고 하든 상관하지 않습니다. 하나님이 금하시는 것이 있어도 따르기를 거부합니다. 자신이 바라는 것을 기필코 행해야만 직성이 풀리기 때문입니다. 그러면서도 하나님 앞에 기도하는 것처럼 "뜻이……이루어지이다"라고 주절거립니다.

셋째, 심지어 어떤 사람들은 자신의 뜻대로 하는 것만으로도 만족해하지 않습니다. 그래서 이들은 모든 사람들과 짐승들이 자신의 뜻대로 움직여야 한다고 고집하는 것으로도 모자라, 하나님까지도 그 대상에 포함시킵니다. 누구든지 자신이 바라는 대로 따르지 않고 자신이 원하는 대로 행동하지 않으면, 잔인하게 앙갚음하고자 합니다. 이들은 할 수만 있으면 모든 사람을 자신이 원하는 대로 조종하려고 합니다. 적개심과 증오, 분노, 화, 보복, 욕설과 저주, 상해 등 어떤 방법을 사용해서라도 기어이 자신의 뜻을 이루고 맙니다. 모두가 자신을 따라야 한다고 주장하면서도, 하나님 앞에서 아무렇지도 않게 "뜻이……이루어지이다"라고 기도합니다.

만약 여러분이 이러하다면, 자신을 정죄하는 다음 말들에 귀 기울이십시오.

첫째, "뜻이……이루어지이다"라는 간구를 이런 식으로 하는 것은(물론 이렇게 하는 것은 기도가 아닙니다), 하나님을 조롱하는 행위입니다. 자신이 기도하는 바와 정반대로 행하려고 계획하고 욕망하고 있으면서, 가장 탁월하고도 엄위로우신 지존자 앞에서 감히 마음에도 없는 말을 기도랍시고 한단 말입니까! 이런 식으로 하나님을 만홀히 여기기를 그치지 않는다면, '하나님이 업신여김을 받지 않는 분'이심을 경험하게 될 것입니다(갈 6:7 참고). 오히려 그분이 여러분을 비웃으며 쫓아내실 것입니다.

"너희가 재앙을 만날 때에 내가 웃을 것이며 너희에게 두려움이 임할 때에 내가 비웃으리라"(잠 1:26).

"사람이 귀를 돌려 율법을 듣지 아니하면 그의 기도도 가증하니라"(잠 28:9).

둘째, 그런데도 여러분은 그리스도인이라 불리고 싶기 때문에 사람들에게서 이교도나 무신론자라는 말을 들으면 모욕감을 느낄 것입니다. 그러나 여러분의 모습이 앞의 묘사대로라면, 사실상 이교도나 무신론자라고 불려야 합니다. 여러분은 그리스도께 참여한 자가 아니기에 은혜언약이 약속하는 은택과는 전혀 상관없다는 점을 알아야 합니다. 그리스도 예수의 사람들은 육체와 함께 그 정욕과 탐심을 십자가에 못 박았기 때문입니다(갈 5:24 참고). 물론 그리스도께 속한 자들에게도 여전히 정욕이 남아 있고, 그 정욕들이 날마다 고개를 쳐들기가 일쑤입니다. 그러나 그들은 그 정욕들에 휘둘리는 것이 아니라, 그것들을 근절하기 위해 억제하고 다스리며 대적합니다. 반면에 여러분은 정욕을 따르고 자의적으로 행동하기를 즐거워합니다. 그러므로 여러분에게는 그리스도도, 하나님도, 소망도 없습니다. 그런데도 계속 즐거워하면서 그 길을 가렵니까?

셋째, 앞에서 말한 대로 자신의 뜻대로 살면서 아무렇지도 않게 "뜻이……이루어지이다"라고 기도하는 여러분은 하나님을 업신여기고, 그리스도와 소망도 없을 뿐만 아니라, 영원한 정죄를 짊어지고 다니는 사람입니다. 최후에 여러분은 영원히 정죄 받은 자로 드러날 것입니다. 여러분에 대해, 그리고 지금 여러분에게 하나님께서 뭐라고 말씀하시는지 들어 보십시오.

"너희가 육신대로 살면 반드시 죽을 것이로되"(롬 8:13).

모든 사람이 공통적으로 당하는 죽음이 아니라 영원한 죽음, 영원한 정죄를 말합니다.

"그들의 마침은 멸망이요 그들의 신은 배요 그 영광은 그들의 부끄러움에 있고 땅의 일을 생각하는 자라"(빌 3:19).

영원한 정죄가 무엇인지 알고 싶습니까? 데살로니가후서 1장 8,9절을 보십시오.

"하나님을 모르는 자들과 우리 주 예수의 복음에 복종하지 않는 자들에게 형벌을 내리시리니, 이런 자들은 주의 얼굴과 그의 힘의 영광을 떠나 영원한 멸망의 형벌을 받으리로다."

마찬가지로 바울 사도는 여러분에게 이렇게 말합니다.

"진리를 따르지 아니하고 불의를 따르는 자에게는 진노와 분노로 하시리라. 악을 행하는 각 사람의 영에는 환난과 곤고가 있으리니"(롬 2:8,9).

영원한 정죄를 언급하는 다른 말씀들도 보십시오. 영원한 정죄에 대한 이런 모든 언급들을 보고 어떠한 경계를 받았는지 당신의 양심에 물어보십시오. 그러므로 더는 자기 뜻대로 살기 위해 하나님의 뜻을 등진 채 살지 마십시오. 기도 아닌 기도를 그치든지, 하나님을 경외하며 그분께 여러분의 입술로 하는 기도에 부합하는 기도를 간절히 드리십시오. 그 기도가 말하는 바를 간절히 바라며, 겸손히 구하십시오.

신자를 향한 책망과 격려

신자들 안에는 빛과 생명과 진리가 있습니다. 그러나 그들은 여전히 미약한 탓에 본성의 부패에 휘둘립니다. 그러므로 신자들은 영을 가로막는 육체의 정욕과 싸워야 합니다. 불신자들과 달리 신자들 자신의 인간적인 의지가 그들을 지배하지는 않는다고 해도, 그 의지가 너무나 자주 고개를 쳐들고 모든 일을 방해합니다. 자신이 뜻한 것조차 의식하지 못하는 까닭에 충분히 싸우지 못할 때도 많습니다. 신자들 역시 경외함 없이 부주의하게 "뜻이……이루어지이다"라고 읊조릴 때가 많습니다. 진실로 자신의 뜻에서 돌이켜 그것과 싸우려는 확고한 의지가 분명히 드러나지 않기 때문입니다. 그러므로 이런 신자들은 자신의 기도가 얼마나 부족한지를 절감하며 겸비하고, 그리스도의 피로써 용서를 구해야 합니다. 그리고 자신의 뜻을 거부하고 싸울 힘을 구할 뿐만 아니라, 더욱 열심을 내 자신의 뜻을 부인해야 합니다. 진심으로 자의적인 뜻에 대항하여 싸우고 하나님께 나아와 "뜻이……이루어지이다"라고 기도해야 합니다.

그러므로 자신의 뜻을 부인하십시오. 다시 말해, 자신의 뜻을 낯선 이방인처럼 대해야 한다는 말입니다. 그것에 귀 기울이지 마십시오. 자신의 뜻을 여러분의 원수로 삼고 미워하며 거부하고 물리치며 언제나 경계를 늦추지 마십시오. 아무리 그럴듯하고 즐거워 보여도 그렇게 해야 합니다. 여러분의 새끼손가락 끝에라도 한번 둥지를 틀면 걷잡을 수 없어지고, 여러분의 모든 것을 자의적인 뜻으로 오염시킬 것입니다. 그러므로 자신의 뜻을 부인하십시오.

첫째, 여러분은 허탄하고 죄악되며 사랑할 만한 구석이라고는 전혀 없는 괴물 같은 벌레요 미물에 불과한 존재가 아닙니까? 그런 여러분이 어떻게 감히 자신의 하나님이자 율법을 주신 재판장의 뜻에 맞서려고 한단 말입니까? 여러분이 누구이기에 감히 자신의 뜻을 주인과 율법과 규칙으로 삼으며, 다른 사람들까지 여러분의 뜻을 따르게 만들려고 한단 말입니까? 이보다 더 부당하고 경멸과 모욕을 받아 마땅한 일은 없을 것입니다. 스스로를 경멸하고 부끄러워하며, 하나님과 천사들과 다른 사람들이 그런 여러분을 보지 못하도록 숨으십시오. 여러분의 뜻으로 감히 주권자이신 하나님의 거룩한 뜻과 맞서려고 한단 말입니까? 부끄러운 줄 아십시오! 여러분의 뜻을 버리십시오. 그것을 죽이십시오. 자기 뜻을 부인한다고 해서 개미나 다른 기괴한 존재가 되는 것은 아닙니다. 하나님의 뜻을 따르기 위한 자기 부인을 그렇게 생각하는 것은 정말이지 견딜 수 없는 일입니다. 하나님의 뜻을 저버리고 자기 뜻을 그보다 더 나은 것인 양 따르는 행위가 얼마나 가증한지 모릅니다. 말로 다 표현할 수 없을 정도입니다. 할 수 있는 대로 여러분의 뜻을 죽이십시오.

둘째, 여러분은 무엇을 뜻하고 바랍니까? 아름답고 영광스러우며 정직하고 유익한 것을 바랍니까? 그렇지 않습니다. 우리가 자의적으로 바라는 것들은 하나같이 부정한 안목의 정욕과 육신의 정욕과 이생의 자랑입니다. 벌레들(지옥을 향해 가는 자들 말입니다)에게서 칭송을 받으려고 합니다. 가증한 자들에게서 사랑받고 싶어합니다. 근사한 저택처럼 영혼을 오염시키고 썩어 없어질 허탄하고도 무익한 것들을 구합니다. 하나님은 이것들을 금하십니다. 이것들은 몸과 영혼을 지옥으로 이끌어 갑니다. 이런 것들이 하나님과 그분의 뜻과 하나님이 기뻐하시는 것들보다 더 영광스럽고 즐거워할 만하다는 말입니까? 하나님의 뜻과 정면으로 맞서렵니까? 하나님께서 "나는 이것들을 미워한다. 너도 이것들을 구하거나 몰두해서는 안 된다"라고 하시는데, "아닙니다, 나는 그것들이 있어야 합니다"라고 말하렵니까? 저급한 것들로 탁월한 것들을 대신하렵니까? 부정하고도 더러운 것들로 거룩한 것들을 대신하렵니까? 위험하고도 해로운 것들로 유익한 것들을 대신하렵니까? 그러므로 "뜻이……이루어지이다"라고 기도하고 싶다면, 여러분의 뜻을 부인하십시오.

셋째, 이 기도로 간구하는 신자들이여, 여러분은 세상의 영이 아니라 하나님의 영을 받았습니다. 세상을 부인하고 하나님께 속한 것들을 갈망하고 추구하도록 성령께서 여러분을 이끌어 가시지 않습니까? 여러분은 이 악한 세상에서 하늘의 부르심을 입은 사람입니다. 그런데도 악한 세상으로 돌이켜 여러분이 주인 삼기를 거부했던 이 땅에 속한 의지를 다시 주인으로 모시렵니까? 여러분을 불러낸 소중한 복음이 불경건과 이 세상의 정욕을 부인하라고 가르칩니다. 복음의 빛의 비추임을 받으면서 어떻게 자신의 죄악되고도 세상적인 의지를 따른단 말입니까? 여러분은 거듭나고 신의 성품에 참여한 자가 되어 하나님을 아버지로 모신 그분의 자녀입니다. 속사람을 따라 아버지의 뜻대로 순종하는 마음과 율법을 즐거워하는 마음을 하나님으로부터 받았습니다. 그렇다면 하나님의 뜻을 대적하는 죄악된 의지가 여러분과 무슨 상관이 있습니까? 그러므로 여러분 안에 도사린 죄악된 의지를 재갈 물리십시오. 그래도 그 의지가 계속 무언가를 요구하면 조금도 용납하지 말고, 그것과 싸워 여러분의 발아래 굴복시키십시오. "내 뜻대로 하지 마시고 아버지의 뜻대로 하옵소서"라고 기도하십시오.

넷째, 여러분이 자의적인 뜻을 따라 산다면, 오직 슬픔만 남을 뿐입니다. 여러분의 영혼은 상하고 더러워지며, 뒤틀립니다. 자유와 평강을 잃어버릴 뿐만 아니라 슬픔에 사로잡힙니다. 여러분의 모든 빛과 소망이 되시는 하나님께서 자신을 감추시고 여러분 홀로 슬퍼하게 하십니다. 여러분은 하나님과 소원해졌기에 정욕의 미풍에도 멀리 떠내려가 버릴 만큼 지극히 취약해졌습니다. 원수들이 여러분을 도피처로 삼도록 내버려 두렵니까? 아닙니다. 집에서 살인자와 도둑을 몰아내듯 쫓아내야 합니다. 반면, 여러분의 자의적인 뜻을 부인한다면 많은 복을 얻을 것입니다. 그리스도로 말미암아 자유롭게 성부께 나아가게 될 것입니다. 개개인이 많은 자유를 가져다주는 평강을 누리고 다른 사람들에 대한 의무를 담대히 행하게 될 것입니다. 이 땅에 속한 것들을 향한 욕구에서 벗어날 것이므로 그 어느 것도 두려워하거나 잃어버리지 않습니다. 여러분이 하나님의 뜻을 준행하느라 잃어버린 명예와 사랑과 소유와 기쁨을 하나님께서 신령한 복들로 보상하실 것입니다. 그리고 때때로 여러분에게 이 땅의 복들로도 풍성하거나 필요하고 유익한 만큼 채워 주실 것입니다.

"뜻이……이루어지이다"라고 기도하는 것은 곧 자신을 하나님의 위엄과 요구와 권위 아래에 두는 것입니다. 하나님만이 주권자요 여호와이심을 기뻐하며 즐거이 인정하는 것입니다. 하나님과 그분의 뜻에 온전히 자신을 맡깁니다. 이를 통해 하나님께서 그 기쁘신 뜻대로 여러분을 대하시기를 기도하고, 이 부분에 대해서는 여러분이 왈가왈부할 것이 없음을 받아들입니다. 모든 것을 하나님의 손에 맡깁니다. 여러분은 하나님께서 자애롭게 여러분을 대하시는 것과, 그리스도 안에서 하나님과 화목해진 자들에게는 모든 일이 합력하여 선을 이루는 것을 압니다. 여러분이 하나님의 뜻을 거스를 마음이 없으며, 그럴 수도 없음을 알기 때문입니다.

하나님께서 친히 여러분을 징계(모든 하나님의 자녀들은 하나도 예외 없이 징계의 때를 지납니다)하실 때에는 여러분이 드린 이 간구를 기억하고 잠잠히 하늘 아버지의 뜻(징계하시는 뜻)에 순복합니다. 여러분이 감당할 십자가가 대수롭지 않게 다가올 것이라는 말이 아닙니다. 그럴 수도 없을뿐더러, 그렇게 하는 것은 징계를 주시는 하나님을 멸시하는 일이요 하나님의 진노를 불러오는 일이기 때문입니다.

"주께서 그들을 치셨을지라도 그들이 아픈 줄을 알지 못하며"(렘 5:3).

위협적이고 억압받는 상황에서 건짐 받고 싶어하는 것은 하나님의 뜻을 거스르는 것이 아닙니다. 고난에서 건짐 받기를 기도해야 하고, 또 합당한 방편을 통해 고난을 벗어나도록 온 힘을 다해야 합니다. 그럴지라도 고난에서 건짐 받기보다는 어찌하든지 하나님의 뜻이 이루어지기를 바라고 하나님의 뜻을 받아들이는 태도로 그렇게 해야 합니다. 그런 상황을 견디지 못하고 조바심 내며 안절부절못하고 있다면 고난을 주신 하나님의 뜻을 거부하고 있는 것일 수도 있습니다.

"내 아들아 여호와의……꾸지람을 싫어하지 말라"(잠 3:11).

하나님의 징계를 받고 낙담하거나, 지금 자신이 처한 영적 상태를 인정하기를 거부하거나, 자기에게 닥친 모든 어려움을 하나님의 진노와 보응하는 정의에서 비롯되었다고 여기는 태도는 모두 하나님의 징계를 거부하는 것입니다. 하나님에 대해 완고한 마음을 품거나 하나님의 섭리를 의심하는 것들 역시 마찬가지입니다.

"주께서 돌이켜 내게 잔혹하게 하시고 힘있는 손으로 나를 대적하시나이다"(욥 30:21).

"내 하나님의 이름을 욕되게 할까 두려워함이니이다"(잠 30:9).

차라리 죽기를 바라고 가룟 유다처럼 자살을 생각하는 것도 마찬가지입니다.

"이러므로 내 마음이 뼈를 깎는 고통을 겪느니 차라리 숨이 막히는 것과 죽는 것을 택하리이다"(욥 7:15).

악인의 번성을 부러워하는 것도 마찬가지입니다.

"이는 내가 악인의 형통함을 보고 오만한 자를 질투하였음이로다……나는 종일 재난을 당하며 아침마다 징벌을 받았도다"(시 73:3,14).

이런 불행한 일들이 하나님으로부터 온 것이 맞는지, 하나님께서 과연 궁핍한 자들을 돌아보시는지, 신자들의 간구를 듣고 그들을 도우시는지 하나님의 주권과 통치를 의심하는 것도 마찬가지입니다.

이는 전능자와 다투고(욥 40:2 참고), 스스로를 완고하게 하는 행위입니다.

"그는 마음이 지혜로우시고 힘이 강하시니 그를 거슬러 스스로 완악하게 행하고도 형통할 자가 누구이랴?"(욥 9:4)

이와 유사한 생각과 태도와 감정을 품는 것은 하나님의 뜻에 순응하지 않고 오히려 하나님을 대적하는 행위입니다. 그리할 때 여러분은 스스로에게 결코 피할 수 없는 징계뿐만 아니라 고난을 겹겹이 불러일으킵니다. 시간이 갈수록 슬픔이 더해 갈 것입니다. 자기에게 맡겨진 십자가를 제대로 감당하지 않는 것은 징계 자체보다 비참한 일입니다. 그럴수록 십자가는 점점 무거워지고 십자가를 지는 시간도 더 길어질 것입니다. 여러분이 어찌하든지 상관없이 하나님의 뜻이 이루어질 것이기 때문입니다.

"기록된 바 주께서 주의 말씀에 의롭다함을 얻으시고 판단 받으실 때에 이기려 하심이라 함과 같으니라"(롬 3:4).

하나님께서 여러분을 떠나가실 것입니다.

"예루살렘아 너는 훈계를 받으라. 그리하지 아니하면 내 마음이 너를 싫어하고"(렘 6:8).

하나님의 뜻을 이겨 본 적이 있습니까? 그렇지 않다면, 징계하시는 하나님의 손길을 잠잠히 맞이하며 이렇게 말하십시오.

"내가 여호와께 범죄하였으니 그의 진노를 당하려니와"(미 7:9).

다윗 왕에게서 하나님께 순종하는 법을 배우십시오.

"내가 잠잠하고 입을 열지 아니함은 주께서 이를 행하신 까닭이니이다"(시 39:9).

여러분도 다윗처럼 하나님의 뜻을 받아들여야 하지 않겠습니까?

첫째, 하나님께서 주권자가 아니십니까? 하나님께서 무엇이든 그 마음에 기쁘신 대로 하시는 것이 마땅하지 않습니까? 여러분에게 왜 하나님께서 여러분을 그렇게 대하시는지 따질 자격이 있습니까? 하나님께서 여러분이 원하는 대로 따르시기를 바랍니까? 그렇지 않습니다. 그분이 하나님이시며 주권자요 지존자이시라는 사실을 여러분도 기뻐합니다. 이처럼 하나님의 위엄을 인정하고 고백한다고 하면서도 여러분이 반드시 감당해야 하지만 괴롭고 힘겨운 일이라는 이유로 그분의 뜻에 순복하지 않으려고 한단 말입니까?

둘째, 신자들이여, 하나님이 누구이십니까? 그리스도 안에서 여러분과 화목하게 되신 여러분의 아버지가 아니십니까? 여러분의 잘못된 행위를 징계하시는 일이라 할지라도 그것을 자비로 행하시는 분이 아닙니까?

"무릇 내가 사랑하는 자를 책망하여 징계하노니"(계 3:19).

하나님의 사랑을 거부하고 그분의 사랑이 나타나는 것 때문에 분을 내려고 합니까? 바로 그것이 문제입니다. '하나님이 나를 사랑하시는 것을 알았더라면 기꺼이 잠잠하며 고난을 감당했을 것이다'라고 생각합니다. 이런 후회가 짜증을 낳습니다. 이런 마음을 이기십시오. 징계하시는 하나님의 손에 겸손히 자신을 맡기십시오. 하나님께서 여러분에게 부으신 은혜를 더 잘 깨닫게 될 것입니다. 시험을 지나는 동안에는 자신에게서 드러나는 은혜의 표지들을 근거로 자신의 영적 상태를 확증하기가 어렵습니다. 그러하기에 실제로 자신이 그리스도 안에서 하나님과 화목하게 되었다고 여기며 믿음을 발휘해야 합니다. 이렇게 함으로써 하나님과 더 가까워지고 그리스도를 바라보게 됩니다. 주 예수님께로 인도하여 그리스도를 통해 하나님께로 나아가게 하는 것은, 그것이 무엇이든 가짜일 수 없습니다. 그러므로 하나님이 주시는 이런 십자가를 여러분의 죄악된 행위를 징계하기 위해 주시는 것인 동시에, 여러분이 거룩해지고 죄에서 떠나도록 자애로운 마음으로 주시는 것으로 생각하고 소중히 여기십시오. 이런 마음을 품고서 고난 속에서도 하나님께 순복하십시오.

"또 우리 육신의 아버지가 우리를 징계하여도 공경하였거든 하물며 모든 영의 아버지께 더욱 복종하며 살려 하지 않겠느냐?"(히 12:9)

셋째, 징계를 잘 감당하고 징계를 통해 하나님께서 뜻하신 바를 잘 받아들이면 여러분에게 큰 유익이 됩니다. 이를 통해 여러분에게 선한 유익을 주시고자 하나님께서 징계를 주시는 것입니다.

"그들은 잠시 자기의 뜻대로 우리를 징계하였거니와 오직 하나님은 우리의 유익을 위하여 그의 거룩하심에 참여하게 하시느니라. 무릇 징계가 당시에는 즐거워 보이지 않고 슬퍼 보이나 후에 그로 말미암아 연단 받은 자들은 의와 평강의 열매를 맺느니라"(히 12:10,11).

설령 지금 받고 있는 징계에서 앞에서 말한 징계의 유익함이 잘 느껴지지 않더라도 놀라지 마십시오. 그 유익이 나중에 열매로 드러날 것입니다. 그러므로 이 말씀을 의지하며 징계를 감당하십시오.

"네 길을 여호와께 맡기라. 그를 의지하면 그가 이루시고"(시 37:5).

다윗의 경험에 동참하며, 그와 같이 이렇게 노래할 수 있을 것입니다.

"고난당한 것이 내게 유익이라. 이로 말미암아 내가 주의 율례들을 배우게 되었나이다……여호와여 내가 알거니와 주의 심판은 의로우시고 주께서 나를 괴롭게 하심은 성실하심 때문이니이다……고난당하기 전에는 내가 그릇 행하였더니 이제는 주의 말씀을 지키나이다"(시 119:71,75,67).

거룩한 의무를 행하라는 권고

기도하는 신자여, 고난을 겪을 때 자신의 뜻을 부인하고 하나님의 뜻에 순복하는 것만으로는 충분하지 않습니다. 신자는 "하나님의 뜻이 이루어지이다"라고 기도하는 데서 한 걸음 더 나아가, 하나님의 규례를 따르는 삶으로써 그분의 뜻을 준행해야 할 의무를 진다는 사실을 알아야 합니다. 신자가 무언가를 기도한다는 것은 기도하는 그 일을 기꺼이 행하겠다는 말이기 때문입니다. 그러므로 여러분에게 주어진 의무를 온 맘으로 받으십시오. 피조물로서뿐만 아니라 그리스도 안에서 하나님 아버지의 자녀로서 그리하십시오. 그렇게 하나님께 순복하고 이렇게 말하십시오. "저는 주님의 종입니다. 그렇습니다. 저는 주님의 종입니다." 이러한 관계에 합당하게 자신을 하나님께 드리면서 이렇게 아뢰십시오. "주여, 말씀하소서. 주의 종이 듣겠나이다." 여러분에게 좋아 보인다고 해서 부주의하게 아무 일이나 해서는 안 됩니다. "주님, 제가 무엇을 하기를 바라십니까?"라고 하나님께 여쭈십시오. 단, 하나님께서 여러분의 바람대로 응답하기를 기대하면서 구해서는 안 됩니다. 여러분의 행동들 하나하나에서 하나님의 뜻이 이루어지기를 구하는 가운데 하나님께서 기뻐하시는 뜻대로 이루어지기를 바라는 거룩한 냉정함으로 기도해야 합니다. 하나님은 기록된 말씀을 통해 자신의 뜻을 계시하셨습니다. 그러므로 매번 직접적인 계시를 기대하거나 요구하거나 바랄 필요가 없으며, 그래서도 안 됩니다. 오히려 우리 발의 등이요 우리 길의 빛인 하나님의 말씀을 통해 하나님께로 나아가십시오. 하나님의 모든 계명을 존중하고 사랑할 때, 우리는 수치를 당하지 않을 것입니다.

또한 기도할 때에는 기도를 드리는 동시에 바람과 기대를 가지고 하나님의 응답하심에 주의를 기울여야 합니다. 하나님은 성경 말씀을 통해 여러분을 향한 하나님의 뜻이 무엇인지를 가르치십니다. 뿐만 아니라 여러분의 영혼을 소성케 하여 하나님의 뜻을 향한 사랑으로 불붙게 하시고, 기꺼이 순종함으로써 하나님의 뜻을 받도록 하시고, 여러분 안에 그런 성품을 유지해 가시기를 바라면서 하나님이 뭐라고 하시는지 기꺼이 귀 기울이십시오. 그러므로 계시된 하나님의 뜻에 순종하는 것을 자신의 의무로 삼고 다윗과 더불어 이렇게 고백하십시오.

"내가 성실한 길을 택하고 주의 규례들을 내 앞에 두었나이다……주의 증거들로 내가 영원히 나의 기업을 삼았사오니 이는 내 마음의 즐거움이 됨이니이다. 내가 주의 율례들을 영원히 행하려고 내 마음을 기울였나이다"(시 119:30,111,112).

　이렇게 하기로 굳게 결심할 뿐만 아니라, 기쁨으로 이 결심을 실행에 옮기십시오. 여러분의 모든 행위를 통해 하나님을 기쁘시게 하기를 추구하십시오. 머뭇거리지도 말고, 자신의 바람이나 관심사를 고려하지도 마십시오. 하나님의 뜻을 행하는 데에만 마음을 두십시오. 하나님의 계명을 준행하기를 미루지 말고 민첩하게 주의 계명의 길로 나아가십시오. 하나님을 섬기는 일이라면 그것이 무엇이든 열심을 품고 즐거움과 기쁨으로 하십시오. 부담스러워하며 번거롭게 여기는 섬김은 하나님께서 기쁘게 받으실 수 없습니다. 그러므로 하나님의 계명을 기뻐하고, 하나님께서 기뻐하실 일을 할 수 있게 됨을 기뻐하십시오. 하나님의 계명을 기쁨으로 준행하지 못하게 하려고 안팎으로 도사린 방해와 반대를 극복하십시오. "견실하며 흔들리지 말고 항상 주의 일에 더욱 힘쓰는"(고전 15:58) 가운데 모든 상황에서 이런 마음과 태도를 용감하게 지켜 가고, 하나님의 위엄으로 전장을 내달리는 군마와 같이 되십시오.

　그러므로 하나님의 자녀들이여, 여러분은 "하나님의 뜻이 이루어지이다"라고 기도하고, 하나님께서 여러분을 두신 자리에서 그분의 뜻대로 살기를 바라면서 이 일을 위해 자신의 영혼을 불러일으켜 명랑하게 하나님의 뜻대로 살아가십시오. 여러분이 어디로 가든 여러분 주위에는 "부디 하나님의 뜻을 행해 주시오"라고 부르짖으며 하나님의 뜻이 이루어지는 것을 보고자 하는 사람들로 넘쳐 날 것이기 때문입니다.

　첫째, 하나님을 주목하여 바라보면, 하나님이야말로 모든 피조물의 순종을 받기에 합당하신 분임을 알게 될 것입니다. 하나님은 엄위롭고 지극히 존귀하신 분이기 때문입니다. 하나님은 여러분을 조성하고 보존하시는 분입니다. 그분의 능력으로 여러분의 삶이 유지됩니다. 한순간이라도 그분께서 이 능력을 거두어 가시면 여러분은 더 이상 존재할 수 없습니다. 그분께서 붙들지 않으시면 여러분은 볼 수도, 들을 수도, 움직일 수도 없습니다. 이처럼 지극히 존귀하고 영화로우며 거룩하고 전능하신 하나님께 철저히 의존하는 존재가 온 정성과 힘을 다해 그분의 뜻을 준행해야만 하지 않습니까? 하나님의 자녀들이여, 하나님께서 여러분을 사랑하십니다. 이 사랑으로 말미암아 그분께서 자신의 독생자를 대속자와 구주로 주셨습니다. 여러분을 구속하여 신령한 생명을 주시고, 하나님의 자녀로 맞아들이시고, 영원한 영광을 예비하셨습니다. 하나님께서 여러분의 여호와 하나님이요 아버지이시라는 사실만으로도, 뜨거운 심장으로 하나님의 뜻을 기뻐하고 사랑하며 준행하는 것이 마땅하지 않습니까? 그래서 오래전에 하나님의 교회는 이렇게 노래했습니다.

"여호와는 우리 재판장이시요 여호와는 우리에게 율법을 세우신 이요 여호와는 우리의 왕이시니 그가 우리를 구원하실 것임이라"(사 33:22).

둘째, 하나님의 뜻에 초점을 맞추면 그것이 얼마나 즐거운지를 알게 됩니다. 하나님은 우리가 하나님의 뜻을 기뻐하기를 원하십니다.

"하나님의 선하시고 기뻐하시고 온전하신 뜻이 무엇인지 분별하도록 하라"(롬 12:2).

하나님께서 명하시는 것은 모두 순전하고도 거룩합니다.

"여호와의 율법은 완전하여 영혼을 소성시키며 여호와의 증거는 확실하여 우둔한 자를 지혜롭게 하며 여호와의 교훈은 정직하여 마음을 기쁘게 하고 여호와의 계명은 순결하여 눈을 밝게 하시도다"(시 19:7,8).

하나님을 아는 사람이 어떻게 하나님의 뜻을 받고 그것을 기쁨으로 준행하기를 마다할 수 있단 말입니까?

"정의를 행하는 것이 의인에게는 즐거움이요 죄인에게는 패망이니라"(잠 21:15).

셋째, 하나님의 뜻을 준행하는 것이 곧 하나님을 영화롭게 하는 것입니다. 하나님의 자녀들은 하나님이 여호와요 지존하신 분이요 거룩하신 이요 율법을 주신 분이라는 사실과, 하나님이 널리 알려져 사람들이 그분을 두려워하고 그분께 영광 돌리는 것을 기뻐하고 즐거워합니다. 하나님의 뜻을 준행할 때, 우리는 다른 사람들과 더불어 바로 그 일을 이루게 됩니다.

"너희가 열매를 많이 맺으면 내 아버지께서 영광을 받으실 것이요 너희는 내 제자가 되리라"(요 15:8).

넷째, 우리 하나님은 선하시기에 사랑과 경외함과 자원함으로 하나님을 섬기는 이들에게 하나님의 뜻을 준행한 모든 것을 갚아 주십니다. 우리가 하나님께서 기뻐하시는 일을 하면 그분은 풍성히 갚아 주시며, 우리를 기쁘게 하십니다.

"그는 자기를 경외하는 자들의 소원을 이루시며"(시 145:19).

"또 주의 종이 이것으로 경고를 받고 이것을 지킴으로 상이 크니이다"(시 19:11).

영혼이 느끼는 모든 불안함은 하나님의 뜻이 아니라 자신의 의지를 고집한 결과입니다. 그러나 하나님의 뜻을 준행하는 자에게는 평강만이 있습니다.

"주의 법을 사랑하는 자에게는 큰 평안이 있으니 그들에게 장애물이 없으리이다"(시 119:165).

이 땅에 있는 신자들에게 있는 신령한 생명은 아직 연약합니다. 그래서 신자들은 자신이 더 큰 진보를 이루지 못하는 것 때문에 슬퍼합니다. 그러나 그와 같이 연약할지라도 하나님의 뜻을 신실하게 준행하기 시작하면 하나님께서 이 생명이 자라 가게 하십니다.

"무릇 내게 붙어 있어……열매를 맺는 가지는 더 열매를 맺게 하려 하여 그것을 깨끗하게 하시느니라"(요 15:2).

하나님의 자녀들은 하나님의 얼굴이 보이지 않는 것을 가장 견디기 힘들어합니다. 그런 만큼 하나님께서 자신을 나타내 보여 주시는 것이 자녀가 누리는 기쁨의 원천입니다. 하나님은 자신의 뜻을 준행하는 모든 자들이 이 특권을 누리게 하십니다.

"주께서 기쁘게 공의를 행하는 자와 주의 길에서 주를 기억하는 자를 선대하시거늘 우리가 범죄하므로 주께서 진노하셨사오며 이 현상이 이미 오래되었사오니 우리가 어찌 구원을 얻을 수 있으리이까"(사 64:5).

그러므로 구원에 이르는 이 길로 발걸음을 내디디십시오.

"주께 힘을 얻고 그 마음에 시온의 대로가 있는 자는 복이 있나이다……그들은 힘을 얻고 더 얻어 나아가 시온에서 하나님 앞에 각기 나타나리이다"(시 84:5,7).

72

네 번째 간구
: 오늘 우리에게 일용할 양식을 주시옵고

이교도의 격언 중에 아주 기독교적인 격언이 있습니다. "건강한 몸에 건강한 영혼이 깃들기를 기원해야 한다"라는 말입니다. 이 말은 사도 요한이 가이오에게 빌어 준 복과 같습니다.

"사랑하는 자여 네 영혼이 잘됨같이 네가 범사에 잘되고 강건하기를 내가 간구하노라"(요삼 1:2).

이 얼마나 기쁨이 넘치는 증언인지요! 그런데 이제 우리는 순서를 바꾸어 "네 몸이 잘되는 것같이 네 영혼이 잘되기를 바란다"라고 말해야 합니다. 우리 몸도 돌아보아야 하기 때문입니다. 하나님의 이름을 영화롭게 하고 교회에 덕을 끼치고 하나님의 뜻을 행하려면 몸과 영혼이 모두 강건해야 합니다. 하나가 다른 하나에 영향을 끼치므로 어느 하나라도 건강하지 않으면 전인이 제대로 기능하기가 어렵습니다.

영혼은 육신에 영향을 미칩니다. 건강한 영혼이 몸을 유익하게 합니다. 반면에 영혼이 괴로움을 당하면 몸도 고스란히 영향을 받습니다.

"마음의 즐거움은 양약이라도 심령의 근심은 뼈를 마르게 하느니라"(잠 17:22).

몸도 영혼에 영향을 줍니다. 몸이 아프면 영혼도 괴로워합니다.

"그러므로 너희는 죄가 너희 죽을 몸을 지배하지 못하게 하여 몸의 사욕에 순종하지 말고"(롬 6:12).

이런 사실은 다음 말씀에도 분명히 드러납니다.

"내 지체 속에서 한 다른 법이 내 마음의 법과 싸워 내 지체 속에 있는 죄의 법으로 나를 사로잡는 것을 보는도다"(롬 7:23).

외경에 속하는 솔로몬의 지혜서에는 이런 잠언이 기록되어 있습니다. "썩을 몸은 영혼을 짓누르고, 이 땅의 육신 장막은 많은 것을 생각하는 마음을 짓누른다." 그러므로 하나님을 섬기는 데 부족함이 없도록 영혼과 육신을 잘 돌보아 건강을 유지할 수 있어야 합니다.

"값으로 산 것이 되었으니 그런즉 너희 몸으로 하나님께 영광을 돌리라"(고전 6:20).

몸과 영혼이 건강하게 유지되려면, 필요한 영양분을 잘 섭취해야 합니다. 불멸하는 존재인 영혼은 하나님의 보존하시는 능력만 있으면 됩니다. 그러나 이 땅에서 영적으로 건강하려면 영적인 양식이 필요합니다. 다시 말해, 날마다 하나님의 말씀을 믿음으로 적용해야 합니다. 하나님의 말씀은 영혼을 거듭나게 하는 썩지 아니할 씨입니다(벧전 1:23 참고). 뿐만 아니라 하나님의 말씀은 이 생명을 자라게 하는 양식입니다.

"갓난아기들같이 순전하고 신령한 젖을 사모하라. 이는 그로 말미암아 너희로 구원에 이르도록 자라게 하려 함이라"(벧전 2:2).

우리의 몸에도 양식이 필요합니다. 몸은 흙에서 비롯되었기에, 몸을 보존하고 기동하는 데 필요한 영양분 역시 땅에서 난 것들을 통해 얻습니다. 회심하지 않은 자들은 자신이 이 땅에 속한 것들로 기뻐하고 만족할 것이라고 기대하면서 땅의 것들만을 생각하며 욕망합니다. 이런 면에서 그들은 이성 없는 짐승과 다를 바가 없습니다. 살기 위해 먹는 것이 아니라, 먹기 위해 사는 것처럼 살아가기 때문입니다.

"여호와여 이 세상에 살아 있는 동안 그들의 분깃을 받은 사람에게서 주의 손으로 나를 구하소서. 그들은 주의 재물로 배를 채우고 자녀로 만족하고 그들의 남은 산업을 그들의 어린아이들에게 물려주는 자니이다"(시 17:14).

신자는 이 땅에 속한 것들을 자신의 분깃으로 여기지 않습니다. 이 땅에 속한 것들은 신자들이 분깃으로 삼기에는 너무나 저급하기 때문입니다. 신자들은 땅의 것 자체를 목적으로 삼아 추구하지 않습니다. 그것들을 하나님을 섬기는 데 필요한 상태로 몸을 유지하기 위한 방편으로 사용할 뿐입니다. 신자들은 하나님께서 사람들에게 먹을 것과 입을 것을 주시는 이유를 잘 압니다.

"들짐승과 우는 까마귀 새끼에게 먹을 것을 주시는도다"(시 147:9).

"모든 사람의 눈이 주를 앙망하오니 주는 때를 따라 그들에게 먹을 것을 주시며"(시 145:15).

하나님께서 양식을 통해 몸에 영양을 공급하시는 것을 알기에 신자는 "오직 필요한 양식으로 나를 먹이시옵소서"(잠 30:8)라고 기도합니다. 주 예수님은 주기도문의 네 번째 간구를 통해 바로 이것을 우리에게 가르치십니다.

이 간구의 위치

많은 사람들이 주 예수님께서 몸의 유지를 위한 기도를 네 번째 간구로, 영혼의 안녕을 위한 기도를 다섯 번째와 여섯 번째로 두신 이유에 대해 연구했습니다. 그 중 누구의 주장이 가장 타당한지를 판가름하기란 쉽지 않습니다. 물론 이 기도가 완벽한 기도라는 데는 이견이 없습니다. 주기도문은 내용과 순서가 완벽합니다. 그래서 사람들은 예수님께서 인간의 연약함 속으로 들어오셨기 때문에 육신을 위한 먹을 것과 입을 것에 이처럼 큰 관심을 보여 주신 것이라고 말합니다. 그렇게 먼저 몸의 필요를 위해 기도하여 몸으로 말미암은 염려를 벗어 버린 후에야 영혼의 안녕을 위해 더욱 자유롭게 간구할 수 있다는 것입니다. 어떤 사람은 예수님께서 신자들을 육신의 필요에서 영적인 필요로 한 흐름씩 이끌어 가기를 원하신다고 말하기도 합니다. 또 어떤 사람은 주기도문의 간구를 두 부분으로 나누어 처음 네 개의 간구는 선한 것을 하나님께 구하고, 나머지 두 개의 간구는 악을 피하는 것과 관련 있다고 주장합니다. 이들은 앞의 네 가지 간구를 통해 얻는 은택을 다시금 하늘에 속한 은택(처음 세 간구)과 이보다 덜 중요한 땅에 속한 은택(네 번째 간구)으로 나눕니다. 또는 처음 세 간구는 하나님을 직접적인 대상으로, 나머지 세 간구는 사람을 직접적인 대상으로 하는 간구라고 보는 사람도 있습니다. 이렇게 이해하는 사람들은 간구들의 순서가 곧 간구의 중요도를 뜻한다고 생각합니다. 그러나 주기도문의 간구들이 지금 같은 순서로 배열된 이유에 대해 어떠한 반론도 불러일으키지 않을 만큼 어느 누가 완벽하게 설명할 수 있단 말입니까?

간구의 내용

이제 일용할 양식을 구하는 이 간구의 내용을 살펴봅시다. 여기서 우리는 이 간구와 관련하여 다음 세 가지를 각각 다루어 보겠습니다.
- 무엇을 간구하는가: "일용할 양식을"
- 누구를 위하여 기도하는가: "우리에게"
- 어떤 방식으로 일용할 양식을 받기를 바라는가: "오늘……주시옵고," 다시 말해 구매가 아니라 선물로서, 단 한 번에 전부가 아니라 날마다

무엇을 간구하는가

간구하는 내용은 양식입니다. 구체적으로 말하자면, 우리가 날마다 먹을 양식입니다. 여기서 '양식'은 자신을 생명의 떡으로 일컬으시는 주 예수 그리스도를 가리키지 않습니다(요 6:35 참고). 예수님은 하나님의 자녀들에게 있는 신령한 생명이요 그 생명을 보존하시는 분이기 때문입니다. 고린도전서 10장 16절에서 그리스도의 몸을 말하는 성찬 떡을 가리키지 않습니다. 이 간구에서 말하는 양식은 인간의 몸을 위한 음식을 말합니다.

"그가……사람을 위한 채소를 자라게 하시며……사람의 마음을 힘 있게 하는 양식을 주셨도다"(시 104:14,15).

일반적인 의미에서 양식은 모든 종류의 음식을 비롯해 사람이 보존되는 데 필요한 모든 것을 말합니다. 야곱은 음식을 많이 마련하고 형제들을 불러 함께 먹었습니다.

"야곱이 또 산에서 제사를 드리고 형제들을 불러 떡을 먹이니"(창 31:54).

여기서 사용된 히브리어 לחם(레헴)은 떡, 다시 말해 온갖 종류의 음식을 가리킵니다.

"모든 육체에게 먹을 것을 주신 이에게 감사하라"(시 136:25).

"세 이레가 차기까지 좋은 떡을 먹지 아니하며"(단 10:3).

여기서 말하는 '떡'은 몸을 보존하고 유지하기 위한 음식을 가리키므로 마실 것뿐만 아니라 입을 것도 포함합니다. 즉, 우리 몸에 필요한 모든 것을 가리킵니다. 야곱은 이렇게 말했습니다.

"하나님이 나와 함께 계셔서……먹을 떡과 입을 옷을 주시어"(창 28:20).

사도 바울도 이렇게 말합니다.

"우리가 먹을 것과 입을 것이 있은즉 족한 줄로 알 것이니라"(딤전 6:8).

'떡'이나 '빵'은 생계를 위해 필요한 모든 것을, 그중에서도 특별히 먹을 것을 가리키는 은유적 표현입니다.

"사람의 마음을 힘 있게 하는 양식을 주셨도다"(시 104:15).

떡은 가장 대표적인 음식으로서 사람은 이것이 있어야만 살 수 있습니다. 사실 사람은 고기나 생선이 없어도 살 수 있지만, 떡은 아닙니다. 이는 사람이 생존하는 데 반드시 필요한 양식을 가리킵니다. 떡은 모든 음식들 중 사람을 가장 기쁘게 하는 것입니다. 떡은 배고픈 사람에게 언제나 큰 기쁨을 가져다줍니다. 고기나 생선은 질릴 수 있지만, 떡은 질리지 않습니다. 떡은 가장 근본적이고도 대표적인 음식일 뿐만 아니라, 모든 계층을 망라하는 가장 보편적인 음식입니다. 사람들이 가장 알맞게 사용하는 것이 떡입니다. 고기나 생선 같은 보충적인 다른 음식과 달리, 떡은 항상 먹으면서도 배부르면 더는 먹지 않는 음식입니다.

이 간구에서 양식은 우리의 양식을 가리킵니다. 이 말은 우리가 존재하는 데 필요한 것이나 우리가 소유한 것을 가리킬 때 쓰입니다. 본질상 하나님 앞에서 우리는 아무것도 소유하지 못합니다. 아담이 모든 것에 대해 가졌던 권리를 죄로 말미암아 잃어버렸기 때문입니다. 땅도 죄로 말미암아 저주를 받았습니다.

"땅은 너로 말미암아 저주를 받고 너는 네 평생에 수고하여야 그 소산을 먹으리라"(창 3:17).

죄인의 손이 닿은 것은 무엇이든 함께 저주를 받습니다.

"또 네 광주리와 떡 반죽 그릇이 저주를 받을 것이요, 네 몸의 소생과 네 토지의 소산과 네 소와 양의 새끼가 저주를 받을 것이며"(신 28:17,18).

하늘과 땅의 만물들은 마지못해 죄인을 섬기며 탄식하고 있습니다(롬 8:20-22 참고). 그러나 하나님은 선하시므로 기뻐하지 않으시는 죄인이라 할지라도 먹을 것과 입을 것을 주십니다. 때때로 하나님이 얼마나 선하신 분인지를 알게 하시려고 신자들보다 더 풍성히 누리게 하시기도 합니다. 그러나 신자들이 누리고 구하는 양식은 신자들을 위한 것입니다. 신자들만이 양식을 구할 권리가 있습니다.

첫째, 신자들은 그리스도를 통해 이런 권리를 가집니다. 이 권리는 주 예수님께서 자기 피로 값을 치르고 사신 바 하나님께 사랑받는 자들에게 주신 것입니다.

"만물이 다 너희 것임이라……지금 것이나 장래 것이나 다 너희의 것이요 너희는 그리스도의 것이요"(고전 3:21-23).

둘째, 신자들은 인간적인 관점에서도 이런 것을 누릴 권리를 가집니다. 이는 유업으로 받거나, 거래나 노동을 통해 얻은 것이기 때문입니다. 사람을 가난으로 떨어트려 다른 사람의 도움을 의지해 살아가게 하는 불의함, 게으름, 과소비와는 다릅니다. 사도 바울은 다음과 같은 말로 이것을 확증합니다.

"주 예수 그리스도 안에서 권하기를 조용히 일하여 자기 양식을 먹으라"(살후 3:12).

반면, 열심히 노력하고 근검하게 사는데도 사정이 나아지지 않아서 다른 사람에게 도움을 청하는 것은 불의한 일이 아닙니다. 예수님이 말씀하신 대로 "주는 것이 받는 것보다 복이" 있는 것이 맞지만, 이런 사람에게는 바로 그것이 하나님께서 허락하신 양식입니다(행 20:35 참고). 불신자는 하나님과 관련해서는 어떤 것에도 권리가 없지만, 사람과 관련하여 볼 때에는 자신이 합법적으로 가진 모든 것에 대해 권리를 가집니다. 양식을 위해 기도하는 것은 가난에 빠지지 않도록 기도하는 것도 포함합니다.

"나를 가난하게도 마옵시고 부하게도 마옵시고, 오직 필요한 양식으로 나를 먹이시옵소서"(잠 30:8).

우리는 우리에게 일용할 양식을 위해 기도합니다. 여기에 기록된 '일용할'이라는 말의 원어는 신약성경 원문에서 오직 여기에만 등장합니다. 그러하기에 이 말의 기원에 대해 몇몇 다른 이해가 있는 것이 사실이지만, 그 내용과 관련해서는 서로 아무런 모순도 없습니다. 물론 교황주의자들이 이 말을 ἐπι(에피)와 οὐσία(우시아)로부터 기인한 것으로 여기고서 '초자연적인 본질'로 해석하는 것은 예외입니다. 이런 해석에 기초하여 그들은 이 말이 미사에서 쓰는 떡을 가리킨다고 이해합니다. 그들은 미사에서 떡이 그리스도의 몸으로 변한다고 여기기 때문에 이 양식이라는 말이 곧 요한복음 6장에서 계속 '떡'으로 언급되는 그리스도를 가리킨다고 이해하는 것입니다. 이런 화체설이 거짓임을 굳이 말하지 않더라도 '일용할'이라는 말은 본질을 뜻하지 않습니다. 이 말이 ἐπι οὐσία(에피 우시아)에서 온 것은 맞더라도, 신약성경 어디에도 οὐσία(우시아)가 본질을 뜻하는 말로 쓰이지 않기 때문입니다. 이 말을 사용하는 유일한 본문인 누가복음 15장 12,13절에서 이 말은 소유, 곧 이 땅에서 가지는 일시적인 소유를 뜻합니다.

"아버지여, 재산(τῆς οὐσίας) 중에서 내게 돌아올 분깃을 내게 주소서……그 재산을(τὴν οὐσίαν) 낭비하더니."

비록 이 말이 이교도 철학자에게서 따왔으며 본질 외적인(extra-essential) 것을 가리킨다고 이해되기는 하지만, '초자연적인' 또는 '초자연적인 떡'을 뜻하지는 않습니다. 이는 이 본문의 말과는 전혀 상관없는 해석입니다. 오히려 본질 외적이라는 말은, 우리의 본질적인 존재를 유지해 가기 위해 본질 외적인 것에 의지해야 하는 인간의 현실을 떠올리게 합니다. 소유가 우리 존재의 본질은 아니지만, 우리의 본질은 소유에 의지하여 존재합니다. 많은 개혁파 신학자들이 이 말을 이렇게 이해합니다. 한편 어떤 이들은 이 말을 '따르다,' '뒤따르다'라는 의미의 ἔπειμι(에페이미)의 파생어로 이해합니다. 이 단어의 제2부정과거 능동태 분사로 ἐπιών(에피온)과 ἐπιοῦσα(에피우사)가 있습니다. 여기에서 '따르는,' '따르는 것'이라는 뜻의 ἐπιούσιος(에피우시오스)가 파생되었습니다. 사도행전 7장 26절에 나오는 '이튿날(ἐπιούση ἡμέρα [에피우세 헤메라])'이 바로 이렇게 쓰인 말입니다. 비록 다른 단어로 표현되기는 하지만, 야고보서 2장 15절도 같은 의미입니다.

"만일 형제나 자매가 헐벗고 일용할 양식이 없는데."

누가복음 11장 3절에는 '날마다'라는 부사구가 이 간구에 더해졌습니다. 이렇게 볼 때, 앞의 말은 '일용할,' '날마다 일용할 양식'으로 해석하는 것이 맞습니다. 사람이 날마다 양식을 통해 생명을 이어 가는 것이 한 번에 모든 것을 받는 것보다 하나님의 뜻에 부합합니다. 지금까지 우리는 이 간구의 내용을 살펴보았습니다.

누구를 위하여 기도하는가

이 간구의 두 번째 부분은 이 간구를 통해 날마다 일용할 양식을 받아 누릴 수혜자에 관한 것입니다. "우리에게……주시옵고"에서 사용된 대명사 '우리'는 다음과 같은 대상을 가리킵니다.

첫째, 이 간구를 하는 사람 자신입니다. 사람들은 먼저 자기 자신과 가장 긴밀하게 연관됩니다. 사랑은 자신을 사랑하는 데서 시작됩니다. 자기를 사랑하는 것처럼 이웃을 사랑해야 하기 때문입니다. 그러므로 사랑은 우리 자신에게서 시작합니다. 그러나 자신으로 끝나서는 안 되고, 우리 이웃에게까지 나아가야 합니다.

둘째, 우리와 함께 하나님을 아버지로 부르는 하나님의 모든 자녀들입니다. 그래서 우리는 하나님의 온 교회를 위해 기도합니다. "하나님의 자녀들이 모인 하나님의 교회는 스스로 지켜 갈 수 없습니다. 우리는 우리에게 일어나는 일들을 스스로 감당할 수 없으며, 그럴 마음도 없습니다. 또한 적법한 수단을 통해서든 불법한 수단을 동원해서든 우리 삶을 우리 스스로 꾸려 갈 수 없으며, 또 그렇게 하고 싶지도 않습니다. 세상은 어떻게 해서든 하나님의 교회와 자녀들을 해하려 합니다.

그러하기에 하나님께서 돌보셔야 합니다. 하나님께서 먹을 것과 입을 것을 주셔야 합니다. 그래야만 이 세상에서 하나님의 교회로 살아갈 수 있습니다. 또한 그런 모습을 통해 하나님께서 우리를 지키고 돌보시는 우리 아버지이심을 세상이 알 것입니다."

셋째, 신자들이 사랑하고 연민하는 대상은 하나님의 교회로 제한되지 않습니다. 신자들은 자신과 같은 육체로 지어져 함께 살아가는 모든 사람들을 위해 기도합니다. 그들 역시 우리와 마찬가지로 먹을 것과 입을 것을 필요로 하기에, 하나님께서 그들의 생명 역시 보존해 주시기를 기도합니다. 신자들은 "해를 악인과 선인에게 비추시며 비를 의로운 자와 불의한 자에게 내려"(마 5:45) 주시는 하늘 아버지처럼 선한 본성을 가진 사람들입니다.

"여호와께서는 모든 것을 선대하시며 그 지으신 모든 것에 긍휼을 베푸시는도다"(시 145:9).

그들은 이렇게 선하신 하나님을 즐거워하고 찬송할 뿐만 아니라, 그들에게도 하나님의 선하심을 베풀어 주시기를 담대히 간구합니다.

어떤 방식으로 간구하는가

이 간구의 세 번째 부분은 신자들이 이 기도를 어떤 식으로 드려야 하는지에 관한 것입니다. 신자들은 하나님께 마땅히 받아야 할 것처럼 요구하거나 거래하는 것처럼 기도하지 않습니다. 오히려 선물을 받는 사람으로서 "값없이 베푸시는 하나님의 선하심으로 저에게도 베풀어 주십시오"라고 기도합니다. 심지어 평생 동안 그렇게 책임져 달라는 식으로도 기도하지 않습니다. 오히려 하루하루 그렇게 베풀어 주시기를 날마다 끊임없이 기도합니다.

신자는 일용할 양식을 '주시도록' 하나님께 기도함으로써 다음과 같은 사실을 인정합니다.

① 우리는 결코 스스로 존재할 수 없습니다.

② 우리는 결코 스스로 우리 몸에 필요한 음식을 공급하지도 못할뿐더러, 음식

이 우리 몸에 양분이 되게 할 수도 없습니다.

③ 우리는 이런 선물을 받을 공로가 없을 뿐만 아니라, 우리의 죄로 말미암아 그런 것들을 누릴 자격도 없습니다.

④ 하나님만이 이 땅을 비옥하게 하여 "가축을 위한 풀과 사람을 위한 채소를 자라게 하시며 땅에서 먹을 것이 나게"(시 104:14) 하십니다. 각 사람에게 분량을 주시는 분도, 음식이 사람에게 영양분이 되게 하시는 분도 하나님입니다. 하나님께서 복을 베푸시지 않으면, 아무리 궁리하고 수고하며 음식을 먹어도 그것들이 우리에게 유익이 되지 못합니다. 이사야 3장 1절에서 하나님께서 위협하시는 것처럼, "주 만군의 여호와께서……그가 의지하는 모든 양식과 그가 의지하는 모든 물"을 없애 버리시면 그렇게 될 수밖에 없습니다. 바로 다음 말씀이 실현되는 것입니다.

"너희가 많이 뿌릴지라도 수확이 적으며 먹을지라도 배부르지 못하며 마실지라도 흡족하지 못하며 입어도 따뜻하지 못하며 일꾼이 삯을 받아도 그것을 구멍 뚫어진 전대에 넣음이 되느니라"(학 1:6).

반면에 하나님께서 복을 베푸시면 모든 것이 윤택해집니다.

"주의 은택으로 한 해를 관 씌우시니 주의 길에는 기름 방울이 떨어지며……초장은 양 떼로 옷 입었고 골짜기는 곡식으로 덮였으매 그들이 다 즐거이 외치고 또 노래하나이다"(시 65:11,13).

양식으로 우리를 만족케 하시고, 입을 것으로 우리를 덮으실 것입니다.

"여호와 앞에 사는 자가 배불리 먹을 양식, 잘 입을 옷감이 되리라"(사 23:18).

그러므로 자녀 된 우리는 아버지이신 하나님께 기도하여 우리가 먹을 양식과 입을 것을 구해야 합니다. 또한 주신 음식을 누릴 건강도 구하며, 이 음식이 우리에게 영양이 되도록 기도해야 합니다. 어느 것 하나 하나님께 의존하지 않는 것이 없기에 모든 것을 하나님께 받아 누릴 것을 기대해야 하기 때문입니다.

오늘 우리에게 일용할 양식을 주시기를 기도해야 합니다. '오늘'이라는 말은 우리가 필요할 때마다 계속 기도해야 함을 의미합니다. 우리는 양식을 하루하루 필요로 합니다. 그 하루하루가 바로 오늘이라는 날들입니다. 한 번 받고 마는 것처럼 기도해서는 안 됩니다. 날마다 새롭게 받는 것으로 알고 기도해야 합니다. 그러나 모든 것을 그날그날 다 사용하고 먹어 치우라는 말은 아닙니다. 어떤 날은 여러 날 동안 사용할 수 있도록 넉넉히 주기도 하시기 때문입니다. 오히려 우리가 날마다 받는 것이 모두 하나님에게서 오는 것임을 고백해야 합니다. 하나님께서 그렇게 보존해 주셨고 우리로 하여금 그것을 보존하도록 허락하셨기 때문입니다. 뿐만 아니라 오늘이라는 날에 먹고 만족하고 힘을 발휘할 수 있도록 해 주셨기 때문입니다. '사람은 떡으로만이 아니라 하나님의 입으로부터 나오는 모든 말씀으로' 살기 때문입니다(마 4:4 참고). 먹을 것이 전혀 없다면, 어디를 통해 도움이 올지는 모르더라도 하나님께서 기뻐하시는 대로 오늘 먹을 것을 주시기를 기도해야 합니다.

"모든 사람의 눈이 주를 앙망하오니 주는 때를 따라 그들에게 먹을 것을 주시며"(시 145:15).

하나님의 손길로 채움을 받으므로 모든 염려에서 자유로울 만큼 확신하면서 사는 것은 얼마나 달콤한 일인지요!

이 간구를 통해 얻는 교훈

식탐을 그침

이 간구를 통해 본질적이고도 유익한 교훈을 많이 얻습니다. 하나님께 일용할 양식을 구할 때, 미식가처럼 음식을 가려 가면서 기도하면 안 됩니다. 그리하면 기쁜 마음으로 기도할 수 없습니다. 야고보 사도는 이렇게 말합니다.

"구하여도 받지 못함은 정욕으로 쓰려고 잘못 구하기 때문이라"(약 4:3).

미식가처럼 행동한다는 것은 어떤 음식이 더 맛있는지를 구별할 줄 안다는 것이 아닙니다. 또는 병들었을 때 특정한 음식을 먹고 싶어하는 것을 말하는 것도 아닙니다. 때때로 진미와 달콤한 음료를 준비하여 먹고 마시고 그것을 가난한 사람들과 나누는 것을 말하지도 않습니다(느 8:11 참고). 미식가처럼 행동한다는 것은 다음과 같은 모습을 뜻합니다.

① 아프지도 않고 몸에 아무런 이상이 없는데도, 그럴듯하게 잘 차려진 맛있는 음식만 생각합니다.

② 항상 맛있고 색다른 음식만 찾아다닙니다.

③ 진미를 먹는 것이 자신이 누리는 즐거움의 본질이자 가장 큰 기쁨인 양 온통 식도락에 사로잡혀 있습니다.

④ 형편이 되지 않는데도 기어이 빚을 내서까지 그런 음식을 먹어야 직성이 풀립니다.

⑤ 무언가 새롭고 맛있는 음식이 없으면 우울해하고 불평하며 신경질적이 되는데다, 음식이 제대로 준비되지 않으면 요리한 사람과 늘 다툽니다.

⑥ 집에서뿐만 아니라 어디에서나 음식을 먹은 뒤에는 잠자는 것 말고는 아무것도 하지 못할 정도로 과식합니다.

첫째, 여러분에게는 이미 양식이 충분합니다. 그런데도 항상 그것을 못마땅해하고 맛없는 음식 정도로 치부하며, 기껏해야 더 맛있는 음식을 위한 재료 정도로 여깁니다. 이런 여러분이 어떻게 하나님께 일용할 양식을 위해 기도할 수 있겠습니까? 떡은 기본으로 항상 먹는 음식이지만, 다른 음식들은 있으면 먹고 없으면 못 먹는 것입니다. 그런데 여러분은 정반대로 행동합니다. 이런 사람은 하나님께 이 간구를 진실되게 하지 못하고 건성으로 얼버무리며 지나갈 수밖에 없습니다. 조금만 의식을 가지고 자신이 무슨 기도를 하는지를 생각해 보십시오. 그리하면 지금 자신이 떡이 아니라 다른 진미들에 궁극적으로 관심을 두고 있다는 사실을 알 수 있을 것입니다.

둘째, 이런 모습은 여러분이 하나님이 아니라 자기 배를 섬기고 있음을 드러냅니다. 혐오스런 우상숭배를 하고 있음을 부끄러워해야 합니다. 그래서 사도는 이렇게 말합니다.

"그들의 마침은 멸망이요 그들의 신은 배요 그 영광은 그들의 부끄러움에 있고 땅의 일을 생각하는 자라"(빌 3:19).

셋째, 여러분이 식도락을 일삼는 탓에 여러분의 자녀들이 분명히 가난하게 될 것입니다. 여러분에게서 근검한 습관을 보고 배웠다면 그렇지 않을 수도 있겠지만, 여러분의 식도락 습관을 보고 배운 자녀들에게서 그런 것을 기대하기란 쉽지 않습니다. 여러분도 궁핍해져서 교회 집사들에게 돌봄을 받으며 살아갈 수밖에 없을 것입니다. 이와 관련하여 솔로몬이 이미 여러분에게 경고했습니다.

"술을 즐겨 하는 자들과 고기를 탐하는 자들과도 더불어 사귀지 말라. 술 취하고 음식을 탐하는 자는 가난하여질 것이요 잠자기를 즐겨 하는 자는 해어진 옷을 입을 것임이니라"(잠 23:20,21).

항상 달콤한 음료와 진미를 바라고 탐하는 사람은 재물을 모을 수도 없고, 자녀들에게 물려줄 것을 남기지도 못합니다.

"연락을 좋아하는 자는 가난하게 되고 술과 기름을 좋아하는 자는 부하게 되지 못하느니라"(잠 21:17).

넷째, 좋은 음식들을 상에 올리는 데 익숙한 사람들은 자연히 재정적으로 궁핍해집니다. 그리고 결국 죄악된 방법을 통해서라도 그런 식습관을 계속 유지하려고 합니다. 외상으로 사든지, 빚을 내든지, 거짓말을 하며 속입니다. 그러다가 마침내 파산에 이르고, 여러분 때문에 고아와 과부들은 눈물 젖은 빵을 먹게 됩니다.

다섯째, 식도락을 즐기는 사람들은 대개 가난한 사람들에게는 매정합니다. 끼니마다 자기 밥상은 풍성하지만, 불쌍한 나사로에게 남겨 줄 것은 없습니다. 그러므로 이런 자들은 자신들이 매정했던 것처럼 무자비한 심판을 맞닥뜨릴 수밖에 없을 것입니다.

여섯째, 여러분이 죽을 때까지 식도락을 즐길 만큼 부자로 산다고 칩시다. 그다음에는 어떻게 되겠습니까? 천국으로 가게 될까요? 아닙니다. 여러분처럼 식도락을 즐기며 나사로를 업신여긴 부자가 겪은 고통 속으로 여러분도 들어갈 것입니다. 이 부자는 세상을 떠난 후 지옥에 떨어졌는데, 그곳에서 물 한 방울도 먹을 수 없었습니다(눅 16:22 이하). 우리 하나님께서 다음과 같이 경고하십니다.

"화 있을진저 시온에서 교만한 자와……상아 상에 누우며 침상에서 기지개 켜며 양 떼에서 어린양과 우리에서 송아지를 잡아서 먹고……그러므로 그들이 이제는 사로잡히는 자 중에 앞서 사로잡히리니……주 여호와가 당신을 두고 맹세하셨노라. 내가……이 성읍과 거기에 가득한 것을 원수에게 넘기리라"(암 6:1,4,7,8).

야고보 사도의 말을 마음 깊이 새기십시오.

"들으라 부한 자들아 너희에게 임할 고생으로 말미암아 울고 통곡하라……너희가 땅에서 사치하고 방종하여 살륙의 날에 너희 마음을 살찌게 하였도다"(약 5:1,5).

근면함

우리는 단순히 양식만이 아니라, '우리의 양식'을 구합니다. 이 사실은 우리에게 근면함에 관해 교훈합니다. 하나님께서 우리에게 기쁘게 허락하시는 방식을 따라 양식을 얻는 것이 우리가 바라는 바이기 때문입니다. 하나님은 우리가 수고함으로써 양식을 얻도록 정하셨습니다. 그러므로 우리는 하나님께서 우리를 불러 두신 자리에서 열심히 수고해야 합니다. 그런 수고를 통해 양식을 비롯해 모든 것을 필요 이상으로 충분히 얻더라도 우리는 돼지처럼 빈둥거리거나 뒤룩뒤룩해져서는 안 됩니다. 오히려 양식을 위해서만 수고하는 것이 아니라 가난한 사람들에게 풍성히 나누어 주고, 더 나아가 자기 자신을 유익하게 하고 다른 사람들에게 일할 기회를 주기 위해 수고해야 합니다.

첫째, 게으른 자는 잠언이 말하는 바와 같이 마귀의 베개 노릇을 할 뿐입니다. 게으른 자들을 온갖 죄악들로 끌어들이는 데 명수인 마귀에게 목표가 될 뿐입니다. 게으르고 나태한 사람은 온갖 허탄하고도 죄악된 생각과 여기에서 비롯된 악행이 자라나는 온상입니다. 그렇습니다. 이런 자들은 게으르고 나태하지 않은 사람들이 상상조차 못 할 일들을 대수롭지 않게 합니다.

둘째, 일용할 양식을 간구하면서도 일하려고 하지 않는 것은 하나님을 시험하는 일입니다. 우리를 위해 일반적으로 역사하시는 섭리가 아니라 기적을 베풀어 보라고 하나님께 요구하는 것입니다. 이는 하나님을 시험하는 죄로서 하나님께서 명백히 금하시는 것입니다.

"너희의 하나님 여호와를 시험하지 말고"(신 6:16).

이스라엘 백성들이 광야를 지나면서 하나님을 시험하다가 어떤 대가를 치렀는지를 잘 알지 않습니까?

"그러나 그들은 그가 하신 행하신 일을 곧 잊어버리며 그의 가르침을 기다리지 아니하고 광야에서 욕심을 크게 내며 사막에서 하나님을 시험하였도다. 그러므로 여호와께서는 그들이 요구한 것을 그들에게 주셨을지라도 그들의 영혼을 쇠약하게 하셨도다"(시 106:13-15).

"고기가 아직 이 사이에 있어 씹히기 전에 여호와께서 백성에게 대하여 진노하사 심히 큰 재앙으로 치셨으므로"(민 11:33).

이것이 하나님을 시험한 결과입니다. 일용할 양식을 주시기를 기도하면서도 일하려고 하지 않으며 하나님이 정하신 일반적인 방편을 통해 하나님이 공급하시는 것을 바라지 않는 자들이 맞이할 결과입니다.

셋째, 다음과 같은 것들을 말할 수 있습니다.

① 게으른 자는 하나님 앞에 가증한 존재입니다. 하나님은 게으르고 쓸모없는 짐승인 나귀를 전혀 원하지 않으셨습니다(출 13:13 참고).

② 게으른 자는 다른 사람에게 짐을 지우므로 모두에게서 경멸을 받습니다. 아무도 게으른 사람을 동정하지 않습니다(잠 10:26 참고).

③ 더욱이 게으른 자는 자신이 어떻게 시간을 보내고 있는지, 어떻게 다른 사람들에게 짐이 되고 있는지, 또 그러다가 결국 극심한 가난에 떨어지게 된다는 것을 모릅니다. 그래서 모든 것을 허랑방탕하게 소진해 버립니다.

"게으른 자여 네가 어느 때까지 누워 있겠느냐? 네가 어느 때에 잠이 깨어 일어나겠느냐? 좀 더 자자, 좀 더 졸자, 손을 모으고 좀 더 누워 있자 하면 네 빈궁이 강도같이 오며 네 곤핍이 군사같이 이르리라"(잠 6:9-11).

"술 취하고 음식을 탐하는 자는 가난하여질 것이요 잠자기를 즐겨 하는 자는 해어진 옷을 입을 것임이니라"(잠 23:21).

그러므로 자신의 일용할 양식을 위해 기도하는 사람은 하나님께서 약속하시는 떡을 얻도록 부르시고 두신 자리에서 부지런해야 합니다. 물론 자신의 수고 때문에 떡을 얻는 것은 아니지만, 하나님은 주겠노라고 하신 양식을 이런 합법적인 방편을 통해 얻게 하셨습니다.

① 이런 자는 하나님과 사람 앞에서 자기 양식을 먹을 것입니다.

"조용히 일하여 자기 양식을 먹으라 하노라"(살후 3:12).

② 믿음으로 기도하고 부지런히 수고하는 사람에게는 많든 적든, 풍성하든 빈약하든 수고하여 얻는 것이 모두 복이 될 것입니다.

"의인의 적은 소유가 악인의 풍부함보다 낫도다"(시 37:16).

그는 양심의 자유를 가지고 자기 것을 기쁘게 먹을 것입니다. 한 조각 떡일지라도 맛있게 먹을 것입니다. 그것이 그리스도의 피로 값 주고 산 것이요 하늘 아버지로부터 받아먹는 것이기 때문입니다. 저주가 깃들지 않은, 복으로 받아 누리는 양식이기 때문에 비록 양은 적더라도 그것을 통해 만족을 느끼고 힘을 얻습니다. 하나님께서 허락하시고, 모세가 간구한 그 복입니다.

"주 우리 하나님의 은총을 우리에게 내리게 하사 우리의 손이 행한 일을 우리에게 견고하게 하소서. 우리의 손이 행한 일을 견고하게 하소서"(시 90:17).

신자들에게 주어진 약속을 받습니다.

"네가 네 손이 수고한 대로 먹을 것이라. 네가 복되고 형통하리로다"(시 128:2).

그러므로 기도하고, 기도한 대로 힘써 일하십시오.

"네 손이 일을 얻는 대로 힘을 다하여 할지어다"(전 9:10).

장래에 대한 불안과 염려를 그침

날마다 필요한 양식을 구한다면, 장래에 대한 염려를 그쳐야 합니다. 남은 날들이 어떻게 될지 걱정하지 말아야 합니다. 일생을 넉넉하게 먹고 살지, 자녀들과 더불어 가난에 신음할지에 대한 염려에 사로잡히지 말아야 합니다. 기도하는 사람의 바람과 관심이 양식의 많고 적음과 자신의 일생에 대한 염려(심지어 자녀들과 후손들에 대해서도)에 사로잡혀 있는 한, 정작 오늘 먹을 양식을 위해서는 기도할 수 없기 때문입니다. 진실한 마음으로 이와 같이 기도할 수 있으려면, 자신의 현실에 만족하고 내일에 대해 염려하지 말아야 합니다. 어린아이들이 배가 고프면 당당하게 부모에게 먹을 것을 구할 뿐만 아니라 내일에 대해 전혀 염려하지 않는 것처럼, 오히려 우리는 더더욱 하늘 아버지께 구하고 자녀의 모든 것을 돌보실 하나님을 의뢰해야 합니다.

첫째, 염려는 염려하는 본인을 괴롭게 하고 많은 슬픔 가운데 지내게 합니다. 이런 염려는 영혼과 육신의 생명력을 앗아 갑니다. 그리하여 장래에 대한 두려움으로 떨고, 하나님의 섭리를 의심하며, 하나님을 무정하고도 완고하며 진노하시는 분으로 여기게 됩니다. 그리고 자연히 자신의 영적 상태를 부정하고 어리석고도 해로운 정욕에 쉽게 이끌린 나머지, 마귀의 공격에 무방비 상태로 완전히 노출되고 맙니다.

둘째, 염려함으로써 얻은 것이 하나라도 있습니까? 대답해 보십시오. 아무것도 없습니다. 이렇게 염려는 아무 소용도 없고 도움도 안 될뿐더러, 오히려 해롭기만 합니다. 그런데도 어째서 염려를 그치지 못한단 말입니까?

"너희 중에 누가 염려함으로 그 키를 한 자라도 더할 수 있겠느냐?"(마 6:27)

"너희가 일찍이 일어나고 늦게 누우며 수고의 떡을 먹음이 헛되도다. 그러므로 여호와께서 그의 사랑하시는 자에게는 잠을 주시는도다"(시 127:2).

셋째, 염려를 떨쳐 버리지 않고 사는 것은 지속 죄를 짓는 것이나 마찬가지입니다. 염려한다는 것은 하나님이 아니라 자신의 소유를 의지하고 산다는 명확한 증거이기 때문입니다. 바라는 만큼 가지게 되면 당연히 장래에 대해 염려하지 않을 것입니다. 사는 데 필요하다고 생각하는 것들이 호주머니에 충분히 있기 때문입니다. 그러나 이런 사람은 하나님이 아니라 자신의 소유를 의지하며 사는 것입니다. 무엇이든 여러분이 의지하는 그것이 바로 여러분이 섬기는 신입니다. 따라서 염려하는 것은 곧 우상숭배입니다. 신자들이여, 하나님으로부터 돌아서서 재물과 물질을 더 의지하렵니까? 이런 가증한 탐심 때문에 많은 자들이 지옥에 떨어졌습니다.

"우상숭배자들……은 불과 유황으로 타는 못에 던져지리니"(계 21:8).

게다가 안달하면서 염려하는 것은 계속 하나님을 모욕하는 행위입니다. 이런 여러분의 모습이야말로 하나님으로는 충분하지 않으며, 자신의 분깃과 기쁨과 마음의 안정을 위해 하나님 말고도 다른 무언가가 필요하다는 태도나 마찬가지입니다. 이는 아삽의 태도와 정반대되는 모습입니다(시 73:25,26 참고). 이런 여러분의 모습은 다른 사람들에게 하나님이 마치 자녀들을 돌보지 않고 소홀히 대하시는 분인 양 그분에 대한 나쁜 인상을 심어 줍니다. 부잣집 자녀가 계속 다른 사람들에게 떡을 구한다면 아버지의 명예를 더럽히지 않겠습니까? 그래서는 안 됩니다. 그러므로 염려하지 마십시오. 불안한 표정으로 사람들에게 하나님은 정말 못 믿을 분이라고 말하기를 그치십시오.

넷째, 많은 사람들이 염려로 말미암아 회심에까지 이르지 못합니다. 물론 이따금씩 자기 죄를 깨닫고 "이제부터 다시 일어나 하나님을 찾아야지"라고 다짐합니다. 그러나 이생의 염려가 다시금 그들을 세상으로 끌어갑니다. 이생의 염려가 씨앗이 자라는 것을 막고 질식시키지 않습니까!

"가시 떨기에 뿌려졌다는 것은 말씀을 들으나 세상의 염려와 재물의 유혹에 말씀이 막혀 결실하지 못하는 자요"(마 13:22).

염려로 말미암아 많은 사람들이 회심에 이르지 못하는 것처럼, 회심한 자들은 염려로 말미암아 자라지 못합니다. 염려하지 않았더라면 얼마나 많은 신자들이 크게 진보하고 성숙하게 자라 갔을까요! 그러므로 신자여, 스스로를 이 세상 위로 높이 들어 올리십시오. 이 세상에 속한 것들은, 여러분이 추구하고 그것들 때문에 근심할 가치가 없을 만큼 오염되어 있고 해로우며 하찮은 것입니다.

다섯째, 여러분은 이 땅에서 짧은 생을 살 뿐이며, 어떤 식으로든 그에 속한 것들로 만족을 얻을 수 없습니다. 그런데 무엇 때문에 이런 하찮은 것들로 그토록 근심하고 걱정한단 말입니까? 단언컨대, 여러분은 여전히 이 세상으로부터 너무 많은 영향을 받는 반면, 천국에 대해서는 그만큼 관심을 기울이지 않습니다.

여섯째, 하나님께서 여러분의 분깃이 되시지 않습니까? 그분이 여러분의 아버지가 아닙니까? 하나님께서 자기 독생자를 주시지 않았습니까?

"자기 아들을 아끼지 아니하시고 우리 모든 사람을 위하여 내주신 이가 어찌 그 아들과 함께 모든 것을 우리에게 주시지 아니하겠느냐?"(롬 8:32)

그러므로 다음 말씀을 따르십시오.

"목숨을 위하여 무엇을 먹을까 무엇을 마실까 몸을 위하여 무엇을 입을까 염려하지 말라"(마 6:25).

"너희 염려를 다 주께 맡기라. 이는 그가 너희를 돌보심이라"(벧전 5:7).

"네 길을 여호와께 맡기라. 그를 의지하면 그가 이루시고"(시 37:5).

"있는 바를 족한 줄로 알라"(히 13:5).

그리하면 어린아이와 같은 마음으로 "오늘날 우리에게 일용할 양식을 주시옵고"라고 기도할 수 있을 것입니다.

주님께서 우리에게 허락하신 분깃으로 만족함

"우리에게 일용할 양식을 주시옵고"라고 기도할 때, 우리는 자신뿐만 아니라 다른 사람들을 위해서도 기도하는 것입니다. 그러하기에 다른 사람이 무엇을 받아도, 심지어 우리보다 더 많이 받아도 그것을 질시하지 않습니다.

① 우리가 바르게 기도하였다면, 바로 이런 일을 위해 기도한 것이기 때문입니다. 자신이 기도해 준 사람이 무언가를 받거나 자신이 기도한 것 이상으로 받았다고 해서 시기한다면, 그것은 그렇게 기도한 것을 후회하고 있거나 전혀 원하지 않는 것을 기도한 것입니다. 그리고 이는 하나님을 조롱한 것입니다.

② 여러분이 누구이기에 다른 사람이 잘되는 것을 질시한단 말입니까? 여러분이 입에 떡 한 조각, 몸에 천 한 장 걸칠 가치도 없는 존재임을 모른단 말입니까? 여러분이 아직 지옥에 있지 않고 이렇게 살아가는 것은, 순전히 하나님께서 오래 참으시기 때문입니다. 여러분이 사람들 가운데 다니고, 심지어 그들 중에서 가장 비천한 자의 종이나 노예가 된다고 해도 그것은 하나님의 크나큰 긍휼이 아닙니까? 그런 여러분이 누구를 질시한단 말입니까? 자신이 그럴 자격이 있다고 여깁니까? 잠잠하십시오!

③ 하나님께서 여러분이 질시하는 그것을 그들에게 주신 분이 아닙니까? 하나님께서 주권자가 아니십니까! 그분이 자기 것을 자기 뜻대로 사용하시지 않습니까! 아니면 다른 사람에게 어느 정도를 주어야 할지 그분이 일일이 여러분에게 허락받으셔야 한단 말입니까? 하나님께서 선하게 행하시는 것을 여러분이 악하게 보고 있습니다. 그러므로 이렇게 질투하고 시기하는 마음이 생긴다면, 하나님과 사람들 앞에서 부끄러워해야 합니다.

관대함

"우리에게 일용할 양식을 주시옵고"라고 기도하는 사람은 너그럽고도 관대한 마음을 발휘해야 합니다. 많은 사람이 함께 구한 것이 한 사람에게 주어지면, 그것을 받은 사람은 마땅히 그것을 위해 함께 기도한 사람과 나누어야 합니다. 집이 없는 무리가 한 대문 앞에서 구걸하다가 한 사람이 집주인에게서 무언가를 받았다고 칩시다. 그때 그가 자신이 받은 것이므로 자기만 쓰겠다고 한다면, 함께 구걸한 사람들에게 돌아가야 할 것들을 빼앗는 것입니다. 우리는 "나에게 일용할 양식을 주시옵고"라고 하지 않고, "우리에게 일용할 양식을 주시옵고"라고 기도합니다. 따라서 다른 사람들도 마땅히 그것에 참여해야 합니다. 무엇을 받든지 그것을 맡은 청지기로서 다른 사람들과 즉시 나누어야 한다는 말이 아닙니다. 만일 여러분이 받은 그것을 필요로 하는 사람이 여러분에게 요청하거나 그것이 필요한 사람이 생각난다면, 기꺼이 나누어야 합니다. 계속 나눌 수 있는 것처럼 나누어야 합니다. 그렇게 함께 나누는 것 때문에 자기 가족과 자녀들의 안녕에 영향이 가는 것처럼 행동해서는 안 됩니다. 특별한 때에는 특별한 요구가 있을 수밖에 없습니다. 그러므로 진실하고 자유롭게 "우리에게 일용할 양식을 주시옵고"라고 기도하십시오.

첫째, 욥의 관대함을 본받으십시오. 성경은 욥의 넉넉한 마음에 대해 이렇게 증언합니다.

"나는 맹인의 눈도 되고 다리 저는 사람의 발도 되고 빈궁한 자의 아버지도 되며 내가 모르는 사람의 송사를 돌보아 주었으며"(욥 29:15,16).

"내가 언제 가난한 자의 소원을 막았거나 과부의 눈으로 하여금 실망하게 하였던가. 나만 혼자 내 떡덩이를 먹고 고아에게 그 조각을 먹이지 아니하였던가……만일 내가 사람이 의복이 없이 죽어 가는 것이나 가난한 자가 덮을 것이 없는 것을 못 본 체했다면, 만일 나의 양털로 그의 몸을 따뜻하게 입혀서 그의 허리가 나를 위하여 복을 빌게 하지 아니하였다면"(욥 31:16,17,19,20).

도르가라는 여인을 본받으십시오. 성경은 그녀에 대해 이렇게 증언합니다.

"욥바에 다비다라 하는 여제자가 있으니 그 이름을 번역하면 도르가라 선행과 구제하는 일이 심히 많더니……베드로가 일어나 그들과 함께 가서 이르매 그들이 데리고 다락방에 올라가니 모든 과부가 베드로 곁에 서서 울며 도르가가 그들과 함께 있을 때에 지은 속옷과 겉옷을 다 내보이거늘"(행 9:36,39).

이런 모범을 따르는 자들은 복됩니다!

둘째, 다음 구절은 다른 사람에게 후히 베풀 때 하나님께서 얼마나 기뻐하시는지를 잘 보여 줍니다.

"네 하나님 여호와께서 네게 주신 땅 어느 성읍에서든지 가난한 형제가 너와 함께 거주하거든, 그 가난한 형제에게 네 마음을 완악하게 하지 말며 네 손을 움켜쥐지 말고 반드시 네 손을 그에게 펴서 그에게 필요한 대로 쓸 것을 넉넉히 꾸어 주라"(신 15:7,8).

하나님은 이 계명을 따르는 행위를 기뻐하십니다.

"오직 선을 행함과 서로 나누어 주기를 잊지 말라. 하나님은 이 같은 제사를 기뻐하시느니라"(히 13:16).

사도 바울의 이 위대한 말을 마음에 새기십시오.

"하나님은 즐겨 내는 자를 사랑하시느니라"(고후 9:7).

"이것이 곧 적게 심는 자는 적게 거두고 많이 심는 자는 많이 거둔다 하는 말이로다"(고후 9:6).

다음 잠언 말씀도 잘 새겨 두십시오.

"가난한 자를 불쌍히 여기는 것은 여호와께 꾸어 드리는 것이니, 그의 선행을 그에게 갚아 주시리라"(잠 19:17).

그러므로 하나님께 진실로 기도하고 하나님이 그 기도를 들으시기를 바란다면, 사람들에게 즐겨 베푸십시오. 그러지 않는다면 여러분은 불의하게 재물을 소유하는 것이니, 그로 말미암아 저주가 임하지 않도록 조심하십시오.

하나님이 베풀어 주시는 분임을 인정함

일용할 양식을 위해 하나님께 기도한다면, 여러분에게 있는 모든 선한 은사와 복이 하나님으로부터 온 것임을 믿고 하나님을 모든 선한 것들의 원천으로 고백해야 합니다. 참으로 하나님은 그런 분이십니다.

"온갖 좋은 은사와 온전한 선물이 다 위로부터 빛들의 아버지께로부터 내려오나니"(약 1:17).

존재하는 것은 모두 하나님의 것입니다. 누구든지 그가 가진 것은 모두 하나님으로부터 받은 것입니다.

"곡식과 새 포도주와 기름은 내가 그에게 준 것이요 그들이 바알을 위하여 쓴 은과 금도 내가 그에게 더하여 준 것이거늘……내 양털과 내 삼을 빼앗으리라"(호 2:8,9).

사람은 벌거벗은 존재일 뿐입니다. 사람이 가진 것 중 어느 것 하나도 자신에게서 비롯되지 않습니다. 사람은 자신이 가진 모든 것을 원천이신 하나님으로부터만 받습니다.

"네게 있는 것 중에 받지 아니한 것이 무엇이냐?"(고전 4:7)

하나님께서 사람으로 하여금 땅에서 음식을 얻게 하시고, 각 사람에게 분깃을 주시며, 먹는 음식이 몸에 영양분이 되게 하시고, 사람과 짐승을 보존하십니다. 가축 떼를 먹이실 뿐만 아니라, 우는 까마귀 새끼에게도 먹을 것을 주십니다. 모든 것을 소유하신 하나님께서 모든 사람에게 자기 것으로 나누어 주십니다. 그러하기에 사람은 자기에게 필요한 모든 것을 하나님께 구하고, 하나님께서 모든 것의 원천이요 수여자이심을 인정해야 합니다. 피조물로서가 아니라 그리스도 안에서 하나님과 화목해진 자녀로서, 어린아이와 같은 마음으로 그렇게 해야 합니다. 우리가 무언가를 받는다면, 그것은 우리 아버지이신 하나님의 손으로부터 받는 것입니다.

하나님 아버지께서 주시는 것으로 만족해야 합니다. 많든 적든 상관없습니다. 하나님이 주신 것이면, 그것이 가장 적당합니다. 그러므로 우리가 가진 것을 허비해서는 안 됩니다. 기쁜 마음으로 선하게 사용할 줄 알아야 합니다. 그리고 언제나 우리의 마음을 들어, 이 모든 것을 주시는 분을 바라보고 감사하면서 하나님을 찬송함이 마땅합니다.

"예루살렘아 여호와를 찬송할지어다. 시온아 네 하나님을 찬양할지어다. 그가 네 문빗장을 견고히 하시고 네 가운데에 있는 너의 자녀들에게 복을 주셨으며 네 경내를 평안하게 하시고 아름다운 밀로 너를 배불리시며"(시 147:12-14).

하나님은 우리가 그렇게 하기를 요구하시고, 기대하시며, 기뻐하십니다.

"네가 먹어서 배부르고 네 하나님 여호와께서 옥토를 네게 주셨음으로 말미암아 그를 찬송하리라. 내가 오늘 네게 명하는 여호와의 명령과 법도와 규례를 지키지 아니하고 네 하나님 여호와를 잊어버리지 않도록 삼갈지어다"(신 8:10,11).

73

다섯 번째 간구
: 우리가 우리에게 죄지은 자를
사하여 준 것같이 우리 죄를 사하여
주시옵고

사람은 양식이 있어야 살아갈 수 있습니다. 그래서 주님은 양식을 구하라고 가르치십니다. 그러나 양식이 우리가 구해야 할 가장 핵심적인 내용은 아닙니다. 사람은 본유적으로 하나님을 알고 하나님으로만 만족할 수 있는 이성적이고도 불멸하는 영혼을 가진 존재이기 때문입니다. 자연인은 이 땅의 것들로 만족해합니다. 물론 그것을 얻을 수 있는 경우에 그러하다는 말입니다. 시편 17편 14절이 그렇게 말합니다.

"여호와여 이 세상에 살아 있는 동안 그들의 분깃을 받은 사람들에게서 주의 손으로 나를 구하소서. 그들은 주의 재물로 배를 채우고 자녀로 만족하고 그들의 남은 산업을 그들의 어린아이들에게 물려주는 자니이다"(시 17:14).

이러한 자들에게도 하나님은 그들이 이 땅에 있는 동안에 선을 베푸십니다.

"그러나 자기를 증언하지 아니하신 것이 아니니, 곧 여러분에게 하늘로부터 비를 내리시며 결실기를 주시는 선한 일을 하사 음식과 기쁨으로 여러분의 마음에 만족하게 하셨느니라"(행 14:17).

하나님은 불신자들도 이렇게 대하십니다. 그러나 하나님은 언제나 자기 백성을 위해 더 좋은 것을 남겨 주십니다. 뿐만 아니라 하나님은 이 세상 것들로는 도무지 만족할 수 없는 마음을 자기 백성에게 주심으로써 그들이 하나님을 갈망하고 하나님을 분깃으로 택하게 하십니다. 이들은 아삽의 고백을 온 맘으로 자기 고백으로 삼습니다.

"하늘에서는 주 외에 누가 내게 있으리요 땅에서는 주밖에 내가 사모할 이 없나이다. 내 육체와 마음은 쇠약하나 하나님은 내 마음의 반석이시요 영원한 분깃이시라"(시 73:25, 26).

신자들은 온 맘 다해 하나님을 섬깁니다. 이와 동시에 하나님께서 그분의 원수인 불신자들의 섬김을 원하지 않으신다는 것을 압니다. 하나님은 불신자들에게 다음과 같이 말씀하십니다.

"악인에게는 하나님이 이르시되 네가 어찌하여 내 율례를 전하며 내 언약을 네 입에 두느냐"(시 50:16).

경건한 신자들은 하나님께서 자신에게 스스로를 나타내신다는 것을, 그리고 자신이 담대하고도 화평한 마음으로 하나님께로 나아가려면 하나님과 사람 사이를 가로막고 분리하는 죄가 없어져야 한다는 것을 절감합니다. 그래서 신자들은 죄를 용서받기 위해 계속 기도하는 가운데 하나님과 화목하게 되기를 간절히 열망합니다. 그러하기에 주님은 다섯 번째 간구를 통해 "우리가 우리에게 죄지은 자를 사하여 준 것같이 우리 죄를 사하여 주시옵고"라는 기도를 가르치십니다.

첫째, 이 간구에는 "사하여 주시옵고"라는 기도가 중심에 있습니다. 둘째, 이 간구는 "우리가 우리에게 죄지은 자를 사하여 준 것같이"라고 말하며, 기도하는 자가 어떤 마음으로 구해야 하는지를 덧붙입니다. 여기서 우리는 사함 받는 내용인 죄의 빚(우리가 진 죄의 빚)과 간청하는 자에게 하나님께서 그 빚을 사하여 주시는 일에 주목해야 합니다.

죄책의 탕감과 죄 용서를 간구함

우리의 죄책

이제 누가복음 11장 4절에서 '죄'라고 표현된 단어인 '빚(debts)'이라는 말을 살펴봅시다. 죄는 빚을 더해 갑니다. 여기서 말하는 빚이 무엇인지를 알려면, 다음 세 가지를 주목해야 합니다.

첫째, 사람은 창조주이신 하나님께 모든 권에서 전적으로 의존합니다. 그의 존재, 삶, 영적 기능, 신체 능력 같은 모든 것을 하나님으로부터 받습니다. 하나님으로부터 단번에 모든 것을 받는다고 여겨서 창조가 끝난 때부터 인간 스스로 주인이 되어 존재한다고 생각하지 마십시오. 오히려 인간은 하나님께서 지속적으로 보존하고 공급하시는 역사를 통해 존재하고 기동합니다. 그러므로 인간은 전 존재로 하나님을 위해 살아야 할 의무를 집니다. 이는 단순히 감사해야 할 것 이상으로 우리의 의무입니다. 그 의무는 우리가 생각하는 것 이상으로 강한 구속력을 가집니다. 또한 아담 안에서 온 인류가 맺은 바 순종을 조건으로 구원을 약속하는 행위언약(아담 안에서 온 인류가 헌신을 약속한 언약입니다) 때문에라도 인간은 자신의 존재를 다하여 하나님을 위해 살아야 할 의무를 집니다. 그러하기에 인간은 이 언약이 부여하는 의무들을 마지못해 행하는 것처럼 대해서는 안 됩니다. 또한 하나님께서 율법의 수여자로서 인간에게 전적인 구속력을 가지시므로 인간은 본유적으로 하나님께 순종을 돌려드려야 할 의무를 집니다(눅 17:10 참고). 이 언약을 얼마나 거스르는지와 상관없이 사람은 이 의무가 합당한 것임을 압니다. 따라서 어느 누구도 자신이 하나님 앞에 지고 있는 의무를 감히 거부하지 못합니다.

둘째, 사람들은 이런 구속력 있는 관계를 날마다 거스르면서 하나님에 대한 의무를 이행하지 않고, 그러기를 지속적으로 거부합니다. 이런 인간의 모습을 성경은 다음과 같이 말합니다.

① 죄를 지음

"내가 주께만 범죄하여 주의 목전에 악을 행하였사오니"(시 51:4).

② 하나님을 거역함

"내가 자식을 양육하였거늘 그들이 나를 거역하였도다"(사 1:2).

③ 율법을 거스름

"온 이스라엘이 주의 율법을 범하고 치우쳐 가서 주의 목소리를 듣지 아니하였으므로"(단 9:11).

④ 언약을 어김

"그들은 아담처럼 언약을 어기고"(호 6:7).

⑤ 하나님의 율법의 멍에와 결박을 끊음

"그들은 여호와의 길, 자기 하나님의 법을 안다 하였더니 그들도 일제히 멍에를 꺾고 결박을 끊은지라"(렘 5:5).

⑥ 하나님과 율법과 언약을 저버림

"그들이 여호와를 버리며 이스라엘의 거룩하신 이를 만홀히 여겨 멀리하고 물러갔도다"(사 1:4).

"내가 그들의 앞에 세운 나의 율법을 버리고"(렘 9:13).

"그들이 자기 하나님 여호와의 언약을 버리고 다른 신들에게 절하고 그를 섬긴 까닭이라"(렘 22:9).

⑦ 불순종함

"진리를 따르지 아니하……는 자에게는"(롬 2:8).

하나님의 위엄과 하나님에 대한 인간의 전적인 의존성에 비추어 볼 때, 인간의 죄는 본질적으로 자발적이고 고의적이며 계속적이고 반복적인 성향을 띠기에 더욱 심각합니다. 게다가 비추임을 많이 받고 양심이 더 활발할 때 짓는 죄일수록 더욱 흉악합니다.

셋째, 하나님에 대한 의무를 저버릴 때마다 인간은 하나님 앞에 죄의 빚을 쌓아 갑니다. 다시 말해, 죄인인 인간은 심판받아 마땅합니다.

"하물며 하나님의 아들을 짓밟고 자기를 거룩하게 한 언약의 피를 부정한 것으로 여기고 은혜의 성령을 욕되게 하는 자가 당연히 받을 형벌은 얼마나 더 무겁겠느냐?"(히 10:29)

"그들의 그릇됨에 상당한 보응을 그들 자신이 받았느니라"(롬1:27).

죄를 지을수록 빚이 더해 가고, 결국 죄로 말미암아 영원한 정죄의 굴레로 떨어집니다.

"심판은 한 사람으로 말미암아 정죄에 이르렀으나"(롬 5:16).

죄로 말미암아 사람은 다음 구절이 말하는 저주 아래로 들어갔습니다.

"이 율법의 말씀을 실행하지 아니하는 자는 저주를 받을 것이라"(신 27:26).

그러므로 하나님의 원수인 죄인은 바깥 어두운 곳으로 쫓겨나 영원토록 도무지 감당할 수 없는 하나님의 진노 아래 있어야 마땅합니다.

"주는 죄악을 기뻐하는 신이 아니시니 악이 주와 함께 머물지 못하며"(시 5:4).

"진리를 따르지 아니하고 불의를 따르는 자에게는 진노와 분노로 하시리라. 악을 행하는 각 사람의 영에는 환난과 곤고가 있으리니"(롬 2:8,9).

"이런 자들은 주의 얼굴과 그의 힘의 영광을 떠나 영원한 멸망의 형벌을 받으리로다"(살후 1:9).

이것이 바로 빛의 본성입니다. 이교도들을 비롯하여 모든 사람이 빛의 이러한 본성을 인정합니다.

"그들이 이 같은 일을 행하는 자는 사형에 해당한다고 하나님께서 정하심을 알고도"(롬 1:32).

말씀 사역 아래 살아가는 모든 자들이 이 사실을 인정합니다.

"모든 백성은 아멘 할지니라"(신 27:20).

모든 신자들이 이 사실을 고백합니다.

"주께서 말씀하실 때에 의로우시다 하고 주께서 심판하실 때에 순전하시다 하리이다"(시 51:4).

"내가 여호와께 범죄하였으니 그의 진노를 당하려니와"(미 7:9).

죄 사함을 바라고 간구하는 사람은 자신이 이런 죄인임을 알며, 이로 말미암아 깊이 슬퍼하고, 자신이 이런 형벌에 합당한 자라는 사실을 기꺼이 받아들이며, 자기에게 이런 심판을 행하시는 하나님이 의로우시다고 고백합니다.

죄책의 탕감

우리가 진 죄의 빚(죄책)을 탕감해 주시기를 기도합니다. 어느 누구도 우리에게 이 빚을 떠넘기지 않았습니다. 하나님께서 그렇게 하신 것이 아닙니다. 하나님은 인간을 거룩하고도 온전하게 지으셨습니다. 마귀가 한 것도 아닙니다. 마귀는 죄를 짓도록 강압하거나 죄를 지을 수밖에 없도록 만들지는 못하며, 죄에 빠지도록 유혹할 뿐입니다. 세상이 한 것도 아닙니다. 세상은 사람을 위협하고 죄를 짓도록 꼬드길 수는 있을지언정, 신자의 의지까지 좌지우지하지는 못합니다. 죄의 빚을 쌓아 가는 것은 죄를 짓는 당사자입니다. 죄를 짓는 사람 자신이 바로 그 죄악된 행동의 직접적인 원인입니다.

"오직 각 사람이 시험을 받는 것은 자기 욕심에 끌려 미혹됨이니 욕심이 잉태한즉 죄를 낳고 죄가 장성한즉 사망을 낳느니라"(약 1:14,15).

"네 악이 너를 징계하겠고 네 반역이 너를 책망할 것이라"(렘 2:19).

"네 길과 행위가 이 일들을 부르게 하였나니 이는 네가 악함이라. 그 고통이 네 마음에까지 미치느니라"(렘 4:18).

"살아 있는 사람은 자기 죄들 때문에 벌을 받나니 어찌 원망하랴"(애 3:39).

이 간구를 통해 신자는 자신이 죄를 지었을 뿐만 아니라, 그로 말미암은 죄책, 곧 도무지 헤아릴 수 없이 큰 죄의 빚 아래 있음을 고백합니다. 한 걸음 더 나아가, 신자는 그런 죄악된 행위로 말미암아 자신이 부패하고 가증스러우며 혐오스럽고, 마땅히 정죄 받아야 함을 고백합니다. 신자는 죄로 말미암아 자신이 비참하게 되었음을 알기에 하나님 앞에서 겸비하고 자신을 심판하실 재판장께 자비를 구합니다. 그렇습니다. 부끄러움과 수치로 자기 아버지께 나아갑니다. 아버지를 떠날 수 없을 뿐만 아니라, 하늘 아버지와 소원해지고 분리되는 것을 견딜 수 없기 때문입니다. 징계를 받지 않으면서 하나님과 원수로 지내느니 징계를 받고 새롭게 됨으로써 자기 아버지와 화목하게 되는 것이 낫다고 생각합니다. 그리하여 슬퍼하고 당혹스러워하며 "저의 죄를 사해 주시고 죄책을 없애 주십시오"라고 기도합니다.

죄에 대한 심판이 있음

"우리 죄를 사하여 주시옵고"는 죄책이라는 빚에 대한 간구입니다. 빚을 없애려면 빚을 다 갚거나 탕감을 받아야만 합니다. 아버지는 징계를 통해 자녀를 용서합니다. 그러나 징계가 전부는 아닙니다. 자녀가 마음에 평안을 누리려면, 아버지께 용서를 받아야 합니다. 인간 아버지와 자녀의 관계에서는 그런 식으로 죄책이 사라집니다. 그러나 하늘 아버지와 그의 자녀들의 관계는 그렇지 않습니다. 죄에 합당한 징벌을 다 받지 않으면, 죄의 빚이 청산되지 않습니다. 이 사실을 마음 깊이 새겨야 합니다. 많은 사람들이 이 사실을 모른 채, 정작 하나님은 용서하시지도 않았는데 자신이 용서받았다고 착각합니다. 하나님의 정의에 부합하는 합당한 방식으로 사죄를 구하지 않는 그들에게는 죄 사함이 있을 수 없을뿐더러 영원한 심판만이 기다릴 뿐입니다. 그들은 하나님이 사람과 같으리라고 착각합니다. 누군가가 자신에게 잘못을 저질렀을지라도 잘못을 고백하고 겸손하게 용서를 구하는 사람을 용서할 때, 사람들은 그를 선하다고 일컫습니다. 반면 그렇게 용서를 구하는데도 용서하지 않을 경우, 사람들은 그를 악하고 잔인하다고 여기며 멸시합니다. 그래서 사람들은 '하나님은 사람보다 자비가 많고 선하므로 은혜를 구하는 자들을 용서할 것이다'라고 생각합니다. 더구나 용서를 구한 때부터 경건하게 살기로 결심하고 최선을 다하는 사람은 당연히 안심해도 된다고 여깁니다. 임종 때에 "하나님, 이 죄인을 불쌍히 여겨 주십시오"라고 기도하기만 하면, 일생을 불경건하게 살아왔다 할지라도 그의 바람대로 용서받고 평안히 무덤으로 내려가리라 생각합니다. 자신에게 잘못한 사람들도 다 용서합니다. 그동안 죄악되게 살았던 것을 후회하면서 숨을 거둡니다. 사람들은 이런 사람이 당연히 구원을 받을 것이라고 생각합니다.

불쌍한 자여! 망상에서 깨어나십시오. 너무나 많은 사람들이 이런 식으로 지옥으로 내려갔습니다. 이런 잘못된 생각을 멈추십시오. 하나님께서 어떤 식으로 죄를 용서하시는지를 알아야 합니다. 너무 늦기 전에, 아직 구원받을 기회가 있을 때 하나님의 사죄의 길을 알고 그 길로 들어서십시오.

제가 하고자 하는 말은 이것입니다. 하나님은 결코 죄를 벌하지 않고 간과하시지 않으며, 그러실 수도 없습니다. 하나님은 이 땅에서 죄를 벌하실 뿐만 아니라 영원토록 죄를 벌하십니다. 이 사실을 분명히 확신하기 위해 여러분은 다음의 사실을 알아야 합니다. 하나님은 율법의 수여자이실 뿐만 아니라 만인의 심판자이십니다. 아브라함은 하나님께 이렇게 말했습니다.

"세상을 심판하시는 이가 정의를 행하실 것이 아니니이까?"(창 18:25)

다윗 역시 하나님을 이렇게 고백합니다.

"하나님은 의로우신 재판장이심이여, 매일 분노하시는 하나님이시로다"(시 7:11).

모든 사람은 저마다 심판받기 위해 하나님 앞에 서야 합니다.

"하나님은 모든 행위와 모든 은밀한 일을 선악 간에 심판하시리라"(전 12:14).

"그러나 하나님이 이 모든 일로 말미암아 너를 심판하실 줄 알라"(전 11:9).

모든 사람은 죽음과 동시에 지옥이나 천국의 영광으로 가기 위해 재판장이신 하나님 앞에 설 뿐입니다. "한 번 죽는 것은 사람에게 정해진 것이요 그 후에는 심판이"(히 9:27) 있기 때문입니다. 위대한 심판 날에는 모든 사람이 하나님 앞에 동시에 설 것이고, 모든 것이 하나님의 의를 따라 이루어질 것입니다.

"이는 정하신 사람으로 하여금 천하를 공의로 심판할 날을 작정하시고 이에 그를 죽은 자 가운데서 다시 살리신 것으로"(행 17:31).

아담의 칠 대손인 에녹은 하나님의 이런 심판을 알았고, 그것을 고백하고 증언했습니다.

"보라 주께서 그 수만의 거룩한 자와 함께 임하셨나니, 이는 뭇 사람을 심판하사 모든 경건하지 않은 자가 경건하지 않게 행한 모든 경건하지 않은 일과 또 경건하지 않은 죄인들이 주를 거슬러 한 모든 완악한 말로 말미암아 그들을 정죄하려 하심이라"(유 1:14,15).

저를 비롯해 이 글을 읽거나 듣는 여러분도 이 심판대 앞에 서야 합니다.

"이는 우리가 다 반드시 그리스도의 심판대 앞에 나타나게 되어 각각 선악 간에 그 몸으로 행한 것을 따라 받으려 함이라"(고후 5:10).

이 심판을 모든 측면에서 살펴보겠습니다. 모든 사람은 심판대 앞에서 두 무리로 나뉠 것입니다. 한 무리는 다름 아닌 죄 때문에 정죄를 받을 것입니다. 하나님은 모두의 재판장이실 뿐만 아니라 의로운 재판장이십니다. 정의란 각 사람에게 합당한 대로 갚아 주는 것이 아닙니까? 그렇다면 정의로운 재판장이 각 사람이 받은 판결에 따라 벌을 내리거나 사죄를 선언하는 것이 의로운 일 아닙니까? 재판장은 당연히 의로운 판결을 내려야 합니다. 죄인에게는 죄책을, 무고한 사람에게는 무죄를 선고해야 합니다. 죄책 아래 있는 자를 죄 없는 자처럼 무죄라고 선고하는 것은 자비가 아닙니다. 재판장이 아무리 온유하고 동정심이 많은 사람이라 할지라도 살인자로 하여금 유유히 법정을 걸어 나가게 할 리 만무합니다. 살인자에게는 사형을 선고해야 합니다. 정의가 그것을 요구하기 때문입니다. 인간 재판장이 이러할진대, 하나님은 사람보다 더 의로우신 분이 아닙니까? 따라서 하나님의 의로우심이 죄인에게 정죄를 요구합니다. 여기서는 그 사람이 선한지 여부가 중요하지 않습니다. 정의가 이루어지는 것이 중요합니다. 하나님께서 친히 자신에 대해 하신 말씀이 이 사실을 뒷받침합니다.

"그러나 벌을 면제하지는 아니하고……보응하리라"(출 34:7).

다음과 같이 말해 보십시오. "왜 하나님께서 왼편에 있는 자들을 정죄하십니까? 하나님은 무한히 자비로우신 분이 아닙니까? 그렇다면 왜 그들에게는 은혜를 베푸시지 않습니까?" 죄인들을 정죄하는 데에는 다른 이유가 있는 것이 분명합니다. 그것이 무엇입니까? 바로 하나님의 의로우심과 진실하심입니다. 온 땅의 재판장이 의로워야 하지 않겠습니까? 하나님의 심판이 진리를 따라 시행되어야 하지 않겠습니까?

"이런 일을 행하는 자에게 하나님의 심판이 진리대로 되는 줄 우리가 아노라"(롬 2:2).

죄인들은 하나님의 자비로 지옥에서 구원받는 것이 아닙니다. 하나님은 진리를 따라 심판하시는 의로운 재판장이시므로 죄 있는 자를 결코 무죄하다고 하지 않으십니다. 하나님은 죄를 벌하지 않고 간과하실 수 없습니다. 그러므로 죄인은 애초부터 하나님이 무죄를 선고하여 자신을 죄책에서 구하시리라는 기대를 버려야 합니다.

그렇다면 죄인들을 위해서는 어떤 경륜이 있습니까? 그냥 모두 멸망해야 합니까? 사람으로서는 멸망하는 것 외에 다른 길이 없습니다. 어느 누구도 죄에 합당한 하나님의 심판을 견디고 감당할 수가 없기 때문입니다. 사람은 하나님의 심판을 벗어날 수 없습니다. 하나님께 합당한 속전을 지불할 수 없기 때문에 영원토록 하나님의 심판 아래 있을 수밖에 없습니다.

"사람이 만일 온 천하를 얻고도 제 목숨을 잃으면 무엇이 유익하리요. 사람이 무엇을 주고 제 목숨과 바꾸겠느냐?"(마 16:26)

죄는 사람이 부인하고 말고 할 수 있는 것이 아닙니다. 이 땅에서 겪는 극심한 고통도 자기 죄 문제를 해결하는 것과는 아무런 상관이 없습니다. 인간의 선행이라는 것이 하나님께서 보시기에 부정해진 천 쪼가리에 지나지 않는다는 사실은 차치하더라도, 모든 선행으로도 이전까지 지은 죄에 대해서는 아무것도 할 수 없습니다. 인간은 여전히 죄악된 마음을 가지고 살아갑니다. 이런 마음에서 온갖 종류의 악한 생각과 말들과 행실들이 끊임없이 나옵니다. 육신을 떠나야 할 때가 오더라도 영혼은 여전히 죄악된 채로 남아 있습니다. 그렇게 죄가 계속되는 한, 그에 합당한 심판도 함께 갑니다. 그것도 영원토록 말입니다.

대속자가 필요한 인간

죄책과 형벌에서 건짐 받고 하나님의 의로우신 심판에서 벗어나기 위해서는, 자신을 대신해 하나님의 정의를 만족시키고 죄인이 받아야 할 심판을 담당하며 율법을 완전히 이룬 대속자가 있어야 합니다. 하나님께서 대속자를 통한 중재를 허락하심으로써 이런 대가와 순종이 반드시 죄인의 것으로 전가되고 인정되어야 합니다. 이에 대해 사람은 대속자를 통한 구원을 받아들여야 하고, 대속자가 치른 속전과 의로움을 자신의 것으로 여기고 그것을 힘입어 하나님께로 나아갑니다. 이 구원의 길이 이교도들에게는 감추어져 있습니다. 심지어 복음이 전파되고 증언되는 지역에 산다 할지라도, 하나님은 복음을 들으나 회심하지 않는 자들에게도 이 길을 감추십니다.

"이와 같이 예수는 더 좋은 언약의 보증이 되셨느니라"(히 7:22).

예수님은 택정함을 입은 자들을 대신하여 값을 치르셨습니다.

"그리스도께서도 단번에 죄를 위하여 죽으사 의인으로서 불의한 자를 대신하셨으니 이는 우리를 하나님 앞으로 인도하려 하심이라. 육체로는 죽임을 당하시고 영으로는 살리심을 받으셨으니"(벧전 3:18).

이를 통해 신자들이 하나님과 화목하게 됩니다.

"곧 우리가 원수 되었을 때에 그의 아들의 죽으심으로 말미암아 하나님과 화목하게 되었은즉"(롬 5:10).

하나님과의 이런 화목은 그리스도로 말미암아 주어진 것입니다.

"그러므로 우리가 믿음으로 의롭다하심을 받았으니 우리 주 예수 그리스도로 말미암아 하나님과 화평을 누리자"(롬 5:1).

예수님을 대속자로 가진 사람은 그분 안에서 완전합니다.

"너희도 그 안에서 충만하여졌으니"(골 2:10).

"우리로 하여금 그 안에서 하나님의 의가 되게 하려 하심이라"(고후 5:21).

바로 이것이 우리가 사죄를 받아 누리는 길입니다. 이 길이 아니고는 죄 사함이 없습니다.

> ▶ 질문
> 대가를 지불했는데 왜 용서가 필요한가?

대답: 우리가 직접 모든 형벌을 감당하고, 스스로 하나님의 율법을 완전하게 지켰다면, 이 질문은 훨씬 의미가 있었을 것입니다. 그러나 이 모든 일들은 대속자가 우리를 대신해 이루셨습니다. 그러하기에 그가 치른 속전과 이를 통해 이룬 의로움이 우리에게 전가되어야 합니다. 대속자의 속전과 의로움을 받는 자는 믿음으로 받아야 합니다. 하나님은 그렇게 자기 앞에 나아온 죄인을 용서하십니다. 하나님의 이런 모습에서 재판장이신 하나님의 정의와 화목하게 된 아버지이신

하나님의 선하심이 동시에 나타납니다. 죄인들은 이 두 모습을 모두 필요로 합니다. 대속자께서 재판장이 인정하시는 보증이 되셨고, 성부께서 이 대속자로 만족하십니다. 성부께서 이 보증으로 만족하시기에 그것을 적용하고 용서하는 것 모두가 의롭습니다. 여기에 사람은 아무것도 기여하지 못합니다. 사람은 그 자신이 죄책 아래 있는 죄인입니다. 그러므로 하나님의 용서는 사람이 기여하는 바가 전혀 없는, 전적으로 은혜로 주어지는 것입니다. 이처럼 용서와 대속자의 공로를 적용하는 것은 여전히 서로 구별되는 행위로 남아 있는 반면, 죄의 대가를 치르는 것과 사죄는 서로 조화를 이룹니다.

죄 사함을 간구함

오늘날 우리가 사죄를 위해 기도하는 행위는 구약 시대의 신자들이 사죄를 구한 것과 차이가 없습니다. 그들 역시 우리와 동일하게 죄 사함을 얻었습니다. 여기에 $ἄφες$(아페스)라는 헬라어가 사용되었습니다. 이 단어는 신약성경에서만 독특하게 사용된 것이 아닙니다. 한편, $πάρεσις$(파레시스)라는 단어는 구약성경에서만 사용되었기에 마치 신약 시대의 신자들의 죄는 실제적으로 용서를 받은 반면, 구약 시대의 신자들의 죄는 간과된 것처럼 여겨지기도 합니다. 그러나 아페스는 파레시스와 전혀 상치되는 말이 아닙니다. 신약성경뿐만 아니라 구약성경에서도 용서를 말할 때 $ἄφεσις$(아페시스)를 쓰기 때문입니다.

"율법을 따라 거의 모든 물건이 피로써 정결하게 되나니 피 흘림이 없은즉 사함이 없느니라"(히 9:22).

옛언약이 여전히 효력을 발하던 그때에도 주 예수님은 제자들에게 아페스로 기도하도록 가르치셨습니다.

하나님께 죄 사함을 구하는 신자는 스스로를 회심하지 않은 자나 하나님의 원수로 보지 않을뿐더러 하나님의 진노(신자들도 다른 사람들과 마찬가지로 본질상 진노의 자녀였습니다)로부터 건짐 받기를 바라는 자로 보지도 않습니다. 오히려 자신을 하나님의 자녀로 여깁니다. "우리 아버지, 우리 죄를 사하여 주옵소서"라고 기도하는 데에서 이런 사실을 알 수 있습니다. 하나님은 인간 아버지가 자녀를 대하듯이 자기 자녀를 대하십니다. 아버지가 자녀의 잘못된 행동을 못마땅해하듯이, 하나님도 자녀들이 죄짓는 것을 싫어하십니다. 그래서 자녀들이 죄를 지을 때에는 친밀한 교제에서 떠나 얼굴을 감추어 그들로 하여금 아버지의 진노를 느끼게 하시고, 양심의 가책과 불안함으로 그들을 벌하십니다. 죄를 지은 자녀들은 내면의 화평과 안팎의 자유를 잃어버립니다. 신자는 이런 상태를 견디지 못하므로 성부께로 나아가 자신의 잘못을 고백하고 예수 그리스도의 보혈로 피하며 사죄를 간구합니다. 이런 자녀에게 하나님은 자신을 나타내시고, 다시금 그들의 죄를 용서하십니다.

사죄를 받는다는 것은 다음과 같은 사실을 내포합니다.

첫째, 형벌이 없습니다.

"여호와여 주의 분노로 나를 책망하지 마시오며 주의 진노로 나를 징계하지 마옵소서"(시 6:1).

죄가 전가되지 않습니다. 하나님이 더는 정죄하지 않으신다는 말입니다.

"여호와께 정죄를 당하지 아니하는 자는 복이 있도다"(시 32:2).

둘째, 죄를 용서하셨으므로 하나님께서 더는 자기 얼굴을 감추지 않으십니다(하나님의 얼굴빛의 비추임을 받는 것이야말로 하나님의 자녀가 누리는 생명입니다). 뿐만 아니라 하나님께서 자신의 임재를 거두지도 않고, 기도가 다다르지 못하도록 구름으로 자신을 가리지도 않으며, 아무 관계도 없는 낯선 사람처럼 대하지도 않으십니다.

"주의 종에게 심판을 행하지 마소서. 주의 눈앞에는 의로운 인생이 하나도 없나이다"(시 143:2).

"여호와여 속히 내게 응답하소서……주의 얼굴을 내게서 숨기지 마소서"(시 143:7).

셋째, 사죄의 확신이 있습니다. 마음이 죄의 짐으로부터 자유로워지고, 하나님께서 죄를 용서해 주셨음을 느낍니다.

"주께서 내 죄악을 사하셨나이다"(시 32:5).

"주께서……내 모든 죄를 주의 등 뒤에 던지셨나이다"(사 38:17).

다윗은 다음과 같이 기도했습니다.

"내 영혼에게 나는 네 구원이라 이르소서"(시 35:3).

이사야는 다음과 같은 말을 들었습니다.

"네 악이 제하여졌고 네 죄가 사하여졌느니라"(사 6:7).

넷째, 영혼이 평안을 누립니다. 죄는 영혼을 상하게 합니다. 쉼을 얻지 못하게 하며, 항상 불안해하고 두려워하게 합니다. 그러나 하나님께서 죄를 용서하시면 달콤한 고요함과 말로 표현할 수 없는 평화가 찾아옵니다. 다윗은 바로 그것을 바랐습니다.

"내 죄악을 지워 주소서……나를 정결하게 하소서……나의 죄를 씻어 주소서……내게 즐겁고 기쁜 소리를 들려주시사"(시 51:1,7,8).

하나님께서 이것을 약속하십니다.

"너희는 위로하라 내 백성을 위로하라. 너희는 예루살렘의 마음에 닿도록 말하며 그것에게 외치라. 그 노역의 때가 끝났고 그 죄악이 사함을 받았느니라"(사 40:1,2).

이 말씀은 교회의 경험과도 정확히 일치합니다.

"여호와여 주께서 전에는 내게 노하셨사오나 이제는 주의 진노가 돌아섰고 또 주께서 나를 안위하시오니 내가 주께 감사하겠나이다 할 것이니라"(사 12:1).

다섯째, 죄를 사함 받은 신자는 화목하게 된 아버지이신 하나님께 자유롭게 나아갑니다.

"그러므로 형제들아 우리가 예수의 피를 힘입어 성소에 들어갈 담력을 얻었나니……우리가 마음에 뿌림을 받아 악한 양심으로부터 벗어나고 몸은 맑은 물로 씻음을 받았으니 참마음과 온전한 믿음으로 하나님께 나아가자"(히 10:19,22).

여섯째, 죄 사함은 죄로 말미암아 끊어진 하나님과의 교제가 회복되는 것을 의미합니다. 이를 통해 하나님은 영혼을 친밀하게 안으십니다.

"주께서 내 영혼을 사랑하사 멸망의 구덩이에서 건지셨고, 내 모든 죄를 주의 등 뒤에 던지셨나이다"(사 38:17).

이제 영혼은 자녀가 아버지를 기뻐하고 즐거워하듯이 하나님을 만납니다.

"그 거주민은 내가 병들었노라 하지 아니할 것이라. 거기에 사는 백성이 사죄함을 받으리라"(사 33:24).

기쁨으로 하나님께 감사를 드립니다.

"내 영혼아 여호와를 송축하며 그의 모든 은택을 잊지 말지어다. 그가 네 모든 죄악을 사하시며"(시 103:2,3).

이 모든 일들이 죄를 용서받음으로써 이루어집니다. 바로 이런 것들이 기도하는 신자가 이 간구를 통해 하나님께 구하는 바입니다. 자녀들이 자신의 죄를 고백하고 주 예수님을 자신의 속전과 의로움으로 받아들이고 용서를 구할 때마다 하나님은 진실로 그들을 용서하십니다. 그러나 반드시 그들이 기도하는 대로 모든 것을 다 주시지는 않으며, 항상 그들이 원하는 분량을 주시지도 않습니다. 때때로 하나님은 오랫동안 하나님을 찾게 하십니다. 신자라 해도 하나님을 찾다가도 금방 느슨해지고, 생명력 없이 기도하고, 믿지 않고, 낙담하고, 죄를 짓고 싶어하는 마음을 온전히 버리지 않아 이런 달콤한 경험을 누리기에 합당하지 않을 때가 많습니다. 이러한 이유로 빛을 기대하는 때에 어둠이 드리우고, 회복을 기다리는 때에 두려움이 찾아오기도 합니다.

그러나 하나님은 궁극적으로 빈궁한 자의 기도를 돌아보시며 그들의 기도를 멸시하지 아니하십니다(시 102:17 참고). 그러므로 기도를 쉬지 마십시오. 여러분 자신을 위해서뿐만 아니라 교회와 다른 신자들을 위해서도 기도하기를 쉬지 마십시오. 많은 신자들이 저마다 죄의 무게를 지고 있으며, 이로 말미암아 신음합니다. 저마다 지은 죄로 말미암아 영혼에 평화가 없습니다. 죄를 슬퍼하며 사죄를 갈망합니다. 이를 통해 더욱 자유로워진 마음으로 하나님을 찬양하고, 자녀로서 하나님을 두려워하며, 주의 뜻을 따르는 데 달콤한 진보를 나타내기를 원합니다. 이것이 바로 이 간구의 첫 번째 부분인 "우리 죄를 사하여 주시옵고"라는 기도가 뜻하는 바입니다.

간구하는 자의 성향

이 간구의 두 번째 부분인 "우리가 우리에게 죄지은 자를 사하여 준 것같이"는 간구하는 자의 성향을 말해 줍니다. 해석이 분분하지만, 이 부분이 하나님의 사죄를 얻는 공로적인 원인을 말하는 것이 아님은 분명합니다. 만일 공로적인 원인이라면 '우리가 우리에게 죄지은 사람을 용서해 주었기 때문'이라고 해야 맞을 것입니다. 그러나 이 말씀은 '~와 같이'라는 의미의 ὡς(호스)를 사용합니다. 만약 이 대목이 공로적인 원인을 가리킨다면, 이 기도를 간구라고 하지 말고 우리가 마땅히 받아야 할 것에 대한 요구라고 해야 할 것입니다. 게다가 사죄는 은혜로 얻는 것입니다.

"하나님의 은혜로 값없이 의롭다하심을 얻은 자 되었느니라"(롬 3:24).

물론 우리가 우리에게 죄지은 자를 사해 주는 것이 하나님께서 우리 죄를 사해 주시는 것과 같다는 말은 아닙니다. 하나님은 재판장이자 아버지로서 용서하시는 반면, 우리는 우리와 같은 이들을 용서하는 것입니다. 하나님의 용서는 완전하지만, 우리의 용서는 불완전합니다. 또한 문자 그대로 보아도 우리가 동류들의 죄를 사해 주는 것이 우리가 하나님께 용서를 받는 조건은 아닙니다. 만일 조건이라면 우리가 용서받는 것은 은혜로 받는 것이 아니라, 하나님과 맺은 계약으로 당연히 받아야 할 것을 받는 것이 되기 때문입니다.

오히려 이 간구는 은혜를 구하는 겸손한 기도요, 사죄를 구하는 자에게 반드시 필요한 조건(condition sine qua non)입니다. 만일 어떤 사람이 이웃에게 분을 품고 있다가 홧김에 어떤 식으로든 앙갚음했다면, 적어도 이런 사람은 주기도문에 나오는 대로 죄 사함을 간구할 조건을 갖추지 못했다고 이해할 수 있습니다. 죄 사함과 이로 말미암은 위로뿐만 아니라(앞에서 말한), 죄 사함에 포함된 모든 것들을 전혀 누리지 못합니다. 또한 이 사실은 아직 행동으로 옮기지는 않았더라도 마음에 미움이나 원한이 있는 경우에도 적용됩니다. 죄의 본성은 죄의 크기와 상관없이 동일하기 때문입니다. 기도하고자 하는 사람이라면, 누구든지 자기 마음의 정죄와 책망을 받지 않아야 합니다.

"이는 우리 마음이 혹 우리를 책망할 일이 있어도 하나님은 우리 마음보다 크시고 모든 것을 아시기 때문이라. 사랑하는 자들아 만일 우리 마음이 우리를 책망할 것이 없으면 하나님 앞에서 담대함을 얻고"(요일 3:20,21).

자신에게 해를 가한 이웃에게 증오와 미움과 원한을 품은 사람은(그가 거듭나 신령한 생명을 가졌다면) 감히 사죄를 구할 마음을 품지 못할 것이며, 전혀 사죄를 기대할 수 없으므로 자신을 정죄할 수밖에 없습니다. 이 사실은 자신이 다른 사람에게 잘못한 것을 깨달았으나 아직 그와 화목하지 못한 경우에도 적용됩니다(마 5:23,24 참고). 그러나 이웃과 화목해지고 누구든지 자기에게 죄지은 사람을 용서했다면, 기도의 자리로 담대히 나아가며 믿음으로 죄 사함을 구하고 기대할 수 있습니다. 주 예수님께서 이 간구를 다시금 언급하시면서 이렇게 말씀하십니다.

"너희가 사람의 잘못을 용서하면 너희 하늘 아버지께서도 너희 잘못을 용서하시려니와, 너희가 사람의 잘못을 용서하지 아니하면 너희 아버지께서도 너희 잘못을 용서하지 아니하시리라"(마 6:14,15).

여러분이 이웃의 잘못을 용서하지 않는다면, 하나님도 여러분에게 사죄의 위로를 주시지 않을 것입니다. 게다가 "용기를 내라. 네 죄가 용서받았다. 내가 너의 구원이다"라고 말씀해 주시지도 않을 것입니다. 언제라도 그분께 나아갈 수도, 화평 가운데 그분과 교제할 수도 없을 것입니다. 이것이 바로 "우리가……사하여 준 것 같이"라는 기도가 내포하는 의미입니다.

여기서 말하는 우리에게 빚진 자들이란, 실제로 우리에게서 돈이나 소유를 빌려가 그것을 갚거나 돌려줄 의무가 있는 사람들이 아닙니다. 이 말씀은 빌려 준 돈이나 소유를 정의로운 법에 따라 돌려받는 것을 금하지 않습니다. 물론 당연히 돌려받아야 할 재물이나 소유라고 해서 갚을 능력이 없는 채무자를 모질고 잔인하게 몰아세워서는 안 됩니다. 여기서 빚진 자들은 말과 행실로 우리에게 잘못한 사람들을 가리킵니다.

우리의 용서는 하나님의 용서와는 다릅니다. 하나님의 용서는 권위와 위엄을 가지신 분이 베푸시는 용서이기 때문입니다. 또한 사람이 우리에게 잘못하는 것은, 사람이 하나님께 그분의 심판대 앞에서 벌을 받아 마땅한 죄를 짓는 것과는 차원이 다릅니다. 사람이 이웃에게 베푸는 용서와 달리, 하나님의 용서는 온전히 하나님만이 하시는 일입니다. 인간이 하는 용서는 하나님 앞에서 아무런 가치가 없습니다. 자신이 이웃을 용서했고 자신도 원수에게 용서받았다는 이유로, 즉 이웃과 화목하게 되었다는 이유로 임종 때에 위로를 누릴 수 있는 사람은 아무도 없습니다. 오히려 이런 용서는 사람들이 서로에게 저지른 잘못들에 대해서만 적용될 수 있습니다. 그렇다고 해서 이 말이 곧 이웃이 저지른 잘못에 대해 우리가 그의 재판장이 되거나 그를 벌할 권위를 가진다는 뜻은 아닙니다. 결코 그렇지 않습니다. 오히려 용서는 동등한 사람들 사이에서 이루어집니다. 다시 말해, 누군가가 나에게 잘못한다고 해서 내가 그를 벌할 권위를 가지게 되는 것이 아니며, 그 반대도 마찬가지입니다.

그렇습니다. 자신에게 잘못한 사람이라 하더라도 그에게 분을 내거나, 원한을 품거나, 그를 미워하거나, 악감정을 품어도 되는 것은 아닙니다. 또한 여러분이 해를 당하고서도 상대방에 대한 화를 누그러뜨리거나 증오를 억누른다고 해서, 그것이 여러분의 덕이 되는 것은 아닙니다. 이는 여러분이 어떻게 할지를 선택할 수 있는 문제가 아닙니다. 이웃을 용서하고, 악감정이나 증오를 품지 않는 것은 우리가 하고 싶으면 하고 그렇지 않으면 하지 않아도 되는 문제가 아닙니다. 이는 죄를 피하는 일입니다.

따라서 이웃에게 더는 분을 내지 않거나, 그를 벌하지 않거나, 또 그럴 마음을 품지 않았다고 해서 마치 이웃에게 무슨 대단한 일이라도 한 듯이 여겨서는 안 됩니다. 용서는 피해자가 가해자에게 미움이나 증오나 분노를 품지 않으며 그가 초래한 해를 악으로 갚지 않겠노라고 진심으로 선언할 뿐만 아니라, 그와 더불어 사랑과 화평 가운데 살기로 결정하는 것입니다. 이런 마음이 피해자에게 항상 일어나고 표현되는 것은 아닙니다. 이는 가해자가 자신의 죄책을 고백하고 용서와 화해를 구할 때에야 비로소 일어납니다. 누가복음 17장 3,4절은 이 사실을 명확히 밝힙니다.

"너희는 스스로 조심하라. 만일 네 형제가 죄를 범하거든 경고하고 회개하거든 용서하라. 만일 하루에 일곱 번이라도 네게 죄를 짓고 일곱 번 네게 돌아와 내가 회개하노라 하거든 너는 용서하라 하시더라"(눅 17:3,4).

설령 가해자가 회개하지 않는다 할지라도 "당신을 용서합니다"라고 말하는 것은 여러분의 친절을 나타내는 승리의 찬가입니다. 그리고 회개하지 않는 가해자는 자기 죄 가운데 더욱 완고해져 갈 것입니다.

이 모든 사실이 바로 "우리가 우리에게 죄지은 자를 사하여 준 것같이 우리 죄를 사하여 주시옵고"라는 기도에 포함된 내용입니다.

주 예수님은 모든 자기 백성들의 죄를 위해 단번에 고난을 당하셨습니다.

"그가 거룩하게 된 자들을 한 번의 제사로 영원히 온전하게 하셨느니라"(히 10:14).

그리고 이를 통해 그들을 위한 영원한 구속을 이루셨습니다. 그리스도의 죽음으로 말미암은 죄 용서가 실제 사실일지라도, 인간 자신은 안팎이 죄로 가득하고, 죄 가운데 죽었으며, 다른 모든 사람들과 마찬가지로 본질상 진노의 자녀일 뿐입니다. 인간은 정죄와 멸망을 당할 수밖에 없는, 거룩하신 하나님께서 전혀 기뻐하실 수 없는 존재입니다. 하나님은 인간에게서 기쁨을 받으시기는커녕, 죄를 미워하시며 정의를 따라 죄를 심판하실 수밖에 없습니다. 그러므로 이런 상태에 있는 인간은 죄 사함의 대상이 아닙니다.

그러나 하나님은 택정한 자들에게 신령한 빛과 생명을 주십니다. 하나님께서 정하신 때가 되면, 그들은 저마다 하나님이 주시는 빛과 생명을 받습니다. 이 빛과 생명을 받은 사람은 본성적으로 자신이 처한 상태를 깨닫기 시작하고, 두려워하며, 죄악되고도 심판 받기에 합당한 자신의 상태로 말미암아 어쩔 줄 몰라 합니다. 하나님과 화목하게 되어 화평을 누리고, 하나님과 화목해진 존재로서 담대하게 그분께 나아가며, 아버지 되신 하나님과 겸손히 동행하며 자녀로서 사랑하고 순종하는 데에 자신의 구원이 있음을 깨닫습니다. 죄와 멸망의 상태에서 구원받고 하나님과 화목하기를 갈망합니다. 대속자를 바라고 영접하며 사죄를 간구합니다. 하나님은 이런 갈망과 간구에 대한 응답으로 죄를 용서하시고, 그리스도의 속죄를 그에게 적용하시며, 대속과 사죄의 열매를 맛보게 하십니다.

이런 대속과 사죄를 더욱 분명하게 맛보는 사람도 있으며, 더 모호하게 경험하는 사람도 있습니다. 신자가 날마다 많은 일에 넘어지고 죄를 지음으로 말미암아 자신의 죄가 용서되었다는 사실을 믿는 믿음이 약해지면(어쨌든 일반적으로 신자의 믿음은 아주 약합니다) 두려움과 염려가 고개를 쳐듭니다. 그 신자는 하나님과 화평을 누리는 상태로 다시 돌아가기를 갈망하고, 다시금 믿음을 발휘하여 사죄를 간구하기 시작합니다. 하나님의 마음에 합한 사람이었던 경건한 다윗에게서 이런 모습이 발견됩니다.

"자기 허물을 능히 깨달을 자 누구리요 나를 숨은 허물에서 벗어나게 하소서"(시 19:12).

"여호와여 내 젊은 시절의 죄와 허물을 기억하지 마시고……여호와여 나의 죄악이 크오니 주의 이름으로 말미암아 사하소서"(시 25:7,11).

"하나님이여 주의 인자를 따라 내게 은혜를 베푸시며 주의 많은 긍휼을 따라 내 죄악을 지워 주소서. 나의 죄악을 말갛게 씻으시며 나의 죄를 깨끗이 제하소서"(시 51:1,2).

엄중한 경고와 권면

회심하지 않은 자들을 향한 경고

회심하지 않은 자들은 이렇게 기도하지 못합니다. 그들은 이 기도를 날마다 습관처럼 읊조리면서 하나님을 조롱합니다. 그들이 자신의 이런 죄를 회개하지 않고, 하나님께서 결코 사람들의 조롱을 받지 않으실뿐더러 자신들 또한 하나님을 속일 수 없음을 알고 두려워하지 않는다면, 그 중심이 진실하지도 않으며 그렇게 되기를 바라지도 않을 것이기 때문입니다.

여러분은 여전히 자신의 죄악된 상태, 곧 자신이 얼마나 죄악되게 생각하고 말하며 행동하는지를 모른 채 하나님의 진노를 두려워하지 않고 부주의하게 자신의 길을 고집합니까? 모든 죄에서, 거듭 말하지만, 모든 죄에서 떠날 마음이 없습니까?(제가 지금 하는 말의 의미를 아시겠습니까? 여러분은 서너 가지 현저한 죄들만을 죄로 여길 뿐인데 어떻게 죄에서 떠나겠습니까?) 하나님과 화목하게 되고, 화평을 누리고, 자녀로서 자유롭게 하나님께 나아가 하나님과 교제를 누리는 것이 무엇인지도 모르며, 자신의 부족함 때문에 힘들어하지도 않고, 이런 즐거움을 누리기를 갈망하지도 않습니까? 질투와 증오 가운데 살고, 끊임없이 앙심을 품으며, 기회가 있을 때마다 이런 악감을 쏟아 냅니까? 그렇다면 여러분은 다음 사실들을 알아야만 합니다.

첫째, 이 기도를 읊조릴 때마다(이것을 기도라 부를 수 없습니다), 여러분은 하나님의 진노를 촉발하며, 하나님은 여러분을 벌하십니다. 여러분을 향한 하나님의 오래 참으심이 끝나는 그때에, 여러분은 마음도 없이 기도하는 체하며 이 간구를 읊조린 것이 무엇을 의미하는지를 알게 될 것입니다.

둘째, 여러분은 지금 계속 죄책을 머리에 짊어진 채 도무지 감당할 수 없는 하나님의 진노 아래에서 하나님과 원수 된 상태로 살아가고 있습니다. 마침내 이 진노가 퍼부어지는 날 여러분은 어디로 피하렵니까? 살아 계신 하나님의 손에 떨어지는 것은 얼마나 두려운 일이겠습니까!

셋째, 하나님의 형벌을 피하지 못할 것입니다. 하나님께서 자신이 택한 자들의 죄 때문에 자기 독생자를 심판하셨다면, 여러분이 심판받을 것은 분명하지 않습니까? 그러므로 회개하십시오. 예수 그리스도의 피로써 여러분의 죄책과 하나님의 심판에서 건짐 받고 진실한 마음으로 죄 용서를 간구하십시오.

하나님과 화목함으로 화평을 누리고자 하는 자들을 향한 권면

여러분이 하나님과 화목한 상태에서 화평을 지속적으로 누리기를 바라지만 자신의 죄가 용서되었다는 믿음이 희미해졌습니까? 확신이 없고, 자신의 죄가 용서받았음을 거의 또는 전혀 느끼지 못하고, 반복되는 죄 때문에 계속 양심이 괴롭고, 이로 말미암아 하나님께로 나아가지 못해 좌절하고 하나님과 화평한 상태를 추구하지 못합니까? 그렇다면 자신의 죄악들이 얼마나 끔찍한지를 절감하도록 애쓰십시오. 와서 하나님의 죄 용서에 참여하여 평강 가운데 살아가십시오. 주 예수님께서 "우리 죄를 사하여 주시옵고"라고 기도하라고 가르쳐 주심으로써 우리에게 방편을 주셨습니다. 우리가 기도하도록 주님께서 이 기도를 우리 입술에 두셨습니다. 그러므로 우리는 마땅히 그렇게 간구할 자유가 있습니다.

첫째, 사실 우리는 어느 누구보다도 이 기도가 절박합니다. 하나님의 진노 아래로 들어가는 것은 얼마나 끔찍합니까! 저주와 마귀의 권세와 죄의 지배 아래 있다가 영원한 정죄의 형벌을 받아야 하다니요! 어떠한 인생도 하나님께서 보여 주시는 영원한 정죄의 희미한 것조차 감당하지 못합니다. 회심하지 않은 모든 자들이 바로 이런 상태에 놓여 있습니다. 이 사실을 중심으로 받고 믿어야 합니다. 그들이 하나님의 심판이 얼마나 끔찍하고도 가공할 만한 것인지를 깨달아 주 예수 그리스도의 보혈로 말미암은 죄 사함과 하나님과의 화해를 열렬히 추구하고, 그리하여 애끓는 마음으로 "죄를 사하여 주시옵고!"라고 간구할 수 있으면 좋겠습니다.

하나님과 화해한 회심한 사람이라 할지라도 지금 이 죄 사함을 알지 못한다면, 그는 개인적으로 용서받지 못한 사람과 다를 바가 없습니다. 여전히 자신이 하나님의 심판 아래 있다고 느낄 것이기 때문입니다. 이런 두려움이 그들을 일깨우고 불러일으켜 하나님께 죄 용서를 구하게 해야 합니다(그들만큼 죄 용서를 필요로 하고 그것을 잘 받아들일 자들도 없습니다). 항상 죽음과 정죄의 두려움 속에서 살아야 한다면 그 인생이 얼마나 곤비하겠습니까? 두려워하는 양심의 무게에 짓눌리고, 하나님에 대해 생각할 때마다 괴로움을 떨쳐 버리지 못하고, 부패한 본성을 따라 항상 종노릇하며 사는 삶은 얼마나 고단하고 비참합니까? 이 모든 것들이 연결되어 서로 영향을 주고받습니다. 그러므로 이런 사람들은 힘들고 혼란스러운 상황에 처할 때마다 그것을 하나님께서 진노하시는 표지요 자신이 하는 일마다 저주가 따라다닌다는 표지로 받아들일 수밖에 없습니다. 이런 사람들은 맛있는 음식, 가족, 가정, 별들이 촘촘히 박힌 영롱한 밤하늘, 지면의 아름다운 광경, 친구들에게서조차 기쁨을 발견하지 못합니다. 이 모든 것이 바로 죄의 결과입니다. 용서받지 못한 마음에 품은 죄가 있을 때 이렇게 될 수밖에 없습니다. 그러므로 그리스도 안에서 하나님께 죄 용서를 구하십시오. 그리하면 이 모든 것을 없앨 수 있습니다.

둘째, 자신이 심각한 죄를 짓는다거나 반복해서 죄를 짓는 것 때문에 하나님께 죄를 용서해 달라고 간구할 용기를 잃어서는 안 됩니다. "용서받기에는 내 죄가 너무 크다. 나 같은 사람의 기도는 하나님을 조롱하는 것일 뿐이다. 나는 죄를 용서해 달라고 그토록 간절히 기도해 놓고 금세 돌아서서 죄를 짓지 않는가! 나는 더 이상 죄 사함을 간구할 자신이 없다"라고 가인처럼 말하지 마십시오. 죄 사함을 간구하지 않는다면 여러분이 다른 어느 곳에 간단 말입니까? 이런 비참한 상태에 계속 머물고 싶습니까? 죄 사함을 간구하는 것 말고 이런 상태를 벗어날 다른 길이라도 있단 말입니까? 여러분에게는 죄 사함이 필요합니다. 그러므로 죄를 용서받기 위해 기도해야 합니다. "어떻게 내가 감히 또 죄 용서를 구한단 말인가!"라고 하지 마십시오. 그러므로 여러분이 죄를 지어 거역한 바로 그 하나님께로 다시 돌아가십시오. 그분 앞에 겸비하게 여러분의 죄를 자복하고 사죄를 구하십시오. 우리 하나님은 완고하고 굳은 분이 아니라, 오히려 "자비롭고 은혜롭고 노하기를 더디 하고 인자와 진실이 많은 하나님"(출 34:6)이십니다. 하나님은 선을 베풀고 죄를 용서하며, 기도에 응답하기를 원하십니다. 다음 말씀들로부터 용기를 얻으십시오.

"주는 선하사 사죄하기를 즐거워하시며 주께 부르짖는 자에게 인자함이 후하심이니이다"(시 86:5).

예레미야 32장 41절은 이렇게 말합니다.

"내가 기쁨으로 그들에게 복을 주되."

그렇습니다. 우리 하나님은 은혜를 간절히 바라고 자기에게로 나아오는 자를 보고 싶어하십니다.

"그러나 여호와께서 기다리시나니 이는 너희에게 은혜를 베풀려 하심이요"(사 30:18).

지은 죄가 많습니까? 하나님께서 아낌없이 용서를 베푸십니다.

"그가 너그럽게 용서하시리라"(사 55:7).

다시 날마다 죄를 짓습니까? 예레미야애가 3장 22,23절을 보십시오.

"여호와의 인자와 긍휼이 무궁하시므로 우리가 진멸되지 아니함이니이다. 이것들이 아침마다 새로우니 주의 성실하심이 크시도소이다."

그렇다면 이렇게 선하신 하나님께 나아가지 못할 만큼 악한 죄인이 어디 있단 말입니까? 주 예수님께서 하나님의 정의를 만족시키셨습니다. 주 예수님은 자신에게로 나아와 자신이 친히 이룬 구속에 참여하고, 또 이를 간구하는 모든 자들에게 자신의 공로를 나누어 주시는 분이지 않습니까? 그렇다면 더더욱 죄 사함을 간구해야 하지 않겠습니까! 그러므로 다른 길이 없어서 어쩔 줄 몰라 하고 낙담하고 좌절하며 슬퍼하는 여러분, 이 구원의 보증을 맞아들이십시오. 이 보증과 그분께서 이루신 공로를 힘입어 성부께 나아가 "우리 죄를 사하여 주시옵고"라고 간구하십시오.

셋째, 죄를 용서받는 것은 가장 즐거운 일입니다. 신자들이여, 얼마나 연약하고 멀리 헤매든 상관없이 여러분은 모든 죄의 빚과 형벌에서 자유로워지는 것이 어떤 것이었는지를 아직 기억하고 있을 것입니다. 하나님께 자유롭게 나아가 자녀의 마음으로 '내 아버지'라 부르는 것이 어떤 것인지, 평안한 영혼으로 모든 지각에 뛰어난 하나님의 평강을 맛보고, 사죄와 하나님과의 화해를 누리고, 그리스도의 속죄와 의로움에 참여하고 그것으로 옷 입는 것이 무엇이었는지를 아직 잊지 못할 것입니다. 하나님께서 여러분에게 "네 죄가 용서받았다. 나는 너의 하나님이고 너는 내 것이라"라고 말씀하셨을 때, 천지 만물이 여러분과 화해한 것처럼 보이고 여러분의 마음이 얼마나 넓어졌는지를 기억하지 않습니까? 믿음으로 알든 지각하여 알든 여러분은 이런 상태로 지내는 것이 어떤 것인지를 실제로 잘 압니다. 그래서 여러분의 영혼은 그 상태를 잃어버리는 것을 견디지 못합니다. 여러분의 마음은 그 상태에 머물 뿐만 아니라 그런 상태를 통해 누리는 즐거움으로 더 이끌리기를 간절히 열망합니다.

그러므로 이런 상태를 잃어버렸다면, 하나님께서 죄를 용서해 주시기를 더 열심히 간구해야만 하지 않습니까? 속히 주 예수님께로 피하여 이전에 누리던 화평을 회복해야 하지 않습니까? 여러분이 이런 상태를 누리고 있다면, 그것을 잃어버리지 않도록 심혈을 기울이십시오. 부주의하게 죄에 빠지든 심각한 죄를 짓든 하나님과 누리는 화평은 죄로 말미암아 너무나 쉽게 손상되고 사라져 버리기 때문입니다. 더욱이 날마다 계속 주 예수님을 누리지 못하고, 죄에 넘어진 뒤에 그리스도의 피로 새롭게 됨으로써 스스로를 정결하게 하여 다시 일어나지 않고, 하나님의 얼굴 앞에서 겸손히 새롭게 행하지 못하고, 하나님을 친근히 알지 못한다면 하나님과 화평을 누리는 달콤하고도 복된 상태를 잃어버릴 수밖에 없습니다. 그러므로 날마다 하나님께 "죄를 사하여 주시옵고"라고 기도하십시오!

넷째, 여러분 안에 조금이라도 믿음과 생명의 원리가 있다면 성화를 열망하게 될 것입니다. 자신이 취약한 죄로부터 자신을 지키려 할 것입니다. 그 일들을 구체적으로 실행에 옮기고, 또 그렇게 하고자 노력할 것입니다. 그러나 진보가 나타나지 않습니다. 또다시 넘어지고 기대가 산산이 부서집니다. 이로 말미암아 자신의 영적 상태를 부인할 것입니다. 이런 삶은 은혜와 양립할 수 없기 때문입니다. 요컨대, 여러분은 절망하고 좌절할 것이며, 주님께서 계속 불러일으켜 주시지 않으면 더는 이렇게 노력하고자 시도하지 않을 것입니다. 또 새롭게 시작해 보지만, 결과는 다르지 않을 것입니다. 결국 불안과 두려운 가운데 살아갈 것입니다. 설령 그렇게 해서 다소 진보를 이룬다고 하더라도, 그것은 단지 본성의 일에 불과하며 양심은 계속 불안한 상태로 남아 있을 것입니다.

그러므로 여러분이 더욱 거룩해지기를 바란다면, 죄 용서로부터 시작해야 합니다. 구원의 보증이신 예수 그리스도를 믿음으로 받아들이고 이를 통해 하나님께로 나아와 여러분의 모든 죄를 용서받는다면, 하나님과 여러분의 영혼 사이에 있던 소원함은 사라지고 여러분은 하나님과 교제를 누리게 될 것입니다. 여러분의 영혼은 하나님을 사랑하고 하나님과 나누는 교제를 너무나 즐거워한 나머지, 다시는 이런 즐거움을 잃어버릴 만한 일을 하지 않으려고 할 것입니다. 죄야말로 하나님과의 교제를 단절시키는 것임을 영혼이 잘 알기 때문에 죄에 대해 더욱 깨어 조심하고 경계를 늦추지 않을 것입니다. 죄를 용서받음으로써 영혼에 일어난 이 사랑으로 말미암아 영혼은 자녀의 마음으로 하나님을 경외하고 순종하며, 하나님께서 기뻐하시는 일이라면 무엇이든지 기꺼이 행합니다. 이렇게 죄 사함은 거룩함을 낳습니다. 다음 말씀들이 이 사실을 증언합니다.

"믿음으로 그들의 마음을 깨끗이 하사"(행 15:9).

"사랑으로써 역사하는 믿음뿐이니라"(갈 5:6).

"그러나 사유하심이 주께 있음은 주를 경외하게 하심이니이다"(시 130:4).

죄로 말미암아 상한 영혼은 하나님의 사유하심을 통해 치유되고, 그렇게 회복된 신자는 담대히 발걸음을 내딛습니다.

"그 거주민은 내가 병들었노라 하지 아니할 것이라. 거기에 사는 백성이 사죄함을 받으리라"(사 33:24).

이 모든 말씀들은 죄 사함의 필요성과 효력과 달콤함을 역설합니다. 그러므로 온 맘으로 죄 사함을 구하십시오. 하나님께서 반드시 죄를 용서해 주시기 때문입니다. 죄를 용서받은 사람은 다윗과 더불어 하나님의 이름을 송축하며, 이렇게 기도합니다.

"내 영혼아 여호와를 송축하며 그의 모든 은택을 잊지 말지어다. 그가 네 모든 죄악을 사하시며 네 모든 병을 고치시며"(시 103:2,3).

74

여섯 번째 간구
: 우리를 시험에 들게 하지 마시옵고
다만 악에서 구하시옵소서

    그리스도인은 자신이 간구한 모든 것을 행하고자 합니다. 다시 말해, 자기에게 합당하고 마땅히 행할 일들을 위해 기도합니다. 기도한 대로 행하려는 열망을 가지지 않은 채 기도하는 것은 하나님을 만홀히 여기는 모습입니다. 반면 기도하지 않고 행동만 앞선다면 선한 결과를 얻지 못합니다. 우리는 스스로 그 어떤 영적인 것도 이룰 수 없기 때문입니다.

    처음 세 간구를 통해 주 예수님은 세 가지 중요한 일들을 위해 기도하라고 가르치십니다. 바로 하나님의 이름이 거룩히 여김을 받고, 하나님의 나라가 임하고, 하나님의 뜻이 이루어지는 것입니다. 우리는 이 일들을 위해 기도하는 주체로서 이 일들이 이루어지는 데 참여합니다. 따라서 우리가 자리하는 삶의 현장에서 이 일들을 이루기를 열망하지 않는다면, 우리는 이렇게 기도할 수 없습니다. 이 일들을 이루는 방편이 되려면, 우리 몸과 영혼이 그 일을 이루기에 합당한 상태여야 합니다. 우리의 본성은 이런 상태에 전혀 합당하지 않으며, 그런 자질이나 상태를 갖출 능력이 없습니다. 그러하기에 먼저 세 가지 간구를 통해 우리가 힘써야 할 일들을 가르쳐 주신 다음, 예수님은 마지막 세 간구를 통해 이 일들을 위해 힘쓰기에 합당한 자질들과 상태를 간구하게 하십니다. 무엇보다도 먼저 우리 몸이 바른 상태에서 바르게 기능해야 하는데, 그러려면 합당한 음식과 의복이 필요합니다. 우리는 네 번째 간구인 "오늘 우리에게 일용할 양식을 주시옵고"에서 바로 그것들을 구합니다.

한 걸음 더 나아가, 처음 세 가지 일들이 이루어지려면, 우리가 하나님과 화목하고 화평한 상태를 누리고 있어야 합니다. 하나님은 자기 원수들로 하여금 그런 위대한 일들을 이루게 하실 분이 아니기 때문입니다. 더욱이 사람은 하나님과 화목하게 되지 않은 상태에서 하나님께로 나아가거나 그분과 교제를 누리지 못할뿐더러, 그분을 위해 아무것도 할 수 없습니다. 오로지 죄의식에서 비롯된 두려움 때문에 하나님으로부터 도망칠 따름입니다. 그러하기에 예수님은 다섯 번째 간구에서 "우리 죄를 사하여 주시옵고"라고 기도하며, 하나님과 화해하고 화평한 상태를 위해 기도하라고 가르치십니다.

경건한 삶은 미미하고, 믿음은 약하며, 영혼은 무기력합니다. 하나님께서 그의 원수들로 하여금 크든 작든 그를 대적하게 허락하십니다. 이 원수들 역시 간교하고 사악하며 지칠 줄 모르고 능력이 있습니다. 그러하기에 신자는 자신이 매우 즐거워하는 이 일들을 원수들에게 방해를 받을까 봐 두려워하다가 어떠한 영적인 일도 제대로 하지 못합니다. 그러다가 결국 죄에 떨어지는 지경에까지 이릅니다. 그러므로 이 일들을 위해 하나님께 간구하는 사람은 자신이 거룩하게 보존되어 앞서 말한 세 가지 위대한 일들에 힘쓰기에 합당하도록 하나님의 도우심을 바라면서 그분께 피해야 합니다. 주 예수님은 여섯 번째 간구에서 우리에게 이렇게 기도하라고 가르치십니다. "우리를 시험에 들게 하지 마시옵고."

이중적 성격의 간구

이 말씀에서 우리가 보는 간구는 두 개가 아니라 하나입니다. 이 간구에서 우리가 다루는 주제는 하나인데, 실제로는 이와 관련하여 두 가지를 간구합니다. 먼저는 악으로부터 보호받는 것이고, 그다음은 악에서 건짐을 받는 것입니다.

악으로부터 보호받기를 바라는 간구는 다음 말씀에서 드러납니다. "우리를 시험에 들게 하지 마시옵고." 여기서 시험이라는 주제가 먼저 나오고, 시험에 들지 않게 해 달라는 간구가 다음에 나옵니다.

주기도문 후반부에 나오는 세 가지 간구는 '그리고'라는 말을 통해 서로 긴밀하게 연결되어 있습니다. 처음 세 가지 기도를 행하는 것뿐만 아니라 그것을 간구하기 위해서는, 세 가지 성향이 모두 있어야 합니다. 만일 그중에 하나라도 결여된다면, 이 기도의 내용을 제대로 행할 수 없습니다. 이 세 가지는 언제나 서로 긴밀하게 연결되어 있습니다.

간구의 주제: 시험

이 간구의 주제는 시험입니다. 헬라어로 $\pi\epsilon\iota\rho\acute{\alpha}\zeta\epsilon\iota\nu$ (페이라제인)은 시험을 뜻합니다.

"빌립을 시험하고자 하심이라"(요 6:6).

"자칭 사도라 하되 아닌 자들을 시험하여 그의 거짓된 것을 네가 드러낸 것과"(계 2:2).

이 말은 면밀히 살핀다는 뜻도 가집니다.

"너희는 믿음 안에 있는가 너희 자신을 시험하고 너희 자신을 확증하라"(고후 13:5).

이 말은 '시험하다'라는 의미로 가장 자주 쓰입니다.

"그가 시험을 받아 고난을 당하셨은즉 시험 받는 자들을 능히 도우실 수 있느니라"(히 2:18).

이 간구에서 사용된 $\pi\epsilon\iota\rho\alpha\sigma\mu\acute{o}\varsigma$ (페이라스모스)가 이 단어에서 파생되었습니다. 시험은 하나님, 사람, 세상, 마귀로부터 올 수 있습니다.

하나님의 시험하심

성경은 하나님께서 사람을 시험하고 확인하신다고 말합니다. 하나님은 독자 이삭을 바치라고 명하심으로써 아브라함을 시험하셨습니다(창 22:1 참고). 이스라엘 백성들을 만나로 시험하셨습니다(출 16:4 참고). 다윗(삼하 24:1 참고)과 히스기야(대하 32:31 참고)를 시험하셨습니다. 하나님은 어떤 일이나 결과를 아시기 위해 시험하시지 않습니다. 만물과 모든 일이 하나님 앞에 벌거벗은 것처럼 드러나 있고 하나님은 사람의 생각까지도 다 아시기 때문입니다. 오히려 그분은 대상이나 다른 사람들을 일깨우고, 사람 안에 있는 선한 것이나 악한 것을 드러내고자 시험하십니다. 하나님께서 시험하심으로써 욥의 인내와 아브라함의 순종과 다윗의 연약함과 히스기야의 교만이 드러났습니다. 이를 통해 본인들은 겸비해지고, 어떤 자들은 위로를 받았으며, 다른 이들은 경계하는 마음을 얻었습니다. 하나님은 일시적인 번영이나 곤경으로 자기 백성을 시험하심으로써 그들이 하나님만으로 만족하고 그분만을 신뢰하는지, 각각의 모든 일들에서 하나님의 섭리를 믿는지, 하나님의 뜻을 사랑하는지, 하나님의 약속을 담대히 의지하는지를 확증하십니다. 또한 하나님은 성령과 빛과 위로와 기회들을 거두어 가심으로써 자기 백성을 영적으로 시험하십니다. 그리하여 그들로 오직 믿음으로(하나님의 말씀을 의지하는 가운데) 살고, 지속적으로 하나님을 자신의 능력으로 삼고 살아가도록 하십니다.

인간이 행하는 시험

인간은 하나님과 다른 인간들과 자기 자신을 시험합니다.

① 인간은 시간과 방식과 정도와 관련하여 우리가 하나님을 제한하기라도 하는 양, 어떤 일들이 어떤 방식으로 일어나야 할지를 요구하며 하나님을 시험합니다.

"그들이 돌이켜 하나님을 거듭거듭 시험하며 이스라엘의 거룩하신 이를 노엽게 하였도다"(시 78:41).

하나님께서 섭리하시는 방식이 만족스럽지 않을 때에는 하나님을 제한하는 대신에 자연적인 방식을 넘어서는 특별한 방식으로 기적을 베풀어 달라고 하나님께 요구합니다.

"그뿐 아니라 하나님을 대적하여 말하기를 하나님이 광야에서 식탁을 베푸실 수 있으랴"(시 78:19).

"이스라엘 자손도 다시 울며 이르되 누가 우리에게 고기를 주어 먹게 하랴"(민 11:4).

마찬가지로 유대인들은 그리스도를 시험했습니다.

"그때에 서기관과 바리새인 중 몇 사람이 말하되 선생님이여 우리에게 표적 보여 주시기를 원하나이다. 예수께서 대답하여 이르시되 악하고 음란한 세대가 표적을 구하나 선지자 요나의 표적밖에는 보일 표적이 없느니라"(마 12:38,39).

믿기 전에 어떠한 조건(일정한 정도의 회개와 조명과 성화와 확신을 요구하는 것처럼)을 내세우는 것 역시 하나님을 시험하는 일입니다. 도마가 그렇게 했습니다.

"다른 제자들이 그에게 이르되 우리가 주를 보았노라 하니 도마가 이르되 내가 그의 손의 못 자국을 보며 내 손가락을 그 못 자국에 넣으며 내 손을 그 옆구리에 넣어 보지 않고는 믿지 아니하겠노라 하니라"(요 20:25).

하나님을 시험하는 것은 너무나 끔찍한 죄입니다.

"너희의 하나님 여호와를 시험하지 말고"(신 6:16).

"그들 가운데 어떤 사람들이 주를 시험하다가 뱀에게 멸망하였나니 우리는 그들과 같이 시험하지 말자"(고전 10:9).

이런 식으로 하나님을 시험하는 것은, 하나님의 전능하심과 자기 백성들을 돌보시는 그분의 신실하심을 돌아보아 큰 고통과 어려움 속에서도 힘을 얻고 하나님을 기쁘시게 하는 일에 더욱 역동적으로 순종하기 위해 하나님께서 옛적에 행하신 놀라운 일들을 묵상하는 것과 맞지 않습니다.

② 사람은 다른 사람들에게 그들이 얼마나 죄악된지를 확인시키는 방식으로 다른 사람들을 시험합니다. 이를 통해 시험 받은 그들은 회심에 이르고 그리스도께로 나아갑니다. 이러한 의미에서 장로들이 교회의 지체들을 시험합니다.

"교회 안에 있는 사람들이야 너희가 판단하지 아니하랴?"(고전 5:12)

한편 우리들은 다른 사람들을 넘어트리고 죄와 수치를 당하는 상황으로 이끌어 들여 그들이 악한 일을 자행하도록 시험할 수 있습니다.

"이웃에게 술을 마시게 하되 자기의 분노를 더하여 그에게 취하게 하고 그 하체를 드러내려 하는 자에게 화 있을진저"(합 2:15).

　게다가 우리는 이웃을 책잡기 위해 이웃에게 말을 걸기도 합니다.

　"어떤 율법교사가 일어나 예수를 시험하여 이르되 선생님 내가 무엇을 하여야 영생을 얻으리이까"(눅 10:25).

　"이에 바리새인들이 가서 어떻게 하면 예수를 말의 올무에 걸리게 할까 상의하고…… 그러면 당신의 생각에는 어떠한지 우리에게 이르소서. 가이사에게 세금을 바치는 것이 옳으니이까 옳지 아니하니이까 하니"(마 22:15,17).

　이러한 자들은 다른 사람을 칭송하고 엄청난 호의를 베풀어 주는 것처럼 행하지만 실제로는 이웃을 넘어트리는 자입니다.

　③ 사람은 자신이 진리 안에서 은혜를 받았는지를 숙고함으로써 긍정적으로 시험합니다. 사도 바울은 이렇게 명령합니다.

　"너희는 믿음 안에 있는가 너희 자신을 시험하고 너희 자신을 확증하라"(고후 13:5).

　이런 사람들은 스스로 속지 않기 위해, 주께서 자기 안에 악한 것이 있는지 알려 주시기를 기도합니다.

　"하나님이여 나를 살피사 내 마음을 아시며 나를 시험하사 내 뜻을 아옵소서. 내게 무슨 악한 행위가 있나 보시고 나를 영원한 길로 인도하소서"(시 139:23,24).

　자신이 어떠한 상황이나 환경에서 거김없이 죄를 지으며 원하기만 하면 거기에서 피할 수도 있다는 것을 아는데도, 부주의하게 그 속으로 끌려 들어가고 작게 여겨지는 죄들을 허용하며 허황된 생각을 일삼고 무엇이 정말 큰 죄이며 지어도 되는 죄와 그렇지 않은 죄가 무엇인지에 대해 토론하는 등 무익한 일을 일삼을 때, 사람은 스스로를 미혹하여 악으로 나아갈 수 있습니다. 야고보 사도가 이렇게 자기를 미혹하는 것에 대해 이야기합니다.

　"오직 각 사람이 시험을 받는 것은 자기 욕심에 끌려 미혹됨이니"(약 1:14).

세상의 미혹

　세상은 회심한 자들이나 그렇지 않은 자들을 막론하고 모든 사람을 미혹하여 죄를 짓게 합니다. 세상은 사람들 앞에 온갖 오락과 즐거운 것들을 늘어놓고, 우정과 사랑과 존경과 명예는 물론 이득과 편의를 약속하면서 죄를 짓도록 미혹합니다. 이것이 여의치 않으면 고통과 해로움과 수치와 핍박 등으로 위협합니다. 물론 세상에 속한 사람들이 실제로 서로를 미혹하여 죄로 이끌지만, 세상이 미혹하여 넘어뜨리는 주된 대상은 교회와 신자 개개인입니다. 신자들은 스스로를 이리 떼 가운데 놓인 양으로 여겨야 합니다. 그러므로 신자들은 세상 사람들 가운데 있을 때 섣불리 그들을 믿지 말고 경계를 늦추지 말아야 합니다. 주 예수님도 제자들에게 세상과 세상에 속한 사람들에게서 악한 일을 당할 것이라고 예언하셨습니다.

"세상에서는 너희가 환난을 당하나"(요 16:33).

또한 신자들이 세상에 속한 사람들을 조심해야 한다고 말씀하셨습니다.

"사람들을 삼가라"(마 10:17).

한 걸음 더 나아가 베드로 사도는 이렇게 말합니다.

"그러므로 사랑하는 자들아, 너희가 이것을 미리 알았은즉 무법한 자들의 미혹에 이끌려 너희가 굳센 데서 떨어질까 삼가라"(벧후 3:17).

그래서 우리 주님은 제자들에게 천금과도 같은 조언을 주십니다.

"보라 내가 너희를 보냄이 양을 이리 가운데로 보냄과 같도다. 그러므로 너희는 뱀같이 지혜롭고 비둘기같이 순결하라"(마 10:16).

미혹자 마귀

마귀도 사람을 미혹합니다. 회심하지 않은 자들은 마귀의 권세 아래 있습니다. 마귀가 그들을 다스리므로 세상 사람들은 마귀의 뜻대로 종노릇합니다. 그러나 마귀는 신자들을 미혹하여 타락하게 하는 데 혈안이 되어 있습니다. 그래서 성경은 마귀를 시험하는 자(마 4:3 참고), 원수(마 13:39 참고), 대적(벧전 5:8 참고), 마귀(약 4:7 참고)라고 부릅니다. 마귀의 시험과 유혹은 너무나 간교합니다. 그러하기에 성경은 이를 가리켜 "마귀의 간계"(엡 6:11)라고 합니다. 마귀는 신자가 약한 때와 장소를 주의 깊게 살피고 그에 맞게 시험합니다. 마귀는 자신의 모든 궤계를 단번에 쏟아부어 시험할 수 없으며, 또 그것이 아무런 효과가 없다는 것을 잘 압니다. 마귀는 육신의 취약함과 본성을 잘 압니다. 각 상황과 상태에 따라 어떤 죄를 가장 쉽게 범하는지, 어떤 상황에서 우리가 항상 죄에 빠지는지도 잘 압니다.

이와 더불어 마귀는 우리에게 여러 가지 생각과 인상을 불어넣고 우리로 하여금 그런 생각을 붙들고 있게끔 하며, 이를 통해 정욕을 불러일으킵니다. 할 수 있는 한, 자신이 아는 대로 우리가 자주 죄로 떨어지는 상황을 연출합니다. 그렇게 넘어진 영혼이 자신이 지은 죄로 괴로워할 때 또 다른 죄로 나아가도록 미혹합니다. 마귀는 어떻게 하면 죄를 교묘하게 포장하여 우리의 정욕을 불러일으킬 만큼 그럴듯하게 만들 수 있는지를 너무나 잘 압니다. 처음부터 마귀는 사람의 정욕을 불러일으켜 허겁지겁 그 정욕을 따라 죄로 나아가게 합니다. 이는 하나님을 생각할 여유를 주지 않으려는 술책입니다. 일단 그렇게 죄로 떨어지면 다음과 같이 속삭이며 좌절과 절망에 머물러 있게 합니다. "네가 이런 죄를 지으면서 어떻게 은혜 안에 있다고 할 수 있단 말인가? 너는 거듭나지 않았어. 네 믿음은 거짓이야. 네가 지은 죄를 봐라. 은혜는 너와 같은 자를 위한 것이 아니다. 너는 성령을 거슬러 죄를 지었다." 그러고는 여러 가지 방식으로 두려움에서 벗어나지 못하게 합니다. 마귀의 이런 궤계와 시험에 관해서는 '마귀의 공격'이라는 주제로 차후에 자세히 다루겠습니다.

그러나 우리는 다음 사실을 알아야 합니다. 마귀는 사람으로 하여금 강제로 죄를 짓게 하거나 죄를 지을 수밖에 없게 하지는 못합니다. 마귀는 그저 생각을 불어넣고, 꼬드기고, 상황을 연출하는(그마저도 독자적으로 하지는 못합니다) 정도만 할 따름입니다. 그러므로 죄의 책임은 미혹을 받아 죄로 나아가는 사람 자신에게 있습니다. 자신의 죄에 대해 마귀를 탓할 수는 없습니다. 마귀는 항상 죄를 짓도록 선동할 뿐, 죄를 짓기 시작하는 것은 그 사람 자신입니다.

지금까지 우리는 시험이 무엇인지를 살펴보았습니다. 이제 시험과 관련하여 어떠한 행위가 요구되는지를 살펴봅시다.

간구의 첫 번째 부분: 시험에 들게 하지 마시옵고

시험에 따른 기도

"우리를 시험에 들게 하지 마시옵고"라는 간구를 통해 우리는 하나님 아버지께서 자녀인 우리를 시험에 들지 않게 해 주시기를 기도합니다. 하나님께서 자녀들을 구원의 길로 인도하시지 않으면 어느 누구도 구원을 얻지 못할 것입니다.

"내가 맹인들을 그들이 알지 못하는 길로 이끌며 그들이 알지 못하는 지름길로 인도하며"(사 42:16).

"나는 네게 유익하도록 가르치고 너를 마땅히 행할 길로 인도하는 네 하나님 여호와라"(사 48:17).

주 예수님께서 신자들의 머리요 주가 되십니다(히 2:10, 12:1 참고). 신자들은 하나님의 인도를 바라고 기도합니다.

"주의 진리로 나를 지도하시고"(시 25:5).

"주는 나의 하나님이시니 나를 가르쳐 주의 뜻을 행하게 하소서. 주의 영은 선하시니 나를 공평한 땅에 인도하소서"(시 143:10).

이는 신자들이 한편으로 자신들의 약함 및 원수들의 간교함과 사악함과 사나움을 잘 알고, 다른 한편으로는 여호와 하나님의 능력과 선하심을 잘 알기 때문입니다. 그래서 신자들은 인생 여정이 끝날 때까지 하나님께서 자신들을 조명해 주시기를, 계속 구원의 길을 보여 주시며 그 길로 들어가도록 고무시키고 격려해 주시기를, 그 능력으로 붙잡아 주시고 다스리시고 버리지 않으시기를, 진리의 길로 이끄시기를 기도합니다. 그러나 이 간구는 시험에 들지 않기를 기도합니다.

여호와 우리 하나님은 거룩하신 분이며, 하시는 모든 일이 거룩합니다.

"그의 행하시는 일이 존귀하고 엄위하며 그의 의가 영원히 서 있도다"(시 111:3).

하나님께서 행하시는 것은 무엇이든 의롭습니다.

"주 하나님 곧 전능하신 이시여 심판하시는 것이 참되시고 의로우시도다"(계 16:7).

불의한 것들은 모두 하나님과 상관이 없습니다. 하나님께는 불의한 것이 조금도 없습니다. 어느 누구도 시험을 받아 죄로 넘어진 것에 대해 하나님을 탓해서는 안 됩니다. 그럴 수 없습니다.

"사람이 시험을 받을 때에 내가 하나님께 시험을 받는다 하지 말지니 하나님은 악에게 시험을 받지도 아니하시고 친히 아무도 시험하지 아니하시느니라"(약 1:13).

하나님은 어느 누구도 악에 빠지도록 시험하지 않으십니다. 하나님께서 누구를 시험하시더라도 그것은 항상 천사들과 사람들 앞에서 하나님의 의로우심과 선하심을 드러내고 하나님의 이름을 영화롭게 하는 거룩한 목적을 위한 것입니다. 그리고 그 목적을 따라 거룩하고도 누구도 이해할 수 없는 방식으로 이루어집니다.

하나님으로부터 오는 시험

하나님은 언제나 거룩한 방식으로 불신자와 경건한 자 모두를 시험하십니다. 하나님은 다음과 같은 방식으로 불신자를 시험하십니다.

① 일반적인 조명, 죄에 대한 자각, 죄를 억제하는 능력 등과 같은 하나님의 은사들을 거두어 가심으로써 불신자들을 시험하십니다.

"여호와의 영이 사울에게서 떠나고"(삼상 16:14).

② 의로우신 재판장으로서 하나님은 하나님의 말씀 듣기를 원하지 않는 사람(그 자체로 죄일 뿐이고, 바라고 할 수 있는 것이라고는 죄밖에 없는)을 마음대로 하도록 내버려 두십니다.

"그러므로 내가 그의 마음을 완악한 대로 버려두어 그의 임의대로 행하게 하였도다"(시 81:12).

③ 하나님께서 사람을 마귀에게 넘겨주어 지배당하게 하십니다.

"그들로 깨어 마귀의 올무에서 벗어나 하나님께 사로잡힌 바 되어 그 뜻을 따르게 하실까 함이라"(딤후 2:26).

④ 하나님은 이런 심판 아래 있는 사람으로 하여금 양심을 거슬러 계속 죄를 지으면서 마음이 완악해져 죄에 무디어지고 심판을 두려워하지도 않게 하십니다. 바로에게 이 심판이 임했습니다.

"내가 바로의 마음을 완악하게 하고"(출 7:3).

하나님은 이런 상태에 있는 자를 온갖 종류의 죄악된 성향이 일어나도록 내버려 두십니다. 그 사람은 하나님의 의로운 심판이 그를 죽음에 이르게 하기까지 온갖 죄를 일삼습니다.

하나님은 거룩한 목적을 가지고 거룩한 방식으로 자기 자녀들을 시험하십니다.

① 하나님께서 마귀와 세상과 육체와 같은 미혹자들이 여러 가지 방식으로 자기 자녀들을 공격하게 허락하십니다. 마귀가 다윗(삼하 24:1 참고)뿐만 아니라 욥(비록 제한을 두셨지만, 욥 1,2장 참고)도 공격하도록 허락하셨습니다.

② 하나님께서 자녀들을 붙드시는 은혜로운 능력을 잠시 거두시기도 합니다. 그래서 교회는 이렇게 탄식합니다.

"여호와여 어찌하여 우리로 주의 길에서 떠나게 하시며 우리의 마음을 완고하게 하사 주를 경외하지 않게 하시나이까?"(사 63:17)

이럴 때 하나님의 자녀는 하나님의 도우심을 잃고 원수들에게 공격을 당하게 됩니다. 받은 은혜와 신령한 생명이 매우 연약한 신자에게는 참으로 위험한 상황이 아닐 수 없습니다!

③ 신자가 견고히 서 있어야 하는 특정한 상황을 허용하십니다. 그때 신자가 경계를 늦추고 느슨하게 있으면, 마음에 감정적인 동요와 정욕이 일어나게 됩니다. 이로 말미암아 하나님을 경외함과 순종과 사랑에서 떠나게 되면, 신자는 육신에게 이끌리고 여러 죄악들(이전에 전혀 유혹을 받지 않았던 죄악들에게까지도 이끌립니다)에 휩쓸리고 맙니다. 이 얼마나 비참한 상태인지요! 하나님께서 다시 그를 붙잡고 회복시키지 않으신다면 그 결말이 어떠하겠습니까? 하나님의 자녀는 이런 상태에 이르는 것을 두려워하고 그렇게 되지 않도록 하나님께 기도해야 합니다.

이 기도의 의미

"시험에 들게 하지 마시옵고"라는 기도는, 영적이거나 육체적인 고난이나 우리가 처할 수 있는 여러 상황에서 비롯되는 모든 시험이나 유혹이 우리에게 닥치지 않기를 바라는 기도가 아닙니다. 하나님은 이런 유혹과 시험을 통해 자녀들을 겸손하게 하고, 원수들과 싸우도록 훈련시키고, 거룩하게 하십니다. 오히려 이 기도는 다음과 같은 의미를 가집니다. "시험이 우리를 사로잡거나 지배하지 못하게 해 주십시오. 우리에게서 성령을 거두지 마시고, 죄로 이끄는 상황을 만났을 때 우리를 혼자 내버려 두지 마십시오. 원수가 우리를 공격하고 밀 까부르듯 하려고 할 때, 시험에 압도되지 않게 해 주십시오. 원수의 궤계에 빠지지 않도록 지켜 주셔서 불의가 활개치지 못하도록 해 주십시오. 우리를 악한 성향이나 마음에 부패한 본성에 내버려 두지 마십시오. 악한 성향과 부패한 본성이 우리를 어디로 이끌겠습니까? 그러나 하나님께서 우리에게 이런 상황과 올무를 허용하셨으니, 마귀와 세상 사람들이 간교하고도 악한 궤계로 우리를 책잡으려고 할 때 우리가 죄로 넘어지지 않도록 우리를 지키시고 성령으로 인도해 주십시오. 우리를 강건하게 붙들어 끝까지 넘어지지 않도록 지키사, 우리의 넘어짐으로 말미암아 우리 영혼이 돌이킬 수 없이 치명적인 해를 입지 않도록 하시고, 경건한 자들이 슬픔이나 수치를 당하지 않도록 하시고, 하나님의 이름과 참된 경건에 모독이 되지 않도록 해 주십시오."

다윗이 이렇게 기도합니다.

"내 영혼을 지켜 나를 구원하소서. 내가 주께 피하오니 수치를 당하지 않게 하소서. 내가 주를 바라오니 성실과 정직으로 나를 보호하소서"(시 25:20,21).

"나를 아주 버리지 마옵소서"(시 119:8).

"주 만군의 여호와여, 주를 바라는 자들이 나를 인하여 수치를 당하게 하지 마옵소서. 이스라엘의 하나님이여 주를 찾는 자가 나로 말미암아 욕을 당하게 하지 마옵소서"(시 69:6).

이처럼 시험에 들지 않도록 간구하는 이 기도는 다음과 같은 사실을 담고 있습니다.

① 시험에 맞서고 그것을 감당하기에 우리 마음이 얼마나 악하고 약한지를 알며 기꺼이 인정합니다.

② 죄를 미워하고 싫어하며 죄에 떨어지는 것을 두려워합니다.

③ 하나님의 이름이 영광 받는 것을 사랑하고 경건한 자들이 기쁨을 얻고 경건이 드높여지는 것을 즐거워합니다. 뿐만 아니라 죄로 말미암아 소원해지고 영향을 받을 수밖에 없는 하나님과의 교제를 사랑합니다.

④ 하나님께서 자기 백성을 돌보시고 원수의 공격을 이길 수 있도록 그들에게 힘 주시는 것을 믿습니다. 또한 우리 기도를 들으시며 응답하겠노라고 약속하신 하나님의 진실하심과 기꺼이 그렇게 하시는 하나님의 선하심을 믿습니다.

지금까지 우리는 이 간구의 처음 부분인 악에서 보호받는 것을 다루었습니다.

간구의 두 번째 부분: 다만 악에서 구하시옵소서

이제 이 간구의 두 번째 부분인 악으로부터 구원받는 것에 대해 살펴봅시다. 첫 번째 부분이 미래에 관한 것이었다면, 두 번째 부분은 현재와 관련 있습니다. 이 두 부분은 '다만(but)'이라는 접속사로 연결됩니다. 이 사실을 볼 때, 후자는 전자와 다르지만 서로 이어져 있습니다. '악'이라는 말을 어떻게 해석하느냐에 따라 이 두 부분이 구분되고 연결되는 방식도 달라집니다. 여기서 '악(πονηρός[포네로스])'은 마귀를 뜻합니다.

"악한 자가 와서……가라지는 악한 자의 아들들이요"(마 13:19,38).

성경에 따르면, 악은 세상을 뜻하기도 합니다.

"이 악한 세대에서"(갈 1:4).

다시 말해, 이 세상 역시 완전히 악한 상태에 있다는 말입니다.

"온 세상은 악한 자 안에 처한 것이며"(요일 5:19).

사람의 마음도 악하다고 합니다.

"형제들아 너희는 삼가 혹 너희 중에 누가 믿지 아니하는 악한 마음을 품고 살아 계신 하나님에게서 떨어질까 조심할 것이요"(히 3:12).

이렇게 악한 사람의 마음은 사악함으로 가득합니다.

"선한 사람은 그 쌓은 선에서 선한 것을 내고 악한 사람은 그 쌓은 악에서 악한 것을 내느니라"(마 12:35).

자연인의 마음에는 사악함만이 자리합니다.

"여호와께서 사람의 죄악이 세상에 가득함과 그의 마음으로 생각하는 모든 계획이 항상 악할 뿐임을 보시고"(창 6:5).

성경은 죄 또한 악이라 칭합니다.

"악을 미워하고"(롬 12:9).

성경은 마귀, 세상, 사람의 마음, 죄 이 네 가지를 악이라고 말합니다. 그렇다면 문제는 여기서 말하는 '악'이 무엇을 가리키는가 하는 것입니다.

'악'의 의미

이 기도를 드리는 사람은 하나님의 자녀로서, 하나님의 이름이 크게 영광 받기를, 하나님의 나라가 확장되고 흥왕하기를, 하나님의 뜻이 이루어지기를 바랍니다. 자신과 다른 신자들이 이 세상에서 살아가는 데 필요한 것들을 간구하는 이유도 바로 이 열망을 이루고, 가난 때문에 불신자들의 비방거리가 되지 않고, 자신도 염려에 빠지지 않기 위함입니다. 하나님과 사람들 앞에서 기쁨을 누리며 자유롭게 믿음의 경주를 할 수 있도록 화평과 화목한 상태가 지속되기를 기도합니다. 뿐만 아니라 올무에 빠지거나 걸림돌에 걸려 넘어지지 않기를 기도합니다. 경건의 길을 방해하는 모든 것으로부터 건짐 받기 위해서도 기도합니다. 이 간구에서 악이라는 말이 바로 이 모든 것들을 뜻합니다. 따라서 '악'이라는 말은 마귀라기보다는 우리의 죄악된 본성, 고질적인 죄악들, 우리 육신 가운데 있는 죄의 법, 모든 형태로 표출되는 죄를 가리킨다고 보아야 합니다.

그렇다면 이 간구의 두 부분들 간에 무엇이 서로 연결되고 구분되는지가 분명해집니다. 어떤 사람 안에서 죄가 큰 권세로 역사한다면, 그는 아주 작은 유혹만 받아도 넘어질 수밖에 없습니다. 그러나 하나님의 형상이 회복되고, 영혼 안에 그리스도의 형상이 이루어지고, 거룩한 소원과 생명 안에서 마음이 자라 갈수록 사람은 유혹에 훨씬 잘 견딜 수 있습니다. 게다가 사람이 어떤 시험도 겪지 않은 채 계속 죄악된 성향 가운데 살아간다면 무엇이 유익하겠습니까? 기도하는 사람은 죄의 극악무도함을 혐오하고 견디지 못할 뿐만 아니라, 그 죄에서 구원받기를 간구합니다. 또한 ῥῦσαι(뤼사이)라는 헬라어는 죄의 끔찍함에서 건짐 받는 것을 더욱 강조합니다. 헬라어에는 이렇게 건짐 받는 것을 나타내는 몇몇 단어들이 있는데, 여기서 쓰인 말은 '뽑아내다,' '적출하여 건지다'라는 의미를 띱니다. 죄는 뽑아내야 하는 것입니다(다음 말씀들은 앞의 '뤼사이'와 다른 단어들을 사용하지만, 같은 의미를 나타내므로 인용하였습니다).

"만일 네 눈이 너를 범죄하게 하거든 빼어 내버리라"(마 18:9).

"육의 몸을 벗는 것이요"(골 2:11).

그러므로 우리는 "우리를 마음의 죄악된 성향과 그 행실에서 건지소서"라고 기도해야 합니다. 악이라는 단어에 관사가 쓰였다고 해서 이 말이 인격을 가리키며, 따라서 그 의미가 달라져 마귀를 가리키는 것이 아닙니다. τοῦ πονηροῦ(투 포네루)와 같이 '죄'를 가리키는 말에도 관사가 쓰이기 때문입니다.

"온 세상은 악한 자 안에(ἐν τῷ πονηρῷ[엔 토 포네로]) 처한 것이며"(요일 5:19).

또한 ἀπο τοῦ πονηροῦ(아포 투 포네루)라는 명사구는 남성이 아니라 중성을 가리키므로 이 경우 '악'이라는 말이 죄와 악한 모든 것들을 포함한다고 보아야 합니다. 따라서 이 간구는 다음과 같은 기도라 할 수 있습니다. "장래에도 우리를 지키사 우리로 하여금 시험에 굴복하거나 넘어지지 않도록 해 주십시오. 무엇보다도 우리 영혼에 도사린 죄악된 성향과 거기서 비롯되는 모든 죄에서 건져주십시오."

이 기도를 하지 못하는 자들

회심하지 않는 사람은 아무런 기도도 할 수 없습니다. 이런 간구들 중 어느 하나도 이루어지기를 바라지 않기 때문입니다. 그러하기에 회심하지 않고서는 주기도문 가운데 어느 것 하나도 기도하지 못합니다. 이 기도문에 담긴 간구들이 이루어지기를 바라는 마음이 없을뿐더러, 자신은 그저 죄 가운데 살기를 바랄 뿐임을 스스로가 너무나 잘 알고 있기 때문입니다. 죄에서 떠나기를 원하지 않으며, 오히려 스스로를 허영의 사슬로 불의에 단단히 동여매고 마차의 육중한 밧줄로 죄와 하나 되어 다닙니다. 시험에 빠질 수 있는데도 아랑곳하지 않습니다. 심지어 일부러 시험거리를 찾아다니다가 일단 기회를 만나면 전혀 거리낌 없이 그 속으로 빠져 들어갑니다. 당장 해롭거나 손해가 되지 않는다면 죄짓는 것도 상관없기 때문입니다. 그러하기에 설령 이런 사람이 "시험에 들게 하지 마시옵고"라고 기도한다고 해도, 그것은 모든 것을 감찰하시는 하나님의 면전에서 새빨간 거짓말을 하고 하나님을 조롱하는 것에 지나지 않습니다. 오히려 이런 사람이 마음에 있는 대로 기도한다면, 이렇게 기도해야 맞을 것입니다. "별 어려움 없이 즐겁게 지을 수 있는 죄를 되도록 많이 허락해 주십시오. 죄는 제가 가장 즐거워하는 것입니다." 이런 사람은 주기도를 가식적으로 드리며 하나님을 시험하는 행위를 그쳐야 합니다. 기도하지 않고 살다가 멸망으로 내려가든지, 그런 마음에서 돌이키고 "우리를 시험에 들게 하지 마시옵고"라고 기도해야 할 것입니다.

한편 경건한 자라고 해서 항상 이 기도를 할 준비가 되어 있는 것은 아닙니다. 자유롭게 이 기도를 할 수 있으려면, 언제나 마음에 화평을 얻고 행실을 가다듬어야 합니다. 특별히 먼저 자신을 돌아봄으로써 죄를 품고 있지는 않은지를 면밀히 살펴야 합니다. 알면서도 버리지 않고 스스로 종노릇하는 죄가 있지는 않은지, 죄를 대적하고 거부할 만큼 적극적으로 이 죄와 싸우고 있는지를 살펴야 합니다. 그렇지 않다면 거리낌 없이 담대하게 하나님 앞에 나아갈 수 없습니다. 그러므로 특별히 자신을 괴롭히는 고질적인 죄에 대항하는 것은 물론이요, 삶 전체에서 죄를 미워하고 싸우는 마음 상태를 다시 얻고 지켜 가는 것이 중요합니다. 비록 우리 스스로는 죄와 싸울 힘이 없으며 위로부터 도우심과 능력을 얻지 않는다면 다시금 죄로 떨어질 수밖에 없다는 사실이 우리의 경험과 기질을 통해 너무나 분명히 드러날지라도 그리해야만 합니다. 그럴 때에라야 우리는 하나님의 도우심을 구하고 "우리를 시험에 들게 하지 마시옵고"라고 기도할 수 있습니다.

전심으로 기도하라는 권면

그러므로 우리는 온 맘을 다해 이 기도에 힘써야 합니다.

① 주기도문이 구하는 내용과 그 내용에 걸맞은 성향을 가지지 않는다면, 기도에 따르는 실천은 말할 것도 없고 다른 기도조차 할 수 없기 때문입니다. 그러나 우리가 살펴본 주기도를 통해 우리가 간구하는 바를 얻을 수 있다면, 우리는 그 무엇을 위해서도 간구할 준비가 된 것입니다. 하나님의 이름이 거룩히 여김 받기를 구하는 첫 번째 간구가 모든 일들의 목적이듯이, 이 간구에 걸맞은 마음가짐과 성향을 통해서라야 우리는 이 목적을 위해 간구하고, 유익하고도 합당한 방편으로 이를 위해 씨름할 수 있습니다.

② 무엇보다도 죄는 얼마나 끔찍한 것인지요! 죄는 하나님께서 사람에게 부여하신 바 사람이 마땅히 행해야 할 구속력 있는 의무를 끊어 버리는 것입니다. 죄를 짓는 것은 곧 존귀하신 하나님께 불순종하는 것이요 하나님의 존엄하고도 장엄한 성품을 멸시하는 것입니다. 뿐만 아니라 그 멸시하는 행위를 하나님의 목전에서 자행하는 것입니다. 사람의 면전, 심지어 어린아이가 보는 앞에서도 죄짓기를 삼가는데, 하나님의 눈앞에서 죄를 범하는 것은 그분의 진노와 심판을 전혀 아랑곳하지 않고 죄를 짓겠다는 것입니다. 이는 하나님을 심히 경멸하는 행위입니다. 이보다 더 끔찍한 일을 상상할 수 있겠습니까?

③ 죄는 영혼을 일그러뜨립니다. 죄로 말미암아 영혼은 상상하거나 표현할 수도 없을 만큼 천박하고 경멸스럽고 혐오스러워집니다.

④ 죄로 말미암아 엄청난 슬픔이 초래됩니다. 하나님께서 그를 떠나시고 그 죄악된 본성에 내버려 두십니다. 그는 죄로 말미암아 자유를 잃어버린 채 밤낮 할 것 없이 불안함과 두려움 속에서 안절부절못하며 살아갑니다.

⑤ 하나의 죄가 또 다른 죄를 낳고, 이런 죄들이 또 다른 죄들을 낳습니다. 죄는 절대로 끝나지 않습니다.

⑥ 죄를 짓는다는 것은 그저 잠시 악한 생각과 언행을 하는 것만을 가리키지 않습니다. 죄를 범함으로써 영적 생명 자체가 해를 입습니다. 죄를 지을수록 영적 생

명은 더욱 나약해지고 희미해지며, 그의 인격은 점점 경건한 삶과 멀어지고 죄에서 돌이키는 일이 불가능해집니다. 신자라면 누구나 이 사실을 잘 압니다. 자신이 죄에 대해 얼마나 무기력한지를 안다면, 이런 죄를 지을까 봐 두려워하고 조심해야 하지 않겠습니까! 하나님께 다음과 같이 부르짖어야 하지 않겠습니까! "악에서 구하옵소서! 저를 건지시고 깨끗하고 거룩하게 하옵소서. 오 하나님 저를 거룩하게 하옵소서. 하나님이 거룩하신 것처럼 저 또한 거룩해야 하지 않겠습니까?"

시험에 굴복할 때 경건한 신자의 마음은 가장 고통스럽고 쓰라립니다. 매우 기진하고 이미 마음이 죄악된 상태로 넘어간 신자는 그렇지 않은 때보다 쉽사리 죄에 넘어집니다. 조심하지 않으며 부주의하고 건성으로 행하며, 훨씬 쉽게 자신을 시험에 내줍니다. 미혹자는 하나님께 허락을 받아 자신의 사악함과 간교함과 계략들과 습관을 따라 이런 신자를 공격합니다. 그리고 이렇게 약해진 신자가 신경질적이고 교만하며 불의하고 부정하며, 두려움과 정욕이나 다른 무엇 때문에 자신의 신앙고백을 부정하고, 하나님께서 그를 혼자 내버려 두시면, 바람이 먼지를 까부르듯 그 속에 있는 정욕이 맹렬하게 일어나 그를 집어삼키고 맙니다. 일단 이런 상태에 빠지면 벗어날 길이 없습니다. 그의 지성과 판단력이 아무런 역할도 못하기 때문입니다. 맹렬하게 일어나는 죄악된 정욕만이 이 사람의 모든 것을 좌우합니다. 신령한 생명이 어느 정도 나타나고 정욕 때문에 신음하면서 그것을 이길 지혜를 짜 보지만, 그럴 때조차 분별력 없는 짐승처럼 정욕을 따라 여러 일들을 행하기가 일쑤입니다. 일단 달리기 시작한 말은 멈출 수 없습니다. 이런 상태에 빠진 사람이 짓지 못할 죄는 없습니다. 지금까지 살아오면서 꿈도 꾸지 못했던, 오히려 그가 혐오했던 여러 죄악된 길들로 나아갑니다.

이렇게 사람이 시험에 빠져 넘어지면, 한 번 넘어진 것으로 끝나지 않습니다. 죄 짓기를 멈추고 이전의 부드러운 마음을 다시금 얻어 보려고 하지만, 그럴 힘이 없습니다. 하나님께서 얼굴을 감추셨고, 시험과 유혹들이 매 순간 새롭게 다가올 뿐만 아니라 정욕도 새롭게 일어납니다. 그러면 또다시 넘어집니다. 하나님께서 다시 찾아오셔서 이 진창에서 그를 건지고 새롭게 하시기 전에는 소망이 없습니다.

이전의 부드러운 마음과 하나님과 누리던 화평과 교제를 즐거워하고 거룩함으로 빛나던 때는 여전히 아득한 옛일입니다. 많은 슬픔과 눈물과 두려움 속에서 하루하루 발버둥 칠 뿐입니다. 겨우겨우 애써 주님을 찾아 보지만, 이내 다시 넘어질 뿐입니다. 어느 누가 이런 상태에 빠지는 것을 두려워하지 않는단 말입니까? 그러므로 쉬지 말고 "시험에 들게 하지 마시옵고"라고 기도해야 합니다.

이 간구를 위한 동기와 권면

이 간구는 죄를 증오하고 혐오하며, 견고히 설 수 없는 자신의 무능함을 경험하고, 순전하고도 흠 없는 삶을 동경하고 사랑하는 데서 비롯됩니다. 만약 이러한 동기로 우리가 간구에 힘쓰는 것이라면, 우리는 이런 상태에 남아 있기 위해 더욱 능동적이고도 자발적으로 노력할 수밖에 없습니다. 설령 시험이 닥친다고 해도 이런 상태에 있는 사람은 크게 영향을 받지 않습니다. 이런 사람은 하나님과 끊임없이 교제하고 연합하기만을 바라는, 온전한 마음을 누립니다. 이런 마음 앞에서는 세상과 그 안에 있는 즐겁고 매력적으로 보이는 모든 것이 빛을 잃습니다. 그 마음에는 이런 것들을 위한 자리가 없습니다. 하나님만으로 만족하며 오직 그분만을 기뻐하고 즐거워하며 사랑하고 경외합니다. 비록 언제나 자신이 원하는 만큼 그 마음을 유지하고 지켜 가지는 못할지라도 항상 하나님을 향한 이런 마음을 중심으로 마음의 선택과 의도와 행실이 질서를 잡습니다. 우리 마음이 이 일과 관련해 진보하지 못하면서 행실이 진보하기를 기대할 수는 없습니다. 그러면 시험에 취약할 수밖에 없고, 가장 하찮은 일로도 넘어질 수밖에 없습니다. 그러나 마음이 온전히 하나님을 향하고 행실이 하나님 보시기에 올바르다면, 미혹에 맞서 강건하게 설 수 있습니다.

"하나님께로부터 난 자는 다 범죄하지 아니하는 줄을 우리가 아노라. 하나님께로부터 나신 자가 그를 지키시매 악한 자가 그를 만지지도 못하느니라"(요일 5:18).

기도와 행위는 반드시 함께 가야 합니다. 그리스도인은 자신이 기도한 대로 행하려는 열망을 품고서 할 수 있는 한 온 힘을 다해 노력합니다. "시험에 들게 하지 마시옵고"라고 기도하는 그리스도인은 스스로 시험에 빠지지 않으려고 애써야 합니다. 다음과 같은 경우에 우리는 스스로 시험에 빠집니다.

① 고질적으로 죄에 빠지는 환경에 있어야 할 의무도 없고 그럴 필요도 없는데도, 그것을 피하기는커녕 오히려 그것들을 추구하거나 그것들에 자신을 내버려 둘 때입니다. 이런 환경들은 사람의 성향, 부르심, 상황에 따라 저마다 다릅니다. 기존에 함께 어울리던 사람들 자체가 위험한 환경인 경우가 있는가 하면, 저녁 식사 약속이 그런 경우인 사람들이 있습니다. 일상적인 삶의 방편 자체가 위협이 되는 사람이 있는가 하면, 혼자 있는 시간이 그런 환경이 되는 사람도 있습니다. 여하튼 자신에게 위험한 환경이라면 반드시 그곳을 피해야 합니다. 그러지 않으면 스스로 시험으로 빠져 들어가는 것입니다. 자신이 고질적으로 넘어지기 쉬운 환경인 줄 알면서도 하나님의 계명을 따라 행하느라 그곳을 피할 수 없는 경우라면, 우리 혀를 재갈 물리고 유연하게 대응하면서도, 하나님의 이름과 뜻이 걸린 일에는 분명한 태도를 취하고, 진실함과 신중함으로 무장하여 우리 마음의 경계를 조금도 늦추지 말아야 합니다. 그리하면 시험에 덜 휘둘릴 것입니다.

② 합법적이고도 일상적인 방편이라 할지라도 너무 빈번하고도 부주의하게 사용하는 경우입니다.

③ 허탄한 생각을 품고 그것을 탐닉할 때입니다. 설령 그것이 본성적이고도 자연스런 일들이라 해도 마찬가지입니다.

④ 죄에 넘어지자마자 그 자리를 박차고 일어나야 하는데도, 태평함과 낙담과 불신앙으로 자신의 영적 상태를 부인하거나 죄를 탐닉하여 그 자리에 눌러앉아 있는 경우입니다. 그러할 때 죄가 더욱 힘을 얻게 됩니다.

⑤ 부지중에 느닷없이 떠오른 잘못된 생각(잘못된 쾌락을 주는 죄에 대한 것이나 하나님과 신령한 일들에 전혀 맞지 않는 것이나, 불경건한 감탄사를 발하는 것 등)을 붙들고 있는 경우입니다. 이렇게 할 때, 우리는 선하고도 경건한 마음을 빼앗기고 시험에 떨어지기 쉬운 상태, 곧 악하고도 불경건한 마음 상태에 처합니다. 그리스도인이라면 믿음을 발휘하여 이 모든 것들과 싸우도록 깨어 있어야 합니다.

"시험에 들지 않게 깨어 기도하라. 마음에는 원이로되 육신이 약하도다"(마 26:41).

"근신하라 깨어라. 너희 대적 마귀가 우는 사자같이 두루 다니며 삼킬 자를 찾나니, 너희는 믿음을 굳건하게 하여 그를 대적하라. 이는 세상에 있는 너희 형제들도 동일한 고난을 당하는 줄을 앎이라"(벧전 5:8,9).

시험에 들지 않도록 자신을 지키고 싶습니까?

① 자신의 마음과 거기서 나오는 생각을 잘 살피십시오.

"모든 지킬 만한 것 중에 더욱 네 마음을 지키라. 생명의 근원이 이에서 남이니라"(잠 4:23).

② 눈에 파수꾼을 세우고 기도하십시오.

"내가 내 눈과 약속하였나니 어찌 처녀에게 주목하랴?"(욥 31:1)

"내 눈을 돌이켜 허탄한 것을 보지 말게 하시고 주의 길에서 나를 살아나게 하소서"(시 119:37).

③ 허탄한 말과 험담에 귀 기울이지 마십시오.

"속지 말라. 악한 동무들은 선한 행실을 더럽히나니"(고전 15:33).

"또한 사람들이 하는 모든 말에 네 마음을 두지 말라"(전 7:21).

④ 말을 조심하십시오. 혀를 다스리고 항상 신중하게 말하십시오. 그리고 이를 위해 기도하십시오.

"내가 말하기를 나의 행위를 조심하여 내 혀로 범죄하지 아니하리니 악인이 내 앞에 있을 때에 내가 내 입에 재갈을 먹이리라 하였도다"(시 39:1).

"여호와여 내 입에 파수꾼을 세우시고 내 입술의 문을 지키소서"(시 141:3).

자신의 마음과 외적인 느낌에 주의를 기울이지 않으면 끊임없이 시험에 시달릴 것입니다. 그러나 기도하고 분투하는 가운데 이처럼 자신을 잘 지키고 언행을 주의한다면, 틀림없이 원수를 이기고 영광의 면류관을 얻을 것입니다.

주기도의 결론

이 간구의 세 번째 부분은 결론입니다.
"나라와 권세와 영광이 아버지께 영원히 있사옵나이다, 아멘."
어떤 사람들은 이 부분을 생략하고 논쟁거리로 삼습니다. 교황주의자들 역시 이 부분을 생략합니다. 그러나 성경 본문은 물론이거니와, 성경의 다른 본문들에도 이와 비슷한 기도가 있습니다. 또한 초대 교회와 그 뒤를 잇는 수 세대에 걸쳐 이 부분을 주기도의 일부로 사용해 왔습니다. 이러한 사실들을 통해 이 대목이 주기도의 일부라는 사실을 확인할 수 있습니다.

주기도의 결론 부분을 다음과 같이 볼 수 있습니다.

① 기도자가 자유를 누리고 자신을 의탁하는 토대로 볼 수 있습니다. 이는 신자의 아버지인 하나님께서 모든 피조물을 다스려 명령하시고, 간구하는 자가 바라는 것을 주실 수 있는 전능하고도 영화로우며 엄위로우신 분이기 때문입니다. 곧 주기도문의 결론부는 이런 하나님을 영화롭게 하려는 기도자의 목적과 열망이 담긴 대목입니다.

② 기도에 동기를 부여하는 내용으로 볼 수 있습니다. 성경에 기록된 기도들은 대개 이런 동기들을 통해 기도자들에게서 신령한 열망이 일어나는 것을 보여 줍니다. 그래서 기도자들은 자신이 열망하는 바를 주시도록 하나님께 간구합니다. 하나님께서 만물을 다스리시고 모든 일을 그 뜻대로 하시는 분이기 때문입니다. 뿐만 아니라, 기도자가 열망하는 것을 주심으로써 자기 이름을 영화롭게 하시며 이런 영광을 받기에 합당하신 분이기 때문입니다. 그러므로 주기도문의 결론부는 이런 기도라고 할 수 있습니다. "우리는 은혜의 나라인 교회를 위해 이 기도를 드렸습니다. 이 나라는 하나님의 것이고 하나님께서 그 나라를 통해 영광 받기를 바라십니다. 그러므로 우리의 기도를 들어주십시오!"

③ 하나님께서 우리를 시험에 들지 않게 해주시고 악에서 구원하시기를 바라는 마지막 간구의 확장이자 절박한 탄원으로 보아야 합니다. 미혹자들과 미혹을 당하

는 자들 모두에 대해 하나님만이 권세를 가지시기 때문입니다. 이처럼 하나님은 그분의 전능하심으로 시험당하는 자를 붙잡아 주시고, 미혹자를 억제하며, 시험당하는 자에게 견고하고도 거룩한 마음을 주실 수 있는 분입니다. 이 사실은 마지막 간구뿐만 아니라, 이 기도 전체에 적용될 수 있는 사실이기도 합니다.

나라와

이 기도는 만물 위에 드리운 하나님의 위엄, 권세(ἐξουσία [엑수시아]), 통치를 가리킵니다. 하나님께서 만물을 직접 다스리신다는 고백입니다. 다윗의 기도에서 이 사실이 가장 영광스럽게 드러납니다.

"여호와여 위대하심과 권능과 영광과 승리와 위엄이 다 주께 속하였사오니 천지에 있는 것이 다 주의 것이로소이다. 여호와여 주권도 주께 속하였사오니 주는 높으사 만물의 머리이심이니이다. 부와 귀가 주께로 말미암고 또 주는 만물의 주재가 되사 손에 권세와 능력이 있사오니 모든 사람을 크게 하심과 강하게 하심이 주의 손에 있나이다"(대상 29:11,12).

하나님은 권세와 은혜와 영광의 나라를 주권적으로 통치하십니다.

권세와

하나님은 만물을 자기 것으로 주장하고 만물에 대한 권세(δύναμις [뒤나미스])를 가지십니다. 뿐만 아니라 자기에게 속한 자들을 다스리고, 그들에게 소원을 주고, 원수들을 벌하고, 무엇이든 그 뜻대로 행하실 능력과 권세를 가지십니다.

"나는 전능한 하나님이라"(창 17:1).

신자들은 이 사실을 인정합니다.

"오직 우리 하나님은 하늘에 계셔서 원하시는 모든 것을 행하셨나이다"(시 115:3).

"우리 가운데서 역사하시는 능력대로 우리가 구하거나 생각하는 모든 것에 더 넘치도록 능히 하실 이에게"(엡 3:20).

영광이

하나님은 하늘과 땅과 온 만물이 없이도 스스로 영화롭고도 엄위로우신 분입니다. 하나님의 영광은 자연의 역사와 은혜의 역사 모두를 통해 드러납니다. 천사들과 의인들의 영혼은 하나님의 영광을 목도함으로써 하나님께 완전한 찬양과 영광을 돌립니다. 그러나 하나님은 자신의 선하심으로 말미암아 이 땅에서도 영광 받기를 원하셨습니다. 회심하지 않은 자들은 하나님의 영광을 알지 못할뿐더러 그것을 보고 드높이고 존귀하게 하려는 마음도 없습니다. 그러나 하나님은 자기 백성을 불러 하나님의 영광을 높이게 하시고 흑암의 권세에서 그들을 불러내 하나님을 찬미하게 하셨습니다. 그들은 모든 삶을 하나님의 영광을 위해 살아갑니다. 그리고 이렇게 살아감으로써 가장 큰 기쁨을 누립니다.

"내가 날마다 주를 송축하며 영원히 주의 이름을 송축하리이다. 여호와는 위대하시니 크게 찬양할 것이라 그의 위대하심을 측량하지 못하리로다. 대대로 주께서 행하시는 일을 크게 찬양하며 주의 능한 일을 선포하리로다. 주의 존귀하고 영광스러운 위엄과 주의 기이한 일들을 나는 작은 소리로 읊조리리이다"(시 145:2-5).

이와 관련하여 신자는 다음과 같이 기도합니다. "나라가 하나님의 것입니다. 만물이 하나님을 찬양하고 영화롭게 하는 것이 마땅합니다." 진실로 하나님께 간구하는 자들은 이렇게 되기를 바라고, 하나님께서 자신이 그렇게 기도하는 것을 듣고 이루시기를 간구합니다.

영원히 있사옵나이다

나라와 권세와 영광은 영원부터 영원까지 하나님의 것입니다. 하나님은 변하지 않고, 회전하는 그림자도 없고, 언제나 동일하십니다. 언제나 영화롭고 전능하며 위엄이 많으십니다. 그래서 아담의 때로부터 그리스도께서 다시 오셔서 심판하시기까지 이 땅의 신자들은 이렇게 선포합니다.

"보좌에 앉으신 이와 어린양에게 찬송과 존귀와 영광과 권능을 세세토록 돌릴지어다 하니"(계 5:13).

아멘

아멘이라는 히브리어는 진실함이라는 뜻을 가집니다. 이 말은 한 번만 사용되기도 하고 '아멘, 아멘'의 경우와 같이 반복해서 사용되기도 합니다. 뿐만 아니라 '아멘, 할렐루야,' '아멘, 하나님,' '아멘, 주의 뜻대로 되기를 바라나이다'와 같이 다른 단어와 함께 사용되기도 합니다.

① 아멘은 앞서 말한 내용에 대한 긍정과 동의를 나타냅니다.

"모든 백성은 응답하여 말하되 아멘 할지니라"(신 27:15).

"모든 백성이 손을 들고 아멘 아멘 하고 응답하고 몸을 굽혀 얼굴을 땅에 대고 여호와께 경배하느니라"(느 8:6).

이런 긍정은 말한 바가 그대로 되기를 원하고 바란다는 것과 함께, 그것이 무엇을 뜻하는지를 잘 알고 있음도 가리킵니다.

"그렇지 아니하면 네가 영으로 축복할 때에 알지 못하는 처지에 있는 자가 네가 무슨 말을 하는지 알지 못하고 네 감사에 어찌 아멘 하리요"(고전 14:16).

② 아멘은 어떤 일에 대한 강렬한 바람을 나타낼 때에도 쓰입니다.

"내가 또 너희 조상들에게 한 맹세는 그들에게 젖과 꿀이 흐르는 땅을 주리라……내가 대답하여 이르되 아멘 여호와여 하였노라"(렘 11:5).

③ 아멘은 신뢰하고 의지할 수 있는 진실함과 확실함과 불변함을 가리킬 때에도 쓰입니다.

"하나님의 약속은 얼마든지 그리스도 안에서 예가 되니 그런즉 그로 말미암아 우리가 아멘 하여 하나님께 영광을 돌리게 되느니라"(고후 1:20).

자신이 기도하는 바를 충분히 이해하고 중심으로 기도하는 신자는 하나님의 약속이 참되고도 확실하다는 것과 하나님께서 기도를 들으신다는 것을 압니다. 특별히 하나님은 다음과 같은 기도를 기쁘게 받으십니다.

"그러므로 내가 너희에게 말하노니 무엇이든지 기도하고 구하는 것은 받은 줄로 믿으라. 그리하면 너희에게 그대로 되리라"(막 11:24).

"그를 향하여 우리가 가진 바 담대함이 이것이니 그의 뜻대로 무엇을 구하면 들으심이

라. 우리가 무엇이든지 구하는 바를 들으시는 줄을 안즉 우리가 그에게 구한 그것을 얻은 줄을 또한 아느니라"(요일 5:14,15).

중심으로 기도한 신자는 자신의 기도가 하나님의 뜻에 부합한 것을 압니다. 하나님의 선하심과 전능하심과 참되심을 믿습니다. 하나님께서 자신의 소원을 이루어 주시리라 기대하고(하나님이 그것을 이루시는 때와 방식과 정도에 순복합니다), 간절히 열망하고 동경하면서 이렇게 기도를 맺습니다. "아멘, 그렇게 되기를 바라고, 반드시 그렇게 될 줄로 믿습니다."

"이것들을 증언하신 이가 이르시되 내가 진실로 속히 오리라 하시거늘 아멘 주 예수여 오시옵소서"(계 22:20).

주제 및 인명 색인

ㄱ

간음 • 69, 70, 92, 93, 111, 137, 218, 250, 319-327, 337, 366, 403

강도 • 332, 333, 336

거짓말 • 25, 198, 207, 210, 211, 312, 327, 355-358, 356, 357, 384, 385, 458, 663, 667, 671, 841, 896

거짓 증언(증거) • 21, 92, 111, 137, 204, 216, 250, 322, 349-351

게으름 • 58, 232, 324, 341, 344, 529, 711, 717, 751, 834

겸손 • 48, 55, 145, 148, 159, 313, 314, 468, 692, 964, 703. 704, 805, 811

고리대금 • 339, 340

기도

 _감사 • 687, 688, 710, 716, 733, 739

 _기도를 방해하는 장애물 • 724-728

 _기도를 위한 지침 • 728-735

 _기도와 관련된 환경들 • 715-720

 _기도의 본질 • 688-702

 _중보 기도 • 686, 687

 _참된 기도의 특징 • 703-715

 _하나님의 응답 • 735-739

ㄴ

노름 • 194, 196-199, 202

ㄷ

둘레이아($\delta o u \lambda \varepsilon i \alpha$) • 144-147, 176

ㄹ

라바디주의자 • 23, 43, 617

라트레이아($\lambda \alpha \tau \rho \varepsilon i \alpha$) • 144-147, 176

로마 가톨릭 • 23

루터파 • 139, 170, 230, 364

ㅁ

마술 • 154-156

마터, 저스틴 Martyr, Justin • 255

만족 • 345, 364-367, 370, 371, 403, 444, 467, 587-611, 613, 639, 659, 847

 _만족의 결과(열매) • 593-595

 _만족의 대상 • 589

 _만족의 본질 • 590-592

 _만족의 토대 • 592, 593

 _불만족 • 595-602

맹세 • 192, 204-218, 250

메시아 • 82, 83, 99, 119, 237, 243, 252, 282, 295, 753, 790, 791

무슬림 • 281, 321, 543, 544
무신론(자) • 27, 142, 143, 198, 346, 814
미신 • 157, 199, 264

ㅂ

바실리우스 Basilius • 255
반율법주의자(antinomians) • 89, 237
벨리알(Belial) • 368
보복 • 191, 250, 311, 312, 580, 814
복권 • 199-202
복음적 훈령 • 114-119
분노 • 137, 307, 308, 310, 311, 355, 414, 458, 814, 870

ㅅ

살인 • 137, 250, 301-315
선행 • 35, 51, 86, 125-129, 232, 250, 492, 502, 503, 862
성화 • 15-59, 94-97, 127, 434, 496, 708, 811
 _성화의 열매 • 35-45
 _성화의 의미 • 17-20
 _옛사람과 새 사람 • 21-35
 _칭의와의 관계 • 15-17
소망 • 491-511, 513-516, 534, 639, 645, 691, 708
 _소망의 근거 • 499
 _소망의 본질 • 492-494
 _소망의 산물 • 501, 502

소시니안(주의) • 20, 88, 95, 108, 120, 125, 145, 146, 237, 544
순종 • 37, 62, 63, 67, 70, 73, 76, 78, 86-88, 93, 111-115, 120, 136, 140-143, 159, 259, 295-298, 471-489, 505, 662, 665, 807, 813, 818, 855, 871
시기 • 308-310, 353
시탐 • 839-842
신앙고백(confession) • 567, 898

ㅇ

아타나시우스 Athanasius • 255
안식일 • 141, 221-282
알미니안(주의) • 94, 544
양자 됨(adoption) • 420, 746-749
어거스틴 Augustine • 255
에피파누스 Ephiphanus • 255
염려 • 844-847
영적 담대함 • 491, 502, 513-537, 539, 640
 _영적 담대함과 하나님의 약속 • 517-521
 _영적 담대함의 증거 • 516, 517
예수회 • 209
온유함 • 313, 314, 582
우상숭배 • 50, 139, 143-156, 174-177, 182, 346, 464, 567, 599, 693, 840, 845
유대교 • 252, 256, 267-270, 273, 548
유세비우스 Eusebius • 255
위선 • 26, 122, 181, 358, 359, 385, 541, 547, 563, 614, 622, 633, 660, 665-673, 676,

678-681, 699, 754
이레니우스 Irenaeus • 255
인내 • 31, 40, 159, 289, 475, 501, 511, 549, 580, 639-657, 708, 884
일용할 양식 • 122, 829-851

ⓙ

자기 부인 • 23, 108, 113, 581, 613-636, 639, 817
자살 • 305, 306, 596, 820
재세례파 • 108, 213, 237, 303
적그리스도 • 268, 318, 428, 544, 547, 548, 551, 554, 562, 565, 567, 568, 576, 577, 582, 583, 790, 791
점치는 것 • 156, 157
제비뽑기 • 194-199, 201, 331
죄
　_가증함 • 49-52
　_죄책(빚) • 87, 121, 855-859
　_하나님의 형벌 • 859-862
죄 사함
　_'우리가…사하여 준 것같이' • 868-872
　_대속자를 통해서만 가능 • 862-864
　_죄 사함을 위한 기도 • 864-867
　_죄책을 탕감 • 858, 859
주기도 • 741-743
　_부름 • 743-757
　_첫 번째 간구 • 757-776
　_두 번째 간구 • 779-800

　_세 번째 간구 • 803-826
　_네 번째 간구 • 829-851
　_다섯 번째 간구 • 853-878
　_여섯 번째 간구 • 881-901
　_결론 • 902-906
증오 • 29, 137, 191, 310, 327, 412, 416, 869, 870, 899

ⓒ

천사 • 52, 64, 65, 142, 144-153, 166, 170, 174, 175, 206, 214, 376, 389, 393, 396, 397, 417, 421, 443, 468, 488, 532, 533, 546, 549, 552, 556, 559, 571, 573, 667, 684, 745, 746, 751, 755, 768, 769, 755, 781, 782, 796, 809-811, 817, 890, 904

ⓚ

카예타누스 Cajetanus • 177
칼빈, 존 Calvin, John • 548, 555, 559, 561
콘스탄티누스 대제 Magus, Constantinus • 255, 790
크리소스톰 Chrysostom • 255

ⓔ

트렌트 공회 • 170

ⓗ

하나님
　_하나님을 경외함 • 44, 45, 54, 55, 66,

158, 159, 203, 204, 209, 381, 382, 407, 451-469, 715, 716, 744, 753, 775, 785, 811

_하나님께 순복함 • 23, 32, 37, 44, 53, 63, 113, 159, 160, 381, 416, 474, 593, 605, 642, 715, 781, 822

_하나님을 의지함 • 30, 40, 67, 154, 160-162, 306, 381, 495, 507, 510, 517, 559, 561, 599, 609

_하나님을 영화롭게 함 • 44, 54, 139, 161, 188, 203, 224, 227-236, 245, 360, 373-383, 693, 720, 758-762, 767-775, 810, 825, 829, 902-904

하나님의 나라

　_세 가지 구분 • 781-784

　_시작과 끝 • 785-788

　_왕이신 예수 그리스도 • 783

　_이루어지는 영역 • 789-793.

　_하나님을 영화롭게 하기 위해 존재함
　　• 787, 788

하나님의 뜻 • 807-809

하나님의 법 • 61-63

　_두 돌판에 새겨진 율법 • 64-67, 138, 150, 166, 233, 285

_십계명과 그리스도의 법 • 93-108

_십계명과 은혜언약 • 75-82

_십계명과 행위언약 • 72-75

_율법의 수여자 • 63-65

_율법의 완성이신 그리스도 • 103-108

_영원한 법 • 86-93

_초등 교사로서의 율법 • 71, 96, 99-101

형상 숭배 • 139, 149, 169-179

호렙산 언약 • 68, 70, 74, 75, 82-84, 87

횡령 • 293, 334

휘페르둘레이아($ὑπερδουλεία$) • 144, 145

그리스도인의 합당한 예배

3
구원론

지은이 | 빌헬무스 아 브라켈
옮긴이 | 김효남, 서명수, 장호준
펴낸곳 | 지평서원
펴낸이 | 박명규

편 집 | 김일용, 김희정, 정 은
마케팅 | 송하일

펴낸날 | 2019년 12월 16일 초판
　　　　　2020년 12월 20일 초판2쇄

서울 강남구 선릉로107길 15 지평빌딩 101호 ⬚0⬚6⬚1⬚4⬚4⬚
☎ 538-9640,1　Fax. 538-9642
등　록 | 1978. 3. 22. 제 1-129

값 40,000원
ISBN　978-89-6497-075-1-94230
ISBN　978-89-6497-073-7(세트)

메일주소　jipyung@jpbook.kr
홈페이지　www.jpbook.kr
페이스북　www.facebook.com/jipyung
트 위 터　@_jipyung